Grosse/Weber/Wesemann

SGB II und SGB XII für Studium und Praxis
Band 3

SGB II und SGB XII für Studium und Praxis

Band 3
Sozialverwaltungsverfahren und
Rückabwicklungsansprüche

Fachbuch mit praktischen Übungen und Lösungen

von

Michael Grosse

Dirk Weber

Michael Wesemann

Bibliografische Information der Deutschen Nationalbibliothek
Die Deutsche Nationalbibliothek verzeichnet diese Publikation in der
Deutschen Nationalbibliografie; detaillierte bibliografische Daten sind
im Internet über http://dnb.dnb.de abrufbar.

© 2022 Kommunal- und Schul-Verlag GmbH & Co. KG · Wiesbaden
13., vollständig überarbeitete Auflage
Alle Rechte vorbehalten · Printed in Germany
Satz: TypeStudio Evertz GmbH
Druck: CPI books

ISBN 978-3-8293-1787-0

Inhalt

Vorwort zur 13. Auflage... XV

Vorwort zur 11. Auflage... XVI

Zu den Verfassern XVII

Abkürzungsverzeichnis.. XVII

Literaturverzeichnis/Arbeitsmittel XXI
Kommentare und Handbücher....................................... XXI
Lehr- und Lernbücher XXII
Zeitschriften... XXIII
Entscheidungssammlungen XXIV
Verwaltungsvorschriften und Internetquellen XXIV

1.	**Sozialverwaltungsverfahren nach dem Ersten und Zehnten Buch Sozialgesetzbuch**	1
1.1	Bedeutung des Sozialgesetzbuches.........................	1
1.1.1	Zielsetzung	1
1.1.2	Entstehungsgeschichte	1
1.1.3	Konzept und Gliederung des Gesamtwerkes	3
1.1.4	Anwendung des Ersten Buches Sozialgesetzbuch (SGB I) und des Zehnten Buches Sozialgesetzbuch (SGB X) im Rahmen der Grundsicherung für Arbeitsuchende und der Sozialhilfe	4
1.2	**Erstes Buch Sozialgesetzbuch (SGB I) – Allgemeiner Teil –**	5
1.2.1	Aufgabe des Sozialgesetzbuches (§ 1 SGB I)..................	5
1.2.2	Soziale Rechte (§§ 2 bis 10 SGB I)..........................	5
1.2.3	Sozialleistungen und Leistungsträger (§§ 11 bis 17 SGB I)	6
1.2.3.1	Leistungsarten (§ 11 SGB I)	6
1.2.3.2	Leistungsträger (§ 12 SGB I)................................	7
1.2.3.3	Aufklärung (§ 13 SGB I), Beratung (§ 14 SGB I), Auskunft (§ 15 SGB I)	7
1.2.3.4	Antragstellung (§ 16 SGB I)	11
1.2.3.5	Ausführung der Sozialleistungen (§ 17 SGB I)..................	13
1.2.4	Einzelne Sozialleistungen und zuständige Leistungsträger (§§ 18 bis 29 SGB I)	14
1.2.5	Allgemeine Grundsätze (§§ 30 bis 36 SGB I)..................	14
1.2.5.1	Geltungsbereich (§ 30 SGB I)................................	14
1.2.5.2	Vorbehalt des Gesetzes (§ 31 SGB I)..........................	15
1.2.5.3	Verbot nachteiliger Vereinbarungen (§ 32 SGB I)...............	15

1.2.5.4	Lebenspartnerschaften (§ 33b SGB I)	16
1.2.5.5	Handlungsfähigkeit (§ 36 SGB I)	16
1.2.5.6	Elektronische Kommunikation (§ 36a SGB I)	17
1.2.6	Grundsätze des Leistungsrechts (§§ 38 bis 59 SGB I)	20
1.2.6.1	Rechtsanspruch (§ 38 SGB I)	20
1.2.6.2	Ermessensleistungen (§ 39 SGB I)	20
1.2.6.3	Entstehen von Ansprüchen (§ 40 SGB I)	27
1.2.6.4	Vorschüsse (§ 42 SGB I)	27
1.2.6.5	Vorläufige Leistungen (§ 43 SGB I)	29
1.2.6.6	Verzinsung (§ 44 SGB I)	30
1.2.6.7	Verzicht (§ 46 SGB I)	33
1.2.6.8	Aufrechnung, Verrechnung (§§ 51, 52 SGB I)	35
1.2.6.9	Übertragung und Verpfändung, Pfändungsschutzkonto (§ 53, § 54 SGB I, § 850k ZPO)	40
1.2.6.10	Sonderrechtsnachfolge, Vererbung, Ausschluss der Rechtsnachfolge (§§ 56 bis 59 SGB I)	41
1.3	**Sozialverwaltungsverfahren nach dem Zehnten Buch Sozialgesetzbuch (SGB X)**	**44**
1.3.1	Anwendungsbereich (§ 1 SGB X)	45
1.3.2	Örtliche Zuständigkeit (§ 2 SGB X)	46
1.3.3	Amtshilfe (§§ 3 bis 7 SGB X)	47
1.3.4	Verwaltungsverfahren (§ 8 SGB X)	47
1.3.5	Nichtförmlichkeit des Verwaltungsverfahrens (§ 9 SGB X)	48
1.3.6	Beteiligter, Beteiligungs- und Handlungsfähigkeit (§§ 10 bis 12 SGB X)	50
1.3.7	Bevollmächtigte (§ 13 SGB X, § 38 SGB II)	54
1.3.8	Mitwirkungsverbote (§ 16, § 17 SGB X)	59
1.3.9	Beginn des Verfahrens, Antrag als verfahrensauslösendes Ereignis (§ 18 SGB X)	60
1.3.9.1	Regelungsinhalt von § 18 SGB X	60
1.3.9.2	Antragstellung bei einem unzuständigen Leistungsträger	62
1.3.9.3	Der Antrag als verfahrenauslösende Willenserklärung und seine materiell-rechtliche Bedeutung	62
1.3.9.4	Die Rücknahme eines Antrages	65
1.3.9.5	Keine Rückwirkung eines Antrags und anteilige Monatsabrechnung	66
1.3.10	Amtssprache (§ 19 SGB X)	67
1.3.11	Möglichkeiten und Grenzen der Sachverhaltsaufklärung	69
1.3.11.1	Untersuchungsgrundsatz (§ 20 SGB X)	69
1.3.11.2	Beweismittel (§ 21 SGB X)	73
1.3.11.3	Zusammenhang zwischen Mitwirkungspflichten (§§ 60 ff. SGB I) und Amtsermittlungsprinzip	81
1.3.11.4	Mitwirkungspflichten (§§ 60 ff. SGB I)	83
1.3.11.5	Nachholen der Mitwirkung	89

1.3.11.6	Leistungsversagung	89
1.3.11.7	Leistungsentziehung	91
1.3.11.8	Leistungsversagung und Leistungsentziehung und die Auswirkungen auf die Unterkunfts- und Heizungskosten	94
1.3.12	Verhältnis von Amtsermittlungsprinzip und Sozialgeheimnis	95
1.3.13	Anhörung Beteiligter (§ 24 SGB X)	100
1.3.13.1	Bedeutung und Durchführung	100
1.3.13.2	Notwendigkeit der Anhörung	103
1.3.13.3	Heilung	105
1.3.13.4	Ausnahmen	107
1.3.14	Akteneinsicht (§ 25 SGB X)	109
1.3.15	Fristen und Termine, (§ 26 SGB X)	112
1.3.16	Wiederholte Antragstellung (§ 28 SGB X)	115
1.3.17	Verwaltungsakt im Zweiten und Zwölften Buch Sozialgesetzbuch	120
1.3.17.1	Funktion und Bedeutung	120
1.3.17.2	Arten von Verwaltungsakten	121
1.3.17.3	Verwaltungsakt in besonderen Konstellationen	123
1.3.18	Nebenbestimmungen (§ 32 SGB X)	125
1.3.18.1	Art der Nebenbestimmungen	125
1.3.18.2	Nebenbestimmungen bei gebundener Verwaltung	126
1.3.18.3	Nebenbestimmungen bei Ermessensverwaltungsakten	130
1.3.19	Bestimmtheit (§ 33 Abs. 1 SGB X) – insbesondere bei Entscheidungen über die Aufhebung von Verwaltungsakten	131
1.3.20	Begründung des Verwaltungsaktes (§ 35 SGB X)	137
1.3.20.1	Funktion und Bedeutung	137
1.3.20.2	Anforderungen an eine Begründung (im Bescheid)	137
1.3.20.3	Heilung	138
1.3.20.4	Weitere Heilungs- und Korrekturmöglichkeiten	139
1.3.20.5	Ausnahmen von der Begründungspflicht	144
1.3.21	Rechtsbehelfsbelehrung (§ 36 SGB X)	145
1.3.22	Bekanntgabe des Verwaltungsaktes (§ 37 SGB X)	149
1.3.22.1	Bedeutung und Zeitpunkt der Bekanntgabe	149
1.3.22.2	Adressat des bekanntzugebenden Verwaltungsaktes	152
1.3.23	Offenbare Unrichtigkeiten im Verwaltungsakt (§ 38 SGB X)	158
1.3.24	Wirksamkeit des Verwaltungsaktes (§ 39 SGB X)	158
1.3.24.1	Fehlerlehre des Verwaltungsakts	158
1.3.24.2	Dauer der Wirksamkeit des Verwaltungsaktes	160
1.3.24.3	Dauer der Wirksamkeit bei Leistungsbewilligungen nach dem 3. und 5. bis 9. Kapitel SGB XII	161
1.3.24.4	Dauer der Wirksamkeit bei Leistungsbewilligungen nach dem Zweiten Buch und dem 4. Kapitel SGB XII	162
1.3.25	Nichtigkeit des Verwaltungsaktes (§ 40 SGB X)	162
1.3.26	Heilung bzw. Folgen von Verfahrens- und Formfehlern (§§ 41 und 42 SGB X)	163

1.3.27	Umdeutung eines fehlerhaften Verwaltungsaktes (§ 43 SGB X)	165
1.3.28	Aufhebung eines Verwaltungsaktes (§§ 44 bis 49 SGB X)	166
1.3.28.1	Überblick	166
1.3.28.2	Aufhebungsverfahren	168
1.3.28.3	Rücknahme eines rechtswidrigen nicht begünstigenden Verwaltungsaktes (§ 44 SGB X)	170
1.3.28.3.1	Anwendungsbereich im SGB II und SGB XII	170
1.3.28.3.2	Voraussetzungen des § 44 Abs. 1 SGB X	174
1.3.28.3.3	Verfahrensrechtliche Bedeutung des § 44 Abs. 1 SGB-X	180
1.3.28.3.4	Rücknahme nach § 44 Abs. 2 SGB X	182
1.3.28.3.5	Zuständige Behörde	183
1.3.28.4	Rücknahme eines rechtswidrigen begünstigenden Verwaltungsaktes (§ 45 SGB X)	184
1.3.28.4.1	Anwendungsbereich	184
1.3.28.4.2	Voraussetzungen nach § 45 SGB X	191
1.3.28.4.3	Zeitliche Beschränkungen für die Rücknahme	200
1.3.28.4.4	Rechtsfolgen	207
1.3.28.4.5	Zuständige Behörde	210
1.3.28.5	Widerruf eines rechtmäßigen nicht begünstigenden Verwaltungsaktes (§ 46 SGB X)	212
1.3.28.6	Widerruf eines rechtmäßigen begünstigenden Verwaltungsaktes (§ 47 SGB X)	212
1.3.28.7	Aufhebung eines Verwaltungsaktes mit Dauerwirkung bei Änderung der Verhältnisse (§ 48 SGB X)	213
1.3.28.7.1	Anwendungsbereich	213
1.3.28.7.2	Voraussetzungen	217
1.3.28.7.3	Rechtsfolgen	227
1.3.28.7.4	Zuständige Behörde	229
1.3.28.7.5	Zeitliche Beschränkungen für die Aufhebung	229
1.3.28.7.6	Aussparen	230
1.3.28.8	Rücknahme und Widerruf im Rechtsbehelfsverfahren (§ 49 SGB X)	231
1.3.29	Erstattung zu Unrecht erbrachter Leistungen (§ 50 SGB X)	231
1.3.29.1	Erstattungsanspruch	232
1.3.29.2	Adressat des Erstattungsanspruchs	234
1.3.29.3	Inanspruchnahme Dritter durch Kostenersatzansprüche	237
1.3.29.4	Aufrechnung	239
1.3.29.5	Festsetzung und Durchsetzung des Erstattungsanspruchs	242
1.3.29.6	Erstattung von Beiträgen zur Kranken- und Pflegeversicherung	244
1.3.30	Abgrenzung zur Kostenerstattung nach §§ 102 ff. SGB X	247
1.3.31	Auffangvorschrift bei fehlenden Rückabwicklungsmöglichkeiten	250
1.3.32	Aufhebung bei einer vorläufigen Leistungsgewährung	250
1.3.33	Vorläufige Leistungsgewährung	256
1.3.33.1	Einführung und Anwendungsbereich	256

1.3.33.2	Vorläufige Bewilligung bei nicht prognostizierbarem Einkommen: Festlegung des vorläufigen Einkommens	261
1.3.33.3	Verfahrensfragen bei der vorläufigen Leistungsbewilligung	262
1.3.33.4	Abschließende Entscheidung	264
1.3.34	Öffentlich-rechtlicher Vertrag (§§ 53 bis 61 SGB X)	268
1.3.35	Widerspruchsverfahren	269
1.3.35.1	Funktion und Bedeutung	269
1.3.35.2	Zulässigkeitsvoraussetzungen	271
1.3.35.3	Zuständige Widerspruchsbehörde	279
1.3.35.4	Verfahrensgang	282
1.3.35.4.1	Abhilfe	282
1.3.35.4.2	Prüfungskompetenz der Widerspruchsstelle	283
1.3.35.4.3	Besondere Verfahrensgesichtspunkte	286
1.3.35.5	Entscheidung der Widerspruchsbehörde	287
1.3.35.6	Erstattung von Kosten im Vorverfahren	288
1.3.36	Übungen	293
2.	**Erstattungsansprüche zwischen Leistungsträgern nach dem Zehnten Buch Sozialgesetzbuch**	320
2.1	**Erstattungsanspruch des nachrangig verpflichteten Leistungsträgers (§ 104 SGB X)**	323
2.1.1	Leistungsträger	323
2.1.2	Leistungspflicht des Leistungsträgers	324
2.1.3	Nachrang, Kausalität	324
2.1.4	Anspruchsberechtigte Person, Personenidentität	326
2.1.5	Gleichzeitigkeit, Zeitidentität	327
2.1.6	Ausschluss des Erstattungsanspruchs wegen Zahlung an die leistungsberechtigte Person	329
2.1.7	Ausschlussfristen	330
2.1.8	Umfang des Erstattungsanspruchs	330
2.2	**Erstattungsanspruch des Trägers der Grundsicherung für Arbeitssuchende nach § 40a SGB IX**	331
2.3	**Erstattungsanspruch des vorläufig leistenden Leistungsträgers (§ 102 SGB X, § 16 Abs. 2 SGB II)**	333
2.4	**Erstattungsanspruch bei nachträglichem Entfallen einer Leistungspflicht (§ 103 SGB X)**	336
2.5	**Erstattungsanspruch des unzuständigen Leistungsträgers (§ 105 SGB X)**	337
2.6	**Rangfolge bei mehreren Erstattungsberechtigten (§ 106 SGB X)**	338

2.7	**Verfahrensvorschriften (§§ 107 bis 114 SGB X)**	341
2.7.1	Erfüllungsfiktion (§ 107 SGB X)	341
2.7.2	Erstattung in Geld, Verzinsung (§ 108 SGB X)	342
2.7.3	Verwaltungskosten und Auslagen (§ 109 SGB X)	342
2.7.4	Pauschalierung (§ 110 SGB X)	343
2.7.5	Ausschlussfrist (§ 111 SGB X)	343
2.7.6	Rückerstattung (§ 112 SGB X)	344
2.7.7	Verjährung (§ 113 SGB X)	345
2.7.8	Rechtsweg (§ 114 SGB X)	345
2.7.9	Feststellung der Sozialleistungen (§ 5 Abs. 3 SGB II, § 95 SGB XII)	345
2.8	**Übungen**	346
3.	**Erstattungs- und Ersatzansprüche der Leistungsträger gegen Arbeitgeber und Schadensersatzpflichtige (§§ 115 und 116 SGB X)**	352
3.1	**Ansprüche gegen Arbeitgeber (§ 115 SGB X)**	352
3.1.1	Arbeitsentgelt, Anspruch	353
3.1.2	Personenidentität	353
3.1.3	Kausalität	354
3.1.4	Zeitidentität (Gleichzeitigkeit)	354
3.1.5	Ausschluss des Überganges	355
3.2	**Ansprüche gegen Schadensersatzpflichtige (§§ 116 bis 118 SGB X)**	355
3.2.1	Art und Höhe des Anspruches	356
3.2.2	Erfüllung des Schadensersatzanspruchs	359
4.	**Übergang von Ansprüchen nach § 33 SGB II**	361
4.1	**Anwendbarkeit des § 33 SGB II**	361
4.2	**Art des Anspruches**	363
4.3	**Rechtliche Wirkung des Überganges**	364
4.4	**Materiell-rechtliche Voraussetzungen für einen Übergang**	365
4.4.1	Bestehen eines Anspruchs	365
4.4.2	Tatsächliche Leistungserbringung	365
4.4.3	Gleichzeitigkeit	366
4.4.4	Kausalität	366
4.4.5	Anspruchsberechtigte (Personenidentität)	369
4.4.6	Umfang des Überganges	371
4.5	**Übung**	372

4.6	Sonderregelungen für den Übergang von Unterhaltsansprüchen .	376
4.6.1	Allgemeines zum Unterhaltsrecht / Bestehen eines Unterhaltsanspruches	376
4.6.2	Zeitpunkt des Forderungsüberganges	376
4.6.3	Ausschlussgründe für einen Übergang von Unterhaltsansprüchen	377
4.6.4	Zusammenfassung	380
5.	**Ersatzansprüche nach dem Zweiten Buch Sozialgesetzbuch**	381
5.1	**Überblick über Kostenersatzansprüche**	381
5.2	**Ersatzansprüche bei sozialwidrigem Verhalten (§ 34 Abs. 1 SGB II)**	381
5.2.1	Einstiegsinformationen	381
5.2.2	Voraussetzungen	389
5.2.3	Verfahrensfragen	403
5.2.4	Kostenersatzpflichtige Erben	405
5.3	**Ersatzanspruch bei rechtswidrig erbrachten Leistungen (§ 34a SGB II)**	408
5.3.1	Einstiegsinformationen	408
5.3.2	Bedeutung der Norm	410
5.3.3	Voraussetzungen	414
5.3.4	Umfang der Kostenersatzforderung (Rechtsfolge)	418
5.3.5	Kostenersatzpflichtige Erben	421
5.3.6	Verfahrensfragen	421
5.3.7	Vergleich Kostenersatzvorschriften nach dem Zweiten und Zwölften Buch Sozialgesetzbuch	422
5.4	**Erstattungsanspruch bei Doppelleistungen**	423
5.4.1	Einstiegsinformationen	423
5.4.2	Beispiel	426
5.4.3	Voraussetzungen	429
5.4.4	Umfang der Kostenerstattungsforderung (Rechtsfolge)	433
5.4.5	Verfahrensfragen	433
6.	**Übergang von Ansprüchen nach § 93 SGB XII und § 94 SGB XII**	435
6.1	**Überleitung von Ansprüchen nach § 93 SGB XII**	436
6.1.1	Anwendbarkeit des § 93 SGB XII	436
6.1.2	Art des Anspruchs	436
6.1.2.1	Rückforderungsanspruch des verarmten Schenkers	438
6.1.2.2	Wohnungs-, Nießbrauchs- und Altenteilsrechte	450
6.1.3	Rechtliche Wirkung der Überleitung	457

6.1.4	Materiell-rechtliche Voraussetzungen der Überleitung	458
6.1.4.1	Bestehen eines Anspruchs	459
6.1.4.2	Anspruchsberechtigte	459
6.1.4.3	Tatsächliche Leistungserbringung	461
6.1.4.4	Gleichzeitigkeit (Zeitidentität) von Anspruch und Leistungserbringung	462
6.1.4.5	Kausalität zwischen Nichterfüllung von Anspruch und Leistungserbringung	465
6.1.5	Rechtsfolgen der Überleitung	468
6.1.5.1	Umfang der Überleitung	468
6.1.5.2	Ermessensentscheidung	469
6.1.6	Formell-rechtliche Voraussetzungen der Überleitung	469
6.1.6.1	Zuständigkeit für die Überleitung von Ansprüchen	470
6.1.6.2	Form, Bestimmtheit, Begründung der Überleitungsanzeige, Rechtsbehelfsbelehrung	470
6.1.6.3	Anhörung	471
6.1.7	Wirksamkeit der Überleitung, zeitliche Wirkung	472
6.1.8	Rechtsschutz	473
6.1.9	Übungen	473
6.2	**Übergang von Ansprüchen gegen eine nach bürgerlichem Recht unterhaltspflichtige Person**	**483**
6.2.1	Allgemeines zum Unterhaltsrecht, Bestehen eines Unterhaltsanspruchs	483
6.2.2	Unterhaltspflichtige	484
6.2.2.1	Gesteigert Unterhaltspflichtige	485
6.2.2.2	Nicht gesteigert Unterhaltspflichtige	485
6.2.2.3	Rangfolge der Unterhaltspflichtigen	490
6.2.2.4	Rangfolge der Bedürftigen	491
6.2.3	Bedarf und Bedürftigkeit der Unterhaltsberechtigten	494
6.2.3.1	Unterhaltsrechtlicher Bedarf	494
6.2.3.2	Unterhaltsrechtliche Bedürftigkeit	495
6.2.3.3	(Fehlende) Identität oder (fehlende) sachliche Kongruenz zwischen unterhaltsrechtlicher und sozialhilferechtlicher Bedürftigkeit	498
6.2.4	Leistungsfähigkeit der Unterhaltspflichtigen	500
6.2.4.1	Einkommenseinsatz im Unterhaltsrecht	502
6.2.4.2	Vermögenseinsatz im Unterhaltsrecht	507
6.2.5	Vertragliche Regelungen im Unterhaltsrecht	508
6.2.6	Verzicht auf Unterhalt bei Sozialhilfeleistung	509

6.3	**Voraussetzungen für den gesetzlichen Forderungsübergang gemäß § 94 SGB XII**	510
6.3.1	Bestehen eines Unterhaltsanspruchs	513
6.3.2	Rechtmäßigkeit der Sozialhilfeleistung	513
6.3.3	Gleichzeitigkeit von Unterhaltsanspruch und Erbringung von Sozialhilfe	514
6.3.4	Ausschluss des gesetzlichen Forderungsübergangs	514
6.3.4.1	Ausschluss bei Erfüllung des Unterhaltsanspruchs durch laufende Zahlungen (§ 94 Abs. 1 Satz 2 SGB XII)	515
6.3.4.2	Ausschluss bei Zugehörigkeit der Unterhaltspflichtigen zum Personenkreis des § 19 SGB XII (§ 94 Abs. 1 Satz 3 Halbs. 1 Alt. 1 SGB XII)	515
6.3.4.3	Ausschluss bei Verwandtschaft vom zweitem Grad an (§ 94 Abs. 1 Satz 3 Halbs. 1 Alt. 2 SGB XII)	516
6.3.4.4	Ausschluss bei Erbringung von Sozialhilfe an eine schwangere oder ihr leibliches Kind bis zur Vollendung des 6. Lebensjahres betreuende Person (§ 94 Abs. 1 Satz 3 Halbs. 2 SGB XII)	516
6.3.4.5	Ausschluss bei vorrangigen Leistungen nach den §§ 115 und 116 SGB (§ 94 Abs. 1 Satz 5 SGB XII)	516
6.3.5	Einschränkung des gesetzlichen Forderungsübergangs	516
6.3.5.1	Einschränkung durch die Höhe der Sozialhilfe (§ 94 Abs. 1 Satz 1 SGB XII)	517
6.3.5.2	Kausalität zwischen Nichterfüllung des Unterhaltsanspruchs und der Leistungserbringung	517
6.3.5.3	Einschränkungen zum Schutz der Unterhaltspflichtigen	517
6.3.5.4	Einschränkung bei Leistungen nach dem 8. Kapitel SGB XII (§ 68 Abs. 2 Satz 2 Alt. 2 SGB XII)	520
6.3.6	Zeitpunkt des Forderungsüberganges	520
6.3.7	Auskunftspflicht	522
6.3.8	Rechtsschutz, Klagebefugnis	522
6.3.9	Übungen	523
7.	**Kostenersatz nach dem Zwölften Buch Sozialgesetzbuch**	543
7.1	**Kostenersatz bei rechtmäßiger Hilfeleistung (§§ 102, 103 Abs. 1 Satz 1, 105 SGB XII)**	543
7.1.1	Kostenersatz durch Erben (§ 102 SGB XII)	544
7.1.1.1	Erbe als kostenersatzpflichtige Person	547
7.1.1.2	Höhe der geleisteten Sozialhilfe	551
7.1.1.3	Höhe des Nachlasses	552
7.1.1.4	Erlöschen des Kostenersatzanspruchs	559
7.1.1.5	Geltendmachung der Kostenersatzpflicht	560
7.1.1.5.1	Grundsatz: Gesamtschuldnerische Haftung	560
7.1.1.5.2	Beispiele zur gesamtschuldnerischen Haftung	560
7.1.1.5.3	Ermessen im Rahmen der gesamtschuldnerischen Haftung	563

7.1.1.5.4	Verfahrens- und Praxishinweise	566
7.1.2	Kostenersatz bei schuldhaftem Verhalten (§ 103 Abs. 1 Satz 1 SGB XII)	569
7.1.2.1	Überblick über den Anwendungsbereich	569
7.1.2.2	Voraussetzungen	571
7.1.2.3	Beispiele	574
7.1.2.4	Erbrechtliche Fallkonstellationen	575
7.1.2.5	Geltendmachung des Kostenersatzanspruchs	577
7.1.3	Kostenersatz bei Doppelleistung (§ 105 SGB XII)	580
7.1.4	Übungen	583
7.2	**Kostenersatz bei rechtswidrig geleisteter Hilfe, Kostenersatz für zu Unrecht erbrachte Leistungen**	**594**
7.2.1	Einstiegsinformationen	594
7.2.2	Gesamtschuldnerische Haftung	596
7.2.3	Anwendungsbereich der Kostenersatzvorschriften	597
7.2.4	Kostenersatz nach § 104 SGB XII	598
7.2.4.1	Bedeutung der Norm	598
7.2.4.2	Erbenhaftung	599
7.2.4.3	Voraussetzungen	601
7.2.5	Kostenersatz nach § 103 Abs. 1 Satz 2 SGB XII	606
7.2.6	Übung	608

Stichwortverzeichnis 613

Vorwort zur 13. Auflage

Mit der aktuellen Auflage erscheint das Lehrbuch erstmals im Kommunal- und Schul-Verlag (KSV Medien, Wiesbaden). Die Autoren möchten sich an dieser Stelle bei dem bisherigen Verleger Horst Bernhardt für die jahrelange professionelle Zusammenarbeit und die kompetente Begleitung bei der Fertigstellung der vorangegangenen Auflagen bedanken.

Mit dem Wechsel zum Kommunal- und Schul-Verlag wurde eine zeitnahe Neuveröffentlichung vereinbart. Die Zeit zur nunmehr 13. Neuauflage wurde genutzt, um das Werk weiterhin auf dem neuesten Stand zu halten. Hierzu gehört wie immer die Anpassung an die aktuell geltenden Beträge von Regelbedarf, Mehrbedarf, Pflegesätze, Pflegeversicherungsleistungen etc. sowie die Berücksichtigung aktueller Rechtsprechung. Im Band 3 wurden die Kostenersatzvorschriften (§§ 34, 34a, 34b SGB II) unter Berücksichtigung aktueller höchstrichterlicher Rechtsprechung grundlegend neu konzipiert. Die für Theorie und Praxis wichtigen Ausführungen zur Aufhebung von Verwaltungsakten wurden überarbeitet und erweitert.

Das Lehrbuch erscheint seit der 11. Auflage in drei Bänden und soll insbesondere den Studierenden und Auszubildenden an den Hochschulen, Fachhochschulen und Studieninstituten bei der Vor- und Nachbereitung der Lehrveranstaltungen sowie bei der Vorbereitung auf Prüfungen im Fach Sozialrecht helfen.

Durch zahlreiche Fallbeispiele und Übungen (einschließlich der entsprechenden Lösungshinweise) aus dem Bereich der Grundsicherung für Arbeitsuchende (SGB II) und der Sozialhilfe (SGB XII) erhalten Studierende durch das Studium dieses Lehrbuches eine gute Grundlage zum Bestehen von Prüfungen. Das Werk soll den Studierenden und Auszubildenden ferner die Möglichkeit eröffnen, sich auf eine strukturierte Lösung von Prüfungs- bzw. Klausurfällen vorzubereiten.

Gleichzeitig soll es aber auch den Praktikern im Bereich der Jobcenter und Sozialhilfeträger die im „Tagesgeschäft" notwendige Fachlichkeit und Rechtssicherheit vermitteln, um im Einzelfall zeitnah und korrekt entscheiden zu können.

Verlag und Autoren freuen sich über Anregungen, Kritik und Hinweise der Leserinnen und Leser, die zur Verbesserung der Qualität zukünftiger Neufassungen des Lehrbuches beitragen.

Bielefeld und Dortmund, im April 2022

Vorwort zur 11. Auflage

Das Sozialrecht – insbesondere die Existenzsicherungssysteme des Zweiten und Zwölften Buches Sozialgesetzbuch – unterliegen einem ständigen Veränderungsprozess. Das Rechtsgebiet kommt nicht zur Ruhe. Insofern stellt es für die Autoren seit Jahren eine besondere Herausforderung dar, den Rechtsprechungs- und Gesetzesänderungen Rechnung zu tragen. Inzwischen ist der Umfang des Lehrbuches, welches auch in der Praxis erfreulichen Anklang gefunden hat, derart gewachsen, dass es ab dieser 11. Auflage in drei Bänden erscheinen soll. Ab der neuen Auflage thematisiert nunmehr der erste Band die Grundsicherung für Arbeitsuchende (SGB II), der zweite Band die Sozialhilfe (SGB XII) und der dritte Band das Sozialverwaltungsverfahrensrecht einschließlich der Rückabwicklungsansprüche im SGB II und SGB XII.

Damit erhoffen sich Verlag und Autoren eine bessere Handlichkeit und Übersichtlichkeit des Lehrbuches. Insbesondere die Praxis erhält nunmehr ein auf ihre Bedürfnisse zugeschnittenes Werk und damit eine adressatengerechte Darstellung der Rechtsgebiete.

Die aktuelle Rechtsprechung wurde erneut eingearbeitet. U.a. wurden die Auswirkungen des Urteils des Bundesverfassungsgerichts vom 05.11.2019 (1 BvL 7/16) zur Verfassungsmäßigkeit von Sanktionen im Band 1 aufgenommen. Neue Gesetzesänderungen wie z.B. der neu eingeführte §94 Abs. 1a SGB XII wurden in der Darstellung berücksichtigt. Ausführungen zur Eingliederungshilfe für behinderte Menschen wurden (zunächst) aus dem Lehrbuch gestrichen, weil die Eingliederungshilfe für behinderte Menschen nunmehr Bestandteil der Leistungen des Neunten Buches Sozialgesetzbuch (§§90 ff. SGB IX) ist. Darüber hinaus ist die Eingliederungshilfe aktuell kein relevantes Lehrgebiet an der Hochschule für Polizei und Verwaltung Nordrhein-Westfalen (HSPV NRW).

Im Übrigen haben die Ausführungen zum Vorwort der 10. Auflage weiterhin Bestand.

Verlag und Autoren freuen sich über Anregungen, Kritik und Hinweise der Leserinnen und Leser, die zur Verbesserung der Qualität zukünftiger Neufassungen des Lehrbuches beitragen.

Bielefeld und Dortmund, im Juli 2020

Die Verfasser

Zu den Verfassern

Michael Grosse und **Dirk Weber** sind Dozenten an der Hochschule für Polizei und Verwaltung NRW (HSPV NRW) und unterrichten schwerpunktmäßig im Fach Sozialrecht. **Michael Wesemann** ist Mitarbeiter des Kreises Lippe und dort in der Fachaufsichtsstelle tätig.

Im Einzelnen haben bearbeitet:

Michael Grosse	Kapitel 2 bis 12 von Band 1
Dirk Weber	Kapitel 1 von Band 1, Kapitel 1, Kapitel 2, Kapitel 6, Kapitel 7 von Band 2, Band 3
Michael Wesemann	Kapitel 3, Kapitel 4, Kapitel 5 von Band 2

Abkürzungsverzeichnis

a. A.	anderer Auffassung
a. a. O.	am angegebenen Ort
Abs.	Absatz
AG-SGB XII NRW	Landesausführungsgesetz zum Zwölften Buch Sozialgesetzbuch für das Land Nordrhein-Westfalen
Alg	Arbeitslosengeld
Alg II-V	Verordnung zur Berechnung von Einkommen sowie zur Nichtberücksichtigung von Einkommen und Vermögen beim Arbeitslosengeld II / Sozialgeld
AO	Abgabenordnung
AOK	Allgemeine Ortskrankenkasse
Art.	Artikel
AsylbLG	Asylbewerberleistungsgesetz
AsylVfG	Asylverfahrensgesetz
AufenthG	Aufenthaltsgesetz
Aufl.	Auflage
AuslG	Gesetz über die Einreise und den Aufenthalt von Ausländern im Bundesgebiet
AV-SGB XII NRW	Ausführungsverordnung zum Zwölften Buch Sozialgesetzbuch für das Land Nordrhein-Westfalen
BA	Bundesagentur für Arbeit

BAföG	Bundesgesetz über die individuelle Förderung der Ausbildung (Ausbildungsförderungsgesetz)
BAG	Bundesarbeitsgericht
BAnz	Bundesanzeiger
BayVHG	Bayerischer Verwaltungsgerichtshof
BBiG	Berufsbildungsgesetz
BDSG	Bundesdatenschutzgesetz
BEG	Bundesentschädigungsgesetz
BewG	Bewertungsgesetz
BGB	Bürgerliches Gesetzbuch
BGBl.	Bundesgesetzblatt
BGG	Behindertengleichstellungsgesetz
BGH	Bundesgerichtshof
BKGG	Bundeskindergeldgesetz
BMVBS	Bundesministerium für Verkehr, Bau und Stadtentwicklung
BRAO	Bundesrechtsanwaltsordnung
BT	Bundestag
BT-Drs.	Bundestagsdrucksache
BSG	Bundessozialgericht
BSHG	Bundessozialhilfegesetz
BVerfG	Bundesverfassungsgericht
BVerfGE	Bundesverfassungsgerichtsentscheidungen
BVerwG	Bundesverwaltungsgericht
BVerwGE	Bundesverwaltungsgerichtsentscheidungen
BVFG	Gesetz über die Angelegenheiten der Vertriebenen und Flüchtlinge (Bundesvertriebenengesetz)
BVG	Bundesversorgungsgesetz
bzw.	beziehungsweise
d.h.	das heißt
DV	Deutscher Verein für öffentliche und private Fürsorge
EG	Europäische Gemeinschaft
EG BGB	Einführungsgesetz zum BGB
EheG	Ehegesetz
EinglVO	Verordnung nach § 60 SGB XII (Eingliederungshilfe-Verordnung)
Erl.	Erläuterung
EStG	Einkommensteuergesetz
EU	Europäische Union
EuG	Entscheidungen und Gutachten der Spruchstellen für Fürsorgestreitigkeiten
evtl.	eventuell
FamRZ	Zeitschrift für das gesamte Familienrecht
FEVS	Fürsorgerechtliche Entscheidungen der Verwaltungs- und Sozialgerichte

ff.	folgende Seiten oder Paragraphen
FFG	Gesetz über die Angelegenheiten der freiwilligen Gerichtsbarkeit
FRV	Fürsorgerechtsvereinbarung
gem.	gemäß
GG	Grundgesetz
ggf.	gegebenenfalls
GrSiDAV	Grundsicherungs-Datenabgleichsverordnung
GV.NRW.	Gesetz- und Verordnungsblatt Nordrhein-Westfalen
HaftpflG	Haftpflichtgesetz
HHG	Häftlingshilfegesetz
HKG	Heimkehrergesetz
HIVHG	HIV-Hilfegesetz
HKStG	Gesetz über die Heimkehrerstiftung
h. M.	herrschende Meinung
HStruktG	Haushaltsstrukturgesetz
i. d. F.	in der Fassung
i. d. R.	in der Regel
i. H. v.	in Höhe von
i. S.	im Sinne
KomtrZV	Kommunalträger-Zulassungsverordnung
KWG	Kreditwesengesetz
LAG	Lastenausgleichsgesetz
LG	Landgericht
LPartG	Lebenspartnerschaftsgesetz
LPK	Lehr- und Praxiskommentar
LuftVG	Luftverkehrsgesetz
LZG	Landeszustellungsgesetz
MBl.	Ministerialblatt
NDV	Nachrichtendienst des Deutschen Vereins für öffentliche und private Fürsorge
NDV-RD	Rechtsprechungsdienst des Deutschen Vereins für öffentliche und private Fürsorge
n. F.	neue Fassung
NJW	Neue juristische Wochenschrift
Nr.	Nummer
NRW	Nordrhein-Westfalen
n. unveröffentl.	noch unveröffentlicht
NZS	Neue Zeitschrift für Sozialrecht
o. a.	oben angeführt
OEG	Gesetz über die Entschädigung für Opfer von Gewalttaten
OLG	Oberlandesgericht
OVG	Oberverwaltungsgericht
OWiG	Ordnungswidrigkeitengesetz

PfG NRW	Landespflegegesetz Nordrhein-Westfalen
RdErl.	Runderlass
RDG	Rechtsdienstleistungsgesetz
RehaAnglG	Rehabilitationsangleichungsgesetz
RGBl.	Reichsgesetzblatt
RKnG	Reichsknappschaftsgesetz
Rn.	Randnummer
RVO	Reichsversicherungsordnung
S.	Seite
s.	siehe
SG	Sozialgericht
SGB	Sozialgesetzbuch
SGG	Sozialgerichtsgesetz
SGV	Sammlung der Gesetz- und Verordnungsblätter
SMBl.	Sammlung der Ministerialblätter
sog.	sogenannt
SozhiDAV	Sozialhilfedatenabgleichsverordnung
StGB	Strafgesetzbuch
SVG	Soldatenversorgungsgesetz
u. a.	unter anderem
USG	Unterhaltssicherungsgesetz
usw.	und so weiter
VG	Verwaltungsgericht
VGH	Verwaltungsgerichtshof
vgl.	vergleiche
v. H.	vom Hundert
VO	Verordnung
VV	Verwaltungsvorschriften
VwGO	Verwaltungsgerichtsordnung
VwVG	Verwaltungsvollstreckungsgesetz
VwVfG	Verwaltungsverfahrensgesetz
VwZG	Verwaltungszustellungsgesetz
WoGG	Wohngeldgesetz
ZDG	Zivildienstgesetz
ZfF	Zeitschrift für das Fürsorgewesen
ZFSH/SGB	Zeitschrift für Sozialhilfe und Sozialgesetzbuch
ZPO	Zivilprozessordnung
z. Z.	zur Zeit

Literaturverzeichnis / Arbeitsmittel

1. Kommentare und Handbücher

Berlit/Conradis/Sartorius	Existenzsicherungsrecht, 3. Auflage 2019
Diering/Timme/Stähler	Sozialgesetzbuch X, Verwaltungsverfahren, LPK-SGB X, 5. Auflage 2018
Eicher	SGB II, Grundsicherung für Arbeitsuchende, Kommentar, 4. Auflage 2017
Fichtner/Wenzel	SGB XII – Sozialhilfe mit AsylbLG, 4. Auflage 2009
Göppinger/Wax	Unterhaltsrecht, 9. Auflage 2008
Grube/Wahrendorf	SGB XII, 6. Auflage 2018
Hauck/Noftz	SGB X – Verwaltungsverfahren und Schutz der Sozialdaten, Zusammenarbeit der Leistungsträger und ihre Beziehungen zu Dritten, Kommentar, Loseblatt
Hauck/Noftz	Sozialgesetzbuch – SGB I – Allgemeiner Teil, Kommentar, Loseblatt
Hauck/Noftz	Sozialgesetzbuch, SGB II, Grundsicherung für Arbeitsuchende, Kommentar, Loseblatt
Hauck/Noftz	Sozialgesetzbuch, SGB XII, Sozialhilfe, Kommentar, Loseblatt
Hauß	Elternunterhalt, 5. Auflage 2015
Hohm	Gemeinschaftskommentar zum SGB II, Grundsicherung für Arbeitsuchende, Loseblatt
Jahn	Sozialgesetzbuch für die Praxis, Kommentar, Loseblatt
Kopp/Schenke	VwGO, Kommentar, 24. Auflage 2018
Krahmer	Sozialgesetzbuch Allgemeiner Teil (SGB I), LPK-SGB I, 4. Auflage 2020
Krasney/Udsching	Handbuch des sozialgerichtlichen Verfahrens, 7. Auflage 2016
Löcher	Sozialhilferecht (Handwörterbuch), 1. Auflage 2013
Löns/Herold-Tews	SGB II, Grundsicherung für Arbeitsuchende, 3. Auflage 2011
Lüdtke	SGG, Sozialgerichtsgesetz, Handkommentar, 5. Auflage 2017
Mergler/Zink	Handbuch der Grundsicherung und Sozialhilfe Teil 1, Sozialgesetzbuch II, Kommentar, Loseblatt
Mergler/Zink	Handbuch der Grundsicherung und Sozialhilfe Teil 2, Sozialgesetzbuch XII, Kommentar, Loseblatt
Meyer-Ladewig/ Keller/Leitherer	SGG, Kommentar zum Sozialgerichtsgesetz, 13. Auflage 2020
Münder	Sozialgesetzbuch II, Grundsicherung für Arbeitsuchende, LPK-SGB II, 6. Auflage 2017
Bieritz-Harder/ Conradis/Thie	Sozialgesetzbuch XII, Sozialhilfe, LPK-SGB XII, 12. Auflage 2020

Palandt	Bürgerliches Gesetzbuch, Kommentar, 78. Auflage 2019
Pickel	Das Verwaltungsverfahren, Kommentar zum Sozialgesetzbuch – SGB X, Loseblatt
Plagemann	Münchener Anwaltshandbuch Sozialrecht, 5. Auflage 2017
Rolfs/Giesen/ Kreikebohm/Udsching	BeckOK – Beck´scher Online Kommentar Sozialrecht
Roos/Wahrendorf	Sozialgerichtsgesetz, Kommentar, 1. Auflage 2014
Schellhorn/Schellhorn/ Hohm	SGB XII, Kommentar zum Sozialgesetzbuch XII, Sozialhilfe, 19. Auflage 2015
Schlegel/Voelzke/ Coseriu/Eicher	JURIS Praxiskommentar SGB XII, Sozialhilfe, 2. Auflage 2014
Schlegel/Voelzke/Radüge	JURIS Praxiskommentar SGB II, Grundsicherung für Arbeitsuchende, 4. Auflage 2015
Schlegel/Voelzke/ Mutschler/Palsherm	JURIS Praxiskommentar SGB X, Sozialgesetzbuch Zehntes Buch (SGB X) – Sozialverwaltungsverfahren und Sozialdatenschutz, 2. Auflage 2017
Schlegel/Voelzke/Voelzke	JURIS Praxiskommentar SGB I, Allgemeiner Teil, 3. Auflage 2018
Stelkens/Bonk/Sachs	Verwaltungsverfahrensgesetz – VwVfG, 8. Auflage 2014
von Wulffen/Schütze	Sozialverwaltungsverfahren und Sozialdatenschutz, 8. Auflage 2014
Wolff/Bachof/Stober/Kluth	Verwaltungsrecht, Bd. 1, 13. Auflage 2017
Wolff/Bachof/Stober/Kluth	Verwaltungsrecht, Bd. 2, 7. Auflage 2010

2. Lehr- und Lernbücher

Arbeitslosenprojekt TuWas	Leitfaden zum Arbeitslosengeld II, 14. Auflage 2018
Dillmann	Allgemeines Sozialverwaltungsrecht und Grundzüge des sozialgerichtlichen Verfahrens, 1. Auflage 2008
Dörr	Bescheidkorrektur – Rückforderung – Sozialrechtliche Herstellung, 5. Auflage 2012
Dörr/Franke	Sozialverwaltungsrecht, 3. Auflage 2012
Edtbauer/Kievel	Grundsicherungs- und Sozialhilferecht für soziale Berufe, 3. Auflage 2014
Eichenhofer/Janda	Klausurenkurs im Sozialrecht, 8. Auflage 2014

Felix	Das Sozialrechtsfallbuch I, 1. Auflage 2012
	Das Sozialrechtsfallbuch II, 1. Auflage 2014
	Das Sozialrechtsfallbuch III, 1. Auflage 2018
Fichte/Plagemann/ Waschull	Sozialverwaltungsverfahrensrecht, 2. Auflage 2016
Francke/Dörr	Verfahren nach dem Sozialgerichtsgesetz, 3. Auflage 2012
Grosse	Praktische Fälle aus dem Sozialrecht, 9. Auflage 2020
Klinger/Kunkel/ Pattar/Peters	Existenzsicherungsrecht, 3. Auflage 2012
Muckel/Ogorek	Sozialrecht, 4. Auflage 2011
Müller/Wersig	Der Rückgriff gegen Angehörige von Sozialleistungsempfängern, 7. Auflage 2016
Renn/Schoch/ Löcher/Wendtland	Grundsicherung für Arbeitsuchende (SGB II), 4. Auflage 2018
Schwabe	Sozialhilfe, 17. Auflage 2007
Waltermann	Sozialrecht, 12. Auflage 2016
Weber	Methodik der Fallbearbeitung im Ordnungs- und Sozialrecht, 1. Auflage 2018

3. Zeitschriften

APF	Ausbildung, Prüfung, Fortbildung: Zeitschrift für die staatliche und kommunale Verwaltung
Behindertenrecht	Fachzeitschrift für Fragen der Rehabilitation mit besonderer Berücksichtigung der Gebiete Schwerbehindertenrecht, Kriegsopferversorgung, Kriegsopferfürsorge
DVP	Deutsche Verwaltungspraxis
FamRZ	Zeitschrift für das gesamte Familienrecht
FuR	Familie und Recht
FEVS	Fürsorgerechtliche Entscheidungen der Verwaltungs- und Sozialgerichte
Info also	Informationen zum Arbeitslosenrecht- und Sozialhilferecht
NDV	Nachrichtendienst des Deutschen Vereins für Öffentliche und Private Fürsorge
NJW	Neue Juristische Wochenschrift
NZS	Neue Zeitschrift für Sozialrecht
SGb	Die Sozialgerichtsbarkeit
Sozialrecht aktuell	Sozialrecht aktuell
VSSR	Vierteljahresschrift für Sozialrecht
ZEV	Zeitschrift für Erbrecht und Vermögensnachfolge
ZfF	Zeitschrift für das Fürsorgewesen
ZFSH/SGB	Zeitschrift für die sozialrechtliche Praxis

4. Entscheidungssammlungen

Breithaupt	Sammlung von Entscheidungen aus dem Sozialrecht
BSGE	Entscheidungen des Bundessozialgerichts, herausgegeben von den Richtern des Bundessozialgerichts
BVerwGE	Entscheidungen des Bundesverwaltungsgerichts, herausgegeben von den Richtern des Bundesverwaltungsgerichts
SozR	Sozialrecht, bearbeitet von den Richtern des Bundessozialgerichts, Loseblattwerk, erschienen in vier Folgen (1. Folge bis 1973; 2. Folge bis 1989; 3. Folge bis 07/2003; 4. Folge ab 08/2003)

5. Verwaltungsvorschriften und Internetquellen

Arbeitsausschuss der Sozialdezernenten Westfalen-Lippe	Empfehlungen zum Sozialhilferecht
Fachliche Hinweise der Bundesagentur für Arbeit	https://www.arbeitsagentur.de/veroeffentlichungen/wissensdatenbank-sgbii https://www.arbeitsagentur.de/veroeffentlichungen/gesetze-und-weisungen#1478808823843
Praxishilfen zum SGB II	https://www.mags.nrw/grundsicherung-arbeitshilfen
Vordrucksammlung des Landkreistages NRW	https://www.lkt-nrw.de/service/formulare

1. Sozialverwaltungsverfahren nach dem Ersten und Zehnten Buch Sozialgesetzbuch

1.1 Bedeutung des Sozialgesetzbuches

1.1.1 Zielsetzung

Durch die Schaffung eines Sozialgesetzbuches sollte eine umfassende Kodifikation des zersplitterten, auf unterschiedlichem geschichtlichem Hintergrund gewachsenen, Sozialrechts erfolgen. Ziel dieses Vorhabens war es, das bisher in zahlreichen Einzelgesetzen unübersichtlich geregelte Sozialrecht zu vereinfachen, um das Rechtsverständnis der Bürgerinnen und Bürger und damit ihr Vertrauen in den sozialen Rechtsstaat zu fördern, die Rechtsanwendung durch Verwaltung und Rechtsprechung zu erleichtern und die Rechtssicherheit zu gewährleisten.[1] Dieses Ziel ist bisher nur teilweise erreicht worden.

1.1.2 Entstehungsgeschichte

Die Unübersichtlichkeit des Sozialrechts führte nach dem Zweiten Weltkrieg zu immer größer werdender Rechtsunsicherheit, so dass es im Hinblick auf die Verwirklichung des Sozialstaatsprinzips (vgl. Art. 20 und Art. 28 GG) notwendig wurde, eine Vereinfachung und Kodifikation durchzuführen. Folgende Stufen des Werdeganges des Sozialgesetzbuchs sind erwähnenswert:

1955	Die Professoren Achinger, Höffner, Muthesius und Neundörfer fordern in der sogenannten „Rothenfelder Denkschrift" die Neuordnung der sozialen Leistungen.
1959	Forderung der SPD im „Godesberger Programm", die gesamte Sozialgesetzgebung einheitlich und übersichtlich in einem Sozialgesetzbuch zu ordnen
29.4.1964	Die Bundesregierung beschließt die Durchführung einer Sozialenquête (Untersuchung, Umfrage) durch eine Kommission unabhängiger Wissenschaftler.
25.7.1966	Bericht[2] wird dem Bundeskanzler übergeben.
28.10.1969	Ankündigung in der Regierungserklärung[3], wonach die Bundesregierung dem sozialen Rechtsstaat verpflichtet ist und zur Verwirklichung dieses Verfassungsauftrages mit den Arbeiten für ein den Anforderungen der Zeit entsprechendes Sozialgesetzbuch beginnen wird

---

1 Vorblatt des Gesetzentwurfes der Bundesregierung, BT-Drs. 7/868.
2 Soziale Sicherheit in der Bundesrepublik Deutschland, Bericht der Sozialenquête-Kommission 1966
3 Bulletin des Presse- und Informationsamtes der Bundesregierung 1969, S. 1121 ff.

19.3.1970	Kabinettsbeschluss, zur Unterstützung der Bundesregierung bei der Erarbeitung eines Entwurfs eines Sozialgesetzbuches beim Bundesministerium für Arbeit und Sozialordnung eine Sachverständigenkommission einzusetzen
12.9.1972	Entwurf des Sozialgesetzbuchs Allgemeiner Teil (Erstes Buch) wird von der Bundesregierung dem Bundestag vorgelegt (wird wegen der vorzeitigen Auflösung des 6. Bundestages nicht mehr beraten)
27.6.1973	Erneute Einbringung in den 7. Deutschen Bundestag
1.1.1976	Inkrafttreten des **Ersten Buches** Sozialgesetzbuch (Allgemeiner Teil)
1.7.1977	Inkrafttreten des **Vierten Buches** Sozialgesetzbuch (Gemeinsame Vorschriften für die Sozialversicherung)
1.1.1981	Inkrafttreten des **Zehnten Buches** Sozialgesetzbuch, 1. und 2. Kapitel (Verwaltungsverfahren, Schutz der Sozialdaten)
1.7.1983	Inkrafttreten des **Zehnten Buches** Sozialgesetzbuch, 3. Kapitel (Zusammenarbeit der Leistungsträger und ihre Beziehungen zu Dritten)
1.1.1989	Inkrafttreten des **Fünften Buches** Sozialgesetzbuch (Gesetzliche Krankenversicherung)
1.1.1991	Inkrafttreten des **Achten Buches** Sozialgesetzbuch (Kinder- und Jugendhilfe)[4]
1.1.1992	Inkrafttreten des **Sechsten Buches** Sozialgesetzbuch (Gesetzliche Rentenversicherung)
1.1.1995	Inkrafttreten des **Elften Buches** Sozialgesetzbuch (Soziale Pflegeversicherung)
1.1.1997	Inkrafttreten des **Siebten Buches** Sozialgesetzbuch (Gesetzliche Unfallversicherung)
1.1.1998	Inkrafttreten des **Dritten Buches** Sozialgesetzbuch (Arbeitsförderung)
1.7.2001	Inkrafttreten des **Neunten Buches** Sozialgesetzbuch (Rehabilitation und Teilhabe behinderten Menschen)[5]
1.1.2005	Inkrafttreten des **Zweiten Buches** Sozialgesetzbuch (Grundsicherung für Arbeitsuchende)
1.1.2005	Inkrafttreten des **Zwölften Buches** Sozialgesetzbuch (Sozialhilfe)
2015	Erstes Pflegestärkungsgesetz – Erstes Gesetz zur Stärkung der pflegerischen Versorgung und zur Änderung weiterer Vorschriften
2016	Zweites Pflegestärkungsgesetz – Zweites Gesetz zur Stärkung der pflegerischen Versorgung und zur Änderung weiterer Vorschriften (Änderung des Elften Buches Sozialgesetzbuches)
2016	Bundesteilhabegesetz – Gesetz zur Stärkung der Teilhabe und Selbstbestimmung von Menschen mit Behinderungen (insbesondere Wegfall der Eingliederungshilfe im sechsten Kapitel des Zwölften Buches Sozialgesetzbuches mit Wirkung zum 1.1.2020 und Neugestaltung des **Neunten Buches Sozialgesetzbuches**, u. a. durch neue Regelungen zum Eingliederungshilferecht)

---

[4] In den neuen Bundesländern bereits am 3.10.1990 in Kraft getreten.
[5] Zu unterschiedlichen Stichtagen in Kraft getreten (vgl. SGB IX, Artikel 68).

2017	Drittes Pflegestärkungsgesetz – Drittes Gesetz zur Stärkung der pflegerischen Versorgung und zur Änderung weiterer Gesetze (Änderung des Siebten Kapitels)
2020	Überführung der Eingliederungshilfe in den ab dem 1.1.2020 gültigen neuen Teil 2 des SGB IX
2020	Erste Regelungen des neuen Sozialen Entschädigungsrechts treten in dem neuen und eigenständigen **Vierzehnten Buch Sozialgesetzbuch** in Kraft. Stufenweise Einführung bis zum Jahr 2024.

1.1.3 Konzept und Gliederung des Gesamtwerkes

Das Hauptproblem bei der Erstellung des Sozialgesetzbuchs war die Frage der Abgrenzung. Nach langer Diskussion wurden die Rechtsbereiche, die nur zeitlich begrenzt von Bedeutung sind (z. B. Lastenausgleichsrecht, Wiedergutmachungsrecht), die soziale Sicherung der öffentlich Bediensteten (z. B. Beamten- und Richterversorgung) sowie die arbeitsrechtlichen und privatrechtlichen Sozialleistungsbereiche ausgeschlossen. Ein Teil dieser Bereiche sollte nach den Absichtserklärungen der Bundesregierung in den 70er Jahren in einem gesonderten Arbeitsgesetzbuch zusammengefasst werden, was bis heute jedoch noch nicht erfolgt ist.

Zurzeit sind die nachfolgend aufgeführten Bücher in Kraft:

Erstes Buch:	Allgemeiner Teil	(SGB I)
Zweites Buch:	Grundsicherung für Arbeitsuchende	(SGB II)
Drittes Buch:	Arbeitsförderung	(SGB III)
Viertes Buch:	Gemeinsame Vorschriften für die Sozialversicherung	(SGB IV)
Fünftes Buch:	Gesetzliche Krankenversicherung	(SGB V)
Sechstes Buch:	Gesetzliche Rentenversicherung	(SGB VI)
Siebtes Buch:	Gesetzliche Unfallversicherung	(SGB VII)
Achtes Buch:	Kinder und Jugendhilfe	(SGB VIII)
Neuntes Buch:	Rehabilitation und Teilhabe behinderter Menschen	(SGB IX)
	Insbesondere durch das Bundesteilhabegesetz geändert[6]	
Zehntes Buch:	Sozialverwaltungsverfahren und Sozialdatenschutz	SGB X)
Elftes Buch:	Soziale Pflegeversicherung	(SGB XI)
Zwölftes Buch:	Sozialhilfe	(SGB XII)
Vierzehntes Buch:	Soziale Entschädigung	(SGB XIV)

Neben den genannten Büchern gelten bis zu ihrer Einordnung in das Sozialgesetzbuch eine Vielzahl von Gesetzen als **besondere Teile** des Sozialgesetzbuches (**vgl. § 68 SGB I**).

---

[6] Bundesteilhabegesetz vom 23.12.2016 (BGBl. I S. 3234), zuletzt durch Artikel 2 Nr. 2 des Gesetzes vom 30.11.2019 (BGBl. I S. 1948) geändert (BTHG).

1.1.4 Anwendung des Ersten Buches Sozialgesetzbuch (SGB I) und des Zehnten Buches Sozialgesetzbuch (SGB X) im Rahmen der Grundsicherung für Arbeitsuchende und der Sozialhilfe

Das Erste Buch Sozialgesetzbuch (SGB I) und das Zehnte Buch Sozialgesetzbuch (SGB X) gelten nach § 37 Satz 1 SGB I **für alle** Sozialleistungsbereiche dieses Gesetzbuches, soweit sich aus den übrigen Büchern nichts Abweichendes ergibt. Dieser Vorbehalt gilt gemäß § 37 Satz 2 SGB I nicht für die §§ 1 bis 17 und 31 bis 36 SGB I. Das 2. Kapitel SGB X geht dessen Erstem Kapitel vor, soweit sich die Ermittlung des Sachverhaltes auf Sozialdaten erstreckt (§ 37 Satz 3 SGB I).

Die Ausführungen über
- Aufgaben des Sozialgesetzbuches (§§ 1 bis 10 SGB I),
- Allgemeines über Sozialleistungen und Leistungsträger (§§ 11 bis 17 SGB I),
- allgemeine Grundsätze (§§ 31 bis 36 SGB I) und
- Schutz der Sozialdaten (§§ 67 bis 85a SGB X)

gelten damit unmittelbar auch für die Leistungen nach dem Zweiten und Zwölften Buch Sozialgesetzbuch.

Bei der Anwendung von Rechtsnormen des Ersten und des Zehnten Buches Sozialgesetzbuch ist zu bedenken, dass die vielfältigen Lebenssituationen, die durch die Leistungen nach dem Zweiten und insbesondere dem Zwölften Buch Sozialgesetzbuch erfasst werden, nur teilweise im Ersten und im Zehnten Buch Sozialgesetzbuch Berücksichtigung finden.

§ 37 Satz 1 SGB I stellt klar, dass die Regelungen des Dritten Abschnitts des Ersten Buches Sozialgesetzbuch (§§ 30 bis 37 SGB I) grundsätzlich für alle Sozialleistungsbereiche gelten. Dabei ist jedoch zu berücksichtigen, dass in den übrigen Büchern und den Gesetzen, die weiterhin als besondere Teile des Gesetzbuchs gelten (vgl. § 68 SGB I), teilweise ausdrücklich oder nach dem Sinnzusammenhang spezialgesetzliche Modifizierungen erfolgt sind.

Für die Leistungen nach dem Zweiten und dem Zwölften Buch Sozialgesetzbuch gelten wegen des Vorbehalts in § 37 Satz 1 SGB I spezialgesetzliche landesrechtliche Regelungen sowie für die Leistungen nach dem 3. und 5. bis 9. Kapitel SGB XII zusätzlich vielfältige Strukturprinzipien (z. B. Bedarfsdeckungsprinzip, antragsunabhängige Leistungen, keine rentenähnliche Dauerleistung).

Eine vom Dritten Abschnitt des Ersten Buches Sozialgesetzbuch abweichende Regelung findet sich z. B. in § 17 Abs. 1 Satz 2 SGB XII im Verhältnis zu § 53 Abs. 2 SGB I. Nach § 53 Abs. 2 SGB I können Ansprüche auf Geldleistungen übertragen und verpfändet werden, was nach § 17 Abs. 1 Satz 2 SGB XII ausgeschlossen ist.

1.2 Erstes Buch Sozialgesetzbuch (SGB I) – Allgemeiner Teil –

Die Regelungen des Ersten Buches Sozialgesetzbuch umfassen – sozusagen als Klammer – alle Bücher des Sozialgesetzbuchs (SGB I bis SGB XII) sowie die besonderen Teile des Sozialgesetzbuchs (vgl. § 68 SGB I). Nach § 1 SGB I soll das Sozialgesetzbuch zur Verwirklichung der **sozialen Gerechtigkeit** und **sozialen Sicherung** beitragen (vgl. Art. 20 Abs. 1 und 28 Abs. 1 GG).

Dem in § 37 SGB I verankerten Grundsatz des Vorrangs der speziellen Regelung vor den allgemeinen Regelungen folgend hat das Erste Buch Sozialgesetzbuch vor allem dann Bedeutung, wenn spezielle Vorschriften in den anderen Sozialgesetzbüchern nicht bestehen. Ist in den besonderen Teilen des Sozialgesetzbuchs keine Regelung getroffen worden, muss auf die Bestimmungen des Ersten und Zehnten Buches Sozialgesetzbuch zurückgegriffen werden.

Im ersten Abschnitt des Ersten Buches Sozialgesetzbuch (vgl. §§ 1 bis 10 SGB I) und im ersten Titel des zweiten Abschnittes (vgl. §§ 11 bis 17 SGB I) werden u. a. die Rechte und die Rechtsstellung des Bürgers beschrieben. Die dort genannten Rechte begründen zwar keine konkreten Ansprüche des Bürgers, sie können aber Bedeutung bei der Auslegung von Rechtsfragen gewinnen (z. B. der Meistbegünstigungsgrundsatz nach § 2 Abs. 2 SGB I für die Auslegung eines Schreibens als Widerspruch, vgl. 1.2.2).

Im dritten Abschnitt des Ersten Buches Sozialgesetzbuches (vgl. §§ 30 bis 71 SGB I) finden sich insbesondere Verfahrensrechte, auf die dann zurückgegriffen wird, wenn keine Regelungen in den besonderen Teilen der Sozialgesetzbücher oder im Zehnten Buch Sozialgesetzbuch existieren. Z. B. finden sich Regelungen zur Aufrechnung in §§ 26 Abs. 2 SGB XII und in § 43 SGB II. Sind die beiden Vorschriften nicht einschlägig, kann ggf. auf § 51 SGB I zurückgegriffen werden.

1.2.1 Aufgabe des Sozialgesetzbuches (§ 1 SGB I)

§ 1 SGB I beschreibt die Aufgaben des Sozialgesetzbuchs. Danach soll es zur Verwirklichung der **sozialen Gerechtigkeit** und **sozialen Sicherung** beitragen (vgl. Art. 20 Abs. 1 und 28 Abs. 1 GG).

1.2.2 Soziale Rechte (§§ 2 bis 10 SGB I)

In den §§ 3 bis 10 SGB I werden einzelne soziale Rechte, die den Aufgaben nach § 1 SGB I entsprechen, näher beschrieben. Aus den §§ 3 bis 10 SGB I können Ansprüche nur insoweit geltend gemacht oder hergeleitet werden, als deren Voraussetzungen und Inhalte durch die Vorschriften der übrigen Bücher dieses Gesetzbuchs (z. B. durch das Zweite oder das Zwölfte Buch Sozialgesetzbuch) im Einzelnen bestimmt sind (vgl. § 2 Abs. 1 Satz 2 SGB I). Gleiches gilt für die Gesetze, die nach § 68 SGB I bis zur Einordnung in dieses Gesetzbuch als „besondere Teile" gelten.

Die in den §§ 3 bis 10 SGB I beschriebenen sozialen Rechte sind gemäß § 2 Abs. 2 SGB I bei der Auslegung der Vorschriften des Sozialgesetzbuchs und bei der Ausübung von Ermessen zu beachten, wobei sicherzustellen ist, dass die sozialen Rechte möglichst weitgehend verwirklicht werden. Aus § 2 Abs. 2 SGB I folgt das sog. **„Meistbegünstigungsprinzip".**[7] Danach sind insbesondere Anträge im Sinne und zugunsten der leistungsberechtigten Person auszulegen, wenn Unklarheiten bestehen. Ein unzulässiger Widerspruch kann daher z. B. als Antrag nach § 44 SGB X umgedeutet werden. Ein Kostenerstattungsantrag für die Übernahme von Betriebsnebenkosten der Wohnung kann ggf. als Widerspruch betrachtet werden.[8] Anträge sind erweiternd auszulegen, wenn weitere Leistungen möglich sind, die gestellt worden wären, wenn eine entsprechende Beratung stattgefunden hätte.

Das Meistbegünstigungsprinzip hat daher eine konkrete praktische Bedeutung und weist eine inhaltliche Nähe zum im Zwölften Buch Sozialgesetzbuch verankerten Gesamtfallprinzip auf. Insgesamt soll daher mit dem Meistbegünstigungsprinzip und dem Gesamtfallprinzip sichergestellt werden, dass die leistungsberechtigte Person die von ihr beanspruchten Leistungen unter allen denkbaren rechtlichen Gesichtspunkten geltend machen kann.

1.2.3 Sozialleistungen und Leistungsträger (§§ 11 bis 17 SGB I)

Die §§ 11 bis 17 SGB I regeln Allgemeines über Sozialleistungen und Leistungsträger. Sie gelten für die Grundsicherung für Arbeitsuchende und die Sozialhilfe **unmittelbar** und **uneingeschränkt** (vgl. § 37 Satz 2 SGB I).

1.2.3.1 Leistungsarten (§ 11 SGB I)

Gegenstand der sozialen Rechte sind gemäß § 11 Satz 1 SGB I die im Sozialgesetzbuch vorgesehenen Dienst-, Sach- und Geldleistungen (**Sozialleistungen**). Das Zweite und das Zwölfte Buch Sozialgesetzbuch sehen ebenfalls eine Unterteilung in diese Leistungsarten vor (vgl. § 4 Abs. 1 SGB II und § 10 Abs. 1 SGB XII). In beiden Gesetzen erfolgt eine Konkretisierung bezüglich der Dienstleistungen.

Zu den Dienstleistungen gehören nach § 4 Abs. 1 Nr. 1 SGB II u. a. eine umfassende Unterstützung durch einen „persönlichen Ansprechpartner" (vgl. auch § 14 Abs. 1 Satz 2 SGB II) oder nach § 10 Abs. 2 SGB XII u. a. die Beratung in Fragen der Sozialhilfe und die Beratung und Unterstützung in sonstigen sozialen Angelegenheiten (vgl. auch § 10 und § 11 SGB XII).

Zur Deckung der Bedarfe für Bildung und Teilhabe kommen regelmäßig Gutscheine in Betracht, die als Sachleistungen zu bewerten sind (vgl. u. a. § 29 Abs. 1 Satz 1 und Abs. 2 SGB II sowie § 34a Abs. 2 Satz 2 und Abs. 3 SGB XII).

---

[7] Vgl. BSG, Urt. vom 7.11.2006 – B 7b AS 8/06 R –, BSGE 97, 217 = FEVS 58, 259 = SGb 2007, 308.
[8] Vgl. BSG, Urt. vom 10.11.2011 – B 8 SO 18/10 R –, SGb 2012, 616 = NVwZ-RR 2012, 313.

1.2.3.2 Leistungsträger (§ 12 SGB I)

Die in den §§ 18 bis 29 SGB I genannten Körperschaften, Anstalten und Behörden (**Leistungsträger**) sind für die Sozialleistungen zuständig, wobei sich Einzelregelungen aus den einzelnen Büchern des Sozialgesetzbuches sowie landesrechtlichen Zuständigkeitsregelungen ergeben.

Die Träger der Grundsicherung für Arbeitsuchende ergeben sich aus dem § 19a Abs. 2 SGB I sowie den §§ 6 ff. und 36 SGB II. Die Träger der Sozialhilfe ergeben sich aus dem § 28 Abs. 2 SGB I sowie den §§ 3 und 97 ff. SGB XII. Weitere Regelungen ergeben sich jeweils aus dem Landesrecht.

Dritte, z. B. Verbände der freien Wohlfahrtspflege, die Leistungen nach dem Zweiten oder dem Zwölften Buch Sozialgesetzbuch erbringen (vgl. § 17 SGB II, § 5 SGB XII), sind im Falle einer Aufgabenübertragung keine Leistungsträger i. S. des § 12 SGB I.

1.2.3.3 Aufklärung (§ 13 SGB I), Beratung (§ 14 SGB I), Auskunft (§ 15 SGB I)

In § 13 SGB I wird die Verpflichtung zur Aufklärung festgelegt. Aufklärung soll dazu beitragen, eine möglichst große Gruppe evtl. betroffener Personen über ihre Rechte und Pflichten nach dem Sozialgesetzbuch zu informieren. Ein einklagbares Recht auf Aufklärung ist hieraus nicht abzuleiten.

Der Verpflichtung zur Aufklärung wird in unterschiedlicher Form entsprochen, z. B. durch Merkblätter, Informationsbroschüren, Veröffentlichungen in Zeitungen und Zeitschriften, im Internet, Rundfunk und Fernsehen, in Vortrags- und Informationsveranstaltungen.

In § 14 SGB I wird der Anspruch auf **Beratung** über Rechte und Pflichten nach dem Ersten Buch Sozialgesetzbuch durch den zuständigen Leistungsträger verankert. Als Mittel der Beratung wird regelmäßig das **individuelle** Gespräch im Hinblick auf die besondere Situation der ratsuchenden Personen in Betracht kommen. In Ausnahmefällen wird diese Information auch schriftlich erfolgen können. Die Beratung wird regelmäßig von einem Mitwirken der ratsuchenden Person abhängig sein (vgl. §§ 60 bis 67 SGB I).

Insbesondere bei der Antragstellung dürfte eine **Beratungsverpflichtung** von Bedeutung sein, wenngleich sich diese Verpflichtung auch auf Zeiträume vor Beginn des Verwaltungsverfahrens erstreckt. Zur Beratung gehört die Unterrichtung und **Beratung über die Rechtslage**, wenn die leistungsberechtigte Person ein entsprechendes Auskunfts- und Beratungsbegehren äußert. Darüber hinausgehend hat der Leistungsträger auf **Gestaltungsmöglichkeiten** hinzuweisen, wenn der Sachverhalt bekannt ist und sich Gestaltungsoptionen „aufdrängen", die ein verständiger Leistungsberechtigter wahrnehmen würde, wenn sie ihm bekannt wären.[9] Die Beratungspflicht erstreckt sich dann auf das gesamte Leistungsspektrum des Sozialgesetzbuches, mindestens aber auf eng angrenzende Rechtsgebiete, damit der Einzelne seine sozialen Rechte in größtmöglichem Umfang realisieren kann.

---

9 Vgl. BSG, Urt. vom 2.4.2014 – B 4 AS 29/13 R –, juris, Rn. 29 = NZS 2014, 547 = ZFSH/SGB 2014, 541.

Beispiele
- *Eine Vermögensumwandlung von nicht geschütztem in geschütztes Vermögen ist sowohl vor der Antragstellung als auch im laufenden Leistungsbezug erlaubt. So ist z. B. eine Umwandlung von Sparvermögen in geschütztes Altersvorsorgevermögen (vgl. § 12 Abs. 2 Satz 1 Nr. 3 SGB II) denkbar.*
- *Umstritten ist eine Beratungspflicht dahingehend, einen Antrag zu einem späteren Zeitpunkt (z. B. im Folgemonat) zu stellen, damit ein Geldzufluss nicht als Einkommen, sondern als ggf. geschütztes Vermögen zu werten ist.[10] Gegen eine solche Beratungspflicht spricht, dass dies mit dem Subsidiaritätsgrundsatz und dem sparsamen Umgang mit steuerfinanzierten Sozialleistungen nicht im Einklang steht. Ziel des Zweiten oder Zwölften Buches Sozialgesetzbuch ist nicht die Herbeiführung von Hilfebedürftigkeit, sondern deren Beseitigung.*
- *Demgegenüber hat das Bayerische Landessozialgericht einen Beratungsfehler angenommen, weil der Leistungsträger nicht auf die Möglichkeit hingewiesen hat, einen Antrag zu einem späteren Zeitpunkt zu stellen und deshalb ein Geldzufluss als anspruchsvernichtendes Einkommen zu werten war.[11]*
- *Der Bundesgerichtshof geht über die dargestellte Rechtslage hinaus.[12] Nach seiner Meinung ist eine umfassende Beratung des Versicherten bzw. Antragstellers die Grundlage für das Funktionieren des immer komplizierter werdenden sozialen Leistungssystems. Im Vordergrund steht dabei nicht mehr nur die Beantwortung von Fragen oder Bitten um Beratung, sondern die verständnisvolle Förderung des Versicherten bzw. Antragstellers, das heißt die aufmerksame Prüfung durch den Sachbearbeiter, ob Anlass besteht, den Versicherten bzw. Antragsteller auch **von Amts wegen** (sog. „Spontanberatung") auf Gestaltungsmöglichkeiten oder Nachteile hinzuweisen, die sich mit seinem Anliegen verbinden; denn schon gezielte Fragen setzen Sachkunde voraus, über die der Versicherte bzw. Antragsteller oft nicht verfügt. Die Kompliziertheit des Sozialrechts liegt gerade in der Verzahnung seiner Sicherungsformen bei den verschiedenen versicherten Risiken, aber auch in der Verknüpfung mit anderen Sicherungssystemen. Die Beratungspflicht ist deshalb nicht auf die Normen beschränkt, die der betreffende Sozialleistungsträger anzuwenden hat.*
- *Im konkreten Fall hat ein Sachbearbeiter eine Amtspflichtverletzung gegenüber einer leistungsberechtigten Person begangen, die Leistungen nach dem 4. Kapitel SGB XII erhielt. Die Amtspflichtverletzung bestand darin, dass der Sachbearbeiter nicht auf mögliche Rentenversicherungsleistungen aufmerksam gemacht hat, die für ehemalige Beschäftigte in einer Werkstatt für behinderte Menschen bestehen, weil diese aufgrund ihrer dortigen Tätigkeit gesetzlich rentenversichert sind. Ist aber anlässlich eines Kontakts des Bürgers mit dem Sozialhilfeträger für diesen ein zwingender rentenversicherungsrechtlicher Beratungsbedarf eindeutig erkennbar, so besteht für den Sozialhilfe-*

---

10 Ablehnend *Burkiczak* in BeckOK, SGB II, § 37 Rn. 4b.
11 Vgl. Bayerisches LSG, Urt. vom 27.2.2014 – L 7 AS 642/12 –, juris, Rn. 39; vgl. auch BSG, Urt. vom 24.4.2015 – B 4 AS 22/14 R –, NZS 2015, 651.
12 BGH, Urt. vom 2.8.2018 – III ZR 466/16 –, n. unveröffentl.

1.2 Erstes Buch Sozialgesetzbuch (SGB I) – Allgemeiner Teil

träger auch ohne ein entsprechendes Beratungsbegehren zumindest die Pflicht, dem Bürger nahezulegen, sich (auch) von dem Rentenversicherungsträger beraten zu lassen (vgl. § 2 Abs. 2 Halbs. 2, § 17 Abs. 1 SGB I).

- *Bei Erreichen der Regelaltersgrenze muss ein Sachbearbeiter im Sozialamt mit Blick auf die Verzahnung und Verknüpfung der Sozialleistungssysteme in Erwägung ziehen, dass bereits vor Erreichen der Regelaltersgrenze ein gesetzlicher Rentenanspruch wegen Erwerbsunfähigkeit bestehen könnte. Es besteht daher ein Schadensersatzanspruch aus Amtspflichtverletzung – im konkreten Fall im Umfang von 50.000,00 € gegen den Sozialhilfeträger.*

Während sich die Aufklärung allgemein an die Bevölkerung oder an Gruppen der Bevölkerung wendet und die Beratung an eine einzelne Person in einer konkret-individuellen Verwaltungsmaßnahme gerichtet ist, wird die Auskunft noch spezieller. Die Auskunft ist die Antwort auf eine präzisierte Frage. Die nach Landesrecht zuständigen Stellen[13], die Träger der gesetzlichen Krankenversicherung und der sozialen Pflegeversicherung, sind verpflichtet, über alle sozialen Angelegenheiten nach diesem Gesetzbuch Auskünfte zu erteilen (§ 15 Abs. 1 SGB I). Die Auskunftspflicht kann auch darauf ausgerichtet sein, den Bürgerinnen und Bürgern den jeweils kompetenten Sozialleistungsträger zu benennen, wobei die Auskunftsstellen gehalten sind, bei der Erfüllung ihrer Aufgaben zusammenzuarbeiten (vgl. § 15 Abs. 2 und 3 SGB I).

Für **unrichtige** oder **unvollständige Beratung oder Auskunft** haftet ggf. der Leistungsträger gegenüber den Leistungsberechtigten in Form eines Amtshaftungsanspruchs (Art. 34 GG i.V.m. § 839 BGB). Um zusätzlich der leistungsberechtigten Person aber die ihr zustehenden Rechte auch nachträglich zu bewilligen, hat die sozialgerichtliche Rechtsprechung den **sozialrechtlichen Herstellungsanspruch**[14] entwickelt, der insbesondere bei der Verletzung von Auskunfts-, Beratungs- und Betreuungspflichten zum Tragen kommt.

Der sozialrechtliche Herstellungsanspruch hat zur Voraussetzung, dass der Sozialleistungsträger eine ihm aufgrund des Gesetzes oder eines Sozialrechtsverhältnisses obliegende Pflicht, insbesondere zur Beratung und Auskunft (§§ 14, 15 SGB I), verletzt hat. Durch diese Pflichtverletzung ist dem Betroffenen ein Nachteil entstanden. Ferner ist erforderlich, dass zwischen der Pflichtverletzung des Sozialleistungsträgers und dem Nachteil des Betroffenen ein ursächlicher Zusammenhang besteht. Schließlich muss der durch das pflichtwidrige Verwaltungshandeln eingetretene Nachteil durch eine zulässige Amtshandlung beseitigt werden können. Die Korrektur durch den Herstellungsanspruch darf dem jeweiligen Gesetzeszweck nicht widersprechen.[15] Der sozialrechtliche Herstellungsanspruch ist gegenüber der Korrektur von Verwaltungsakten (vgl. §§ 44 ff. SGB X) subsidiär.

---

13 In Nordrhein-Westfalen sind z.B. die Gemeinden zuständige Stellen (VO vom 19.6.1976, GV.NRW. 1979, S. 474).
14 Vgl. BSG, Urt. vom 13.12.1984 – 11 RA 68/83 –, BSGE 57, 290 = SGb 1986, 34.
15 Vgl. BSG, Urt. vom 18.1.2011 – B 4 AS 29/10 R –, NZS 2011, 913 = NJW 2011, 2907 = NDVRD 2011, 62; BSG, Urt. vom 31.10.2007 – B 14/11b AS 63/06 R –, SGb 2008, 610.

Beispiel

*Das Jobcenter versäumt eine ihm obliegende Aufklärungspflicht, wenn es – nachdem es nach Ablauf des ersten Bewilligungszeitraums Arbeitslosengeld II ohne einen Fortzahlungsantrag weitergezahlt hat – für den dritten Bewilligungsabschnitt nicht auf das Erfordernis eines Fortzahlungsantrags für die weitere Leistungsbewilligung hinweist. Konkret ist durch die Behörde dann eine dahingehende **Beratung** notwendig, dass eine Fortzahlung der Leistungen von einer Antragstellung abhängig ist und erst der Antrag die Leistungsgewährung auslöst.[16]*

*Das Jobcenter hat die Verpflichtung, auf die Notwendigkeit eines Folgeantrags **ca. einen Monat vor Ablauf des Bewilligungszeitraums** hinzuweisen. Ein derartiger Hinweis im Bewilligungsbescheid selbst genügt der Beratungs- und Aufklärungspflicht nicht, weil der zeitliche Zusammenhang zwischen Beratung und Erforderlichkeit eines Folgeantrags fehlt.[17]*

Die geschädigte leistungsberechtigte Person ist so zu stellen, als hätte der Leistungsträger rechtmäßig gehandelt. Es geht hier um die sog. „Naturalrestitution", d. h. die Vornahme der unterlassenen oder fehlerhaften Amtshandlung. Schadensersatz oder Schmerzensgeld kann mit dem sozialrechtlichen Herstellungsanspruch nicht verlangt werden.

Mit dem Rechtsvereinfachungsgesetz[18] sind mit Wirkung zum 1.8.2016 die **Beratungsverpflichtungen** des Trägers der Leistungen für Arbeitsuchende nach dem Zweiten Buch Sozialgesetzbuch hervorgehoben worden. § 1 Abs. 3 SGB II benennt nunmehr ausdrücklich, dass es Aufgabe der Stellen für Grundsicherung für Arbeitsuchende ist, nicht nur Leistungen zur Sicherung des Lebensunterhalts und Eingliederungsleistungen zu erbringen, sondern ebenfalls die leistungsberechtigte Person zu beraten. Die Beratungsverpflichtung steht als Aufgabe also ranggleich neben den bisherigen Kernfunktionen des Zweiten Buches Sozialgesetzbuch, nämlich der Gewährung von Geldleistungen und der Vermittlung in Arbeit.

Gemäß § 14 Abs. 2 SGB II erhalten leistungsberechtigte Personen Beratung. Aufgabe der Beratung ist **insbesondere** die Erteilung von Auskunft und Rat zu Selbsthilfeobliegenheiten und Mitwirkungspflichten, zur Berechnung der Leistungen zur Sicherung des Lebensunterhalts und zur Auswahl der Leistungen im Rahmen des Eingliederungsprozesses. Art und Umfang der Beratung richten sich nach dem Beratungsbedarf der leistungsberechtigten Person. Außerdem benennt der Träger der Grundsicherung für Arbeitsuchende einen persönlichen Ansprechpartner (vgl. § 14 Abs. 3 SGB II).

Damit ist klargestellt, dass der zuständige Leistungsträger die leistungsberechtigte Person zu den wichtigsten sozialrechtlichen Fragestellungen, die für den einzelnen zur Beurteilung seiner Rechte und Pflichten von Bedeutung sind oder künftig Bedeutung erlangen können, beraten muss.

---

16 Vgl. BSG, Urt. vom 18.1.2011 – B 4 AS 29/10 R –, NZS 2011, 913 = NJW 2011, 2907 = NDVRD 2011, 62.
17 Vgl. LSG Niedersachsen-Bremen, Urt. vom 24.2.2015 – L 7 AS 187/14 –, FEVS 67, 81 = NZS 2015, 514.
18 Änderungsgesetz vom 26.7.2016 (BGBl. I S. 1824).

1.2 Erstes Buch Sozialgesetzbuch (SGB I) – Allgemeiner Teil

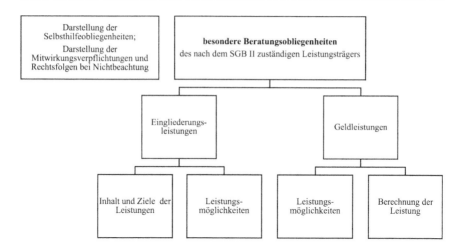

1.2.3.4 Antragstellung (§ 16 SGB I)

Sofern Sozialleistungen von einem Antrag abhängig sind, sind an die Form des Antrages keine besonderen Anforderungen zu stellen. Anträge können sowohl schriftlich als auch mündlich abgegebene Erklärungen mit dem Begehren auf eine Sozialleistung sein.

Diese sind (grundsätzlich) beim zuständigen Leistungsträger, der sich aus den Vorschriften der §§ 18 bis 29 SGB I ergibt, zu stellen (vgl. § 16 Abs. 1 Satz 1 SGB I). Um für Leistungsberechtigte, die die Zuständigkeitsbereiche der einzelnen Sozialleistungsträger nicht erkennen können, keine Nachteile entstehen zu lassen, regelt die Vorschrift des § 16 Abs. 1 Satz 2 SGB I, dass Anträge auch bei allen (nicht zuständigen) Leistungsträgern, allen Gemeinden sowie amtlichen Vertretungen der Bundesrepublik Deutschland im Ausland entgegengenommen werden.

Die bei unzuständigen Stellen eingegangenen Anträge sind unverzüglich (d. h. ohne schuldhaftes Zögern, vgl. § 121 BGB) an den zuständigen Leistungsträger weiterzuleiten (vgl. § 16 Abs. 2 Satz 1 SGB I); sie gelten, wenn die Sozialleistung **von einem Antrag** abhängig ist, von dem Zeitpunkt an als gestellt, zu dem sie bei der nicht zuständigen Stelle eingegangen sind (§ 16 Abs. 2 Satz 2 SGB I).

Der Anwendungsbereich von § 16 Abs. 2 SGB I ist aber nur eröffnet, wenn dem unzuständigen Leistungsträger bewusst werden kann, dass eine andere Sozialleistung begehrt wird. Beantragt z. B. eine Person Leistungen gegenüber der Pflegekasse, wird man auch unter Anwendung des Meistbegünstigungsgrundsatzes (§ 2 Abs. 2 SGB I) davon ausgehen müssen, dass diese lediglich Leistungen der Pflegeversicherung, nicht aber zugleich „Hilfe zur Pflege" nach dem Zwölften Buch Sozialgesetzbuch beantragt hat.[19] Ist hingegen aus dem gegenüber der Pflegeversicherung gestellten Antrag auch eine sozialhilferechtliche Hilfebedürftigkeit erkennbar, so wird man hierin zugleich

---
19 Vgl. BVerwG, Urt. vom 12.12.2002 – 5 C 62/01 R –, juris, Rn. 12.

einen Antrag auf Sozialhilfeleistungen erkennen, der nach § 16 Abs. 2 Satz 1 SGB I unverzüglich an den zuständigen Sozialhilfeträger weiterzuleiten ist.

Die Leistungen der Grundsicherung für Arbeitsuchende nach dem Zweiten Buch Sozialgesetzbuch sind antragsabhängig (vgl. § 37 Abs. 1 SGB II), ebenso die Leistungen der Grundsicherung im Alter und bei Erwerbsminderung nach dem 4. Kapitel SGB XII. Nach § 16 Abs. 2 SGB I gilt ein Antrag damit als in dem Zeitpunkt gestellt, in dem er bei der unzuständigen Stelle eines anderen **Leistungsträgers** oder einer **Gemeinde** eingegangen ist. Somit wirkt ein Antrag auf Leistungen beim Sozialhilfeträger nach dem Zwölften Buch Sozialgesetzbuch auch als Antrag auf Leistungen der Grundsicherung für Arbeitsuchende nach dem Zweiten Buch Sozialgesetzbuch.[20]

Die übrigen Leistungen der Sozialhilfe nach dem Zwölften Buch Sozialgesetzbuch sind grundsätzlich (Ausnahmen z. B. Bestattungskosten nach § 74 SGB XII, Leistungen zur Deckung der Bedarfe nach § 34 Abs. 2 und Abs. 4 bis Abs. 7 SGB XII, ergänzenden Darlehen nach § 37 SGB XII, Leistungen im „Eilfall" nach § 25 SGB XII, Leistungen im Rahmen eines trägerübergreifenden Persönlichen Budgets nach § 57 und § 61 Abs. 2 Satz 3 SGB XII) **nicht** von einem Antrag abhängig.

Die Anwendung des § 16 Abs. 2 Satz 2 SGB I, dessen Wortlaut von „antragsabhängigen Leistungen" ausgeht, wurde über lange Zeit für die Sozialhilfe mit den Regelungen des Bundessozialhilfegesetzes verneint.[21] Diese Rechtsprechung ist zu Recht mit nachvollziehbarer Argumentation aufgegeben worden.[22] Sinn und Zweck des § 16 SGB I ist es, dass die hilfebedürftige Person nicht an den (teilweise) schwierigen Zuständigkeitsabgrenzungen innerhalb der gegliederten Sozialverwaltung scheitern soll. Ein Erst-Recht-Schluss führt infolgedessen zur Anwendung des § 16 Abs. 2 SGB I auch für den nicht antragsabhängigen Bereich der Sozialhilfe nach dem Zwölften Buch Sozialgesetzbuch.

Wenn bereits ein Antrag bei einem unzuständigen Leistungsträger dazu führt, dass dieser als rechtzeitig gestellt gilt, so muss dies erst recht für den Träger der Sozialhilfe gelten, bei dem bereits die Kenntnis oder das Erkennen einer Hilfelage zum Zugang zu den Hilfen des Zwölften Buches Sozialgesetzbuch führt,[23] denn der Kenntnisgrundsatz des Zwölften Buches Sozialgesetzbuch (vgl. § 18 SGB XII) stellt im Vergleich zu antragsabhängigen Leistungen einen niedrigschwelligeren Zugang dar.

Ist einer unzuständigen Gemeinde ein Sozialhilfeantrag übermittelt worden, ist für die Leistungen nach dem 3. und 5. bis 9. Kapitel SGB XII die Anwendung der zu § 16 SGB I spezielleren Regelung des § 18 Abs. 2 SGB XII zu beachten.

---

20 LSG Niedersachsen-Bremen, Beschl. vom 5.9.2016 – L 7 AS 484/16 B ER –, juris, Rn. 36.
21 U. a. gestützt auf BVerwG, Urt. vom 9.2.1984 – 5 C 22/83 –, BVerwGE 69, 5 = FEVS 33, 358 = NDV 1985, 126.
22 Vgl. BVerwG, Urt. vom 18.5.1995 – 5 C 1/93 –, BVerwGE 98, 248 = FEVS = 46, 20 = NDV-RD 1996, 16, unter ausdrücklicher Aufgabe der früheren Rechtsprechung.
23 Vgl. BSG, Urt. vom 26.8.2008 – B 8/9b SO 18/07 R –, FEVS 60, 385 = SGb 2009, 620 = NVwZ-RR 2009, 287.

1.2.3.5 Ausführung der Sozialleistungen (§ 17 SGB I)

Die Leistungsträger sind verpflichtet, darauf hinzuwirken, dass
- Berechtigte die ihnen zustehenden Sozialleistungen in zeitgemäßer Weise, umfassend und zügig erhalten (§ 17 Abs. 1 Nr. 1 SGB I),
- die zur Ausführung von Sozialleistungen erforderlichen sozialen Dienste und Einrichtungen rechtzeitig und ausreichend zur Verfügung stehen (§ 17 Abs. 1 Nr. 2 SGB I),
- der Zugang zu den Sozialleitungen möglichst einfach gestaltet wird, insbesondere durch Verwendung allgemein verständlicher Antragsvordrucke (§ 17 Abs. 1 Nr. 3 SGB I) und
- ihre Verwaltungs- und Dienstgebäude frei von Zugangs- und Kommunikationsbarrieren sind und Sozialleistungen in barrierefreien Räumen und Anlagen ausgeführt werden (§ 17 Abs. 1 Nr. 4 SGB I).

Diese allgemeinen Hinweise zur Ausführung von Sozialleistungen im § 17 Abs. 1 SGB I ergänzen die in den einzelnen Sozialleistungsbereichen bestehenden Grundsätze, wobei hieraus keine konkreten Rechtsansprüche einzelner Personen auf Leistungen abzuleiten sind.

Für Leistungen zur Eingliederung in Arbeit konkretisiert § 17 SGB II, für die Sozialhilfe konkretisieren die §§ 75 ff. SGB XII die Grundsätze bezüglich der urverfügungstellung von erforderlichen Diensten und Einrichtungen im Sinne des § 17 Abs. 1 Nr. 2 SGB I.

Der in § 17 Abs. 1 Nr. 3 SGB I geforderte einfache Zugang zu den Sozialleistungen, insbesondere durch die Verwendung von Vordrucken, entspricht der überwiegenden Praxis. Außerdem spiegelt sich diese Forderung in § 60 Abs. 2 SGB I bezüglich der Mitwirkungspflicht der Leistungsberechtigten wider.

Die in § 17 Abs. 3 SGB I geforderte Zusammenarbeit mit gemeinnützigen und freien Einrichtungen und Organisationen ist längst Bestandteil unserer sozialen Sicherung geworden. Die Einbeziehung „gemeinnütziger" Einrichtungen und Organisationen geht über die Regelungen der Zusammenarbeit mit freien Trägern im § 17 Abs. 1 Satz 2 SGB II sowie in den §§ 5 und 11 Abs. 5 SGB XII hinaus und berücksichtigt neben den Verbänden der freien Wohlfahrtspflege auch andere Organisationen, z. B. Selbsthilfegruppen. Nach § 17 Abs. 3 Satz 4 Halbs. 2 SGB I findet § 97 Abs. 1 Satz 1 bis 4 SGB X, der die Zusammenarbeit mit Dritten regelt, keine Anwendung.

1.2.4 Einzelne Sozialleistungen und zuständige Leistungsträger (§§ 18 bis 29 SGB I)

Die §§ 18 bis 29 SGB I geben einen Überblick über die gesamten durch das Sozialgesetzbuch erfassten Sozialleistungen und die hierfür zuständigen Träger, ohne damit materiell-rechtliche Anspruchsgrundlagen darzustellen. Sie sollen den berechtigten Personen, auch unter Berücksichtigung der §§ 13 bis 15 SGB I, eine Orientierung über die in Betracht kommenden Leistungen erleichtern.

Gleichzeitig sind die §§ 18 bis 29 SGB I geeignet, sich aus dem Blickwinkel des jeweiligen Leistungsträgers einen groben Überblick über die Leistungsverpflichtungen anderer Leistungsträger zu verschaffen; ggf. bestehen Möglichkeiten, auf deren Leistungspflicht zu verweisen oder Leistungen auszahlen oder erstatten zu lassen (vgl. §§ 48 ff. SGB I; §§ 102 ff. SGB X). Ein solches Vorgehen entspricht dem Grundsatz des Nachrangs von Leistungen nach dem Zweiten und dem Zwölften Buch Sozialgesetzbuch (vgl. § 3 Abs. 3 SGB II, § 2 SGB XII).

1.2.5 Allgemeine Grundsätze (§§ 30 bis 36 SGB I)

Die §§ 31 bis 36 SGB I gelten für die Leistungen nach dem Zweiten und dem Zwölften Buch Sozialgesetzbuch uneingeschränkt (vgl. § 37 Satz 2 SGB I), nicht jedoch § 30 SGB I.

1.2.5.1 Geltungsbereich (§ 30 SGB I)

Nach § 30 Abs. 1 SGB I gelten die Vorschriften des Sozialgesetzbuches grundsätzlich für alle Personen, die ihren Wohnsitz oder gewöhnlichen Aufenthalt im Geltungsbereich dieses Gesetzbuches haben (Territorialprinzip). Danach ist der Aufenthalt und nicht die Staatsbürgerschaft der Leistungsberechtigten entscheidend. § 24 SGB XII sieht darüber hinaus auch Hilfen für Personen vor, die ihren gewöhnlichen Aufenthalt im Ausland haben.

Die Begriffe „Wohnsitz" und „gewöhnlicher Aufenthalt" sind in § 30 Abs. 3 SGB I definiert. Für Leistungen nach dem Zweiten und dem Zwölften Buch Sozialgesetzbuch ist von diesen Begriffen nur der „gewöhnliche Aufenthalt" von Bedeutung (vgl. u. a. § 7 Abs. 1 Satz 1 Nr. 4 SGB II und § 36 SGB II; § 24, § 41 Abs. 1 SGB XII, § 1 Abs. 3 AG-SGB XII NRW, § 98 Abs. 2 und 106 ff. SGB XII). Insbesondere ergibt sich aus dem „gewöhnlichen Aufenthalt" die örtliche Zuständigkeit des Trägers der Grundsicherung für Arbeitsuchende (vgl. § 36 SGB II) und die örtliche Zuständigkeit des Trägers der Sozialhilfe in den Fällen des § 1 Abs. 3 AG-SGB XII NRW (Grundsicherung im Alter und bei Erwerbsminderung) sowie des § 98 Abs. 2 SGB XII (Sozialhilfe bei stationärer Unterbringung). Da weder das Zweite noch das Zwölfte Buch Sozialgesetzbuch eine Definition des **„gewöhnlichen Aufenthaltes"** vornimmt, ist § 30 Abs. 3 Satz 2 SGB I für die Leistungen nach beiden Büchern bedeutsam.[24]

---

24 Vgl. u. a. BVerwG, Urt. vom 15.5.1985 – 5 C 68/84 –, BVerwGE 74, 206 = FEVS 35, 397 = NDV 1986, 402.

Den gewöhnlichen Aufenthalt hat eine Person nach § 30 Abs. 3 Satz 2 SGB I dort, wo sie sich unter Umständen aufhält, die erkennen lassen, dass sie an diesem Ort oder in diesem Gebiet nicht nur vorübergehend verweilt. Ob ein gewöhnlicher Aufenthalt begründet wird, ist nach **objektiven** Lebensumständen zu bestimmen, d. h. es kommt z. B. darauf an, ob sich die Person schon seit längerer Zeit an einem Ort aufhält und dieser Ort der Mittelpunkt der Lebensbeziehungen ist. Darüber hinaus müssen auch **subjektive** Vorstellungen der leistungsberechtigten Person berücksichtigt werden. Eine Person begründet dann den gewöhnlichen Aufenthalt, wenn sie den **Willen** hat, sich an einem Ort oder einem Gebiet bis auf Weiteres – also nicht nur vorübergehend oder besuchsweise – aufzuhalten und dies auch bereits erkennbar ist.

Frauen begründen bei Aufenthalt in einem Frauenhaus (§ 36a SGB II) dort ihren gewöhnlichen Aufenthalt.

Soweit die Bedarfsgemeinschaft während des Bezugs von Leistungen nach dem Zweiten Buch Sozialgesetzbuch in den Zuständigkeitsbereich eines anderen Leistungsträgers nach dem Zweiten Buch Sozialgesetzbuch **umzieht** und feststeht, dass am neuen Ort Grundsicherungsleistungen für Arbeitsuchende bezogen werden, wird mit dem Umzug unter den Voraussetzungen des § 30 Abs. 3 SGB I ein neuer gewöhnlicher Aufenthalt begründet. Soweit ein gewöhnlicher Aufenthaltsort **nicht feststellbar** ist, ist der Träger der Grundsicherung für Arbeitsuchende örtlich zuständig, in dessen Bereich sich die erwerbsfähige leistungsberechtigte Person tatsächlich aufhält (§ 36 Satz 3 SGB II).

1.2.5.2 Vorbehalt des Gesetzes (§ 31 SGB I)

Nach § 31 SGB I dürfen Rechte und Pflichten in den Sozialleistungsbereichen des Sozialgesetzbuchs nur begründet, festgestellt, geändert oder aufgehoben werden, soweit ein Gesetz es vorschreibt oder zulässt. Gesetze in diesem Sinne sind die einzelnen Bücher des Sozialgesetzbuchs bzw. die im § 68 SGB I für anwendbar erklärten Rechtsnormen sowie die aufgrund von Ermächtigungsgrundlagen in den jeweiligen Gesetzen erlassenen Rechtsverordnungen und Satzungen. Der hier formulierte Gesetzesvorbehalt erfasst alle Rechte und Pflichten im Rahmen des Leistungs- und Eingriffsrechts und entspricht damit dem Rechtsstaatsprinzip aus Art. 20 Abs. 3 GG.

1.2.5.3 Verbot nachteiliger Vereinbarungen (§ 32 SGB I)

Privatrechtliche Vereinbarungen, die zum Nachteil der Sozialleistungsberechtigten von Vorschriften dieses Gesetzbuches abweichen, sind nichtig (§ 32 SGB I). **Sozialleistungsberechtigt** ist jede Person, der in diesem Gesetzbuch ein Anspruch auf Sozialleistungen eingeräumt ist (vgl. die Definition der Sozialleistung in § 11 SGB I). **Nachteil** im Sinne dieser Vorschrift ist jede Vereinbarung, die die Rechtsposition der Sozialleistungsberechtigten zu ihren Ungunsten verändert.

§ 32 SGB I ergänzt § 134 BGB, nach dem Rechtsgeschäfte nichtig sind, die gegen ein gesetzliches Verbot verstoßen. In diesen Fällen gilt § 134 BGB direkt und § 32 SGB I hat in diesem Zusammenhang nur klarstellende Bedeutung. § 32 SGB I erfasst diejenigen Vereinbarungen, die nicht gegen ein gesetzliches Verbot verstoßen und geht insoweit über § 134 BGB hinaus.

Nach dieser Regelung können z. B. Vereinbarungen zwischen Arbeitgebern und Arbeitnehmern nichtig sein, wenn diese negative Auswirkungen für die Einzelnen auf die Rechte oder Pflichten im Rahmen der Sozialversicherung haben.

Durch die Begrenzung auf „privatrechtliche" Vereinbarungen findet § 32 SGB I keine Anwendung auf „öffentlich-rechtliche" Verträge. Hierfür gelten die §§ 53 ff. SGB X.

§ 32 SGB I findet keine Anwendung bei einem Verzicht auf Sozialleistungen. Ein solcher ist nicht als Vereinbarung zu werten. Hierfür gilt § 46 SGB I.

1.2.5.4 Lebenspartnerschaften (§ 33b SGB I)

Nach § 33b SGB I sind Lebenspartnerschaften im Sinne des Sozialgesetzbuches nur solche nach dem Lebenspartnerschaftsgesetz (LPartG). Eine Lebenspartnerschaft wird zwischen zwei Personen gleichen Geschlechts vor einer zuständigen Behörde (z. B. Standesamt) begründet (vgl. § 1 LPartG). Sie führt in der Regel zu gleichen Rechten und Pflichten wie zwischen Ehegatten.

Sowohl nach dem Zweiten als auch nach dem Zwölften Buch Sozialgesetzbuch ist z. B. das Einkommen und Vermögen der Partner von Leistungsberechtigten, die in einer solchen Partnerschaft leben, leistungsmindernd zu berücksichtigen (vgl. § 9 Abs. 2 Satz 1 SGB II; § 27 Abs. 2 Satz 2, § 43 Abs. 1 Halbs. 1 und § 19 Abs. 3 SGB XII).

Keine Partnerschaften in diesem Sinne sind Lebensgemeinschaften zwischen zwei Männern oder zwei Frauen, die nicht ausdrücklich nach dem Lebenspartnerschaftsgesetz begründet worden sind („lebenspartnerschaftsähnliche Gemeinschaften"). Bezüglich des Einsatzes von Einkommen und Vermögen durch Partner findet im Zweiten und im Zwölften Buch Sozialgesetzbuch eine weitgehende Gleichbehandlung zwischen „Lebenspartnerschaften" und „lebenspartnerschaftsähnlichen Gemeinschaften" statt (vgl. § 7 Abs. 3 Nr. 3 Buchstabe a) in Verbindung mit Abs. 3a SGB II und §§ 20 und 43 Abs. 1 SGB XII).

1.2.5.5 Handlungsfähigkeit (§ 36 SGB I)

Wer das fünfzehnte Lebensjahr vollendet hat, kann Anträge auf Sozialleistungen stellen und verfolgen sowie Sozialleistungen entgegennehmen (§ 36 Abs. 1 Satz 1 SGB I). Insofern formuliert § 36 SGB I eine **partielle Handlungsfähigkeit**. Diese den Minderjährigen ab 15 Jahren zugebilligte Handlungsfähigkeit setzt voraus, dass die betreffende Person beschränkt geschäftsfähig im Sinne des Bürgerlichen Gesetzbuches ist (vgl. § 106 BGB). Geschäftsunfähige Minderjährige (vgl. § 104 BGB) sind nicht handlungsfähig. Die Handlungsfähigkeit bezieht sich **nicht nur** auf **Anträge**. Sie umfasst auch die Verfolgung und Entgegennahme von Sozialleistungen sowie die „Auslösung" von Leistungen, die von Amts wegen zu erbringen sind, was besonders die teilweise antragsunabhängigen Leistungen der Sozialhilfe betrifft (Einsetzen bei Bekanntwerden, vgl. § 18 Abs. 1 SGB XII). Auch die Erhebung eines Widerspruchs ist durch die Vorschrift möglich (vgl. § 71 Abs. 2 SGG).

Das eigene Antragsrecht der Minderjährigen bedeutet nicht, dass bei Bestehen einer „Bedarfs- oder Einsatzgemeinschaft" im Sinne von § 7 Abs. 3 Nr. 2 und Nr. 4 und § 9 Abs. 2 Satz 2 SGB II oder § 27 Abs. 2 Satz 3 bzw. § 19 Abs. 3 SGB XII ihr Anspruch auf eine Geldleistung an sie auszuzahlen ist. § 36 SGB I lässt diese Möglichkeit jedoch zu.

Die partiell handlungsfähige Person kann als „erwerbsfähiger Leistungsberechtigter" (vgl. § 7 Abs. 1 Satz 1 SGB II) ferner für die gesamte Bedarfsgemeinschaft einen Antrag auf Grundsicherung für Arbeitsuchende stellen (vgl. § 38 Abs. 1 Satz 1 SGB II).

Über die Beantragung und Erbringung von Sozialleistungen sollen die gesetzliche Vertreter unterrichtet werden (vgl. § 36 Abs. 1 Satz 2 SGB I). Gesetzliche Vertreter sind regelmäßig die Eltern (§§ 1626 ff. BGB), ggf. aber auch ein Vormund (§§ 1793 ff. BGB) oder ein Pfleger (§§ 1909 ff. BGB). Sind mehrere gesetzliche Vertreter vorhanden, sind alle zu unterrichten; bei nicht getrennt lebenden Eltern reicht regelmäßig eine gemeinsame Benachrichtigung aus. Da die gesetzlichen Vertreter unterrichtet werden „sollen", kann hierauf nur in Einzelfällen, z. B. unter dem Gesichtspunkt der Geringfügigkeit, verzichtet werden.

Die gesetzlichen Vertreter können nach § 36 Abs. 2 Satz 1 SGB I durch schriftliche Erklärung gegenüber dem Leistungsträger die Handlungsfähigkeit der Minderjährigen einschränken. Außerdem sieht der § 36 Abs. 2 Satz 2 SGB I eine gravierende Einschränkung vor. Danach ist für die Rücknahme von Anträgen, den Verzicht auf Sozialleistungen und die Entgegennahme von Darlehen die Zustimmung der gesetzlichen Vertreter erforderlich. Unter „Zustimmung" ist sowohl die vorherige Einwilligung als auch nachträgliche Genehmigung zu verstehen (vgl. §§ 182 ff BGB).[25] Die §§ 107 und 108 BGB finden entsprechende Anwendung.

§ 36 SGB I ergänzt bzw. konkretisiert insoweit die Regelungen des § 11 SGB X (Fähigkeit zur Vornahme von Verfahrenshandlungen).

1.2.5.6 Elektronische Kommunikation (§ 36a SGB I)

Mit den Regelungen in § 36a SGB I sollen bereits bestehende und zukünftig voraussichtlich stark zunehmende elektronische Kommunikationswege zwischen den Leistungsträgern und den Bürgerinnen und Bürgern rechtsverbindlich ermöglicht erden. Geregelt wird der Kommunikationsweg sowohl von der Verwaltung zum Bürger als auch umgekehrt.

Grundsätzlich ist die Übermittlung elektronischer Dokumente – z. B. auch die Bekanntgabe eines Verwaltungsaktes an den Beteiligten (vgl. § 33 Abs. 2 Satz 2 SGB X, § 37 Abs. 2 Satz 2 SGB X) – zulässig, soweit der Empfänger einen Zugang eröffnet hat. Diese nach § 36a Abs. 1 SGB X vorgesehene formfreie Übermittlungsmöglichkeit z. B. mittels E-Mail ist insbesondere dann denkbar, wenn ein Bescheid bzw. Verwaltungsakt nicht schriftlich erlassen werden muss.

Der Empfänger des Verwaltungsaktes hat den Zugang eines elektronisch übermittelten Verwaltungsaktes nur dann **eröffnet**, wenn er dies **ausdrücklich erklärt** hat (Widmung des elektronischen Zugangs). Die Angabe einer E-Mail-Adresse auf dem Briefbogen genügt nur bei Rechtsanwälten, Firmen und Behörden. Der Bürger muss

---
25 Vgl. *Fastabend* in Hauck/Noftz, Rn. 26 zu § 36 SGB I.

hingegen seine Bereitschaft zum Empfang von rechtsverbindlichen Erklärungen selbst dann ausdrücklich erklären, wenn er selbst den Kontakt mit der Behörde z. B. mittels E-Mail gesucht hat. Von dem Bürger wird insoweit nicht erwartet, dass er sein E-Mail-Postfach regelmäßig ansieht und z. b. bei seiner Abwesenheit entsprechende Vorkehrungen trifft sowie technische Probleme umgehend lösen kann. Soweit eine elektronische Übermittlung eines Verwaltungsaktes zulässig ist, gilt ebenfalls eine Dreitagesfrist nach der Übermittlung (vgl. § 37 Abs. 2 Satz 2 SGB X).

Die Übermittlung elektronischer Dokumente umfasst nicht nur E-Mail-Nachrichten, sondern eine Vielzahl von Speichermedien z. B. auf CD, DVD, Speicherkarte oder USB-Stick. Das Risiko des Zugangs bei der Übermittlung von elektronischen Dokumenten trägt – wie bei allen anderen Willenserklärungen auch – der Absender. Nicht lesbare, beschädigte Dateien oder unvollständig übermittelte Dokumente sind nicht zugegangen. Allerdings muss der Empfänger dafür sorgen, dass gängige Standardformate (pdf, bmp, jpeg, mp3, xml, html oder Dokumente aus Word bzw. Excel) lesbar sind, weil diese Dateien prinzipiell immer zu öffnen sind. Notfalls stehen entsprechende kostenlose „Viewer" zum Download im Internet zur Verfügung.

Verwaltungsakte, bei denen die **Schriftform** vorgesehen ist, können nur unter den Voraussetzungen des § 36a Abs. 2 SGB I auf elektronischem Weg übermittelt werden.

Eine schriftliche Kommunikation erfordert grundsätzlich die Unterschrift (vgl. § 126 BGB). Wird eine elektronische Kommunikationsform gewählt, existieren inzwischen mehrere Möglichkeiten, um die Schriftform zu wahren bzw. elektronisch zu ersetzen. Der Gesetzgeber listet aktuell vier verschiedene Varianten in § 36 Abs. 2 Satz 4 SGB I auf.

Bislang größte Bedeutung hat die Verwendung einer **qualifizierten elektronischen Signatur** erlangt. Ein Programm signiert das Dokument damit so, dass es damit allein dem Urheber des Dokuments zugeordnet werden kann. Die Funktion einer Unterschrift – u. a. Abschluss-, Identitäts-, Verifikation-, Warn-, Echtheits- und Beweisfunktion – werden also auch durch die Signatur erfüllt.

Eine elektronische Signatur kann mit einem Siegel für ein elektronisches Dokument verglichen werden. Signiert wird mittels eines privaten kryptographischen Schlüssels, der mathematisch erzeugt wird. Mit diesem korrespondiert ein öffentlicher Schlüssel zur jederzeit möglichen Überprüfung der Signatur. Die Schlüsselpaare sind einmalig; sie werden durch anerkannte Stellen natürlichen Personen fest zugeordnet. Das beglaubigende Signaturschlüssel-Zertifikat ist ein signiertes elektronisches Dokument, das den jeweiligen öffentlichen Schlüssel sowie den Namen der ihm zugeordneten Person enthält. Dieser sog. „Signaturschlüssel-Inhaber" erhält das Zertifikat und kann es signierten Daten zu deren Überprüfung beifügen.[26]

Beim Erzeugen der elektronischen Signatur benutzt der Absender seinen geheimen (privaten) Schlüssel. Dieser wird dem Text bzw. der zu übermittelnden Datei „zugeordnet". Mittels des „öffentlichen Schlüssels" entschlüsselt der Empfänger die übermittelte Datei. Mit dem öffentlichen Schlüssel überprüft der Rechner des Empfängers die private Signatur. Passen privater bzw. geheimer Schlüssel und öffentlicher Schlüssel zueinander, steht fest, dass die Datei unverfälscht übertragen wurde

---

26 Stelkens/Bonk/Sachs/Schmitz, § 3a VwVfG, Rn. 31.

(Integrität), es also weder Manipulation noch Übertragungsfehler gegeben hat. Es steht außerdem fest, dass nur der Absender, der im Besitz des geheimen Schlüssels ist, die Signatur erzeugt haben kann, weil sonst der öffentliche Schlüssel nicht „passen" würde. Damit ist die Echtheit (Authentizität) des Absenders nachweisbar.

Um Sicherungsmittel für elektronische Transaktionen zusammenhängend und unionsweit zu regeln, hat die Europäische Union am 23.7.2014 die VO (EU) Nr. 910/2014 des Europäischen Parlaments und des Rates über elektronische Identifizierung und Vertrauensdienste für elektronische Transaktionen im Binnenmarkt (eIDAS-VO) erlassen. Sie gilt nach einer Übergangsfrist von ca. zwei Jahren seit dem 1.7.2016 in Deutschland.

Sie hat die rechtlichen Rahmenbedingungen für elektronische Signaturen und Zeitstempel verändert und neue Regelungen für elektronische Siegel, elektronische Zustelldienste, qualifiziert signierter Dienste zur Validierung und zur Aufbewahrung qualifiziert signierter Dokumente sowie der Website-Authentifizierung eingeführt. Dienste, die diese elektronischen Sicherungsmittel anbieten, nennt die eIDAS-VO **„Vertrauensdienste"**. In Deutschland wird die eIDAS-VO durch das Vertrauensdienstegesetz (VDG), das zum 29.7.2017 in Kraft trat und das Signaturgesetz und die Signaturverordnung ablöst, ergänzt, konkretisiert und präzisiert.

Wer ein Dokument privat signieren will und dadurch die Schriftform erreichen will, muss sich an einen Zertifizierungsdienst wenden. Für die Ausstellung qualifizierter Zertifikate muss ein Vertrauensdiensteanbieter entsprechend Art. 24 Abs. 1 eIDAS-VO die Identität der natürlichen oder juristischen Person, der das qualifizierte Zertifikat ausgestellt wird, überprüfen. Wenn sich Nutzer bei einem Vertrauensdienstanbieter registriert haben, können sie ihren Signaturschlüssel dort speichern. Zum digitalen Signieren von Dokumenten werden diese an den Anbieter übertragen und werden anschließend dort signiert. Auf der sog. „eIDAS-Map" (https://www.eid.as/tsp-map/) kann eine Liste der bereits zertifizierten Anbieter abgerufen werden.

Angesichts der zunehmenden Bedeutung der elektronischen Kommunikation richten sich auch die Behörden hierauf zunehmend ein. Mehr und mehr Behörden weisen beispielsweise in ihrer Rechtsbehelfsbelehrung darauf hin, dass ein Rechtsbehelf (Widerspruch) auch durch *Ü*bermittlung eines elektronischen Dokuments mit qualifizierter elektronischer Signatur an eine elektronische Poststelle – also eine bestimmte E-Mail-Adresse – erhoben werden kann. Teilweise wird der Hinweis hierauf sogar als notwendig erachtet, wenn eine Rechtsbehelfsbelehrung rechtskonform sein soll (vgl. Ausführungen unter Rechtsbehelfsbelehrung (§ 36 SGB X)).

Für den elektronischen Rechtsverkehr mit zahlreichen Gerichten (z.B. Bundesverwaltungsgericht, Bundesfinanzhof, den Verwaltungsgerichten und Finanzgerichten in NRW) ist auf das „elektronische Gerichts- und Verwaltungspostfach" (EGVP) hinzuweisen. Dies ist eine spezielle Übertragungssoftware, die vom Bund kostenlos zur Verfügung gestellt wird (http://www.egvp.de). In das „EGVP" ist eine spezielle, besonders sichere Verschlüsselungssoftware integriert, die die übermittelten Daten automatisch vor unbefugter Kenntnisnahme während des Transports schützt.

Zukünftig sollen auch Verwaltungsbehörden teilnehmen. Zur Benutzung des „EGVP" ist aber ebenfalls eine Signierung der elektronischen übermittelten Dokumente notwendig. Für die Erhebung einer Klage weisen die Rechtsmittelbelehrungen in der Regel auch hierauf hin.

1.2.6 Grundsätze des Leistungsrechts (§§ 38 bis 59 SGB I)

Die Bestimmungen der §§ 38 bis 59 SGB I stehen unter dem Vorbehalt abweichender Regelungen in den übrigen Büchern des Sozialgesetzbuchs bzw. der übergangsweise geltenden Gesetze (v 37 SGB I, vgl. 1.1.4).

Aufgrund abweichender Regelungen im Zwölften Buch Sozialgesetzbuch sind die §§ 38 bis 59 SGB I nur teilweise für die Leistungen nach dem 3. sowie 5. bis 9. Kapitel SGB XII anwendbar. Manche Vorschriften haben aber aus der Sicht der Träger der Grundsicherung für Arbeitsuchende und der Träger der Sozialhilfe im Verhältnis zu anderen Leistungsträgern Bedeutung.

1.2.6.1 Rechtsanspruch (§ 38 SGB I)

Auf Sozialleistungen besteht ein Anspruch, soweit nicht nach den übrigen Büchern dieses Gesetzbuches die Leistungsträger ermächtigt sind, bei der Entscheidung über die Leistung nach ihrem Ermessen zu handeln (§ 38 SGB I). Mit „Sozialleistungen" sind die in § 11 SGB I genannten Dienst-, Sach- und Geldleistungen gemeint. Die konkreten Ansprüche auf Leistungen der Grundsicherung für Arbeitsuchende und der Sozialhilfe ergeben sich aus dem Zweiten und dem Zwölften Buch Sozialgesetzbuch.

1.2.6.2 Ermessensleistungen (§ 39 SGB I)

Sind die Leistungsträger ermächtigt, bei der Entscheidung über Sozialleistungen nach ihrem Ermessen zu handeln, haben sie ihr Ermessen entsprechend dem Zweck der Ermächtigung auszuüben und die gesetzlichen Grenzen des Ermessens einzuhalten (§ 39 Abs. 1 Satz 1 SGB I). Ermessensentscheidungen der Verwaltung kommen in Betracht, wenn es sich um „Kann-Vorschriften" handelt, also kein ausdrücklicher Rechtsanspruch auf die Leistungen besteht (vgl. § 38 SGB I). Hiervon zu unterscheiden sind „unbestimmte Rechtsbegriffe" auf der Tatbestandsseite einer Rechtsnorm wie z. B. „angemessen", „zumutbar", „Härte" oder „besondere Härte". Ermessen besteht nur auf der Rechtsfolgenseite.

Ermessen auszuüben bedeutet nicht, rechtsfrei handeln zu können. Die Prinzipien der Gesetzmäßigkeit der Verwaltung, der Gewaltenteilung und der Rechtsschutzgarantie (vgl. Art. 20 GG) verbieten ein freies Ermessen.
Die Wahl der richtigen Rechtsfolge bestimmt sich nach dem Gesetzeszweck und dem Gesetzeskontext der Rechtsnorm. Bei der Ermessensausübung sind vor allem der Gesamtinhalt der jeweiligen Rechtsnorm, die „sozialen Rechte" gemäß § 33 SGB I (u. a. persönliche, wirtschaftliche und örtliche Verhältnisse) sowie der Gleichheitsgrundsatz gemäß Art. 3 GG zu beachten. Ausübung von Ermessen heißt Ausübung von „pflichtgemäßem Ermessen".

Nach § 39 Abs. 1 Satz 2 SGB I besteht ein Anspruch auf **pflichtgemäße** Ausübung des Ermessens, also auf eine entsprechende Entscheidung. Damit wird auch die Ausübung des Ermessens ausdrücklich der gerichtlichen Kontrolle unterstellt. Ausgeschlossen ist dagegen die Überprüfung der Zweckmäßigkeit der Entscheidung. Die Gerichte sind nur befugt, Prüfungen daraufhin vorzunehmen, ob die Ermessensentscheidungen rechtmäßig sind.

Hinsichtlich der Ermessensausübung ist das sog. **"Entschließungsermessen"** und das **Auswahlermessen** zu unterscheiden. Das Entschließungsermessen fragt danach, **ob** die Behörde tätig wird. Sofern die Behörde tätig werden will, ist im Rahmen des Auswahlermessens im nächsten Schritt zu prüfen, **welche** von mehreren zulässigen Möglichkeiten im konkreten Fall in Frage kommt.

Wenn § 39 Abs. 1 SGB I davon spricht, dass bei der Ermessensausübung der Zweck der Ermächtigungsgrundlage zu beachten ist und auch die gesetzlichen Grenzen der Rechtsgrundlage einzuhalten sind, dann bedeutet ein Verstoß hiergegen einen Rechtsanwendungsfehler. Als **Ermessensfehler** kommen Ermessensunterschreitung (Ermessensmangel), Ermessensüberschreitung und Ermessensmissbrauch in Betracht.

Im Rahmen des Ermessens sind die für und gegen eine bestimmte Entscheidung sprechenden Umstände gegeneinander abzuwägen.

Von einer „Ermessensunterschreitung" ist die Rede, wenn der Leistungsträger von seinem ihm zustehenden Ermessen im Rahmen der Entscheidung keinen oder unzureichenden Gebrauch macht. Der Leistungsträger hat also nicht oder nicht ausreichend erkannt, dass eine Ermessensentscheidung möglich oder notwendig war. Eine Ermessensunterschreitung liegt bereits bei einem Abwägungsdefizit vor.

Eine Ermessensüberschreitung liegt vor, wenn der begrenzte Rahmen der Entscheidung nicht eingehalten wird, indem eine Rechtsfolge gewählt wird, die von der möglichen Vorgabe abweicht und damit über das „Ziel hinausschießt".

Beispiel

Gemäß § 87 Abs. 3 SGB XII **kann** *bei einmaligen Leistungen zur Beschaffung von Bedarfsgegenständen, deren Gebrauch für mindestens ein Jahr bestimmt ist, die Aufbringung der Mittel nach Maßgabe des § 87 Abs. 1 SGB XII auch aus dem Einkommen verlangt werden, das die in § 19 Abs. 3 SGB XII genannten Personen innerhalb eines Zeitraumes von bis zu drei Monaten* **nach** *Ablauf des Monats, in dem über die Leistung entschieden worden ist, erwerben.*

Liegen die Voraussetzungen (z. B. Beschaffung eines blindengerechten PCs, Anschaffung von orthopädischen Schuhen) vor, muss der Sozialhilfeträger im Rahmen seines Ermessens auf der Rechtsfolgeseite darüber entscheiden, in welchem Umfang ein Einkommenseinsatz oberhalb der Einkommensgrenze **für welchen Zeitraum** *vom Leistungsberechtigten bzw. den Personen in der Einsatzgemeinschaft verlangt wird. Auf der Rechtsfolgeseite ist es möglich, insgesamt ein Einkommenseinsatz von* **bis zu vier Monaten** *zu verlangen.*

Verlangt der Sozialhilfeträger einen Einkommenseinsatz aus dem Einkommen oberhalb der Einkommensgrenze von insgesamt fünf Monaten, handelt es sich um eine Ermessensüberschreitung. In diesem Fall wird eine Rechtsfolge gewählt, die von der Rechtsnorm auf der Rechtsfolgenseite nicht vorgesehen ist.

Findet eine unzureichende Abwägung mit den gesamten Umständen des Einzelfalls statt, handelt es sich um eine Ermessensunterschreitung. Deshalb ist es notwendig, sich zunächst den Zweck der Norm zu erschließen. Auf dieser Grundlage können geeignete Ermessenskriterien gefunden werden, mit deren Hilfe die richtige Rechtsfolge gefunden wird.

§ 87 Abs. 3 SGB XII will – aus der Sicht des Sozialhilfeträgers – die Folgen des Einmonatsprinzips „mildern" und verhindern, dass die leistungsberechtigte Person bei einmaligen Leistungen bessergestellt wird als bei Dauerleistungen, für die sie ihr übersteigendes Einkommen jeden Monat einsetzen muss. Deshalb sind Abwägungsgesichtspunkte z. B. der aus der Bedarfsdeckung gezogene Nutzen, fiskalische Erwägungen des Sozialhilfeträgers, Gleichbehandlungsgesichtspunkte mit vergleichbaren Fällen und die Frage, wie hoch das zur Verfügung stehende Einkommen oberhalb der Einkommensgrenze im Vergleich zu den Kosten des Bedarfsgegenstandes ist.

Liegt das Einkommen nur ganz geringfügig oberhalb der Einkommensgrenze, kann im Rahmen des Entschließungsermessens beispielsweise auf einen Einkommenseinsatz verzichtet werden. Dafür spricht, dass der Sozialhilfeträger bei einem Einkommenseinsatz kaum entlastet wird und die leistungsberechtigte Person ein angemessenes Einkommen bei den Hilfen nach dem 5. bis 9. Kapitel SGB XII verbleiben soll.

Ein Ermessensmissbrauch ist gegeben, wenn der Leistungsträger die inneren Schranken seines Handelns missachtet, d. h. von dem Zweck der Ermächtigung nicht in entsprechender Weise Gebrauch macht (z. B. sachfremde Erwägungen anstellt, einen nicht zutreffenden Sachverhalt zugrunde legt, den Gleichheitsgrundsatzes missachtet). Wenn sich ein Sachbearbeiter von persönlichen Motiven wie Sympathie oder Antipathie leiten lässt, liegt z. B. ein Ermessensmissbrauch vor.

In der Begründung eines Verwaltungsaktes sollen auch die Gesichtspunkte mitgeteilt werden, von denen die Behörde bei der Ermessensausübung ausgegangen ist. Hervorzuheben ist also, dass Ermessensentscheidungen hinreichend **zu begründen** sind (vgl. § 35 Abs. 1 Satz 3 SGB X), u. a. um den Betroffenen und ggf. den Gerichten die pflichtgemäße Ermessensausübung zu verdeutlichen und die Entscheidung transparent zu machen. Der Leistungsträger hat sich mit den Argumenten des Beteiligten auseinanderzusetzen. Die individuellen Verhältnisse des Einzelfalls sind zu berücksichtigen. Dies wiederum ist nur möglich, wenn der richtige und vollständige Sachverhalt in die Begründung einbezogen wird.

Lässt die Begründung nicht erkennen, dass die Behörde für eine in das Ermessen gestellte Leistung von einer notwendigen oder möglichen Ermessensausübung ausgegangen ist und welche Gesichtspunkte für die ablehnende Entscheidung als maßgeblich zugrunde gelegt wurden, ergibt sich daraus ein Ermessensfehler (Ermessensunterschreitung).

Beispiel

Die Voraussetzungen für eine Aufhebung nach § 45 SGB X eines Bewilligungsbescheides nach dem Zwölften Buch Sozialgesetzbuch liegen vor. Gemäß § 45 Abs. 1 Satz 1 SGB X steht die Aufhebungsentscheidung im Ermessen der Behörde. Die Behörde begründet ihre Aufhebung auf der Rechtsfolgenseite wie folgt:
„Meine Aufhebungsentscheidung habe ich nach pflichtgemäßem Ermessen geprüft. Da mit meinem Bescheid vom 15.5. über eine Dauerleistung entscheiden wurde, ist das öffentliche Interesse an der Beseitigung des rechtswidrigen Zustandes höher einzustufen als bei einer einmaligen Leistung, weil die Allgemeinheit durch die Dauerleistung stärker belastet wird."

Eine Ermessensentscheidung muss als solche erkennbar sein und diejenigen Gesichtspunkte nennen, von denen die Behörde bei Ausübung des Ermessens ausgegangen ist. Der hier vorhandene Satz „Da mit Bescheid vom 15.5. über eine Dauerleistung entscheiden wurde, ist das öffentliche Interesse an der Beseitigung des rechtswidrigen Zustandes höher einzustufen als bei einer einmaligen Leistung, weil die Allgemeinheit durch die Dauerleistung stärker belastet wird" lässt zwar erkennen, dass die Behörde von einer Ermessensentscheidung ausgegangen ist, genügt aber nicht den Anforderungen an eine ausreichende Ermessensausübung.

Die Begründung einer Ermessensentscheidung muss im Bescheid die Gesichtspunkte erkennen lassen, von denen der Leistungsträger bei der Ausübung des Ermessens ausgegangen ist. **Formelhafte Wendungen** *(wie z. B. dass „keine Besonderheiten gegeben" seien oder „hinsichtlich der Umstände nichts Besonderes ersichtlich" bzw. „nach pflichtgemäßem Ermessen geprüft worden" sei) genügen einer ordnungsgemäßen Ermessensausübung und -begründung nicht, weil eine Berücksichtigung der konkreten* **Einzelfallumstände** *nicht erfolgt.*

Bei einer Aufhebungsentscheidung hat eine umfassende Abwägung zwischen dem Individualinteresse der begünstigten Person und dem öffentlichen Interesse an der Wiederherstellung des gesetzmäßigen Zustandes zu erfolgen, in die alle relevanten Verhältnisse des Einzelfalls einfließen. Beispielsweise hätte der Leistungsträger in seiner Ermessensentscheidung die wirtschaftliche Leistungsfähigkeit, die familiären Verhältnisse der leistungsberechtigten Person oder eigenes Mitverschulden hinsichtlich des Rückforderungsbetrages abwägen können.

In dem beschriebenen Fall liegt eine Ermessensunterschreitung vor, weil die getroffenen Erwägungen rechtmäßig, aber unzureichend sind.

Gleichzeitig wird nicht dem Zweck der Ermächtigungsgrundlage ausreichend Rechnung getragen, so dass es sich auch um fehlerhafte Erwägungen handelt, also ein Ermessensfehlgebrauch vorliegt. Im Einzelfall ist die Abgrenzung zwischen unzureichenden (Ermessensunterschreitung) und fehlerhaften Erwägungen (Ermessensfehlgebrauch) schwierig.

Vor dem erklärten Hintergrund kann vertreten werden, dass ein Ermessensfehlgebrauch auch bei einem Abwägungsdefizit vorliegt. Ein Ermessensfehlgebrauch kann auch vorliegen, wenn der Leistungsträger die abzuwägenden Gesichtspunkte fehlerhaft gewichtet hat oder ein unrichtiger oder unvollständiger Sachverhalt zugrunde gelegt wird.

Grundsätzlich können Ermessensfehler geheilt werden (vgl. § 41 SGB X sowie Ausführungen zu 1.3.20.3). Eine Heilung kann durch eine Nachholung, Nachbessern oder Ergänzung der fehlenden Ermessensbetätigung (Heilung eines formellen Fehlers) oder durch einen Austausch bzw. eine Korrektur fehlerhafter Ermessenserwägungen (Heilung eines materiellen Fehlers durch „Nachschieben von Gründen") erfolgen. Dies kann z. B. durch eine ordnungsgemäße Begründung im Widerspruchsbescheid erfolgen.

Alternativ ist es möglich, dass die Ausgangsbehörde ihre fehlerhafte Begründung gegenüber dem Empfänger ausbessert. Dies ist bis zur letzten Tatsacheninstanz eines sozialgerichtlichen Verfahrens – also bis zur mündlichen Verhandlung vor dem Landessozialgericht – möglich.

Die Grenzen der Heilung sind erreicht, wenn die Behörde eine Ermessensvorschrift vollständig ignoriert. In diesem Fall hat die Behörde nicht erkannt, dass es sich um eine Ermessensvorschrift handelt, so dass ein vollständiger Ermessensausfall vorliegt. In diesem Zusammenhang spricht man von einem sog. **„Ermessensnichtgebrauch"**. Häufig ist dies der Fall, wenn die Behörde im Sinne einer gebundenen Entscheidung formuliert. Dieser Ermessensnichtgebrauch ist nicht nach § 41 Abs. 2 SGB X und damit **nicht mehr im Prozessverfahren** heilbar.[27]

Allerdings besteht im Prozessverfahren die Möglichkeit, einen Abänderungsbescheid nach § 96 SGG zu erlassen, der Bestandteil des Prozessverfahrens wird. § 96 SGG ordnet die Einbeziehung aller ersetzenden Verwaltungsakte an und differenziert weder nach seinem Wortlaut noch nach seiner Zielsetzung danach, aus welchen Gründen der ersetzte bzw. abgeänderte Verwaltungsakt rechtswidrig gewesen bzw. geworden ist. Das Ziel der Norm besteht also darin, möglichst den gesamten Streitstoff in einem Prozess zu entscheiden. Deshalb ist es möglich, dass ein Abänderungsbescheid im Sinne von § 96 SGG auch fehlende Ermessenserwägungen nachholt.[28] Zu beachten ist, dass ein Abänderungsbescheid ggf. eine neue Anhörung erfordert. Das ist beispielsweise der Fall, wenn ein Bewilligungsbescheid durch einen Aufhebungs- und Erstattungsbescheid (Festsetzungsbescheid) während des Klageverfahrens ersetzt wird.[29]

Aufgrund der vollständigen Kontrollkompetenz der Widerspruchsbehörde ist ein Nachholen von nicht vorhandenen Ermessenserwägungen auch im **Widerspruchsverfahren** möglich (vgl. § 78 SGG, § 95 SGG).

---

27 Vgl. BSG, Urt. vom 25.6.2015 – B 14 AS 30/14 R –, juris, Rn. 23 f.; Sächsisches Landessozialgericht, Urt. vom 5.3.2015 – L 7 AS 888/11 –, juris, Rn.46 ff.; LSG Baden-Württemberg, Urt. vom 22.2.2007 – L 10 R 5254/05 –, juris; LSG Berlin-Brandenburg, Beschl. vom 17.1.2006 – L 29 B 1104/05 AS ER –, juris; Thüringer Landessozialgericht, Urt. vom 3.11.2005 – L 3 AL 108/04 –, juris; BVerwG, Urt. vom 5.9.2006 – 1 C 20/05 –, DÖV 2007, 55 = NVwZ 2007, 470 (Rn 20); BVerwG, Urt. vom 5.5.1998 – 1 C 17/97 –, BVerwGE 106, 351 = DVBl 1998, 1023 = NVwZ 1999, 42; BVerwG, Urt. vom 17.7.1998 – 5 C 14/97 –, BVerwGE 107, 164 = DVBl 1998, 1137 = NVwZ-RR 1999, 124.

28 Vgl. BSG Großer Senat, Urt. vom 6.10.1994 – GS - 1/91 – (auch zum Verhältnis von § 41, § 42 SGB X zu § 96 SGG). Der amtliche Leitsatz lautet: „Ein während des Gerichtsverfahrens erlassener Verwaltungsakt, der nach § 96 SGG Gegenstand des Verfahrens wird, verstößt nicht gegen das Verbot, die Anhörung oder Ermessensausübung nachzuholen, wenn er einen Verwaltungsakt ersetzt, der mangels Anhörung oder Ermessensausübung rechtswidrig ist."

29 Vgl. zu dieser Fallkonstellation: BSG, Urt. vom 3.9.2020 – B 14 AS 55/19 R –, juris, Rn.12 ff.

Beispiel

Der Sozialhilfeträger übernimmt im Rahmen der „Hilfe zur Pflege" nach § 19 Abs. 3 SGB XII i. V. m. §§ 61 ff. SGB XII die ungedeckten Kosten für den Einsatz eines Pflegedienstes. Der Sachbearbeiter des Sozialamtes leitet den Schenkungsrückforderungsanspruch nach § 93 SGB XII i. V. m. § 528 BGB durch Bescheid auf sich bzw. den Leistungsträger über. In dem Bescheid wird ohne nähere Begründung ausgeführt, dass er gemäß § 93 Abs. 1 Satz 1 SGB XII „verpflichtet" sei, zur Wiederherstellung des in § 2 SGB XII verankerten Grundsatzes des Nachrangs der Sozialhilfe, den Anspruch auf sich überzuleiten.

§ 93 Abs. 1 Satz 1 SGB XII sieht auf der Rechtsfolgenseite die Ausübung von Ermessen vor („ ... kann ... bewirken ..."). Ob (Entschließungsermessen) und in welchem Umfang (Auswahlermessen) der Träger der Sozialhilfe einen Anspruch der leistungsberechtigten Person gegenüber einem Dritten auf sich überleitet, steht im pflichtgemäßen, gemäß § 35 Abs. 1 Satz 3 SGB X zu begründenden Ermessen des Sozialhilfeträgers.

In der Person des Dritten (des Schuldners) können Gründe liegen, von einer Überleitung des Anspruchs abzusehen. Z. B. kann der Dritte, wenn dieser gleichzeitig Pflegeperson ist, von einer weiteren Pflege Abstand nehmen. Weiterhin ist es möglich, dass bei verwandtschaftlichen Beziehungen zwischen Drittem und leistungsberechtigter Person bei Überleitung eine Störung des Familienfriedens eintritt. Außerdem kann sich seine Rechtslage dadurch verschlechtern, dass er mit dem Sozialhilfeträger einen rechtlich und fachlich kompetenten neuen Gläubiger bekommt.

Da nach dem oben geschilderten Sachverhalt keine Ermessensausübung erfolgt ist und auch nicht ausgeschlossen werden kann, dass bei Betätigung des Ermessens eine andere Entscheidung erfolgt wäre (z. B. Absehen von der Überleitung), ist der Bescheid als materiell rechtswidrig anzusehen, zumal in der Person des Dritten durchaus Gründe vorliegen können, die es nahelegen oder gar erforderlich machen können, von der Überleitung ganz oder zumindest teilweise, also in einer bestimmten Höhe, abzusehen.

*In Fällen des vollständigen Ermessensnichtgebrauchs – wie hier – geht es nicht um einen Fehler der Ermessensbegründung, sondern um einen **Fehler der Ermessensbetätigung**. Wird daher überhaupt nicht erkannt, dass eine Ermessensentscheidung zu treffen ist, handelt es sich um einen materiellen Anwendungsfehler. Die Entscheidung über Ermessensausübung ist mithin nicht im Rahmen des § 41 SGB X nachholbar.*

*Eine Korrekturmöglichkeit außerhalb der Heilungsmöglichkeit besteht für die **Widerspruchsbehörde**. Diese besitzt eine umfassende Überprüfungskompetenz, indem sie die Recht- und Zweckmäßigkeit des Verwaltungsaktes überprüft (vgl. § 78 SGG). Außerdem bilden Ausgangs- und Widerspruchsbehörde eine Einheit (vgl. § 95 SGG). Danach ist die Widerspruchsbehörde gehalten, **eigene Ermessenserwägungen** in eigener Verantwortung anzustellen und diese an die Stelle der Ausgangsbehörde zu setzen. Damit kann auch ein kompletter Ermessensausfall durch die Widerspruchsbehörde korrigiert werden.*

Diese Korrekturmöglichkeit endet aber mit dem Abschluss des Widerspruchverfahrens. Da eine Heilung nach § 41 SGB X nicht möglich ist, kann nach Abschluss des Widerspruchsverfahrens und damit während des Gerichtsverfahrens eine Ermessensbetätigung nicht mehr korrigiert werden.

Sollte angenommen werden, dass in Anwendung des § 93 SGB XII ein Fall des sog. „intendierten Ermessens" vorliegt,[30] bei der die Rechtsnorm die Rechtsfolge bereits vorzeichnet, muss der Sozialhilfeträger wenigstens zu erkennen geben, dass er die Möglichkeit einer Ermessensausübung im Fall einer atypischen Sachlage besitzt. Da dies vorliegend auch nicht erfolgt ist, bleibt es bei der Rechtswidrigkeit des Bescheides.

Das **„intendierte Ermessen"**[31] kommt einer Soll-Regelung nahe. Wenn durch eine Rechtsnorm die Rechtsfolge bereits vorgezeichnet wird, darf die Behörde die vom Gesetz vorgeschlagene Rechtsfolge wählen, ohne sie näher zu begründen. Die Begründungspflicht der Behörde wird also reduziert. Die Behörde muss nur darlegen, dass kein „Ausnahmefall" vorliegt, der ein Abweichen von der vorgezeichneten Rechtsfolge rechtfertigt. Liegt hingegen ein atypischer Ausnahmefall vor, so bedarf es wie bei einer „normalen" Kann-Vorschrift einer Interessenabwägung, bei der die Behörde ihr Ergebnis (ausführlich) ermessensgerecht begründen muss.

Das intendierte Ermessen wird z. B. auch bei § 45 SGB X angenommen. Auf der Rechtsfolgenseite würden sich Ermessensgesichtspunkte nur in einer Wiederholung des nicht vorhandenen Vertrauensschutzes erschöpfen. Deshalb sei die Rücknahme bei fehlendem Vertrauensschutz bereits vorgezeichnet.

„Soll-Regelungen" kommen gebundenen Entscheidungen nahe. Grundsätzlich ist kein Ermessen auszuüben. Nur bei einem Abweichen vom Regelfall sind Ermessenserwägungen anzustellen.

Beispiel
Die Behörde hebt einen Dauerverwaltungsakt nach dem Zwölften Buch Sozialgesetzbuch gemäß § 48 Abs. 1 Satz 2 SGB X gegenüber dem Erben der verstorbenen leistungsberechtigten Person auf. Die Aufhebung war notwendig, weil der jetzige Erbe und frühere Bevollmächtigte der leistungsberechtigten Person während des Bewilligungszeitraums entstandenes (ungeschütztes) Vermögen verschwiegen hat. Die den Bewilligungsbescheid aufhebende Behörde übt kein Ermessen aus.

*Gemäß § 48 Abs. 1 Satz 2 Nr. 3 SGB X **„soll"** mit Wirkung für die Vergangenheit ein Verwaltungsakt aufgehoben werden, soweit nach Antragstellung Vermögen erzielt worden ist, das zum Wegfall oder zur Minderung des Anspruchs geführt haben würde. Der Bescheid ist wegen fehlender Ermessensausübung materiell rechtswidrig. Der hier beschriebene Fall weicht signifikant vom Regelfall ab, weil nicht gegenüber der leistungsberechtigten Person, die sich das Verhalten des bevollmächtigten Vertreters zurechnen lassen muss (vgl. §§ 166, 278 BGB), sondern gegenüber*

---

30 So Bayerisches Landessozialgericht, Urt. vom 14.2.2008 – L 11 SO 20/07 –, FEVS 60, 131; LSG NRW, Beschl. vom 20.12.2006 – L 20 B 135/06 SO –, juris.

31 BVerwG, Urt. vom 25.9.1992 – 8 C 68/90, 8 C 70/90 –, BVerwGE 91, 82 = NJW 1993, 744; LSG Hamburg, Urt. vom 31.5.2007 – L 5 AS 42/06 –, EuG 2008, 221 = ZEV 2008, 544.

dem Erben eine Aufhebungsentscheidung und in deren Folge eine Erstattungsentscheidung erfolgt.

Aufgrund der Atypik des Falles sind Ermessensgesichtspunkte und die Verhältnisse des Einzelfalls in die Begründung einzubeziehen.

1.2.6.3 Entstehen von Ansprüchen (§ 40 SGB I)

Ansprüche auf Sozialleistungen entstehen, sobald ihre im Gesetz oder aufgrund eines Gesetzes bestimmten Voraussetzungen vorliegen (§ 40 Abs. 1 SGB I). Bei Ermessensleistungen ist der Zeitpunkt maßgebend, in dem die Entscheidung über die Leistung bekanntgegeben ist, es sei denn, dass in der Entscheidung ein anderer Zeitpunkt bestimmt ist (§ 40 Abs. 2 SGB I).

Ein Anspruch auf Sozialhilfe entsteht überwiegend erst mit Bekanntwerden (vgl. § 18 SGB XII, § 16 Abs. 2 SGB I). Ein Anspruch auf Leistungen nach dem 4. Kapitel SGB XII entsteht mit der Antragstellung (vgl. §§ 18 Abs. 1, 41 Abs. 1 SGB XII). Bei Grundsicherungsleistungen für Arbeitsuchende ist ebenfalls ein Antrag konstitutive Leistungsvoraussetzung (vgl. § 37 Abs. 1 Satz 1 SGB II). Dies gilt uneingeschränkt auch für alle Weiterbewilligungsanträge.

1.2.6.4 Vorschüsse (§ 42 SGB I)

§ 42 Abs. 1 SGB I eröffnet die Möglichkeit, bei Ansprüchen auf Geldleistungen, die dem Grunde nach feststehen und fällig sind, bei denen aber die Ermittlung der Leistungshöhe voraussichtlich längere Zeit erforderlich ist, nach Ermessen Vorschüsse zu zahlen. Die wesentlichen Voraussetzungen der Vorschusszahlung sind damit:

- Anspruch auf eine Geldleistung (keine Dienst- oder Sachleistung),
- unstreitiges Bestehen eines Anspruchs dem Grunde nach,
- voraussichtliches Verstreichen einer längeren Zeit bis zur Feststellung der Leistungshöhe.

Sowohl im Zweiten als auch im Zwölften Buch Sozialgesetzbuch liegt ein Anspruch dem Grunde nach nur vor, wenn die Hilfebedürftigkeit geklärt ist. Diese ist wiederum unmittelbar mit der Frage der Leistungshöhe verknüpft. Die Voraussetzungen für eine Vorschusszahlung in den genannten Bereichen liegen damit regelmäßig nicht vor, so dass die Vorschrift für Leistungen nach dem Zweiten und dem Zwölften Buch Sozialgesetzbuch in aller Regel keine unmittelbare Anwendung findet. Es ist z. B. nicht zulässig, Unterkunftskosten vorschussweise zu gewähren, weil die Mietnebenkostenabrechnung noch aussteht.

Besteht eine konkrete Notlage im Einzelfall und ist eine Leistung nicht ausdrücklich ausgeschlossen (z. B. gemäß § 5 Abs. 2 Satz 1, § 7 Abs. 4, Abs. 4a und Abs. 5 SGB II oder § 21 Satz 1 sowie § 22 Abs. 1 Satz 1 SGB XII), können Leistungen in begründeten Fällen im Rahmen von „**vorläufigen Entscheidungen**" (vgl. § 41a SGB II, § 44a SGB XII) oder als „**erweiterte Hilfe**" mit der Folge eines Aufwendungsersatzes (vgl. § 19 Abs. 5 SGB XII) erbracht werden. Weitere Möglichkeiten der Hilfe anstelle eines Vorschusses ergeben sich durch eine darlehensweise Bewilligung (z. B. gemäß § 24 Abs. 1 Satz 1, Abs. 4 und Abs. 5 SGB II oder der §§ 37, 38 oder 91 SGB XII).

Für Leistungen nach dem Zweiten Buch Sozialgesetzbuch verdrängt die Regelung des § 41a SGB II als Spezialnorm die Vorschrift des § 42 SGB I. Nach § 41a Abs. 1 SGB II **muss** über Leistungen der Grundsicherung für Arbeitsuchende vorläufig entschieden werden, wenn

1. zur Feststellung der Voraussetzungen des Anspruchs auf Geldleistungen voraussichtlich längere Zeit erforderlich ist und die Voraussetzungen für den Anspruch mit hinreichender Wahrscheinlichkeit vorliegen oder
2. ein Anspruch auf Geldleistungen dem Grunde nach besteht und zur Feststellung seiner Höhe voraussichtlich längere Zeit erforderlich ist.

Eine vorläufige Entscheidung ergeht allerdings nicht, wenn Leistungsberechtigte die Umstände, die einer sofortigen abschließenden Entscheidung entgegenstehen, zu vertreten haben.

Eine vorläufige Entscheidung kommt u. a. bei leistungsberechtigten Personen in Frage, die schwankendes bzw. unregelmäßiges Einkommen beziehen oder bei denen die Höhe des Einkommens noch nicht endgültig feststeht (z. B. bei Selbstständigen).

Eine weitere „Unterart" einer vorschussweisen Zahlung ist in § 42 Abs. 2 SGB II normiert. Danach können auf Antrag der leistungsberechtigten Person durch Bewilligungsbescheid festgesetzte, zum nächsten Zahlungszeitpunkt fällige Leistungsansprüche vorzeitig erbracht werden. Die Höhe der vorzeitigen Leistung ist auf 100,00 € begrenzt. Der Auszahlungsanspruch im Folgemonat verringert sich entsprechend.

§ 25 SGB II sieht darüber hinaus eine spezifische Verpflichtung zur Leistung von Vorschüssen vor, wenn die leistungsberechtigten Personen Ansprüche auf Übergangsgeld im Rahmen der medizinischen Leistungen der gesetzlichen Rentenversicherung bzw. Verletztengeld im Rahmen der gesetzlichen Unfallversicherung haben.

Auch wenn die Regelungen des § 42 SGB I für Leistungen nach dem Zweiten und dem Zwölften Buch Sozialgesetzbuch keine unmittelbare Bedeutung haben, kommt eine Anwendung unter Nachranggesichtspunkten durchaus in Betracht. § 42 SGB I will u. a. Leistungsberechtigte nach dem Sozialgesetzbuch vor den Nachteilen eines Verstreichens längerer Zeiträume bis zur vollständigen Feststellung der Anspruchshöhe schützen (z. B. bei der Feststellung der Rentenleistung oder der Feststellung des Arbeitslosengeldes nach dem Dritten Buch Sozialgesetzbuch).

Gleichzeitig soll dadurch vermieden werden, dass die leistungsberechtigte Person wegen fehlender Geldmittel an den nachrangig zuständigen Träger der Sozialhilfe oder den nachrangig zuständigen Träger der Grundsicherung für Arbeitsuchende verwiesen wird.

Vor diesem Hintergrund sollten die Leistungsträger nach dem Zweiten und dem Zwölften Buch Sozialgesetzbuch darauf hinwirken, dass andere Leistungsträger ihre Verpflichtung zur Zahlung von Vorschüssen (Abschlagszahlungen) erfüllen.

Verpflichtungen dieser Art ergeben sich häufig aus den einzelnen Leistungsgesetzen (z. B. aus § 337 Abs. 4 SGB III und ggf. aus § 42 SGB I). Die Träger der Sozialhilfe und die Träger der Grundsicherung für Arbeitsuchende können anstelle der leistungsberechtigten Person nach § 95 SGB XII bzw. § 5 Abs. 3 SGB II einen Antrag auf vorschussweise Leistungserbringung stellen.

Oftmals muss ein Leistungsträger tätig werden, obwohl ein anderer Leistungsträger zur Erbringung einer Leistung verpflichtet ist, dieser Verpflichtung aber nicht umgehend nachkommen kann. § 42 Abs. 1 SGB I soll den Leistungsträgern ein Instrument verschaffen, mit dem eine kurzfristige Zahlbarmachung von Leistungen möglich ist. Ist eine Leistungsverpflichtung durch die Nichtleistung eines anderen Leistungsträgers entstanden, wird oft erst im Nachhinein eine Erstattung möglich, wobei die mit der Leistungsbewilligung und Geltendmachung des Erstattungsanspruchs nach den §§ 102 ff. SGB X verbundenen Verwaltungskosten nicht ersetzt werden (abgesehen von Auslagen, vgl. § 109 SGB X).

Nach § 42 Abs. 1 Satz 2 SGB I **hat** der zuständige Leistungsträger **auf Antrag** Vorschüsse zu zahlen. Die Vorschusszahlung beginnt spätestens nach Ablauf eines Kalendermonats nach Eingang des Antrags (§ 42 Abs. 1 Satz 2 Halbs. 2 SGB I). Bei einem Antrag auf Vorschusszahlung wandelt sich damit die Ermessensentscheidung in eine gebundene Entscheidung.

Die Träger der Grundsicherung für Arbeitsuchende und Sozialhilfe können mit Hinweis auf ihr Feststellungsrecht gemäß § 5 Abs. 3 SGB II bzw. § 95 SGB XII selbst Vorschüsse bei anderen Leistungsträgern beantragen.

Die Vorschüsse sind auf die zustehenden Leistungen anzurechnen und ggf. zu erstatten (vgl. § 42 Abs. 2 SGB I). Dabei müssen die Grenzen für eine Aufrechnung (vgl. § 51 SGB I) beachtet werden.

1.2.6.5 Vorläufige Leistungen (§ 43 SGB I)

Besteht ein Anspruch auf Sozialleistungen und ist zwischen mehreren Leistungsträgern streitig, **wer zur Leistung verpflichtet** ist, kann der unter ihnen zuerst angegangene Leitungsträger vorläufige Leistungen erbringen, deren Umfang er nach pflichtgemäßem Ermessen bestimmt (vgl. § 43 Abs. 1 Satz 1 SGB I). Er hat Leistungen in diesem Sinne zu erbringen, wenn es die berechtigte Person beantragt. Die vorläufigen Leistungen beginnen spätestens nach Ablauf eines Kalendermonats nach Eingang des Antrags (§ 43 Abs. 1 Satz 2 SGB I).

Die Vorschrift will sicherstellen, dass ein **Zuständigkeitsstreit** zwischen zwei Leistungsträgern nicht auf dem „Rücken der leistungsberechtigten Person" ausgetragen wird, indem der leistungsberechtigten Person Leistungen wegen eines Zuständigkeitsstreits vorenthalten werden. Durch eine vorläufige Entscheidung kann der zuerst angegangene Leistungsträger sicherstellen, dass die leistungsberechtigte Person zunächst Leistungen erhält. Stellt sich später heraus, dass ein anderer Leistungsträger zuständig war, kann ein Erstattungsanspruch nach § 102 SGB X (vgl. Ausführungen unter Kapitel 2) gegenüber dem anderen Leistungsträger in Betracht kommen, so dass auf diesem Weg die materiellrechtliche Lastenverteilung im gegliederten Sozialleistungssystem wieder hergestellt wird.

Der erstangegangene Leistungsträger kann Leistungen erbringen; bei Beantragung **muss** er Leistungen erbringen, wenn folgende Voraussetzungen vorliegen:
- rechtmäßige Leistungserbringung durch den erstangegangenen Leistungsträger,
- Anspruch der berechtigten Person auf eine bestimmte Sozialleistung; es müssen sämtliche Anspruchsvoraussetzungen, mit Ausnahme der Frage, welcher Leistungsträger zuständig ist, gegeben sein;
- es ist ungeklärt, gegen welchen Leistungsträger sich dieser Anspruch richtet.

Den Umfang der Leistung bestimmt der zuerst angegangene Leistungsträger nach pflichtgemäßem Ermessen. Er hat dabei die für ihn geltenden Vorschriften anzuwenden. In Anwendung der Erstattungsregelung des § 102 SGB X erhält er dann **seine** Aufwendungen (nicht die Aufwendungen, die der erstattungspflichtige Leistungsträger getätigt hätte) zurück.

Die Vorschrift kommt nicht zur Anwendung, wenn ein Leistungsträger für den in Frage kommen Zeitraum den – vermeintlichen – Leistungsanspruch bereits mit bestandskräftigen Verwaltungsakt abgelehnt hat.

Bei Leistungen, die ein Träger der Grundsicherung für Arbeitsuchende oder der Sozialhilfe aufgrund einer derzeitigen Notlage erbringt, z. B. weil Kindergeld, Arbeitslosengeld nach dem Dritten Buch Sozialgesetzbuch oder Rente wegen Erwerbsminderung noch nicht ausgezahlt wurden, handelt es sich **nicht** um vorläufige Leistungen i. S. des § 43 SGB I. Eine solche Leistungsverpflichtung dieser Träger besteht aufgrund des nicht aufschiebbaren, akut vorhandenen Bedarfs zunächst unabhängig von der vorrangigen Leistungsverpflichtung Dritter. Die Leistungsverpflichtung dieser Leistungsträger ist in diesen Fällen nicht streitig.

Spezielle Regelungen in den übrigen Büchern des Sozialgesetzbuches bzw. den entsprechenden Gesetzen (vgl. § 37 SGB I) sind gegenüber dem § 43 SGB I vorrangig, so z. B. § 44a SGB XII, § 41a SGB II oder § 14 SGB IX. Gleiches gilt für landesrechtliche Regelungen aufgrund bundesgesetzlicher Ermächtigungsgrundlagen.

§ 43 SGB I findet **auch** Anwendung im Verhältnis
- der Träger der Leistungen für Arbeitsuchende untereinander,
- der Träger der Sozialhilfe untereinander[32] sowie
- der Träger der Grundsicherung für Arbeitsuchende oder der Träger der Sozialhilfe zu anderen Leistungsträgern.

1.2.6.6 Verzinsung (§ 44 SGB I)

Ansprüche auf Geldleistungen sind nach Ablauf eines Kalendermonats nach dem Eintritt ihrer Fälligkeit bis zum Ablauf des Kalendermonats vor der Zahlung mit 4 v. H. zu verzinsen (§ 44 Abs. 1 SGB I). Die Erbringung von Leistungen nach dem Zweiten und dem Zwölften Buch Sozialgesetzbuch sind grundsätzlich auf die umgehende Behebung gegenwärtiger Notlagen abgestellt. Somit können Ansprüche auf Verzinsung

---

32 Vgl. BVerwG, Urt. vom 26.9.1991 – 5 C 14/87 –, BVerwGE 89, 81 = FEVS 43, 1 = NDV 1992, 129; Hamburgisches OVG, Beschl. vom 20.6.1994 – Bs IV 122/94 –, FEVS 45, 189 = NVwZ-RR 1995, 180.

gegenüber diesen Leistungsträgern nur in Ausnahmefällen in Betracht kommen, z. B. wenn Leistungen rechtswidrig vorenthalten wurden und nach § 44 Abs. 1 SGB X nachgezahlt werden müssen.

Fällig werden Ansprüche auf Sozialleistungen mit ihrem Entstehen. Sie entstehen, sobald die im Gesetz bestimmten materiell-rechtlichen Anspruchsvoraussetzungen vorliegen. Maßgeblicher Zeitpunkt für die Berechnung der Verzinsung ist also das Datum, ab dem rückwirkend z. B. gemäß § 44 SGB X Leistungen bewilligt werden und **nicht** das Datum des der Nachzahlung zugrunde liegenden Zugunstenbescheides nach § 44 SGB X.[33]

Systematisch geht die Anwendung des § 44 Abs. 2 SGB I dem § 44 Abs. 1 SGB I vor. Ist eine Leistung **beantragt,** beginnt die Verzinsung frühestens nach Ablauf von **sechs Kalendermonaten nach Eingang des vollständigen Leistungsantrags** (§ 44 Abs. 2 **Alternative 1** SGB I). Die Vollständigkeit eines Antrags ist anzunehmen, wenn ein Antragsvordruck verwendet und ordnungsgemäß ausgefüllt oder ein Antrag formlos mit entsprechenden Angaben gestellt ist (vgl. § 60 Abs. 2 SGB I).

Wurde ein Antrag auf Leistungen nach dem Zwölften Buch Sozialgesetzbuch gestellt, gilt auch hier die Sechsmonatsfrist, obwohl die Kenntnis der Hilfebedürftigkeit für den Leistungsbeginn genügt (vgl. § 18 Abs. 1 SGB XII).

Wurde ein Antrag gestellt, der von einem zukünftigen Ereignis abhängig ist, z. B. voraussichtlicher Beginn der Arbeitslosigkeit in einem Monat, gilt der spätere Zeitpunkt für die Berechnung der Zinsen.

Ist **kein Antrag** gestellt, gilt § 44 Abs. 2 **Alt. 2** SGB I. Die Verzinsung beginnt nach Ablauf eines Kalendermonats nach der Bekanntgabe der Entscheidung über die Leistung. Der Tag der Antragstellung bzw. die Bekanntgabe der Entscheidung sind bei der Fristberechnung nicht mitzurechnen (vgl. § 187 Abs. 1 BGB). Zinseszinsen (vgl. § 289 BGB) sowie Prozesszinsen sind nicht zu entrichten.

Ist ein Verwaltungsakt verloren gegangen oder unvollständig, und lassen sich deshalb die Zeiten der Antragstellung für die laufende Leistungserbringung nicht feststellen, ist eine Verzinsung nach Ablauf des Kalendermonats der jeweiligen Fälligkeit vorzunehmen (§ 44 Abs. 1 SGB I).[34]

Für den Normalfall der Verzinsung (§ 44 Abs. 2 Alt. 1 SGB I) gelten demnach folgende Voraussetzungen:
- Fälligkeit des Geldleistungsanspruchs i. S. von § 41 SGB I,
- Ablauf eines Kalendermonats nach Eintritt dieser Fälligkeit,
- Ablauf von sechs Kalendermonaten nach Eingang des vollständigen Leistungsantrags beim zuständigen Leistungsträger.

Der jeweils spätere Endzeitpunkt bestimmt den Beginn der Verzinsung.

Die Frist von sechs Kalendermonaten läuft **vom Ablauf** des Kalendermonats an, in dem der vollständige Leistungsantrag eingegangen ist. Sie endet mit dem letzten Tag des sechsten Kalendermonats des Antragseingangs.

---

33 Vgl. BSG, Urt. vom 3.7.2020 – B 8 SO 15/19 R –.
34 Vgl. SG Lüneburg, Urt. vom 7.3.2011 – S 36 AS 629/09 –, juris.

Beispiel
Der vollständige Leistungsantrag wird beim Träger der Grundsicherung für Arbeitsuchende am 15.3. gestellt. Die Sechsmonatsfrist nach dem Eingang des vollständigen Leistungsantrags beginnt am 1.4. und endet am 30.9. des Jahres.

Die Verzinsungsregelung des § 44 SGB I ist verschuldensunabhängig. Für den Ablauf der Frist ist es deshalb unerheblich, ob es in den Verantwortungsbereich des Leistungsträgers fällt, dass die Geldleistung nicht innerhalb der sechs Kalendermonate seit dem Eingang des vollständigen Leistungsantrags bei ihm ausgezahlt wurde. Die Frist von sechs Kalendermonaten wird daher auch durch ein Klageverfahren nicht gehemmt.

Die Verzinsung endet mit dem Ablauf des Kalendermonats, der dem Monat vorhergeht, in dem die Geldleistung ausgezahlt wird.

Nach § 44 Abs. 3 SGB I werden volle Euro-Beträge verzinst, wobei der Kalendermonat mit 30 Tagen zugrunde zu legen ist. Cent-Beträge in Höhe von 0,01 € bis 0,99 € bleiben unberücksichtigt.

Die Zinsformel lautet:

$$\frac{(\text{Geldleistung} \times 4) \times 30 \text{ Tage}}{100 \times 360 \text{ Tage}}$$

Beispiel
Der zuständige Leistungsträger lehnt einen Antrag auf Übernahme einer Heizkostennachforderung des Leistungsberechtigten L in Höhe von 79,10 € ab. L stellt im Jahr 2019 einen Überprüfungsantrag nach § 44 SGB X mit der Bitte um Auszahlung zur Begleichung der Heizkostennachforderung. Ein entsprechendes Begehren hatte er bereits am 16.2.2017 an den zuständigen Leistungsträger gerichtet und wurde zu dem Zeitpunkt abschlägig beschieden. Das durchgeführte Widerspruchsverfahren gegen den Überprüfungsantrag nach § 44 SGB X blieb erfolglos.

Das Urteil des Sozialgerichts verpflichtet den Leistungsträger zur Zahlung der Heizkostennachforderung und gibt damit dem Begehren des L statt. Das Urteil wurde am 3.3.2022 verkündet.

Die Verzinsung beginnt sechs Monate nach Eingang des vollständigen Leistungsantrags beim zuständigen Leistungsträger. Auch wenn der Überprüfungsantrag nach § 44 SGB X im Jahr 2019 gestellt wurde, ist der Antrag vom 16.2.2017 maßgebend, denn als Leistungsantrag gilt nicht der Antrag auf Überprüfung und Rücknahme eines fehlerhaften Verwaltungsakts nach § 44 SGB X.

*Zur Bestimmung des Verzinsungszeitraumes ist der ursprüngliche (ganz oder teilweise abgelehnte) Antrag maßgeblich. Die Verzinsung beginnt hier am 1.9.2017. Für die Zeit vom 1.9.2017 bis zum 28.2.2022 ist der **einmalig** nachzuzahlende Betrag von 79,00 € zu verzinsen, da nur volle Euro-Beträge verzinst* *werden. Hier handelt es sich um einen Zinszeitraum von 4 Jahren und sechs Monaten bzw. 54 Monaten. Die Zinsen werden wie folgt berechnet:*

$$Zinsen = \frac{79{,}00\ € \times 0{,}04 \times 30\ Tage \times 54\ Monate}{360} = 14{,}22\ €$$

*Würde es sich um einen **laufenden** Anspruch handeln, der noch nicht „befriedigt" ist, müsste der Leistungsträger **jeden Zinsmonat** einen anderen **zu verzinsenden Betrag**, nämlich den jeweils aufgelaufenen und noch nicht befriedigten Monatsanspruch, der Berechnung zugrunde legen, so dass Monat für Monat die jeweiligen Zinsen zu berechnen sind. Die Zinszahlung erfolgt dann bis zu dem Monat, in dem die laufenden Leistungen aufgenommen werden.*

Zu beachten ist im konkreten Fall, dass für den Beginn der Verzinsung nach § 44 Abs. 2 SGB I auf das Datum des ursprünglichen Leistungsantrags und nicht des Überprüfungsantrags abzustellen ist.[35]

1.2.6.7 Verzicht (§ 46 SGB I)

Auf Ansprüche auf Sozialleistungen kann durch schriftliche Erklärung (vgl. § 126 BGB) gegenüber dem Leistungsträger verzichtet werden; der Verzicht kann jederzeit mit Wirkung für die Zukunft widerrufen werden (§ 46 Abs. 1 SGB I). Sowohl der Verzicht als auch der Widerruf des Verzichts werden als empfangsbedürftige Willenserklärung erst mit Zugang (vgl. § 130 BGB) wirksam.

Der Verzichtende muss voll geschäftsfähig (§§ 104 ff. BGB) sein. Handlungsfähigkeit im Sinne des § 36 SGB I reicht nicht aus. Insbesondere bestimmt § 36 Abs. 2 Satz 2 SGB I, dass der Verzicht auf Sozialleistungen von der Zustimmung des gesetzlichen Vertreters abhängig ist.

Auch Leistungen nach dem Zweiten und dem Zwölften Buch Sozialgesetzbuch kommen grundsätzlich für einen Verzicht in Betracht. Die Sozialhilfe ist zwar, abgesehen von den Leistungen nach dem 4. Kapitel SGB XII und einzelnen weiteren Leistungen, unabhängig von Anträgen zu erbringen, jedoch nicht gegen den Willen der leistungsberechtigten Personen.

Der Verzicht auf Sozialleistungen ist unwirksam, soweit durch ihn andere Personen oder andere Leistungsträger belastet oder Rechtsvorschriften umgangen werden (vgl. § 46 Abs. 2 SGB I), z.B. kann nicht auf Sozialhilfeleistungen oder Leistungen der Grundsicherung für Arbeitsuchende bis zum 17. März des Monats verzichtet werden, wenn noch am 16.3. Gehalt zufließt. Der Verzicht bis zum 17.3. würde dann unter Berücksichtigung der Zuflusstheorie bedeuten, dass das Gehalt nicht als Einkommen auf den Hilfebedarf angerechnet wird, sondern als (geschütztes) Vermögen zu

---

[35] Vgl. BSG, Urt. vom 3.7.2020 – B 8 SO 15/19 R –; Hessisches LSG, Urt. vom 11.10.2017 – L 4 SO 169/16 –, juris, Rn. 30; SG Karlsruhe, Urt. vom 28.7.2016 – S 3 SO 3787/15 –, juris, Rn. 20; a. A. LSG NRW, Urt. vom 10.6.2013 – L 20 SO 479/12 –, juris, Rn. 35 ff. unter Berufung auf BSG, Urt. vom 26.8.2008 – B 8 SO 26/07 R –, juris, Rn. 24.

behandeln wäre. Der Leistungsträger würde dann unzulässig mit einer Leistungspflicht belastet.

Verzichtet die leistungsberechtigte Person z. B. freiwillig auf eine mögliche Rentenzahlung oder Arbeitslosengeldzahlung, würde dies zu einer Mehrbelastung für die Träger der Grundsicherung für Arbeitsuchende bzw. Sozialhilfe führen, da die Rentenzahlung als Einkommen zu behandeln wäre. Auch ein solcher Verzicht ist daher unwirksam.

Im Zusammenhang mit Wohngeldleistungen gewinnt die Norm des § 46 SGB I eine weitere Bedeutung. Leistungsberechtigte Personen, die Leistungen zum Lebensunterhalt nach dem Zweiten Buch Sozialgesetzbuch oder nach dem Zwölften Buch Sozialgesetzbuch erhalten, sind von einem Anspruch auf Wohngeld ausgeschlossen (vgl. § 7 Abs. 1 Nr. 1, Nr. 5 oder Nr. 6 WoGG). Der Ausschluss von Wohngeld besteht allerdings nicht, soweit im Einzelfall die Hilfebedürftigkeit durch die Inanspruchnahme von Wohngeld beseitigt werden kann.

Nach § 46 Abs. 2 SGB I ist ein Verzicht unwirksam, soweit durch den Verzicht andere Leistungsträger belastet oder Rechtsvorschriften umgangen werden. Gemäß § 8 Abs. 2 WoGG ist allerdings § 46 Abs. 2 SGB I nicht anzuwenden, wenn im Zusammenhang mit der Beantragung von Wohngeld auf die (rechnerisch höheren) Leistungen nach dem Zweiten oder dem Zwölften Buch Sozialgesetzbuch verzichtet wird.

Daraus folgt, dass wirksam auf eine Leistung nach dem Zweiten oder Zwölften Buch Sozialgesetzbuch verzichtet werden und an deren Stelle (geringeres) Wohngeld treten kann. Ein Verzicht ist möglich, obwohl eine Mehrbelastung der Wohngeldstelle eintritt und ein Anspruch auf Grundsicherung für Arbeitsuchende oder Sozialhilfe besteht.

Insoweit besteht ein **Wahlrecht** zugunsten des Bezuges von Wohngeld. Dieses Wahlrecht setzt einen gleichzeitig bestehenden Anspruch nach dem Zweiten oder Zwölften Buch Sozialgesetzbuch voraus.

Beispiele
- *Eine aus zwei Personen bestehende Bedarfsgemeinschaft kann mit Einkommen und Inanspruchnahme von Wohngeld ihren Bedarf komplett decken. In diesem Fall besteht kein Wahlrecht, da der Anspruch auf Leistungen nach dem Zweiten Buch Sozialgesetzbuch nachrangig und der Bedarf ohne die Inanspruchnahme dieser Leistungen gedeckt ist (vgl. §§ 9 Abs. 1 SGB II, 12a Satz 1 SGB II).*
- *Eine aus zwei Personen bestehende Bedarfsgemeinschaft kann mit Einkommen und Inanspruchnahme von Wohngeld ihren Bedarf teilweise decken, so dass ein geringer Anspruch auf Leistungen nach dem Zweiten oder Zwölften Buch Sozialgesetzbuch geltend gemacht werden könnte. Hier besteht die Möglichkeit, auf Leistungen nach dem Zweiten oder Zwölften Buch Sozialgesetzbuch zu verzichten und das geringere Wohngeld in Anspruch zu nehmen.*

Im erstgenannten Beispiel besteht aufgrund der Regelung des § 12a Satz 2 Nr. 2 SGB II eine vorrangige Verpflichtung zur Inanspruchnahme des Wohngeldes (bzw. des Kinderzuschlages) nur, wenn dadurch die Hilfebedürftigkeit aller Mitglieder der Bedarfsgemeinschaft für einen zusammenhängenden Zeitraum von mindestens drei Monaten beseitigt wird. Ist diese Prognoseentscheidung nicht möglich, können die leistungsberechtigten Personen nicht mehr verpflichtet werden, sondern nur noch auf freiwilliger Basis einen Antrag auf Wohngeld stellen.

Der Leistungsträger darf auch **einzelne** Personen einer Bedarfsgemeinschaft nicht mehr auffordern, Wohngeld zu beantragen oder für diese einen Antrag nach § 5 Abs. 3 SGB II, § 95 SGB XII stellen. Damit ist auch nur noch eine freiwillige Beantragung von Wohngeld für die Kinder einer Bedarfsgemeinschaft möglich. Dies ist durch eine entsprechende Regelung in der Eingliederungsvereinbarung möglich (vgl. § 15 Abs. 1 Satz 1 Nr. 3 SGB II).

Wenn der Bedarf eines oder mehrerer Kinder in einer Bedarfsgemeinschaft durch
- deren Einnahmen (z.B. Kindergeld, Unterhalt, Kinderzuschlag) und
- durch Wohngeld gedeckt werden kann,

können die Eltern für ihre Kinder Wohngeld beantragen.

Um der Regelung des § 46 SGB I gerecht zu werden, ist im zweiten Beispiel der Verzicht auf Leistungen der Grundsicherung für Arbeitsuchende oder der Sozialhilfe, um Wohngeld zu erhalten, nur wirksam, wenn das angegebene Einkommen oder Vermögen nur vergleichsweise geringfügig den Hilfebedarf unterschreitet. Wann diese Geringfügigkeitsgrenze erreicht ist, ist bislang ungeklärt. Der Gesetzgeber wollte jedoch ein Wahlrecht von leistungsberechtigten Personen nach dem Zweiten oder Zwölften Buch Sozialgesetzbuch ermöglichen.[36] Außerdem ist die Geringfügigkeitsgrenze anerkannt, da ansonsten vermutet wird, dass die leistungsberechtigten Personen über nicht angegebene Einkommensquellen verfügen.[37]

Die Ausführungen zum Wohngeld und der Frage des Wahlrechts bei einem geringen Restanspruch auf Leistungen zur Sicherung des Lebensunterhalts sind übertragbar, wenn ein Anspruch auf Kinderzuschlag nach § 6a BKGG in Betracht kommt. Auch in diesem Fall ist § 46 Abs. 2 SGB I nicht anzuwenden (§ 6a Abs. 1 Nr. 4 Satz 4 BKGG).

Ein Verzicht auf Leistungen der Grundsicherung für Arbeitsuchende oder der Sozialhilfe kann für leistungsberechtigte Personen auch im Zusammenhang mit der Leistungserbringung von Elterngeld vorteilhaft sein. Während der Grundbetrag des Elterngeldes möglicherweise auf die Leistungen der Grundsicherung für Arbeitsuchende oder der Sozialhilfe angerechnet wird (vgl. § 10 BEEG), ist dies bei Leistungen nach dem Wohngeldgesetz nicht der Fall.

1.2.6.8 Aufrechnung, Verrechnung (§§ 51, 52 SGB I)

§ 51 SGB I regelt zwei Konstellationen, in denen eine Aufrechnung möglich ist. Nach § 51 Abs. 1 SGB I kann gegen **Ansprüche auf Geldleistungen** aufgerechnet werden. Nach § 51 Abs. 2 SGB I kann u.a. **mit Ansprüchen auf Erstattung zu Unrecht erbrachter Leistungen** aufgerechnet werden.

---

36 Vgl. BT-Drs. 16/6543 S. 118, S. 124.
37 Vgl. OVG Lüneburg, Urt. vom 26.4.2011 – 4 PA 246/10 –, juris; OVG Berlin-Brandenburg, Urt. vom 23.9.2011 – 6 M 59.11 –, juris.

Gegen Ansprüche auf Geldleistungen kann der zuständige Leistungsträger mit Ansprüchen gegen die Berechtigten aufrechnen, soweit die Ansprüche auf Geldleistungen nach § 54 Abs. 2 und Abs. 4 SGB I pfändbar sind. Ansprüche auf Sach- und Dienstleistungen sind damit von einer Aufrechnung ausgeschlossen (vgl. auch § 54 Abs. 1 SGB I). Geldleistungen im Sinne des § 51 Abs. 1 SGB I sind Sozialleistungen der §§ 11, 18 bis 29 SGB I.

Beispiel
Die Leistungsberechtigte L bezieht Leistungen der Grundsicherung für Arbeitsuchende nach dem Zweiten Buch Sozialgesetzbuch. Der zuständige Leistungsträger bewilligt als Arbeitsförderungsmaßnahme eine sog. „Mehraufwandsentschädigung" für die Wahrnehmung einer Arbeitsgelegenheit als Vorschuss gemäß § 42 SGB I in Höhe von 100,00 €. Später setzt der Leistungsträger mittels eines Bewilligungsbescheides die endgültige Leistung auf 36,00 € fest.

Die im Vergleich zum bewilligten Vorschuss deutlich geringer ausgefallene zustehende Zahlung resultiert aus Fehlzeiten bei der Wahrnehmung der Arbeitsgelegenheit, so dass es zu einer Überzahlung in Höhe von 64,00 € gekommen ist.

Es stellt sich die Frage, wie der Leistungsträger der Grundsicherung für Arbeitsuchende die zu viel erbrachte Leistung erstattet bekommt.

*Gemäß § 42 Abs. 2 **Satz 1** SGB I sind Vorschüsse auf die zustehende Leistung anzurechnen. Eine weitere zustehende Leistung im Rahmen einer Arbeitsförderungsmaßnahme existiert nicht, so dass insofern eine Anrechnung nicht in Frage kommt. Die Alternative – eine Anrechnung der „Überzahlung" auf Leistungen der Grundsicherung für Arbeitsuchende – scheitert daran, dass die Arbeitsförderungsmaßnahme als „**zustehende Leistung**" i. S. des § 42 Abs. 2 Satz 1 SGB I nicht in zukünftig entstehenden Ansprüchen auf Leistungen der Grundsicherung für Arbeitsuchende bestehen kann.*

*Die Leistungen der Grundsicherung für Arbeitsuchende sind **keine** gleichartigen, bereits festgestellten Leistungen, die den gezahlten Vorschüssen als Anrechnungstatbestand gegenübergestellt werden dürfen.*

*Allerdings sind gemäß § 42 Abs. 2 Satz 2 SGB I Vorschüsse, soweit sie die tatsächliche Leistung übersteigen, vom Empfänger zu erstatten. Hieraus folgt ein Erstattungsanspruch des Leistungsträgers gegenüber der leistungsberechtigten Person. Die Erstattung kann durch Zahlung oder durch **Aufrechnung** gegen zukünftige Ansprüche der leistungsberechtigten Person gemäß § 51 Abs. 1 SGB I erfolgen.*

Hier besteht ein Anspruch auf Leistungen der Grundsicherung für Arbeitsuchende. Die für eine Aufrechnungserklärung erforderlichen Voraussetzungen (siehe unten) liegen grundsätzlich vor. Gegen Ansprüche auf Geldleistungen kann der zuständige Leistungsträger mit Ansprüchen der leistungsberechtigten Person daher aufrechnen.

Eine Aufrechnung kommt allerdings nur in Betracht, soweit die Ansprüche des Leistungsempfängers nach § 54 Abs. 2 und Abs. 4 SGB I pfändbar sind. Vermutlich werden aber Pfändungsfreigrenzen bei der Zahlung von Leistungen der Grund-

sicherung für Arbeitsuchende nach § 54 Abs. 4 SGB I i. V. m. § 850 ZPO i. V. m. § 850c ZPO nicht überschritten, so dass eine Aufrechnung letztlich am Pfändungsschutz scheitert.

Nach § 51 Abs. 2 SGB I können Ansprüche auf Erstattung zu Unrecht erbrachter Leistungen und Beitragsansprüche gegen laufende Geldleistungen bis zu deren Hälfte aufgerechnet werden, jedoch nur, wenn die Leistungsberechtigten dadurch nicht hilfebedürftig im Sinne der Vorschriften des Zweiten oder des Zwölften Buches Sozialgesetzbuch über die Leistungen zum Lebensunterhalt werden. Ohne diese Einschränkung könnte ein anderer Leistungsträger mit der Folge aufrechnen, dass ein Träger der Grundsicherung für Arbeitsuchende oder der Sozialhilfe aufgrund der sich daraus ergebenden Bedürftigkeit Leistungen erbringen müsste und damit für alle anderen Leistungsträger zum Ausfallbürgen würde.

Insoweit sind den Aufrechnungsmöglichkeiten anderer Leistungsträger Grenzen gesetzt.

Die Regelung in § 51 Abs. 2 SGB I gilt **nicht** für Entgeltersatzleistungen, die die Bezieher von Leistungen nach dem Dritten Buch Sozialgesetzbuch zu Unrecht (z. B. wegen noch nicht vorgenommener Anrechnung von Nebeneinkommen, vgl. § 155 SGB III) erhalten haben, wenn die Agentur für Arbeit von der entsprechenden Ermächtigung zur Aufrechnung im Rahmen einer Ermessensentscheidung Gebrauch macht (vgl. § 333 Abs. 1 SGB III). Die Entgeltersatzleistung (z. B. das Arbeitslosengeld nach dem Dritten Buch Sozialgesetzbuch) kann dann entgegen § 51 Abs. 2 SGB I in voller Höhe mit einem Nebeneinkommen aufgerechnet werden. Dadurch kann das Arbeitslosengeld – auch nachträglich – auf null gemindert werden.

Hat die nach dem Dritten Buch Sozialgesetzbuch leistungsberechtigte Person das Nebeneinkommen bereits vollständig verbraucht und wird sie durch die Aufrechnung nach § 333 Abs. 1 SGB III hilfebedürftig, kommen insoweit Leistungen der Grundsicherung für Arbeitsuchende nach dem Zweiten Buch Sozialgesetzbuch in Betracht. Die leistungsberechtigte Person kann – abweichend von § 51 Abs. 2 SGB I – ergänzend Arbeitslosengeld II erhalten. Der Leistungsträger der Grundsicherung für Arbeitsuchende muss dann prüfen, ob ein Ersatzanspruch gemäß § 34 SGB II geltend gemacht werden kann, weil die Hilfebedürftigkeit zumindest grobfahrlässig herbeigeführt worden ist.

Die **Aufrechnung** von Ansprüchen einer leistungsberechtigten Person nach dem Zweiten oder dem Zwölften Buch Sozialgesetzbuch mit Ansprüchen des Leistungsträgers kann aufgrund der Regelungen in § 43 SGB II bzw. in § 26 Abs. 2 SGB XII erfolgen. Insoweit handelt es sich hierbei um – gegenüber § 51 Abs. 2 SGB I – spezialgesetzlich geregelte und vorrangig anzuwendende Rechtsnormen (vgl. § 37 Satz 1 Halbs. 1 SGB I).

Die Aufrechnung nach § 51 SGB I steht im Ermessen des Leistungsträgers. Durch die Erklärung der Aufrechnung wird bewirkt, dass die **beiderseitigen Forderungen**, soweit sie sich decken, als erloschen gelten (vgl. § 389 BGB). Die Aufrechnung stellt einen belastenden Verwaltungsakt dar und kann mit Widerspruch angefochten werden. Vor Erlass des Verwaltungsaktes ist eine Anhörung nach § 24 SGB X durchzuführen.

Neben den in § 51 SGB I genannten Besonderheiten für eine Aufrechnung im Sozialrecht gelten, da keine Definition des Begriffs „Aufrechnung" erfolgt, die zivilrechtlichen Normen für die Aufrechnung (vgl. §§ 387 ff. BGB analog). Danach müssen für eine Aufrechnung folgende Voraussetzungen gegeben sein:

1. **Gegenseitigkeit der Forderung** gemäß § 387 BGB (sog. „Aufrechnungslage")
   Der Schuldner einer Forderung ist gleichzeitig Gläubiger einer anderen Forderung. Bei einer Bedarfs- oder Einsatzgemeinschaft darf nur gegenüber der Person der Bedarfs oder Einsatzgemeinschaft aufgerechnet werden, die Schuldner des Anspruchs sind.
2. **Gleichartigkeit der Forderung** gemäß § 387 BGB (sog. „Aufrechnungslage")
   Bei der jeweiligen Forderung muss es sich gemäß § 51 Abs. 2 SGB I um eine Geldleistung handeln. Mit Sach- oder Dienstleistungen kann nicht aufgerechnet werden. Weiterhin muss der Leistungsträger gegen den Berechtigten Ansprüche auf Erstattung zu Unrecht erbrachter Sozialleistungen (z. B. nach § 42 Abs. 2 Satz 2 SGB I, § 43 Abs. 2 Satz 1 SGB I, § 328 Abs. 3 Satz 2 SGB III, § 50 SGB X) oder Ersatzansprüche (z. B. nach § 34 oder 34a SGB II) haben.
3. **Wirksamkeit und Fälligkeit der Gegenforderung** (vgl. § 41 SGB I)
   Vor allem die Gegenforderung, mit der der Leistungsträger aufrechnet, muss durchsetzbar und einrede- bzw. einwendungsfrei sein. Die Gegenforderung, z. B. ein Bewilligungsbescheid eines Leistungsträgers, darf also nicht nichtig (und damit unwirksam) oder aufgehoben worden sein. Die Gegenforderung muss aber nicht unbedingt auf öffentlich-rechtlicher Anspruchsgrundlage beruhen. Auch zivilrechtliche Forderungen (z. B. Schadensersatzansprüche nach dem BGB) können in Betracht kommen.
4. **Aufrechnungserklärung** (§ 388 BGB analog) durch Verwaltungsakt gegenüber dem Sozialleistungsberechtigten als Inhaber eines Sozialleistungsanspruchs (sog. „Hauptforderungsanspruch").

In der Fallkonstellation des § 51 Abs. 1 SGB I muss die Geldleistung, mit der der Leistungsträger aufrechnet, pfändbar sein (§ 51 Abs. 1 SGB I). Es gelten damit die Pfändungsschutzvorschriften in § 54 Abs. 2 und Abs. 4 SGB I und somit auch die Regelungen der §§ 850 ff. ZPO. Gemäß § 54 Abs. 2 SGB I ist eine Billigkeitsprüfung vorzunehmen.

In der Fallkonstellation des § 51 Abs. 2 SGB I darf die leistungsberechtigte Person nicht hilfebedürftig i. S. der Vorschriften über die Leistungen zum Lebensunterhalt nach den Bestimmungen des Zweiten Buches Sozialgesetzbuch oder des Zwölften Buches Sozialgesetzbuches werden.

Über die Aufrechnungsvorschriften der § 51 SGB I, § 43 SGB II und § 26 Abs. 2 SGB XII hinaus kann auch eine Aufrechnung durch den Leistungsträger in entsprechender Anwendung des § 387 BGB erfolgen, wenn keine der genannten Aufrechnungsvorschriften anwendbar ist.

Denkbar wäre beispielsweise, dass ein Leistungsträger nach dem Zweiten Buch Sozialgesetzbuch eine Erstattungsforderung nach § 50 SGB X gegenüber einer leistungsberechtigten Person mit einem Anspruch der leistungsberechtigten Person auf Erstattung der Kosten im Vorverfahren nach § 63 SGB X aufrechnet.[38]

Dies wird überwiegend abgelehnt. Eine zivilrechtliche Aufrechnung in der besagten Fallkonstellation würde daran scheitern, dass es sich zwar um gegenseitige Forderungen handelt, es jedoch an der von § 387 BGB vorausgesetzten Gleichartigkeit der Forderungen fehlt. Die Gleichartigkeit fehlt, weil es sich bei der Regelung in § 63 SGB X nicht um einen Zahlungsanspruch, sondern um einen Freistellungsanspruch des erfolgreichen Widerspruchsführers handelt, der die Kosten des bevollmächtigten Rechtsanwalts nicht ersetzen muss.[39] Funktion des § 63 SGB X ist es u. a., unbemittelte Widerspruchsführer in die Lage zu versetzen, vertretungsbereite Rechtsanwälte zu finden. Diese Funktion würde vereitelt, wenn bevollmächtigte Anwälte damit rechnen müssten, dass der Rechtsträger, der die Kosten des Widerspruchverfahrens zu erstatten hat, seinerseits mit Forderungen gegenüber Widerspruchsführern wirksam aufrechnen kann.[40]

Eine **Verrechnung** von Ansprüchen eines Leistungsträgers mit den Ansprüchen der Leistungsberechtigten **bei einem anderen Leistungsträger** ist unter den Einschränkungen des § 51 SGB I möglich (vgl. § 52 SGB I). Danach müssen bei der Verrechnung die Voraussetzungen der Aufrechnung gegeben sein. Allerdings wird auf die Gegenseitigkeit der aufgerechneten Forderung verzichtet. Die Verrechnung stellt ebenfalls einen Verwaltungsakt dar, vor dessen Erlass eine Anhörung durchzuführen ist. Die Verrechnung stellt ebenso wie die Aufrechnung eine Ermessensentscheidung dar.

Das wesentliche Merkmal der Verrechnung besteht darin, dass ein anderer Leistungsträger als der, der die Geldleistung zu zahlen hat, diesen ausdrücklich zur Verrechnung ermächtigt. Der zur Verrechnung ermächtigte Leistungsträger wird aufgrund des § 52 SGB I ermächtigt, im eigenen Namen über eine fremde Forderung zu verfügen. Aufgrund der Verrechnung erhält der die Geldleistung erbringende Leistungsträger einen Zahlungsanspruch gegen den verrechnenden Leistungsträger in Höhe des verrechneten Betrages.

Die Träger der Grundsicherung für Arbeitsuchende und der Sozialhilfe können bei anderen Leistungsträgern die Verrechnung von Ansprüchen nach § 52 SGB I beantragen und um Verrechnung ersuchen. Damit besteht auch die Möglichkeit, dass

- ein Träger der Grundsicherung für Arbeitsuchende bei einem anderen,
- ein Träger der Sozialhilfe bei einem anderen,
- ein Träger der Sozialhilfe bei einem Träger der Grundsicherung für Arbeitsuchende oder

---

38 Vgl. Hessisches LSG, Urt. vom 29.10.2012, L 9 AS 601/10, juris.
39 Vgl. LSG Rheinland-Pfalz, Urt. vom 06.05.2015, L 6 AS 288/13, juris, Rn. 24 ff.; LSG Berlin-Brandenburg, Urt. vom 13.10.2016, L 31 AS 1774/16, BeckRS 2016, 110598, Rn. 27 ff.; LSG Berlin-Brandenburg, Beschluss vom 21.03.2017, L 18 AS 232/17 NZB, juris.
40 BSG, Urt. vom 20.02.2020, B 14 AS 17/19 R, juris, Rn. 21, 22.

- ein Träger der Grundsicherung für Arbeitsuchende bei einem Träger der Sozialhilfe eine Verrechnung beantragt. In Betracht kommen z. B. Ansprüche auf Erstattung zu Unrecht erbrachter Leistungen, die wegen eines Umzugs oder dem Leistungswechsel vom Zweiten zum Zwölften Buch Sozialgesetzbuch bzw. umgekehrt nicht mehr nach § 43 SGB II oder § 26 Abs. 2 SGB XII aufgerechnet werden können.

Hat z. B. der Träger der Grundsicherung für Arbeitsuchende einen Erstattungsanspruch gegen eine leistungsberechtigte Person, kann er die Arbeitsagentur als Leistungsträger nach dem Dritten Buch Sozialgesetzbuch ermächtigen, seine Erstattungsansprüche mit dem Anspruch des Leistungsberechtigten auf Arbeitslosengeld nach dem Dritten Buch Sozialgesetzbuch zu verrechnen, soweit auch eine Aufrechnung zulässig wäre.

1.2.6.9 Übertragung und Verpfändung, Pfändungsschutzkonto (§ 53, § 54 SGB I, § 850k ZPO)

Die §§ 54, 55 SGB I regeln die Frage, ob und inwieweit Ansprüche auf (laufende) Geldleistungen übertragen, also abgetreten (vgl. § 398 BGB) und verpfändet werden können, wenn vollstreckbare Urteile oder unanfechtbare bzw. sofort vollziehbare Verwaltungsakte vorliegen. Die Regelungen versuchen einen Ausgleich zwischen dem Schutz der leistungsberechtigten Person und dem Interesse Dritter nach Sicherungsforderungen zu finden.

Nach § 53 Abs. 3 SGB I und § 54 Abs. 4 SGB I können Sozialleistungen übertragen und verpfändet werden, soweit sie den für Arbeitseinkommen geltenden unpfändbaren Betrag übersteigen. Dieser Betrag ist in den Regelungen der §§ 850c, 850d ZPO sowie in der Bekanntmachung zu § 850c ZPO zu finden. Darüber hinaus gehende Abtretungen sind unwirksam. Leistungen zur Sicherung des Lebensunterhalts werden in aller Regel die dort genannten Pfändungsfreigrenzen nicht übersteigen.

Schließlich können nach § 17 Abs. 1 Satz 2 SGB XII Ansprüche auf Sozialhilfe nicht übertragen, verpfändet oder gepfändet werden. Betroffene können ferner nach § 850f Abs. 1 Buchstabe a) ZPO bei dem Vollstreckungsgericht beantragen, dass ein Teil des pfändbaren Betrages belassen wird, wenn nachgewiesen wird, dass sonst der notwendige Lebensunterhalt i. S. des Zweiten Buches Sozialgesetzbuch oder des Zwölften Buches Sozialgesetzbuches nicht gedeckt ist.

Für die Pfändbarkeit von einmaligen Geldleistungen ist eine Billigkeitsprüfung (Gerechtigkeitsprüfung) vorzunehmen (vgl. § 54 Abs. 2 SGB I). Grundsätzlich unpfändbar sind die in § 54 Abs. 3 SGB I genannten Sozialleistungsansprüche (z. B. Elterngeld, Mutterschaftsgeld, Wohngeld).

Für leistungsberechtigte Personen bietet das sog. **„Pfändungsschutzkonto"** (bzw. „P-Konto", vgl. § 850k ZPO) einen Schutz des Guthabens auf dem Girokonto in Höhe des Pfändungsfreibetrages von zurzeit 1.045,04 € (vgl. § 850k Abs. 1 Satz 1 i. V. m. §§ 850c Abs. 1 Satz 1, 850c Abs. 2a ZPO, Bekanntmachung zu § 850c ZPO). Dieser Basispfändungsschutz erhöht sich z. B., wenn der Kontoinhaber dem Kreditinstitut nachweist, dass er gesetzliche Unterhaltspflichten zu erbringen hat. Der Nachweis kann dabei von einer Schuldnerberatungsstelle, der Familienkasse oder einer Sozialleistungsbehörde in Form einer Bescheinigung ausgestellt werden.

Der Basispfändungsschutz wird gemäß § 850k Abs. 2 Nr. 1b ZPO auch dann erhöht, wenn der Schuldner **Geldleistungen nach dem Zweiten oder Zwölften Buch Sozialgesetzbuch** für mit ihm in einer Bedarfs- oder Einsatzgemeinschaft i. S. des § 7 Abs. 3, § 9 Abs. 2 Satz 2, Satz 3 SGB II oder der §§ 19, 27 Abs. 2 Satz 2, Satz 3 oder 43 Abs. 1 Halbs. 1 SGB XII lebende Personen, denen er nicht aufgrund gesetzlicher Vorschriften zum Unterhalt verpflichtet ist, entgegennimmt.

Der Pfändungsschutz erfolgt jedoch nur, wenn das bereits bestehende Girokonto des Vollstreckungsschuldners vorher in ein Pfändungsschutzkonto umgewandelt oder mit Kontoerrichtung ausdrücklich neu eingerichtet wird (vgl. § 850k Abs. 2 Nr. 1a ZPO). Mit Einrichtung des Pfändungsschutzkontos kann der **Vollstreckungsschuldner über die geschützten Beträge (Basispfändungsschutz) verfügen**. Auch Zahlungseingänge werden unter Schutz gestellt.

Wird einem Pfändungsschutzkonto eine Geldleistung nach dem Sozialgesetzbuch oder dem Einkommensteuergesetz bzw. Bundeskindergeldgesetz gutgeschrieben, darf das Kreditinstitut gemäß § 850k Abs. 6 Satz 1 ZPO die Forderung, die durch die Gutschrift entsteht, für die Dauer von 14 Tagen (sog. **„Schutzfrist"**) seit der Gutschrift nur mit solchen Forderungen verrechnen und hiergegen nur mit solchen Forderungen aufrechnen, die ihm als Entgelt für die Kontoführung oder aufgrund von Kontoverfügungen des Berechtigten innerhalb dieses Zeitraums zustehen.

Bis zur Höhe des danach verbleibenden Betrages der Gutschrift ist das Kreditinstitut nach § 850k Abs. 6 Satz 2 ZPO innerhalb von 14 Tagen seit der Gutschrift nicht berechtigt, die Ausführung von Zahlungsvorgängen wegen fehlender Deckung abzulehnen, wenn der Kontoberechtigte nachweist oder dem Kreditinstitut sonst bekannt ist, dass es sich um die Gutschrift einer Geldleistung nach dem Sozialgesetzbuch oder von Kindergeld handelt.

Den Nachweis für diesen Fall hat allein der Kontoberechtigte zu führen. Danach sind also Sozialleistungen 14 Tage nicht von einer Kontopfändung erfasst. Ist das Guthaben höher als der Freibetrag, so sind auch aus Sozialleistungen stammende Guthaben grundsätzlich pfändbar.

Mit dem Pfändungsschutzkonto stellt eine Pfändung für Banken keinen Kündigungsgrund mehr dar. Für leistungsberechtigte Personen wird die Teilhabe am bargeldlosen Zahlungsverkehr sichergestellt.

1.2.6.10 Sonderrechtsnachfolge, Vererbung, Ausschluss der Rechtsnachfolge (§§ 56 bis 59 SGB I)

Gemäß § 56 Abs. 1 Satz 1 SGB I stehen fällige Ansprüche auf **laufende Geldleistungen nach dem Tode der leistungsberechtigten Person** grundsätzlich ihren nahen Familienangehörigen zu, wenn diese mit ihnen zur Zeit des Todes in einem gemeinsamen Haushalt gelebt haben oder von ihnen wesentlich unterhalten worden sind (vgl. § 56 Abs. 1 Satz 1 SGB I). Wurde beispielsweise eine Erwerbsminderungsrente beantragt, ist das Verwaltungsverfahren eröffnet. Stirbt die leistungsberechtigte Person, steht die Rente den Rechtsnachfolgern zu.

Für die Sozialhilfe gilt eine solche Sonderrechtsnachfolge – mit Ausnahme der Regelung in § 19 Abs. 6 SGB XII – **nicht**.

Sozialhilfeansprüche sind ungeachtet ihrer Leistungsform höchstpersönliche Rechte. Damit kann ein Anspruch auf Sozialhilfe wegen seines höchstpersönlichen Charakters grundsätzlich nicht im Wege der Sonderrechtsnachfolge und auch nicht im Wege der Vererbung (vgl. § 58 SGB I i. V. m. § 1922 BGB) auf einen Dritten übergehen, wenn nach dem Tode der leistungsberechtigten Person die Leistung nicht mehr der Erfüllung des mit ihr verfolgten Zwecks dienen würde, denn eine (evtl. vorhanden gewesene) Notlage der leistungsberechtigten Person lässt sich nach deren Tod nicht mehr beheben. Der Anspruch geht deshalb mit dem Tod unter.

Eine Ausnahme von diesem Grundsatz ist nach der Rechtsprechung des Bundesverwaltungsgerichts[41], der sich das Bundessozialgericht[42] angeschlossen hat, nur dann gegeben, wenn der Hilfebedürftige zu Lebzeiten seinen Bedarf mit Hilfe eines im Vertrauen auf die spätere Bewilligung von Sozialhilfe vorleistenden Dritten gedeckt hat, weil der Träger der Sozialhilfe nicht rechtzeitig geholfen oder Hilfe abgelehnt hat. Dem Erben obliegt auch die Begleichung der Nachlassschulden. Die Sozialhilfeleistungen fließen ihm in solchen Fällen gerade deshalb zu, um ihn in den Stand zu setzen, die aus der Hilfe des Dritten entstandenen Schulden des Sozialhilfempfängers zu tilgen.[43]

Für den Bereich der Leistungen der **Grundsicherung für Arbeitsuchende** ist der Anwendungsbereich umstritten. Einerseits bestehen ähnliche Strukturprinzipien wie in der Sozialhilfe, so dass danach der Anwendungsbereich verschlossen sein könnte.

Andererseits besteht ein grundlegender Unterschied zwischen den Sozialleistungen nach dem Zwölften und denen nach dem Zweiten Buch Sozialgesetzbuch. Während die Ansprüche auf Sozialhilfe nach § 17 Abs. 1 Satz 2 SGB XII nicht übertragen, verpfändet oder gepfändet werden können, fehlt eine entsprechende Vorschrift für die Sozialleistungen nach dem Zweiten Buch Sozialgesetzbuch. Sind Geldleistungen nach dem Zweiten Buch Sozialgesetzbuch aber grundsätzlich in den Grenzen der §§ 53, 54 SGB I übertragbar, pfändbar und verpfändbar, dann fallen sie als vermögensrechtliche Ansprüche des öffentlichen Rechts grundsätzlich in das Vermögen des Berechtigten und sind dann auch nach den Vorschriften der §§ 56 bis 59 SGB I vererbbar.[44]

Insofern unterliegen Grundsicherungsleistungen für Arbeitsuchende der Sonderrechtsnachfolge, so dass die wesentlichen Grundlagen nachfolgend dargestellt werden.

Wurden laufende Geldleistungen der Grundsicherung für Arbeitsuchende nicht rechtzeitig erbracht, beschränkt das in der Regel nicht nur die Lebensführung der leistungsberechtigten Person, sondern auch der Mitglieder der Bedarfs- bzw. Einsatzgemeinschaft, die mit dem Leistungsberechtigten in einem gemeinsamen

---

41 Vgl. BVerwG, Urt. vom 5.5.1994 – 5 C 43/91 –, juris, Rn. 10 ff.
42 Vgl. BSG, Urt. vom 23.7.2014 – B 8 SO 14/13 R –, juris, Rn. 12.
43 Vgl. LSG NRW, Urt. vom 21.7.2016 – L 9 SO 254/14 –, juris, Rn. 30.
44 Vgl. *Stotz, Christian*, Vererblichkeit von Ansprüchen auf Sozialleistungen – Ausnahmen bei Ansprüchen auf Leistungen nach dem SGB XII und SGB II? In: Heine, Peter (Hrsg.): 60 Jahre Sozialgerichtsbarkeit Niedersachsen und Bremen, Jubiläumsband 2014, S. 149.

Haushalt lebten. Noch nicht erbrachte Sozialleistungen sollen daher im Wege einer Sonderrechtsnachfolge auf Familienmitglieder übergehen, um die Versorgungssituation der Haushaltsgemeinschaft zu sichern. Aber auch Verpflichtungen gehen auf den Sonderrechtsnachfolger über (vgl. § 57 Abs. 2 SGB I). Dies sind insbesondere Kostenerstattungen bei zu Unrecht erbrachten Leistungen (vgl. § 50 SGB X).

Mit diesem gesetzlichen Übergang von fälligen Ansprüchen eines Verstorbenen auf Sozialleistungen werden – spezielle – Regelungen außerhalb des Erbrechts getroffen, so dass man in diesem Zusammenhang nicht von „Gesamtrechtsnachfolge", sondern von einer „Sonderrechtsnachfolge" spricht. Die Gesamtrechtsnachfolge tritt subsidiär hinter die Sonderrechtsnachfolge zurück (Schlussfolgerung aus § 58 SGB I). Die Sonderrechtsnachfolge bedeutet, dass beim Tod der leistungsberechtigten Person fällige, aber noch nicht ausgezahlte laufende Geldleistungen an den Sonderrechtsnachfolger ausgezahlt werden, ohne dass das Erbrecht beachtet werden muss. In § 56 Abs. 1 SGB I wird eine Rangfolge der Personen beschrieben, die für eine Sonderrechtsnachfolge in Betracht kommen, z. B. Ehegatten vor Kindern. Welcher Personenkreis durch die Begriffe Kinder, Eltern oder Haushaltsführer erfasst ist, regelt § 56 Abs. 2 und Abs. 3 SGB I.

Die Sonderrechtsnachfolge beschränkt sich auf den Übergang
- von fälligen Sozialleistungsansprüchen,
- **laufender** Geldleistungen, wenn

die oder der Sonderrechtsnachfolger zur Zeit des Todes des Sozialleistungsberechtigten mit diesem in einem **gemeinsamen Haushalt** gelebt haben oder vom verstorbenen Sozialleistungsberechtigten im Wesentlichen unterhalten wurden.

Ansprüche auf Sach- und Dienstleistungen scheiden wegen ihres höchstpersönlichen Charakters für die Sonderrechtsnachfolge aus (vgl. § 59 Satz 1 SGB I). Ansprüche auf Geldleistungen erlöschen nur, wenn sie im Zeitpunkt des Todes weder festgestellt sind, noch ein Verwaltungsverfahren – z. B. durch eine Antragstellung – über sie anhängig ist (vgl. § 59 Satz 2 SGB I).

Die Sonderrechtsnachfolge tritt gemäß § 56 SGB I kraft Gesetzes ein und bedarf daher keiner Annahmeerklärung. Will die nach § 56 SGB I berechtigte Person die Sonderrechtsnachfolge nicht antreten, muss sie deshalb innerhalb von sechs Wochen schriftlich (§ 46 Abs. 1 SGB I analog) erklären, dass sie auf die Sonderrechtsnachfolge verzichtet, so dass die in der Rangfolge nach ihr stehende Person an ihre Stelle treten kann (vgl. § 57 Abs. 1 SGB I). Die Frist von sechs Wochen beginnt nicht mit dem Tod des Leistungsberechtigten, sondern mit der Kenntnis von der Sonderrechtsnachfolge.

Soweit fällige Ansprüche auf laufende Geldleistungen nicht einem Sonderrechtsnachfolger zustehen, kommt gemäß § 58 Satz 1 SGB I eine Vererbung in Betracht, ausgenommen ist eine solche durch den Fiskus (vgl. § 58 Satz 2 SGB I).

Nur ausnahmsweise kann sich eine Verpflichtung zur Zahlung an den Sonderrechtsnachfolger daraus ergeben, dass eine Geldleistung vor dem Tode der leistungsberechtigten Person zuerkannt, jedoch durch den Träger der Sozialhilfe nicht rechtzeitig erbracht wurde.

Gleiches gilt, wenn die leistungsberechtigte Person zu Lebzeiten ihren Bedarf mit Hilfe eines im Vertrauen auf die spätere Bewilligung von Sozialhilfe darlehensweise **vorleistenden Dritten** gedeckt hat, weil der Träger nicht rechtzeitig geholfen oder Hilfe abgelehnt hat.[45]

Eine **sozialhilfespezifische Sonderrechtsnachfolge** ergibt sich aus § 19 Abs. 6 SGB XII. Danach steht der Anspruch der Berechtigten auf Leistungen für „Einrichtungen" oder auf Pflegegeld ggf. dem zu, der die Leistung erbracht oder die Pflege geleistet hat. Unter Einrichtungen sind nur „teilstationäre und stationäre Einrichtungen" zu verstehen, **nicht** jedoch ambulante pflegerische Dienste.[46] Ein Anspruch der gepflegten Person auf Leistungen für Alterssicherungsbeiträge zugunsten der Pflegeperson nach § 64f Abs. 1 SGB XII gehört nicht zum Anspruch auf Pflegegeld nach § 64a SGB XII. Eine Aufnahme des Verfahrens durch die Pflegeperson nach dem Tode der gepflegten Person i. S von § 19 Abs. 6 SGB XII scheidet deshalb aus.[47]

1.3 Sozialverwaltungsverfahren nach dem Zehnten Buch Sozialgesetzbuch (SGB X)

Das Sozialverwaltungsverfahren nach dem Zehnten Buch Sozialgesetzbuch ist in drei Kapitel gegliedert:
- das Verwaltungsverfahren (§§ 1 bis 66 SGB X),
- den Schutz der Sozialdaten (§§ 67 bis 85a SGB X) und
- die Zusammenarbeit der Leistungsträger und ihre Beziehungen zu Dritten (§ 86 bis § 119 SGB X).

Die sozialrechtlichen Verwaltungsverfahrensvorschriften waren bis zur Verabschiedung des Zehnten Buches Sozialgesetzbuch (SGB X) uneinheitlich und unübersichtlich geregelt. Vielfach musste auf die sich aus dem allgemeinen Verwaltungsrecht ergebenden Grundsätze zurückgegriffen werden. Das seit 1976 geltende Verwaltungsverfahrensgesetz gilt ausdrücklich nicht für die durch das Sozialgesetzbuch erfassten Bereiche (vgl. § 2 Abs. 2 Nr. 4 VwVfG).

Um eine möglichst große Einheitlichkeit des gesamten Verwaltungsverfahrens zu gewährleisten, wurden die Vorschriften des Verwaltungsverfahrensgesetzes weitgehend wörtlich in das Zehnte Buch Sozialgesetzbuch übernommen. Nur aufgrund der Besonderheiten des Sozialrechts sind Abweichungen vorgesehen.

Die nachfolgenden Ausführungen in diesem Kapitel (1.3) beziehen sich insbesondere auf die für die Entscheidungen nach
- dem Zweiten Buch Sozialgesetzbuch (SGB II) und
- dem Zwölften Buch Sozialgesetzbuch (SGB XII)

---

45 BVerwG, Urt. vom 5.5.1994 – 5 C 43/91 –, BVerwGE 96, 18 = FEVS 45, 221 = NDV 1995, 91 = NZS 1994, 477; LSG NRW, Urt. vom 29.3.2012 – L 9 SO 399/11 –, juris.
46 Vgl. BSG, Urt. vom 13.7.2010 – B 8 SO 13/09 R –, BSGE 106, 264 = FEVS 62, 289 = DVP 2011, 438 = info also 2010, 282.
47 Vgl. LSG NRW, Urt. vom 19.4.2010 – L 20 SO 44/08 –, ZFSH/SGB 2010, 428.

besonders relevanten Regelungen des Ersten Kapitels des Zehnten Buches Sozialgesetzbuch. Außerdem wird im Zweiten und Zwölften Buch Sozialgesetzbuch auf spezialgesetzlich relevanten verfahrensrechtliche Vorschriften eingegangen.

1.3.1 Anwendungsbereich (§ 1 SGB X)

Der sachliche Geltungsbereich der Vorschriften des ersten Kapitels des Zehnten Buches Sozialgesetzbuch wird durch § 1 Abs. 1 SGB X bestimmt. Danach gelten die Vorschriften dieses Kapitels (§§ 1 bis 66 SGB X) für die öffentlich-rechtliche Verwaltungstätigkeit der Behörden, die nach diesem Gesetzbuch ausgeübt wird. Mit „diesem Gesetzbuch" sind die Bücher des Sozialgesetzbuches gemeint, also das Erste Buch Sozialgesetzbuch bis Zwölfte Buch Sozialgesetzbuch, darüber hinaus auch die nach § 68 SGB I „gleichgestellten" besonderen Teile des Sozialgesetzbuches (z. B. Bundesausbildungsförderungsgesetz, Bundeskindergeldgesetz, Wohngeldgesetz, Unterhaltsvorschussgesetz).

Gemäß § 1 Abs. 1 Satz 2 SGB X gilt das erste Kapitel Zehntes Buch Sozialgesetzbuch zur Ausführung von besonderen Teilen des Sozialgesetzbuches aber nur, soweit die besonderen Teile mit Zustimmung des Bundesrates die Vorschriften dieses Kapitels **für anwendbar erklären**, wenn die besonderen Teile des Sozialgesetzbuches nach Inkrafttreten der Vorschriften des ersten Kapitels Bestandteil des Sozialgesetzbuches geworden sind.

Beispielsweise ist das Zweite Buch Sozialgesetzbuch am 1.1.2005 in Kraft getreten, während das Zehnte Buch Sozialgesetzbuch am 1.1.1981 in Kraft getreten ist. Deshalb ist die Regelung des § 40 Abs. 1 Satz 1 SGB II notwendig. Dort heißt es:

Für das Verfahren nach diesem Buch gilt das Zehnte Buch. Für das Sozialhilferecht nach dem Zwölften Buch Sozialgesetzbuch könnte ähnliches gelten, da auch dieses Gesetz erst am 1.1.2005 in Kraft getreten ist. Hier steht allerdings § 1 Abs. 1 Satz 2 SGB X der Anwendung der Vorschriften des Ersten Kapitels des SGB X nicht entgegen, weil die Sozialhilfe über § 9 SGB I in das Sozialgesetzbuch bereits vor 2005 aufgenommen wurde.

Behörden, für die diese Vorschriften gelten, sind gemäß § 1 Abs. 2 SGB X Stellen, die Aufgaben der öffentlichen Verwaltung wahrnehmen. Dazu zählen auch beauftragte Stellen, die zur Aufgabenerfüllung herangezogen worden sind, z. B. Kommunen, die Aufgaben für die Leistungsträger nach dem Zweiten und/oder Zwölften Buch Sozialgesetzbuch im Rahmen einer Aufgabenübertragung (z. B. § 3 AG-SGB XII NRW) wahrnehmen.

Verbände der freien Wohlfahrtspflege bzw. andere freie Träger, denen Aufgaben nach dem Zweiten bzw. Zwölften Buch Sozialgesetzbuch übertragen worden sind, handeln nicht als Behörden im Sinne dieses Gesetzes. Die Verantwortung der zuständigen Leistungsträger für die Erfüllung ihrer Aufgaben bleibt bestehen.

1.3.2 Örtliche Zuständigkeit (§ 2 SGB X)

§ 2 Abs. 1 SGB X trifft Regelungen für den Fall, dass mehrere Behörden örtlich zuständig sind. Die §§ 36 SGB II, 98 SGB XII, 1 Abs. 3 AG-SGB XII NRW gehen als spezielle Rechtsnormen dem § 2 Abs. 1 SGB X vor, der damit für Leistungen nach dem Zweiten und Zwölften Buch Sozialgesetzbuch keine Anwendung findet (vgl. § 37 SGB I).

Die bisher zuständige Behörde kann das **Verwaltungsverfahren** fortführen, wenn sich die die Zuständigkeit begründenden Umstände ändern, wenn dies unter Wahrung der Interessen der Beteiligten der einfachen und zweckmäßigen Durchführung des Verfahrens dient und die nunmehr zuständige Behörde zustimmt (vgl. § 2 Abs. 2 SGB X). Das kann z. B. durch einen Wohnsitzwechsel oder durch eine Änderung des gewöhnlichen Aufenthaltes geschehen, und zwar in dem Zeitpunkt, in dem das Verwaltungsverfahren durch den Erlass (genauer: die Unanfechtbarkeit) des Verwaltungsaktes noch nicht abgeschlossen worden ist.

Die Fortführung des Verfahrens ist in das Ermessen der bisher örtlich zuständigen Behörde gestellt („kann") und kann deshalb an Bedingungen geknüpft werden. Erforderlich ist die Zustimmung der nunmehr zuständigen Behörde. Aus der Vorschrift folgt, dass die bisher zuständige Behörde das Verfahren nicht weiterführen muss. Es endet insbesondere dann, wenn die nun zuständige Behörde das Verfahren durch einen wirksam gewordenen Verwaltungsakt übernommen hat.

Ist der Verwaltungsakt erlassen und findet eine Leistungsbewilligung statt, regelt § 2 Abs. 3 SGB X den Fall der Änderung der örtlichen Zuständigkeit im laufenden Leistungsbezug (§ 36 SGB II, § 98 SGB XII, § 1 Abs. 3 AG-SGB XII NRW). Beim Wechsel der örtlichen Zuständigkeit besteht die **Verpflichtung**, die Leistung noch so lange zu erbringen, bis sie von der nunmehr zuständigen Behörde fortgesetzt wird (vgl. § 2 Abs. 3 Satz 1 SGB X). Dieser Regelung liegt in erster Linie der Fall zugrunde, dass durch einen Umzug der leistungsberechtigten Person in den Zuständigkeitsbereich eines anderen Leistungsträgers die örtliche Zuständigkeit wechselt.

Die nach dem Zuständigkeitswechsel erbrachten Leistungen vom bisherigen Leistungsträger sind gemäß § 2 Abs. 3 Satz 2 SGB X auf Anforderung zu erstatten, wobei nach § 2 Abs. 3 Satz 3 SGB X der § 102 Abs. 2 SGB X entsprechend anzuwenden ist. Das bedeutet, dass die erbrachten Leistungen in der Höhe erstattet werden, in der sie der vorleistende Träger erbracht hat. Sinn und Zweck der Regelung besteht darin, eine Unterbrechung des Leistungsbezugs zu verhindern und einen nahtlosen Übergang der Leistungserbringung zu erreichen. § 2 Abs. 3 SGB X hat einen eigenständigen materiell-rechtlichen Regelungsgehalt und geht dem § 105 SGB X als Erstattungsregelung vor. Erstattet werden können aber nur rechtmäßig erbrachte Leistungen.

Nach § 2 Abs. 4 SGB X ist **jede** Behörde bei Gefahr im Verzuge örtlich zuständig. Dabei kann es sich nur um eine sachlich zuständige Behörde handeln. Für Leistungen der Grundsicherung nach dem Zweiten Buch und dem 4. Kapitel des Zwölften Buches Sozialgesetzbuch ist der Leistungsträger örtlich zuständig, in dessen Bereich die Berechtigten ihren gewöhnlichen Aufenthalt haben (vgl. § 36 SGB II, § 1 Abs. 3 AG-SGB XII NRW). Für diese Leistungen kommt eine Anwendung des

§ 2 Abs. 4 SGB X für eine unaufschiebbare Maßnahme durch einen örtlich nicht zuständigen Leistungsträger (theoretisch) in Betracht. Eine solche **Notzuständigkeit** endet mit der Kenntnis- und Handlungsmöglichkeit der zuständigen Behörde.

Für die Leistungen nach dem 3. und 5. bis 9. Kapitel des Zwölften Buches Sozialgesetzbuch sind spezielle Regelungen im § 98 Abs. 1 Satz 1 und Abs. 2 Satz 3 SGB XII – teilweise ergänzt durch Landesrecht – vorrangig anzuwenden.

Ist die Zuständigkeit zwischen zwei Leistungsträgern **streitig**, hat der erstangegangene Leistungsträger die Leistungen vorläufig nach § 43 SGB I bzw. im Rehabilitationsrecht nach § 14 Abs. 1 SGB IX zu erbringen.

1.3.3 Amtshilfe (§§ 3 bis 7 SGB X)

Die §§ 3 bis 7 SGB X konkretisieren für das Sozialverwaltungsverfahren das in Art. 35 GG verankerte Rechts- und Amtshilfegebot. Diese Vorschriften gelten nur für die Tätigkeiten einer Behörde, die nach dem Sozialgesetzbuch ausgeübt werden. In solchen Fällen ist das Recht der ersuchten Behörde anzuwenden. Die Vorschriften über die Amtshilfe finden keine Anwendung im Verhältnis zwischen den Leistungsträgern nach dem Zweiten und Zwölften Buch Sozialgesetzbuch und den von ihnen beauftragten Stellen. Hierbei handelt es sich nicht um Amtshilfe, sondern um ein Auftragsverhältnis, wofür § 6 Abs. 1 SGB II und § 3 Abs. 2 SGB XII sowie Landesrecht gelten.

Hauptanwendungsfall der Amtshilfe ist die Informationsbeschaffung von anderen Behörden. Dabei sind die Einschränkungen aus § 4 Abs. 2 bis Abs. 5 SGB X sowie die Vorschriften zum Schutz der Sozialdaten (vgl. § 35 SGB I und die §§ 67 ff. SGB X) zu beachten. Ein Amtshilfeersuchen findet z. B. statt, wenn sich der Sozialhilfeträger an den Rentenversicherungsträger wendet, um die dauerhafte volle Erwerbsminderung einer antragstellenden Person zu klären (vgl. § 45 SGB XII, § 109a Abs. 2 SGB VI).

1.3.4 Verwaltungsverfahren (§ 8 SGB X)

Die nach **außen wirkende** Tätigkeit der Behörden (§ 1 Abs. 2 SGB X), die auf die Prüfung der Voraussetzungen, die Vorbereitung und den Erlass eines Verwaltungsaktes (§ 31 SGB X) oder den Abschluss eines öffentlich-rechtlichen Vertrages (§ 53 SGB X) gerichtet ist, ist nach § 8 SGB X ein Verwaltungsverfahren. Nicht dazu gehört schlichtes Verwaltungshandeln mit ausschließlich innerbehördlicher Wirkung wie z. B. die Dienstfahrt, das Einholen der Daten im Wege der Amtshilfe, die Erfassung von Daten oder Vermittlungstätigkeiten der sozialen Dienste.

Ist ein Beratungs- und Informationsaustausch Teil der Anhörung, der Sachverhaltsermittlung (z. B. Hausbesuch durch den Außendienst, vgl. § 6 Abs. 1 Satz 2 SGB II) oder anderer vorbereitender Handlungen (z. B. Einholen der ärztlichen Stellungnahme zur Feststellung der nach dem Zweiten Buch Sozialgesetzbuch erforderlichen

Erwerbsfähigkeit), handelt es sich um einen Verfahrensteil, der dazu bestimmt ist, einen Verwaltungsakt zu erlassen.[48]

Zum Verwaltungsverfahren gehört auch das Rechtsbehelfs- bzw. Widerspruchsverfahren (vgl. §§ 62 und 63 SGB X, §§ 78 ff. SGG).

§ 37 Satz 1 SGB I stellt die Verfahrensregelungen des Zehnten Buches Sozialgesetzbuch unter den Vorbehalt vorrangiger Verfahrensregelungen, die sich aus den übrigen Büchern der Sozialgesetzbücher ergeben können (z. B. §§ 36 ff. SGB II, § 44 SGB XII).

Darüber hinaus bestimmt § 40 Abs. 1 Satz 1 SGB II, dass für das Verfahren nach dem Zweiten Buch Sozialgesetzbuch das Zehnte Buch Sozialgesetzbuch gilt. Diese Regelung ist für das Zweite Buch Sozialgesetzbuch notwendig, für das Zwölfte Buch Sozialgesetzbuch als gesetzliche Nachfolgeregelung des Bundessozialhilfegesetzes hingegen entbehrlich. § 1 Abs. 1 Satz 2 SGB X bestimmt diesbezüglich, dass in dem Moment, in dem seit Inkrafttreten des Ersten Kapitels des SGB X (1.1.1981) weitere Sozialleistungsbereiche Teil des Sozialgesetzbuches werden, die Vorschriften des SGB X für die Verwaltungstätigkeit der der Aufsicht eines Landes unterstehenden juristischen Personen des öffentlichen Rechts nur gelten, wenn der Bundesrat nach Art. 84 Abs. 1 GG in einer besonderen Erklärung zugestimmt hat und **die Vorschriften des Ersten Kapitels für anwendbar erklärt werden**.

Die Sozialhilfe nach dem Bundessozialhilfegesetz galt nach Art. II § 1 Sozialgesetzbuch[49] seit dem 1.1.1976 als besonderer Teil des Sozialgesetzbuchs (vgl. § 9 SGB I). Insoweit hat die Regelung des § 1 Abs. 1 Satz 2 SGB X keine Bedeutung für das Zwölfte Buch Sozialgesetzbuch als Nachfolgeregelung des Bundessozialhilfegesetzes, weil dieser Sozialleistungsbereich am 1.1.1981 bereits Bestandteil des Sozialgesetzbuchs war und der Zeitpunkt der endgültigen Einordnung in das Sozialgesetzbuch mit Wirkung zum 1.1.2005 nicht entscheidend ist.

Kein Verwaltungsverfahren sind die Prüfung und Entscheidung über Erstattungsansprüche (vgl. §§ 102 ff. SGB X, § 14 SGB IX). Denn bei der Geltendmachung von Erstattungsansprüchen zwischen Leistungsträgern handelt es sich nicht um Verwaltungsakte.

1.3.5 Nichtförmlichkeit des Verwaltungsverfahrens (§ 9 SGB X)

Der Leistungsträger entscheidet eigenverantwortlich und nach pflichtgemäßem Ermessen über die Form des Verfahrens. So können z. B. Auskünfte (§ 21 SGB X) mündlich oder schriftlich eingeholt werden, die Anhörung (§ 24 SGB X) kann mündlich oder schriftlich erfolgen, die Bekanntgabe (§ 37 SGB X) eines Verwaltungsaktes kann durch einfachen Brief oder förmlich mittels Zustellung erfolgen, ein Verwaltungsakt kann schriftlich, elektronisch, mündlich oder in anderer Weise erlassen werden (§ 33 Abs. 2 SGB X).

---

48 *Weber* in BeckOK, Rn. 12 zu § 8 SGB X.
49 Erstes Buch Sozialgesetzbuch – Allgemeiner Teil – (Artikel 1 des Gesetzes vom 11.12.1975 [BGBl I S. 3015], geändert durch Artikel 11 des Gesetzes vom 23.10.2012 [BGBl. I S. 2246]).

Gleichwohl sind spezielle Verfahrensregelungen zu beachten:

Beispiele [50]

SGB I	§ 36 SGB I – Sonderregelung zur Handlungsfähigkeit, § 39 SGB I – pflichtgemäße Ermessensausübung, § 57 SGB I – Schriftform für Verzichtserklärung des Sonderrechtsnachfolgers, § 60 Abs. 2 SGB I – Pflicht zur Verwendung bestimmter Vordrucke, § 66 Abs. 3 SGB I – Schriftlicher Hinweis auf die Rechtsfolgen bei fehlender Mitwirkung
SGB II	§ 37 SGB II – Antragserfordernis, § 38 SGB II – Vermutung der Bevollmächtigung des erwerbsfähigen Leistungsberechtigten, § 40 SGB II – Rechtsfolgenänderung u. a. für die Aufhebung von Verwaltungsakten nach den §§ 44 ff. SGB X, § 44a SGB II – Verfahrensregelung zur Feststellung der Erwerbs- fähigkeit
SGB IX	§ 16 SGB IX – Kostenerstattung, § 85 SGB IX – Prozessstandschaft für Verbände, § 152 SGB IX – Antragstellung und Feststellung des Behinderungsgrades, §§ 201 bis 201 SGB IX – Widerspruchsverfahren
SGB X	§§ 13 ff. SGB X – Bevollmächtigung und Vertretung, §§ 16, 17 SGB X – Befangenheit, § 19 SGB X – Amtssprache, § 23 SGB X – die Versicherung an Eides Statt, § 24 SGB X – Anhörung, § 33 Abs. 2 Satz 2 SGB X – schriftliche Bestätigung eines mündlich ergangenen Verwaltungsaktes, § 35 SGB X – Begründung eines Verwaltungsaktes, § 50 Abs. 3 SGB X – Schriftform etc.
SGB XI	§ 18 SGB XI – Feststellung der Pflegebedürftigkeit, § 33 Abs. 1 SGB XI – Antragstellung
SGB XII	§ 18 SGB XII – Einsetzen der Sozialhilfe, § 44 SGB XII – Bewilligungszeitraum, § 21, § 45 SGB XII – Verfahrensregelung zur Feststellung der Erwerbsfähigkeit, § 93, § 94 SGB XII – Anspruchsübergang, §§ 102 ff. SGB XII – Kostenersatz, § 117 SGB XII – Auskunftsanspruch

---

50 Vgl. *Weber* in BeckOK, Rn. 5 ff. zu § 9 SGB X.

1.3.6 Beteiligter, Beteiligungs- und Handlungsfähigkeit (§§ 10 bis 12 SGB X)

Für die Prüfung der formellen Rechtmäßigkeit sind die Begriffe
- Beteiligungsfähigkeit (vgl. § 10 SGB X), im Gerichtsverfahren auch „Parteifähigkeit" genannt,
- Handlungsfähigkeit (vgl. § 11 SGB X), im Gerichtsverfahren auch „Prozessfähigkeit" genannt,
- Beteiligte (vgl. § 12 SGB X)

von besonderer Bedeutung.

Beteiligter bzw. Beteiligte kann nur sein, wer die Beteiligungsfähigkeit besitzt. Die **Beteiligungsfähigkeit** ist die Fähigkeit, Rechtssubjekt in einem Verwaltungsverfahren zu sein. Rechtssubjekt in einem Verwaltungsverfahren und damit Beteiligter kann nur derjenige sein, der Träger von Rechten und Pflichten ist. Die Beteiligungsfähigkeit kann daher auch als „öffentlich-rechtliche Rechtsfähigkeit" bezeichnet werden. Die Beteiligungsfähigkeit beginnt bei natürlichen Personen grundsätzlich mit der Geburt und endet mit dem Tod. Juristische Personen erlangen Rechtsfähigkeit auf normativem Weg, z. B. durch Eintragung in das Handelsregister (vgl. § 11 GmbHG, § 41 AktG) oder durch staatliche Verleihung (z. B. § 22 BGB).

Verfolgt eine Behörde anstelle des Leistungsberechtigten eine Antragstellung gemäß § 5 Abs. 3 SGB II oder § 95 SGB XII, erlangt die Behörde dann die Beteiligungsfähigkeit nach § 10 Nr. 3 SGB X. Die Beteiligungsfähigkeit erstreckt sich dann auch auf ein etwaiges Widerspruchsverfahren.

Problematisch ist die Beteiligungsfähigkeit der gemeinsamen Einrichtungen (§ 6d SGB II, § 44b SGB II), da diese grundsätzlich nicht in anerkannten Rechtsformen (z. B. einer GmbH, AÖR) handeln. Die Beteiligungsfähigkeit des Jobcenters folgt in diesen Fällen aus § 10 Nr. 1 SGB X analog. Selbst wenn das Jobcenter nicht als anerkannte rechtsfähige Organisation (z. B. als GmbH, AÖR) gegründet wurde, steht das Jobcenter einer juristischen Person gleich. Denn beim Jobcenter handelt es sich um eine gemeinsame Einrichtung (vgl. § 44b SGB II), die kraft Gesetzes als (teil-)rechtsfähige öffentlich-rechtliche Gesellschaft sui generis entstanden ist.[51] Die gemeinsame Einrichtung besitzt nach § 44b Abs. 1 SGB II die Möglichkeit, Verwaltungsakte und Widerspruchsbescheide zu erlassen und ist daher im Rahmen der gesetzlichen Aufgabenzuweisung Trägerin von Rechten und Pflichten.

Natürliche Personen sind Träger von Rechten und Pflichten (Beteiligungs-/Rechtsfähigkeit) und können ihre Rechte bzw. Pflichten durch eigenes Handeln selbst wahrnehmen. Sie besitzen daher gleichzeitig Beteiligungs- und Handlungsfähigkeit. Die Handlungsfähigkeit liegt aber grundsätzlich nur dann vor, wenn die natürliche Person auch volljährig (§ 2 BGB) und damit **geschäftsfähig** ist (vgl. § 104 BGB, § 11 Abs. 1 Nr. 1 SGB X). Unter **„Handlungsfähigkeit"** ist die Möglichkeit zu verstehen, durch eigenes verantwortliches Handeln Rechtswirkungen hervorzurufen, insbesondere

---

[51] Vgl. Luik, jurisPR-SozR 24/2010 vom 2.12.2010, Anm. 1; BSG, Urt. vom 22.8.2013 – B 14 AS 1/13 R –, juris, Rn. 14; BSG, Urt. vom 18.1.2011 – B 4 AS 90/10 R –, juris; BGH, Urt. vom 11.1.2012 – XII ZR 22/10 –, juris, Rn. 9.

1.3 Sozialverwaltungsverfahren nach dem Zehnten Buch Sozialgesetzbuch (SGB X)

Rechte zu erwerben und Pflichten zu begründen. Die Handlungsfähigkeit ermächtigt im Sozialverwaltungsverfahren z. B. dazu, Verfahrensergebnisse (Bescheide) selbst entgegenzunehmen oder diese durch eine selbst bestimmte Vertretung vornehmen zu lassen.

§ 36 Abs. 1 SGB I ermöglicht Minderjährigen, mindestens aber 15-Jährigen, Anträge auf Sozialleistungen zu stellen und entgegenzunehmen. Wegen dieser Möglichkeiten spricht man von **„partieller Handlungsfähigkeit"**. Sie dürfen auch Sozialleistungen verfolgen (vgl. § 36 Abs. 1 SGB I) und deshalb Prozesse führen (vgl. § 71 Abs. 2 SGG).

Juristische Personen sind nur „Zweckschöpfungen der Rechtsordnung". Als „abstrakte Gebilde" können sie nicht selbst handeln. Ihre Handlungsfähigkeit wird durch die Organe der juristischen Person hergestellt. Bei Gebietskörperschaften (Gemeinden, Kreise) sind dies z. B. der Rat bzw. Kreistag (vgl. § 41 GO NRW, § 26 KrO NRW) oder der Bürgermeister bzw. der Landrat (vgl. § 62 Abs. 2, § 63 GO NRW, § 42, § 43 KrO NRW). Bei einer GmbH wäre dies z. B. der Geschäftsführer (§ 35 GmbHG[52]), bei den Sozialversicherungen der Vorstand (vgl. § 31 SGB IV). Bei den Jobcentern (Gemeinsame Einrichtung, § 6d, § 44b SGB II) ist der Geschäftsführer das handelnde Organ (vgl. § 44d SGB II). Das Handeln der Organe berechtigt und verpflichtet den – dahinterstehenden – Rechtsträger.

Die abstrakte Beteiligungsfähigkeit ist zu trennen von der konkreten Eigenschaft als **Beteiligter** nach § 12 SGB X. Hier ist definiert, wer als Beteiligter an einem Verwaltungsverfahren konkret teilnehmen kann. Dies ist z. B. der Antragsteller (vgl. § 12 Abs. 1 Nr. 1 SGB X i. V. m. § 37 SGB II, § 41 Abs. 1 SGB XII) oder derjenige, an den die Behörde den Verwaltungsakt richten will (vgl. § 12 Abs. 1 Nr. 2 SGB X). Die letztgenannte Regelung gilt im Zwölften Buch Sozialgesetzbuch für die Leistungen nach dem 3. und 5. bis 9. Kapitel, da die Behörde hier wegen des Bedarfsdeckungsprinzips ohne Antrag tätig werden kann (vgl. § 18 SGB XII).

Beteiligte haben z. B. folgende Rechte oder Pflichten:
- Vertretung des Beteiligten durch einen Bevollmächtigten (vgl. § 13 SGB X),
- Anhörungsrecht des Beteiligten (vgl. § 24 SGB X),
- Akteneinsichtsrecht des Beteiligten (vgl. § 25 SGB X),
- Befugnis zur Einlegung eines Widerspruchs (vgl. § 78 SGG),
- Bekanntgabepflicht der Behörde an den Beteiligten (vgl. § 37 SGB X),
- Recht zur Antragstellung, soweit spezialgesetzlich vorgesehen (vgl. § 18 SGB X),
- Pflicht des Beteiligten zur Benennung eines Empfangsbevollmächtigten (vgl. § 14 SGB X),
- Pflicht des Beteiligten zur Mitwirkung an der Ermittlung des Sachverhalts (vgl. § 21 Abs. 2 SGB X).

Ein Sozialverwaltungsverfahren wird grundsätzlich von der zuständigen Behörde nach pflichtgemäßem Ermessen eröffnet (vgl. § 18 Satz 1 SGB X). Gemäß § 37 SGB II,

---

[52] Gesetz betreffend die Gesellschaften mit beschränkter Haftung (GmbHG), in der im Bundesgesetzblatt Teil III, Gliederungsnummer 4123-1, veröffentlichten bereinigten Fassung, zuletzt geändert durch Artikel 2 Abs. 51 des Gesetzes vom 22.12.2011 (BGBl. I S. 3044).

§ 41 Abs. 1 SGB XII ist bei der Grundsicherung für Arbeitsuchende nach dem Zweiten Buch Sozialgesetzbuch bzw. bei der Grundsicherung im Alter und bei Erwerbsminderung nach dem 4. Kapitel SGB XII ein **Antrag** die notwendige Voraussetzung, um entsprechende Leistungen zu erhalten. Darüber hinaus ist aus § 37 SGB II bzw. § 41 Abs. 1 SGB XII zu schließen, dass ohne Antrag ein Verwaltungsverfahren nicht eröffnet werden darf. Gleichzeitig verpflichtet der Antrag die Behörde, tätig zu werden (vgl. § 18 Satz 2 SGB X).

Ein wirksamer Antrag setzt sozialrechtliche **Beteiligungs- und Handlungsfähigkeit** voraus (vgl. §§ 10 ff. SGB X). Grundsätzlich kann daher der 15-Jährige, da er nicht geschäftsfähig ist (§ 104 BGB), wegen fehlender Handlungsfähigkeit keinen Antrag stellen (§ 11 Abs. 1 Nr. 1 SGB X). Als Spezialvorschrift bestimmt jedoch **§ 36 SGB I**, dass nicht nur Personen, die nach bürgerlichem Recht mit Vollendung des 18. Lebensjahres Geschäftsfähigkeit erlangt haben, Anträge stellen können, sondern auch derjenige, der das 15. Lebensjahr vollendet hat (§ 11 Abs. 1 Nr. 2 SGB X i. V. m. § 36 Abs. 1 Satz 1 SGB I).

Über § 38 SGB II kann es somit zu der Situation kommen, dass auch der 15-jährige Jugendliche für seine Eltern und/oder Geschwister in der Bedarfsgemeinschaft (§ 7 Abs. 3 SGB II) einen wirksamen Antrag stellt. Die Handlungsfähigkeit dieser Minderjährigen kann allerdings durch den gesetzlichen Vertreter (§ 1626, § 1629 BGB), der im Regelfall über die Antragstellung und die erbrachten Sozialleistungen zu unterrichten ist, durch schriftliche Erklärung gegenüber dem Leistungsträger eingeschränkt werden (vgl. § 36 Abs. 2 Satz 1 SGB I).

Eine **fehlende Handlungsfähigkeit**[53] hat des Weiteren Auswirkungen auf die richtige Empfängerauswahl eines Bescheides (sog. „Bekanntgabeadressat"). Wegen fehlender Handlungsfähigkeit ist z. B. ein 14-Jähriger nicht in der Lage, rechtswirksame Handlungen wie z. B. einen Verwaltungsakt entgegenzunehmen, so dass an diesen nicht zugestellt werden darf. Er wird regelmäßig durch seine Eltern vertreten (§§ 1626, 1629 BGB), so dass diese die richtigen Bekanntgabeadressaten bzw. Empfänger des Bescheides sind (vgl. § 6 Abs. 1 VwZG, § 131 BGB).

Eine wirksame Bekanntgabe des Verwaltungsaktes ist bei handlungsunfähigen Personen nur dann möglich, wenn der Zugang beim gesetzlichen Vertreter erfolgt ist (§ 6 Abs. 1 VwZG; § 131 BGB). Erlangt der gesetzliche Vertreter nur zufällig Kenntnis von dem Verwaltungsakt, ist er ihm nicht im Rechtssinne zugegangen. Eine Heilung kommt tendenziell nicht in Frage, weil die Behörde bei der unwirksamen Bekanntgabe oder Zustellung gegenüber dem gesetzlichen Vertreter nicht den erforderlichen Bekanntgabewillen hatte.[54]

Allerdings muss der – z. B. 14-jährige – **Beteiligte** als rechtlich Betroffener mit einem eigenständigen Anspruch auf Leistungen der Grundsicherung für Arbeitsuchende oder Grundsicherung im Alter und bei Erwerbsminderung aus dem Bescheid, vor allem im Tenor des Bescheides, hervorgehen. Jeder Beteiligte ist – unabhängig von der Gestaltung

---

53 Die fehlende Handlungsfähigkeit der juristischen Personen hat ebenfalls Auswirkungen auf die Gestaltung der Adresszeilen. Bei juristischen Personen muss z. B. an diese, vertreten durch den gesetzlichen Vertreter, adressiert werden. Wendet sich der Bescheid nur an den Vertreter, so wird dieser rechtlich fehlerhaft selbst zum Beteiligten.
54 Vgl. VGH Mannheim, Urt. vom 2.11.2010 – 11 S 2079/10 –, FamRZ 2011, 1002.

des Anschriftenfeldes – außerhalb der Adressierung isoliert aufzuführen, sofern er von dem Bescheid mit einer eigenen Regelung betroffen ist. Mit anderen Worten:

Der Bescheid muss inhaltlich genau erkennen lassen, welche Leistung an welche Person innerhalb einer Bedarfsgemeinschaft erbracht wird. In diesem Zusammenhang spricht man vom sog. **„Inhaltsadressaten"**. Das ist der Beteiligte, gegenüber dem der Verwaltungsakt rechtliche Wirkung entfalten soll.

Hinsichtlich der Auswahl des richtigen Bekanntgabeadressaten bildet erneut § 36 SGB I eine Spezialregelung. Der 15-Jährige, der selbst einen Antrag gestellt hat, ist bereits in der Lage, „positive" Bewilligungsbescheide entgegenzunehmen, so dass auch eine Adressierung an diesen zulässig ist. Für belastende Verwaltungsakte, z. B. Aufhebungs- und Erstattungsbescheide (§§ 44 ff., § 50 SGB X), erweitert § 36 SGB I hingegen die Handlungsfähigkeit des Minderjährigen nicht. Belastende Verwaltungsakte sind also weiterhin an den Vertreter des Minderjährigen zu richten.

§ 38 Abs. 1 Satz 1 SGB II ermöglicht es, dass der antragstellende erwerbsfähige Leistungsberechtigte (§ 7 Abs. 1 Satz 1 SGB II) Adressat eines Bescheides ist, der sich inhaltlich an die Mitglieder der Bedarfsgemeinschaft und damit an mehrere Adressaten wendet. Die Vorschrift des § 38 SGB II dient also der Verwaltungseffizienz. Eine vergleichbare Regelung fehlt im Zwölften Buch Sozialgesetzbuch, so dass im Zwölften Buch Sozialgesetzbuch eine getrennte Zustellung an beide Ehegatten notwendig ist, sofern diese sich nicht gegenseitig bevollmächtigt haben oder einen gemeinsamen (beiderseitig unterschriebenen) Antrag gestellt haben.

In den Fällen der Betreuung (vgl. § 1896 ff. BGB) ist hinsichtlich der Handlungsfähigkeit die Sonderregelung des § 11 Abs. 2 SGB X zu beachten. Betrifft ein Einwilligungsvorbehalt nach § 1903 BGB den Gegenstand des Verfahrens, so ist ein geschäftsfähiger Betreuter nur insoweit zur Vornahme von Verfahrenshandlungen fähig, als er nach den Vorschriften des bürgerlichen Rechts ohne Einwilligung des Betreuers handeln kann oder durch Vorschriften des öffentlichen Rechts als handlungsfähig anerkannt ist. Ein sog. **„Einwilligungsvorbehalt"** des Betreuungsgerichts (§ 1903 BGB) bewirkt, dass vom Gericht benannte Aufgabenkreise durch den Betreuer ausgeführt werden. Ein Betreuter bleibt insoweit zwar geschäftsfähig (handlungsfähig), jedoch nicht für die Aufgabenkreise des Betreuers.

Soweit beispielsweise der Betreuer für den Aufgabenkreis „Behördenangelegenheiten" oder „Vermögenssorge" bestellt ist, kann der Betreute nicht mehr wirksam Bescheide der Behörde entgegennehmen, den Antrag nicht mehr zurücknehmen und auch keine Rechtsmittel einlegen. Mithin ist der Betreuer für die Durchführung des behördlichen Verfahrens zuständig.

Aus der Sicht der Behörde bedeutet § 11 Abs. 2 SGB X, dass die Bekanntgabe von Behördenbescheiden ausschließlich an den Betreuer rechtswirksam und fristbegründend ist. Der Aufgabenkreis „Postkontrolle" nach § 1896 Abs. 4 BGB ist für eine Verpflichtung der Behörde zur Kommunikation mit dem Betreuer nicht notwendig.

Wie bei Geschäftsunfähigen darf der Betreute dann Handlungen vornehmen, wenn durch die Handlung lediglich ein rechtlicher Vorteil erlangt wird (§ 1903 Abs. 3 BGB, z. B. Akteneinsichtnahme). Die Erhebung eines Widerspruchs ist nicht zwingend lediglich vorteilhaft, weil zum einen Kosten anfallen könnten und zum zweiten eine sog. „Verböserung" möglich ist. Auch die Rücknahme eines Antrags ist nicht lediglich rechtlich vorteilhaft, weil damit ein Anspruchsverlust verbunden sein könnte. Wird ein Antrag durch den Betreuten gestellt, ist dieser zunächst schwebend unwirksam. Durch nachträgliche Genehmigung des Betreuers (§ 184 BGB) kann der Antrag wirksam werden.

Besteht zwar eine Betreuung, wurde aber kein Einwilligungsvorbehalt eingerichtet, der das Sozialverwaltungsverfahren tangiert, ist der Betreute wie ein voll Handlungsfähiger zu betrachten. In diesen Fällen kann der Betreute gegenüber der Behörde weiterhin selbständig auftreten und wirksame Verfahrenshandlungen vornehmen.

1.3.7 Bevollmächtigte (§ 13 SGB X, § 38 SGB II)

Nach § 13 Abs. 1 SGB X kann sich ein Beteiligter durch einen Bevollmächtigten vertreten lassen. Die Vollmacht ermächtigt zu allen das Verwaltungsverfahren betreffenden Verfahrenshandlungen, sofern sich aus ihrem Inhalt nicht etwas anderes ergibt.

Bevollmächtigter ist, wer von einem Beteiligten i.S. des § 12 SGB X oder dessen gesetzlichen Vertreter mittels eines Rechtsgeschäftes beauftragt wird, dessen Rechte und Pflichten im Verwaltungsverfahren wahrzunehmen. Bevollmächtigte handeln somit für und anstelle des Beteiligten (und werden nicht selbst zum Beteiligten).[55] Bevollmächtigt werden kann grundsätzlich jede handlungsfähige Person. Geht es allerdings um die Erbringung einer **Rechtsdienstleistung**, sind dazu nur bestimmte Personen befugt. Rechtsdienstleistungen sind nach § 2 Abs. 1 RDG Tätigkeiten in konkreten fremden Angelegenheiten, sobald sie eine rechtliche Prüfung des Einzelfalls erfordern. Die Voraussetzung ist nicht erfüllt, wenn auch ein Laie die Prüfung vornehmen könnte. Eine Antragstellung ist daher vom Rechtsdienstleistungsgesetz noch nicht erfasst.

Gemäß § 13 Abs. 5 SGB X sind Bevollmächtigte zurückzuweisen, wenn sie entgegen § 3 RDG Rechtsdienstleistungen erbringen. Nach § 3 RDG ist die selbständige Erbringung außergerichtlicher Rechtsdienstleistungen nur in dem Umfang zulässig, in dem sie durch dieses Gesetz oder durch oder aufgrund anderer Gesetze erlaubt wird.

Mit „anderen Gesetzen" ist insbesondere die Bundesrechtsanwaltsordnung (BRAO) gemeint, wonach in erster Linie der Rechtsanwalt als der Berater und Vertreter in allen Rechtsangelegenheiten gilt und dies nur durch Bundesgesetz eingeschränkt werden darf (vgl. § 3 BRAO). Keine Zurückweisung des Bevollmächtigten oder des Beistandes ist erlaubt, wenn die Tätigkeit durch das Rechtsdienstleistungsgesetz erlaubt ist. Hierzu gehören z.B.
- **unentgeltliche** Rechtsdienstleistungen im Rahmen familiärer, nachbarschaftlicher oder vergleichbarer persönlicher Beziehungen (vgl. § 6 Abs. 1 RDG),
- Mitgliederberatungen durch Berufs- und Interessenvereinigungen (Gewerkschaften, Sozialverbände, Vereine) im Rahmen ihres satzungsmäßigen Aufgabenbereichs (vgl. § 7 RDG),

---
55 Vgl. *Weber* in BeckOK, Rn. 6 zu § 13 SGB X.

1.3 Sozialverwaltungsverfahren nach dem Zehnten Buch Sozialgesetzbuch (SGB X)

- öffentlich anerkannte Stellen wie Verbraucherzentralen und andere mit öffentlichen Mitteln geförderte Verbraucherverbände, Verbände der freien Wohlfahrtspflege im Sinne des § 5 SGB XII, anerkannte Träger der freien Jugendhilfe im Sinn des § 75 SGB VIII und anerkannte Verbände zur Förderung der Belange behinderter Menschen im Sinne des § 13 Abs. 3 BGG, aber nur im Rahmen ihres Aufgaben- und Zuständigkeitsbereichs.

Sowohl im Antragsverfahren als auch im Widerspruchs- und Klageverfahren vor dem Sozialgericht oder Landessozialgericht kann sich jeder Beteiligte selbst vertreten. Bei Rechtsstreitigkeiten nach dem Zweiten Buch Sozialgesetzbuch oder Zwölften Buch Sozialgesetzbuch ist aber auch eine Vertretung durch einen Rechtsanwalt möglich.[56]

Soll der Bevollmächtigte alle Beteiligten der Bedarfs- bzw. Einsatzgemeinschaft in der streitigen Sache vertreten, ist eine Bevollmächtigung des Vertreters durch alle Vertretenen notwendig, denn es gibt kein gesetzliches Vertretungsrecht der Ehegatten untereinander oder der Eltern für ihre volljährigen Kinder.[57] Die erteilte Vollmacht, die auf Verlangen der Behörde schriftlich, ggf. durch Telefaxzusendung, nachzuweisen ist (vgl. § 13 Abs. 1 Satz 3 SGB X), gilt nur für das **konkrete** Verwaltungsverfahren.

Die von dem Bevollmächtigten vorgenommenen Verfahrenshandlungen wirken dann für und gegen die von ihm vertretenen Personen (vgl. § 164, § 166, § 278 BGB). Ein Verschulden des oder der Bevollmächtigten, z. B. eine Fristversäumnis, muss der Vertretene gegen sich gelten lassen, da die Handlungen des Vertreters so wirken, als hätte der Beteiligte sie selbst vorgenommen (vgl. § 85 Abs. 1 ZPO analog). Entsprechendes gilt, wenn der Bevollmächtigte unwahre oder unvollständige Angaben macht (z. B. Einkommen oder Vermögen verschweigt) und dabei die im Innenverhältnis zum Vertreter gezogenen Grenzen seiner Vertretungsmacht missbraucht. Der Vertretene trägt also grundsätzlich das Risiko eines pflichtwidrigen Verhaltens des Vertreters.

---

[56] Widerspruchsverfahren und Klageverfahren sind gebührenfrei (§ 64 SGB X, § 183 SGG). Widerspruchsführer oder Kläger tragen aber grundsätzlich das Prozessrisiko, so dass sie bei einer Niederlage die Rechtsanwaltsgebühren zu zahlen haben (vgl. z. B. § 63 SGB X). Eine Deckung der Rechtsanwaltsgebühren kann ggf. über die Prozesskostenhilfe (§ 73a SGG, §§ 114 ff. ZPO) erfolgen, die aber nur im gerichtlichen Verfahren gilt. Eine Prozesskostenhilfe ist u. a. nur dann zu gewähren, wenn kein Vermögen oberhalb der Freigrenzen des § 115 Abs. 3 ZPO i. V. m. § 90 SGB XII existiert.
Für das Widerspruchsverfahren kann nach § 4 Beratungshilfegesetz (BerHG) beim Amtsgericht Beratungshilfe beantragt werden. Das Amtsgericht stellt bei Vorliegen aller Voraussetzungen (vgl. § 1 BerHG) einen Berechtigungsschein für eine Beratungshilfe durch eine Beratungsperson aus. Alternativ ist es möglich, sich direkt an einen Rechtsanwalt im Wege eines sog. „Direktmandats" zu wenden (§ 6 Abs. 2 BerHG). Rechtsanwälte sind nach § 49 Bundesrechtsanwaltsverordnung (BRAO) verpflichtet, die vorgesehene Beratungshilfe zu übernehmen. Gemäß § 8 Abs. 2 BerHG bewirkt die Beratungshilfe, dass die Beratungsperson gegen den Rechtssuchenden (Leistungsberechtigten) keinen Anspruch auf Vergütung mit Ausnahme der Beratungshilfegebühr geltend machen kann. Die Beratungsgebühr beträgt nach § 44 Satz 2 Rechtsanwaltsvergütungsgesetz (RVG) i. V. m. Nr. 2500 VV RVG nur 15,00 €. Bei erfolgreichem Widerspruch erhält der Rechtsanwalt seine Kosten vom Widerspruchsgegner entsprechend den Regelungen des § 63 SGB X sowie der Vorgaben des Rechtsanwaltsvergütungsgesetzes erstattet, weil der Rechtsanwalt nach § 9 Satz 2 BerHG durch einen Forderungsübergang neuer Gläubiger des Kostenerstattungsanspruchs ist. Sollte das Widerspruchsverfahren erfolglos durchgeführt worden sein, bestehen gegenüber der Staatskasse – allerdings nur bei entsprechender Beantragung und Bewilligung – Gebührenansprüche nach § 44 RVG i. V. m. Nr. 2302, 1008, 7000, 7002, 7008 VV RVG.

[57] Vgl. BVerwG, Urt. vom 22.10.1992 – AZ 5 C 65/88 –, NDV 1993, 239 = FEVS 43, 268 = NJW 1993, 2884.

Ist für das Verwaltungsverfahren bzw. Widerspruchsverfahren (vgl. §§ 78 ff. SGG) ein Bevollmächtigter bestellt, muss sich die Behörde an ihn wenden (§ 13 Abs. 3 Satz 1 SGB X). Damit ist der Bevollmächtigte (z. B. ein Rechtsanwalt) der zentrale Ansprechpartner in allen Verfahrenshandlungen (z. B. im Rahmen der Anhörung[58]). Etwas anderes gilt nur hinsichtlich höchstpersönlicher Verfahrenshandlungen (z. B. § 21 Abs. 1 Satz 2 Nr. 1 SGB X, §§ 62 bis 64 SGB I). Die Behörde hat in diesem Fall die Möglichkeit, sich an den Beteiligten zu wenden (§ 13 Abs. 3 Satz 2 SGB X), allerdings ist der Bevollmächtigte zu verständigen (§ 13 Abs. 3 Satz 3 SGB X).

Die schriftliche Vorlage der Vollmacht (z. B. eines Rechtsanwalts) führt dazu, dass sich die Behörde **bei einer förmlichen Zustellung** an den Bevollmächtigten wenden **muss** (vgl. § 65 Abs. 1 SGB X i. V. m. § 7 Abs. 1 Satz 2 VwZG Bund bzw. § 65 Abs. 2 SGB X i. V. m. § 7 Abs. 1 Satz 2 VwZG NRW). Eine Zustellung an den Beteiligten ist dann eine **unwirksame** Bekanntgabe (vgl. § 39 SGB X).

Über § 8 VwZG kann nur eine **fehlerhafte** Ausführung der Zustellung, nicht aber eine fehlende Zustellung geheilt werden. Liegt überhaupt keine Zustellung vor, weil es z. B. an dem notwendigen Zustellungswillen der Behörde fehlt, kann über § 8 VwZG keine Heilung eintreten. An einer Zustellung fehlt es beispielsweise, wenn an die Eheleute nur ein Bescheid übergeben wird. Über die Regelung des § 8 VwZG hinaus wird dennoch eine Heilung angenommen, wenn festgestellt wird, dass der Adressat des Bescheides diesen tatsächlich erhalten hat (Grundsatz der überholenden Kausalität). Das ist z. B. der Fall, wenn ein Widerspruch durch den Adressaten erhoben wird.

Bei **einer nichtförmlichen Bekanntgabe** eines Verwaltungsaktes ist § 37 Abs. 1 Satz 2 SGB X als Spezialregelung zu § 13 Abs. 3 Satz 1 SGB X anzusehen mit der Konsequenz, dass sich die Behörde an den Bevollmächtigten (nicht an den gesetzlichen Vertreter[59]) wenden **kann**, es aber nicht muss.

Unabhängig von der Bevollmächtigung bleibt es dem Beteiligten unbenommen, sich weiterhin an die Behörde zu wenden.

---

58 Vgl. beispielsweise BSG, Urt. vom 26.7.2016 – B 4 AS 47/15 E –, juris, Rn. 21: Nach § 13 Abs. 3 Satz 1 SGB X muss sich eine Behörde an den für das Verfahren bestellten Bevollmächtigten wenden; dies steht nicht in ihrem Ermessen. Diese „Kommunikationsverpflichtung" bezweckt neben einer zweckmäßigen Verfahrensgestaltung den Schutz des Beteiligten, der durch die Bevollmächtigung zu erkennen gegeben hat, dass dieser das Verfahren für ihn betreiben soll.

59 § 37 Abs. 1 Satz 2 SGB X erfasst nur die kraft Vollmacht ausgestatteten Bevollmächtigten (§ 13 SGB X), die Empfangsbevollmächtigten (§ 14 SGB X) oder die gesetzlich vermuteten Bevollmächtigten (z. B. § 38 SGB II). Gesetzliche Vertreter werden von der Vorschrift nicht erfasst. Hier sind die Vorschriften des §§ 6 Abs. 1 VwZG und § 131 BGB analog zu beachten.

Der Zusammenhang zwischen Bevollmächtigung, Bekanntgabe und Zustellung kann wie folgt grafisch dargestellt werden:

Verwaltungsverfahren

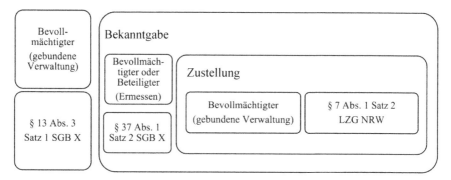

§ 38 SGB II enthält die (widerlegbare) **Vermutung**, dass der erwerbsfähige Leistungsberechtigte (vgl. § 7 Abs. 1 Satz 1 SGB II) bevollmächtigt ist, Leistungen für andere Personen in der Bedarfsgemeinschaft, die ebenfalls handlungsfähig sein können, zu beantragen und entgegenzunehmen und die entsprechenden Verfahrenshandlungen vorzunehmen. Unberührt bleibt die Befugnis jedes Beteiligten (§ 12 SGB X) im Verwaltungsverfahren, sich weiter an den Leistungsträger zu wenden. § 38 SGB II gilt ferner nur für das Bewilligungsverfahren, also für den Erlass von Bewilligungs- und Ablehnungsbescheiden, **nicht aber für Aufhebungs- und Erstattungsbescheide**.

§ 38 SGB II gilt nicht, wenn der vermuteten Bevollmächtigung widersprochen wird oder das Vorliegen einer Bedarfsgemeinschaft bestritten wird.

Anders als in § 36 SGB I ist das „Verfolgen" des Antrages nicht in die Vorschrift aufgenommen worden. Dennoch wird § 38 Abs. 1 SGB II von der Rechtsprechung[60] dahingehend ausgelegt, dass die vermutete Bevollmächtigung alle Verfahrenshandlungen erfasst, die mit der Antragstellung und der Entgegennahme der Leistungen zusammenhängen und der **Verfolgung des Antrags dienen,** also auch die **Einlegung des Widerspruchs.** Voraussetzung ist, dass der vermutete Bevollmächtigte, der bereits den Leistungsantrag gestellt hat, auch den Widerspruch einlegt. Ansonsten ist eine ausdrückliche Bevollmächtigung notwendig. Ein Widerspruchsbescheid wird bei Bekanntgabe an den vermuteten Bevollmächtigten auch gegenüber allen anderen Mitgliedern der Bedarfsgemeinschaft wirksam.

§ 38 SGB II hat die Funktion, das Verwaltungsverfahren ökonomischer und praktikabler auszugestalten, denn grundsätzlich hat jede leistungsberechtigte Person nach dem Zweiten Buch Sozialgesetzbuch einen eigenständigen Leistungsanspruch.[61] Dies hätte – ohne die Regelung des § 38 SGB II – grundsätzlich die Konsequenz,

---

[60] Vgl. BSG, Urt. vom 7.11.2006 – B 7b AS 8/06 R –, BSGE 97, 217 = NZS 2007, 328 = FEVS 58, 259 = SGb 2007, 308.

[61] § 9 Abs. 2 Satz 3 SGB II ist lediglich eine gesetzliche Fiktion. Es bleibt bei dem Individualanspruch jeder leistungsberechtigten Person.

dass z. B. jede leistungsberechtigte Person einen eigenen Antrag stellen müsste und jeder Antragsteller oder jede Antragstellerin im Verwaltungsverfahren einen Bewilligungs- oder Ablehnungsbescheid erhalten müsste. Selbst Ehegatten sind nicht gegenseitig zustellungsbevollmächtigt.[62] Mit der Vorschrift des § 38 SGB II kann das Antragsverfahren[63] nun mit einem Mitglied der Bedarfsgemeinschaft durchgeführt werden.

Dies betrifft auch die Bekanntgabe des Bewilligungsbescheides (vgl. § 39 Abs. 1 SGB X, § 37 Abs. 1 SGB X). Dieser muss nicht mehr an jedes Mitglied der Bedarfsgemeinschaft gesondert ergehen. Allerdings muss im Verwaltungsakt deutlich werden, welcher Beteiligte mit welchem Inhalt betroffen ist (vgl. § 39 Abs. 1 Satz 1, § 33 SGB X). Es muss erkennbar sein, welches Mitglied der Bedarfsgemeinschaft welche Leistung erhält (**Inhaltsadressat**).

Bevollmächtigt der nach § 38 SGB II vermutete Vertreter der Bedarfsgemeinschaft oder ein anderes Mitglied der Bedarfsgemeinschaft, dass der gesetzlichen Vermutung widerspricht, seinerseits eine dritte Person, ist für die Frage der Bevollmächtigung § 13 SGB X heranzuziehen. § 13 SGB X regelt die Frage der selbst gewählten Vertretung (sog. „gewillkürte Vertretung").

Für die gesetzliche (z. B. §§ 1626, 1629 BGB) als auch für die gewillkürte Vertretung findet eine Zurechnung des Vertreterverschuldens nach § 166 Abs. 1 BGB (Wissenszurechnung) bzw. § 278 BGB (Zurechnung des Fehlverhaltens) statt. Eine solche **Zurechnung des Vertreterverschuldens findet bei der vermuteten Vertretung nach § 38 SGB II nicht statt.**[64] Unwahre oder unvollständige Angaben bei der Antragstellung werden also den (von der vermutet bevollmächtigten Person) vertretenen Mitgliedern der Bedarfsgemeinschaft nicht zugerechnet. Begründet wird dies damit, dass § 38 SGB II einerseits nur der Verfahrensökonomie dient und andererseits mit Hilfe von § 38 SGB II ein Antrag auch ohne Wissen der übrigen Mitglieder der Bedarfsgemeinschaft gestellt werden kann.

Die fehlende Wissens- und Verschuldenszurechnung hat Auswirkungen auf die Möglichkeit der Aufhebung von Verwaltungsakten bei rechtswidriger Leistungserbringung nach § 45 SGB X, denn wenn einerseits die rechtswidrig begünstigte Person selber nicht bösgläubig (vgl. § 45 Abs. 2 Satz 3 SGB X) war und andererseits die Bösgläubigkeit eines Vertreters nicht zugerechnet werden kann, ist eine Aufhebung für die Vergangenheit (vgl. § 45 Abs. 4 Satz 1 SGB X) nicht möglich. Konsequenterweise sollten sich die Jobcenter also ihren Antragsvordruck von den Partnern und den volljährigen Kindern in der Bedarfsgemeinschaft gemeinsam unterschreiben lassen oder sich eine Bevollmächtigung vorlegen lassen.

Zur Bevollmächtigung im Widerspruchsverfahren vgl. 1.3.35.2.

---

62 Vgl. BVerwG, Urt. vom 22.10.1992 – 5 C 65/88 –, NDV 1993, 239 = FEVS 43, 268 = NJW 1993, 2884.
63 § 38 SGB II gilt nur für das Antragsverfahren, nicht aber für die Aufhebungs- und Erstattungsbescheide. Die Rückabwicklung hat im jeweiligen individuellen Leistungsverhältnis zu erfolgen. Das bedeutet, dass eine individuelle Anhörung und eine individuelle Bekanntgabe zu erfolgen hat.
64 Vgl. BSG, Urt. vom 7.7.2011 – B 14 AS 144/10 R –, BeckRS 2011, 76768 = SGb 2011, 522.

1.3.8 Mitwirkungsverbote (§ 16, § 17 SGB X)

Gemäß § 16 SGB X darf in einem Verwaltungsverfahren für eine Behörde nicht tätig werden,
1. wer selbst Beteiligter ist,
2. wer Angehöriger eines Beteiligten ist,
3. wer einen Beteiligten kraft Gesetzes oder Vollmacht allgemein oder in diesem Verwaltungsverfahren vertritt oder als Beistand zugezogen ist,
4. wer Angehöriger einer Person ist, die einen Beteiligten in diesem Verfahren vertritt,
5. wer bei einem Beteiligten gegen Entgelt beschäftigt ist oder bei ihm als Mitglied des Vorstandes, des Aufsichtsrates oder eines gleichartigen Organs tätig ist; dies gilt nicht für den, dessen Anstellungskörperschaft Beteiligte ist, und nicht für Beschäftigte bei Betriebskrankenkassen,
6. wer außerhalb seiner amtlichen Eigenschaft in der Angelegenheit ein Gutachten abgegeben hat oder sonst tätig geworden ist.

Wer als Sachbearbeiter Anträge nach dem Zweiten Buch Sozialgesetzbuch oder nach dem Zwölften Buch Sozialgesetzbuch bearbeitet, hat die Befangenheitsregelungen von Amts wegen zu beachten. U. a. dürfen Bedienstete nicht tätig werden, wenn Leistungen an **Angehörige** (vgl. § 16 Abs. 1 Satz 1 Nr. 2 i. V. m. § 16 Abs. 5 SGB X) erbracht werden sollen.

Neben der o. g. Aufzählung ist die Generalklausel des § 16 Abs. 1 Satz 2 SGB X zu beachten. Danach steht dem Beteiligten gleich, wer durch die Tätigkeit oder durch die Entscheidung einen unmittelbaren Vorteil oder Nachteil erlangen kann. Dies gilt nicht, wenn der Vor- oder Nachteil nur darauf beruht, dass jemand einer Berufs- oder Bevölkerungsgruppe angehört, deren gemeinsame Interessen durch die Angelegenheit berührt werden.

Der Begriff „Vor- oder Nachteil" ist weit auszulegen und erstreckt sich auf jede mögliche ideelle, rechtliche, wirtschaftliche oder politische Besser- oder Schlechterstellung. Das Kriterium der „Unmittelbarkeit" will vermeiden, dass mittelbare Auswirkungen der Entscheidungen zur Befangenheit des Sachbearbeiters führen. Rein spekulative Erwägungen fallen daher nicht in den Anwendungsbereich der Norm. Andererseits können nachweisbare Sonderinteressen an der Entscheidung zur Befangenheit führen. Dann dürfen aber keine weiteren selbständig und eigenverantwortlich vorzunehmenden Entscheidungen einer dritten Person (z. B. des Vorgesetzen) erfolgen.

Die in § 16 SGB X genannten Personen dürfen von vornherein nicht mitwirken. Sie sind kraft Gesetzes ausgeschlossen. Insofern besteht ein „automatisches" Verbot der Mitwirkung.

Liegt ein Grund vor, der geeignet ist, Misstrauen gegen eine unparteiische Amtsausübung zu rechtfertigen, oder wird von einem Beteiligten das Vorliegen eines solchen Grundes behauptet, hat, wer in einem Verwaltungsverfahren für eine Behörde tätig werden soll, den Leiter der Behörde oder den von diesem Beauftragten zu unterrichten und sich auf dessen Anordnung der Mitwirkung zu enthalten (vgl. § 17 SGB X).

Gemäß § 17 SGB X muss dargelegt werden, dass eine Besorgnis der Befangenheit besteht. Es muss danach ein rational nachprüfbarer Grund für die Annahme der Befangenheit bestehen. Der Bedienstete muss nicht tatsächlich befangen sein. Gründe, die eine Befangenheit rechtfertigen, können in einer Freundschaft, Feindschaft oder wirtschaftlichen, politischen, beruflichen oder anderen persönlichen Interessen des Bediensteten am Ausgang des Verwaltungsverfahrens liegen. Allein die Nachbarschaft führt nicht zur Befangenheit, wenn nicht konkret dargelegt werden kann, dass der Bedienstete nicht unvoreingenommen entscheiden wird.

Bloße Vermutungen ohne konkrete Hinweise bzw. ohne konkrete Tatsachen auf eine parteiische Amtsführung führen nicht zu einer Interessenskollision. Auch die Äußerung einer Rechtsmeinung, z. B. im Rahmen einer Anhörung, führt nicht zu einem Verfahrensausschluss.

Äußert der Beteiligte die Besorgnis über die Befangenheit gegenüber dem Amtswalter, hat dieser den Behördenleiter oder den von diesem Beauftragten, in der Praxis also zunächst den Vorgesetzten, zu unterrichten, und zwar auch dann, wenn sich der Amtswalter nicht für befangen hält. Schlichte Behauptungen genügen, um das Verfahren nach § 17 SGB X in Gang zu setzen. Anschließend muss der Amtswalter die Entscheidung des Behördenleiters bzw. die Entscheidung des vom Behördenleiter Beauftragten abwarten.

Verstöße gegen §§ 16, 17 SGB X führen – mit Ausnahme eines Verstoßes gegen § 16 Abs. 1 Satz 1 Nr. 1 SGB X – nicht zur Nichtigkeit, sondern „lediglich" zur anfechtbaren Rechtswidrigkeit (vgl. § 40 Abs. 3 Nr. 2 SGB X im Umkehrschluss). Liegt keine Nichtigkeit vor, ist nach § 42 SGB X zu prüfen, ob der Fehler unbeachtlich ist, weil keine andere Entscheidung in der Sache hätte getroffen werden können.

1.3.9 Beginn des Verfahrens, Antrag als verfahrensauslösendes Ereignis (§ 18 SGB X)

1.3.9.1 Regelungsinhalt von § 18 SGB X

Nach § 18 **Satz** 1 SGB X entscheidet die Behörde nach pflichtgemäßem Ermessen, ob und wann sie ein Verwaltungsverfahren durchführt. Das danach für den konkreten Beginn eines Verwaltungsverfahrens geltende Opportunitätsprinzip stellt im Sozialverwaltungsverfahren die **Ausnahme** dar.

Es kommt z. B. zur Anwendung bei der Aufhebung von Verwaltungsakten nach den §§ 44 ff. SGB X, bei der Versagung oder Entziehung der Leistung nach § 66 SGB I oder bei dem Entschluss des Jobcenters, eine leistungsberechtigte Person zur Klärung der Berufssituation um persönliches Erscheinen zu bitten (§ 59 SGB II i. V. m. § 309 SGB III).

Für den **Beginn** des Verfahrens sind nicht interne Handlungen der Behörde maßgebend, sondern der Moment, in dem der Kontakt mit dem Bürger gesucht wird und dieser um Auskünfte oder Nachweise gebeten wird. Der Beginn des Verwaltungsverfahrens ist für die Frage von Bedeutung, wer Beteiligter des Verfahrens ist. Das Verwaltungsverfahren endet mit der Bekanntgabe des Verwaltungsaktes.

1.3 Sozialverwaltungsverfahren nach dem Zehnten Buch Sozialgesetzbuch (SGB X)

Die in § 18 **Satz 2** SGB X geregelten Fälle dürften eher der Wirklichkeit des Sozialrechts entsprechen. Entweder wird der Träger der Sozialhilfe von Amts wegen tätig (z. B. bei den Leistungen nach dem 3. und 5. bis 9. Kapitel SGB XII gemäß § 18 Abs. 1 SGB XII) oder auf Antrag (vgl. § 37 SGB II, § 44 Abs. 3 SGB XII). Die beiden letztgenannten Beispiele fallen dabei nicht unter § 18 Satz 2 Nr. 1 SGB X (sog. „fakultatives Antragsprinzip"), sondern unter § 18 Satz 2 Nr. 2 SGB X (obligatorisches Antragsprinzip). Denn bei der Grundsicherung für Arbeitsuchende und bei der Grundsicherung im Alter und bei Erwerbsminderung ist jeweils zwingend ein Antrag erforderlich, um das Verfahren in Gang zu setzen (vgl. auch § 40 SGB I).

Der Antrag setzt dabei als „Türöffner" das Verwaltungsverfahren in Gang. Ab diesem Zeitpunkt hat der Leistungsträger die Verpflichtung, die materiell-rechtlichen Leistungsvoraussetzungen zu prüfen und auf deren Grundlage zu bescheiden.[65] Bearbeitet der Leistungsträger einen Antrag über Monate hinweg nicht und verfolgt die leistungsberechtigte Person den Antrag zunächst nicht weiter, sind dennoch rückwirkend Leistungen zu erbringen. Durch die „Untätigkeit" der leistungsberechtigten Person ist der Antrag nicht gegenstandslos geworden; eine Verwirkung des Anspruchs ist nicht eingetreten, wenn die leistungsberechtigte Person nicht durch ihr Verhalten zum Ausdruck gebracht hat, dass sie auf die Leistungen verzichten wolle.[66]

Ist ein Verfahren in Gang zu setzen, ist der Leistungsträger verpflichtet, darauf hinzuwirken, dass jeder Leistungsberechtigte die ihm zustehenden Leistungen in zeitgemäßer Weise, umfassend und schnell erhält sowie der Zugang zu den Sozialleistungen möglichst einfach gestaltet wird (vgl. § 17 Abs. 1 SGB I). Wird ein Antrag vom Antragsteller bzw. der potentiell leistungsberechtigten Person nicht weiterverfolgt, bewirkt dies keine Verwirkung des Antrags im Sinne von § 242 BGB, so dass der Leistungsanspruch entfallen könnte.[67] Vielmehr muss der Leistungsträger gemäß § 16 Abs. 3 SGB I darauf hinwirken, dass der Antragsteller unverzüglich klare und sachdienliche Anträge stellt und unvollständige Angaben ergänzt.

Für den Leistungsträger bestehen seinerseits Informations- und Mitwirkungsansprüche aus §§ 60 ff. SGB I. Insbesondere § 66 Abs. 3 SGB I zeigt, dass eine leistungsberechtigte Person nach Einleitung eines Verwaltungsverfahrens darauf vertrauen kann, dass er auf Mitwirkungsversäumnisse schriftlich hingewiesen wird und die Gelegenheit erhält, Versäumtes nachzuholen.[68] Versäumt es der Leistungsträger seinerseits, auf die Mitwirkungsverpflichtungen hinzuweisen bzw. erlässt er keinen Versagungsbescheid wegen fehlender Mitwirkung, muss der Leistungsträger rückwirkend Leistungen erbringen, wenn die Voraussetzungen für eine Leistung vorgelegen haben.

Gemäß § 41 Abs. 1 Nr. 1, Abs. 2 SGB X kann ein Antrag bis zur letzten Tatsacheninstanz eines sozial- oder verwaltungsgerichtlichen Verfahrens nachgeholt werden, also bis zum Oberverwaltungsgericht (§ 128 VwGO) oder Landessozialgericht (§ 157 SGG). Nachholbar ist aber nur ein Antrag mit verfahrenseinleitender Funktion, nicht jedoch ein Antrag, dem materiell-rechtliche Bedeutung zukommt. Damit kann ein fehlender Antrag nach § 37 Abs. 1 SGB II oder § 44 Abs. 3 SGB XII nicht nachgeholt werden.

---

65 Vgl. BSG, Urt. vom 24.4.2015 – B 4 AS 22/14 –, juris, Rn. 17 = NZS 2015, 671.
66 Vgl. BSG, Urt. vom 28.10.2009 – B 14 AS 56/08 R –, juris, Rn. 17.
67 Vgl. BSG, Urt. vom 28.10.2009 – B 14 AS 56/08 R –, juris, Rn. 17.
68 Vgl. BSG, Urt. vom 28.10.2009 – B 14 AS 56/08 R –, juris, Rn. 16 = SGb 2010, 731 = FEVS 61, 486.

1.3.9.2 Antragstellung bei einem unzuständigen Leistungsträger

Anträge auf Sozialleistungen sind beim zuständigen Leistungsträger (§ 12, §§ 18 ff. SGB I) zu stellen, sie werden aber auch von allen anderen Leistungsträgern und allen Gemeinden entgegengenommen (vgl. § 16 Abs. 2 SGB I). In diesen Fällen sind die Anträge an den zuständigen Leistungsträger weiterzuleiten (vgl. § 16 Abs. 2 Satz 1 SGB I). Der Antrag gilt als zu dem Zeitpunkt gestellt, in dem er bei einer dieser Stellen eingegangen ist (vgl. § 16 Abs. 2 Satz 2 SGB I). Die Fiktionsregelung des § 16 Abs. 2 Satz 2 SGB I wird mit Hilfe eines Erst-Recht-Schlusses auch auf den Träger der Sozialhilfe angewandt, der – ohne Antrag – von Amts wegen tätig wird, sobald ihm eine Notlage bekannt wird (§ 18 Abs. 1 SGB XII).[69]

§ 28 SGB X sieht vor, dass ein Antrag bis zu einem Jahr zurückwirkt, wenn eine leistungsberechtigte Person von der Stellung eines Antrages auf eine Sozialleistung abgesehen hat, weil ein Anspruch auf **eine andere Sozialleistung** geltend gemacht worden ist, und sich später herausstellt, dass diese Leistung versagt wird. § 28 SGB X verlangt für eine Rückwirkung des Antrags, dass die leistungsberechtigte Person innerhalb von sechs Monaten nach Ablauf des Monats, in dem die Ablehnung der Leistung bindend (vgl. § 77 SGG) geworden ist, bei der zuständigen Stelle nachgeholt wird.

Für Leistungen der Grundsicherung für Arbeitsuchende wird § 28 SGB X durch § 40 Abs. 7 SGB II dahingehend modifiziert, dass der Antrag unverzüglich nach Ablauf **des Monats**, in dem die Ablehnung der anderen Leistung bindend geworden ist, nachgeholt wird. § 28 SGB X verlangt also eine wiederholte Antragstellung beim zuständigen Leistungsträger. Der nachgeholte Antrag wirkt dann zurück (Näheres dazu unter 1.3.15).

1.3.9.3 Der Antrag als verfahrensauslösende Willenserklärung und seine materiell-rechtliche Bedeutung

Der Antrag ist eine einseitige, empfangsbedürftige, öffentlich-rechtliche Willenserklärung. Wenn die leistungsberechtigte Person eindeutig einen Antrag auf eine bestimmte Leistung gestellt hat, kann dieser Antrag nicht in einen Antrag auf eine andere Leistung umgedeutet werden (§ 133, § 157 BGB). Für den Antrag ist auch keine bestimmte Form vorgeschrieben. Er kann deshalb rechtsverbindlich auch formlos gestellt werden. Die in der Praxis verwendeten Vordrucke (z.B. für die Antragstellung auf Arbeitslosengeld II) müssen daher nicht verpflichtend verwendet werden.

Auch ein mündlich gestellter Antrag (persönlich oder telefonisch) oder ein Antrag per E-Mail[70] genügt den Erfordernissen des § 37 SGB II, § 44 Abs. 3 SGB XII.

---

69 Vgl. BSG, Urt. vom 26.8.2008 – B 8/9b SO 18/07 R –, NJW 2009, 1775 = FEVS 60, 385 = SGb 2009, 620.
70 Vgl. dazu LSG NRW, Urt. vom 14.9.2017 – L 19 AS 360/17 –, juris (Revision: BSG, Urt. vom 11.7.2019 – B 14 AS 51/18 R –, juris). Die Orientierungssätze lauten:
Die Antragstellung nach § 37 SGB II wird durch Eingang der E-Mail im Machtbereich des Grundsicherungsträgers bewirkt. Der Antragsteller trägt die Beweislast für den Zugang des Antrags, d.h. der abrufbaren Speicherung der E-Mail im elektronischen Postfach des Grundsicherungsträgers. Lediglich der Nachweis des Versendens wird durch Vorlage des Ausdrucks der Sendebestätigung mit korrekter Angabe der E-Mail-Adresse des Grundsicherungsträgers erbracht.

Wird ein Antrag per E-Mail am letzten (Arbeits-)Tag eines Monats und außerhalb der Öffnungszeiten (im konkreten Fall an einem Freitagabend des 30.1. um 20:00 Uhr) bzw. außerhalb der Dienstbereitschaft des Leistungsträgers gestellt, entfaltet dieser Antrag im Zweiten und Zwölften Buch Sozialgesetzbuch dennoch Wirkung für den Monat, für den er gestellt worden ist. Dies hat zur Konsequenz, dass der Antrag auf den Ersten des Monats zurückwirkt und bereits ab diesem Zeitpunkt ein Leistungsanspruch besteht.

Zwar wird ein Antrag als Willenserklärung gemäß § 130 Abs. 1, Abs. 3 BGB bei Abwesenheit erst in dem Zeitpunkt wirksam, in dem dieser der Behörde zugeht. Ein Zugang ist grundsätzlich dann anzunehmen, wenn man unter gewöhnlichen Umständen hiervon Kenntnis nehmen kann – bei einem der Lebenserfahrung entsprechenden gewöhnlichen Verlauf der Dinge kann daher davon ausgegangen werden, dass der Empfänger erst am nächsten Tag der Dienstbereitschaft (im konkreten Fall also im Folgemonat) Kenntnis nimmt.

Jedoch kommt dem Antrag im Sozialleistungsrecht des Zweiten und 4. Kapitel des Zwölften Buches Sozialgesetzbuches neben einer verfahrensrechtlichen auch eine konstitutive Wirkung Bedeutung zu. Darüber hinaus kommt dem Antrag die Bedeutung zu, zwischen Einkommen und Vermögen – entsprechend der Zuflusstheorie – zu trennen. Dies schließt es nach Auffassung des Bundessozialgerichts aus, die Antragswirkungen von den Öffnungszeiten bzw. der Dienstbereitschaft des Leistungsträgers abhängig zu machen.[71]

Allerdings trägt grundsätzlich der Antragsteller die objektive Beweislast dafür, dass und zu welchem Zeitpunkt der Antrag gestellt worden ist, weil es sich bei einem Antrag um eine Willenserklärung handelt, deren Zugang nachzuweisen ist.[72] Kann danach eine Antragstellung nicht festgestellt werden, geht dies zu Lasten der leistungsberechtigten Person. Eine andere Rechtslage kann sich dann ergeben, wenn die leistungsberechtigte Person die Vorsprache nachweisen kann, jedoch nicht den Antrag. Ggf. kommt dann eine Umkehr der Beweislast in Frage. Um spätere Probleme zum Tag der Antragstellung zu vermeiden, wird deshalb von den Sachbearbeitern auf den ausgehändigten Antragsunterlagen der Tag der ersten Vorsprache vermerkt.

Zu beachten ist weiterhin die für die Bearbeitung des Antrags notwendige Regelung des § 60 Abs. 2 SGB I.

Hat der Antragsteller bei der Ermittlung seiner E-Mail von der Funktion „Eingangsbestätigung" bzw. „Lesebestätigung" keinen Gebrauch gemacht und kann er infolgedessen durch Vorlage seines Sendeprotokolls weder den Vollbeweis noch den Anscheinsbeweis für die Speicherung seiner E-Mail auf dem Empfangsserver des Grundsicherungsträgers erbringen, so kann sich der Grundsicherungsträger nicht auf bloßes Bestreiten des Zugangs beschränken. Er hat zur Widerlegung der individuellen Wirkung des Sendeberichts nachvollziehbar darzulegen, warum eine Speicherung der an ihn abgesandten elektronischen Willenserklärung in seiner Empfangseinrichtung nicht erfolgt ist bzw. aus welchen Gründen er dies nicht darlegen kann. Werden E-Mails auf dem Server des Grundsicherungsträgers erst nach sechs Monaten gelöscht und hat der Leistungsträger vor Ablauf dieses Zeitraums nach gesendeter E-Mail weder den Eingang der behaupteten E-Mail überprüft noch das hierzu seinerzeit noch zur Verfügung stehende Datenmaterial gesichert, so hat er seiner Darlegungslast nicht genügt. Dem Jobcenter ist insofern eine Beweisvereitelung vorzuwerfen. Wird durch die Beweisvereitelung eine unverschuldete Beweisnot hervorgerufen, darf sich der Anspruchsteller entgegen den Regeln der objektiven Beweislast auf geringere Beweisanforderungen berufen (§ 444 ZPO analog).

71 Vgl. BSG, Urt. vom 11.7.2019 – B 14 AS 51/18 R –, juris.
72 LSG NRW, Urt. vom 17.4.2008 – L 9 AS 69/07 –, juris, Rn. 31 f.

Die zuständige Behörde darf die Entgegennahme von Anträgen nicht deshalb verweigern, weil sie den Antrag in der Sache für unzulässig oder unbegründet hält (§ 20 Abs. 3 SGB X). Das könnte z. B. der Fall sein, wenn der Antrag in fremder Sprache eingeht. Die Behörde muss dann das Verfahren nach § 19 Abs. 2, Abs. 4 SGB X einhalten und beachten.

Leistungsbeginn ist grundsätzlich der Tag der Antragstellung (vgl. § 37 Abs. 2 Satz 1 SGB II, § 44 Abs. 1 Satz 1 SGB XII).

Im Zweiten Buch Sozialgesetzbuch wirkt ein Antrag auf Leistungen zur Sicherung des Lebensunterhalts auf den Monatsersten zurück (vgl. § 37 Abs. 2 Satz 2 SGB II). Aus § 19 Abs. 2, § 19 Abs. 3 SGB II sowie daraus, dass sich die §§ 19 ff. SGB II im Abschnitt 2 „Leistungen zur Sicherung des Lebensunterhalts" befinden, ergibt sich, dass zu den „Leistungen zur Sicherung des Lebensunterhalts" der Regelbedarf nach § 20 SGB II, der Mehrbedarf nach § 21 SGB II, die Leistungen für Unterkunft und Heizung nach § 22 SGB II, das Sozialgeld nach § 19 Abs. 1 Satz 2 SGB II i. V. m. § 23 SGB II und die Leistungen für Bildung und Teilhabe nach § 28 SGB II zählen.

Die Leistungen im Unterabschnitt 3 („Abweichende Leistungserbringung und weitere Leistungen") gehören nicht zu den Leistungen zur Sicherung des Lebensunterhalts. Mithin wirken die Anträge für ein Darlehen nach § 24 Abs. 1 SGB II und die Einmalsonderleistungen nach § 24 Abs. 3 SGB II nicht auf den Ersten des Monats, in dem der Antrag gestellt wird, zurück. In diesen Fällen werden Leistungen nicht für Zeiten vor der Antragstellung erbracht.

Leistungen nach dem Zweiten Buch Sozialgesetzbuch sind auf eine vergleichsweise kurze Dauer ausgelegt. Mit den Leistungen der Grundsicherung für Arbeitsuchende wird eine möglichst schnelle Integration auf dem allgemeinen Arbeitsmarkt angestrebt. Innerhalb des Bewilligungszeitraums können sich vielfältige Veränderungen ergeben (Änderungen in der Zusammensetzung der Bedarfsgemeinschaft, Einkommensveränderungen). Damit gilt der Antrag von vornherein nur für den Bewilligungszeitraum und ein **Weiterbewilligungsantrag** ist für diesen Rechtsbereich nach Ablauf des Bewilligungszeitraums zwingend notwendig.

Leistungen der Grundsicherung im Alter und bei Erwerbsminderung nach dem 4. Kapitel SGB XII werden ebenfalls ab dem Monatsersten erbracht (vgl. § 44 Abs. 2 Satz 1 SGB XII). Für Leistungen der **Grundsicherung im Alter und bei Erwerbsminderung** besteht die Besonderheit, dass ein **Weiterbewilligungsantrag** – wie er z. B. im Zweiten Buch Sozialgesetzlich üblich und für den Erlass eines neuen Bewilligungsbescheides notwendig ist – **entbehrlich ist**.[73] Der Erstantrag wirkt über den ersten Bewilligungszeitraum hinaus, so dass nach Ablauf der Bewilligungsfrist nicht jeweils ein neuer Antrag gestellt werden muss. Die Fortwirkung eines Antrags im Recht der Grundsicherung im Alter und bei Erwerbsminderung hängt mit der fehlenden Notwendigkeit eines Folgeantrags zusammen.

Empfänger von Leistungen der Grundsicherung nach dem 4. Kapitel SGB XII unterliegen weitestgehend gleichbleibenden persönlichen und wirtschaftlichen Verhältnissen. Zumeist werden nur jährliche Rentenanpassungen vorgenommen. In der Praxis finden deshalb nach Ablauf des Bewilligungsjahres nur kurze Abfrageverfahren

---

[73] BSG, Urt. vom 29.9.2009 – B 8 SO 13/08 R –, = juris, Rn. 12 ff. = FEVS 61, 364 = NDV-RD 2010, 78.

bei den leistungsberechtigten Personen hinsichtlich eingetretener Veränderungen statt, ohne eine nochmalige vollständige Prüfung der Anspruchsberechtigung vorzunehmen.

1.3.9.4 Rücknahme eines Antrags

Problematisch ist, bis zu welchem Zeitpunkt ein Antrag zurückgenommen werden kann. Der Antrag ist eine empfangsbedürftige Willenserklärung. Sie wird mit Zugang wirksam (vgl. § 130 Abs. 1 Satz 1, Abs. 3 BGB). Unzweifelhaft kann der Antrag bis zum Zeitpunkt des Zugangs **widerrufen** werden (vgl. § 130 Abs. 1 Satz 2 BGB).

Ob der Antrag bis zur Bekanntgabe des Bewilligungsbescheides oder bis zur Bestandskraft des Bescheides und damit noch in einem etwaigen Klageverfahren zurückgenommen werden kann, ist umstritten.[74] Die Beantwortung dieser Frage hat Einfluss auf Leistungshöhe und -bewilligung. Z.B. kann eine leistungsberechtigte Person den Antrag zurückziehen bzw. zurücknehmen, wenn nach Antragstellung aber noch im Bewilligungsmonat Einkommen zufließt. Ist der Widerruf des Antrags wirksam, kann die leistungsberechtigte Person steuern, ob es sich beim Geldzufluss um Einkommen oder Vermögen handeln soll (vgl. Zuflusstheorie).

Einer weitgehenden Rücknahmemöglichkeit des Antrags bis zur Bestandskraft begegnet nach hier vertretener Auffassung deshalb Bedenken, weil hierdurch die Hilfebedürftigkeit herbeigeführt werden kann, während das Ziel des Zweiten (und Zwölften Buches) Sozialgesetzbuches auf die Vermeidung von Hilfebedürftigkeit gerichtet ist, was insbesondere durch das Subsidiaritätsprinzip zum Ausdruck kommt. Die „Dispositionsfreiheit" der Antragstellung muss daher mit Bekanntgabe des Bewilligungsbescheides enden. Andernfalls könnten Einmalzuflüsse (z.B. Erbschaften, Steuerrückerstattungen) während in der Regel langjähriger Widerspruchs- und Klageverfahren in Vermögen umgewandelt werden, so dass erhebliche Auswirkungen auf die administrative Praxis entstünden.

Auch das Bundessozialgericht vertritt die Auffassung, dass es zwar grundsätzlich der Freiheit des Leistungsbegehrenden obliegt, ob und wann er einen Antrag stellt. Auch eine Rücknahme des Antrags kommt in Betracht. Der rechtlich zulässigen Disposition des Antragstellers unterfällt hingegen nicht die nachträgliche Beschränkung des einmal gestellten Antrags, wenn dadurch die materiell-rechtlichen Leistungsvoraussetzungen innerhalb des Antragsmonats zugunsten des Antragstellers verändert werden sollen.

Abgesehen davon, dass eine derartige Veränderung immer zu Lasten der Solidargemeinschaft der Steuerzahler ginge, widerspräche sie auch dem Nachranggrundsatz des § 2 Abs. 2 Satz 1 SGB II, wonach die Leistungsberechtigten ihren Lebensunterhalt zuvörderst aus eigenen Mitteln und Kräften zu bestreiten haben. Hilfebedürftigkeit soll jedoch nicht erst durch eine rechtliche Disposition des Antragstellers geschaffen werden können, zumindest wenn er sich mit dem Antrag als „Türöffner" bereits in das

---

74 Vgl. Bayerisches LSG, Urt. vom 27.2.2014 – L 7 AS 642/12 –, juris, Rn. 28 ff. mit weiteren Rechtsprechungs- und Literaturhinweisen.

Regime des SGB II begeben hat und eine Einnahme nach dem von ihm bestimmten Zeitpunkt des Leistungsbeginns zufließt.[75]

Schließlich ist in diesem Zusammenhang auf § 46 Abs. 2 SGB I zu verweisen, dessen Zielrichtung das beschriebene Szenario vermeiden will. Nach § 46 Abs. 2 SGB I ist der Verzicht auf Sozialleistungen unwirksam, wenn dadurch Leistungsträger belastet werden.

1.3.9.5 Keine Rückwirkung eines Antrags und anteilige Monatsberechnung

Für Leistungen der Grundsicherung für Arbeitsuchende ist ein anteiliger Monatsanspruch möglich (vgl. § 41 SGB II). Besteht eine Bedarfslage nur für einen Teil des Monats, erfolgt auch nur eine anteilige tageweise Berechnung, wobei der Monat (im Nenner) mit 30 Tagen zu berechnen ist (vgl. § 41 Abs. 1 Satz 2 SGB II).

Eine anteilige Berechnung kommt z. B. in Frage, wenn sich der Regelsatz ändert oder ein Mehrbedarf erst ab einem bestimmten Stichtag entsteht; ggf. auch dann, wenn auf Leistungen vor der Antragstellung verzichtet wird (§ 46 SGB I). Weitere anteilige Monatsberechnungen sind bei Haftentlassenen (vgl. § 7 Abs. 4 SGB II) oder bei der Bewilligung von Mehrbedarfen denkbar. Generell kommt ein anteiliger Monatsanspruch in Frage, wenn die Voraussetzungen für die Leistungserbringung erst im Laufe des Monats eintreten (z. B. bei Begründung des gewöhnlichen Aufenthalts in Deutschland nach Zuzug aus dem Ausland).

Besteht für die insgesamt zu erbringende Leistung nur ein anteiliger Monatsanspruch, gilt Folgendes: „Mit der Ausgestaltung der Leistung zur Sicherung des Lebensunterhalts korreliert die monatsweise Berücksichtigung von Einkommen. Bei einem Anspruch nur für einen Teil des Monats sollen nach dem gesetzlichen Konzept sowohl Bedarf als auch Einkommen zunächst monatsweise einander gegenübergestellt und dann in entsprechende Teilbeträge umgerechnet werden. Die Zahl der Anspruchstage wird dann mit einem Dreißigstel **der vollen monatlichen Leistung** multipliziert."[76]

Sofern das **Bedarfsdeckungsprinzip** für die übrigen Leistungen nach dem Zwölften Buch Sozialgesetzbuch gilt, ist der Tag der (qualifizierten) Kenntnisnahme des Trägers der Sozialhilfe von der Hilfebedürftigkeit für den Leistungs- und Verfahrensbeginn ausschlaggebend. Das bedeutet, dass ab Kenntnis der Hilfebedürftigkeit eine konkrete Berechnung für die verbleibenden Tage des Monats anhand der konkreten Anzahl der Tage im Monat zu erfolgen hat.

---

75 BSG, Urt. vom 24.4.2015 – B 4 AS 22/14 –, juris, Rn. 23 = NZS 2015, 671.
76 Vgl. BSG, Urt. vom 30.7.2008 – B 14 AS 26/07 R –, ZFSH/SGB 2009, 34 = FEVS 60, 404 = NVwZ-RR 2009, 963.

Beispiel (für eine Leistungsberechnung nach dem 3. Kapitel SGB XII)
Besteht z. B. ein Leistungsanspruch für den Monat März in Höhe von 500,00 € und wird dem Träger der Sozialhilfe die Hilfebedürftigkeit am 17.3. bekannt, ist die Leistung wie folgt zu berechnen:
- *Leistungsanspruch besteht für 15 Tage (17.3. bis 31.3.),*
- *der Monat März hat 31 Tage, so dass der Divisor 31[77] ist,*
- *15/31 x 500,00 € (Monatsanspruch) = 241,94 €.*

Die dargestellte Berechnungsweise gilt auch unter Berücksichtigung der Regelung in § 27a Abs. 4 Satz 2 SGB XII. Diese Rechtsnorm bezieht sich nur auf eine abweichende Bemessung des **Regelsatzes** – und nicht des Gesamtleistungsanspruchs. Da der Regelsatz immer in monatlich gleicher Höhe und zudem pauschaliert zu erbringen ist, unabhängig von der Dauer des jeweiligen Monats, wird teilweise vertreten, dass der Monat gleichmäßig mit 30 Tagen zu berechnen ist.[78]

Für die Kenntnisnahme im Sinne des § 18 SGB XII ist eine spezielle Initiative der leistungsberechtigten Person nicht zwingend erforderlich. Für das „Bekanntwerden" der Notlage genügt es, dass die Notwendigkeit der Hilfe dargetan oder erkennbar ist. Es ist ein Kern an Tatsachen ausreichend, der die Notlage in ihren wesentlichen Grundlagen beschreibt.[79] Ist insoweit dem Sozialhilfeträger die Notlage bekannt, hat er das Verwaltungsverfahren einzuleiten und den Sachverhalt aufzuklären. Der Kenntnisgrundsatz will einen niedrigschwelligen Zugang zu den Sozialhilfeleistungen sicherstellen und ist Ausdruck des dem Zwölften Buches Sozialgesetzbuch zugrundeliegenden Fürsorgegedankens. Andererseits muss der Sozialhilfeträger eine Notlage nicht erahnen.

1.3.10 Amtssprache (§ 19 SGB X)

Die Frage der Amtssprache spielt in der Sozialverwaltung eine größere Rolle als in der „Allgemeinen Verwaltung". § 19 Abs. 1 Satz 1 SGB X enthält zunächst die Aussage, dass die deutsche Sprache verpflichtend zu verwenden ist. Die nicht der deutschen Sprache mächtigen Ausländer und Ausländerinnen haben nicht das Recht, ein Dokument oder einen Verwaltungsakt in ihrer Sprache zu erhalten. Ebenso wenig

---

[77] Das Bedarfsdeckungsprinzip verlangt die Beseitigung einer konkreten Notlage. Ordnet der Gesetzgeber nicht ausdrücklich – wie für das anteilig zu gewährende Pflegegeld (vgl. § 64a Abs. 2 SGB XII) – eine Pauschalierung bei der Berechnung der Leistung an, so ist die Leistung für jeden Tag, an dem die Leis-tung erbracht worden ist, von dem Träger der Sozialhilfe zu vergüten bzw. zu übernehmen (vgl. OVG Lüneburg, Urt. vom 26.4.2001 – 12 L 3008/00 –, FEVS 53, 31 = DVBl 2001, 1703). Wegen des Bedarfsdeckungsprinzips ist also nicht mit einer durchschnittlichen Anzahl der Tage zu rechnen (z. B. 30 Tage), sondern mit der im Monat vorhandenen Anzahl der Tage. Vgl. für stationäre Hilfe zur Pflege: SG Karlsruhe, Urt. vom 27.4.2012 – S 1 SO 3797/11 –, juris. Das BSG hat bei der abweichenden Festlegung des Regelsatzes wegen der kostenlosen Gewährung des Mittagessens im Rahmen der Ein-gliederungshilfe in einer Werkstatt für behinderte Menschen ebenfalls auf die konkrete Anzahl der Tage im jeweiligen Monat (28, 30, 31 Tage) abgestellt, da mangels einer § 41 Abs. 1 Satz 2 SGB II entspre-chenden Regelung im Zwölften Buch Sozialgesetzbuch nicht pauschalierend von 30 Tagen ausgegangen werden darf (BSG, Urt. vom 11.12.2007 – B 8/9b SO 21/06 R –, BSGE 99, 252 = FEVS 59, 4333 = SGb 2008, 669).
[78] *Falterbaum* in Hauck/Noftz, Rn. 74 zu § 27a SGB XII; Roscher in LPK-SGB XII, Rn. 31 zu § 27a SGB XII.
[79] Vgl. LSG Sachsen, Urt. vom 6.3.2013 – L 8 SO 4/10 –, ZFSH/SGB 2013, 435, m.w.N.

muss eine mündliche Anhörung in der ausländischen Sprache geführt werden. Allerdings hat der oder die Beteiligte das Recht, dass seine oder ihre Aussagen durch einen Dolmetscher übersetzt werden (§ 185 GVG80 analog). Dolmetscherkosten sind von der Verwaltung zu übernehmen. Sofern sich die Behörde auf die ausländische Sprache einlässt, geschieht dies freiwillig und entspricht ggf. der Verfahrensökonomie (vgl. § 9 SGB X).

Damit korrelierend hat der Ausländer bzw. die Ausländerin die Verpflichtung, sich Klarheit über den Inhalt des Schreibens der Behörde zu verschaffen.

Legt umgekehrt der Ausländer bzw. die Ausländerin fremdsprachige Schriftstücke vor, so sind diese nicht unbeachtlich (vgl. § 19 Abs. 2 bis Abs. 4 SGB X).

Sofern fremdsprachige Schriftstücke durch den Verwaltungsträger nicht ausdrücklich erlaubt sind, ist der Antrag in deutscher Sprache einzureichen (Schlussfolgerung aus § 19 Abs. 3, § 19 Abs. 4 SGB X). Ein Antrag gilt erst als zu dem Zeitpunkt gestellt, zu dem die Behörde diesen Antrag verstehen kann (Schlussfolgerung aus § 19 Abs. 4 Satz 1 SGB X). Andererseits können Anträge in fremder Sprache nicht zurückgewiesen werden (vgl. § 19 Abs. 3, Abs. 4 SGB X im Umkehrschluss). Die Behörde **soll** innerhalb **angemessener Frist** die Vorlage einer entsprechenden Übersetzung verlangen (vgl. § 19 Abs. 2 Satz 1 SGB X). Es ist sodann Aufgabe des (ausländischen) Beteiligten, für eine Übersetzung zu sorgen.

Liegt die Übersetzung vor, gilt hinsichtlich etwaiger Fristen, z. B. für die Antragstellung, folgendes: Aus dem Wort „gilt" in § 19 Abs. 4 Satz 1 SGB X wird deutlich, dass eine Fiktion greift. Obwohl zunächst in fremder Sprache abgefasst, wird der fremdsprachige Antrag wie jeder andere in deutscher Sprache vorgelegte Antrag fristwahrend behandelt, **sofern** im Verfahren nach § 19 Abs. 2 SGB X die Übersetzung in der von der Behörde gesetzten angemessenen Frist vorgelegt wird. Die Vorlage der Übersetzung führt daher zur „rückwirkenden Heilung" der nicht in deutscher Sprache vorgelegten Erklärung.

Auf die Bedeutung der von der Behörde gesetzten Frist für das Vorliegen eines Schriftstücks in deutscher Sprache hat die Behörde hinzuweisen (§ 19 Abs. 4 Satz 3 SGB X). Ggf. kann die Frist, auch rückwirkend, verlängert werden (§ 26 Abs. 7 SGB X).

Kann die Behörde das fremdsprachige Schriftstück nicht verstehen oder liegt in der von der Behörde vorgegebenen angemessenen Frist die Übersetzung nicht vor, ist der Zeitpunkt des Eingangs der Übersetzung (für etwaige Fristen) maßgebend. Da im Sozialhilferecht entweder das Antragsprinzip oder der Kenntnisgrundsatz gilt, hat der Eingang von verständlichen und in deutscher Sprache abgefassten Schriftstücken leistungserhebliche Bedeutung.

Dies gilt auch für die fristwahrende Erhebung eines Widerspruchs, einer Klage oder einer anderen rechtserheblichen Erklärung. So setzt die einem Ausländer (rechtmäßigerweise) in deutscher Sprache erteilte schriftliche Rechtsbehelfsbelehrung die Rechtsbehelfsfrist in Gang, auch wenn der Ausländer die Belehrung nicht versteht,

---

80 Gerichtsverfassungsgesetz (GVG), in der Fassung der Bekanntmachung vom 9.5.1975 (BGBl. I S. 1077), zuletzt geändert durch Artikel 1 des Gesetzes vom 6.12.2011 (BGBl. I S. 2554).

denn er kann nicht beanspruchen, in seiner Heimatsprache belehrt zu werden.[81] Bei Versäumnis einer Frist wäre die Frage zu klären, ob ihm nach § 27 SGB X, § 67 SGG die Wiedereinsetzung in den vorigen Stand zu gewähren ist. Das wäre der Fall, wenn der Antragsteller oder Widerspruchsführer bzw. Kläger schuldlos gehindert war, eine gesetzliche Frist einzuhalten.

Auch wenn Rechtsirrtümer von der Wiedereinsetzung in den vorigen Stand umfasst sein können, wird eine Fristversäumnis nicht durch mangelnde Rechtskenntnis entschuldigt. Grundsätzlich räumt Rechtsunkenntnis den Verschuldensvorwurf nicht aus. Maßstab für einen unverschuldeten Rechtsirrtum ist die Frage, ob der Beteiligte den Irrtum auch bei sorgfältiger Prüfung vermeiden konnte. Die Entscheidung ist deshalb einzelfallabhängig zu treffen, tendenziell ist ein Wiedereinsetzungsantrag aber abzulehnen.[82]

1.3.11 Möglichkeiten und Grenzen der Sachverhaltsaufklärung

1.3.11.1 Untersuchungsgrundsatz (§ 20 SGB X)

Nach § 20 SGB X ermittelt die Behörde u.a. den Sachverhalt von Amts wegen, bestimmt Art und Umfang der Ermittlungen und hat alle für den Einzelfall bedeutsamen, auch die für die Beteiligten günstigen Umstände zu berücksichtigen. Es handelt sich hier um den Untersuchungs- oder Amtsermittlungsgrundsatz; selbst dann, wenn ein Verfahren auf Antrag eingeleitet wird und der Beteiligte so zumindest den Beginn des Verwaltungsverfahrens bestimmen kann (vgl. § 18 SGB X), behält die Behörde den entscheidenden Einfluss auf ihre Ermittlungstätigkeit. Nach § 20 Abs. 1 Satz 2 SGB X bestimmt die Behörde Art und Umfang der Ermittlung; an das Vorbringen und an die Beweisanträge der Beteiligten ist sie nicht gebunden.

Die Behörde ist damit „Herrin des Verfahrens" und besitzt einen Spielraum bei der Ermittlung des Sachverhalts. Die Behörde muss zusätzlich zu einer Antragstellung keine eigenen Ermittlungsbemühungen unternehmen, wenn sich aus der Gesamtlage des Falles keine Bedenken aufdrängen und der Sachverhalt von niemandem bezweifelt wird.[83] Erst bei Zweifeln an dem Vorbringen der Beteiligten ist die Behörde verpflichtet, eigene Ermittlungen vorzunehmen.

Die richtige und umfassende Ermittlung des Sachverhalts ist notwendig, um eine materiell rechtmäßige Entscheidung vorzubereiten. Entsprechend bestimmt § 20 Abs. 2 SGB X, dass die Behörde alle für den Einzelfall bedeutsamen Umstände zu berücksichtigen hat. Werden entscheidungserhebliche Tatsachen übersehen, kann dies zur Rechtswidrigkeit und Aufhebung des Verwaltungsaktes führen (vgl. § 44 SGB X). Aus der Regelung des § 20 Abs. 2 SGB X folgt also, dass die Behörde sorgfältig agieren soll.

Aus dem Untersuchungsgrundsatz folgt, dass primär die Behörde die Verantwor-

---

81 Vgl. BSG, Urt. vom 14.6.1988 – 7 BAr 58/88 –, NJW 1989, 680 = DÖV 1989, 356 = SozR 1500 § 67 Nr. 21.
82 Verneinend: LSG Bayern, Beschl. vom 30.9.2008 – L 9 EG 95/07 –, BeckRS 2009, 51518; VG Saarlouis, Urt. vom 19.1.2009 – 11 K 1177/08 –, BeckRS 2009, 31804; bejahend wegen nachvollziehbarer Begründung: FG München, Beschl. vom 5.4.2001 – 3 V 5378/00 –, ZfZ 2001, 246.
83 Vgl. BT-Drs. 8/2034 S. 32 zu § 20 SGB X.

tung **trägt**, den Sachverhalt zu ermitteln. Für Behauptungen brauchen die Beteiligten grundsätzlich − bedeutsame Ausnahme sind die Mitwirkungsverpflichtungen der §§ 60 ff. SGB I sowie spezialgesetzliche Regelungen (z. B. §§ 56 ff. SGB II) − keine Beweismittel anzugeben, solange die Behörde den Sachverhalt aufklären kann. Bestehen Zweifel an dem Vorbringen der Beteiligten, hat die Behörde diese Zweifel durch eigene Ermittlungen auszuräumen.

Beispiel
*Die leistungsberechtigte Person besitzt in der Türkei eine vermögensrechtlich nicht geschützte Immobilie. Ein Vermögenseinsatz zur Deckung des Lebensunterhalts setzt aber die **Verwertbarkeit** der Immobilie voraus (vgl. § 12 Abs. 1 SGB II, § 90 Abs. 1 SGB XII). Die leistungsberechtigte Person muss also über das Vermögen verfügen dürfen und dieses in angemessener Zeit verwerten können.*

Nach der Rechtsprechung muss eine Verwertbarkeit innerhalb des Bewilligungszeitraums gegeben sein. Die sachverhaltsermittelnde Behörde muss also genaue Feststellungen treffen, ob eine rechtliche und tatsächliche Verwertbarkeit an einer Immobilie im Bewilligungszeitraum möglich ist. Die bloße Behauptung, es seien keine Anhaltspunkte ersichtlich, dass in absehbarer Zeit kein Käufer zu finden sein werde, ersetzt nicht die notwendigen tatsächlichen Feststellungen.[84]

Hat die Behörde vor dem beschriebenen Hintergrund fehlerhaft die Verwertbarkeit innerhalb des Bewilligungszeitraums unterstellt, kann die leistungsberechtigte Person das in solchen Fällen regelmäßig gewährte Darlehen (§ 24 Abs. 5 SGB II, § 91 SGB XII) im Rahmen eines Überprüfungsantrages nach § 44 SGB X mit Erfolg anfechten, so dass das Darlehen rückwirkend in einen Zuschuss umgewandelt werden muss.

Erst dann, wenn der Behörde unüberwindbaren Aufklärungshindernisse gegenüberstehen, gelten die Regeln der „objektiven Beweislast". Danach trägt die Beweislast derjenige, der aus einem Sachverhalt ein Recht herleiten will.[85]

Für Antragsteller nach dem Zweiten oder Zwölften Buch Sozialgesetzbuch bedeutet dies, dass sie ihre Hilfebedürftigkeit nachweisen und glaubhaft machen müssen, wenn die Erkenntnisquellen der Behörde ausgeschöpft sind[86] − oder anders ausgedrückt:

Die Nichtaufklärbarkeit eines Sachverhalts geht zu Lasten desjenigen, der das Bestehen des Anspruchs behauptet. Das ist der Hilfebedürftige.[87] Wer Leistungen der Grundsicherung für Arbeitsuchende oder Sozialhilfe beantragt, trägt die Folgen

---

84 Vgl. BSG, Urt. vom 20.9.2012 − B 8 SO 13/11 R −, juris, Rn. 14 = BSGE 112, 61-67 = NDV-RD 2013, 33 = FEVS 64, 461.
85 Vgl. ausführlich zu dieser Frage: *Weber* in BeckOK, Rn. 10 ff. zu § 20 SGB X.
86 Vgl. BVerwG, Urt. vom 2.6.1965 − 5 C 63/64 −, BVerwGE 21, 208 = FEVS 13, 201 = NDV 1965, 342, und BVerwG, Urt. vom 5.5.1983 − 1 C 56/79 −, BVerwGE 67, 163 = FEVS 33, 5.
87 Vgl. BVerwG, Urt. vom 2.6.1965 − 5 C 63/64 −, BVerwGE 21, 208 = FEVS 13, 201 = NJW 1965, 1778; zu der Nachfrage der Nachweispflicht bzw. Glaubhaftmachung bei vermeintlicher Hilfebedürftigkeit, wenn Vermögen durch Kontoabhebungen nicht auffindbar ist: OVG NRW, Urt. vom 7.6.2016 − 12 A 1133/14 −, juris (keine Bewilligung von Pflegewohngeld bei ungeklärtem Verbleib von Vermögen); SG Gelsenkirchen, Urt. vom 14.3.2016 − S 12 SO 121/15 −.

einer sog. „**objektiven Beweislosigkeit**", wenn sich nach Ausschöpfung der verfügbaren Beweismittel die Leistungsvoraussetzungen nicht feststellen lassen.[88] Weigert sich z. b. die leistungsberechtigte Person im Rahmen der sie treffenden Obliegenheit, Kontoauszüge vorzulegen, geht dieses materiell-rechtlich zu ihren Lasten, wenn das Vorliegen ihrer Hilfebedürftigkeit und damit ihre Leistungsberechtigung nicht festgestellt werden kann.

Beispiele[89]
- *Die Behörde kann die Einkommenssituation des Leistungsberechtigten nicht ermitteln. Zum Nachweis der Hilfebedürftigkeit ist die leistungsberechtigte Person verpflichtet. Sie trägt die Beweislast.*
- *Bei Antragstellern, die in der Vergangenheit vermögend gewesen sind, ist von den Antragstellern die Vermögenssituation zu klären. Die Behörde darf den Verbleib von Vermögensgegenständen erfragen.*[90]
- *Vermutet die Behörde nicht angegebene Bankkonten, z. B. weil die leistungsberechtigte Person ein teures Auto fährt, dessen Unterhalt (wie z. B. Versicherungen und Steuern) sich aber nicht aus den vorhandenen Kontoauszügen ergibt, obliegt der Nachweis von nicht angegebenem Einkommen oder Vermögen dem Träger der Sozialhilfe. Erlässt die Behörde einen Rücknahmebescheid nach § 45 SGB X, ist die Behörde beweispflichtig*[91]*, weil sie die Rechtssituation zu Lasten der leistungsberechtigten Person verhindern will. Nach den Grundsätzen der objektiven Beweislast ist derjenige beweispflichtig, der von dem anderen etwas einfordert.*
- *Der Antragsteller (auf Leistungen der Grundsicherung für Arbeitsuchende oder Leistungen nach dem Zwölften Buch Sozialgesetzbuch) hat vor einem halben Jahr eine Erbschaft in Höhe von 100.000,00 € erhalten. Er trägt vor, dass der Betrag in einer Spielbank verspielt worden und er daher hilfebedürftig sei, weil er über kein ausreichendes Einkommen und Vermögen verfüge. Eine solche pauschale Behauptung, das Vermögen sei verschleudert, genügt nicht, weil nicht ausgeschlossen werden kann, dass sich noch Vermögen im Besitz des Antragstellers befindet.*[92]

    In diesem Fall trifft damit den Antragsteller die objektive Beweislast, denn er möchte einen Leistungsanspruch geltend machen, dessen Anspruch nur er nachweisen kann. Der Antragsteller hat dann die Verpflichtung, die für den geltend gemachten Anspruch erforderlichen Tatsachen (z. B. Verträge, Zahlungs-

---

88 2009, 136; LSG NRW, Urt. vom 18.2.2016 – L 9 SO 128/14 –, juris, Rn. 37.
89 Nach *Weber* in BeckOK, Rn 13.1 zu § 20 SGB X.
90 LSG Niedersachsen-Bremen, Beschl. vom 8.3.2010 – L 13 AS 34/10 B ER –, juris, Rn. 31; OVG NRW, Urt. vom 7.6.2016 – 12 A 1133/14 –, juris (keine Bewilligung von Pflegewohngeld bei ungeklärtem Verbleib von Vermögen).
91 Vgl. BSG, Urt. vom 25.6.2015 – B 14 AS 30/14 R –, juris, Rn. 20; Hessisches LSG, Urt. vom 9.3.2016 – L 6 AS 93/14 –, juris, Rn.37; vgl. auch LSG Baden-Württemberg, Urt. vom 23.7.2009 – L 7 AS 3135/07 –, BeckRS 2009, 73798. Eine Umkehr der Beweislast kann gerechtfertigt sein, wenn die nachfragende Person an der Aufklärung des Sachverhalts nicht oder nicht rechtzeitig mitwirkt.
92 Vgl. LSG Niedersachsen-Bremen, Beschl. vom 8.3.2010 – L 13 AS 34/10 B ER –, juris, Rn. 31.

belege) umfassend, vollständig und behördlich nachprüfbar vorzutragen.[93] *Sind die Tatsachen faktisch nicht nachweisbar, sind sie mindestens plausibel glaubhaft zu machen (z. B. durch Zeugenaussagen).*

Dabei sind die Anforderungen an die Mitwirkungspflicht umso größer, je umfassenderes Sonderwissen über die zugrunde liegenden wirtschaftlichen Aktivitäten aus der Sphäre der Antragsteller erforderlich ist. Die Nachweisobliegenheiten des Beteiligten sind insbesondere dann gesteigert, wenn die persönliche Glaubwürdigkeit durch vergangene unwahre Aussagen oder Vorspiegelung falscher Tatsachen bereits erschüttert ist.[94] *Sofern der Antragsteller den Verbrauch nicht substantiiert glaubhaft machen kann, erhält er auch keine Leistungen, da ihn die objektive Beweislast trifft. Kann der Antragsteller nicht darlegen, was mit den Geldmitteln geschehen ist, darf der Leistungsträger davon ausgehen, dass der Antragsteller über nicht offenbarte Barmittel verfügt.*[95]

- *Beruft sich ein Leistungsberechtigter auf einen vorzeitigen Einkommensverbrauch nach Zufluss einer einmaligen Einnahme, ist ihm und nicht dem Leistungsträger der Nachweis durch Vorlage regelmäßig nachprüfungsfähiger Belege abzuverlangen, wann und für welche Aufwendungen er in welcher Höhe den einmaligen Einkommenszufluss verbraucht hat. Es handelt sich insofern um eine Beweislastumkehr, weil bei der Aufhebung und Erstattung grundsätzlich der Leistungsträger für den Entzug bzw. die Einstellung zunächst bewilligter Leistungen verantwortlich ist.*[96] *Bei obliegenheitswidrig vorzeitigem Einkommensverbrauch vor Beginn des jeweiligen Bewilligungszeitraums hat der Leistungsträger die Möglichkeit, einen Kostenersatz nach § 34 SGB II bzw. § 103 SGB XII zu verlangen.*

- *Leben Hilfebedürftige in Haushaltsgemeinschaft mit Verwandten und Verschwägerten, so wird vermutet, dass sie von ihnen Leistungen erhalten, soweit dies nach deren Einkommen und Vermögen erwartet werden kann (§ 9 Abs. 5 SGB II). Die „Vermutung" gilt für die Leistungserbringung, nicht hingegen für das Vorliegen des Tatbestandsmerkmals „Haushaltsgemeinschaft".*

Außerhalb einer „Vermutungsregelung" trägt der Leistungsträger der Grundsicherung für Arbeitsuchende gemäß § 20 SGB X die Beweislast; hier

---

93 Vgl. LSG Niedersachsen-Bremen, Beschl. vom 9.2.2015 – L 11 AS 1352/14 B ER –, juris, Rn. 17 mwN: „Im Grundsicherungsrecht trägt ein Anspruchsteller, der geltend macht, dass ihm ein einmal zugeflossener Vermögenswert nicht mehr zur Verfügung steht, hierfür die Vortrags- und Beweislast. Es obliegt dem Betroffenen, sämtliche hierfür erforderlichen Tatsachen anzugeben, entsprechende Beweismittel zu bezeichnen sowie sämtliche Beweisurkunden vorzulegen bzw. ihrer Vorlage zuzustimmen (§ 60 SGB I). Dies gilt insbesondere für Umstände, die – wie der vorzeitige Verbrauch eines im Verteilzeitraum anzurechnenden Einkommens – in der Sphäre des Anspruchstellers liegen."
94 Vgl. LSG NRW, Beschl. vom 14.6.2005 – L 1 B 2/05 AS ER –, FEVS 57, 470 = NZS 2006, 327 = BeckRS 2005, 42276.
95 Vgl. LSG NRW, Beschl. vom 3.8.2011 – L 19 AS 983/11 B ER –, juris, Rn. 13.
96 Vgl. BSG, Urt. vom 15.6.2016 – B 4 AS 41/15 R –, juris, Rn. 29 ff. (zur Beweislastumkehr mwN); BSG, Urt. vom 10.9.2013 – B 4 AS 89/12 R –, juris, Rn. 32 = SGb 2014, 280 = FEVS 65, 481. Eine Umkehr der Beweislast ist gerechtfertigt, wenn eine besondere Beweisnähe zu einem Beteiligten besteht. Das ist anzunehmen, wenn in dessen persönlicher Sphäre oder in dessen Verantwortungssphäre wurzelnde Vorgänge nicht aufklärbar sind und die zeitnahe Aufklärung des Sachverhalts durch unterlassene Angaben oder unzureichende Mitwirkung bei der Sachverhaltsaufklärung erschwert oder verhindert wird.

*also für das Vorliegen einer Haushaltgemeinschaft (Wohn- und Wirtschafts-
gemeinschaft) zwischen Verwandten. Er hat die Aufgabe, den Sachverhalt (hier
das Bestehen einer Haushaltsgemeinschaft) von Amts wegen nach § 20 SGB X
zu ermitteln.*[97] *Hingegen wird in § 39 SGB XII die Haushaltsgemeinschaft
vermutet. Das bedeutet eine Beweislastumkehr. Nicht die Behörde, sondern die
leistungsberechtigte Person muss dann die Vermutung der Haushaltsgemeinschaft widerlegen.*
- *Im Fall des § 7 Abs. 3a SGB II hat der Gesetzgeber außerhalb des Amtsermittlungsprinzips des § 20 SGB X die Beweislast spezialgesetzlich geregelt.
In den dort genannten Fallkonstellationen wird vermutet, dass eine eheähnliche
oder lebenspartnerschaftliche Gemeinschaft im Sinne einer Verantwortungs-
und Einsatzgemeinschaft besteht. Die leistungsberechtigte Person muss die
gesetzliche Vermutung widerlegen. Im Zwölften Buch Sozialgesetzbuch besteht
eine derartige Vermutungsregelung nicht, so dass der SGB XII-Träger verpflichtet ist, das Vorliegen der „eheähnlichen Gemeinschaft" (vgl. § 20 SGB XII)
nachzuweisen.*
- *Außerhalb der Vermutungsregelung des § 7 Abs. 3a SGB II trägt die Beweislast der zuständige Leistungsträger. Wenn der zuständige Leistungsträger die
Beweislast trägt, kann diese dennoch zum Antragsteller wechseln, wenn in der
Sphäre des Hilfesuchenden wurzelnde Vorgänge nicht aufklärbar sind, der
Hilfesuchende also eine Aufklärung des Sachverhalts (absichtlich) verweigert
oder verschleiert.*[98]

Unabhängig von dem in § 20 SGB X verankerten **Untersuchungsgrundsatz** besteht
für die Träger der Sozialhilfe die Verpflichtung, bezüglich der Leistungen nach
dem 3. und 5. bis 9. Kapitel SGB XII bei Bekanntwerden einer Notlage, ggf. über
gestellte Anträge hinausgehend, tätig zu werden und alle in Frage kommenden Hilfe-
arten für eine Leistungsgewährung in Betracht zu ziehen (**Gesamtfallgrundsatz,** vgl.
§ 18 SGB XII).

1.3.11.2 Beweismittel (§ 21 SGB X)

Nur die richtige und umfassende Ermittlung des Sachverhalts kann zu einer materiell
rechtmäßigen Entscheidung des Ablehnungs- oder Bewilligungsbescheides führen,
denn nur durch die richtige Ermittlung des Gesamtsachverhalts (z.B. Ermittlung des
Einkommens, Ermittlung des Vermögens, Ermittlung vorrangiger Sozialleistungsträger wie Rentenversicherungen, Krankenversicherungen, Prüfung etwaiger Unterhaltsansprüche, Berücksichtigung der familiären Situation, etc.) kann eine saubere
Subsumtion sowie Ermessensentscheidung und somit eine rechtmäßige Entscheidung
entstehen.

Darüber hinaus sieht § 192 Abs. 4 SGG vor, dass bei Vernachlässigung der
Amtsermittlungspflichten das Sozialgericht der Behörde ganz oder teilweise die

---
97 Vgl. BSG, Urt. vom 27.1.2009 – B 14 AS 6/08 R –, NZS 2009, 681 = SozR 4-4200 § 9 Nr. 6.
98 Vgl. LSG Baden-Württemberg, Urt. vom 23.7.2009 – L 7 AS 3135/07 –, BeckRS 2009, 73798.

Kosten auferlegen kann, die für das Nachholen der Sachverhaltsaufklärung im Gerichtsverfahren entstanden sind. Voraussetzung ist, dass „erkennbare und notwendige" Ermittlungen unterlassen wurden. Die Vorschrift ist mit dem Sozialgerichtsänderungsgesetz[99] zum 1.4.2008 eingefügt worden. Mit einer neu eingeführten **Kostentragungsregelung** soll Druck auf die Leistungsträger ausgeübt werden, notwendige Ermittlungen bereits im Verwaltungs- und Vorverfahren durchzuführen.[100]

Den Umfang der Ermittlungen sowie die Auswahl der Maßnahmen der Sachverhaltsaufklärung bestimmt die Behörde selbst. Bestehen keine Bedenken hinsichtlich der Leistungsberechtigung, wird sie weniger Ermittlungen vornehmen als in den Fällen, in denen sich der Sachverhalt für sie zweifelhaft darstellt. Sie wird ferner den Sachverhalt umso gründlicher aufklären, je bedeutsamer die Rechtsfolgen sind und je umstrittener die Sachlage ist.

Um dem Amtsermittlungsgrundsatz gerecht zu werden und letztendlich auch dem **Sozialleistungsmissbrauch** vorzubeugen bzw. ihn zu verhindern, sind eine Reihe von Vorschriften zur Sachverhaltsaufklärung (vgl. auch § 21 SGB X) geschaffen worden, die die Tätigkeit des Leistungsträgers „erleichtern".

§ 21 Abs. 1 Satz 2 SGB X listet beispielhaft („insbesondere") mögliche Beweismittel auf. Neben den dort genannten Möglichkeiten kommen auch andere Beweisaufnahmen in Frage. Eine Internetrecherche ist beispielsweise jederzeit möglich. Dort recherchierte Beweise können jederzeit der Entscheidung zugrundezugrunde gelegt werden, wenn die Informationen öffentlich zugänglich sind. Im „geschützten Bereich" zugängliche Informationen (z. B. auf Facebook) unterliegen möglicherweise dem Datenschutz und dürfen ggf. nicht verwendet werden.

Da die Behörde über Art und Umfang der Sachverhaltsermittlung im Rahmen ihres Ermessens entscheidet (vgl. § 20 Abs. 1 Satz 2 SGB X), bedient sie sich auch der Beweismittel, die sie für erforderlich hält. Ist der Sachverhalt aus der Sicht der Behörde aufgeklärt, gilt der Grundsatz der **„freien Beweiswürdigung"**.

Auskünfte von anderen Stellen

Unter Beachtung des Vorrangs von datenschutzrechtlichen Belangen (vgl. u.a. §§ 67 ff. SGB X, insbesondere der Ermächtigungsgrundlage für die Übermittlung von Sozialdaten in § 69 SGB X), können **Auskünfte** nicht nur von dem Betroffenen, sondern nach pflichtgemäßem Ermessen auch **von anderen Behörden** auf schriftlichem, mündlichem oder elektronischem Weg eingeholt werden (vgl. § 21 Abs. 1 Satz 2 Nr. 1 SGB X).

Weitreichende Auskunftspflichten Dritter (z. B. Arbeitgeber, Banken, Maßnahmeträger) sind in den **§§ 57 bis 61** SGB **II** normiert. Bei Verstoß hiergegen können Bußgelder erhoben werden (§ 63 SGB II). Von den genannten Vorschriften ist § 60 Abs. 2 SGB II von besonderer Bedeutung. Diese Norm berechtigt den Leis-

---

99 Gesetz zur Änderung des Sozialgerichtsgesetzes und des Arbeitsgerichtsgesetzes vom 26.03.2008, BGBl. I, S. 444 (Nr. 11).
100 In der Begründung der Beschlussempfehlung und des Berichts des Ausschusses für Arbeit und Soziales (BT-Drs. 16/8217, S. 2) wird beanstandet, die Träger hätten teilweise Ermittlungen im Verwaltungsverfahren unterlassen oder nur unzureichend betrieben. Das hätte zu einer Verlagerung der Kosten vom Leistungsträger zu Landesjustizhaushalten geführt.

tungsträger die notwendigen Auskünfte von Banken oder Geldinstituten einzuholen, um über die Einkommens- und Vermögenssituation nachweisbare Informationen zu erhalten.[101] Hier muss das Gebot der Verhältnismäßigkeit beachtet werden, dass für einen solchen Eingriff in geschützte Daten eine adäquate Begründung verlangt.

Vorlage von Kontoauszügen

Weiterhin sind Leistungsberechtigte im Rahmen ihrer Mitwirkungsobliegenheiten nach § 60 Abs. 1 Satz 1 Nr. 3 SGB I zur Vorlage von **Kontoauszügen** der letzten drei Monate verpflichtet,[102] denn ein Kontoauszug ist eine Beweisurkunde. Dies gilt uneingeschränkt auch für Weiterbewilligungsanträge. Die Vorlage von Kontoauszügen ist auch im Rahmen der zu prüfenden Verhältnismäßigkeit nach § 65 SGB X rechtmäßig.[103] Der Sozialdatenschutz gebietet es aber, dass die leistungsberechtigte Person seine Ausgaben nicht in vollem Umfang offenlegen muss, insbesondere dann, wenn es um Zahlungen an politische Parteien, Gewerkschaften oder Religionsgemeinschaften geht. Geschwärzt werden dürfen aber nur **der Empfänger** einer Überweisung und der Verwendungszweck, nicht der überwiesene Betrag.[104]

Alternative Möglichkeiten, leichter an die benötigten Informationen zu gelangen (vgl. § 65 Abs. 1 Nr. 3 SGB I), stehen den Leistungsträgern nicht zur Verfügung, denn der Zugriff auf die Kontostammdaten über das Bundeszentralamt für Steuern (vgl. § 93 Abs. 8 AO i. V. m. § 24c KWG) ist nicht gleichermaßen geeignet und Auskünfte der Banken nach § 60 Abs. 2 SGB II besitzen keinen vergleichbaren Informationsgehalt.[105]

Ebenfalls ist die Aufbewahrung von Kontoauszügen im Original oder in Kopie in der Verwaltungsakte eine rechtmäßige Speicherung von Daten nach § 67a Abs. 1 Satz 1, § 67c Abs. 1 Satz 1 SGB X, weil die Datenspeicherung die Voraussetzung der „**Erforderlichkeit**" erfüllt. Leistungsberechtigte müssen es dulden, dass im Rahmen der Antragstellung zur Akte eingereichte Kontoauszüge mindestens bis zu zehn Jahre lang bei den Akten verbleiben.[106] Das Bayerische Landessozialgericht[107] führt dazu aus:

„Die Aufbewahrung der Kontoauszüge ist zunächst erforderlich, um die Hilfebedürftigkeit des Antragstellers zu überprüfen. Die Kontoauszüge sind sorgfältig auf Einkommen, Vermögen und Bedarf zu prüfen. Eine kurze Einsichtnahme genügt dafür nicht.

---

101 Teilweise wird vom Leistungsberechtigten verlangt, dass er ein Kontoauskunftsersuchen unterschreibt. Ermächtigungsgrundlage dafür ist § 60 Abs. 1 Nr. 3 SGB I. Das Kontoauskunftsersuchen ist regelmäßig so gestaltet, dass es eine Ermächtigung darstellt, Auskünfte bei jedem Geldinstitut einzuholen. Unter datenschutzrechtlichen Aspekten darf dieses Kontoauskunftsersuchen nur „ultima ratio" sein, d. h. der Leistungsträger muss die Erforderlichkeit (s. Wortlaut der Norm) nachweisen, weil andere Aufklärungsmöglichkeiten nicht existieren.
102 Vgl. BSG, Urt. vom 19.9.2008 – B 14 AS 45/07 R –, BSGE 101, 260 = NZS 2009, 634 = SGb 2009, 665 = FEVS 60, 459; Bayerisches LSG, Beschl. vom 21.5.2014 – L 7 AS 347/14 B ER –, juris, Rn. 15.
103 Vertiefend: *Grosse Gunkel*, Die Prüfung von Kontoauszügen als Qualitätsstandard im Antragsverfahren nach dem Zweiten Buch Sozialgesetzbuch (SGB II), DVP 2011, 193.
104 Vgl. BSG, Urt. vom 19.9.2008 – B 14 AS 45/07 R –, BSGE 101, 260 = NZS 2009, 634 = SGb 2009, 665 = FEVS 60, 459.
105 Vgl. BSG, Urt. vom 19.2.2009 – B 4 AS 10/08 R –, ZFSH/SGB 2009, 282.
106 Vgl. BSG, Urt. vom 14.5.2020 – B 14 AS 7/19 R –, juris.
107 Bayerisches LSG, Beschl. vom 21.5.2014 – L 7 AS 347/14 B ER –, juris, Rn. 19 ff.

Für Kontoauszüge, die Einnahmen enthalten, liegt dies auf der Hand. Das anrechenbare Einkommen festzustellen, erfordert komplexe Berechnungen. Aber auch Kontoauszüge, die kein anrechenbares Einkommen ausweisen, sind leistungserheblich. Der Bedarf – insbesondere Miethöhe und Betriebskosten der Unterkunft – lässt sich teilweise aus den Kontoauszügen ablesen. Länger dauernde Ausgaben können zu anrechenbarem Vermögen führen.

Die Kontoauszüge der letzten Monate können Anlass für eine Direktüberweisung der Unterkunftskosten an den Vermieter nach § 22 Abs. 7 Satz 2 SGB II geben. Aus Kontoauszügen ablesbares unwirtschaftliches Verhalten kann zu einer Sanktion nach § 31 Abs. 2 Nr. 2 SGB II führen. Kontoauszüge sind somit eine wesentliche Entscheidungsgrundlage für die Gewährung von Leistungen nach dem SGB II und als solche zu der Verwaltungsakte zu nehmen.

Zu den Aufgaben nach dem Sozialgesetzbuch gehören neben der aktuellen Verbescheidung des nächsten Bewilligungsabschnitts auch sich eventuell anschließende Widerspruchs- und Gerichtsverfahren. Hinzu kommt die Korrektur von Bescheiden gemäß §§ 44 ff SGB X; nach § 45 Abs. 3 Satz 3 SGB X kann dabei ein Zeitraum von zehn Jahren betroffen sein. Weitere mögliche Folgeverfahren sind die Geltendmachung von Ersatzansprüchen nach § 34 und § 34a SGB II. Eine Erbenhaftung nach § 35 SGB II erstreckt sich ebenfalls auf zehn Jahre, wobei der Leistungsträger die Rechtmäßigkeit der Leistungsgewährung nachweisen muss. Hinzu kommen mögliche Erstattungsverfahren gegenüber anderen Leistungsträgern nach §§ 102 ff SGB X."

Zeugen

Eine weitere Möglichkeit zur Sachverhaltsaufklärung besteht im Vernehmen von **Zeugen** (§ 21 Abs.1 Satz 2 Nr. 2 SGB X). Um einen Zeugen handelt es sich, wenn dieser in einem für ihn fremden Verfahren als Unbeteiligter sein eigenes Wissen über Tatsachen, Zustände und Wahrnehmung zur Erforschung eines konkreten Sachverhaltes bekundet.[108] Ein Zeuge ist vor allem dann zur Aussage verpflichtet, wenn die Aussage für die Entscheidung über die Entstehung, Erbringung, Fortsetzung, das Ruhen, die Entziehung oder den Wegfall einer Sozialleistung sowie deren Höhe unabweisbar ist (sog. „Generalklausel" des § 21 Abs. 3 Satz 1 SGB X, die allerdings im Vergleich zu den Möglichkeiten des § 21 Abs. 1 Satz 2 SGB X nur subsidiär angewandt werden darf).

Liegen diese Voraussetzungen vor und steht dem Zeugen auch kein Aussageverweigerungsrecht (vgl. §§ 376, 383 bis 385, 408 ZPO) zu, kann der Leistungsträger auch eine Aussage durch eine Vernehmung durch das Sozialgericht erzwingen (vgl. § 22 Abs. 1 SGB X).

---

108 *Vogelsang* in Hauck/Noftz, Rn. 11 zu § 21 SGB X.

Inaugenscheinnahme, insbesondere Hausbesuch

Das Beweismittel der **Inaugenscheinnahme** (§ 21 Abs.1 Satz 2 Nr. 4 SGB X) zur Bedarfsfeststellung und Bedarfskontrolle umfasst auch den **Hausbesuch**. Der Leistungsträger erhofft sich hierbei insbesondere Kenntnisse über die persönlichen und wirtschaftlichen Verhältnisse, um die Hilfebedürftigkeit im Einzelfall festzustellen.

Ein Hausbesuch, insbesondere durch den Außendienst (§ 6 Abs. 1 Satz 2 Halbs. 2 SGB II), kommt dann in Betracht, wenn Zweifel über die vom Antragsteller gemachten Angaben vorliegen (z.B. hinsichtlich der Frage, ob eine eheähnliche oder lebenspartnerschaftliche Gemeinschaft besteht oder ob die angegebene Wohnungsgröße den tatsächlichen Verhältnissen entspricht). Wie bei jeder anderen Beweiserhebung muss die Notwendigkeit eines Hausbesuchs dargelegt werden. Gibt es andere Mittel zur Informationsbeschaffung, sind diese vorzuziehen, weil grundsätzlich der Leistungsträger die Pflicht hat, den Sachverhalt von Amts wegen zu ermitteln (§ 20 SGB X).[109]

Entscheidet sich die Behörde mangels alternativer Informationsbeschaffung für einen Hausbesuch, besteht keine Pflicht der antragstellenden Person, einen Hausbesuch zu dulden. Insofern kann ein – ggf. unangekündigter – Hausbesuch nur mit Einwilligung (vgl. § 67a Abs. 2 Satz 1 SGB X) der betroffenen Person erfolgen. Da es im Rahmen des Hausbesuchs um eine Datenerhebung geht, ist der Betroffene über seine Rechte und Pflichten aufzuklären und auf die Folgen der Verweigerung von Angaben hinzuweisen (vgl. § 67a Abs. 3 Satz 3 SGB X):

- Er ist auf das Recht hinzuweisen, den Hausbesuch zu verweigern (Art. 13 GG).
- Er ist darauf hinzuweisen, dass die Leistungserbringung abgelehnt werden kann, da die mangelnde Aufklärung des Sachverhalts zu berechtigten Zweifeln an der Hilfebedürftigkeit führt.[110, 111] Es darf allerdings auf den Antragsteller kein Druck ausgeübt werden.

Das Bayerische Landessozialgericht führt zur Frage des Hausbesuchs folgendes aus:

Die Behörde ermittelt den Sachverhalt von Amts wegen und bestimmt Art und Umfang der Ermittlungen (§ 20 Abs. 1 Satz 1 und Satz 2 SGB X). Der Hausbesuch ist als Inaugenscheinnahme ein nach § 21 Abs. 1 Satz 2 SGB X grundsätzlich zulässiges Beweismittel. Ob es eingesetzt wird, unterliegt nach § 21 Abs. 1 Satz 1 SGB X dem pflichtgemäßen Ermessen. Dabei ist zu berücksichtigen, dass ein Hausbesuch in die grundrechtlich geschützte Privatsphäre der Wohnung eingreift (Art. 13 Abs. 1 GG).

---

109 Vertiefend: *Vahle*, Datenschutz im Spiegel der aktuellen Rechtsprechung – Teil II –, DVP 2008, 309.
110 Vgl. LSG NRW, Beschl. vom 19.12.2007 – L 7 B 284/07 AS ER –, BeckRS 2009, 51789.
111 Zu diesem Themenkreis: *Blüggel, Jens*, Die Mitwirkung des Arbeitsuchenden bei der Sachverhaltsaufklärung – Zur rechtlichen Zulässigkeit des Hausbesuchs und der Anforderung von Kontoauszügen durch den SGB II-Träger, SGb 2007, 336.

Es gibt keine Verpflichtung, einen Hausbesuch zu dulden. Er ist nur mit Einwilligung des Betroffenen möglich. Nach § 21 Abs. 2 Satz 1 SGB X sollen die Beteiligten bei der Ermittlung des Sachverhalts mitwirken. Sie sollen nach Satz 2 dieser Vorschrift insbesondere ihnen bekannte Tatsachen und Beweismittel angeben – darunter fällt ein Hausbesuch nicht. Nach Satz 3 besteht eine weitergehende Pflicht, bei der Ermittlung des Sachverhalts mitzuwirken nur, soweit sie durch Rechtsvorschrift besonders vorgesehen ist. Aus §§ 60 ff. SGB I und dem SGB II ergibt sich keine Pflicht (besser: Obliegenheit), einen Hausbesuch zu dulden. Damit bleibt es bei dem allgemeinen Appell zur Mitwirkung nach § 21 Abs. 2 Satz 1 SGB X.

Ein Hausbesuch ist nur mit Einwilligung (vorherige Zustimmung) des Betroffenen möglich. Wenn infolge einer Ablehnung des Hausbesuchs ein Sachverhalt nicht festgestellt werden kann, trägt der Beteiligte die Folgen der Nichterweislichkeit, der für den Sachverhalt die objektive Beweislast trägt. Allein aus der Ablehnung eines Hausbesuchs lässt sich dagegen nichts folgern.[112]

Lässt sich die tatsächliche Nutzung einer Mietwohnung durch Sachverhaltsermittlungen nicht feststellen und bestehen erhebliche Zweifel an der Nutzung der Wohnung (z. B. durch besonders niedrigen und unrealistischen Stromverbrauch), ist der Leistungsträger zwecks Überprüfung der Voraussetzungen eines Anspruchs auf Bedarfe für Unterkunft und Heizung berechtigt, die tatsächliche Nutzung durch Inaugenscheinnahme der Wohnung (Hausbesuch) zu überprüfen. Verweigert die leistungsberechtigte Person die Duldung der Inaugenscheinnahme und kann die Behörde deshalb den Sachverhalt nicht durch andere Beweismittel im Wege der Amtsermittlung aufklären, wechselt die objektive Beweislast für die tatsächliche Nutzung der Wohnung zum Antragsteller. Damit kann die Behörde bis zum Beweis der tatsächlichen Nutzung der Wohnung die Leistung mangels Sachverhaltsaufklärung einstellen.[113]
Zur „Inaugenscheinnahme" kann auch die Überprüfung gehören, ob in einer Wohnung entgegen den gemachten Angaben eine eheähnliche Gemeinschaft besteht. Zu diesem Zweck darf der Sachbearbeiter eine „morgendliche Kontrolle" vornehmen. Zu beachten ist aber, dass eine Observation von beachtenswertem zeitlichem Ausmaß nicht mehr durch die Sachverhaltsermittlungstätigkeit der Behörde getragen wird. Denn eine dem § 163f StPO vergleichbare Ermächtigungsnorm für heimliche Observationen ist für den Leistungsträger nicht vorhanden, so dass eine Observation einen Verstoß gegen das allgemeine Persönlichkeitsrecht darstellt.[114]

Auskünfte von Finanzbehörden

Ausdrücklich ist in § 21 Abs. 4 SGB X (i. V. m. § 30 Abs. 4 Nr. 2 AO) die Verpflichtung der **Finanzbehörden** aufgeführt, Auskunft über die ihnen bekannten Einkommens- und Vermögensverhältnisse des Leistungsempfängers, des Erstattungspflichtigen,

---
112 Vgl. Bayerisches LSG, Beschl. vom 11.3.2011 – L 7 AS 83/11 B ER –, BeckRS 2011, 73860.
113 Vgl. LSG Rheinland-Pfalz, Beschl. vom 2.7.2014 – L 3 AS 315/14 B ER –, BeckRS 2014, 72660.
114 Vgl. LSG Bayern, Urt. vom 25.1.2008 – L 7 AS 72/07 –, juris.

1.3 Sozialverwaltungsverfahren nach dem Zehnten Buch Sozialgesetzbuch (SGB X)

Unterhaltsverpflichteten, des Unterhaltsberechtigten oder der zum Haushalt zählenden Familienmitglieder zu erteilen. Auch hier ist das Tatbestandsmerkmal der Erforderlichkeit zu beachten.

Als Ausnahme vom Steuergeheimnis hat der Leistungsträger die Notwendigkeit der Auskunft konkret darzulegen, indem glaubhaft gemacht wird, dass eigene Bemühungen nicht zum Erfolg geführt haben. U. a. muss erklärt werden, dass eine Mitwirkung der Beteiligten (vgl. § 21 Abs. 2 SGB X, §§ 60 ff. SGB I) zur Informationsgewinnung fehlt oder dass nach § 60 Abs. 2 SGB II eingeholte Auskünfte der Bank unzureichend sind.

Von Bedeutung ist die Regelung des § 93 Abs. 8, Abs. 9 AO i. V. m. § 93b Abs. 1 AO i. V. m. § 24c KWG. Mit dem hier geregelten **Kontenabrufersuchen** bekommen neben den Finanzämtern insbesondere die Sozialleistungsträger (vgl. § 93 Abs. 8 Satz 1 Nr. 1 und Nr. 2 AO: Jobcenter und Sozialhilfeträger) im Sinne des Ersten Buches Sozialgesetzbuches die Möglichkeit, über das Bundeszentralamt für Steuern Bestandsdaten von Kontoverbindungen abzurufen.

Das Kontoabrufersuchen kann online beantragt werden. Der entsprechende Antrag sowie weitere Informationen hierzu sind auf der Internetseite des Bundeszentralamtes für Steuern (https://www.bzst.de/DE/Behoerden/Kontenabruf/kontenabruf.html) zu finden.

Mit dem Kontenabruf erhält der Leistungsträger Auskünfte
- zur Nummer des Kontos oder Depots, das zurzeit existiert oder welches in den letzten sechs Monaten vor Leistungsbeginn existiert hat,
- zum Tag der Errichtung und der Auflösung des Kontos oder des Depots,
- zum Namen des Kontoinhabers, zum Tag der Geburt des Inhabers und des Verfügungsberechtigten des Kontos

einer bestimmten Person.

Für ein Kontenabrufersuchen ist die Einhaltung eines standardisierten Verfahrens und regelmäßig das Ausfüllen eines Vordrucks („Kontenabrufersuchen nach §§ 93 **Abs.** 8 i. V. m. **§ 93**b AO") notwendig. Auf diese Weise erhält der Leistungsträger Informationen über bislang verschwiegene Konten. Das Verfahren sollte aber nur in begründeten Verdachtsfällen durchgeführt werden.

Auch hier greift der Grundsatz der Verhältnismäßigkeit (vgl. § 93 Abs. 8 AO). In der Aktendokumentation und in dem im o. g. Vordruck zu hinterlegenden Vermerk ist festzuhalten, dass alle eigenen Ermittlungsmöglichkeiten ausgeschöpft worden sind und nicht zur Sachverhaltsaufklärung beigetragen haben (z. B. Anfragen bei dem Beteiligten selbst, die entweder zu keinem Erkenntnisgewinn geführt haben oder nicht zielführend sind, Anfragen beim Finanzamt gemäß § 21 Abs. 4 SGB X). Die eigenen Ermittlungen sind in dem Vermerk detailliert aufzuführen. Im Sinne der üblichen Verhältnismäßigkeitsprüfung ist darzulegen, dass das Kontoauskunftsersuchen erforderlich ist, weil nur so die Anspruchsvoraussetzungen geprüft werden können und andere, weniger in die informationelle Selbstbestimmung eingreifende Maßnahmen nicht erfolgversprechend sind oder waren und somit nicht zum Ziel geführt haben. Anlasslose Anfragen sind somit nicht zulässig.

Vor einem Abrufersuchen ist die leistungsberechtigte Person auf die Möglichkeit eines Kontenabrufs hinzuweisen. Dies kann durch ausdrücklichen Hinweis in amtlichen Vordrucken oder Merkblättern geschehen. Der Leistungsträger sollte hierauf also bereits bei der Antragstellung oder spätestens im Bewilligungsbescheid hinweisen. Über das ggf. anschließend eingeleitete Verfahren ist die leistungsberechtigte Person zu informieren (vgl. § 93 Abs. 9 Satz 1, Satz 2 AO).

Kontenbewegungen und Kontenstände können auf diesem Weg nicht ermittelt werden. Deshalb ist es ggf. noch notwendig, dass sich der Leistungsträger nochmals mit der leistungsberechtigten Person zur Sachverhaltsaufklärung in Verbindung setzt oder sich direkt an die Bank oder Sparkasse gemäß § 60 Abs. 2 SGB II wendet.

Die Verantwortung für die Zulässigkeit des Datenabrufs und der Datenübermittlung trägt die ersuchende Behörde (§ 93 Abs. 3 AO). Das Bundeszentralamt für Steuern prüft also lediglich, ob das Ersuchen plausibel ist. Erfolgt ein Kontoabrufersuchen ohne vorherige Information nach § 93 Abs. 9 AO, dürften die erlangten Daten möglicherweise nicht für weitere nachfolgende Verwaltungsverfahrensmaßnahmen durch den Leistungsträger verwendet werden.

Wird ein Kontenabrufersuchen beauftragt, sollten mehrere verschiedene Abfragen durchgeführt werden, wenn die Person mehrere Vornamen hat oder einen „komplizierten" Nachnamen. Möglicherweise werden die Kontendaten unter vollständiger Namensangabe oder mit unterschiedlicher Schreibweise geführt. Ohne eindeutige Identität zwischen Abfragedaten und hinterlegten Kontodaten kann das System keine Treffer anzeigen – Ähnlichkeitsdaten werden nicht ausgeworfen. Sollten also beispielsweise weitere Vornamen bekannt sein, besteht die Möglichkeit, dass für weitere Vornamen oder Vornamenskombinationen weitere Abfragen durchzuführen.

§ 60 Abs. 4 SGB II verpflichtet den (getrennt lebenden) Partner zur Offenlegung seiner Einkommens- und Vermögensverhältnisse. Fehlende Mitwirkungsbereitschaft kann im Rahmen des Verwaltungsvollstreckungsverfahrens durchgesetzt werden. Missachtungen der Aufforderungen können im Ordnungswidrigkeitenverfahren geahndet werden.

Datenabgleich

§ 45d Abs. 2 EStG berechtigt darüber hinaus das Bundeszentralamt für Steuern, dem Sozialleistungsträger Auskünfte über erteilte Freistellungsaufträge für Zinserträge zu geben, soweit dies zur Überprüfung des zu berücksichtigenden Einkommens und Vermögens erforderlich ist oder die betroffene Person zugestimmt hat. Dies berücksichtigt auch § 52 SGB II und die dazu erlassene Grundsicherungs-Datenabgleichsverordnung[115], nach der die erforderlichen Daten im Rahmen eines automatisierten Datenabgleichs erhoben werden. Allerdings beziehen sich die Zinseinkünfte auf den Vorjahreszeitraum, so dass aktuelle Vermögensüberprüfungen durch die sachbearbeitende Stelle nochmals neu vorgenommen werden müssen.

---

115 Verordnung über den automatisierten Datenabgleich bei Leistungen der Grundsicherung für Arbeitsuchende (Grundsicherungs-Datenabgleichsverordnung – GrSiDAV) vom 27.7.2005 (BGBl. I S. 2273), zuletzt geändert durch die Verordnung vom 21.2.2012 (BGBl. I S. 309).

Aus dem Datenabgleich gemäß § 52 SGB II werden darüber hinaus automatisiert folgende Informationen erhoben, um den Sozialleistungsmissbrauch zu bekämpfen:
- aktuelle Rentenzahlungen, auch durch die Unfallversicherung,
- Einkünfte aus geringfügiger Beschäftigung,
- Leistungen anderer Grundsicherungsträger,
- Leistungen nach dem Zwölften Buch Sozialgesetzbuch („Sozialhilfe"),
- Wegfall der Förderung von Altersvorsorgevermögen,
- Leistungen nach dem Dritten Buch Sozialgesetzbuch („Arbeitslosengeld").

Als weitere spezielle Rechtnormen, die der Sachverhaltsaufklärung dienen können, sind die §§ 98 ff. SGB X sowie § 117 SGB XII und § 118 SGB XII zu nennen.

1.3.11.3 Zusammenhang zwischen Mitwirkungspflichten (§§ 60 ff. SGB I) und Amtsermittlungsprinzip

Gemäß § 20 Abs. 1 SGB X ermittelt die Behörde den Sachverhalt von Amts wegen. Sie bestimmt Art und Umfang der Ermittlungen; an das Vorbringen und an die Beweisanträge der Beteiligten ist sie nicht gebunden.

Eine Vielzahl tatsächlicher Angaben, Informationen und Erkenntnisse (insbesondere zu den Einkommens- und Vermögensverhältnissen) lässt sich **nur** durch die Mitwirkung des Beteiligten gewinnen. Entsprechend bestimmt § 21 Abs. 2 SGB X, dass die Beteiligten bei der Ermittlung des Sachverhalts mitwirken **sollen**. Sie sollen insbesondere ihnen bekannte Tatsachen und Beweismittel angeben.

Die hier verankerte Mitwirkungsverantwortung stellt eine eigenständige **Mitwirkungsobliegenheit**[116] der leistungsberechtigten Person dar. Dadurch wird die Behörde von ihrer Verantwortung zur Sachverhaltsaufklärung nicht entbunden, denn diese steht noch immer an „erster Stelle". Die Versagung einer behördlichen Leistung ist deshalb immer dann rechtswidrig, wenn sie eigene Möglichkeiten der Sachverhaltsaufklärung und Informationsbeschaffung nicht nutzt. Deshalb bestimmt z.B. § 65 Abs. 1 Nr. 3 SGB I, dass die Mitwirkungspflicht nicht besteht, wenn sich der Leistungsträger durch einen geringeren Aufwand als die leistungsberechtigte Person die erforderlichen Kenntnisse selbst beschaffen kann.

Beispiel
Das Jobcenter möchte den Bewilligungsbescheid über das erbrachte Arbeitslosengeld II an Frau H vollständig aufheben, weil der Leistungsträger von einer eheähnlichen Lebensgemeinschaft mit Herrn F erfahren hat und dies auch belegen kann. Damit bilden Herr F und Frau H eine Bedarfs- und Einsatzgemeinschaft. Der Leistungsträger vermutet Einkommen bei Herrn F, so dass ein Wegfall der Hilfebedürftigkeit angenommen wird.

---

116 Eine „Obliegenheit" ist weniger als eine „Verpflichtung". Verpflichtungen können eingeklagt und vollstreckt werden. Obliegenheiten sind Verhaltensgebote. Wer Obliegenheiten nicht beachtet, muss mit Rechtsnachteilen rechnen. Im Falle der Mitwirkungsobliegenheiten kann z.B. ein Versagungs- oder Entziehungsbescheid (§ 66 SGB I) erlassen werden, wenn der Beteiligte an der Aufklärung des Sachverhalts nicht mitwirkt.

Notwendig für die Verneinung der Hilfebedürftigkeit ist in derartigen Fallkonstellationen nicht nur das Bestehen einer Bedarfs- und Einsatzgemeinschaft, sondern auch der Nachweis, dass innerhalb der Bedarfs- und Einsatzgemeinschaft ein ausreichendes zu berücksichtigendes Einkommen erzielt wird (vgl. § 9 Abs. 2 SGB II).

Zur Höhe des zu berücksichtigenden Einkommens muss der Leistungsträger Feststellungen treffen und insbesondere ein Auskunftsverlangen nach § 60 Abs. 4 SGB II gegenüber Herrn F einleiten. Insofern hat der Leistungsträger den Sachverhalt aufzuklären und zunächst eigene Feststellungen vorzunehmen. Fehlerhaft sind insbesondere bloße Vermutungen, auf die ein Rücknahmebescheid nicht gestützt werden kann.

Erst dann, wenn keine weiteren Ermittlungen möglich sind und auch eine Beweiswürdigung zu keinem Ergebnis führt, kommt eine Entscheidung nach Beweislastgrundsätzen in Frage. Die Behörde hat also die Verpflichtung, ihre Erkenntnisquellen einschließlich der Mitwirkungsobliegenheiten des Beteiligten auszuschöpfen. Erst wenn dies nicht gelingt, kommt unter der weiteren Voraussetzung, dass die Beweisnot der beweisbelasteten Stelle durch ein pflichtwidriges Verhalten des anderen Beteiligten im Sinne einer Beweisvereitelung verursacht wird, eine Beweislastumkehr in Betracht.

Bei der Aufklärung des Sachverhalts ist folgende Reihenfolge zu beachten:

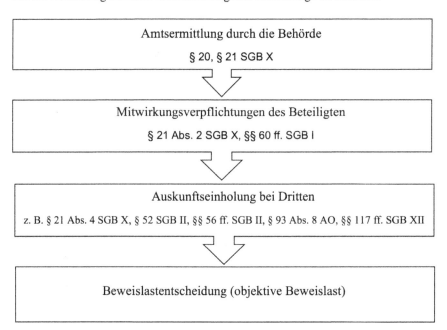

Die Auskunftseinholung bei Dritten steht nur an letzter Stelle der Möglichkeiten zur Sachverhaltsaufklärung, da sie immer auch mit einer Offenbarung von Sozialdaten verbunden ist, die grundsätzlich geschützt sind (vgl. § 35 SGB I), denn jede Nachfrage offenbart die Tatsache einer möglichen Leistungserbringung.

Die Offenbarungsmöglichkeiten bzw. Auskunftspflichten anderer Leistungsträger oder anderer Stellen richtet sich dabei nach den §§ 67 ff. SGB X. Hier ist insbesondere auf § 67a Abs. 2 Nr. 2 SGB X i. V. m. §§ 56 ff. SGB II hinzuweisen. Auskünfte von anderen Leistungsträgern können dann eingeholt werden, wenn dies zur Aufgabenerfüllung **erforderlich** ist und **keine Anhaltspunkte** für entgegenstehende überwiegende **schutzwürdige Interessen des Betroffenen** vorliegen.[117]

Vor dem beschriebenen Hintergrund ist es z. B. unzulässig, relevante Unterlagen von den Haushaltsangehörigen der leistungsberechtigten Person zu beschaffen oder Ermittlungen gegenüber diesen Personen durchzuführen, die nicht am Sozialleistungsverfahren beteiligt sind. Auskunftspflichten, die Dritte betreffen, erstrecken sich nur auf Tatsachen, die dem Leistungsempfänger selbst bekannt sind. In einem solchen Fall verlangt der Leistungsträger vom Antragsteller etwas subjektiv Unmögliches (im konkreten Fall Kontoauszüge von einem vermuteten eheähnlichen Lebenspartner). Dies wird von den Mitwirkungspflichten nicht umfasst.[118]

1.3.11.4 Mitwirkungspflichten (§§ 60 ff. SGB I)

Sofern die Sachverhaltsaufklärung von der Mitwirkung des Beteiligten abhängig ist, hat dieser bestimmte Verpflichtungen bzw. **Obliegenheiten**, die sich aus den §§ 60 ff. SGB I ergeben. Soweit und sofern die Behörde an ihre Grenzen stößt, ergänzen die § 21 Abs. 2 SGB X und §§ 60 ff. SGB I die Möglichkeiten der Behörde.

Für das Zweite Buch Sozialgesetzbuch sind in den §§ 56 ff. SGB II besondere Mitwirkungsverpflichtungen verankert. Im Zwölften Buch Sozialgesetzbuch ist § 117 SGB XII relevant. Die nachfolgenden Ausführungen konzentrieren sich auf die Regelungen zu den §§ 60 ff. SGB I.

Es wird im Rahmen der §§ 60 ff. SGB I deshalb von Mitwirkungs**obliegenheiten** gesprochen, weil es sich hier nicht um Pflichten handelt, die erzwungen werden können, sondern um Verhaltensgebote. Wer seinen Mitwirkungspflichten nicht nachkommt, muss „nur" mit Rechtsnachteilen, konkret denen der §§ 66, 67 SGB I (Versagung oder Entziehung der Leistung), rechnen. Schadensersatzansprüche oder Vollstreckungsmöglichkeiten zur Erzwingung der Mitwirkungsobliegenheiten bestehen nicht.

Die Mitwirkungsverpflichtungen beziehen sich auf die individuell leistungsberechtigte Person. Werden Unterlagen des Partners benötigt, müssen die notwendigen Informationen von diesem (vgl. § 117 Abs. 1 Satz 3 SGB XII, § 60 Abs. 4 SGB II) eingeholt werden.[119] Die fehlende Mitwirkungsbereitschaft der Eltern müssen sich die

---

117 Vgl. BSG, Urt. vom 25.1.2012 – B 14 AS 65/11 R –, juris = BSGE 110, 75 = NDV-RD 2012, 129 = WzS 2012, 344.
118 Vgl. LSG Niedersachsen-Bremen, Urt. vom 14.1.2008 – L 7 AS 772/07 ER –, juris, Rn. 14 = FEVS 59, 469.
119 Vgl. LSG Baden-Württemberg, Urt. vom 14.12.2017, L 7 SO 1138/17, juris, Rn. 32 ff.

Kinder aber aufgrund des gesetzlichen Vertretungsverhältnisses (§ 1629 Abs. 1 BGB) zurechnen lassen, so dass auch deren Leistung entzogen oder versagt werden kann.[120]

Angaben von Tatsachen

Gemäß § 60 Abs. 1 Satz 1 Nr. 1 SGB I hat, wer Sozialleistungen **beantragt oder erhält**, alle Tatsachen anzugeben, die für die Leistung erheblich sind. Auch sind Beweismittel zu bezeichnen und vorzulegen (§ 60 Abs. 1 Satz 1 Nr. 3 SGB I). Damit soll sichergestellt werden, dass auf der Basis einer vollständigen Tatsachenkenntnis eine inhaltlich richtige und der Höhe nach korrekte Sozialleistung ermittelt wird. Deshalb verlangen Träger der Sozialhilfe oder Träger der Grundsicherung für Arbeitsuchende bei der Antragstellung regelmäßig u. a. folgende Unterlagen:
- Belege über Einkommen und Vermögen: Rentenbescheide, Lohn- und Verdienstbescheinigungen, Girokontoauszüge, Sparbücher, Nachweise über Wertpapierkonten oder kapitalbildende Lebensversicherungen, Pflegekassenbescheid, Nachweise zum Grundbesitz bzw. der Eigentumswohnung, Mietbescheinigung, Nachweis über Sozialleistungen (z. B. Elterngeld, Wohngeld, Arbeitslosengeld, Unterhaltsvorschuss-leistungen), Nachweis über vertragliche Ansprüche (z. B. Grundstücksübergabevertrag), Nachweise über Unterhaltszahlungen,
- Belege über Ausgaben und Belastungen: Mietvertrag oder Hauslasten, Belege über Gas-, Wasser- und Stromabrechnungen, Belege über Versicherungen wie z. B. Hausrat-, Haftpflicht-, Lebens-, Sterbeversicherungen, Altersvorsorgeverträge, Beitragsrechnungen von freiwilligen Kranken- und Pflegeversicherungen, Nachweis von Unterhaltszahlungen etc.,
- sonstige Nachweise, insbesondere über die persönliche oder familiäre Situation: Vorlage des Schwerbehindertenausweises, Vorlage des Personalausweises, Vorlage des Scheidungsurteils, Vorlage des Aufenthaltstitels etc.

Außerdem hat die leistungsberechtigte Person gemäß § 60 Abs. 1 Satz 1 Nr. 2, Nr. 3 SGB I im laufenden Leistungsbezug Änderungen in den **persönlichen** und **wirtschaftlichen Verhältnissen**, die für die Leistung erheblich sind oder über die im Zusammenhang mit der Leistung Erklärungen abgegeben worden sind, unverzüglich (vgl. § 121 Abs. 1 Satz 1 BGB) mitzuteilen und Beweismittel (z. B. Einkommensbescheinigungen, Scheidungsurteil, Heiratsurkunde) beizubringen.

Erheblich ist eine Veränderung dann, wenn sie zu einer Änderung der Leistungshöhe oder zum Wegfall des Leistungsanspruchs (z. B. Ortsabwesenheit) führen kann.

Die Verpflichtung, Änderungen in den Verhältnissen gemäß § 60 Abs. 1 Satz 1 Nr. 2 SGB I mitzuteilen, betrifft die Mitwirkungspflicht **während der Zeit der Leistungserbringung**. Dieser Hinweis wird regelmäßig jedem Bescheid im Bereich der Grundsicherung für Arbeitsuchende bzw. der Sozialhilfe (automatisiert) hinzugefügt. Er hat die Funktion, die leistungsberechtigte Person auf ihre Verpflichtungen hinzuweisen und so sicherzustellen, dass der bzw. die Betroffene sich nicht

---
120 Vgl. LSG Sachsen-Anhalt, Beschluss vom 25.03.2009, L 5 B 428/08 AS ER, juris, Rn. 6.

auf Vertrauensschutzgründe berufen kann, wenn z.B. eine Überzahlung wegen nicht angegebenem Einkommen stattgefunden hat.

Ohne eindeutige Hinweise auf die Mitwirkungspflichten der Begünstigten wird regelmäßig eine Rücknahme bzw. Aufhebung eines rechtswidrigen Verwaltungsaktes für die Vergangenheit nach § 45 Abs. 4 i.V.m. Abs. 2 Satz 3 bzw. § 48 Abs. 1 Satz 2 Nr. 2 und Nr. 4 SGB X aus Gesichtspunkten des Vertrauensschutzes nur erschwert möglich sein. Damit fehlt z.B. bei „Überzahlungen" die Grundlage für einen Erstattungs- bzw. Ersatzanspruch nach § 50 Abs. 1 SGB X oder § 103 Abs. 1 Satz 2 und § 104 SGB XII.

Daneben ist die leistungsberechtigte Person nach § 60 Abs. 1 Satz 1 Nr. 3 SGB I verpflichtet, Beweismittel vorzulegen oder **ihrer Vorlage zuzustimmen**. Liegt eine solche Zustimmung vor, kann die Behörde von Amts wegen Informationen und Beweismittel, über die Dritte verfügen, zur Sachverhaltsaufklärung hinzuziehen. Typisches praktisches Beispiel sind die Vordrucke für die Kontoauskunftsersuchen der Behörden gegenüber Geldinstituten, die von der antragstellenden Person zu unterschreiben sind, sofern das Verlangen verhältnismäßig ist.

Die Aufforderung zur Vorlage von **Kontoauszügen** für die letzten drei Monate sowohl für die Erstantragstellung als auch für Folgeanträge ist nicht zu beanstanden, denn die Kontoauszüge stellen Beweismittel im Sinne des § 60 Abs. 1 Satz 1 Nr. 3 SGB I dar, die zur ordnungsgemäßen Erfüllung der Aufgaben erforderlich sind. Ein Verstoß gegen das Recht auf informationelle Selbstbestimmung wird nicht gesehen.[121] Vgl. auch die Ausführungen zur Vorlage und Speicherung von Kontoauszügen unter 1.3.11.2 (Beweismittel (§ 21 SGB X)).

Die o.g. Mitwirkungspflichten bestehen auch bei einer geltend zu machenden Forderung auf **Erstattung** nach § 50 Abs. 1, Abs. 2 SGB X, denn gemäß § 60 Abs. 1 Satz 2 SGB I gilt Satz 1 entsprechend für denjenigen, der Leistungen zu erstatten hat.

Von Bedeutung ist, dass diese Mitwirkungspflichten auch den Erben treffen, der aufgrund des Todes einer leistungsberechtigten Person etwaige Überzahlungen nach § 50 Abs. 2 Satz 1 SGB X zu erstatten hat. Entgegen dem Wortlaut („ ... zu erstatten hat.") setzt § 60 Abs. 1 Satz 2 SGB I **nicht** die Einleitung eines Verwaltungsverfahrens voraus (strittig). Denn nach Sinn und Zweck der Norm soll der Erstattungspflichtige demjenigen gleichgestellt werden und dieselben Pflichten besitzen wie derjenige, der die Leistungen beantragt hat oder erhält. Eine Mitwirkungspflicht, die erst dann eingreift, wenn die Behörde schon ein Verwaltungsverfahren eingeleitet und deshalb bereits Kenntnis von der Überzahlung hat, verfehlt ihren Zweck.[122]

---

121 Vgl. BSG, Urt. vom 19.9.2008 – B 14 AS 45/07 R –, BSGE 101, 260 = NDV-RD 2009, 59 = FEVS 60, 459 = SGb 2009, 665; LSG NRW, Beschl. vom 11.10.2007 – L 7 B 235/07 AS ER –, , FEVS 59, 235; LSG Baden-Württemberg, Urt. vom 14.12.2007 – L 13 AS 4282/07 –, , juris; Bayerisches LSG, Beschl. vom 21.5.2014 – L 7 AS 347/14 B ER –, juris, Rn. 15 ff.

122 Vgl. OLG Braunschweig, Urt. vom 7.1.2015 – 1 Ss 64/14 –, juris, Rn. 10; OLG Düsseldorf, Beschl. vom 1.3.2012 – III-3 RVs 31/12 –, juris; a.A. OLG Sachsen-Anhalt, Beschl. vom 13.5.2016 – 2 Rv 31/16 –, juris.

Verwendung von Vordrucken

Nach § 60 Abs. 2 SGB I sollen **Vordrucke** benutzt werden, soweit dieses für die erforderlichen Angaben vorgesehen ist. Die Nutzung von Vordrucken dient nicht nur der Verwaltungsvereinfachung, sondern auch der Information der Leistungsberechtigten. Hieraus ist regelmäßig der Umfang ihrer Mitwirkungspflicht erkennbar. Im Übrigen entspricht die Verwendung von Vordrucken auch der Verpflichtung des Sozialleistungsträgers, den Zugang zu Sozialleistungen, u. a. durch Verwendung verständlicher Antragsvordrucke, einfach und verständlich zu gestalten (vgl. § 17 Abs. 1 Nr. 3 SGB I).

Die leistungsberechtigte Person kann die Beantwortung der in den Vordrucken geforderten Angaben nur verweigern, wenn diese über die in § 60 Abs. 1 SGB I erforderlichen leistungserheblichen Tatsachen hinausgehen oder die Grenzen der Mitwirkungspflicht nach § 65 SGB I überschritten sind.

Die Verwendung von Antragsvordrucken wird auch dann praktiziert, wenn ein förmlicher Antrag für die Leistungsbewilligung nicht vorgesehen ist (z. B. im Bereich der Sozialhilfe gemäß § 18 Abs. 1 SGB XII). Auch dann kann sich der Träger der Sozialhilfe auf die Beachtung des § 60 Abs. 2 SGB I berufen.

Persönliches Erscheinen

Eine weitere Mitwirkungspflicht besteht in der Verpflichtung zum **persönlichen Erscheinen** (vgl. § 61 SGB I). Diese Pflicht besteht nur, wenn das persönliche Erscheinen **notwendig** ist (vgl. § 65 SGB I), um durch mündliche Erörterung des Antrages über den Leistungsanspruch zu entscheiden, oder zur Erörterung notwendiger Maßnahmen, die für die Leistung erheblich sind. Ist die Klärung des Sachverhalts auch telefonisch oder durch Vorlage schriftlicher Unterlagen möglich, besteht keine Verpflichtung zum persönlichen Erscheinen.

Im Bereich der Grundsicherung für Arbeitsuchende und der Sozialhilfe wird allerdings regelmäßig ein persönliches Erscheinen der hilfesuchenden Person notwendig sein, z. B. zur Erörterung der persönlichen und wirtschaftlichen Situation des Antragstellers, zum Abschluss einer Eingliederungsvereinbarung (vgl. § 15 SGB II) oder zur Vornahme einer sozialen Anamnese im Rahmen der Arbeitsvermittlung.

Grenzen der Mitwirkungspflicht

In der Norm des § 65 SGB I sind die **Grenzen der Mitwirkungspflicht** geregelt. Der dort geregelte Verhältnismäßigkeitsgrundsatz verlangt, dass die Sachverhaltsaufklärung zunächst der zuständigen Behörde obliegt. Insbesondere ist auf § 65 Abs. 1 Nr. 3 SGB I hinzuweisen, wonach eine Mitwirkungspflicht nicht besteht, wenn sich der Leistungsträger durch einen geringeren Aufwand als der Antragsteller die notwendigen Informationen beschaffen kann. Dann greift der Untersuchungsgrundsatz (Amtsermittlungsgrundsatz) der §§ 20, 21 SGB X, weil die Informationsbeschaffung grundsätzlich in seinen Verantwortungsbereich fällt.

Entsprechend weist § 66 Abs. 1 Satz 2 SGB I darauf hin, dass eine Versagung oder Entziehung (nur) dann in Frage kommt, wenn die leistungsberechtigte Person bzw. der Antragsteller die Aufklärung des Sachverhalts absichtlich erschwert. Zugunsten des Antragstellers ist daher festzustellen, dass die Behörde Leistungen nur dann versagen oder entziehen kann, wenn sie beträchtliche Verwaltungsaufwendungen hat, die gegenüber denen des Antragstellers bzw. der leistungsberechtigten Person deutlich überwiegen. Beispielsweise kann die Höhe der Rente durch ein entsprechendes Auskunftsersuchen beim Rentenversicherungsträger erfragt werden.[123] Der fehlende Rentenbescheid rechtfertigt daher noch keine Leistungsversagung.

§ 65 Abs. 1 Nr. 2 SGB I schränkt die Mitwirkungspflicht ein. Danach besteht die Mitwirkungspflicht nicht, soweit der leistungsberechtigten Person die Mitwirkung aus einem **„wichtigen Grund"** nicht zugemutet werden kann. Gründe solcher Art können sich aus gesundheitlichen, persönlichen, beruflichen oder sozialen Belangen ergeben (z.B. schwierige familiäre Verhältnisse, Unabkömmlichkeit im Beruf, Krankheit der leistungsberechtigten Person).

Hinzuweisen ist jedoch darauf, dass der Grund, warum eine mitwirkungspflichtige Person die erforderlichen Nachweise nicht erbringt, allgemein unbeachtlich ist und nur im Rahmen einer nach § 66 Abs. 1 SGB I von der Behörde zu treffenden Ermessensentscheidung bei einer Versagung (oder Entziehung) berücksichtigt werden kann. Sollte also eine antragstellende Person notwendige Nachweise im Rahmen der Mitwirkungspflicht nicht erbringen können, geht dies zu ihren Lasten, wenn dadurch die Voraussetzungen für die Leistungsbewilligung nicht nachgewiesen werden.[124]

Folgen fehlender Mitwirkung

Bei fehlender Mitwirkung **kann** (Ermessen) die beantragte Leistung ganz oder teilweise **versagt** oder – im laufenden Leistungsbezug – **entzogen** werden (vgl. § 66 Abs. 1 SGB I).

Voraussetzungen hierfür sind:
- konkrete Bezeichnung der Mitwirkungspflicht (vgl. §§ 60 bis 64 SGB I),
- Einhaltung der Grenzen der Mitwirkung (vgl. § 65 SGB I),
- Möglichkeiten der Aufklärung des Sachverhalts von Amts wegen sind ausgeschöpft (vgl. § 20, § 21 SGB X),
- schriftlicher Hinweis, der hinreichend bestimmt den Betroffenen auf die Folgen der genau bezeichneten Mitwirkungshandlung aufmerksam macht (vgl. § 66 Abs. 3 SGB I),
- angemessene Fristbestimmung zur Nachholung der Mitwirkungshandlung (vgl. § 66 Abs. 3 SGB I).

---

123 BSG, Urt. vom 9.3.2016 – B 14 AS 3/15 R –, juris, Rn. 23 ff.
124 Bayerisches LSG, Urt. vom 22.6.2017 – L 19 R 550/16 –, juris, Rn. 75.

Gemäß § 66 Abs. 1 Satz 1 SGB I wird die Leistung versagt bzw. entzogen, **soweit** die Voraussetzungen der Leistung nicht nachgewiesen werden. Werden beispielsweise lediglich die Unterkunftskosten oder Heizungskosten bei den Leistungen zum Lebensunterhalt nicht nachgewiesen – während die übrigen Leistungsvoraussetzungen bejaht werden können –, scheidet eine **vollständige** Versagung sämtlicher Leistungen aus; nur die Übernahme von Unterkunfts- und Heizungskosten kann nach § 66 SGB I versagt werden.

Liegen die Voraussetzungen vor, steht es im **Ermessen** des Leistungsträgers, die Leistungen ganz oder teilweise zu versagen oder zu entziehen. Die Ermessensentscheidung verlangt vom zuständigen Leistungsträger insbesondere eine Darlegung, dass der Sachverhalt durch eigene Aktivitäten (s. o.) selbst nicht aufgeklärt werden konnte. Unerheblich ist, ob die Anspruchsvoraussetzungen für die begehrte Leistung vorgelegen oder tatsächlich nicht vorgelegen haben. Auch eine Nachholung der Mitwirkung führt nicht zur Rechtswidrigkeit des Versagungs- oder Entziehungsbescheides (vgl. § 67 SGB I).

Beispiel
Der 50-jährige Anton A erhält seit neun Jahren Leistungen der Grundsicherung für Arbeitsuchende nach dem Zweiten Buch Sozialgesetzbuch. Seit drei Jahren übersendet er dem Jobcenter fortgesetzte Arbeitsunfähigkeitsbescheinigungen des Facharztes für Neurologie und Psychologie.

Mehrfach wurde A unter Fristsetzung und unter Hinweis auf die Folgen fehlender Mitwirkung darum gebeten, zu einem Untersuchungstermin zu erscheinen (§ 66 Abs. 3 SGB I). Es wurde darauf hingewiesen, dass der Untersuchungstermin zur Feststellung der Erwerbsfähigkeit und/oder zur Eignungsuntersuchung erforderlich ist. Etwaige Konsequenzen bei fehlender Mitwirkung wurden ihm mitgeteilt.

Soweit die Voraussetzungen des § 66 SGB I vorliegen, besteht auf der Rechtsfolgenseite Ermessen. Für ein Tätigwerden der Behörde (Entschließungsermessen) sprechen folgende Gesichtspunkte:

Zwar ist es möglich, dass der Grund der fehlenden Mitwirkung in einer seelischen Störung des A zu sehen ist. Dennoch weigert sich A – inzwischen seit Jahren – beharrlich, Meldetermine wahrzunehmen und an seiner beruflichen Wiedereingliederung mitzuwirken. Insofern muss er angehalten werden, seinen Mitwirkungsobliegenheiten nachzukommen. Insbesondere muss die Frage seiner „Erwerbsfähigkeit" geprüft werden. Dies kann nicht auf Dauer offenbleiben.

Die Feststellung der Erwerbsfähigkeit oder der Erwerbsminderung ist notwendig, weil hiervon abhängig ist, welche Leistungen für A in Betracht kommen (Grundsicherung für Arbeitsuchende oder ggf. Sozialhilfe). Selbst dann, wenn A erwerbsfähig sein sollte, muss durch ein sozialmedizinisches bzw. psychologisches Gutachten eine Eignung daraufhin untersucht werden, welche Arbeitsmarkttätigkeiten für A in Frage kommen.

> *Hinsichtlich der Frage, in welchem Umfang eine Entziehung der Leistung in Frage kommt (Auswahlermessen), würde eine vollständige Leistungsentziehung angesichts des vermuteten, aber nicht aufklärbaren Sachlage, nicht verhältnismäßig sein. Deshalb kommt ein teilweiser Leistungsentzug in Betracht, bei der die Sanktionsregelungen nach §§ 31 ff. SGB II einen Vergleichsmaßstab bilden. Insbesondere ist bei einem teilweisen Leistungsentzug sichergestellt, dass der Kranken- und Pflegeversicherungsschutz erhalten bleibt. Schließlich ist anzuführen, dass es A weiterhin in der Hand hat, dem Leistungsausschluss entgegenzuwirken.*

Das Beispiel macht deutlich, dass die Interessen der leistungsberechtigten Person in den für Ermessensentscheidungen notwendigen Abwägungsprozess (2.6.2 Ermessensleistungen (§ 39 SGB I) einzubeziehen sind. Insbesondere ist eine teilweise Versagung in Betracht zu ziehen. Aspekte, die in der Person des Antragstellers liegen, sind zu würdigen. Beispielsweise können psychische Erkrankungen eine Erklärung sein, dass der Antragsteller seinen Mitwirkungspflichten nicht ausreichend nachkommt. Sofern lediglich Bausteintexte oder Satzbausteine, formelhafte Wendungen oder Allgemeinplätze ohne ausreichenden Einzelfallbezug verwendet werden, liegt insbesondere ein Abwägungsdefizit und mithin ein Ermessensfehlgebrauch vor.[125]

1.3.11.5 Nachholen der Mitwirkung

Wird die Mitwirkung nachgeholt, eröffnet § 67 SGB I die Möglichkeit zur – auch rückwirkenden – Erbringung der versagten oder entzogenen Leistung. Ob eine rückwirkende Erbringung von Leistungen dann in Frage kommt, dürfte unter Berücksichtigung der Zeitdauer entschieden werden, die zwischen der ausgesprochenen Versagung bzw. Ablehnung und der nachgeholten Mitwirkung liegt. Selbst bei bestandskräftig gewordenen Entscheidungen ist eine rückwirkende Leistungserbringung möglich. Notwendig ist also eine einzelfallabhängige Ermessensentscheidung. Dabei kann berücksichtigt werden, dass Leistungen zur Sicherung des Lebensunterhalts grundsätzlich nicht für die Vergangenheit erbracht werden.

1.3.11.6 Leistungsversagung

§ 66 SGB I ermöglicht die **Leistungsversagung**, wenn die leistungsberechtigte Person ihren Mitwirkungsobliegenheiten nicht ausreichend nachkommt. Wird ein entsprechender Versagungsbescheid erlassen, kann der Beteiligte diesen mit einem Anfechtungswiderspruch und einer Anfechtungsklage angreifen und die Aufhebung des Versagungsbescheides erreichen, wobei die Rechtmäßigkeit eines auf § 66 SGB I gestützten Versagungsbescheides allein danach zu beurteilen ist, ob die in dieser Vorschrift geregelten Voraussetzungen bei seinem Erlass erfüllt waren.

---

125 Vgl. zu einem solchen Fall: LSG Hamburg, Urt. vom 17.1.2020 – L 4 AS 269/18 –, juris, Rn. 28 ff.

Die Versagung der Leistung bei Verletzung der Mitwirkungspflichten des Antragstellers ist schon dann möglich, wenn die in § 66 Abs. 1 SGB I geregelten materiellen und die in § 66 Abs. 3 SGB I bestimmten formellen Voraussetzungen erfüllt sind. Bei einem erfolgreichen Rechtsbehelfsverfahren gegen den Versagungsbescheid hat die Behörde dann über den geltend gemachten Sozialleistungsanspruch (rückwirkend) zu entscheiden. Bei einem erfolglosen Rechtsbehelf und anschließender Mitwirkung des Beteiligten **kann** der Leistungsträger im Rahmen einer Ermessensentscheidung rückwirkend Leistungen erbringen.

Es besteht auch die Möglichkeit, den **Leistungsanspruch** wegen nicht aufzuklärender Sachlage **abzulehnen**. Die Sachverhaltsermittlungspflicht einer Behörde endet, wenn nach Ausschöpfen der erreichbaren Erkenntnisquellen erkennbar ist, dass sich der Sachverhalt trotz aller behördlicher Bemühungen nicht aufklären lässt oder bestehende Zweifel an den Sachverhaltsangaben der leistungsberechtigten Person nicht ausgeräumt werden können. Bereits mehrfach wurde in dieser Fallkonstellation angesprochen (vgl. beispielsweise 1.3.11.2 Beweismittel (§ 21 SGB X)), dass die materielle Beweislast für das Vorliegen der Hilfebedürftigkeit die leistungsberechtigte Person trägt. Insofern geht die Nichtaufklärbarkeit eines Sachverhalts zu Lasten der leistungsberechtigten Person, weil der Leistungsträger in solchen Fallkonstellationen befugt ist – **unabhängig** von § 66 SGB I – die Leistung abzulehnen.

Eine solche Leistungseinstellung oder -ablehnung wird von der Rechtsprechung toleriert.[126] Begründet wird dies damit, dass die Nachholung der Mitwirkungshandlung bei einer **Leistungsversagung** für den Betroffenen ungünstiger sein kann, weil es (lediglich) im Ermessen des Leistungsträgers steht, rückwirkend Leistungen nach § 67 SGB I zu erbringen. Bei einer **Leistungsablehnung** wegen mangelnder Sachverhaltsaufklärung kann der Beteiligte hingegen Verpflichtungswiderspruch und ggf. Verpflichtungsklage erheben und erhält bei erfolgreichen Rechtsbehelfen dann rückwirkend die vollen Leistungen.

Deshalb ist eine klare Unterscheidung zwischen der Leistungsversagung bzw. -ablehnung erforderlich, da diese für das Bestehen und den Umfang des Sozialleistungsanspruchs von entscheidender Bedeutung sind. Im Falle einer Versagung wegen unzureichender Mitwirkung erstellt der Leistungsträger einen Versagungsbescheid. Auch wenn die leistungsberechtigte Person die Mitwirkung nachholt, steht es im Ermessen des Sozialleistungsträgers, die Leistung ganz oder teilweise im Nachhinein zu erbringen (vgl. § 67 SGB I).

Im Falle der Ablehnung der Leistung wegen des mangelnden Nachweises bzw. der mangelnden Glaubhaftmachung der Leistungsvoraussetzungen (im Hinblick auf die dargelegte Hilfebedürftigkeit) könnte ein Widerspruchsführer oder ein Kläger durch die Vorlage geeigneter Nachweise im Nachhinein die Anspruchsvoraussetzung klarstellen und so doch noch von Anfang an die Leistungen erhalten.

---

126 Vgl. LSG Baden-Württemberg, Beschl. vom 6.3.2006 – L 7 SO 96/06 PKH-B –, juris, Rn. 5 = FEVS 58, 91; VGH Baden-Württemberg, Beschl. vom 7.6.2004 – 12 S 2654/03 –, FEVS 56, 44; Bayerischer VGH, Beschl. vom 1.7.1998 – 12 CE 98.1061 –, juris, Rn. 15 = FEVS 49, 107.

1.3 Sozialverwaltungsverfahren nach dem Zehnten Buch Sozialgesetzbuch (SGB X)

Versagung der Leistung nach § 66 SGB I	Ablehnung der Leistung wegen nicht nachgewiesener Hilfebedürftigkeit
• Anfechtungswiderspruch/-klage • Ziel: Aufhebung der Leistungsversagung • bei erfolglosem Rechtsbehelf: rückwirkende Leistungserbringung im Rahmen von pflichtgemäßer Ermes-sensausübung in Anwendung von § 67 SGB I, wenn die leistungsberechtigte Person ihrer Mitwirkungsverpflichtung nachkommt • rückwirkende Leistungserbringung im Rahmen von pflichtgemäßer Ermes-sensausübung nach § 67 SGB I auch ohne Rechtsbehelf denkbar, wenn die leistungsberechtigte Person ihrer Mitwirkung nachkommt	• Verpflichtungswiderspruch/-klage • Ziel: Bewilligung der Leistung • bei Nachweis der Hilfebedürftigkeit im Rechtsbehelfsverfahren vollumfängliche rückwirkende Leistungserbringung • rückwirkende Leistungserbringung ohne Rechtsbehelfsverfahren nicht denkbar

Wird gegen die Ablehnung der Leistung wegen nicht nachgewiesener Hilfebedürftigkeit nicht rechtzeitig Widerspruch erhoben, wird der Ablehnungsbescheid bestandskräftig.

1.3.11.7 Leistungsentziehung

Eine Leistungs**versagung** kommt in Frage, wenn ein Antragsteller eine Sozialleistung beantragt, seinen Mitwirkungsverpflichtungen aber nicht nachkommt. Ein grobes Ablaufschema gibt folgende Übersicht:

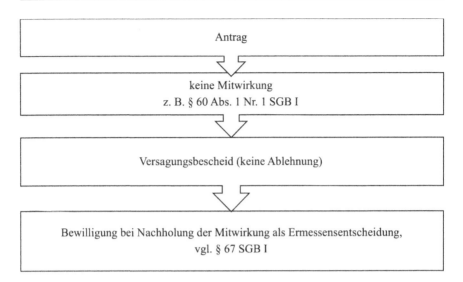

Die Rechtmäßigkeit eines auf § 66 SGB I gestützten **Versagungsbescheids** ist allein danach zu beurteilen, ob die in dieser Vorschrift geregelten Voraussetzungen bei seinem Erlass erfüllt waren. Eine erst später nachgeholte Mitwirkungshandlung ist für die Beurteilung der Rechtmäßigkeit des Versagungsbescheids nach § 66 SGB I unerheblich. Eine nachgeholte Mitwirkung ist im Versagungsfall für eine zukünftige Leistungsbewilligung von Bedeutung, soweit damit die Anspruchsvoraussetzungen für die geltend gemachten Leistungen nachgewiesen worden sind.

Hinsichtlich einer Leistungsgewährung für eine Zeit vor Erfüllen der Mitwirkungspflicht hat allein die Regelung des § 67 SGB I Bedeutung. Danach **kann** der Leistungsträger **nachträglich** die Leistungen ganz oder teilweise erbringen, wenn die Mitwirkungshandlung nachgeholt wird und die Leistungsvoraussetzungen vorliegen.

Neben einem Versagungsbescheid kommt ein **Entziehungsbescheid** in Frage, wenn im **laufenden Leistungsbezug** eine leistungsberechtigte Person ihren Mitwirkungspflichten nicht nachkommt, z.B. der Pflicht zum persönlichen Erscheinen (§ 61 SGB I) oder der Vorlage von Kontoauszügen neu entdeckter Konten. Beim Entziehungsbescheid ist das in Anwendung von § 66 SGB I auszuübende Ermessen noch sorgfältiger durchzuführen, weil eine bereits bewilligte Leistung vermindert wird und sogar untergeht, obwohl die leistungsberechtigte Person bereits einen Bewilligungsbescheid erhalten hat. Insofern ist bereits durch den Bewilligungsbescheid ein Vertrauenstatbestand geschaffen worden. Ggf. kommt – in Anlehnung an das Sanktionsrecht im SGB II – nur ein teilweiser Leistungsentzug in Höhe von 30 v.H. des maßgebenden Regelbedarfs in Frage (Auswahlermessen).

Verfahrensrechtlich ist vor allem zu beachten, dass durch den Entziehungsbescheid festgestellte Leistungsansprüche ganz oder teilweise **vernichtet** werden und eine spätere Nachholung der Mitwirkung den ursprünglichen Bewilligungsbescheid **nur** dann wieder aufleben lässt, wenn der Entziehungsbescheid förmlich aufgehoben wird. Die Situation lässt sich wie folgt darstellen:

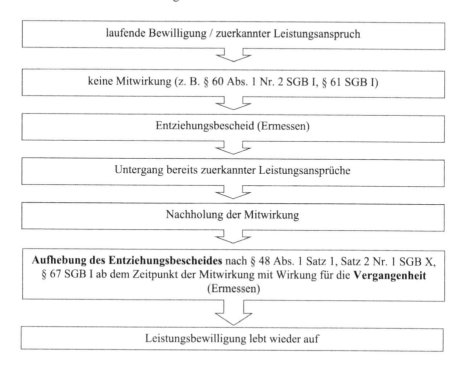

Handelt es sich also um einen Entziehungsbescheid, mit dem ursprünglich bewilligte Leistungen bzw. festgestellte Einzelansprüche ganz oder teilweise vernichtet werden, gehen die (bereits zuerkannten) Leistungsansprüche vom Zeitpunkt des Wirksamwerdens der Entziehungsentscheidung an, d.h. zukunftsgerichtet, für die Dauer der Entziehungsentscheidung unter.

Der Entziehungsbescheid wird rechtswidrig, sobald die Mitwirkungspflicht nachgeholt wird. Er ist dann gemäß § 48 Abs. 1 Satz 1 SGB X aufzuheben. Für die Zukunft hat dies zur Folge, dass die Leistungsbewilligung wieder auflebt.

Für die Vergangenheit, d.h. für die Zeit der Geltung der Entziehungsentscheidung, tritt diese Folge nicht ein. Die Ansprüche für diese Zeit bleiben erloschen. Der Betroffene hat lediglich aus § 67 SGB I i. V. m § 39 Abs. 1 SGB I ein Recht auf ermessensfehlerfreie Entscheidung über die nachträgliche Erbringung der entzogenen Sozialleistung. Entscheidet sich die Behörde für eine rückwirkende Leistungserbringung, ist der Entziehungsbescheid daher auch mit Wirkung für die Vergangenheit nach § 48 Abs. 1 Satz 2 Nr. 1 SGB X aufzuheben.[127]

---

127 Vgl. LSG Sachsen-Anhalt, Beschl. vom 22.12.2010 – L 5 AS 374/10 B ER –, juris, Rn. 57.

1.3.11.8 Leistungsversagung oder Leistungsentziehung und die Auswirkungen auf die Unterkunfts- und Heizungskosten

Lebt eine leistungsberechtigte Person in einer Bedarfs- oder Einsatzgemeinschaft und werden einer Person die Leistungen vollständig versagt oder entzogen, stellt sich die Frage, ob der Leistungsträger die bisher übernommenen Unterkunfts- und Heizungskosten für die übrigen hilfebedürftigen Mitglieder erhöhen muss. Konsequenz einer vollständigen Versagung oder Entziehung einer Leistung ist, dass die wegen Verstoßes gegen Mitwirkungspflichten „sanktionierte" Person keine kopfanteiligen Unterkunfts- und Heizungskosten erhält, die übrigen Mitglieder ihrerseits aber nur ihre kopfanteiligen Unterkunfts- und Heizungskosten vom Leistungsträger bewilligt erhalten (sog. „Kopfteilprinzip"). Insofern kann eine „Unterdeckung" des Existenzminimums in der Bedarfs- bzw. Einsatzgemeinschaft eintreten.

Nach Auffassung des Bundessozialgerichts müssen die „ausgefallenen" kopfanteiligen Unterkunftskosten bei Versagungs- und Entziehungsbescheiden (anders bei im Zweiten Buch Sozialgesetzbuch nach §§ 31 ff. SGB II sanktionierten Mitgliedern der Einsatzgemeinschaft[128]) nicht durch den Leistungsträger durch höhere Leistungen an die übrigen Mitglieder der Bedarfs- bzw. Einsatzgemeinschaft kompensiert werden.

Ist die Hilfebedürftigkeit eines Mitglieds der Bedarfsgemeinschaft ungeklärt und versagt der Leistungsträger die Leistungen gemäß § 66 Abs. 1 SGB I wegen fehlender Mitwirkung des Betroffenen, soll keine Abweichung vom Kopfteilprinzip aus bedarfsbezogenen Gründen erfolgen. Der Bedarf der übrigen Mitglieder der Bedarfsgemeinschaft bleibt also unberührt.

Die Begründung für diese Sichtweise liegt darin, dass die übrigen Mitglieder der Bedarfs- bzw. Einsatzgemeinschaft so oder so keinen höheren Anspruch auf Unterkunftskosten haben. Entweder ist das nicht mitwirkende Mitglied der Bedarfsgemeinschaft nicht hilfebedürftig, dann kann es auch die anteiligen Unterkunftskosten aus eigenem Einkommen decken und die übrigen Mitglieder des Haushalts würden entsprechend dem Kopfteilprinzip nur die anteiligen Kosten vom Leistungsträger erstattet bekommen, weil sich das Kopfteilprinzip an der Anzahl der Mitglieder im Haushalt orientiert. Oder es läge Hilfebedürftigkeit des nicht mitwirkenden Mitglieds der Haushaltsgemeinschaft vor, so dass die anteiligen Unterkunftskosten vom Leistungsträger übernommen würden, sich dies aber nicht auf die anteiligen Unterkunftskosten der übrigen Mitglieder auswirken würde.

Allein die Versagung von Leistungen eines Mitglieds der Bedarfs- bzw. Einsatzgemeinschaft rechtfertigt daher keine Abweichung vom Kopfteilprinzip zugunsten der übrigen Mitglieder.[129]

---

128 Vgl. BSG, Urt. vom 23.5.2013 – B 4 AS 67/12 R –, SGb 2014, 336.
129 Vgl. BSG, Urt. vom 14.2.2018 – B 14 AS 17/17 R –, SGb 11.18, 721 mit Anmerkung Sofia Temming-Davilla.

1.3.12 Verhältnis von Amtsermittlungsprinzip und Sozialgeheimnis

Das Amtsermittlungsprinzip stößt an seine Grenzen, wenn Daten nicht nur beim Betroffenen, sondern auch **bei Dritten** erhoben werden sollen.

Gemäß § 37 Satz 3 SGB I geht das Zweite Kapitel des Zehnten Buches Sozialgesetzbuches (§§ 67 ff. SGB X) dessen Erstem Kapitel (§§ 1 ff. SGB X) vor, soweit sich die Ermittlung des Sachverhalts auf Sozialdaten erstreckt. Der oben beschriebene ausgeprägte Vorrang der Sachverhaltsermittlung (Amtsermittlungsgrundsatz) wird durch die damit vorrangigen speziellen Bestimmungen zum Sozialdatenschutz (§§ 67 ff. SGB X) bedeutsam eingeschränkt. Sozialdaten sind in erster Linie beim Betroffenen zu **erheben** (§ 67 Abs. 5 SGB X, § 67a Abs. 2 Satz 1 SGB X), damit dieser „Herr seiner Daten" bleibt. Dem korrespondierend hat der/die Betroffene die Verpflichtung zur Mitwirkung (§§ 60 ff. SGB I) und damit selbst Gelegenheit, die relevanten Daten dem Leistungsträger bekanntzugeben, damit dieser die ihm obliegenden Aufgaben wahrnehmen kann.

Sozialdaten können **bei Dritten** nur erhoben werden, wenn hierzu eine gesetzliche Ermächtigungsgrundlage existiert (z. B. §§ 56 ff. SGB II) oder der Betroffene in die Datenerhebung bei Dritten einwilligt.[130] Außerdem ist es möglich, auf allgemein zugängliche Quellen (z. B. ungeschützte Interneteinträge) zuzugreifen ohne dass ein Datenschutzverstoß vorliegt. Problematisch wird die Verwertbarkeit von Interneteinträgen aus kennwortgeschützten Bereichen (z. B. Facebook), bei denen Informationen nur einem auserwählten Kreis zugänglich gemacht werden soll(t)en.

Darüber hinaus regelt § 67a SGB X die Zulässigkeit der Datenerhebung bei Dritten.

Beispiel

Die antragstellende Person gibt im Rahmen der Antragstellung an, im Rahmen eines Untermietverhältnisses zu wohnen. Die Hauptmieter – ein Ehepaar – würden in der Wohnung nicht leben. Die Behörde möchte durch Befragen der Hauptmieter und des Eigentümers ermitteln, wie viele Personen in der Wohnung leben, um u. a. die anteiligen übernahmefähigen Unterkunftskosten festzustellen.

Die ermittelnde Behörde hat Zweifel an der Richtigkeit der Angaben, weil es unüblich ist, dass Hauptmieter nicht in der Wohnung leben.

Eine spezialgesetzliche Ermächtigung zur Erhebung von Daten und Informationen beim Eigentümer einer Wohnung oder bei einem Hauptmieter einer Wohnung existiert weder im Zweiten noch im Zwölften Buch Sozialgesetzbuch. Die Zielrichtung der Sachverhaltsaufklärungsmaßnahme ist die Erhebung von Sozialdaten bei (privaten) Dritten (vgl. § 67a Abs. 2 Nr. 2 SGB X) und die Verarbeitung (vgl. § 67b SGB X) der erhobenen Sozialdaten, weil bei der Befragung des Hauptmieters und/oder des Eigentümers immer auch der Grund der Datenerhebung mit angegeben wird.

Der Grund der Datenerhebung – der Bezug einer Sozialleistung einer bestimmten Person – ist ein Sozialdatum, dessen Bekanntgabe gegenüber Dritten ein Erheben und Übermitteln i. S. der §§ 67 ff. SGB X ist. Nach den Vorschriften der §§ 67a ff. SGB X ist dies grundsätzlich verboten, es sei denn, eine Rechts-

---

[130] Vgl. BSG, Urt. vom 25.1.2012 – B 14 AS 65/11 R –, BSGE 110, 75 = NDV-RD 2012, 129 = WzS 2012, 344.

vorschrift erlaubt dies (vgl. § 67a Abs. 2 Nr. 1 Buchst. a) SGB X sowie § 67a Abs. 2 Nr. 2 Buchst. a SGB X) oder der Betroffene willigt in die Datenerhebung ein (sog. „Verbot mit Erlaubnisvorbehalt").

*Eine Erhebung von Daten bei einem Dritten ist nur zulässig, wenn die Erhebung zur **Aufgabenerfüllung erforderlich ist** und **keine Anhaltspunkte für eine Beeinträchtigung schutzwürdiger Interessen der leistungsberechtigten Person** vorliegen. Eine Datenerhebung bei Dritten ist nur dann erforderlich, wenn das Sozialdatum nicht anderweitig erhoben werden kann oder eine besondere Eilbedürftigkeit besteht. Die Beachtung schutzwürdiger Interessen verlangt eine Interessensabwägung zwischen den Rechtsgütern der leistungsberechtigten Person und den Interessen des Sozialleistungsträgers.*

Danach ist eine Befragung beim Eigentümer oder Vermieter durch den Sozialleistungsträger verboten. Ebenso wäre es unzulässig, wenn der Vermieter oder Eigentümer ohne Mitwirkung des Beteiligten nach dem Vorliegen einer eheähnlichen Gemeinschaft oder nach im Mietverhältnis getätigten Zahlungen befragt wird.[131]

Willigt der Betroffene in die Datenerhebung nicht ein, ist er darauf hinzuweisen, dass (berechtigte) Zweifel an seinen Angaben existieren und ohne seine Einwilligung (Mitwirkung) sich der angegebene Sachverhalt nicht verifizieren und ermitteln lässt. Alternativ hat der Betroffene eine Vermieter- und/oder Eigentümerbescheinigung mit den verlangten Angaben vorzulegen. Verweigert der Betroffene die erforderliche Einwilligung oder legt er entsprechende Beweisurkunden nicht vor, kommt eine Versagung der begehrten Leistung nach § 66 SGB I wegen fehlender Mitwirkung in Frage.

Soweit Zweifel an der Hilfebedürftigkeit verbleiben, führt dies wegen des Grundsatzes der objektiven Beweislast zu einer Ablehnung des Antrags, weil die Leistungsvoraussetzungen nicht nachgewiesen sind (vgl. Ausführungen zu 1.3.11.2).

Die zur Ermittlung des Sachverhalts erforderliche Einwilligung kann nicht erzwungen oder unterstellt werden. Wird eine Einwilligung (z.B. auch zu einem Hausbesuch) nicht erteilt, können nach älterer Rechtsprechung hinsichtlich der Beweiswürdigung nachteilige Schlüsse gezogen werden.[132] *Allerdings setzt dies voraus, dass die Behörde keine anderen Möglichkeiten besitzt, den Sachverhalt zu ermitteln.*[133]

Erhebt die Behörde gleichwohl in unzulässiger Weise die Daten, ist die Verwertung der Daten tendenziell nicht erlaubt, wenn die verletzte Norm den Betroffenen vor Grundrechtseingriffen schützt.[134] *Da der Schutzbereich der Sozialdatenvorschriften das Recht auf informationelle Selbstbestimmung abbildet, spricht Vieles dafür, bei deren Verletzung ein Beweisverwertungsverbot der gewonnenen*

---

131 Vgl. BSG, Urt. vom 25.1.2012 – B 14 AS 65/11 R –, BSGE 110, 75 = NDV-RD 2012, 129 = WzS 2012, 344.
132 Vgl. BSG, Urt. vom 30.9.1958 – 3 RJ 166/55 –, SozR Nr. 40 zu § 128 SGG.
133 Vgl. BSG, Urt. vom 1.7.2009 – B 4 AS 78/08 R –, SozR 4-1200 § 66 Nr. 5 = BSGE 104, 26 - 29, Rn. 17: Bevor der Träger der Grundsicherung keine Anstrengung unternommen hat, seinen Auskunftsanspruch gegenüber dem Partner über dessen Einkommens- und Vermögensverhältnisse nach § 60 Abs. 4 Satz 1 Nr. 1 SGB II durchzusetzen, ist eine Beweislastentscheidung zu Lasten des Beteiligten nicht statthaft.
134 Vgl. BSG, Urt. vom 5.2.2008 – B 2 U 8/07 R –, SGb 2009, 40, Rn. 44.

Erkenntnisse anzunehmen. Nach Auffassung des Bundesverfassungsgerichts[135] *hat eine Abwägung zwischen dem durch den Verfahrensverstoß bewirkten Eingriff in die Rechtsstellung des Betroffenen und den Interessen des Staates zu erfolgen.*

Die Zulässigkeit der Datenerhebung bei Dritten richtet sich abseits spezieller Bestimmungen (z. B. §§ 57, 58, 60, 61 SGB II; § 117 SGB XII[136]) u. a. nach § 67a Abs. 2 SGB X a. F. § 67a Abs. 2 Satz 2 **Nr. 1 SGB** X a. F. regelt die Zulässigkeit der Datenerhebung bei den in § 35 SGB I genannten Leistungsträgern. § 67a Abs. 2 Satz 2 **Nr. 2** SGB X a. F. regelt die Zulässigkeit der Datenerhebung bei (privaten) Dritten, z. B. Nachbarn, Arbeitgeber, Vermieter, Angehörige. Auch unter Berücksichtigung des Amtsermittlungsprinzips können Auskünfte bei Dritten nicht ohne Weiteres „über den Kopf des Betroffenen" hinweg eingeholt werden. § 67a Abs. 2 SGB X a. F. bestimmt dazu:

(1) ...
(2) Sozialdaten sind beim Betroffenen zu erheben. Ohne seine Mitwirkung dürfen sie nur erhoben werden
   1. bei den in § 35 des Ersten Buches oder in § 69 Abs. 2 genannten Stellen, wenn
      a) diese zur Übermittlung der Daten an die erhebende Stelle befugt sind,
      b) die Erhebung beim Betroffenen einen unverhältnismäßigen Aufwand erfordern würde und
      c) keine Anhaltspunkte dafür bestehen, dass überwiegende schutzwürdige Interessen des Betroffenen beeinträchtigt werden,
   2. bei anderen Personen oder Stellen, wenn
      a) eine Rechtsvorschrift die Erhebung bei ihnen zulässt oder die Übermittlung an die erhebende Stelle ausdrücklich vorschreibt oder
      b) aa) die Aufgaben nach diesem Gesetzbuch ihrer Art nach eine Erhebung bei anderen Personen oder Stellen erforderlich machen oder
         bb) die Erhebung beim Betroffenen einen unverhältnismäßigen Aufwand erfordern würde und keine Anhaltspunkte dafür bestehen, dass überwiegende schutzwürdige Interessen des Betroffenen beeinträchtigt werden.

Eine Erhebung bei (privaten) Dritten muss also den **Grundsätzen der Verhältnismäßigkeit** gerecht werden. In der Regel können nur besondere Umstände eine Datenerhebung bei Dritten auslösen, wenn keine Rechtsvorschrift zur Datenerhebung existiert. Diese können z. B. in einer besonderen Eilbedürftigkeit oder der Nichterreichbarkeit des Betroffenen liegen. Jeweils ist aber auch hier eine Abwägung zwischen den

---

[135] Vgl. BVerfG, Beschluss vom 9.11.2010 – 2 BvR 2101/09 –, NJW 2011, 2417 = JZ 2011, 249, zur Verwertung der „Steuer-CD´s" für den hinreichenden Tatverdacht.
[136] § 67b Abs. 1 Satz 1 SGB X sieht eine Befugnis zur Verarbeitung bei Vorliegen einer Anordnung oder Erlaubnis durch Gesetz vor. Da eine Auskunftseinholung von Dritten durch die Leistungsträger faktisch nur bei gleichzeitiger Preisgabe der Antragstellung bzw. des Leistungsbezugs möglich ist, wird angenommen, dass die genannten Auskunftsansprüche eine gesetzliche Anordnung darstellen (vgl. *Voelzke* in Hauck/Noftz, SGB II, Rn. 40a zu § 60 SGB II; BSG, Urt. vom 25.1.2012 – B 14 AS 65/11 R –, juris Rn. 41 = WzS 2012, 344).

schutzwürdigen Interessen des Betroffenen und den Interessen des Leistungsträgers vorzunehmen.

Bestehen Zweifel an den Angaben eines Antragstellers und erbringt dieser nicht die erforderlichen Mitwirkungshandlungen, um diese zu zerstreuen, muss er mit der Versagung der Leistung nach § 66 SGB I oder der Ablehnung der Leistung rechnen, weil sich der Sachverhalt nicht aufklären lässt. Damit wird der Gefahr des Leistungsmissbrauchs ausreichend Rechnung getragen.

Neben dem Erheben von Sozialdaten (vgl. § 67 Abs. 5 SGB X a. F.) ist in der Praxis die Frage bedeutsam, unter welchen Umständen Sozialdaten übermittelt (§ 67 Abs. 6 SGB X a. F.) werden dürfen, um auf diese Weise Informationen für die Leistungssachbearbeitung zu erhalten.

Eine Übermittlung liegt dann vor, wenn gespeicherte oder durch Datenverarbeitung gewonnene Daten an Dritte weitergegeben werden (vgl. § 67 Abs. 6 Satz 2 Nr. 3 SGB X a. F.). Gemäß § 67 Abs. 10 Satz 2 SGB X a. F. ist Dritter jede natürliche oder juristische Person oder Stelle außerhalb der verantwortlichen Stelle. Verantwortliche Stelle ist jede Person oder Stelle, die Sozialdaten für sich selbst erhebt, verarbeitet oder nutzt oder dies durch andere im Auftrag vornehmen lässt (vgl. § 67 Abs. 9 SGB X a. F.). Werden Sozialdaten von einem Leistungsträger im Sinne von § 12 SGB I erhoben, verarbeitet oder genutzt, ist verantwortliche Stelle der Leistungsträger. Ist der Leistungsträger eine Gebietskörperschaft, so ist eine verantwortliche Stelle die Organisationseinheit, die eine Aufgabe nach einem der besonderen Teile dieses Gesetzbuches funktional durchführen.

Insofern „übermittelt" beispielsweise das Jugendamt eines Kreises dem Sozialamt desselben Kreises Sozialdaten, obwohl es sich organisatorisch um **eine** Behörde handelt. Eine solche Übermittlung von Sozialdaten ist nur zulässig, soweit eine gesetzliche Übermittlungsbefugnis nach den §§ 68 bis 77 SGB X oder nach einer anderen Rechtsvorschrift besteht (vgl. § 67d Abs. 1 SGB X a. F.). Eine Übermittlung von Daten ist also nur unter engen Voraussetzungen zulässig, weil dies einen besonders intensiven Eingriff in das Recht auf informationelle Selbstbestimmung darstellt.

Keine „Übermittlung" von Sozialdaten liegt hingegen vor, wenn ein beim Leistungsträger angestellter Arzt die Daten zur Erwerbsfähigkeit an den Sachbearbeiter des Jobcenters oder des Sozialamtes weiterleitet. Hier handelt es sich nur um eine Datenweitergabe und insofern um eine „Nutzung" von erhobenen Sozialdaten (vgl. § 67 Abs. 7 SGB X a. F.). Für den Bereich der gemeinsamen Einrichtungen nach § 44b SGB II existiert hierfür eine Spezialregelung in § 50 Abs. 2 SGB II, weil die gemeinsame Einrichtung aus zwei Leistungsträgern (vgl. § 6 Abs. 1 SGB II) besteht.

Beispiel
Ein Sozialhilfeträger hat den Verdacht, dass ein Antragsteller bereits Leistungen nach dem Zweiten Buch Sozialgesetzbuch bezieht. Trotz Nachfrage weigert sich der Antragsteller beharrlich, eine entsprechende Auskunft zu geben. Der Sozialhilfeträger erkundigt sich deshalb bei dem Jobcenter, ob dort ein Leistungsbezug besteht. Es stellt sich die Frage, ob das Jobcenter Auskunft und seine Daten weitergeben darf.

1.3 Sozialverwaltungsverfahren nach dem Zehnten Buch Sozialgesetzbuch (SGB X)

*Das Jobcenter (§ 6d SGB II) muss zunächst feststellen, dass es hier nicht um die bloße Weitergabe (§ 67 Abs. 7 SGB X a. F.) von Sozialdaten, sondern um die Übermittlung von Sozialdaten (§ 67 Abs. 6 SGB X) geht. Sozialhilfeträger und Jobcenter sind **jeweils** zwei Leistungsträger (§ 19a SGB I, § 28 SGB I). Damit ist der Sozialhilfeträger Dritter im Sinne von § 67 Abs. 10 SGB X a. F. Eine Übermittlung von Sozialdaten ist nur zulässig, wenn es hierfür eine gesetzliche Grundlage gibt (§ 67d Abs. 1 SGB X a. F.):*

- *§ 118 Abs. 4 SGB XII findet keine Anwendung. Danach sind die Träger der Sozialhilfe befugt, zur Vermeidung rechtswidriger Inanspruchnahme von Sozialhilfe Daten von Personen, die Leistungen nach diesem Buch beziehen, bei anderen Stellen **ihrer** Verwaltung, bei **ihren** wirtschaftlichen Unternehmen und bei den Kreisen, Kreisverwaltungsbehörden und **Gemeinden** zu überprüfen, soweit diese für die Erfüllung dieser Aufgaben erforderlich sind. Sie dürfen für die Überprüfung die in § 118 Abs. 1 Satz 2 SGB XII genannten Daten übermitteln. Diese Norm bezieht sich deshalb nur auf die Auskunft innerhalb der Kommune oder des Kreises selbst.*
- *Ähnliches gilt für § 50 Abs. 1 SGB II, wonach zwischen den SGB II-Leistungsträgern ein Datenaustausch vorgesehen ist, jedoch nicht zwischen Leistungsträgern des Zweiten und Zwölften Buches Sozialgesetzbuch.*
- *Gemäß § 65d Abs. 1 SGB II macht der Träger der Sozialhilfe oder die Agentur für Arbeit dem zuständigen Leistungsträger nach dem Zweiten Buch Sozialgesetzbuch auf Verlangen die bei ihnen vorhandenen Unterlagen über die Gewährung von Leistungen für Personen, die Leistungen der Grundsicherung für Arbeitsuchende beantragt haben oder beziehen, zugänglich, soweit deren Kenntnis im Einzelfall für die Erfüllung der Aufgaben nach diesem Buch erforderlich ist. Diese Norm regelt daher die Auskunftsberechtigung des Jobcenters gegenüber dem Sozialhilfeträger. Im vorliegenden Fall möchte aber der Sozialhilfeträger Informationen vom Jobcenter erhalten.*
- *Rechtsgrundlage könnte daher § 69 Abs. 1 SGB X a. F. sein, die generell die Voraussetzungen für eine Übermittlung regelt. Danach ist u. a. die Übermittlung für die Erfüllung sozialer Aufgaben zulässig, soweit sie erforderlich ist für die Erfüllung einer solchen Aufgabe des Dritten, an den die Daten übermittelt werden, wenn er eine in § 35 SGB I genannte Stelle ist (§ 69 Abs. 1 Nr. 1 Alt. 3 SGB X a. F.).*
- *Die Voraussetzungen dieser Norm liegen vor, denn der Sozialhilfeträger muss prüfen, ob ein vorrangiger Leistungsanspruch nach dem Zweiten Buch Sozialgesetzbuch besteht (§ 5 Abs. 2 SGB II, § 21 SGB XII) und er ist als Sozialhilfeträger ein Leistungsträger (§ 28 SGB I), der nach § 35 SGB I zum Sozialgeheimnis verpflichtet ist. Die Datenübermittlung ist auch erforderlich, weil die antragstellende Person die Auskunft verweigert. Die vorrangige Datenerhebung beim Betroffenen (§ 67a Abs. 2 Satz 1 SGB X a. F.) ist also gescheitert und auch nicht möglich. Eine alternative Leistungsversagung nach § 66 SGB I ist in diesem Fall kein milderes Mittel. Die Datenübermittlung erstreckt sich aber nur auf das zur Aufgabenerfüllung Notwendige.*

Gemäß § 67d Abs. 2 SGB X a. F. trägt die Verantwortung für die Zulässigkeit der Übermittlung die übermittelnde Stelle. Diese sollte daher den ersuchenden Leistungsträger darum bitten, die Gründe anzugeben, warum das Ersuchen erfolgt, wozu die Angaben benötigt werden und ob zunächst versucht wurde, die Angaben beim Betroffenen zu erlangen. Die Angabe von Sozialdaten erstreckt sich dann nur auf das zur Aufgabenerfüllung Erforderliche. Die Übersendung der gesamten Akte ist in der Regel unverhältnismäßig. Nicht substantiierte Aktenübersendungsersuchen müssen insofern abgelehnt werden.

1.3.13 Anhörung Beteiligter (§ 24 SGB X)

1.3.13.1 Bedeutung und Durchführung

Bevor ein Verwaltungsakt erlassen wird, der in Rechte eines Beteiligten eingreift, ist diesem Gelegenheit zu geben, sich zu den für die Entscheidung erheblichen Tatsachen zu äußern (§ 24 Abs. 1 SGB X).

Die Durchführung einer Anhörung im Sozialverwaltungsverfahren[137] hat folgende Funktionen:
- Vorinformation des Beteiligten über die beabsichtigte Entscheidung auf der Basis der vorhandenen Tatsachen und Beweise,
- Vermeidung von Überraschungsentscheidungen,
- Einwirkungsmöglichkeit des Beteiligten auf die Entscheidung, „richtige" Entscheidungsfindung auch aus der Sicht der Behörde,
- Hilfe bei der Sachverhaltsaufklärung durch den Beteiligten,
- Verbesserung der Nachvollziehbarkeit der staatlichen Entscheidung, Stärkung des Vertrauens des Beteiligten in die Entscheidungsfindung der Behörde.

Vor diesem Hintergrund hat die Anhörung nicht nur eine rechtliche Bedeutung, sondern eine praktische Funktion für den Leistungsträger.

---

137 Vertiefend: *Weber*, Die Anhörung im Sozialverwaltungsverfahren, DVP 2011, 497; Bienert, Zur Anhörungspflicht nach § 24 SGB X und zur Heilung eines Anhörungsmangels nach § 41 Abs. 1 Nr. 3, Abs. 2 SGB X, info also 2011, 118.

Ist eine Anhörung notwendig, informieren die Leistungsträger den Beteiligten über die vorhandenen Tatsachen, ihre Bedeutung und die beabsichtigte Entscheidung, die bereits summarisch begründet werden sollte. Denn nur so kann der Beteiligte sich rechtswirksam verteidigen.

Zu den Tatsachen gehören z. B. die Ergebnisse der Sachverhaltsermittlung, Informationen von anderen Beteiligten, Behörden (z. B. durch einen Datenabgleich), Dritten (z. B. Arbeitgeber über Einkommen), Zeugenaussagen oder Sachverständigengutachten. Stützt sich vor diesem Hintergrund die Widerspruchsbehörde auf neue Tatsachen, hat sie diese dem Betroffenen mitzuteilen und eine neue Anhörung durchzuführen. Fehler in der Anhörung – z. B. durch unzureichende Tatsachenmitteilung – stehen einer fehlenden Anhörung gleich.

Das Anhörungsziel ist verfehlt und die Anhörung ist fehlerhaft durchgeführt, wenn ein standardisierter Bausteinvordruck verwendet wird, der auf den Einzelfall und die Einzelfallumstände nicht eingeht. Möchte eine Behörde beispielsweise eine Aufhebung nach § 45 SGB X vornehmen und beabsichtigt die Behörde eine Rücknahme für die Vergangenheit aus Gründen der „Bösgläubigkeit" (vgl. § 45 Abs. 2 Satz 3 SGB X), muss die Behörde im Rahmen der Anhörung Tatsachen sowohl zu den objektiven als auch zu den subjektiven Tatbestandsvoraussetzungen angeben.

Die objektiven Tatbestandsvoraussetzungen sind z. B. die Rechtswidrigkeit des Verwaltungsaktes, die unvollständige Angabe von Tatsachen oder die Nichterfüllung von Mitwirkungspflichten nach den §§ 60 ff. SGB I. Auf subjektiver Tatbestandsseite sind die Tatsachen anzugeben, auf der Vorwurf des Vorsatzes oder der groben Fahrlässigkeit gestützt wird.

Die Behörde muss also alle Umstände in die Anhörung aufnehmen, auf die es nach der materiell-rechtlichen Ansicht der Behörde ankommt. Erfolgt diese Vorabinformation nicht, liegt ein Anhörungsfehler vor.

Beispiel
Ein Antragsteller verschweigt Einkommen, so dass er rechtswidrig Leistungen der Grundsicherung für Arbeitsuchende nach dem Zweiten Buch Sozialgesetzbuch erhält. Fehlerhaft stützt die Behörde ihren Aufhebungsbescheid auf § 48 Abs. 1 Satz 2 Nr. 3 SGB X. Richtige und maßgebende Rechtsgrundlage stellt aber § 45 Abs. 2 Satz 3 SGB X dar. § 45 Abs. 2 Satz 3 SGB X enthält keine dem verschuldensunabhängigen Vertrauensausschlusstatbestand des § 48 Abs. 1 Satz 2 Nr. 3 SGB X vergleichbare Regelung.

Eine zuvor erfolgte Anhörung muss z. B. im Widerspruchsverfahren nachgeholt werden, in dem der Beteiligte zu den verschuldensabhängigen Vertrauensausschließungsgründen (und nicht nur zu dem verschwiegenen Einkommen) angehört wird. Ansonsten wäre der Betroffene nicht zu den für die Aufhebung maßgebenden objektiven (unvollständiger Sachverhalt) und subjektiven Gesichtspunkten (Vorwurf des Vorsatzes oder der groben Fahrlässigkeit) hingewiesen worden, so dass er sein Anhörungsrecht nur unzureichend wahrnehmen kann.[138]

---

138   Vgl. BSG, Urt. vom 26.7.2016 – B 4 AS 47/15 R –, juris (lesenswert!), zu einer vergleichbaren Fallkonstellation.

Da sich die Anhörung auf Tatsachen stützt, muss die Behörde nicht mitteilen, welche Rechtsgrundlage bzw. Rechtsnorm sie heranziehen will. Nennt die Behörde gleichwohl eine Rechtsgrundlage und stützt sie ihre spätere Entscheidung auf eine andere als die zunächst angenommene Rechtsgrundlage, hat eine ordnungsgemäße Anhörung gleichwohl stattgefunden, wenn die durchgeführte Anhörung alle Gesichtspunkte umfasst, die für die in der Entscheidung angegebenen Rechtsgrundlage ebenfalls relevant sind. Dies kann – wie im obigen Beispiel gezeigt – dann problematisch sein, wenn die Behörde zunächst von einer gebundenen Entscheidung und später von einer Ermessensentscheidung ausgeht oder neben objektiven auch subjektive verschuldensabhängige Gesichtspunkte hinzutreten.

Ein Beispiel hierfür ist der Austausch der Ermächtigungsgrundlage im Widerspruchsverfahren, wenn die Behörde ihre Entscheidung statt auf § 48 SGB X nunmehr auf § 45 SGB X stützen will und die Anwendung des § 45 SGB X im konkreten Fall als Ermessensnorm in Frage kommt.

Der Beteiligte hat regelmäßig Gelegenheit, sich innerhalb von etwa zwei Wochen[139] zu den „entscheidungserheblichen Tatsachen" zu äußern, denn ihm muss ausreichend Zeit gegeben werden, sich mit der Angelegenheit auseinanderzusetzen. Eine Frist von einer Woche ist regelmäßig zu kurz gewählt. Eine solche unangemessene Frist steht einer unterlassenen Anhörung gleich.[140]

Die Form der Anhörung ist nicht vorgeschrieben. Sie kann mündlich (z. B. telefonisch[141]), schriftlich oder ggf. auch auf elektronischem Wege (E-Mail) durchgeführt werden.

Eine unterbliebene oder fehlerhaft vorgenommene Anhörung kann nach § 41 Abs. 1 Nr. 3, Abs. 2 SGB X bis zum Abschluss der letzten gerichtlichen Tatsacheninstanz, also bis zur mündlichen Verhandlung vor dem Landessozialgericht (vgl. § 157 SGG) nachgeholt werden. Ein Mangel der Nachholung führt zur Aufhebung des Verwaltungsaktes wegen formeller Rechtswidrigkeit, da ein Anhörungsmangel – anders als nach dem Verwaltungsverfahrensgesetz – stets beachtlich ist, und zwar auch dann, wenn keine andere Entscheidung in der Sache getroffen werden durfte (§ 42 Satz 2 SGB X). Selbst dann, wenn eine fehlende oder fehlerhafte Anhörung nachgeholt wurde, hat dies Konsequenzen für die Kostenentscheidung.

Nach § 63 Abs. 1 Satz 2 SGB X trägt in einem solchen Fall selbst bei zurückgewiesenem Widerspruch die Kosten des Verfahrens der Rechtsträger der Behörde, die den Verwaltungsakt erlassen hat.

---

139 In Abhängigkeit des Einzelfalls ist die Frist zu verlängern, z. B. bei einem im Ausland lebenden Beteiligten. Eine einwöchige Frist reicht für eine ordnungsgemäße Anhörung nicht aus (BSG, Urt. vom 14.11.1984 – 1 RA 3/84 –, ZFSH/SGB 1985, 367 = DVBl 1985, 631 =NVwZ 1986, 596). Eine Frist soll, um angemessen zu sein, mindestens 14 Tage betragen (vgl. BSG, Urt. vom 31.10.2002 – B 4 RA 15/01 R –, SozR 3-1300 § 24 Nr. 22; BSG, Urt. vom 26.7.2016 – B 4 AS 47/15 R –, juris, Rn. 20).
140 Vgl. BSG, Urt. vom 26.7.2016 – B 4 AS 47/15 R –, juris, Rn. 20.
141 Vgl. OVG Lüneburg, Beschl. vom 31.3.2010 – 4 LC 281/08 –, NJW 2010, 2601.

1.3.13.2 Notwendigkeit der Anhörung

Eine Anhörung ist gemäß § 24 Abs. 1 SGB X durchzuführen, bevor ein Verwaltungsakt erlassen wird, der in die Rechte eines Beteiligten eingreift. Dem Beteiligten muss die Gelegenheit gegeben werden, sich zu den für die Entscheidung erheblichen Tatsachen zu äußern. Eine Anhörung ist also dann durchzuführen, wenn folgende Voraussetzungen vorliegen:
- Ein **Verwaltungsakt** (vgl. § 31 SGB X) soll erlassen werden;
- es muss sich um einen **eingreifenden** Verwaltungsakt handeln, der
- an einen **Beteiligten** des Verwaltungsverfahrens (vgl. § 12 SGB X) gerichtet werden soll.

Ein eingreifender Verwaltungsakt liegt dann vor, wenn eine vorhandene Rechtsposition entzogen wird. Eine vorhandene Rechtsstellung muss sich also verschlechtern. Der status quo muss sich in einen status quo minus verwandeln.[142] Soll eine Sozialleistung abgelehnt werden, muss deshalb eine Anhörung nicht durchgeführt werden.[143] Im Sozialverwaltungsverfahren liegt daher kein formeller Fehler vor, wenn eine beantragte Leistung der Grundsicherung für Arbeitsuchende oder eine Sozialhilfeleistung nicht erbracht wird und zuvor keine Anhörung durchgeführt wurde.[144]

Werden Leistungen der Grundsicherung für Arbeitsuchende oder Sozialhilfeleistungen erbracht, stellen diese keine rentenähnliche Dauerleistung dar.[145] Läuft eine Sozialleistung daher aus oder wird eine Sozialleistung nicht neu bewilligt, ist ein Recht der leistungsberechtigten Person noch nicht, nicht mehr bzw. noch nicht wieder vorhanden, so dass eine Anhörung nicht erforderlich ist. Die fehlende Neubewilligung einer Leistung führt daher nicht zur notwendigen Durchführung einer Anhörung, wenn die Leistung von Anfang an nur befristet oder für einen begrenzten Zeitraum erbracht wurde.

Einer Anhörungspflicht unterliegen „nur" Bescheide, die bereits erbrachte und vorhandene Sozialleistungen im laufenden Bewilligungszeitraum entziehen. Dies kann z. B. bei der Gewährung einer vorläufigen Leistung (vgl. § 43 SGB I) der Fall sein oder auch dann, wenn der zuvor gewährte Bewilligungsbescheid aufgehoben (vgl. §§ 44 ff. SGB X) wird und infolgedessen ein Erstattungsanspruch (vgl. § 50 SGB X) geltend gemacht wird. Auch Sanktionen, Kostenersatzforderungen, Aufrechnungen oder Überleitungsanzeigen unterliegen einer Anhörungspflicht. Zu beachten ist, dass für jeden Verwaltungsakt innerhalb eines Bescheides eine getrennte Anhörung durchzuführen ist. Werden z. B. die Aufhebung und die Erstattung in einem Bescheid verbunden, muss – rechtlich betrachtet – zu beiden Entscheidungen eine Anhörung

---

[142] *Weber* in BeckOK, Rn. 6 ff. zu § 24 SGB X.
[143] Herrschende Auffassung zum Sozialverwaltungsverfahren, vgl. *Lang* in Diering/Timme/Waschull, Rn. 8 ff. zu § 24 SGB X; *v. Wulffen* in v. Wulffen, Rn. 4 zu § 24 SGB X, m. w. N.
[144] Eine andere Frage ist, ob die Durchführung einer Anhörung aus den eingangs erwähnten Gründen nicht angezeigt wäre. Ggf. ließe sich auch ein Widerspruchsverfahren vermeiden.
[145] Vgl. BVerwG, Urt. vom 18.1.1979, BVerwGE 57, 237 = DÖV 1979, 822 = FEVS 27, 229; SG Reutlingen, Urt. vom 3.3.2009 – S 2 AS 4577/08 –, juris.

durchgeführt werden. Deshalb muss im Anhörungsschreiben auf die beabsichtigten Maßnahmen jeweils (getrennt) hingewiesen werden.[146]
Von Aufhebungs- und Erstattungsbescheiden (vgl. §§ 44 ff., § 50 SGB X) ist regelmäßig die gesamte Bedarfs- bzw. Einsatzgemeinschaft betroffen. Sofern keine ausdrückliche Bevollmächtigung (vgl. § 13 SGB X) oder keine gesetzliche Vertretung (z. B. §§ 1626, 1629 BGB) existiert, **ist eine Anhörung gegenüber jeder Person der Bedarfsgemeinschaft durchzuführen**, denn jede Person innerhalb der Bedarfsgemeinschaft besitzt einen eigenständigen Leistungsanspruch und jede Person der Bedarfsgemeinschaft ist Beteiligter des Verwaltungsverfahrens.[147]

Die Vermutungsregelung des § 38 SGB II hat hinsichtlich Aufhebungs- und Erstattungsbescheiden keine Bedeutung, da diese Vorschrift nur das Antragsverfahren erfasst.

Beispiel[148]
Frau M hat bei der Antragstellung Einkommen aus einer Erwerbsminderungsrente verschwiegen. Dadurch sind die Bewilligungsbescheide teilrechtswidrig. Vor Aufhebung des ursprünglichen Bewilligungsbescheides wird Frau M angehört. Im Folgenden erfolgt durch den Leistungsträger in materiell rechtmäßiger Weise die Aufhebung der ursprünglichen Bewilligungsbescheide und die Erstattungsforderung.

Aufhebungs- und Erstattungsbescheide erfassen wegen der horizontalen Einkommensverteilung (vgl. § 9 Abs. 2 Satz 3 SGB II) auch den 16-jährigen Sohn S. Widerspruch, Klage und Berufung von Frau M gegen die ergangenen Aufhebungsentscheidungen gegenüber ihr und ihrem Sohn, zuletzt vor dem Landessozialgericht, blieben erfolglos. Das Bundessozialgericht hat im Revisionsverfahren sinngemäß wie folgt Stellung genommen:

Die Aufhebungs- und Erstattungsbescheide sind gegenüber dem Sohn S formell rechtswidrig ergangen, da eine Anhörung des S – auch nicht im Wege einer Vertretung der Mutter für ihren Sohn – erfolgt ist.

Die gewillkürte Vertretung nach § 13 SGB X (ausdrückliche Bevollmächtigung) und die vermutete Bevollmächtigung nach § 38 SGB II kommen im vorliegenden Fall für eine Vertretung nicht in Frage. Auch eine – hier vorliegen-

---

146 Vgl. BSG, Urt. vom 7.7.2011 – B 14 AS 153/10 R –, SGb 2011, 521 (Kurzwiedergabe) = info also 2011, 280 (Kurzwiedergabe). Eine Anhörung zu einer Kostenerstattungsforderung ist nicht deshalb entbehrlich, weil zu der entsprechenden Aufhebungsentscheidung schon eine Anhörung durchgeführt worden ist. § 24 Abs. 2 SGB X enthält – anders als § 28 Abs. 2 VwVfG – eine abschließende Aufzählung von Ausnahmegründen, aus der sich eine Ausnahme von der Anhörungspflicht für einen Kostenerstattungsbescheid nicht ergibt.

147 Es gibt keinen Anspruch der Bedarfsgemeinschaft, sondern nur einen Anspruch der einzelnen Mitglieds der Bedarfsgemeinschaft (vgl. BSG, Urt. vom 7.11.2006 – B 7b AS 8/06 R –, Rn. 12, SGb 2007, 308; SG Schleswig, Urt. vom 13.6.2006 – S 9AS 834/05 –, BeckRS 2009, 62372). Leistungen sind daher nicht an die Bedarfsgemeinschaft als Ganzes, sondern nur an ihre einzelnen Mitglieder auszuzahlen. Auch die Rückabwicklung hat im jeweiligen individuellen Leistungsverhältnis zu erfolgen. Bei der (Teil-)Aufhebung des Bewilligungsbescheids ist daher stets zu prüfen, für welches Mitglied der Bedarfsgemeinschaft in welcher Höhe Leistungen zu Unrecht bewilligt wurden, wer entsprechende Leistungen zu Unrecht erhalten hat und welcher Bewilligungszeitraum betroffen ist. Nur gegenüber diesem Mitglied kann der Bewilligungsbescheid aufgehoben werden, nur ihm gegenüber kann der Aufhebungs- und Erstattungsbescheid erlassen werden. Der Inhaltsadressat eines Bescheides ist daher – trotz des Konstruktes der Bedarfsgemeinschaft – konkret zu benennen.

148 Vgl. BSG, Urt. vom 7.7.2011 – B 14 AS 144/10 R –, BeckRS 2011, 76768 = SGb 2011, 522.

*de – gesetzliche Vertretung (§ 1626, § 1629 BGB) setzt nach § 164 Abs. 1 BGB den erkennbaren Willen voraus, für eine andere Person zu handeln. Aus der Verwaltungsakte ergibt sich **nur eine Anhörung gegenüber der Mutter**. Dass diese zu einer Rücknahme der Leistungsbewilligungen gegenüber ihrem Sohn angehört werden sollte und angehört wurde, ist weder dem Anschreiben der Behörde noch dem Vermerk über die persönliche Rücksprache und Anhörung der Mutter zu entnehmen. In beiden Texten wird nur von der Mutter gesprochen. Die Behörde ist aber für die Durchführung einer ordnungsgemäßen Anhörung beweispflichtig.[149]*

Damit gilt: Bei der Aufhebung von Bewilligungsentscheidungen ersetzt die Anhörung eines Elternteils nicht die Anhörung des (gesetzlich durch die Eltern vertretenen) minderjährigen Leistungsberechtigten.

Dieser Verfahrensmangel der mangelnden Anhörung ist auch nicht nach § 41 Abs. 1 Nr. 3 SGB X durch Nachholung geheilt worden. Eine wirksame Nachholung setzt voraus, dass diese den Anforderungen an eine Anhörung nach § 24 SGB X entspricht und insbesondere der Beteiligte über die entscheidungserheblichen Tatsachen in Kenntnis gesetzt wurde sowie Gelegenheit zur Äußerung hatte. Eine Heilung durch das Widerspruchsverfahren ist nicht mehr möglich, da der Widerspruchsbescheid bereits wirksam bekanntgegeben wurde.

Eine Heilung im Gerichtsverfahren kommt nur bis zum Abschluss der letzten Tatsacheninstanz, also bis zum Landessozialgericht (vgl. § 157 SGG) in Frage (vgl. § 41 Abs. 2 SGB X). Eine Heilung hat aber auch nicht in der mündlichen Verhandlung vor dem Landessozialgericht stattgefunden (und hätte nach der neueren Rechtsprechung[150] dort auch nicht erfolgen dürfen).

Damit ist der Mangel nicht mehr heilbar, so dass der Aufhebungs- und Erstattungsbescheid gegenüber S rechtswidrig und aufzuheben ist.

1.3.13.3 Heilung

Nach § 41 Abs. 1 Nr. 3 SGB X ist die Verletzung der Anhörungspflicht (vgl. § 24 Abs. 1 SGB X) unbeachtlich, wenn die Anhörung nachgeholt wird. § 41 Abs. 1 Nr. 3 SGB X erfasst den Fall einer fehlenden Anhörung, kann aber analog auch auf den Fall einer fehlerhaften Anhörung angewandt werden.

---

149 Vgl. BSG, Urt. vom 31.10.2002 – B 4 RA 15/01 R –, BeckRS 2003, 41121.
150 Das Bundessozialgericht verlangt die Durchführung eines förmlichen Verwaltungsverfahrens, indem das Gerichtsverfahren auf Antrag nach § 114 Abs. 2 Satz 2 SGG ausgesetzt wird. Notwendig ist, dass die beteiligte Behörde die Anhörung in einem eigenständigen, formalisierten Verfahren nachholt. Gegenüber dem Gericht hat sie danach deutlich zu machen, ob sie nach erneuter Prüfung der Tatsachen am bisher erlassenen Verwaltungsakt festhält (vgl. BSG, Urt. vom 9.11.2010 – B 4 AS 37/09 R –, NJW 2011, 1996 = NZS 2011, 438 = SGb 2011, 48; BSG, Urt. vom 23.1.2008 – B 10 LW 1/07 R –, SozR 4-5868 § 3 Nr. 3; BSG, Urt. vom 5.2.2008 – B 2 U 6/07 R –, SGb 2009, 156 = NZS 2009 = SozR 4-1300 § 41 Nr. 1, 347; BSG, Urt. vom 15.8.2002 – B 7 AL 38/01 R –, FEVS 54, 101 = NZS 2003, 500 = SozR 3-1300 § 24 Nr. 21).

Die bloße Erhebung eines Widerspruchs heilt nicht per se die unterbliebene Anhörung. Aus der Sicht der Behörde **kann** die **Erhebung eines Widerspruchs** eine unterbliebene Anhörung des Beteiligten heilen, wenn zusätzlich folgende Voraussetzungen erfüllt sind:
- Dem Beteiligten sind im angefochtenen Ausgangsverwaltungsakt die entscheidungserheblichen Tatsachen mitgeteilt worden, so dass er mit dem Widerspruch die Möglichkeit hatte, sich hierzu zu äußern;
- die Behörde würdigt sodann im Widerspruchsbescheid das Vorbringen des Beteiligten;
- die Widerspruchsbehörde stützt ihre Entscheidung nicht auf neue, dem Widerspruchsführer nicht bekannte Tatsachen.[151]

Soweit die Widerspruchsbehörde ihre Entscheidung auf neue Tatsachen stützt, hat die Ausgangs- oder Widerspruchsbehörde eine zweite, neue, vollwertige Anhörung durchzuführen, die den Anforderungen des § 24 Abs. 1 SGB X entspricht.

Beispiele
Hebt die Ausgangsbehörde einen Bewilligungsbescheid im Rahmen der Grundsicherung für Arbeitsuchende nach § 48 SGB X auf, weil Einkommen (hier: Krankengeld) bei der Berechnung des Leistungsanspruchs unberücksichtigt geblieben ist und wird im Widerspruchsverfahren nicht nur die Rechtsgrundlage ausgetauscht, sondern stützt sich die Widerspruchsbehörde nun auf bisher nicht genannte Gründe für die Aufhebung (hier: Vorwurf der grob fahrlässigen Unkenntnis der Rechtswidrigkeit des Bewilligungsbescheides gemäß § 45 Abs. 2 Satz 3 Nr. 3 SGB X seitens des beteiligten Leistungsberechtigten), ist dem Beteiligten eine erneute Gelegenheit zu einer Stellungnahme einzuräumen. Geschieht dies nicht, ist § 24 SGB X verletzt.[152]
Stützt sich die Ausgangsbehörde bei ihrem Aufhebungs- und Erstattungsbescheid auf nicht angegebenes Einkommen, muss eine erneute Anhörung erfolgen, wenn die Widerspruchsbehörde ihren Aufhebungs- und Erstattungsbescheid damit begründet, dass nicht Einkommen, sondern ungeschütztes Vermögen nicht angegeben worden ist.

Im Sozialverwaltungsrecht erfolgt die Heilung **während des Gerichtsverfahrens**, indem die Verhandlung ausgesetzt wird (§ 114 Abs. 2 Satz 2 SGG) und die Behörde die Anhörung in einem eigenständigen formalisierten Verfahren nachholt. Eine Heilung kann insofern nur durch den Leistungsträger selbst erfolgen (und nicht während der mündlichen Verhandlung vor dem Gericht), indem dieser genau die Handlung vornimmt, die er bereits vor dem Erlass des eingreifenden Verwaltungsaktes hätte vornehmen müssen. Zur Heilung hat die Behörde daher ein gesondertes Anhörungsschreiben mit der Mitteilung der entscheidungserheblichen Tatsachen sowie eine angemessene

---
151 Vgl. *Weber*, Die Anhörung im Sozialverwaltungsverfahren, DVP 2011, 502; LSG NRW, Beschl. vom 30.1.2013 – L 9 AL 246/12 B –, juris, Rn. 10.
152 Vgl. Schleswig-Holsteinisches LSG, Urt. vom 17.3.2009 – L 11 AS 8/08 –, NZS 2010, 170; Sächsisches LSG, Urt. vom 27.2.2014 – L 3 AS 579/11 –, juris, Rn. 43 ff., Rn. 52 f.

Fristsetzung bekanntzugeben und sodann die Anhörung durchzuführen. Die Behörde muss das Vorbringen des Beteiligten zur Kenntnis nehmen und sich abschließend zum Ergebnis der Überprüfung äußern.[153]

1.3.13.4 Ausnahmen

Von der Anhörung kann gemäß § 24 Abs. 2 SGB X abgesehen werden, wenn
1. eine sofortige Entscheidung wegen Gefahr im Verzug oder im öffentlichen Interesse notwendig erscheint,
2. durch die Anhörung die Einhaltung einer für die Entscheidung maßgeblichen Frist in Frage gestellt würde,
3. von den tatsächlichen Angaben eines Beteiligten, die dieser in einem Antrag oder einer Erklärung gemacht hat, nicht zu seinen Ungunsten abgewichen werden soll,
4. Allgemeinverfügungen oder gleichartige Verwaltungsakte in größerer Zahl erlassen werden sollen,
5. einkommensabhängige Leistungen den geänderten Verhältnissen angepasst werden sollen,
6. Maßnahmen in der Verwaltungsvollstreckung getroffen werden sollen oder
7. gegen Ansprüche oder mit Ansprüchen von weniger als 70 Euro aufgerechnet oder verrechnet werden soll; Nummer 5 bleibt unberührt.

§ 24 Abs. 2 SGB X nennt – anders als im Verwaltungsverfahrensgesetz – abschließend die Ausnahmen, wann von einer Anhörung abgesehen werden kann. Das Wort „kann" in § 24 Abs. 2 SGB X macht deutlich, dass es im (**Verfahrens-)Ermessen** der Behörde liegt, von einer Anhörung in den genannten Ausnahmefällen abzusehen. Die Behörde hat daher in der Begründung ihres Verwaltungsaktes darauf einzugehen, aus welchen Gründen sie von der Anhörung abgesehen hat.

Im Folgenden wird nur auf ausgewählte wesentliche Bestimmungen eingegangen.

Von der Anhörung kann nach § 24 Abs. 2 **Nr. 2** SGB X abgesehen werden, wenn bei Durchführung der Anhörung die Einhaltung **einer für die Entscheidung maßgeblichen Frist** in Frage gestellt würde. Sofern eine Fristverlängerung möglich ist, kommt die Vorschrift nicht zur Anwendung (vgl. § 26 Abs. 7 SGB X). Hauptanwendungsfall ist die Erstattung zu Unrecht erbrachter Leistungen (vgl. § 50 SGB X) und der Kostenersatz bei sozialwidriger oder rechtswidriger Leistungserbringung (z.B. §§ 34, 34a SGB II, §§ 103, 104 SGB XII) sowie die (Kosten-)Erstattung oder der Kostenersatz gegenüber Erben (vgl. §§ 44 ff., 50 SGB X, § 102 SGB XII), denn diese Vorschriften unterliegen Verjährungsfristen bzw. Entscheidungsfristen, so dass bei verzögerter Bescheiderteilung rechtshemmende Einreden geltend gemacht werden können.[154]

---

153 Vgl. BSG, Urt. vom 7.7.2011 – B 14 AS 144/10 R –, juris, Rn. 23; BSG, Urt. vom 9.11.2010 – B 4 AS 37/09 R –, NJW 2011, 1996 = NZS 2011, 438 = SGb 2011, 482; BSG, Urt. vom 5.2.2008 – B 2 U 6/07 R –, NZS 2009, 347 = SGb 2009, 156 = SozR 4-1300 § 41 Nr. 1; BSG, Urt. vom 15.8.2002 – B 7 AL 38/01 R –, NZS 2003, 500 = FEVS 54, 101 = SozR 3-1300 § 24 Nr. 21; LSG Berlin-Brandenburg, Urt. vom 21.6.2012 – L 25 AS 111/10 –, juris; LSG Baden-Württemberg, Urt. vom 21.6.2012 – L 7 AS 4111/11 –, juris; Sächsisches LSG, Urt. vom 27.2.2014 – L 3 AS 579/11 –, juris, Rn. 52 f.
154 Vgl. *Weber* in BeckOK, Rn. 18 zu § 24 SGB X.

Nach § 24 Abs. 2 **Nr. 3** SGB X kann von einer Anhörung abgesehen werden, wenn von den tatsächlichen Angaben eines Beteiligten, die dieser in einem Antrag oder in einer Erklärung gemacht hat, nicht zu seinen Ungunsten abgewichen werden soll. Hier wäre die Durchführung der Anhörung eine bedeutungslose Formalie, so dass aus Gründen der Verfahrensökonomie darauf verzichtet werden kann.

In vielen Fällen des Sozialverwaltungsverfahrens, die regelmäßig im Rahmen einer Antragstellung abgewickelt werden, kann daher auf die Durchführung einer Anhörung verzichtet werden, und zwar auch dann, wenn die beantragte Leistung abgelehnt wird. Dem Beteiligten muss allerdings dann eine Gelegenheit zur weiteren Äußerung gegeben werden, wenn die Behörde von einer in dem Antrag enthaltenen tatsächlichen Angabe zu Ungunsten des Antragstellers abweicht oder eine Entscheidung auf andere, z. B. neu ermittelte Tatsachen, stützen will.[155]

Die bedeutsamste Ausnahmevorschrift stellt § 24 Abs. 2 **Nr. 5** SGB X dar. Danach kann auf eine Anhörung verzichtet werden, wenn einkommensabhängige Leistungen den geänderten Verhältnissen angepasst werden. Leistungen der Grundsicherung für Arbeitsuchende oder Sozialhilfeleistungen sind einkommensabhängige Leistungen. Eine „Anpassung" liegt nur dann vor, wenn eine Sozialleistung **bereits erbracht** wird oder festgesetzt **war**. Außerdem verlangt eine „Anpassung", dass die Leistung zwar verändert wird, jedoch auch weiter bewilligt bleibt. Ein vollständiger Entzug einer Leistung oder eine vollständige Aufhebung eines Bewilligungsbescheides fällt daher nicht unter § 24 Abs. 2 Nr. 5 SGB X.

Eine Anpassung kann erforderlich werden, weil sich die **tatsächlichen Verhältnisse** geändert haben oder eine **Rechtsänderung** eingetreten ist.

Es kann die Auffassung vertreten werden, dass Aufhebungs- und Erstattungsbescheide eine Einheit bilden und wegen ihrer akzessorischen Verknüpfung (vgl. § 50 Abs. 3 Satz 2 SGB X) eine separate Anhörung einer Erstattungsentscheidung nicht notwendig ist. Dies wäre eine praxisgerechte Auslegung. Allerdings werden die Erstattungsentscheidungen nach dem Wortlaut der Norm nicht von der Vorschrift erfasst. Auch handelt es sich bei den Ausnahmeregelungen in § 24 Abs. 2 SGB X – im Gegensatz zu § 28 Abs. 2 VwVfG – um einen abschließenden Katalog. Dies führt dazu, dass die Ausnahmeregelung des § 24 Abs. 2 Nr. 5 SGB X nicht für Erstattungsentscheidungen gilt, jedenfalls dann nicht, wenn die Erstattungsentscheidung unabhängig von der Aufhebungsentscheidung getroffen wird.[156]

Beispiele[157]
Scheidet z. B. in der Grundsicherung für Arbeitsuchende (SGB II) oder in der Sozialhilfe (SGB XII) ein Jugendlicher aus der Einsatzgemeinschaft aus, kann das zur Verfügung stehende Einkommen der Eltern auf die verbleibenden Mitglieder der Einsatz- bzw. Bedarfsgemeinschaft verteilt werden, so dass sich deren Leistungsanspruch mindert. Eine Anhörung ist in einem solchen Fall nicht notwendig.

---
155 Vgl. *Weber* in BeckOK, Rn. 19 zu § 24 SGB X.
156 Vgl. BSG, Urt. vom 7.7.2011 – B 14 AS 153/10 R –, SGb 2011, 521 (Kurzwiedergabe) = info also 2011, 280 (Kurzwiedergabe); a. A. BSG, Urt. vom 5.2.2004 – B 11 AL 39/03 R –, SozR 4-4300 § 128 Nr. 1 = NZS 2005, 47.
157 Vgl. *Weber* in BeckOK, Rn. 22 ff. zu § 24 SGB X.

Eine Anhörung wäre auch dann nicht notwendig, wenn der Gesetzgeber die Regeln über die Einkommensbereinigung (z. B. nach § 11b SGB II) ändert und hierdurch eine geringere Leistung ausgezahlt wird.
Erzielt eine nach dem Zweiten Buch Sozialgesetzbuch leistungsberechtigte Person im Bewilligungszeitraum (vgl. § 41 Abs. 1 SGB II) höheres anzurechnendes Einkommen, führt dies zu einer Teilaufhebung des Ausgangsbescheides nach § 48 Abs. 1 Satz 2 Nr. 3 SGB X. Eine Anhörung muss in diesem Fall nicht durchgeführt werden.[158] Dies gilt nach dem Sinn und Zweck der Regelung des § 24 Abs. 2 Nr. 5 SGB X auch gegenüber den übrigen Mitgliedern der Einsatzgemeinschaft, die wegen der horizontalen Einkommensverteilung (vgl. § 9 Abs. 2 Satz 3 SGB II) von dem Einkommenszuwachs betroffen sind und geringere Leistungen erhalten.
Werden die Leistungen jedoch wegen zu hohen Einkommens oder Vermögens **vollständig** *eingestellt, ist eine Anhörung durchzuführen, denn es handelt sich jetzt nicht mehr um eine bloße „Anpassung" an veränderte Verhältnisse.[159] Die Anhörung ist gegenüber jedem Mitglied der Einsatzgemeinschaft bzw. Bedarfsgemeinschaft durchzuführen, da im Sozialrecht jede Person einen Individualanspruch hat und die Vermutungsregelung des § 38 SGB II nur für Antragsverfahren, aber nicht für die Aufhebungsverfahren gilt.*

§ 24 Abs. 2 Nr. 7 SGB X regelt **Bagatellbeträge**. Danach kann von der Anhörung abgesehen werden, wenn gegen Ansprüche oder mit Ansprüchen von weniger als 70,00 € aufgerechnet oder verrechnet werden soll. Auch diese Regelung dient der Verfahrenseffizienz und soll „unverhältnismäßige Verwaltungskosten" vermeiden, die durch das notwendige Anhörungsverfahren in den genannten Fällen entstehen. § 24 Abs. 2 Nr. 5 SGB X geht der Anwendung des § 24 Abs. 2 Nr. 7 SGB X vor. Wenn einkommensabhängige Sozialleistungen den geänderten Verhältnissen nach § 24 Abs. 2 Nr. 5 SGB X angepasst werden sollen, findet § 24 Abs. 2 Nr. 7 SGB X keine Anwendung.

1.3.14 Akteneinsicht (§ 25 SGB X)

Das Recht auf Akteneinsicht steht in engem Zusammenhang mit dem Recht auf Anhörung (vgl. § 24 SGB X). Mit Hilfe des Akteneinsichtsrechts kann sich der Beteiligte über die Sach- und Rechtslage informieren und so sein Anhörungsrecht effektiver wahrnehmen.

Eine Berechtigung auf Akteneinsicht besteht grundsätzlich nur während des laufenden Verwaltungsverfahrens (vgl. § 8 SGB X).[160] Nach Abschluss des Verwaltungsverfahrens kann die Behörde nach pflichtgemäßem Ermessen ein Akteneinsichtsrecht gestatten, und zwar auch dann, wenn lediglich schlich-

---
158 Vgl. LSG Berlin-Brandenburg, Urt. vom 16.11.2010 – L 18 AS 1826/08 –, FEVS 62, 523; LSG Baden-Württemberg, Urt. vom 21.6.2012 – L 7 AS 4111/11 –, juris; LSG Hessen, Urt. vom 31.8.2012 – L 7 AS 312/11 –, ZFSH/SGB 2012, 719.
159 Vgl. Schleswig-Holsteinisches LSG, Urt. vom 17.3.2009 – L 11 AS 8/08 –, NZS 2010, 170.
160 Vgl. BVerwG, Urt. vom 4.9.2003 – 5 C 48/02 –, BVerwGE 119, 11 = ZFSH/SGB 2004, 178 = NJW 2004, 1543.

tes Verwaltungshandeln getätigt wurde.[161] Bei der Ermessensausübung sind grundrechtliche Positionen, z. B. das Recht auf informationelle Selbstbestimmung (vgl. Art. 2 Abs. 1 GG) oder das Recht auf gerichtliche Rechtsverfolgung (vgl. Art. 19 Abs. 4 GG), zu berücksichtigen.

Zum Akteneinsichtsrecht einer leistungsberechtigten Person nach Abschluss des Verwaltungsverfahrens hat das Bundesverwaltungsgericht z. B. entschieden:

Die personenbezogenen Daten eines Behördeninformanten, der einem Träger der Sozialhilfe unaufgefordert Informationen über einen Leistungsempfänger übermittelt hat, sind durch das Sozialdatengeheimnis geschützt (entsprechend der Rechtsprechung des Bundesfinanzhofs zum Steuergeheimnis).

Die Entscheidung über eine Preisgabe des Namens eines Behördeninformanten an den betreffenden Leistungsempfänger im Wege der Akteneinsicht oder Auskunftserteilung erfordert eine Güterabwägung zwischen den in § 25 Abs. 3 SGB X bzw. § 83 Abs. 4 SGB X genannten Geheimhaltungsinteressen und dem Auskunftsinteresse des Betroffenen. Das Geheimhaltungsinteresse eines Behördeninformanten überwiegt dann das Informationsinteresse des Leistungsempfängers, wenn keine Anhaltspunkte dafür vorliegen, dass der Informant wider besseres Wissen oder leichtfertig falsche Behauptungen aufgestellt hat.[162]

Eine Befugnis der Behörde über anvertraute Sozialdaten, insbesondere die Identität des Informanten zu übermitteln, kommt nur ganz ausnahmsweise bei einem überwiegenden Interesse in Betracht, z. B. zur Wahrung des auch verfassungsrechtlich geschützten Persönlichkeitsrechts der betroffenen Person, die Identität des Behördeninformanten festzustellen. Dies ist nur dann anzunehmen, wenn ausreichende Anhaltspunkte für die Annahme vorliegen, dass der Behördeninformant wider besseres Wissen und in vorgefasster Absicht, den Ruf des Betroffenen zu schädigen, gehandelt oder leichtfertig falsche Informationen übermittelt haben könnte.[163]

Nicht nur antragstellende und leistungsberechtigte Personen, sondern alle Beteiligten (vgl. § 12 SGB X) sowie die Bevollmächtigten der Beteiligten haben ein Recht auf Akteneinsicht, **soweit** dies zur Geltendmachung oder Verteidigung ihrer **rechtlichen Interessen erforderlich** ist. Ein rechtliches Interesse ist gegeben, wenn die Einsichtnahme dem Zwecke dient, die Voraussetzungen für ein rechtlich relevantes Verhalten nach dem Ergebnis der Einsichtnahme zu klären oder eine gesicherte Grundlage für die Verfolgung eines Anspruchs zu schaffen.[164] Kein Akteneinsichtsrecht haben Beistände oder andere, nicht bevollmächtigte Interessenvertreter.

In Auslegung des unbestimmten Rechtsbegriffs „erforderlich" entscheidet der zuständige Leistungsträger über die Zulässigkeit der Akteneinsicht. Die Aktenein-

---

161 Vgl. *Lang* in Diering/Timme/Waschull, Rn. 8, Rn. 9 zu § 25 SGB X, m. w. N.
162 Vgl. BVerwG, Urt. vom 4.9.2003 – 5 C 48/02 –, BVerwGE 119, 11 = ZFSH/SGB 2004, 178 = NJW 2004, 1543.; vgl. auch OVG NRW, Beschl. vom 22.2.2021 – 12 E 36/20 –; OVG Lüneburg, Urt. vom 14.8.2002 – 4 LC 88/02 –, NZS 2010, 170.
163 OVG NRW, Beschl. vom 22.2.2021 – 12 E 36/20 –, juris, Rn. 8.
164 Vgl. BT-Drs. 7/910 S. 53.

sicht besteht nur **insoweit**, wie der Akteneinsichtsbegehrende ein „rechtliches Interesse" darlegen kann. Der Begriff „rechtliches Interesse" ist abzugrenzen von einem politischen, ideellen oder wirtschaftlichen Interesse. Das wäre ggf. nur ein „berechtigtes Interesse". Allerdings kann es auch zu Überschneidungen zwischen rechtlichem und berechtigtem Interesse kommen.

Das Akteneinsichtsrecht besteht bei rechtlichem Interesse nur, „soweit" es von Interesse ist. Das bedeutet, dass die nicht unmittelbar mit dem Verfahren in Verbindung stehenden Teile der Akte der einsehenden Person vorenthalten werden können. Es darf dann nur in einen **Teil der Akten** Einsicht gestattet werden. Nicht zur „Akte" gehören nach § 25 Abs. 1 Satz 2 SGB X Entwürfe und sonstige schriftlich erfasste, vorbereitende Arbeiten. Auch interne Regelungen der Leistungsträger, wie z. B. Richtlinien zur Ausübung von Ermessen oder Auslegung von unbestimmten Rechtsbegriffen, sind bei Akteneinsicht aus der Akte zu entfernen.[165]

Soweit die Akten Angaben über gesundheitliche Verhältnisse einer beteiligten Person enthalten, **kann** die Behörde stattdessen den Inhalt der Akten durch einen Arzt vermitteln lassen. Sie **soll** den Inhalt der Akten durch einen Arzt vermitteln lassen, soweit zu befürchten ist, dass die Akteneinsicht den Beteiligten einen unverhältnismäßigen Nachteil, insbesondere an der Gesundheit, zufügen würde (§ 25 Abs. 2 Satz 1 und Satz 2 SGB X). Enthalten die Akten Angaben, die die Entwicklung und Entfaltung der Persönlichkeit der Beteiligten beeinträchtigen können, ist nach § 25 Abs. 2 Satz 3 SGB X die Möglichkeit gegeben, den Akteninhalt durch Bedienstete der Behörde mit Lebens- und Berufserfahrung vermitteln zu lassen (z. B. Bekanntgabe von Gutachten im Rahmen der Eingliederungshilfe für behinderte Menschen).

Die Akteneinsicht ist nach § 25 Abs. 3 SGB X nur unter den Gesichtspunkten der Geheimhaltung (vgl. § 35 SGB I) sowie dem Schutz von Sozialdaten (vgl. §§ 67 ff. SGB X) zu gewähren. Ein Akteneinsichtsrecht kann bei „**berechtigtem Interesse**" (nicht: rechtlichem Interesse) Dritter verweigert werden. Beteiligte nach § 12 SGB X sind nicht immer identisch mit den Personen, über die die Akten Informationen enthalten. Deshalb ist darauf zu achten, dass den Beteiligten, die die Akten einsehen, keine Informationen über andere Beteiligte zur Kenntnis gelangen. Insbesondere bei der Einleitung von Ordnungswidrigkeiten- oder Strafverfahren ist darauf zu achten, dass schützenswerte Sozialdaten entfernt werden. Dies kann z. B. der Fall sein, wenn Zeugen oder Zeugenaussagen vermerkt sind.

Nach der gesetzlichen Intention **soll** (vgl. § 25 Abs. 4 Satz 2 SGB X) die Akteneinsicht bei der Behörde erfolgen, die die Akte führt (§ 25 Abs. 4 Satz 1 SGB X). Denn nach § 25 Abs. 4 Satz 2 SGB X **kann** die Einsicht auch bei einer **anderen Behörde** erfolgen. Als „andere Behörde" könnte z. B. – bei einer Aktenführung durch einen Kreis als Leistungsträger – eine kreisangehörige Gemeinde als Behörde in Betracht kommen. Damit könnte der mit der Akteneinsicht verbundene zeitliche und finanzielle Aufwand geringer gehalten werden (z. B. Fahrtzeit, Fahrtkosten).

Gemäß § 25 Abs. 4 Satz 3 Halbs. 2 SGB X kann die aktenführende Behörde Ausnahmen von der Einsichtnahme in den Behördenräumen gestatten, mithin eine

---

[165] Zur Akteneinsicht durch einen Rechtsanwalt siehe BVerwG, Urt. vom 5.6.1984 – 5 C 73/82 –, BVerwGE 69, 278 = FEVS 33, 397 = ZfSH/SGB 1985, 25 und Anmerkungen dazu von *Marburger* in ZfSH/SGB 1985, 183.

Versendung der Akten zulassen. Hierbei ist zu berücksichtigen, dass bereits für Widerspruchsverfahren (und auch Klageverfahren) gemäß § 84a SGG eine deutlich großzügigere Regelung existiert. Nach § 84a SGG soll das Recht auf Akteneinsicht wie im Gerichtsverfahren gewährt werden, insbesondere soll die Möglichkeit der **Aktenversendung** eingeräumt werden. Nach § 120 Abs. 2 Satz 2 SGG besteht im Rahmen einer Ermessensentscheidung die Möglichkeit, Akteneinsicht auch in den Geschäftsräumen des Rechtsanwalts zu gewähren.

Es bietet sich daher aus der Sicht der aktenführenden Behörde an, zu regeln, dass auch im Verwaltungsverfahren bevollmächtigten Rechtsanwälten Akten oder kopierte Teile der Akte gegen Empfangsbekenntnis zugestellt werden. Eine Aushändigung an Privatpersonen kommt hingegen regelmäßig nicht in Betracht.

Sollte nach § 25 Abs. 5 SGB X für Ablichtungen ein Aufwendungsersatz in angemessenem Umfang in Betracht kommen, ist vor allem bei Empfängern von Leistungen zum Lebensunterhalt nach dem Zweiten und Zwölften Buch Sozialgesetzbuch deren wirtschaftliche Situation zu berücksichtigen.

Wird den Beteiligten im Sinne des § 12 SGB X die Akteneinsicht ganz oder teilweise versagt, ist ein Rechtsbehelf gegen diesen Verwaltungsakt nur im Zusammenhang mit einem solchen gegen die Sachentscheidung zulässig (§ 56a SGG). Bei einer unbegründeten Ablehnung der Akteneinsicht handelt es sich um einen Verfahrensfehler. Die Akteneinsicht kann bis zur letzten Tatsacheninstanz eines sozial- oder verwaltungsgerichtlichen Verfahrens nachgeholt werden (analog § 41 Abs. 1 Nr. 3 und Abs. 2 SGB X bei fehlender Anhörung).

Weitere Akteneinsichtsrechte bestehen nach dem Informationsfreiheitsgesetz[166] des Bundes oder des Bundeslandes, die parallel wahrgenommen werden können. § 83 SGB X eröffnet darüber hinaus zusätzlich einen Anspruch auf Auskunft über sämtliche gespeicherten Daten des Beteiligten, ohne dass die Erforderlichkeit der Auskunft zu begründen ist.

1.3.15 Fristen und Termine, (§ 26 SGB X)

Während § 26 Abs. 1 SGB X als Generalklausel für alle materiell-rechtlichen gesetzlichen Fristen gilt, treffen die übrigen Absätze des § 26 SGB X überwiegend Regelungen für behördliche Fristen.

Behördliche Fristen sind solche, die nicht in einer Rechtsnorm, sondern von der Behörde gesetzt wurden. Die Berechnung einer behördlichen Frist erfolgt also nach § 26 Abs. 2 bis Abs. 6 SGB X. Gemäß § 26 Abs. 7 SGB X können behördliche Fristen von der Behörde im Rahmen ihres Ermessens verlängert werden. § 190 BGB gilt dann analog. Die Dauer einer behördlichen Frist steht grundsätzlich in der Entscheidungsfreiheit der Behörde. Beispiele hierfür können sein:

---

166 Gesetz zur Regelung des Zugangs zu Informationen des Bundes, Informationsfreiheitsgesetz – IFG, vom 5.9.2005 (BGBl. I S. 2722); Gesetz über die Freiheit des Zugangs zu Informationen für das Land Nordrhein-Westfalen (Informationsfreiheitsgesetz Nordrhein-Westfalen – IFG NRW), vom 27.11.2001 (GV. NRW. S. 806), zuletzt geändert durch Art. 7 des Gesetzes vom 8.12.2009 (GV. NRW. S. 765, 793).

- Fristsetzung für das Einreichen einer Übersetzung eines in einer fremden Sprache eingegangenen Antrages, vgl. § 19 Abs. 2, Abs. 4 SGB X,
- Fristsetzung für die Angabe von Tatsachen und Beweismitteln im Rahmen der Mitwirkungspflicht nach § 21 Abs. 2 Satz 1 SGB X, § 60 Abs. 1 SGB I,
- Versagung einer Leistung wegen fehlender Mitwirkung nach nochmaliger Fristsetzung gemäß § 66 Abs. 3 SGB I und
- Fristsetzung für die Wahrnehmung der Anhörungsmöglichkeit nach § 24 Abs. 1 SGB X.

Beispiel
Die Behörde teilt einem Leistungsberechtigten am 2.2 mit, dass er die Möglichkeit habe, sich zu der beabsichtigen Aufhebung eines Bewilligungsschreibens und dem dieser Aufhebung zugrunde liegenden (näher ausgeführten) Tatsachen innerhalb von 14 Tagen zu äußern. Der Leistungsberechtigte fragt sich, bis wann er die Gelegenheit der Äußerung wahrnehmen muss.

Es handelt sich um eine Behördenfrist. Die Fristberechnung erfolgt nach § 26 Abs. 2 bis Abs. 6 SGB X. Auch wenn das Anhörungsschreiben keinen Verwaltungsakt darstellt, gilt nach § 37 Abs. 2 SGB X das Schreiben am 5.2. als bekanntgegeben. Gemäß § 26 Abs. 2 SGB X beginnt die Frist daher am 6.2. (0:00 Uhr). Ab diesem Tag beginnt die Frist von 14 Tagen, so dass das Fristende auf den 19.02. (24:00 Uhr) fällt.

Hier gilt gemäß § 26 Abs. 3 SGB X: Ist der 19.2. ein Sonntag, ein gesetzlicher Feiertag oder ein Sonnabend, endet die Anhörungsfrist mit Ablauf des nächstfolgenden Werktages.

Gesetzliche Fristen sind solche, die in einem Gesetz oder einer Rechtsverordnung konkret enthalten sind. Es kann sich um Verfahrensfristen (z. B. die Antragsfrist nach § 99 SGB VI, wonach eine Rente bis zum Ende des dritten Kalendermonats nach Ablauf des Monats beantragt werden muss, in dem die Anspruchsvoraussetzungen erfüllt sind), Prozessfristen (z. B. § 87 SGG, wonach eine Klage binnen eines Monats nach Bekanntgabe des Verwaltungsaktes zu erheben ist) oder materiell-rechtliche Fristen handeln, bei der innerhalb einer Frist Rechte begründet oder bei Fristversäumnis Rechte erlöschen können (z. B. Rücknahme eines Verwaltungsaktes ein Jahr nach Kenntnis der Behörde gemäß § 45 Abs. 4 Satz 2 SGB X, z. B. Verjährungsfristen nach § 34a Abs. 2 SGB II oder § 50 Abs. 4 SGB X).

Beispiel
Ein ablehnender Sozialhilfebescheid mit korrekter Rechtsbehelfsbelehrung wird am 2.2. (Mittwoch) zur Post mit einfachem Brief aufgegeben. Der Adressat des Bescheides fragt sich, wann die Widerspruchsfrist endet.

Die Widerspruchsfrist gegen einen Sozialhilfebescheid richtet sich nach § 84 Abs. 1 SGG. Danach ist der Widerspruch binnen eines Monats, nachdem der Verwaltungsakt dem Beschwerten bekanntgegeben worden ist, zu erheben. Es handelt sich um eine gesetzliche Verfahrensfrist. Die Fristberechnung kann nach § 64 SGG oder alternativ nach den § 62 SGB X i.V.m. § 26 Abs. 1 SGB X

i. V. m. §§ 187 ff. BGB erfolgen, je nachdem, ob man die Fristberechnung eines Widerspruchs als Prozessvoraussetzung eines Rechtsbehelfsverfahrens oder als Teil des Verwaltungsverfahrens sieht. Ergebnisrelevante Unterschiede ergeben sich nicht.[167]
Die Frist beginnt mit der Bekanntgabe an den beschwerten Leistungsberechtigten. Nach § 37 Abs. 2 SGB X gilt der Verwaltungsakt grundsätzlich mit dem dritten Tage nach Aufgabe zur Post als bekanntgegeben, auch wenn er tatsächlich bereits früher zugeht. Bei späterem Zugang ist bei nicht förmlicher Zustellung der Tag der tatsächlichen Bekanntgabe maßgeblich. Hier bestehen keine Hinweise auf einen späteren Zugang, so dass der Bekanntgabetag der 5.2. (Samstag) ist.

Unbedeutend für den Fristbeginn ist, dass dieser Tag ein Sonnabend oder der darauffolgende Tag ein Sonntag ist, denn § 193 BGB (§ 64 Abs. 3 SGG) gilt nur für (abzugebende) Willenserklärungen, so dass die Vorschrift allein für das Fristende, also den Ablauf einer Frist, und die Erhebung des Widerspruchs (= Willenserklärung) maßgebend sein könnte, wenn das Fristende auf einen Sonnabend, Sonntag oder staatlich anerkannten Feiertag fällt.[168] *Die Vorschrift des § 37 Abs. 2 SGB X bestimmt im Gegensatz zu einer Fristenregelung auch keine Zeitspanne, innerhalb derer der Empfänger des Verwaltungsaktes eine bestimmte Handlung vornehmen muss, sondern den Zeitpunkt, in dem der Verwaltungsakt als bekannt gegeben gilt.*

Ist für den Anfang einer Frist ein Ereignis maßgebend, so wird bei der Berechnung der Frist der Tag nicht mitgerechnet, in welchen das Ereignis fällt (§ 187 Abs. 1 BGB). Das Ablehnungsschreiben gilt am 5.2. als zugestellt. Die Zustellung bzw. Bekanntgabe ist ein Ereignis, so dass Fristbeginn der 6.2. (0:00 Uhr) ist. Entsprechendes gilt nach § 64 Abs. 1 SGG.

Eine nach Monaten berechnete Frist endet im Anwendungsfall des § 187 Abs. 1 BGB (Ereignisfrist) gemäß § 188 Abs. 2 Alternative 1 BGB (vgl. § 64 Abs. 2 SGG) mit Ablauf desjenigen Tages des letzten Monats, welcher durch seine Benennung oder seine Zahl dem Tage entspricht, in den das Ereignis fällt. Der Tag des Ereignisses war der 5.2. Seiner Zahl entspricht einen Monat später der 5.3. Damit ist der 5.3. (24:00 Uhr) das Ende der Monatsfrist.

Nach alledem ist die Berechnung des Fristbeginns nicht entscheidend. Von Bedeutung ist allein die Feststellung, dass es sich um eine Ereignisfrist nach § 187 Abs. 1 BGB handelt und deshalb das Fristende nach § 188 Abs. 2 Alternative 1 BGB berechnet wird. Wenn der letzte Tag der Frist auf einen Samstag, Sonntag oder staatlich anerkannten Feiertag fällt, verlängert sich gemäß § 193 BGB die Frist und endet erst mit Ablauf des nächsten Werktages.

---

167 Es kann vertreten werden, dass aus § 62 SGB X ein Vorrang des Sozialgerichtsgesetzes gegenüber dem Zehnten Buch Sozialgesetzbuch gilt, so dass vorrangig § 64 SGG anzuwenden ist. Überwiegend wird angenommen, dass sich die Fristberechnung nach § 64 SGG und nicht nach § 26 Abs. 1 SGB X i. V. m. §§ 187 ff. SGG richtet. Dafür spricht, dass § 64 SGG im Kapitel der „gemeinsamen Verfahrensvorschriften" des Sozialgerichtsgesetzes steht und insofern das Sozialgerichtsgesetz nach § 62 SGB X vorrangig anzuwenden ist. Darüber hinaus verweist § 84 Abs. 2 Satz 3 SGG auf § 66 SGG, der seinerseits inhaltlich an § 64 SGG (Fristablauf) anknüpft.

168 Ein schriftlicher Verwaltungsakt gilt bei der Übermittlung durch die Post im Inland auch dann am dritten Tag nach der Aufgabe zur Post als bekanntgegeben, wenn dieser Tag auf einen Samstag, Sonntag oder Feiertag fällt (vgl. BSG, Urt. vom 6.5.2010 – B 14 AS 12/09 R –, NJW 2011, 1099 = DVP 2010, 527 = NJW 2011, 1099).

Ggf. ist § 188 Abs. 3 BGB zu beachten:
Fehlt bei einer nach Monaten bestimmten Frist in dem letzten Monat der für ihren Ablauf maßgebende Tag, so endet die Frist mit dem Ablauf des letzten Tages dieses Monats.

Wurden **gesetzliche** Fristen ohne Verschulden versäumt, regelt § 27 SGB X Einzelheiten für die Wiedereinsetzung in den vorherigen Stand.

1.3.16 Wiederholte Antragstellung (§ 28 SGB X)

Hat eine leistungsberechtigte Person von der Stellung eines Antrages auf eine Sozialleistung abgesehen (z. B. Arbeitslosengeld II), weil ein Anspruch auf eine andere Sozialleistung geltend gemacht worden ist (z. B. Arbeitslosengeld I) und wird diese Leistung versagt oder ist sie zu erstatten, wirkt der nunmehr nachgeholte Antrag bis zu einem Jahr zurück, wenn er innerhalb von sechs Monaten nach Ablauf des Monats gestellt ist, in dem die Ablehnung oder Erstattung der anderen Leistung bindend geworden ist.

Für die Leistungen nach dem **Zweiten Buch** Sozialgesetzbuch wird der Sechsmonatszeitraum des § 28 SGB X modifiziert. § 28 SGB X findet mit der Maßgabe Anwendung, dass der Antrag
- **unverzüglich** (vgl. § 121 BGB),
- **nach Ablauf des Monats**,
- in dem die Ablehnung oder Erstattung der anderen Leistung bindend, d. h. bestandskräftig (vgl. § 77 SGG), geworden ist,

nachzuholen ist (vgl. § 40 Abs. 7 SGB II).

Wurde z. B. ein nach § 37 SGB II erforderlicher Antrag auf Arbeitslosengeld II nicht gestellt, weil Arbeitslosengeld nach dem Dritten Buch Sozialgesetzbuch beantragt wurde, wird diese Leistung aber nicht bewilligt (vollständig „versagt"), findet § 28 SGB X i. V. m. § 40 Abs. 7 SGB II Anwendung. Der Betroffene kann demnach (rückwirkend) Arbeitslosengeld II beziehen, wenn der Antrag **unverzüglich nach Ablauf des Monats** beim dann zuständigen Träger der Grundsicherung für Arbeitsuchende nachgeholt wird, in dem die Ablehnung der anderen Leistung (hier z. B. Arbeitslosengeld nach dem Dritten Buch Sozialgesetzbuch) bindend (vgl. § 77 SGG) geworden ist. Mit „Ablauf des Monats" ist das **Ende** des Monats gemeint, in dem der Ablehnungsbescheid bestandskräftig geworden ist.

Aus dem Blickwinkel des Zweiten oder Zwölften Buches Sozialgesetzbuches findet § 28 **Satz 1** SGB X Anwendung, wenn die eigentlich beantragte Leistung **vollständig versagt** wird oder die bewilligte Leistung erstattet werden muss.

§ 28 SGB X **Satz 2** erweitert den Anwendungsbereich für die Fallkonstellationen, dass ein Antrag auf Leistungen nach dem Zweiten oder Zwölften Buch Sozialgesetzbuch **aus Unkenntnis** über deren Anspruchsvoraussetzungen unterlassen wurde.

Auch in dieser Fallkonstellation muss jedoch die vorrangige Leistung vollständig versagt worden sein. Weitere Voraussetzung ist ein Kausalzusammenhang zwischen der Nichtbeantragung der einen und der Geltendmachung der anderen Sozialleistung.

Beispiele
- *A stellt am 17.3. bei der Arbeitsagentur einen Antrag auf Arbeitslosengeld nach dem Dritten Buch Sozialgesetzbuch. Dieser wird mit bekanntgegebenem Bescheid vom 16.4. abgelehnt, da A die für einen Arbeitslosengeldanspruch notwendige Anwartschaftszeit (§ 137 Abs. 1 Nr. 3 SGB III, §§ 142, 143 SGB III, d. h. mindestens 360 Kalendertage versicherungspflichtige Beschäftigung in den letzten 24 Monaten) nicht erfüllt hat.*

    Am 25.5. stellt A einen Antrag beim zuständigen Leistungsträger der Grundsicherung für Arbeitsuchende. Er macht darauf aufmerksam, dass er eigentlich schon viel früher hätte kommen müssen, und erklärt den Hergang der Geschehnisse.

    Es stellt sich hier die Frage, von welchem Tag an und für welchen Monat A einen Leistungsanspruch auf Grundsicherung für Arbeitsuchende haben kann. Grundsätzlich können nach § 37 SGB II Leistungen nach dem Zweiten Buch Sozialgesetzbuch erst ab Antragseingang, also ab 25.5. erbracht werden. Gemäß § 37 Abs. 2 Satz 2 SGB II wirkt allerdings ein im Laufe des Monats gestellter Antrag auf den Ersten des Monats zurück. Danach kommt eine Leistungsgewährung ab dem 1.5. in Frage.

    *Ein anderer Leistungsbeginn kann aber wegen § 28 Satz 1 SGB X in Betracht kommen. Hat eine leistungsberechtigte Person von der Stellung eines Antrages auf eine Sozialleistung abgesehen, weil ein Anspruch auf eine andere Sozialleistung geltend gemacht worden ist, und wird diese Leistung versagt oder ist sie zu erstatten, wirkt der nunmehr nachgeholte Antrag unter den Voraussetzungen des § 28 SGB X bis zu einem Jahr zurück. A hat von der Stellung eines Antrags – **bewusst** – **abgesehen**, weil er von einem Arbeitslosengeldanspruch nach dem Dritten Buch Sozialgesetzbuch ausging. Diese Leistung wurde **versagt**[169]. Die Voraussetzungen des § 28 SGB X liegen daher vor.*

    *§ 28 SGB X findet im Zweiten Buch Sozialgesetzbuch mit der Maßgabe Anwendung, dass der Antrag **unverzüglich nach Ablauf des Monats**, in dem die Ablehnung oder Erstattung der anderen Leistung bindend, d. h. bestandskräftig (vgl. § 77 SGG) geworden ist, nachzuholen ist (vgl. § 40 Abs. 7 SGB II). Der Bescheid der Bundesagentur für Arbeit mit Bekanntgabedatum vom 16.4. ist erst am 16.5. bestandskräftig (§ 77 SGG) geworden.*

    *Die Frist berechnet sich nach § 62 **SGB** X i. V. m. § 26 **Abs.** 1 **SGB** X i. V. m. § 187 ff. BGB. Das Ende des Monats der Bestandskraft entspricht dem „Ablauf des Monats, in dem die Ablehnung der Leistung bindend geworden ist". Dies ist hier der 31.5. Der Antrag muss dann „unverzüglich" nach dem*

---

169 Der Gesetzgeber meint offensichtlich nicht die Versagung der Leistung im Sinne des § 66 SGB I, sondern will die vollständige Ablehnung eines Leistungsantrages zum Ausdruck bringen.

31.5. gestellt werden. Hier kann – in Abhängigkeit des Einzelfalls – unter Anlehnung an Rechtsbehelfsfristen von einem Zeitraum von ca. einen Monat ausgegangen werden.[170]

Der von A am 25.5. gestellte Antrag ist daher noch rechtzeitig gestellt. Er gilt dann als am 17.3. gestellt und wirkt gemäß § 37 Abs. 2 Satz 2 **SGB** X auf den 1.3. zurück.

- A stellt im obigen Beispiel einen Antrag auf Arbeitslosengeld nach dem Dritten Buch Sozialgesetzbuch. Dieser wird in Höhe von 500,00 € bewilligt. A ist überrascht, weil er mit einem höheren Betrag gerechnet hat. Er wendet sich an den zuständigen Leistungsträger für Grundsicherung für Arbeitsuchende und beantragt aufstockende Leistungen mit Wirkung zum 1.3.

Es stellt sich in diesem Beispiel die Frage, ob § 28 SGB X i. V. m. § 40 Abs. 7 SGB II erneut eine rückwirkende Antragstellung bewirkt. Dies kann in Erwägung gezogen werden, weil § 28 SGB X nach dem Sinn und Zweck der Vorschrift im komplizierten Zuständigkeitsgeflecht von Sozialleistungen bei der leistungsberechtigten Person Nachteile vermeiden will, die diese dadurch erleidet, dass sie in Erwartung bestimmter Leistungen einen Antrag auf eine andere Sozialleistung nicht stellt. Deshalb gibt § 28 **Satz 1** SGB X die Möglichkeit, einen – **bewusst** – unterlassenen Antrag auf eine Sozialleistung mit Wirkung für die Vergangenheit nachzuholen.

Zunächst muss A von der Stellung eines Leistungsantrages nach dem Zweiten Buch Sozialgesetzbuch abgesehen haben, weil er davon ausgegangen ist, dass ihm der Anspruch auf Arbeitslosengeld (Alg I) in einer solchen Höhe zusteht, die einen Leistungsanspruch nach dem Zweiten Buch Sozialgesetzbuch gegenstandslos macht. Es ergibt sich aus dem Sachverhalt nicht, ob A von den Leistungsmöglichkeiten nach dem Zweiten Buch Sozialgesetzbuch **Kenntnis** hatte, er aber **bewusst** auf einen Antrag unter der Annahme verzichtete, ausreichend Arbeitslosengeld (Alg I) zu bekommen (Frage der Kausalität).

Nach anderer Ansicht reicht es auch aus, dass aufgrund eines Antrags eine Sozialleistung **erwartet** (und eine konkrete Kenntnis damit entbehrlich) wird.[171] Diese Frage kann allerdings offenbleiben, denn für eine Anwendung des § 28 Satz 1 SGB X muss weiterhin die begehrte Leistung „versagt" worden sein. Das setzt eine negative Verwaltungsentscheidung, also einen Ablehnungsbescheid voraus. Dieser liegt nicht vor. Es ist – im Gegenteil – der vollständige Anspruch auf Arbeitslosengeld nach dem Dritten Buch Sozialgesetzbuch ausgezahlt worden. Damit liegen die Voraussetzungen des § 28 Satz 1 SGB X nicht vor.

Eine darüber hinausgehende Interpretation, die die Vorschrift nach dem Sinn und Zweck erweiternd auch auf den vorliegenden Fall auslegt, kann angesichts des klaren Wortlauts nicht vorgenommen werden.

Gemäß § 28 **Satz 2** SGB X wirkt ein nachgeholter Antrag aber auch dann rückwirkend, wenn der rechtzeitige Antrag auf eine andere Leistung aus Unkenntnis über deren Anspruchsvoraussetzungen **unterlassen** wurde. Mit „anderer

---

170 Vgl. *Conradis* in LPK-SGB II, Rn. 32 zu § 40 SGB II.
171 Vgl. LSG Baden-Württemberg, Urt. vom 26.6.2008 – L 12 AS 407/08 –, juris.

Leistung" ist die Leistung des Trägers der Grundsicherung für Arbeitsuchende nach dem Zweiten Buch Sozialgesetzbuch gemeint. Danach ist Voraussetzung, dass die andere, richtige Leistung (z. B. Arbeitslosengeld II), aus Unkenntnis über die Anspruchsvoraussetzungen nicht beantragt wurde **und** ein Nachrangverhältnis[172] zwischen zweiter und erster Leistung besteht.

Zwischen Arbeitslosengeld I und Arbeitslosengeld II besteht ein solches Vorrang-Nachrangverhältnis, so dass der Anwendungsbereich grundsätzlich eröffnet ist.

Darüber hinaus muss **auch im Anwendungsbereich des § 28 Satz 2 SGB X die Leistung „versagt"** worden sein, denn die Vorschrift geht davon aus, dass die vorrangige Leistung (Arbeitslosengeld I) tatsächlich nicht erbracht worden ist. In der hier vorliegenden Fallkonstellation ist das Gegenteil dessen erfolgt. Das Arbeitslosengeld I ist antragsgemäß bewilligt worden.[173]

Soweit die Anwendung des § 28 Satz 2 SGB X im vorliegenden Fall verneint wird, ist zu bedenken, dass nach dem Grundsatz der Meistbegünstigung (vgl. § 2 Abs. 2 SGB I) ein auf Arbeitslosengeld I bezeichneter Antrag zugleich einen Antrag auf Arbeitslosengeld II umfassen **kann**, sofern sich der Wille des Antragstellers ermitteln lässt, neben der beantragten Leistung noch weitere Sozialleistungen zu begehren.[174] Dies kann etwa dadurch geschehen, dass der Antragsteller zu erkennen gibt, ihm und ggf. der Bedarfsgemeinschaft fehle es an hinreichenden finanziellen Mitteln, um den Lebensunterhalt zu bestreiten, und sie seien deshalb auf weitere Sozialleistungen als die ausdrücklich beantragten angewiesen. Die Behörde selbst ist nicht verpflichtet, ins „Blaue hinein" investigativ zu ermitteln.

Obwohl § 18 Abs. 1 SGB XII vorsieht, dass Sozialhilfe – mit Ausnahme der Leistungen der Grundsicherung im Alter und bei Erwerbsminderung – ohne Antrag einsetzt, da bereits die Kenntnisnahme für die Leistungserbringung genügt (vgl. § 18 Abs. 1 SGB XII) und obwohl Leistungen im Zwölften Buch Sozialgesetzbuch wegen des Bedarfsdeckungsprinzips grundsätzlich nicht für die Vergangenheit gewährt werden, wird hier die Ansicht vertreten, dass § 28 SGB X auch auf die Leistungen nach dem Zwölften Buch Sozialgesetzbuch Anwendung finden kann. Dies lässt sich zum einen mit einem Erst-Recht-Schluss begründen. Zum anderen hält die neuere Rechtsprechung in den Fällen des § 44 SGB X auch in der Sozialhilfe die Leistungserbringung für vergangene Zeiträume für zulässig.[175]

---

172 Vgl. BSG, Urt. vom 19.10.2010 – B 14 AS 16/09 R –, NZS 2011, 786 = SozR 4-4200 § 37 Nr. 3.
173 Vgl. zu einer vergleichbaren Fallkonstellation: BSG, Urt. vom 2.4.2014 – B 4 AS 29/13 –, NZS 2014, 547 ff.
174 Vgl. BSG, Urt. vom 2.4.2014 – B 4 AS 29/13 –, NZS 2014, 547 ff.; BSG, Urt. vom 19.10.2010 – B 14 AS 16/09 R –, NZS 2011, 786 = SozR 4-4200 § 37 Nr. 3; BSG, Urt. vom 2.7.2009 – B 14 AS 75/08 R –, FamRZ 2009, 1997 = FEVS 61, 345 = NJW 2010, 2381; SG Berlin, Urt. vom 25.11.2009 – S 160 AS 7256/08 –, BeckRS 2010, 68430.
175 Abweichend von der Rechtsprechung des BVerwG zur Sozialhilfe (u.a. Urt. vom 13.11.2003 – 5 C 26/02 –, FEVS 55, 320 = ZFSH/SGB 2004, 371 = NDV-RD 2004, 75) findet § 44 SGB X im Leistungsrecht nach dem Zweiten Buch Sozialgesetz und nach dem Zwölften Buch Sozialgesetzbuch Anwendung; vgl. BSG, Urt. vom 16.10.2007 – B 8/9b SO 8/06 R –, BSGE 99, 137 = FEVS 59, 337 = NZS 2008, 558; BSG, Urt. vom 26.8.2008 – B 8 SO 26/07 R –, SozR 4-1300 § 44 Nr. 15 = FEVS 60, 350; BSG, Urt. vom 17.6.2008 – B 8 AY 5/07 R –, SozR 4-3520 § 9 Nr. 1 = FEVS 60, 248; BSG, Urt. vom 29.9.2009 – B 8 SO 16/08 R –, BSGE 104, 213 = SGb 2010, 608 = FEVS 61, 376; BSG, Urt. vom 1.6.2010 – B 4 AS 78/09 –, BSGE 106, 155 = SozR 4-4200 § 22 Nr. 36.

§ 28 SGB X ist für die Leistungsträger nach dem Zweiten bzw. Zwölften Buch Sozialgesetzbuch wegen des Nachranggrundsatzes auch dann von Bedeutung, wenn die Zuständigkeit anderer Leistungsträger gegeben sein könnte. Hinsichtlich eines Arbeitslosengeldantrages und der Zuständigkeit der Arbeitsagentur dürfte die Vorschrift aber nicht anwendbar sein, da ein Arbeitslosengeldantrag die „persönliche Arbeitslosmeldung" (§ 141 SGB III) verlangt.

Im thematischen Zusammenhang mit § 28 SGB X ist § 16 Abs. 2 SGB I zu sehen. Wird danach ein Antrag bei einem örtlich oder sachlich unzuständigen Leistungsträger gestellt, hat dieser den Antrag an den zuständigen Träger der Grundsicherung für Arbeitsuchende oder den Träger der Sozialhilfe unverzüglich weiterzuleiten. Der Antrag gilt dann als zu dem Zeitpunkt gestellt, an dem er bei dem unzuständigen Leistungsträger eingegangen ist.

§ 16 Abs. 2 SGB I wird mit Hilfe eines Erst-Recht-Schlusses auch auf den Träger der Sozialhilfe angewandt, der – ohne Antrag – von Amts wegen tätig wird, sobald ihm eine Notlage bekannt wird (§ 18 Abs. 1 SGB XII).[176] Fraglich ist allerdings, ob die Vorschrift auch auf die Fälle anwendbar ist, in denen ein inhaltlich falscher Antrag gestellt wird. Allerdings sieht die Rechtsprechung den Anwendungsbereich des § 16 SGB I unter Rück-griff auf den Grundsatz der Meistbegünstigung[177] für eröffnet.

Teilweise wird die Auffassung vertreten[178], dass ein als Antrag auf Arbeitslosengeld nach dem Dritten Buch Sozialgesetzbuch bezeichneter Antrag zugleich einen Antrag auf Arbeitslosengeld II umfasst, sofern sich nicht zweifelsfrei der Wille des Antragstellers ermitteln lässt, ausschließlich die genannte Leistung zu begehren. Beide Leistungen stünden in einer engen Beziehung zueinander und würden an eine bereits eingetretene oder drohende Erwerbslosigkeit anknüpfen.

Für diese Annahme muss hinzukommen, dass der Antragsteller deutlich seinen Willen zum Ausdruck bringt, neben der beantragten Leistung noch weitere Sozialleistungen zu begehren.[179] Die Behörde muss den Willen des Antragstellers also weder erraten noch ins „Blaue hinein" ermitteln.

Die Argumentation gilt auch für den umgekehrten Fall, wenn ein Antrag auf Arbeitslosengeld II gestellt wird und eine Leistung nach dem Dritten Buch Sozialgesetzbuch in Frage kommt.

Das Bundessozialgericht[180] hat – ebenfalls unter Rückgriff auf den Meistbegünstigungsgrundsatz – den Anwendungsbereich des § 16 Abs. 2 SGB I für den Fall bejaht, dass im Rahmen einer Arbeitslosengeld II-Bewilligung eine Haushaltshilfe begehrt wird, aber eine Pflegehilfe zu gewähren wäre. Der danach gegenüber dem Träger der Grundsicherung für Arbeitsuchende nach dem Zweiten Buch Sozialgesetzbuch

---

176 Vgl. BSG, Urt. vom 26.8.2008 – B 8/9b SO 18/07 R –, NJW 2009, 1775 = FEVS 60, 385 = SGb 2009, 620 = NVwZ-RR 2009, 287.
177 Vgl. BSG, Urt. vom 7.11.2006 – B 7b AS 8/06 R –, BSGE 97, 217 = NZS 2007, 328 = FEVS 58, 259 = SGb 2007, 308; vgl. auch § 2 Abs. 2 SGB I.
178 Vgl. SG Berlin, Urt. vom 25.11.2009 – S 160 AS 7256/08 –, BeckRS 2010, 68430; ähnlich BSG, Urt. vom 19.10.2010 – B 14 AS 16/09 R –, NZS 2011, 786 = SozR 4-4200 § 37 Nr. 3; BSG, Urt. vom 2.7.2009 – B 14 AS 75/08 R –, FamRZ 2009, 1997 = FEVS 61, 345 = NJW 2010, 2381.
179 Vgl. BSG, Urt. vom 2.4.2014 – B 4 AS 29/13 –, NZS 14/2014, 547 ff.
180 Vgl. BSG, Urt. vom 26.8.2008 – B 8/9b SO 18/07 R –, NJW 2009, 1775 = FEVS 60, 385 = SGb 2009, 620 = NVwZ-RR 2009, 287.

gestellte Antrag eines Empfängers von Leistungen nach dem Zweiten Buch Sozialgesetzbuch auf Erstattung der angemessenen Kosten für eine besondere Pflegekraft ist auch als Antrag auf Übernahme der Kosten gegenüber dem Träger der Sozialhilfe zu verstehen.

1.3.17 Verwaltungsakt im Zweiten und Zwölften Buch Sozialgesetzbuch

1.3.17.1 Funktion und Bedeutung

Das Verwaltungsverfahren im Sinne des Sozialgesetzbuches ist die nach außen wirkende Tätigkeit der Behörden, die auf die Prüfung der Voraussetzungen, die Vorbereitung und den Erlass eines Verwaltungsaktes oder auf den Abschluss eines öffentlich-rechtlichen Vertrages gerichtet ist; es schließt den Erlass des Verwaltungsaktes oder den Abschluss des öffentlich-rechtlichen Vertrages ein (§ 8 SGB X).

Um ein Verwaltungsverfahren handelt es sich insbesondere dann, wenn das Ziel im Erlass eines Verwaltungsaktes besteht. Der Verwaltungsakt ist in § 31 SGB X definiert. Er liegt vor bei einer Verfügung, Entscheidung oder einer anderen hoheitlichen Maßnahme, die eine Behörde zur Regelung eines Einzelfalles auf dem Gebiet des öffentlichen Rechts trifft und die auf unmittelbare Rechtswirkung nach außen gerichtet ist. Verwaltungsinterne Beratungen, Besprechungen sind mangels Außenwirkung gegenüber dem Bürger keine Verwaltungsakte, Dienstfahrten oder Informationen bzw. Hinweise für den Bürger sind mangels Regelung keine Verwaltungsakte. Denn Regelungen liegen nur bei einer verbindlichen Herbeiführung einer Rechtsfolge vor. Dies ist wiederum der Fall, wenn Rechte oder Pflichten begründet, geändert, aufgehoben, beseitigt oder verbindlich festgestellt werden.

Wird der Verwaltungsakt nach Bekanntgabe nicht angefochten, wird er bestandskräftig (vgl. § 39 Abs. 2 SGB X; § 77 SGG). Zur Durchbrechung der Bestandskraft ist es erforderlich, den Verwaltungsakt förmlich aufzuheben (vgl. §§ 44 ff. SGB X). Insbesondere der Leistungen gewährende Verwaltungsakt wird für die Dauer seines Bestandes zu einem eigenständigen Rechtsgrund für den Anspruch und das Behaltendürfen der Leistung.

Die Frage des Vorliegens eines Verwaltungsaktes nach § 31 SGB X hat Auswirkungen auf den möglichen Rechtsbehelf des Widerspruchs (vgl. §§ 78, 83 SGG) oder auf die zulässige Klageart (vgl. § 54 SGG). Ohne Vorliegen eines Verwaltungsaktes, z.B. in den Fällen, in denen die Leistung ohne Bescheiderteilung eingestellt wird, kann eine Leistungsklage (vgl. § 54 Abs. 5 SGG) erhoben werden.

Der Verwaltungsakt kann auch Grundlage für die Zwangsvollstreckung sein, insbesondere bei der Aufhebung von Verwaltungsakten und der in der Regel damit verbundenen Aufforderung zur Erstattung (vgl. § 50 **SGB** X). Allerdings wird hiervon in der Praxis mangels Leistungsfähigkeit der Erstattungspflichtigen selten Gebrauch gemacht. Stattdessen bedient man sich der Möglichkeit der Aufrechnung (vgl. § 26 **Abs.** 2 SGB XII, § 43 **SGB** II).

1.3.17.2 Arten von Verwaltungsakten

Soweit ein Verwaltungsakt bekanntgegeben wird, der ein Recht oder einen rechtlich erheblichen Vorteil begründet oder bestätigt hat, handelt es sich um einen begünstigenden Verwaltungsakt (vgl. § 45 Abs. 1 SGB X). Wird der begünstigende Verwaltungsakt aufgehoben, liegt ein eingreifender und belastender Verwaltungsakt vor. Ein ordnungsgemäßes Verwaltungsverfahren setzt bei einer Aufhebungs- und Erstattungsentscheidung grundsätzlich eine vorherige Anhörung voraus.

Besondere Bedeutung hat die Abgrenzung zwischen **einmaligen Verwaltungsakten** und **Dauerverwaltungsakten**. Verwaltungsakte haben Dauerwirkung, wenn sie längerfristige Rechtsverhältnisse begründen oder verändern, ihnen also eine Wirkung zukommt, die sich nicht in einer einmaligen Vollziehung oder Rechtsgestaltung bzw. einem einmaligen Gebot oder Verbot erschöpfen.

Nach einer weiteren Definition liegt ein Verwaltungsakt mit Dauerwirkung vor, wenn sein Regelungsinhalt – vom Zeitpunkt des Erlasses des Verwaltungsaktes her – nach seiner rechtlichen Wirkung in die Zukunft fortwirken soll, sich also über eine einmalige Gestaltung der Rechtslage hinaus auf eine gewisse – bestimmte oder unbestimmte – zeitliche Dauer in der Zukunft erstreckt.[181] Gemäß § 41 Abs. 3 SGB II sollen Grundsicherungsleistungen für Arbeitsuchende jeweils für sechs Monate bewilligt und monatlich im Voraus erbracht werden.

Der Bewilligungszeitraum für Leistungen nach dem Zweiten Buch Sozialgesetzbuch kann auf bis zu zwölf Monate verlängert werden, wenn bei den leistungsberechtigten Personen eine Veränderung der Verhältnisse nicht zu erwarten ist (§ 41 Abs. 1 Satz 5 SGB II). Leistungen nach dem 4. Kapitel SGB XII (Grundsicherung im Alter und bei voller Erwerbsminderung) sollen für zwölf Monate bewilligt werden (vgl. § 44 Abs. 3 SGB XII). Der erlassene Verwaltungsakt erschöpft sich dann nicht in einer einzigen Regelung, sondern bewilligt die Leistung dann mindestens sechs oder zwölf Mal, da die Leistungserbringung monatlich erfolgt.

Damit handelt es sich um einen Dauerverwaltungsakt. Eine etwaige Aufhebung richtet sich daher grundsätzlich nach § 48 SGB X. Ist der Verwaltungsakt allerdings von Anfang an, also im Zeitpunkt der Bekanntgabe der Leistungsbewilligung, rechtswidrig, ist § 45 SGB X selbst bei einem Verwaltungsakt mit Dauerwirkung die richtige Ermächtigungsgrundlage für eine Rücknahme.

Leistungen der Sozialhilfe (SGB XII) nach dem 3. sowie 5. bis 9. Kapitel unterliegen – mit Ausnahme der Grundsicherung im Alter und bei Erwerbsminderung nach dem 4. Kapitel SGB XII – dem Bedarfsdeckungsprinzip. Leistungen sollen danach keine rentenähnlichen Dauerleistungen darstellen, sondern nur eine individuelle, gegenwärtige und damit konkrete Notlage im laufenden Monat beseitigen.[182] Insofern ist ein in der Sozialhilfe ergangener Verwaltungsakt kein Dauerverwaltungsakt.

---

181 BSG, Urt. vom 21.3.1996 – 11 RAr 101/94 –, BSGE 78, 109 = NZS 1996, 536.
182 Vgl. bereits BVerwG, Urt. vom 30.11.1966 – 5 C 29/66 –, BVerwGE 25, 307 = FEVS 14, 243 = NDV 1967, 281.

Sofern nicht in jedem Monat ein neuer förmlicher Bescheid erlassen wird, sondern nur die tatsächliche Auszahlung vorgenommen wird, stellt die Auszahlung einen nach § 33 Abs. 2 SGB X konkludent ergangenen Verwaltungsakt dar.[183]

Diese Praxis macht daher den Verwaltungsakt nicht zu einem Dauerverwaltungsakt. Eine etwaige Aufhebung würde sich daher – bei Rechtswidrigkeit – allein nach § 45 SGB X richten. Diese Aussage bzw. Rechtsanalyse geht zurück auf die Rechtsprechung des Bundesverwaltungsgerichts zur Rechtsstruktur der Sozialhilfe, wonach Sozialhilfe quasi täglich neu regelungsbedürftig sei.[184]

Allerdings hat das Bundesverwaltungsgericht den Verwaltungsakt mit Dauerwirkung nicht grundsätzlich ausgeschlossen.[185] Deshalb kommt es darauf an, zu klären, wie ein verständiger Empfänger die vom Träger der Sozialhilfe getroffene Regelung verstehen kann (vgl. §§ 133, 157 BGB). Wenn im Tenor oder im Bescheid- bzw. Begründungstext ausgeführt wird, dass sich die Bewilligung stillschweigend von Tag zu Tag verlängert, solange die gesetzlichen und tatsächlichen Voraussetzungen der Leistung weiter bestehen, deutet dies auf einen Dauerverwaltungsakt hin. Dasselbe dürfte gelten, wenn im Tenor des Verwaltungsaktes bestimmt wird, dass die Leistung „bis auf Weiteres" oder „ab" einem bestimmten Datum[186] erbracht wird.

Hinzu kommt, dass die Regelbedarfe mit der Einführung des Zweiten Buches Sozialgesetzbuches und des Zwölften Buches Sozialgesetzbuch zur Vermeidung der Erbringung von Einmalleistungen zum 1.1.2005 um 17 v. H. angehoben wurde. Damit enthält der Regelbedarf nunmehr auch Mittel für Ansparungen, da grundsätzlich einmalige Beihilfen wie nach dem Bundessozialhilfegesetz nicht mehr erbracht werden. Stattdessen hat die leistungsberechtigte Person Rücklagen zu bilden (sog. **„Ansparprinzip"**). Auch die pauschale Erbringung der Leistungen nach dem Zwölften Buch Sozialgesetzbuch deutet mehr und mehr daraufhin, dass die dortigen Sozialhilfeleistungen regelmäßig als Dauerleistung erbracht werden.[187]

Dementsprechend kann auch die Eingliederungshilfe für behinderte Menschen[188] oder die Hilfe zur Pflege als Dauerleistung ausgestaltet sein, so dass der Leistungsbewilligung ein Dauerverwaltungsakt zugrunde liegen kann.

Vor dem beschriebenen Hintergrund gilt für die Aufhebung von Verwaltungsakten Folgendes:
- Handelt es sich um einen Dauerverwaltungsakt und ändern sich während der Leistungserbringung die Verhältnisse, ist der Verwaltungsakt unter den Voraussetzungen des § 48 SGB X aufzuheben.

---

183 Vgl. BSG, Urt. vom 17.6.2008 – B 8/9b AY 1/07 R –, BSGE 101, 49 = FEVS 60, 193 = NVwZ-RR 2009, 243; BSG, Urt. vom 29.10.1992 – 10 RKg 4/92 –, NZS 1993, 279; BVerwG, Urt. vom 15.11.1967 – 5 C 71/67 –, BVerwGE 28, 216 = FEVS 15, 361 = NDV 1968, 113; OVG Münster, Urt. vom 24.3.1993 – 24 A 1093/90 –, NDV 1994, 72 = FEVS 44, 330 = NVwZ 1993, 393.
184 Vgl. BVerwG, Urt. vom 14.7.1998, – 5 C 2/97 –, NVwZ-RR 1999, 34 = FEVS 48, 535 = DVBl 1998, 1135.
185 Vgl. BVerwG, Urt. vom 14.7.1998 – 5 C 2/97 –, NVwZ-RR 1999, 34 = FEVS 48, 535 = DVBl. 1998, 1135.
186 Vgl. LSG Niedersachsen-Bremen, Beschl. vom 24.1.2006 – L 8 SO 83/05 ER –, FEVS 58, 28.
187 Vgl. LSG Niedersachsen-Bremen, Beschl. vom 16.10.2008 – L 8 SO 70/08 ER –, BeckRS 2009, 52072.
188 Vgl. BVerwG, Urt. vom 26.9.1991 – 5 C 14/87 –, BVerwGE 89, 81 = NVwZ-RR 1992, 485 = FEVS 43, 1 = NDV 1992, 129; BVerwG, Urt. vom 29.1.1995 – 5 C 21/93 –, NVwZ-RR 1996, 446 = FEVS 46, 360 = ZFSH/SGB 1996, 430.

- Ist der Dauerverwaltungsakt von Anfang an rechtswidrig, richtet sich die Aufhebung nach § 45 SGB X. Ein Verwaltungsakt ist von Anfang an rechtswidrig, wenn der Verwaltungsakt **im Zeitpunkt seiner Bekanntgabe** rechtswidrig gewesen ist.
- Werden Sozialhilfeleistungen nicht als Dauerleistung erbracht und stellt sich im Monat der Leistungserbringung oder **nach** der Leistungserbringung die Rechtswidrigkeit heraus, erfolgt die Aufhebung nach § 45 SGB X.
- Werden die Leistungen nicht dauerhaft, sondern nur für die kurzfristige, d. h. monatliche Beseitigung einer Notlage erbracht, dann ist für die **Einstellung** der Leistung kein Widerruf, keine Rücknahme oder Aufhebung eines fortwirkenden Bewilligungsbescheides, sondern allein die **Versagung** der weiteren Bewilligung erforderlich. Dann liegt kein weiterer Verwaltungsakt vor. Möchte die leistungsberechtigte Person weiter Sozialhilfe (SGB XII) beziehen, muss sie ihre Bedürftigkeit nach den Regeln der objektiven Beweislast nachweisen und ggf. Verpflichtungsklage erheben.

Im Rahmen der Aufhebung von Verwaltungsakten muss die Behörde nach den Regeln der objektiven Beweislast nachweisen, dass die Bedürftigkeit entfallen ist. Das in der Sozialhilfe traditionell verwurzelte Bedarfsdeckungs- und Monatsprinzip erweist sich in diesem Zusammenhang für den Träger der Sozialhilfe als vorteilhaft, da dieser die Leistung ohne Aufhebung einstellen kann, ohne dass der Erlass eines weiteren Verwaltungsaktes notwendig wird.

1.3.17.3 Verwaltungsakt in besonderen Konstellationen

Da das Vorliegen eines Verwaltungsaktes wichtige Prozessvoraussetzung ist, werden folgende Hinweise gegeben:
- Behördliche Aufklärung, Auskunft oder Beratung nach den §§ 13, 14, 15 SGB I sind mangels Regelung keine Verwaltungsakte. Denn die für Regelungen notwendige verbindliche Herbeiführung von Rechtsfolgen wird mit bloßen Auskünften und Hinweisen nicht erreicht. Ebenso verhält es sich mit einer Anhörung und anderen Informationen oder Mitteilungen über die Sach- und Rechtslage. Auch Hinweise zu den Mitwirkungspflichten (vgl. §§ 60 ff. SGB I) sind keine Verwaltungsakte. Soweit die Behörde solche oder ähnliche Schreiben – fälschlicherweise – als „Verwaltungsakt" (Titulierung als „Bescheid", Hinzufügen einer Rechtsbehelfsbelehrung) bezeichnet, liegt ein sog. „formeller Verwaltungsakt" vor, der mit Widerspruch und Klage angefochten werden kann.
- Die Kostensenkungsaufforderung des Leistungsträgers zur Reduzierung der unangemessenen Unterkunftskosten nach § 22 Abs. 1 SGB II stellt nur einen Hinweis mit Warnfunktion und somit mangels Regelung keinen Verwaltungsakt dar.
- Die Überleitungsanzeige (vgl. § 93 SGB XII) ist ein Verwaltungsakt, auch wenn seine Rechtswirkungen auf dem Gebiet des Privatrechts liegen. Maßgeblich ist allein, dass die Überleitungsanzeige auf einer öffentlich-rechtlichen Norm basiert, um eine hoheitliche bzw. öffentlich-rechtliche Maßnahme zu bejahen. Gegenüber dem Schuldner bewirkt die Überleitungsanzeige, dass dieser einen neuen Gläubiger hat (nicht mehr der Leistungsberechtigte, sondern der Träger der Sozialhilfe).

Daher wirkt sich die Überleitung auf das Rechtsverhältnis zum Leistungsberechtigten aus und es handelt sich um eine Regelung, mithin um einen Verwaltungsakt. Vor Erlass der Überleitungsanzeige sind Leistungsberechtigter und Schuldner nach § 24 Abs. 1 SGB X anzuhören.

- Die Parallelregelung des § 33 Abs. 1 SGB II sieht wie auch § 33 Abs. 2 SGB II und § 94 SGB XII einen Übergang des Anspruchs kraft Gesetzes vor. Einer Überleitungsanzeige bedarf es daher nicht. Die Rechtswahrungsanzeige (vgl. § 33 Abs. 3 SGB II, § 94 Abs. 4 SGB XII) hat lediglich eine Mitteilungs- und Warnfunktion hinsichtlich des kraft Gesetzes übergegangenen Anspruchs. Mangels Regelung liegt daher kein Verwaltungsakt vor.
- Die Regelung des § 117 Abs. 1 Satz 1 SGB XII begründet einen eigenständigen Auskunftsanspruch des Trägers der Sozialhilfe. Danach haben Unterhaltspflichtige, ihre nicht getrennt lebenden Ehegatten oder Lebenspartner und Kostenersatzpflichtige dem Träger der Sozialhilfe über ihre Einkommens- und Vermögensverhältnisse Auskunft zu geben, soweit die Durchführung des Zwölften Buches Sozialgesetzbuch dies erfordert. Es handelt sich mithin um eine Regelung und damit um einen Verwaltungsakt.
- Entsprechendes gilt für die Auskunftspflichten Dritter nach den §§ 57, 58, 60 und 61 SGB II. Die hier verankerten Auskunftsverlangen erfüllen die Voraussetzungen des § 31 SGB X. Es handelt sich um eine Maßnahme zur Regelung eines Einzelfalls mit unmittelbarer Rechtswirkung nach außen, weil es eine konkrete Auskunftspflicht im Einzelfall begründet, denn der Inhalt der Auskunftspflicht wird bestimmt. Es wird festgelegt, welche Zeit dem Auskunftsverpflichteten zur Erfüllung seiner Pflicht zur Verfügung steht.
- Die Aufforderung an einen Leistungsberechtigten der Grundsicherung für Arbeitsuchende gemäß § 5 Abs. 3, § 12a SGB II einen Rentenantrag zu stellen, stellt einen Verwaltungsakt dar.[189] Die Aufforderung an den Leistungsberechtigten zur Rentenbeantragung steht im Ermessen des Leistungsträgers. Bei der Ermessensausübung hat der Leistungsträger auch andere als die in der Unbilligkeitsverordnung aufgeführten Gesichtspunkte zu berücksichtigen.
- Das Versagen einer Leistung wegen fehlender Mitwirkung nach § 66 SGB I stellt einen Verwaltungsakt dar. Hiergegen sind daher ein Anfechtungswiderspruch bzw. eine Anfechtungsklage zulässig. Eine nach § 54 Abs. 4 SGG kombinierte Anfechtungs- und Leistungsklage kommt in Betracht, wenn sich bei einer Aufhebung der Entscheidung über die Versagung wegen fehlender Mitwirkung das Verwaltungsverfahren lediglich wiederholen würde.[190]
- Die Meldeaufforderung nach § 32 SGB II stellt einen Verwaltungsakt dar.

---

189 Vgl. LSG NRW, Beschl. vom 1.2.2010 – L 19 B 371/09 AS ER –, juris.
190 Vgl. BSG, Urt. vom 1.7.2009 – B 4 AS 78/08 R –, BSGE 104, 26 = SozR 4-1200 § 66 Nr. 5.

1.3.18 Nebenbestimmungen (§ 32 SGB X)

1.3.18.1 Art der Nebenbestimmung

Gemäß § 32 Abs. 2 SGB X können folgende Nebenbestimmungen einem Verwaltungsakt beigefügt werden:
- eine Bestimmung, nach der eine Vergünstigung oder Belastung zu einem bestimmten Zeitpunkt beginnt, endet oder für einen bestimmten Zeitraum gilt (**Befristung**),
- eine Bestimmung, nach der der Eintritt oder der Wegfall einer Vergünstigung oder einer Belastung von dem ungewissen Eintritt eines zukünftigen Ereignisses abhängt (**Bedingung**),
- ein **Vorbehalt des Widerrufs**,
- eine Bestimmung, durch die dem Begünstigten ein Tun, Dulden oder Unterlassen vorgeschrieben wird (**Auflage**),
- ein Vorbehalt der nachträglichen Aufnahme, Änderung oder Ergänzung einer Auflage.

Häufiger ist die Frage problematisch, wann es sich um eine Auflage und wann es sich um eine Bedingung handelt. Diese Abgrenzungsfrage ist dann erforderlich, wenn ein Ereignis der aufschiebenden Bedingung ein bestimmtes Verhalten des Betroffenen ist. Maßgeblich ist zunächst der materielle Gehalt, nicht die formelle Bezeichnung. Um den objektiven Erklärungswert zu ermitteln, ist in erster Linie auf den Willen der Behörde abzustellen. Auslegungsgesichtspunkt ist dabei die Frage, ob nach Ansicht der Behörde die Hauptregelung sofort wirksam werden sollte (dann Auflage) oder ob die Hauptregelung erst mit der Erfüllung der Bedingung Wirksamkeit erlangen sollte.

Sollte auch unter diesem Gesichtspunkt keine Klärung möglich sein, gehen etwaige Unklarheiten, welcher Typ von Nebenbestimmungen geregelt worden ist, zu Lasten der Behörde. Im Zweifel handelt es sich am ehesten um eine Auflage, da diese Regelung die günstigere Entscheidung für den Bürger darstellt.

Unterschiede zwischen Auflage und Bedingung lassen sich nachfolgender Übersicht entnehmen:

Auflage	Bedingung
• eigene, selbständig vollstreckbare Regelung, aber akzessorisch zur Hauptregelung	• integrativer Bestandteil des Hauptverwaltungsaktes
• die Auflage „zwingt"; sie ist selbständig vollstreckbar	• die Bedingung zwingt nicht, suspen-diert aber
• die Hauptregelung ist wirksam, unabhängig von der Erfüllung der Auflage	• die Hauptregelung wird erst mit Erfüllung der Bedingung wirksam
• erkennbar durch Anwendung der Formel: „Ja, aber…"	• erkennbar durch Anwendung der Formel: „Ja, wenn …"

1.3.18.2 Nebenbestimmungen bei gebundener Verwaltung

Ein Verwaltungsakt, auf den ein Anspruch besteht, darf gemäß § 32 Abs. 1 SGB X nur unter zwei Voraussetzungen mit einer Nebenbestimmung versehen werden. Entweder lässt eine Rechtsvorschrift die Nebenbestimmung zu oder die Nebenbestimmung stellt sicher, dass die gesetzlichen Voraussetzungen des Verwaltungsaktes erfüllt werden.

Ganz regelmäßig handelt es sich bei Leistungen nach dem Zweiten Buch Sozialgesetzbuch oder Zwölften Buch Sozialgesetzbuch um gebundene Verwaltungsakte, auf die ein Anspruch besteht (vgl. § 38 SGB I), d. h. die Sozialleistung muss bei Vorliegen der Voraussetzungen bewilligt werden. Im Zweiten Buch Sozialgesetzbuch oder im Zwölften Buch Sozialgesetzbuch sind kaum Vorschriften enthalten, die das Beifügen einer Nebenbestimmung ausdrücklich erlauben. Vor diesem Hintergrund ist daher grundsätzlich festzustellen, dass die hier in Frage kommenden Verwaltungsakte **grundsätzlich** nebenbestimmungs-, insbesondere aber bedingungsfeindlich, sind (vgl. § 32 Abs. 1 **Alt.** 1 SGB X).

Beispiel 1
*Die Zahlung von Pflegegeld (vgl. § 64a SGB XII) setzt gemäß § 64a Abs. 1 Satz 2 SGB XII voraus, dass der Pflegebedürftige mit dem Pflegegeld die erforderliche Pflege in geeigneter Weise sicherstellen kann. Gelingt dies nicht, ist die Zahlung von Pflegegeld abzulehnen. Eine **Auflage** im Bewilligungsbescheid, das Pflegegeld entsprechend der Regelung in § 64a Abs. 1 Satz 2 SGB XII zweckentsprechend einzusetzen, ist nicht möglich.*

*Für das Beifügen der Auflage existiert in den §§ 61 ff. SGB XII keine rechtliche Ermächtigung. Die Auflage kann auch nicht **sicherstellen** (sog. „Sicherstellungsfunktion" einer Nebenbestimmung), dass bislang noch nicht vorhandene Voraussetzungen der Pflegegeldgewährung erfüllt werden. Der zuständige Leistungsträger muss bereits im Zeitpunkt der Bewilligung entscheiden, ob die Voraussetzungen für die Pflegegeldzahlungen vorliegen.*

Beispiel 2
Die Sozialhilfebewilligung in Höhe von 756,16 € erfolgt unter dem Vorbehalt, dass keine Änderung der persönlichen, häuslichen oder wirtschaftlichen Verhältnisse eintreten.

Es handelt sich um eine unzulässige Nebenbestimmung, da es für die Bewilligung auf die IST-Situation ankommt. Bei gebundenen Verwaltungsakten erlaubt die bloße abstrakte Möglichkeit einer späteren Rechts- und Tatsachenänderung nicht den Erlass von Nebenbestimmungen.

Einer der wenigen gegenteiligen Fälle, in denen eine Nebenbestimmung ausdrücklich erlaubt ist, ist in § 29 Abs. 4 SGB II zu sehen. Danach **kann** im begründeten Einzelfall ein Nachweis über eine zweckentsprechende Verwendung der Leistung verlangt werden. Soweit der Nachweis nicht geführt wird, **soll** die Bewilligungsentscheidung widerrufen werden. Die Bewilligung der Schulbedarfsleistung im Rahmen der

Bildungs- und Teilhabeleistung nach § 28 Abs. 3 SGB II kann (Ermessen) somit mit der **Auflage** versehen werden, den Verwendungsnachweis (z. B. eine Quittung) bis zu einem bestimmten Termin einzureichen. Für den Fall der Nichtbeachtung kann dem Bewilligungsbescheid ein Widerrufsvorbehalt beigefügt werden.

Da das Beifügen einer Auflage und eines Widerrufvorbehalts im Fall des § 29 Abs. 4 SGB II in das Ermessen der Behörde gestellt wird und sowohl Auflage als auch Widerrufsvorbehalt belastende Entscheidungen zum begünstigenden Hauptverwaltungsakt darstellen, hat die Behörde das Beifügen der Nebenbestimmungen ausreichend nach § 35 SGB X zu begründen. Ferner ist darauf zu achten, dass die Nebenbestimmung dem Bestimmtheitsgebot Rechnung trägt (§ 33 Abs. 1 SGB X). Vor Erlass der Nebenbestimmung ist eine Anhörung (§ 24 SGB X) durchzuführen.

Grundsätzlich können insbesondere einmalige Leistungen nach dem Zweiten und Zwölften Buch Sozialgesetzbuch – wie z. B. bei Leistungen für die Erstausstattung der Wohnung – mit der Auflage versehen werden, **Nachweise über die zweckentsprechende Verwendung** einer gewährten Beihilfe zu erbringen. Da der jeweilige Leistungsträger gehalten ist, auf die Beseitigung der Hilfebedürftigkeit hinzuwirken, hat er auch die Pflicht, für eine zweckentsprechende Verwendung von erbrachten Leistungen zu sorgen.

Die Erbringung eines Darlehens kann in den Fällen, in denen nicht sofort verwertbares Vermögen vorhanden ist, mit der aufschiebenden Bedingung versehen werden, dass die Rückzahlung des Darlehens insbesondere durch eine Eintragung im Grundbuch dinglich gesichert wird (§ 91 Satz 2 SGB XII, § 24 Abs. 5 Satz 2 SGB XII).

Ein Beispiel für eine **Befristung** stellt § 41 Abs. 3 Satz 1 SGB II dar. Danach sollen Leistungen nach dem Zweiten Buch Sozialgesetzbuch jeweils für zwölf Monate bewilligt und monatlich im Voraus erbracht werden. Eine Befristung kennzeichnet sich aus der Kombination eines Anfangs- und Endtermins bzw. gewiss eintretender Ereignisse, so dass die Bewilligung nur für einen Zeitraum gilt. Nach Ablauf des Zeitraums wird der Bürger gezwungen, einen neuen Antrag zu stellen. Die Behörde wird durch die Bewilligung in die Lage versetzt, die Bewilligungsvoraussetzungen neu zu überprüfen. Entsprechendes gilt für Entscheidungen über Leistungen der Grundsicherung im Alter und bei Erwerbsminderung.[191]

Nach der zweiten Alternative von § 32 Abs. 1 SGB X (§ 32 Abs. 1 **Alt. 2** SGB X) kann eine Nebenbestimmung dem Verwaltungsakt beigefügt werden, damit sichergestellt wird, dass die gesetzlichen Voraussetzungen bei der Leistungserbringung eingehalten werden (Sicherstellungsfunktion). Diese Möglichkeit hat die Funktion, eine abschließende Sachentscheidung schon zu einer Zeit zu treffen, zu der nicht alle gesetzlichen Voraussetzungen für den Erlass des Verwaltungsaktes erfüllt oder nachgewiesen sind.

Die Vorschrift muss allerdings so verstanden werden, dass **geringfügige** noch fehlende Genehmigungsvoraussetzungen nicht als Ablehnungsgrund benutzt werden, sondern durch Auflagen gesichert werden können. Fehlen – umgekehrt – **wesentliche** Bewilligungsvoraussetzungen, kommt die Anwendung des § 32 Abs. 1 Alt. 2 SGB X nicht in Betracht.

---

191 Vgl. BSG, Urt. vom 29.9.2009 – B 8 SO 13/08 R –, juris, Rn. 12; LSG Baden-Württemberg, Urt. vom 23.4.2015 – L 7 SO 43/14 –, juris.

Beispiel

*Der 63-jährige und mangels Einkommen und Vermögen hilfebedürftige A erhält einen Bewilligungsbescheid vom zuständigen Träger der Grundsicherung für Arbeitsuchende. Der Bewilligungsbescheid ist mit der **Auflage** versehen, einen Antrag beim Rentenversicherungsträger zu stellen, damit diese vorrangige Leistung realisiert wird. Die Auflage erfüllt die Bestimmtheitsanforderungen (vgl. § 33 Abs. 1 SGB X), da der zuständige Rentenversicherungsträger konkret benannt und die vorgezogene Rente als zu beantragende Leistung konkret bezeichnet wird. Außerdem wird im Bescheid die Ermessensentscheidung (vgl. § 32 Abs. 1 SGB X: „darf") über das Beifügen der Auflage begründet.*

Soweit die leistungsberechtigte Person einen vorrangigen geldwerten Anspruch oder eine geldwerte Forderung besitzt, die die leistungsberechtigte Person aber noch nicht sofort realisieren kann, um ihre Hilfebedürftigkeit zu mindern oder zu beseitigen, darf der Leistungsträger nach dem Zweiten Buch Sozialgesetzbuch nicht auf den Nachranggrundsatz verweisen und seine Leistungsmöglichkeit ablehnen. Nicht sofort realisierbare Ansprüche lassen die Hilfebedürftigkeit somit nicht entfallen. Der Bewilligungsbescheid ist insoweit rechtmäßig ergangen.

*Unter einer **Auflage** versteht man die Verpflichtung zu einem bestimmten Tun, Dulden oder Unterlassen, die einem begünstigenden Verwaltungsakt beigefügt werden kann (§ 32 Abs. 2 Nr. 4 SGB X). Sie ist ein selbstständiger belastender Verwaltungsakt, der dem Hauptverwaltungsakt akzessorisch, d. h. vom Bestand des Hauptverwaltungsaktes abhängig, beigefügt ist. Die Voraussetzungen sind insoweit erfüllt, als es sich bei der Bewilligung um einen begünstigenden Verwaltungsakt handelt.*

Unabhängig von der Erfüllung der Auflage soll die Leistungserbringung (zunächst) erfolgen. Damit handelt es sich nicht um eine Bedingung, bei der die Regelung des Hauptverwaltungsaktes erst dann in Kraft tritt, wenn die Bedingung erfüllt ist. Die hier vorgenommene Bewilligung soll also nicht ausschließlich davon abhängig gemacht werden, dass Herr A die Altersrente nach dem Sechsten Buch Sozialgesetzbuch beantragt.

Problematisch ist die Akzessorietät, denn nach § 5 Abs. 3, § 12a SGB II könnte auch ein selbstständig anfechtbarer Verwaltungsakt erlassen werden, in dem die leistungsberechtigte Person zur Antragstellung aufgefordert wird. Gleichzeitig kann hierin aber auch eine Ermächtigung nach § 32 Abs. 1 SGB X zur Beifügung einer Auflage gesehen werden. Denn zum einen erlaubt § 5 Abs. 3 SGB II ausdrücklich die Aufforderung (vgl. § 32 Abs.1 Alternative 1 SGB X); zum anderen soll die Auflage sicherstellen, dass das den Leistungen der Grundsicherung für Arbeitsuchende zugrunde liegende Nachrangprinzip erfüllt wird (vgl. § 32 Abs. 1 Alternative 2 SGB X: Sicherstellungsfunktion einer Nebenbestimmung). Deswegen wird hier vertreten, dass eine solche Auflage zulässig ist.

*Wird die Auflage nicht erfüllt, **kann** nach § 47 Abs. 1 Nr. 2 SGB X der Verwaltungsakt widerrufen werden. Erbrachte Leistungen **sind** bei einer Aufhebung zu erstatten (vgl. § 50 Abs. 1 SGB X). Der im Rahmen des § 47 SGB X zu beachtende Verhältnismäßigkeitsgrundsatz verlangt, dass vor dem Widerruf ande-*

re geeignete Mittel in Erwägung gezogen werden. In Frage kommt eine zwangsweise Durchsetzung nach dem Verwaltungsvollstreckungsgesetz, wobei angesichts der Leistungsfähigkeit des Beteiligten dieses Mittel nicht geeignet erscheint.

Darüber hinaus kann die Behörde nach § 5 Abs. 3 Satz 1 SGB II den Antrag selbst stellen. Dies stellt ein milderes Mittel dar. Daher muss im Rahmen des Ermessens und der vorzunehmenden Verhältnismäßigkeitsprüfung von einem Widerruf abgesehen werden.

Das Beifügen der Auflage stellt daher für den Träger der Grundsicherung für Arbeitsuchende nur einen „Pyrrhus-Sieg" dar. Soweit die Auflage nicht erfüllt wird, kann die Leistung auch nicht wegen fehlender Mitwirkung nach § 66 SGB I versagt werden, denn die fehlende Mitwirkung wirkt nur gegenüber dem vorrangigen Rentenversicherungsträger, aber nicht gegenüber dem Träger der Grundsicherung für Arbeitsuchende.

Entsprechendes gilt für den Träger der Sozialhilfe nach dem Zwölften Buch Sozialgesetzbuch, wenn er ein ähnliches Vorgehen nach § 95 SGB XII beabsichtigt.

Der Anwendungsbereich für § 32 Abs. 1 Alternative 2 SGB X ist aber auch deshalb stark eingeengt, da die sachverhaltsermittelnde Behörde den Untersuchungsgrundsatz (§ 20 SGB X) nicht leichtfertig umgehen darf, denn die Behörde hat die Verpflichtung, alle für den Einzelfall bedeutsamen Umstände zu berücksichtigen und auch aufzuklären. Sollte ihr das nicht möglich sein, muss sie prüfen, ob die Voraussetzungen des § 42 SGB I oder alternativ nach § 40 Abs. 2 Nr. 1 SGB II i.V.m. § 328 SGB III vorliegen, bevor sie eine Auflage oder einen Widerrufsvorbehalt erlässt.

§ 42 SGB I erlaubt die Zahlung von Vorschüssen, wenn ein Anspruch auf Geldleistungen dem Grunde nach besteht und zur Feststellung der Höhe voraussichtlich noch längere Zeit erforderlich ist. Gemäß § 40 Abs. 2 Nr. 1 SGB II i.V.m. § 328 Abs. 1 Nr. 3 SGB III kann vorläufig entschieden werden, wenn zur Feststellung der Voraussetzungen des Anspruchs voraussichtlich längere Zeit erforderlich ist und die Voraussetzungen für den Anspruch mit hinreichender Wahrscheinlichkeit vorliegen.

Beide Voraussetzungen kommen z.B. dann in Frage, wenn die genaue Höhe des Einkommens oder des Vermögens noch nicht vollständig geklärt ist. Stellt sich beim vorläufigen Bescheid heraus, dass rechtswidrig zu viele Leistungen erbracht wurden, sind diese zu erstatten (§ 328 Abs. 3 Satz 2 SGB III als Spezialregelung zu § 50 Abs. 1 SGB X).

Beispiel
*Zur Sicherstellung der gesetzlichen Voraussetzungen (vgl. § 32 Abs. 1 Alternative 2 SGB X) ist ein **Widerrufsvorbehalt** (vgl. § 32 Abs. 2 Nr. 3 SGB X) dann denkbar, wenn die monatliche Einkommenssituation ungeklärt ist.*

Sowohl im Zwölften Buch Sozialgesetzbuch (vgl. §§ 8, 11 VO zu § 82 SGB XII) als auch im Zweiten Buch Sozialgesetzbuch (vgl. § 3 Abs. 4 Alg II-V) sollen Jahreseinkünfte auf Monatseinkünfte und damit auf den Bedarfszeitraum aufgeteilt werden. Wenn die Jahreseinkünfte noch nicht bekannt sind, kann die monatliche Hilfe mit einem Widerrufsvorbehalt versehen werden.

Schließlich kommen auch Auflagen, Bedingungen oder Widerrufsvorbehalte dann nicht in Betracht, wenn die Behörde die zukünftige Mitwirkung des Antragstellers sichern will (vgl. §§ 60 ff. SGB I). Eine auflösende Bedingung dergestalt, dass die zukünftige Leistungserbringung davon abhängig macht, ob die leistungsberechtigte Person ihren Mitwirkungspflichten nachkommt, verstößt gegen § 32 Abs. 1 SGB X, denn die Bedingung kann nicht sicherstellen, dass die gesetzlichen Voraussetzungen für die jetzige Leistungserbringung von Leistungen nach dem Zweiten Buch oder Zwölften Buch Sozialgesetzbuch vorliegen.

Für die gegenwärtige Leistung kommt es allein darauf an, ob im Augenblick der Bewilligung alle Voraussetzungen vorliegen. Die Mitwirkungsobliegenheiten dienen der Sachverhaltsaufklärung und sind keine Leistungsvoraussetzungen. Sie lassen also den Bewilligungsbescheid unberührt und können nicht unter Beifügen einer Bedingung Gegenstand eines Bescheides werden. Bei fehlender Mitwirkung kommt die Versagung einer Leistung nach § 66 Abs. 1 SGB I in Betracht (Versagungs- oder Entziehungsbescheid).

Vor dem beschriebenen Hintergrund kommen im Anwendungsbereich des § 32 Abs. 1 SGB X (Nebenbestimmungen, wenn ein Rechtsanspruch auf die Leistung besteht) Nebenbestimmungen im Leistungsrecht nach dem Zweiten Buch Sozialgesetzbuch oder nach dem Zwölften Buch Sozialgesetzbuch nur in sehr wenigen Fällen in Frage.

1.3.18.3 Nebenbestimmungen bei Ermessensverwaltungsakten

§ 32 Abs. 2 SGB X bestimmt, dass ein Verwaltungsakt, der nach pflichtgemäßem Ermessen ergeht, mit einer Nebenbestimmung erlassen werden kann. Gebundenes Ermessen besteht hinsichtlich der Dauer der Leistungserbringung (vgl. § 41 Abs. 3 Satz 1 SGB II, § 44 Abs. 3 SGB XII). Die Dauer der Leistungserbringung kann daher im Rahmen einer Befristung (sog. „aufschiebende" und/oder „auflösende Befristung") festgelegt werden (z. B. Leistungserbringung vom 1.2. bis zum 31.1 des Folgejahres).

(Gebundene) Ermessensentscheidungen („soll") existieren des Weiteren bei Darlehensleistungen (z. B. nach § 91 SGB XII[192], § 27 Abs. 4 SGB II), sofern diese in der Form eines Verwaltungsaktes abgewickelt werden. Bewilligt der Träger der Sozialhilfe z. B. nach § 91 SGB XII eine darlehensweise Sozialleistung, weil nicht sofort verwertbares, aber zu berücksichtigendes und nicht privilegiertes Vermögen vorhanden ist, kann sie die Darlehensmodalitäten mit Nebenbestimmungen ausgestalten.

Möglich ist es z. B., die Rückzahlungsbedingungen festzulegen oder die Rückzahlung der Darlehensgewährung mittels einer aufschiebenden Bedingung einer grundbuchrechtlichen Absicherung zu sichern. Zu letzterem ist der Leistungsträger ausdrücklich nach § 91 Satz 2 SGB XII bzw. § 24 Abs. 5 Satz 2 SGB II gesetzlich legitimiert, so dass es sich diesbezüglich um eine zulässige Nebenbestimmung nach § 32 Abs. 1 Alternative 1 SGB X handelt.

---

192 Nach der Parallelvorschrift des § 24 Abs. 5 SGB II ist bei Vorliegen der Voraussetzungen ein Darlehen zu gewähren. Es handelt sich hier also – im Gegensatz zu § 91 SGB XII – um eine gebundene Entscheidung. Das Beifügen einer Nebenbestimmung zur Absicherung eines Darlehens ist gleichwohl nach § 24 Abs. 5 Satz 2 SGB II erlaubt. Damit handelt es sich um einen Fall des § 32 Abs. 1 Alt. 1 SGB X.

Fehlen Nebenbestimmungen, die die Modalitäten der Darlehensrückzahlung genau bestimmen, besteht keine hinreichende Rechtsgrundlage zur Rückforderung der erbrachten Leistung. Das Bestimmtheitserfordernis des § 33 Abs. 1 SGB X gilt auch für die Nebenbestimmungen und verlangt, dass der Verfügungssatz eines Verwaltungsaktes nach seinem Regelungsgehalt in sich widerspruchsfrei ist und den Betroffenen bei Zugrundelegung der Erkenntnismöglichkeiten eines verständigen Empfängers in die Lage versetzen muss, sein Verhalten daran auszurichten.[193] Eine Darlehensbewilligung ohne Nebenbestimmungen, die die Rückzahlungsbedingungen regeln, ist daher rechtswidrig, weil ein aufgrund einer Darlehensbewilligung ergangener Leistungsbescheid nicht vollstreckbar ist.

Ob ein Verwaltungsakt mit einer Nebenbestimmung versehen wird, liegt im Ermessen der Behörde. Diese Entscheidung muss daher – ebenso wie die Hauptregelung – nach § 35 SGB X begründet werden. Weiterhin muss die Begründung den Anforderungen an eine pflichtgemäße Ermessensausübung gerecht werden (vgl. § 39 SGB I, § 32 Abs. 3 SGB X).

Bei dem o. g. Beispiel einer Darlehensgewährung betrifft dies insbesondere die Entscheidung der Darlehenshöhe und der Frage der Verzinsung. Eine Verzinsung könnte – in Abhängigkeit des zu verwertenden Vermögens – ggf. damit begründet werden, dass durch den Verzicht auf die sofortige Verwertung des Vermögens ein höherer Ertrag bei späterer Verwertung ermöglicht werden kann. Dies kann z. B. bei Kapitallebensversicherungen, die nicht sofort aufgelöst werden können, der Fall sein. Allerdings hat das Bundessozialgericht entschieden, dass eine Verzinsung bei einer Darlehensgewährung (vgl. § 488 BGB) mangels ausdrücklicher Rechtsgrundlage im Sozialleistungsrecht für den Leistungsträger nicht erlaubt ist.[194]

1.3.19 Bestimmtheit (§ 33 Abs. 1 SGB X) – insbesondere bei Entscheidungen über die Aufhebung von Verwaltungsakten

Der Bestimmtheitsgrundsatz (vgl. § 33 Abs. 1 SGB X) ist bei der Formulierung des Verfügungssatzes (**Tenor**) eines Bescheides zu beachten. Der Tenor informiert den oder die **Inhaltsadressaten** eines Bescheides über die von der Behörde getroffene **Regelung. Eine Regelung ist eine rechtsverbindliche Anordnung**, durch die Rechte oder Pflichten begründet, geändert, aufgehoben oder verbindlich festgestellt werden. Der Tenor stellt die eigentliche Verwaltungsaktsregelung dar. Daher ist der Tenor (der) Kernbestandteil eines Bescheides.

Der Verfügungssatz muss nach seinem Regelungsgehalt in sich widerspruchsfrei sein. Dieses Erfordernis bezieht sich sowohl auf den Verfügungssatz der Entscheidung als auch auf den Adressaten des Verwaltungsaktes. Der Betroffene muss bei Zugrundelegung der Erkenntnismöglichkeiten eines verständigen Empfängers und unter Berücksichtigung der jeweiligen Umstände des Einzelfalls in die Lage versetzt

---

193 Vgl. BSG, Urt. vom 15.12.2010 – B 14 AS 92/09 R –, SGb 2011, 92 (Kurzwiedergabe) = info also 2011, 137 (Kurzwiedergabe).
194 Vgl. BSG, Urt. vom 27.5.2014 – B 8 SO 1/13 R –, juris.

werden, die in ihm getroffene Rechtsfolge **vollständig, klar und unzweideutig** zu erkennen und sein Verhalten daran auszurichten.[195] Es muss also genau und konkret erkennbar sein, was die Behörde regelt, ohne dass in inhaltlicher Hinsicht Zweifel aufkommen können.

Beispiel
A hat gegen einen Aufhebungs- und Rückforderungsbescheid nach §§ 45, 50 SGB X über 1.500,00 € Widerspruch erhoben. Er will nur 1.000,00 € zahlen. Wenn die Widerspruchbehörde im Tenor des Bescheides nur formuliert „Ihrem Widerspruch wird stattgegeben", dann ist ohne Kenntnis des Akteninhalts gar nicht klar, welchen Inhalt der Verwaltungsakt durch den Widerspruchsbescheid bekommen hat. Es sollte somit im Beispielfall etwa formuliert werden:
„Auf Ihren Widerspruch vom [...] wird der Bescheid der XY-Behörde vom [...] insoweit abgeändert, als nunmehr nur noch 1.000,00 € zu zahlen sind." Nur so ist eine eindeutige Änderung des Ursprungsbescheides erfolgt. Auch ein Abhilfebescheid – der hier auch erlassen werden könnte – muss diesen eindeutigen Inhalt besitzen.

Inhaltliche Unklarheiten gehen im Zweifel zu Lasten der Behörde. Allerdings kann eine fehlende Bestimmtheit im Tenor durch **klarstellende Erklärungen in der Begründung** eines Bescheides noch „gerettet" werden (sog. „Klarstellungsfunktion" der Begründung). Für die dann vorzunehmende Auslegung des Verwaltungsaktes ist nicht der „innere", sondern der erklärte Wille maßgebend.

Es kommt darauf an, wie der Empfänger des Bescheides diesen bei objektiver Gesamtwürdigung verstehen konnte (Erkenntnismöglichkeit des Empfängers). Ein Tenor ist u. a. dann nicht über die Begründung auslegungsfähig, wenn Tenor und Begründung einer Entscheidung nicht zueinander passen, also in der Begründung eine andere Entscheidung erklärt wird als sie im Tenor verkündet wurde. An der Bestimmtheit mangelt es, wenn sich Tenor und Begründung widersprechen (es sei denn, es handelt sich um eine offensichtliche Unrichtigkeit im Sinne von § 38 SGB X). Zulässig ist es, wenn sich die Höhe eines Erstattungsbetrages aus einer in der Anlage befindlichen Berechnung ergibt,[196] wenn sich also bspw. durch beigefügte Berechnungsbögen erkennen lässt, wessen Leistungen in welchem Umfang in welchem Zeitraum aufgehoben werden sollen.[197]

Ausreichende Klarheit kann auch dann bestehen, wenn zur **Auslegung** (vgl. §§ 133, 157 BGB) des Verfügungssatzes neben der Begründung des Verwaltungsaktes auf früher zwischen den Beteiligten ergangene Verwaltungsakte oder auf allgemein zugängliche Unterlagen zurückgegriffen werden muss (Vorgeschichte, Anträge, Begleitschreiben, Situation des Adressaten, genannte Rechtsnormen, bekundetes

---

195 Vgl. BSG, Urt. vom 10.9.2013 – B 4 AS 89/12 R –, juris, Rn. 15, Rn. 20 = SGb 2014, 280 = FEVS 65, 481.
196 Vgl. zu den Anforderungen an die Bestimmtheit bei der Aufhebung von Bewilligungsbescheiden: LSG Niedersachsen-Bremen, Urt. vom 16.12.2009 – L 9 AS 477/08 –, BeckRS 2010, 67255.
197 BSG, Urt. vom 25.10.2017 – B 14 AS 9/17 R –, juris, Rn. 22 f.; BSG, Urt. vom 29.11.2012 – B 14 AS 6/12 R –, juris, Rn. 27 f.

Interesse der Behörde).[198] Generell kommt es darauf an, wie der Empfänger den Inhalt des Verwaltungsaktes bei verständiger Würdigung nach den Umständen des Einzelfalls objektiv verstehen konnte und musste.

Im Tenor kann, muss aber keine Rechtsgrundlage genannt werden. Aus Gründen der Übersichtlichkeit ist es sachgerecht, wenn die maßgebenden Rechtsgrundlagen in der Begründung erscheinen. In der Begründung des Verwaltungsaktes sind die Rechtsgrundlagen allerdings zwingend aufzuführen (vgl. § 35 Abs. 1 Satz 2 SGB X, „rechtliche Gründe").

In Leistungsbescheiden des Zweiten und des Zwölften Buches Sozialgesetzbuches kommt es noch mehr als in anderen Rechtsgebieten darauf an, klar zu erkennen, wer **Adressat** (sog. „**Inhaltsadressat**") der Regelung ist, denn jede Person innerhalb einer Bedarfs- oder Einsatzgemeinschaft besitzt einen **Individualanspruch**. Auch aus dem Konstrukt der Bedarfs- oder Einsatzgemeinschaft ergibt sich **nichts Gegenteiliges**.

Bei einer Bedarfs- oder Einsatzgemeinschaft handelt es sich nur um eine Konstruktion zur Zuordnung von Einkommen und Vermögen. Ihr kommt keine Rechtsfähigkeit zu. Dies ist zum einen ständige und gefestigte Rechtsprechung[199], zum anderen ergibt sich der Individualanspruch auch deutlich aus dem Gesetz, denn die jeweiligen Anspruchsgrundlagen (vgl. § 7 Abs. 1 SGB II, § 19 SGB XII), sprechen von „**Personen**", denen Hilfe zu leisten ist. Damit wäre ein Tenor zu unbestimmt, der nur den Gesamtbetrag der Bedarfs- oder Einsatzgemeinschaft benennt. Entsprechendes gilt für die Aufhebungs- und ggf. Erstattungsentscheidungen (vgl. §§ 44 ff. SGB X, § 50 SGB X), denn es handelt sich hier um die Kehrseite des Leistungsverhältnisses.

Während die Aufhebungsentscheidung aber den individuellen Aufhebungsumfang hinsichtlich Zeitraum und Bescheid erkennen lassen muss, gilt für die Erstattungsentscheidung, dass die Nennung des Gesamterstattungsbetrages ausreichend ist.[200] Die Berechnung des Gesamtbetrages der Erstattungsforderung ist nicht eine Frage der inhaltlich hinreichenden Bestimmtheit, sondern der hinreichenden Begründung (§ 35 SGB X) des Verwaltungsaktes.

Neben der konkreten Benennung des individuellen Leistungsinhabers wird dem Grundsatz der Bestimmtheit in der Regel ausreichend Rechnung getragen, wenn man sich bei der Formulierung vergegenwärtigt, wer, was, von wem, wann bzw. in welchem Zeitraum eigentlich will. Der Tenor muss also Folgendes benennen:

- der Bescheid, der aufgehoben werden soll (Datum des aufzuhebenden Bescheides). Handelt es sich – insbesondere in der Sozialhilfe, bei der die Leistungserbringung nicht als Dauerverwaltungsakt bewilligt wird – um mehrere Bescheide, sind alle Bescheide im Einzelnen zu benennen,

---

198 Vgl. BSG, Urt. vom 10.9.2013 – B 4 AS 89/12 R –, juris, Rn. 20 = SGb 2014, 280 = FEVS 65, 481.
199 Vgl. Hessisches LSG, Beschl. vom 7.2.2008 – L 8 KR 218/07 ER –, FEVS 59, 462 ff. Anspruchsinhaber in der Sozialhilfe (SGB XII) ist der einzelne Leistungsberechtigte, auch wenn er in einer Ein-satzgemeinschaft (§ 19 SGB XII, § 27 Abs. 2 SGB XII, § 43 Abs. 1 SGB XII) mit anderen Personen lebt. Der Sozialhilfeanspruch ist also höchstpersönlicher Natur (vgl. § 17 Abs. 1 Satz 2, § 19 SGB XII). Zuvor schon: BVerwG, Urt. vom 22.10.1992 – 5 C 65/88 –, NJW 1993, 2884 = FEVS 43, 268 = NDV 1993, 239. Für die Grundsicherung für Arbeitsuchende (SGB II): BSG, Urt. vom 7.11.2006 – B 7b AS 8/06 R –, BSGE 97, 217 = FEVS 58, 259 = NZS 2007, 328.
200 Vgl. BSG, Urt. vom 7.7.2011 – B 14 AS 153/10 R –, juris Rn 35 ff. = NDV-RD 2012, 75.

- der Inhaltsadressat (Wer?),
- die Höhe der Leistung pro Person bzw. pro Inhaltsadressat, der Leistungsanteil,
- die Hilfe- oder Leistungsart (Was?),
- die Dauer der Leistung, der Bewilligungszeitraum (Wann?).

Die sachbearbeitende Stelle hat sich also so genau, so konkret und so präzise wie möglich auszudrücken. Insbesondere bei **Teilaufhebungen** ist zu beachten, dass der **monatliche Aufhebungsumfang** konkret benannt wird. Hat der aufzuhebende (Bewilligungs-)Bescheid mehrere Verfügungssätze, muss ggf. auch der konkrete Verfügungssatz genannt werden, der aufgehoben werden soll.

Es ist nicht zwingend erforderlich, dass alle **Änderungsbescheide** in der Aufhebungsentscheidung ausdrücklich benannt werden. Es ist ausreichend, wenn deutlich wird, dass sämtliche Bewilligungsbescheide, die die von der Aufhebung umfassten Bewilligungsabschnitte betreffen, von der Aufhebung erfasst werden und im Tenor genannt werden.[201] Die fehlende konkrete Angabe der von der Aufhebung betroffenen Bewilligungsbescheide mit Datum verletzt nicht den Bestimmtheitsgrundsatz.[202] Dies gilt jedenfalls dann, wenn der maßgebende Aufhebungszeitraum benannt wird.

Die von der Rechtsprechung zwischenzeitlich aufgestellte Forderung, dass bei der Benennung der Leistungsart zwischen Regelbedarf einerseits und Bedarfen für Unterkunft- und Heizung andererseits zu trennen ist, so dass grundsätzlich auch klar sein muss, welche dieser Leistungen durch den Rückforderungsbescheid betroffen sind,[203] wird zunehmend gegenstandsloser. Danach ist festzustellen, dass weder bei einer Teilaufhebung[204] noch bei einer vollständigen Aufhebung[205] eine Differenzierung nach Leistungsarten notwendig ist.

Ein Tenor kann mehrere Regelungen (Entscheidungen) enthalten. Er kann z. B. noch
- die Nebenbestimmungen (vgl. § 32 SGB X),
- die Anordnung der sofortigen Vollziehung (vgl. § 86a SGG),
- bei befehlenden Verwaltungsakten die Zwangsmittelandrohung (vgl. §§ 55 ff. VwVG NRW) oder
- die Kostenentscheidung (vgl. § 63 SGB X)

enthalten.

Ist eine Leistung zu Unrecht erbracht worden und soll die Leistung deshalb rückabgewickelt werden, muss
- eine Aufhebungsentscheidung für jede leistungsberechtigte Person (vgl. §§ 44 ff. SGB X) sowie

---

201 Vgl. BSG, Urt. vom 10.9.2013 – B 4 AS 89/12 R –, juris, Rn. 16 = NDV-RD 2014, 75.
202 Vgl. BSG, Urt. vom 25.10.2017 – B 14 AS 9/17 R –, juris, Rn. 26; BSG, Urt. vom 28.3.2013 – B 4 AS 59/12 R –, juris, Rn. 16 = FEVS 65, 145.
203 Vgl. BSG, Urt. vom 7.11.2006 – B 7b AS 8/06 R –, BSGE 97, 217 = FEVS 58, 259 = NZS 2007, 328; LSG Berlin-Brandenburg, Urt. vom 21.6.2012 – L 25 AS 111/10 –, juris.
204 Vgl. BSG, Urt. vom 29.11.2012 – B 14 AS 196/11 R –, juris, Rn. 17 = FEVS 65, 1; Hessisches LSG, Urt. vom 31.8.2012 – L 7 AS 312/11 –, juris, Rn. 48 = ZFSH/SGB 2012, 719.
205 Vgl. BSG, Urt. vom 10.9.2013 – B 4 AS 89/12 R –, juris, Rn. 16.

- eine Erstattungsentscheidung für jede leistungsberechtigte Person (vgl. § 50 SGB X) getroffen werden.

Die personenbezogene Darstellung ist notwendig, da das Aufhebungs- und Erstattungsverhältnis das **Spiegelbild** des individuellen sozialrechtlichen Leistungsverhältnisses darstellt. Stellt ein Aufhebungs- und Rückforderungsbescheid – fehlerhaft – nicht eindeutig fest, wem gegenüber welche Bewilligung in welcher Höhe aufgehoben und wieviel von ihm zurückgefordert wird, sondern wird nur die gesamtschuldnerische Haftung mehrerer leistungsberechtigter Personen festgestellt, mangelt es dem Verwaltungsakt an der notwendigen Bestimmtheit und er ist daher aufzuheben, sofern nicht eine – mögliche – Korrektur durch die Widerspruchsbehörde[206] erfolgt (vgl. auch 1.3.36, Übungsfall 9).

Dies gilt im Übrigen auch gegenüber einer minderjährigen Person, die Teil der Einsatz- oder Bedarfsgemeinschaft ist. Der Erstattungsanspruch darf dann nicht gegen die Eltern gerichtet werden, auch wenn diese die rechtswidrige Leistung verursacht haben und die überzahlten Beträge vereinnahmt haben.[207] Scheitert dann eine Erstattung an den tatsächlichen Verhältnissen, weil das Kind die Rückforderung nicht begleichen kann, sollte der Leistungsträger alternativ zur Erstattungsforderung eine Kostenersatzforderung (vgl. § 34a SGB II, §§ 103, 104 SGB XII) prüfen.

Beinhaltet ein Bescheid mehrere selbständige Regelungen, bietet es sich an, die selbständigen Regelungen durch eine numerische Aufzählung (1., 2., 3., etc.) voneinander zu trennen und somit zur Klarheit der einzelnen Regelungen beizutragen. Außerdem kann auf die Nummern in der Begründung verwiesen werden. Dies steigert auch die Übersichtlichkeit in der Begründung. Demzufolge sollen verschiedene Regelungen auch nicht miteinander kombiniert werden, um alles in einem Satz unterzubringen.

Sofern die „sofortige Vollziehung" gemäß § 86a Abs. 2 Nr. 5 SGG angeordnet wird, ist ebenfalls eine Nummerierung vorteilhaft, weil zum Ausdruck gebracht werden kann, bei „welcher Regelung" denn die sofortige Vollziehung gelten soll.

Beispiele
Eine Aufhebungs- und Rückforderungsentscheidung gegenüber einer Bedarfs- oder Einsatzgemeinschaft nach den §§ 44 ff., § 50 SGB X könnte wie folgt formuliert werden:
1. Mein Bescheid vom [...], mit dem ich Ihnen, Herrn Thomas Meier und ihrer Ehefrau, Christina Meier, Leistungen zur Sicherung des Lebensunterhalts nach dem Zweiten Buch Sozialgesetzbuch bewilligt habe, wird in vollem Umfang rückwirkend zum [...] aufgehoben.[208]

---

206 LSG NRW, Beschl. vom 22.3.2013 – L 19 AS 2278/12 NZB –, juris, Rn. 29; LSG Niedersachsen-Bremen, Urt. vom 26.2.2013 – L 11 AS 1394/09 –, juris, Rn. 19.
207 Vgl. BVerwG, Urt. vom 4.6.1992 – 5 C 25/87 –, FEVS 43, 324 = NDV 1993, 129; Bayerisches LSG, Urt. vom 1.7.2010 – L 11 AS 162/09 –, BeckRS 2010, 73979.
208 Es handelt sich um eine Aufhebung nach § 45 SGB X. Das Nennen dieser Rechtsgrundlage und die Subsumtion der Rechtsgrundlage erfolgt in der Begründung.

2. *Die aufgrund der Rücknahme der unter 1. genannten Sozialleistungen sind bis zum [...] an mich unter der in der Begründung angeführten Überweisungsdaten zu erstatten, und zwar* [209]
  a) von Herrn Thomas Meier in Höhe von 400,00 €
  b) von Frau Christina Meier in Höhe von 400,00 €.
3. *Die sofortige Vollziehung der unter Nr. 2 genannten Regelung wird angeordnet.*
4. *Kosten für diesen Bescheid werden nicht erhoben.*

Hinweis:
Die Regelung zu 1. besitzt kraft Gesetzes keine aufschiebende Wirkung (vgl. § 39 SGB II). Sie müssen dieser Regelung also auch dann nachkommen, wenn Sie gegen diesen Bescheid Widerspruch erheben.

Der Tenor in einem Abhilfebescheid könnte so formuliert werden, wenn es sich um einen Anfechtungswiderspruch handelt:
  1. *Meinen Bescheid vom [...] hebe ich hiermit auf.*
  2. *Die Kosten des Verfahrens trägt der XY-Leistungsträger* [210]. *Die Zuziehung Ihres Rechtsanwalts für das Widerspruchsverfahren war notwendig.*
  3. *Verwaltungskosten werden nicht erhoben.* [211]

Auch eine Teilaufhebung (Änderungsbescheid, vgl. § 86 SGG) ist denkbar:
  In Abänderung meines Bewilligungsbescheides vom 10.10. wird das Arbeitslosengeld II nunmehr auf einen Betrag in Höhe von X € festgesetzt.
  Beim Verpflichtungswiderspruch muss im Rahmen der Abhilfeentscheidung der Erlass des begünstigenden Verwaltungsaktes erfolgen. Der Tenor könnte dann wie folgt gestaltet sein:
  1. *Die Ablehnung Ihres Antrages zur Bewilligung von Arbeitslosengeld II in meinem Bescheid vom [...] hebe ich hiermit auf. Ab dem [...] bewillige ich Ihnen Arbeitslosengeld II in Höhe von XX €.*
  2. *Die Kosten des Verfahrens trägt der XY-Leistungsträger. Die Zuziehung Ihres Rechtsanwalts für das Widerspruchsverfahren war notwendig.*
  3. *Verwaltungskosten werden nicht erhoben.*

Fehler in der Bestimmtheit können durch einen Widerspruchsbescheid geheilt werden. Im gerichtlichen Verfahren ist dies nicht mehr möglich. Die Vorschrift des § 41 Abs. 2 SGB X, wonach Verfahrens- und Formfehler bis zur letzten Tatsacheninstanz eines sozial- oder verwaltungsgerichtlichen Verfahrens nachgeholt werden können, findet bei einem Verstoß gegen das Bestimmtheitsgebot keine Anwendung, da es sich nicht um einen Formmangel handelt, sondern um eine Frage der materiellen Rechtmäßigkeit. Auch eine Unbeachtlichkeit nach § 42 SGB X kommt nicht in Betracht.

---

209 Es handelt sich um eine Erstattungsforderung nach § 50 SGB X. Das Nennen dieser Rechtsgrundlage und die Subsumtion der Rechtsgrundlage erfolgt in der Begründung.
210 Der Rechtsträger trägt die Kosten und nicht die Behörde.
211 Für das Abhilfeverfahren werden keine Verwaltungsgebühren erhoben.

1.3.20 Begründung des Verwaltungsaktes (§ 35 SGB X)

1.3.20.1 Funktion und Bedeutung

Ein schriftlicher oder elektronischer sowie ein schriftlich oder elektronisch bestätigter Verwaltungsakt ist zu begründen (§ 35 Abs. 1 Satz 1 SGB X). In der Begründung sind die wesentlichen
- tatsächlichen und
- rechtlichen

Gründe mitzuteilen, die die Behörde zu ihrer Entscheidung bewogen haben (§ 35 Abs. 1 Satz 2 SGB X). Die Begründung von Ermessensentscheidungen **muss** nach § 35 Abs. 1 Satz 3 SGB X auch die Gesichtspunkte erkennen lassen, von denen die Behörde bei der Ausübung des Ermessens ausgegangen ist. Die Ausübung des Ermessens orientiert sich an den Maßstäben des § 39 SGB I.

Mit Hilfe einer gelungenen Begründung wird das Verwaltungshandeln nachvollziehbar und glaubhaft gemacht (Befriedungsfunktion). Möglicherweise werden dadurch Widersprüche und Klagen reduziert. Erklärt sich der Beteiligte mit der Maßnahme der Behörde nicht einverstanden, soll er mit der Begründung in die Lage versetzt werden, sich angemessen zu verteidigen und seinerseits seine Meinung im Widerspruch oder in der Klage nachvollziehbar darzulegen (Rechtsschutzfunktion). Dieser Intention der Begründung folgend sollten folgende Grundregeln beachtet werden:

- Je positiver eine Entscheidung für den Betroffenen ist, desto mehr kann auf eine Begründung verzichtet werden.
- Je belastender eine Maßnahme ist, desto überzeugender und in der Regel auch ausführlicher muss die Argumentation ausfallen.

1.3.20.2 Anforderungen an eine Begründung (im Bescheid)

Die Begründung eines Bescheides besteht entsprechend den Vorgaben des § 35 Abs. 1 Satz 2 SGB X aus der Darstellung des Sachverhalts und der eigentlichen – rechtlichen – Begründung.

Im **Sachverhalt** sollen die entscheidungserheblichen Tatsachen dargestellt werden. Zunächst werden alle Tatsachen dargestellt, die zwischen der Behörde und dem Adressaten unstreitig sind. Häufig beschränkt sich der „Streit" ohnehin auf die rechtliche Wertung. Streitige Tatsachen werden anschließend dadurch gekennzeichnet, dass sie z. B. als „Behauptung" des Beteiligten qualifiziert werden. Auch Meinungen gehören in den Sachverhalt, allerdings noch ohne (rechtliche) Wertung seitens der sachbearbeitenden Stelle. Meinungen können z. B. in die Darstellung der „Verfahrensgeschichte" eingebaut werden.

Auf die dargestellten Meinungen der leistungsberechtigten Person oder des Widerspruchführers bzw. des Vertreters (z. B. Anwalt) ist dann im Rahmen der rechtlichen Würdigung einzugehen.

Die **rechtliche Begründung** beginnt mit kurzen Aussagen zur Zuständigkeit. Außerdem sollte im Urteilsstil erläutert werden, dass z. B. eine Anhörung durchgeführt worden ist und ggf. auch ansonsten Formalia eingehalten worden sind. Im Gegensatz zu einem Gutachten wird aber nicht auf jeden rechtlichen Gesichtspunkt eingegangen.

Ausführlicher sollten bei Bescheiden mit nicht begünstigendem, eingreifendem oder belastendem Inhalt die **materiellen Aspekte** dargelegt werden. Ausgehend von der gesetzlichen Ermächtigungsgrundlage sind die tatbestandlichen Voraussetzungen der Norm zu nennen, mit einem Ergebnis zu subsumieren und auf der Rechtsfolgenseite die Ermessensgesichtspunkte zu nennen.

Viele Verwaltungsakte sind rechtswidrig, weil Ermessensentscheidungen (vgl. § 39 SGB I) und Subsumtionen fehlen oder fehlerhaft sind. Das Gleiche gilt auch für gewährende Verwaltungsakte und der entsprechenden Anspruchsgrundlage. § 35 Abs. 1 Satz 3 SGB X erweitert die Begründungspflicht von Ermessensentscheidungen insofern, dass die Begründung die Gesichtspunkte erkennen lassen muss, von denen die Behörde bei der Ausübung des Ermessens ausgegangen ist.

Im „materiellen Teil" rechtfertigt die Behörde ihre im Tenor getroffene Entscheidung. Der Bürger soll die Entscheidung nachvollziehen und verstehen. Notwendig ist daher eine (rechtlich) überzeugende Argumentation bzw. Subsumtion. Um dies sicherzustellen, sollte vor der Subsumtion die Ermächtigungsgrundlage bzw. Anspruchsgrundlage genannt und auch vollständig zitiert werden. Denn der Bürger ist im Regelfall nicht im Besitz des Gesetzestextes. Die Tatbestandsmerkmale sind zu definieren und ihr Vorliegen in der Subsumtion zu erläutern. Hierbei ist der Bescheid- bzw. Urteilsstil anzuwenden. Besteht die Möglichkeit, sind die Argumente des Bürgers, die bereits in der Sachverhaltsdarstellung genannt wurden, rechtlich zu würdigen.

Zu begründen sind in den „Rechtsgründen" eines Bescheides nicht nur die Hauptregelungen, sondern auch die sonstigen Entscheidungen, insbesondere die Anordnung der sofortigen Vollziehung (vgl. § 86 Abs. 2 Nr. 5 SGG) und die Kosten(last)entscheidung (vgl. § 63 SGB X).

1.3.20.3 Heilung

Fehlt die Begründung oder ist sie fehlerhaft, ist der Verwaltungsakt rechtswidrig (im ersten Fall formell und im zweiten Fall materiell). Es handelt sich um einen „mittelschweren" Fehler, so dass eine Nichtigkeit (vgl. § 40 SGB X) zu verneinen ist. Gemäß § 41 Abs. 1 Nr. 2, Abs. 2 SGB X kann eine ganz oder teilweise **fehlende** – also lückenhafte oder unvollständige – Begründung bis zur letzten Tatsacheninstanz eines sozial- oder verwaltungsgerichtlichen Verfahrens, also bis zur mündlichen Verhandlung des Landessozialgerichts (vgl. § 157 SGG), nachgeholt werden.

Ganz regelmäßig sind Widerspruchsbescheide qualitativ besser begründet und haben daher die Mängel des Ausgangsverwaltungsaktes beseitigt. Die Widerspruchsbehörde wird eine unvollständige oder missverständliche Begründung oder fehlerhaft zitierte Rechtsvorschrift berichtigen, um den Begründungsanforderungen gerecht zu werden. Auch kann sie noch im Klageverfahren tatsächliche Gründe ergänzen oder rechtliche Begründungen geben, die dann nachträglich die materielle Rechtmäßigkeit des Verwaltungsaktes zum Zeitpunkt seines Erlasses begründen (vgl. § 99 Abs. 3 Nr. 1 SGG).

Werden im Widerspruchsverfahren der Entscheidung neue Sachverhalte zugrunde gelegt, muss allerdings auch eine neue Anhörung vorgenommen werden.

§ 41 Abs. 1 Nr. 2, Abs. 2 SGB X umfasst grundsätzlich nur die Heilung von formellen Begründungsfehlern. Damit sind die Fälle umfasst, bei denen die Begründung oder Begründungsbestandteile fehlen. Nachträglich können diese Begründungsbestandteile dem formell defizitären Verwaltungsakt beigefügt werden, indem die vorhandene Begründung präzisiert, klargestellt oder ergänzt wird.

1.3.20.4 Weitere Heilungs- und Korrekturmöglichkeiten

Fehlerhafte Begründungen (z. B. falsche Tatsachen, falsche Rechtsgrundlage, fehlerhafte Subsumtion) stellen einen inhaltlichen bzw. **materiell-rechtlichen Fehler** dar. Eine Heilung eines solchen Fehlers ist unter dem Gesichtspunkt des sog. „Nachschiebens der Begründung" möglich.

Bei dem Nachschieben von Gründen handelt es sich um eine von der Rechtsprechung entwickelte **Rechtsfigur**. Das Nachschieben von Gründen kann nur solche Aspekte umfassen, die zwar nachträglich angeführt werden, jedoch bereits zum Zeitpunkt des Erlasses vorlagen. Entsprechende Fallgestaltungen könnten z. B. sein:

- Es stellt sich im Nachhinein heraus, dass der ursprünglich von der Verwaltung zugrunde gelegte Sachverhalt zum maßgeblichen Entscheidungszeitpunkt in Wirklichkeit so nicht zutreffend war, wie er seitens der Behörde dargestellt wurde.
- Es wurde von unzutreffenden oder unvollständigen Tatsachen ausgegangen.
- Es wurde eine falsche Ermächtigungsgrundlage gewählt.
- Es ist ein Auslegungs- oder Subsumtionsfehler unterlaufen.

Zwar ist das Auswechseln einer sachlich falschen oder nicht tragfähigen Begründung durch eine inhaltlich korrekte Begründung nicht gesetzlich geregelt. Dennoch toleriert die Rechtsprechung den Fall des „Nachschiebens von Gründen" sowohl im Widerspruchsverfahren als auch im Prozessverfahren.[212] Bei Verpflichtungswidersprüchen oder -klagen ist das Nachschieben von Gründen uneingeschränkt zulässig. Bei **Anfechtungswidersprüchen** oder -klagen ist das Nachschieben von Gründen dann unzulässig, wenn der Verwaltungsakt in seinem **Wesen verändert** wird oder der **Betroffene in seiner Rechtsverteidigung beeinträchtigt** wird.[213]

Das Nachschieben von Gründen findet bei inhaltlich fehlerhafter Begründung, bei der selbst mittels Auslegung die enthaltene Willensäußerung der Behörde nicht fehlerfrei ermittelt werden kann, Anwendung. Die getroffene Entscheidung muss dabei nicht notwendigerweise gegen geltendes Recht verstoßen. Es kann also eine richtige Entscheidung bei fehlerhafter Begründung vorliegen.

---

212 *Schütze* in von Wulffen/Schütze, SGB X, 8. Aufl. 2014, § 41 Rn. 12, m. w. N.; *Mutschler* in Kasseler Kommentar zum Sozialversicherungsrecht, § 35 Rn. 31.
213 Vgl. BSG, Urt. vom 25.6.2015 – B 14 AS 30/14 R –, juris, Rn.23 f

Eine Heilung ist dann nicht möglich, wenn durch das Nachschieben (besser: Austauschen) der Begründung das **Wesen des Verwaltungsaktes** verändert wird, also z.B. dem Verwaltungsakt ein ganz neuer Sachverhalt oder eine neue Entscheidung zugrunde gelegt wird. Das Wesen eines Bescheides ist dann grundlegend verändert, wenn ein dem Bescheid unterstellter und aus seiner Begründung hervorgehender Sachverhalt durch einen anderen widersprechenden und erst später geltend gemachten Sachverhalt ersetzt wird.[214]

Das Wesen eines Bescheides ist auch dann geändert, wenn der Tenor geändert wird. In solchen Fallkonstellationen ist die **Rechtsverteidigung** des Beteiligten erschwert, so dass ein Nachschieben von Gründen nicht mehr zulässig ist. Der Betroffene soll davor geschützt werden, sich anderen rechtlichen und/oder tatsächlichen Aspekten gegenüberzusehen als denjenigen, die dem angefochtenen Verwaltungsakt zu entnehmen waren.

Grundsätzlich ist das Nachschieben von Gründen unter drei Voraussetzungen zulässig:

Das bloße Auswechseln einer Rechtsgrundlage wird regelmäßig noch keine Wesensänderung bewirken. Zu der Frage, ob ein Nachschieben von Gründen möglich ist, wenn anstelle des § 45 SGB X fälschlicherweise § 48 SGB X im Bescheid angegeben wurde, gilt **hinsichtlich eines Prozessverfahrens** Folgendes:

„Sollte § 45 SGB X Anwendung finden, wäre der Umstand, dass die Beklagte ihren Bescheid auf § 48 SGB X gestützt hat, alleine nicht klagebegründend. Denn das sogenannte ‚Nachschieben von Gründen' (richtigerweise: Stützen der Entscheidung auf eine andere Rechtsgrundlage) ist zulässig, **soweit der Verwaltungsakt dadurch nicht in seinem Regelungsumfang oder seinem Wesensgehalt verändert oder die Rechtsverteidigung des Betroffenen in nicht zulässiger Weise beeinträchtigt oder erschwert wird** *[...]. Weil die §§ 45, 48 SGB X auf dasselbe Ziel, nämlich die Aufhebung eines Verwaltungsaktes, gerichtet sind, ist das Auswechseln dieser Rechtsgrundlagen grundsätzlich zulässig [...].*

Ist der rechtliche Maßstab für die Aufhebungsentscheidung § 45 SGB X, so kann dies bei der Beurteilung der Rechtmäßigkeit der Entscheidung jedoch **nur**

---

214 Vgl. BSG, Urt. vom 25.6.2015 – B 14 AS 30/14 R –, juris, Rn. 23 f.; BSG, Urt. vom 29.9.1987 – 7 RAr 104/85 –, juris; LSG NRW, Urt. vom 30.1.2012 – L 19 AS 2141/10 –, juris.

dann unbeachtet bleiben, wenn es ausnahmsweise einer Ermessensentscheidung nicht bedurfte, denn eine Ermessensentscheidung wurde hier von der Beklagten nicht getroffen.

§ 40 Abs. 2 Nr. 3 SGB II [geändert durch Verfasser] verweist auf § 330 Abs. 2 SGB III; dieser ordnet an, dass bei Vorliegen der in § 45 Abs. 2 Satz 3 SGB X genannten Voraussetzungen für die Rücknahme eines rechtswidrigen begünstigenden Verwaltungsaktes dieser – im Wege einer gebundenen Entscheidung, also ohne Ermessen – auch mit Wirkung für die Vergangenheit zurückzunehmen ist." [215]

Danach kommt ein Austausch der Ermächtigungsgrundlage des § 48 SGB X gegen § 45 SGB X nur dann in Frage, wenn in Anwendung des § 45 SGB X keine Ermessenserwägungen anzustellen sind. Dass ist nur im Zweiten Buch Sozialgesetzbuch und nur in den Fällen des § 45 Abs. 2 Satz 3 SGB X der Fall (vgl. § 40 Abs. 2 Nr. 3 SGB II i. V. m. § 330 Abs. 2 SGB II).

Auch der umgekehrte Weg – der Austausch von § 45 SGB X durch § 48 SGB X – ist vor dem geschilderten Hintergrund möglich und unschädlich. Problematisch wird es „nur" dann, wenn ein auf § 48 Abs. 1 Satz 2 Nr. 3 SGB X gestützter Aufhebungsverwaltungsakt durch § 45 Abs. 2 Satz 3 Nr. 2 oder Nr. 3 SGB X ausgetauscht werden soll. Regelmäßig beinhaltet ein auf § 48 Abs. 1 Satz 2 Nr. 3 SGB X gestützter Verwaltungsakt keine Verschuldensgesichtspunkte, da es für die rückwirkende Aufhebung eines Bewilligungsbescheides nur einer Einkommenserzielung bedarf. Werden aber in der Bescheidbegründung Fragen des Verschuldens nicht thematisiert, kann der Verwaltungsakt nicht neu auf § 45 Abs. 2 Satz 3 Nr. 2 oder Nr. 3 SGB X gestützt werden.

Mangels Konfrontation mit den Schuldvorwürfen wäre die Rechtsverteidigung des Betroffenen unzulässig verkürzt. Ein bloßes Nachschieben von Gründen ist dann nicht möglich.

Ein (vollständiger) **Austausch von Ermessenserwägungen** kommt nicht in Betracht, da dadurch der Verwaltungsakt in seinem Wesen verändert würde und dem Betroffenen keine ausreichenden Rechtsschutzmöglichkeiten gegeben werden. Führt eine Behörde während des gerichtlichen Verfahrens neue, den materiell rechtswidrigen Verwaltungsakt nunmehr stützende Erwägungen an, handelt es sich hierbei nicht um eine bloße Aufbesserung der fehlerhaften Begründung mit fehlerheilender Wirkung, sondern einen **neuen Abwägungsvorgang**. Insoweit kann die Zulässigkeit des Nachschiebens von Gründen verneint werden.

Umstritten ist ferner, ob im Gerichtsverfahren auch Ermessenserwägungen **ergänzt** werden können. § 114 Satz 2 VwGO sieht dies für die allgemeine Verwaltungsgerichtsbarkeit ausdrücklich vor. Im Sozialgerichtsgesetz fehlt eine vergleichbare Regelung.

---

215 Vgl. BSG, Urt. vom 16.12.2008 – B 4 AS 48/07 R –, FEVS 60, 546 = EuG 2010, 1; BSG, Urt. vom 24.2.2011 – B 14 AS 45/09 R –, ZEV 2011, 328 = FamRZ 2011, 1055 = NZS 2011, 874; BSG, Urt. vom 21.6.2011 – B 4 AS 22/10 R –, juris = SGb 2011, 455 (Kurzwiedergabe) = info also 2011, 233 (Kurzwiedergabe); BSG, Urt. vom 8.12.2020 – B 4 AS 46/20 R –, juris, Rn. 21.

Eine präzisierende Erläuterung ist möglich. Eine **Ergänzung** (anzusiedeln zwischen Austausch und Präzisierung) der Ermessenserwägungen ist problematisch, weil aus rechtsstaatlichen Erwägungen der Bürger durch die Begründung des Verwaltungsaktes soweit informiert sein muss, dass er weiß, von welchen Erwägungen die Behörde bei ihrer Entscheidung ausgegangen ist.

Wenn eine Behörde in die Lage versetzt wird, Ermessenserwägungen noch im Klageverfahren nachzuschieben, wird dieser rechtsstaatliche Grundsatz missachtet und so das Vertrauen der Bürger in die Verwaltung geschwächt. Da aber § 41 Abs. 2 SGB X die Nachholung der Begründung bis zum Abschluss der letzten Tatsacheninstanz eines Klageverfahrens zulässt und die Ermessenserwägungen Teil der Begründung sind, ist im Ergebnis – auch im Rechtsvergleich mit § 114 Satz 2 VwGO – eine Ergänzung der Ermessenserwägungen bzw. Aufbesserung der Gründe noch während und im Klageverfahren möglich, solange es sich nicht um einen **neuen Abwägungsvorgang** handelt.

Das Gericht ist in der Lage, das Verfahren nach § 114 Abs. 2 Satz 2 SGG auszusetzen, damit die Nachholung einer ergänzenden Begründung bzw. Ermessenserwägung erfolgen kann, sofern dies erforderlich und sachdienlich ist. Soweit die Ermessensfehler nicht geheilt werden, hat die Klage Erfolg (vgl. § 54 Abs. 2 Satz 2 SGG). Bei fehlender Begründung einer Ermessensentscheidung kann das Gericht das Ermessen nicht anstelle der Behörde ausüben und muss den Widerspruchsbescheid durch Bescheidungsurteil aufheben (§ 131 Abs. 3 SGG). Der Leistungsträger hat in einem neuen Verwaltungsverfahren dann die Gelegenheit, über den Widerspruch neu zu entscheiden und die Begründung seines Ermessens diesmal korrekt auszuüben.

Ein Nachschieben von Gründen kommt dann **nicht** in Frage, wenn die Behörde ihre Ermessensbefugnis verkannt hat (Ermessensausfall bzw. Ermessensnichtgebrauch) – z. B. in Anwendung des § 45 SGB X – und irrtümlich von einer gebundenen Entscheidung ausging. Dann fehlt vollständig die nach § 39 SGB I notwendige Ermessensbetätigung, so dass ein **nicht heilbarer** inhaltlicher Rechtsfehler vorliegt.[216] Im Gerichts- bzw. Prozessverfahren kann dieser Fehler also nicht mehr korrigiert werden. Der Fehler ist auch nicht nach § 42 SGB X unbeachtlich, weil bei Ermessensentscheidungen grundsätzlich alternative Entscheidungsmöglichkeiten existieren (keine Alternativlosigkeit).

---

[216] Vgl. LSG Baden-Württemberg, Urt. vom 22.2.2007 – L 10 R 5254/05 –, juris; LSG Berlin-Brandenburg, Beschl. vom 17.1.2006 – L 29 B 1104/05 AS ER –, juris; Thüringer Landessozialge-richt, Urt. vom 3.11.2005 – L 3 AL 108/04 –, juris.

Eine „Wesensveränderung" liegt damit zusammenfassend (nicht) vor:

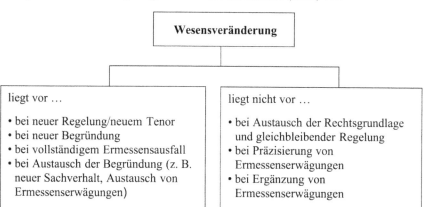

Aufgrund der umfassenden Prüfungskompetenz der **Widerspruchsbehörde**, die die Recht- und Zweckmäßigkeit des Ausgangsverwaltungsaktes eigenverantwortlich zu prüfen hat (vgl. § 78 Abs. 1 Satz 1), kann diese eigene Ermessenserwägungen anstellen und die – auch vollständig – fehlende Ermessensausübung noch korrigieren. Eine solche Korrekturmöglichkeit ist aber nur bis zum Abschluss des **Widerspruchverfahrens** möglich.

Darüber hinaus werden die o. g. Grenzen des Nachschiebens von Gründen für die Widerspruchsbehörde deutlich erweitert. Neben den umfassenden Kontrollmöglichkeiten der Widerspruchsbehörde, die anstelle der Ausgangsbehörde eigene Ermessenserwägungen anstellen darf (vgl. § 78 SGG), bilden Ausgangs- und Widerspruchsbehörde eine Einheit, denn nach § 95 SGG ist Gegenstand der Klage der ursprüngliche Verwaltungsakt in der Gestalt, die er durch den Widerspruchsbescheid gefunden hat. Die **Widerspruchsbehörde** kann **nahezu uneingeschränkt** eine falsche Bescheidbegründung nachbessern, austauschen, abändern oder ersetzen, solange sie nicht eine neue Regelung erlässt und damit über den Streitgegenstand des Widerspruchsverfahrens – also über den angefochtenen Verwaltungsakt – hinausgeht.

Unabhängig von einer etwaigen Heilung nach § 41 SGB X bestehen noch zwei weitere Korrekturmöglichkeiten, um Begründungsdefizite unschädlich zu machen.

Zum einen besteht die Möglichkeit zum Erlass eines Abänderungsbescheides nach § 86 SGG. Wird der angefochtene Verwaltungsakt bereits **während des Widerspruchsbescheides** durch einen neuen Verwaltungsakt abgeändert, so erfolgt eine Einbeziehung des neuen Verwaltungsakts in den zu erlassenden Widerspruchsbescheid. Ausgangsbescheid, Abänderungsbescheid und Widerspruchsbescheid bilden eine Einheit und sind als Ganzes zu betrachten. Dies hat zur Konsequenz, dass Gegenstand einer etwaigen Klage der ursprüngliche Verwaltungsakt in der Form ist, die er durch den Widerspruchsbescheid gefunden hat (vgl. § 95 SGG).

Selbst nach Abschluss des Widerspruchverfahrens (d. h. nach Bekanntgabe des Widerspruchbescheides) besitzt die Ausgangs- bzw. Widerspruchsbehörde die Möglichkeit, den rechtswidrigen Verwaltungsakt abzuändern, d. h. teilweise aufzuheben und durch eine Neuregelung zu ersetzen oder alternativ auch vollständig zu ersetzen, d. h. vollständig aufzuheben und durch eine Neuregelung zu ersetzen (vgl. § 96 SGG). Ein Ersetzen liegt auch dann vor, wenn der neue Verwaltungsakt den alten zwar aufhebt, aber inhaltlich die gleiche Entscheidung trifft, insbesondere bei einer Ermessensentscheidung die Ermessenserwägung neu ergänzt oder sogar ersetzt und nachholt.[217] Weiterhin liegt ein Abänderungsbescheid auch dann vor, wenn ein Bewilligungsbescheid durch einen Aufhebungs- und Erstattungsbescheid (Festsetzungsbescheid) während des Klageverfahrens ersetzt wird, weil der Leistungsträger erstmalig ungeschütztes Vermögen feststellt.[218]

§ 96 SGG ordnet die Einbeziehung aller ersetzenden Verwaltungsakte an und differenziert weder nach seinem Wortlaut noch nach seiner Zielsetzung danach, aus welchen Gründen der ersetzte bzw. abgeänderte Verwaltungsakt rechtswidrig gewesen bzw. geworden ist. Das Ziel der Norm besteht also darin, möglichst den gesamten Streitstoff in einem Prozess zu entscheiden. Zu beachten ist, dass ein Abänderungsbescheid ggf. die neue Durchführung einer Anhörung erfordert, insbesondere dann, wenn der Beteiligte mit den Ermessenserwägungen der Behörde noch nicht konfrontiert wurde. Abhilfebescheide, welche die Beschwer vollständig beseitigen, fallen nicht unter § 96 SGG. Bewilligungsbescheide für Folgezeiträume fallen grundsätzlich ebenfalls nicht unter § 96 SGG.

1.3.20.5 Ausnahmen von der Begründungspflicht

Von den in § 35 Abs. 2 SGB X genannten Ausnahmen kann bei Bescheiden nach dem Zweiten oder Zwölften Buch Sozialgesetzbuch § 35 Abs. 2 Nr. 1 SGB X in Betracht kommen. Danach bedarf es einer Begründung nicht, soweit die Behörde einem Antrag entspricht oder einer Erklärung folgt und der Verwaltungsakt nicht in Rechte anderer eingreift.

Entgegen dem Wortlaut ist nach der hier vertretenen Auffassung die Vorschrift auch auf die von Amts wegen zu erbringenden Leistungen nach dem Zwölften Buch Sozialgesetzbuch anwendbar, da ganz regelmäßig der Leistungserbringung – als eine Möglichkeit des Bekanntwerdens nach § 18 SGB XII – ein Antrag zugrunde liegt (vgl. § 60 Abs. 2 SGB I).

Die Regelung macht eine Ausnahme von der Begründungspflicht, weil der Beteiligte keinen besonderen Rechtsschutz genießen muss, wenn dem Antrag voll entsprochen wird. Diese Voraussetzung ist nur dann erfüllt, wenn eine Beschwer nicht denkbar ist.[219] Angesichts der Komplexität von Anspruchsprüfungen im Zweiten und Zwölften Buch Sozialgesetzbuch ist nach der hier vertretenen Auffassung das Vorliegen dieser Ausnahmeregelung nahezu ausgeschlossen. Denn es ist fast immer denkbar, dass der Beteiligte höhere Leistungen erwartet hätte.

---

217 Vgl. BSG Großer Senat, Urt. vom 6.10.1994 – GS - 1/91 – (auch zum Verhältnis von § 41, § 42 SGB X zu § 96 SGG). Der amtliche Leitsatz lautet: „Ein während des Gerichtsverfahrens erlassener Verwaltungsakt, der nach § 96 SGG Gegenstand des Verfahrens wird, verstößt nicht gegen das Verbot, die Anhörung oder Ermessensausübung nachzuholen, wenn er einen Verwaltungsakt ersetzt, der mangels Anhörung oder Ermessensausübung rechtswidrig ist."

218 Vgl. zu dieser Fallkonstellation: BSG, Urt. vom 3.09.2020 – B 14 AS 55/19 R–, juris, Rn.12 ff.

219 Vgl. *Recht* in Hauck/Noftz, Rn. 18 zu § 35 SGB X.

Wie sich aus der Formulierung „soweit" ergibt, kann die Ausnahme von der Begründungspflicht auch nur für Teile des Verwaltungsaktes gelten.

1.3.21 Rechtsbehelfsbelehrung (§ 36 SGB X)

Schriftliche Verwaltungsakte oder die schriftlichen Bestätigungen von Verwaltungsakten sind nach § 36 SGB X, § 84 Abs. 2 Satz 3 SGG i. V. m § 66 SGG mit einer Rechtsbehelfsbelehrung zu versehen.[220] Der beschwerte Beteiligte ist über den Rechtsbehelf und die Behörde oder das Gericht, bei denen der Rechtsbehelf anzubringen ist, deren Sitz, die einzuhaltende Frist und die Form schriftlich zu belehren. Entsprechendes gilt für die Rechtsbehelfsbelehrung in einem Widerspruchsbescheid (vgl. § 85 Abs. 3 Satz 4 SGG, § 66 Abs. 1 SGG). Damit besteht die Rechtsbehelfsbelehrung bei einem Ausgangsverwaltungsakt aus einer Erklärung über[221]:

- den Rechtsbehelf:
  Notwendig ist der Hinweis auf den möglichen Widerspruch gegen den schriftlichen Verwaltungsakt. Generell muss der in Betracht kommende statthafte Rechtsbehelf bezeichnet werden.
- die Stelle, bei der der Rechtsbehelf einzulegen ist:
  Notwendig ist die Bezeichnung der Widerspruchsbehörde und die Angabe der Adresse (Ort), bei der der Widerspruch einzulegen ist. Der Hinweis auf die Adresse im Kopfbogen genügt den Anforderungen.[222] Dann muss allerdings aus dem Kopfbogen eindeutig erkennbar sein, welche Stelle gemeint ist. Denn der Hinweis, der Widerspruch sei einzulegen bei einer „oben genannten Stelle" kann irreführend sein, wenn oberhalb der Rechtsbehelfsbelehrung weitere Adressangaben existieren. Ohne ausdrücklichen Verweis auf den Briefkopf macht dies die Rechtsbehelfsbelehrung fehlerhaft.[223]
  Bei einem Widerspruchsbescheid muss auf das in Frage kommende Gericht und dessen Sitz hingewiesen werden, bei dem der Rechtsbehelf anzubringen ist.
- die Frist, innerhalb derer der Rechtsbehelf eingelegt werden muss:
  Die Frist beträgt ein Monat.
- die Form:
  Über die Form des Rechtsbehelfs ist nach § 36 SGB X zu belehren, obwohl dies § 66 SGG nicht vorsieht. Der Widerspruch ist schriftlich oder zur Niederschrift zu erheben. Inzwischen ist der Hinweis auf die Möglichkeit, den Widerspruch auch elektronisch einzureichen, zwingend (vgl. § 84 Abs. 1 SGG)[224]. Eine Rechtsbehelfsbelehrung, die nicht darüber belehrt, dass der Widerspruch auch im Wege der elektronischen Kommunikation gemäß § 36a SGB I eingelegt werden kann, ist unrichtig und setzt die Jahresfrist nach § 66 Abs. 2 SGG in Gang.

---

220 Vertiefend: *Köhler*, Und täglich grüßt die Rechtsbehelfsbelehrung, WzS 2017, S. 99.
221 Vgl. auch LSG Berlin-Brandenburg, Urt. vom 28.1.2015 – L AS 2582/14 –, juris, Rn. 20 ff.
222 Vgl. LSG NRW, Beschl. vom 28.9.2011 – L 7 AS 1080/11 B –, BeckRS 2011, 76743.
223 Vgl. LSG Baden-Württemberg, Urt. vom 17.3.2006 – L 8 AS 4314/05 –, NZS 2006, 441.
224 Vgl. LSG Niedersachsen-Bremen, Beschl. vom 9.9.2021 – L 13 AS 345/21 B ER –, m. w. N.

- Die Rechtsbehelfsbelehrung muss nach ihrem Sinn und Zweck dem Beteiligten ohne Gesetzeslektüre die ersten Schritte zur (fristgerechten) Wahrung seiner Rechte ermöglichen, also eine Belehrung über den wesentlichen Inhalt der bei Einlegung des Rechtsbehelfs zu beachtenden Formvorschriften aufzeigen.

Eine Rechtsbehelfsbelehrung könnte z. B. folgenden Wortlaut haben:

Rechtsbehelfsbelehrung:
Gegen diesen Bescheid kann innerhalb eines Monats nach Bekanntgabe von jedem der in diesem Bescheid Betroffenen[225] *Widerspruch erhoben werden. Der Widerspruch ist bei dem Jobcenter XY, XY-Straße, Postfach XY, XY Ort, schriftlich oder mündlich zur Niederschrift zu erheben.*

Der Widerspruch kann auch durch Übermittlung eines elektronischen Dokuments mit qualifizierter elektronischer Signatur an die elektronische Poststelle des Kreises XY/der Stadt XY erhoben werden. Die E-Mail-Adresse des Kreises XY/der Stadt XY lautet: poststelle@vps.xy.de

Weiterhin kann ein Widerspruch ebenfalls durch De-Mail in der Sendevariante mit bestätigter sicherer Anmeldung nach dem De-Mail-Gesetz erhoben werden. Die De-Mail-Adresse lautet: poststelle@xy.de-mail.de.

Eine Rechtsbehelfsbelehrung wird fehlerhaft, wenn sie mit weiteren Informationen überfrachtet wird, die geeignet sind, Verwirrung zu stiften und den Rechtsbehelfsführer davon abhalten könnten, Widerspruch oder Klage zu erheben. Andererseits sind weitere Informationen unschädlich, wenn sie richtig und vollständig sind.

Wählt die Behörde eine förmliche Zustellung des Bescheides (z. B. Postzustellungsurkunde), ist es geboten, anstelle der Bekanntgabe auf die Zustellung abzustellen, da der Begriff „Bekanntgabe" zu unpräzise ist und deshalb nicht verwandt werden darf.[226] Der Grund für diese notwendige Differenzierung hinsichtlich der eindeutigen Verwendung der Rechtsbegriffe liegt darin, dass die rechtlich wirksame Zustellung und die tatsächliche Bekanntgabe auseinanderfallen können, so dass beim Empfänger Verwirrung über den Fristlauf entstehen kann.

Beispiel
Wird ein Verwaltungsakt mit „Einschreiben" zugestellt, gilt die Zustellungsvermutung des § 4 Abs. 1 VwZG. Der Zustellungstag kann so kraft Vermutung z. B. der 4.3. sein. Die tatsächliche Kenntnisnahme des Schreibens findet am 3.3. oder

---

225 Die Rechtsbehelfsbelehrung des Ausgangsbescheides muss hinreichend zum Ausdruck bringen, dass jedes einzelne Mitglied der Bedarfsgemeinschaft den maßgeblichen Rechtsbehelf einlegen muss, nicht die Bedarfsgemeinschaft als solche (vgl. BSG, Urt. vom 7.11.2006 – B 7b AS 8/06 R –, BSGE 97, 217 = NZS 2007, 328 = FEVS 58, 259 = SGb 2007, 308). Dies ist nicht notwendig, wenn der Vertreter der Bedarfsgemeinschaft (vgl. § 38 SGB II) für sich selbst und als gesetzlicher Vertreter für seine minderjährigen Kinder rechtsbehelfsbefugt ist (vgl. LSG Baden-Württemberg, Urt. vom 26.9.2008 – L 8 AS 2396/08 –).

226 Vgl. BSG, Urt. vom 9.12.2008 – B 8/9b SO 13/07 R –, FEVS 60, 550. Möglicherweise großzügiger: BSG, Urt. vom 9.4.2014 – B 14 AS 46/ 13 R –; ausführlich mit einer Übersicht zur unterschiedlichen Rechtsprechung VGH Mannheim, Urt. vom 23.1.2018 – 8 S 1294/17 –, BeckRS 2018, 1132, Rn. 19 ff.

5.3. statt. Je nachdem, auf welches Datum abgestellt wird, könnte der Beteiligte annehmen, dass unterschiedliche Monatsfristen laufen.

Aus diesem Grunde ist die Rechtsbehelfsbelehrung, die den Begriff „Bekanntgabe" verwendet, bei Zustellung mittels „Empfangsbekenntnis" trotzdem nicht unrichtig. Denn bei Zustellung mittels Empfangsbekenntnis fallen Bekanntgabe und Zustellung nicht zeitlich auseinander, sondern zusammen. Das Bundessozialgericht hat dazu festgestellt:

„Die Belehrung, die Klagefrist beginne mit der Bekanntgabe des Widerspruchsbescheides zu laufen, kann keinen Irrtum des Adressaten über den Beginn der Rechtsbehelfsfrist hervorrufen und dadurch die rechtzeitige Klageerhebung erschweren, wenn der Widerspruchsbescheid dem Adressaten im Wege der Zustellung **mit Empfangsbekenntnis an seinen Rechtsanwalt** bekannt gegeben worden ist. Denn bei **dieser** Zustellungsart ist die Zustellung auch aus Sicht des Empfängers stets zugleich die Bekanntgabe. Daran kann ein Zustellungsempfänger bei vernünftiger Überlegung nicht zweifeln."[227]

Wird z.B. an einen Rechtsanwalt mittels Empfangsbekenntnis förmlich zugestellt, erfolgt die Zustellung erst mit der tatsächlichen Kenntnisnahme und nicht durch Übermittlung des Bescheides in den „Machtbereich" (also in das Büro) des Rechtsanwalts.[228] Hier unterscheidet sich der Fall der förmlichen Zustellung durch Empfangsbekenntnis vom Fall der Zustellung per Einschreiben oder der Postzustellungsurkunde. Beim Einschreiben greift die Zugangsvermutung gemäß § 4 Abs. 1 VwZG, so dass der rechtlich wirksame Zustellungszeitpunkt und die tatsächliche Kenntnisnahme auseinanderfallen können. Dies ist beim Empfangsbekenntnis nicht möglich.

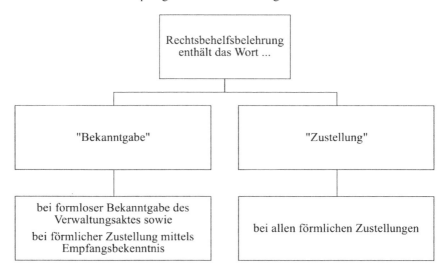

---

227 BSG, Urt. vom 9.4.2014 – B 14 AS 46/ 13 R –, juris, Rn. 21. In diesem Urteil deutet sich an, dass möglicherweise alle Rechtsbehelfsbelehrungen mit dem Wort „Bekanntgabe" richtig sind, auch wenn eine Zustellung des Verwaltungsaktes erfolgt.
228 Vgl. BSG, Urt. vom 21.12.2009 – B 14 AS 63/08 R –, FEVS 61, 513 = SGb 2010, 87 (Kurzwiedergabe) = info also 2010, 136 (Kurzwiedergabe).

Unterbleibt eine Rechtsbehelfsbelehrung oder ist sie unrichtig, wird dadurch der Verwaltungsakt nicht rechtswidrig. Es handelt sich um einen Fehler mit atypischer Rechtsfolge, da sich bei fehlender oder fehlerhafter Rechtsbehelfsbelehrung die in § 84 Abs. 1 SGG bzw. § 87 Abs. 1 SGG vorgesehene Widerspruchs- bzw. Klagefrist von einem Monat auf ein Jahr verlängert (vgl. § 66 Abs. 2 SGG).

Eine Rechtsbehelfsbelehrung ist nicht nur dann unrichtig, wenn die o. g. Angaben fehlerhaft oder fehlend sind. Werden zusätzliche Angaben aufgenommen, **die geeignet sind, bei dem Beschwerten einen Irrtum** über die formellen und/oder materiellen Voraussetzungen des in Betracht kommenden Rechtsbehelfs hervorzurufen und ihn davon abhalten, den Rechtsbehelf einzulegen bzw. rechtzeitig einzulegen, führt dies auch zu einer fehlerhaften Rechtsbehelfsbelehrung. Deshalb sollte darauf verzichtet werden, das Amt oder den Sachbearbeiter in die Rechtsbehelfsbelehrung aufzunehmen, denn es ist möglich, bei jeder Stelle innerhalb der Behörde Widerspruch zu erheben und nicht nur bei einem Sachbearbeiter, einem Amt, einer Abteilung etc.[229]

Die Formulierung einer solchen einengenden Möglichkeit der Widerspruchserhebung ist dazu geeignet, den Widerspruchsführer davon abzuhalten, den Rechtsbehelf überhaupt, rechtzeitig oder formgerecht einzulegen.

Inzwischen ist geklärt, dass die Rechtsbehelfsbelehrung einen Hinweis auf die elektronische Form der Widerspruchserhebung zwingend enthalten muss, weil der Wortlaut des § 84 Abs. 1 S. 1 SGG („schriftlich oder zur Niederschrift") entsprechend angepasst wurde. Nach Änderung der genannten Vorschrift ist der Hinweis auf die Möglichkeit einer elektronischen Widerspruchseinlegung also nicht länger entbehrlich, da diese Möglichkeit nun ausdrücklich im Gesetz genannt ist.

Beispiel
Gegen den Ausgangsbescheid der Stadt XY in Gestalt dieses Widerspruchsbescheides kann innerhalb eines Monats nach seiner Zustellung Klage erhoben werden. Die Klage ist beim Sozialgericht Detmold in 32756 Detmold, Richthofenstraße 3, schriftlich oder zur Niederschrift des Urkundsbeamten der Geschäftsstelle zu erklären.

Falls die Frist durch das Verschulden eines von Ihnen Bevollmächtigten versäumt werden sollte, so würde dessen Verschulden Ihnen zugerechnet werden.

Die Klage kann auch durch Übertragung eines elektronischen Dokuments an die elektronische Poststelle des Gerichts (poststelle@sg-detmold.nrw.de) erhoben werden. Das elektronische Dokument muss für die Bearbeitung durch das Gericht geeignet sein. Es muss mit einer qualifizierten elektronischen Signatur versehen sein oder von der verantwortenden Person signiert und auf einem sicheren Übermittlungsweg gemäß § 65a SGG eingereicht werden.

Die für die Übermittlung und Bearbeitung geeigneten technischen Rahmenbedingungen bestimmen sich nach näherer Maßgabe der Verordnung über die technischen Rahmenbedingungen des elektronischen Rechtsverkehrs und über das besondere elektronische Behördenpostfach (Elektronischer-Rechtsverkehr-Verordnung – ERVV) vom ....

---

[229] Vgl. BSG, Urt. vom 9.4.2014 – B 14 AS 46/13 R –, juris, Rn.16 m.w.N.

1.3.22 Bekanntgabe des Verwaltungsaktes (§ 37 SGB X)

1.3.22.1 Bedeutung und Zeitpunkt der Bekanntgabe

Gemäß § 37 Abs. 1 SGB X ist ein Verwaltungsakt demjenigen **Beteiligten** bekanntzugeben, für den er bestimmt ist oder der von ihm betroffen wird. Der Verwaltungsakt wird dabei in dem Zeitpunkt wirksam, in dem er bekanntgegeben wird (vgl. § 39 Abs. 1 Satz 1 SGB X). Damit ist die Bekanntgabe Voraussetzung für die **(äußere) Wirksamkeit** eines Verwaltungsaktes. Die äußere Wirksamkeit bedeutet, dass der Verwaltungsakt rechtlich existent ist. Ein nicht bekanntgegebener Verwaltungsakt ist unwirksam. Eine Heilung nach § 41 SGB X ist nicht vorgesehen. Möglicherweise kommt aber eine Heilung der fehlerhaften Bekanntgabe nach § 65 Abs. 2 SGB X i. V m. § 8 VwZG NRW in Frage.

Die äußere Wirksamkeit tritt jeweils nur im Rahmen der individuellen Bekanntgabe an den jeweiligen Beteiligten des Verfahrens ein und bindet insoweit die oder den Beteiligten.

Zusammen mit der äußeren Wirksamkeit eines Verwaltungsaktes fällt die materielle Bestandskraft. Materielle Bestandskraft bedeutet, dass auch die Behörde an den Verwaltungsakt gebunden ist (arg. ex. §§ 44 ff. SGB X). Die formelle Bestandskraft tritt dagegen erst mit der Unanfechtbarkeit ein.

Erlasszeitpunkt für einen Verwaltungsakt ist die Bekanntgabe und nicht der Zeitpunkt, in dem der Verwaltungsakt erstellt wurde oder durch Aufgabe zur Post abgesendet wurde.[230] Diese Kenntnis ist notwendig, um zu entscheiden, welche Rechtsgrundlage bei der Aufhebung von Verwaltungsakten zu wählen ist (vgl. Wortlaut von § 44 Abs. 1 SGB X: „... bei Erlass ...").

Ein mündlich oder konkludent erlassener Verwaltungsakt (vgl. § 33 Abs. 2 SGB X) gilt in dem Moment der Willensäußerung als bekanntgegeben. Der Verwaltungsakt ist insofern **sofort** wirksam.

Ein Verwaltungsakt kann auch elektronisch (E-Mail, CD, USB-Stick) erlassen werden (vgl. § 33 Abs. 2 SGB X). Voraussetzung hierfür ist allerdings, dass der Empfänger hierfür einen Zugang eröffnet hat (§ 36a Abs. 1 SGB I) und dass für die Bekanntgabe des Verwaltungsaktes **nicht die Schriftform** vorgesehen ist. Verwaltungsakte, bei denen die Schriftform vorgesehen ist, können nur unter den Voraussetzungen des § 36a Abs. 2 SGB I auf elektronischem Weg übermittelt werden.

Der Empfänger des Verwaltungsaktes hat den Zugang eines elektronisch übermittelten Verwaltungsaktes nur dann **eröffnet**, wenn er dies **ausdrücklich erklärt** hat. Die Angabe einer E-Mail-Adresse auf dem Briefbogen genügt nur bei Rechtsanwälten, Firmen und Behörden. Der Bürger muss hingegen seine Bereitschaft zum Empfang von rechtsverbindlichen Erklärungen selbst dann ausdrücklich erklären, wenn er selbst den Kontakt mit der Behörde z. B. mittels E-Mail gesucht hat. Von dem Bürger wird insoweit nicht erwartet, dass er sein E-Mail-Postfach regelmäßig ansieht und z. B. bei seiner Abwesenheit entsprechende Vorkehrungen trifft sowie technische Probleme umgehend lösen kann. Soweit eine elektronische Übermittlung eines Verwaltungs-

---

230 Vgl. BSG, Urt. vom 16.12.2008 – B 4 AS 48/07 R –, FEVS 60, 546 = EuG 2010, 1.

aktes zulässig ist, gilt ebenfalls eine Dreitagesrist nach der Übermittlung (vgl. § 37 Abs. 2 Satz 2 SGB X).

Ein schriftlicher Verwaltungsakt, der im Inland durch die Post übermittelt wird, **gilt am dritten Tag nach der Aufgabe zur Post als bekanntgegeben**. Diese **Bekanntgabefiktion** hat Bedeutung für den Lauf von Widerspruchs- und Klagefristen (§ 84 SGG, § 87 SGG), vgl. auch die Ausführungen und Beispie er 1.3.15 sow er 1.3.21.

Die Zugangsfiktion von drei Tagen gilt selbst dann, wenn der Zugang tatsächlich früher erfolgt. Unerheblich ist, ob der Tag der Zugangsfiktion ein Samstag, Sonntag oder ein staatlich anerkannter gesetzlicher Feiertag ist.[231]

*Ist z. B. ein Brief am Donnerstag, dem 4.5. aufgegeben und erfolgt die Übermittlung des einfachen Briefes durch die Post, gilt als **Bekanntgabezeitpunkt** der 7.5., auch wenn dieser Tag ein Sonntag ist. Die Ermittlung des Bekanntgabezeitpunktes erfolgt nach § 26 Abs. 2 SGB X, da es sich um eine Behördenfrist handelt.*

Die anschließend zu berechnende Widerspruchsfrist richtet sich nach § 84 Abs. 1 SGG, § 62 SGB X i. V. m. § 26 Abs. 1 SGB X i. V. m. § 187 ff. BGB; alternativ nach § 84 Abs. 1 SGG, § 64 SGG, da es sich um eine gesetzliche Frist handelt.

Trotz Zustellungsfiktion ist die Behörde für den Zugang des Verwaltungsaktes in Zweifelsfällen beweispflichtig. Dies wird in § 37 Abs. 2 Satz 3 SGB X noch einmal klargestellt:

Die Zugangsfiktion gilt nicht, wenn der Verwaltungsakt nicht oder zu einem späteren Zeitpunkt zugegangen ist. Ist der Zeitpunkt zu einem späteren Zeitpunkt zugegangen, beginnt erst ab diesem Zeitpunkt der Lauf einer Widerspruchs- oder Klagefrist. Analog § 130 BGB gilt ein Verwaltungsakt, der mit „einfachem Brief" aufgegeben wird, dann als zugegangen, wenn dieser in den Machtbereich des Empfängers gelangt ist und bei gewöhnlichem Verlauf mit einer Kenntnisnahme durch den Empfänger zu rechnen ist. Der Zeitpunkt der Bekanntgabe im Sinne von § 37 Abs. 2 SGB X ist daher **grundsätzlich** auch der Zeitpunkt des Zugangs, sofern der Beteiligte zumindest die Möglichkeit der Kenntnisnahme hat.

Bei genauer Betrachtung ist die in § 37 Abs. 2 Satz 1 SGB X geregelte „Zustellungsfiktion" keine Fiktionsregelung, sondern eine **Vermutungsregelung**. Dies folgt aus § 37 Abs. 2 Satz 3 SGB X, wonach die vermutete Bekanntgabe am dritten Tag nach der Absendung nicht gilt, wenn der Verwaltungsakt nicht oder zu einem späteren Zeitpunkt zugegangen ist. Die Vorschrift soll aus der Sicht der Behörde Beweisschwierigkeiten bei der Bekanntgabe des Verwaltungsaktes erleichtern, aber nicht etwas Unwahres als wahr unterstellen. Für die **Nachweispflichten** der Behörde (vgl. § 37 Abs. 2 Satz 3 Halbs. 2 SGB X) bzw. zu den **Widerlegungspflichten** des Beteiligten hinsichtlich einer Bekanntgabe hat das Bundessozialgericht für die nahezu gleichlautende Zustellungsfiktion mittels Einschreiben ausgeführt:

„Die **Zugangsvermutung** als gesetzlich normierter Anscheinsbeweis [...] scheitert nicht an § 4 Abs. 1 Halbsatz 2 VwZG. Weder ist der Widerspruchsbescheid nicht oder (nachweisbar) zu einem späteren Zeitpunkt zugegangen, noch bestehen hierüber

---

231 Vgl. BSG, Urt. vom 6.5.2010 – B 14 AS 12/09 R –, NJW 2011, 1099 = DVP 2010, 527 = NZS 2011, 477.

Zweifel, die die Behörde durch den Nachweis des Zeitpunkts des Zugangs ausräumen müsste.

Der Zugangszeitpunkt ist nur dann von der Behörde nachzuweisen, wenn der Empfänger die Vermutung durch entsprechenden Tatsachenvortrag erschüttert. Gefordert wird ein substantiiertes Bestreiten in der Weise, dass der Betreffende einen abweichenden Geschehensablauf schlüssig vorträgt und dadurch zumindest Zweifel begründet, weil anderenfalls die Zugangsvermutung wertlos wäre [...]. Andererseits dürfen die Anforderungen an die Substantiierungspflicht nicht überspannt werden [...]. Es muss deshalb (schon) ausreichen, wenn der Zugang überhaupt ausdrücklich bestritten oder ein späterer Zugang konkret behauptet wird...".[232]

Zusammenfassend bedeutet dies:

Im Zweifel trägt die Behörde die materielle Beweislast für die Tatsachen einer ordnungsgemäßen Bekanntgabe. Soweit der Beteiligte bzw. Bekanntgabeadressat des Verwaltungsaktes einen verspäteten Zugang bestreitet, genügt „schlichtes Bestreiten" nicht. Es müssen vielmehr glaubhaft konkrete Tatsachen für einen späteren oder für gar keinen Zugang des Verwaltungsaktes vorgetragen werden (substantiiertes Bestreiten).

Teilweise wird die Auffassung vertreten, dass für den Fall des (angeblichen) Nichtzugangs ein „substantiiertes Bestreiten" nicht erforderlich ist. Danach wäre bei der Frage, wann Zweifel am Zugang vorliegen, danach zu unterscheiden, ob bereits der Zugang selbst bestritten oder lediglich der verspätete Zugang geltend gemacht wird. Macht der Adressat eines (angeblich) nicht eingetroffenen Briefes den Nichtzugang des Briefes geltend, würde insofern „einfaches" Bestreiten ausreichen, da es dem Adressaten im Regelfall schon aus logischen Gründen nicht möglich sei, näher darzulegen, ihm sei ein per einfachem Brief übersandtes Schreiben nicht zugegangen.[233]

Um eine Zusendung aus der Sicht der Behörde zu dokumentieren, ist ein handschriftlicher Absendevermerk des zuständigen Sachbearbeiters auf der Durchschrift unter Angabe des Datums der Aufgabe zur Post – wie es beim Einschreiben mit Rückschein ohnehin vorgesehen ist (vgl. § 4 Abs. 2 Satz 4 VwZG) – angezeigt. Notwendig ist in einem solchen Fall auch ein handschriftlicher Namenszug, damit der Absendevermerk dem Sachbearbeiter zugeordnet werden kann. Ohne einen solchen Absendevermerk, der den Aussteller erkennen lassen muss, kann nicht festgestellt werden, ob und insbesondere wann ein Verwaltungsakt auch tatsächlich zur Post aufgegeben wurde.

Nach noch weitergehender Auffassung genügt der Absendevermerk eines Sachbearbeiters für die Gültigkeit der Dreitagesfiktion des § 37 Abs. 2 SGB X nicht, weil damit nicht ausreichend sichergestellt ist, dass das Schreiben auch an diesem Tag der Post übergeben wurde. Es ist eine Aufgabe zur Post also erst dann erfolgt, wenn der Bescheid durch einen Mitarbeiter der behördeninternen Poststelle der Post oder einem anderen Briefzustelldienst übergeben wurde. Dies muss dokumentiert sein.[234] Behörden ist anzuraten, ein entsprechendes System in der Poststelle zu etablieren.

---
232 Vgl. BSG, Urt. vom 9.12.2008 – B 8/9b SO 13/07 R –, FEVS 60, 550.
233 Vgl. LSG Baden-Württemberg, Urt. vom 22.10.2013 – L 13 AS 4804/12 –, juris, Rn. 20.
234 Vgl. Bayerisches LSG, Urt. vom 23.3.2021 – L 10 AL 71/20 –, juris, Rn. 22; LSG NRW, Beschl. vom 31.7.2018 – L 19 AS 616/18 B –, juris, Rn. 42; LSG NRW, Beschl. vom 24.5.2014 – L 6 AS 2145/12 B –, juris, Rn. 14.

Gemäß § 37 Abs. 5 SGB X bleiben Vorschriften über die Bekanntgabe eines Verwaltungsaktes mittels Zustellung unberührt. Mit „Zustellung" ist die förmliche Zustellung nach dem Verwaltungszustellungsgesetz des Landes gemeint, das für die Landesbehörden nach § 65 Abs. 2 SGB X für anwendbar erklärt wird. Förmliche Zustellungen können auch dann vorgenommen werden, wenn sie nicht vorgeschrieben sind. Eine förmliche Zustellung ist verpflichtend, wenn eine gesetzliche Regelung dies verlangt. Das ist immer der Fall, wenn der Gesetzgeber von „Zustellung" spricht.

So bestimmt z. B. § 63 Abs. 6 Satz 1 VwVG NRW, dass die Androhung von Zwangsmitteln **zuzustellen** ist.

Für die Bekanntgabe eines Widerspruchsbescheides ist nach dem Sozialgerichtsgesetz – im Gegensatz zur vergleichbaren Regelung in der Verwaltungsgerichtsordnung (vgl. § 73 Abs. 3 Satz 1 VwGO) – eine Bekanntgabe ausreichend (vgl. § 85 Abs. 3 Satz 1 SGG). Nimmt die Behörde eine Zustellung vor, gelten die §§ 2 bis 10 des VwZG Bund (vgl. § 85 Abs. 3 Satz 2 SGG).

In Abhängigkeit davon, welche Bekanntgabeform (die Zustellung ist eine spezielle Form der Bekanntgabe, vgl. § 2 Abs. 1 VwZG NRW; § 2 Abs. 1 VwZG Bund) gewählt wird, ist die Rechtsbehelfsbelehrung mit den Worten „Bekanntgabe" oder „Zustellung" zu vers vgl. 1.3.21).

1.3.22.2 Adressat des bekanntzugebenden Verwaltungsaktes

Nicht nur die Art der Bekanntgabe ist von Bedeutung, sondern auch die richtige Wahl des Adressaten, um den Zugang des Verwaltungsaktes bei der „richtigen" Person zu bewirken (sog. **„Bekanntgabeadressat"**).

Dabei ist im Sozialrecht nach dem Zweiten oder Zwölften Buch Sozialgesetzbuch stets zu beachten, dass jede Person der Bedarfs- bzw. Einsatzgemeinschaft einen individuellen Leistungsanspruch besitzt. Nicht die Gemeinschaft ist daher beteiligtenfähig, sondern die einzelne Person. Jede einzelne Person ist also Beteiligter des Sozialverwaltungsverfahrens. Ebenfalls fehlerhaft ist die Adressierung an die „Familie". Eine Bekanntgabe kann nur gegenüber einem Handlungsfähigen i. S. v. § 11 SGB X vorgenommen werden. Eine Familie als solche ist nicht fähig zur Vornahme von Verfahrenshandlungen.

Gemäß § 37 Abs. 1 Satz 1 SGB X ist der Verwaltungsakt demjenigen **Beteiligten** bekanntzugeben, für den er bestimmt ist oder der von ihm betroffen wird. Daher ist **grundsätzlich jedem** Beteiligtem **eine Ausfertigung** des Verwaltungsaktes bekanntzugeben.

Etwas anderes gilt nur dann, wenn eine gesetzliche oder gewillkürte Vertretung vorliegt. Eine gesetzliche Vertretung liegt z. B. im Verhältnis der Eltern zu den Kindern vor (vgl. §§ 1626, 1629 BGB). Der Verwaltungsakt ist grundsätzlich an den gesetzlichen Vertreter zu adressieren (vgl. § 6 Abs. 1 VwZG NW analog, § 131 BGB analog). Gemäß § 1629 Abs. 1 Satz 2 BGB, § 6 Abs. 3 VwZG NW analog ist eine Bekanntgabe an einen Elternteil ausreichend,[235] und zwar auch dann, wenn das Kind nach § 1629 Abs. 1 Satz 1 BGB durch beide Elternteile gemeinschaftlich vertreten wird.

---

235 BSG, Urt. vom 7.7.2011 – B 14 AS 153/10 R –, juris, Rn. 25; BSG, Urt. vom 13.11.2008 – B 14 AS 2/08 R –, juris, Rn. 21; BSG, Urt. vom 4.6.2014 – B 14 AS 2/13 R –, juris, Rn. 23.

Beispiel

*Gemäß § 11 Abs. 2 SGB X ist ein (geschäftsfähiger) Betreuter nur insoweit zur Vornahme von Verfahrenshandlungen wie z. B. die Entgegennahme eines Verwaltungsaktes fähig, als er nach den Vorschriften des bürgerlichen Rechts ohne Einwilligung des Betreuers handeln kann. Steht also der Adressat unter Betreuung eines Verfahrensbevollmächtigten (vgl. §§ 1902, 1903 BGB) und umfasst dessen Aufgabenkreis **mit Einwilligungsvorbehalt** auch Behördenangelegenheiten, so steht er als eigentlich geschäftsfähige, aber hinsichtlich bestimmter Angelegenheiten unter Betreuung stehende Person einer nicht geschäftsfähigen Person gleich.*

Ist ein Beteiligter in diesem Sinn nicht handlungsfähig, so ist der Verwaltungsakt seinem Vertreter (Betreuer) bekanntzugeben.

Erfolgt die Bekanntgabe eines Bewilligungsbescheides z. B. an ein sechsjähriges Kind, mangelt es dem Kind an der verfahrensrechtlichen Handlungsfähigkeit (§ 11 Abs. 1 Nr. 1 SGB X). Zwar ist das Kind dann Beteiligter des Verfahrens, aufgrund mangelnder Handlungsfähigkeit hätte die Bekanntgabe aber an den gesetzlichen Vertreter (i. d. R. an einen Elternteil) erfolgen müssen. Die fehlerhafte Bekanntgabe führt dann zur **Unwirksamkeit** des Verwaltungsaktes (vgl. § 6 Abs. 1 VwZG; § 131 BGB).

Selbst bei einer zufälligen Kenntnisnahme des Verwaltungsaktes durch den gesetzlichen Vertreter ist der Verwaltungsakt nicht im Rechtssinne zugegangen. Eine Heilung nach § 8 VwZG ist denkbar, aber gleichwohl umstritten, weil die Behörde bei der unwirksamen Bekanntgabe oder Zustellung gegenüber dem gesetzlichen Vertreter nicht den erforderlichen Bekanntgabewillen hatte.[236] Überwiegend wird aber wohl angenommen, dass ein fehlerhaft bekanntgegebener Verwaltungsakt auch mit tatsächlicher Kenntnisnahme des Adressaten wirksam wird[237] oder bei rügeloser Einlassung auf das Verwaltungsverfahren geheilt wird[238].

Eheleute, Lebenspartner oder Personen in einer eheähnlichen oder lebenspartnerschaftsähnlichen Gemeinschaft sind **nicht** gegenseitig vertretungsberechtigt. Für die Bekanntgabe bedeutet dies – sollte keine Bevollmächtigung eines Partners für den anderen Partner vorliegen – entweder eine **getrennte Zustellung** bzw. Bekanntgabe des jeweiligen Verwaltungsaktes oder die Bekanntgabe der Bescheide in zweifacher Ausfertigung.[239] An Eheleute muss daher an jeden einzelnen eine bestimmte Ausfertigung oder Abschrift des bekanntzugebenden Bescheides übergeben werden. Erfolgt dies nicht, ist eine wirksame Bekanntgabe nicht erfolgt.

---

236 Vgl. LSG NRW, Urt. vom 16.10.2017 – L 20 SO 384/15 –, juris, Rn. 44; LSG Berlin-Brandenburg, Beschl. vom 24.7.2014 – L 25 AS 2260/12 B PKH –, juris; VGH Mannheim, Urt. vom 2.11.2010 – 11 S 2079/10 –, FamRZ 2011, 1002.
237 Vgl. LSG Bayern, Urt. vom 30.9.2016 – L 1 R 673/13 –, BeckRS 2016, 74542, Rn. 34, wonach die Fehlerhaftigkeit durch den tatsächlichen Zugang an den Vertreter analog § 8 VwZG NRW geheilt wird, m. w. N.
238 Vgl. LSG NRW, Urt. vom 16.10.2017 – L 20 SO 384/15 –, juris, Rn. 45.
239 Für die Wirksamkeit der Zustellung eines Verwaltungsakts an Eheleute genügt grundsätzlich nicht die Übergabe nur einer Ausfertigung des Verwaltungsakts (vgl. BVerwG, Urt. vom 22.10.1992 – 5 C 65/88 –, NJW 1993, 2884 = FEVS 43, 268 = NDV 1993, 239; VGH Baden-Württemberg, Urt. vom 28.4.1989 – 8 S 3669/88 –, NVwZ-RR 1989, 593). Darüber hinaus handelt es sich um einen Verstoß gegen den Bestimmtheitsgrundsatzes, wenn im Adressfeld an die „Eheleute" adressiert wird. Denn nach § 37 Abs. 1 Satz 1 SGB X ist der Verwaltungsakt demjenigen Beteiligten bekanntzugeben, für den er bestimmt ist.

Zu überprüfen ist dann, ob ggf. noch eine Anscheinsvollmacht in Frage kommt, so dass ein Partner in Vertretung für den anderen den Bescheid entgegengenommen hat[240]. Ist das nicht der Fall, liegt auch hier ein unwirksamer Verwaltungsakt vor. Diese rechtliche Ausgangssituation wird durch spezielle Vorschriften modifiziert.

Die Bekanntgabe des Verwaltungsaktes an die Eltern bzw. einem Elternteil anstelle einer Bekanntgabe an das minderjährige Kind, welches selbst Beteiligter des Verfahrens ist, liegt darin begründet, dass das Kind nicht handlungsfähig ist (vgl. § 11 SGB X). § 11 Abs. 1 Nr. 2 SGB X i. V. m. § 36 SGB I kann allerdings ab dem Erreichen des 15. Lebensjahres zu einer **partiellen Handlungsfähigkeit** des minderjährigen Kindes führen, so dass – sollten die dort genannten Voraussetzungen vorliegen – eine Bekanntgabe an das Kind zulässig ist und wirksam erfolgen würde.

Insbesondere kann der (mindestens) 15-Jährige begünstigende Bewilligungsbescheide entgegennehmen, wenn die Eltern diese Befugnis nicht eingeschränkt haben. Auch bei einer Leistungsablehnung ist § 36 SGB I noch einschlägig. Hingegen ist die Vorschrift nicht mehr bei belastenden Verwaltungsakten zu beachten (wie z. B. Aufhebungs- und Erstattungsbescheide).

Eine weitere bedeutsame Regelung besteht in § 38 SGB II für die Leistungen der Grundsicherung für Arbeitsuchende.

§ 38 SGB II enthält die (widerlegbare) **Vermutung**, dass die erwerbsfähige leistungsberechtigte Person (vgl. § 7 Abs. 1 Satz 1 SGB II) bevollmächtigt ist, Leistungen für andere Personen in der Bedarfsgemeinschaft, die ebenfalls handlungsfähig sein können, zu beantragen und entgegenzunehmen. Unberührt bleibt die Befugnis jedes Beteiligten (vgl. § 12 SGB X) im Verwaltungsverfahren, sich weiter an den Leistungsträger zu wenden. § 38 SGB II ermöglicht es daher im Rahmen des Bewilligungsverfahrens, den Verwaltungsakt an eine erwerbsfähige leistungsberechtigte Person zu adressieren.

§ 38 SGB II gilt allerdings nur für das Bewilligungsverfahren, mithin nicht für den Erlass von Aufhebungs- und Erstattungsbescheiden (vgl. §§ 44 ff. SGB X, § 50 SGB X). Grundsätzlich gelten daher für Aufhebungs- und Erstattungsbescheide die oben erwähnten Grundsätze der **individuellen Bekanntgabe an jeden Beteiligten** des Verwaltungsverfahrens, denn die Aufhebung und Erstattung ist die spiegelbildliche Darstellung des Leistungsverhältnisses, so dass auch hier vom Individualprinzip auszugehen ist und jede Person in der Bedarfsgemeinschaft als Beteiligter des Verfahrens anzusehen ist.

„Gibt der Leistungsträger den Aufhebungs- und Erstattungsbescheid allerdings bewusst dem betroffenen Mitglied der Bedarfsgemeinschaft über den vermuteten Vertreter nach § 38 SGB II als – vermeintlichen – Empfangsbevollmächtigten bekannt, und lässt sich aus dem Inhalt des Bescheids eindeutig schließen, wer inhaltlich Adressat und von der Entscheidung betroffen sein soll, so führt der **tatsächliche Zugang** beim Inhaltsadressaten zu einer Heilung dieses Mangels, mithin zu einer wirksamen Bekanntgabe (vgl. § 8 VwZG). [...] Voraussetzung für eine Heilung in diesem Fall ist allerdings, dass der vermutete Vertreter den Bescheid an das betroffene Mitglied der Bedarfsgemeinschaft tatsächlich weiterleitet, mithin ein Zugang stattgefunden hat.

---

[240] Vgl. zur Anscheinsvollmacht: VGH Baden-Württemberg, Urt. vom 29.9.1988 – 3 S 2976/87 –, NvWZ-RR 1989, 597.

Nur dann liegt eine wirksame Bekanntgabe vor. Zweifel am tatsächlichen Zugang gehen zu Lasten des Leistungsträgers."[241]

Für förmliche Zustellungen und für nichtförmliche Bekanntgaben (Erst-Recht-Schluss) kann bei einem fehlerhaften Bekanntgabe**verfahren** eine **Heilung** nach § 8 VwZG NRW / Bund erfolgen.

Teilweise wird eine Heilung nach § 8 VwZG NRW / Bund bestritten, wenn eine **fehlende** Bekanntgabe an den Beteiligten vorliegt, denn nach § 8 VwZG NRW / Bund sind nur solche Mängel heilbar, die das Zustellungsverfahren und nicht das Zustellungsobjekt treffen. Fehlt z.B. eine Ausfertigung an den Ehepartner, fehlt auch der Bescheid als Zustellungsobjekt. Ist die Verschaffung des Alleinbesitzes an dem Schriftstück oder Bescheid nicht möglich, dann handelt es sich nicht um einen Fehler anlässlich der Übergabe, sondern um eine **fehlende Übergabe**.[242]

Allerdings muss § 8 VwZG nicht als abschließende Norm zur Heilung betrachtet werden. Als geheilt anzusehen ist ein Zustellungsmangel nach dem Grundsatz der überholenden Kausalität (die erste Kausalität wird durch eine zweite Kausalität verdrängt) dann, wenn der Adressat die Handlungen vorgenommen hat, die ihm durch den in Frage stehenden Verwaltungsakt aufgegeben waren oder für die der Verwaltungsakt maßgeblich war, z.B. einen Rechtsbehelf in Form eines Widerspruchs eingelegt hat, und sich aus der fehlerhaften Bekanntgabe keine weiteren Nachteile ergeben. Er kann sich dann nachträglich nicht mehr darauf berufen, dass die Bekanntgabe fehlerhaft war.[243]

Diese Betrachtungsweise ist sinnvoll, weil sich etwaige Zustellungsmängel nicht zu Lasten des Beteiligten ausgewirkt haben, wenn dieser (rechtzeitig) z.B. den Rechtsbehelf eingelegt hat. Es würde einen unnötigen Formalismus darstellen, wenn die fehlerhafte Zustellung oder Bekanntgabe ordnungsgemäß nachgeholt werden soll. Bei einer **tatsächlich nachweisbaren Bekanntgabe** kann also im Ergebnis dahingestellt bleiben, ob und in welcher Weise eine Heilung eines etwaigen Bekanntgabemangels erfolgen kann. Andererseits genügt eine zufällige Bekanntgabe – etwa durch Mitteilung eines Dritten oder durch spätere Akteneinsicht im Gerichtsverfahren – nicht, um von einer wirksamen Bekanntgabe auszugehen.

Ist ein **Bevollmächtigter** – in der Regel ein Rechtsanwalt – bestellt, **kann** die Bekanntgabe ihm gegenüber vorgenommen werden (vgl. § 37 Abs. 1 Satz 2 SGB X). Es handelt sich um eine Sonderregelung zu § 13 Abs. 3 SGB X (wonach sich die Behörde im Sozialverwaltungsverfahren grundsätzlich an den Bevollmächtigten wenden muss). Insofern hat der Leistungsträger hinsichtlich der Bekanntgabe eine Ermessensentscheidung zu treffen.

---

241 Vgl. *Udsching/Link*, Aufhebung von Leistungsbescheiden im SGB II, SGb 2007, 513; BSG, Urt. vom 4.6.2014 – B 14 AS 2/13 R –, juris, Rn.29 (Bekanntgabe durch nachweisbare Weiterleitung des nicht formgerecht bekanntgegebenen Verwaltungsaktes).
242 Vgl. OVG Rheinland-Pfalz, Urt. vom 25.6.1986 – 8 A 92/85 –, m. w. N., NVwZ 1987, 899; VGH Baden-Württemberg, Urt. vom 28.4.1989 – 8 S 3669/88 –, NVwZ-RR 1989, 593.
243 Vgl. BSG, Urt. vom 4.6.2014 – B 14 AS 2/13 R –, juris, Rn.29 (Bekanntgabe durch nachweisbare Weiterleitung des nicht formgerecht bekanntgegebenen Verwaltungsaktes).

Beispiel[244]
Ein Beteiligter lässt sich im Widerspruchsverfahren von einem bevollmächtigten Rechtsanwalt vertreten. Die bisher geführte Korrespondenz wird gemäß § 13 Abs. 3 SGB X mit dem Rechtsanwalt abgewickelt. Die Behörde gibt den ablehnenden Bewilligungsbescheid dem Beteiligten bekannt. Dieser versäumt es, seinen Rechtsanwalt zu informieren. Die Klagefrist verstreicht. Die Klage wird wegen Fristversäumnis (§ 87 SGG) als unzulässig zurückgewiesen. Zu Recht?

Dass der Widerspruchsbescheid nicht an den Bevollmächtigten versandt und somit diesem nicht bekannt gegeben worden ist, hat auf den Beginn der Klagefrist keinen Einfluss. Nach dem Wortlaut des § 37 Abs. 1 Satz 1 SGB X wird der Widerspruchs-bescheid mit der Bekanntgabe gegenüber dem Beteiligten i.S des § 12 Abs. 1 SGB X in jedem Fall wirksam. § 37 Abs. 1 Satz 2 SGB X steht dem nicht entgegen.

Der Verwaltungsakt kann, „muss" aber dem Bevollmächtigten nicht bekanntgegeben werden. Erfolgt die Bekanntgabe der Verwaltungsentscheidung entsprechend der **Grundregel** *des § 37 Abs. 1 Satz 1 SGB X gegenüber dem Betroffenen (Beteiligten), ist die diesbezügliche Entscheidung der Behörde grundsätzlich nicht fehlerhaft. Besonderheiten des Einzelfalles, die entgegen dem* **Regelfall** *des § 37 Abs. 1 Satz 1 SGB X eine wirksame Bekanntgabe nur gegenüber dem bestellten Bevollmächtigten zulassen, bestehen nicht.*

Der Beteiligte kann sich auch nicht darauf berufen, er habe, nachdem die vorherige Korrespondenz der Beklagten mit seinem Bevollmächtigten erfolgt sei, darauf vertrauen dürfen, dass die eine Frist auslösenden Entscheidungen ebenfalls seinem Bevollmächtigten bekanntgegeben wird.

Nach § 13 Abs. 3 SGB X ist die Behörde verpflichtet, sich im Verwaltungsverfahren an den bestellten Bevollmächtigten zu wenden. Diese Verpflichtung der Behörde besteht nach dem eindeutigen Wortlaut von § 37 Abs. 1 Satz 2 SGB X bei der Bekanntgabe des Verwaltungsaktes gerade nicht. § 37 Abs. 1 Satz 2 SGB X stellt eine Spezialregelung zu § 13 Abs. 3 SGB X dar, die die Behörde von der Verpflichtung zur Bekanntgabe gegenüber dem Bevollmächtigten entbindet.

Wegen des Fristversäumnisses ist dem Beteiligten auch keine Wiedereinsetzung in den vorigen Stand (§ 67 SGG) zu gewähren. Der Beteiligte hat nicht diejenige Sorgfalt angewendet, die einem gewissenhaft Prozess-/Widerspruchsführenden nach den gesamten Umständen vernünftigerweise hätte zugemutet werden können.

Er hat sich nach dem Erhalt des Widerspruchsbescheides nicht an seinen Bevollmächtigten gewandt und den weiteren Fortgang geklärt. Gerade weil der Kläger während des Verwaltungsverfahrens keine direkte Korrespondenz mit der Beklagten gehabt hat, ist nach Sorgfalt und Vernunft eine Nachfrage beim Bevollmächtigten geboten, und zwar in dem Moment, in dem der Widerspruchsbescheid durch die Behörde ihm bekanntgegeben worden ist. Der Beteiligte hat

---

244 Vgl. LSG Rheinland-Pfalz, Urt. vom 25.3.2014 – L 3 U 85/13 –, juris; SG Marburg, Urt. vom 5.8.2015 – S 16 KA 560/13 –, BeckRS 2015, 70873.

die Möglichkeit, den Inhalt und die Rechtsbehelfsbelehrung des Widerspruchsbescheides zur Kenntnis zu nehmen und selbst mit der Erhebung eines Widerspruchs / einer Klage zu reagieren oder den Bescheid an den Bevollmächtigten weiterzureichen.

Soweit ein Ermessensnichtgebrauch und damit ein Ermessensfehler vorliegen, ist dieser mangels kausaler Auswirkungen auf das Verwaltungsverfahren und das materielle Ergebnis unter Beachtung der o. g. Gründe unbeachtlich. Mit den §§ 84, 66, 67 SGG hat der Gesetzgeber Fristbestimmungen getroffen, die auch in ausreichendem Umfang Sonderfälle regeln. Damit ist ein ausreichender Ausgleich zwischen Rechtssicherheit einerseits und materieller Gerechtigkeit andererseits geschaffen, so dass eine sanktionslose Verletzung von dem hier vorliegenden Verfahrensfehler (Ermessensnichtgebrauch hinsichtlich der Adressatenauswahl) möglich ist.

Anmerkung:
Trotz des für die Verwaltungspraxis günstigen Urteils ist zu beachten, dass die Behörde bei der Auswahl des Bekanntgabeadressaten eine pflichtgemäße Ermessensausübung vorzunehmen hat und deshalb eine beliebige Vorgehensweise nicht angezeigt ist.

Bei der Ermessensausübung sind die Umstände zu berücksichtigen, welche eine Bekanntgabe an den Bevollmächtigten nahelegen oder ausschließen. So kann etwa eine unklare Bevollmächtigung für eine Bekanntgabe an den Beteiligten sprechen. Hat sich die Behörde schon in der Vergangenheit mehrfach an den Bevollmächtigten gewandt oder ist ihr bekannt, dass der Vertretene die Bekanntgabe an den Bevollmächtigten wünscht, kann eine Bekanntgabe an den Vertreter angezeigt sein. Deshalb wäre im obigen Beispiel auch eine andere Entscheidung vertretbar gewesen.

Das Ermessen kann ferner auch über Art. 3 Abs. 1 GG gebunden sein, so dass z. B. nur eine Bekanntgabe an den Bevollmächtigten erfolgen darf, weil sich bei der Behörde eine entsprechende Praxis in Massenverfahren entwickelt hat.

Liegt eine schriftliche Vollmacht vor **und** stellt der Leistungsträger förmlich zu, verändert sich das Ermessen wieder in eine gebundene Entscheidung. Gemäß § 7 Abs. 1 Satz 2 VwZG NRW / Bund hat sich die Behörde bei schriftlicher Vorlage einer Vollmacht verpflichtend an den Bevollmächtigten zu wenden.

Liegt in Anwendung des § 37 Abs. 1 Satz 2 SGB X ein Ermessensfehler vor und wird der Verwaltungsakt z. B. nicht ermessensgerecht an den Beteiligten anstelle des Bevollmächtigten bekanntgegeben, führt dies nicht zur Unwirksamkeit der Bekanntgabe, sondern nur dazu, dass Rechtsmittelfristen nicht zu laufen beginnen und Wiedereinsetzung in den vorigen Stand zu gewähren ist.

1.3.23 Offenbare Unrichtigkeiten im Verwaltungsakt (§ 38 SGB X)

Nach § 38 SGB X können Schreibfehler, Rechenfehler und ähnliche offenbare Unrichtigkeiten in einem Verwaltungsakt jederzeit berichtigt werden. In Fällen dieser Art gelten die einschränkenden Bestimmungen für die Rücknahme eines rechtswidrigen, begünstigenden Verwaltungsaktes nach § 45 SGB X nicht.

Offenbare Unrichtigkeiten stehen in einem engen Kontext mit der Frage der Bestimmtheit eines Verwaltungsaktes. Fehlerhafte Angaben im Verfügungssatz eines Verwaltungsaktes können sowohl dahingehend verstanden werden, dass der Bescheid mangels ausreichender Bestimmtheit rechtswidrig ist als auch einzelfallabhängig dahingehend gedeutet werden, dass es sich lediglich um eine offenbare Unrichtigkeit handelt, die keine rechtlichen Konsequenzen nach sich zieht.

Beispiele
- *Im Tenor eines Aufhebungs- und Erstattungsbescheides wird fehlerhaft der Rückforderungsbetrag von 100,00 € genannt. Aus der Begründung des Bescheides sowie aus der Anlage ergibt sich aber eindeutig und nachvollziehbar, dass mehrere Bescheide aufgehoben werden und sich der gesamte Erstattungsbetrag auf 4.000,00 € beläuft. Es handelt sich um eine offenbare Unrichtigkeit.*[245]
- *Im Tenor eines Aufhebungs- und Erstattungsbescheides wird zwar der aufzuhebende Bewilligungsbescheid benannt, die Datumsangabe des aufzuhebenden Verwaltungsaktes ist allerdings falsch. Eine fehlerhafte Datumsangabe macht die Aufhebung nach dem Grundsatz „falsa demonstratio non nocet" nicht wegen einer Verletzung von § 33 Abs. 1 SGB X rechtswidrig, weil es sich um eine jederzeit zu berichtigende offensichtliche Unrichtigkeit im Sinne von § 38 SGB X handelt.*[246]

1.3.24 Wirksamkeit des Verwaltungsaktes (§ 39 SGB X)

1.3.24.1 Fehlerlehre des Verwaltungsakts

§ 39 Abs. 1 Satz 1 i.V.m. § 37 Abs. 1 SGB X regelt die äußere Wirksamkeit einwaltungsaktes (vgl. 1.3.22).

Darüber hinaus wird in § 39 Abs. 1 SGB X auch die **innere (inhaltliche) Wirksamkeit** angesprochen. Gemäß § 39 Abs. 1 Satz 2 SGB X wird ein Verwaltungsakt mit dem Inhalt wirksam, mit dem er bekanntgeben wird. Mit dem Begriff der inneren Wirksamkeit wird damit die mit dem Verwaltungsakt beabsichtigte Regelung oder Rechtsfolge angesprochen. Sie bezieht sich auf die im Tenor veranlasste Verfügung. Häufig fallen innere und äußere Wirksamkeit zeitlich zusammen, wenn die Verwaltungsaktsregelung mit der Bekanntgabe seine Wirkung entfalten soll.

---

245 Vgl. LSG Niedersachsen-Bremen, Urt. vom 11.6.2014 – L 13 AS 334/11 –, juris, Rn. 24.
246 BSG, Urt. vom 10.9.2013 – B 4 AS 89/12 R –, juris, Rn. 16 = SGb 2014, 280 = FEVS 65, 481.

Ist der Eintritt der Regelung aber von einer Bedingung abhängig oder soll die Regelung erst ab einen bestimmten Zeitpunkt bzw. für einen bestimmten Zeitraum gelten (Befristung), können innere und äußere Wirksamkeit auseinanderfallen.

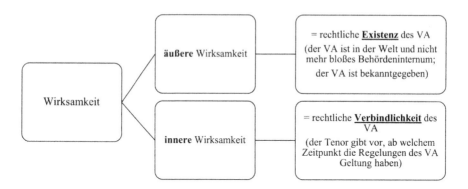

Wird der gegen einen Verwaltungsakt gegebene Rechtsbehelf nicht oder erfolglos eingelegt, so ist der Verwaltungsakt für die Beteiligten in der Sache bindend, soweit durch Gesetz nichts anderes bestimmt ist (§ 77 SGG). In diesem Zusammenhang spricht man von „**Bestandskraft**" des Verwaltungsaktes, der notwendigerweise die Bekanntgabe und die äußere Wirksamkeit eines Verwaltungsaktes voraussetzt.

Formelle Bestandskraft bedeutet also, dass ein Verwaltungsakt mit den dem Bürger zur Verfügung stehenden Rechtsbehelfen (Widerspruch) oder Rechtsmitteln (Klage, Berufung, Revision) nicht mehr angegriffen werden kann. Diese Bestandskraft tritt z. B. ein, wenn die Widerspruchsfrist verstrichen ist, der Rechtsweg erschöpft ist oder der Betroffene auf die Einlegung von Rechtsbehelfen verzichtet. Tritt formelle Bestandskraft ein, ist der erlassene Verwaltungsakt unanfechtbar.[247]

Über keine Bestandskraft verfügt nur der **unwirksame, nichtige Verwaltungsakt** (§ 39 Abs. 3 SGB X). Aus § 39 Abs. 3 SGB X im Umkehrschluss folgt, dass der nicht nichtige Verwaltungsakt wirksam ist. Daraus ist zu schlussfolgern, dass ein (bloß) rechtswidriger Verwaltungsakt grundsätzlich wirksam ist. Rechtswidrigkeit allein ist deshalb kein Grund für eine Unwirksamkeit, hindert also die (formelle und materielle) Bestandskraft nicht. Rechtstechnisch ergibt sich das aus Folgendem:

- In § 39 Abs. 2 SGB X wird die Rechtswidrigkeit nicht als Unwirksamkeitsgrund aufgeführt.
- Nach § 39 Abs. 3 SGB X ist nur der nichtige Verwaltungsakt unwirksam, im Umkehrschluss hieraus ergibt sich, dass der nicht nichtige und bloß rechtswidrige Verwaltungsakt trotz seiner Unvereinbarkeit mit der Rechtsordnung wirksam ist.

---

247 Die materielle Bestandskraft folgt aus der formellen Bestandskraft und macht den Inhalt des Verwaltungsaktes für die Behörde und den Betroffenen verbindlich. Weder formelle noch materielle Bestandskraft bedeuten Unabänderlichkeit des Verwaltungsaktes. Die Abänderbarkeit wird in § 39 Abs. 2 SGB X thematisiert.

- Würde bereits die Rechtswidrigkeit zur Unwirksamkeit führen, wäre eine Aufhebung des Verwaltungsaktes nach den §§ 44 ff. SGB X oder im Widerspruchs- bzw. Klageverfahren sinnlos.

Eine wesentliche Besonderheit des Verwaltungsaktes liegt mithin in seiner **Fehlerresistenz**. Während z. B. Gesetze oder Satzungen bei Unvereinbarkeit mit der Rechtsordnung nicht nur rechtswidrig, sondern auch nichtig sind, löst der wirksame, ggf. fehlerhafte und rechtswidrige Verwaltungsakt noch die angestrebten Rechtsfolgen aus.

Der oben aufgezeigte Zusammenhang kann grafisch wie folgt dargestellt werden:

Fehlerhafte Verwaltungsakte			Fehlerfreie Verwaltungsakte
(schwere) Rechtsfehler, die die Nichtigkeit zur Folge haben	(mittelschwere) Rechtsfehler, die die Vernichtbarkeit zur Folge haben	sonstige (leichte) Fehler	
rechtswidrige Verwaltungsakte		**rechtmäßige** Verwaltungsakte	
unwirksame Verwaltungsakte	wirksame Verwaltungsakte		

Nur der nichtige Verwaltungsakt löst keine Rechtswirkungen aus, da er unwirksam ist (§ 39 Abs. 3 SGB X). Nichtig ist ein Verwaltungsakt, wenn er an einem besonders schweren Fehler leidet. Die Nichtigkeitsgründe sind in § 40 SGB X genannt.

1.3.24.2 Dauer der Wirksamkeit des Verwaltungsaktes

Ein Verwaltungsakt bleibt nach § 39 Abs. 2 SGB X wirksam, solange und soweit er nicht **aufgehoben** ist, nämlich nicht
- zurückgenommen (vgl. §§ 44, 45, 49 SGB X),
- widerrufen (vgl. §§ 46, 47 SGB X),
- anderweitig aufgehoben (vgl. § 48 SGB X, § 85 SGG, § 131 SGG) wurde oder sich
- durch Zeitablauf (z. B. bei befristeter Leistungserbringung) oder
- auf andere Weise erledigt hat (z. B. Tod des Leistungsberechtigten).

Die Aufhebungsmöglichkeit nach den §§ 44 ff. SGB X besteht sowohl bei Bestandskraft des Verwaltungsaktes als auch während der Rechtsbehelfsfrist.

1.3.24.3 Dauer der Wirksamkeit bei Leistungsbewilligungen nach dem 3. und 5. bis 9. Kapitel SGB XII

Hinsichtlich der Wirksamkeit von begünstigenden Verwaltungsakten nach dem 3. und 5. bis 9. Kapitel SGB XII (vgl. auch Ausführungen unter) ist folgendes zu beachten:

Nach dem für diese Leistungen geltenden „Bedarfsdeckungsprinzip" ist die Hilfe auf die sich ständig wandelnde Lage, mit wechselnden Bedürfnissen der Leistungsberechtigten in ihrer individuellen Situation, auszurichten. In ständiger Rechtsprechung zur Sozialhilfe nach dem Bundessozialhilfegesetz hat deshalb das Bundesverwaltungsgericht verdeutlicht, dass der Sozialhilfefall „gleichsam täglich erneut regelungsbedürftig"[248] ist.

Daraus folgt: Fallen die Voraussetzungen für die Erbringung einer laufenden Sozialhilfeleistung weg, hat sich der Verwaltungsakt nach § 39 Abs. 2 SGB X in einer anderen Weise erledigt, ohne dass es eines Aufhebungsaktes durch die Behörde bedarf.[249] Die tägliche Regelungsbedürftigkeit müsste sich theoretisch in einer entsprechenden Anzahl von neuen Verwaltungsakten widerspiegeln, was in der Praxis jedoch nicht erfolgt bzw. erfolgen kann. Vielmehr wird Sozialhilfe bei unverändertem Sachverhalt von Monat zu Monat im Voraus gezahlt, was stillschweigenden Neubewilligungen und damit entsprechenden Verwaltungsakten i. S des § 31 SGB X entspricht.

Aus dieser, auf den jeweiligen Monat abstellenden Vorgehensweise, kann abgeleitet werden, dass die Verwaltungsakte jeweils für die Dauer eines Monats gelten und ein auf diese Dauer berechnetes Rechtsverhältnis begründen.[250]

Werden die Leistungen des Zwölften Buches Sozialgesetzbuch danach nicht dauerhaft, sondern nur für die kurzfristige, d. h. monatliche, Beseitigung einer Notlage erbracht, dann ist für die **Einstellung** der Leistung **kein Widerruf, keine Rücknahme oder Aufhebung** eines fortwirkenden Bewilligungsbescheides erforderlich. Dann liegt kein weiterer Verwaltungsakt vor.

Wird abweichend von dieser Praxis die Hilfe für einen **„bestimmten Zeitraum"** **oder „bis auf Weiteres"** bewilligt, muss von einem Verwaltungsakt mit Dauerwirkung ausgegangen werden, da die Leistungserbringung nach dem Willen der Behörde einen Zeitraum von einem Monat überschreiten soll und sich die Regelung nicht nur in einer einmaligen Leistung erschöpft. Das bedeutet, dass diese Verwaltungsakte bei veränderten Bedingungen, z. B. geänderten wirtschaftlichen Verhältnissen nach § 48 SGB X, **aufgehoben werden müssen.**

---

248 Vgl. BVerwG, Urt. vom 30.11.1966 – 5 C 29/66 –, BVerwGE 25, 307 = FEVS 14, 243 = ZFSH 1967, 180 = NDV 1967, 281 zur Sozialhilfe nach dem BSHG, übertragbar auf die Leistungen nach dem 3. und 5. bis 9. Kapitel SGB XII, **nicht** jedoch auf die Leistungen nach dem 4. Kapitel SGB XII.
249 Vgl. BT-Drs. 8/2034 S. 33.
250 Vgl. OVG Münster, Urt. vom 24.3.1993 – 24 A 1093/90 –, NDV 1994, 72 = FEVS 44, 330 = NWVBl. 1993, 393 zur Sozialhilfe nach dem Bundessozialhilfegesetz; übertragbar auf die Leistungen nach dem 3. und 5. bis 9. Kapitel SGB XII, **nicht** jedoch auf die Leistungen nach dem 4. Kapitel SGB XII.

1.3.24.4 Dauer der Wirksamkeit bei Leistungsbewilligungen nach dem Zweiten Buch und dem 4. Kapitel SGB XII

Bei den begünstigenden Verwaltungsakten, die Leistungen zum Lebensunterhalt nach dem Zweiten Buch oder dem 4. Kapitel des Zwölften Buches Sozialgesetzbuch betreffen, handelt es sich regelmäßig um Verwaltungsakte mit Dauerwirkung für einen Zeitraum von sechs bzw. zwölf Monaten (vgl. § 41 Abs. 1 Satz 3, Satz 4 SGB II bzw. § 44 Abs. 3 SGB XII). Damit findet § 48 SGB X für diese Leistungen während der Bewilligungsdauer uneingeschränkt Anwendung. Nach Ablauf des Bewilligungszeitraums muss keine Aufhebungsentscheidung getroffen werden. Für die weitere Bewilligung bedarf es eines sog. „Folgeantrages", da die Leistungen jeweils antragsabhängig sind.

1.3.25 Nichtigkeit des Verwaltungsaktes (§ 40 SGB X)

Besonders schwere Fehler werden mit der Rechtsfolge der Nichtigkeit des Verwaltungsaktes belegt. Nichtige Verwaltungsakte brauchen nicht gesondert aufgehoben zu werden, weil sie nach § 39 Abs. 3 SGB X unwirksam sind und damit keine Rechtsfolgen mehr herbeiführen.

Die Generalklausel des § 40 Abs. 1 SGB X erfasst besonders schwere Form- und Inhaltsfehler. Hierbei kommt es auf Gewicht und Bedeutung des Fehlers an. Bei Anwendung des § 40 Abs. 1 SGB X gilt die sog. **„Evidenztheorie"**: Danach ist ein Verwaltungsakt nichtig, wenn er an einem besonders schwerwiegenden Fehler leidet **und** dies bei verständiger Würdigung aller Umstände **offenkundig** ist. Dabei muss es dem verständigen Durchschnittsbetrachter auffallen, dass der Verwaltungsakt mit einem Fehler behaftet ist, der Verwaltungsakt trägt sozusagen „den Fehler auf der Stirn." Der Fehler muss sich also auch dem rechtsunkundigen Laien geradezu aufdrängen.

Um zu beurteilen, wann ein schwerwiegender Fehler vorliegt, kann als Maßstab § 40 Abs. 2 SGB X und § 40 Abs. 3 SGB X herangezogen werden, denn es muss sich bei Fehlern des § 40 Abs. 1 SGB X um einen Fehler handeln, der hinsichtlich der Schwere über die Fälle des § 40 Abs. 3 SGB X hinausgeht und etwa auf dem Schwereniveau des § 40 Abs. 2 SGB X liegt. Grundsätzlich sind nur solche Rechtsfehler besonders schwer, die mit der Rechtsordnung unter keinen Umständen vereinbar sind, weil sie tragenden Verfassungsprinzipien oder den der Rechtsordnung immanenten Wertvorstellungen widersprechen.

Eine Prüfung des § 40 SGB X ist wie folgt vorzunehmen:
1. Prüfung, ob ein Fall von § 40 Abs. 2 SGB X vorliegt (Positivliste),
2. Prüfung, ob ein Fall des § 40 Abs. 3 SGB X vorliegt (Negativliste),
3. Prüfung, ob die Generalklausel des § 40 Abs. 1 SGB X einschlägig ist,
   a) Prüfung, ob ein Fehler vorliegt, der zur Rechtswidrigkeit führt,
   b) Prüfung, ob der Fehler schwerwiegend ist,
   c) Prüfung, ob der Fehler offenkundig ist (Evidenztheorie).

1.3.26 Heilung bzw. Folgen von Verfahrens- und Formfehlern (§§ 41 und 42 SGB X)

Die in § 41 Abs. 1 SGB X aufgezählten Form- und Verfahrensfehler führen zwar zur formellen Rechtswidrigkeit eines Verwaltungsaktes, doch können die nach § 41 Abs. 1 Nr. 2 bis Nr. 6 SGB X erforderlichen Handlungen bis zur letzten Tatsacheninstanz eines sozialgerichtlichen Verfahrens, damit bis zur mündlichen Verhaltung des Landessozialgerichts (vgl. § 157 SGG), nachgeholt werden (vgl. § 41 Abs. 2 SGB X). Dies gilt auch für die Nichtbeteiligung sozial erfahrener Personen gemäß § 116 SGB XII.[251]

Fehlt einem Verwaltungsakt die erforderliche Begründung (vgl. § 35 SGB X) oder ist die erforderliche Anhörung einer beteiligten Person vor Erlass des Verwaltungsaktes unterblieben (vgl. § 24 SGB X) und ist dadurch die rechtzeitige Anfechtung des Verwaltungsaktes versäumt worden, gilt die Versäumung der Rechtsbehelfsfrist als nicht verschuldet (§ 41 Abs. 3 Satz 1 SGB X).

Wurden Vorschriften über das Verfahren, die Form oder die örtliche Zuständigkeit verletzt, so kann gemäß § 42 Satz 1 SGB X **keine** Aufhebung des Verwaltungsaktes gefordert werden, wenn offensichtlich ist, dass die Verletzung die Entscheidung in der Sache nicht beeinflusst hat. Dieses gilt nicht, wenn die erforderliche Anhörung unterblieben oder nicht wirksam nachgeholt ist (§ 42 Satz 2 SGB X).

Beispiel

Der Sachbearbeiter S bearbeitet Anträge auf Leistungen nach dem Zweiten Buch Sozialgesetzbuch. Sein Nachbar N ist seit längerem arbeitslos und beantragt Geldleistungen bei dem Träger der Grundsicherung für Arbeitsuchende. Für die Bearbeitung des Antrages ist S zuständig.

N und S befinden sich wegen Nachbarschaftsstreitigkeiten in einer gerichtlichen Auseinandersetzung. U. a. wirft N dem S vor, er habe ihn beleidigt. S lehnt den Antrag auf Geldleistungen ab, weil N über eine unangemessene Immobilie verfügt und damit ungeschütztes Vermögen besteht (diese Feststellung ist richtig).

Eine Befangenheit des S im Bewilligungsverfahren des N liegt vor. Die gerichtliche Auseinandersetzung des S mit N ist eine überprüfbare Tatsache und ein rational nachvollziehbarer Grund dafür, dass S gegenüber N eine unsachliche Entscheidung treffen könnte. Jedenfalls geht dieser Sachverhalt über eine reine Vermutung hinaus. Dies führt dazu, dass Bedenken gegen die Objektivität und Unvoreingenommenheit in der Bearbeitung des S bei der Bearbeitung des Antrags von N bestehen.

Damit liegt ein Grund vor, der geeignet ist, Misstrauen gegen eine unparteiische Amtsausübung zu rechtfertigen (vgl. § 17 Abs. 1 Satz 1 SGB X). Bei Vorliegen eines solchen Befangenheitsgrundes ist der S als Behördenbediensteter verpflichtet, den Vorgesetzten zu unterrichten und sich auf dessen Anordnung

---

251 Vgl. BVerwG, Urt. vom 11.10.1984 – 5 C 144/83 –, BVerwGE 70, 196 = FEVS 34, 89 = NDV 1985, 136; BVerwG, Urt. vom 16.1.1986 – 5 C 36/84 –, NDV 1986, 291 = ZFSH/SGB 1986, 452 = NDV 1986, 291 zu § 114 BSHG.

der Mitwirkung zu enthalten. Gegen diese verfahrensrechtliche Vorgabe wurde verstoßen.

Damit liegt ein formeller Verfahrensfehler vor, der zur Rechtswidrigkeit des Bewilligungsbescheides führt.

*Eine Heilung des Verfahrensfehlers kommt nach § 41 SGB X nicht in Frage. Aber der Fehler könnte nach § 42 SGB **X unbeachtlich sein**. Danach kann die Aufhebung eines Verwaltungsaktes, der nicht nach § 40 SGB X nichtig ist, nicht allein deshalb beansprucht werden, weil er unter Verletzung von Vorschriften über das Verfahren, die Form oder die örtliche Zuständigkeit zustande gekommen ist, wenn offensichtlich ist, dass die Verletzung die Entscheidung in der Sache nicht beeinflusst hat.*

Die Ablehnung über eine Leistungsbewilligung nach dem Zweiten Buch Sozialgesetzbuch stellt einen Verwaltungsakt im Sinne des § 31 SGB X dar. Die Ablehnung ist auch nicht nach § 40 SGB X nichtig. U. a. handelt es sich bei der befangenen Mitwirkung des S am Verwaltungsverfahren nicht um einen Nichtigkeitsgrund nach § 40 Abs. 2 SGB X. Für bestimmte Befangenheitsgründe des § 16 SGB X schließt § 40 Abs. 3 Nr. 2 SGB X sogar die Nichtigkeit ausdrücklich aus.

Da der Befangenheitsgrund nach § 17 SGB X den Befangenheitsgründen des § 16 SGB X in etwa gleichwertig ist, kann daraus geschlossen werden, dass auch kein besonders schwerwiegender Fehler im Sinne des § 40 Abs. 1 SGB X vorliegt, der ebenfalls zur Nichtigkeit führen könnte.

Damit ist der Ablehnungsbescheid (bloß) rechtswidrig und nicht nichtig.

Weiterhin darf die Befangenheit die Sachentscheidung offensichtlich nicht beeinflusst haben. Damit sind folgende Fallkonstellationen angesprochen:
- *Die Verstöße gegen Form- und Verfahrensvorschriften sind dann unbeachtlich, wenn in der Sache keine andere Entscheidung hätte getroffen werden dürfen (**Alternativlosigkeit der Entscheidung**),*
- *Die Verstöße gegen Form- und Verfahrensvorschriften sind dann unbeachtlich, wenn sich der Fehler auf die Sachentscheidung nicht **ausgewirkt** hätte (**fehlende Kausalität des Fehlers**). Im Rahmen einer **Kausalitätsprüfung** ist daher zu untersuchen, ob auch ohne den Fehler die gleiche Sachentscheidung getroffen worden wäre. Im Rahmen dieser Prüfung sind auch etwaige Ermessensentscheidungen zu betrachten. Das Merkmal „offensichtlich" verlangt eine nachvollziehbare und jeden Zweifel ausschließende Begründung, dass im konkreten Fall oder typischerweise die Entscheidung so wie getroffen ausfällt und der Fehler nicht entscheidungsrelevant gewesen ist.*

Laut Sachverhalt besitzt N eine leistungsrechtlich ungeschützte Immobilie. Es besteht daher kein Anspruch auf Leistungen nach dem Zweiten Buch Sozialgesetzbuch. Besteht materiell-rechtlich zu der getroffenen Entscheidung keine rechtlich zulässige Alternative, kann ein Form- oder Verfahrensfehler nicht ursächlich für die Entscheidung angesehen werden. Es handelt sich also um einen Fall der Alternativlosigkeit, so dass der Fehler unbeachtlich ist.

Die Aufhebung des Verwaltungsaktes durch N kann also nicht begehrt werden. § 42 SGB X gilt sowohl für ein Verfahren nach § 44 SGB X als auch für ein Widerspruchs- und Klageverfahren.

Verfahrensfehler lassen sich zwar durch §§ 41, 42 SGB X heilen, jedoch können sie dazu führen, dass gemäß § 63 SGB X Kosten übernommen werden müssen (z. B. für einen Rechtsanwalt im Widerspruchsverfahren).

Anzumerken ist, dass § 42 SGB X möglicherweise nur den Anfechtungswiderspruch, nicht jedoch den Verpflichtungswiderspruch erfasst. § 42 SGB X thematisiert nur die Aufhebung eines Verwaltungsaktes. Wer jedoch Verpflichtungswiderspruch erhebt, begehrt neben der Aufhebung des Ablehnungsbescheides zusätzlich einen begünstigenden Verwaltungsakt. Beschränkt man den Anwendungsbereich des § 42 SGB X nur auf den Anfechtungswiderspruch, könnte der im o. g Beispiel dargestellte Verfahrensfehler also nicht unbeachtlich sein.

1.3.27 Umdeutung eines fehlerhaften Verwaltungsaktes (§ 43 SGB X)

Ein fehlerhafter Verwaltungsakt kann nach § 43 Abs. 1 SGB X in einen anderen Verwaltungsakt umgedeutet werden, wenn
- er auf das gleiche Ziel gerichtet ist,
- von der erlassenen Behörde hätte rechtmäßig erlassen werden können (unter Berücksichtigung der geschehenen Verfahrensweise und Form) und
- wenn die Voraussetzungen für den Erlass des Verwaltungsaktes erfüllt sind.
- Nach § 43 Abs. 2 SGB X ist die Umdeutung eines fehlerhaften Verwaltungsaktes nicht zulässig, wenn
- es der erkennbaren Absicht der erlassenden Behörde widerspräche oder
- seine Rechtsfolgen für die Betroffenen ungünstiger wären als die des fehlerhaften Verwaltungsaktes oder
- der fehlerhafte Verwaltungsakt nicht zurückgenommen werden dürfte (vgl. insbesondere Sachverhalte, in denen sich die Begünstigten auf Vertrauen berufen können; § 45 Abs. 2 SGB X).

Außerdem kann nach § 43 Abs. 3 SGB X eine gebundene Entscheidung nicht in eine Ermessensentscheidung umgedeutet werden.

Beispiele
- *Umgedeutet werden kann danach z. B. ein Verwaltungsakt, mit dem bisher Arbeitslosengeld II nach dem Zweiten Buch Sozialgesetzbuch bewilligt wurde und bei dem nunmehr wegen festgestellter voller Erwerbsminderung Sozialgeld in mindestens der gleichen Höhe in Frage kommt. Eine vorzunehmende Umdeutung kann für etwaige Kostenerstattungsansprüche gegenüber dem Rentenversicherungsträger von Bedeutung sein, da Kostenerstattungsansprüche rechtmäßige Entscheidungen voraussetzen.*

- *Stellt sich bei einem nach § 41a Abs. 1 Satz 1 Nr. 2 SGB II wegen schwankenden Einkommens vorläufig erlassenen Verwaltungsakt heraus, dass eine Überzahlung von Sozialleistungen eingetreten ist, und verlangt der Leistungsträger anschließend nach § 48 Abs. 1 Satz 2 Nr. 3 SGB X, § 50 SGB X eine Erstattung der überzahlten Leistungen, so ist die gewählte Rechtsgrundlage falsch. Der fehlerhafte Verwaltungsakt kann jedoch in ein rechtmäßiges Erstattungsbegehren nach § 41a Abs. 6 Satz 3 SGB II umgedeutet werden. Beide Verwaltungsakte sind auf dasselbe Ziel gerichtet; bei beiden Verwaltungsakten handelt es sich um eine gebundene Entscheidung.*
- *Ein auf § 45 SGB X gestützter Verwaltungsakt kann in einen solchen auf § 48 SGB X umgedeutet werden, wenn es sich um eine Veränderung der im Entscheidungssatz zum Ausdruck kommenden Regelung handelt und nicht die bloße Begründung betroffen ist, so dass ein sog. „Nachschieben von Gründen" ausscheidet.*

Die Umdeutung ist auch mit Blick auf § 43 Abs. 3 SGB X unproblematisch, weil eine Ermessensentscheidung in eine gebundene Entscheidung umgewandelt werden soll.[252] „Umdeutung" einerseits und „Nachschieben von Gründen" andererseits grenzen sich daher insofern voneinander ab, dass eine Umdeutung auch die Regelung des Entscheidungssatzes betrifft, während beim „Nachschieben von Gründen" nur die fehlerhafte „Begründung" ausgetauscht werden soll. Wenn der Entscheidungssatz nicht verändert werden soll, sondern nur eine falsche Rechtsgrundlage ausgetauscht werden soll, kommt daher nicht eine Umdeutung, sondern „nur" das Rechtskonstrukt des „Nachschiebens von Gründen" (vgl .4) in Frage.

1.3.28 Aufhebung eines Verwaltungsaktes (§§ 44 bis 49 SGB X)

1.3.28.1 Überblick

Mit der Bekanntgabe eines Verwaltungsaktes wird dieser wirksam (§§ 37, 39 Abs. 1 SGB X). Die im Verfügungssatz (Tenor) getroffene Regelung bindet die Behörde im Zeitpunkt der Bekanntgabe. Für den Beteiligten tritt eine **Bindungswirkung** spätestens mit Eintritt der Bestandskraft (Unanfechtbarkeit) des Verwaltungsaktes ein, und zwar selbst dann, wenn dieser rechtswidrig ist. Gemäß § 39 Abs. 2 SGB X bleibt ein Verwaltungsakt solange wirksam, wie er nicht aufgehoben oder durch Zeitablauf oder auf andere Weise erledigt ist.

Im Umkehrschluss bedeutet dies, dass durch die Aufhebung der Verwaltungsakt unwirksam wird. Die Bindungswirkung entfällt daher dann, wenn eine „Aufhebung" des Verwaltungsaktes erfolgt ist. Die Aufhebung von Verwaltungsakten ist in §§ 44 ff. SGB X geregelt. Für das Zweite Buch Sozialgesetzbuch werden die Vorschriften gemäß § **40** SGB **II**, in der Anwendung modifiziert.

---

252 Vgl. BSG, Urt. vom 29.6.2000 – B 11 AL 85/99 R –, SozR 3-4100 § 152 Nr. 9, BSGE 87, 8-14.

Der **Begriff „Aufhebung"** findet als **Oberbegriff** für mehrere Möglichkeiten der „Korrektur" von Verwaltungsakten Verwendung. Damit erfasst sind sowohl die Rücknahme und der Widerruf von Verwaltungsakten (vgl. §§ 44 bis 47 SGB X) als auch die ausdrückliche Aufhebung von Verwaltungsakten nach § 48 SGB X. Die Rücknahme von Verwaltungsakten bezieht sich auf rechtswidrige, der Widerruf auf rechtmäßige Verwaltungsakte. Eine Aufhebung nach § 48 SGB X kommt sowohl bei rechtswidrigen als auch bei rechtmäßigen Verwaltungsakten in Betracht.

Aufhebung eines Verwaltungsaktes		
Aus der Sicht des Beteiligten ist der VA …	… nicht begünstigend	… begünstigend
Rücknahme (VA rechtswidrig)	§ 44 SGB X	§ 45 SGB X
Widerruf (VA rechtmäßig)	§ 46 SGB X	§ 47 SGB X
Aufhebung (VA mit Dauerwirkung bei Änderung der Verhältnisse)	§ 48 SGB X	

Ist durch die Aufhebung der Rechtsgrund für die Leistungserbringung beseitigt worden, besteht die Rechtsfolge der Aufhebung regelmäßig in der Erstattung erbrachter Leistungen (vgl. § 50 SGB X) und der damit verbundenen möglichen Aufrechnung bei fortgesetzter Leistungserbringung (vgl. § 43 SGB II, § 26 SGB XII) oder in der Nachzahlung zu Unrecht verweigerter Leistung. Aufhebung und Erstattung sollen in einem sog. „Festsetzungsbescheid" (vgl. § 50 Abs. 3 SGB X) miteinander verbunden werden.

Hält der Leistungsträger die Aufhebung der Bewilligungsbescheide und die Erstattung überzahlter Beträge für besonders eilbedürftig und möchte er die Regelungen sofort vollziehen, muss er die aufschiebende Wirkung eines etwaigen Widerspruchs aufheben. Dies geschieht durch die Anordnung der sofortigen Vollziehung (vgl. § 86a Abs. 2 Nr. 5 SGG). Die besondere Eilbedürftigkeit ist zu begründen (vgl. § 86a Abs. 2 Nr. 5 SGG). Dies erfolgt z. B. durch einen Hinweis auf den sparsamen und sorgfältigen Umgang mit Steuermitteln.

Für den Bereich des Zweiten Buches Sozialgesetzbuch ist hinsichtlich der Anordnung der sofortigen Vollziehung die Sonderregelung des § 39 SGB II zu beachten. Danach ist kraft Gesetzes die Aufhebung sofort vollziehbar. Es bedarf also keiner ausdrücklichen Anordnung mehr. Von der Regelung ist allerdings die Erstattungsforderung (vgl. § 50 Abs. 1 SGB X) nicht umfasst.

Für die Praxis hat die Aufhebung insbesondere Bedeutung, wenn der Verwaltungsakt im Zeitpunkt seines Erlasses bereits rechtswidrig war (vgl. 45 SGB X) oder wegen der Änderung der Verhältnisse während seiner Regelungsdauer rechtswidrig wird (vgl. § 48 SGB X). Für die Abgrenzung des Anwendungsbereiches des § 45 SGB X einerseits und des § 48 SGB X andererseits kommt es auf die **die Bestimmung des Erlasszeitpunktes an.** Ob es bei der Ermittlung des Erlasszeitpunktes auf die Erstellung,

Absendung – genauer: Aufgabe zur Post – oder der Bekanntgabe des Verwaltungsaktes ankommt, ist streitig.[253] Allerdings vertritt das Bundessozialgericht den Standpunkt, dass ein Verwaltungsakt dann erlassen ist, wenn der Verwaltungsakt dem Beteiligten bekanntgegeben worden ist und damit äußere Wirksamkeit erlangt hat.[254]

Nach der neueren Rechtsprechung ist § 44 SGB X im Zwölften Buch Sozialgesetzbuch ebenfalls anwendbar (vgl. auch § 116a SGB XII). Diese Vorschrift kommt zum Zuge, wenn der leistungsberechtigten Person rechtswidrig geringere Leistungen erbracht wurden als ihr eigentlich zustehen würden. Die Regelungen der §§ 46, 47 und 49 SGB X haben in der Praxis nur eine geringe Bedeutung.

1.3.28.2 Aufhebungsverfahren

Vor der Aufhebung begünstigender Verwaltungsakte sind die Leistungsberechtigten (Beteiligten) gemäß § 24 SGB X anzuhören, da vorhandene Rechtspositionen, die durch wirksamen Verwaltungsakt geschaffen wurden, entzogen werden sollen. Findet nur eine teilweise Aufhebung nach § 48 SGB X statt und wird die ursprüngliche Leistungsbewilligung lediglich veränderten Einkommens- und Vermögensverhältnissen **angepasst**, kann (Ermessen) von einer Anhörung nach § 24 Abs. 2 Nr. 5 SGB X abgesehen werden.[255] Das Absehen von der Anhörung ist zu begründen. Ein Absehen ist dann denkbar, wenn dem Beteiligten die Gründe für die Teilaufhebung bekannt sind.

Eine häufige Fehlerquelle bei der Aufhebung von Verwaltungsakten liegt in der Missachtung des Bestimmtheitsgrundsatzes (vgl. 1.3.19 zur Bestimmtheit nach § 33 Abs. 1 SGB X). Auch wenn der Bescheid nur an eine – bevollmächtigte – Person adressiert sein sollte, muss im Verfügungssatz angegeben werden, gegenüber welcher Person der Verwaltungsakt aufgehoben werden soll.

Der Aufhebungsbescheid muss deshalb für jede Person der Bedarfs- oder Einsatzgemeinschaft jeweils den individuellen Leistungsbetrag, den Zeitraum und die Bescheiddaten angeben. Entsprechend der Aufhebungsentscheidung muss die Erstattungsforderung individuell benannt werden, so dass deutlich wird, welcher Betrag von welcher Person zurückgefordert wird.

Wegen Fehler hinsichtlich dieser Anforderungen scheitern vor Gericht zahlreiche Aufhebungs- und Erstattungsbescheide. Nach der Urteilsverkündung sind bereits die Fristen der §§ 44 ff. SGB X abgelaufen, innerhalb derer erneute Aufhebungs- und Rückforderungsentscheidungen hätten erlassen werden können (insbesondere die Jahresfrist des § 45 Abs. 4 Satz 2 SGB X). Ausgangsbehörde und Widerspruchsbehörde haben diesbezügliche Korrekturmöglichkeiten in Rechtsmittel- und Rechtsbehelfsverfahren über § 86 SGG und § 96 SGG.

---

253 Für den Zeitpunkt der Absendung: Steinwedel in KassKomm, Rn. 18 zu § 39 SGB X.
254 Vgl. BSG, Urt. vom 16.12.2008, B 4 AS 48/07 R, FEVS 60, 54 = EuG 2010, 1.
255 Nach § 24 Abs. 2 Nr. 5 SGB X ist die Anhörung vor Aufhebungs- oder Änderungsbescheiden entbehrlich, mit denen Arbeitslosengeld II an geändertes Einkommen angepasst wird; dies gilt auch für eine rückwirkende Anpassung (vgl. LSG Baden-Württemberg, Urt. vom 21.6.2012 – L 7 AS 4111/11 –, juris; Hessisches LSG, Urt. vom 31.8.2012 – L 7 AS 312/11 –, ZFSH/SGB 2012, 719).

Aufhebungs- und Erstattungsbescheide erlangen auch Bedeutung gegenüber den Erben. So können zu Unrecht erbrachte Leistungen nach dem Tod der leistungsberechtigten Person mittels Aufhebungs- und Erstattungsbescheid gegen die Erben geltend gemacht werden, da diese in die öffentlich-rechtliche Rechtsstellung des Erblassers entsprechend den §§ 1922, 1967 BGB eintreten.[256] Aufgrund der Gesamtrechtsnachfolge gehen auf den Erben grundsätzlich alle vermögensrechtlichen Beziehungen über, und zwar auch dann, wenn es sich um werdende, schwebende oder noch nicht abgeschlossene Rechtsbeziehungen handelt. Damit ist insbesondere die wirtschaftliche Leistungsfähigkeit des Erben im Rahmen einer Ermessensentscheidung nicht zu berücksichtigen.

Aufhebungs- und Erstattungsbescheide können also auch gegenüber den Erben der leistungsberechtigten Person erlassen werden. Die geltend gemachte Forderung gehört dann zu den Erblasserschulden. Denn die Rechtswidrigkeit der Leistungsbewilligung und die tatsächlichen Voraussetzungen für den Wegfall etwaigen Vertrauensschutzes lasteten von Anfang an auf dem Rechtsverhältnis zwischen der leistungsberechtigten Person und dem zuständigen Leistungsträger. Hinsichtlich des Vertrauensschutzes ist dann auf die Person des Erblassers abzustellen.[257]

Ist ein Aufhebungs- und Erstattungsbescheid – ggf. bereits bestandskräftig – zu Lebzeiten gegenüber dem Erblasser bekanntgegeben worden, wirkt dieser Bescheid erst recht gegenüber den Erben als Gesamtrechtsnachfolger. Es ist daher weder notwendig noch mangels Rechtsgrundlage[258] zulässig, einen neuen Bescheid gegenüber den Erben zu erlassen. Es ist ausreichend, wenn eine Kopie bzw. eine Durchschrift des erlassenen Bescheides den Erben bekanntgegeben wird. Mehrere Erben haften als Gesamtschuldner (§§ 2058, 421 BGB). Da eine neue Verwaltungsentscheidung nicht ergeht, dürfte eine Ermessensentscheidung, welcher Erbe in welcher Höhe in Anspruch zu nehmen ist, nicht notwendig sein. Ist das Verwaltungsverfahren noch nicht bestandskräftig abgeschlossen, rücken die Erben gemäß §§ 239, 246 ZPO analog in die Rechtsstellung des Erblassers. Das in § 239 ZPO geregelte Verfahren ist zu beachten.

Aufhebung- und Erstattungsregelungen nach den §§ 44 ff., 50 SGB X treten in Anspruchskonkurrenz zu den §§ 102 ff. SGB XII sowie § 34 ff. SGB II, insbesondere zu einer Kostenersatzforderung gegenüber den Erben. Im Gegensatz zu §§ 103, 104 SGB XII (vgl. § 103 Abs. 2 SGB XII) sind Nachlassschulden bei einer Rückforderung nach den §§ 44 ff., 50 SGB X nicht zu berücksichtigen.

---

256 Vgl. BSG, Urt. vom 15.9.1988 – 9/9a RV 32/86 –, juris; BVerwG, Urt. vom 22.11.2001 – 5 C 10/00 –, juris; LSG Bayern, Urt. vom 30.9.2016 – L 1 R 673/13 –, BeckRS 2016, 74542, Rn. 48; VG München, Urt. vom 13.11.2002 – M 18 K 99.4887 –, juris; SG Gelsenkirchen, Beschl. vom 1.6.2006 – S 2 SO 29/06 ER –, BeckRS 2009, 62065.
257 Vgl. z.B. BVerwG, Urt. vom 22.11.2001 – 5 C 10/00 –, NDV-RD 2002, 36 = FEVS 53, 30; LSG Berlin, Urt. vom 11.6.2003 – L 17 RA 53/01 –, BeckRS 9999, 06221; Bayerischer VGH, Urt. vom 7.12.2005 – 12 B 03.3099 –, juris.
258 Vgl. LSG Niedersachsen-Bremen, Urt. vom 12.12.2017 – L7/12 AL 27/16 –, juris.

1.3.28.3 Rücknahme eines rechtswidrigen nicht begünstigenden Verwaltungsaktes (§ 44 SGB X)

1.3.28.3.1 Anwendungsbereich im SGB II und SGB XII

Nach seinem Wortlaut findet § 44 SGB X Anwendung bei der Rücknahme von rechtswidrigen und belastenden Verwaltungsakten, und zwar insbesondere dann, wenn die (Sozial-)Leistungen nicht oder nicht in dem Umfang erbracht worden sind wie es bei richtiger Gesetzesanwendung notwendig gewesen wäre. Eine Überprüfung einer rechtswidrigen Entscheidung kann von Amts wegen oder auf Antrag erfolgen (arg. ex. § 44 Abs. 4 SGB X).

Beispiele
- *Ein Leistungsträger hat bei seiner Entscheidung über das Arbeitslosengeld II „irrtümlich" Kindergeld als Einkommen eines 28-jährigen (behinderten) Leistungsberechtigten angerechnet, obwohl die Ermächtigungsgrundlage des § 11 Abs. 1 Satz 4, Satz 5 SGB II dies in dem betreffenden Einzelfall nicht zulässt. Das Kindergeld hätte als Einkommen der Eltern bzw. eines Elternteiles bewertet werden und als Einkommen des Leistungsberechtigten unberücksichtigt bleiben müssen. Durch diese fehlerhafte Einkommensanrechnung erhielt das 28-jährige Kind eine monatlich um 219,00 € zu geringe Leistung.*
  Aus § 44 Abs. 1 Satz 1 i. V. m. Abs. 4 SGB X und § 40 Abs. 1 Satz 2 SGB II ergibt sich eine Verpflichtung zur Rücknahme des Verwaltungsaktes bzw. der Verwaltungsakte für die Vergangenheit und ein sich daraus ergebender Nachzahlungsbetrag für längstens ein Jahr.
- *Die Einkommensbereinigung ist fehlerhaft vorgenommen worden. Durch zu geringe Abzugsbeträge wird der Hilfebedürftigkeitsberechnung ein objektiv zu hohes Einkommen zugrunde gelegt. Dadurch ist die Leistungsbewilligung fehlerhaft zu gering.*
- *Der Mehrbedarf für Alleinerziehung wird fehlerhaft nicht bewilligt.*
- *Die Behörde übersieht im Antrag die geltend gemachten berufsbedingten Aufwendungen und legt daher der Leistungsberechnung ein zu hohes Einkommen zugrunde (unvollständiger Sachverhalt).*
- *Die sog. ständige Rechtsprechung zu den Kosten der Unterkunft ändert sich. Bislang wurden zu geringe angemessene Kosten der Unterkunft anerkannt.*
- *Die Behörde nimmt aufgrund unvollständiger Sachverhaltsaufklärung an, ein vermögensrechtlich ungeschützter Grundbesitz in der Türkei könnte innerhalb von sechs Monaten verwertet werden. Die bloße Behauptung, es seien keine Anhaltspunkte ersichtlich, dass in absehbarer Zeit kein Käufer zu finden sein wird, ersetzt nicht die notwendigen tatsächlichen Feststellungen, so dass die Behörde das Recht unrichtig angewandt hat.[259] Hat die Behörde vor dem beschriebenen Hintergrund fehlerhaft die Verwertbarkeit innerhalb*

---

259 Vgl. BSG, Urt. vom 20.9.2012 – B 8 SO 13/11 R –, juris, Rn. 14 = BSGE 112, 61-67 = NDV-RD 2013, 33 = FEVS 64, 461.

des Bewilligungszeitraums unterstellt, kann die leistungsberechtigte Person das in solchen Fällen regelmäßig gewährte Darlehen (§ 24 Abs. 5 SGB II, § 91 SGB XII) im Rahmen eines Überprüfungsantrages nach § 44 Abs. 2 SGB X mit Erfolg anfechten, so dass das Darlehen rückwirkend in einen Zuschuss umgewandelt werden muss.

Jedenfalls bis zur Einführung des Zweiten und Zwölften Buches Sozialgesetzbuches (mit Wirkung zum 1.1.2005) wurde die Anwendbarkeit des § 44 SGB X für das bis dahin geltende Bundessozialhilfegesetz (BSHG) verneint.[260] Begründet wurde diese Auffassung mit dem im Bundessozialhilfegesetz und auch dem jetzigen Zwölften Buch Sozialgesetzbuch geltenden Bedarfsdeckungs- und Gegenwärtigkeitsprinzip sowie dem Kenntnisgrundsatz (vgl. § 18 Abs. 1 SGB XII, vormals § 5 BSHG). Danach wird hinsichtlich der Beurteilung und der Beseitigung der Hilfebedürftigkeit allein auf die gegenwärtige Lage abgestellt. Leistungszweck von Sozialhilfe sei eine Nothilfe in gegenwärtiger Notlage. Es soll mithin nur der konkrete und gegenwärtige Lebensbedarf befriedigt werden.[261]

Für die Vergangenheit könne es keinen Bedarf mehr geben, da diese Notlage überstanden sei. Die Strukturprinzipien des Zwölften Buches Sozialgesetzbuch führen daher dazu, dass es keine „Leistungen für die Vergangenheit" geben dürfte. Deshalb sei für eine Anwendung des § 44 SGB X, der rückwirkend für eine Leistungserbringung sorgt, kein Raum.

Diese Rechtsprechung hat das Bundessozialgericht in mehreren Urteilen revidiert[262], so dass der Anwendungsbereich des § 44 SGB X nicht mehr per se verschlossen ist. Im Wesentlichen wird damit argumentiert, dass sowohl im Zweiten als auch im Zwölften Buch Sozialgesetzbuch die Erbringung von einmaligen Leistungen weitestgehend entfallen seien. Stattdessen würden diese Leistungen in pauschalierter Form durch den Regelsatz erbracht.

Die leistungsberechtigte Person muss also einmalige Bedarfe für die Beschaffung von Bekleidung, Wäsche, Schuhen, Gebrauchsgüter von längerer Gebrauchsdauer und höherem Anschaffungswert, Bedarfe für besondere Anlässe wie Hochzeiten oder Beerdigungen aus der laufenden Leistungsbewilligung des Zweiten bzw. Zwölften Buches Sozialgesetzbuch befriedigen, d. h. der Gesetzgeber geht davon aus, dass die leistungsberechtigte Person entsprechende Rücklagen bildet, um sie im Bedarfsfall einsetzen zu können. Die Leistung dient mithin nicht allein der Befriedigung eines aktuellen, sondern auch eines zukünftigen und vergangenen Bedarfs, wobei der Eintritt bzw. Zeitpunkt des Eintritts dieses Bedarfs ungewiss ist. Wenn der Regelbedarf aber auch **Ansparfunktion** haben soll, dann muss eine rechtswidrige, belastende

---

260 Vgl. BVerwG, Urt. vom 13.11.2003 – 5 C 26/02 –, FEVS 55, 320 = DÖV 2004 = ZFSH/SGB 2004, 371; BVerwG, Urt. vom 15.11.1983 – 5 C 65/82 –, BVerwGE 68, 285 = NDV 1985, 123 = FEVS 33, 133 = ZfS 1984, 113.
261 Zur Historie und Anwendbarkeit auch: Marschner, SGb 08/2018 S. 496 ff.
262 Vgl. BSG, Urt. vom 16.10.2007 – B 8/9b SO 8/06 R –; BSGE 99, 137 = FEVS 59, 337 = NZS 2008, 558; BSG, Urt. vom 26.8.2008 – B 8 SO 26/07 R –, FEVS 60, 350 = SozR 4-1300 § 44 Nr. 15; BSG, Urt. vom 17.6.2008 – B 8 AY 5/07 R –, FEVS 60, 248 = SozR 4-3520 § 9 Nr. 1; BSG, Urt. vom 29.9.2009 – B 8 SO 16/08 R –, BSGE 104, 213 = FEVS 61, 376 = NVwZ-RR 2010, 362 = SGb 2010, 608; BSG, Urt. vom 1.6.2010 – B 4 AS 78/09 R –, BSGE 106, 155 = SozR 4-4200 § 22 Nr. 36.

Entscheidung auch aufgehoben werden können, um der Funktion des Regelbedarfs gerecht zu werden.

Nach dem Bundessozialgericht ist der Anwendungsbereich des § 44 SGB X nunmehr wie folgt eröffnet bzw. nicht eröffnet:

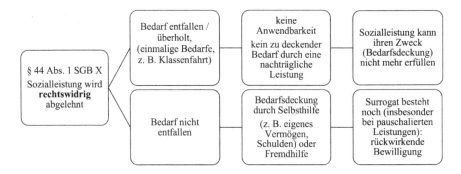

Selbst bei rechtswidriger unterlassener Leistungserbringung kommt eine rückwirkende Aufhebung und eine nachträgliche Leistungserbringung nicht in Frage, wenn der Bedarf nicht angefallen ist oder nicht mehr besteht. Wurde z. B. in rechtswidriger Weise die Bewilligung einer Klassenfahrt abgelehnt und ist die Klassenfahrt inzwischen durchgeführt worden, kann die nachträgliche Bewilligung der Hilfeleistung nicht mehr die Teilnahme an der Klassenfahrt sicherstellen. Wenn der mit der Leistungserbringung bezweckte Erfolg nicht mehr eintreten kann, bedarf es keiner Aufhebung mehr durch die Behörde. Insofern hat sich der ursprüngliche Versagungsbescheid „erledigt" (vgl. § 39 Abs. 2 SGB X).

Besteht die Bedürftigkeit hingegen fort, sind die Sozialleistungen mit Hilfe des § 44 SGB X noch zu erbringen. Die Fortsetzung der Bedürftigkeit gilt auch dann, wenn der Bedarf durch Selbsthilfe (Rückgriff auf Schonvermögen, Aufnahme von Schulden) oder durch Fremdhilfe inzwischen finanziert worden ist, denn die Ansparfunktion des Regelsatzes kann bei nachträglicher Leistungserbringung noch erfüllt werden.

Die Sozialleistung kann mithin ihren Zweck noch erfüllen, weil an die Stelle des ursprünglichen Bedarfs eine vergleichbare Belastung als Surrogat getreten ist. Von der leistungsberechtigten Person wird allerdings dann der Nachweis der erfolgten Bedarfsdeckung zu fordern sein, soweit dies möglich ist (z. B. Nachweis für höhere Ausgaben im Bereich der Ernährung, um nachträglich einen entsprechenden Mehrbedarf zu bewilligen).

Da die Leistungen der **Sozialhilfe** nach dem Zwölften Buch Sozialgesetzbuch nur der Behebung einer gegenwärtigen Notlage dienen, sind Leistungen für zurückliegende Zeiträume nur dann zu erbringen, wenn die Sozialhilfe ihren Zweck noch erfüllen kann. Das ist neben den oben erwähnten Fällen auch **nur** dann der Fall, wenn die Bedürftigkeit fortbesteht. Eine Nachzahlung im Verfahren nach § 44 SGB X scheidet also bei **Wegfall des Leistungsbezugs** aus. Maßgebender Zeitpunkt für die Frage des

Wegfalls der Bedürftigkeit ist in Fällen der Verpflichtungsklage im Klageverfahren die letzte Tatsacheninstanz – also der Zeitpunkt der letzten mündlichen Verhandlung vor dem Landessozialgerichts.[263]

Im Zweiten Buch Sozialgesetzbuch gilt die Regelung des § 44 SGB X allein schon deshalb, weil § 40 Abs. 1 Satz 1, Satz 2 SGB II die Regelung für anwendbar erklärt und der Anwendungsbereich lediglich modifiziert wird, indem die Vierjahresfrist des § 44 Abs. 4 Satz 1 SGB X auf eine Einjahresfrist geändert wird.[264] Anders als bei Leistungen der Sozialhilfe kann **im Zweiten Buch Sozialgesetzbuch** ein Überprüfungsantrag auch noch **nach Wegfall der Hilfebedürftigkeit** gestellt werden. Eine nicht mehr leistungsberechtigte Person kann also im Leistungsrecht der Grundsicherung für Arbeitsuchende auch nach Wegfall seiner Hilfebedürftigkeit über Anträge nach § 44 SGB X Nachzahlungen für Zeiten des Leistungsbezugs beanspruchen.[265] Dem liegt im Zweiten Buch Sozialgesetzbuch der sog. Restitutionsgedanke zugrunde:

Der Gesetzgeber soll die leistungsberechtigte Person so stellen, als hätte der Leistungsträger richtig entschieden. Der leistungsberechtigten Person sollen diejenigen Leistungen zukommen, die ihr nach materiellem Recht zugestanden hätten.

Insgesamt hat das Bundessozialgericht somit lediglich die grundsätzliche Nichtanwendbarkeit des § 44 SGB X verneint. Eine Anwendung in allen Fällen des § 44 Abs. 1 SGB X ist damit nicht verbunden.

§ 44 Abs. 1 SGB X ist in **analoger** Weise auch anwendbar auf Aufhebungs- und Erstattungsbescheide nach §§ 45, 48 i. V. m. § 50 SGB X, wenn hierdurch Sozialleistungen vorenthalten wurden. Insoweit können auch rechtswidrige Aufhebungsbescheide korrigiert werden, obwohl es sich nicht unmittelbar um „Sozialleistungen" im Sinne von § 44 Abs. 1 SGB X handelt.

Nach höchstrichterlicher Rechtsprechung war in der Fallkonstellation einer Aufhebung eines Festsetzungsbescheides (Aufhebungs- und Erstattungsbescheid) bislang die Einjahresfrist (vgl. § 40 Abs. 1 Satz 2 SGB II, § 116a SGB XII) bzw. Vierjahresfrist nach § 44 Abs. 4 SGB X nicht zu berücksichtigen und damit gegenstandslos.[266] § 44 Abs. 4 SGB X ist – so das Bundessozialgericht – in diesen Fällen nicht anwendbar, da die Vorschrift die rechtswidrige Nichterbringung von Sozialleistungen voraussetzt und damit auf die rechtswidrigen Erstattungsforderungen eines Sozialleistungsträgers nicht übertragbar ist. Für die Aufhebung einer unberechtigten Erstattungsforderung nach § 44 SGB X bestehen insofern keine zeitlichen Einschränkungen.

Dieser Rechtsprechung ist der Gesetzgeber entgegengetreten. Mit dem sog. „Rechtsvereinfachungsgesetz" ist mit Wirkung zum 1.8.2016 § 40 Abs. 1 Satz 2 SGB II dahingehend geändert worden, dass die Ein- bzw. Vierjahresfrist auch für Aufhebungsentscheidungen und Erstattungsforderungen gilt. § 40 Abs. 1 Satz 2 SGB II regelt nun, dass rechtswidrige nicht begünstigende Verwaltungsakte, unabhängig davon, ob sie

---
263 Vgl. BSG, Urt. vom 17.12.2015 – B 8 SO 24/14 –, BeckRS 2016, 66216, Rn.16, BSG, Urt. vom 29.9.2009 – B 8 SO 16/08 R –, juris = FEVS 61, 376 = SGb 2010, 608.
264 Vgl. BSG, Urt. vom 4.4.2017 – SGb 08/2018 –, 494 ff. (mit Anmerkung von Marschner); LSG Baden-Württemberg, Urt. vom 9.12.2008 – L 13 AS 810/08 –, NZS 2009, 684
265 Vgl. BSG, Urt. vom 4.4.2017 – B 4 AS 6/16 R –, SGb 08/2018, 494 ff. (mit Anmerkung von *Marschner*); LSG Niedersachsen-Bremen, Urt. vom 29.9.2015 – L 11 AS 1380/13 –, juris, Rn. 22 ff.
266 Vgl. BSG, Urt. vom 13.2.2014 – B 14 AS 19/13 R –, juris, Rn. 19; BSG, Urt. vom 12.12.1996 – 11 Rar 31/96 –, juris.

Leistungen oder Erstattungsforderungen regeln, nicht später als vier Jahre nach Ablauf des Jahres, in dem sie bekanntgegeben wurden, zurückzunehmen sind und eine Nachzahlung von maximal zwei Jahren in Frage kommt (der Nachzahlungsanspruch für „ein Jahr" umfasst das laufende und das zurückliegende Kalenderjahr, vgl. § 44 Abs. 4 SGB X).

1.3.28.3.2 Voraussetzungen des § 44 Abs. 1 SGB X

§ 44 Abs. 1 SGB X findet Anwendung für die Rücknahme nicht begünstigender Verwaltungsakte, die zum Zeitpunkt des Erlasses (materiell) rechtswidrig waren. Entweder wurde das Recht unrichtig angewandt oder es wurde von einem Sachverhalt ausgegangen, der sich als unrichtig erweist. Deshalb wurden Sozialleistungen zu Unrecht nicht erbracht.

Die Vorschrift des § 44 Abs. 1 SGB X bezieht sich also auf die Höhe der nicht erbrachten Leistung. Auch wenn der Wortlaut sowohl formell rechtswidrige als auch materiell rechtswidrige Verwaltungsakte erfasst, bezieht sich die Vorschrift nur auf die materiell-rechtliche und inhaltliche Richtigkeit, denn nur diese haben Auswirkungen auf die Höhe der nicht erbrachten Leistungen. Eine fehlende Anhörung kann also z. B. kein Überprüfungsverfahren nach § 44 SGB X einleiten.[267]

Der Verwaltungsakt **ist** dann mit Wirkung für die Vergangenheit zurückzunehmen. Eine Rücknahme für die Vergangenheit ist nach § 44 Abs. 4 SGB X **zeitlich unbeschränkt möglich**; allerdings wird diese Regelung durch den Gesetzgeber für das Zweite und Zwölfte Buch Sozialgesetzbuch eingeschränkt, indem eine Aufhebung nur innerhalb von vier Jahren nach Ablauf des Jahres, in dem der Verwaltungsakt bekanntgegeben wurde, möglich ist und eine Nachzahlung von einem bis maximal zwei Jahren zulässig ist (vgl. § 40 Abs. 1 Satz 2 SGB II, § 116a SGB XII).

Eine Rücknahme nach § 44 SGB X entfällt, wenn Verwaltungsakte auf Angaben beruhen, die die Betroffenen vorsätzlich in wesentlicher Beziehung unrichtig oder unvollständig gemacht haben (vgl. § 44 Abs. 1 Satz 2 SGB X).

Danach müssen gemäß § 44 Abs. 1 SGB X folgende Voraussetzungen vorliegen:
1. bei Erlass ganz oder teilweise („soweit") rechtswidriger Verwaltungsakt,
2. Verwaltungsakt ist nicht begünstigend (vgl. § 45 Abs. 1 SGB X im Umkehrschluss),
3. Leistungen werden nicht oder nicht im gesetzlichen Umfang („soweit") erbracht,
4. Leistungen werden wegen der Rechtswidrigkeit („deshalb") nicht oder nicht im gesetzlichen Umfang erbracht (Kausalität zwischen Rechtswidrigkeit und Leistung),
5. Rechtswidrigkeit beruht nicht auf einem Verschulden (Vorsatz) der leistungsberechtigten Person.

---

267 Vgl. LSG NRW, Urt. vom 30.1.2012 – L 19 AS 2141/10 –, juris, Rn. 27; LSG Niedersachsen-Bremen, Urt. vom 28.8.2013 – L 13 AS 188/11 –, juris, Rn. 22.

§ 44 Abs. 1 SGB X findet regelmäßig Anwendung, wenn bereits im Zeitpunkt des Erlasses (sonst: § 46 SGB X oder § 48 SGB X) des Verwaltungsaktes dieser an einem inhaltlichen Fehler leidet. Ein Verwaltungsakt ist im Zeitpunkt der Bekanntgabe erlassen. Maßgeblich ist, ob nach **gegenwärtiger** und damit objektiver Sichtweise bei Erlass des zu korrigierenden Verwaltungsaktes die betroffene Rechtsposition zustand.

Stellt sich also bei späterer Überprüfung des fraglichen Verwaltungsaktes heraus, dass das Recht im Erlasszeitpunkt anders auszulegen gewesen ist, ist der Bescheid im Sinne von § 44 Abs. 1 SGB X anfänglich rechtswidrig. Nicht entscheidend ist es, ob der Sachbearbeiter aus seiner damaligen Sichtweise richtig entschieden hat.

Beispielsweise ist eine Entscheidung auch dann **als von Anfang an** rechtswidrig ergangen, wenn sich die Leistungserbringung nach „ständiger Rechtsprechung" mit ex tunc-Wirkung als unrichtig erwiesen hat. Grundsätzlich wirkt die Änderung der **höchstrichterlichen Rechtsprechung** auf den Zeitpunkt des Erlasses zurück[268] (vgl. aber § 40 Abs. 3 SGB II). Deshalb sind für die Frage, ob Sozialleistungen im Sinne des § 44 Abs. 1 Satz 1 SGB X zu Unrecht vorenthalten worden sind, auch Rechtsänderungen, die nach Erlass des Ausgangsbescheids eintreten, aber auf diesen Zeitpunkt zurückwirken, zu beachten.

Weiterhin unterliegen formelle Fehler nicht dem Anwendungsbereich des § 44 SGB X.[269] Nur bei einem inhaltlichen (materiellen) Fehler können die bewilligten Leistungen nicht ausreichend erbracht werden und ist eine Kausalität zwischen Fehler und Leistungserbringung zu bejahen.

Dieser inhaltliche Fehler kann zwei Ursachen haben. Entweder praktiziert die Behörde eine falsche Rechtsanwendung bzw. -auslegung oder der dem Bescheid zugrundeliegende Sachverhalt ist unrichtig oder unvollständig. Allerdings stellt ein unrichtiger oder unvollständiger Sachverhalt lediglich die Vorstufe einer fehlerhaften Rechtsanwendung dar, so dass dieser Voraussetzung streng genommen keine eigenständige Bedeutung zukommt.

Eine neue „ständige Rechtsprechung" tritt dann ein, wenn ein oberstes Bundesgericht eine streitige Rechtsfrage „endgültig" entschieden hat.[270] „Ständige Rechtsprechung" kann selbst dann vorliegen, wenn nur eine Entscheidung des Bundessozialgerichts ergangen ist. Insbesondere ist dann von „ständiger Rechtsprechung" im Sinne der hinreichenden Klärung einer bislang zweifelhaften Rechtsfrage auszugehen, wenn die betroffenen Verwaltungen eine höchstrichterliche Entscheidung auch für andere gleichgelagerte Fälle als verbindlich akzeptieren und nicht etwa annehmen, es handele sich um eine Einzelfallentscheidung, der in anderen Fällen zunächst nicht zu folgen sei.[271]

---

268 Vgl. BSG, Urt. vom 21.6.2005 – B 8 KN 9/04 R –, SozR 4-1300 § 44 Nr. 5; BSG, Urt. vom 28.5.1997 – 14/10 RKg 25/95 –, SozR 3-1300 § 44 Nr. 21 = NZS 1998, 203; LSG Baden-Württemberg, Urt. vom 9.12.2008 – L 13 AS 810/08 –, NZS 2009, 684.
269 Vgl. BSG, Urt. vom 3.5.2018 – B 11 AL 3/17 –, R, SGb 08/2019, 488 (mit Anmerkung *Weber*); LSG NRW, Beschluss vom 29.4.2020 – L 2 AS 423/20 B –, juris, Rn.16.
270 Vgl. BSG, Urt. vom 23.3.1995 – 11 RAr 71/94 –, NZS 1996, 48 = NZA 1996, 279 = SozR 3-4100 § 152 Nr. 5.
271 Vgl. BSG, Urt. vom 29.6.2000 – B 11 AL 99/99 R –, SozSich 2001, 36 (Kurzwiedergabe).

Prinzipiell sorgt eine neue „ständige Rechtsprechung" dafür, dass in der Vergangenheit erlassene Verwaltungsakte bis zu vier Jahren zurückzunehmen sind und ein Nachzahlungsanspruch von einem bzw. zwei Jahren besteht (vgl. § 40 Abs. 1 Satz 2 SGB II i.V.m. § 44 Abs. 4 SGB X). Diesem Rückzahlungsanspruch tritt der Gesetzgeber in § 44 Abs. 3 SGB II entgegen:
Müssen Leistungen für die Vergangenheit nachgezahlt werden, weil die Praxis der Jobcenter durch das Bundesverfassungsgericht oder die „ständige Rechtsprechung" für fehlerhaft befunden wurde, dann sind grundsätzlich Leistungen erst für den Zeitraum ab dem Bestehen der „ständigen Rechtsprechung" nachzuzahlen. Etwas anderes gilt nur dann, wenn die leistungsberechtigte Person bereits vor der „ständigen Rechtsprechung" Klage erhoben hat.[272]

Ein **nicht begünstigender** Verwaltungsakt liegt vor, wenn ein Recht oder ein rechtlich erheblicher Vorteil weder begründet noch bestätigt wird (§ 45 Abs. 1 SGB X im Umkehrschluss). Aus dem Umkehrschluss von § 45 Abs. 1 SGB X ergibt sich also, dass durch einen „nicht begünstigenden" Verwaltungsakt Belastungen auferlegt bzw. Rechte oder rechtlich erhebliche Vorteile verweigert, abgelehnt, entzogen oder gemindert werden. Nicht begünstigende Verwaltungsakte sind häufig ablehnende Leistungsbescheide bei auf Antrag oder von Amts wegen festzustellende Leistungen, leistungsmindernde oder leistungsentziehende Bescheide.

In den Anwendungsbereich von § 44 SGB X können damit auch Verwaltungsakte mit **Mischwirkung** fallen, wenn sich der belastende Teil vom begünstigenden Teil trennen lässt. Wird beispielsweise Sozialhilfe bewilligt und erwartet die leistungsberechtigte Person eine noch höhere Leistung, dann kann sie hinsichtlich der noch höheren Leistung einen Überprüfungsantrag stellen, wenngleich der Verwaltungsakt in der Gesamtbetrachtung für die leistungsberechtigte Person begünstigend wirkt. Dann kann der belastende Teil über § 44 Abs. 1 SGB X oder § 44 Abs. 2 SGB X aufgehoben werden. Der Anwendungsbereich von § 44 SGB X ist damit eröffnet, wenn die Zielrichtung der erstrebten Aufhebung eine Änderung zugunsten des Beteiligten sein soll.

Der Charakter eines Verwaltungsaktes bestimmt sich nach der Sichtweise des Beteiligten; es kommt mithin nicht auf die Perspektive der Behörde an. Außerdem bestimmt sich diese Frage nach dem Zeitpunkt seines Erlasses, so dass z.B. ein ursprünglich begünstigender Verwaltungsakt bei nachträglicher Betrachtung nicht rückwirkend belastend wird.

Häufig sind **Mischverwaltungsakte** solche Verwaltungsakte, die zwar eine Geldleistung vorsehen und insofern begünstigend sind, aber gleichzeitig eine geringere als die gesetzlich zustehende Leistung erbringen und insofern belastend wirken. Es handelt sich in diesen Fällen also um eine Teilablehnung einer Leistung. Der Verwaltungsakt wirkt sich teilweise begünstigend, teilweise aber auch belastend aus.

In diesen Fällen gilt: Beantragt der Betroffene die Aufhebung, weil er eine höhere Leistung begehrt, so ist § 44 SGB X anwendbar; strebt die Behörde die Aufhebung des „Bewilligungsbescheides" an, um beispielsweise die bisher gewährte Leistung zu entziehen (z.B. aufgrund der Annahme von verschwiegenem Vermögen), so richtet

---

272 Vgl. BSG, Urt. vom 8.2.2007 – B 7a AL 2/06 R –, juris.

sich die Frage der Aufhebung nach § 45 SGB X, weil die Behörde der leistungsberechtigten Person die bereits bewilligte Sozialleistung (begünstigender Bescheid) entziehen will.

Also ist auch ein leistungsgewährender Verwaltungsakt insoweit nicht begünstigend, als er fehlerhaft Leistungen zu niedrig bewilligt. Diese Fälle sind unter § 44 Abs. 1 SGB X zu subsumieren.

Beispiele
- *Das Jobcenter bewilligt fehlerhaft ein zu niedriges Arbeitslosengeld II.*
- *Ein Antrag wird abgelehnt; eine Leistung wird ganz oder teilweise versagt oder gekürzt; eine Geldforderung wird erhoben.*
- *Ein Bescheid nach § 152 SGB IX, der zwar den begehrten Grad der Behinderung zuerkennt, aber gleichzeitig die Voraussetzungen eines ebenfalls beantragten Nachteilsausgleiches verneint, ist ein Bescheid mit Mischwirkung. Hinsichtlich des begünstigenden Teils gelten §§ 45, 48 SGB X, hinsichtlich des belastenden Teils ist § 44 Abs. 2 SGB X anwendbar.*

Ein Aufhebungsanspruch besteht nach § 44 Abs. 1 Satz 2 SGB X dann nicht, wenn der Leistungsträger deshalb von einem unrichtigen Sachverhalt ausgeht, weil die leistungsberechtigte Person vorsätzlich Angaben gemacht hat, die in wesentlicher Beziehung unrichtig oder unvollständig sind. Vorsätzlich handelt derjenige, der mit Wissen und Wollen unrichtige oder unvollständige Angaben macht (direkter Vorsatz) oder dies bewusst in Kauf nimmt (bedingter Vorsatz). Ein „gezielter" Vorsatz ist nicht notwendig. Es genügt die innere Billigung einer möglichen Unvollständigkeit oder Unrichtigkeit der Angaben. Eine solche **vorsätzliche schuldhafte Handlung** ist im Leistungsrecht des Zweiten und Zwölften Buches Sozialgesetzbuch kaum denkbar, weil sich der Betroffene z. B. bei unvollständigen Angaben selbst schädigen würde.

Beispiel
Bei der Antragstellung unterlässt die leistungsberechtigte Person die Angabe, dass sie sich in der 13. Schwangerschaftswoche befindet. Später hat die Antragstellerin ihr Schamgefühl überwunden und beantragt nachträglich die Auszahlung des Mehrbedarfs nach § 21 Abs. 2 SGB II.

In diesem Fall hat die Antragstellerin vorsätzlich unvollständige Angaben gemacht. Eine rückwirkende Aufhebung nach § 44 Abs. 1 SGB X und Nachzahlung von nicht geleisteten Beträgen kommt aufgrund der Regelung des § 44 Abs. 1 Satz 2 SGB X nicht in Betracht.

*Es ist sodann nach § 44 Abs. 2 SGB X zu prüfen, ob eine Aufhebung in Frage kommt. § 44 Abs. 2 SGB X stellt eine **Auffangnorm** zu § 44 Abs. 1 SGB X dar und erfasst „sonstige nicht begünstigende Verwaltungsakte", die nicht unter § 44 Abs. 1 SGB X zu subsumieren sind. Nach § 44 Abs. 2 Satz 2 SGB X kann im Rahmen einer pflichtgemäßen Ermessensentscheidung eine Aufhebung für die Vergangenheit erfolgen. Im Rahmen der Ermessensausübung dürfte der Norm des § 44 Abs. 1 Satz 2 SGB X Signalwirkung zukommen, so dass zwar eine Aufhebung* *für die Zukunft (§ 44 Abs. 2 Satz 1 SGB X) in Frage kommt, aufgrund der schuldhaften Nichtangabe von Tatsachen eine Aufhebung für die Vergangenheit aber nicht ermessensgerecht erscheint.*

Liegen alle Voraussetzungen vor, hat die Behörde nach § 44 Abs. 1 SGB X **die Verpflichtung**, den erlassenen Verwaltungsakt im Umfang der Rechtswidrigkeit **mit Wirkung für die Vergangenheit** zurückzunehmen. Der Anspruch ist mit einer kombinierten Verpflichtungs- und Leistungsklage (§ 54 Abs. 1 Satz 1, Abs. 2 Satz 1, Abs. 4 SGG, § 56 SGG) einklagbar. Aufgabe des § 44 Abs. 1 SGB X ist es, den von einer rechtswidrigen Entscheidung betroffenen Leistungsberechtigten so zu stellen, wie er gestanden hätte, wenn die Behörde von Anfang an richtig entschieden hätte. Gemäß § 44 Abs. 4 SGB X sind die nicht erbrachten Leistungen nachzuzahlen.

Eine Aufhebung für die Zukunft kann nicht über § 44 Abs. 1 SGB X, wohl aber über § 44 Abs. 2 SGB X erfolgen.

Die rückwirkende Erbringung der Leistung erfolgt allerdings höchstens für einen Zeitraum von bis zu vier Jahren **vor der Rücknahme** (§ 44 Abs. 4 Satz 1 SGB X). Danach gibt es keine zeitliche Begrenzung für die Rücknahmeentscheidung; es ist lediglich die rückwirkende Leistungserbringung auf einen Zeitraum von vier Jahren vor der Rücknahme begrenzt.

Um den Verwaltungsaufwand für die Leistungsträger des Zweiten und Zwölften Buches Sozialgesetzbuch erträglich zu gestalten, wird die Regelung des § 44 Abs. 4 SGB X in § 40 Abs. 1 Satz 2 SGB II und § 116a SGB XII modifiziert. Abweichend gilt § 44 SGB X mit der Maßgabe, dass

1. rechtswidrige nicht begünstigende Verwaltungsakte nach § 44 Abs. 1 oder § 44 Abs. 2 SGB X **nicht später** als vier Jahre nach Ablauf des Jahres, in dem der Verwaltungsakt **bekanntgegeben** wurde, zurückzunehmen sind. Ausreichend ist, wenn die Rücknahme innerhalb dieses Zeitraums beantragt wird,
2. anstelle des Zeitraums von vier Jahren nach Absatz 4 Satz 1 ein Zeitraum von einem Jahr tritt.

Danach können also „nur" (teil-)rechtswidrige nicht begünstigende (belastende) Verwaltungsakte innerhalb der letzten vier Jahre zurückgenommen werden. Die rückwirkende Leistungserbringung hängt dann anschließend davon ab, ob die Behörde **von Amts wegen** tätig wird oder auf **Antrag**.

Erkennt die Behörde ihren Fehler und wird sie deshalb von Amts wegen tätig, werden Leistungen nachträglich für einen **Zeitraum von einem Jahr vor der Rücknahme** erbracht. Dabei wird der Zeitpunkt der Rücknahme von Beginn des Jahres an gerechnet, in dem der Verwaltungsakt zurückgenommen wird (§ 44 Abs. 4 Satz 2 SGB X).

Wird die Behörde aufgrund eines Überprüfungsantrags tätig, tritt bei der Berechnung des Einjahreszeitraums, für den rückwirkend Leistungen zu erbringen sind, zum Schutz des Antragstellers anstelle der Rücknahme der Antrag. Ansonsten könnte die Behörde durch Verzögerung der Rücknahme den Rückzahlungszeitraum beeinflussen.

Beispiele

- Die Behörde erkennt im März 2022, dass ihre Leistungen vom 1.6.2020 bis zum 31.3.2022 für die leistungsberechtigte Person zu niedrig bewilligt wurden.[273] Sie nimmt deshalb die Bewilligungsbescheide im März 2022 zurück. Es werden nach § 40 Abs. 1 Satz 2 Nr. 2 SGB II i. V. m. § 44 Abs. 4 Satz 2 SGB X nur Leistungen vom 1.1.2021 bis zum 31.3.2022 nachgezahlt.
- Die Behörde erkennt im März 2022, dass ihre Leistungen vom 1.7.2019 bis zum 31.12.2019 für die leistungsberechtigte Person zu niedrig bewilligt wurden. Die o. g. Vierjahresfrist des § 40 Abs. 1 Satz 2 SGB II (§ 116a Nr. 2 SGB XII), innerhalb derer eine Überprüfung rechtswidriger Verwaltungsakte möglich ist, ist eingehalten. Die Behörde kann aber nur Leistungen längstens für ein Jahr – allerdings gerechnet von Beginn des Jahres – vor der Rücknahmeentscheidung erbringen. Der mögliche Nachzahlungszeitraum wäre hier also vom 1.1.2021 bis zum 31.3.2022, weil die Rücknahmeentscheidung im März 2022 liegen soll. In dem zurückliegenden potentiellen Nachzahlungszeitraum wurden die Leistungen aber rechtmäßig erbracht. Es kommt daher nicht zu einer Nachzahlung.

    Der Zeitpunkt, zu dem die Rücknahme erfolgt bzw. der Zeitpunkt, zu dem der Überprüfungsantrag gestellt wird, bestimmt also den Zeitraum, für den die zu Unrecht vorenthaltenen Sozialleistungen nachgezahlt werden können.

- Ein Antrag auf Rücknahme von nicht begünstigenden Bewilligungsbescheiden (zu geringe Leistungshöhe) der Jahre 2019 und 2020 wird im Dezember 2021 gestellt. Die Behörde kommt erst im Februar 2022 zur Rücknahme der Verwaltungsakte.

    Die Vierjahresfrist ist eingehalten, denn der Überprüfungsantrag vom Dezember 2021 bezieht sich auf den Zeitraum 2019 und 2020. Nach § 40 Abs. 1 Satz 2 Nr. 1 letzter Halbs. SGB II (§ 116a Nr. 1 Halbs. 2 SGB XII) ist es ausreichend, wenn die Rücknahme innerhalb dieses Zeitraums beantragt wird. Die Behörde prüft die ergangenen Bescheide und hebt diese wegen Rechtswidrigkeit im genannten Zeitraum (2019, 2020) auf.

    Maßgebend ist jetzt nicht der Zeitpunkt der Rücknahme im Februar 2022, sondern der Überprüfungsantrag im Dezember 2021. Der Beginn des Jahres, in dem der Antrag gestellt wurde, ist der 1.1.2021. Leistungen nach dem Zwölften oder dem Zweiten Buch Sozialgesetzbuch können daher ab dem 1.1.2020 (Fristende nach § 26 Abs. 1 SGB X i. V. m. § 188 Abs. 2 BGB) bis zum 31.12.2021 (Fristanfang nach § 26 Abs. 1 SGB X i. V. m. § 187 Abs. 1 BGB) nachgezahlt werden (§ 116a Nr. 2 SGB XII, § 40 Abs. 1 Satz 2 Nr. 2 SGB II), wenn und soweit die Bewilligungsbescheide in diesem Zeitraum aufgehoben worden sind.

---

273 Im Rahmen der Überprüfung von Amts wegen ist die Verwaltung nicht verpflichtet, die Akten von sich aus auf Rücknahmemöglichkeiten durchzuarbeiten. Es müssen sich vielmehr konkret in der Bearbeitung eines Falles Anhaltspunkte für eine Aufhebung ergeben. Anderenfalls würde der Verwaltung die Ver-pflichtung auferlegt, ihr bindend gewordenes Verwaltungshandeln „ins Blaue hinein" zu überprüfen (vgl. BSG, Urt. vom 13.2.2014 – B 4 AS 22/13 R –, juris, Rn. 14 ff.; BSG, Beschl. vom 4.6.2014 – B 14 AS 335/13 B –, juris, Rn. 7).

Wäre die Rücknahme im konkreten Fall maßgebend, könnte nur für den eitraum vom 1.1.2021 bis zum 28.2.2022 eine Nachzahlung erfolgen, die aber im konkreten Fall ausscheidet, weil in diesem Zeitraum die Leistungen laut Sachverhalt rechtmäßig erbracht wurden.

Auf der Rechtsfolgenseite ist ferner zu beachten, dass unter den in § 44 SGB I genannten Voraussetzungen die nachzuzahlenden Sozialleistungen mit 4 v. H. zu verzinsen sind (vgl. 1.2.6.6). Ansprüche auf Geldleistungen sind nach Ablauf eines Kalendermonats nach dem Eintritt ihrer Fälligkeit zu verzinsen. Fällig werden Ansprüche auf Sozialleistungen mit ihrem Entstehen. Sie entstehen, sobald die im Gesetz bestimmten materiell-rechtlichen Anspruchsvoraussetzungen vorliegen. Maßgeblicher Zeitpunkt für die Berechnung der Verzinsung ist also das Datum, ab dem rückwirkend Leistungen bewilligt werden, und **nicht** das Datum des der Nachzahlung zugrunde liegenden Zugunstenbescheides nach § 44 SGB X.[274] Die Verzinsung endet nach § 44 Abs. 1 SGB I mit dem Kalendermonat vor der „Zahlung". Unter „Zahlung" ist der Tag der Gutschrift auf dem Konto der leistungsberechtigten Person zu verstehen.

Die Rücknahmeentscheidung einerseits und die Zinsentscheidung andererseits sind zwei selbstständige Verwaltungsakte, die ggf. zeitgleich im selben Bescheid, aber auch zeitversetzt in verschiedenen Bescheiden erlassen werden können.

Für die Rücknahme nicht begünstigender Verwaltungsakte nach dem **Zweiten Buch Sozialgesetzbuch** sind nicht nur die **Einschränkungen** des § 40 Abs. 1 Satz 2 SGB II zu beachten, sondern auch die nach § 40 Abs. 3 SGB II. Liegen diese Voraussetzungen vor, kann ein Verwaltungsakt nicht für die Vergangenheit, sondern nur für die Zukunft aufgehoben werden. Eine Aufhebung für die Zukunft kommt z. B. dann in Frage, wenn sich die „ständige Rechtsprechung" nach Erlass des Verwaltungsaktes ändert.

Die Einschränkung des § 40 Abs. 3 Nr. 2 SGB II, wonach aufgrund neuer „ständiger Rechtsprechung" das Recht durch den Träger der Grundsicherung für Arbeitsuchende fehlerhaft ausgelegt worden ist und ein unanfechtbarer Verwaltungsakt nur mit Wirkung für die Zeit nach dem Entstehen der „ständigen Rechtsprechung" zurückgenommen werden kann, gilt allerdings nicht, wenn der Antrag nach § 44 SGB X **vor** dem maßgebenden Urteil gestellt worden ist.

1.3.28.3.3 Verfahrensrechtliche Bedeutung des § 44 Abs. 1 SGB X

Versäumt eine leistungsberechtigte Person die Einlegung eines Widerspruchs innerhalb der Monatsfrist (§ 84 Abs. 1 SGG) und kommt auch ein Wiedereinsetzungsantrag (§ 27 SGB X, § 67 SGG) nicht in Frage, besteht noch die Möglichkeit, eine **Kontrolle des (inzwischen) bestandskräftigen Bescheides** mit Hilfe des § 44 SGB X zu bewirken. § 44 SGB X führt damit im Ergebnis zu einem umfassenden Rechtsschutz des Beteiligten zu Lasten der Behörde, die sich nicht mehr auf die Bestandskraft eines Verwaltungsaktes verlassen kann. Insofern hat der Gesetzgeber die Wiederherstellung der materiellen Rechtmäßigkeit höher bewertet als die Frage der Rechtssicherheit bei bestandskräftigen Entscheidungen.

---

274 Vgl. BSG, Urt. vom 3.7.2020 – B 8 SO 15/19 R –.

1.3 Sozialverwaltungsverfahren nach dem Zehnten Buch Sozialgesetzbuch (SGB X)

Wird verspätet Widerspruch eingelegt, hat die Behörde zu überprüfen, ob dieser in einen Antrag auf Rücknahme nach § 44 SGB X umzudeuten ist (§§ 133, 157 BGB). Im Sozialrecht gilt der Meistbegünstigungsgrundsatz (vgl. § 2 Abs. 2 SGB I), wonach eine Willensäußerung im Zweifelsfall in eine für den Beteiligte günstigeren Antrag zu ändern ist. Das Vorbringen des Beteiligten ist dann als Antrag nach § 44 SGB X auszulegen.

Für die Behörde hat dies zur Konsequenz, dass sie nach § 18 Satz 2 Nr. 1 SGB X verpflichtet ist, eine Rücknahmeentscheidung zu überprüfen. Die Entscheidung über den Antrag stellt einen Verwaltungsakt dar, der wiederum mit Widerspruch und Klage angefochten werden kann. Damit ist für den Beteiligten mit Hilfe des § 44 SGB X umfassendster Rechtsschutz möglich.

Die Möglichkeit, einen Antrag nach § 44 SGB X zu stellen und so trotz bestandskräftiger Bescheide eine Behörde zu zwingen, eine erneute Rechtmäßigkeitsprüfung vorzunehmen, ist jedoch nicht grenzenlos. Die Behörde hat nicht die Aufgabe, „ins Blaue hinein" ihre eigene Entscheidung zu kontrollieren, wenn eine Änderung der Sach- oder Rechtslage nicht substantiiert vorgetragen wird. Es müssen sich vielmehr konkrete Anhaltspunkte für eine Aufhebung ergeben. Ergibt sich also im Rahmen eines Antrags nach § 44 SGB X nichts, was für die Unrichtigkeit der ergangenen Entscheidungen spricht, kann sich die Behörde auf die Bestandskraft der ergangenen Bescheide berufen. Der Beteiligte muss also sein Anliegen nachvollziehbar begründen.[275]

Grundsätzlich hat die Behörde die Pflicht, den Sachverhalt von Amts wegen zu ermitteln und so festzustellen, ob die substantiierten Angaben des Antragstellers die Aufhebung des nicht begünstigenden Verwaltungsaktes rechtfertigen. Nach den Regeln der objektiven Beweislast geht allerdings die fehlende Nachweisbarkeit einer rechtswidrigen Entscheidung zu Lasten desjenigen, der den Anspruch begründet. Im Zweifel trägt daher die objektive Beweislast für die Rechtswidrigkeit des aufzuhebenden Bescheides die antragstellende Person.[276]

Die Einleitung eines Verwaltungsverfahrens mit dem Ziel der Aufhebung nach § 44 SGB X kommt damit insbesondere erst dann in Betracht, wenn neue, bislang nicht beachtete Tatsachen oder eine geänderte Rechtslage (z. B. eine geänderte höchstrichterliche Rechtsprechung) vorliegen, die Auswirkungen auf die bereits vorgenommenen Entscheidungen haben. Auch die substantiierte Darlegung, der der Entscheidung zugrunde liegende Sachverhalt sei unrichtig, kann ein Überprüfungsverfahren rechtfertigen.[277]

---

275 Vgl. BSG, Urt. vom 13.2.2014 – B 4 AS 22/13 R –, juris, Rn. 19. Der Leitsatz lautet: Beantragt ein Leistungsberechtigter „die Überprüfung sämtlicher bestandskräftiger Bescheide auf ihre Rechtmäßigkeit", fehlt es an einer inhaltlichen Prüfverpflichtung des SGB II-Trägers, wenn der Sozialleistungsträger den Einzelfall, der zur Überprüfung gestellt werden soll, objektiv nicht ermitteln kann.
276 Vgl. LSG Niedersachsen-Bremen, Urt. vom 28.8.2013 – L 13 AS 188/11 –, juris, Rn. 23.
277 Vertiefend: *Voelzke, Thomas / Hahn, Julia*, Bestandskraft versus materielle Gerechtigkeit – Grenzen bei der Überprüfung bestandskräftiger belastender Verwaltungsakte, SGb 2012 S. 685.

Sollten sich umgekehrt keine neuen Anhaltspunkte durch den Überprüfungsantrag ergeben und liefern auch Nachfragen bei dem Antragsteller keine neuen Erkenntnisse, darf der Leistungsträger von einer inhaltlichen Prüfung absehen.

Ein Überprüfungsverfahren nach § 44 SGB X wird nicht nur auf Antrag (vgl. § 44 Abs. 4 SGB X) eingeleitet. Bei einer Änderung der Sach- und Rechtslage hat auch die Behörde die Pflicht, den Verwaltungsakt von Amts wegen zurückzunehmen. Wie sich aus der Formulierung „im Einzelfall" (vgl. § 44 Abs. 1 Satz 1 SGB X) ergibt, folgt hieraus allerdings keine Pflicht zur Durchsicht sämtlicher vorhandener Akten auf mögliche Fehler.

Ferner ist zu beachten, dass nicht jeder Widerspruch als Antrag nach § 44 SGB X auszulegen ist. Wird unzweideutig ein Widerspruch gegen einen konkret bezeichneten Bescheid von einem Rechtsanwalt oder einem ansonsten rechtskundigen Bevollmächtigten eingelegt, besteht regelmäßig keine Veranlassung, einen solchen Antrag auszulegen. Dies gilt selbst dann, wenn bei objektiver Betrachtung ein engerer, weiterer oder gänzlich anderer Antrag sachgerecht gewesen wäre. Denn eine bestimmte Fassung eines Antrages ist das Ergebnis von vorangegangenen Erwägungen, die sich als zutreffend oder unzutreffend erweisen können. Eine Auslegung dient aber nicht dazu, etwaige Irrtümer oder Missverständnisse bei der Würdigung der tatsächlichen oder rechtlichen Verhältnisse auszugleichen, sondern Unklarheiten in Bezug auf einen Antrag oder eine sonstige Willenserklärung zu beseitigen.[278]

1.3.28.3.4 Rücknahme nach § 44 Abs. 2 SGB X

In den Geltungsbereich von § 44 Abs. 2 SGB X fallen nach dem Wortlaut der Norm **alle „übrigen" nicht begünstigenden Verwaltungsakte.** Nach § 44 Abs. 2 Satz 1 SGB X sind nicht begünstigende (andere als in § 44 Abs. 1 SGB X beschriebene) rechtswidrige Verwaltungsakte für die Zukunft zurückzunehmen. Sie **können** für die Vergangenheit zurückgenommen werden (vgl. § 44 Abs. 2 Satz 2 SGB X). Während § 44 Abs. 1 SGB X insbesondere die Fälle erfasst, in denen **Sozialleistungen** erbracht werden, geht es in erster Linie in § 44 Abs. 2 SGB X um Fallkonstellationen ohne konkrete Leistungserbringung, also um Kostenersatz-, Aufwendungsersatz- und Haftungsforderungen.

Belastende Verwaltungsakte, die danach für eine Rücknahme nach § 44 Abs. 2 SGB X in Betracht kommen können, ergehen z. B.
- auf Grund der §§ 34, 34a oder 43 SGB II (Kostenersatz) oder
- auf Grund der §§ 19 Abs. 5, 92 Abs. 1 Satz 2, 93 oder 102 bis 105 SGB XII (Aufwendungsersatz, Kostenersatz) oder
- bei darlehensweise erbrachter Leistung (z. B. nach den § 24 Abs. 1 oder § 24 Abs. 4, Abs. 5 SGB II oder den §§ 36 Abs. 1, 37 Abs. 1 oder 38 Abs. 1 SGB XII, § 91 SGB XII)[279].

---

278 Vgl. Sächsisches LSG, Urt. vom 15.12.2011 – L 3 AS 480/09 –, juris, Rn. 45.
279 Vgl. BSG, Urt. vom 27.5.2014 – B 8 SO 1/13 R –, BSGE 116, 80 = NZS 2014, 717 = FEVS 66, 202 (zur unzulässigen Zinsforderung in einem Darlehensbescheid).

Beispiele
- *Ein Träger der Sozialhilfe hat „erweiterte Hilfe" gemäß § 92 Abs. 1 Satz 1 SGB XII geleistet und nach § 92 Abs. 1 Satz 2 SGB XII für die letzten zehn Monate einen Aufwendungsersatz in Höhe von monatlich 100,00 € festgesetzt. Im Nachhinein stellt sich heraus, dass die leistungsberechtigte Person ihr monatliches Einkommen fehlerhaft angegeben hat. Unter Berücksichtigung des tatsächlichen Einkommens wäre ein Aufwendungsersatz in Höhe von 200,00 € monatlich in Betracht gekommen.*

  Eine auf die Vergangenheit bezogene Nachforderung des Trägers der Sozialhilfe gegenüber der Person, die die Leistungen empfangen hat, wird nur möglich, indem der Träger der Sozialhilfe den oder die für die letzten zehn Monate ergangenen belastenden Verwaltungsakte (Leistungsbescheid/e) **im Rahmen eines auszuübenden Ermessens** *über jeweils 100,00 € monatlich nach § 44 Abs. 2 SGB X zurücknimmt und durch neue oder einen neuen über 200,00 € monatlich ersetzt.*
- *Die Behörde gewährt nach § 24 Abs. 1 SGB II ein Darlehen für die Erstbeschaffung einer Waschmaschine. Richtigerweise hätte kein Darlehen gewährt werden dürfen, sondern ein Zuschuss nach § 24 Abs. 3 SGB II. Ein Überprüfungsantrag nach § 44 Abs. 2 SGB X führt zur Aufhebung des ursprünglichen Darlehens-Bewilligungsbescheides.*

Zu beachten ist, dass § 44 Abs. 2 SGB X einen **Auffangtatbestand** für die nicht begünstigenden (belastenden) Verwaltungsakte darstellt, die nicht unter § 44 Abs. 1 SGB X fallen. Neben den o. g. Fällen sind dies auch die Fälle des § 44 Abs. 1 Satz 2 SGB X.

Für die Aufhebung von Aufhebungs- und Erstattungsbescheiden soll § 44 Abs. 1 SGB X im Rahmen einer analogen Anwendung die maßgebende Rechtsgrundlage darstellen,[280] jedenfalls dann, wenn gleichzeitig eine vorenthaltene Leistung ausgezahlt werden soll.[281] In diesen Fällen kommt also eine Überprüfung nach § 44 Abs. 2 SGB X nicht in Frage. Die Vierjahresfrist des § 44 Abs. 4 Satz 1 SGB X wird durch § 40 Abs. 1 Satz 2 SGB II in eine Einjahresfrist geändert.

1.3.28.3.5 Zuständige Behörde (§ 44 Abs. 3 SGB X)

Zuständig für die Rücknahme des Verwaltungsaktes ist nach § 44 Abs. 3 SGB X die zuständige Behörde. Folgt man nur dem Wortlaut des § 44 Abs. 3 SGB X, ist die Behörde für eine Aufhebungsentscheidung zuständig, die den Leistungsfall wegen des tatsächlichen oder gewöhnlichen Aufenthaltes der leistungsberechtigten Person **aktuell** bearbeitet. Der aktuell leistungserbringende Träger soll also auch für die Aufhebung zuständig sein.

---

280 Vgl. BSG, Urt. vom 3.5.2018 – B 11 AL 3/17 –, R, SGb 08/2019, 488 (mit Anmerkung *Weber*); BSG, Urt. vom 13.2.2014 – B 4 AS 19/13 R –, juris, Rn. 19; BSG, Urt. vom 12.12.1996 – 11 Rar 31/96 –, juris.
281 BSG, Urt. vom 12.12.1996 – 11 RAr 31/96 –, SozR 3-1300 § 44 Nr. 19.

Diese (aktuelle) Zuständigkeit würde danach auch dann gelten, wenn der zurückzunehmende Verwaltungsakt von einer anderen Behörde erlassen worden ist (vgl. § 44 Abs. 3 Halbs. 2 SGB X). Eine Veränderung der Zuständigkeit tritt im Sozialleistungsrecht vor allem nach Umzügen auf. Demnach müsste die aktuell zuständige Behörde einen Verwaltungsakt aufheben, der von einer anderen Behörde erlassen worden ist.

Nach der Rechtsprechung des OVG Münster[282] entfällt hingegen die örtliche Zuständigkeit für die Aufhebung (Rücknahme) des Bewilligungsbescheides und die Rückforderung überzahlter Sozialhilfeleistungen **nicht** durch den zwischenzeitlichen **Umzug** der Leistungsberechtigten in den örtlichen Zuständigkeitsbereich eines anderen Trägers. Danach wäre die **ursprüngliche** Bewilligungsbehörde **auch die Aufhebungsbehörde**, selbst wenn inzwischen eine andere Behörde die Leistungserbringung vornimmt. Dieser Meinung hat sich inzwischen auch das Bundessozialgericht angeschlossen. Es verweist darauf, dass die Vorschrift des § 44 Abs. 3 SGB X keine Gültigkeit hat, wenn die Verbandszuständigkeit wechselt. Danach ist für die Rücknahme eines Verwaltungsakts der Träger des Zweiten oder Zwölften Buches Sozialgesetzbuch zuständig, der den Bewilligungsbescheid **erlassen** hat, auch wenn aktuell ein anderer Träger (z. B. durch Umzug) für die leistungsberechtigte Person zuständig ist.[283]

Damit folgt das Bundessozialgericht der anerkannten Rechtsfigur der sog. „Kehrseiten-" bzw. „actus-contrarius-Theorie". Ist nach dieser eine Behörde für den Erlass eines Verwaltungsakts zuständig, so gilt dies auch für die Aufhebung desselben.[284]

Insgesamt gilt damit – wie im allgemeinen Verwaltungsverfahrensrecht – auch im Sozialverwaltungsverfahrensrecht der Grundsatz, dass für die Aufhebung eines Verwaltungsaktes die Behörde zuständig ist, die den Verwaltungsakt erlassen hat, um dessen Rücknahme es geht, weil die Aufhebung (und (Kosten-)Erstattung bzw. Kostenersatz) die Kehrseite des Leistungsanspruchs darstellt.

1.3.28.4 Rücknahme eines rechtswidrigen begünstigenden Verwaltungsaktes (§ 45 SGB X)

1.3.28.4.1 Anwendungsbereich

§ 44 SGB X behandelt die Rücknahme rechtswidriger nicht begünstigender Verwaltungsakte. Der Gesetzgeber hat für eine Aufhebung nach § 44 SGB X auf der Voraussetzungsseite keine besonders hohen Hürden aufgebaut, da zwischen der Behörde und dem Verfahrensbeteiligten eine gleichgerichtete Interessenslage besteht. Der Leistungsträger hat einerseits die verfassungsrechtliche Verpflichtung, eine rechtswidrige Entscheidung zu beseitigen (vgl. Art. 20 Abs. 3 GG). Andererseits erstrebt die leistungsberechtigte Person die Beseitigung des nicht begünstigenden oder belastenden Verwaltungsaktes eine höhere Leistung.

---

282 Vgl. OVG Münster, Urt. vom 22.1.1998 – 8 A 940/96 –, FEVS 49, 6 = ZFSH/SGB 2001, 416 = NWVBl. 1998, 356; SG Detmold, Urt. vom 24.6.2010 – S 6 AY 68/09 –, ZfF 2011, 200.
283 Vgl. BSG, Urt. vom 23.5.2012 – B 14 AS 133/11 R –, juris, Rn. 13 = SGb 07/2013, 416. Hierzu mit kritischer Anmerkung angesichts des in § 44 Abs. 3 SGB X vorhandenen klaren Wortlauts: Groth, jurisPR-SozR 2/2013 Anm. 2.
284 Vgl. auch BSG, Urt. vom 23.8.2013 – B 8 SO 7/12 R –, juris, Rn. 14.

Rechtswidrige und begünstigende Verwaltungsakte können nach § 45 SGB X zurückgenommen werden.[285] In diesen Fällen muss – sofern die Voraussetzungen vorliegen – die leistungsberechtigte Person die erhaltenen Leistungen zurückerstatten (vgl. § 50 SGB X). Deshalb steht vor der Rücknahme ein ggf. zu beachtender Vertrauensschutz. Die Beachtung des Vertrauensschutzes bedeutet, dass eine Rücknahme des Verwaltungsaktes – im Vergleich zu § 44 SGB X – für die Behörde schwieriger wird.

Begünstigende Verwaltungsakte liegen vor, wenn der Rechtskreis des Beteiligten erweitert wird. Im Sozialleistungsrecht sind dies insbesondere die Fälle, in den eine wirtschaftlich vorteilhafte Rechtsposition eingeräumt wird. Vorteilhaft ist aber auch jede Berechtigung, Aufhebung einer Belastung oder das Absehen von einer Forderung. Ob ein Verwaltungsakt begünstigend oder belastend ist, hängt von der gegenwärtigen subjektiven Sicht der beteiligten leistungsberechtigten Person ab.[286] Möchte die leistungsberechtigte Person eine höhere Leistung erhalten, stellt sich der Verwaltungsakt für diese Person als belastend dar. In diesem Fall ist § 44 SGB X (oder § 48 Abs. 1 Satz 2 Nr. 1 SGB X) **insoweit** die richtige Rechtsgrundlage für eine Aufhebung, wie eine höhere Leistung erstrebt wird. Der übrige Teil des Bewilligungsbescheides könnte ggf. nach § 45 SGB X aufgehoben werden.

In den Anwendungsbereich fallen sowohl **einmalige** Verwaltungsakte als auch **Dauerverwaltungsakte.** Voraussetzung ist, dass der erlassene Verwaltungsakt **zum Zeitpunkt seiner Bekanntgabe,** also von Anfang an, rechtswidrig ist.[287] Damit müssen die Dauerverwaltungsakte nach dem Zweiten Buch Sozialgesetzbuch oder nach dem 4. Kapitel SGB XII ebenfalls nach § 45 SGB X und nicht nach § 48 SGB X zurückgenommen werden, wenn sie im Erlasszeitpunkt[288] – bei objektiver Betrachtungsweise – bereits rechtswidrig waren.

Umgekehrt bedeutet dies, dass spätere Änderungen, wie eine nach Erlass (Bekanntgabe) des Verwaltungsaktes aufgenommene Erwerbstätigkeit, die das anrechenbare Einkommen erhöht, keinen Einfluss auf die Rechtmäßigkeit des Verwaltungsaktes im Erlasszeitpunkt hat. Sofern ein solcher Verwaltungsakt erst „rechtswidrig geworden ist", ist § 48 SGB X als Rechtsgrundlage zu prüfen.

Hinsichtlich der Frage der Rechtmäßigkeit oder Rechtswidrigkeit eines Bescheides kommt es für die Anwendbarkeit von § 45 SGB X also auf die **objektive (tatsächliche) Sachlage im Erlasszeitpunkt** an. Das gilt auch, wenn später Erkenntnisse zu Tage treten, die erstmals die Rechtswidrigkeit des erlassenen Bescheids erkennen lassen.[289]

---

285 Vertiefend: *Pfeifer, Bernd*, Leistungen nach dem SGB II und dem SGB III: Zur Rücknahme rechtswidriger Bewilligungsbescheide, NZS 2005 S. 411; Geiger, Udo, Anforderungen an Aufhebungsbescheide nach §§ 45, 48 SGB X – im SGB III und SGB II, info also 2009 S. 147.
286 BSG, Urt. vom 28.9.1999 – B 2 U 32/98 R –, juris, Rn. 28; BSG, Beschl. vom 17.4.2019 – B 13 R 83/18 B –, juris, Rn. 18.
287 BSG, Urt. vom 26.8.1994 – 13 RJ 29/93 –, juris, Rn. 19.
288 Aus dem Wortlaut von § 45 SGB X ergibt sich nicht, dass es auf den „Erlasszeitpunkt" für die Frage der Rechtswidrigkeit ankommt. Dies ist aus der systematischen Stellung der Norm zwischen § 44 SGB X einerseits und § 48 SGB X andererseits zu schließen. § 44 SGB X behandelt ausdrücklich „bei Erlass" rechtswidrige Verwaltungsakte, während § 48 SGB X die Aufhebung von Verwaltungsakten regelt, bei denen eine „Änderung der Verhältnisse" eingetreten ist. Da § 48 SGB X sowohl die Aufhebung von begünstigenden als auch belastenden Verwaltungsakten thematisiert, muss sich der Anwendungsbereich von § 45 SGB X notwendigerweise auf anfänglich rechtswidrige begünstigende Verwaltungsakte erstrecken.
289 Padé, juris-PK, § 45 SGB X, Rn. 50.

Treten hingegen nach Erlass überraschende und unvorhersehbare Umstände ein, die die Behörde zum Zeitpunkt des Erlasses objektiv nicht feststellen konnte, liegt eine Änderung im Bewilligungszeitraum vor. In diesem Fall wäre § 48 SGB X maßgebend.

Ein Fall von § 45 SGB X – und nicht von § 48 SGB X – liegt auch dann vor, wenn erst im Bewilligungsabschnitt Einkommen erzielt wird, dessen Zufluss jedoch schon bei Erlass (Bekanntgabe) des Bewilligungsbescheides feststeht. Die Behörde hätte dann den Zufluss im Erlasszeitpunkt berücksichtigen können bzw. müssen.

Beispiele
- *Die leistungsberechtigte Person erhält mit bekanntgegebenem Bescheid vom 10.2. SGB II-Leistungen ab dem 1.2. Später stellt sich heraus, dass am 15.2. Einkommen zugeflossen ist, das bei der Leistungsbewilligung wegen fehlender Angaben der leistungsberechtigten Person nicht berücksichtigt wurde.*

  *Die Verwaltung ist grds. verpflichtet, vor Erlass eines Bescheides die Sachlage vollständig aufzuklären. Entsprechend sind im Zeitpunkt der Leistungsbewilligung **bereits objektiv feststehende,** die Höhe des Anspruchs betreffende Umstände, auch wenn sie in der Zukunft liegen, zu berücksichtigen. Steht im Zeitpunkt der Leistungsbewilligung bereits fest, dass künftig die zu bewilligende Leistung in geringerer Höhe zusteht, ist die Leistungsbewilligung von Anfang an rechtswidrig und nur nach § 45 SGB X aufhebbar. Auch wenn tatsächlich eine Änderung nach der Bekanntgabe eintritt, wirkt sich diese auf die Bewilligung im Erlasszeitpunkt aus, weil die Leistungen nach dem Zweiten oder Zwölften Buch Sozialgesetzbuch monatsweise gewährt werden.*

- *Die leistungsberechtigte Person erhält mit bekanntgegebenem Bescheid vom 10.2. Leistungen nach dem Zweiten Buch Sozialgesetzbuch ab dem 1.2. Später stellt sich heraus, dass am 15.2. eine Steuererstattung als Einkommen zugeflossen ist. Weder Sachbearbeiter noch die leistungsberechtigte Person konnten hiermit rechnen. Der Zufluss des Einkommens war nicht vorhersehbar und führte zu einer überraschenden und **unvorhersehbaren Änderung** im Hilfebedarf. In einem solchen Fall hat die Behörde im Erlasszeitpunkt eine rechtmäßige Entscheidung getroffen. Deshalb liegt keine anfängliche Rechtswidrigkeit vor. Die Behörde muss § 48 SGB X als richtige Ermächtigungsgrundlage für die (Teil-)Aufhebung des Bewilligungsbescheides auswählen.*

- *Erstreckt sich ein Bewilligungsbescheid nach dem Zweiten Buch Sozialgesetzbuch (Dauerverwaltungsakt gemäß § 41 Abs. 3 SGB II) auch auf einen zurückliegenden Zeitraum und tritt **vor** der Bekanntgabe des Bescheides ein in der Leistungserbringung nicht berücksichtigter Einkommenszuwachs ein, ist der Bescheid von Anfang an rechtswidrig.*

  Wenn der Träger der Grundsicherung für Arbeitsuchende z. B. mit bekanntgegebenem Bescheid vom 15.5. ungekürzte Leistungen rückwirkend ab dem 1.3. erbringt und am 14.5. die leistungsberechtigte Person eine Steuererstattung erhält, ist der Bescheid von Anfang an rechtswidrig und ab Juni unter Berücksichtigung von § 11 Abs. 3 SGB II teilweise nach § 45 SGB X aufzuheben. Für

eine Anwendung des § 48 SGB X ist eine Änderung der Verhältnisse **nach** Erlass des Bescheides (hier z. B. am 16.5.) notwendig.[290]
- Der 19-jährige S erhält ab dem 1.7 zusammen mit seiner Mutter Leistungen nach dem Zweiten Buch Sozialgesetzbuch. Im Antrag gibt er an, dass er ab dem 1.10. ein Jurastudium aufnimmt und BAföG-berechtigt ist. Im Oktober erhält S noch immer Leistungen. Der Behörde ist im vorliegenden Fall ein **Prognosefehler** unterlaufen. Ein solcher Fehler liegt dann vor, wenn eine im Leistungsbezug vorhandene Änderung eintritt, die von Anfang an bekannt ist und die die Behörde deshalb im Zeitpunkt der Bewilligung bereits berücksichtigen muss. Die Behörde wusste, dass die Voraussetzungen für einen Leistungsbezug für S wegen der Regelungen in § 7 Abs. 5 SGB II ab dem 1.10. entfallen. Diese Änderung tritt auch mit hoher (höchster) Sicherheit (nicht: Wahrscheinlichkeit) ein.

  Die Aufhebungsentscheidung richtet sich in einem solchen Fall nach § 45 SGB X und hat die Konsequenz, dass die leistungsberechtigte Person ggf. Vertrauensschutz genießt und nur eine Aufhebung für die Zukunft in Frage kommt.
- Der sich im Leistungsbezug befindliche Saisonarbeiter T verfügt über schwankendes Einkommen. Über die endgültige Höhe des Leistungsbezugs kann daher der zuständige Leistungsträger (noch) nicht entscheiden. Er müsste daher eine „vorläufige Entscheidung" treffen (vgl. § 41a SGB II). Tut er dies nicht und wird ein „endgültiger" Bescheid erlassen, ist dieser von Anfang an rechtswidrig. Der Erlass eines endgültigen Bescheides ist kein taugliches Instrument in Fällen, in denen wegen des in der Höhe schwankenden Einkommens objektiv nur die Möglichkeit einer Schätzung der Einkommenssituation besteht. Eine Aufhebungsentscheidung richtet sich nach § 45 SGB X.[291]
- Werden Bewilligungsbescheide als Dauerverwaltungsakte nach dem Zweiten oder Zwölften Buch Sozialgesetzbuch mehrfach geändert, ist in der Regel auf die Sachlage des letzten Bewilligungsbescheides abzustellen, wenn sich die Änderung auf den letzten Änderungsbescheid bezieht.

  Ein Guthaben aus der Nebenkostenabrechnung wäre im Juli des Vorjahres anzurechnen gewesen. Die leistungsberechtigte Person hat die Abrechnung jedoch erst im September des laufenden Jahres nach Aufforderung durch die Behörde vorgelegt.

  Es gibt in diesem Fall einen Bewilligungsbescheid für den Zeitraum vom 1.1. des Vorjahres bis zum 31.12. des Vorjahres und einen Änderungsbescheid (z. B. aufgrund einer Einkommensänderung, einer Rentenerhöhung, einer Anerkennung eines Mehrbedarfs etc.) für den Zeitraum ab dem 1.7. des Vorjahres bis zum 31.12. des Vorjahres.

  Es stellt sich hier die Frage, ob sich die fehlende Anrechnung des Guthabens im Monat Juli des Vorjahres auf den Änderungsbescheid bezieht (dann liegt

---

290 Vgl. BSG, Urt. vom 16.12.2008 – B 4 AS 48/07 R –, FEVS 60, 546 = EuG 2010, 1; LSG NRW, Beschl. vom 6.3.2008 – L 7 B 317/07 AS –, BeckRS 2009, 51801; LSG Berlin-Brandenburg, Urt. vom 3.9.2010 – L 18 AS 1326/09 –, BeckRS 2010, 74014.
291 Vgl. BSG, Urt. vom 21.06.2011, B 4 AS 22/10 R, juris; BSG, Urt. vom 29.11.2012, B 14 AS 6/12 R, BSGE 112, 221 = NDV-RD 2013, 75.

eine anfängliche Rechtswidrigkeit vor) oder auf den Bewilligungsbescheid (dann liegt eine wesentliche Änderung nach Bekanntgabe des Bewilligungsbescheides vor).

Es ist auf die Sachlage im Zeitpunkt des letzten Änderungsbescheids abzustellen, da der Änderungsbescheid den Bewilligungsbescheid aufgehoben/ abgeändert hat, und das Guthaben im Juli des Vorjahres den Änderungsbescheid aus dem Juli des Vorjahres objektiv von Anfang an rechtswidrig werden lässt. Das setzt allerdings voraus, dass das Guthaben bereits vor Erlass des Änderungsbescheides bestand. Die Aufhebung richtet sich aufgrund anfänglicher Rechtswidrigkeit nach § 45 SGB X.

*Wäre das Guthaben **im März des Vorjahres** entstanden, dann wäre **nicht** auf die Sachlage im Zeitpunkt des letzten Änderungsbescheids abzustellen, da der Änderungsbescheid den Bewilligungsbescheid nur **ab dem 1.7. des Vorjahres** aufgehoben/abgeändert hat. Der Bewilligungsbescheid ist für den Zeitraum 1.1. des Vorjahres bis zum 30.6. des Vorjahres also noch relevant und existent. Da das Guthaben nach Erlass des Bewilligungsbescheides „zugeflossen" ist, liegt eine wesentliche Änderung **nach Bekanntgabe** des Verwaltungsaktes vor. § 48 SGB X wäre richtige Rechtsgrundlage.*[292]

- *Bezieht eine leistungsberechtigte Person Leistungen nach dem 3. Kapitel SGB XII (Hilfe zum Lebensunterhalt) und fließt ihr nach Bekanntgabe der Bewilligung unvorhersehbar Einkommen zu, gestaltete sich in der Vergangenheit eine Aufhebung als schwierig.*

    Soweit das Einkommen für den Monat des Zuflusses (z. B. bei regelmäßigem Einkommen) berücksichtigt werden muss, scheitert eine Aufhebung nach § 45 SGB X im Zuflussmonat daran, dass die Bewilligung beim Erlass objektiv nicht rechtswidrig war. Eine Aufhebung nach § 48 SGB X kommt nicht in Frage, wenn die Leistung nach dem 3. Kapitel SGB XII nicht als Dauerverwaltungsakt gewährt worden ist.[293]

    Häufig fließt nach Bewilligung überraschend Einmaleinkommen zu. Dieses Einmaleinkommen kann nunmehr gemäß § 82 Abs. 7 SGB XII im Folgemonat berücksichtigt werden, so dass auch eine (Teil-)Aufhebung im Folgemonat möglich ist, weil dieser Verwaltungsakt dann von Anfang an objektiv rechtswidrig ist.

- *Die leistungsberechtigte Person P erhält laufende Leistungen der Grundsicherung für Arbeitsuchende nach dem Zweiten Buch Sozialgesetzbuch. Es fließt ein Einmaleinkommen zu, welches seinen Hilfebedarf entfallen lässt (vgl. § 11 Abs. 3 SGB II). P meldet den Zufluss von Einmaleinkommen nicht. Stattdessen verbraucht er das Einmaleinkommen in sozialwidriger Weise innerhalb kürzester Zeit. Sechs Monate später erfährt das Jobcenter vom geschilderten Sachverhalt.*

---

292 Vgl. auch Beispielsfall bei Padé, juris-PK-SGB X, § 45, Rn. 55.
293 Vgl. zu einem vergleichbaren Fall BSG, Urt. vom 2.2.2012 – B 8 SO 5/10 R –, juris, Rn. 13 = SGb 2013, 295 mit Anmerkung Löcher. In diesem Fall wurden Pflegeleistungen entsprechend dem Bedarfsdeckungsgrundsatz nur für einen einzigen Monat gewährt. Im Laufe des Monats änderte sich die Pflegestufe. Nach Auffassung des Bundessozialgerichts konnte dennoch § 48 SGB X angewandt werden, weil ein Anpassungsbedarf nach Erlass des Ausgangsbescheides bestand und die Sozialhilfeleistung – trotz Monatsbescheids – als Dauerverwaltungsakt interpretiert wurde.

Grundsätzlich kann Einmaleinkommen nur so lange bedarfsmindernd angerechnet werden, wie es der leistungsberechtigten Person als „bereites Mittel" tatsächlich zur Verfügung steht.

Bei einem Verbrauch darf das Einmaleinkommen also nicht mehr angerechnet werden und steht einer rechtmäßigen Leistungsbewilligung nicht entgegen, denn die Aufgabe der Sozialleistungsträger besteht darin, unabhängig von den Gründen der Notlage das menschenwürdige Existenzminimum zu sichern. Der Leistungsträger muss allerdings wegen obliegenheitswidrigem vorzeitigem Einkommensverbrauch einen Kostenersatzanspruch nach § 34 SGB II (oder § 103 Abs. 1 Satz 1 SGB XII) prüfen (vgl. Kapitel 5).

*Im konkreten Fall hat P aber weder den Einkommenszufluss noch den vorzeitigen Einkommensverbrauch angezeigt und stattdessen (rechtswidrig) Leistungen bezogen. Deshalb kommt eine Aufhebung nach § 45 SGB X oder § 48 SGB X in Frage. Im Gegensatz zum sofort angezeigten Verbrauch von Einmaleinkommen war durch die erbrachten Sozialleistungen die (menschenwürdige) Existenz gesichert, unabhängig davon, ob die zugeflossene Einnahme noch bereites Mittel war oder nicht. Auch durch eine rückwirkende Aufhebung kann keine Situation mehr entstehen, in der es zu einer Unterdeckung der menschenwürdigen Existenz kommt. Dies rechtfertigt – trotz vorzeitigem Einkommensverbrauch – eine **rückwirkende** Aufhebung nach § 45 SGB X oder § 48 SGB X.*

*Von Bedeutung ist der vorzeitige Einkommensverbrauch nur für die Zukunft. Sind die Einnahmen verbraucht, dürfen sie wegen fehlender tatsächlich bereiter Mittel **zukünftig** nicht fiktiv auf den Hilfebedarf angerechnet werden, weil die Grundsicherungsleistungen ansonsten das menschenwürdige Existenzminimum nicht sichern könnte. In diesen Fällen kommt ein Kostenersatzanspruch nach § 34 SGB II bzw. § 103 Abs. 1 Satz 1 SGB XII in Frage.*[294]

Die Aufhebung eines nach dem Zweiten oder Zwölften Buch Sozialgesetzbuch begünstigenden Verwaltungsaktes sowie die nachfolgende Erstattungsforderung ist die Kehrseite oder das „Spiegelbild" der Leistungsgewährung. Wenn für die Leistungsgewährung im Zweiten oder im Zwölften Buch Sozialgesetzbuch – trotz des Konstruktes der Bedarfs- oder Einsatzgemeinschaft – ein Individualanspruch besteht, gilt dies auch für die Aufhebung. Das hat zur Konsequenz, dass für jede Person in der Bedarfs- oder Einsatzgemeinschaft eine **individuelle Aufhebungsentscheidung** zu treffen ist.

Aufgehoben werden kann mithin nur der individuell erbrachte Leistungsbetrag. Nicht aufgehoben werden kann der Gesamtzahlbetrag, der an die gesamte Bedarfs- oder Einsatzgemeinschaft erbracht worden ist. Eine einzelne Person in der Bedarfs- oder Einsatzgemeinschaft unterliegt auch keiner gesamtschuldnerischen Haftung. Dies ist insbesondere bei der Formulierung des Tenors im Aufhebungs- und Erstattungsbescheid zu beachten. Der Grundsatz der Bestimmtheit verlangt daher bei einer Aufhebung und Erstattung eine ausreichende Identifizierung des jeweils zurückzunehmenden Bewilligungsbescheides durch konkrete Benennung (vgl. 1.3.19). Ggf. muss sogar der konkrete Verfügungssatz benannt werden, der von der Aufhebung bzw. Erstattung betroffen ist.

---

294 Vgl. BSG, Urt. vom 1.4.2016 – B 4 AS 286/15 –, juris; BSG, Urt. vom 10.9.2013 – B 4 AS 89/12 R –, juris.

Da im Anwendungsbereich des § 45 SGB X die Frage von schuldhaftem Verhalten eine Rolle spielt, kann gegen eine einzelne Person in der Bedarfs- oder Einsatzgemeinschaft nur dann eine Aufhebung stattfinden, wenn sie sich selbst schuldhaft verhalten hat und daher ein Vertrauensschutz zu verneinen ist oder wenn ein Verhalten einer dritten Person ihr aufgrund eines **Vertretungsverhältnisses** zugerechnet wird (§§ 164, 166, 278 BGB). Sofern keine Bevollmächtigung (vgl. Ausführungen unter 1.3.7 zum Widerspruchsverfahren) besteht, ist es daher zur Absicherung des Leistungsträgers von Bedeutung, dass auf einem Antrag beide Ehe- oder Lebenspartner unterschreiben, es sei denn, es liegt eine ausdrückliche Bevollmächtigung für den Antragsteller vor (vgl. § 13 SGB X).

Hat die leistungsberechtigte Person also nicht selbst die unrichtigen oder unvollständigen Angaben gemacht, sondern eine andere Person (z. B. Elternteil, Ehegatte, Betreuer), muss sich die andere Person das Fehlverhalten eines gesetzlichen Vertreters oder eines Bevollmächtigten zurechnen lassen. Die Rücknahme des Verwaltungsaktes muss sich jedoch, da der gesetzliche Vertreter bzw. Bevollmächtigte nicht Begünstigter ist, gegen die leistungsberechtigte Person selbst richten. Das gilt auch für Minderjährige, die Teil der Bedarfs- oder Einsatzgemeinschaft sind und sich das Verhalten ihrer Eltern zurechnen lassen müssen.

Eine Zurechnung des Vertreterverschuldens findet bei der vermuteten Vertretung nach § 38 SGB II nicht statt[295]. Dies hat Auswirkungen auf die Möglichkeit der Aufhebung von Verwaltungsakten bei rechtswidriger Leistungserbringung nach § 45 SGB X. Denn wenn einerseits die rechtswidrig begünstigte Person selber nicht bösgläubig (vgl. § 45 Abs. 2 Satz 3 SGB X) war und andererseits die Bösgläubigkeit eines Vertreters nicht zugerechnet werden kann, ist eine Aufhebung für die Vergangenheit (vgl. § 45 Abs. 4 SGB X) nicht möglich.

Etwas anderes kann dann gelten, wenn die Behörde im Einzelfall belegen kann, dass eine konkludente Bevollmächtigung (z. B. durch eine Duldungsvollmacht) nach § 13 Abs. 1 SGB X erfolgt ist (vgl. Ausführungen unter 1.3.7 zum Widerspruchsverfahren). Diese Annahme kann berechtigt sein, wenn der vermutete Bevollmächtigte nach § 38 SGB II die Antragstellung vorgenommen hat.[296]

Beispiel[297]
Manfred M. (M) beantragt für sich und seine Ehefrau Ella (E) Leistungen nach dem Zweiten Buch Sozialgesetzbuch. Bei der Antragstellung gibt Manfred M. an, dass seine Ehefrau über Einkommen in Höhe von 500,00 € verfügt. Tatsächlich beträgt das Einkommen der E 1.500,00 €.

Das Jobcenter bewilligt Leistungen der Grundsicherung für Arbeitsuchende aufgrund der horizontalen Einkommensverteilung an M und E, überweist den Bewilligungsbetrag aber ausschließlich auf das Konto des M. Als bei einer späteren Antragstellung der Arbeitsvertrag der E angefordert wird, fällt dem Jobcenter das höhere Einkommen der Bedarfs- und Einsatzgemeinschaft auf.

---

295   Vgl. BSG, Urt. vom 7.7.2011 – B 14 AS 144/10 R –, BeckRS 2011, 76768 = SGb 2011, 522.
296   Vgl. BSG, Urt. vom 8.12.2020 – B 4 AS 46/20 R –, juris, Rn. 26.
297   Vgl. LSG Hamburg, Urt. vom 20.10.2011 – L 5 AS 87/08 –, juris.

Konfrontiert mit dem Vorwurf der rechtswidrigen Leistungen an E erklärt diese, sie habe nicht gewusst, dass sie Arbeitslosengeld II beziehe. Sie selbst habe auch keinen Bewilligungsbescheid erhalten. Dieser sei an ihren Ehemann gegangen (vgl. § 38 SGB II).

Die Behörde kann im konkreten Fall nicht nachweisen, dass der E ein Verschulden im Sinne von § 45 Abs. 2 Satz 3 SGB X trifft. Eine Aufhebung und Erstattung kommen deshalb nicht in Frage. Ein Verschulden des Ehemanns kann ihr nicht zugerechnet werden. Sie trifft auch kein eigenes Verschulden, da sie zu keinem Zeitpunkt der Antragstellung beteiligt gewesen ist oder ihr die Leistung bekannt war oder bekannt sein musste. Eine Verschuldenszurechnung über § 38 SGB II scheitert daran, dass es sich hier lediglich um eine Vermutungsregelung handelt.

Des Weiteren liegt weder eine rechtgeschäftlich erteilte Vollmacht vor, noch besteht eine Duldungs- oder Anscheinsvollmacht. Eine fehlende Duldungs- oder Anscheinsvollmacht erscheint deshalb glaubhaft, weil E selbst über ausreichendes Einkommen verfügt hat, um ihren Lebensunterhalt zu decken. Es kann ihr auch nicht vorgehalten werden, dass sie von dem Leistungsbezug ihres Ehemanns gewusst habe. Denn dass sie über die rechtliche Konstruktion der Bedarfsgemeinschaft auch selbst zur Leistungsbezieherin wird, konnte sie nach ihren Erkenntnismöglichkeiten nicht wissen.

§ 45 SGB X ist eine in der Praxis des Zweiten und Zwölften Buches Sozialgesetzbuch viel genutzte Ermächtigungsgrundlage, um zu hohe bzw. rechtswidrig erbrachte Leistungen zu korrigieren. Häufig hat die leistungsberechtigte Person bereits bei Antragstellung Einkommen oder Vermögen verschwiegen, so dass die Leistungserbringung zu hoch ausfiel.

Liegt ein besonders verwerfliches sozialwidriges Verhalten vor, kommt alternativ zur Aufhebungs- und Erstattungsentscheidung die Forderung eines Kostenersatzes gegenüber dem Verursacher der rechtswidrig erbrachten Leistung in Frage (§§ 34, 34a SGB II, §§ 103, 104 SGB XII). Die sich sozialwidrig verhaltene Person unterliegt dann – anders als bei den §§ 44 ff., 50 SGB X – einer gesamtschuldnerischen Haftung.

Eine solche Vorgehensweise bietet sich an, wenn der Aufhebungs- und Erstattungsbescheid gegen Minderjährige wegen deren fehlender Leistungsfähigkeit nicht durchgesetzt werden kann oder eine Haftung von gerade volljährig gewordenen Personen nicht in Frage kommt (vgl. § 1629a BGB). Auch bei einer Kostenersatzforderung muss jedoch zuvor eine Aufhebungsentscheidung vorgenommen worden sein (Ausnahme nach § 34a Abs. 2 Satz 2 SGB II).

1.3.28.4.2 Voraussetzungen nach § 45 SGB X

Rechtswidrige begünstigende Verwaltungsakte dürfen nach § 45 Abs. 1 SGB X unter den einschränkenden Voraussetzungen der Absätze 2 bis 4 ganz oder teilweise mit Wirkung für die Zukunft oder für die Vergangenheit zurückgenommen werden.

Folgende Voraussetzungen sind zu prüfen:
1. Vorliegen eines Verwaltungsaktes (§ 31 SGB X),
2. Begünstigender Verwaltungsakt (§ 45 Abs. 1 SGB X),
3. Anfängliche Rechtswidrigkeit (§ 45 Abs. 1 SGB X), ganz oder teilweise („soweit"),
4. (Kein) Subjektives Vertrauen (§ 45 Abs. 1 i. V. m. Abs. 2 Satz 1 SGB X),
5. Kein objektiver Vertrauensschutz (§ 45 Abs. 1 i. V. m. Abs. 2 Satz 3, Satz 2, Satz 1 SGB X)
   - Ausschluss des Vertrauensschutzes nach § 45 Abs. 2 Satz 2, Satz 3 SGB X **oder**
   - Vertrauensschutz nach § 45 Abs. 2 Satz 2 SGB X, aber
   - keine Schutzwürdigkeit des Vertrauens bei Abwägung mit dem öffentlichen Interesse nach § 45 Abs. 2 Satz 1 SGB X,
6. Einhaltung der Jahresfrist als Entscheidungsfrist (§ 45 Abs. 4 Satz 2 SGB X),
7. Einhaltung der Ausschlussfristen bei Dauerverwaltungsakten (§ 45 Abs. 3 SGB X).

Sofern zum Erlasszeitpunkt, d. h. zum Zeitpunkt der Bekanntgabe, ein rechtswidriger und begünstigender Verwaltungsakt vorliegt, ist für die Frage der Rücknahme von entscheidender Bedeutung, ob der „Begünstigte" (so die Wortwahl in § 45 Abs. 2 SGB X) bzw. die leistungsberechtigte Person **Vertrauensschutz** genießt. Je nachdem, ob ein objektiver Vertrauensschutz bejaht oder verneint wird, ist die Rücknahme ausgeschlossen oder möglich.

Dazu folgende Übersicht:

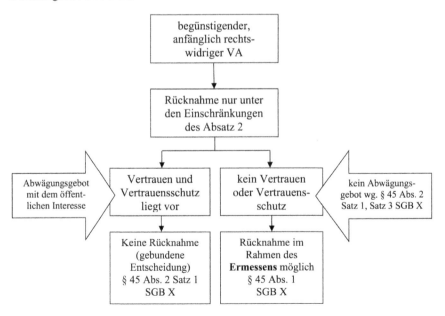

Grundsätzlich sind das subjektive Vertrauen und der Vertrauensschutz des Leistungsberechtigten in den Bestand des Verwaltungsaktes einerseits mit dem öffentlichen Interesse an der Rücknahme des rechtswidrigen Verwaltungsaktes andererseits abzuwägen.

Zu dieser Abwägung nach § 45 Abs. 2 Satz 1 SGB X kommt es allerdings erst, wenn ein Vertrauensschutz nicht vollständig ausgeschlossen ist. Die Frage des **Ausschlusses** von Vertrauen ist in § 45 Abs. 2 Satz 3 SGB X thematisiert, so dass im Rahmen einer gutachterlichen Prüfung hiermit begonnen wird. Nur in diesen Fällen ist eine Rücknahme für die Vergangenheit möglich (vgl. § 45 Abs. 4 Satz 1 SGB X).

Bei der Frage der „Bösgläubigkeit" bzw. generell bei der Frage des Vertrauensschutzes (vgl. § 45 Abs. 2 Satz 2, Satz 3 SGB X) sind die Verhältnisse bei Erlass (Bekanntgabe) des aufzuhebenden Verwaltungsaktes maßgebend. Das bedeutet, dass ein im Zeitpunkt des Erlasses entstandenes Vertrauen auf den Bestand des Verwaltungsaktes nicht dadurch beseitigt wird, dass der Begünstigte erst später die Rechtswidrigkeit erkennt oder hätte erkennen können.[298]

Ist der Vertrauensschutz nach § 45 Abs. 2 Satz 3 SGB X nicht ausgeschlossen, folgt die Prüfung des § 45 Abs. 2 Satz 2 SGB X. Dort ist geregelt, in welchen Fällen Vertrauen und Vertrauensschutz berücksichtigt werden **kann**.

Mit „Vertrauen" ist das subjektive Vertrauen gemeint, den der Betroffene in den Bestand des Verwaltungsaktes hat. Es handelt sich um einen inneren Tatbestand, der des Beweises nicht zugänglich ist.

Ein subjektiver Vertrauensschutz ist regelmäßig anzunehmen, wenn gegenteilige Umstände dies nicht entkräften. Sofern die „Bösgläubigkeit" verneint wird, ist in den allermeisten Fällen von einem subjektiven Vertrauensschutz des Begünstigen im Sinne des § 45 Abs. 2 Satz 2 SGB X auszugehen, da die Behörde Gegenteiliges nicht beweisen kann.

Weiterhin wird in § 45 Abs. **2 Satz 2** SGB X die **Vermutung** ausgesprochen, dass das Vertrauen **„in der Regel"** schutzwürdig ist, wenn die Leistungen verbraucht sind oder die leistungsberechtigte Person Vermögensdispositionen getroffen hat, die nicht oder nicht ohne unzumutbare Nachteile rückgängig gemacht werden können. Ein „Verbrauch" liegt naturgemäß in der Vergangenheit. Wird allerdings der Vertrauensschutz nach § 45 Abs. 2 Satz 2 SGB X geprüft, kommt eine Aufhebung nur für die Zukunft in Frage (§ 45 Abs. 4 Satz 1 SGB X im Umkehrschluss). Insofern hat diese vertrauensschutzbegründende Vermutung wenig Bedeutung.

Relevant ist hingegen die Frage von Vermögensdispositionen wie z.B. eine gutgläubige vertragliche Bindung im Rahmen von Ratenkäufen oder die Aufnahme eines Kredites. Solche Vermögensdispositionen müssen nach Erlass des Bewilligungsbescheides sowie wegen des Bewilligungsbescheides vorgenommen worden sein. Zwischen Bewilligungsbescheid und der Vermögensdisposition muss also eine sog. „Kausalität" bestehen. Außerdem setzt eine „Vermögensdisposition" eine Entreicherung voraus. Hat die leistungsberechtigte Person die erhaltenen Leistungen auf einem Bankkonto angelegt, ist das Vermögen vermehrt und nicht verbraucht. Entsprechendes gilt bei der Tilgung von Krediten. Insofern lassen sich die zu § 818 Abs. 3 BGB

---
298 Vgl. BSG, Urt. vom 4.2.1998 – B 9 V 24/96 R –, SGb 1998, 409.

entwickelten Grundsätze zur Entreicherung heranziehen. Danach ist der Begünstigte beispielsweise nicht entreichert, wenn er einen Ersatzwert (Surrogat) noch hat oder „ersparte Aufwendungen" vorliegen.

§ 45 Abs. 2 Satz 2 SGB X spricht bei den Fragen des „Verbrauchs" und der „Vermögensdispositionen" nur **Vermutungen** aus. Der Vertrauensschutz kann trotz Leistungsverbrauchs oder trotz vorgenommener Vermögensdisposition im Einzelfall verneint werden. Das dürfte aber – siehe oben – der Ausnahmefall sein.

Ein solcher Ausnahmefall ist denkbar, wenn der Begünstigte auf die erhaltenen Leistungen **nicht mehr angewiesen ist**. Der Vertrauensschutz kann z. B. unbeachtlich sein, wenn die leistungsberechtigte Person nach ihren wirtschaftlichen Verhältnissen inzwischen ein gesteigertes Interesse an dem Bestand des Verwaltungsaktes verloren hat. Dies kann beispielsweise bei einem Lottogewinn oder einer Erbschaft eintreten. Eine weitere Fallkonstellation kann vorliegen, wenn der verbleibende Leistungsbezug von (nur noch) kurzer Dauer ist und die rechtswidrig erhaltene Leistung von geringer Höhe bzw. Bedeutung ist.

Nur wenn Vertrauensschutz nicht ausgeschlossen ist (vgl. die Fälle der Bösgläubigkeit in § 45 Abs. 2 Satz 3 SGB X) und Vertrauen (dies ist eine Tatfrage und daher von der Behörde regelmäßig zu unterstellen) und Vertrauensschutz (das ist eine wertende Betrachtung) bejaht werden kann (vgl. § 45 Abs. 2 Satz 2 SGB X), kommt es zu einer Abwägung zwischen Vertrauensschutz und öffentlichem Interesse (vgl. § 45 Abs. 2 **Satz 1** SGB X).

	Abwägung (§ 45 Abs. 2 Satz 1 SGB X)	
	privates Bestandsinteresse, Vertrauensschutz	öffentliches Rücknahmeinteresse, Gesetzmäßigkeit der Verwaltung
objektive Umstände	• langer Zeitablauf seit Erlass des Bescheides, Dauer der Bestandskraft des Bescheides • einmalige Leistung	• Wiederherstellung des gesetzmäßigen Zustandes • fiskalisches Interesse an der Vermeidung ungerechtfertigter öffentlicher Ausgaben • besondere Belastung der Allgemeinheit durch wiederkehrende Leistung, Dauerleistung
subjektive Umstände	• besondere Umstände in der Person (z. B. hohes Alter, schlechter Gesundheitszustand, soziale oder finanzielle Verhältnisse) • Verursachungsbeitrag bzw. Verschulden der Behörde	• Hinweis auf die Mitwirkungspflichten nach § 60 SGB I • Verursachungsbeitrag bzw. Verschulden des Beteiligten

Schutzwürdig ist das Vertrauen, wenn es schwerer wiegt als das öffentliche Interesse an einer Rücknahme. Wird im Rahmen der Abwägung der – dann **objektive** – **Vertrauensschutz** bejaht, kommt eine Rücknahme nicht in Frage (gebundene Entscheidung).

Wird der Vertrauensschutz verneint, kommt es zu einer Ermessensentscheidung (vgl. § 45 Abs. 1 SGB X). Um zwischen Tatbestand und Rechtsfolgenseite zu unterscheiden, sollten die o. g. subjektiven Argumente im Rahmen der Interessensabwägung nicht einbezogen werden. Stattdessen sollte ein etwaiger Verursachungsbeitrag in der Ermessensentscheidung berücksichtigt werden. Denn bei fehlendem Vertrauensschutz ist die Rücknahmeentscheidung eine Frage der Billigkeit.

Ist einer der Fälle des § 45 Abs. 2 Satz 3 SGB X und damit die Bösgläubigkeit zu bejahen, ist von Anfang an ein Vertrauensschutz ausgeschlossen. Es kommt mithin auch nicht zu einer Abwägung mit dem öffentlichen Interesse an der Wiederherstellung eines rechtmäßigen Zustandes. Dann ist im Rahmen einer **Ermessensentscheidung** zu überlegen, ob der Verwaltungsakt zurückzunehmen ist (§ 45 Abs. 1 SGB X, § 45 Abs. 2 Satz 1 SGB X im Umkehrschluss).

Zu einer Ermessensentscheidung kommt man folglich immer dann, wenn ein objektiver Vertrauensschutz verneint wird. Einen Überblick über Inhalte und Vorgehensweise der Norm zeigt folgende Abbildung:

Vertrauensschutz *ist* zu verneinen (§ 45 Abs. 2 Satz 3 SGB X)	Vertrauensschutz *kann* bejaht werden (§ 45 Abs. 2 Satz 2 SGB X)
→ von Beginn an Ausschluss des Vertrauensschutzes	→ Es ist durch Subsumtion zu prüfen, ob Vertrauensschutz besteht
• arglistige Täuschung, Drohung oder Bestechung	• z. B. Verbrauch erhaltener Leistungen für bedarfsrelevante Zwecke
• unvollständige oder unrichtige Angaben – durch die begünstigte Person – mit Vorsatz oder grober Fahrlässigkeit – in wesentlicher Beziehung	• z. B. Vermögensdispositionen, – die nicht oder nur unter unzumutbaren Nachteilen rückgängig gemacht werden können (z. B. Ratenkäufe); – es muss sich um Vermögensdispositionen handeln, die *wegen* des begünstigenden Verwaltungsaktes vorgenommen wurden; – die wirtschaftliche Zumutbarkeit muss geprüft werden, z. B. bei Rückabwicklungsmöglichkeiten von Kaufverträgen, wirtschaftliche Verhältnisse erlauben keine Rückabwicklung (umgekehrt ist das Bestandsinteresse gering, wenn sich z. B. durch einen Lottogewinn die wirtschaftlichen Verhältnisse verändert haben)
• Kenntnis der Rechtswidrigkeit oder Unkenntnis infolge grober Fahrlässigkeit	• z. B. großer zeitlicher Abstand zwischen Bewilligungsbescheid und Rücknahmebescheid und damit lange Dauer des Leistungsbezugs, Verschulden der Behörde (z. B. unrichtige Auskünfte), etc.

Wird Vertrauen und Vertrauensschutz bejaht, muss eine Abwägung mit dem öffentlichen Interesse stattfinden.

Die Fallkonstellationen der Bösgläubigkeit nach § 45 Abs. 2 Satz 3 SGB X

Ein fehlender Vertrauensschutz nach § 45 Abs. 2 Satz 3 Nr. 2 und/oder Nr. 3 SGB X liegt insbesondere dann vor, wenn die leistungsberechtigte Person Einkommen oder Vermögen (z. B. nicht angegebene Girokonten, Sparbücher oder Grundvermögen) verschwiegen hat, obwohl sie auf den Anträgen oder in Merkblättern darauf hingewiesen worden ist, dass ihr Einkommen oder Vermögen für die Leistungshöhe maßgebliche Bedeutung besitzt (Hinweis auf die Mitwirkungspflichten nach den §§ 60 ff. SGB I). Je genauer und unmissverständlicher auf relevante Angaben und Leistungsgrundsätze hingewiesen wird, desto eher wird ein schuldhaftes Verhalten bejaht werden können. Es kann dann unterstellt werden, dass die leistungsberechtigte Person die Rechtswidrigkeit des Verwaltungsaktes hätte kennen müssen oder infolge grober Fahrlässigkeit nicht kannte.

Dies entspricht der (passiven) grob fahrlässigen Unkenntnis im Sinne des § 45 Abs. 2 Satz 3 **Nr. 3** SGB X.

Für das Tatbestandsmerkmal **Kenntnis der Rechtswidrigkeit** genügt die **Parallelwertung der Laiensphäre**. Abgestellt wird damit auf den verständigen durchschnittlichen Leistungsberechtigten. Der Begünstigte muss also wissen, dass der Verwaltungsakt fehlerhaft ist und mit dem Gesetz nicht übereinstimmt. Maßgeblicher Zeitpunkt für die Kenntnis der Rechtswidrigkeit des Verwaltungsaktes ist der Zeitpunkt der Bekanntgabe des begünstigenden Verwaltungsaktes. Eine später erworbene Kenntnis der Rechtswidrigkeit ist also nicht relevant.

Die „**Kenntnis**" der Rechtswidrigkeit spielt in der Praxis eine untergeordnete Rolle. Im Zweifel wird die leistungsberechtigte Person die Kenntnis der Rechtswidrigkeit abstreiten und der Leistungsträger wird die „Kenntnis" nicht belegen können. Eine Kenntnis der Rechtswidrigkeit wird allerdings dann bestätigt, wenn die leistungsberechtigte Person den Leistungsträger nach Bekanntgabe des rechtswidrigen Bescheides oder nach Eingang der rechtswidrig erhöhten Zahlung hierüber informiert.[299] Dann ist hierüber der Nachweis der Kenntnis der Rechtswidrigkeit erfolgt. Trotz redlichem Handeln der leistungsberechtigten Person ist diese „bösgläubig". In diesen Fällen genießt die leistungsberechtigte Person Vertrauensschutz über die Entscheidungsfrist des § 45 Abs. 4 Satz 2 SGB X. Diese läuft dann mit der Information an den Leistungsträger an.

Ein **Kennenmüssen** (vgl. § 122 Abs. 2 BGB, d.h. eine **grob fahrlässige Unkenntnis** im Sinne von § 45 Abs. 2 Satz 3 Nr. 3 SGB X) ist zu bejahen, wenn der Begünstigte die Fehlerhaftigkeit des Bescheides ohne Mühe hätte erkennen können.[300] Auch hier kommt es maßgeblich auf den Zeitpunkt der Bekanntgabe des Verwaltungsaktes an; auch hier ist es aus Praxissicht maßgeblich, dass der Betroffene genau auf seine Mitwirkungspflicht und die Leistungsgrundsätze aufmerksam gemacht worden ist.

Grob fahrlässig handelt derjenige, der die erforderliche Sorgfalt in besonders schwerem Maße verletzt. Das ist derjenige, der schon einfachste, ganz naheliegende

---

299 Vgl. BSG, Urt. vom 22.8.2012 – B 14 AS 165/11 R –, juris, Rn. 27.
300 Vgl. BVerwG, Urt. vom 12.7.1972 – VI C 24.69 –, BVerwGE 40, 212 = DÖV 1973, 133 = DVBl 1972, 955.

Überlegungen nicht anstellt und daher nicht beachtet, was im gegebenen Fall jedem auffallen und einleuchten muss.[301] In den Fällen des „Kennenmüssens", d. h. der schuldhaften Unkenntnis, wird **auf die persönliche Urteils- und Kritikfähigkeit** abgestellt. Auf eine Parallelwertung in der Laiensphäre kommt es dann also nicht an.

Beispiel
Frau B gibt bei ihrer Erstantragstellung vollständig und richtig an, dass sie 400,00 € Einkommen als Verkäuferin in einer Bäckerei verdiene. Die Behörde zahlt versehentlich Arbeitslosengeld II ohne Berücksichtigung des Einkommens aus.

Die fehlende Berücksichtigung des Einkommens ergibt sich zwar nicht aus dem Verfügungssatz des Bewilligungsbescheids, in der nur die ausgezahlte Leistungshöhe aufgeführt ist, wohl aber aus dem beigefügten Berechnungsbogen. Auf S. 7 des Berechnungsbogens ist vermerkt, dass als Einkommen „0,00 € erzielt[302]" wird. Im Rahmen der Anhörung gibt Frau B an, den Bewilligungsbescheid so genau nicht „durchgeguckt" zu haben.

Es stellt sich hier die Frage, ob Frau B grob fahrlässige Unkenntnis vorzuwerfen ist.

Die Rechtswidrigkeit des Bescheides hätte sie ohne Mühe und ohne eigene Nachforschungen erkennen können. **Grob fahrlässig** *handelt sie, weil sie als Leistungsberechtigte (bei Schuldvorwürfen: in Abhängigkeit ihrer persönlichen Urteilsfähigkeit) die Pflicht hat, den Bescheid zu lesen, zur Kenntnis zu nehmen und auch zu verstehen. U. a. hat sie die Pflicht, die im Bescheid formulierte Begründung einschließlich des Berechnungsbogens auch in Form von Zahlenangaben nachzuvollziehen.*

Insbesondere die Höhe des unberücksichtigten Einkommens liefert der Leistungsberechtigten im konkreten Fall Hinweise für eine Fehlerhaftigkeit des Bewilligungsbescheides, so dass Anlass bestanden hat, die näheren Berechnungen und Bemessungsgrundlagen anhand der weiteren Unterlagen, wie z. B. den angefügten Berechnungsbögen, zu prüfen und ggf. erkennbare Unstimmigkeiten durch Nachfrage bei der Behörde aufzuklären.

Das Argument, einen Bescheid nicht gelesen oder inhaltlich nicht nachvollzogen zu haben, führt daher grundsätzlich nicht zur Entlastung des Verschuldensvorwurf.[303]

Eine grobe Fahrlässigkeit läge nur dann nicht mehr vor, wenn der Adressat des Bescheides diesen nicht nur lesen, zur Kenntnis nehmen und nachvollziehen, sondern auch interpretieren, überprüfen oder ergänzen (z. B. weil keine Angaben zum Einkommen dem Bescheid entnehmbar sind) muss. Von der leistungsberech-

---

301 Vgl. BSG, Urt. vom 31.8.1976 – 7 RAr 112/74 –, BSGE 42, 184; BSG, Urt. vom 8.2.2001 – B 11 AL 21/00 R –, FEVS 52, 494 = SGb 2001, 381 (Kurzwiedergabe).
302 In diesem Zusammenhang ist das Urteil des LSG NRW, Urt. vom 21.9.2017 – L 7 AS 1152/16 –, juris, Rn. 41 zu beachten: „Hat der Grundsicherungsträger bei der Belehrung über mitteilungspflichtiges Einkommen im Bewilligungsbescheid statt des erforderlichen Begriffs ‚erzieltes' oder ‚zufließendes' Einkommen den Begriff ‚zu berücksichtigendes Einkommen' gewählt, so ist grobe Fahrlässigkeit zu verneinen. Diese Formulierung setzt eine rechtliche Bewertung durch den Empfänger und nicht bloß die Kenntnis eines Sachverhalts voraus. Die Nichtvornahme der rechtlichen Bewertung begründet den Vorwurf der groben Fahrlässigkeit nicht."
303 Vgl. LSG Baden-Württemberg, 18.4.2007 – L 3 AL 3130/04 –, juris, Rn. 31.

tigten Person wird in solchen Fällen nicht verlangt werden können, Bewilligungsbescheide auf ihre Richtigkeit zu überprüfen oder eine rechtliche Analyse vorzunehmen.[304] *Hat der Leistungsträger im Bewilligungsbescheid statt des Begriffs „erzieltes" oder „zufließendes" Einkommen den Begriff „zu berücksichtigendes Einkommen" gewählt, so ist beispielsweise eine grobe Fahrlässigkeit im Sinne von § 45 Abs. 2 Satz 3 Nr. 3 SGB X zu verneinen. Denn diese Formulierung setzt eine rechtliche Bewertung durch den Empfänger und nicht bloß die Kenntnis eines Sachverhalts voraus. Die Nichtvornahme der rechtlichen Bewertung begründet den Vorwurf der groben Fahrlässigkeit nicht.*[305]

Nach § 45 Abs. 2 Satz 3 Nr. 2 SGB X ist der Leistungsberechtigte bösgläubig, wenn der Verwaltungsakt auf Angaben beruht, die er vorsätzlich oder grob fahrlässig in wesentlicher Beziehung unrichtig oder unvollständig gemacht hat. Hinsichtlich des Verschuldensmaßstabes ist auf die **subjektive**, d.h. auf die konkret-individuelle **Einsichts- und Urteilsfähigkeit** abzustellen. Der Bildungsstand oder die Erfahrung des Leistungsberechtigten spielen hier also auch hier eine Rolle.
Unrichtig im Sinne des § 45 Abs. 2 Satz 3 Nr. 2 SGB X sind die Angaben, wenn sie nicht der Wahrheit entsprechen, die Angaben also dem tatsächlichen Sachverhalt nicht entsprechen.
Unvollständig sind die Angaben, wenn der Beteiligte für die Entscheidung Wesentliches bewusst oder grob fahrlässig unbewusst weglässt. Die in Nr. 2 genannte „Unvollständigkeit" ist ein Unterfall der unrichtigen Angaben. Unvollständig sind stets die Angaben, wenn eine Rechtspflicht – z.B. nach § 60 SGB I – bestand, die vollständigen Angaben zu machen und dies unterlassen wurde.

Die fehlenden oder fehlerhaften Angaben müssen **„in wesentlicher Beziehung"** unrichtig oder unvollständig gemacht worden sein. Nur solche Angaben sind wesentlich, die für die Entscheidung erheblich sind und daher auf diese Einfluss nehmen. Die unrichtigen oder unvollständigen Angaben müssen daher **kausal** (ursächlich) für die Fehlerhaftigkeit des Verwaltungsaktes gewesen sein. Soweit die Leistung auch bei rechtzeitigen vollständigen und richtigen Angaben rechtswidrig gewährt worden, mangelt es an der notwendigen **Kausalität** für ein bösgläubiges Verhalten.
Hat z.B. der Leistungsträger den Leistungsbezug von Arbeitslosengeld gekannt, den rechtswidrigen Bewilligungsbescheid (Arbeitslosengeld II) aber gleichwohl erlassen, dann beruht der Bewilligungsbescheid nicht auf den unrichtigen Angaben der leistungsberechtigten Person, sondern auf einem Fehler des Leistungsträgers und vermag den Vertrauensschutz nicht nach § 45 Abs. 2 Satz 3 **Nr. 2** SGB X zu beseitigen. Unrichtige Angaben der leistungsberechtigten Person rechtfertigen daher für sich allein die Rücknahme eines rechtswidrigen Bewilligungsbescheides nicht. Es könnte aber eine Fallkonstellation nach § 45 Abs. 2 Satz 3 Nr. 3 SGB X vorliegen.

---

304 Vgl. BSG, Urt. vom 8.2.2001 – B 11 AL 21/00 R –, SGb 2001, 381 (Kurzwiedergabe); LSG Hamburg, Urt. vom 25.8.2011 – L 4 AS 260/10 –, juris.
305 LSG NRW, Urt. vom 21.9.2017 – L 7 AS 1152/16 –, juris, Rn. 41.

Beispiel[306]
L beantragt Leistungen nach dem Zweiten Buch Sozialgesetzbuch. Mit bekanntgegebenem Bescheid vom 4.11. erhält er diese rückwirkend zum 1.10. (vgl. § 37 SGB II). Seinen Antrag hatte L am 29.10. gestellt. Dabei hatte er nicht bemerkt, dass einen Tag vor der Antragstellung, am 28.10., eine Steuererstattung auf seinem Konto eingegangen ist. Dies teilt er der Behörde am 10.11. nach Durchsicht seiner Kontoauszüge vom selbigen Tag mit.

Richtige Ermächtigungsgrundlage für die Aufhebung stellt § 45 SGB X dar, da der Leistungsträger den Einkommenszufluss im Zeitpunkt der Bekanntgabe objektiv nicht berücksichtigt hat und daher der Bewilligungsbescheid anfänglich rechtswidrig ist. Eine rückwirkende Aufhebung – auch für den Zeitraum Oktober – kommt nach § 45 Abs. 2 Satz 3 Nr. 2 SGB X in Frage.

Zunächst ist festzustellen, dass die im Antrag gemachten Angaben objektiv unvollständig bzw. unrichtig sind.

Selbst bei Annahme einer schuldhaften fehlenden Angabe von entscheidungserheblichen Tatsachen (dies ist wohl zu verneinen) besteht **keine Kausalität** *zwischen fehlerhafter Leistungsbewilligung und der fehlenden Angabe. Selbst dann, wenn L umgehend gehandelt hätte, hätte dies angesichts des Zeitablaufs (der Bescheid war bereits „erlassen" und auf dem Postweg) auf die Rechtswidrigkeit des Bewilligungsbescheides keinen Einfluss gehabt.*

L ist damit nicht bösgläubig. Eine Aufhebung kommt nur für die Zukunft in Frage, sofern nicht § 45 Abs. 2 Satz 3 Nr. 3 SGB X (Kenntnis oder schuldhafte Unkenntnis der Rechtswidrigkeit) bejaht werden kann, weil L die Rechtswidrigkeit des Bewilligungsbescheides im Zeitpunkt der Bekanntgabe hätte erkennen können.

Der verschuldeten unvollständigen oder unrichtigen (aktiven) Angabe von Umständen im Sinne von § 45 Abs. 2 Satz 3 **Nr. 2** SGB X steht das **Verschweigen bzw. Unterlassen** von Umständen gleich, wenn eine Mitteilungspflicht nach § 60 Abs. 1 Nr. 1 SGB I deshalb bestand, weil die Umstände für die fragliche Leistung rechtlich erheblich waren und dies dem Betroffenen auch bekannt war oder sein musste. Regelmäßig ist der leistungs-berechtigten Person die Verpflichtung bekannt, Einkommens- und Vermögensverhältnisse umfassend darzulegen und mitzuteilen. Bei verschwiegenem Einkommen und/oder Vermögen bzw. unterlassenen Angaben hat der Leistungsträger also die **Wahlmöglichkeit**, seine Rücknahme sowohl auf § 45 Abs. 2 Satz 3 Nr. 2 SGB X als auch auf § 45 Abs. 2 Satz 3 Nr. 3 SGB X zu stützen.

Diese Mitteilungspflichten bestehen sowohl vor als auch nach der Antragstellung und auch nach Erlass des Bescheides (vgl. § 60 Abs. 1 Nr. 1, Nr. 2 SGB I). Unterlässt ein Antragsteller grob fahrlässig die Mitteilung wesentlich geänderter Umstände, die nach Antragstellung, aber noch vor Erlass des Bewilligungsbescheides eingetreten

---
306   Vgl. BSG, Urt. vom 16.12.2008 – B 4 AS 48/07 R –, , BeckRS 2010, 74014; LSG NRW, Beschl. vom 6.3.2008 – L 7 B 317/07 AS –, BeckRS 2009, 51801; LSG Berlin-Brandenburg, Urt. vom 3.9.2010 – L 18 AS 1326/09 –, BeckRS 2010, 74014.

sind und die der Antragsteller im Antrag nicht oder noch anders angegeben hatte, so ist dieses Unterlassen der unrichtigen oder unvollständigen Angaben gleichzusetzen.[307]

Hinsichtlich der Zurechnung von Verhalten eines gewillkürten oder gesetzlichen Vertreters bzw. Bevollmächtigten ist zu differenzieren: Handelt es sich um einen Fall des § 45 Abs. 2 Satz 3 Nr. 2 SGB X, so kommt eine Verschuldenszurechnung in erster Linie analog § 278 BGB in Betracht; bei einem schuldhaften Verhalten nach § 45 Abs. 2 Satz 3 Nr. 3 SGB X kommt eine Zurechnung des Vertreterwissens analog § 166 BGB in Betracht.

1.3.28.4.3 Zeitliche Beschränkungen für die Rücknahme

Gemäß § 45 Abs. 1 SGB X kann ein begünstigender rechtswidriger Verwaltungsakt nur unter den einschränkenden Bedingungen der Absätze 2 bis 4 zurückgenommen werden.

In § 45 Abs. 4 Satz 2 SGB X ist die sog. **„Entscheidungsfrist"**[308], die auch als „Überlegungsfrist" bezeichnet wird, geregelt.

In § 45 Abs. 3 SGB X ist die sog. **„Ausschlussfrist"** bei Dauerverwaltungsakten geregelt.

Beide Fristen gehören zu den Voraussetzungen, die vorliegen müssen, wenn ein Verwaltungsakt nach § 45 SGB X zurückgenommen wird. Im Rahmen eines Gutachtens sind die Fristen – jedenfalls soweit sie problematisch sind – vor der Rechtsfolge zu prüfen. Die Entscheidungsfrist ist nur für eine Rücknahme mit Wirkung für die Vergangenheit relevant.

Die Rücknahme für die Vergangenheit muss – **zur Wahrung der Rechtssicherheit** – innerhalb **eines Jahres** seit Kenntnis der Tatsachen erfolgen, welche die Rücknahme eines rechtswidrigen begünstigenden Verwaltungsaktes für die Vergangenheit rechtfertigen (vgl. § 45 Abs. 4 Satz 2 SGB X). Bei der Frist handelt es sich nach hier vertretener Auffassung um eine **Entscheidungsfrist**.[309] Sie beginnt erst zu laufen, wenn

- der Behörde **alle Tatsachen vollständig** bekannt sind **und**
- diese Tatsachen eine Rücknahmeentscheidung der Behörde **rechtfertigen und**
- – über den Wortlaut hinaus – die Behörde die **subjektive Erkenntnis der Rechtswidrigkeit** des Ausgangsbescheides gewonnen hat (str.).[310]

---

307 Sächsisches LSG, Urt. vom 1.12.2014 – L 3 AS 430/12 –, juris, Rn. 51.
308 So auch BVerwG, Urt. vom 19.12.1995 – 5 C 10/94 –, juris, Rn. 11 zu einer Entscheidung für den Bereich des Sozialhilferechts. In dieser Entscheidung schließt sich der 5. Senat der Rechtsprechung des Großen Senats (BVerwG, Beschl. vom 19.12.1984 – GrSen 1/84 –, NVwZ 1985, 335) an.
309 Vgl. BVerwG, Beschl. vom 19.12.1984 – GrSen 1/84 –, NVwZ 1985, 335, allerdings zu § 48 Abs. 4 Satz 1 VwVfG; Merten, in Hauck/Noftz, SGB, § 45 Rn. 147 f.; kritisch Padé in Schlegel/Voelzke, jurisPK-SGB X, § 45 SGB X, Rn. 114, kritisch auch Schütze in von Wulffen/Schütze, SGB X, § 45 SGB X, Rn. 84.
310 Vgl. BVerwG, Urt. vom 24.1.2001 – 8 C 8/00- –, NJW 2001, 1440, BVerwG, Urt. vom 5.8.1996 – 5 C 6/95 –, FEVS 47, 385, BVerwG, Urt. vom 19.12.1995 – 5 C 10/94 –, DVBl 1996, 867; Beschl. des Großen Senats vom 19.12.1984 – BVerwG Großer Senat 1 und 2.84 –, BVerwGE 70, 357 (362 f., 364 f.) = NJW 1985, 819 = DVBl. 1985, 522; vgl. Bayerisches LSG, Urt. vom 25.11.2015 – L 11 AS 723/13 –, juris, Rn. 117 m. w. N.

Für den Fristbeginn müssen die „inneren" (subjektiven) und „äußeren" (objektiven) Tatsachen dem Leistungsträger so ausreichend bekannt sein, dass die Informationen den Schluss für eine Rücknahme rechtfertigen.

Die Behörde kann sich erst mit der durchgeführten Anhörung zur Rücknahme eines Bewilligungsbescheides **bewusst** sein, dass sie zur Aufhebung befähigt ist. Denn die Behörde muss sowohl Kenntnis von den subjektiven (Vertrauensausschluss begründenden) als auch von den objektiven (die Rechtswidrigkeit begründenden) Umständen haben. Nur diese **vollständige Kenntnis** rechtfertigt die Rücknahme, so dass erst mit diesen Informationen eine **Entscheidungsreife** gegeben ist.

Die Jahresfrist ist also eine Entscheidungsfrist. Sie verpflichtet die Behörde **nicht** – im Sinne einer Bearbeitungsfrist – innerhalb eines Jahres die für die Rücknahme erforderlichen Tatsachen zu ermitteln.

In der Regel löst die durchgeführte Anhörung die Entscheidungsfrist aus. So ist im Rahmen der Bösgläubigkeit auf die persönliche Urteils- und Kritikfähigkeit und im Rahmen des Vertrauensschutzes auf die besonderen Umstände des Einzelfalls abzustellen. Die Behörde kann deshalb nicht allein auf den Akteninhalt bei ihrer Rücknahmeentscheidung abstellen, sondern muss erst den Betroffenen anhören. Die Einjahresfrist beginnt also erst nach Abschluss der Bearbeitung und dann einen Tag nach der Anhörung oder bei Ablauf einer ungenutzten Anhörungsfrist einen Tag nach Ablauf der Anhörungsfrist.[311]

Ist die Bösgläubigkeit des Beteiligten aber offensichtlich und liegen alle Tatsachen vor, kann die Frist auch schon vor der Anhörung beginnen.[312] Das kann z.B. der Fall sein, wenn Anhörungen zu derselben Angelegenheit schon erfolgt sind oder ein Strafbefehl erlassen ist und das Urteil schon bekannt ist. In diesem Zusammenhang ist der in Rechtsprechung und Literatur oft zitierte Satz zu sehen, dass „die den Beginn der Jahresfrist bestimmende Kenntnis dann anzunehmen ist, wenn mangels vernünftiger, objektiv gerechtfertigter Zweifel eine hinreichend sichere Informationsgrundlage bezüglich sämtlicher für die Rücknahmeentscheidung notwendiger Tatsachen besteht."[313]

Die oben genannte Anhörung wird allerdings nur dann veranlasst, wenn die Behörde die Rechtswidrigkeit ihrer Entscheidung erkannt hat. Solange der Leistungsträger damit zwar die Umstände kennt, die die Rechtswidrigkeit begründen, nicht jedoch **erkennt**, dass der Verwaltungsakt deshalb rechtswidrig ist, beginnt die Entscheidungsfrist nicht zu laufen. Alleinige Tatsachenkenntnis – z.B. aus dem Akteninhalt – genügt für den Fristbeginn nicht. Es muss die (positive, d.h. bewusste) Kenntnis der Rechtswidrigkeit hinzukommen, ohne dass noch ernstliche Zweifel an der Aufhebungsentscheidung bestehen.

---

311 Vgl. LSG Schleswig-Holstein, Urt. vom 14.5.2014 – L 8 U 69/12 –, NZS 15/2014, 599 (600), m. w. N.; LSG München, Beschl. vom 4.9.2018 – L 11 AS 788/18 B PKH –, juris; LSG NRW, Urt. vom 27.2.2020 – L 19 AS 1215/19 –, juris, Rn. 86.
312 Vgl. BSG, Urt. vom 27.7.2000 – B 7 AL 88/99 R –, SGb 2000, 545 (Kurzwiedergabe); BSG, Urt. vom 8.2.1996 – 13 RJ 35/94 –, BSGE 77, 295 = FEVS 47, 427 = SGb 1997, 177 = SozSich 1997, 159 (Kurzwiedergabe); LSG Sachsen-Anhalt, Urt. vom 31.1.2017 – L 4 AS 652/14 –, juris, Rn. 47; zur Jahresfrist: u. a. BVerwG, Urt. vom 19.12.1995 – 5 C 10/94 –, BVerwGE 100, 199 = FEVS 47, 3 = ZFSH/SGB 1996, 586 = JuS 1997, 379 und BVerwG, Urt. vom 5.8.1996 – 5 C 6/95 –, FEVS 47, 385 = ZFSH/SGB 1997, 338 = NWVBl. 1997, 293; LSG Baden-Württemberg, Urt. vom 18.4.2007 – L 3 AL 3130/04 –, BeckRS 2007, 44501.
313 Vgl. *Padé*, Juris-PK, § 45 SGB X, Rn. 111, m.w.N.

Problematisch sind die Fallkonstellationen, in denen der Leistungsträger Anlass hat, die Entscheidungsreife herbeizuführen, weil die Rechtswidrigkeit des Bescheides bekannt sein müsste, die Verschaffung „positiver Kenntnis" aber unterbleibt. Der Maßstab für das Anlaufen der Frist liegt allerdings hoch: nur rechtsmissbräuchliche Untätigkeit ist mit positiver Kenntnis gleichzusetzen.

Generell kommt es also auf die „positive Kenntnis" der Behörde an, und nicht darauf, wann diese die entscheidungsrelevanten Tatsachen hätte kennen müssen oder kennen können (str.).[314] „Positive Kenntnis" heißt: bewusste Kenntnis von der Rechtswidrigkeit der Ausgangsentscheidung. Schuldhafte Unkenntnis genügt nicht. Folgt man dieser Auffassung ist es beispielsweise nicht ausreichend, wenn sich aus der Akte zwar die Rechtswidrigkeit ergibt (z.B. durch wahrheitsgemäße Vorlage von Sparbüchern und Kontoauszügen der leistungsberechtigten Person), der Sachbearbeiter die Bedeutung dieser Angaben für den Leistungsbezug aber nicht realisiert hat. Insoweit kann für das Anlaufen der Frist nicht die bloße Aktenkundigkeit der Umstände angeführt werden, aus denen sich die Rechtswidrigkeit des begünstigenden Bescheides ergibt.[315] Faktisch beginnt die Jahresfrist in solchen Fällen dann, wenn der Sachbearbeiter den fertigen Rücknahmebescheid „im Kopf hat".

Anzumerken ist allerdings, dass es für den Sozialrechtsbereich eine höchstrichterliche Klärung zur Frage, ob über den Wortlaut hinaus die **Erkenntnis der Rechtswidrigkeit** den Fristbeginn auslöst, noch nicht gibt. Teilweise wird vertreten, dass die Jahresfrist „nur" aufgrund der **objektiven** Kenntnis der die Rücknahme ermöglichenden Tatsachen zu laufen beginnt, nicht hingegen die subjektive Erkenntnis der Rechtswidrigkeit den Fristbeginn auslöst.[316] Für diese Auffassung spricht, dass § 45 Abs. 4 Satz 2 SGB X nur die Kenntnis von Tatsachen, nicht jedoch die Kenntnis der rechtlichen Bedeutung dieser Tatsachen verlangt. Diese Auffassung kann dann gerechtfertigt sein, wenn sich die Rechtswidrigkeit des Bewilligungsbescheides nach vollständig ermitteltem Sachverhalt allein aus einem Rechtsanwendungsfehler der Behörde ergibt.

Gegen diese Auffassung spricht aber, dass für die Ausschlussfrist des § 45 Abs. 3 SGB X kein sinnvoller Anwendungsbereich bleiben würde, wenn bereits die alleinige Tatsachenkenntnis den Fristanlauf auslösen würde. Insofern muss die Bedeutung des § 45 Abs. 4 Satz 2 SGB X in Abgrenzung zu § 45 Abs. 3 SGB X bei der Auslegung zum Fristbeginn der Jahresfrist gesehen werden. § 45 Abs. 4 Satz 2 SGB X soll die Behörde veranlassen, nach Feststellung der die Rechtswidrigkeit begründenden Tatsachen zeitnah weitere Ermittlungen aufzunehmen, die eine Entscheidung über die Rücknahmefähigkeit des Bewilligungsbescheides ermöglichen. Erst wenn diese abgeschlossen sind, kann die Jahresfrist beginnen. Anders verhält sich § 45 Abs. 3 SGB X: Unabhängig von gewonnenen Erkenntnissen und ohne jede weitere Prüfung soll ein Verwaltungsakt nicht mehr aufgehoben werden können und „Rechtsfrieden"

---

314 Diese für die Behörde günstige Auslegung ist umstritten. Für diese Sichtweise plädiert: *Steinwedel*, KassKomm, SGB X, § 45, Rn. 29.
315 Vgl. LSG Hamburg, Urt. vom 18.9.2014 – L 4 AS 179/13 –, juris, Rn. 33, 34.
316 LSG Schleswig-Holstein, Urt. vom 19.11.2013 – L 7 R 3/11 –, juris, Rn. 33 ff. („Anders als die Beklagte meint, ist für diesen Zeitpunkt die objektive Kenntnis der maßgeblichen Tatsachen, aber nicht die subjektive Erkenntnis der Rechtswidrigkeit des früheren Verwaltungsaktes maßgebend"; vgl. auch Schütze in von Wulffen/Schütze, SGB X, § 45, Rn. 84; Waschull in Diering/Timme/Waschull, SGB X, § 45 Rn. 114.

bzw. Vertrauensschutz bestehen. Wenn dem so ist, muss es – umgekehrt – bei § 45 Abs. 4 Satz 2 SGB X der Behörde ermöglicht werden, ab bewusster Kenntnis der Rechtswidrigkeit einen Verwaltungsakt zurückzunehmen.

Die Vorschrift des § 45 Abs. 4 Satz 2 SGB X ist also – nach umstrittener Auffassung – eine behördenfreundliche reine Entscheidungsfrist. Insofern ist darauf abzustellen, wann die Behörde den Sachverhalt vollständig ermittelt hat und auch die inneren bzw. subjektiven Tatsachen, die für die Rücknahmeentscheidung maßgeblich sind, kennt.[317]

Andererseits kann eine durch die Verwaltung verursachte schuldhafte Verzögerung des Anhörungsverfahrens (falsche Aktensortierung, Unterbesetzung im Amt) nicht den Beginn der Entscheidungsfrist erst nach Durchführung der Anhörung auslösen, denn ansonsten könnte die Behörde durch verzögernde Anhörung den Beginn der Einjahresfrist hinausschieben.

Sobald die Behörde die Tatsachen kennt, die die Rechtswidrigkeit des Ausgangsverwaltungsaktes begründen, hat sie zeitnah und zügig die weiteren Voraussetzungen für eine Rücknahmeentscheidung zu ermitteln. Unterlässt es die Behörde länger als ein Jahr, die subjektiven Voraussetzungen für eine Rücknahmeentscheidung zu ermitteln, obwohl sie die Tatsachen, die die Rechtswidrigkeit des ursprünglichen Verwaltungsaktes begründen, kennt, so ist eine spätere Aufhebung des ursprünglichen Verwaltungsaktes durch § 45 Abs. 4 Satz 2 SGB X gehindert.[318] Für diese Sichtweise spricht, dass eine Untätigkeit ein treuwidriges Verhalten im Sinne von § 242 BGB darstellt. In diesen Fällen ist es daher rechtsmissbräuchlich, sich auf das fehlende Anlaufen der Jahresfrist zu berufen.

Das Bundessozialgericht vertritt weiter die Auffassung, dass es nicht auf die Kenntnis der Behörde, sondern auf die Kenntnis des für die Aufhebung zuständigen **Sachbearbeiters** ankommt.[319] Hier dürfte aber weniger die Kenntnis in der Person des Sachbearbeiters gemeint sein, sondern die Kenntnis des jeweiligen Sachgebietes. Ansonsten würde eine Personalfluktuation bzw. -rotation zu neuen Fristen führen.

Der Jahresfrist unterliegen auch solche Rücknahmebescheide, welche einen fristgerecht erlassenen, aber **rechtswidrigen** (ersten) **Rücknahmebescheid** vollständig ersetzen.[320]

---

317 Sofern man auf die bewusste Kenntnis der Rechtswidrigkeit als fristauslösendes Ereignis abstellt, ist es allerdings richtig, dass die Behörde dann in der Lage wäre, den Fristbeginn zu manipulieren. Denn für die Gerichte ist es kaum möglich festzustellen, wann einer Behörde bzw. dem zuständigen Sachbearbeiter die Rechtswidrigkeit einer vorangegangenen Entscheidung bewusst geworden ist. Denkbar ist es beispielsweise, dass ein Sachbearbeiter die Rechtswidrigkeit einer früheren Entscheidung erkennt, den entsprechenden Vorgang aber wegen Arbeitsüberlastung oder aus anderen Gründen einige Zeit unbearbeitet lässt. Nach hier vertretener Auffassung muss dies allerdings in Kauf genommen werden. In Fällen der Bösgläubigkeit besteht für den Beteiligten ein ausreichender Schutz durch die Ausschlussfrist § 45 Abs. 3 SGB X.
318 LSG Schleswig-Holstein, Urt. vom 19.11.2013 – L 7 R 3/11 –, juris, Rn. 37.
319 Vgl. BSG, Urt. vom 17.11.2008 – B 11 AL 87/08 B –, BeckRS 2008, 57962; BSG, Urt. vom 27.7.2000 – B 7 AL 88/99 R –, SGb 2000, 545 (Kurzwiedergabe).
320 Vgl. die Rechtsprechungshinweise in BSG, Urt. vom 8.12.2020 – B 4 AS 46/20 R –, juris, Rn. 35; BVerwG, Urt. vom 19.12.1995 – 5 C 10/94 –, juris, Rn. 15.

Wenn der rechtswidrige Rücknahmebescheid im Widerspruchs- oder Klageverfahren aufgehoben wird, ist die Jahresfrist für eine erneute Aufhebung regelmäßig abgelaufen. Ein neuer Rücknahmebescheid kann dann nicht mehr erlassen werden. Ist also ein nach § 45 SGB X ergangener Rücknahmebescheid rechtswidrig und wird diese Rechtswidrigkeit erst nach Ablauf der Jahresfrist festgestellt, ist eine Rücknahme der bzw. des begünstigenden Verwaltungsakte(s) und damit die Festsetzung eines Erstattungsanspruchs nach § 50 Abs. 1 SGB X nicht mehr möglich.

Nach Ablauf der Entscheidungsfrist bleibt (nur) die Rücknahme mit Wirkung für die Zukunft möglich.

Die Situation stellt sich allerdings anders dar, wenn die Behörde im Widerspruchsverfahren den rechtswidrigen Ausgangsverwaltungsakt – z. B. fehlende Bestimmtheit – erkannt hat. Das Widerspruchsverfahren ist noch Verwaltungsverfahren, so dass in diesem Fall Korrekturen möglich sind.

Sofern die Behörde eine (rechtswidrige) Aufhebungsentscheidung innerhalb der Einjahresfrist vornimmt, ist die Frist gewahrt. Sie bleibt eingehalten, wenn die rechtswidrige Ausgangsentscheidung im Widerspruchsverfahren korrigiert wird, und zwar auch dann, wenn der Widerspruchsbescheid außerhalb der Jahresfrist erlassen wird. Ist der Aufhebungsbescheid z. B. wegen fehlender Bestimmtheit rechtswidrig und korrigiert die Behörde ihre Aufhebungsentscheidung durch einen Änderungsbescheid, der dann Gegenstand des Widerspruchsverfahrens wird, ist die Jahresfrist auch dann eingehalten, wenn der Änderungs- und Widerspruchsbescheid außerhalb der Jahresfrist liegt.[321] Für die Einhaltung der Jahresfrist kommt es insoweit allein auf den erstmaligen Rücknahmebescheid an – und nicht auf den späteren außerhalb der Jahresfrist liegenden Widerspruchsbescheid.

Denn der durch die Jahresfrist vermittelte Vertrauensschutz ist durch die erste Aufhebungsentscheidung gewahrt. Die Jahresfrist gilt also nur für den Aufhebungsbescheid, nicht aber für den Widerspruchsbescheid. Maßgeblich ist insofern allein, dass die Behörde innerhalb der Jahresfrist tätig geworden ist.

Dieses Ergebnis ergibt sich aus dem Zweck des § 45 Abs. 4 SGB X. Die Regelung betrifft die zeitliche Dimension des (subjektiven) Vertrauensschutzes und dient zugleich der (objektiven) Rechtssicherheit. Auch Personen, die eigentlich keinen Vertrauensschutz genießen, weil sie schuldhaft im Sinne des § 45 Abs. 2 Satz 3 SGB X gehandelt haben, erwerben den Vertrauensschutz ein Jahr nach Kenntnis der zuständigen Behörde und müssen dann nicht mehr mit einer Rücknahme der Begünstigung rechnen. Diesem Vertrauen ist aber bereits im Zeitpunkt der ersten Rücknahmeentscheidung im Umfang der Rücknahme die Grundlage entzogen.[322]

Dieses Ergebnis kann auch durch Hinweis auf § 95 SGG untermauert werden. Danach wird im gerichtlichen Verfahren der Ausgangsbescheid streitgegenständlich, allerdings dann in der Gestalt, die er durch den Widerspruchsbescheid gewonnen hat.

Für Verwaltungsakte mit Dauerwirkung, die bereits bei Erlass rechtswidrig sind und deshalb eine Rücknahme nach § 45 SGB X in Frage kommt, gibt es eine spezielle zeitliche Beschränkung nach § 45 Abs. 3 SGB X. Nach § 45 Abs. 3 Satz 1 SGB X kann ein

---

321 Vgl. BSG, Urt. vom 8.12.2020 – B 4 AS 46/20 R –, juris, Rn. 27 ff.
322 BSG, Urt. vom 8.12.2020 – B 4 AS 46/20 R –, juris, Rn. 30.

rechtswidriger begünstigender Verwaltungsakt mit Dauerwirkung nur bis zum Ablauf von zwei Jahren nach seiner Bekanntgabe zurückgenommen werden. In den Fällen des § 45 Abs. 2 Satz 3 Nr. 2 und Nr. 3 SGB X verlängert sich die **Ausschlussfrist** auf eine Zehnjahresfrist.

Im Fall des § 45 Abs. 2 Satz 3 Nr. 1 SGB X sowie in den Fällen der Wiederaufnahmegründe nach § 580 ZPO ist eine zeitlich unbeschränkte Rücknahme möglich, weil es sich um Fälle gesteigerter Schuldvorwürfe handelt.

Soweit eine Ausschlussfrist anläuft, verschafft diese der leistungsberechtigten Person einen weiteren Vertrauensschutz. Nach Ablauf der Ausschlussfrist muss diese mit einer Aufhebung des Bewilligungsbescheides nicht mehr rechnen.

Die Frist beginnt mit der Bekanntgabe des Bewilligungsbescheides. Änderungsbescheide setzen den Fristablauf nicht neu in Gang, wenn der Ausgangsbescheid aufgehoben werden soll. Soll nur der Änderungsbescheid aufgehoben werden, so beginnt die Ausschlussfrist mit der Bekanntgabe des Änderungsbescheides.

Beispiel 1
Der Leistungsberechtigte L hat im Jahr 2016 „schwarz" im Baubereich gearbeitet und zeitgleich Arbeitslosengeld II bezogen. Das wurde dem Sachbearbeiter der Behörde am 5.5.2021 bekannt. Eine entsprechende Information erhielt er durch den Abschluss eines Strafverfahrens, in dem der L verurteilt wurde. Eine Reaktion des Sachbearbeiters erfolgte erst am 15.5.2022, der den L am 25.5.2022 anhört.

Der wegen anfänglicher Rechtswidrigkeit grundsätzlich nach § 45 Abs. 1, Abs. 2 SGB X rücknehmbare Dauerverwaltungsakt unterliegt den zeitlichen Rücknahmeschranken des § 45 Abs. 3 SGB X und § 45 Abs. 4 SGB X. Der Bewilligungsbescheid wurde durch arglistige Täuschung herbeigeführt.

Eine arglistige Täuschung (vgl. § 123 BGB) liegt vor, wenn der Begünstigte entweder vorsätzlich falsche Angaben gemacht oder vorsätzlich leistungsrechtlich relevante Tatsachen verschwiegen hat. Im Unterschied zu unrichtigen oder unvollständigen Angaben setzt die arglistige Täuschung voraus, dass der Begünstigte gerade in der Absicht handelt, sich durch den Bewilligungsbescheid einen rechtswidrigen Vermögensvorteil zu erschleichen.

Das kann vorliegend angesichts der strafrechtlichen Verurteilung bejaht werden, so dass die Voraussetzungen des § 45 Abs. 2 Satz 3 Nr. 1 SGB X vorliegen, mit der Konsequenz, dass selbst die Zehnjahresfrist (Fälle des § 45 Abs. 3 Satz 3 i. V. m. § 45 Abs. 2 Satz 3 Nr. 2 und Nr. 3 SGB X) nicht zu laufen beginnt, und eine Rücknahme unbegrenzt möglich wäre. Eine zeitlich unbegrenzte Rücknahmemöglichkeit ergibt sich auch daraus, dass § 45 Abs. 3 Satz 2 SGB X i. V. m. § 580 Nr. 4 ZPO einschlägig ist.

Für den Lauf der Einjahresfrist (Entscheidungsfrist) kommt es auf die Frage an, ob die Information über das Strafverfahren am 5.5.2021 vollständige Tatsachenkenntnis enthielt und hierdurch die Rücknahme gerechtfertigt war – oder ob die rechtfertigende Tatsachenkenntnis erst durch eine Anhörung vorliegt.

Hier spricht vieles dafür, dass bereits durch die Unterlagen aus dem Strafverfahren vollständige Tatsachenkenntnis vorlag, denn die Behörde hatte bereits

aufgrund des im Strafverfahren ermittelten Sachverhalts vollständige Kenntnis von der Bösgläubigkeit des L, so dass die Jahresfrist (ausnahmsweise) nicht ab Durchführung der Anhörung beginnt. Die Einjahresfrist ist damit am 5.5.2022, 24:00 Uhr, abgelaufen.
Somit kann eine Rücknahme nicht (mehr) erfolgen.

Beispiel 2
L bezog mit bekanntgegebenen Bewilligungsbescheid vom 1.2.2012 (Tag der vermuteten Bekanntgabe gemäß § 37 Abs. 2 SGB X) Hilfe zur Pflege „bis auf Weiteres" und damit als Dauerverwaltungsakt. Am 15.2.2022 wird dem Leistungsträger bekannt, dass er zum Zeitpunkt der Leistungsbewilligung eine wertvolle Briefmarkensammlung im Wert von 200.000,00 € besitzt, die im Zeitpunkt der Antragstellung nicht angegeben wurde.

*Auch wenn die Jahresfrist nach § 45 Abs. 4 Satz 2 SGB X noch nicht abgelaufen sein sollte, steht einer Rücknahme die Zehnjahresfrist (**Ausschlussfrist**) des § 45 Abs. 3 SGB X entgegen.*

*Etwas Anderes kann allerdings dann gelten, wenn die Pflegeleistungen **weiterhin bewilligt werden**. Denn nach § 45 Abs. 3 Satz 4 SGB X kann eine Rücknahme auch noch nach Ablauf der Frist von zehn Jahren erfolgen, wenn die Geldleistung mindestens bis zum Beginn des Verwaltungsverfahrens über die Rücknahme gezahlt wurde. Mithin gilt die Zehnjahresfrist nur, wenn keine Leistung mehr gezahlt wurde.*

Problematisch ist die Anwendung des § 45 Abs. 3 Satz 4 SGB X, wenn zwar durchgehende Leistungen bezogen wurden, aber jeweils mehrere Bewilligungen als Dauerverwaltungsakte erlassen wurden. Beispielsweise werden Leistungen der Grundsicherung für Arbeitsuchende für einen Zeitraum von zwölf Monaten bewilligt. Dann kann beispielsweise ein durchgängiger Leistungsbezug über elf Jahre erfolgt sein und es wären elf Bewilligungsbescheide erlassen worden. In einer solchen Fallkonstellation kann vertreten werden, dass Leistungsbewilligungen vor mehr als zehn Jahren nicht mehr zurückgenommen werden können. Denn die Regelung des § 45 Abs. 3 Satz 4 SGB XII soll nur auf laufende Geldleistungen begrenzt werden; abgeschlossene Fälle bzw. Verwaltungsakte sollten nicht erfasst werden.[323]

Beispiel 3
Seit mehr als zwei Jahren wird für leistungsberechtigte Personen nach dem 3. und 4. Kapitel SGB XII neben dem Regelbedarf und den Leistungen für Unterkunft und Heizung zusätzlich ein hauswirtschaftlicher Bedarf anerkannt. Eine solche abweichende Bedarfsbemessung erfolgt durch die Zahlung eines erhöhten Regelbedarfs nach § 27a Abs. 4 SGB XII. Zukünftig sollen die Leistungsempfänger ihren hauswirtschaftlichen Bedarf (jedenfalls bis zum Inkrafttreten des Pflegestärkungsgesetzes mit Wirkung zum 1.1.2017 richtigerweise) über die Hilfe zur Pflege beziehen.[324]

---
323 Vgl. BT-Drs. 13/10033 S. 20.
324 Vgl. BSG, Urt. vom 11.12.2007 – B 8/9b SO 12/06 R –, FEVS 59, 481.

Einer Aufhebung steht die Zweijahresfrist nach § 45 Abs. 3 Satz 1 SGB X entgegen. Soweit die leistungsberechtigte Person einer Aufhebung nicht einwilligt, weil vergleichbare Zahlungen nach dem 7. Kapitel SGB XII möglich sind, bleibt nur die Möglichkeit eines Abschmelzvorgangs („Aussparen") nach § 48 Abs. 3 SGB X.

1.3.28.4.4 Rechtsfolgen

Wird der objektive Vertrauensschutz bejaht, ist die Behörde an einer Rücknahme des Verwaltungsaktes gehindert (gebundene Entscheidung).

Wird der objektive Vertrauensschutz verneint, ist die Rücknahmeentscheidung eine Ermessensentscheidung (vgl. § 45 Abs. 1 SGB X). Ermessen besteht
- hinsichtlich der Frage, ob eine Rücknahme erfolgt (Entschließungsermessen),
- hinsichtlich des Umfangs der Rücknahme (Auswahlermessen),
- hinsichtlich des Zeitraumes: für die Zukunft und oder für die Vergangenheit (Auswahlermessen).

Ist bereits im Rahmen der Abwägung der Vertrauensschutz verneint worden, deutet vieles auf eine Rücknahme hin. Denn für die Rücknahmeentscheidung können auch Aspekte bedeutsam sein, die bereits im Rahmen der Interessenabwägung nach § 45 Abs. 2 Satz 1 SGB X eine Rolle gespielt haben. Rücknahmegründe sind regelmäßig
- das öffentliche Interesse an der Wiederherstellung des rechtmäßigen Zustandes,
- das Gebot der sparsamen und wirtschaftlichen Verwendung der Haushaltsmittel,
- das Gebot der Gleichbehandlung aller Leistungsfälle.

Die Behörde muss die Ausübung von pflichtgemäßem Ermessen in der Begründung erkennen lassen (vgl. § 39 SGB I, § 35 Abs. 1 Satz 3 SGB X). Um zwischen der tatbestandlichen Interessenabwägung nach § 45 Abs. 2 Satz 1 SGB X und der Rechtsfolgenseite zu unterscheiden, sollte die **Frage der Billigkeit** einer Rücknahme auf der Rechtsfolgenseite eine bedeutsamere Rolle einnehmen. Hier sind insbesondere die subjektiven Gründe und damit insbesondere die Verursachungsbeiträge sowie die Auswirkungen der Rücknahme für die Behörde und den Beteiligten in die Entscheidungsbegründung einzubeziehen. Teilweise erkennt die Rechtsprechung an, wenn die Ermessensentscheidung nicht näher begründet wird. Dann entfällt eine Begründungspflicht, wenn man sich der Rechtsprechung des Bundesverwaltungsgerichts zum intendierten Ermessen anschließt.[325]

Einzelfallorientierte Gründe, die in **Ausübung des Ermessens** einen Verzicht auf die Rücknahme der oder des begünstigenden Verwaltungsakte(s) rechtfertigen, könnten in folgenden Gründen zu finden sein:
- wenn es sich nur um einen geringen Rückforderungsbetrag handelt,

---

325 BVerwG, Urt. vom 25.9.1992 – 8 C 68/90, 8 C 70/90 –, BVerwGE 91, 82 = NJW 1993, 744; LSG Hamburg, Urt. vom 31.5.2007 – L 5 AS 42/06 –, EuG 2008, 221 = ZEV 2008, 544.

- wenn Verwaltungsaufwand und Erstattungsbetrag in keinem angemessenen Verhältnis stehen,
- wenn bei der erstattungspflichtigen Person besondere Härten vorliegen, z. B. bei hohem Alter, beeinträchtigter Psyche oder schwerer Erkrankung,
- wenn das schuldhafte Verhalten nachweislich beim Vertreter liegt, z. B. bei Minderjährigen, die sich das schuldhafte Verhalten ihrer Eltern zurechnen lassen müssen.

Dies können auch Gründe sein, um den Verwaltungsakt ggf. nur **teilweise** zurückzunehmen. Eine teilweise Rücknahme kommt auch in folgender Fallkonstellation in Frage:

Ein Leistungsberechtigter nach dem Zwölften Buch Sozialgesetzbuch hat ein zum Zeitpunkt der Antragstellung nicht angegebenes Bankguthaben. Der Umfang des nicht geschützten Bankguthabens beläuft sich auf einen Betrag in Höhe von 10.000,00 €. Der Bewilligungsbescheid ist deshalb von Anfang an rechtswidrig. Es wird eine Sozialhilfeleistung über viele Monate im Umfang von 15.000,00 € ausgezahlt.

Die bewilligte Leistung ist im gesamten Zeitraum rechtswidrig, auch wenn die Höhe des einzusetzenden Vermögens hinter der zu erstattenden Hilfegewährung zurückbleibt.[326] *Der Ansatz eines **fiktiven Vermögensverbrauchs** ist mangels Rechtsgrundlage unzulässig.*[327] *Im Rahmen der Ermessensentscheidung kann allerdings die Leistungsfähigkeit des Beteiligten berücksichtigt werden, so dass die Rückforderungssumme auf einen Betrag in Höhe des nicht geschützten Vermögens beschränkt wird.*

*Anders fällt die Lösung allerdings bei vergleichbarem Sachverhalt im Zweiten Buch Sozialgesetzbuch aus. Durch § 40 Abs. 2 Nr. 3 SGB II i. V. m. § 330 Abs. 2 SGB III wird das Ermessen des § 45 SGB X spezialgesetzlich in eine gebundene Entscheidung modifiziert. Der Leistungsträger ist daher in den „Schlimme-Finger-Fällen" (Bösgläubigkeit) des § 45 Abs. 2 Satz 3 SGB X **verpflichtet**, den Verwaltungsakt mit Wirkung für die Vergangenheit zurückzunehmen.*

Unterstellt, dass im gesamten Bewilligungszeitraum (ggf. auch in mehreren Bewilligungszeiträumen) ungeschütztes Vermögen vorhanden war, konnte das Vermögen wiederholt angerechnet werden.

*Ein **fiktiver Vermögensverbrauch** findet auch hier **nicht** statt. Bei Aufhebung der Leistungsbewilligung wegen fehlender Hilfebedürftigkeit aufgrund von Vermögen ist die gesamte überzahlte Leistung zu erstatten. Eine Beschränkung des Rückforderungsbetrags der Höhe nach auf den Wert des bei gesetzes-*

---

326 Vgl. BVerwG, Urt. vom 19.12.1997 – 5 C 7/96 –, BVerwGE 106, 105 = NJW 1998, 1879 = Fa-mRZ 1998, 547 = FEVS 48, 145; BSG, Beschl. vom 30.7.2008 – B 14 AS 14/08 B –, juris, Rn. 4.
327 BSG, Urt. vom 20.9.2012 – B 8 SO 20/11 R –, juris, Rn. 14; Hessisches LSG, Urt. vom 18.3.2016 – L 7 AS 730/14 –, juris, Rn. 38 ff.; LSG Niedersachsen-Bremen, Urt. vom 3.4.2014 – L 7 AS 827/12 –, juris, Rn. 32; LSG Baden-Württemberg, Urt. vom 22.7.2011 – L 12 AS 4994/10 –, juris, Rn. 33; LSG Berlin-Brandenburg, Urt. vom 12.3.2010 – L 5 AS 2340/08 –, juris, Rn. 28, 35. A. A. LSG Sachsen-Anhalt, Urt. vom 25.7.2012 – L 5 AS 56/10 –, juris, Rn. 48.

konformer Angabe einzusetzenden Vermögens erfolgt nicht. Im vorliegenden Fall wären demnach 15.000,00 € zu erstatten.[328]
Hätte die leistungsberechtigte Person wahrheitsgemäße Angaben gemacht, hätte sie lediglich 10.000,00 € einsetzen müssen. Im Ergebnis handelt es sich also um eine „Sanktionierung" des Leistungsberechtigten. Will man es positiv ausdrücken, hat die Vorschrift des § 45 **SGB** *X durch § 40 Abs. 2 Nr. 3 SGB II i. V. m. § 330 Abs. 2 SGB III eine generalpräventive Wirkung.*

Problematisch ist das Ergebnis für den Bereich des Zweiten Buches Sozialgesetzbuch deshalb, weil § 45 **SGB** *X und § 50* **SGB** *X nur den Zustand herstellen wollen, der bestanden hätte, wenn rechtmäßig gehandelt worden wäre, aber nicht den Leistungsträger „bereichern" sollen. Ggf. kann sogar eine Leistungserbringung für die Zukunft scheitern, solange das Vermögen noch vorhanden ist. Im konkreten Fall bietet sich für den Leistungsträger eine Lösungsmöglichkeit mit Hilfe der Norm des § 44 SGB II an, die im Übrigen von Amts wegen zu prüfen ist. Nach dieser Vorschrift* **können** *die Träger der Grundsicherung für Arbeitsuchende Ansprüche erlassen.*

Der Erlass bedeutet den endgültigen Verzicht auf die Einziehung der Forderung. Möglich ist sowohl der Erlass der gesamten Forderung als auch von nur Teilen hiervon. Der Erlass von Ansprüchen ist eine **Ermessensentscheidung** *des zuständigen Trägers.*

Eine Aufhebung nach § 45 SGB X kommt für die Zukunft und – in den Fällen des § 45 Abs. 4 Satz 1 SGB X – auch für die Vergangenheit in Frage. Grundsätzlich gilt: Die Zukunft beginnt mit der Bekanntgabe des Verwaltungsaktes. Werden die Sozialleistungen monatsweise gewährt, so wirkt die Aufhebung der Leistungsbewilligung mit Beginn des nächsten Bewilligungszeitraums nach der Bekanntgabe. Sind Leistungen bereits ausgezahlt, kommt insoweit nur eine Aufhebung mit Wirkung für die Vergangenheit in Frage. Hierfür müssen dann die erhöhten gesetzlichen Anforderungen des § 45 Abs. 2 Satz 3 SGB X erfüllt werden.[329]

Eine Rücknahme für die **Vergangenheit** kommt nur in den Fällen des § 45 Abs. 2 Satz 3 SGB X in Betracht, also dann, wenn sich die leistungsberechtigte Person besonders schuldhaft verhalten hat (vgl. § 45 Abs. 4 Satz 1 SGB X). Dementsprechend genießt der Beteiligte bei der Aufhebung für die Vergangenheit einen größeren Vertrauensschutz als bei einer Aufhebung für die Zukunft.

---

328 Bestätigt durch BSG, Urt. vom 25.4.2018 – B 4 AS 29/17 R –; BSG, Urt. vom 25.4.2018 – B 14 AS 15/17 R –; LSG NRW, Urt. vom 29.6.2017 – L 7 AS 395/16 –, juris; LSG Niedersachsen-Bremen, Urt. vom 3.4.2014 – L 7 AS 827/12 –, juris; LSG Baden-Württemberg, 5.8.2011 – L 12 AS 4994/10 –, info also 2011, 223; LSG Berlin-Brandenburg, 12.3.2010 – L 5 AS 2340/08 –, BeckRS 2010, 69579, BVerwG, Urt. vom 19.12.1997 – 5 C 7/96 –, BVerwGE 106, 105 = NJW 1998, 1879 = Fa-mRZ 1998, 547 = FEVS 48, 145; a. A. LSG Sachsen-Anhalt, Urt. vom 25.7.2012 – L 5 AS 56/10 –, juris, Rn. 48.
329 Vgl. BSG, Urt. vom 21.10.1999 – B 11 AL 25/99 R –, juris, Rn. 26; Bayerisches LSG, Urt. vom 16.1.2013 – L 11 AS 583/10 –, juris, Rn. 18.

Nach § 45 Abs. 4 Satz 1 SGB X „**wird**" in den Fällen der Bösgläubigkeit (vgl. § 45 Abs. 3 Satz 2 SGB X) der Verwaltungsakt für die Vergangenheit zurückgenommen. Dennoch bleibt es bei der Grundregel des § 45 Abs. 1 SGB X, dass in den Fällen, in denen kein (objektiver) Vertrauensschutz bejaht werden kann, Ermessen auszuüben ist. § 45 Abs. 4 Satz 1 SGB X stellt nur klar, in welchen Fällen eine Rücknahme für die Vergangenheit möglich ist.

Eine Sonderregelung für Leistungen nach dem Zweiten Buch Sozialgesetzbuch sieht § 40 Abs. 2 Nr. 3 SGB II i. V.m. § 330 Abs. 2 SGB III vor. Danach **sind** begünstigende Verwaltungsakte bei Vorliegen der Voraussetzungen nach § 45 Abs. 2 Satz 3 SGB X für die **Vergangenheit** zurückzunehmen. Es besteht in diesen Fällen somit – im Gegensatz zu den Sozialhilfefällen nach dem Zwölften Buch Sozialgesetzbuch – kein Ermessensspielraum für den zuständigen Träger. Die Rücknahme von Verwaltungsakten für die **Zukunft** bleibt dagegen nach § 45 Abs. 1 SGB X (wegen der fehlenden abweichenden Regelung im Zweiten Buch Sozialgesetzbuch) eine **Ermessensentscheidung**. Regelmäßig dürfte hier aber eine Ermessensreduzierung anzunehmen sein.

Bei Dauerverwaltungsakten nach dem Zweiten Buch Sozialgesetzbuch und dem 4. Kapitel SGB XII muss eine Entscheidung getroffen werden, ob der Verwaltungsakt für die Zukunft aufgehoben wird.

Eine Aufhebung für die Zukunft ist wegen des Bedarfsdeckungsprinzips bei den Hilfen nach dem 3. und 5. bis 9. Kapitel nicht notwendig. Diese Leistungen werden von Monat zu Monat grundsätzlich konkludent neu bewilligt. Etwas anderes gilt nur dann, wenn sie ausdrücklich als Dauerverwaltungsakte („bis auf Weiteres"; „für die nächsten zwölf Monate") für einen zukünftigen Zeitraum bewilligt worden sind.

Zur Zuständigkeit nach § 45 Abs. 5 i. V. m. § 44 Abs. 3 SGB X vgl. 1.3.28.4.5.

1.3.28.4.5 Zuständige Behörde

Zuständig für die Rücknahme des Verwaltungsaktes ist nach § 44 Abs. 3 SGB X die zuständige Behörde. Folgt man nur dem Wortlaut des § 44 Abs. 3 SGB X, ist die Behörde für eine Aufhebungsentscheidung zuständig, die den Leistungsfall wegen des tatsächlichen oder gewöhnlichen Aufenthaltes der leistungsberechtigten Person **aktuell** bearbeitet. Der aktuell leistungserbringende Träger soll also auch für die Aufhebung zuständig sein.

Diese (aktuelle) Zuständigkeit würde danach auch dann gelten, wenn der zurückzunehmende Verwaltungsakt von einer anderen Behörde erlassen worden ist (vgl. § 44 Abs. 3 Halbs. 2 SGB X). Eine Veränderung der Zuständigkeit tritt im Sozialleistungsrecht vor allem nach Umzügen auf. Demnach müsste die aktuell zuständige Behörde einen Verwaltungsakt aufheben, der von einer anderen Behörde erlassen worden ist.

Nach der Rechtsprechung des OVG Münster[330] entfällt hingegen die örtliche Zuständigkeit für die Aufhebung (Rücknahme) des Bewilligungsbescheides und die Rückforderung überzahlter Sozialhilfeleistungen **nicht** durch den zwischenzeitlichen **Umzug** der Leistungsberechtigten in den örtlichen Zuständigkeitsbereich eines anderen Trägers. Danach wäre die **ursprüngliche** Bewilligungsbehörde **auch die Aufhebungsbehörde**, selbst wenn inzwischen eine andere Behörde die Leistungserbringung vornimmt. Dieser Meinung hat sich inzwischen auch das Bundessozialgericht angeschlossen. Es verweist darauf, dass die Vorschrift des § 44 Abs. 3 SGB X keine Gültigkeit hat, wenn die Verbandszuständigkeit wechselt. Danach ist für die Rücknahme eines Verwaltungsakts der Träger des Zweiten oder Zwölften Buches Sozialgesetzbuch zuständig, der den Bewilligungsbescheid **erlassen** hat, auch wenn aktuell ein anderer Träger (z. B. durch Umzug) für die leistungsberechtigte Person zuständig ist.[331]

Damit folgt das Bundessozialgericht der anerkannten Rechtsfigur der sog. „Kehrseiten-" bzw. „actus-contrarius-Theorie". Ist danach eine Behörde für den Erlass eines Verwaltungsakts zuständig, so gilt dies auch für die Aufhebung desselben.[332]

Insgesamt gilt damit – wie im allgemeinen Verwaltungsverfahrensrecht – auch im Sozialverwaltungsverfahrensrecht der Grundsatz, dass für die Aufhebung eines Verwaltungsaktes die Behörde zuständig ist, die den Verwaltungsakt erlassen hat, um dessen Rücknahme es geht, weil die Aufhebung (und die Forderung von Kostenerstattung bzw. Kostenersatz) die Kehrseite des Leistungsanspruchs darstellt.

Etwas anderes dürfte aber gelten, wenn die Ausgangsbehörde sachlich oder örtlich bereits **unzuständig** gewesen ist. Dann gibt es keinen Grund dafür, den Verstoß gegen die Zuständigkeitsordnung über das abgeschlossene Ausgangsverfahren hinaus auf das Verfahren über die Rücknahme fortwirken zu lassen. Eine solche Perpetuierung der Unzuständigkeit widerspräche dem Sinn gesetzlicher Bestimmungen über die sachliche und auch örtliche Zuständigkeit. Dieser besteht darin, bestimmte Verwaltungsaufgaben derjenigen Behörde zuzuweisen, die für deren Erledigung am besten geeignet erscheint.[333]

Aus der Kehrseitentheorie folgt auch, dass Erstattungsansprüche als umgekehrte Leistungsansprüche die Rechtsqualität des dem Erstattungsanspruchs entsprechenden Leistungsanspruchs teilen. Handelt es sich also beim Bewilligungsbescheid um einen Verwaltungsakt, so ist auch dessen Aufhebung ein Verwaltungsakt.[334]

---

330 Vgl. OVG Münster, Urt. vom 22.1.1998 – 8 A 940/96 –, FEVS 49, 6 = ZFSH/SGB 2001, 416 = NWVBl. 1998, 356; SG Detmold, Urt. vom 24.6.2010 – S 6 AY 68/09 –, ZfF 2011, 200.
331 Vgl. BSG, Urt. vom 23.5.2012 – B 14 AS 133/11 R –, juris, Rn. 13 = SGb 07/2013, 416. Hierzu mit kritischer Anmerkung angesichts des in § 44 Abs. 3 SGB X vorhandenen klaren Wortlauts: *Groth*, jurisPR-SozR 2/2013 Anm. 2.
332 Vgl. auch BSG, Urt. vom 23.8.2013 – B 8 SO 7/12 R –, juris, Rn. 14.
333 Vgl. BVerwG, Beschl. vom 25.8.1995 – 5 B 141.95 –, NVwZ-RR 1996, 538 zur Rücknahme eines von einer örtlich unzuständigen Behörde erlassenen Verwaltungsakts nach § 45 Abs. 5 i. V. m. § 44 Abs. 3 SGB X; BVerwG, Urt. vom 20.12.1999 – 7 C 42/98 –, BVerwGE 110, 226 = juris, Rn. 12 ff. = NJW 2000, 1512.
334 Vgl. BVerwG, Urt. vom 14.4.1978 – IV C 6/76 –, BVerwGE 55, 337 = juris, Rn. 11; BVerwG, Beschl. vom 24.1.1991 – 8 B 164/90 –, juris, Rn. 6 = NVwZ 1991, 574.

1.3.28.5 Widerruf eines rechtmäßigen nicht begünstigenden Verwaltungsaktes (§ 46 SGB X)

Die Regelung des § 46 SGB X ermächtigt den zuständigen Leistungsträger, mit Wirkung für die **Zukunft** einen rechtmäßigen **nicht begünstigenden** Verwaltungsakt, auch nachdem er unanfechtbar geworden ist, ganz oder teilweise zu widerrufen. Beispielhaft können Verwaltungsakte genannt werden, die einen Kostenersatz oder eine Kostenerstattung nach den §§ 34 und 35 SGB II, den §§ 102 bis 105 SGB XII oder § 50 SGB X vorsehen.

1.3.28.6 Widerruf eines rechtmäßigen begünstigenden Verwaltungsaktes (§ 47 SGB X)

§ 47 Abs. 1 SGB XII ermöglicht den zukunftsorientierten Widerruf eines rechtmäßigen begünstigenden Verwaltungsaktes. Voraussetzung ist, dass Rechtsvorschriften einen Widerruf zulassen (§ 47 Abs. 1 Nr. 1 Alt. 1 SGB X), was im Leistungsrecht nach dem Zweiten oder Zwölften Buch Sozialgesetzbuch grundsätzlich (Ausnahme: § 29 Abs. 4 SGB II) nicht vorgesehen ist, oder der Verwaltungsakt, in Ausübung von Ermessen, unter **Widerrufsvorbehalt** (Nebenbestimmung i.S des § 32 Abs. 2 Nr. 3 SGB X) ergangen ist (vgl. § 47 Abs. 1 Nr. 1 Alt. 2 SGB X).

Ein Widerrufsvorbehalt soll dem Leistungsträger ermöglichen, einen unanfechtbar gewordenen Verwaltungsakt aufheben zu können, ohne dass sich Begünstigte auf Vertrauensschutz berufen können. Der Widerruf eines begünstigenden Verwaltungsaktes darf außerdem für die Zukunft erfolgen, wenn Auflagen nicht oder nicht fristgerecht erfüllt wurden (vgl. § 47 Abs. 1 Nr. 2 SGB X).

Daneben ist der Widerruf eines begünstigenden Verwaltungsaktes nach § 47 Abs. 2 Satz 1 SGB X auch mit Wirkung für die **Vergangenheit** bei zweckwidriger Mittelverwendung, z.B. einmaliger Leistungen im Rahmen der Leistungen zum Lebensunterhalt, oder Nichterfüllung von Auflagen, denkbar (vgl. § 47 Abs. 2 Satz 1 SGB X). Bezüglich des Vertrauensschutzes findet sich im § 47 Abs. 2 Satz 2 ff. SGB X eine dem § 45 Abs. 2 SGB X weitgehend vergleichbare Regelung. Die Jahresfrist des § 45 Abs. 4 Satz 2 SGB X gilt entsprechend (vgl. § 47 Abs. 3 SGB X).

Grundsätzlich können insbesondere einmalige Leistungen nach dem Zweiten und Zwölften Buch Sozialgesetzbuch – wie z.B. bei Leistungen für die Erstausstattung der Wohnung oder Leistungen für Schulbedarfe – mit der Auflage versehen werden, Nachweise über die zweckentsprechende Verwendung einer gewährten Beihilfe zu erbringen, denn der jeweilige Leistungsträger ist angehalten, auf die Beseitigung der Hilfebedürftigkeit hinzuwirken. Dann hat er auch die Pflicht und die Berechtigung, für eine zweckentsprechende Verwendung von gewährten Leistungen zu sorgen.

Vor diesem Hintergrund können Leistungsbewilligungen mit Auflagen und Widerrufsvorbehalten versehen werden und bei Nichtbefolgung der Auflagen nach § 47 SGB X für die Zukunft und die Vergangenheit widerrufen werden.

1.3.28.7 Aufhebung eines Verwaltungsaktes mit Dauerwirkung bei Änderung der Verhältnisse (§ 48 SGB X)

1.3.28.7.1 Anwendungsbereich

§ 48 SGB X regelt die Aufhebung von Verwaltungsakten mit Dauerwirkung (vgl. Ausführungen unter 1.3.17.2, Arten von Verwaltungsakten), bei denen sich nach ihrem Erlass, also nach der Bekanntgabe, die tatsächlichen oder rechtlichen Verhältnisse geändert haben.

Beispiel
Die leistungsberechtigte Person erhält Leistungen nach dem Zweiten Buch Sozialgesetzbuch. Der am 7.4. bekanntgegebene Bewilligungsbescheid sieht Leistungen vom 1.4. bis zum 30.9. vor. Überraschend und nicht vorhersehbar findet die leistungsberechtigte Person im Mai einen Minijob und erzielt hieraus Einkommen. Es erfolgt eine Teilaufhebung des Bewilligungsbescheides nach § 48 SGB X.
Besteht hingegen im Erlasszeitpunkt des Bewilligungsbescheides bereits ein Arbeitsvertrag, der eine Arbeitsaufnahme im Mai vorsieht, und berücksichtigt der Bewilligungsbescheid diese vorhersehbare Änderung im Leistungsbezug nicht, handelt es sich um einen von Anfang an rechtswidrigen Verwaltungsakt, der nach § 45 SGB X aufzuheben ist.

Ist der Dauerverwaltungsakt bereits im Zeitpunkt seiner Bekanntgabe rechtswidrig, erfolgt die Aufhebung nach § 44 oder § 45 SGB X. Ein Verwaltungsakt ist auch dann im Zeitpunkt der Bekanntgabe rechtswidrig und nach § 45 SGB X aufzuheben, wenn zwar erst im Bewilligungsabschnitt Einkommen erzielt wird, dessen (unberücksichtigter) Zufluss jedoch schon bei Erlass des Bewilligungsbescheides feststeht.[335]

Es ist unerheblich, ob die Änderungen bei einem ursprünglich rechtmäßigen oder rechtswidrigen, begünstigenden oder belastenden Verwaltungsakt vorliegen. § 48 SGB X gilt demnach auch dann, wenn **nach** Erlass eines von Anfang an **rechtswidrigen** Verwaltungsaktes entscheidungserhebliche Änderungen vorliegen.[336] Der Verwaltungsakt ist jedenfalls an die veränderten Bedingungen anzupassen, wenn er aufgrund der Veränderungen nicht mehr so erlassen werden würde wie er erlassen worden ist. Es ist aber auch nicht erforderlich, dass die Leistung zum Zeitpunkt der Aufhebung noch erbracht wird. § 48 Abs. 1 Satz 2 SGB X erlaubt auch eine Aufhebung für die Vergangenheit.

---

335 Vgl. Bayerisches LSG, Urt. vom 14.8.2008 – L 7 AS 304/07 –, juris, Rn. 29; SG München, Urt. vom 17.1.2020 – S 46 AS 1930/19 –, vgl. Schütze in: Schütze, SGB X, 9. Aufl. 2020, § 45, Rn. 38, Geiger, info also 4/2009 S. 147 ff. (147).
336 BSG, Urt. vom 27.5.2014 – B 8 SO 26/12 R –, juris, Rn. 31 = NDV-RD 2015, 3; BSG, Beschl. vom 19.7.2010 – B 8 SO 22/10 B –, juris, Rn. 7; LSG Bayern, Urt. vom 21.11.2014 – L 8 SO 5/14 –, juris, Rn. 36.

Beispiel

*§ 48 SGB X ist ausnahmsweise auch auf anfänglich rechtswidrige Dauerverwaltungsakte anwendbar, wenn sich die Verhältnisse nachträglich ändern. Dies gilt jedoch nur im Falle der nachträglichen Änderung in jenen Verhältnissen, auf denen die ursprüngliche Rechtswidrigkeit **nicht** beruht. Eine Leistungsbewilligung nach dem Zweiten Buch Sozialgesetzbuch kann z. B. von Anfang an rechtswidrig sein, wenn das anrechenbare Einkommen bei der erstmaligen Leistungsbewilligung nicht berücksichtigt wurde.*

Hier kommt zunächst eine Aufhebung nach § 45 SGB X in Betracht, die im konkreten Fall aber nicht vorgenommen wird. Nimmt die leistungsberechtigte Person im Bewilligungszeitraum ein Studium auf und entfällt ein Leistungsanspruch nach § 7 Abs. 5 SGB II, kann ab dem Zeitpunkt des Wegfalls des Leistungsanspruchs aufgrund der Ausschlussregelung für Auszubildende nach § 7 Abs. 5 SGB II der Bewilligungsbescheid nach § 48 SGB X aufgehoben werden.

Insofern „sperrt" oder „hindert" eine (nicht vorgenommene) Aufhebung nach § 45 SGB X nicht die Anwendung des § 48 SGB X. Dies ist von Bedeutung, weil eine Aufhebung nach § 45 SGB X in Abhängigkeit des Einzelfalles am zu berücksichtigenden Vertrauensschutz scheitern kann.[337]

Ist allerdings eine Aufhebung nach § 45 SGB X möglich, gilt das Umgekehrte: Dann muss zunächst eine Aufhebung nach § 45 SGB X erfolgen. Andernfalls sperrt § 45 SGB X die Aufhebung nach § 48 SGB X.

§ 48 SGB X thematisiert die Aufhebung für die Zukunft sowie die Aufhebung für die Vergangenheit. Die Aufhebung für die Zukunft erfolgt nach § 48 Abs. 1 **Satz 1** SGB X, die Aufhebung für die Vergangenheit nach § 48 Abs. 1 **Satz 2** SGB X:

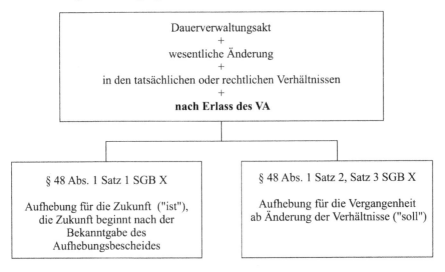

---

337 Vgl. BSG, Urt. vom 28.3.2013 – B 4 AS 59/12 R –, juris, Rn. 26 = FEVS 65, 145.

Als Dauerverwaltungsakte werden die Leistungen nach dem Zweiten Buch Sozialgesetzbuch (§ 41 Abs. 3 SGB II) und die Leistungen nach dem 4. Kapitel SGB XII (§ 44 Abs. 3 SGB XII) erbracht.

Bei den Leistungen nach dem 4. Kapitel SGB XII ist die bis zum 31.12.2015 geltende vorrangige Sonderregelung des § 44 Abs. 1 **Satz 4** SGB XII gestrichen worden (vgl. dazu die Vorgängerauflagen). Damit entscheidet sich die Aufhebung von Verwaltungsakten bei Leistungen nach dem 4. Kapitel SGB XII ausschließlich nach dem Zehnten Buch Sozialgesetzbuch ohne Rechtsfolgenmodifizierung.

Beispiele
- *Die leistungsberechtigte Person heiratet und der Ehegatte hat überschüssiges Einkommen, welches zur Bedarfsdeckung des Leistungsberechtigten eingesetzt werden muss und dessen Leistungsanspruch mindert. Bislang sah § 44 Abs. 1 Satz 4 SGB XII a.F. die Berücksichtigung dieser Änderung erst im Folgemonat vor. Da die Regelung ersatzlos gestrichen worden ist, entscheidet sich die Aufhebung des Verwaltungsaktes nun ausschließlich nach § 48 SGB X. Damit ist für die Aufhebung der Monat der Änderung maßgebend (Heiratsmonat, vgl. § 48 Abs. 1 Satz 3 SGB X) und nicht mehr der Folgemonat.*
- *Die leistungsberechtigte Person erhält eine Rückerstattung aus vorausgezahlten Nebenkosten für die Miete. Der Neufestsetzung von Grundsicherungsleistungen nach § 48 SGB X für den Zuflussmonat aufgrund überzahlter Nebenkosten ist wie bislang im Änderungsmonat zu berücksichtigen. Auch in der Vergangenheit war die Regelung des § 44 Abs. 1 Satz 4 SGB XII **nicht** anzuwenden, weil die Regelung nicht auf einen einmaligen Einkommenszuwachs in nur einen Monat anwendbar war.*
- *Die Nachzahlung der Rentenerhöhung im Rahmen der sog. „Mütterrente" oder der sog. „Grundrente" ist nach hier vertretener Auffassung im Zwölften Buch Sozialgesetzbuch nicht eine einmalige Einnahme, sondern zählt zu den Jahreseinkünften (vgl. § 8 Abs. 1 Satz 1 i.V.m. § 11 Abs. 1 DVO zu § 82 SGB XII). Danach handelt es sich um „nicht monatlich" erlangte Einkünfte, die gemäß § 11 Abs. 1 DVO zu § 82 SGB XII auf einen Zeitraum von zwölf Monaten aufzuteilen und in entsprechenden Teilbeträgen als Einkommen zu berücksichtigen sind. Im Monat des Einkommenszuflusses ist der Bewilligungsbescheid teilweise aufzuheben.*
- *Eine Stromkostenerstattung stellt weder im Zweiten noch im Zwölften Buch Sozialgesetzbuch ein Einkommen dar (vgl. § 82 Abs. 1 Satz 2 SGB XII, § 22 Abs. 3 letzter Halbs. SGB II), so dass eine Aufhebung nicht in Betracht kommt.*

§ 48 SGB X (aber ggf. auch § 45 SGB X) gewinnt auch im Zusammenhang von nicht angezeigtem Verbrauch einmaliger Einnahmen im laufenden Leistungsbezug Bedeutung. Auch **einmalige Einnahmen** (z. B. zusätzliche Lohnzahlungen, Abfindungszahlungen) stellen einen Einkommenszufluss dar und führen i. d. R. zu einer teilweisen oder vollständigen Aufhebung des oder der Verwaltungsakte(s). Die Besonderheit eines einmaligen Einkommenszuflusses kann darin liegen, dass diese unter Umständen auf einen Zeitraum (vgl. § 11 Abs. 3 SGB II, § 8 Abs. 1 Satz 3 VO zu § 82 SGB XII, § 3 Abs. 3 Satz 2, Satz 3 VO zu § 82 SGB XII, § 82 Abs. 7 SGB XII) aufzuteilen und zur Sicherung des Lebensunterhalts einzusetzen sind.

Wenn innerhalb des Verteilzeitraums ein **vorzeitiger Einkommensverbrauch** einer einmaligen Einnahme stattfindet und dies durch die leistungsberechtigte Person nicht mitgeteilt wird, berührt der vorzeitige Einkommensverbrauch nicht die Rechtmäßigkeit der Aufhebungs- und Erstattungsentscheidung des Leistungsträgers, sofern der in der **Vergangenheit** liegende Zeitraum betroffen ist.[338] Grund hierfür ist, dass die Aufhebung und Rückforderung nur eine künftige Verbindlichkeit gegenüber dem Leistungsträger darstellt, eine in der Vergangenheit entstandene Bedarfslage aber nicht mehr belastet.

Beispiel
Im laufenden Leistungsbezug erhält L eine Abfindung seines ehemaligen Arbeitgebers von 6.000 €, die seinen Bedarf entfallen lassen würde. L teilt das Einmaleinkommen dem Jobcenter jedoch nicht mit, so dass er sich weiterhin im Leistungsbezug befindet. Im dritten Monat nach Erhalt der Abfindungszahlung kauft er sich von den 6.000 € einen – nachweisbar – dringend benötigten PKW. Die Behörde erfährt von dem Vorgang nach Ablauf von sechs Monaten.
Die Leistung ist im gesamten Verteilzeitraum (vgl. § 11 Abs. 3 SGB II) rechtswidrig, so dass eine Aufhebung für sechs Monate in Frage kommt,[339] denn eine aktuelle Bedarfslage bleibt nicht ungedeckt (der Verteilzeitraum ist verstrichen) – es geht „nur" um eine zukünftige Forderung des Jobcenters.

„Ein späterer Verbrauch als weiteres Ausgabeverhalten des Hilfebedürftigen während des Verteilzeitraums ist in diesem Zusammenhang ohne Bedeutung. Insofern hat der 14. Senat zu Recht betont, dass bei der Anwendung des § 48 SGB X – wegen Nichtanzeige der zugeflossenen Einnahme – mit Wirkung für die Vergangenheit nicht eine aktuelle Bedarfslage ungedeckt blieb – also eine Hilfebedürftigkeit tatsächlich bestand, sondern erst nach Aufhebung der Bewilligung bezogen auf die Vergangenheit und Rückforderung und daher regelmäßig und auch hier erst künftig eine Verbindlichkeit gegenüber dem Träger der Grundsicherung entstehe."[340]
Hätte L das Einmaleinkommen sofort mitgeteilt und hätte L wie im Ausgangsfall nach drei Monaten keine „bereiten Mittel", wäre er wieder hilfebedürftig und es würden Leistungen gewährt (Art. 1 GG, Art. 20 GG). Es wäre dann zu prüfen, ob ein Kostenersatzanspruch wegen obliegenheitswidrigem vorzeitigem Einkommensverbrauch in Betracht kommt (§ 34 SGB II). Ist das Verhalten (wie in diesem Fall) aber sozialadäquat, kann eine Kostenersatzforderung nach § 34 SGB II entfallen.

---

338 Vgl. BSG, Urt. vom 10.9.2013 – B 4 AS 89/12 R –, juris, Rn. 32 = SGb 2014, 280 = FEVS 65, 481.
339 BSG, Urt. vom 10.9.2013 – B 4 AS 89/12 R –, juris Rn. 25.
340 BSG, Urt. vom 10.9.2013 – B 4 AS 89/12 R –, juris Rn. 25.

Sofern eine leistungsberechtigte Person jedoch **nachweisen** kann, dass das verbrauchte Einmaleinkommen tatsächlich nicht zur Verfügung steht, scheidet eine Anrechnung des Einkommens **für die Zukunft** aus, weil keine Mittel mehr vorhanden sind, um den konkreten Bedarf im jeweiligen Monat zu decken. Obliegenheitswidriger vorzeitiger Einkommensverbrauch ist damit leistungserheblich. Eine Rücknahme oder Aufhebung für die Zukunft bzw. für zukünftige Bewilligungszeiträume ist damit nicht mehr möglich. In einer solchen Konstellation kann der Leistungsträger einen Kostenersatzanspruch prüfen (§ 34 SGB II, § 103 SGB XII).[341]

1.3.28.7.2 Voraussetzungen

Folgende Voraussetzungen müssen vorliegen:
1. Verwaltungsakt (§ 31 SGB X),
2. Verwaltungsakt mit Dauerwirkung, unabhängig davon, ob rechtmäßig oder rechtswidrig,
3. wesentliche Änderung der Verhältnisse,
4. bei Aufhebung für die Vergangenheit: Einzelfälle des § 48 Abs. 1 Satz 2 SGB X,
5. Einhaltung der Jahresfrist als Entscheidungsfrist
   (§ 48 Abs. 4 i. V. m. 45 Abs. 4 SGB X),
6. Einhaltung der Ausschlussfristen bei Dauerverwaltungsakten
   (§ 48 Abs. 4 i. V. m. § 45 Abs. 3 SGB X).

Verwaltungsakte mit und ohne Dauerwirkung

Verwaltungsakte haben Dauerwirkung, wenn sie längerfristige Rechtsverhältnisse begründen oder verändern, ihnen also eine Wirkung zukommt, die sich nicht in einer einmaligen Vollziehung oder Rechtsgestaltung bzw. einem einmaligen Gebot oder Verbot erschöpfen. Ihre Regelungswirkung hat eine über den Bewilligungsmonat hinausgehende zeitliche Geltungsdauer und ihr Regelungsgehalt wiederholt sich.[342] Insofern verlangt ein Dauerverwaltungsakt eine ständige Rückkopplung zu den tatsächlichen oder rechtlichen Voraussetzungen während seiner inneren Wirksamkeit.

Kraft gesetzlicher Anordnung werden Grundsicherungsleistungen für Arbeitsuchende und Leistungen nach dem 4. Kapitel SGB XII für in der Regel zwölf Monate bewilligt (§ 41 Abs. 3 SGB II, § 44 Abs. 3 SGB XI). Es handelt sich somit um wiederkehrende Leistungen über eine längere Zeitdauer, die in einer Verfügung geregelt wird. Die Verfügung beinhaltet mindestens zwölf Regelungen und geht daher über die einmalige Gestaltung einer Rechtslage hinaus. Auch die Rechtswirkung erfasst einen Zeitraum von in der Regel zwölf Kalendermonaten.

---

341 Vgl. BSG, Urt. vom 10.9.2013 – B 4 AS 89/12 R –, juris, Rn. 32 = SGb 2014, 280 = FEVS 65, 481.
342 Vgl. BT-Drs. 8/2034 § 4: „Ein Verwaltungsakt mit Dauerwirkung liegt vor, wenn sich der Verwaltungsakt nicht in einem einmaligen Ge- oder Verbot oder in einer einmaligen Gestaltung der Rechtslage erschöpft, sondern ein auf Dauer berechnetes oder in seinem Bestand von dem Verwaltungsakt abhängiges Rechtsverhältnis begründet oder inhaltlich verändert (z. B. ein Verwaltungsakt, der den dauernden regelmäßigen Bezug von Sozialleistungen zum Gegenstand hat)."

Aber auch die übrigen Leistungen des Zwölften Buches Sozialgesetzbuch **können** als Dauerverwaltungsakte erbracht werden, wenn die Behörde diese als solche ausdrücklich erlässt. Bei begünstigenden Verwaltungsakten nach dem 3. und 5. bis 9. Kapitel SGB XII muss dann von „Verwaltungsakten mit Dauerwirkung" ausgegangen werden, wenn z. B. Hilfen „für einen bestimmten Zeitraum" oder „bis auf Weiteres" oder „ab ..." bewilligt werden. In diesen Fällen erstreckt sich die Bewilligung auf mindestens zwei Monate.

Dies hatte in der Vergangenheit zur Folge, dass Verwaltungsgerichte den § 48 SGB X zunehmend auch in der Sozialhilfe nach dem Bundessozialhilfegesetz für anwendbar erklärt haben.[343] Bei den mit der (früheren) Sozialhilfe vergleichbaren Leistungen nach dem 3. und 5. bis 9. Kapitel SGB XII müssen Verwaltungsakte, die in diesem Sinne „Verwaltungsakte mit Dauerwirkung" darstellen, auch für die Zukunft aufgehoben werden.

In der Praxis werden Sozialhilfeleistungen nach dem Zwölften Buch Sozialgesetzbuch häufig für eine unbestimmte und damit ungewisse Zeit erbracht. Damit dürfte es sich häufig um Dauerverwaltungsakte handeln.

Zu beachten ist aber, dass insbesondere das Bedarfsdeckungsprinzip des Zwölften Buches Sozialgesetzbuch eine solche Dauerleistung nicht vorsieht. In der Praxis werden deshalb Bescheide erlassen, die sich nur auf einen einzelnen Monat beziehen (sog. „Monatsbescheide"). Die Rechtsstruktur des Zwölften Buches sieht vor, dass die Leistungen nach dem **3. und 5. bis 9. Kapitel SGB XII** als „täglich erneut regelungsbedürftig"[344] und auch bei wiederholter Bewilligung nicht als „rentengleiche wirtschaftliche Dauerleistung"[345] zu klassifizieren sind. Die Einordnung als Dauerverwaltungsakt wäre daher in Fällen von „Monatsbescheiden" eher abzulehnen. Vom OVG Lüneburg wurde diesbezüglich beispielsweise festgestellt: „Bei der Bewilligung von Hilfe zum Lebensunterhalt handele es sich nicht um einen Verwaltungsakt mit Dauerwirkung. Sozialhilfe sei keine rentengleiche Dauerleistung, sondern werde entsprechend der vorhandenen Notlage regelmäßig Monat für Monat neu bewilligt."[346]

---

343 Vgl. BVerwG, Urt. vom 10.9.1992 – 5 C 71/88 –, BVerwGE 91, 13 = FEVS 43, 224 = DÖV 1993, 344 = NVwZ-RR 1993, 495; BVerwG, Urt. vom 17.8.1995 – 5 C 26/93 –, BVerwGE 99, 114 = FEVS 46, 265 = DÖV 1996, 328 = NVwZ 1997, 183; BVerwG, Urt. vom 28.9.1995 – 5 C 21/93 –, FEVS 46, 360 = ZfSH/SGB 1996, 430 = DVBl. 1996, 857; OVG Münster, Urt. vom 24.3.1993 – 24 A 1093/90 –, NDV 1994, 72 = NWVBl 1993, 393 = FEVS 44, 330; OVG Münster, Urt. vom 11.12.1997 – 8 A 5182/95 –, FEVS 48, 352 = ZFSH/SGB 2001, 161; VGH Baden Württemberg, Urt. vom 20.10.1995 – 6 S 2670/94 –, FEVS 46, 330 = info sio 1996, 218 (Kurzwiedergabe); VGH Ba-den-Württemberg, Urt. vom 3.4.1996 – 6 S 269/95 –, FEVS 47, 104; OVG Hamburg, Beschl. vom 5.12.1996 – BS IV 322/96 –, ZFSH/SGB 1998, 98 = FEVS 47, 538.
344 Vgl. BVerwG, Urt. vom 30.11.1966 – 5 C 29/66 –, BVerwGE 25, 307 = FEVS 14, 243 = ZFSH 1967, 180 = NDV 1967, 281.
345 Vgl. BVerwG, Urt. vom 18.1.1979 – 5 C 4/78 –, BVerwGE 57, 237 = FEVS 27, 229 = ZfSH 1979, 372 = DÖV 1979, 82; vgl. auch Regierungsbegründung zum Zehnten Buch Sozialgesetzbuch, BT-Drs. 8/2034 S. 33.
346 OVG Lüneburg, Urt. vom 28.4.1993 – 4 L 5348/92 –, juris, Rn. 15. Diese Feststellung wurde aber vom Bundesverwaltungsgericht in der Revision offengelassen (BVerwG, Urt. vom 17.8.1995 – 5 C 26/93 –, juris, Rn. 13).

In Fällen von „Monatsbescheiden" verlangt eine vermittelnde Meinung, dass durch Auslegung festzustellen ist, ob es sich um eine einmalige Leistung handelt oder ob auch im Bereich der Sozialhilfe ein Verwaltungsakt mit Dauerwirkung vorliegt. Allerdings liegt hier die Tendenz darin, einen Dauerverwaltungsakt im Fall einer lediglich monatlichen Bewilligung abzulehnen.

Beispiel[347]
Die Behörde bewilligt Leistungen nach dem 3. Kapitel SGB XII für die „Dauer der Hilfebedürftigkeit" und erklärt, dass die Leistungen „bis auf Weiteres" erbracht werden.
Dies für sich allein genommen spricht zunächst für einen Dauerverwaltungsakt. Allerdings ist bei der am Empfängerhorizont vorzunehmenden Auslegung nach §§ 133, 157 BGB die dem Bescheid beigefügte Erklärung entscheidend, dass die fortlaufende Zahlung keine rentenrechtliche Dauerleistung sei, sondern jeweils ein neuer Verwaltungsakt. Die Erklärung lautet wörtlich:
*„Die Bewilligung von Leistungen nach dem Dritten Kapitel des Zwölften Buches Sozialgesetzbuch für den vorgenannten Zeitraum bzw. für die Zeit **bis auf Weiteres** stellt lediglich die weitere Erbringung von Leistungen bei Fortbestand der Bewilligungsvoraussetzungen in Aussicht. Die fortlaufende Zahlung stellt keine rentengleiche Dauerleistung dar; vielmehr ist in der fortlaufenden Zahlung jeweils der Erlass eines neuen Verwaltungsaktes durch nach außen hin erkennbares Handeln zu sehen. Werden aufgrund gleich gebliebener Verhältnisse Leistungen für künftige Zeiträume durch Überweisung bewilligt, entsprechen die Berechnung und Festsetzung der Einzelansprüche denen des vorliegenden Bescheides."*
*Ein verständiger Empfänger des Bescheides muss den Bescheid dahingehend verstehen, dass der objektive Regelungsgehalt auf den Bewilligungsmonat beschränkt ist und dass die Bewilligung in den Folgemonaten nicht schriftlich, sondern nach § 33 Abs. 2 SGB X konkludent durch Überweisung erfolgen wird. In diesem Fall liegt dann **kein Dauerverwaltungsakt** vor.*

In einer jüngeren Entscheidung hat das Bundessozialgericht mit dieser traditionellen und auf den Strukturprinzipien der Sozialhilfe beruhenden Sichtweise „gebrochen". In einem Fall, in der Pflegeleistungen entsprechend des Bedarfsdeckungsprinzips nur für einen einzigen Monat gewährt worden sind und sich im Laufe des Monats die Pflegestufe ändert, kann – nach Auffassung des Bundessozialgerichts – dennoch § 48 SGB X angewandt werden, weil ein (unvorhergesehener) Anpassungsbedarf nach Erlass des Ausgangsbescheides besteht.[348]

Danach ist inzwischen davon auszugehen, dass es sich auch in den Fällen, in denen Sozialhilfeleistungen nur für **einen Monat** bewilligt werden, um einen **Dauerverwaltungsakt** handelt. Diese Sichtweise trägt dem Umstand Rechnung, dass die Sozialhilfe täglich regelungsbedürftig ist und damit eine monatliche Bewilligung eine mehrtägige

---
347 Vgl. BSG, Urt. vom 17.6.2008 – B 8/9b AY 1/07 R –, juris, RN 11; in diesem Sinne auch LSG NRW, Beschl. vom 7.3.2007 – L 20 B 3/07 AY –.
348 BSG, Urt. vom 2.2.2012 – B 8 SO 5/10 R –, juris, Rn. 13 = SGb 05/2013, 295 mit Anmerkung *Löcher*.

Wirkung hat.[349] Die Dauerwirkung besteht demnach darin, dass die Sozialhilfeleistung täglich wiederholend erbracht wird. Relevant ist diese Feststellung, weil unvorhersehbare Änderungen nach Erlass des Bewilligungsbescheides (z. B. Nebenkostenerstattungen, Erbschaften, sonstige Einkommenszuflüsse) selbst bei einem Geltungszeitraum von nur einem Monat („Monatsbescheid") nach § 48 SGB X mit Rückwirkung aufgehoben werden können.

Die soeben beschriebene Sichtweise ist problematisch, weil ebenso gut begründbar ist, dass ein Verwaltungsakt, dessen Regelungsbereich nicht über einen Monat hinauswirkt, keine Dauerwirkung entfaltet. Da Leistungen der Sozialhilfe nach dem **Monatsprinzip** grundsätzlich **monatsweise** erbracht werden, erschöpft sich die Wirkung des Bewilligungsbescheides in einer einzigen Regelung. Gut vertretbar ist es auch, tageweise wiederholende Regelungen abzulehnen, so dass auch von einer Dauerwirkung nicht ausgegangen werden kann.[350]

Will man eine Dauerwirkung bei einem „Monatsbescheid" begründen, darf nicht auf die **tatsächliche Regelung** (Monatsbewilligung bzw. Monatsauszahlung) abgestellt werden, sondern auf die **rechtlichen Wirkungen** des Bewilligungsbescheides, die sich über den Zeitpunkt der Bekanntgabe hinaus auf einen Zeitraum von einem Monat erstrecken. Insofern hat der Bescheid über eine gewisse zeitliche Dauer Bedeutung.[351]

Wesentliche Änderung in den Verhältnissen

Eine **wesentliche Änderung** liegt vor, wenn der erlassene Verwaltungsakt nicht mehr so erlassen werden würde, wie er erlassen worden ist. Die Änderung muss sich also auf den materiell-rechtlichen Bestand des Verwaltungsaktes oder auf die bewilligte Leistungshöhe auswirken. Die wesentliche Änderung ist also am Maßstab des materiellen Rechts zu beurteilen. Eine wesentliche Änderung entspricht einer „rechtserheblichen Änderung". Änderungen, die keinen Einfluss auf Bewilligungsart oder -umfang haben, sind keine „wesentlichen" Änderungen.

Beispiel
Im Schwerbehindertenrecht (vgl. §§ 68 ff. SGB IX, Versorgungsmedizin-Verordnung) werden die Behinderungsgrade stufenweise in 10er-Schritten gemessen. Selbst wenn sich einzelne Funktionsbeeinträchtigungen weiterhin verschlechtern, muss die Beeinträchtigung nicht derart wesentlich sein, dass der Gesamtbehinderungsgrad erhöht werden muss.

---

349 Vgl. OVG NRW, Urt. vom 24.3.1993 – 24 A 1093/90 –, juris, Rn. 50 ff.
350 Diese Sichtweise teilend: OVG Lüneburg, Urt. vom 28.4.1993 – 4 L 5348/92 –, juris, Rn. 15: „Bei der Bewilligung von Hilfe zum Lebensunterhalt handele es sich nicht um einen Verwaltungsakt mit Dauerwirkung. Sozialhilfe sei keine rentengleiche Dauerleistung, sondern werde entsprechend der vorhandenen Notlage regelmäßig Monat für Monat neu bewilligt." Diese Feststellung wurde aber vom Bundesverwaltungsgericht in der Revision offengelassen (BVerwG, Urt. vom 17.8.1995 – 5 C 26/93 –, juris, Rn. 13).
351 Vgl. BSG, Urt. vom 16.2.1984 – 1 RA 15/83 –, juris, Rn. 24; BSG, Urt. vom 20.6.2001 – B 11 AL 10/01 R –, juris, Rn. 17.

Die Änderungen können tatsächlicher oder rechtlicher Natur sein. Eine Änderung ergibt sich durch einen Vergleich des gegenwärtigen Sachverhalts bzw. der gegenwärtigen Rechtslage mit dem Sachverhalt oder der Rechtslage zum Zeitpunkt des ursprünglichen Bescheiderlasses.

Eine Änderung der Rechtslage liegt vor, wenn sich die rechtliche Grundlage des Verwaltungsaktes nach Erlass des Bescheides verändert hat. Dies kommt insbesondere bei dem Inkrafttreten neuer oder den Wegfall bisheriger gesetzlicher Vorschriften in Frage, z. B. bei Gesetzes- oder Verordnungsänderungen, deren Inkrafttreten nicht vor oder zeitgleich mit dem Bescheid erfolgen darf (ansonsten ist die Anwendung von § 44 oder § 45 SGB X zu prüfen). Erfasst werden sämtliche Änderungen von Gesetzen im materiellen Sinne, nicht hingegen Änderungen interner Verwaltungsvorschriften ohne Rechtsnormqualität. Im Sozialleistungsbereich stellen beispielsweise die jährlichen Regelsatzerhöhungen materiell-rechtliche Änderungen dar, die zum Erlass eines begünstigenden Änderungsbescheides bzw. Dynamisierungsbescheides (§ 48 Abs. 1 Satz 1, Satz 2 Nr. 1 SGB X) führen.

§ 48 Abs. 2 SGB X verlangt, dass ein Verwaltungsakt im Einzelfall mit Wirkung für die Zukunft auch dann aufzuheben ist, wenn der zuständige oberste Gerichtshof des Bundes in „ständiger Rechtsprechung" nachträglich das Recht anders auslegt als die Behörde bei Erlass des Verwaltungsaktes und sich dieses zugunsten des Berechtigten auswirkt. Eine „ständige Rechtsprechung" (vgl. auch § 40 Abs. 3 Satz 1 Nr. 2 SGB II) wirkt in der Regel auf den Erlasszeitpunkt des Verwaltungsaktes zurück, so dass diese Rechtsprechung wenig Bedeutung für § 48 SGB X hat, sondern § 44 SGB X betrifft. § 48 Abs. 2 Halbs. 2 SGB X macht deutlich, dass der Anwendungsbereich von § 44 SGB X weiterhin eröffnet bleibt.

Eine ständige Rechtsprechung liegt u. a. vor, wenn ein zuständiger oberster Gerichtshof (z. B. Bundessozialgericht, Bundesverwaltungsgericht) das Recht anders auslegt als es die Behörde bei Erlass des früheren Verwaltungsaktes getan hat. Die ständige Rechtsprechung kann bereits entstehen, wenn ein oberster Gerichtshof in nur einer Entscheidung eine Rechtsfrage in einem bestimmten Sinne beantwortet und die Rechtsfrage damit „hinreichend geklärt" ist.[352] Das Urt. des obersten Gerichtshofes muss also eine gesicherte Rechtsprechung bewirken. Insofern handelt es sich dann um ein bedeutsames Urteil, das eine streitige oder wichtige Rechtsfrage endgültig entscheidet oder eine umstrittene Auffassung korrigiert (sog. „geläuterte Rechtsprechung").

Nur dann, wenn die geänderte Auslegung einer Rechtsnorm auf einer zwischenzeitlichen Änderung der rechtlichen Grundlagen oder der sozialen, soziologischen oder wirtschaftlichen Rahmenbedingungen oder Anschauungen beruht, ist der Verwaltungsakt nicht nach § 44 SGB X, sondern nach § 48 Abs. 2 SGB X mit Wirkung für die Zukunft aufzuheben.[353]

---

352 Vgl. BSG, Urt. vom 21.6.2011 – B 4 AS 118/10 R –, juris, Rn. 18.
353 Vgl. *Köhler*, Die Bindung der Sozialleistungsträger an die höchstrichterliche Rechtsprechung, VSSR 2009 S. 15 ff., m. w. N.

Beispiele
- *Das Einkommen der leistungsberechtigten Person erhöht oder verringert sich,*
- *Zu- oder Wegzug aus der Bedarfs- bzw. Einsatzgemeinschaft,*
- *Eintritt eines Mehrbedarfs (z. B. wegen kostenaufwendiger Ernährung, Schwangerschaft, etc.),*
- *der erwerbsfähige Leistungsberechtigte wird (dauerhaft) voll erwerbsgemindert,*
- *der gewöhnliche Aufenthalt ändert sich,*
- *eine rechtliche Änderung liegt vor, wenn sich für die Entscheidung maßgebliche Rechtsnormen ändern.*

Die Änderungen müssen **nach der Bekanntgabe** des Verwaltungsaktes und damit im laufenden Bewilligungszeitraum eingetreten sein. Dabei ist zu unterscheiden zwischen
- den Fällen, bei denen die Änderung während des Bewilligungszeitraums mit Sicherheit eintritt und dies bereits im Zeitpunkt der Bekanntgabe berücksichtigt werden muss und
- den Fällen, bei denen nur mit einer prognostischen Wahrscheinlichkeit eine Änderung eintritt und dies beim Erlass des Dauerverwaltungsaktes nicht berücksichtigt werden muss.

Im ersten Fall ist der Dauerverwaltungsakt von Anfang an rechtswidrig, wenn die Behörde die eintretende Veränderung im Bewilligungszeitraum unberücksichtigt lässt. Mithin ist in diesem Fall § 45 SGB X die richtige Ermächtigungsgrundlage. Im zweiten Fall tritt die Änderung während der Bewilligung ein und eine Aufhebung kann auf § 48 SGB X gestützt werden.

Beispiele
- *Zum Zeitpunkt der Leistungsbewilligung nach dem Zweiten Buch Sozialgesetzbuch ist der Behörde bekannt, dass im dritten Monat des Bewilligungszeitraum die leistungsberechtigte Person eine einmalige Zahlung von 500,00 € aus vertraglichen Ansprüchen erhält. Die leistungsberechtigte Person hat hierzu alle notwendigen Angaben im Antrag gemacht und die entsprechenden Belege vorgelegt.*
   *Berücksichtigt die Behörde diesen Einkommenszufluss, der sich ab dem dritten Monat auf die Leistungshöhe auswirkt, **bei Erlass** des Verwaltungsaktes nicht, ist dieser von Anfang an rechtswidrig. Sie hätte diesen Einkommenszufluss bereits im Erlasszeitpunkt berücksichtigen müssen, da dieser **prognostisch mit hoher (höchster) Sicherheit** (nicht: Wahrscheinlichkeit) eintreten wird.*
   Die Aufhebungsentscheidung richtet sich nach § 45 SGB X und hat die Konsequenz, dass die leistungsberechtigte Person (möglicherweise) Vertrauensschutz genießt und nur eine Aufhebung für die Zukunft in Frage kommt.
- *Zum Zeitpunkt der Bewilligung von Leistungen nach dem Zweiten Buch Sozialgesetzbuch teilt die leistungsberechtigte Person L vollständig und wahrheitsgemäß mit, dass sie wegen der Verhängung einer Sperrzeit (§ 159 SGB III) für die nächsten zwölf Wochen keinen Anspruch auf Arbeitslosengeld (Alg I) besitzt.*

Die Behörde bewilligt daher ohne Anrechnung von Einkommen das Arbeitslosengeld II, vergisst jedoch, nach zwölf Wochen eine Änderung des Bewilligungsbescheides durch Anrechnung von Arbeitslosengeld (Alg I) als Einkommen vorzunehmen.

Die Aufhebungsentscheidung richtet sich hier nach § 48 SGB X. Zwar war der Behörde der Eintritt der Änderung in den Verhältnissen bekannt. Ein sog. **„Prognosefehler"** *ist der Behörde aber nicht unterlaufen. Danach sind die Leistungsträger gehalten, antizipierte Einkommenszuflüsse im Bewilligungszeitraum zu berücksichtigen, die nahezu sicher sind.*

Im vorliegenden Fall fehlt es aber bereits an einer hinreichenden hohen, an Sicherheit grenzenden Zuflusswahrscheinlichkeit dem Grunde nach, denn zum Zeitpunkt der Entscheidung konnte noch niemand exakt wissen, ob nach Ablauf der zwölf Wochenfrist die leistungsberechtigte Person noch arbeitslos sein würde. Solche nur möglichen – wenn auch wahrscheinlichen – Zuflüsse während des Bewilligungszeitraums dürfen im Rahmen der Einkommensprognose nicht berücksichtigt werden.[354]

Da dem L im vorliegenden Fall kein Verschulden trifft und er seinen Mitwirkungspflichten nachgekommen ist, richtet sich die (teilweise) Aufhebung für die Vergangenheit nach § 48 Abs. 1 Satz 2 Nr. 3 SGB X. Nach dieser Regelung erfolgt die Aufhebung verschuldensunabhängig. Trotzdem **muss** *eine Aufhebung für die Vergangenheit erfolgen, obwohl L sich (absolut) rechtskonform verhalten hat und den Mitwirkungspflichten nachgekommen ist. § 48 Abs. 1 Satz 2 SGB X eröffnet insofern keinen Vertrauensschutz, der zu berücksichtigen wäre. Die Behörde hat auch keine Ermessensgesichtspunkte zu berücksichtigen.*

Wegen der Sonderregelung in § 40 Abs. 2 Nr. 3 SGB II i. V. m. § 330 Abs. 3 Satz 1 SGB III wandelt sich die Soll-Bestimmung in eine gebundene Entscheidung um.

Nach alledem wird L die Entscheidung als besonders hart empfinden, da er sich nicht auf Vertrauensschutz und Rechtssicherheit einer behördlichen Entscheidung berufen kann. Rechtlich kann in Frage gestellt werden, ob der Behörde wirklich kein Prognosefehler unterlaufen ist. Das Argument, andere Voraussetzungen wie z. B. das Vorliegen der Arbeitslosigkeit seien ungewiss, gelten eigentlich für jede Entscheidung einer (teilweisen) Aufhebung im laufenden Leistungsbezug.

Noch problematischer ist die Abgrenzung zwischen einer Aufhebung nach § 48 SGB X und einer Rücknahme nach §§ 44, 45 SGB X, wenn sich nach Erlass eines Verwaltungsaktes mit Dauerwirkung entscheidungserhebliche Verhältnisse ändern und diese Änderungen auf den Erlasszeitpunkt zurückwirken.

---

354 Vgl. Bayerisches LSG, Urt. vom 14.8.2008 – L 7 AS 304/07 –, BeckRS 2009, 51298.

Beispiel

*Erstreckt sich ein Bewilligungsbescheid nach dem Zweiten Buch Sozialgesetzbuch (Dauerverwaltungsakt gemäß § 41 Abs. 3 SGB II) auch auf einen zurückliegenden Zeitraum und tritt **vor** der Bekanntgabe des Bescheides ein nicht berücksichtigter Einkommenszuwachs ein, ist der Bescheid von Anfang an rechtswidrig. Wenn der Träger der Grundsicherung für Arbeitsuchende z. B. mit bekanntgegebenem Bescheid vom 15.5. ungekürzte Leistungen rückwirkend ab dem 1.3. erbringt und am 14.5. die leistungsberechtigte Person eine Steuererstattung erhält, ist der Bescheid von Anfang an rechtswidrig und ab Mai unter Berücksichtigung von § 11 Abs. 3 SGB II teilweise nach § 45 SGB X aufzuheben.*[355]
*Für eine Anwendung des § 48 SGB X ist eine Änderung der Verhältnisse **nach** Erlass des Bescheides notwendig. Im vorliegenden Fall müsste dann nach Erlass des Bewilligungsbescheides vom 15.5. die Steuererstattung (z. B. am 16.5.) zufließen.*

Zur Abgrenzung von § 45 SGB X einerseits und § 48 SGB X andererseits sind die dogmatischen Grundsätze der verschiedenen Korrekturvorschriften heranzuziehen:[356]

- Wenn die Behörde bei Erlass eines Verwaltungsaktes mit Dauerwirkung ursprünglich auch bei bestem Wissen nicht anders entscheiden konnte, die Diskrepanz der Bescheid-Regelung zum materiellen Recht also auf einer nachträglich eingetretenen Änderung beruht, ist § 48 Abs. 1 SGB X einschlägig. Beispiele hierfür können die überraschend eingetretene Steuererstattung, die Erbschaft oder der Lottogewinn sein. Jeweils war im Zeitpunkt des Erlasses der Einkommenszufluss weder vorhersehbar noch prognostizierbar.
- Wenn nachträgliche Erkenntnisse nur deutlich machen, was schon bei dem früheren Erlass eines Verwaltungsaktes mit Dauerwirkung feststellbar war, gelten die Rücknahmevorschriften der §§ 44, 45 SGB X. Ein Bescheid ist z. b. nach § 45 SGB X zurückzunehmen, wenn der Antragsteller bei Erlass einen absehbaren und bekannten Einkommenszufluss verschweigt.

Im erstgenannten Fall beruht die mögliche Anwendbarkeit des § 48 SGB X auf dem systematischen Unterschied zwischen § 45 SGB X einerseits und § 48 SGB X andererseits. Wenn die Behörde bei Aufklärung des Sachverhalts keinerlei Schuld trifft, „verdient" der Beteiligte auch nur einen geringeren Vertrauensschutz als er ihn bei Anwendung des § 45 SGB X in größerem Umfang bekommen würde. Hingegen erfasst § 45 SGB X regelmäßig Sachverhaltsaufklärungsmängel und Prognosefehler wie z. B. die fehlende Berücksichtigung einer absehbaren Einkommenserhöhung oder ein absehbarer Einkommenszufluss sowie fehlende Angaben des Beteiligten zur Höhe seines Einkommens.

---

355 Vgl. BSG, Urt. vom 16.12.2008 – B 4 AS 48/07 R –, FEVS 60, 546 = EuG 2010, 1; LSG NRW, Beschluss vom 6.3.2008 – L 7 B 317/07 AS –, BeckRS 2009, 51801; LSG Berlin-Brandenburg, Urt. vom 3.9.2010 – L 18 AS 1326/09 –, BeckRS 2010, 74014.
356 Vgl. *Dörr*, Bescheidkorrektur – Rückforderung – Sozialrechtliche Herstellung, 5. Aufl., S. 171.

§ 48 SGB X setzt nicht voraus, dass der ursprüngliche Verwaltungsakt mit Dauerwirkung rechtmäßig war. Auch ein von Anfang an rechtswidriger Bescheid kann über § 48 SGB X korrigiert werden, soweit eine im Vergleich zum Ausgangsbescheid wesentliche Änderung eingetreten ist.

Beispiel
Dem nach dem Zweiten Buch Sozialgesetzbuch Leistungsberechtigten L wurden wegen fehlerhafter Berechnung des Einkommens zu hohe Arbeitslosengeld II-Leistungen bewilligt. Eine Aufhebung des rechtswidrigen Bewilligungsbescheides für die Vergangenheit nach § 45 SGB X scheitert daran, dass L Vertrauensschutz genießt. Erzielt L im Bewilligungszeitraum weiteres bzw. höheres Einkommen, kann der rechtswidrige Bewilligungsbescheid nach § 48 SGB X im Umfang der Änderung „angepasst" bzw. korrigiert werden.

Ein Fall des § 48 SGB X – und nicht des § 45 SGB X – liegt auch dann vor, wenn andere Behörden ihre Entscheidung korrigieren und dies Auswirkungen auf die bereits getroffene Entscheidung des Trägers der Grundsicherung für Arbeitsuchende oder des Trägers der Sozialhilfe hat (es sei denn, die Änderungen waren bei Erlass des Bewilligungsbescheides bekannt). So könnte z.B. die Pflegeversicherung ihren Bescheid zur Feststellung der Pflegebedürftigkeit korrigieren, oder die Bundesagentur für Arbeit könnte den Arbeitslosengeldbescheid der Höhe nach ändern. Beides hätte Auswirkungen auf die Leistungshöhe der Grundsicherung für Arbeitsuchende oder auf die ausgezahlte Sozialhilfe.

Der Träger der Sozialhilfe ist z.B. im Rahmen der Leistungen nach dem 7. Kapitel SGB XII an die Feststellungen der Pflegekasse gebunden (vgl. § 62a SGB XII).

Änderungen der Pflegegrade haben auch Auswirkungen auf den Umfang der Sozialhilfeleistungen. Änderungen beim Arbeitslosengeld nach dem Dritten Buch Sozialgesetzbuch bewirken einen anderen Einkommenszufluss bei der Leistungserbringung nach dem Zweiten Buch Sozialgesetzbuch.[357] Aufgrund der Tatbestandswirkung eines Verwaltungsaktes ist der Bewilligungsbescheid anfänglich rechtmäßig ergangen, so dass grundsätzlich § 48 SGB X die richtige Rechtsgrundlage ist.

„Tatbestandswirkung" bedeutet, dass die Entscheidung einer fachfremden Behörde auch einen anderen Verwaltungsträger bindet, wenn dies für die zu treffende Entscheidung erheblich ist.

Aufhebung für die Vergangenheit (Einzelfälle des § 48 Abs. 1 Satz 2 SGB X)

Die Aufhebung für die Vergangenheit entscheidet sich nach § 48 Abs. 1 Satz 2 **SGB X.** Nach § 48 Abs. 1 Satz 2 SGB X **sollen** Verwaltungsakte mit Dauerwirkung mit Wirkung vom Zeitpunkt der Änderung der Verhältnisse und damit **mit Wirkung für die Vergangenheit** aufgehoben werden, soweit

---

357 Vgl. BSG, Urt. vom 23.8.2011 – B 14 AS 165/10 R –, SGb 08/2012, 470 = NDV-RD 2012, 29 = SozR 4-4200 § 11 Nr. 43.

- die Änderung **zugunsten der Betroffenen** erfolgt (§ 48 Abs. 1 Satz 2 **Nr. 1** SGB X), z.B. Anpassung der Leistungen für Unterkunft wegen Mieterhöhungen, Nachzahlungen von Mehrbedarfszuschlägen, gesunkenes Einkommen. Häufigster Anwendungsfall sind die Dynamisierungsbescheide, die auf der Erhöhung der Regelleistung beruhen.[358] Bei der Frage, ob die Änderung zugunsten des Betroffenen erfolgt, kommt es nicht darauf an, ob die Änderung in den tatsächlichen oder rechtlichen Verhältnissen für den Betroffenen günstig ist. Vielmehr ist entscheidend, ob der Verwaltungsakt, der wegen der Änderung der Verhältnisse zu erlassen ist, den Betroffenen im Vergleich zu dem aufzuhebenden Verwaltungsakt begünstigt,
- die Betroffenen einer durch Rechtsvorschrift vorgeschriebenen Pflicht zur Mitteilung wesentlicher, für sie nachteiliger Änderungen der Verhältnisse vorsätzlich oder grob fahrlässig nicht nachgekommen sind (§ 48 Abs. 1 Satz 2 **Nr. 2** SGB X), z.B. wenn trotz Belehrung über die Mitwirkungspflichten nach § 60 SGB I die leistungsberechtigte Person die die Leistung reduzierenden Veränderungen der Einkommenserhöhung verschwiegen hat,
- nach Antragstellung oder Erlass des Verwaltungsaktes Einkommen oder Vermögen erzielt worden ist, das zum Wegfall oder zur Minderung des Anspruchs geführt haben würde (§ 48 Abs. 1 Satz 2 **Nr. 3** SGB X).

Beispielsweise führt eine Rentenerhöhung oder der Zufluss von Arbeitslosengeld nach dem Dritten Buch Sozialgesetzbuch nach Verhängung einer Sperrzeit zu einem (teilweisen) Wegfall des Leistungsanspruchs aufgrund zufließenden Einkommens im Bewilligungszeitraum. Der Begriff des Einkommens ist bei Anwendung dieser Vorschrift **weit zu fassen** und umfasst jedweden „geldwerten Vorteil" – und damit auch Sozialleistungen, die andere Sozialleistungen entfallen lassen (z.B. lässt die Gewährung von stationärer Kurzzeitpflege den Anspruch von Pflegegeld während des stationären Aufenthalts gemäß § 63b Abs. 3 SGB XII entfallen, weil die Kurzzeitpflege „Einkommen" im Sinne von § 48 Abs. 1 Satz 2 Nr. 3 SGB X darstellt). Die Vorschrift sieht im Gegensatz zu § 48 Abs. 1 Satz 2 Nr. 2 SGB X keine schuldhafte Verletzung einer Mitteilungspflicht vor, so dass die Aufhebung **verschuldensunabhängig** erfolgt.

- die Betroffenen wussten oder nicht wussten, weil sie die erforderliche Sorgfalt in besonders schwerem Maße verletzt haben, dass der sich aus dem Verwaltungsakt ergebende Anspruch kraft Gesetzes zum Ruhen gekommen oder ganz oder teilweise weggefallen ist (§ 48 Abs. 1 Satz 2 **Nr. 4** SGB X), z.B. Verlust des Anspruchs auf Arbeitslosengeld II nach § 7 Abs. 4a SGB II („unerlaubte Abwesenheit") oder Wegfall des Anspruchs aufgrund eines Umzugs in den Zuständigkeitsbereich eines anderen Leistungsträgers.

Die Wendung „kraft Gesetzes ganz oder teilweise weggefallen" ist nicht wörtlich zu verstehen. Denn ein Bewilligungsbescheid bleibt nach § 39 Abs. 2 SGB X solange wirksam wie er nicht zurückgenommen, widerrufen oder auf andere Weise aufgehoben worden ist. Ein Wegfall des Anspruchs kraft Gesetzes ist mit Ausnahme der „Erledigung" z.B. im Fall des Todes insofern kaum denkbar.

---

358 Ist bereits der Bewilligungsbescheid rechtswidrig ergangen, muss als Erstes eine Aufhebung nach § 45 SGB X erfolgen. Erst nach dieser Korrektur erfolgt eine Anpassung gemäß § 48 SGB X.

Nach dem Zweiten Buch Sozialgesetzbuch **sind** (gebundene Entscheidung) die betreffenden Verwaltungsakte aufzuheben (vgl. § 40 Abs. 2 Nr. 3 SGB II i. V. m. § 330 Abs. 3 Satz 1 SGB III).

1.3.28.7.3 Rechtsfolgen

Der Dauerverwaltungsakt ist für die Zukunft bzw. „soll" mit Wirkung für die **Vergangenheit** ab dem Zeitpunkt, ab dem sich die wesentlichen Verhältnisse geändert haben, ganz oder teilweise („soweit") aufgehoben werden.

Als Zeitpunkt der Änderung der Verhältnisse gilt in Fällen, in denen Einkommen oder Vermögen auf einen **zurückliegenden** Zeitraum aufgrund der besonderen Teile dieses Gesetzbuches anzurechnen ist, der Beginn des **Anrechnungszeitraumes**.

Die Zukunft beginnt mit der Bekanntgabe des Verwaltungsaktes. Werden Sozialleistungen monatsweise gewährt, so wirkt die Aufhebung der Leistungsbewilligung mit Beginn des nächsten Bewilligungszeitraums nach der Bekanntgabe. Sind Leistungen bereits (faktisch) ausgezahlt, kommt insoweit nur eine Aufhebung mit Wirkung für die Vergangenheit in Frage.[359]

Einkommen wird sowohl im Zweiten als auch im Zwölften Buch Sozialgesetzbuch dem Bedarf monatlich gegenübergestellt (Monatsprinzip). Einnahmen sind also nicht erst ab dem Tag des tatsächlichen Zuflusses, sondern bereits ab Beginn des Monats, in welchem sie (tatsächlich) zufließen, zu berücksichtigen. Als Anrechnungszeitraum gilt – insbesondere beim Einkommen – der jeweilige Monat. Dies wird z. B. aus den Vorschriften der §§ 3, 8 oder 11 VO zu § 82 SGB XII oder aus § 11 Abs. 2 SGB II deutlich.

Es kommt also nicht auf den tatsächlichen – taggenauen – Zufluss des Einkommens an, sondern auf den Beginn des **Monats**, in welchem das Einkommen zugeflossen ist.

Erfolgt eine einmalige Nachzahlung von Einkommen (z. B. Nachzahlung einer Erwerbsunfähigkeitsrente) für einen vergangenen Zeitraum, ist nicht der Zeitraum entscheidend, für den das Einkommen nachgezahlt wird. Maßgebend ist – entsprechend der Zuflusstheorie – der tatsächliche Zahlungseingang im jeweiligen Monat. Dieser tatsächliche Zahlungseingang stellt den Beginn des Anrechnungszeitraums dar, so dass ab diesem Zuflussmonat eine Aufhebung für die Vergangenheit in Frage kommt.

Zu beachten ist, dass nach der aktuellen Rechtsprechung[360] das ungeschützte Vermögen nicht monatlich, sondern kalendertäglich zu berücksichtigen ist („Kalendertagsprinzip"). Ungeschütztes Vermögen ist damit Tag für Tag bzw. täglich dem (täglichen) Bedarf gegenüberzustellen. Solange in tatsächlicher Hinsicht das ungeschützte Vermögen den Hilfebedarf pro Tag deckt, ist eine Hilfebedürftigkeit zu verneinen. Erst der tatsächliche Verbrauch lässt die Hilfebedürftigkeit aufleben. Dies hat auch Auswirkungen auf den zeitlichen und betragsmäßigen Umfang von Aufhebungsentscheidungen.

---

359 Vgl. BSG, Urt. vom 21.10.1999, B 11 AL 25/99 R, juris, Rn. 26; Bayerisches LSG, Urt. vom 16.01.2013, L 11 AS 583/10, juris, Rn. 18.
360 BSG, Urt. vom 20.02.2020, B 14 AS 52/18, juris, Rn. 34 ff.

Wird beispielsweise das geschützte Vermögen um 100,00 € überschritten und besteht der tägliche Bedarf in Höhe von 80,00 €, ist der monatliche Leistungsanspruch im Umfang von täglich 80,00 € und somit in einem 30-Tage-Monat im Umfang von 2.400,00 € rechtswidrig. Da es keinen fiktiven Vermögensverbrauch gibt, ist bei ex-post-Betrachtung die gewährte Sozialhilfe oder Grundsicherung für Arbeitsuchende täglich rechtswidrig gewesen. Grundsätzlich kommt daher – vorbehaltlich einer Ermessensentscheidung oder einer Härtefallprüfung (§ 44 SGB II) – eine Aufhebung im Beispielsfall im Umfang von 2.400,00 € pro Monat in Frage, obwohl nur 100,00 € ungeschütztes Vermögen besteht.

Wird ein Verwaltungsakt mit **Wirkung für die Zukunft** zurückgenommen, beginnt die Zukunft nach der Bekanntgabe des Aufhebungsbescheides.

Beispiel
Am 23.5. erscheint im Jobcenter die leistungsberechtigte Person P. Im Erlasszeitpunkt hatte P rechtmäßig Existenzsicherungsleistungen erhalten. Inzwischen handelt es sich bei P um einen von der Polizei gesuchten Kriminellen. Nach Verständigung der Polizei durch das Jobcenter wird P noch am selben Tag festgenommen und inhaftiert. Damit liegt ein Ausschlussgrund für die Leistungsgewährung nach dem Zweiten Buch Sozialgesetzbuch vor (vgl. § 7 Abs. 4 SGB II).

Der Sachbearbeiter des SGB II-Leistungsträgers erlässt ebenfalls am selben Tag eine Aufhebungsverfügung nach § 48 Abs. 1 Satz 1 SGB X des aktuellen Bewilligungsbescheides. Der Tenor der Aufhebungsverfügung muss sich hinsichtlich des Aufhebungszeitpunktes auf die Bekanntgabe beziehen, da die Zukunft erst mit der Bekanntgabe erfolgt. Bei nichtförmlicher Bekanntgabe gilt die Dreitagesfiktion, so dass die Aufhebungsentscheidung terminlich auf den 26.5. zu datieren ist (und nicht auf den 23.5.).

Eine Aufhebung vor der Bekanntgabe und damit für die Vergangenheit scheitert daran, dass die Voraussetzungen des § 48 Abs. 1 Satz 2 SGB X nicht vorliegen.

Ist ein Verwaltungsakt aufgehoben worden, sind die bereits erbrachten Leistungen zu erstatten (§ 50 Abs. 1 SGB X). Aufhebungs- und Erstattungsbescheid sollen miteinander verbunden werden (§ 50 Abs. 3 SGB X).

Bei Leistungen der Grundsicherung für Arbeitsuchende ist die Sonderregelung des § 40 Abs. 2 Nr. 3 SGB II i. V. m. § 330 Abs. 3 Satz 1 SGB III zu berücksichtigen, wonach der Dauerverwaltungsakt in den Fällen des § 48 Abs. 1 Satz 2 SGB X **verpflichtend** für die Vergangenheit aufzuheben **ist**. Das gebundene Ermessen („soll") wird also im Zweiten Buch Sozialgesetzbuch in eine gebundene Entscheidung umgewandelt.

Soweit die Soll-Regelung für die Leistungen der Sozialhilfe nach dem Zwölften Buch Sozialgesetzbuch Gültigkeit besitzt, kann nur in atypischen Konstellationen von einer Aufhebung des Dauerverwaltungsaktes mit Wirkung für die Vergangenheit abgesehen werden. Solche atypischen Situationen liegen z. B. vor, wenn
- bei der erstattungspflichtigen Person besondere Härten vorliegen, z. B. bei hohem Alter, beeinträchtigter Psyche oder schwerer Erkrankung,

- das schuldhafte Verhalten nachweislich beim Vertreter liegt, z. B. beim Minderjährigen, der sich das schuldhafte Verhalten seiner Eltern zurechnen lassen muss,
- ein schuldhaftes Verhalten der leistungserbringenden Behörde vorliegt.

Die teilweise schwierige Frage, ob der Verwaltungsakt nach § 45 SGB X oder nach § 48 SGB X aufzuheben ist, ist insofern von erheblicher Bedeutung, da der aufhebende Leistungsträger in Anwendung des § 48 SGB X keine Vertrauensschutzgesichtspunkte berücksichtigen muss.

1.3.28.7.4 Zuständige Behörde

§ 48 Abs. 4 SGB X verweist auf die Zuständigkeitsregelung des § 44 **Abs.** 3 **SGB** X. Entgegen dem Wortlaut von § 44 Abs. 3 SGB X ist für die Aufhebung die Behörde zuständig, die den Verwaltungsakt erlassen hat, nicht jedoch die Behörde, die ggf. aufgrund eines Umzugs den Leistungsfall aktuell bearbeitet. Es wird auf die Ausführungen zu 1.3.28.3.5 und 1.3.28.4.5 verwiesen.

1.3.28.7.5 Zeitliche Beschränkungen für die Aufhebung

Die einjährige Entscheidungsfrist nach § 45 Abs. 4 Satz 2 SGB X (vgl. 1.3.28.4.3 Zeitliche Beschränkungen für die Rücknahme) gilt grundsätzlich auch für die Aufhebung von Dauerverwaltungsakten.

Für den Beginn des Laufs der Einjahresfrist ist bei Anwendung des § 48 SGB X aber – im Gegensatz zu § 45 SGB X – zu beachten, dass Vertrauensschutzgesichtspunkte und/ oder Verschulden keine oder eine untergeordnete Bedeutung haben. Setzt die Aufhebung z. B. nach § 48 Abs. 1 Satz 2 Nr. 3 SGB X kein Verschulden voraus, weil Einkommen oder Vermögen während des Bewilligungszeitraums zufließt, beginnt die Jahresfrist bereits dann, wenn der Behörde alle („äußeren") Tatsachen für die Anrechnung bewusst sind, d. h. die Behörde „positive Kenntnis" von der Rechtswidrigkeit des aufzuhebenden Bescheides gewonnen hat. Das kann zwar wie bei einer Aufhebungsentscheidung erst mit dem Anhörungsschreiben der Fall sein, muss es aber nicht zwingend.

> *Beispiel*
> *Der Leistungsberechtigte L legt regelmäßig seine Verdienstbescheinigung aus einem Minijob vor. Die Behörde zahlt die Leistungen dennoch ohne Einkommensanrechnung aus. Die Behörde kann nur die Leistungen nach § 48 Abs. 1 Satz 2 Nr. 3 SGB X aufheben, die seit Vorlage der letzten Verdienstbescheinigung nicht länger als ein Jahr zurückliegen. Mit der Vorlage der Verdienstbescheinigung liegen alle für die Rücknahme erforderlichen Tatsachen vor.*
> *Da Aspekte des Vertrauensschutzes nicht berücksichtigt werden müssen, kommt es auf den Zeitpunkt der Durchführung einer Anhörung für die Berechnung der Jahresfrist nicht an.*

Bei für den Beteiligten begünstigenden Entscheidungen nach §48 Abs. 1 Satz 2 Nr. 1 SGB X gilt die Entscheidungsfrist nicht (vgl. §48 Abs. 4 Satz 2 SGB X).

Die Nachleistungspflicht im Fall des §48 Abs. 1 Satz 2 Nr. 1 SGB X ist nach hier vertretener Auffassung für den Rechtsbereich der Grundsicherung für Arbeitsuchende sowie der Sozialhilfe auf ein Jahr begrenzt. Zwar verweist §48 Abs. 4 SGB X auf §44 Abs. 4 SGB X, so dass danach eine rückwirkende Leistungserbringung für vier Jahre in Frage kommt. Es ist jedoch nicht ersichtlich, warum §40 Abs. 1 Satz 2 Nr. 2 SGB II bzw. §116a Nr. 2 SGB XII, die den Anwendungsbereich des §44 SGB X modifizieren, nicht auch für die Aufhebungsentscheidungen nach §48 Abs. 1 Satz 2 Nr. 1 SGB X gelten sollen. Beide Normen führen im Ergebnis zu einer rückwirkenden Leistungsbewilligung und regeln somit dasselbe.

Insofern ist es ein Gebot der Gleichbehandlung, beide Normen und die Adressaten der beiden Normen gleich zu behandeln. Ob §44 SGB X oder §48 SGB X anzuwenden ist, hängt von der eher zufälligen Frage ab, wann die Änderungen, die zur Rechtswidrigkeit des Verwaltungsaktes führen, eingetreten sind. Es wäre nicht sachgerecht, dass dies zu einem vollständig unterschiedlichen Rückzahlungsumfang führen kann.

In §48 Abs. 4 SGB X wird auf die Zweijahresfrist des §45 Abs. 3 Satz 1 SGB X nicht verwiesen. Bei einer Rechts- oder Tatsachenänderung nach Bekanntgabe kann die wesentliche Änderung also auch noch nach Ablauf von zwei Jahren zu einer Anpassung des Bescheides führen.

Für die Aufhebung von Dauerverwaltungsakten nach §48 SGB X gilt durch den Verweis in §48 Abs. 4 Satz 1 SGB X auf §45 Abs. 3 Satz 3 bis Satz 5 SGB X ausschließlich die Ausschlussfrist von zehn Jahren. Für die Berechnung der Frist ist die Verhältnisänderung maßgebend. Nicht entscheidend ist die Bekanntgabe des aufzuhebenden Verwaltungsaktes, obwohl §45 Abs. 3 Satz 3 SGB X auf die „Bekanntgabe" des aufzuhebenden Verwaltungsaktes abstellt. Denn gemäß §48 Abs. 4 Satz 1 SGB X gelten die Fristenregelungen des §45 SGB X nur „entsprechend".

Der Verweis auf §45 Abs. 3 Satz 3 SGB X ist also ein ausschließlicher **Rechtsfolgenverweis**. Soweit in §45 Abs. 3 Satz 3 SGB X gefordert wird, dass es sich u. a. um einen Fall der Bösgläubigkeit handeln muss, ist dies für die Zehnjahresfrist unerheblich. Damit können auch Verwaltungsakte, deren Aufhebung auf §48 Abs. 1 Satz 2 Nr. 3 SGB X basiert, innerhalb des Zehnjahreszeitraums zurückgenommen werden.

Der Verweis auf §45 Abs. 3 Satz 4 SGB X ist hingegen ein **Rechtsgrundverweis**. In diesen Fällen können also Entscheidungen über die Leistungsgewährung auch noch rückwirkend aufgehoben werden, obwohl mehr als zehn Jahre verstrichen sind.

1.3.28.7.6 Aussparen

Die Regelung des §48 Abs. 3 SGB X sieht vor, dass anfänglich rechtswidrige begünstigende Verwaltungsakte mit Dauerwirkung, die nach §45 SGB X aus Gründen des Vertrauensschutzes nicht zurückgenommen werden können, bei Änderungen zugunsten des Betroffenen nur in dem Umfang an der Verbesserung teilnehmen, wie sich dies ohne Berücksichtigung der Bestandskraft ergeben würde.

Nach Sinn und Zweck der Aussparungsregel soll verhindert werden, dass die zu hohe Leistung, die durch in der Regel einen behördlichen Fehler entstanden ist, durch eine Veränderung zugunsten des Betroffenen immer noch höher wird, das bestehende Unrecht also weiter anwächst. Anstelle des Begriffs „Aussparen" können auch die Begriffe „Einfrieren", „Aufrechnen" oder „Abschmelzen" verwendet werden.

Beispiel
Dem nach dem Zweiten Buch Sozialgesetzbuch Leistungsberechtigten L wurden ab dem 1.11. wegen fehlerhafter Berechnung des Einkommens zu hohe Arbeitslosengeld II-Leistungen bewilligt. Die Behörde entdeckt den Fehler im Februar. Eine Aufhebung des rechtswidrigen Bewilligungsbescheides nach § 45 SGB X rückwirkend ab dem 1.11. scheitert daran, dass L Vertrauensschutz genießt.

Insofern kommt nur eine Aufhebung für die Zukunft ab März für den Restbewilligungszeitraum (vermutlich bis April) in Frage. Allerdings kann der Leistungsträger die Regelleistungserhöhung ab dem 1.1. auslassen, soweit die fehlerhafte Einkommensberechnung mindestens der Regelsatzerhöhung entspricht.

Im Zweiten und Zwölften Buch Sozialgesetzbuch erlangt die Vorschrift keine große Bedeutung. Selbst wenn eine Aufhebung für die Vergangenheit aus Gründen des Vertrauensschutzes nicht möglich ist, kann der rechtmäßige Zustand durch Aufhebung für die Zukunft hergestellt werden. Darüber hinaus ist die Geltungsdauer der Verwaltungsakte üblicherweise lediglich für sechs oder zwölf Monate angesetzt. Danach kann ein rechtskonformer Verwaltungsakt erlassen werden.

1.3.28.8 Rücknahme und Widerruf im Rechtsbehelfsverfahren (§ 49 SGB X)

§ 49 SGB X bezieht sich auf **begünstigende** Verwaltungsakte mit Doppelwirkung (Drittwirkung). Das bedeutet, dass die Regelung des Verwaltungsaktes für eine Person eine Begünstigung und für eine andere Person eine Belastung beinhaltet. Die Regelung des § 49 SGB X kann nur **während** des Vorverfahrens oder sozialgerichtlichen Klageverfahrens Anwendung finden. Sie soll den Konflikt zwischen den Interessen der begünstigten Person an der Aufrechterhaltung und dem Interesse der belasteten Person an der Beseitigung des Verwaltungsaktes in der Weise lösen, dass der Bestandsschutz in den Hintergrund tritt, wenn die belastete Person einen begründeten Rechtsbehelf eingelegt hat.

1.3.29 Erstattung zu Unrecht erbrachter Leistungen (§ 50 SGB X)

§ 50 SGB X regelt u.a. die Konsequenz aus der Aufhebung eines Verwaltungsaktes. Ist dieser aufgehoben worden, sind die infolge der Aufhebung zu Unrecht erbrachten Leistungen von der leistungsberechtigten Person zu erstatten. § 50 SGB X ergänzt damit die §§ 44 ff. SGB X und führt zur **Rückabwicklung** des sozialrechtlichen Leistungsverhältnisses.

§ 50 SGB X ist Ermächtigungsgrundlage der Verwaltung gegenüber dem Bürger. Für Erstattungsansprüche gegen andere Leistungsträger sind u. a. die Vorschriften der §§ 102 ff. SGB X heranzuziehen.

1.3.29.1 Erstattungsanspruch

Zu Unrecht erbrachte Leistungen sind zu erstatten, soweit
- ein Verwaltungsakt aufgehoben (vgl. 1.3.28) worden ist (vgl. § 50 Abs. 1 Satz 1 SGB X),
- Leistungen ohne Verwaltungsakt zu Unrecht erbracht worden sind (vgl. § 50 Abs. 2 SGB X).

Die Anwendung des § 50 Abs. 2 SGB X kommt z. B. in folgenden Fällen in Betracht:
- Eine im Eilrechtsschutzverfahren ergangene Entscheidung wird im Hauptsacheverfahren später korrigiert, so dass sich die erbrachte Leistung als „nicht zustehend" herausstellt.
- Eine Sozialleistung wird versehentlich doppelt erbracht (z. B. durch eine fehlerhafte Überweisung).
- Eine befristete Sozialleistung wird über das festgelegte Ende hinaus weitergezahlt.
- Eine leistungsberechtigte Person verstirbt. Nach § 39 Abs. 2 SGB X erledigt sich der Bewilligungsbescheid an dem Tag, an dem die leistungsberechtigte Person verstorben ist. Eine Aufhebungsentscheidung insbesondere des Dauerverwaltungsaktes, mit dem Leistungen bis zum Ende des Bewilligungszeitraums bewilligt werden, ist deshalb nicht erforderlich. Da die Leistungen monatlich im Voraus erbracht werden, erfolgt im Sterbemonat regelmäßig eine Überzahlung für die Tage nach dem Tod, die der Erbe entsprechend §§ 1922, 1967 BGB i. V. m. § 50 Absatz 2 SGB X zu erstatten hat. Der Erbe schuldet somit im Todesfall die Verbindlichkeit aus § 50 Abs. 2 Satz 1 SGB X. Etwaige Überzahlungen nach dem Tod der leistungsberechtigten Person hat der Erbe dem Sozialleistungsträger nach § 60 Abs. 1 Satz 2 SGB X anzuzeigen, **und zwar schon im Vorfeld des Erstattungsverfahrens**. Insofern besitzt der Erbe eine Garantenstellung. Kommt er dieser nicht nach und verbraucht die auf das Konto der ehemals leistungsberechtigten Person bzw. des Erblassers eingegangenen Zahlungen, begeht er ggf. einen Sozialleistungsbetrug im Sinne von § 263 StGB.[361]
Für Leistungen nach dem Zweiten Buch Sozialgesetzbuch ist die Sonderregelung des § 40 Abs. 5 SGB II zu berücksichtigen; für Leistungen nach dem Zwölften Buch Sozialgesetzbuch § 102a SGB XII. Im Zweiten Buch Sozialgesetzbuch werden gemäß § 40 Abs. 5 Satz 1 SGB II die Leistungen auch im Todesfall bis zum Ende des Monats gezahlt. Eine entsprechende Regelung existiert im Zwölften Buch Sozialgesetzbuch (Beachte aber § 19 Abs. 6 SGB XII) nicht.
Gemäß § 40 Abs. 5 Satz 2 SGB II und § 102a SGB XII werden Geldleistungen, die für Zeiträume nach dem Todesmonat der leistungsberechtigten Person überwiesen werden, nach § 118 Abs. 3 bis Abs. 4a SGB VI rückabgewickelt. § 118 Abs. 3 bis

---

361 Vgl. OLG Braunschweig, Urt. vom 7.1.2015 – 1 Ss 64/14 –, juris; OLG Düsseldorf, Beschl. vom 1.3.2012 – III-3 RVs 31/12 –, juris; a. A. OLG Sachsen-Anhalt, Beschl. vom 13.5.2016 – 2 Rv 31/16 –, juris.

Abs. 4a SGB VI regelt, dass über den Sterbemonat hinaus überzahlte Leistungen von dem Geldinstitut, das das Konto der verstorbenen leistungsberechtigten Person geführt hat, zurückgefordert werden können. Dieser Rücküberweisungsanspruch gegenüber dem Geldinstitut und § 50 Abs. 2 SGB X, der vorrangig gegenüber den Erben in Betracht kommt, schließen sich nicht gegenseitig aus, sondern sind nebeneinander anwendbar (vgl. § 118 Abs. 4 Satz 4 SGB VI)

Beispiele
- *Ein Verwaltungsakt, mit dem eine Leistung nach dem 4. Kapitel SGB XII bewilligt wurde, wird wegen nicht angegebenen Vermögens nach § 45 SGB X zurückgenommen. Die EDV-technische Umsetzung der Zahlungseinstellung unterbleibt, so dass es weiterhin zu Auszahlungen kommt. Da die Leistung dem Leistungsberechtigten materiell nicht zustand, erfolgte die Leistung ohne Verwaltungsakt, damit ohne Rechtsgrund und folglich auch „zu Unrecht". Die Zahlung stellt schlichtes Verwaltungshandeln dar. Der zu Unrecht geleistete Betrag ist nach § 50 Abs. 2 SGB X zurückzufordern.*
- *Zahlungen an unbeteiligte, d. h. nicht im Sozialleistungsverhältnis stehende Dritte werden allerdings von § 50 Abs. 2 SGB X nicht erfasst. Erfolgt z. B. eine ungerechtfertigte Mietzahlung an den Vermieter eines Leistungsberechtigten, kann gegenüber dem Vermieter keine Erstattung verlangt werden, denn die in § 50 Abs. 2 Satz 2 SGB X genannten Regelungen zum Vertrauensschutz sind gegenüber Dritten kaum sinnvoll anwendbar.[362] Auch bei Zahlungen an den Vermieter gemäß § 22 Abs. 7 SGB II kann von diesem eine „Überzahlung" nicht zurückgefordert werden, weil der Vermieter keine Person ist, die in einem Leistungsverhältnis zum Sozialleistungsträger steht.*

    An die Stelle von § 50 Abs. 2 SGB X tritt – grundsätzlich – auch kein öffentlich-rechtlicher Erstattungsanspruch aus § 812 BGB. Der öffentlich-rechtliche Erstattungsanspruch setzt voraus, dass im Rahmen eines öffentlich-rechtlichen Rechtsverhältnisses Leistungen ohne rechtlichen Grund erbracht wurden oder sonstige rechtsgrundlose Vermögensverschiebungen stattgefunden haben. Er verschafft dem Anspruchsinhaber ein Recht auf Herausgabe des Erlangten.

    § 812 BGB kommt aber nicht zum Zuge, wenn ein Verwaltungsakt die Rechtsbeziehung zur leistungsberechtigten Person regelt. Leistungen sind daher grundsätzlich – auch bei Zahlungen an den Vermieter – von der leistungsberechtigten Person (oder seinem Rechtsnachfolger) gemäß § 50 Abs. 1 SGB X oder § 50 Abs. 2 SGB X zurückzufordern. Diese Normen genießen einen Anwendungsvorrang vor den nur hilfsweise heranzuziehenden Regelungen zum Kondiktionsrecht.

    Selbst bei Anwendbarkeit von §§ 812 ff. BGB würde wegen des Vorrangs der Leistungskondiktion aus § 812 Abs. 1 Satz 1 Alt. 1 BGB (Beziehung zwischen Leistungsträger und leistungsberechtigter Person) vor der Nichtleistungskondiktion aus § 812 Abs. 1 Satz 1 Alt. 2 BGB (Beziehung zwischen Leistungs-

---

362 Vgl. LSG Bayern, Urt. vom 21.1.2013 – L 7 AS 381/12 –, BeckRS 2013, 66946.

träger und Vermieter) ein Herausgabeanspruch gegenüber dem Vermieter scheitern.

Etwas anderes gilt nur in dem Fall, in dem das Mietverhältnis durch die leistungsberechtigte Person (oder dem Vermieter) gekündigt wurde oder überhaupt nicht bestand. Hat dann der Leistungsträger dem Vermieter die Miete versehentlich nach Beendigung des Mietverhältnisses im Wege der Direktüberweisung nach § 22 Abs. 7 SGB II gezahlt, kann er von diesem die Herausgabe der ohne rechtlichen Grund erfolgten Zuvielzahlung im Wege der Nichtleistungskondiktion (§ 812 Abs. 1 Satz 1 Alt. 2 BGB) verlangen.[363]

Sind Leistungen **ohne** Verwaltungsakt zu Unrecht erbracht worden, sind gemäß § 50 Abs. 2 Satz 2 SGB X die §§ 45 und 48 SGB X entsprechend anzuwenden. Notwendig ist also eine **fiktive** Prüfung der §§ 45 und 48 SGB X, welche eine Rücknahme oder Aufhebung des Verwaltungsaktes mit Wirkung für die Vergangenheit vorsehen, weil die Erstattung nach § 50 Abs. 2 SGB X voraussetzt, dass die Leistung bereits „vergangenheitsbezogen" erbracht wurde. An die Stelle des Merkmals „Verwaltungsakt" tritt die Geldleistung.

Der in entsprechender Anwendung des § 45 SGB X zu behandelnde Vertrauensschutz ist nach § 45 Abs. 2 Satz 3 Nr. 3 SGB X regelmäßig zu verneinen, da der Geldleistungsempfänger die Leistung ohne Verwaltungsakt erhalten hat; ggf. wurde der Verwaltungsakt, der die Geldleistung gewährte, zuvor sogar bereits aufgehoben. Daher kannte der Erstattungspflichtige die Rechtswidrigkeit der erbrachten Leistung.

Neben dem Gesichtspunkt des Vertrauensschutzes ist regelmäßig in Anwendung des § 45 SGB X auch Ermessen auszuüben. Für eine Überzahlung nach dem Zweiten Buch Sozialgesetzbuch gilt allerdings in Anwendung des § 50 Abs. 2 SGB X die Regelung der §§ 40 Abs. 2 Nr. 3 i.V.m. § 330 Abs. 2 oder § 330 Abs. 3 Satz 1 SGB III. Danach wird die Ermessensausübung in diesen Fällen ausgeschlossen.

Weiterhin ist die Entscheidungsfrist nach § 45 Abs. 4 Satz 2 SGB X zu beachten. Ist eine der genannten Voraussetzungen für eine Erstattung erfüllt, ist die zu erstattende Leistung gemäß § 50 Abs. 3 SGB X durch schriftlichen Verwaltungsakt **festzusetzen** (vgl. 1.3.29.5).

1.3.29.2 Adressat des Erstattungsanspruchs

Der in § 50 Abs. 1 und Abs. 2 SGB X geregelte öffentlich-rechtliche Erstattungsanspruch stellt die Kehrseite, das „Gegenstück" des Leistungsanspruchs dar. Das dem Erstattungsanspruch folgende Erstattungsverhältnis ist damit nur die Umkehrung, das „Spiegelbild" des Leistungsverhältnisses. Dies bedeutet, dass ein (sozialrechtliches) Leistungsverhältnis bestanden und die erstattungspflichtige Person selbst unmittelbar etwas erhalten haben muss. Dies betrifft auch die Fälle des § 50 Abs. 2 SGB X, obwohl dort eine Leistung ohne Verwaltungsakt erbracht worden ist.

Werden Leistungen ohne einen Verwaltungsakt zu Unrecht erbracht, umfasst § 50 **Abs. 2** SGB X die Fälle, in denen dies aufgrund eines öffentlich-rechtlichen Leistungs-

---

[363] Vgl. BGH, Urt. vom 31.1.2018 – VIII ZR 39/17 –, juris.

verhältnisses zwischen dem Empfänger und dem Leistungsträger erfolgt. Unter die Regelung des § 50 Abs. 2 SGB X fällt daher **nicht** eine Zahlung eines Leistungsträgers an einen nicht am Sozialleistungsverhältnis unbeteiligten Dritten (z. B. an den Vermieter gemäß § 22 Abs. 7 SGB II, vgl.). Vielmehr muss eine Leistungsbeziehung zwischen dem Dritten und dem Leistungsträger bestehen. Die Vorschrift des § 50 Abs. 2 SGB X regelt nur den Sonderfall eines öffentlich-rechtlichen Leistungsverhältnisses, das ohne Verwaltungsakt zustande gekommen war. Damit bildet auch § 50 Abs. 2 SGB X die Kehrseite eines sozialrechtlichen Leistungsverhältnisses ab.[364]

Nur im Rahmen einer solchen (rechtlichen) Leistungsbeziehung kann nämlich von „erbrachten Leistungen" sowie von deren „Erstattung", d. h. der Rückabwicklung, gesprochen werden. Erstattungspflichtig ist gemäß § 50 SGB X die Person, an die aufgrund einer derartigen Beziehung Leistungen erbracht wurden, wobei eine nur mittelbare Begünstigung nicht ausreicht.

Daraus folgt, dass nach § 50 SGB X nur ein Anspruch gegenüber der leistungsberechtigten Person selbst entstehen kann, jedoch nicht gleichzeitig auch gegenüber denjenigen, von deren Einkommens- und Vermögenseinsatz die Hilfeleistung gemäß § 9 Abs. 2 Satz 1 und 2 SGB II oder § 19 Abs. 3, § 27 Abs. 2 bzw. § 43 Abs. 1 SGB XII auch abhängig gemacht wurde. Hebt ein Leistungsträger einen begünstigenden Verwaltungsakt auf (vgl. §§ 45, 47, 48 SGB X), weil die Hilfeleistung z. B. wegen des „Fehlverhaltens" von Familienangehörigen rechtswidrig erfolgte (z. B. Nichtangabe von Einkommen oder Vermögen), so richtet sich der Erstattungsanspruch nach § 50 Abs. 1 SGB X dennoch nur gegen die leistungsberechtigte Person selbst und nicht gegen die „verursachende" Person.

Ebenso wie jede familienangehörige Person einen selbstständigen Anspruch auf Leistungen hat, hat sie auch in der Regel nur für die Rückzahlung der ihr persönlich erbrachten Leistungen einzustehen. Empfänger der Hilfe sind diejenigen, die sachlich-rechtlich Inhaber der Forderung gegen den Leistungsträger sind.

Zusammenfassend ist festzustellen, dass ein Erstattungsanspruch nach § 50 Abs. 1 und § 50 Abs. 2 SGB X unmittelbar nur gegenüber der Person entsteht, die die Leistung empfangen hat. Gesetzliche Vertreter oder Bevollmächtigte, die für die leistungsberechtigte Person gehandelt haben, können nach § 50 SGB X nicht in Anspruch genommen werden.

Bei der Erstattungsforderung nach § 50 SGB X ist die Regelung des § 1629a BGB zu beachten, die auch im Sozialrecht anzuwenden ist. Gemäß § 1629a BGB haftet ein volljährig werdendes Kind für bestimmte, während seiner Minderjährigkeit durch die Eltern begründete Verbindlichkeiten nur mit seinem bei Eintritt der Volljährigkeit vorhandenem Vermögen (sog. **„Minderjährigenhaftung"**).

Grundsätzlich müssen sich minderjährige leistungsberechtigte Personen das Handeln ihrer Eltern als gesetzliche Vertreter zurechnen lassen, so dass auch gegenüber den Minderjährigen eine Aufhebung und infolgedessen eine Erstattung in Frage kommt, wenn z. B. Einkommen oder Vermögen verschwiegen wurde und deshalb Leistungen zu Unrecht erbracht wurden (vgl. §§ 1626, 1629 BGB; §§ 166, 278 BGB). Allerdings wird der Erstattungsbescheid den Eltern als gesetzlichen Vertretern bekanntgegeben.

---

364 Vgl. BSG, Urt. vom 29.10.1986 – 7 RAr 77/85 –, BSGE 61, 11 = ZFSH/SGB 1987, 314 = NVwZ 1988, 95).

Der Erstattungsbescheid gegenüber dem Minderjährigen ist auch zunächst rechtmäßig. Wird das Kind während des Verwaltungsverfahrens, z. B. Widerspruchverfahrens, volljährig, ist die Aufhebungs- und Erstattungsentscheidung gegen das Kind zu richten und diesem bekanntzugeben.

Die Entscheidung wird aber (teil-)rechtswidrig, wenn bei Eintritt der Volljährigkeit das an diesem Tag bestehende pfändbare Vermögen hinter den Verbindlichkeiten zurückbleibt. § 1629a BGB löst dann eine Haftungsbeschränkung aus. Es ist dabei unerheblich, ob die Volljährigkeit **nach** Erlass des Erstattungsbescheides[365] oder **kurz vor**[366] Erlass des Erstattungsbescheideseintritt. Jeweils muss aber eine Verbindlichkeit oder ein Erstattungsverlangen zu einer Zeit entstanden sein, in dem der Erstattungspflichtige minderjährig gewesen ist und sich das Verhalten seiner Eltern zurechnen lassen musste.

Die Einredemöglichkeit des § 1629a BGB spiegelt den Grundsatz wider, dass ein Kind einen Anspruch darauf hat, ohne Schulden in sein Erwachsenenleben zu starten, wobei jedoch auch kein Anspruch darauf besteht, mit einem „Guthaben" zu starten. Besteht z. B. auf dem Giro- und Sparkonto des ursprünglich Minderjährigen ein Guthaben von 100,00 € und ist dieser als nunmehr Volljähriger einer Erstattungsforderung der Behörde von 500,00 € ausgesetzt, ist die Haftung auf einen Betrag von 100,00 € begrenzt.

Beispiel
Gegenüber der Mutter und ihrem 17-jährigem Kind wird jeweils rechtmäßig eine Aufhebungs- und Erstattungsentscheidung getroffen. Der Widerspruch beider Beteiligter bleibt erfolglos. Während des Gerichtsverfahrens wird das Kind volljährig. Auch während des Gerichtsverfahrens unterliegen die beiden Kläger, weil für eine Anfechtungsklage die Sach- und Rechtslage bei Erlass der letzten Behördenentscheidung – also des Widerspruchsbescheides – maßgebend ist.

Das Erstattungsverlangen gegenüber dem im Verwaltungs- und Widerspruchsverfahren noch minderjährigem Kind ist rechtmäßig und wird nicht nach § 1629a BGB rechtswidrig, denn zum Zeitpunkt der Bekanntgabe des Erstattungsbescheides war das Kind noch nicht volljährig. Die Haftungsbeschränkung kommt erst zum Zuge, soweit bei Eintritt der Volljährigkeit das an diesem Tage bestehende Vermögen hinter den unter § 1629a BGB fallenden Verbindlichkeiten zurückbleibt.

In diesem Fall besteht gemäß § 48 Abs. 1 Satz 2 Nr. 1 SGB X ein Anspruch auf Aufhebung des Erstattungsbescheides, und zwar insoweit wie bei Eintritt der Volljährigkeit das Vermögen des Kindes geringer war als die von § 1629a Abs. 1 Satz 1 BGB umfassten Verbindlichkeiten.

---

365 Vgl. BSG, Urt. vom 28.11.2018 – B 4 AS 43/17 R –, juris; BSG, Urt. vom 19.10.2016 – B 14 AS 40/15 R –, juris, Rn. 38; BSG, Urt. vom 7.7.2011 – B 14 AS 153/10 R –, SGb 2011, 521 (Kurzwiedergabe) = info also 2011, 280 (Kurzwiedergabe).
366 Vgl. BSG, Urt. vom 28.11.2018 – B 14 AS 34/17 R –, juris; BSG, Urt. vom 18.11.2014 – B 4 AS 12/17 R –, juris, Rn. 14 ff.; LSG Sachsen-Anhalt, Urt. vom 28.9.2017 – L 2 AS 695/16 –, juris, Rn. 34 ff.

Der Leistungsträger hat bei einer Haftungsbeschränkung für den Volljährigen die Möglichkeit, den Verursacher der rechtswidrigen Hilfegewährung über die Kostenersatzvorschriften (vgl. § 34a SGB II, §§ 103 Abs. 1 Satz 2, 104 SGB XII) heranzuziehen. Außerdem besteht weiterhin die Möglichkeit, den jetzt Volljährigen zur Erstattung aus vorhandenem Einkommen aufzufordern. Darüber hinaus ist der Neuerwerb von Vermögen nicht geschützt.

Solange das Kind also minderjährig ist, haftet das Kind für die Verbindlichkeiten, die es infolge der gesetzlichen Vertretung treffen, unbeschränkt (z. B. eine Erstattungsforderung nach § 50 SGB X). Ab Eintritt der Volljährigkeit ist die Haftung beschränkt auf das bei Eintritt der Volljährigkeit vorhandene Vermögen. Reicht dieses zur Befriedigung der Gläubiger (z. B. zur Begleichung der Erstattungsforderung) nicht aus, steht dem jungen Volljährigen die sog. „Erschöpfungseinrede" zu.

Aufgrund der Erschöpfungseinrede ist ein Erstattungsbescheid nach § 50 SGB X mit dem Eintritt der Volljährigkeit ggf. über § 48 Abs. 1 Satz 2 Nr. 1 SGB X zu korrigieren, soweit die noch nicht getilgte Forderung den Bestand des bei Eintritt der Volljährigkeit vorhandenen Vermögens übersteigt.[367]

1.3.29.3 Inanspruchnahme Dritter durch Kostenersatzansprüche

Wurden Leistungen nach dem Zweiten oder Zwölften Buch Sozialgesetzbuch erbracht und sind die diesbezüglichen begünstigenden Verwaltungsakte aufgehoben worden, besteht bei sozialwidrigem Verhalten die Möglichkeit, auch Personen in Anspruch zu nehmen, die die zu Unrecht erbrachten Leistungen zwar nicht selbst erhalten haben, aber die Leistungserbringung verursacht haben oder aber als Bevollmächtigte gehandelt haben, die die Rechtswidrigkeit der Leistung kannten (vgl. § 34a SGB II sowie § 103 Abs. 1 Satz 2 und § 104 SGB XII). Der systematische Zusammenhang stellt sich wie folgt dar:

---

367 Vgl. LSG Berlin-Brandenburg, Urt. vom 19.4.2013 – L 26 AS 1379/10 –, juris, Rn. 46; SG Landshut, Urt. vom 5.2.2014 – S 10 AS 390/12 –, juris, Rn. 56 = ZFSH/SGB 2014, 379.

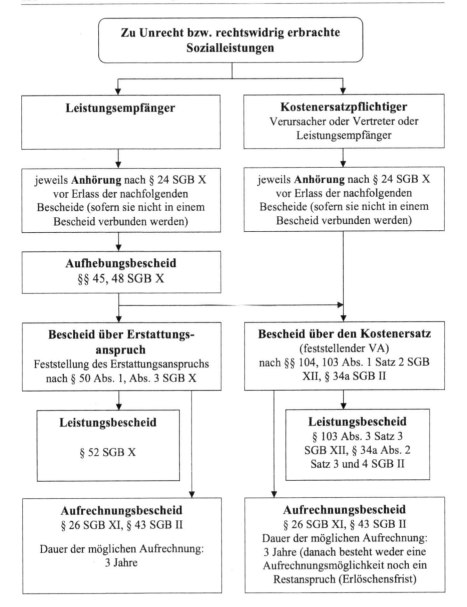

1.3.29.4 Aufrechnung

Neben der Aufhebungsentscheidung sowie der Erstattungs- bzw. Kostenersatzforderung kommt eine Aufrechnung in Frage, der als zusätzlicher Verwaltungsakt (vgl. § 43 Abs. 4 Satz 1 SGB II) mit den genannten Entscheidungen verbunden werden kann. Auch die Aufrechnung stellt einen eingreifenden Verwaltungsakt dar, so dass für die Aufrechnung eine Anhörung nach § 24 SGB X durchzuführen ist.

Eine Übersicht über die Aufrechnungsmöglichkeiten nach dem Zweiten und Zwölften Buch Sozialgesetzbuch gibt folgende Darstellung:

§ 26 Abs. 2 SGB XII	§ 43 SGB II
aufrechenbarer Anspruch	**aufrechenbarer Anspruch**, u. a.
Erstattung zu Unrecht erbrachter Leistungen *wg. schuldhaftem Verhalten* (§§ 45, 48 i. V. m. § 50 SGB X) Ansprüche auf Kostenersatz nach §§ 103 und 104 SGB XII	- Erstattung zu Unrecht erbrachter Leistungen *unabhängig von einem Verschulden* (§§ 45, 48 i. V. m. § 50 SGB X) - Ansprüche auf Kostenersatz nach §§ 34 und 34a SGB II
Gegenseitigkeit	**Gegenseitigkeit**
dem Erstattungs-/Ersatzanspruch steht ein aktueller Leistungsanspruch entgegen	dem Erstattungs-/Ersatzanspruch steht ein aktueller Leistungsanspruch entgegen
Gleichartigkeit	**Gleichartigkeit**
hieran fehlt es, wenn sich Ansprüche auf Sachleistungen und auf Geldleistungen gegenüberstehen	hieran fehlt es, wenn sich Ansprüche auf Sachleistungen und auf Geldleistungen gegenüberstehen
kein Ausschluss (§ 26 Abs. 4 SGB XII)	
Entschließungs- und Auswahlermessen, max. 3 Jahre, max. 30 v. H. des Regelbedarfs, Aufrechnung = VA	**Entschließungsermessen, max. 3 Jahre, 10 v. H. oder 30 v. H. des Regelbedarfs, Aufrechnung = VA**

Wird in einem Bescheid die Erstattungs- bzw. Kostenersatzforderung mit einer Aufrechnung verbunden, ist die Ausübung von pflichtgemäßem Ermessen erforderlich, um die Aufrechnung zu rechtfertigen. Bei der Frage des Entschließungsermessens sind folgende Gesichtspunkte zu beachten:

- Der Nachranggrundsatz und die Wiederherstellung einer rechtmäßigen Auszahlungshöhe können die Aufrechnung rechtfertigen. Dies gilt insbesondere dann, wenn mit einer Begleichung der Forderung durch die leistungsberechtigte Person nicht zu rechnen ist, während der Leistungsträger ein Interesse daran hat, dass seine Forderung befriedigt wird;

- das Verschulden der leistungsberechtigten Person sowie ein etwaiges Verschulden des Leistungsträgers sind in die Überlegungen einzubeziehen;
- die familiären Verhältnisse der leistungsberechtigten Person (eine etwaige Mitbetroffenheit der Kinder in der Einsatz- bzw. Bedarfsgemeinschaft rechtfertigen möglicherweise ein Absehen von der Aufrechnung);
- vorhandenes Einkommen, insbesondere nicht zur Bedarfsdeckung einzusetzende (Erwerbstätigen-) Freibeträge, sowie Vermögen führen zu einer geringeren Beeinträchtigung des Existenzminimums und lassen eine Aufrechnung gerechtfertigt erscheinen, weil das Existenzminimum dann weniger stark beeinträchtigt ist.

§ 43 SGB II ist wie folgt gegliedert:

Die Aufrechnung, die zusammen mit bereits **laufenden** Aufrechnungen nach § 43 Abs. 1 SGB II und nach § 42a Absatz 2 SGB II insgesamt 30 v.H.des maßgebenden Regelbedarfs übersteigen würde, ist unzulässig (vgl. § 43 Abs. **2** SGB II). Damit ist gemäß § 43 Abs. 2 Satz 2 SGB II die Höhe der monatlichen Aufrechnung auf insgesamt 30 v.H.des maßgebenden Regelbedarfs begrenzt. Diese Regelung gilt insbesondere dann, wenn mehrere Aufrechnungen (z.B. mit Darlehensforderungen, vgl. § 42a SGB II) zusammentreffen. Eine Kumulation von Aufrechnungen über 30 v.H. des Regelbedarfs hinaus ist insoweit unzulässig.

Zu beachten ist ferner, dass nach § 42a Abs. 2 SGB II mit Darlehensforderungen verpflichtend aufzurechnen ist, während die Aufrechnung nach § 43 SGB II eine Ermessensentscheidung darstellt. Bei inhaltlich gleichen Regelungen genießen „Muss-Vorschriften" Anwendungsvorrang vor Ermessensregelungen. Daher ist eine laufende Aufrechnung von 30 v.H. des Regelbedarfes nach § 43 SGB II bei Hinzutritt einer Aufrechnung nach § 42a SGB II zu mindern.

§ 43 Abs. **3** SGB II stellt klar, dass auch bei einem Zusammentreffen einer Aufrechnung mit einer Sanktion maximal eine Kürzung des Regelbedarfs von 30 v.H. in Frage kommt. Eine Minderung im Rahmen einer Sanktion von mindestens 30 v.H.verhindert also die Durchführung einer Aufrechnung. Ist die Minderung des Regelbedarfs durch die Sanktion geringer als 30 v. H., ist die Höhe der Aufrechnung auf die Differenz zwischen dem Minderungsbetrag und 30 v. H. des maßgebenden Regelbedarfs begrenzt (§ 43 Abs. 3 Satz 2 SGB II).

Eine Kumulation mehrerer Aufrechnungen ist stets nur bis zur Höchstgrenze von 30 v. H. zulässig. Eine Erledigung (vgl. § 40 Abs. 1 Satz 1 i. V. m. § 39 Abs. 2 SGB X) von älteren Aufrechnungen findet gleichwohl nicht (mehr) statt. Nach § 43 Abs. 4 Satz 3 SGB II wird der Aufrechnungszeitraum von grundsätzlich maximal drei Jahren seit Bestandskraft des Anspruchs (§ 43 Abs. 4 Satz 2 SGB II) verlängert, in denen die Aufrechnung wegen des Zusammentreffens mit anderen Aufrechnungen und der vorgegebenen Einhaltung der Höchstgrenze von 30 v. H. des Regelbedarfs nicht möglich war. Gleiches gilt, wenn die leistungsberechtigte Person Rechtsmittel gegen den Aufrechnungsbescheid eingelegt hat oder Leistungen mangels Hilfebedürftigkeit nicht erbracht werden.

Eine Verlängerung der Aufrechnungshöchstfrist kommt aber nur in Frage, wenn eine Aufrechnung **vollständig** unmöglich gewesen ist. Bei in der Höhe begrenzter Aufrechnung (vgl. § 43 Abs. 3 Satz 2 SGB II) läuft die Dreijahresfrist weiter und wird auch nicht anteilig verlängert.

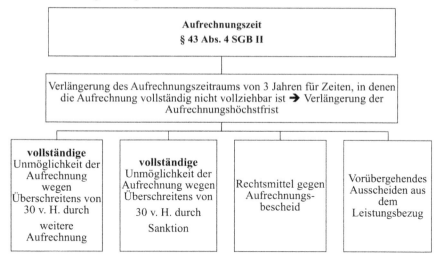

§ 39 SGB II, der z. B. für Aufhebungsbescheide die sofortige Vollziehung anordnet, erfasst weder Erstattungs- noch Kostenersatzbescheide und auch keine Aufrechnungserklärungen. Widerspruch und Anfechtungsklage gegen Aufrechnungsverwaltungsakte besitzen daher eine **aufschiebende Wirkung** (vgl. § 86a Abs. 1 Satz 1 SGG). Die aufschiebende Wirkung hat zur Folge, dass bis zum bestands- bzw. rechtskräftigen Abschluss des Verwaltungs- bzw. Klageverfahrens keine Aufrechnung durchgeführt werden kann.

Möchte der Leistungsträger dies verhindern, muss er die sofortige Vollziehung von Erstattungs-, Kostenersatz- und/oder Aufrechnungsentscheidungen anordnen (vgl. § 86a Abs. 2 Nr. 5 SGG).

1.3.29.5 Festsetzung und Durchsetzung des Erstattungsanspruchs

Aus der Formulierung „soweit" in § 50 Abs. 1 SGB X folgt, dass der Erstattungsanspruch im Umfang der Aufhebung des Verwaltungsaktes entsteht.

Er wird durch einen schriftlichen **„Festsetzungsbescheid"** realisiert (vgl. § 50 Abs. 3 SGB X). Der Festsetzungsbescheid soll mit der Aufhebungsentscheidung verbunden werden (vgl. § 50 Abs. 3 Satz 2 SGB X) und stellt die **konkrete** Festsetzung und Bezifferung des Erstattungsanspruchs dar.

Rechtlich ist der Festsetzungsbescheid nach § 50 Abs. 3 SGB X vom **Leistungsbescheid** (Durchsetzungsbescheid) nach § 52 Abs. 1 SGB X zu trennen. Der Leistungsbescheid ist ein Verwaltungsakt „zur Durchsetzung eines Anspruchs" und ist damit Grundlage der Verwaltungsvollstreckung. Als Vollstreckungstitel konkretisiert der Leistungsbescheid nochmals die durch den Aufhebungs- und Erstattungsbescheid begründeten Pflichten der erstattungspflichtigen Person.

Der Leistungsbescheid enthält Angaben über
- die genaue Bezeichnung des Schuldners,
- die Höhe des geschuldeten Betrages,
- die Fälligkeit des geschuldeten Betrages und
- den Gläubiger der Forderung.

Die Zahlungsaufforderung muss eine Fristsetzung außerhalb der Widerspruchsfrist enthalten. Bei einem Widerspruch gegen die ergangenen Verwaltungsakte und der damit verbundenen aufschiebenden Wirkung wäre die Fristsetzung gegenstandslos. Insofern muss sich die Frist zur Erstattung des zu Unrecht gezahlten Betrages auf einen Zeitpunkt ab Unanfechtbarkeit des Verwaltungsaktes richten. Alternativ könnte die Anordnung der sofortigen Vollziehung in Frage kommen (vgl. auch § 39 SGB II).

In der Praxis ergehen Festsetzungs- und Leistungsbescheid in einem Bescheid gleichzeitig. Begrifflich wird hier zum Teil keine Trennung vorgenommen. Allerdings dient nur der Leistungsbescheid der Durchsetzung des Anspruchs im Rahmen einer Verwaltungsvollstreckung.

Auch die Verjährungsfristen bei Festsetzungs- und Leistungsbescheiden sind unterschiedlich geregelt, obwohl der Festsetzungsbescheid auch unter § 52 Abs. 1 SGB X subsumiert werden könnte und damit eine 30-jährige Verjährungsfrist auslöst.

Gemäß § 50 Abs. 4 SGB X verjährt der Erstattungsanspruch (§ 50 Abs. 1 SGB X) in **vier** Jahren nach Ablauf des Kalenderjahres, in dem der Verwaltungsakt nach § 50 Abs. 3 SGB X (**Festsetzungsbescheid**) unanfechtbar geworden ist.

Allerdings bleibt § 52 SGB X gemäß § 50 Abs. 4 Satz 3 SGB X unberührt. Daraus folgt, dass in dem Fall, in dem der Festsetzungsbescheid des § 50 Abs. 3 SGB X mit dem Durchsetzungsbescheid nach § 52 Abs. 1 SGB X verbunden wird, die vierjährige Verjährungsfrist gegenstandslos wird und an deren Stelle die 30-jährige Verjährungsfrist des § 52 Abs. 2 SGB X tritt (gerechnet ab Bestandskraft bzw. Unanfechtbarkeit des Leistungsbescheides).

1.3 Sozialverwaltungsverfahren nach dem Zehnten Buch Sozialgesetzbuch (SGB X)

Rechtlich problematisch sind die Fallkonstellationen, in denen nur ein Festsetzungsbescheid, nicht aber ein Leistungsbescheid erlassen wird (was in der Praxis selten der Fall sein wird). In einem solchen Fall besteht möglicherweise eine Normkollision zwischen der vierjährigen Verjährungsfrist nach § 50 Abs. 4 SGB X und der 30-jährigen Verjährungsfrist nach § 52 Abs. 2 SGB X, wenn der Festsetzungsbescheid i. S. v. § 50 Abs. 1, Abs. 3 SGB X auch als „Feststellungsbescheid" nach § 52 Abs. 1 SGB X interpretiert wird. Hier besteht in der Rechtsprechung die Tendenz, § 50 Abs. 4 SGB X als speziellere Norm zu deuten. Die 30-jährige Verjährungsfrist des § 52 SGB X, die zwar nach § 50 Abs. 4 Satz 3 SGB X unberührt bleibt, ist danach **nicht** anwendbar. § 50 Abs. 4 SGB X beinhaltet demnach eine Sonderregelung für die Feststellung des Anspruchs durch Verwaltungsakt. Erst wenn zusätzliche Verwaltungsakte zur Durchsetzung des Anspruchs ergehen, unterfallen diese dem § 52 SGB X.[368]

Der Zusammenhang kann grafisch wie folgt dargestellt werden:

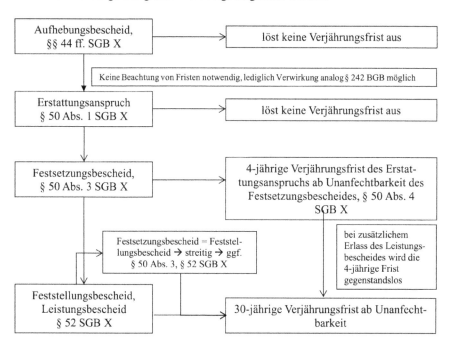

Da der Verwaltungsakt zur „Feststellung eines Anspruchs" bereits der Festsetzungsbescheid nach § 50 Abs. 3 SGB X ist, löst nicht erst der Durchsetzungsbescheid die 30-jährige Verjährungsfrist aus, sondern bereits der Festsetzungsbescheid.

---

[368] LSG Rheinland-Pfalz, Urt. vom 27.9.2018 – L 1 AL 88/17 –, juris, Rn. 9, Rn. 21; differenzierend: LSG Baden-Württemberg, Urt. vom 11.12.2019 – L 3 AS 3321/19 –, juris, Rn. 25; LSG Baden-Württemberg, Urt. vom 26.6.2020 – L 8 AL 3185/19 –, juris, Rn. 32 ff.

Im Ergebnis bedeutet dies, dass die vierjährige Verjährungsfrist in § 50 Abs. 4 SGB X durch die 30-jährige Verjährungsfrist aus § 52 SGB X überlagert wird, wenn Aufhebungs- und Erstattungsforderung in einem Festsetzungs- **und** Leistungsbescheid miteinander verbunden werden. Damit kommt der vierjährigen Verjährungsfrist keine Bedeutung mehr zu, wenn neben der Erstattungsforderung gleichzeitig die Voraussetzungen für einen vollstreckungsfähigen Bescheid vorliegen.

Außerdem ordnet § 52 Abs. 1 Satz 1 SGB X die **Hemmung** der Verjährung (vgl. § 209 BGB) an, wenn ein den Anspruch **feststellender** Verwaltungsakt oder ein den Anspruch **durchsetzender** Verwaltungsakt erlassen wird. „Hemmung" bedeutet, dass der betroffene Zeitraum nicht in die Verjährungsfrist eingerechnet wird. Die Hemmung der Verjährung bis zur Unanfechtbarkeit des Verwaltungsaktes greift nur bei der (normalerweise vorhandenen) Verbindung des Erstattungsanspruchs mit dem Festsetzungsbescheid, so dass die vierjährige Verjährungsfrist für die Dauer eines Widerspruchs- oder Klageverfahrens nicht weiterläuft.

1.3.29.6 Erstattung von Beiträgen zur Kranken- und Pflegeversicherung

Gemäß § 5 Abs. 1 Satz 1 Nr. 2a SGB V sind Personen in der Zeit in der gesetzlichen Krankenversicherung versicherungspflichtig, für die sie Arbeitslosengeld II nach dem Zweiten Buch Sozialgesetzbuch beziehen, es sei denn, dass diese Leistung nur darlehensweise gewährt wird oder nur Leistungen nach § 24 Abs. 3 Satz 1 SGB II bezogen werden. Dies gilt auch, wenn die Entscheidung, die zum Bezug der Leistung geführt hat, rückwirkend aufgehoben oder die Leistung zurückgefordert oder zurückgezahlt worden ist.

Für die Pflegeversicherung sieht § 20 Abs. 1 Satz 2 Nr. 2a SGB XI eine Parallelregelung zu § 5 Abs. 1 Satz 1 Nr. 2a SGB V vor.

Ab dem 1.1.2016 gibt es für Arbeitslosengeld II-Bezieher keinen Versicherungsschutz mehr über die sog. „Familienversicherung". Stattdessen wird jeder Arbeitslosengeld II-Bezieher selbst Mitglied einer Kranken- und Pflegekasse. Eine Ausnahme davon gilt nur für Kinder unter 15 Jahre. Sie bleiben weiterhin bei einem Elternteil familienversichert.

Für Arbeitslosengeld II-Empfänger, die über keinen Versicherungsschutz verfügen, wird der Versicherungsschutz durch den Leistungsträger des Zweiten Buches Sozialgesetzbuch hergestellt. Soweit Leistungen nach dem Zweiten Buch Sozialgesetzbuch unrechtmäßig geleistet werden (z. B. weil eine nicht angegebene Beschäftigung ausgeübt wurde) und Leistungen nach dem Zweiten Buch Sozialgesetzbuch infolgedessen **vollständig** aufgehoben werden, stellt sich die Frage, ob und wie der Träger der Grundsicherung für Arbeitsuchende die direkt an die Kranken- und Pflegeversicherung entrichteten Beiträge erstattet bekommt.

§ 5 Abs. 1 Satz 1 Nr. 2a **Halbs. 2** SGB V regelt insoweit, dass die rückwirkende Aufhebung und Erstattungsforderung nach den §§ 44 ff., 50 SGB X grundsätzlich keinen Einfluss auf das Bestehen des Kranken- und Pflegeversicherungsverhältnisses hat. Die leistungsberechtigte Person bleibt also grundsätzlich auch dann kranken- und pflegeversichert, wenn die Leistungen rückwirkend entfallen.

Allerdings sind nach § 40 Abs. 2 Nr. 5 SGB II die Vorschriften des § 335 Abs. 1, Abs. 2 und Abs. 5 SGB III über die Erstattung von Beiträgen zur Kranken- und Pflegeversicherung entsprechend anwendbar. Dort ist prinzipiell geregelt, dass die leistungsberechtigte Person bei **rückwirkender Aufhebung** und Erstattung auch die entrichteten Beiträge zurückerstatten muss.

Wie weiter oben erläutert, ist eine Rücknahme **für die Vergangenheit** nur nach Maßgabe des § 45 Abs. 2 Satz 3 SGB X und § 45 Abs. 4 SGB X möglich. In diesen Fällen ergibt sich die Pflicht zur Erstattung der Leistung selbst aus § 50 Abs. 1 SGB X. Eine Rücknahme für die Vergangenheit kommt insbesondere auch in Betracht, wenn der Leistungsempfänger die Überzahlung zwar nicht verschuldet hat, aber ohne Weiteres erkennen konnte bzw. musste, dass die Zahlungsvoraussetzungen nicht vorgelegen haben (vgl. § 45 Abs. 2 Satz 3 Nr. 3 SGB X).

Dasselbe gilt für § 48 Abs. 1 Satz 2 SGB X. Nach § 48 SGB X ist die rückwirkende Aufhebung nach einer wesentlichen Änderung in den tatsächlichen oder rechtlichen Verhältnissen sogar möglich, wenn die leistungsberechtigte Person leicht erkennen konnte, dass ihr die überzahlten Leistungen nicht mehr zustanden, sondern auch dann, wenn unabhängig von einem Verschulden durch die Berücksichtigung von Einkommen der Anspruch ganz oder teilweise entfallen ist (vgl. § 48 Abs. 1 Satz 2 Nr. 3 SGB X).

Dem Leistungsträger sind von der leistungsberechtigten Person die Beiträge zur Kranken- und Pflegeversicherung zu ersetzen, wenn die Bewilligung der Leistung
- für – in der Regel – den ganzen Monat vollständig aufgehoben und zurückgefordert wurde **und**
- die Aufhebung der Leistung auf § 45 Abs. 2 Satz 3 **Nr. 1** oder **Nr. 2** SGB X bzw. auf § 48 Abs. 1 Satz 2 **Nr. 2** SGB X beruht **und**
- im Überzahlungszeitraum kein weiteres Krankenversicherungsverhältnis bestand.

Die Beschränkung der Erstattungsforderung von Beiträgen auf die o. g. Aufhebungsvorschriften trägt dem Umstand Rechnung, dass eine Rückforderung von Sozialversicherungsbeiträgen nur in Frage kommt, wenn sich die leistungsberechtigte Person **pflichtwidrig** verhalten hat oder ihren Mitwirkungspflichten **schuldhaft** nicht nachgekommen ist. Diese Praxis ist auf die Rechtsprechung des Bundessozialgerichts zum Arbeitslosengeld (Alg I) zurückzuführen.[369] Danach ist der Anwendungsbereich des § 335 Abs. 1 SGB III im Wege der teleologischen Reduktion (der Anwendungsbereich wird gegenüber dem Wortlaut eingeschränkt) einschränkend auszulegen.

Bei pflichtgemäßem Handeln der leistungsberechtigten Person kommt eine Ersatzpflicht der Beiträge nicht in Frage. Der Ersatzanspruch entfällt daher, wenn die leistungsberechtigte Person zwar die Rechtswidrigkeit der Leistungsgewährung erkennen kann, sie aber seinerseits alles dafür getan hat, eine Überzahlung zu vermeiden (möglicher Anwendungsfall des § 45 Abs. 2 Satz 3 Nr. 3 SGB X oder des § 48 Abs. 1 Satz 3 Nr. 3 SGB X).

---

369 Vgl. BSG, Urt. vom 21.11.2002 – B 11 AL 79/01 R –, juris, Rn. 17 ff.; vgl. BSG, Urt. vom 18.5.2010 – B 7 AL 16/09 R –, juris, Rn. 12; Sächsisches Landessozialgericht, Urt. vom 22.5.2014 – L 3 AS 600/12 –, juris, Rn. 36.

Ab dem Zeitpunkt, ab dem die leistungsberechtigte Person z.B. die Aufnahme einer Beschäftigung mitteilt, besteht kein schuldhaftes Verhalten, so dass ab diesem Zeitpunkt keine Rückforderung der entrichteten Beiträge in Frage kommt.

Beispiel
Die leistungsberechtigte Person erhält Arbeitslosengeld II bis zum 30.11. Es erfolgt eine rückwirkende Aufhebung und Erstattungsforderung ab dem 1.11., weil die leistungsberechtigte Person im November bedarfsdeckendes Einkommen erzielt. Die leistungsberechtigte Person teilt die Aufnahme der Arbeitstätigkeit aber erst am 15.11. mit, obwohl die Arbeitsaufnahme bereits am 1.11. erfolgt ist.

Zwar wird die Leistungsbewilligung für den Monat November vollständig aufgehoben und der Leistungsberechtigte wird für die ausgezahlte „Leistung zur Sicherung des Lebensunterhalts" zur Erstattung aufgefordert. Eine Erstattung für die Beiträge zur Kranken- und Pflegeversicherung, die direkt an die Versicherung überwiesen wurden, wird aber von der leistungsberechtigten Person nur tageweise vom 1.11. bis zum 14.11. gefordert, weil die leistungsberechtigte Person für diese Zeit schuldhaft ihrer Mitwirkungspflicht nicht nachgekommen ist.

Die Erstattung von Beiträgen durch den Leistungsbezieher kommt somit nicht für Zeiten in Betracht, in denen der Leistungsbezieher seinen gesetzlichen Mitteilungs- und Mitwirkungspflichten nachgekommen ist.

Trotz Kostenerstattung der Kranken- und Pflegeversicherungsbeiträge bleibt nach § 5 Abs. 1 Satz 1 Nr. 2a SGB V das Versicherungsverhältnis bestehen. Eine Korrektur der Versicherungszeiten ist nicht vorzunehmen.

Wird die Bewilligung der Leistung nur **teilweise** aufgehoben (vgl. § 335 Abs. 1 SGB III), sind die Beiträge nicht durch die leistungsberechtigte Person zu ersetzen, da die Versicherungspflicht aufgrund des Arbeitslosengeld II-Bezuges weiterbesteht. § 232a Abs. 1 Satz 1 Nr. 2 SGB V regelt, dass pauschale monatliche Beiträge zur Kranken- und Pflegeversicherung für versicherungspflichtige leistungsberechtigte Personen zu entrichten sind, und zwar selbst dann, wenn nur für einen Tag im Monat ein Anspruch auf Arbeitslosengeld II besteht. Deshalb sieht § 40 Abs. 2 Nr. 5 Halbs. 2 SGB II entsprechend vor, dass für den geschilderten Fall (mindestens ein Tag im Monat rechtmäßiger Leistungsanspruch) kein Erstattungsanspruch besteht.

Ebenfalls gibt es keinen Erstattungsanspruch gegenüber der leistungsberechtigten Person für die entrichteten Sozialversicherungsbeiträge, wenn ein weiteres Kranken- und Pflegeversicherungsverhältnis bei derselben Krankenversicherung bestand (z.B. durch eine ausgeübte Berufstätigkeit) und deshalb Beiträge doppelt entrichtet wurden (vgl. § 40 Abs. 2 Nr. 5 Halbs. 3 SGB II). In diesem Fall hält der Gesetzgeber einen Beitragserstattungsanspruch für entbehrlich[370], weil eine Krankenkasse zur Erstattung der entrichteten Sozialversicherungsbeiträge verpflichtet ist (vgl. § 335 Abs. 1 Satz 2 SGB III).

---

370 Vgl. BT-Drs. 18/1307 S. 53.

Die Krankenkasse ist aber nicht zur Erstattung von Versicherungsbeiträgen verpflichtet, wenn die Versicherungsverhältnisse bei zwei verschiedenen Krankenkassen existierten und in dem Zeitraum des Nebeneinanders der Versicherungsverhältnisse Leistungen der Krankenkasse erbracht wurden, bei der eine Versicherungspflicht nach § 5 Abs. 1 Nr. 2a SGB V bestand (Rückausnahme nach § 335 Abs. 1 Satz 3 SGB III). In diesem Fall lebt der Erstattungsanspruch für Sozialversicherungsbeiträge gegenüber der leistungsberechtigten Person wieder auf.

Ist eine Bewilligung nur **vorläufig** nach § 41a SGB II erfolgt und besteht eine Erstattungspflicht, sollen die Kranken- und Pflegeversicherungsbeiträge nicht der Erstattungspflicht der leistungsberechtigten Person unterfallen. Eine Ausnahme soll nur für den Fall bestehen, in dem der leistungsberechtigten Person ein Verschulden für die Überzahlung nachgewiesen werden kann.[371]

Teilweise wird allerdings die Auffassung vertreten, dass die Rückforderung vorläufig bewilligter Leistungen nach § 41a SGB II mit der Aufhebung und Erstattung nach den §§ 45, 48, 50 SGB X nicht vergleichbar ist. Für eine analoge Anwendung von § 335 Abs. 1 Sätze 1 und 5 SGB III in diesem Fall fehlt es an der erforderlichen planwidrigen Regelungslücke[372]. Die planwidrige Regelungslücke ist nicht vorhanden, weil der Gesetzgeber absichtlich zwischen Beiträgen (vgl. § 335 SGB III) und Geldleistungen (vgl. § 328 Abs. 3 SGB III, § 41a SGB II) unterschieden hat. Diese gesetzgeberische Grundentscheidung darf nicht durch eine Rechtsanalogie faktisch außer Kraft gesetzt werden.

1.3.30 Abgrenzung zur Kostenerstattung nach §§ 102 ff. SGB X

Die Kostenerstattung zwischen Leistungsträgern ist in § 102 bis 105 SGB X geregelt. Von diesen Anspruchsgrundlagen sind Fallkonstellationen erfasst, in denen ein Träger in der Annahme seiner Zuständigkeit in Vorleistung getreten ist. In der Annahme seiner Zuständigkeit hat dieser Leistungsträger rechtmäßige Sozialleistungen an eine leistungsberechtigte Person erbracht.

Der Kostenerstattungsanspruch nach §§ 102 bis 105 SGB X sorgt im Ergebnis dafür, dass der zur Leistung verpflichtete Leistungsträger dem nicht verpflichteten, aber leistenden Leistungsträger dessen Aufwendungen erstattet, ohne dass die leistungsberechtigte Person (zwingend) in diesen Abwicklungsprozess eingeschaltet wird. Die Erfüllungsfiktion des § 107 Abs. 1 SGB X stellt sicher, dass der Anspruch des Leistungsberechtigten gegen den zur Leistung verpflichteten Leistungsträger als erfüllt gilt.

Damit scheidet ein Vorgehen des nicht verpflichteten Leistungsträgers gegenüber der leistungsberechtigten Person aus. Der Erstattungsanspruch zwischen den Leistungsträgern genießt also Anwendungsvorrang gegenüber einer Rückforderung nach den §§ 44, 50 SGB X.

---

371 Vgl. Fachliche Hinweise zur Kranken- und Pflegeversicherung, Bundesagentur für Arbeit, Rn. C.81b (Stand: 20.12.2013).
372 Sächsisches LSG, Urt. vom 22.5.2014 – L 3 AS 600/12 –, juris, Rn. 33 ff.

Da ein Kostenerstattungsanspruch zwischen Leistungsträgern nach § 102 bis § 105 SGB X eine **rechtmäßige Sozialleistung** voraussetzt, existieren **Abgrenzungsschwierigkeiten** zu den Aufhebungs- und Erstattungsforderungen nach den §§ 44, 50 SGB X **scheinbar nicht.** Besteht ein Erstattungsanspruch, weil die Leistung rechtmäßig erbracht worden ist, bleibt in den Fällen der §§ 102 bis 105 SGB X für die Rücknahme und Erstattung von ergangenen Bewilligungsbescheiden nach den §§ 44, 50 SGB X insofern kein Raum, weil aufgrund des § 107 Abs. 1 SGB X der objektiv unzuständige und vorleistende Leistungsträger in die Rechtsposition des letztlich verpflichteten Leistungsträgers eingetreten ist.

Dennoch gibt es Fallkonstellationen, in denen es schwierig ist, zwischen einer Aufhebung und Rückforderung nach §§ 44 ff., 50 SGB X und dem Kostenerstattungsanspruch nach §§ 102 ff. SGB X zu unterscheiden. Betroffen sind insbesondere Fälle, in denen ein unzuständiger Träger gehandelt hat und eine Kostenerstattung nach § 105 SGB X in Frage kommt.

Beispiel (Bezug einer Altersrente)[373]
Die leistungsberechtigte Person P (60 Jahre alt) bezieht laufende Leistungen nach dem Zweiten Buch Sozialgesetzbuch von monatlich 500,00 €. Im Nachhinein stellt sich heraus, dass P vom 1.1. bis zum 30.6. zeitgleich neben den Leistungen nach dem Zweiten Buch Sozialgesetzbuch eine anrechenbare und bereinigte polnische Rente in Höhe von 100,00 € überwiesen bekommen hat.

Altersrentner unterliegen einem Leistungsausschluss nach § 7 Abs. 4 Satz 1 SGB II und können deshalb keine Leistungen der Grundsicherung für Arbeitsuchende erhalten (Voraussetzung dafür ist aber, dass die ausländische Altersrente mit der deutschen Altersrente vergleichbar ist[374]*). Es ist deshalb vertretbar, wenn die gesamte erbrachte Leistung als rechtswidrig eingestuft wird. Eine Rückforderung für die Vergangenheit kommt dann nur in den Fällen des § 45 Abs. 2 Satz 3 SGB X (§ 45 Abs. 4 Satz 1 SGB X) in Frage.*

Wenn P auf seine Mitwirkungsverpflichtungen hingewiesen worden ist, hätte er wissen müssen, dass er den Bezug der polnischen Altersrente hätte anzeigen müssen. Insofern sind die erbrachten Leistungen vollumfänglich rechtswidrig. Eine Rückforderung und Erstattung gemäß §§ 45, 50 SGB X kommt in Betracht.

Die Rechtsprechung tendiert allerdings zu einer anderen Lösung. Danach sei eine Bösgläubigkeit nur in Bezug auf den Einkommenszufluss anzunehmen, somit in Höhe von sechsmal 100,00 €. In diesem Umfang kommt der Erlass eines Rückforderungsbescheides nach §§ 45, 50 SGB X in Betracht.

---

373 Vgl. LSG Baden-Württemberg, Beschl. vom 2.2.2016 – L 9 AS 2914/15 B –, juris; SG Augsburg, Urt. vom 17.11.2015 – S 8 AS 983/15 –, juris; SG Altenburg, Urt. vom 20.10.2016 – S 30 AS 471/14 –, juris; LSG Sachsen-Anhalt, Urt. vom 31.1.2017 – L 4 AS 38/14 –, juris, Rn. 61 ff.; zur Thematik auch BSG, Urt. vom 7.12.2017 – B 14 AS 7/17 R –, juris.
374 Vgl. BSG, Urt. vom 7.12.2017 – B 14 AS 7/17 R –, juris, Rn. 15 ff. Eine vergleichbare ausländische Altersrente liegt vor, wenn sie durch einen öffentlichen Träger gewährt wird, sie an das Erreichen einer bestimmten Altersgrenze anknüpft und Lohnersatz nach einer im Allgemeinen den Lebensunterhalt sicherstellenden Gesamtkonzeption darstellt (vgl. auch BSG, Urt. vom 16.5.2012 – B 4 AS 105/11 R –, juris, Rn. 15).

Im Übrigen steht ein Kostenerstattungsanspruch gegenüber dem eigentlich verpflichteten Leistungsträger – hier dem Sozialhilfeträger, der Leistungen nach dem 3. Kapitel SGB XII erbringen müsste – zur Disposition.

Soweit ein Erstattungsanspruch nach §§ 102 ff. SGB X besteht, gilt nach § 107 Abs. 1 SGB X der Anspruch des hinsichtlich der Sozialleistung Berechtigten gegen den zur Leistung verpflichteten Leistungsträger – also dem erstattungspflichtigen Sozialhilfeträger – als erfüllt. Soweit die Erfüllungsfiktion reicht, schließt sie eine Aufhebung bzw. Rücknahme der Leistungsbewilligung durch den Leistungsträger, der den Erstattungsanspruch hat – hier dem Jobcenter – nach den §§ 44 ff. SGB X und einen Erstattungsanspruch nach § 50 SGB X aus. Die Erfüllungsfiktion des § 107 Abs. 1 SGB X verleiht der leistungsberechtigten Person somit einen Rechtsgrund, die Leistung zu behalten.

Das Jobcenter hat dann kein Wahlrecht, die Erstattung entweder vom anderen Leistungsträger oder vom Leistungsempfänger zu verlangen. Er muss den Kostenerstattungsanspruch nach den §§ 102 ff. SGB X geltend machen.

Ein Erstattungsanspruch nach § 40a SGB II i. V. m. § 104 SGB X scheidet aus, weil es sich weder um eine Rente wegen Erwerbsminderung handelt noch rückwirkend eine Altersrente zuerkannt wird. Generell kommt eine Kostenerstattung nach § 104 SGB X nicht in Frage, da das Jobcenter kein gegenüber dem Sozialhilfeträger nachrangig verpflichteter Leistungsträger ist. § 103 SGB X scheidet als Anspruchsgrundlage aus, da in dem Fall zum Zeitpunkt der Leistungsgewährung objektiv ein Anspruch auf die Leistungen der Grundsicherung für Arbeitsuchende bestanden haben muss. Dies ist vorliegend nicht der Fall, da die Gewährung von Leistungen nach dem Zweiten Buch Sozialgesetzbuch bei gleichzeitigem Rentenbezug in Polen bereits im Zeitpunkt der Leistungserbringung rechtswidrig war.

Allerdings kommt ein Erstattungsanspruch nach § 105 SGB X (allein) in Betracht. Hat danach ein unzuständiger Leistungsträger Sozialleistungen erbracht, ohne dass die Voraussetzungen von § 102 Abs. 1 SGB X vorliegen, ist der zuständige oder zuständig gewesene Leistungsträger nach dieser Bestimmung erstattungspflichtig, soweit dieser nicht bereits selbst geleistet hat, bevor er von der Leistung des anderen Leistungsträgers Kenntnis erlangt hat.

Vorliegend ist wegen des Leistungsausschlusses nach § 7 Abs. 4 Satz 1 SGB II die Leistungserbringung durch das Jobcenter zu Unrecht erfolgt, weswegen mit Blick auf die gleiche Ausgangslage zwischen den existenzsichernden Leistungen nach dem Zweiten und Zwölften Buch Sozialgesetzbuch von einer sachlich unzuständigen Leistungserbringung auszugehen ist und von einer Verpflichtung des zuständigen Sozialhilfeträgers zur Erbringung von Leistungen der Hilfe zum Lebensunterhalt.

Zwar kommt eine Erstattungsverpflichtung des Sozialhilfeträgers grundsätzlich nicht für die Vergangenheit in Frage, da nach § 105 Abs. 3 SGB X ein Erstattungsanspruch gegenüber den Trägern der Sozialhilfe nur von dem Zeitpunkt an möglich ist, von dem ihnen bekannt war, dass die Voraussetzungen für ihre Leistungspflicht vorlagen.

Die für das Einsetzen der hier in Frage kommenden Sozialhilfeleistung notwendige Kenntnis des Sozialhilfeträgers im Sinne von § 18 Abs. 1 SGB XII ist aber ebenfalls anzunehmen. Diese gilt wegen § 16 Abs. 2 SGB I über die Antragstellung beim Jobcenter als vermittelt, denn es ist davon auszugehen, dass ein Antrag auf Leistungen nach dem Zweiten Buch Sozialgesetzbuch wegen der gleichen Ausgangslage (Bedürftigkeit und Bedarf) auch als Antrag nach dem Zwölften Buch Sozialgesetzbuch zu werten ist.[375]

Im Ergebnis sperrt der vorrangige Erstattungsanspruch nach den §§ 102 ff. SGB X in Höhe von 2.400,00 € den Rückforderungsanspruch von Leistungen gegenüber dem Leistungsempfänger. Dieser kann hier nur im Umfang von 600,00 € geltend gemacht werden.

1.3.31 Auffangvorschrift bei fehlenden Rückabwicklungsmöglichkeiten

Kommt weder eine Aufhebung und Erstattung gegenüber der leistungsberechtigten Person nach den §§ 44 ff., 50 SGB X noch nach den §§ 102 ff. SGB X in Frage, ermöglichen sowohl § 105 SGB XII für den Bereich des Sozialhilferechts als auch § 34b SGB II für Leistungen der Grundsicherung für Arbeitssuchende einen Herausgabeanspruch gegenüber der leistungsberechtigten Person.

Ausgangssituation für einen solchen Herausgabeanspruch ist dabei eine Doppelleistung an die leistungsberechtigte Person, die sowohl Leistungen des Trägers der Grundsicherung für Arbeitsuchende bzw. des Sozialhilfeträgers erhalten hat als auch Leistungen eines vorrangig verpflichteten Leistungsträgers (z.B. Leistungen der Rentenversicherung, Leistungen der Arbeitslosenversicherung).

Hinsichtlich dieser Fallkonstellation wird auf die Ausführungen in **Kapitel 5.4** verwiesen.

1.3.32 Aufhebung bei einer vorläufigen Leistungsgewährung

Eine nach § 41a SGB II oder § 44a SGB II bewilligte vorläufige Leistung kann genauso wie ein endgültiger Bescheid rechtswidrig sein oder rechtswidrig werden. Insofern kommt nach den oben beschriebenen Grundsätzen auch für diese Verwaltungsakte eine Aufhebung nach den §§ 44, 45 und 48 SGB X in Frage.

Eine anfängliche Unrichtigkeit einer vorläufigen Leistungsbewilligung kann z.B. darin liegen, dass anstelle eines vorläufigen ein endgültiger Bescheid erlassen wird. Verfügt die leistungsberechtigte Person beispielsweise über schwankendes Erwerbseinkommen oder ist der Sachverhalt noch nicht endgültig aufgeklärt bzw. kann für den Bewilligungszeitraum nicht aufgeklärt werden, kommt nur eine vorläufige Leistungsbewilligung in Frage. Lässt der Bescheid diese Vorläufigkeit nicht erkennen, handelt

---

[375] Vgl. BSG, Urt. vom 2.12.2014 – B 14 AS 66/13 R –, juris, Rn. 25 = FEVS 67, 13; einen Kostenerstattungsanspruch wegen fehlender Kenntnisvermittlung mit guter Argumentation ablehnend: LSG Sachsen-Anhalt, Urt. vom 9.3.2017 – L 4 AS 61/14 –, juris, Rn.51 ff.; SG Duisburg, Urt. vom 12.12.2017 – S 49 AS 3784/15 –, juris, Rn. 15 ff.

es sich um einen endgültigen Bescheid, der im Erlasszeitpunkt rechtswidrig ist, so dass eine Aufhebung nach § 45 SGB X zu prüfen ist. Überzahlungen können dann über §§ 45, 50 SGB X zurückgefordert werden, wenn die Rechtswidrigkeit für die leistungsberechtigte Person erkennbar gewesen ist und daher „Bösgläubigkeit" bejaht werden kann (§ 45 Abs. 2 Satz 3 Nr. 3 SGB X).

Ist hingegen – umgekehrt – rechtswidrig vorläufig bewilligt worden, obwohl nur eine endgültige Bewilligung in Frage kommt, besteht eine Besonderheit. Gemäß § 41a Abs. 6 SGB II und § 44a Abs. 7 SGB XII sind Leistungsüberzahlungen im sechsmonatigen Bewilligungszeitraum zu „verrechnen". Die vorläufige Bewilligung schließt insofern Vertrauensschutz aus. § 45 SGB X und die dortige Vertrauensschutzfrage werden mithin umgangen. Bislang ist ungeklärt, ob nicht dennoch Vertrauensschutzerwägungen unter Berücksichtigung des Grundsatzes von Treu und Glauben (§ 242 BGB) angezeigt erscheinen, wenn der Fehler allein in der Sphäre der Behörde liegt und die leistungsberechtigte Person auf die Richtigkeit der Leistungsberechnung vertrauen konnte. In Frage kommt auch der Erlass der Erstattungsforderung nach § 44 SGB II.

Beispiel
Die leistungsberechtigte Person P bezieht Arbeitslosengeld II. Auf den Bedarf werden aus einem Minijob 120,00 € angerechnet. Fehlerhaft verfügt das Jobcenter gemäß § 40 Abs. 4 SGB II eine vorläufige Leistungsbewilligung. Der Bewilligungsbescheid ist insofern anfänglich rechtswidrig. Er wird allerdings mangels Widerspruchs bestandskräftig.

In der vorläufigen Leistungsbewilligung wird dem P zusätzlich ein Mehrbedarf anerkannt, der ihm nicht zusteht.

P kann zwar geltend machen, dass er nicht bösgläubig ist und eine Aufhebung für die Vergangenheit (§ 45 Abs. 4 Satz 1 SGB X) deshalb nicht in Frage kommt. Die Vorläufigkeit ermöglicht der Behörde nach Ablauf des sechsmonatigen Bewilligungszeitraums allerdings eine Erstattungsforderung, soweit Überzahlungen eingetreten sind (vgl. § 41a Abs. 6 SGB II).

Inwiefern hier dennoch Vertrauensschutzerwägungen zumindest hinsichtlich der Bewilligung des Mehrbedarfs in Frage kommen, muss noch geklärt werden.

Sollte anstelle einer vorläufigen Bewilligung eine endgültige Bewilligung erfolgt sein, kommt ein Überprüfungsantrag gemäß § 44 SGB X in Frage, wenn aufgrund der im Zweiten Buch Sozialgesetzbuch vorzunehmenden Durchschnittsberechnung des § 41a Abs. 4 SGB II die Vorteile einer vorläufigen Bewilligung verloren gehen.

Beispiel [376]
*Die leistungsberechtigte Person L bezieht schwankendes Einkommen in Höhe von ca. 400,00 €. Dennoch bewilligt der Leistungsträger fehlerhaft **endgültig** und unter Anrechnung von bereinigtem Einkommen in Höhe 240,00 €.*

---

376 Angelehnt an *Geiger*, Aufhebungs- und Erstattungsbescheide nach §§ 45, 48, 50 SGB X im SGB II und SGB III, info also 2021 S. 147 (149).

Aufgrund einer größeren Entfernung zur Arbeitsstelle hat L hohe monatliche Fahrtkosten. Deshalb liegen seine mit der Erwerbstätigkeit verbundenen Aufwendungen um 40,00 € oberhalb des Grundfreibetrages. Tatsächlich verdient L im Mai 380,00 €, im Juni, Juli und August 400,00 € und im September und Oktober 430,00 €. Das Jobcenter setzt die tatsächlichen Verdienste mit einem Änderungsbescheid (§ 48 SGB X) für die Monate Mai (Nachzahlung von 16,00 €)[377] sowie September und Oktober (Nachzahlung von zweimal 13,00 €)[378] um.

Ein Überprüfungsantrag gemäß § 44 SGB X hat im konkreten Fall Erfolg. Darüber hinaus müsste das Jobcenter auch von Amts wegen eine Korrektur vornehmen. Die Ausgangsbewilligung muss in eine vorläufige Entscheidung korrigiert werden, weil aufgrund der Durchschnittsberechnung gemäß § 41a Abs. 4 SGB II dem L höhere Grundsicherungsleistungen zustehen. Denn das gesamte Durchschnittseinkommen der maßgeblichen sechs Monate beträgt 406,67 €, so dass ein erhöhter Grundfreibetrag nach § 11b Abs. 2 Satz 2 SGB II von monatlich 140,00 € zu berücksichtigen ist und sich dadurch die Leistungsbewilligung erhöht.

Eine Korrektur der Änderungsbescheide kommt durch das Überprüfungsverfahren nicht in Frage, weil der ursprüngliche Bewilligungsbescheid anfänglich rechtswidrig ist und dieser durch § 44 SGB X zu korrigieren ist. Damit erübrigt sich eine Aufhebung der Änderungsbescheide. Die Aufhebung der Änderungsbescheide wird also durch § 44 SGB X „gesperrt".

Im Übrigen sind zur Aufhebung und Änderung der vorläufigen Leistungsbewilligung folgende Feststellungen zu treffen:

Tritt in den der vorläufigen Entscheidung zugrunde liegenden tatsächlichen Verhältnissen eine wesentliche Änderung **zu Lasten** der leistungsberechtigten Person ein (z. B. Steigerung des monatlichen Einkommens), so ist die vorläufige Entscheidung gemäß § 48 Abs. 1 Satz 1 SGB X **mit Wirkung für die Zukunft** anzupassen. Es ist darauf hinzuweisen, dass es bei der vorläufigen Entscheidung bleibt; mithin ist durch entsprechende Formulierung klarzustellen, dass der Änderungsbescheid Bestandteil des vorläufigen Bescheides wird.

Stand die vorläufige Entscheidung bereits **bei Erlass** nicht mit den tatsächlichen Verhältnissen in Einklang („anfängliche Rechtswidrigkeit"), **ist** die vorläufige Entscheidung gemäß § 41a Abs. 2 Satz 4 SGB II, § 44a Abs. 3 SGB XII nach § 45 SGB X mit Wirkung für die Zukunft zurückzunehmen. Eine Vertrauensschutzprüfung nach Maßgabe des § 45 Abs. 2 SGB X findet dann gemäß § 41a Abs. 2 Satz 5 SGB II, § 44a Abs. 3 Halbs. 2 SGB XII nicht statt, weil die Adressaten um die Vorläufigkeit wussten und insofern auch kein schutzwürdiges Vertrauen entstehen konnte. Ein „Ausgleich" der in der Vergangenheit liegenden rechtswidrigen Überzahlungen erfolgt mit der abschließenden Entscheidung.

§ 41a Abs. 2 Satz 4 SGB II, § 44a Abs. 3 SGB XII modifizieren § 45 SGB X also hinsichtlich einer nicht vorzunehmenden Vertrauensschutzprüfung und hinsichtlich der Rechtsfolge. Aus einer Ermessensvorschrift wird eine gebundene Entscheidung.

---

377 380,00 € abzgl. 100,00 € abzgl. 56,00 € = 224,00 € anstelle von 240,00 €.
378 430,00 € abzgl. 137,00 € abzgl. 66,00 € = 227,00 € anstelle von 240,00 €.

Eine Änderung **zu Lasten der leistungsberechtigten Person mit Wirkung für die Vergangenheit** nach den §§ 45, 48 SGB X kommt nach hier vertretener Auffassung ebenfalls in Frage. Der Gesetzgeber hat eine Aufhebung für die Vergangenheit bei anfänglich rechtswidrigen vorläufigen Bewilligungen keine Regelung getroffen, so dass anzunehmen ist, dass § 45 SGB X diesbezüglich nicht modifiziert wird (§ 44a Abs. 3 SGB XII im Umkehrschluss). Der leistungsberechtigten Person entsteht auch kein Nachteil, weil eine rückwirkende Aufhebung nur unter den engen Vertrauensschutz begründenden Voraussetzungen des § 45 Abs. 2 Satz 3, § 45 Abs. 4 Satz 1 SGB X möglich ist.

Alternativ bleibt es der Behörde unbenommen, die vorläufige Bewilligung nicht abzuändern, sondern im Wege der abschließenden Entscheidung die Rechtslage endgültig festzustellen. Bei den Regelungen zur abschließenden Entscheidung (§ 41a Abs. 4 bis Abs. 7 SGB II; § 44a Abs. 6, Abs. 7 SGB XII) unterscheidet der Gesetzgeber nicht zwischen rechtmäßig und rechtswidrig bewilligten vorläufigen Zahlungen. Das bedeutet beispielsweise, dass auch rechtswidrig erbrachte Geldleistungen auf die abschließend festgestellte Leistung angerechnet werden können und ggf. von der leistungsberechtigten Person zu erstatten sind.[379] Zumindest in den Fällen, in denen der Leistungsträger voraussichtlich einen Erstattungsanspruch besitzt, ist es daher ggf. unter verfahrensrechtlichen Aspekten ökonomischer, den Ablauf des Bewilligungszeitraumes abzuwarten und die Rechtslage mit der abschließenden Entscheidung zu klären.

Änderungen, die sich im laufenden Bewilligungszeitraum **zugunsten** der leistungsberechtigten Person auswirken (z. B. Minderung des Einkommens, Mieterhöhung), sollten hingegen zur Sicherung des Existenzminimums mit einem Änderungsbescheid nach § 48 Abs. 1 Satz 2 Nr. 1 SGB X **für die Vergangenheit** und damit rückwirkend berücksichtigt werden, wenn die Voraussetzungen für eine vorläufige Entscheidung weiterhin vorliegen.

Sind die Voraussetzungen für eine vorläufige Bewilligung mit der Änderungsmitteilung entfallen, ist ein Änderungsbescheid zur vorläufigen Bewilligung nicht möglich.

Beispiel 1 (keine Aufhebungsentscheidung)
Ein Leistungsberechtigter, dem Leistungen (Arbeitslosengeld II) aufgrund von schwankendem Einkommen vorläufig bewilligt wurden, legt für den abgelaufenen Monat eine Verdienstbescheinigung vor. Ein Änderungsbescheid nach § 48 SGB X für den abgelaufenen Monat, der seinerseits die vorläufige Leistungsbewilligung bestehen lassen muss, wäre rechtswidrig, da die Voraussetzungen für die vorläufige Bewilligung (Einkommenshöhe nicht bekannt) nicht mehr vorliegen.

*Eine abschließende Entscheidung für diesen einzelnen Monat entspricht nicht den gesetzlichen Regelungen, da nach § 41a Abs. 1 SGB II **zwingend** eine vorläufige Entscheidung für einen Bewilligungszeitraum von sechs Monaten und eine abschließende Feststellung **nach Ablauf des Bewilligungszeitraums** vorgesehen ist.*

Wäre in dem dargestellten Fall dagegen die vorläufige Entscheidung aufgrund ungeklärter Bedarfe für Unterkunft und Heizung erfolgt, lägen weiterhin

---

[379] Vgl. auch *Kirchhoff*, Vorläufige Entscheidung über die Grundsicherung im Alter und bei Erwerbsminderung, SGb 2018 S. 517-521.

die Voraussetzungen für den Erlass einer solchen Entscheidung vor. Ggf. kommt dann ein Änderungsbescheid zugunsten oder zu Lasten der leistungsberechtigten Person in Betracht.

Im **Zwölften Buch Sozialgesetzbuch** gibt es in dieser Fallvariante eine Sonderregelung. Der Leistungsträger **kann** (Ermessen) gemäß § 44a Abs. 4 SGB XII für den gesamten Bewilligungszeitraum eine abschließende Entscheidung bereits vor dessen Ablauf treffen, wenn

- eine abschließende Klärung der leistungsrelevanten Tatsachen (Bedarfe, Einkommen) hinsichtlich der Monate, für die bereits Leistungen erbracht wurden, möglich ist **und**
- feststeht, dass der Leistungsanspruch für die Monate, für die noch keine Leistungen erbracht wurden, zukünftig wegfällt (z. B. durch eine Erbschaft).

Beispiel 2 (keine Aufhebungsentscheidung)

Aufgrund entsprechender Erfahrungswerte aus vorangegangenen Bewilligungszeiträumen erfolgt eine vorläufige Bewilligung, die der Leistungsgewährung ein voraussichtliches durchschnittliches Bruttoeinkommen von 1.000,00 € und ein anrechenbares Nettoeinkommen von 600,00 € zugrunde legt. Aufgrund verlässlicher Erfahrungswerte wurde der Erwerbstätigenfreibetrag in Höhe von 180,00 € vom voraussichtlichen durchschnittlichen Bruttoeinkommen abgezogen.

Der erwerbsfähige Leistungsberechtigte teilt im Bewilligungszeitraum mit, dass er einmalig und unerwartet einen geringeren Bruttoverdienst in Höhe von nur 700,00 € erworben hat.

In der vorläufigen Leistungsbewilligung wurde der Erwerbstätigenfreibetrag bereits berücksichtigt, so dass das anrechenbare Einkommen in vergleichsweise geringer Höhe der vorläufigen Leistungsbewilligung zugrunde gelegt wurde und eine vergleichsweise hohe vorläufig gewährte Leistung ausgezahlt wurde. Dabei profitiert die leistungsberechtigte Person bereits von einem Erwerbstätigenfreibetrag, der zur Existenzsicherung nicht zwingend notwendig ist.

Die vorläufige Leistungsbewilligung muss also **nicht** zugunsten der leistungsberechtigten Person durch einen Änderungsbescheid nach § 48 Abs. 1 Satz 2 Nr. 1 SGB X korrigiert werden.

Sinkt das Brutto- bzw. Nettoeinkommen jedoch noch weiter und kann es über den Erwerbstätigenfreibetrag nicht „aufgefangen" werden, so dass die Leistung nicht mehr ausreicht, das Existenzminimum zu sichern, ist die vorläufige Leistungsbewilligung nach § 48 Abs. 1 Satz 2 Nr. 1 SGB X zu korrigieren. Der Änderungsbescheid modifiziert dabei die vorläufige Leistungsbewilligung. Dabei kann im Rahmen einer Ermessensentscheidung der Erwerbstätigenfreibetrag immer noch ganz oder teilweise unberücksichtigt bleiben. Im Änderungsbescheid ist sprachlich klarzustellen, dass dieser Bestandteil der vorläufigen Leistungsbewilligung wird und keinen endgültigen Bescheid darstellt.

Beispiel 3 (nachträgliche Änderung zu Lasten des Berechtigten)
Die erwerbsfähige leistungsberechtigte Person teilt im **vierten Monat** des vorläufigen Bewilligungszeitraums (die Leistungen wurden wegen schwankenden Einkommens vorläufig bewilligt) mit, dass die in der Bedarfsgemeinschaft lebende Partnerin zu Beginn des zweiten Monats ein Studium aufgenommen hat, das zum Leistungsausschluss nach § 7 Abs. 5 Satz 1 SGB II geführt hat.

Der Partnerin sind ab nächsten, also fünften Monat keine Leistungen mehr zu bewilligen. Der vorläufige Bewilligungsbescheid ist daher **mit Wirkung für die Zukunft** ab dem fünften Monat nach § 48 Abs. 1 Satz 1 SGB X (teilweise) aufzuheben. Der Änderungsbescheid ergeht wiederum vorläufig. Die Überzahlung für die Monate 2 bis 4 ist im Rahmen der abschließenden Entscheidung nach § 41a Abs. 6 SGB II abzuwickeln.

Beispiel 4 (nachträgliche Änderung zugunsten des Berechtigten)
Die erwerbsfähige leistungsberechtigte Person teilt im **vierten Monat** des vorläufigen Bewilligungszeitraums mit, dass die in der Bedarfsgemeinschaft lebende einkommenslose Partnerin ihr Studium, das bisher zum Leistungsausschluss nach § 7 Abs. 5 Satz 1 SGB II geführt hatte, Ende des zweiten Monats **abgeschlossen** hat.

Der Partnerin sind ab **dritten Monat** wegen Wegfalls des Leistungsausschlusses Leistungen zu bewilligen. Der vorläufige Bescheid ist daher **rückwirkend** ab dem **dritten Monat** nach § 48 Abs. 1 Satz 2 Nr. 1 SGB X zugunsten der Mitglieder der Bedarfsgemeinschaft aufzuheben. Der Änderungsbescheid ergeht wiederum vorläufig.

Beispiel 5 (ursprünglich rechtswidriger vorläufiger Bescheid, Änderung zugunsten des Berechtigten)
Die erwerbsfähige leistungsberechtigte Person erhält vorläufig Leistungen wegen schwankendem Einkommen. Im Verlaufe des dritten Monats des vorläufigen Bewilligungszeitraums weist die erwerbsfähige leistungsberechtigte Person nach, dass sie seit Beginn des Bewilligungszeitraums Unterhalt für ihr Kind aufgrund eines Unterhaltstitel zahlt.

Der vorläufige Bewilligungsbescheid ist mit Wirkung vom ersten Bewilligungsmonat nach § 44 SGB X entsprechend zu korrigieren, indem die Unterhaltsbeiträge rückwirkend vom Einkommen abgesetzt werden. Der Korrekturbescheid nach § 44 SGB X ergeht wiederum vorläufig.

Beispiel 6 (ursprünglich rechtswidriger vorläufiger Bescheid, Änderung zu Lasten des Berechtigten)
Die erwerbsfähige leistungsberechtigte Person verschweigt grob fahrlässig bedarfsdeckendes Vermögen. Dies wird im dritten Monat des vorläufigen Bewilligungszeitraums bekannt wird.

Der vorläufige Bewilligungsbescheid Bescheid ist mit Wirkung ab dem vierten Monat des Bewilligungszeitraumes nach § 41a Abs. 2 Satz 4, Satz 5 SGB II i. V. m. § 45 Abs. 1 SGB X zurückzunehmen. Die Überzahlung für die vergangenen ersten drei Monate ist im Rahmen der abschließenden Entscheidung nach § 41a Abs. 6 SGB II abzuwickeln.

Alternativ kann nach hier vertretener Auffassung auch eine Aufhebung des ewilligungsbescheides nach § 45 SGB X mit Wirkung für die Vergangenheit erfolgen. § 41a Abs. 2 Satz 4, Satz 5 SGB II (vgl. auch § 44a Abs. 3 SGB XII) schließen eine Aufhebung für die Vergangenheit nicht aus. Die leistungsberechtigte Person handelt hier bösgläubig im Sinne von § 45 Abs. 2 Satz 3 Nr. 2, Nr. 3 SGB X, so dass die vorläufige Bewilligung auch rückwirkend aufgehoben werden muss (§ 45 Abs. 4 Satz 1 SGB X, § 40 Abs. 2 Nr. 3 SGB II).

1.3.33 Leistungsgewährung

1.3.33.1 Einführung und Anwendungsbereich

Sowohl im Zweiten als auch im Zwölften Buch Sozialgesetzbuch sind Regelungen (§ 41a SGB II, § 44a SGB XII) zur vorläufigen Leistungsbewilligung vorgesehen (vorläufiger Verwaltungsakt). Die jeweiligen Rechtsnormen im Zweiten und Zwölften Buch Sozialgesetzbuch sind inhaltsähnlich, so dass sie gemeinsam betrachtet werden können. Der wesentliche Unterschied zwischen beiden Normen besteht darin, dass die abschließende Entscheidung im Zweiten Buch Sozialgesetzbuch grundsätzlich nach einem zu veranschlagenden Durchschnittseinkommen erfolgt, während im Zwölften Buch Sozialgesetzbuch der tatsächliche (nachträglich zu ermittelnde) Monatsanspruch der vorläufigen Bewilligung gegenüberzustellen ist.

Die vorläufige Entscheidung zur Leistungsgewährung ist mit zahlreichen ungeklärten Rechtsproblemen verbunden.[380] Es ist daher – insbesondere im Zwölften Buch Sozialgesetzbuch, in dem die vorläufige Leistungsgewährung nur für das 4. Kapitel SGB XII gilt – fraglich, ob die vorhandenen gesetzlichen Regelungen sinnvoll sind. Denn das ursprüngliche Ziel der Regelungen bestand gerade in einer Rechts- und Verwaltungsvereinfachung.

Die vorläufige Leistungsbewilligung ist eine Ausnahmeregelung. Sie ist nicht anzuwenden, wenn sich der Sachverhalt aufklären lässt, sich die Aufklärung des Sachverhalts aber verzögert. Fehlen beispielsweise Einkommensnachweise, kann ein Jobcenter die fehlenden Unterlagen von der leistungsberechtigten Person unter Hinweis auf ihre Mitwirkungspflichten (§§ 60 ff. SGB I) oder beispielsweise vom Arbeitgeber anfordern (vgl. § 57 SGB II, § 117 Abs. 4 SGB XII).

Eine vorläufige Entscheidung ergeht auch dann nicht, wenn die leistungsberechtigte Person die Umstände, die einer sofortigen abschließenden Entscheidung entgegenstehen, schuldhaft (vgl. § 276 BGB) zu vertreten hat (§ 41a Abs. 1 Satz 3 SGB II, § 44a

---

380 Vgl. *Conradis/Klerks*, Probleme der vorläufigen Bewilligung bei existenzsichernden Leistungen, info also 2018 S. 147 ff.

Abs. 2 Satz 2 SGB XII). Das wäre etwa der Fall, wenn die Einkommensnachweise von der leistungsberechtigten Person nicht vorgelegt werden, obwohl sie dies ohne Mühe könnte.

Werden Leistungen zu Unrecht vorläufig anstatt von Beginn an endgültig erbracht, ist der vorläufige Bescheid ursprünglich rechtswidrig, so dass er nach § 45 SGB X zurückgenommen werden kann.

Wird umgekehrt zunächst abschließend bewilligt und treten während eines laufenden Bewilligungsabschnitts in den tatsächlichen Verhältnissen der leistungsberechtigten Person Änderungen ein, aufgrund derer eine vorläufige Entscheidung zu ergehen hat (beispielsweise Aufnahme einer selbständigen Tätigkeit mit schwankendem Einkommen während des laufenden Leistungsbezugs), ist gemäß § 40 Abs. 4 SGB II die bisherige abschließende Entscheidung **mit Wirkung für die Zukunft** ganz aufzuheben. An ihre Stelle tritt dann eine vorläufige Entscheidung nach Maßgabe des § 41a SGB II.

Die Regelung des § 40 Abs. 4 SGB II ist eine Selbstverständlichkeit. Ein Bescheid muss angepasst werden, wenn in den tatsächlichen Verhältnissen eine Änderung eingetreten ist und damit die ursprüngliche Bewilligung von der Rechtslage nicht mehr getragen wird. Damit ist § 40 Abs. 4 SGB II eine Spezialregelung zu § 48 Abs. 1 Satz 1 SGB X.

Allerdings wird § 48 Abs. 1 **Satz 2** SGB X nicht verdrängt. Diese Norm regelt die Aufhebung für die Vergangenheit und stellt eine „Soll-Regelung" dar. Wenn also die leistungsberechtigte Person die Änderung der tatsächlichen Verhältnisse (z. B. schwankendes Einkommen wegen ausgeübter selbständiger Tätigkeit) verspätet mitteilt, ist der Bescheid rückwirkend nach § 48 Abs. 1 Satz 2 Nr. 3 SGB X aufzuheben; ggf. kommt auch die Rücknahmevorschrift des § 45 SGB X in Frage, wenn von Anfang an eine vorläufige Entscheidung hätte ergehen müssen.

Im Zwölften Buch Sozialgesetzbuch fehlt eine dem § 40 Abs. 4 SGB II vergleichbare Regelung, so dass hier § 48 SGB X direkt anzuwenden ist.

Die Sozialleistungen sind gemäß § 41a Abs. 1 Satz 1 SGB II, § 44a Abs. 1 SGB XII verpflichtend – also ohne Ermessen – vorläufig zu erbringen, wenn
- zur Feststellung der Voraussetzungen des Anspruchs voraussichtlich **längere Zeit** erforderlich ist **und** die Voraussetzungen für den **Anspruch mit hinreichender Wahrscheinlichkeit** vorliegen oder
- ein Anspruch auf Geld- und Sachleistungen **dem Grunde nach** besteht und **zur Feststellung seiner Höhe** voraussichtlich längere Zeit erforderlich ist.

Hauptanwendungsfall im Sinne von § 41a Abs. 1 Satz 1 **Nr. 1** SGB II bzw. § 44a Abs. 1 Satz 1 **Nr. 1** SGB XII ist ein schwankendes Erwerbseinkommen (insbesondere aus selbstständiger Tätigkeit), so dass sich in diesen Fällen die Leistungshöhe **im Zeitpunkt des Bescheiderlasses** nicht genau ermitteln lässt.

In diesem Zusammenhang ist zu berücksichtigen, dass Leistungen im Zweiten und Zwölften Buch Sozialgesetzbuch monatlich im Voraus erbracht werden. Nach der Rechtsprechung des Bundessozialgerichts ist bei schwankendem Einkommen der

Erlass eines endgültigen Bescheides von vornherein rechtswidrig.[381] In diesen Fällen ist also zwingend eine vorläufige Entscheidung zu treffen. Ist am Anfang eines Bewilligungszeitraumes nicht bekannt, wie hoch die im Bewilligungszeitraum zufließenden Einkünfte sein werden, ist der Leistungsträger verpflichtet, auf der Grundlage aller zum Zeitpunkt der Entscheidung bekannten Tatsachen das zufließende Einkommen realistisch zu **prognostizieren** und auf der Grundlage dieser Prognose die Höhe der Leistung vorläufig zu bewilligen.

Im Zweiten Buch Sozialgesetzbuch kann ein schwankendes Einkommen sowohl bei selbstständigen als auch bei nicht selbstständigen Tätigkeiten vorliegen.

Für den Bereich des Zwölften Buches Sozialgesetzbuches kommen insbesondere die Beschäftigungen in einer Werkstatt für behinderte Menschen in Betracht. Selbst dann, wenn hier das Einkommen feststehen sollte, müssten vorläufige Entscheidungen bereits deshalb getroffen werden, weil das Mittagessen im Arbeitsbereich einer Werkstatt für behinderte Menschen den Regelsatz reduziert (vgl. § 27a Abs. 4 SGB XII) und sich die Häufigkeit der Teilnahme am Mittagessen nicht prognostizieren lässt (Fall des § 44a Abs. 1 Satz 1 Nr. 2 SGB XII). Ab dem 1.1.2020 wird für Beschäftigte in einer Werkstatt für behinderte Menschen ein Mehrbedarf nach § 42b SGB XII i.V.m. § 2 SvEV anerkannt. Auch die Höhe dieses Mehrbedarfs schwankt in Abhängigkeit von der Anzahl der Arbeitstage im jeweiligen Monat.

Ein weiterer Fall der vorläufigen Leistungsbewilligung liegt (im Zwölften Buch Sozialgesetzbuch) in dem Einkommenszufluss von ausländischen Renten, deren Höhe aufgrund der Umrechnungskurse schwankt.

Daneben werden vorläufige Bewilligungen aufgrund von temporären Bedarfsgemeinschaften, aufgrund nicht feststehender Unterkunftskosten (insbesondere bei eigenen Immobilien) oder absehbarer, aber der Höhe nach nicht feststehender Einmaleinkünfte (z.B. Urlaubs-, Weihnachtsgeld) vorkommen.

Anders als im Zweiten Buch Sozialgesetzbuch betont § 44a Abs. 1 SGB XII, dass eine vorläufige Entscheidung nur erfolgen darf, wenn die Anforderungen des § 41 Abs. 2 SGB XII (Erreichen der Altersgrenze) oder die des § 41 Abs. 3 SGB XII (dauerhafte volle Erwerbsminderung) erfüllt sind. Steht also eine Entscheidung über die dauerhafte volle Erwerbsminderung noch aus, kommt **keine** vorläufige Bewilligung nach § 44a SGB XII in Frage. Stattdessen würden ggf. Leistungen nach dem 3. Kapitel SGB XII gewährt. Bei einem Kompetenzkonflikt mit dem nach dem Zweiten Buch Sozialgesetzbuch zuständigen Jobcenter kommen auch Leistungen nach dem Zweiten Buch Sozialgesetzbuch in Betracht (vgl. auch § 44a SGB II). Der Gesetzgeber legt also in § 44a Abs. 1 SGB XII klarstellend Wert darauf, dass die entscheidenden sachlichen Voraussetzungen für einen Leistungsanspruch nach dem 4. Kapitel SGB XII erfüllt sein müssen, um eine vorläufige Entscheidung zu treffen. Die Regelung ist prinzipiell überflüssig, weil § 44a Abs. 1 SGB XII verlangt, dass ein Anspruch dem Grunde nach bestehen muss.

Grundsätzlich sind zum Entscheidungszeitpunkt **nicht absehbare Veränderungen** oder **die Aussicht auf mögliche Veränderungen keine Vorläufigkeitsgründe:**

---

381 Vgl. BSG, Urt. vom 29.11.2012 – B 14 AS 6/12 R –, juris = NDV-RD 2013, 75.

Ungeklärt ist es beispielsweise, ob zu erwartende Betriebskostenabrechnungen Grund für einen vorläufigen Bescheid sein können. Dagegen spricht, dass es hierzu Bestimmungen gibt (vgl. § 22 Abs. 3 SGB II, § 82 Abs. 1 Satz 2 SGB XII) und es sich um „Einmaleffekte" handelt, die eine vorläufige Entscheidung für sechs Monate nach hier vertretener Ansicht nicht rechtfertigen. Denn die vorläufige Leistungsbewilligung soll als Ausnahmeregelung nicht für Regelfälle angewandt werden. Betriebskostenabrechnungen stellen in vielen Leistungsfällen aber den häufigen Regelfall dar. Entsprechendes gilt für Rentenanpassungen.

Hinzu kommt, dass im Zeitpunkt der Leistungsbewilligung sowohl bei Rentenanpassungen als auch bei Betriebskostenabrechnungen noch nicht verbindlich feststeht, dass sich die Leistungshöhe wirklich ändern wird.

Nach Sinn und Zweck von § 41a SGB II, § 44a SGB XII sollen Existenzsicherungsleistungen zu einem Zeitpunkt gewährt werden, in denen die Höhe noch nicht genau feststeht, dem Grunde aber ein Anspruch besteht oder eine hinreichende Wahrscheinlichkeit auf einen Anspruch besteht. Es soll also möglichst schnell eine Entscheidung getroffen werden, um Verzögerungen zu Lasten der leistungsberechtigten Personen zu vermeiden. Mit Ausnahme von einmaligen Anpassungseffekten bestehen aber z. B. bei Betriebskostenabrechnungen oder Rentenanpassungen keine Notwendigkeit, eine Eilentscheidung durch eine vorläufige Leistungsbewilligung zu treffen. Deshalb fallen die genannten Beispiele nicht in die Kategorie, die eine vorläufige Leistungsbewilligung rechtfertigt.

Keine Vorläufigkeitsgründe sind deshalb auch **mögliche** Regelbedarfs- und Mehrbedarfserhöhungen, erwartete Betriebskostenabrechnungen mit Guthaben, Nachzahlungen sowie Anpassungen der Abschlagszahlungen von Nebenkosten oder Heizkosten oder Vorausleistungen für andere Sozialleistungsträger mit anschließenden Erstattungsansprüchen.

Ist eine Altersrente vom zuständigen Rentenversicherungsträger noch nicht bewilligt, stellt auch dies keinen Grund für eine vorläufige Leistungsbewilligung dar. In diesem Fall existieren keine bereiten Mittel, und der Sozialhilfeträger erbringt als nachrangiger Sozialleistungsträger die notwendigen Leistungen zur Sicherung des Lebensunterhalts. Es existiert in diesem Fall die Möglichkeit zur Anmeldung eines Kostenerstattungsanspruchs nach den §§ 102 ff. SGB X.

Erzielt **eine** Person der Bedarfs- bzw. Einsatzgemeinschaft schwankendes Einkommen, **muss zwingend vorläufig bewilligt** werden, und zwar einheitlich gegenüber allen Mitgliedern der Bedarfs- bzw. Einsatzgemeinschaft. Geschieht dies nicht, ist die Entscheidung von Anfang an rechtswidrig und eine Rückforderung von Leistungen ist nur nach § 45 SGB X unter Beachtung des Vertrauensschutzes möglich.

Wenn im Zeitpunkt des Bescheiderlasses bereits feststeht, welches Einkommen wann und in welcher Höhe zufließt, muss der Sozialleistungsträger hingegen **endgültig** bewilligen und darf **nicht** das Instrument der vorläufigen Bewilligung wählen.

Die vorläufige Entscheidung bezieht sich immer auf die Leistungen insgesamt, nicht nur auf einzelne Aspekte des Bescheides wie z. B. Einkommen oder Unterkunftskosten, deren Höhe möglicherweise nicht feststeht. Sie gilt auch für die Bewilligung von Sachleistungen wie zum Beispiel die Erbringung von Leistungen für Bildung und

Teilhabe nach § 28 SGB II bzw. § 42 Nr. 3 SGB XII i. V. m. § 34 SGB XII. Aufgrund der horizontalen Einkommensverteilung (vgl. § 9 Abs. 2 Satz 3 SGB II) ist im Zweiten Buch Sozialgesetzbuch über den Leistungsanspruch aller Mitglieder der Bedarfsgemeinschaft vorläufig zu entscheiden, auch wenn nur eine Person über schwankendes Einkommen verfügt (vgl. § 41a Abs. 2 Satz 2 SGB II).

Erfolgt eine vorläufige Entscheidung und wird hiergegen Widerspruch erhoben, wird ein während des Widerspruchsverfahrens ergangener endgültiger Bescheid Gegenstand des Widerspruchsverfahrens, weil der endgültige Bescheid ein ersetzender Änderungsbescheid im Sinne von § 86 SGG ist.[382]

Sinn und Zweck der vorläufigen Entscheidung ist die Vermeidung von Nachteilen für die Leistungsberechtigten, wenn aufgrund der vorliegenden Antragsunterlagen und nicht feststehender Einkommenszuflüsse noch nicht abschließend entschieden werden kann. Das Existenzminimum der leistungsberechtigten Person soll also zu einem Zeitpunkt sichergestellt werden, in dem noch keine abschließende Entscheidung getroffen werden kann.

Für die Sozialleistungsträger soll die vorläufige Entscheidung eine **Verwaltungsvereinfachung** darstellen. Dies ist aber angesichts der umfangreichen und komplizierten Normfassung in Frage zu stellen, trifft andererseits aber auf die Fälle zu, in denen bei endgültiger Bewilligung die §§ 44 ff. SGB X vollumfänglich angewandt werden müssten:

Bei einer endgültigen Entscheidung müssten Bescheide über bewilligte Leistungen bei nachträglichen Änderungen rückwirkend aufgehoben werden (§§ 45, 48 SGB X) und die leistungsberechtigte Person ggf. zur Erstattung (§ 50 SGB X) aufgefordert werden. Dem zugrunde liegen dann aufwendige Verfahrensschritte und eine inhaltlich anspruchsvolle Entscheidung, ggf. wiederholend für mehrere Monate der Leistungsgewährung, in denen das Einkommen nicht konstant gleichgeblieben ist.

Bei der vorläufigen Bewilligung wird hingegen eine abschließende Feststellung des Leistungsanspruchs **nur einmalig nach Ablauf des Bewilligungszeitraumes vorzunehmen** sein. Liegt der vorläufigen Bewilligung ein schwankendes Einkommen zugrunde, ist als monatliches Durchschnittseinkommen nach § 41a Abs. 4 SGB II für jeden Bewilligungsmonat der Teil des Einkommens zu berücksichtigen, der sich bei der Teilung des Gesamteinkommens durch die Anzahl der Monate ergibt. Bei der so ermittelten Leistungshöhe genießt die leistungsberechtigte Person keinen Vertrauensschutz, da die vorläufige Entscheidung keine Bindungswirkung entfaltet.

Deshalb können bei der abschließenden Feststellung die erbrachten Leistungen auf die abschließend festgestellten Leistungen angerechnet werden. Hierbei findet gemäß § 41a Abs. 6 Satz 2 SGB II, § 44a Abs. 7 Satz 2 SGB XII eine Saldierung von Überzahlungen und Nachzahlungen in einzelnen Kalendermonaten statt. Die Saldierung bezieht sich auf jede einzelne Person in der Bedarfs- bzw. Einsatzgemeinschaft und nicht auf die Bedarfsgemeinschaft als Ganzes.

Bestehen nach Saldierung Überzahlungen fort, so besteht für den Leistungsträger gemäß § 41a Abs. 6 Satz 3 SGB II, § 44a Abs. 7 Satz 3 SGB XII ein Kostenerstattungs-

---

382 BSG, Urt. vom 22.8.2012 – B 14 AS 13/12 R –, juris, Rn. 12; BSG, Urt. vom 5.7.2017 – B 14 AS 36/16 R –, juris, m. w. N.

anspruch – ohne aufwendige Aufhebung und ohne Berücksichtigung von Vertrauensschutz. Eine Aufhebung des vorläufigen Verwaltungsaktes ist nicht notwendig, weil sich dieser mit der abschließenden Feststellung erledigt hat (vgl. § 39 Abs. 2 SGB X). Abschließende Feststellung des Leistungsanspruchs und die Kostenerstattungsforderung können in einem Bescheid miteinander verbunden werden.

1.3.33.2 Vorläufige Bewilligung bei nicht prognostizierbarem Einkommen: Festlegung des vorläufigen Einkommens

§ 41a Abs. 1 und § 41a Abs. 2 SGB II einerseits sowie § 44a Abs. 1 und § 44a Abs. 2 SGB XII andererseits regeln die Voraussetzungen der vorläufigen Leistungsbewilligung.

Nach § 41a Abs. 2 Satz 2 SGB II ist die vorläufige Leistung so zu bemessen, dass der monatliche Bedarf der Leistungsberechtigten zur Sicherung des Lebensunterhalts gedeckt ist. Eine vergleichbare Regelung fehlt im Zwölften Buch Sozialgesetzbuch. Gleichwohl handelt es sich um eine Selbstverständlichkeit, die auch in der Grundsicherung für Ältere und Erwerbsgeminderte gelten muss.

Diese Feststellung hat auch für die Festlegung des der Berechnung zugrunde gelegten **prognostizierten Einkommens** Bedeutung, wenn schwankendes Einkommen der Grund für die vorläufige Entscheidung ist. Als Einkommen dürfen grundsätzlich nur „bereite Mittel", d.h. das tatsächlich zur Verfügung stehende Einkommen angerechnet werden. Handelt es sich um stark schwankendes Einkommen, ist die Anrechnung eines Durchschnittseinkommens nicht möglich. Stattdessen kann nur das prognostisch geringste zu erwartende Einkommen einer Durchschnittsberechnung zugrunde gelegt werden (mit der Konsequenz einer vergleichsweise hohen Auszahlung an die leistungsberechtigte Person). Damit ist ggf. bei der abschließenden Feststellung des Leistungsanspruchs (vgl. § 41a Abs. 4 SGB II), bei der – im Zweiten Buch Sozialgesetzbuch[383] – grundsätzlich ein monatliches Durchschnittseinkommen zugrunde zu legen ist, eine Überzahlung eingetreten.

Um diesen Effekt zu mildern, ist im Rahmen einer Ermessensentscheidung zu überlegen, ob der Erwerbstätigenfreibetrag nach § 11b Abs. 1 Satz 1 Nr. 6 SGB II i.V.m. § 11b Abs. 3 SGB II ganz oder teilweise unberücksichtigt bleibt.

Ist der Einkommenszufluss erst im späteren Verlauf des Bewilligungsabschnitts zu erwarten, kann erst ab diesem Zeitpunkt eine Anrechnung auf den Leistungsanspruch erfolgen.

Ein Durchschnittseinkommen kann in der Prognoseentscheidung vor allem dann gebildet werden, wenn nur geringe Schwankungen zu erwarten sind und das Einkommen voraussichtlich über den gesamten Bewilligungsabschnitt hinweg zufließen wird. Für die Frage, welches Einkommen der vorläufigen Bewilligung zugrunde gelegt wird, besteht ein Spielraum. Die Differenz zwischen dem zugrunde gelegten und dem niedrigsten zu erwartenden **Nettoeinkommen** sollte dabei nicht größer sein als der Erwerbstätigenfreibetrag. Denn der Erwerbstätigenfreibetrag lässt zusätzlich Einkommen von der Anrechnung frei, ohne dass diesem Freibetrag Aufwendungen

---
383 Vergleichbare Regelungen im Zwölften Buch Sozialgesetzbuch bestehen hier nicht.

gegenüberstehen. Würde dieser Freibetrag also nicht berücksichtigt, verbleiben bei der leistungsberechtigten Person noch immer ausreichende Mittel, um den notwendigen Lebensunterhalt sicherzustellen.

Bei der Ermittlung eines zugrunde zu legenden Einkommens ist der Grundfreibetrag nach § 11b Abs. 2 Satz 1 SGB II hingegen immer abzusetzen, weil er pauschal die mit der Einkommenserzielung verbundenen Aufwendungen abdeckt, Einkommen insoweit also nicht zur Sicherung des Lebensunterhalts zur Verfügung steht. Das gilt entsprechend auch für Aufwendungen im Zusammenhang mit § 11b Abs. 1 Satz 1 Nr. 7, Nr. 8 SGB II.

Beispiel
Der Arbeitgeber bescheinigt der leistungsberechtigten Person ein schwankendes Bruttoerwerbseinkommen zwischen 800,00 € und 1.000,00 €. Das auf den Hilfebedarf anrechenbare Einkommen – bereinigt um Grundfreibetrag und Erwerbstätigenfreibetrag – liegt zwischen 550,00 € und 700,00 €. Der Mittelwert des voraussichtlichen Einkommens liegt somit bei einem Bruttoeinkommen von 900,00 € und einem anrechenbaren Einkommen von 640,00 €. Der Erwerbstätigenfreibetrag nach § 11b Abs. 1 Satz 1 Nr. 6, Abs. 3 SGB II beträgt bei einem durchschnittlichen Bruttoeinkommen von 900,00 € demzufolge 160,00 €.

Der vorläufigen Leistungsbewilligung kann ein vergleichsweise hohes anrechenbares Einkommen von 700,00 € zugrunde gelegt werden, so dass die im Rahmen der vorläufigen Leistungsbewilligung ausgezahlte Leistung vergleichsweise gering ausfällt. Dem zugrunde liegt der Gedanke, dass bei einem geringen anrechenbaren Einkommen von 550,00 € der Erwerbstätigenfreibetrag von ca. 160,00 € unberücksichtigt gelassen werden kann, weil dieser zur Existenzsicherung nicht zwingend notwendig ist.

Bei der abschließenden Festsetzung der zunächst vorläufigen Leistungsbewilligung kommt es damit tendenziell zu einem Nachzahlungsanspruch.

1.3.33.3 Verfahrensfragen bei der vorläufigen Leistungsbewilligung

Leistungen der Grundsicherung für Arbeitsuchende werden nur auf Antrag erbracht (§ 37 SGB II). Dies gilt auch für Leistungen nach dem 4. Kapitel SGB XII (§ 44 Abs. 1 Satz 1 SGB XII). Der Antrag hat konstitutive (also rechtsbegründende) Wirkung und löst die Einleitung des Verwaltungsverfahrens aus (§ 18 Satz 2 Nr. 2 SGB X). Dies hat zur Folge, dass der Leistungsträger verpflichtet ist, den Sachverhalt von Amts wegen zu ermitteln (§ 20 SGB X). Für die vorläufige Bewilligung besteht dann kein Raum, wenn sich die Leistungshöhe aufgrund eigener Ermittlungen feststellen lässt. Die vorläufige Bewilligung ersetzt also nicht ggf. schwierige und aufwendige Sachverhaltsermittlungen.

Die vorläufige Entscheidung im Sinne von § 41a SGB II und § 44a SGB XII stellt einen vorläufigen Verwaltungsakt (§ 31 SGB X) dar. Die ausgesprochene Bewilligung soll von zwölf auf sechs Monate verkürzt werden (§ 41 Abs. 3 Satz 2 SGB II, § 44 Abs. 3 Satz 2 SGB XII). Außerdem muss sie – zur Abgrenzung des normalerweise zu erlassenden endgültigen Bewilligungsbescheides – als vorläufiger Verwaltungsakt klar und deutlich bestimmt werden (vgl. § 33 Abs. 1 SGB X).

Ergeht ein Änderungsbescheid (z.B. Aufhebung nach § 45 oder nach § 48 SGB X), muss aus diesem eindeutig hervorgehen, dass es bei der vorläufigen Leistungsbewilligung bleibt. Kann der Empfänger annehmen (§§ 133, 157 BGB), dass durch den Änderungsbescheid eine endgültige Entscheidung vorliegen könnte, ist aus der vorläufigen Entscheidung eine endgültige Entscheidung geworden.

Die vorläufige Bewilligung ist – wie jeder andere Verwaltungsakt – nach den Vorgaben des § 35 SGB X zu begründen. U.a. ist im Rahmen einer Subsumtion zu erklären, dass die Voraussetzungen des § 41a Abs. 1, Abs. 2 SGB II, § 44a Abs. 1, Abs. 2 SGB XII vorliegen. **Der Grund der Vorläufigkeit** ist nach § 41a Abs. 2 Satz 1 SGB II, § 44a Abs. 2 Satz 1 SGB XII zwingend anzugeben. Die Höhe der vorläufigen Leistungsbewilligung ist zu begründen, indem dargelegt wird, dass die bewilligte Leistung und das vorhandene Einkommen den Lebensunterhalt ausreichend sichert (vgl. § 41a Abs. 2 Halbs. 1 SGB II). Ermessensgerecht ist zu begründen (§ 35 Abs. 1 Satz 3 SGB X), ob und inwiefern der Erwerbstätigenfreibetrag vom Einkommen nicht abgesetzt wird (§ 41a Abs. 2 Satz 2 Halbs. 2 SGB II, entsprechend auch im Zwölften Buch Sozialgesetzbuch).

Weiterhin bieten sich folgende Hinweise an:
- Die bewilligten Leistungen werden nur vorläufig bewilligt.
- Nach Ablauf des Bewilligungszeitraums kann eine abschließende Entscheidung der Behörde beantragt werden, wenn die Behörde diese nicht von sich aus erlässt.
- Aufgrund der Vorläufigkeit der Bewilligung entsteht kein Vertrauensschutz auf den Bestand der Leistungen; die bewilligten Leistungen sind mit dem Risiko einer Erstattungspflicht behaftet, sofern sie sich als Überzahlung herausstellen.[384]
- Während und nach Ablauf des Bewilligungszeitraums bestehen Mitwirkungspflichten, so dass Änderungen in den Bedarfs- und Einkommensverhältnissen gemäß § 60 Abs. 1 Nr. 2 SGB I mitzuteilen sind.
- Ebenso ist auf die Gefahr einer vollständigen Kostenerstattung für (ggf. alle) erbrachte Leistungen hinzuweisen, sollte der Betroffene bei der endgültigen Entscheidung innerhalb einer angemessenen Frist nicht ausreichend mitwirken (vgl. § 41a Abs. 3 Satz 2 bis Satz 4 SGB II, § 44a Abs. 4 Satz 3 bis Satz 5 SGB XII). Auf die drohenden Rechtsfolgen bei fehlender Mitwirkung ist der Leistungsberechtigte konkret, verständlich, richtig und vollständig zu belehren.[385]

Sollte bei der abschließenden Entscheidung eine Erstattungspflicht entstehen, ist eine Anhörung nach hier vertretener Auffassung notwendig.[386] Auch wenn die vorläufige Leistungsbewilligung „nur" vorläufig bewilligt wurde und die leistungsberechtigte Person mit einer Erstattung rechnen muss, liegt in dem **Umfang** der Erstattung ein

---
384 Vgl. *Rein*, ZfSH/SGB 2017 S. 371 ff., 386.
385 Vgl. SG Dresden, Urt. vom 11.1.2018 – S 52 AS 4382/17 –, juris, Rn. 51.
386 So auch *Kichhoff*, Vorläufige Entscheidung über die Grundsicherung, SGb 09.2018 S. 517 ff., 521; a.A. *Blüggel*, JurisPK-SGB XII, § 44a, Rn. 73 unter Hinweis auf die Fachlichen Hinweise der Arbeitsagentur sowie BSG, Urt. vom 12.10.2016 – B 4 AS 60/15 R –, juris Rn. 17 (Stand 18.9.2018).

Eingriff in eine Einzelrechtsposition. Es sollte durch eine Anhörung sichergestellt sein, dass die leistungsberechtigte Person zum Umfang der Erstattung Stellung nehmen und so auf die Entscheidung Einfluss nehmen kann. Dieses entspricht auch dem Sinn und Zweck einer Anhörung.

1.3.33.4 Abschließende Entscheidung

Regelungen zur abschließenden Entscheidung finden sich in § 41a Abs. 3 bis Abs. 6 SGB II, § 44a Abs. 4 bis Abs. 7 SGB XII.

Der Leistungsträger entscheidet abschließend über den monatlichen Leistungsanspruch, sofern die vorläufig bewilligte Leistung nicht der abschließend festzustellenden entspricht oder die leistungsberechtigte Person eine abschließende Entscheidung beantragt. In der Regel entspricht die vorläufige Entscheidung nicht der abschließend zu treffenden Entscheidung, so dass ein abschließender Verwaltungsakt zu erlassen ist. Mit der abschließenden (endgültigen) Entscheidung hat sich die vorläufige Bewilligung als Verwaltungsakt erledigt (§ 39 Abs. 2 SGB X).

Zu beachten ist allerdings die Fiktionsregelung nach § 41a Abs. 5 Satz 1 SGB II, § 44a Abs. 6 Satz 1 SGB XII. Ergeht danach innerhalb eines Jahres nach Ablauf des Bewilligungszeitraums keine abschließende Entscheidung nach § 41a Abs. 3 SGB II, § 44a Abs. 5 SGB XII, gelten die vorläufig bewilligten Leistungen als **abschließend festgesetzt**. Versäumt oder unterlässt der Leistungsträger also eine abschließende Entscheidung, darf die leistungsberechtigte Person auf den Bestand der erhaltenen Leistungen vertrauen. Die Regelung findet jedoch dann keine Anwendung, wenn nach § 41a Abs. 5 Satz 2 SGB II, § 44a Abs. 6 Satz 2 SGB XII die erbrachte Leistung nur in geringerer Höhe zustand als in der vorläufigen Bewilligung angegeben und dies auf einem anderen Grund basiert als in der vorläufigen Bewilligung angegeben (s. unten).

Um eine abschließende Entscheidung treffen zu können, regelt § 41a Abs. 3 Satz 2 bis Satz 4 SGB II, § 44a Abs. 5 Satz 3 bis Satz 5 SGB XII umfangreiche Mitwirkungsobliegenheiten der leistungsberechtigten Personen. Diese sind verpflichtet, die zum Erlass einer abschließenden Entscheidung erforderlichen leistungserheblichen Tatsachen nachzuweisen (z. B. Vorlage von Einkommensbelegen). Tun sie dies trotz angemessener Fristsetzung und schriftlicher Belehrung über die Rechtsfolgen nicht oder nicht vollständig, wird der Anspruch nur für die Monate abschließend festgestellt, in denen die Hilfebedürftigkeit nachgewiesen wird. Für die übrigen Monate wird festgestellt, dass ein Leistungsanspruch nicht bestand. Auf die Mitwirkungsverpflichtungen sollte daher bereits in der vorläufigen Entscheidung hingewiesen werden.

Keine nachteiligen Rechtsfolgen wegen fehlender Mitwirkung sind nach hier vertretener Auffassung festzustellen, wenn der Leistungsträger im Rahmen seiner Amtsermittlungsmöglichkeiten die notwendigen Informationen für den Erlass des endgültigen Bescheides erhalten kann.

Umstritten war bislang, ob die fehlende Mitwirkung im Widerspruchs- oder Klageverfahren nachgeholt werden kann.

Betrachtet man die o.g Vorschriften als abschließend, können Unterlagen nicht nachgereicht werden, so dass die Kostenerstattungsforderung der Leistungsträger zu

Recht erfolgt ist und nicht mehr korrigiert werden kann. Dafür spricht, dass in § 41a Abs. 3 SGB II und § 44a Abs. 5 SGB XII die Rechtsnorm des § 67 SGB I nicht erwähnt wird. Die abschließende Entscheidung wäre damit endgültig. Nachträglich könnten Leistungen also nicht erbracht werden.

Das Bundessozialgericht[387] hat nunmehr festgestellt, dass die abschließende Entscheidung im Sinne des § 41a Abs. 3 Satz 3 SGB II, § 44a Abs. 5 Satz 3 SGB XII die Widerspruchsentscheidung darstellt, weil Ausgangs- und Widerspruchsbescheid eine Einheit bilden (§§ 78, 95 SGG). Damit können zunächst nicht vorliegende Unterlagen bis zum Erlass des Widerspruchsbescheides nachgereicht bzw. vorgelegt werden. § 41a Abs. 3 SGB II, § 44a Abs. 5 SGB XII sind daher keine Präklusionsvorschriften.

Der Leistungsträger muss der leistungsberechtigten Person aber
- die eingeforderte konkrete Mitwirkungshandlung benennen,
- eine angemessene Frist zur Mitwirkung setzen, wobei eine Frist von einem Monat als angemessen gilt und
- auf die Rechtsfolgen fehlender Mitwirkung hinweisen.

Bei der abschließenden Feststellung des tatsächlichen Leistungsanspruchs **ist** – im Zweiten Buch Sozialgesetzbuch – nach § 41a Abs. 4 SGB II immer von einem **monatlichen Durchschnittseinkommen** auszugehen.

Eine monatsgenaue Berechnung des Einkommens ist **nur** durchzuführen, wenn
- wegen fehlender Nachweise gemäß § 41a Abs. 3 SGB II festgestellt wird, dass kein oder nur für bestimmte Monate ein Leistungsanspruch besteht oder
- das tatsächlich zugeflossene Einkommen in mindestens einem Monat den Bedarf ganz gedeckt hat oder
- die leistungsberechtigten Personen dies ausdrücklich beantragen.

Entsprechende Regelungen fehlen im 4. Kapitel SGB XII, so dass bei der abschließenden Entscheidung das tatsächlich erzielte Einkommen der Vergleichsberechnung zugrunde zu legen ist.

Bei Selbstständigen ist im Zweiten Buch Sozialgesetzbuch die materiell-rechtliche Spezialregelung des § 3 Abs. 4 Alg II-V zu beachten. Danach ist immer – unabhängig von der Regelung des § 41a Abs. 3 SGB II – die Bildung eines Durchschnittseinkommens zwingend.

Ein Antrag auf abschließende Feststellung des Leistungsanspruchs auf der Basis des tatsächlichen monatlichen Einkommens ist aus der Perspektive der leistungsberechtigten Person in der Regel nicht notwendig, weil zwischen Durchschnittseinkommen und tatsächlichem Einkommen nur geringe Unterschiede hinsichtlich der Leistungshöhe zu erwarten sind. Ein Antrag auf „Spitzabrechnung" kann für die leistungsberechtigte Person ggf. dann vorteilhaft sein, wenn zeitweise Einkommen oberhalb von 400,00 € erreicht wird und dann gleichzeitig Aufwendungen im Rahmen des § 11b Abs. 1

---

[387] BSG, Urt. vom 12.9.2018 – B 4 AS 39/17 – (noch unveröffentl.); vgl. auch SG Berlin, Urt. vom 25.9.2017 – S 179 AS 6737/17 –, juris, Rn. 59 ff.; SG Dresden, Urt. vom 11.1.2018 – S 52 AS 4070/17 –, juris, Rn. 51 ff.

Satz 1 Nr. 3 bis Nr. 5 SGB II von mehr als 100,00 € bestehen. In dem Fall würden die tatsächlich nachgewiesenen höheren Aufwendungen nach § 11b Abs. 2 Satz 2 SGB II berücksichtigt.

Eine Berechnung auf der Grundlage eines Durchschnittseinkommens ist für die leistungsberechtigte Person vorteilhaft, wenn sie zeitweise den Betrag von 1.200,00 € / 1.500,00 € überschreitet und damit keinen zusätzlichen Erwerbstätigenfreibetrag generieren kann. Dann sorgt die Durchschnittsberechnung dafür, dass der Erwerbstätigenfreibetrag immer ausgeschöpft wird, wenn das Durchschnittseinkommen den Grenzbetrag von 1.200,00 € / 1.500,00 € nicht überschreitet.

Gemäß § 41a Abs. 6 SGB II, § 44a Abs. 7 SGB XII sind die im Rahmen der vorläufig erbrachten Leistungen auf die abschließend festgestellten Leistungen anzurechnen. Grundsätzlich erfordert die abschließende Feststellung eine **personenbezogene monatliche Gegenüberstellung** der vorläufig gezahlten und der abschließend zustehenden Leistungen. Insgesamt sind Nachzahlungen und Überzahlungen aber miteinander zu verrechnen. § 41a Abs. 6 Satz 2 SGB II, § 44a Abs. 7 Satz 2 SGB XII regelt dazu eine „Gesamtsaldierung", der jedoch eine monatsweise Gegenüberstellung zugrunde liegt:

Soweit im Bewilligungszeitraum in einzelnen Kalendermonaten vorläufig zu hohe Leistungen erbracht wurden, sind die sich daraus ergebenden Überzahlungen auf die abschließend bewilligten Leistungen anzurechnen, die für andere Kalendermonate dieses Bewilligungszeitraums nachzuzahlen wären.

Nach Abschluss dieses Saldierungsvorgangs für den bewilligten Zeitraum von sechs Monaten sind ausstehende Leistungen nachzuzahlen oder überzahlte Leistungen von den leistungsberechtigten Personen zu erstatten.

Vertrauensschutz ist bei der abschließenden Feststellung nicht zu prüfen. Der „Anrechnungsvorgang" ist zwingend; Ermessen besteht nicht.

Beispiel
Eine nach dem Zweiten Buch Sozialgesetzbuch leistungsberechtigte Person erhält vom 1.1. bis 30.6. Arbeitslosengeld II in Höhe von monatlich 400,00 €. Die Leistungshöhe wurde vorläufig festgesetzt. Im Rahmen der abschließenden Feststellung des Leistungsanspruchs ergibt sich folgendes Bild:

Monat	Vorläufige Bewilligung	Abschließende Feststellung: Anspruch in Höhe von	Nachzahlung	Überzahlung
Januar	400,00 €	410,00 €	10,00 €	
Februar	400,00 €	390,00 €		10,00 €
März	400,00 €	450,00 €	50,00 €	
April	400,00 €	390,00 €		10,00 €
Mai	400,00 €	340,00 €		60,00 €
Juni	400,00 €	380,00 €		20,00 €
	2.400,00 €	2.360,00 €	60,00 €	100,00 €

Die leistungsberechtigte Person hat also bei der abschließenden Feststellung des Leistungsanspruchs einen Betrag in Höhe von 40,00 € zu erstatten. Würde die Bedarfsgemeinschaft aus mehreren Personen bestehen, ist eine Saldierung zwischen den Ansprüchen mehrerer Mitglieder der Bedarfsgemeinschaft unzulässig, da das Individualprinzip gilt.

§ 41a Abs. 5 Satz 1 SGB II, § 44a Abs. 6 Satz 1 SGB XII sieht vor, dass eine **abschließende Entscheidung fingiert** wird. Diese Fiktion tritt ein, wenn innerhalb von einem Jahr nach Ablauf des Bewilligungszeitraums keine abschließende Entscheidung ergangen ist. Erfolgt innerhalb der Jahresfrist keine abschließende Feststellung, gelten die vorläufig bewilligten Leistungen als endgültig festgesetzt. Nach Fristablauf kann ein Leistungsberechtigter keine Nachzahlung mehr geltend machen, darf aber im Gegenzug auf den Bestand des Bescheides vertrauen.

Beispiel
Der leistungsberechtigten Person L werden für den Zeitraum Januar bis Juni vorläufig Leistungen erbracht. Der vorläufigen Leistungsbewilligung liegt ein monatliches Durchschnittseinkommen von 500,00 € zugrunde. Im August des Folgejahres stellt das Jobcenter fest, dass L tatsächlich über ein Durchschnittseinkommen von 700,00 € verfügte.
Im vorliegenden Fall gelten die vorläufig bewilligten Leistungen als endgültig festgesetzt, weil nach Ablauf des Bewilligungszeitraums der vorläufigen Entscheidung keine abschließende Entscheidung ergangen ist.

Die fiktive abschließende Feststellung tritt allerdings **nicht** ein, wenn
- die leistungsberechtigte Person die abschließende Feststellung innerhalb dieses Jahres beantragt oder
- der Leistungsanspruch aus anderen Gründen als denen, auf denen die Vorläufigkeit beruhte, nicht bestand (z.B. verschwiegenes ungeschütztes Vermögen, rechtswidrig ausgezahlter Mehrbedarf). Hierdurch soll verhindert werden, dass Personen, die leistungserhebliche Tatsachen pflichtwidrig nicht angegeben haben, Vorteile aus der Fiktion der abschließenden Entscheidung mit ihrer erhöhten Bindungswirkung ziehen.[388]

Eine Korrektur ist dann innerhalb eines Jahres nach Kenntnis über die verschwiegenen Tatsachen möglich. Spätestens ist aber eine Korrektur bis zum Ablauf von zehn Jahren nach der Bekanntgabe der vorläufigen Entscheidung zu vollziehen.

Beispiel
Leistungen werden vorläufig für die Zeit vom 1.2.2020 bis zum 31.7.2020 bewilligt. Innerhalb der Jahresfrist für die abschließende Entscheidung erfolgt seitens der Behörde keine Korrektur, so dass die Fiktion der abschließenden Feststellung aus § 41a Abs. 5 Satz 1 SGB II, § 44a Abs. 6 Satz 1 SGB XII gilt. Am 1.5.2023 wird bekannt, dass die erwerbsfähige leistungsberechtigte Person über ein ungeschütztes

---
[388] Vgl. BT-Drs. 18/8041 S. 54.

Sparvermögen von 5.000,00 € verfügte, welches zur Bedarfsdeckung ausgereicht hätte, aber verschwiegen wurde.
Nach § 41a Abs. 5 Satz 2 Nr. 2 SGB II, § 44a Abs. 6 Satz 2 Nr. 2 SGB XII gilt die Fiktion nicht mehr, wenn die Behörde innerhalb eines Jahres nach Bekanntwerden der leistungserheblichen Tatsachen abschließend entscheidet. Die Korrekturentscheidung muss also bis zum 30.4.2024 erfolgen.

1.3.34 Öffentlich-rechtlicher Vertrag (§§ 53 bis 61 SGB X)

§ 53 Abs. 1 SGB X ermächtigt Leistungsträger, öffentlich-rechtliche Verträge abzuschließen, soweit andere Rechtsvorschriften nicht entgegenstehen. Verträge dieser Art können in subordinationsrechtliche und koordinationsrechtliche Verträge unterschieden werden.

Ein Vertrag ist **subordinationsrechtlich,** wenn die Vertragspartner in einem Über- und Unterordnungsverhältnis zueinanderstehen. Der Vertrag tritt an die Stelle eines Verwaltungsaktes (vgl. § 53 Abs. 1 Satz 2 SGB X). Ein öffentlich-rechtlicher Vertrag über **Sozialleistungen** kann nur geschlossen werden, soweit die Erbringung der Leistung im **Ermessen** des Leistungsträgers steht (vgl. § 53 Abs. 2 SGB X). Die Eingliederungsvereinbarung nach § 15 SGB II stellt einen subordinationsrechtlichen Vertrag dar.

Leistungsabsprachen und Förderpläne nach § 12 SGB XII sind dagegen **keine** öffentlich-rechtlichen Verträge.

Weitere subordinationsrechtliche Verträge kommen u. a. bei der Erbringung von Darlehen nach dem Zweiten und Zwölften Buch Sozialgesetzbuch in Betracht (z. B. nach § 24 Abs. 1, Abs. 4 und Abs. 5 SGB II und den §§ 36 Abs. 1, 37, 38 oder 91 SGB XII).

Für Regelungen nach dem Zweiten und Zwölften Buch Sozialgesetzbuch kommen neben den subordinationsrechtlichen Verträgen insbesondere auch **koordinationsrechtliche Verträge** in Betracht, nämlich dann, wenn zwei oder mehr Vertragspartner gleichgeordnet Regelungen treffen wollen. Beispielhaft können
- Vereinbarungen der Leistungsträger mit Verbänden der freien Wohlfahrtspflege (vgl. § 17 SGB II bzw. §§ 75 ff. SGB XII),
- Vereinbarungen über Kosten der Amtshilfe (vgl. § 7 SGB X) oder
- Vereinbarungen über die Mindesthöhe der Erstattungsansprüche (vgl. § 110 Satz 3 SGB X)

genannt werden.

Vergleichsverträge gemäß § 54 SGB X sind zwar, vor allem nach langem Rechtsstreit, denkbar, beinhalten jedoch die Gefahr einer Selbstbindung für die Verwaltung bei zukünftigen Ermessensentscheidungen. Der Gleichbehandlungsgrundsatz muss hierbei Beachtung finden.

Für die Leistungsträger nach dem Zweiten und Zwölften Buch Sozialgesetzbuch sind **Austauschverträge** i. S. des § 55 SGB X praktisch ohne Bedeutung.

Für subordinationsrechtliche Verträge i. S. des § 53 Abs. 1 Satz 2 SGB X kann eine **Unterwerfung** unter die **sofortige Vollstreckung** gemäß § 60 SGB X in Betracht kommen (z. B. bei einer Hilfeleistung in Form eines Darlehens).

1.3.35 Widerspruchsverfahren

1.3.35.1 Funktion und Bedeutung

Gemäß § 78 Abs. 1 SGG und § 78 Abs. 3 SGG ist vor Erhebung der Anfechtungs- oder Verpflichtungsklage die Rechtmäßigkeit und Zweckmäßigkeit des Verwaltungsaktes in einem Vorverfahren nachzuprüfen. Damit ist das Vorverfahren Sachurteilsvoraussetzung für das spätere sozialgerichtliche Verfahren.

Das Vorverfahren bezeichnet man auch als „Widerspruchsverfahren". § 83 SGG bestimmt dazu, dass das Vorverfahren mit der Erhebung des Widerspruchs beginnt. Nach § 84 SGG ist der Widerspruch grundsätzlich bei der Ausgangs**behörde** einzureichen. Ohne Abhilfeentscheidung der Ausgangsbehörde (§ 85 Abs. 1 SGG) ist er dann von einer Widerspruchs**behörde** zu prüfen. Damit wird deutlich, dass es sich beim Widerspruchsverfahren nicht um ein gerichtliches Klageverfahren, sondern um ein Verwaltungsverfahren im Sinne von § 8 SGB X handelt, so dass **ergänzend** das Zehnte Buch Sozialgesetzbuch zur Anwendung kommt, wenn das Sozialgerichtsgesetz in den §§ 78 bis 86 SGG keine Regelung für das Widerspruchsverfahren bereithält (vgl. § 62 Halbs. 2 SGB X).

Zusammenfassend lässt sich sagen, dass das Widerspruchsverfahren als Verwaltungsverfahren mit verwaltungsprozessualem Bezug darstellt.

Damit sind grundsätzlich alle Regelungen des Zehnten Buches Sozialgesetzbuch auch im Widerspruchsverfahren anwendbar. Dazu gehören beispielsweise:
- die Vorschriften über die Beteiligten und Handlungsfähigkeit nach § 62 Halbs. 2 SGB X i. V. m. §§ 10 bis 12 SGB X (die §§ 69 bis 71 SGG finden insoweit keine Anwendung),
- die Bevollmächtigung nach § 62 Halbs. 2 SGB X i. V. m. § 13 SGB X (§ 73 SGG findet insoweit keine Anwendung),
- die Anhörung nach § 24 SGB X (§ 62 SGG findet insoweit keine Anwendung),
- dass ein Widerspruchsbescheid nach § 85 Abs. 3 SGG schriftlich zu erlassen, zu begründen und den Beteiligten bekanntzugeben ist (für die konkrete Umsetzung dieser Vorgaben ist § 35 SGB X hinsichtlich der Begründung und § 37 SGB X hinsichtlich der Bekanntgabe anzuwenden).

Hingegen sind folgende Vorschriften des Sozialgerichtsgesetzes der Anwendung des Zehnten Buches Sozialgesetzbuch vorzuziehen:
- die Wiedereinsetzung in den vorigen Stand gemäß § 67 SGG bei Versäumung der Widerspruchsfrist, da § 84 Abs. 2 Satz 3 SGG auf diese Vorschrift verweist. § 27 SGB X ist damit nicht anzuwenden.

- die Fristberechnung für den Ablauf der Widerspruchsfrist nach § 64 SGG, da § 84 Abs. 2 Satz 3 SGG auf § 66 SGG verweist, der inhaltlich an § 64 Abs. 1 SGG anknüpft. Es ist aber auch vertretbar, die Fristberechnung nach § 26 Abs. 1 SGB X i.V.m. §§ 187 ff. BGB vorzunehmen, da es sich beim Widerspruchsverfahren um ein sozialrechtliches Verwaltungsverfahren handelt. Ergebnisrelevante Unterschiede existieren nicht.
- Das Akteneinsichtsrecht richtet sich nach § 120 SGG und nur ergänzend nach § 25 SGB X, da § 84a SGG das Akteneinsichtsrecht nach § 25 Abs. 4 SGB X für das Vorverfahren ausschließt. Dies führt vor allem für Rechtsanwälte zu dem Anspruch auf Übersendung der Akten in ihr Büro.
- Die Rechtsbehelfsbelehrung in einem Widerspruchsbescheid richtet sich nach § 85 Abs. 3 Satz 4 SGG und nicht nach § 36 SGB X.

Zwar verweist § 62 SGB X nicht nur auf das Sozialgerichtsgesetz, sondern auch auf die Verwaltungsgerichtsordnung. Allerdings gilt für Streitigkeiten nach dem Zweiten und Zwölften Buch Sozialgesetzbuch nur der Sozialrechtsweg (vgl. § 51 Abs. 1 Nr. 4a, Nr. 6a SGG), so dass in Angelegenheiten des Zweiten und Zwölften Buches Sozialgesetzbuch ausschließlich das Sozialgerichtsgesetz maßgebend ist. Das Vorverfahren bzw. Widerspruchsverfahren ist im Sozialgerichtsgesetz geregelt, weil es Sachurteilsvoraussetzung für das spätere Klageverfahren sein kann.

Entsprechend den nachgeordneten Klageverfahren unterscheidet man „Anfechtungswidersprüche" und „Verpflichtungswidersprüche". Beim Anfechtungswiderspruch möchte der Widerspruchsführer die Aufhebung eines Verwaltungsaktes erreichen (vgl. § 54 Abs. 1, Alt. 1 SGG). Er wendet sich daher regelmäßig gegen einen belastenden Verwaltungsakt. Beim Verpflichtungswiderspruch (vgl. § 54 Abs. 1, Alt. 3 SGG) begehrt der Widerspruchsführer einen für ihn begünstigenden Verwaltungsakt. Ein Verpflichtungswiderspruch ist auch dann zu erheben, wenn sich der Widerspruchsführer gegen eine ablehnende Entscheidung wendet.

Das Widerspruchsverfahren hat den Zweck,
- den Rechtsschutz des Bürgers zu verbessern (**Rechtsschutzfunktion**), indem dieser nicht sofort Klage vor den Sozialgerichten erheben muss – darüber hinaus wird im Gegensatz zum Klageverfahren nicht nur die Rechtmäßigkeit der ergangenen Entscheidung überprüft, sondern auch die Zweckmäßigkeit (vgl. § 78 Abs. 1 SGG),
- eine Selbstkontrolle der Verwaltung (**Kontrollfunktion**) zu ermöglichen, indem dieser – allerdings fremdinitiiert – die Gelegenheit gegeben wird, ihre eigene Entscheidung zu korrigieren,
- zur Entlastung der Gerichte beizutragen (**Entlastungsfunktion**), wenn das Widerspruchsverfahren erfolgreich durchgeführt wurde.

Eine weitere Bedeutung des Widerspruchs besteht darin, dass dieser grundsätzlich die sog. „aufschiebende Wirkung" (Suspensiveffekt) auslöst (§ 86a Abs. 1 Satz 1 SGG). Bei einer aufschiebenden Wirkung darf die im Verwaltungsakt getroffene Regelung nicht von der Verwaltung vollzogen werden. Die Behörde darf keine vollendeten Tatsachen schaffen und den Widerspruch faktisch „ins Leere laufen lassen". Bei einer durch Widerspruch erzeugten aufschiebenden Wirkung darf der Verwaltungsakt somit noch nicht realisiert werden. Erst wenn das Widerspruchsverfahren erfolglos durchgeführt worden ist oder selbst der Klageweg erfolglos beschritten wurde, darf die Regelung des Verwaltungsaktes umgesetzt werden (vgl. auch § 77 SGG).

Die aufschiebende Wirkung entfällt allerdings in den in § 86a Abs. 1 Satz 2 SGG genannten Fällen. Insbesondere kann nach § 86a Abs. 1 Satz 2 Nr. 5 SGG die „sofortige Vollziehung" angeordnet werden. Mit dieser Anordnung entfällt die aufschiebende Wirkung. Sie ist nur ausnahmsweise zulässig, wenn die aufschiebende Wirkung im öffentlichen Interesse oder im überwiegenden Interesse eines Beteiligten entfallen kann.

Eine solche Anordnung ist dann gerechtfertigt, wenn sich ohne Weiteres und in einer jeden Zweifel ausschließenden Weise erkennen lässt, dass der angefochtene Verwaltungsakt rechtmäßig ist oder wenn bestimmte Gründe für eine besondere Dringlichkeit bzw. Eilbedürftigkeit sprechen.

Nach § 86a Abs. 2 Nr. 4 SGG **entfällt** die aufschiebende Wirkung u.a. in den durch Bundesgesetz vorgeschriebenen Fällen. Entsprechende Regelungen finden sich sowohl im Zweiten als auch im Zwölften Buch Sozialgesetzbuch. Nach § 39 SGB II bzw. § 93 Abs. 3 SGB XII haben Widerspruch und Anfechtungsklage gegen bestimmte Verwaltungsakte keine aufschiebende Wirkung. Das ist z. B. gemäß § 39 SGB II bei der Aufhebung von Verwaltungsakten (vgl. §§ 44 ff. SGB X) oder bei einem Widerspruch gegen die Überleitung eines Anspruchs (vgl. § 33 SGB II) der Fall.

Von der Norm sind Erstattungsverwaltungsakte nach § 50 SGB X nicht erfasst, so dass es hier ggf. einer ausdrücklichen Anordnung der sofortigen Vollziehung im Aufhebungsbescheid bedarf.

Die Erfolgsaussichten eines Widerspruchs werden im Rahmen einer Zulässigkeits- und Begründetheitsprüfung festgestellt. Die Begründetheitsprüfung bezieht sich auf die formelle und materielle Rechtmäßigkeitsprüfung. Insoweit hat der Widerspruchsführer mit seinem Widerspruch Erfolg, wenn der angefochtene Verwaltungsakt rechtswidrig ist und er damit in seinen Rechten beschwert ist (vgl. § 54 Abs. 2 Satz 1 SGG analog i. V. m. § 78 SGG). Maßgeblicher Zeitpunkt für die Beurteilung der Rechtmäßigkeit der Entscheidung ist die Sach- und Rechtslage im Zeitpunkt der Widerspruchsentscheidung.

Im Rahmen der Zulässigkeitsprüfung werden formelle gerichtliche Voraussetzungen bzw. Bedingungen überprüft, damit sich das Gericht bzw. die Widerspruchsbehörde dem Widerspruch überhaupt annimmt.

1.3.35.2 Zulässigkeitsvoraussetzungen

Sozialrechtsweg

Über öffentlich-rechtliche Streitigkeiten
- in Angelegenheiten der Grundsicherung für Arbeitsuchende (vgl. § 51 Abs. 1 Nr. 4a SGG) und
- in Angelegenheiten der Sozialhilfe (vgl. § 51 Abs. 1 Nr. 6a SGG)

entscheiden die Gerichte der **Sozialgerichtsbarkeit**. Die Verwaltungsgerichtsordnung findet für Streitigkeiten im Rahmen des Zweiten und Zwölften Buches Sozialgesetzbuch keine Anwendung. § 51 SGG stellt im Vergleich zu § 40 VwGO eine sog. „abdrängende Sonderzuweisung" dar. Das bedeutet, dass die Streitigkeit nicht vor dem Verwaltungsgericht, sondern vor dem Sozialgericht ausgetragen wird, obwohl es sich um eine öffentlich-rechtliche Streitigkeit handelt und daher das Verwaltungsgericht zuständig sein könnte.

§ 51 SGG bezieht sich zwar nur auf das Klageverfahren, die Frage zur Eröffnung des Sozialrechtsweges ist aber auch im Rahmen eines Widerspruchverfahrens **analog** zu prüfen, da die Durchführung des Widerspruchverfahrens Sachurteilsvoraussetzung für die spätere Klage ist (vgl. § 78 SGG).

Statthaftigkeit

Die Statthaftigkeit des Widerspruchs richtet sich nach § 78 SGG. Danach ist der Widerspruch nur statthaft, wenn richtige Klageart im Sozialrechtsstreit entweder die Anfechtungsklage (§ 78 Abs. 1 SGG) oder die Verpflichtungsklage (§ 78 Abs. 3 SGG) ist. Es ist demnach zu klären, welche Klageart der Widerspruchsführer vor Gericht erheben müsste, wenn das Widerspruchsverfahren erfolglos durchgeführt worden wäre. Denn für die Erhebung einer Anfechtungs- oder Verpflichtungsklage (bzw. sog. „kombinierte Anfechtungs- und Leistungsklage") ist wiederum die erfolglose Durchführung des Widerspruchsverfahrens Zulässigkeitsvoraussetzung.

Mit dem **Anfechtungswiderspruch** bzw. der späteren Anfechtungsklage wird (ausschließlich) die Aufhebung eines belastenden Verwaltungsaktes begehrt. Ziel des Anfechtungswiderspruchs ist demnach die Beseitigung eines den Widerspruchsführer beeinträchtigenden Verwaltungsaktes, durch den er in seinen Rechten eingeschränkt wird oder Rechte entzogen werden. Bei Erfolg des Widerspruchs hat der Bürger sein Widerspruchs- bzw. Klageziel unmittelbar erreicht. Eines weiteren Tätigwerdens der Verwaltung bedarf es nicht. Beispiele für Anfechtungswidersprüche sind der Widerspruch gegen eine Aufhebungs- und Erstattungsentscheidung (§§ 45, 48 i. V. m. § 50 SGB X) oder der Widerspruch gegen einen Versagungs- bzw. Entziehungsbescheid nach § 66 SGB I.

Mit dem **Verpflichtungswiderspruch** bzw. der späteren kombinierten Anfechtungs- und Leistungsklage wird der Erlass eines begünstigenden Verwaltungsaktes begehrt. Der Widerspruchsführer will die Ausgangsbehörde zum Erlass eines begünstigenden Verwaltungsaktes zwingen. Er erstrebt die Erweiterung seiner vorhandenen Rechtsposition. Der Verpflichtungswiderspruch ist also auch dann der zulässige Rechtsbehelf, wenn bereits ein begünstigender Verwaltungsakt vorhanden ist, aber eine noch umfangreichere Begünstigung erstrebt wird. In einer solchen Fallkonstellation umfasst der Verpflichtungswiderspruch bzw. die kombinierte Anfechtungs- und Leistungsklage auch die Aufhebung des Ausgangsverwaltungsaktes, so dass ein gesonderter Anfechtungswiderspruch mit dem Ziel der Aufhebung des Ausgangsbescheides entbehrlich ist.

Der Widerspruch ist ferner nur dann statthaft, wenn er sich gemäß § 78 Abs. 1 Satz 1, Abs. 3 SGG gegen einen **Verwaltungsakt** im Sinne des § 31 SGB X wendet bzw. ein begünstigender Verwaltungsakt begehrt wird. Im Zweifel sind daher die Voraussetzungen des § 31 SGB X auf Vorliegen eines Verwaltungsaktes zu überprüfen. Beratungen oder Auskünfte (vgl. §§ 14, 15 SGB I) stellen z. B. keine Regelungen und damit keine Verwaltungsakte dar, so dass hiergegen ein Widerspruch unzulässig wäre.

Ein „vorsorglich", also vor Bekanntgabe des Verwaltungsaktes erhobener Widerspruch ist mangels vorhandenem Verwaltungsakt ebenfalls unstatthaft. Er wird auch nicht dadurch zulässig, dass der beanstandete Verwaltungsakt nachträglich erlassen wird, da in diesem Fall eine aus Gründen der Rechtssicherheit und Rechtsklarheit unzulässige, bedingte Einlegung eines Rechtsbehelfs vorliegen würde.[389] In diesem Fall ist also **nach Bekanntgabe** des Verwaltungsaktes ein erneuter Widerspruch zu fordern.

Ist der angefochtene Verwaltungsakt nichtig, bedeutet dies die Unwirksamkeit des Verwaltungsaktes (vgl. § 39 Abs. 3 SGB X) und damit die fehlende Existenz des Verwaltungsaktes. Daher kommt in einem solchen Fall grundsätzlich die Feststellungsklage in Frage (vgl. § 55 SGG), ohne dass ein Widerspruchsverfahren durchgeführt werden müsste. Denn das Widerspruchsverfahren ist nur Vorverfahren für die Anfechtungs- und Verpflichtungsklage. Dem Widerspruchsführer ist es aber nicht immer zuzumuten, die Nichtigkeit eines Verwaltungsaktes zu erkennen. Vor diesem Hintergrund wird in einem derartigen Fall auch der Anfechtungswiderspruch für statthaft gehalten.[390]

Der gesetzliche Ausschluss des Widerspruchverfahrens nach § 78 Abs. 1 Satz 2 SGG hat für den Bereich des Zweiten und Zwölften Buches Sozialgesetzbuch keine Bedeutung. Insbesondere bezieht sich § 110 JustG NRW nur auf die Parallelregelung in § 68 VwGO.

Wird die Behörde aufgrund eines gestellten Antrages überhaupt nicht tätig, kann gegen diese Untätigkeit kein „Untätigkeitswiderspruch" erhoben werden. Stattdessen ist sofort Untätigkeitsklage gemäß § 88 SGG zu erheben.

Beteiligungsfähigkeit

Gemäß § 62 Halbs. 2 SGB X i. V. m. § 12 SGB X i. V. m. § 10 SGB X ist die Beteiligteneigenschaft und die Beteiligungsfähigkeit von dem Widerspruchsführer sowie der Stelle zu prüfen, die den Ausgangsbescheid zu erlassen hat. Diesbezüglich wird auf die Ausführungen zu 1.3.6 verwiesen.

Handlungsfähigkeit

Gemäß § 62 Halbs. 2 SGB X i. V. m. § 11 SGB X ist die Handlungsfähigkeit des Widerspruchsführers und der Stelle zu prüfen, die den Ausgangsbescheid erlassen hat. Diesbezüglich wird auf die Ausführungen zu 1.3.6 verwiesen.

---

389 Vgl. BVerwG, Beschl. vom 8.12.1977 – VII B 76.77 –, juris = NJW 1978, 1870.
390 Vgl. *Geis Hinterseh*, JuS 2001 S. 1076.

Vorliegen der Vertretungsmacht

Jeder Beteiligte kann sich durch einen Bevollmächtigten vertreten lassen (vgl. § 62 Halbs. 2 SGB X i. V. m. § 13 SGB X) sowie zu Verhandlungen und Besprechungen mit einem Beistand erscheinen (vgl. § 13 Abs. 4 SGB X).

Nur wenn der Vertreter aufgrund gesetzlicher oder rechtsgeschäftlicher Vollmacht zur Vertretung des oder der Widerspruchsführer berechtigt ist, ist seine Verfahrenshandlung für den Widerspruchsführer zulässig. Nach § 13 Abs. 1 Satz 3 SGB X ist eine Vollmacht nur „auf Verlangen" schriftlich nachzuweisen. Daraus folgt, dass die Behörde einen vollmachtlosen Vertreter einstweilen zulassen kann. Die Behörde kann also auf den Nachweis einer schriftlichen Vollmacht verzichten, wenn die Vertretung für sie glaubhaft ist. Denn eine Vollmacht muss nicht schriftlich erteilt werden, um wirksam zu sein. Somit hat die Behörde auch die Grundsätze der Anscheins- und Duldungsvollmacht zu berücksichtigen, bei der grundsätzlich eine schriftliche Vollmacht nicht existiert.

Eine **Duldungsvollmacht** ist gegeben, wenn der Vertretene es willentlich geschehen lässt (es bewusst duldet), dass ein anderer für ihn wie ein Vertreter auftritt und der Geschäftspartner dieses Dulden nach Treu und Glauben dahin versteht und auch verstehen darf, dass der als Vertreter Handelnde zu den vorgenommenen Erklärungen bevollmächtigt ist.[391] Das kann z. B. dann der Fall sein, wenn der Vater für seine volljährige Tochter sämtliche Angelegenheiten im Rahmen der Antragstellung regelt und der Vater Adressat sämtlicher Verwaltungsschreiben, die die Tochter betreffen, ist, die bewilligten Geldbeträge auf das Konto des Vaters fließen und die Tochter als Vertretene im Rahmen der Anhörung zur Aufhebungsentscheidung erklärt, sie sei damit einverstanden gewesen, dass sich ihr Vater um ihre Angelegenheiten kümmere.

Die Duldungsvollmacht ist also eine konkludente Bevollmächtigung des Vertretenen. Sie kann auch angenommen werden, wenn ein vermuteter Bevollmächtigter (vgl. § 38 SGB II) Grundsicherungsleistungen für Mitglieder der Bedarfsgemeinschaft beantragt.[392] Das gilt insbesondere dann, wenn der vermutete Vertreter wusste, dass er über die rechtliche Konstruktion der Bedarfsgemeinschaft selbst zum Leistungsbezieher wird.[393]

Eine **Anscheinsvollmacht** ist gegeben, wenn der Vertretene das wiederholte und sich über einen gewissen Zeitraum erstreckende Verhalten des Vertreters zwar nicht kannte, es aber bei pflichtgemäßer Sorgfalt hätte erkennen müssen und verhindern können. Ferner muss die Behörde nach Treu und Glauben annehmen dürfen, der Vertretene dulde und billige das Handeln des Scheinvertreters.[394] Im Gegensatz zur Duldungsvollmacht kennt der Vertretene im Rahmen der Anscheinsvollmacht das Auftreten des Vertreters nicht, er hätte es aber bei pflichtgemäßer Sorgfalt erkennen müssen und verhindern können.

---

391 Vgl. LSG Niedersachsen-Bremen, Urt. vom 10.8.2011 – L 15 AS 1036/09 –, juris, m. w. N.
392 BSG, Urt. vom 8.12.2020 – B 4 AS 46/20 R –, juris, Rn. 26.
393 LSG NRW, Urt. vom 27.2.2020 – L 19 AS 1215/19 –, juris, Rn. 85.
394 Vgl. BSG, Urt. vom 15.10.1981 – 5b/5 RJ 90/80 –, BSGE 52, 245 = SGb 1982, 403 = NVwZ 1983, 767.

Die Anscheinsvollmacht ist also keine eigentliche (konkludente) Bevollmächtigung, sondern eine Rechtsfigur zum Schutz des Dritten, der von einer Bevollmächtigung aufgrund des Auftretens des (vermeintlichen) Vertreters ausgehen durfte.

In den Fällen von Duldungs- und Anscheinsvollmacht muss sich der (vermeintlich) Vertretene das Handeln des (vermeintlichen) Vertreters zurechnen lassen. In beiden Fällen ist regelmäßig die Behörde beweispflichtig, wenn sie vorhandene Leistungen z. B. wegen fehlerhafter Angaben entziehen will oder entzogen hat. Der Nachweis einer konkludenten Bevollmächtigung ist schwierig, kann aber aus der Interpretation der Gesamtumstände (ausnahmsweise, insbesondere beim Handeln für den Ehepartner) zu bejahen sein.[395]

Aus Gründen der Rechtssicherheit ist es daher angezeigt, die Vorlage einer schriftlichen Vollmacht nach § 13 Abs. 1 Satz 3 SGB X zu verlangen. Aus der Regelung des § 13 Abs. 1 Satz 3 SGB X folgt, dass ein Widerspruch, der im Namen eines anderen erhoben worden ist, als unzulässig zurückzuweisen ist, wenn trotz Aufforderung und Fristsetzung der schriftliche Nachweis der Vertretereigenschaft nicht nachgewiesen wird.

Wird ein Vertreter ohne Vertretungsvollmacht tätig, so sind seine abgegebenen Erklärungen „schwebend unwirksam". Endgültig unwirksam werden sie, wenn die Vollmacht nicht innerhalb einer gesetzten Frist, spätestens aber am Tag der Bekanntgabe des Widerspruchsbescheides, vorgelegt wird. Der Widerspruchsbescheid ist dann mangels wirksamer Vertretung dem Widerspruchsführer und nicht dem Vertreter bekanntzugeben. Allerdings sind die Kosten des Widerspruchsverfahrens nach § 179 BGB analog dem vollmachtlosen Vertreter aufzuerlegen.[396]

Verlangt die Behörde gemäß § 13 Abs. 1 Satz 3 SGB X den Nachweis der Bevollmächtigung und erfolgt dieser Nachweis nicht, so sind die bisherigen Verfahrenshandlungen unwirksam und der Widerspruch kann dann als unzulässig verworfen werden, und zwar selbst dann, wenn der Nachweis im Klageverfahren nachgereicht wird.[397]

Ob die Behörde von ihrer Befugnis, einen schriftlichen Nachweis der Vollmacht zu verlangen, Gebrauch macht, liegt in ihrem Ermessen. Es ist allerdings zu berücksichtigen, dass die Verarbeitung sowie Nutzung von Sozialdaten grundsätzlich nur zulässig ist, soweit der Beteiligte schriftlich einwilligt (vgl. § 67b Abs. 1 Satz 1, Abs. 2 Satz 3 SGB X). Damit ist das Ermessen im Sozialleistungsrecht regelmäßig dahingehend reduziert, eine Vollmacht zu verlangen.

Verlangt die Behörde vor diesem Hintergrund den schriftlichen Nachweis der Vollmacht, hat sie unter verfahrensrechtlichen Aspekten
- eine angemessene Frist zu setzen,
- die „Warnung" bzw. den Hinweis auszusprechen, dass andernfalls der Widerspruch als unzulässig verworfen wird.[398]

---

395 Vgl. zur Anscheinsvollmacht: VGH Baden-Württemberg, Urt. vom 29.9.1988 – 3 S 2976/87 –, NVwZ-RR 1989, 597; vgl. zur Duldungsvollmacht LSG Schleswig-Holstein, Urt. vom 10.10.2016 – L 6 AS 97/14 –, juris, Rn. 33; BSG, Urt. vom 8.12.2020 – B 4 AS 46/20 R –, juris, Rn. 26.
396 Vgl. BVerwG, Beschl. vom 23.3.1982 – 1 C 63/79 –, NVwZ 1982, 499.
397 Vgl. LSG Rheinland-Pfalz, Urt. vom 30.4.2013 – L 3 AS 98/13 –, juris.
398 Vgl. LSG Rheinland-Pfalz, Urt. vom 30.4.2013 – L 3 AS 98/13 –, juris; LSG Schleswig-Holstein, Urt. vom 4.11.2008 – L 4 KA 3/07 –, juris.

Wird die Vollmacht „nachgewiesen" (die Vorlage der Originalvollmacht ist nicht notwendig, da die Vollmacht im Verwaltungsverfahren – im Gegensatz zum gerichtlichen Verfahren, vgl. § 73 Abs. 6 SGG – auch mündlich erteilt werden kann), wird nachträglich das Handeln des ursprünglich vollmachtlosen Vertreters im Widerspruchsverfahren rückwirkend genehmigt (vgl. §§ 177, 184 BGB, § 89 ZPO). Die Handlungen des Bevollmächtigten wechseln den Status von „schwebend unwirksam" in „wirksam". Wird hingegen die Vollmacht nach hier vertretener Meinung **innerhalb der angemessenen Frist** nicht nachgewiesen, muss aus Gründen der Rechtssicherheit der Widerspruch endgültig als unzulässig zurückgewiesen werden. Als angemessene Frist kann in Anlehnung an § 177 Abs. 2 Satz 2 BGB eine Frist von zwei Wochen gelten, denn ansonsten könnte der ergangenen ablehnenden Widerspruchsentscheidung nachträglich die Grundlage entzogen werden.

Im Übrigen wird auf die Ausführungen zu 1.3.7 verwiesen.

Widerspruchsbefugnis

Die Widerspruchsbefugnis will „Jedermannswidersprüche" (Popularwidersprüche) vermeiden, so dass nur derjenige Widerspruch erheben kann, der als „Beschwerter" (vgl. § 54 Abs. 1 Satz 2 SGG, § 84 Abs. 1 Satz 1 SGG) des Rechtsschutzes bedarf. Ein solcher Rechtsschutz ist möglich, wenn die geltend gemachte Rechtsverletzung nicht offensichtlich ausgeschlossen ist.

Der Widerspruchsführer muss daher nach § 54 Abs. 1 Satz 2 SGG **analog** behaupten (können), selbst und unmittelbar in einem subjektiven Recht möglicherweise verletzt zu sein (sog. „Möglichkeitstheorie"). Es kann genügen, wenn der Widerspruchsführer die Zweckwidrigkeit des auf einer Ermessensnorm beruhenden Verwaltungsaktes geltend machen kann, da ein Widerspruchsverfahren im Gegensatz zum gerichtlichen Verfahren nicht allein der Prüfung der Rechtmäßigkeit des Verwaltungsaktes, sondern auch von dessen Zweckmäßigkeit dient (vgl. § 78 Abs. 1 SGG).

Grundsätzlich genügt es, wenn eine Rechtsverletzung **möglich** ist, um die Widerspruchsbefugnis zu bejahen. Im Rahmen der Zulässigkeitsprüfung eines Widerspruchs muss daher nicht geprüft werden, ob eine tatsächliche Rechtsverletzung (z. B. ein rechtswidriger Verwaltungsakt) vorliegt. Es genügt, wenn es nicht vollkommen ausgeschlossen ist, dass der angefochtene Verwaltungsakt rechtswidrig ist oder der Widerspruchsführer einen Anspruch auf den Erlass eines Verwaltungsaktes haben könnte.

Der Adressat eines belastenden Verwaltungsakts (z. B. Aufhebungs- und Erstattungsbescheid) ist klagebefugt, da er geltend machen kann, in seinem Recht auf allgemeine Handlungsfreiheit aus Art. 2 Abs. 1 GG verletzt zu sein (**Adressatentheorie**). Nur dann, wenn es ausnahmsweise gesetzlich vorgesehen ist, darf der Widerspruchsführer fremde Rechte einklagen (sog. **„Prozessstandschaft"**). Eine solche Regelung enthält z. B. § 63 SGB IX für die Vertretung behinderter Menschen. Danach dürfen bestimmte Behinderten-Verbände anstelle und mit dem Einverständnis der an sich klagebefugten behinderten Menschen klagen, also ein fremdes Recht in eigenem Namen geltend machen.

Ordnungsgemäße Widerspruchseinlegung

Zu überprüfen sind die Voraussetzungen des § 84 SGG. Gemäß § 84 Abs. 1 Satz 1 SGG ist der Widerspruch **binnen eines Monats**, nachdem der Verwaltungsakt dem Beschwerten bekanntgegeben worden ist, **schriftlich oder zur Niederschrift** bei der Stelle einzureichen, die den Verwaltungsakt erlassen hat.

Grundsätzlich hat der Adressat eines Verwaltungsaktes eine Frist von einem Monat zu beachten, um fristgerecht den Widerspruch zu erheben (vgl. hierzu das Kapitel 1.3.15 hinsichtlich der Fristberechnung sowie das Kapitel 1.3.22 hinsichtlich der für die Fristberechnung maßgeblichen Frage der Bekanntgabe eines Verwaltungsaktes).

Nach Ablauf der Monatsfrist wird der Verwaltungsakt bindend und bestandskräftig (vgl. § 77 SGG). Die Ausgangsbehörde hat aber zusätzlich zu überprüfen, ob der Widerspruch als ein Antrag nach § 44 SGB X auszulegen ist.

Bei unterbliebener oder unrichtiger Rechtsbehelfsbelehrung kann der Widerspruch innerhalb eines Jahres nach Bekanntgabe des Verwaltungsakts eingelegt werden (vgl. § 84 Abs. 2 Satz 3 SGG i. V. m. § 66 SGG). Die richtige Formulierung eines Rechtsbehelfs ist schwierig. Wählt die Behörde eine förmliche Zustellung des Bescheides (z. B. Postzustellungsurkunde), ist anstelle der Bekanntgabe der Begriff „Zustellung" zu verwenden, da der Begriff „Bekanntgabe" zu unpräzise ist und deshalb nicht verwandt werden darf.[399] Der Grund für diese notwendige Differenzierung hinsichtlich der eindeutigen Verwendung der Rechtsbegriffe liegt darin, dass die rechtlich wirksame Zustellung und die tatsächliche Bekanntgabe auseinanderfallen können, so dass beim Empfänger Verwirrung über den Fristlauf entstehen kann (vgl. auch 1.3.21).

Es ist ferner nicht notwendig, dass das Wort „Widerspruch" verwendet wird, um wirksam Widerspruch zu erheben. Im Rahmen der Auslegung (vgl. §§ 133, 157 BGB) ist festzustellen, ob der Widerspruchsführer eine Überprüfung der ergangenen Entscheidung anstrebt. Im Zweifelsfall wird man den Rechtsbehelf wählen, der für den Bürger am günstigsten ist. Darüber hinaus ist zu überprüfen, in welchem Umfang der Widerspruchsführer eine Überprüfung anstrebt. Ist auch dies unklar, ist eine vollumfängliche Überprüfung vorzunehmen.

Eine Begründung des Widerspruchs ist nicht vorgeschrieben. In einem solchen Fall entscheidet die Widerspruchsbehörde „nach Aktenlage". Ggf. kann der Widerspruchsführer darauf aufmerksam gemacht werden und ihm Gelegenheit gegeben werden, eine Begründung nachzureichen.

Nach § 84 Abs. 1 SGG ist der Widerspruch nur ordnungsgemäß erhoben, wenn die Schriftform gewährt ist.

Schriftlich ist der Widerspruch grundsätzlich nur erhoben, wenn er die **eigenhändige Unterschrift** des Widerspruchsführers oder seines Bevollmächtigten enthält (vgl. § 126 BGB, § 126a BGB), da nur so das Schriftstück dem Unterzeichner zuverlässig zugeordnet werden kann.

Wenn sich jedoch aus den gesamten Begleitumständen die Urheberschaft des Widerspruchs dem Widerspruchsführer zurechnen lässt, kann ausnahmsweise auf die Unterschrift verzichtet werden. Rechtlich kann dies – auch für die Erhebung des

---

399 Vgl. BSG, Urt. vom 9.12.2008 – B 8/9b SO 13/07 R –, FEVS 60, 550.

Widerspruchs – daraus geschlussfolgert werden, dass dem Erfordernis der Schriftlichkeit der Klageerhebung gemäß § 81 Abs. 1 Satz 1 VwGO bzw. § 90 SGG auch ohne eigenhändige Namenszeichnung entsprochen wird, wenn sich aus anderen Anhaltspunkten eine der Unterschrift vergleichbare Gewähr für die Urheberschaft und den Rechtsverkehrswillen des Klägers ergeben.[400] Außerdem verlangt § 92 SGG, dass die Klageschrift vom Kläger oder seinen Vertreter „nur" unterzeichnet sein „soll", so dass hinsichtlich des Widerspruchs keine höheren Anforderungen zu stellen sind.

Die Schriftform ist gewahrt, wenn der Widerspruch **per Telefax** eingereicht wird, weil dadurch in noch ausreichender Form sichergestellt ist, dass die Erklärung auch von demjenigen stammt, der als ihr Urheber erscheint und er sie bewusst in den Rechtsverkehr gebracht hat.

Auch die **elektronische Übertragung einer Textdatei mit eingescannter Unterschrift auf ein Faxgerät** entspricht noch der Schriftform, da am Empfangsort eine „körperliche Urkunde" vorliegt, die noch die notwendige Rechtssicherheit und Verlässlichkeit der Urheberschaft wahrt.[401]

E-Mails sind keine Verkörperung einer Gedankenerklärung mit Hilfe von Schriftzeichen, sondern zunächst lediglich eine Abfolge elektronischer Impulse, die nicht ohne weiteres lesbar sind, sondern erst in lesbare Zeichen umgesetzt werden müssen. Eine elektronische Übermittlung per E-Mail reicht zur Wahrung der Schriftform grundsätzlich nicht aus,[402] es sei denn, es liegen die Voraussetzungen des § 36a SGB I vor.

Der Widerspruch durch einfache E-Mail genügt nicht dem Schriftformerfordernis, weil selbst durch den Ausdruck der EMail keine eindeutige, dem Urheber bzw. potentiellen Widerspruchsführer zurechenbare verkörperte Erklärung vorliegen muss. Es fehlt also bei einer E-Mail an einer „letzten" Gewissheit im Hinblick auf Authentizität und Integrität des elektronischen Dokuments.

Da E-Mail-Adressen unter nahezu jedem denkbaren Namen ohne nähere Kontrolle eingerichtet werden können, lässt sich die Urheberschaft nicht eindeutig zuordnen und verursacht zudem Missbrauchsgefahr. Demnach werden die mit der vorgeschriebenen Schriftform erstrebten Funktionen nicht gewahrt. Nur über die Einhaltung der Vorgaben in § 65a SGG und § 36a SGB I ist eine elektronische Kommunikation (Diskette, USB-Stick, E-Mail etc.) möglich. Die elektronische Kommunikation unter Einhaltung der Vorgaben der §§ 65a SGG und § 36a SGB I stellt dann keine Schriftform dar, sondern „ersetzt" (vgl. § 36a Abs. 2 Satz 1 SGB I) die Schriftform.

Die Rechtslage stellt sich anders dar, wenn eine E-Mail mit angehängter PDF-Datei versandt wird und die PDF-Datei den eingescannten Schriftsatz der Widerspruchserhebung einschließlich eingescannter Unterschrift enthält. Zwar entsteht bei der Übermittlung einer an eine E-Mail angehängten PDF-Datei – anders als beim Computerfax – nicht unmittelbar allein auf Veranlassung des Absenders beim Empfänger eine körperliche Urkunde. Insoweit handelt es sich noch nicht um eine „schriftliche" Widerspruchserhebung. Aber durch den Ausdruck der PDF-Datei

---

400 BVerwG, Urt. vom 6.12.1988 – 9 C 40/87 –, BVerwGE 81, 32 ff.
401 Vgl. Gemeinsamer Senat der obersten Gerichtshöfe, Beschl. vom 5.4.2000 – VII B 108/97 –, BFH/NV 1998, 604.
402 Vgl. LSG Hessen, Beschl. vom 11.7.2007 – L 9 AS 161/07 ER –, juris.

entsteht die körperliche Urkunde, und die Schriftform ist gewahrt. Der Empfänger ist allerdings nicht verpflichtet, die Datei auszudrucken. Wird sie nicht ausgedruckt, entsteht keine körperliche Urkunde und die Schriftform ist nicht gewahrt. Das Risiko, das ein als PDF-Datei per E-Mail übermitteltes Schreiben nicht ausgedruckt wird und damit nicht die Schriftform erlangt, trägt der Absender.[403]

Die Widerspruchsbehörde **kann** als „Herrin des Verfahrens" einen per einfacher E-Mail übermittelten und somit nicht elektronisch signierten Widerspruch dennoch zur Sachentscheidung annehmen. Davon wird sie Gebrauch machen, wenn sie keine Zweifel an der Identität des Absenders hat und auch sonst keinerlei Anzeichen für eine Verfälschung des Dokuments gegeben sind. Das kann u. a. der Fall sein, wenn der Widerspruchsführer Bezug auf Aktenzeichen, Datum und Inhalt des angefochtenen Ausgangsbescheides nimmt, denn diese Daten dürften grundsätzlich nur ihm bekannt sein.

Grundsätzlich ist der Widerspruch **bei der Stelle** einzulegen, die den Widerspruch erlassen hat. § 84 Abs. 2 SGG erweitert diese Möglichkeit, indem der Widerspruch u. a. auch bei einer anderen inländischen Behörde erhoben werden kann.

Hat der Widerspruchsführer die Widerspruchsfrist versäumt, kann sich die Widerspruchsbehörde gleichwohl auf den Widerspruch „einlassen". Zwar wird hier das Prinzip der „formellen Bestandskraft" eines Verwaltungsaktes durchbrochen. Andererseits ist das Widerspruchsverfahren ein Verwaltungsverfahren, bei der die Behörde „Herrin des Verfahrens" ist (vgl. § 9 SGB X) und deshalb auch eigenverantwortlich entscheiden kann, sich inhaltlich mit einem Widerspruch trotz Unzulässigkeit auseinanderzusetzen. Darüber hinaus ist sie unabhängig vom Widerspruchsverfahren ohnehin in der Lage, einen bestandskräftigen Verwaltungsakt nach den §§ 44 ff. SGB X aufzuheben.

Hat der Widerspruchsführer die Widerspruchsfrist „ohne Verschulden" versäumt, kann auf Antrag eine „Wiedereinsetzung in den vorigen Stand" gewährt werden (vgl. § 84 Abs. 2 Satz 3 SGG i. V. m. § 67 SGG). Kraft Gesetzes besteht kein Verschulden, wenn die Voraussetzungen des § 41 Abs. 3 SGB X vorliegen. Ein besonderer Antrag auf Wiedereinsetzung ist nicht erforderlich, wenn der Widerspruch innerhalb der Antragsfrist nachgeholt wurde (vgl. § 67 Abs. 2 Satz 3, Satz 4 SGG).

1.3.35.3 Zuständige Widerspruchsbehörde

Ein Widerspruch ist begründet, wenn der angefochtene Verwaltungsakt rechtswidrig oder unzweckmäßig ist und der Widerspruchsführer dadurch in seinen Rechten beschwert ist (§ 78 SGG i. V. m. § 54 Abs. 2 Satz 1 SGG analog). Hält die Ausgangsbehörde den Widerspruch für begründet, hilft sie ihm gemäß § 85 Abs. 1 SGG ab. Ausgangsbehörde ist die Behörde, die den angefochtenen Verwaltungsakt erlassen hat. Dies kann auch die Behörde sein, die im Wege der Delegation durch den eigentlich für die Aufgabe nach dem Zweiten oder Zwölften Buch Sozialgesetzbuch zuständigen Träger handelt (vgl. § 3 AG-SGB XII NRW, § 5 AG-SGB II NRW).

---

403 Vgl. Sächsisches LSG, Beschl. vom 26.6.2012 – L 7 AS 205/11 B ER –, juris.

Wird dem Widerspruch nicht durch die Ausgangsbehörde „abgeholfen", ergeht nach § 85 Abs. 2 SGG ein „Widerspruchsbescheid".

- Zuständig für den Erlass eines solchen Bescheides ist in Angelegenheiten der Kommunalen Selbstverwaltung die Selbstverwaltungsbehörde, soweit nicht durch Gesetz anderes bestimmt wird (vgl. § 85 Abs. 2 Satz 1 Nr. 4 SGG).

  Bei der Wahrnehmung von Sozialhilfeaufgaben nach dem SGB XII (Ausnahme: Leistungen der Grundsicherung im Alter und bei Erwerbsminderung nach dem 4. Kapitel SGB XII) handelt es sich um Selbstverwaltungsaufgaben (vgl. § 1 AG-SGB XII). Nach § 85 Abs. 2 Satz 1 Nr. 4 SGG sind daher die **Träger der Sozialhilfe** (vgl. § 3 SGB XII, § 1 AG-SGB XII sowie hinsichtlich der sachlichen Zuständigkeit § 97 SGB XII i. V. m. § 2a AG-SGB XII) in Angelegenheiten nach dem Zwölften Buch Sozialgesetzbuch für den Erlass der Widerspruchsbescheide selbst zuständig. Hat eine im Rahmen der Delegation (vgl. § 3 AG-SGB XII NRW) beauftragte Stelle für den Träger der Sozialhilfe gehandelt, erlässt ebenfalls der Träger der Sozialhilfe den Widerspruchsbescheid (vgl. § 99 Abs. 1 Halbs. 2 SGB XII und § 99 Abs. 2 Halbs. 2 SGB XII) und nicht der Beauftragte (Delegatar).

  Der örtliche oder überörtliche Träger verliert durch eine Delegation zwar nicht seine Zuständigkeit. Er erlässt auch den Widerspruchsbescheid. Eine Klage ist allerdings gegen den Beauftragten, also z. B. gegen den beteiligtenfähigen Bürgermeister einer Gemeinde (vgl. § 70 Nr. 3 SGG), zu richten.[404] Denn der Beauftragte entscheidet trotz der Delegation in eigenem Namen (vgl. § 3 AG-SGB XII NRW) und damit eigenverantwortlich im Rahmen der übertragenen Selbstverwaltungsaufgabe.

  Vor Gericht muss daher die beauftragte Stelle (z. B. eine Gemeinde oder Stadt) einen eigenen Vertreter entsenden. In der Praxis ist es teilweise üblich, dass die delegierende Stelle und damit der (für die Aufgabenwahrnehmung originär zuständige) örtliche oder überörtliche Sozialhilfeträger die Gerichtsvertretung übernimmt. Dann muss dieser mit einer entsprechenden Vertretungsvollmacht beauftragt werden. Das ist insofern sinnvoll, weil diese Stelle regelmäßig zugleich Fachaufsichtsbehörde und Widerspruchsstelle ist und eine entsprechende Fachkompetenz unterstellt werden kann.

  Nach hier vertretener Auffassung kann eine derartige Vollmacht allerdings nicht in einer Delegationssatzung geregelt werden, weil nach § 3 AG-SGB XII NRW nur die „Durchführung der Aufgabe" delegiert werden darf. Hingegen ist die Gerichtsvertretung eine originäre Selbstverwaltungsaufgabe (vgl. z. B. § 63 GO NRW). Das in § 3 AG-SGB XII NRW vorgesehene Delegationsrecht ermächtigt insofern nicht dazu, eine Rückübertragung von originären Selbstverwaltungsaufgaben auf die delegierende Stelle vorzunehmen.

- In Angelegenheiten der Grundsicherung im Alter und bei Erwerbsminderung nach dem 4. Kapitel SGB XII handelt es sich nicht mehr um eine Selbstverwaltungsaufgabe, sondern im Verhältnis Bund – Land um eine Auftragsangelegenheit. Dieses resultiert daraus, dass der Bund ab dem Jahr 2014 100 % der Ausgaben trägt (§ 46a SGB XII).

---

404 Vgl. BSG, Urt. vom 19.5.2009 – B 8 SO 7/08 R –, juris, Rn. 13.

In einem solchen Fall handelt es sich gemäß Art. 104a Abs. 3 Satz 2 GG i. V. m. Art. 85 GG um eine Bundesauftragsangelegenheit. Im Verhältnis der Länder zu den mit der Aufgabe betrauten Kreisen (vgl. § 46b SGB XII i. V. m. § 1 Abs. 3 Satz 2 AG-SGB XII NRW i. V. m. § 97 SGB XII i. V. m. § 2a AG-SGB XII NRW) handelt es sich um Pflichtaufgaben zur Erfüllung nach Weisung (§ 1 Abs. 2 Satz 2 AG-SGB XII NRW).

Vertritt man die problematische Auffassung, dass es sich bei den Pflichtaufgaben zur Erfüllung nach Weisung um eine staatliche Aufgabenart und nicht um eine Selbstverwaltungsaufgabe handelt, wäre nach § 85 Abs. 1 Nr. 1 SGG die nächsthöhere Behörde für die Entscheidung über den Widerspruch zuständig. Zur Klarstellung regelt daher § 85 Abs. **2 Satz 2 SGG**, dass in Angelegenheiten nach dem 4. Kapitel SGB XII der zuständige Träger, der den dem Widerspruch zugrunde liegenden Verwaltungsakt erlassen hat, auch für die Entscheidung über den Widerspruch zuständig ist. Damit entscheidet auch hier, selbst bei einer vorgenommenen Delegation der Aufgabe auf die Städte und Gemeinden (vgl. § 3 AG-SGB XII NRW), der Kreis oder die kreisfreie Stadt als zuständiger Träger über den Widerspruch (vgl. § 99 Abs. 1 Halbs. 2 SGB XII).

Ordnet man die Pflichtaufgaben zur Erfüllung nach Weisung als Selbstverwaltungsaufgabe ein, kann die Zuständigkeit der Widerspruchsbehörde über § 85 Abs. 2 Satz 1 Nr. 4 SGG begründet werden.

Im Land Nordrhein-Westfalen geht der Gesetzgeber aufgrund der Ermächtigung in § 5 Abs. 3 Satz 2 LOG NRW davon aus, dass er die Bundesauftragsangelegenheiten den Trägern (Kreisen und kreisfreien Städten) als Pflichtaufgabe zur Erfüllung nach Weisung übertragen kann. Den Aufsichtsumfang regelt dann § 2 Abs. 4 AG-SGB XII NRW. Dort heißt es:

„Soweit die Träger die Aufgaben nach dem 4. Kapitel SGB XII in Bundesauftragsverwaltung durchführen, kann die aufsichtsführende Behörde den Trägern Weisungen erteilen, um die gesetzmäßige und zweckmäßige Erfüllung der Aufgaben zu sichern." Da die örtlichen Träger die Aufgaben aber als Pflichtaufgaben zur Erfüllung nach Weisung durchführen (vgl. § 1 Abs. 2 Satz 2 AG-SGB XII), liegen die Voraussetzungen für ein Weisungsrecht nicht vor. Bislang hat noch niemand diese Regelung kritisch in Frage gestellt, obwohl die Bezirksregierung als mittlere Fachaufsichtsbehörde (§ 2 Abs. 2 Satz 2 AG-SGB XII) von ihrem Weisungsrecht regelmäßig Gebrauch macht.

- In Angelegenheiten der Grundsicherung für Arbeitsuchende ist zu differenzieren. Nimmt eine gemeinsame Einrichtung die Aufgaben der beiden für das Zweite Buch Sozialgesetzbuch zuständigen Leistungsträger wahr (vgl. §§ 6 Abs. 1 SGB II, 44b SGB II), erlässt ebenfalls abweichend von § 85 Abs. 2 Satz 1 Nr. 1 SGG der Träger den Widerspruchsbescheid, der den angefochtenen Ausgangsverwaltungsakt erlassen hat (vgl. § 85 Abs. 2 Satz 2 SGG). Somit ist auch die gemeinsame Einrichtung für den Widerspruchsbescheid zuständig. § 44b Abs. 1 Satz 3 SGB II regelt diesbezüglich, dass die gemeinsame Einrichtung berechtigt ist, zur Erfüllung ihrer Aufgaben Verwaltungsakte und Widerspruchsbescheide zu erlassen.

Entsprechendes gilt selbst dann, wenn die Kreise für ihren Aufgabenkreis (vgl. § 6 Abs. 1 Nr. 2 SGB II) die Städte und Gemeinden des Kreises gemäß § 6 Abs. 2 Satz 1 Halbs. 1 SGB II i. V. m. § 5 AG-SGB II NRW zur Durchführung der den gemeinsamen Einrichtungen nach § 44b Abs. 1 Zweites Buch Sozialgesetzbuch übertragenen Aufgaben heranziehen, denn dann werden die Städte und Gemeinden lediglich als „Teil der gemeinsamen Einrichtung" (vgl. § 5 Abs. 1 AG-SGB II NRW) tätig. § 6 Abs. 2 Satz 1 Halbs. 2 SGB II bestimmt dann, dass auch in diesen Fällen die Kreise den Widerspruchsbescheid nach dem Sozialgerichtsgesetz erlassen. § 44b Abs. 1 Satz 3 SGB II bleibt unberührt (§ 6 Abs. 2 Satz 2 SGB II), so dass selbst bei einer Heranziehung der Städte und Gemeinden die gemeinsame Einrichtung den Widerspruchsbescheid erlässt.

In der zweiten Variante kann eine sog. „Optionskommune" die Aufgaben nach dem Zweiten Buch Sozialgesetzbuch wahrnehmen. Handelt eine Optionskommune (vgl. § 6a, § 6b SGB II, Kommunalträger-Zulassungs-VO), so ist auch diese selbst für den Widerspruchsbescheid zuständig. Dies ergibt sich aus § 6 Abs. 2 Satz 3 SGB II, der seinerseits auf die o. g Bestimmungen, also auf § 6 Abs. 2 Satz 1, Satz 2 SGB II und damit auch auf das Sozialgerichtsgesetz verweist.

1.3.35.4 Verfahrensgang

1.3.35.4.1 Abhilfe

Die Ausgangsbehörde, bei der der Widerspruch grundsätzlich einzureichen ist (vgl. § 84 Abs. 1 SGG), muss zunächst prüfen, ob einem Widerspruch **abzuhelfen** ist (vgl. § 85 Abs. 1 SGG).

Eine Abhilfeprüfung durch die Ausgangsbehörde ist zwingend, wenn Ausgangs- und Widerspruchsbehörde nicht identisch sind. Dies ist regelmäßig bei Leistungen zum Lebensunterhalt nach dem Zwölften Buch Sozialgesetzbuch der Fall, weil diese Aufgabe von den Kreisen in der Regel auf die kreisangehörigen Städte und Gemeinden delegiert wird. Wird der Widerspruch (ausnahmsweise) nicht bei der Ausgangsbehörde, sondern bei der Widerspruchsbehörde eingelegt (vgl. § 84 Abs. 2 SGG), muss diese den Vorgang der Abhilfebehörde zum Zweck der Entscheidung über die Abhilfe übermitteln.

Entgegen dem Wortlaut des § 85 Abs. 1 SGG („wird der Widerspruch für begründet erachtet, so ist ihm abzuhelfen") prüft die Abhilfebehörde nicht nur die Begründetheit des Widerspruchs, sondern auch dessen Zulässigkeit. Recht- und Zweckmäßigkeit der Ausgangsentscheidung sind vollumfänglich zu prüfen. Neue Tatsachen und Rechtsänderungen sind in gleichem Umfang zu berücksichtigen wie durch die Widerspruchsbehörde.

Das Abhilfe-„Verfahren" ist kein eigenständiges Verwaltungsverfahren, sondern unselbständiger Bestandteil des Widerspruchsverfahrens. Eine Abhilfe bedeutet, dass die Ausgangsbehörde den Widerspruch für zulässig und (teilweise) begründet hält, so dass sie bereits in diesem Verfahrensteil dem Widerspruchsführer „Recht gibt". Es ist in diesem Fall ein Abhilfebescheid (Verwaltungsakt im Sinne von § 31 SGB X) dem Widerspruchsführer bekanntzugeben. Inhalt des Abhilfebescheides ist die (teilweise)

Aufhebung im Umfang der Begründetheit des Widerspruchs, eine Kostenentscheidung (vgl. § 72 VwGO analog, § 63 SGB X) und eine Entscheidung über die Notwendigkeit der Zuziehung eines Bevollmächtigten (vgl. § 63 Abs. 2 SGB X). Eine Befugnis zur reformatio in peius besteht im Abhilfeverfahren nicht.[405]

Auf eine Kostenentscheidung sollte im Abhilfeverfahren verzichtet werden, wenn die Ausgangsbehörde nur **teilweise** abhilft. Es ist dann sinnvoller, wenn eine einheitliche Kostenentscheidung für das gesamte Vorverfahren durch die Widerspruchsbehörde erfolgt.

Gemäß § 35 Abs. 2 Nr. 1 SGB X muss der Abhilfebescheid nicht begründet werden.

Ohne Beteiligung der Abhilfestelle (der nicht identischen Ausgangsbehörde) leidet das Widerspruchsverfahren an einem Verfahrensmangel. Dieser Verfahrensmangel ist nur dann bedeutsam, wenn Ausgangs- und Widerspruchsbehörde nicht identisch sind.

Die (teilweise) Nicht-Abhilfe ist lediglich eine interne Entscheidung. Der Widerspruchsführer ist dann nicht notwendigerweise zu informieren. Das Verfahren ist im Folgenden ergebnisoffen auf Erlass eines Widerspruchsbescheides gerichtet, der von einer Widerspruchsbehörde erlassen wird. Ist die Widerspruchsbehörde identisch mit der Ausgangsbehörde, wird der Widerspruchsbescheid dann von einer innerorganisatorisch anderen Stelle bzw. Organisationseinheit erlassen. In einem solchen Fall ist der Widerspruch durch die Ausgangsbehörde der Widerspruchsbehörde bzw. der Widerspruchsstelle vorzulegen. Regelmäßig erfolgt dies mit einer Stellungnahme, warum dem Widerspruch nicht abgeholfen wurde.

1.3.35.4.2 Prüfungskompetenz der Widerspruchsstelle

Die Widerspruchsbehörde überprüft den angefochtenen Verwaltungsakt **vollumfänglich**, da sie an die Stelle der Ausgangsbehörde tritt und deren volle Entscheidungskompetenz hat (vgl. § 78 SGG, § 95 SGG). Sie ist an die Ergebnisse der Ausgangsbehörde (dem angefochtenen Verwaltungsakt sowie der Nicht-Abhilfe) weder in tatsächlicher Hinsicht noch in Bezug auf die rechtliche Würdigung gebunden. Da das Widerspruchsverfahren in erster Linie ein Verwaltungsverfahren ist, hat die Widerspruchsbehörde daher alle Berechtigungen und Verpflichtungen des Verwaltungsverfahrens zu beachten. Sie hat daher z.B. den Sachverhalt von Amts wegen (neu) zu ermitteln (vgl. §§ 20 bis 23 SGB X), ggf. Akteneinsicht zu gewähren (vgl. § 25 SGB X, § 84a i.V.m. § 120 SGG) oder eine erneute Anhörung (§ 24 SGB X) durchzuführen.

Das dann durchzuführende Sozialverwaltungsverfahren ist im Abschnitt 1.3 beschrieben.

Stellt sich im späteren Gerichtsverfahren heraus, dass der Leistungsträger notwendige Sachverhaltsermittlungen unterlassen hat, die deshalb im gerichtlichen Verfahren nachgeholt werden müssen, können die Gerichte den Leistungsträgern nach § 192 Abs. 4 SGG die für die Nachholung entstandenen Kosten, z.B. bei fehlendem Gutachten, auferlegen.

---

405 OVG Bremen, Beschl. vom 6.1.1989 – 1 B 89/88 –, BauR 191.

Selbst bei einer durch die Ausgangsbehörde durchgeführten Anhörung ist eine **nochmalige Anhörung** durch die Widerspruchsbehörde notwendig, wenn der Widerspruchsführer erfolglos bleibt und der Tenor des Widerspruchsbescheides den Ausgangsverwaltungsakt bestätigt, die Entscheidung jedoch auf eine substanziell andere Begründung (z. B. andere Rechtsgrundlage, neuer Sachverhalt) gestützt wird.

Das Widerspruchsverfahren endet mit dem Erlass und der wirksamen Bekanntgabe des Widerspruchsbescheids bzw. des Abhilfebescheids. Es ist auch möglich, dass der Widerspruchsführer seinen Widerspruch „zurücknimmt". Entsprechend § 84 Abs. 1 SGG muss der **Rechtsbehelfsverzicht** dann gegenüber der Ausgangsbehörde in Schriftform oder zur Niederschrift geschehen.

Die Widerspruchsbehörde hat im Rahmen ihrer Kontrollbefugnis eine vollumfängliche Überprüfung vorzunehmen. Deshalb wird eine „**Verböserung**" der Ausgangsentscheidung durch die Widerspruchsbehörde für möglich gehalten, so lange entsprechend § 45, § 48 SGB X **keine Vertrauensschutzgesichtspunkte entgegenstehen.**[406]

Eine „Verböserung" bzw. eine sog. „reformatio in peius" meint die Veränderung der mit dem Widerspruch angefochtenen Verwaltungsentscheidung **zu Ungunsten** des Widerspruchsführers. Eine Verböserung kann darin bestehen, dass eine Belastung erhöht oder eine Begünstigung verschlechtert wird.

Eine solche Verböserung liegt nur dann vor, wenn der Entscheidungsspruch der Ausgangsbehörde (Tenor, Verfügungssatz) zum Nachteil des Widerspruchführers geändert wird. Das bloße Auswechseln der Begründung oder das Nachschieben von Gründen fällt daher nicht darunter.

Während im Klageverfahren eine Verböserung nicht zulässig ist, weil das Gericht nur über die vom Kläger bzw. Rechtsmittelkläger erhobenen Ansprüche entscheidet (vgl. §§ 123, 153, 165 SGG; § 88 VwGO), sprechen gute Gründe dafür, eine Verböserung auch im Widerspruchsverfahren des Sozialrechts zuzulassen[407]:

- Das Widerspruchsverfahren ist ein Verwaltungsverfahren, mit dem die Widerspruchsbehörde das Ausgangsverfahren fortsetzt. Es hat die Funktion einer umfassenden und uneingeschränkten Nachprüfung der angefochtenen Verwaltungsakte im Hinblick auf die Recht- und Zweckmäßigkeit (vgl. § 78 SGG). Die Entscheidungsfreiheit der Widerspruchsbehörde ist damit nicht geringer als die der Ausgangsbehörde.
- Nach § 95 SGG ist Gegenstand der Klage der Ausgangsbescheid in der Gestalt des Widerspruchbescheides. § 95 SGG wäre überflüssig, wenn eine reformatio in peius ausgeschlossen wäre.

---

406 BSG, Urt. vom 20.4.2020 – B 8 SO 1/19 R –, juris, Rn. 15; BSG, Urt. vom 8.6.1982 – 6 RKa 12/80 –, BSGE 53, 284 = juris, Rn. 10 ff.; a. A. BSG, Urt. vom 18.6.2008 – B 14/11b AS 67/06 –, DVP 2010, 129 = FEVS 60, 293 = NDV-RD 2009, 14.

407 Für eine Verböserung spricht sich wohl auch die Literatur aus: *Leitherer* in Meyer-Ladewig/Keller/Leitherer, Kommentar zum SGG, 10. Aufl., Rn. 5 zu § 85 SGG; *Krasney/Dusching*, Handbuch des sozialgerichtlichen Verfahrens, 6. Aufl., Kapitel IV, Rn. 44; *Köhler*, Die reformatio in peius im sozialrechtlichen Widerspruchsverfahren – Unter besonderer Berücksichtigung des Anhörungsgebots, ZFSH/SGB 2010 S. 78.

- Die Widerspruchsbehörde hat die Funktion der Selbstkontrolle. Die Widerspruchsbehörde würde gegen Art. 20 Abs. 3 GG verstoßen, wenn sie gezwungen wäre, einen als rechtswidrig erkannten Verwaltungsakt wegen eines generellen Verbots der reformatio in peius zu bestätigen.
- Der Widerspruchsführer selbst hat durch Erhebung des Widerspruchs den Eintritt der Bestandskraft des Verwaltungsaktes verhindert. Einen risikolosen Rechtsweg gibt es nicht.

Beispiel
Die Ausgangsbehörde hebt den Bewilligungsbescheid für den Zeitraum vom 1.7. bis 31.12. nach § 45 SGB X auf, weil der Antragsteller während dieser Zeit entgegen seinen eigenen Angaben einer Erwerbstätigkeit nachgegangen ist und deshalb nicht hilfebedürftig gewesen ist. Während des Widerspruchsverfahrens stellt sich heraus, dass auch im Bewilligungszeitraum vom 1.1. bis zum 30.6. die Voraussetzungen für Leistungen der Grundsicherung für Arbeitsuchende nicht vorgelegen haben, weil auch in dieser Zeit Erwerbseinkommen erzielt worden ist, welches schuldhaft nicht angegeben wurde.

Die Widerspruchsbehörde ist nach hier vertretener Auffassung nicht gehindert, die Rücknahme der Bewilligung von Arbeitslosengeld II über den im Ausgangsbescheid geregelten Zeitraum zu erweitern. Voraussetzung für eine Verböserung im laufenden Widerspruchsverfahren ist, dass die Voraussetzungen für eine Rücknahme oder Aufhebung des ursprünglichen Bescheides im Sinne von § 45 SGB X oder § 48 SGB X vorliegen.[408]

Erfolgt eine solche Verböserung, muss der Beteiligte vor der Verböserung erneut nach § 24 SGB X angehört werden. Zur Umgehung der streitigen Frage, ob eine solche Verböserung möglich ist, kann ggf. die Ausgangsbehörde einen Änderungsbescheid nach § 86 SGG erlassen, der dann Gegenstand des Widerspruchsverfahrens wird.

Hält die Widerspruchsbehörde den **Anfechtungswiderspruch** für zulässig und begründet, hebt sie den angefochtenen Verwaltungsakt auf. Ist der Widerspruch unbegründet, wird er zurückgewiesen.

Bei einem **erfolgreichen Verpflichtungswiderspruch** soll aus Gründen der Rechtsklarheit der Ablehnungsbescheid der Ausgangsbehörde zunächst ausdrücklich aufgehoben werden.[409] Weiterhin muss über den Erlass des begehrten Verwaltungsaktes (Bewilligungsbescheides) entschieden werden. Dabei ist die Frage zu beantworten, ob eine Entscheidung durch die Widerspruchsstelle oder durch die Ausgangsbehörde zu erfolgen hat. Sind Ausgangs- und Widerspruchsbehörde identisch, kann die Widerspruchsstelle bereits über den erstrebten Verwaltungsakt selbst entscheiden. Ist die Widerspruchs- und Ausgangsbehörde nicht identisch (z. B. bei einer vorgenommenen Delegation der Sozialhilfeaufgabe), besteht ein **Wahlrecht** der Widerspruchstelle:

---

408 Vgl. BSG, Urt. vom 5.5.1993 – 9/9a RVs 2/92 –, juris, Rn. 11 ff.
409 Vgl. BVerwG, Urt. vom 19.5.1987 – 1 C 13/84 –, juris, Rn. 21 = ZfSH/SGB 1988, 32.

- Aufgrund der umfassenden Überprüfungskompetenz der Widerspruchsstelle (vgl. §§ 78, 95 SGG) geht auch die volle Entscheidungskompetenz auf sie über. Dies gilt auch dann, wenn es sich bei dem beantragten Verwaltungsakt um eine Ermessensentscheidung handelt, denn die Widerspruchsstelle entscheidet sogar über die Zweckmäßigkeit des Ausgangsverwaltungsaktes (vgl. § 78 SGG). Insofern ist die Widerspruchsbehörde berechtigt, den Verwaltungsakt selbst zu erlassen.
- Die Widerspruchsstelle besitzt aber **auch** die Möglichkeit, die Ausgangsbehörde im Falle eines erfolgreichen Verpflichtungswiderspruchs anzuweisen, den begehrten Verwaltungsakt zu erlassen bzw. einen entsprechenden Bewilligungsbescheid unter Berücksichtigung der Rechtsauffassung der Widerspruchsstelle zu erteilen.[410] Eine eigene Entscheidung der Widerspruchstelle ist dann überflüssig.

1.3.35.4.3 Besondere Verfahrensgesichtspunkte

Im Sozialhilfebereich (SGB XII) sind vor dem Erlass des Bescheides über einen Widerspruch gegen die Ablehnung von **Sozialhilfe** oder gegen die Festsetzung ihrer Art und Höhe nach § 116 Abs. 2 SGB XII „sozial erfahrene Personen" beratend zu beteiligen.

Eine Besonderheit im sozialgerichtlichen Verfahren besteht nach § 86 SGG. Wird danach während des Widerspruchverfahrens der Verwaltungsakt abgeändert, so wird auch der neue Verwaltungsakt Gegenstand des Widerspruchverfahrens; er ist der Stelle, die über den Widerspruch entscheidet, unverzüglich mitzuteilen. Da der von der Ausgangsbehörde erlassene neue Verwaltungsakt den im Widerspruchsverfahren angefochtenen Verwaltungsakt ändert oder ggf. sogar ersetzt, spricht man auch vom „Änderungsbescheid" oder „Folgebescheid".

Der **Änderungs- oder Folgebescheid** wird Gegenstand des Widerspruchverfahrens, wenn er denselben Streitgegenstand wie den Ursprungsbescheid betrifft und den angegriffenen Verwaltungsakt teilweise aufhebt und/oder ersetzt. Ein Änderungsbescheid durch die Ausgangsbehörde kommt in Frage, wenn die Ausgangsbehörde
- die Rechtswidrigkeit ihrer Entscheidung erkannt hat oder
- sich die Verhältnisse geändert haben,

so dass eine Anpassung des ursprünglich erlassenen Verwaltungsaktes vorgenommen werden musste.

Beispiel
Der Leistungsberechtigte L ist mit der Höhe des ihm gewährten Arbeitslosengeldes II nicht einverstanden. Er erhebt daher gegen den erlassenen Dauerverwaltungsakt (Alg II-Bescheid) Widerspruch. Während des Widerspruchverfahrens ändert sich sein Einkommen. Die Ausgangsbehörde passt daher den Bewilligungsbescheid nach § 48 SGB X an die aktuellen Verhältnisse an, indem eine teilweise Aufhebung des Bewilligungsbescheides erfolgt.

---

410 Vgl. Grundsatzentscheidung BVerwG, Urt. vom 10.12.1970 – VIII C 97.70 –, juris, Rn. 12 ff. = DVBl 1971, 579 = BVerwGE 37, 47.

Dieser neue, auf § 48 SGB X gestützte Bescheid, wird Gegenstand des Widerspruchverfahrens. Er kann und darf nicht isoliert angefochten werden.

Die Regelung des § 86 SGG ist zu trennen von der Möglichkeit, einen Abhilfebescheid zu erlassen, der die Beschwer des Widerspruchsführers ganz oder teilweise beseitigt.

Gegenstand des Widerspruchsverfahrens ist nach der Einbeziehung des Änderungsbescheides der angefochtene Verwaltungsakt in der Fassung, die er durch den Änderungsbescheid erhalten hat. Widerspruch und Klage gegen einen Änderungsbescheid, der gemäß § 86 SGG (bzw. § 96 Abs. 1 SGG) Gegenstand eines bereits anhängigen Widerspruchverfahrens oder Klageverfahrens wurde, sind unzulässig. Deshalb kann auf eine Rechtsbehelfsbelehrung verzichtet werden. Stattdessen genügt der Hinweis, dass der fragliche Änderungsbescheid Gegenstand des Widerspruchsverfahrens wird.

Wird in einer Rechtsbehelfsbelehrung des nach § 86 SGG einbezogenen Bescheides fehlerhaft auf die Möglichkeit der Widerspruchserhebung verwiesen, macht dies einen Widerspruch nicht zulässig.

Soweit ein Bescheid nach § 86 SGG Gegenstand des Widerspruchsverfahrens wird, bedarf es keiner gesonderten Anhörung nach § 24 SGB X, wenn dem Widerspruchsführer die entscheidungserheblichen Tatsachen bereits bekanntgegeben sind und für ihn zu erkennen ist, dass noch keine endgültige Entscheidung ergangen ist und dass er noch ausreichend Zeit zur Äußerung hat.[411]

1.3.35.5 Entscheidung der Widerspruchsbehörde

Die Widerspruchsbehörde tritt im Widerspruchsverfahren im vollen Umfang an die Stelle der Ausgangsbehörde. Sie hat umfassende Kontroll- und Entscheidungskompetenz und kann eigene Ermessenserwägungen durchführen (vgl. § 78 SGG). Ausgangs- und Widerspruchsbehörde bilden eine Einheit, so dass über die Frage einer Heilung einer fehlerhaften Begründung nach § 41 SGB X (vgl. 1.3.20.3) hinaus deutlich erweiterte Korrekturmöglichkeiten existieren.

Die Widerspruchsbehörde kann daher den ursprünglichen Verwaltungsakt ergänzen, abändern, aufheben, ersetzen oder den beantragten Verwaltungsakt selbst erlassen bzw. – in formeller Hinsicht – von den Heilungsmöglichkeiten nach § 41 SGB X Gebrauch machen. Hinsichtlich der Begründung kann die Widerspruchsbehörde andere tatsächliche und/oder rechtliche Gründe anführen oder ergänzen. Sie kann sogar die vorhandene Begründung austauschen (sog. „Nachschieben von Gründen"). Die Grenzen sind nur dann erreicht, wenn sie eine neue Regelung erlassen will und damit über den Streitgegenstand des Widerspruchverfahrens hinausgeht.

Vor dem genannten Hintergrund trifft die Widerspruchsbehörde eine eigene Entscheidung. Der Tenor ist entsprechend dem Bestimmtheitsgrundsatz sorgfältig

---

411 Vgl. BSG, Urt. vom 11.6.2003 – B 5 RJ 28/02 R –, FEVS 55, 241 = NZS 2004, 555.

zu formulieren. Ist der Ausgangsbescheid unbestimmt, kann dies mit Hilfe des Widerspruchbescheides einschließlich dessen Begründung korrigiert werden.[412] Hält die Widerspruchsbehörde den Widerspruch für begründet, gibt sie ihm statt. Bei einem Anfechtungswiderspruch wird deshalb der angefochtene Verwaltungsakt **aufgehoben**. Ggf. kommt eine Teilaufhebung in Frage, soweit der Widerspruch erfolgreich ist.

Ziel des Verpflichtungswiderspruchs ist der Erlass eines begünstigenden Verwaltungsakts, nachdem die Ausgangsbehörde den entsprechenden Antrag ganz oder teilweise abgelehnt hat. Deshalb wird hier die Widerspruchsbehörde bei einem erfolgreichen Widerspruch die Ablehnungsentscheidung **aufheben und** der Ausgangsbehörde aufgeben, dem Widerspruchsführer die abgelehnte Bewilligung zu erteilen oder selbst **die Bewilligung erteilen**.

Ist der Verpflichtungswiderspruch teilweise erfolgreich, wird der Ausgangsbescheid „insoweit" aufgehoben als er eine rechtswidrige Entscheidung betrifft. Im Umfang der Aufhebung wird dann dem Antrag entsprochen. Im Übrigen wird der Widerspruch **zurückgewiesen**.

Hat der Widerspruchsführer mit der Einlegung des Widerspruchs keinen Erfolg, weil der angefochtene Verwaltungsakt rechtmäßig ist, so ist dem Widerspruch nicht stattzugeben. Der Widerspruch wird dann **zurückgewiesen**.

Jeweils ist bei der Tenorierung des Bestimmtheitsgrundsatz so zu beachten, dass der angefochtene Bescheid genau bestimmt wird, um eine Verwechselung auszuschließen.

1.3.35.6 Erstattung von Kosten im Vorverfahren

Die Beteiligten im Widerspruchsverfahren sind grundsätzlich der Widerspruchsführer und die Ausgangsbehörde. Neben der inhaltlichen Entscheidung zu der Frage, ob und inwieweit der Widerspruch erfolgreich erhoben wurde, ist eine Kostenentscheidung zugunsten oder zu Lasten der Beteiligten zu treffen. Maßgebliche Norm ist § 63 SGB X.

§ 63 SGB X ist nur auf Widerspruchsverfahren anwendbar, an das sich kein Klageverfahren anschließt. Folgt dem Widerspruchsverfahren ein Klageverfahren, gehören die Kosten des Widerspruchsverfahrens auf Antrag zu den Kosten des gesamten Rechtsstreits, über die nach § 193 SGG zu entscheiden ist.

Es sind also nur die Kosten eines isolierten, also klaglos gebliebenen Vorverfahrens nach § 63 Abs. 1 Satz 1 SGB X erstattungsfähig. Wenn nach teilweisem oder vollständig ausbleibendem Erfolg des Widerspruchs Klage in der Hauptsache erhoben wird, erfolgt eine gerichtliche Kostenentscheidung nach § 193 Abs. 1 Satz 1 SGG. Der Rechtsprechung des Bundessozialgerichts zufolge steht die behördliche Kostenentscheidung, die im Vorverfahren getroffen wurde, wie eine Bedingung (i. S d. § 32 Abs. 2 Nr. 2 SGB X) unter dem Vorbehalt, dass gegen die Abhilfe- bzw. Widerspruchsbescheid keine Klage in der Hauptsache erhoben wird. Wird Klage erhoben, tritt die Bedingung ein und die

---

412 Ob eine Behörde befugt ist, den Verstoß gegen das Bestimmtheitsgebot eines Verwaltungsaktes durch eine nachträgliche Klarstellung zu heilen, ist für das Sozialverwaltungsverfahren höchstrichterlich bislang nicht geklärt. Vgl. aber LSG NRW, Urt. vom 22.3.2013 – L 19 AS 2278/12 NZB –, juris, Rn. 29; LSG Niedersachsen-Bremen, Urt. vom 26.2.2013 – L 11 AS 1394/09 –, juris, Rn. 19; BVerwG, Beschl. vom 21.6.2006 – 4 B 32/06 –, juris, Rn. 1 = NVwZ-RR 2006, 589; *Engelmann* in von Wulffen/Schütze, 33 SGB X, Rn. 16a.

behördliche Kostenentscheidung erledigt sich auf sonstige Weise im Sinne des §39 Abs. 2 SGB X.[413]

§63 SGB X findet ebenfalls keine Anwendung auf das dem Widerspruchsverfahren vorgelagerte Verwaltungsverfahren. Dazu gehört ebenfalls ein Überprüfungsverfahren nach §44 SGB X.

Gemäß §63 SGB X ist
- eine **Kostengrundentscheidung** bzw. Kostenlastentscheidung nach §63 Abs. 1, Abs. 2 SGB X und
- eine **Kostenfestsetzungsentscheidung** nach §63 Abs. 3 SGB X

zu treffen.

In beiden Fällen handelt es sich um einen isoliert anfechtbaren Verwaltungsakt. Der Unterschied besteht darin, dass es sich bei der Kostengrundentscheidung um eine von Amts wegen zu treffende Entscheidung handelt, die zusammen mit der inhaltlichen Entscheidung des Verwaltungsaktes getroffen wird, und es bei der konkreten Kostenfestsetzung um eine Entscheidung geht, die nur „auf Antrag" (vgl. §63 Abs. 3 Satz 1 SGB X) zu treffen ist.

Eine Kostenentscheidung ist im Widerspruchsverfahren zu treffen, obwohl eine solche – anders als in den §§72 und 73 VwGO – im Sozialgerichtsgesetz nicht ausdrücklich vorgesehen ist. Dies kann auch der Überschrift von §63 SGB X – Erstattung von Kosten im Vorverfahren – entnommen werden.

Hinsichtlich der Kostengrundentscheidung gilt der Grundsatz, dass der „Verlierer" die Kosten des Verfahrens trägt. Nach §63 Abs. 1 Satz 1 SGB X hat der **Rechtsträger**, dessen Behörde den angefochtenen Verwaltungsakt erlassen hat, demjenigen, der Widerspruch erhoben hat, die zur zweckentsprechenden Rechtsverfolgung oder Rechtsverteidigung notwendigen Aufwendungen zu erstatten, **soweit** der Widerspruch **erfolgreich** ist.

Der Rechtsträger ist nicht die Behörde, sondern die dahinterstehende juristische Person. Hierauf ist bei der Formulierung des Tenors zu achten.

Aus dem Wort „soweit" folgt, dass eine teilweise Kostenerstattung vorgenommen werden soll, wenn der Widerspruch nur teilweise Erfolg hatte. In einer solchen Situation hat eine Kostenquotelung stattzufinden. Es ist dann der Teil der Aufwendungen zu erstatten, der dem Verhältnis zwischen Erfolg und Misserfolg des Widerspruchs entspricht. Wird eine Kostenerstattung ganz oder teilweise abgelehnt, ist diese Entscheidung nach §35 SGB X zu begründen.

Gemäß §63 Abs. 2 SGB X ist in dem Fall, in dem der Widerspruch ganz oder teilweise erfolgreich war, zu bestimmen, ob die Zuziehung eines Bevollmächtigten (regelmäßig dem Rechtsanwalt) notwendig war. Diese Kosten einschließlich der

---

413 Vgl. BSG, Urt. vom 19.10.2016 – B 14 AS 50/15 R –, NZS 2017, 360; *Mutschler* in Kasseler Kommentar SGB X, §63 Rn. 2a.

Rechtsanwaltsgebühren gehören auch zu den zur „Rechtsverteidigung und Rechtsverfolgung notwendigen Aufwendungen" (vgl. § 63 Abs. 1 Satz 1 SGB X).
Maßstab für die Notwendigkeit der Hinzuziehung eines Rechtsanwalts ist die Frage, ob sich ein vernünftiger Bürger mit gleichem Bildungs- und Erfahrungsstand bei der gegebenen Sach- und Rechtslage eines Rechtsanwalts bedient hätte. Dies ist nicht nur bei schwierigen und/oder umfangreichen Verfahren zu bejahen, sondern schon bei solchen Rechtsfragen, die sich nicht ohne Weiteres beantworten lassen. Wenn andererseits nur Kopien oder Belege eingereicht werden müssen oder ein Missverständnis aufgeklärt werden muss, kann dies auch von einem juristischen Laien verlangt werden.

Beispiele für Kostenentscheidungen bei erfolgreichem Widerspruch
- *Die Stadt XY trägt die Kosten des Verfahrens. Die Zuziehung eines Bevollmächtigten wird als notwendig anerkannt.*
- *Die Stadt XY trägt die Kosten des Widerspruchverfahrens zu 2/3, der Widerspruchsführer W zu 1/3. Die Zuziehung eines Bevollmächtigten wird als notwendig anerkannt.*

Bei Abhilfebescheiden trägt aufgrund des erfolgreich eingelegten Widerspruchs regelmäßig ebenfalls der Rechtsträger der Behörde die Kosten, die den Verwaltungsakt erlassen hat, mithin die Ausgangsbehörde.
Hat die widerspruchführende Person ihr Begehren beschränkt, so ist ein vollumfänglicher Erfolg gegeben, wenn diesem beschränkten Begehren abgeholfen bzw. stattgegeben wird. Ist das Ziel des Begehrens nicht genau genug bestimmt, kann die Behörde es auch erfragen. Wird das Begehren nicht genau bestimmt, richtet sich der Widerspruch gegen den vollständigen Ausgangsbescheid.[414]

Beispiel[415]
Die Leistungsberechtigte L erhält monatlich 500,00 € Arbeitslosengeld II. Mit dem Änderungsbescheid werden für den Rest des Bewilligungszeitraums nur noch 280,00 € pro Monat bewilligt. L legt Widerspruch ein und möchte wieder 500,00 € erhalten.
Während des Widerspruchverfahrens ergeht ein weiterer Änderungsbescheid, der den Leistungsanspruch auf 300,00 € pro Monat festsetzt. Der Rechtsträger erkennt 3/10 der notwendigen außergerichtlichen Kosten im Widerspruchsbescheid an.
Der Widerspruch ist teilweise erfolgreich, weil L sich um 20,00 € besser stellt als zuvor. Es ist also eine Kostenquotelung entsprechend dem Verhältnis zwischen dem angestrebten und dem tatsächlichen Erfolg vorzunehmen; die Kostenquote ermittelt sich also nach dem Verhältnis des Obsiegens zum Verlieren.
Das begehrte Rechtsschutzziel bestand darin, 220,00 € mehr als bisher zu erhalten. L hat aber durch (Kausalität) ihren Widerspruch lediglich 20,00 € mehr

---
414 Vgl. *Mutschler* in Kasseler Kommentar SGB X, § 63 Rn. 5a.
415 Vgl. BSG, Urt. vom 12.6.2013 – B 14 AS 68/12 R –, juris.

erhalten. Dies entspricht einer Quote von 1/11 (20,00 € durch 220,00 €). Die Kostengrundentscheidung von 3/10 ist damit fehlerhaft zu viel.

Ist die Kostenlastentscheidung im Widerspruchsbescheid getroffen worden und wurde diese durch den Rechtsanwalt nicht angefochten, so kann dieser bzw. der Widerspruchsführer seine Kosten durch Antrag bei der Ausgangsbehörde geltend machen. Die zu treffende **Kostenfestsetzungsentscheidung** umfasst z. B. die Rechtsanwaltsgebühren nach dem Rechtsanwaltsvergütungsgesetz, die Kosten für ein erstelltes Gutachten, Übersetzungskosten, Fahrtkosten zu einem notwendigen Termin einschließlich Verdienstausfall, Kosten für Post- und Telekommunikationsaufwendungen, Kosten für Fotokopien oder die Kosten für die Beschaffung von Urkunden, Auskünften oder ärztliche Atteste.

Die Kostenentscheidung zugunsten des Leistungsberechtigten kann mit laufenden Sozialleistungen nach den §§ 387 ff. BGB aufgerechnet werden (vgl. 1.2.6.8).

Bei **erfolglosen Widerspruchsbescheiden** trägt regelmäßig der Widerspruchsführer die Kosten des Verfahrens. Eine Aufteilung der Kosten ist denkbar, wenn der Widerspruch teilweise erfolgreich ist (vgl. § 63 Abs. 1 Satz 1 SGB X: „soweit").

Beispiele bei erfolglosem Widerspruch
- *Der Widerspruchsführer hat die Kosten des Widerspruchverfahrens zu tragen.*
- *Die Kosten des Widerspruchverfahrens tragen die Widerspruchsführerin zu 1/3 und die Stadt XY zu 2/3. Die Hinzuziehung des Bevollmächtigten wird als notwendig anerkannt.*

Die Ausgangsbehörde (genauer: der Rechtsträger) hat selbst bei einem erfolglosen Widerspruch sämtliche Kosten zu tragen, wenn der Widerspruch nur deshalb keinen Erfolg hat, weil die Verletzung einer Verfahrens- oder Formvorschrift nach § 41 SGB X unbeachtlich ist. Sinn der Vorschrift ist es, die Ausgangsbehörde zu sorgfältigem und verfahrensfehlerfreiem Handeln anzuhalten. Danach trägt die Behörde beispielsweise auch bei einem erfolglosen Rechtsbehelf die Kosten, wenn eine unterbliebene Begründung oder ein unterbliebener Antrag geheilt wird.

Umstritten ist, ob aus der Formulierung „nur deshalb" folgt, dass diese Kostenregelung zugunsten des erfolglosen Widerspruchsführers nur dann gilt, wenn ausschließlich eine Heilung nach § 41 SGB X erfolgt ist, der Fehler aber nicht zusätzlich nach § 42 SGB X unbeachtlich sein kann.

Beispiel
Die Behörde unterlässt nach § 24 SGB X die notwendige Anhörung vor Erlass des Ausgangsverwaltungsaktes. Der Fehler wird durch Nachholung im Widerspruchsverfahren gemäß § 41 Abs. 1 Nr. 3 SGB X geheilt.
Der Widerspruch ist (u. a.) deshalb erfolglos. Insofern müsste der Rechtsträger dem Widerspruchsführer die Verfahrenskosten erstatten.

Dies gilt auch mit Blick auf § 42 SGB X. Ein Anhörungsfehler kann nach § 42 Satz 2 SGB X nicht unbeachtlich bleiben. Trotz Erfolglosigkeit des Widerspruchs hat der Rechtsträger der Ausgangsbehörde die Kosten des Verfahrens zu tragen. In Fällen von geheilten Anhörungsfehlern ist daher immer eine Kostenentscheidung zugunsten der leistungsberechtigten Person zu treffen, da Anhörungsfehler immer beachtlich sind.

Hätte trotz einer Heilung nach § 41 SGB X der Widerspruch keinen Erfolg gehabt, weil der Fehler aufgrund von § 42 SGB X unbeachtlich ist, ist die Annahme vertretbar, dass § 63 Abs. 1 Satz 2 SGB X nicht anwendbar ist; insofern gäbe es dann keine Kostenentscheidung zugunsten des Widerspruchführers. § 42 SGB X kommt dann zur Anwendung, wenn zwar Verfahrensfehler (z. B. keine Begründung des Bescheides, kein Antrag) vorliegen, es aber gleichzeitig offensichtlich ist, dass keine andere Entscheidung in der Sache hätte getroffen werden können. Anhörungsfehler sind von der Unbachtlichkeitsregelung ausgenommen (s. o.; vgl. § 42 Satz 2 SGB X).

Überwiegend wird aber angenommen, dass bei einer Kostenentscheidung nach § 63 Abs. 1 Satz 2 SGB X jeder geheilte Verfahrensfehler eine Kostenentscheidung zugunsten des Widerspruchsführers auslöst. Begründet wird dies damit, dass § 63 Abs. 1 Satz 2 SGB X nur auf § 41 SGB X, nicht aber auf § 42 SGB X verweist.[416]

Des Weiteren hat der Erstattungsberechtigte nach § 63 Abs. 1 Satz 3 SGB X die Aufwendungen selbst zu tragen, die **durch sein Verschulden oder seines Vertreters** entstanden sind.[417] Ein Verschulden der widerspruchsführenden Person ist z. B. anzunehmen, wenn sie ihren Mitwirkungspflichten nicht ausreichend nachgekommen ist und daher kein anderer Ausgangsbescheid erlassen werden konnte, als der, der nun Gegenstand des Vorverfahrens ist.[418] Fallen wiederholt Kosten für die Beschaffung von Beweismitteln an, weil diese zwischenzeitlich verloren gingen, sind diese Kosten ebenfalls nicht erstattungsfähig.[419]

Beispiel
Die Ausgangsbehörde ermittelt den Leistungsanspruch in rechtmäßiger Höhe auf der Basis der eingereichten Unterlagen. Es wird Verpflichtungswiderspruch erhoben und eine höhere Leistung begehrt. Während des Widerspruchverfahrens werden aktuelle Unterlagen eingereicht, die ein niedrigeres Einkommen belegen. Die Ausgangsbehörde erlässt sofort einen Änderungsbescheid mit höheren Leistungen.

*Nach dem auch im Kostenrecht geltenden **Veranlassungsprinzip** hat grundsätzlich derjenige die Kosten des Verfahrens zu tragen, der sie verursacht hat. Hat ein Verwaltungsträger unverzüglich nach Kenntnis von einer Veränderung einen*

---
416 Vgl. *Feddern* in Schlegel/Voelzke, jurisPK-SGB X, § 63 Rn. 46 ff., m. w. N.
417 Vgl. *Roos* in Schütze, SGB X, § 63 Rn. 25.
418 BSG, Urt. vom 22.10.1987 – 12 RK 49/86 –, BSGE 62, 200 (214).
419 *Roos* in Schütze, SGB X, § 63 Rn. 25.

entsprechenden Änderungsbescheid erlassen oder ein entsprechendes Anerkenntnis abgegeben, so hat er die Kosten des Verfahrens nicht zu erstatten.[420]

Ebenfalls werden keine Kosten erstattet, wenn sich der Widerspruch erledigt hat (§ 39 Abs. 2 SGB X). Wird z. b. im Widerspruchsverfahren die Kostenübernahme für einen Umzug geltend gemacht und findet der Umzug nicht statt, kommt eine Kostenerstattung nicht in Frage, da der Widerspruch aufgrund eingetretener rechtlicher Erledigung keinen Erfolg hat.[421]

Ist der Widerspruch erfolglos, werden trotz der o. g Kostenlast- bzw. Kostengrundentscheidung keine Gebühren oder Auslagen erhoben. Nach § 64 Abs. 1 SGB X gilt für das Verfahren bei Behörden nach dem Zehnten Buch Sozialgesetzbuch, dass **keine** Gebühren und Auslagen erhoben werden. Diese Kostenfreiheit gilt auch für die im Vorverfahren entstandenen Verwaltungskosten.

Nach § 64 Abs. 2 Satz 1 SGB X sind Geschäfte und Verhandlungen, die aus Anlass der Beantragung, Erbringung oder Erstattung einer Sozialleistung nötig werden, kostenfrei. Dies gilt nach § 64 Abs. 2 Satz 2 SGB X auch für die in der Kostenordnung bestimmten Gerichtskosten. Von Beurkundungs- und Beglaubigungskosten sind Urkunden befreit, die im Recht der Grundsicherung für Arbeitsuchende und im Sozialhilferecht (einschließlich dem Recht der Grundsicherung im Alter und bei Erwerbsminderung) aus Anlass der Beantragung, Erbringung oder Erstattung einer nach dem Zweiten oder Zwölften Buch Sozialgesetzbuch vorgesehenen Leistung benötigt werden (vgl. § 64 Abs. 2 Satz 3 SGB X).

Praktische Bedeutung erlangt § 64 Abs. 2 SGB X in Fällen von Grundschuldeinträgen im Grundbuch von Grundstücken der leistungsberechtigten Person. Grundschuldeinträge werden notwendig, wenn der Leistungsträger gemäß § 24 Abs. 5 SGB II oder § 91 SGB XII aufgrund von ungeschütztem Vermögen Leistungen nur darlehensweise erbringt (z. B. ungeschütztes Hausgrundstück). In solchen Fallkonstellationen sichert der Leistungsträger sein Darlehen durch die Eintragung einer Grundschuld ab. Den Grundschuldeintrag muss der Notar kosten- und gebührenfrei vornehmen.

1.3.36 Übungen

Sachverhalt 1

Frau A, 57 Jahre alt, erhält seit dem 1.3. ein Pflegegeld für Personen mit dem Pflegegrad 4 (**Schwerst**pflegebedürftige) gemäß § 64a Abs. 1 SGB XII in Verbindung mit § 37 Abs. 1 Satz 3 Nr. 3 SGB XI in Höhe von 728,00 € monatlich. Sie hat keine Ansprüche auf Leistungen aus der gesetzlichen Pflegeversicherung nach dem Elften Buch Sozialgesetzbuch.

---

420 Vgl. LSG Berlin-Brandenburg, Urt. vom 2.3.2018 – L 29 AS 528/17 –, juris, Rn. 29; Hessisches LSG, Urt. vom 23.9. 2016 – L 7 AS 1035/15 –, juris.
421 LSG Sachsen-Anhalt, Urt. vom 1.12.2016 – L 4 AS 609/15 –, juris.

Eine Überprüfung des Vorganges im Juni desselben Jahres ergibt, dass versehentlich von einem amtsärztlichen Gutachten ausgegangen wurde, welches einen anderen Hilfefall betraf. Frau A erfüllt lediglich die Voraussetzungen für ein Pflegegeld für Personen mit dem Pflegegrad 3 (**Schwer**pflegebedürftige) nach § 64a Abs. 1 SGB XII in Verbindung mit § 37 Abs. 1 Satz 3 Nr. 2 SGB XI in Höhe von monatlich 545,00 €.

Der zuständige Träger der Sozialhilfe teilt Frau A mit, dass sie ab Juli nur noch ein Pflegegeld in Höhe von monatlich 545,00 € erhalte, der zu viel gezahlte Betrag in Höhe von 4 x 183,00 € = 732,00 € zurückgefordert und das Pflegegeld im Hinblick auf die zu viel gezahlte Leistung bis zur Tilgung dieser Forderung monatlich 100,00 € aufgerechnet werde.

Aufgabe

Prüfen Sie, ob der Träger der Sozialhilfe rechtmäßig gehandelt hat.

Lösung

Das Vorgehen des Trägers der Sozialhilfe ist offensichtlich auf die Korrektur der für die Monate März bis Juni ergangenen Verwaltungsakte (vgl. § 31 SGB X) sowie den Erlass eines neuen Verwaltungsaktes für den Monat Juli ausgerichtet. Dabei werden Regelungen
- für die Zukunft und
- für die Vergangenheit

getroffen.

Gleichzeitig werden
- ein Erstattungsanspruch festgesetzt (§ 50 Abs. 3 SGB X) und
- eine Aufrechnung vorgenommen (§ 26 SGB XII).

Ermächtigungsgrundlage für die Aufhebung könnte § 45 SGB X sein. Danach kann ein anfänglich rechtswidriger begünstigender Verwaltungsakt ganz oder teilweise für die Zukunft oder für die Vergangenheit zurückgenommen werden. Bei der Leistung von Pflegegeld nach § 64a SGB XII handelt es sich um einen begünstigenden Verwaltungsakt (vgl. § 45 Abs. 1 Satz 1 SGB II), da auf seiner Grundlage eine Geldleistung erbracht und somit ein Recht bzw. ein rechtlich erheblicher Vorteil begründet wurde. Die Rechtswidrigkeit ergibt sich daraus, dass die Leistung zu hoch erbracht wurde.

Eine anfängliche Rechtswidrigkeit liegt vor, da bereits im Zeitpunkt der erstmaligen Leistungsbewilligung ein zu hohes Pflegegeld gezahlt wurde und der Verwaltungsakt somit bereits im Zeitpunkt seiner Bekanntgabe unrichtig ergangen ist. Eine Anwendung des § 48 SGB X scheidet aus, weil es keine Hinweise im Sachverhalt gibt, dass der Bescheid als Verwaltungsakt mit Dauerwirkung erging. Selbst wenn dies der Fall gewesen wäre, würde eine anfängliche Rechtswidrigkeit dazu führen, dass eine Korrektur nach § 45 SGB X in Frage kommt.

Für die **Zukunft** darf ein Verwaltungsakt grundsätzlich nur unter den Einschränkungen des § 45 Abs. 2 SGB X zurückgenommen werden. Für Verwaltungsakte nach dem 3. und 5. bis 9. Kapitel des Zwölften Buches Sozialgesetzbuch (hier: nach dem 7. Kapitel SGB XII) ist eine Rücknahme von Verwaltungsakten für die Zukunft regelmäßig **nicht erforderlich**, da diese Leistungen von einer vorliegenden konkreten Notlage abhängig sind.

Das Pflegegeld wird in monatlichen Beträgen ausgezahlt und aufgrund des Bedarfsdeckungsprinzips damit von Monat zu Monat stillschweigend (konkludent) **neu** durch Verwaltungsakt bewilligt, jedoch nur so lange, wie sich die Verhältnisse der leistungsberechtigten Person, die die Grundlage für die erste Entscheidung bildeten, nicht verändert haben. Da es sich mithin nicht um einen Verwaltungsakt mit Dauerwirkung handelt, muss keine ausdrückliche Aufhebung erfolgen.

Bei Verwaltungsakten dieser Art handelt es sich regelmäßig um Verwaltungsakte für die Dauer eines Monats. Der Träger der Sozialhilfe muss daher keinen Verwaltungsakt für die Zukunft, hier den Monat Juli, zurücknehmen. Die Regelungen zum Vertrauensschutz finden keine Anwendung, weil keine Aufhebung erfolgen muss. Über die Hilfeleistung für den Monat Juli und ggf. für die Folgemonate ist jeweils mit neuem Verwaltungsakt zu entscheiden.

Für die **Vergangenheit** darf ein begünstigender Verwaltungsakt nur unter den Voraussetzungen des § 45 Abs. 2 Satz 3 und Abs. 4 Satz 2 SGB X zurückgenommen werden (vgl. § 45 Abs. 4 Satz 1 SGB X). Gemäß § 45 Abs. 2 Satz 3 SGB X darf ein Verwaltungsakt nur zurückgenommen werden, wenn es ausgeschlossen ist, dass sich der Begünstigte auf Vertrauen berufen kann.

Von den in § 45 Abs. 2 Satz 3 SGB X genannten – das Vertrauen ausschließenden – Tatbeständen könnte **Nr. 3** in Betracht kommen. Danach kann sich auf Vertrauen nicht berufen, wer die Rechtswidrigkeit des Verwaltungsaktes kannte **oder** infolge grober Fahrlässigkeit nicht kannte.

Eine **Kenntnis** der Rechtswidrigkeit liegt vor, wenn sich der Begünstigte bewusst ist, dass die erbrachte Leistung materiell unrichtig ist. Ein **Kennenmüssen** (vgl. § 122 Abs. 2 BGB), d.h. die grob fahrlässige Unkenntnis, ist zu bejahen, wenn die leistungsberechtigte Person die Rechtswidrigkeit ohne Mühe hätte erkennen können. Die Kenntnis der Rechtswidrigkeit erstreckt sich auf den Verwaltungsakt als Ganzes und nicht nur auf die die Fehlerhaftigkeit verursachenden Tatsachen. Es kann nicht davon ausgegangen werden, dass Frau A den Unterschied zwischen **Schwer-** und **Schwerst**pflegebedürftigkeit – mit der Folge der unterschiedlichen Höhe des Pflegegeldes – kannte oder hätte kennen können.

Nach dem Sachverhalt ist ein amtsärztliches Gutachten erstellt worden. Ein Bescheid der Pflegeversicherung über den Pflegegrad liegt damit nicht vor, so dass Frau A auch insofern nicht über den Umfang der Pflegebedürftigkeit informiert ist. Inwieweit ein Verschulden – Vorsatz bzw. grobe Fahrlässigkeit – bei Frau A vorliegt, muss daher nicht mehr geprüft werden.

Wegen fehlender Bösgläubigkeit kommt damit eine Aufhebung für die Vergangenheit nicht in Frage.

Voraussetzung dafür, dass bereits erbrachte Leistungen zu erstatten sind, ist die Aufhebung eines Verwaltungsaktes (vgl. § 50 Abs. 1 SGB X). Unter den Begriff „Aufhebung" fallen neben einer selbstständigen Aufhebung (vgl. § 48 SGB X) auch die Rücknahme und der Widerruf eines Verwaltungsaktes (vgl. § 39 Abs. 2 SGB X). Wie festgestellt, ist eine Rücknahme des Verwaltungsaktes nicht möglich. Weitere Aufhebungsgründe, der Widerruf eines Verwaltungsaktes bzw. eine anderweitige Aufhebung, kommen nicht in Betracht. Damit bleibt die Grundlage für die erbrachte Leistung bestehen. Der Träger der Sozialhilfe kann bezüglich des zu viel gezahlten Pflegegeldes keinen Erstattungsanspruch nach § 50 Abs. 1 SGB X geltend machen.

Zusätzliche Möglichkeiten für einen Kostenersatz nach den §§ 103 bis 105 SGB XII kommen ebenfalls nicht in Betracht.

Damit scheidet auch eine Aufrechnung nach § 26 Abs. 2 SGB XII aus.

Der Träger der Sozialhilfe hat mit seinem Vorgehen im Hinblick auf die Rücknahme und die Rückforderung teilweise rechtswidrig gehandelt.

Sachverhalt 2

Frau B erhält seit dem 1.3. Arbeitslosengeld II nach dem Zweiten Buch Sozialgesetzbuch, das bis zum 31.8. bewilligt wurde. Bei der Berücksichtigung eines Mehrbedarfes wegen kostenaufwändiger Ernährung wurde irrtümlich anstelle eines Betrages von monatlich 30,00 € ein solcher von 60,00 € berücksichtigt. Dadurch erhielt die leistungsberechtigte Person monatlich anstelle der ihr zustehenden 750,00 € insgesamt 780,00 €.

Der zuständige Leistungsträger teilt Frau B im Juni mit, ab Juli erhalte sie nur noch ein Arbeitslosengeld II in Höhe von 750,00 €, der überzahlte Betrag von 4 x 30,00 € = 120,00 € werde im Juli einbehalten, so dass für diesen Monat nur 630,00 € überwiesen würden.

Aufgabe

Prüfen Sie – vergleichend mit den Ausführungen zum Sachverhalt 1 – die Rechtmäßigkeit des Handelns des Leistungsträgers.

Lösung

Das Vorgehen des zuständigen Leistungsträgers ist ähnlich wie im Sachverhalt 1 auf die Korrektur ergangener Verwaltungsakte ausgerichtet. Es werden Regelungen für die Zukunft und die Vergangenheit getroffen, gleichzeitig wird ein Erstattungsanspruch (§ 50 SGB X) festgesetzt und eine Aufrechnung (§ 43 SGB II) vorgenommen.

Bei der Leistung von Arbeitslosengeld II handelt es sich – anders als bei der Hilfe zur Pflege – regelmäßig um einen Verwaltungsakt mit Dauerwirkung (vgl. § 41 Abs. 3 SGB II). Für die Aufhebung eines solchen Verwaltungsaktes könnte ggf. § 48 SGB X in Betracht kommen. Diese Möglichkeit scheidet in diesem Fall aus. Es handelt sich um keine Änderung in den Verhältnissen während des Zeitraums, für den der Verwaltungsakt ergangen ist. Der Verwaltungsakt war vielmehr von Beginn an rechtswidrig.

Nach § 45 Abs. 1 SGB X ist die Rücknahme eines begünstigenden rechtswidrigen Verwaltungsaktes ganz oder teilweise für die Zukunft und Vergangenheit möglich. Es handelt sich um einen begünstigenden Verwaltungsakt, da ein Anspruch auf Geldleistungen in Form von Arbeitslosengeld II bestätigt wurde. Dieser Anspruch ist im Umfang von 30,00 € im Zeitpunkt des Erlasses (Bekanntgabe) zu hoch ausgefallen. Damit sind 750,00 € rechtmäßig und 30,00 € rechtswidrig ausgezahlt worden. Es liegt also ein teilrechtswidriger begünstigender Verwaltungsakt vor. Auch in den Fällen der Teilrechtswidrigkeit kommt eine teilweise Rücknahme sowohl für die Zukunft als auch für die Vergangenheit nach § 45 SGB X in Betracht.

Ein (teil-)rechtswidriger begünstigender Verwaltungsakt darf gemäß § 45 Abs. 2 SGB X nicht zurückgenommen werden, soweit der Begünstigte auf den Bestand des Verwaltungsaktes vertraut hat und sein Vertrauen unter Abwägung mit dem öffentlichen Interesse an einer Rücknahme schutzwürdig ist (§ 45 Abs. 2 Satz 1 SGB X). Zu prüfen ist also, ob Vertrauensschutz einer Rücknahme entgegensteht.

Für die **Vergangenheit,** die Monate März bis Juni, kommt eine Rücknahme nur in den Fällen der Bösgläubigkeit in Frage (vgl. § 45 Abs. 4 Satz 1 SGB X, § 45 Abs. 2 Satz 3 SGB X). In den dort genannten Fallkonstellationen ist ein Vertrauensschutz per se ausgeschlossen.

Vorliegend kann der Vertrauensschutz nach § 45 Abs. 2 Satz 3 Nr. 3 SGB X ausgeschlossen sein, wenn Frau B die Rechtswidrigkeit des Verwaltungsaktes infolge grober Fahrlässigkeit nicht kannte. Das ist der Fall, wenn sie unter Berücksichtigung ihrer individuellen Einsichts- und Urteilsfähigkeit hätte erkennen müssen, dass der Bewilligungsbescheid im Umfang von 30,00 € rechtswidrig war. Vorwerfbar ist dabei „nur" grobe Fahrlässigkeit. Frau B muss danach die erforderliche Sorgfalt in besonders schwerem Maße verletzt haben, wenn sie also außer Acht gelassen hat, was im gegebenen Fall jedem hätte einleuchten müssen. Maßgeblicher Zeitpunkt für das Kennen oder Kennenmüssen ist der Erlass (Bekanntgabe) des aufzuhebenden Verwaltungsaktes.[422]

Von den hier bewilligten 780,00 € sind nur 30,00 € rechtswidrig überhöht ausgezahlt. Die Gewährung des Mehrbedarfs ist dabei nur eine Leistungsposition von vielen anderen. Aus dem Sachverhalt geht nicht hervor, dass Frau B über besondere Erfahrungswerte bei der Bewilligung von Arbeitslosengeld II Leistungen verfügt, so dass sie die vergleichsweise gering überhöhten Zahlungen sofort hätte erkennen müssen.

Nach alledem musste sich ihr die Rechtswidrigkeit zum Zeitpunkt der Bekanntgabe nicht sofort aufdrängen.[423] Damit ist sie nicht „bösgläubig". Eine Aufhebung für die Vergangenheit kommt nicht in Frage. Sollte die Behörde die Leistungsbewilligung von

---

[422] Vgl. BSG, Urt. vom 4.2.1998 – B 9 V 24/96 R –, SGb 1998, 409. Ein einmal entstandenes Vertrauen auf den Bestand des Verwaltungsaktes wird nicht dadurch beseitigt, dass der Betroffene erst später die Rechtswidrigkeit erkennt oder erkennen könnte.

[423] Bei einer nur geringfügigen Fallabwandlung kann eine andere Auffassung vertreten werden. Wurde die Höhe des Mehrbedarfs konkret beantragt, war nach den Gesamtumständen der zu gewährende Mehrbedarf auch der Höhe nach für Frau B bekannt und ist aus dem Bescheid der fehlerhafte Betrag klar erkennbar, hat Frau B auch eine Lese- und Kenntnisnahmepflicht der in einem Bescheid aufgelisteten Einzelpositionen. Dann hätte sie also auch die Rechtswidrigkeit des Verwaltungsaktes erkennen können.

März bis einschließlich Juni aufheben und eine Kostenerstattung bzw. Aufrechnung anschließend vornehmen, sind diese Entscheidungen rechtswidrig.

Für die **Zukunft** darf ein Verwaltungsakt nur unter den Einschränkungen des § 45 Abs. 2 SGB X zurückgenommen werden. Anders als im Sachverhalt 1 ist hier ein Verwaltungsakt für die Zukunft, nämlich für die Monate Juli und August, zurückzunehmen. Nach § 45 Abs. 2 Satz 1 und Satz 2 SGB X darf eine solche Rücknahme nicht erfolgen, soweit Begünstigte auf den Bestand des Verwaltungsaktes vertraut haben und ihr Vertrauen unter Abwägung mit dem öffentlichen Interesse an einer Rücknahme schutzwürdig ist.

Das Vertrauen ist in der Regel schutzwürdig, wenn Begünstigte erbrachte Leistungen verbraucht oder eine Vermögensdisposition getroffen haben, die sie nicht mehr oder nur unter unzumutbaren Nachteilen rückgängig machen können (vgl. § 45 Abs. 2 Satz 2 SGB X). Es kann davon ausgegangen werden, dass Frau B diesbezüglich noch keine Disposition für die zukünftigen Monate getroffen hat bzw. dass sie diese ggf. in zumutbarer Weise rückgängig machen kann. Es ist z. B. nicht ersichtlich, dass Verträge eingegangen sind, die sie finanziell binden würden. Die in § 45 Abs. 2 Satz 2 SGB X genannten Beispielsfälle des gutgläubigen Verbrauchs und eingegangener Vermögensdispositionen sind daher nicht einschlägig. Insoweit besteht kein Vertrauensschutz.

Im Rahmen der Vertrauensschutzprüfung nach § 45 Abs. 2 Satz 1 SGB X sind die Belange von Frau B am Bestand des begünstigten Verwaltungsaktes mit dem öffentlichen Interesse an der Herstellung gesetzmäßiger Zustände abzuwägen. Es ist also zu überprüfen, welches Interesse (Herstellung des gesetzmäßigen Zustands vs. Bestand der Begünstigung) überwiegt.

Der Leistungsträger hat die Aufgabe, einen rechtmäßigen Zustand herzustellen und eine nicht gerechtfertigte Bevorteilung von Frau B gegenüber anderen Leistungsberechtigten zu vermeiden. Dabei ist zu beachten, dass es sich bei der Bewilligung von Arbeitslosengeld II um eine Dauerleistung handelt, bei der das öffentliche Interesse an der Beseitigung eines rechtswidrigen Zustandes höher einzuschätzen ist als dies bei der Bewilligung einmaliger Leistungen der Fall wäre, denn bei laufenden Leistungen ist die Allgemeinheit stärker belastet als bei einmaligen Leistungen. In diesem Zusammenhang ist dann auch von Bedeutung, dass die öffentliche Verwaltung den Grundsatz beachten muss, mit öffentlichen Haushaltsmitteln, die – wie hier – aus allgemeinen Steuermitteln finanziert sind, sparsam umzugehen.

Demgegenüber kann Frau B einwenden, dass die Rechtswidrigkeit des Bewilligungsbescheides allein in den Verantwortungsbereich des Leistungsträgers fällt.

Die genannten Argumente sprechen im Ergebnis dafür, dass das öffentliche Interesse an der Rücknahme des Bewilligungsbescheides stärker zu gewichten ist als das Interesse der B an dessen Aufrechterhaltung. Eine Teil-Rücknahme des begünstigenden Verwaltungsaktes für die Zukunft ist somit zulässig (um jeweils 30,00 € für die Monate Juli und August).

Überwiegt im Rahmen der Abwägung das öffentliche Interesse, sind keine Einschränkungen des § 45 Abs. 2 SGB X für die Rücknahme zu beachten.

Einschränkungen für die Rücknahme (vgl. §45 Abs. 1 SGB X) ergeben sich auch nicht aus der Beachtung von §45 Abs. 4 Satz 2 SGB X (Entscheidungsfrist) und §45 Abs. 3 SGB X (Ausschlussfrist). Diese Fristregelungen kommen ohnehin nur bei Aufhebungen für die Vergangenheit in Frage.

Die Rücknahme erfolgt dann nach §45 Abs. 1 SGB X im Rahmen einer pflichtgemäßen Ermessensausübung. Die Ermessensausübung wird auch nicht durch §40 Abs. 2 Nr. 3 SGB II gegenstandslos. §40 Abs. 2 Nr. 3 SGB II i. V. m. §330 Abs. 2 SGB III ist dahingehend zu verstehen, dass nur in den Fällen der „Bösgläubigkeit" im Sinne des §45 Abs. 2 Satz 3 SGB X eine Rücknahmeentscheidung **zwingend** erforderlich ist (gebundene Entscheidung). Im Umkehrschluss ergibt sich daraus, dass bei Fehlen von Bösgläubigkeit stets Ermessen auszuüben ist.

Die Begünstigte hat dann einen Anspruch auf pflichtgemäße Ermessensausübung (vgl. §39 SGB I, §35 Abs. 1 Satz 3 SGB X). Dabei ist zu beachten, dass die Rücknahme für die Zukunft in solchen Fällen den „Normal- oder Regelfall" darstellt. Dennoch sind formelhafte Wendungen, dass „keine Besonderheiten zu erkennen" sind, zu vermeiden. Diese werden einer Ermessensentscheidung nicht gerecht. Selbst bei einer Ermessensreduzierung auf null ist dies zu erläutern.

Es ist daher noch im Rahmen des Ermessens zu prüfen, ob es – insbesondere subjektive – Gründe gibt, die ein Absehen von der Rücknahme rechtfertigen. Auf der Seite der leistungsberechtigten Person können dies besondere – soziale – Härtegründe (hohes Alter, Krankheit, wirtschaftlich starke Belastung) sein, die ein Absehen von der Rücknahme rechtfertigen. Besonderes schuldhaftes Verhalten der Behörde, das ausschließlich in deren Verantwortungsbereich fällt, kann ebenfalls dazu führen, von einer Rücknahme abzusehen. Solche besonderen Umstände sind aber nicht erkennbar, so dass der Verwaltungsakt für die Zukunft aufgehoben werden kann.[424]

Sachverhalt 3

Herr C, 35 Jahre alt, bezieht seit dem 1.2. Arbeitslosengeld II nach dem Zweiten BuchSozialgesetzbuch in Höhe von monatlich 500,00 €. Der die Leistung bewilligende Verwaltungsakt soll, wenn keine Veränderungen der Verhältnisse eintreten, bis einschließlich 31.7. gelten. Herr C wurde vom Leistungsträger schriftlich auf seine Mitwirkungspflichten gemäß §60 SGB I und auf die Folgen fehlender Mitwirkung nach §66 SGB I hingewiesen.

Am 20.5. wird dem zuständigen Leistungsträger bekannt, dass C bereits seit dem 1.12. des Vorjahres geringfügig beschäftigt ist und jeweils zum 2. des Folgemonats ein monatliches Nettoeinkommen von 400,00 € ausgezahlt bekommen hat. Dieses Einkommen hat Herr C bei der Antragstellung nicht angegeben. Im Rahmen einer durchgeführten Anhörung hat Herr C erklärt, er sei davon ausgegangen, dieses Einkommen müsse er nicht einsetzen. Nach seinen eigenen Angaben wird er in den nächsten Monaten weiterhin ein entsprechendes Einkommen erzielen können.

---

424 Etwas anderes kann bei der Annahme von „intendiertem Ermessen" vertreten werden. Vgl. BVerwG, Urt. vom 25.9.1992 – 8 C 68/90, 8 C 70/90 –, BVerwGE 91, 82 = NJW 1993, 744; LSG Hamburg, Urt. vom 31.5.2007 – L 5 AS 42/06 –, EuG 2008, 221 = ZEV 2008, 544.

Aufgabe

Prüfen Sie, was der zuständige Leistungsträger zu veranlassen hat.

Lösung

Als Rechtsnormen für eine Aufhebung des begünstigenden Verwaltungsaktes kommen die §§ 45 und 48 SGB X in Betracht.

An der anfänglichen Rechtswidrigkeit kann gezweifelt werden, da der Einkommenszufluss am 2.2. und damit nach Bekanntgabe des Bewilligungsbescheides erfolgte. Allerdings bezieht Herr C aus seiner seit Dezember ausgeübten Tätigkeit monatliche Einnahmen, die sich im Monat Februar auf die Leistungsbewilligung ausgewirkt hätten. Auch wenn der Einkommenszufluss aus dem Blickwinkel des Bekanntgabezeitpunktes in der Zukunft liegt, hätte die Tatsache des Einkommenszuflusses im Entscheidungszeitpunkt berücksichtigt werden müssen. Das im Monat Februar zugeflossene Einkommen hätte sich bedarfsmindernd auf die Leistungsbewilligung für den Monat Februar ausgewirkt. Entsprechend sind im Zeitpunkt der Leistungsbewilligung bereits objektiv feststehende, die Höhe des Anspruchs betreffende Umstände, auch wenn sie in der Zukunft liegen, zu berücksichtigen. Eine anfängliche Rechtswidrigkeit liegt damit vor.

Bei objektiver Betrachtungsweise war der Bewilligungsbescheid von Anfang an rechtswidrig. Da der Verwaltungsakt von Beginn an rechtswidrig ist, kommt § 45 SGB X und nicht § 48 SGB X zur Anwendung, obwohl es sich um einen Verwaltungsakt mit Dauerwirkung handelt (vgl. § 41 Abs. 3 SGB II).

Nach § 45 Abs. 1 SGB X können **anfänglich rechtswidrige begünstigende** Verwaltungsakte für die Zukunft und für die Vergangenheit ganz oder teilweise unter den Einschränkungen des § 45 Abs. 2 bis Abs. 4 SGB X zurückgenommen werden. Im Fall der Rücknahme von Verwaltungsakten für die Vergangenheit ist insbesondere § 45 Abs. 4 SGB X einschränkend zu beachten.

Bei der Leistungserbringung nach dem Zweiten Buch Sozialgesetzbuch handelt es sich um einen **begünstigenden** Verwaltungsakt. Nach Einkommensbereinigung (vgl. § 11b Abs. 2, § 11b Abs. 1 Satz 1 Nr. 6 i.V.m. § 11b Abs. 3 SGB II) hätte ein bereinigtes Einkommen in Höhe von 240,00 € die Hilfebedürftigkeit gemindert (vgl. § 9 Abs. 1 SGB II). In Höhe eines Betrages von 240,00 € ist die Leistung bereits zum Zeitpunkt der Bewilligung zu hoch erbracht worden. Der die Leistung bewilligende Verwaltungsakt ist daher **von Anfang an teilweise rechtswidrig**.

Die Rücknahme von begünstigenden Verwaltungsakten (hier für die Zukunft und die Vergangenheit) ist u. a. zulässig, wenn sich Begünstigte **nicht auf Vertrauen** berufen können (vgl. § 45 Abs. 2 SGB X). Der Vertrauensschutz fehlt, soweit der Verwaltungsakt auf Angaben beruht, die die Begünstigten vorsätzlich oder grob fahrlässig in wesentlicher Beziehung unrichtig oder unvollständig gemacht haben (vgl. § 45 Abs. 2 Satz 3 **Nr. 2** SGB X).

Unter „Angaben" im Sinne des § 45 Abs. 2 Satz 3 Nr. 2 SGB X fallen alle für die Entscheidung relevanten **Tatsachen**. Das verschwiegene Einkommen ist eine solche

Angabe bzw. Tatsache. Die Angaben sind auch **unvollständig**, weil Herr C aufgrund seiner aus § 60 Abs. 1 Nr. 1 SGB I resultierenden Mitwirkungspflichten die Verpflichtung hatte, die für die Leistungserbringung relevanten Angaben vorzunehmen. Umgekehrt hatte die Behörde die Berechtigung, über sämtliche Einkommens- und Vermögensverhältnisse informiert zu werden. Vor dem beschriebenen Hintergrund steht das Unterlassen von Angaben nach Sinn und Zweck den unvollständigen Angaben gleich.[425] Die fehlende oder unvollständige Angabe über die Einkommens- und Vermögensverhältnisse haben dazu geführt, dass vorhandenes Einkommen nicht anspruchsmindernd angerechnet wurde. Daher sind die unvollständigen Angaben auch **kausal** für die fehlerhafte Leistungserbringung.

Grobe Fahrlässigkeit liegt vor, wenn der Begünstigte hinsichtlich der Unrichtigkeit oder Unvollständigkeit der Angaben die erforderliche Sorgfalt in besonders schwerem Maße verletzt hat. Das ist zu bejahen, wenn einfachste, ganz nahe liegende Überlegungen nicht angestellt wurden. Für die Frage, ob dem Leistungsberechtigten grobe Fahrlässigkeit vorzuwerfen ist, ist auf die persönliche Urteils- und Kritikfähigkeit, den Bildungsstand, die Erfahrenheit oder das Einsichtsvermögen abzustellen (**subjektiver Fahrlässigkeitsbegriff**).

Ob der Begünstigte Vorteile für sich erreichen wollte, ist unbeachtlich. Vorliegend hat Herr C sein Einkommen nicht angegeben, obwohl er auf seine Mitwirkungspflichten nach § 60 SGB I hingewiesen worden ist. Wer auf seine Mitwirkungspflichten hingewiesen worden ist, ist darüber in Kenntnis gesetzt worden, dass die Angabe von Einkommen und Vermögen für die Leistungsberechnung von erheblicher Bedeutung ist. Es ist nicht ersichtlich, dass Herr C z. B. aufgrund seiner individuellen Urteilsfähigkeit dies nicht nachvollziehen konnte. Dem Herrn C ist also Verschulden vorzuwerfen.

Alle Voraussetzungen des § 45 Abs. 1, Abs. 2 Satz 3 Nr. 2 SGB X liegen also vor. Herr C ist damit bösgläubig und genießt keinen Vertrauensschutz.

Zu einer Abwägung mit dem öffentlichen Interesse kommt es bei einem Ausschluss des Vertrauensschutzes nicht mehr. Die Voraussetzungen für die Rücknahme des Verwaltungsaktes für die Vergangenheit (Monate Februar bis Mai) und für die Zukunft (Juni und Juli) sind insoweit erfüllt. Eine Einschränkung für die Rücknahme aus § 45 Abs. 2 SGB X ergibt sich nicht.

Nach § 45 Abs. 1 SGB X sind aber nicht nur die Einschränkungen des § 45 Abs. 2, sondern auch solche nach § 45 Abs. 4 SGB X und nach § 45 Abs. 3 SGB X zu beachten.

Die Rücknahme des Verwaltungsaktes muss gemäß § 45 Abs. 4 Satz 2 SGB X innerhalb eines Jahres seit Kenntnis der Tatsachen durch den zuständigen Leistungsträger erfolgen (vgl. § 45 Abs. 5 i. V. m. § 44 Abs. 3 SGB X). Diese **Entscheidungsfrist** beginnt spätestens mit Abschluss des Anhörungsverfahrens zu laufen.

Da es sich um einen Verwaltungsakt mit Dauerwirkung handelt, kann weiterhin eine Rücknahme nur unter Berücksichtigung der **Ausschlussfrist des § 45 Abs. 3 SGB X** erfolgen. Die im Fall der Bösgläubigkeit anzuwendende Zehnjahresfrist steht hier aber der Rücknahme ebenfalls nicht entgegen.

Damit sind insgesamt die Voraussetzungen für eine Rücknahme nach § 45 Abs. 1 SGB X eröffnet.

---

425 Vertretbar wäre auch die Anwendung des § 45 Abs. 2 Satz 3 Nr. 3 SGB X gewesen.

Grundsätzlich eröffnet § 45 Abs. 1 SGB X in einer solchen Fallkonstellation der Behörde die Möglichkeit, im Rahmen einer pflichtgemäßen (vgl. § 39 SGB I) Ermessensentscheidung über die Aufhebung des Bewilligungsbescheides zu entscheiden. Ist ein Vertrauensschutz ausgeschlossen, weil die Voraussetzungen des § 45 Abs. 2 Satz 3 SGB X vorliegen, ist die Spezialregelung (vgl. § 37 SGB I) des § 40 Abs. 2 Nr. 3 SGB II zu beachten, wonach für die Aufhebung von Verwaltungsakten § 330 SGB III anwendbar ist. In dieser Rechtsnorm sind Sonderregelungen bezüglich der Rücknahme von Verwaltungsakten nach § 44 Abs. 1 Satz 1 und § 45 Abs. 2 Satz 3 SGB X vorgesehen. Abweichend von § 45 Abs. 1 SGB X regelt § 330 Abs. 2 SGB III, dass Verwaltungsakte bei Vorliegen der Voraussetzung des § 45 Abs. 2 Satz 3 SGB X zurückzunehmen sind.

Das bedeutet, dass – anders als bei isolierter Anwendung des § 45 SGB X – im Fall fehlenden Vertrauensschutzes Ermessen nicht auszuüben ist.

§ 330 Abs. 2 und § 330 Abs. 3 SGB III entlastet die Behörde von Ermessenserwägungen, und zwar sowohl bei der Rücknahme für die Zukunft (str.) als auch bei Rücknahme für die Vergangenheit. Das ergibt sich auch aus einem Erst-Recht-Schluss. Wenn bereits die erschwerten Bedingungen für eine Rücknahme mit Wirkung für die Vergangenheit möglich sind, dann gilt dies erst recht für eine zukünftige Aufhebung.

Soweit ein Verwaltungsakt aufgehoben (hier: zurückgenommen) worden ist, sind bereits erbrachte Leistungen zu erstatten (§ 50 Abs. 1 Satz 1 SGB X). Für die zurückliegende Monate ergibt sich ein Erstattungsanspruch in Höhe von 4 x 240,00 € = 960,00 €, der möglichst mit der Rücknahme nach § 45 SGB X gleichzeitig festzusetzen ist (vgl. § 50 Abs. 3 SGB X).

Nach § 43 Abs. 2 Satz 1 SGB II kann die Forderung bis zu einem Betrag in Höhe von 30 v. H. des für die leistungsberechtigte Person maßgebenden Regelbedarfs mit Geldleistungen zur Sicherung des Lebensunterhalts aufgerechnet werden.

Sachverhalt 4

Herr D erhält seit dem 1.2. Leistungen zum Lebensunterhalt nach dem 3. Kapitel SGB XII in Höhe von 500,00 € monatlich. Herr D hat vergleichbar mit Herrn C (Sachverhalt 3) Einkünfte erzielt und diese nicht angegeben.

Aufgabe

Prüfen Sie – vergleichend mit den Ausführungen zu Sachverhalt 3, was der Träger der Sozialhilfe zu veranlassen hat.

Lösung (Kurzfassung)

Die Rücknahme eines Verwaltungsaktes mit Dauerwirkung nach § 48 SGB X kommt nicht in Betracht. Wie im Sachverhalt 3 war der begünstigende Verwaltungsakt von Beginn an rechtswidrig. Außerdem würde § 48 SGB X für die hier bewilligte Hilfe nach dem 3. Kapitel SGB XII regelmäßig keine Anwendung finden. Es handelt sich – sofern keine andere Regelung im Tenor oder ggf. noch in der Begründung vorgenommen wurde – nicht um einen Verwaltungsakt mit Dauerwirkung (siehe Lösung zum Sachverhalt 1).

Ermächtigungsgrundlage für die Aufhebung ist stattdessen § 45 SGB X, da es sich um einen (bei Erlass) teilrechtswidrigen, begünstigenden Verwaltungsakt handelt.

Die Rücknahme eines Verwaltungsaktes für die Zukunft scheidet mangels vorhandenen Verwaltungsakts aus, da die Leistungen nach dem 3. Kapitel SGB XII wegen des Bedarfsdeckungsprinzips monatlich neu bewilligt werden. Es bedarf daher lediglich einer Leistungsbewilligung in geringerer Höhe. Die bislang erbrachte Leistung muss um das bereinigte Einkommen gekürzt werden. Bei der Einkommensbereinigung ist vom Erwerbseinkommen in Höhe von 400,00 € u. a. der Erwerbstätigenfreibetrag nach § 82 Abs. 3 SGB XII abzuziehen. Für den Monat Juni und ggf. für die Folgemonate sind jeweils dann neue Verwaltungsakte mit einer neuen Leistungshöhe zu erlassen.

Für die **Vergangenheit** werden **die einzelnen** begünstigenden Verwaltungsakte für die Monate Februar bis Mai gemäß § 45 **SGB** X zurückgenommen.

Eine Rücknahme für die Vergangenheit ist gemäß § 45 Abs. 4 Satz 1 SGB X i. V. m. § 45 Abs. 1 und Abs. 2 SGB X möglich. Durch den Hinweis auf die Mitwirkungspflichten liegen die Voraussetzungen für ein schuldhaftes Verhalten nach § 45 Abs. 2 Satz 3 Nr. 2 oder Nr. 3 SGB X vor. Herr D kann sich nicht auf Vertrauen berufen, sein Vertrauen ist objektiv nicht schutzwürdig (vgl. Lösung zum Sachverhalt 3). Bei Ausschluss des Vertrauensschutzes kommt es nicht zu einer Interessensabwägung nach § 45 Abs. 2 SGB X mit dem öffentlichen Interesse.

Die Entscheidungsfrist nach § 45 Abs. 4 Satz 2 SGB X steht einer Rücknahme nicht entgegen.

Ohne einschränkende Bedingungen nach § 45 Abs. 2 bis Abs. 4 SGB X findet ausschließlich § 45 Abs. 1 SGB X Anwendung. Da die dortigen Voraussetzungen vorliegen, besteht die Rechtsfolge darin, dass der Verwaltungsakt zurückgenommen werden kann (Ermessen). In einer solchen Konstellation ist die Rücknahme in erster Linie eine Frage der „Billigkeit". Das bedeutet, dass für die Rücknahmeentscheidung Gerechtigkeitsgesichtspunkte zu berücksichtigen sind.

Damit spielen subjektive Faktoren eine Rolle, die herangezogen werden können, indem nach dem Verursachungsbeitrag für die Rechtswidrigkeit der Leistung gefragt wird. Hierzu ist festzustellen, dass ein Verursachungsbeitrag seitens der Behörde für die Rechtswidrigkeit des Verwaltungsaktes – z. B. durch eine fehlerhafte Auskunft – nicht erkennbar ist. Vielmehr liegt das Verschulden bei Herrn D, der trotz Hinweis auf die Mitwirkungspflichten sein Einkommen zumindest grob fahrlässig verschwiegen hat. Soziale Umstände, die ein Absehen von der Rücknahme begründen können, liegen in der Person des Herrn D nicht vor.

Neben subjektiven Faktoren können zusätzlich objektive Umstände herangezogen werden (sofern sie nicht bereits im Rahmen einer Interessensabwägung nach § 45 Abs. 2 Satz 1 SGB X berücksichtigt wurden). Danach ist die Behörde verpflichtet, einen rechtmäßigen Zustand herzustellen (vgl. Art. 20 Abs. 3 GG), alle Leistungsfälle gleich zu behandeln (vgl. Art. 3 GG) und mit öffentlichen Mitteln sparsam umzugehen.

Gegen Herrn D entsteht ein Erstattungsanspruch nach § 50 Abs. 1 SGB X (vergleichbar der Lösung zum Sachverhalt 3). Es ist ein sog. „Festsetzungsbescheid" zu erlassen, der mit der Aufhebungsentscheidung verbunden werden soll (vgl. § 50 Abs. 3 SGB X).

Sachverhalt 5

Herr E bezieht seit dem 1.2. Arbeitslosengeld II (vgl. Sachverhalt 3). Der Bewilligungsbescheid datiert vom 4.2. E hat die Tätigkeit, anders als Herr C im Sachverhalt 3, erst am 1.4. aufgenommen. Sein Einkommen von 400,00 € fließt ihm am 2.5. zu. Dies wird dem Leistungsträger im Mai bekannt. Im Übrigen ist der Sachverhalt vergleichbar.

Aufgabe

Beschreiben Sie, worin sich das Vorgehen des Leistungsträgers von dem im Sachverhalt 3 unterscheiden muss.

Lösung (Kurzfassung)

§ 45 SGB X scheidet als Ermächtigungsgrundlage aus. § 45 SGB X kommt, unabhängig von der Frage, ob es sich um einen einmaligen Verwaltungsakt oder einen Dauerverwaltungsakt handelt, nur dann in Frage, wenn der Verwaltungsakt im Zeitpunkt seines Erlasses, d.h. im Zeitpunkt der Bekanntgabe, rechtswidrig ist. Der Bewilligungsbescheid vom 4.2. und die darin bewilligte Leistung für die Monate Februar bis April waren aber rechtmäßig. Die Änderung der wirtschaftlichen Verhältnisse ist während des Bewilligungszeitraums, d.h. nach der Bekanntgabe des die Leistung bewilligenden Verwaltungsaktes, eingetreten.

Es könnte aber eine Aufhebung für die am 4.2. bereits bewilligte Leistung für die **Monate Mai bis Juli** erfolgen. Ermächtigungsgrundlage dafür könnte § 48 SGB X sein. Soweit danach in den tatsächlichen oder rechtlichen Verhältnissen, die beim Erlass des Verwaltungsaktes mit Dauerwirkung vorgelegen haben, eine wesentliche Änderung eintritt, **ist** der Verwaltungsakt mit Wirkung **für die Zukunft** aufzuheben (vgl. § 48 Abs. 1 Satz 1 SGB X).

Bei der Bewilligung von Leistungen der Grundsicherung für Arbeitsuchende handelt es sich um einen **Verwaltungsakt mit Dauerwirkung**, da dieser regelmäßig Leistungen für zwölf Monate im Voraus bewilligt und somit eine Geltungsdauer über einen längeren Zeitraum mit insgesamt mindestens zwölf monatlichen Leistungsbewilligungen enthält (vgl. § 41 Abs. 3 Satz 1 SGB II).

Eine **wesentliche Änderung** liegt vor, wenn der Verwaltungsakt, so wie er bei der Bekanntgabe erlassen worden ist, nicht mehr erlassen würde. Die Änderung kann tatsächliche oder rechtliche Gründe haben. Der Einkommenszufluss im Mai stellt eine tatsächliche Änderung dar. Sie führt dazu, dass bei einem Einkommen aus abhängiger Beschäftigung durch die Anrechnung von Grund- und Erwerbstätigenfreibetrag (vgl. §§ 11 ff. SGB II) ein anrechenbares Einkommen von 240,00 € verbleibt und dieses

Einkommen die Hilfebedürftigkeit entsprechend gemindert hätte (vgl. § 9 Abs. 1 SGB II). Damit wäre bei Einkommensanrechnung eine Leistungsminderung eingetreten und der Bewilligungsbescheid wäre anders ergangen. Eine wesentliche Änderung liegt also vor.

Mithin ist der Verwaltungsakt für die Zukunft (d. h. im Zeitpunkt des Erlasses des Aufhebungsbescheides, hier im Mai, vermutlich mit Wirkung für Juni) aufzuheben.

Fraglich ist weiterhin, ob der Bewilligungsbescheid vom 4.2. mit Wirkung für die **Vergangenheit** aufgehoben werden kann. Ermächtigungsgrundlage dafür kann § 48 Abs. 1 Satz 2, Satz 3 SGB X sein. Danach soll der Verwaltungsakt mit Wirkung vom Zeitpunkt der Änderung der Verhältnisse – hier für die **Vergangenheit** – aufgehoben werden, soweit die betroffene Person einer durch Rechtsvorschrift vorgeschriebenen Pflicht zur Mitteilung wesentlicher für sie nachteiliger Änderungen der Verhältnisse vorsätzlich oder grob fahrlässig nicht nachgekommen ist (vgl. § 48 Abs. 1 Satz 2 Nr. 2 SGB X).

Als Zeitpunkt der Änderung der Verhältnisse gilt in den Fällen, in denen Einkommen auf einen zurückliegenden Zeitraum auf Grund der besonderen Teile des Sozialgesetzbuchs anzurechnen ist, der Beginn des Anrechnungszeitraumes (vgl. § 48 Abs. 1 Satz 3 SGB X). Aufgrund der Zuflusstheorie, die auch in § 11 Abs. 2 SGB II normiert ist, ist im Mai tatsächlich zufließendes Einkommen im Monat des Zuflusses anspruchsmindernd zu berücksichtigen, auch wenn der Rechtsgrund der Einnahme im April liegt. Eine Änderung der Verhältnisse ist also im Mai eingetreten.

Diese Veränderung wäre für Herrn E nachteilig, da seine Leistung nach dem Zweiten Buch Sozialgesetzbuch um 240,00 € geringer ausgefallen wäre. Seiner aus § 60 Abs. 1 Nr. 2 SGB I folgenden Mitteilungspflicht über die erheblichen Veränderungen in den Verhältnissen ist er nicht nachgekommen. Dies ist mindestens grob fahrlässig erfolgt, da er über seine Mitwirkungspflichten belehrt wurde und ihm die Auswirkungen des Einkommenszuflusses bekannt sein mussten.

Die Entscheidungsfrist (§ 48 Abs. 4 Satz 1 i. V. m. § 45 Abs. 4 Satz 2 SGB X) und die Ausschlussfrist (§ 48 Abs. 4 Satz 1 i. V. m. § 45 Abs. 3 Satz 3 bis Satz 5 SGB X) stehen einer Rücknahme nicht entgegen.

Damit liegen alle Voraussetzungen vor. Der Bewilligungsbescheid soll mit Wirkung ab Mai aufgehoben werden. Gemäß § 40 Abs. 2 Nr. 3 SGB II i. V. m. § 330 Abs. 3 Satz 1 SGB III ändert sich in den Fällen des § 48 Abs. 1 Satz 2 SGB X die Rechtsfolge von einer gebundenen Ermessensentscheidung („soll") in eine Verpflichtung („ist"). Der die Leistung bewilligende Verwaltungsakt **ist** damit für die Zeit von Mai bis Juli aufzuheben. Das Wort „soweit" in § 48 Abs. 1 Satz 1 und § 48 Abs. 1 Satz 2 SGB X erlaubt eine teilweise Aufhebung, hier im Umfang von 240,00 €.

Nach § 50 Abs. 1 SGB X ergibt sich ein Erstattungsanspruch gegen Herrn E in Höhe von 240,00 € für den Monat Mai. Der Festsetzungsbescheid soll mit dem Aufhebungsbescheid verbunden werden (§ 50 Abs. 3 Satz 2 SGB X). Außerdem ist eine Aufrechnung nach § 43 SGB II möglich.

Alternative (Sachverhalt 5)

Herr E hat kein Arbeitslosengeld II nach dem Zweiten Buch, sondern Grundsicherung im Alter und bei Erwerbsminderung **oder** Hilfe zum Lebensunterhalt nach dem Zwölften Buch Sozialgesetzbuch erhalten.

Aufgabe

Prüfen Sie, inwieweit sich das Vorgehen des Trägers der Sozialhilfe vom dem des für die Leistung des Arbeitslosengeldes II zuständigen Leistungsträgers unterscheidet, getrennt nach der Grundsicherung im Alter und bei Erwerbsminderung und der Hilfe zum Lebensunterhalt.

Lösung (Kurzfassung)

Bei der **Grundsicherung im Alter und bei Erwerbsminderung** nach dem 4. Kapitel SGB XII handelt es sich regelmäßig, wie beim Arbeitslosengeld II, um einen Verwaltungsakt mit Dauerwirkung (vgl. § 44 Abs. 3 SGB XII). Damit gleicht das Vorgehen des Trägers der Sozialhilfe in einem solchen Fall dem des für die Leistung von Arbeitslosengeld II zuständigen Leistungsträgers. Die §§ 48 und 50 Abs. 1 SGB X finden wie oben beschrieben Anwendung.

Nach § 48 Abs. 1 Satz 2 SGB X ist jedoch, anders als beim Arbeitslosengeld II, gebundenes Ermessen („soll") auszuüben, da die rückwirkende Aufhebung des Verwaltungsaktes eine Soll-Regelung darstellt. Anhaltspunkte für eine atypische Situation, die ein Absehen von der Rechtsfolge der Aufhebung anzeigt, sind nicht erkennbar.

Darüber hinaus ist für Leistungen nach dem 4. Kapitel SGB XII die **Sonderregelung** des **§ 44 Abs. 1 Satz 4** SGB **XII** zu beachten. Diese Regelung modifiziert die Rechtsfolge von § 48 Abs. 1 Satz 3 SGB XII, wonach der Verwaltungsakt ab dem Zeitpunkt der Einkommensanrechnung (hier Mai) aufzuheben ist. Nach § 44 Abs. 1 Satz 4 SGB XII sind **fortwährende** Änderungen, die nicht zu einer Begünstigung führen, erst ab dem **Folgemonat** zu berücksichtigen. Danach kommt eine rückwirkende Aufhebung erst für den Monat Juni in Frage, wenn für Juni bereits die Auszahlung erfolgt sein sollte. § 44 Abs. 1 Satz 4 SGB XII findet auch in den Fällen der „Bösgläubigkeit", also z. B. der schuldhaften Nichtangabe von Einkommen, Anwendung.

Würde eine Leistungs**einstellung** erfolgen, ist § 44 Abs. 1 Satz 4 SGB XII nach hier vertretener Auffassung nicht anzuwenden. Außerdem ist § 44 Abs. 1 Satz 4 SGB XII – genauso wie § 44 Abs. 1 Satz 2 SGB XII – **nicht bei einmaligen Leistungsänderungen**, die sich nur in einem Monat auswirken, anwendbar, da sich beide Vorschriften auf den „Bewilligungszeitraum" beziehen und damit von einer dauerhaften Leistungsänderung ausgehen (vgl. Ausführungen zu 1.3.28.7.1).

Wurde **Hilfe zum Lebensunterhalt** nach dem 3. Kapitel SGB XII geleistet, handelte es sich **nicht** um Verwaltungsakte mit **Dauerwirkung**, so dass § 48 SGB X keine Anwendung findet. Nach § 45 SGB X können die **einzelnen** Verwaltungsakte für die Monate Mai bis Juli teilweise zurückgenommen werden, woraus sich ein entsprechender Erstattungsanspruch nach § 50 Abs. 1 SGB X ergibt. Für den Monat Juni und ggf. die folgenden Monate müssen jeweils neue begünstigende Verwaltungsakte – unter Berücksichtigung des Einkommens – ergehen.

Sachverhalt 6

Frau F hat auf Antrag ihres Ehemannes, der für sie als Bevollmächtigter (§ 13 SGB X) gehandelt hat, Leistungen zum Lebensunterhalt mit Bewilligungsbescheid vom 4.2. erhalten, alternativ
- Arbeitslosengeld II,
- Hilfe zum Lebensunterhalt,
- Grundsicherung im Alter und bei Erwerbsminderung.

Der Ehemann von Frau F hat sein Einkommen, welches seinen Hilfebedarf deckt und (im SGB XII) die Höhe der Leistungen für seine Ehefrau beeinflusst, um 300,00 € zu niedrig angegeben.[426] Davon erfährt der Leistungsträger im März. Frau F (ggf. auch Herr F) hat dadurch in dieser Höhe in den Monaten Februar und März rechtswidrig Hilfe erhalten.

Aufgaben

a) Prüfen Sie, was im Verhältnis zu den bisherigen Sachverhalten und Lösungen **besonders** zu beachten ist.
b) Nehmen Sie Stellung zu möglichen Aufrechnungsmöglichkeiten.
c) Schildern Sie, wie der Verfügungssatz (Tenor) unter Einbeziehung einer Aufrechnungsentscheidung gestaltet werden müsste. Für die Lösung ist Folgendes zugrunde zu legen:
  - Der Bescheid über die Leistung von Arbeitslosengeld II ist an die Eheleute F gerichtet worden,
  - eine rechtswidrige Leistung ist jeweils in Höhe von 150,00 € für Herrn F und Frau F erbracht worden (vgl. § 9 Abs. 2 Satz 3 SGB II),
  - gegenüber Herrn F soll ein Kostenersatzanspruch nach § 34a SGB II geltend gemacht werden,
  - Herr F ist bevollmächtigter Bekanntgabeadressat.

Lösung (Kurzfassung)

Aufgabe a)
Wie in den vorherigen Fällen handelt es sich bei der Leistung von Arbeitslosengeld II und der Grundsicherung im Alter und bei Erwerbsminderung nach dem 4. Kapitel SGB XII um Verwaltungsakte mit Dauerwirkung mit den Möglichkeiten

---

[426] Im Zweiten Buch Sozialgesetzbuch hat dies wegen der Regelung in § 9 Abs. 2 Satz 3 SGB II und der damit verbundenen horizontalen Einkommensverteilung (Bedarfsanteilsmethode) auch Auswirkungen auf die Leistungshöhe von Herrn F.

der Aufhebung nach den §§ 45 oder 48 SGB X (vgl. oben). Wenn die Leistungserbringung von Anfang an rechtswidrig war, kommt als Ermächtigungsgrundlage für eine Aufhebung allein § 45 SGB X in Betracht.

Für die Leistungen nach dem Zweiten Buch Sozialgesetzbuch sieht § 40 Abs. 2 Nr. 3 SGB II in Verbindung mit § 330 Abs. 2 bzw. Abs. 3 Satz 1 SGB III eine Ausübung von Ermessen für die Rücknahme oder Aufhebung von Verwaltungsakten für die Vergangenheit nicht vor. Wegen der „allgemeinen" Voraussetzungen für die Aufhebung von begünstigenden Verwaltungsakten wird auf die vorherigen Lösungen verwiesen.

Die Leistungen im Rahmen der Hilfe zum Lebensunterhalt nach dem 3. Kapitel SGB XII stellen keinen Dauerverwaltungsakt dar, so dass die Anwendung des § 48 SGB X hierfür ausscheidet.

Die Leistungsempfängerin Frau F ist
- „Begünstigte" im Sinne des § 45 Abs. 2 SGB X bzw.
- „Betroffene" im Sinne des § 48 Abs. 1 Satz 2 SGB X,

hat aber selbst nicht gehandelt bzw. kannte ggf. die Rechtswidrigkeit der/des Verwaltungsakte(s) nicht. **Nach dem Wortlaut** des § 45 Abs. 2 Satz 3 Nr. 2 und Nr. 3 SGB X sowie des § 48 Abs. 1 Satz 2 Nr. 2 und 4 SGB X kann danach ein Verwaltungsakt **nicht aufgehoben** werden.

In Fällen, in denen Begünstigte sich durch Bevollmächtigte vertreten lassen (vgl. § 13 SGB X), müssen sie sich das Verhalten dieser Personen zurechnen lassen. Dafür gelten die zivilrechtlichen Regeln zur Vertretung nach §§ 164 sowie § 85 Abs. 1 ZPO einerseits und die § 166 BGB (Wissenszurechnung) sowie § 278 BGB (Verschuldenszurechnung) andererseits. Unter den übrigen Voraussetzungen der §§ 45 oder 48 SGB X sind der oder die Verwaltungsakt(e) gegenüber Frau F aufzuheben und führen **nur ihr gegenüber** zu einem Erstattungsanspruch nach § 50 Abs. 1 SGB X.

Nach § 50 SGB X kann – im Zwölften Buch Sozialgesetzbuch – kein Erstattungsanspruch gegen Herrn F, den „Verursacher" der rechtswidrigen Leistung, geltend gemacht werden, denn im Zwölften Buch Sozialgesetzbuch hat das verschwiegene Einkommen wegen der vertikalen Einkommensanrechnung im vorliegenden Fall keine Auswirkungen auf die Höhe der an Herrn F erbrachten Hilfe. Laut Sachverhalt kann er auch ohne das angegebene Einkommen seinen Bedarf decken.

Wegen der horizontalen Einkommensverteilung ist dies im Zweiten Buch Sozialgesetzbuch anders zu beurteilen (vgl. § 9 Abs. 2 Satz 3 SGB II). Dort wirkt sich das verschwiegene Einkommen auch auf seine Leistungshöhe aus, da er im Zweiten Buch Sozialgesetzbuch zum Leistungsberechtigten wird, wenn der gesamte Bedarf durch das in der Bedarfsgemeinschaft vorhandene Einkommen nicht gedeckt werden kann.

Ob Möglichkeiten bestehen, Herrn F nach § 34a SGB II oder § 103 Abs. 1 Satz 2 SGB XII bzw. § 104 SGB XII in Anspruch zu nehmen, ist gesondert zu prüfen. Die Voraussetzungen für einen Kostenersatz gegen Herrn F als Verursacher der rechtswidrigen Hilfegewährung dürften aufgrund seines als sozialwidrig einzustufenden Verhaltens vorliegen.

Aufgabe b)
Soweit gegenüber Frau F ein Erstattungsanspruch (§ 45 SGB X i. V. m. § 50 SGB X) und gegenüber Herrn F ein Kostenersatzanspruch nach § 34a SGB II bzw. § 104 SGB XII für die sozialwidrig verursachten und rechtswidrig erbrachten Leistungen an Frau F geltend gemacht wird, haften beide Personen gesamtschuldnerisch (vgl. § 34a Abs. 4 SGB II, § 103 Abs. 4 SGB XII).

Das bedeutet, dass der Leistungsträger gemäß § 421 BGB die rechtswidrig erbrachte Leistung bis zur Höhe der Gesamtforderung „beliebig" von Herrn F und/oder Frau F verlangen kann. Allerdings besteht die Gesamtforderung gegenüber Frau F nur aus der Kostenerstattungsforderung[427], während Herr F als Verursacher der rechtswidrigen Leistung für die an ihn und seine Ehefrau rechtswidrig erbrachten Leistungen erstattungs- bzw. ersatzpflichtig ist.

Bis zur Erfüllung der Gesamterstattungsforderung bleiben beide Schuldner zur Erfüllung verpflichtet. Das bedeutet auch, dass gegenüber beiden Personen eine Aufrechnung mit aktuell erbrachten Leistungen in Höhe von 30 v. H. des maßgebenden Regelbedarfs (nicht Unterkunfts-, Heizungskosten, Mehrbedarfe) vorgenommen werden kann. Die Aufrechnung stellt einen Verwaltungsakt dar (vgl. § 43 Abs. 4 SGB II).

Aufgabe c)
Bei der Formulierung des Tenors ist darauf zu achten, dass es sich bei der Aufhebungsentscheidung, der Erstattungsforderung und der Kostenersatzforderung jeweils um einen Verwaltungsakt handelt, der **jeweils** die individuell leistungsberechtigte Person, hier also Herrn und Frau F, betrifft. Die Anordnung der sofortigen Vollziehung ist notwendig, da eine Aufrechnung nur mit vollstreckbaren Forderungen vorgenommen werden kann.

Der Tenor könnte wie folgt formuliert werden:

Sehr geehrter Herr F,

das Jobcenter des Kreises L erlässt folgenden Bescheid:
1. Meinen Bescheid vom 4.2., mit denen ich Ihnen und Ihrer Ehefrau Arbeitslosengeld II bewilligt habe, hebe ich im nachfolgenden Umfang rückwirkend zum 1.2. für die Vergangenheit, d. h. für die Monate Februar und März, sowie für die Zukunft, d. h. für die Monate April bis Juli, entsprechend nachfolgender Aufstellung auf:

---

[427] Der Wortlaut des § 34a Abs. 4 SGB II lässt auch eine Auslegung dahingehend zu, dass Frau F als Gesamtschuldnerin auch für die zu Unrecht gewährte Leistung an Herrn F haften würde. Eine solche Auslegung würde aber nicht dem Sinn und Zweck des § 50 SGB X und § 34a SGB II entsprechen.

Datum der Bewilligung	Leistungs-empfänger	Leistungs-höhe	Bewilligungs-zeitraum	Aufhebungs-umfang
4.2.	Frau F	XX €	1.2.-31.3.	300,00 €
4.2.	Herr F	XX €	1.2.-31.3.	300,00 €
4.2.	Frau F	XX €	1.4.-31.7.	600,00 €
4.2.	Herr F	XX €	1.4.-31.7.	600,00 €

Diese Anordnung hat kraft Gesetzes keine aufschiebende Wirkung (§ 39 Nr. 1 SGB II), so dass diese Regelung selbst dann Gültigkeit hat, wenn Sie und ihre Ehefrau hiergegen Widerspruch erheben.
2. *Frau F hat mir einen Betrag in Höhe der durch die Aufhebung zu Unrecht bewilligten Leistungen, die ich bereits für die Monate Februar und März erbracht habe, zu erstatten. Dies sind insgesamt 300,00 € (150,00 € pro Monat).*
3. *Gegenüber Frau F ordne ich eine Aufrechnung von monatlich 30 v. H. des nach § 20 Abs. 4 SGB II bewilligten Regelbedarfs an. Das bedeutet, dass die Leistungen an Frau F im nächsten Monat (ab dem 1.4.) der Auszahlung um XX € geringer ausgezahlt werden, da ich meine Erstattungsforderung mit dem Leistungsanspruch von Frau F aufrechne. Die Aufrechnung wird monatlich vorgenommen, bis der unter Nr. 2 genannte Betrag erreicht ist.*
4. *Sie (Herr F) sind mir gesamtschuldnerisch[428] in dem Umfang kostenersatz- und kostenerstattungspflichtig wie der Bewilligungsbescheid nach der Verfügung unter Nr. 1 insgesamt zurückgenommen wurde. Danach habe ich einen Kostenersatz- und Erstattungsanspruch von 600,00 €, der sich wie folgt zusammensetzt:*
   - *300,00 € (150,00 € pro Monat) als Erstattungsanspruch, die ich Ihnen für die Monate Februar und März zu Unrecht überwiesen habe, und*
   - *300,00 € (150,00 € pro Monat) als Kostenersatzanspruch, die ich Ihrer Ehefrau für die Monate Februar und März zu Unrecht erbracht habe.*
4. *Gegenüber Ihnen (Herrn F) ordne ich eine Aufrechnung von monatlich 30 v. H. des nach § 20 Abs. 4 SGB II gewährten Regelbedarfs an. Das bedeutet, dass die an Sie erbrachten Leistungen im nächsten Monat der Auszahlung um XX € geringer ausgezahlt werden, da ich meine Kostenersatzforderung mit Ihrem Leistungsanspruch aufrechne. Die Aufrechnung wird monatlich vorgenommen, bis der unter Nr. 4 genannte gesamte Rückforderungsbetrag von Ihnen und/oder ihrer Ehefrau erreicht ist.*
5. *Die sofortige Vollziehung zu den Verfügungen unter Nr. 2, Nr. 3, Nr. 4 und Nr. 5 wird angeordnet.*[429] *Das bedeutet, dass Sie und Ihre Ehefrau allen hier genannten Verfügungen auch dann nachkommen müssen, wenn Sie hiergegen Widerspruch erheben.*

---

428 Im Bescheid oder direkt unter dem Tenor müsste eine Erklärung zur Bedeutung der gesamtschuldnerischen Haftung erfolgen.
429 Die sofortige Vollziehung muss für die Aufhebungsentscheidung nicht angeordnet werden. Für Aufhebungsentscheidungen gilt § 39 Nr. 1 SGB II.

Begründung:
...

Sachverhalt 7

Frau G erhält seit fünf Monaten Leistungen zum Lebensunterhalt, alternativ
- Arbeitslosengeld II,
- Hilfe zum Lebensunterhalt,
- Grundsicherung wegen Erwerbsminderung.

Sie hat versäumt, dem Leistungsträger mitzuteilen, dass sie seit vier Monaten schwanger ist. Anlässlich eines Besuchs beim Leistungsträger wird dieser Sachverhalt bekannt.

Aufgabe

Prüfen Sie, ob ein Anspruch auf Nachzahlung des Mehrbedarfszuschlags besteht.

Lösung (Kurzfassung)

Frau G könnte einen Anspruch auf einen Mehrbedarf für werdende Mütter nach der zwölften Schwangerschaftswoche haben (17 v. H. des maßgebenden Regelbedarfs; vgl. § 21 Abs. 2 SGB II, § 30 Abs. 2 oder § 42 Satz 1 Nr. 2 i. V. m. § 30 Abs. 2 SGB XII). Da die Schwangerschaft dem Leistungsträger bisher nicht bekannt war, konnte kein Mehrbedarf berücksichtigt werden.

Es kann davon ausgegangen werden, dass es sich bei den begünstigenden Verwaltungsakten für die Vergangenheit nach dem Zweiten Buch Sozialgesetzbuch (Arbeitslosengeld II) bzw. 4. Kapitel SGB XII (Grundsicherung im Alter und bei Erwerbsminderung) um Verwaltungsakte mit Dauerwirkung handelt (vgl. § 41 Abs. 3 SGB II bzw. § 44 Abs. 1 Satz 2 SGB XII). Der Anwendungsbereich des § 48 SGB X ist eröffnet, da während des Bewilligungszeitraums, d. h. nach Bekanntgabe des Bewilligungsbescheides, eine Änderung eingetreten ist, die auch zum Erlasszeitpunkt nicht genau prognostizierbar war.

Es liegt auch eine wesentliche Änderung i. S. von § 48 Abs. 1 **Satz 1** SGB X vor, da der Bewilligungsbescheid nicht mehr so erlassen würde, wie er erlassen worden ist. Es würde eine höhere Leistung im Umfang des Mehrbedarfs ausgezahlt. Daher kann der Verwaltungsakt mit Wirkung für die Zukunft aufgehoben werden.

Nach § 48 Abs. 1 Satz 2 Nr. 1 SGB X **sollen** Verwaltungsakte mit Wirkung vom Zeitpunkt der Änderung der Verhältnisse aufgehoben werden, soweit die Änderung zugunsten der Betroffenen erfolgt. An die Stelle der damit verbundenen Ermessensausübung tritt für die Entscheidung im Rahmen des Zweiten Buches Sozialgesetzbuch die Verpflichtung zur Aufhebung des Verwaltungsaktes (vgl. § 40 Abs. 2 Nr. 3 SGB II i. V. m. § 330 Abs. 3 SGB III). Im Zusammenhang mit den Leistungen nach dem Zwölften Buch Sozialgesetzbuch bleibt es bei einer gebundenen Ermessensentscheidung („soll").

Atypische Gründe, die es rechtfertigen würden, den Verwaltungsakt für die Grundsicherung nach dem Zwölften Buch Sozialgesetzbuch nicht aufzuheben, sind nicht erkennbar.

Nach § 48 Abs. 4 i. V. m. § 44 Abs. 4 SGB X und § 40 Abs. 1 Satz 2 SGB II bzw. § 116a SGB XII werden Leistungen für längstens ein Jahr rückwirkend erbracht, hier ab Beendigung der Zwölften Schwangerschaftswoche (vgl. § 21 Abs. 2 SGB II bzw. § 40 Satz 1 Nr. 2 SGB XII i. V. m. § 30 Abs. 2 SGB XII).

Für die **Hilfe zum Lebensunterhalt** nach dem 3. Kapitel SGB XII stellt sich das Ergebnis im Wesentlichen gleich dar. Zu beachten ist, dass es sich dabei in der Regel nicht um Verwaltungsakte mit Dauerwirkung handelt. Folglich kann § 48 SGB X in der Regel keine Anwendung finden. Eine Aufhebung für die Zukunft ist nicht notwendig. Stattdessen wird ein neuer Bewilligungsbescheid einschließlich des Mehrbedarfs erlassen.

Die Nichtberücksichtigung des Mehrbedarfs nach § 30 Abs. 2 SGB XII aufgrund fehlender Informationen über den Sachverhalt führte **in der Vergangenheit** dazu, dass die monatlich ergangenen Verwaltungsakte **nicht so** begünstigend wie möglich und in diesem Teil „belastend" ergangen sind. Hier wurde von einem Sachverhalt ausgegangen, der sich als unrichtig erweist und deshalb sind Sozialleistungen zu Unrecht nicht erbracht worden. Die Verwaltungsakte sind danach – auch für die Vergangenheit – zurückzunehmen, unter der Voraussetzung, dass ein akuter Bedarf weiterhin besteht (vgl. § 44 Abs. 1 Satz 1 SGB X).

Es kann davon ausgegangen werden, dass die Ausnahme von dieser Regelung im § 44 Abs. 1 Satz 2 SGB X (vorsätzlich in wesentlicher Beziehung unrichtige oder unvollständige Angaben) nicht zutrifft.

Nach § 44 Abs. 4 SGB X i. V. m. § 116a SGB XII werden Leistungen für längstens ein Jahr rückwirkend erbracht, hier ab Beendigung der zwölften Schwangerschaftswoche (vgl. § 30 Abs. 2 SGB XII).

Sachverhalt 8

Frau H erhält seit zehn Monaten Arbeitslosengeld II als Leistung der Grundsicherung für Arbeitsuchende. Am 1.4. des laufenden Jahres stellt sie einen Antrag auf Übernahme ihrer vollständigen Unterkunftskosten, weil sie glaubt, dass diese Leistungen in den Bewilligungsbescheiden bislang rechtswidrig zu niedrig gewährt worden sind. Bislang wurden die Kosten der Unterkunft in Höhe von 50,00 € nicht berücksichtigt. Der Leistungsträger lehnt den Antrag mit der Begründung ab, bestandskräftige Bescheide könnten nicht mit Wirkung für die Vergangenheit aufgehoben werden.

Am 15.8. entscheidet das Bundessozialgericht über eine neue Auslegung des Begriffs der „Angemessenheit" bei der Frage der Berücksichtigung von Unterkunftskosten. Unter Beachtung dieser Rechtsprechung würden die bislang nicht berücksichtigten Unterkunftskosten von 50,00 € übernahmefähig sein.

Aufgabe

Prüfen Sie,
1. wie über den Antrag von Frau H zu entscheiden ist,
2. wie zu entscheiden wäre, wenn Frau H Grundsicherung im Alter und bei Erwerbsminderung oder Hilfe zum Lebensunterhalt beziehen würde.

Lösung zu Aufgabe 1)

Leistungen nach dem Zweiten Buch Sozialgesetzbuch sollen für sechs Monate bewilligt werden (vgl. § 41 Abs. 1 Satz 2 SGB II). Es ist davon auszugehen, dass die erlassenen leistungsbewilligenden Verwaltungsakte bereits bestandskräftig geworden sind (vgl. § 77 SGG). Ein Widerspruchsverfahren kommt daher nicht mehr in Betracht.

Eine Durchbrechung der Bestandskraft ist durch eine Aufhebung der Bescheide (vgl. §§ 44 ff. SGB X) möglich. Das Begehren von Frau H ist unter Beachtung des Meistbegünstigungsgrundsatzes (vgl. § 2 Abs. 2 SGB I) sowie allgemeiner Auslegungsregeln (§§ 133, 157 BGB) dahingehend auszulegen, dass es als Antrag nach § 44 SGB X gedeutet werden kann. Diese (Um-)Deutung ist selbst dann angezeigt, wenn Frau H einen verfristeten und daher unzulässigen Widerspruch erhoben hätte.

Auch im Zweiten Buch Sozialgesetzbuch werden Leistungen grundsätzlich erst ab Antragstellung und damit nicht für die Vergangenheit erbracht, da Leistungen nach dem Zweiten Buch Sozialgesetzbuch ein gegenwärtiger Bedarf gedeckt werden soll. § 40 Abs. 1 SGB II erklärt allerdings § 44 SGB X ausdrücklich für anwendbar, so dass im Rechtsgebiet des Zweiten Buches Sozialgesetzbuch eine rückwirkende Leistungserbringung bei Vorliegen der Voraussetzungen des § 44 SGB X möglich ist.[430]

Gemäß § 44 Abs. 1 Satz 1 SGB X ist ein Verwaltungsakt, auch nachdem er unanfechtbar geworden ist, mit Wirkung für die Vergangenheit zurückzunehmen, wenn bei Erlass des Verwaltungsaktes das Recht unrichtig angewandt worden ist oder von einem Sachverhalt ausgegangen worden ist, der sich als unrichtig erweist und deshalb Sozialleistungen zu Unrecht nicht erbracht worden sind.

Bei den Bewilligungsbescheiden handelt es sich um **Verwaltungsakte** (§ 31 SGB X). Diese sind auch **teilrechtswidrig** im Umfang von nicht erbrachten 50,00 € Unterkunftskosten. Eine Entscheidung gilt auch dann als von Anfang an rechtswidrig ergangen, wenn sich die Leistungserbringung nach „ständiger Rechtsprechung" als unrichtig erwiesen hat. Denn die Änderung höchstrichterlicher Rechtsprechung wirkt grundsätzlich auf den Zeitpunkt des Erlasses zurück.[431] Zwischen der Teilrechtswidrigkeit und der zu geringen Leistungserbringung besteht eine **Kausalität**, da sich die fehlerhafte

---

430 Vgl. LSG Baden-Württemberg, Urt. vom 9.12.2008 – L 13 AS 810/08 –, NZS 2009, 684.
431 Etwas anderes gilt nur dann, wenn sich die „ständige Rechtsprechung" aufgrund geänderter gesellschaftlicher Gegebenheiten gewandelt hat. Beispielsweise hat das Bundesverwaltungsgericht 1997 entschieden (BVerwG, Urt. vom 18.12.1997 – 5 C 7/95 –, BVerwGE 106, 99 = FEVS 48, 337 = NJW 1998, 1967 ZFSH/SGB 1998, 425), dass ein Fernsehgerät zum sozialhilferechtlichen Bedarf gehört. Das Bundessozialgericht (BSG, Urt. vom 24.2.2011 – B 14 AS 75/10 R –, DVP 2012, 86 = NDV-RD 2011, 123 = EuG 2011, 485; BSG, Urt. vom 9.6.2011 – B 8 SO 3/10 R –, SGb 2011, 457 (Kurzwiedergabe) = info also 2011, 231 (Kurzwiedergabe) teilt diese Auffassung nicht mehr. Danach gehört das Fernsehgerät nicht mehr zur Erstausstattung der Wohnung.

Auslegung des unbestimmten Rechtsbegriffs der „Angemessenheit" bei den Unterkunftskosten auf die Höhe der Leistungserbringung ausgewirkt hat.

In Höhe der zu geringen Leistungserbringung handelt es sich um einen **nicht begünstigenden Verwaltungsakt** (§ 45 Abs. 1 SGB X im Umkehrschluss). Ein schuldhaftes Verhalten von Frau H, das zur Rechtswidrigkeit der bewilligenden Verwaltungsakte geführt hat, ergibt sich aus dem Sachverhalt nicht (vgl. § 44 Abs. 1 Satz 2 SGB X). Damit ist der Verwaltungsakt grundsätzlich rücknehmbar.

Gemäß § 44 Abs. 4 Satz 3 SGB X wird ein Verwaltungsakt mit Wirkung für die Vergangenheit für einen Zeitraum bis zu vier Jahren zurückgenommen. Spezialgesetzlich wird dieser Zeitraum für Leistungen nach dem Zweiten Buch Sozialgesetzbuch auf ein Jahr reduziert (vgl. § 40 Abs. 1 Satz 2 SGB II, ebenso nach § 116a SGB XII). Erfolgt die Rücknahme – wie hier – auf Antrag, beginnt die Berechnung des Einjahreszeitraumes, für den rückwirkend Leistungen zu erbringen sind, von Beginn des Jahres an, in dem der Antrag gestellt worden ist.

Denkbar ist daher eine Rücknahme ab dem 1.1. des Vorjahres. Allerdings bezieht Frau H erst seit zehn Monaten Arbeitslosengeld II. Daher kann der Verwaltungsakt für die vergangenen zehn Monate zurückgenommen werden. Aus § 44 Abs. 4 SGB II folgt ein Nachzahlungsanspruch von 10 x 50,00 €.

Etwas anderes ergibt sich auch nicht aus der Spezialregelung des § 40 Abs. 3 Nr. 2 SGB II. Danach kann eine Aufhebung nur für die Zukunft ab dem Zeitpunkt der „ständigen Rechtsprechung" (hier also ab dem 15.8.) erfolgen. Diese Regelung gilt allerdings nur dann, wenn der Antrag nach § 44 SGB X nach dem Eintritt der ständigen Rechtsprechung erfolgt. Hier ist der Antrag aber bereits vor dem maßgebenden Urteil bei dem Leistungsträger gestellt worden.

Lösung zu Aufgabe 2)

Der Fall ist im Ergebnis nicht anders zu beurteilen. Zwar fehlt im Zwölften Buch Sozialgesetzbuch eine dem § 40 Abs. 1 SGB II vergleichbare Regelung, so dass wegen des Bedarfsdeckungsgrundsatzes an einer Anwendung des § 44 SGB XII gezweifelt werden könnte, denn auch hier gilt der Grundsatz, dass keine Leistungen für die Vergangenheit erbracht werden sollen.

In mehreren Urteilen hat das Bundessozialgericht aber klargestellt, dass die Regelbedarfe des Zwölften Buches Sozialgesetzbuch überwiegend pauschaliert bewilligt werden und ihnen eine Ansparfunktion zukommt. Aus diesem Grund können auch Leistungen nach dem Zwölften Buch Sozialgesetzbuch für die Vergangenheit erbracht werden, sofern der zu deckende Bedarf noch besteht.

Sachverhalt 9

Dem Ehepaar Markus und Marlies Illmann wird mit Bescheid vom 1.6. Arbeitslosengeld II bewilligt. Der Bewilligungsbescheid enthält Hinweise auf die Mitwirkungspflichten, ist ausreichend begründet und hat folgenden Tenor:

"Sehr geehrter Herr Illmann,

für Sie und Ihre Ehefrau werden Leistungen zur Sicherung des Lebensunterhalts für die Zeit vom 1.6. bis 30.11. in Höhe von monatlich 1.100,00 € bewilligt."

Am 1.8. erlässt der zuständige Leistungsträger einen Aufhebungs- und Erstattungsbescheid, adressiert und bekanntgegeben an Herrn Illmann, mit folgendem Inhalt:

"Sehr geehrter Herr Illmann,

die Entscheidung über die Bewilligung von Arbeitslosengeld II wird für die Zeit vom 1.6. bis 30.11. teilweise aufgehoben. Die bis zum 1.8. zu Unrecht gezahlten Leistungen sind von Ihnen zu erstatten. Wie unser Außendienst festgestellt hat, hat Ihre Ehefrau, Marlies Illmann, seit dem 1.6. ein Einkommen erzielt, dass zur Minderung des Arbeitslosengeld II-Anspruchs führt. Ich hebe daher die Bewilligungsbescheide im Umfang von 240,00 €/Monat gemäß § 45 SGB X auf. Es ist von Ihnen gemäß § 50 Abs. 1 SGB X ein Betrag von 3 x 240,00 € an mich zu erstatten.

Rechtsbehelfsbelehrung:
Gegen diesen Bescheid kann innerhalb eines Monats nach Bekanntgabe von jedem der in diesem Bescheid Betroffenen[432] Widerspruch erhoben werden. Der Widerspruch ist bei dem Jobcenter XY, XY-Straße, Postfach XY, XY Ort, schriftlich oder mündlich zur Niederschrift einzulegen.

Unterschrift"

Am 25.8. wird gegen den Aufhebungs- und Erstattungsbescheid jeweils von Herrn und Frau Illmann Widerspruch erhoben. 14 Monate später bearbeitet der Rechtsservice des zuständigen Jobcenters den Widerspruch.

Aufgabe

Nehmen Sie eine ergebnisorientierte Stellungnahme zu der Frage, ob der Widerspruch gegen den Aufhebungs- und Erstattungsbescheid Erfolg haben wird. Gehen Sie dabei auch darauf ein, welche Möglichkeiten das Jobcenter hat, eventuell vorhandene Fehler zu korrigieren.

---

432 Die Rechtsbehelfsbelehrung des Ausgangsbescheides muss hinreichend zum Ausdruck bringen, dass jedes einzelne Mitglied der Bedarfsgemeinschaft den maßgeblichen Rechtsbehelf einlegen muss, nicht die Bedarfsgemeinschaft als solche (BSG, Urt. vom 7.11.2006 – B 7b AS 8/06 R –, BSGE 97, 217 = NZS 2007, 328 = FEVS 58, 259 = NDV-RD 2007, 3).

Bearbeitungshinweis

- Für die Aufhebungsentscheidung ist § 45 SGB X einschlägig. Auf die Voraussetzungen des § 45 SGB X ist nicht einzugehen (siehe dazu obige Lösungen).
- Auf formelle Rechtmäßigkeitsgesichtspunkte ist nicht einzugehen.

Lösung (Kurzfassung)

Die **Zuständigkeit** der Widerspruchsbehörde folgt aus § 85 Abs. 2 Satz 2 SGG i. V. m. § 44b Abs. 1 Satz 3 SGB II, wenn es sich beim Jobcenter (vgl. § 6d SGB II) um eine gemeinsame Einrichtung der beiden für die Ausführung des Zweiten Buches Sozialgesetzbuch zuständigen Leistungsträger (vgl. § 6 Abs. 1 Satz 1 SGB II) handelt. Die Zuständigkeit der Widerspruchsbehörde folgt aus § 85 Abs. 2 Satz 1 Nr. 4 SGG, wenn es sich beim Jobcenter (vgl. § 6d SGB II) um einen zugelassenen kommunalen Träger (vgl. § 6a SGB II, Kommunalträger-Zulassungs-VO), eine sog. „Optionskommune", handelt, da dieser die Aufgaben nach dem Zweiten Buch Sozialgesetzbuch dann als Pflichtaufgabe zur Erfüllung nach Weisung (vgl. § 1 Abs. 1 AG-SGB II NRW), die eher als kommunale Selbstverwaltungsangelegenheit zu interpretieren ist, ausführt.[433]

Der Widerspruch hat Aussicht auf Erfolg, wenn er zulässig und begründet ist.

Der Widerspruch ist zulässig.

Der Sozialrechtsweg ist aufgrund der zu § 40 Abs. 1 Satz 1 VwGO geltenden abdrängenden Sonderzuweisung nach § 51 Abs. 1 Nr. 4a SGG eröffnet.

Die Widerspruchsbefugnis ergibt sich aus § 54 Abs. 1 Satz 2 SGG analog, weil Herr und Frau I durch den Aufhebungsbescheid Adressaten eines belastenden Verwaltungsaktes sind (Adressatentheorie).

Fraglich könnte die **Statthaftigkeit** des Anfechtungswiderspruchs sein (§ 78 Abs. 1 Satz 1 SGG). Dazu muss ein Verwaltungsakt vorliegen. Zwar ist nach der Kehrseitentheorie (actus-contrarius-Theorie) eine Verwaltungsmaßnahme, die einen Verwaltungsakt aufhebt, ebenfalls ein Verwaltungsakt. Es könnte allerdings sein, dass die Verwaltungsakte nicht wirksam geworden sind. Bereits bei der Bewilligung ist der Bestimmtheitsgrundsatz auch insoweit einzuhalten, dass den einzelnen Mitgliedern einer Bedarfsgemeinschaft deren individueller Bedarf jeweils getrennt ausgewiesen wird und der entsprechende Bescheid entweder jedem Mitglied **getrennt zugeht** oder aber sich an jedes Mitglied als Adressat wendet.

Wegen der Bevollmächtigungsvermutung in § 38 SGB II kann davon ausgegangen werden, dass das Schreiben durch Bekanntgabe wirksam geworden ist (vgl. § 39 Abs. 1, § 37 Abs. 1 SGB X).

Die **fehlende Bestimmtheit** durch Benennen nur eines Gesamtbetrages stellt einen schweren inhaltlichen Fehler im Bewilligungsbescheid dar. Allerdings ist dieser (nach hier vertretener Auffassung) nicht offensichtlich. Deshalb ist der Bewilligungsbescheid nicht nichtig (vgl. § 40 Abs. 1 SGB X) und bleibt damit wirksam (§ 39 Abs. 3 SGB X im Umkehrschluss). Damit liegt ein wirksamer Bewilligungsbescheid vor, so dass es

---
433 Vgl. LSG NRW, Urt. vom 16.12.2009 – L 10 SB 39/09 –, juris.

sich auch bei der Aufhebung des Bewilligungsbescheides um einen Verwaltungsakt handelt.

Die **Widerspruchsfrist** beträgt, da die Rechtsbehelfsbelehrung korrekt ist (§ 36 SGB X, § 84 Abs. 1 SGG, § 66 SGG), einen Monat. Die Monatsfrist wurde eingehalten.[434]

Der Widerspruch ist **begründet**, wenn der angefochtene (Aufhebungs-)Verwaltungsakt rechtswidrig ist und Herr und Frau I dadurch in ihren Rechten verletzt und dadurch beschwert sind (vgl. § 78 Abs. 1 SGG, § 54 Abs. 2 SGG), bei Ermessensverwaltungsakten auch dann, wenn der Aufhebungsbescheid zweckwidrig ist.

Auf formelle Rechtmäßigkeitsfragen ist nach dem Bearbeitungshinweis nicht einzugehen.

Zur materiellen Rechtmäßigkeit des Aufhebungsbescheides:

Sowohl die Entscheidung über die Aufhebung als auch der festgesetzte Rückforderungsbetrag ist **mangels hinreichender Bestimmtheit** rechtswidrig. Gemäß § 33 Abs. 1 SGB X muss ein Verwaltungsakt hinreichend bestimmt sein. Der Grundsatz der Bestimmtheit verlangt, dass die Regelung des Verwaltungsaktes vollständig, klar und unzweideutig sein muss. Dabei ist hier zu berücksichtigen, dass die Leistungsberechtigten einen individuellen Leistungsanspruch besitzen.[435] Da es keinen „Gesamtanspruch" der Bedarfsgemeinschaft gibt, besteht auch keine gesamtschuldnerische Haftung der Mitglieder der Bedarfsgemeinschaft. Den Verfügungen des Aufhebungs- und Erstattungsbescheides muss sich daher entnehmen lassen, welcher Adressat bzw. welche Adressaten betroffen sind.

Aufhebungs- und Erstattungsforderungen bilden dabei die Umkehrung (das Spiegelbild) des Leistungsverhältnisses. Wenn sowohl im Bewilligungsbescheid als auch im Aufhebungsbescheid lediglich der Gesamtbetrag, aber nicht der individuelle Einzelanspruch oder der individuelle Erstattungsbetrag angeführt wird, ist dem Bestimmtheitsgrundsatz nicht ausreichend Rechnung getragen. Das wäre nur der Fall, wenn erkennbar ist, **welcher Betrag von welchem Mitglied der Bedarfsgemeinschaft** zurückgefordert wird. Das geschieht, indem isoliert für jede Person eine Aufhebungs- und Erstattungsentscheidung ergeht. So kann z.B. eine Aufrechnung nach § 43 SGB II nur mit dem Regelbedarf desjenigen erfolgen, der zu Unrecht Leistungen erhalten hat.

§ 38 SGB II steht diesem Individualisierungsgrundsatz auch nicht entgegen, weil

---

434 Weiterhin könnte problematisiert werden, ob der Widerspruch von den richtigen Beteiligten erhoben wird. Da jede leistungsberechtigte Person in einer Bedarfsgemeinschaft einen eigenen individuellen Anspruch hat, muss der Widerspruch grundsätzlich von jedem Beteiligten erhoben werden. § 38 SGB II ist jedoch nach der Rechtsprechung (BSG, Urt. vom 7.11.2006 – B 7b AS 8/06 R –, BSGE 97, 217 = NZS 2007, 328 = FEVS 58, 259 = NDV-RD 2007, 3) dahingehend auszulegen, dass die vermutete Bevollmächtigung alle Verfahrenshandlungen erfasst, die mit der Antragstellung und der Entgegennahme der Leistungen zusammenhängen und der Verfolgung des Antrags dienen, also auch die Einlegung des Widerspruchs. Voraussetzung ist, dass der vermutete Bevollmächtigte, der bereits den Leistungsantrag gestellt hat, auch den Widerspruch einlegt. Ansonsten ist eine ausdrückliche Bevollmächtigung notwendig. Ein Widerspruchsbescheid würde bei Bekanntgabe an den vermuteten Bevollmächtigten auch gegenüber allen anderen Mitgliedern der Bedarfsgemeinschaft wirksam.

435 Vgl. z.B. BSG, Urt. vom 7.11.2006 – B 7b AS 8/06 R –, BSGE 97, 217 = NZS 2007, 328 = FEVS 58, 259 = FamRZ 2007, 724; SG Schleswig, Urt. vom 13.6.2006 – S 9 AS 834/05 –, BeckRS 2009, 62372.

von dieser Rechtsnorm nur die Beantragung und Entgegennahme von Leistungen erfasst wird.

Eine dem einzelnen Mitglied der Bedarfsgemeinschaft zuzuordnende Aufhebung und Rückforderung der Leistung ergibt sich mangels unzureichender Begründung auch nicht aus einer Auslegung des Bescheides. Daher erweckt der Aufhebungsbescheid den Eindruck, dass Herr und Frau I als Gesamtschuldner für den gesamten Erstattungsbetrag „in Haftung" genommen werden.

Hinsichtlich der Bestimmtheit ist weiter zu bemängeln, dass nicht angeführt wird, auf welchen Bewilligungsbescheid sich die Aufhebung bezieht. Auch dies ist ein Bestimmtheitsmangel.

Somit führt die hier fehlende Bestimmtheit zur (materiellen) Rechtswidrigkeit des Bescheides. Die Annahme einer Nichtigkeit ist abzulehnen. Eine Nichtigkeit nach § 40 Abs. 1 SGB X wäre nur dann anzunehmen, wenn der Bescheid völlig unverständlich und undurchführbar wäre, oder wenn nicht erkennbar wäre, wozu die Beteiligten verpflichtet wären.

Problematisch ist, ob der Mangel in der Bestimmtheit geheilt werden kann. Da es sich um einen inhaltlichen Fehler handelt, kann er weder nach § 41 SGB X als Form- oder Verfahrensmangel geheilt werden noch ist er nach § 42 SGB X unbeachtlich. Deshalb kann die Auffassung vertreten werden, dass die fehlende Bestimmtheit nicht geheilt werden kann.[436]

Ob eine Behörde befugt ist, den Verstoß gegen das Bestimmtheitsgebot eines Verwaltungsaktes durch eine nachträgliche Klarstellung im Widerspruchsbescheid zu heilen, ist – soweit ersichtlich – für das Sozialverwaltungsverfahren bislang nicht eindeutig geklärt. Allerdings dürfte eine Korrektur aufgrund der mit dem Widerspruchsverfahren verfolgten Zielsetzung, eine umfassende Selbstkontrolle herbeizuführen, möglich sein. Weiterhin sind Ausgangsbescheid und Widerspruchsbescheid eng miteinander verknüpft und sind prozessual und materiell-rechtlich als eine Einheit anzusehen.

Im Klageverfahren wird deshalb der ursprüngliche Ausgangsverwaltungsakt in der Gestalt angefochten, die er durch den Widerspruchsbescheid gefunden hat (vgl. § 95 SGG). Dementsprechend werden auch der Regelungsgehalt des ursprünglichen Verwaltungsaktes und damit auch dessen inhaltliche Bestimmtheit durch den Inhalt des Widerspruchsbescheides festgelegt. Die umfassende Überprüfungskompetenz der Widerspruchsbehörde (vgl. §§ 78, 95 SGG) ermöglicht es daher, einen fehlerhaften Tenor zu korrigieren.[437]

Weiterhin kann gemäß **§ 86 SGG** während des Widerspruchverfahrens der Verwaltungsakt durch die Ausgangsbehörde abgeändert werden. Der Änderungsbescheid wird dann Gegenstand des Widerspruchverfahrens, wenn er denselben Streitgegenstand wie den Ursprungsbescheid betrifft. Dieser Änderungsbescheid müsste dann, um dem Bestimmtheitsgrundsatz Rechnung zu tragen, deutlich machen, welche Personen

---

436 Vgl. LSG NRW, Urt. vom 18.12.2006 – L 20 SO 20/06 –, BeckRS 2007, 41571.
437 Vgl. *Engelmann* in von Wulffen/Schütze, SGB X, Rn. 16a zu § 33 SGB X; LSG NRW, Beschl. vom 22.3.2013 – L 19 AS 2278/12 NZB –, juris Rn. 32; LSG Baden-Württemberg, Beschl. vom 17.10.2006 – L 8 AS 4922/06 ER-B –, BeckRS 2009, 63138; OVG NRW, Urt. vom 22.1.1998 – 8 A 940/96 –, FEVS 49, 6 = ZFSH/SGB 2001, 416 = DÖV 1998, 741.

vom Verwaltungsakt betroffen sind und was die Behörde von welcher Person will. Das kann durch folgende Angaben geschehen:
- Datum des aufzuhebenden Bescheides,
- die Leistungsart, wegen der Regelung des § 40 Abs. 4 SGB II ggf. auch differenziert nach Regelleistung, Unterkunftskosten etc.,
- den Bewilligungszeitraum,
- die Leistungshöhe,
- den Leistungsanteil der betroffenen Person.

Durch einen Änderungsbescheid wird der mangelbehaftete Ausgangsbescheid ersetzt durch einen klarstellenden Bescheid, so dass auf diese Weise eine rückwirkende Heilung eintritt.[438]

Allerdings würde ein solcher Änderungsbescheid außerhalb der **Entscheidungsfrist** nach § 45 Abs. 4 Satz 1 SGB X ergehen. Denn die Ausschlussfrist hat spätestens mit dem Erlass des Aufhebungs- und Erstattungsbescheides am 1.8. begonnen. Da aber die Jahresfrist durch einen mittels Änderungsbescheid aufgehobenen Aufhebungsbescheid weder gewahrt noch unterbrochen wird, ist für den Erlass des Änderungsbescheides die Frist abgelaufen.

Vor dem genannten Hintergrund ist der Widerspruch zulässig und begründet. Der Widerspruch hat Aussicht auf Erfolg.

---

[438] Vgl. *Engelmann* in von Wulffen, Rn. 10 zu § 33 SGB X; BSG, Urt. vom 29.11.2012 – B 14 AS 6/12 R –, juris Rn. 28 = NDV-RD 2013.

2. Erstattungsansprüche zwischen Leistungsträgern nach dem Zehnten Buch Sozialgesetzbuch

Vorbehaltlich weiterer spezialgesetzlicher Normen (vgl. z. B. § 16 SGB IX, § 335 Abs. 2 SGB III, § 49 Abs. 4 SGB V, § 19 BVG) regeln die §§ 102 bis 105 SGB X als Anspruchsgrundlagen die Erstattungsansprüche von Leistungsträgern untereinander. Zum Teil wird spezialgesetzlich auf die Regelungen der §§ 102 bis 105 SGB X verwiesen (vgl. § 40a SGB II, § 44a Abs. 3 SGB II, § 74 Abs. 2 EStG) und diese somit für anwendbar erklärt. Von der Geltendmachung von Erstattungsansprüchen sind nur Leistungsträger betroffen. Es handelt sich daher nicht um ein Verwaltungsverfahren, sondern um gesetzliche Forderungsrechte. Der Erstattungsanspruch wird mithin auch nicht durch einen Verwaltungsakt geltend gemacht. Das Verfahren für die Geltendmachung eines Erstattungsanspruchs ist in den §§ 106 bis 114 SGB X geregelt.

Ein Erstattungsanspruch nach den §§ 102 bis 105 SGB X kommt dann in Betracht, wenn ein Leistungsträger (vgl. § 12 SGB I, §§ 18 bis 29 SGB I) eine Sozialleistung rechtmäßig erbracht hat, für die er rückblickend betrachtet nicht „zuständig" war oder ist und bei rechtzeitiger Leistung des anderen Trägers keine oder eine geringere Leistung erbracht hätte. Der Erstattungsanspruch sorgt dann dafür, dass die materiell-rechtlich vorgesehene Lastenverteilung zwischen den Leistungsträgern wieder hergestellt wird.

Das Zehnte Buch Sozialgesetzbuch sieht in den nachfolgend genannten Fällen Erstattungsansprüche vor:
- Es besteht zwischen mindestens zwei Leistungsträgern ein Streit hinsichtlich ihrer Zuständigkeit. Der zuerst angegangene Leistungsträger hat dann die Verpflichtung vorläufig Leistungen zu erbringen (vgl. § 43 SGB I). Er kann einen Kostenerstattungsanspruch nach § 102 SGB X geltend machen, wenn sich herausstellt, dass er tatsächlich nicht zuständig ist.
- Eine Leistungsverpflichtung eines Leistungsträgers fällt im Nachhinein weg, weil sich die Sachlage anders darstellt als zunächst angenommen. Dann kommt ein Erstattungsanspruch nach § 103 SGB X in Frage. Ein Anwendungsfall des § 103 SGB X enthält § 44a Abs. 3 SGB II z. B. in dem Fall, in dem eine leistungsberechtigte Person wegen festgestellter voller Erwerbsminderung keinen Anspruch auf Leistungen nach dem Zweiten Buch Sozialgesetzbuch mehr besitzt, sondern einen Sozialhilfeanspruch (und/oder einen Anspruch auf Rente wegen Erwerbsminderung). Die Anwendung des § 44a SGB II setzt aber – im Gegensatz zu § 40a SGB II – eine unterschiedliche Meinung über die Erwerbsfähigkeit und damit über die Zuständigkeit der Leistungsträger voraus (vgl. § 44a Abs. 1 SGB II).
- Können vorrangige Leistungsträger nicht rechtzeitig leisten, kommt § 104 SGB X als Erstattungsnorm in Frage. Diese Norm ist z. B. dann relevant, wenn der Rentenversicherungsträger die Rente noch nicht ausgezahlt hat und der Träger der Sozialhilfe in Vorleistung getreten ist.
- Leistet ein Leistungsträger in der irrtümlichen Annahme seiner Zuständigkeit, kommt ein Erstattungsanspruch nach § 105 SGB X gegen den zuständigen Leistungsträger in Betracht.

Einen Überblick über die Abgrenzung der Anspruchsgrundlagen gibt die folgende Tabelle[439]:

Erstattungsanspruch des materiell-rechtlich nicht verpflichteten Leistungsträgers			
§ 102 SGB X	§ 103 SGB X	§ 104 SGB X	§ 105 SGB X
ungeklärte Zuständigkeit und gesetzliche Vorleistungspflicht	nachträglicher Wegfall einer Leistungspflicht	nachrangige Leistungspflicht	Leistungserbringung durch einen unzuständigen Träger
bei objektiver Betrachtung von Anfang an nicht zur Leistung verpflichtet	bei objektiver Betrachtung zunächst zur Leistung verpflichtet	bei objektiver Betrachtung von Anfang an (teilweise) nicht zur Leistung verpflichtet	bei objektiver Betrachtung von Anfang an unzuständig und nicht zur Leistung verpflichtet
vorläufige Leistungserbringung	endgültige Leistungserbringung	„vorläufige" Leistungserbringung	endgültige Leistungserbringung
gleichrangige Leistungsträger	gleichrangige Leistungsträger	nachrangiger Leistungsträger	unzuständiger Leistungsträger
Leistung mit Rechtsgrund	Leistung „zunächst" mit Rechtsgrund, späterer Wegfall des Rechtsgrundes	Leistung mit Rechtsgrund, Rechtsgrund bleibt bestehen	Leistung ohne Rechtsgrund

Wenn bei objektiver Betrachtung ein materiell-rechtlich nicht zur Leistungserbringung verpflichteter Leistungsträger geleistet hat, sollen die Erstattungsregelungen erreichen, dass die insoweit fehlerhaft vorgenommene Zahlung rückgängig gemacht wird. Die Zahlung wird aber nicht im Verhältnis zum Leistungsberechtigten rückgängig gemacht, sondern im Verhältnis zum eigentlich zuständigen Leistungsträger, der seine Zahlungsverpflichtung nicht vorgenommen hat. Zumindest in der Theorie wird somit das Rückabwicklungsverhältnis verkürzt:

Aus einem dreipoligen Verhältnis zwischen
• dem letztlich nicht verpflichteten, aber leistenden Leistungsträger,
• dem Leistungsberechtigten und
• dem verpflichteten, aber nicht leistenden Leistungsträger
wird ein zweipoliges Verhältnis zwischen lediglich zwei Beteiligten.

Der für die Leistung bei objektiver Betrachtung eigentlich zuständige Leistungsträger soll letztlich auch mit den Kosten belastet werden, für die er die materiell-rechtliche Verantwortung trägt. Die leistungsberechtigte Person bleibt solange von der Rückabwicklung unberührt wie der Erstattungsanspruch der erbrachten Leistung entspricht. Ist das der Fall, dienen die Erstattungsregelungen auch der Verwaltungs-

---
439 *Weber* in Beck OK, Rn 9.1 zu § 102 SGB X.

vereinfachung, denn eine Rückforderung gegenüber der leistungsberechtigten Person kann unterbleiben.

Hat die leistungsberechtigte Person die ihr zustehenden Leistungen erhalten – auch wenn sie diese von einem materiell-rechtlich nicht verpflichteten Leistungsträger bekommen hat –, kann sie keine weiteren Rechte geltend machen. Nach der **Erfüllungsfiktion des § 107 Abs. 1 SGB X** gilt der Anspruch der leistungsberechtigten Person gegen den zur Leistung verpflichteten Leistungsträger als erfüllt, **soweit** ein Erstattungsanspruch zwischen den beiden Leistungsträgern besteht.

Damit ist die Regelung in § 107 Abs. 1 SGB X (vgl. 2.7.1) von zentraler Bedeutung. Die Erfüllungsfiktion sorgt dafür, dass ein Leistungsträger, der für einen anderen Leistungsträger Vorleistungen erbracht hat, seine Bescheide nicht nach den §§ 45, 48 SGB X aufheben darf. Der vorleistende Leistungsträger hat nicht rechtswidrig geleistet, weil er für und anstelle des eigentlich zuständigen Leistungsträgers gehandelt hat.

Um weitere Doppelzahlungen zu vermeiden, sehen alle Erstattungsnormen der §§ 102 ff. SGB X vor, dass der erstattungsberechtigte Leistungsträger den erstattungspflichtigen Leistungsträger von seinen Zahlungen in **Kenntnis setzt bzw. in Kenntnis setzen muss. Unterlässt** der erstattungsberechtigte Leistungsträger diese Mitteilung, scheidet ein Erstattungsanspruch aus.

Für die weitere Vorgehensweise zur Vermeidung oder Rückabwicklung zu viel gezahlter Sozialleistungen ist eine fallabhängige Entscheidung notwendig.

Für den Fall, dass z. B. die Zahlung einer Rentenversicherung vor Kenntnis eines Erstattungsanspruchs des Sozialhilfeträgers erfolgt sein sollte, kommt eine (ggf. teilweise) Aufhebung der Leistungsbewilligung nach den §§ 45, 48 SGB X wegen anzurechnenden Einkommens in Betracht – mit der Folge, dass die leistungsberechtigte Person in dem Umfang gegenüber dem Sozialhilfeträger gemäß § 50 SGB X erstattungspflichtig würde, wie die Aufhebung (bestandskräftig) erfolgt. Dies ist dem Umstand geschuldet, dass in dieser Fallkonstellation ein Kostenerstattungsanspruch nach § 104 SGB X (s. o.) nicht entstanden ist. Ohne Erstattungsanspruch nach den §§ 102 ff. SGB X sind die Rentenzahlungen als bedarfsminderndes Einkommen zu sehen, so dass die bewilligte Sozialhilfe ohne Anrechnung der Rente zu hoch – mithin rechtswidrig – ausgezahlt worden wäre. Sollte eine Aufhebung und Erstattung nach §§ 44 ff. SGB X nicht in Frage kommen, sollte der Sozialhilfeträger nachrangig § 105 SGB XII prüfen, um über diesen Wegen einen Ersatz seiner ausgezahlten Leistungen zu erhalten.

Sollte die Rentenversicherung **nach der Anmeldung des Kostenerstattungsanspruchs** im Sinne von §§ 102 ff. SGB X durch den Sozialhilfeträger geleistet haben, hätte der Sozialhilfeträger aufgrund der Fiktionsregelung des § 107 Abs. 1 SGB X als Rentenversicherungsträger gehandelt. Die dann vorhandene Doppelleistung des Rentenversicherungsträgers einerseits und des Sozialhilfeträgers als Rentenversicherungsträgers kann nur über § 50 Abs. 2 SGB X **durch den Rentenversicherungsträger** zurückgefordert werden.

Neben den §§ 102 ff. SGB X kann § 36a Satz 6 SGB II für Erstattungsansprüche zwischen den kommunalen Trägern der Grundsicherung für Arbeitsuchende Anwendung finden (bei Aufenthalt von Personen in einem Frauenhaus).

Nach den §§ 102 ff. SGB X bzw. § 16 SGB IX besteht auch die Möglichkeit, Erstattungsansprüche gegen andere Leistungsträger geltend zu machen, die derselben Gebietskörperschaft angehören (z. B. das Sozialamt als Träger der Sozialhilfe gegen das Jugendamt als Träger der Jugendhilfe).[440]

Erstattungsansprüche zwischen einzelnen Trägern der Sozialhilfe kommen nur insoweit in Betracht, als die §§ 106 ff. SGB XII keine Regelungen treffen (vgl. § 37 Satz 1 SGB I).

Im Nachfolgenden wird zunächst auf den für die Träger der Grundsicherung für Arbeitsuchende und die Träger der Sozialhilfe wichtigste Erstattungsvorschrift, dem Erstattungsanspruch des nachrangig verpflichteten Leistungsträgers nach § 104 SGB X eingegangen. Anschließend folgt die Darstellung der übrigen Erstattungsvorschriften.

2.1 Erstattungsanspruch des nachrangig verpflichteten Leistungsträgers (§ 104 SGB X)

Von zentraler Bedeutung für Erstattungsansprüche der Leistungsträger nach dem Zweiten und Zwölften Buch Sozialgesetzbuch gegen andere Leistungsträger ist die Regelung des § 104 SGB X. Diese Bestimmung findet vor allem dann Anwendung, wenn Träger Leistungen erbracht haben, obwohl Ansprüche gegen andere Leistungsträger bestanden, die jedoch **nicht rechtzeitig** realisierbar waren (z. B. Arbeitslosengeld, Rente wegen Erwerbsminderung, Altersrente, Insolvenzgeld). Durch die Geltendmachung eines Erstattungsanspruchs soll die nachrangige Verpflichtung der Leistungsträger nach dem Zweiten oder Zwölften Buch Sozialgesetzbuch (vgl. § 3 Abs. 3 SGB II, § 2 SGB XII) wieder hergestellt werden.

Im Einzelnen müssen folgende Voraussetzungen erfüllt sein, die abgesehen von den formellen Voraussetzungen weitestgehend mit denen nach § 33 Abs. 1 SGB II bzw. § 93 SGB XII vergleichbar sind.

2.1.1 Leistungsträger

Die Bestimmungen des § 104 Abs. 1 Satz 1 SGB X beziehen sich, wie auch die anderen Regelungen im zweiten Abschnitt des dritten Titels des Zehnten Buches Sozialgesetzbuch, nur auf das Verhältnis der Leistungsträger i. S. der §§ 12 ff. SGB I zueinander.

Leistungsträger sind die Körperschaften, Anstalten und Behörden, die für die in den §§ 18 bis 29 SGB I genannten Leistungen zuständig sind (vgl. § 12 SGB I). Gleiches gilt für Stellen, die für die in § 68 SGB I genannten Leistungsgesetze zuständig sind. Neben den Leistungsträgern nach dem Zweiten und Zwölften Buch Sozialgesetzbuch sind diess z. B. die Träger der gesetzlichen Sozialversicherung (Kranken-, Renten-, Unfall- und Pflegeversicherung), die Bundesagentur für Arbeit, die Träger der Jugendhilfe oder die Träger der Ausbildungsförderung.

---

[440] Vgl. LSG Baden-Württemberg, Urt. vom 16.6.2009 – L 13 AL 5180/07 –, juris.

Kindergeld nach dem Einkommensteuergesetz stellt weder eine Sozialleistung dar noch wird diese von einem Leistungsträger ausgezahlt. Kindergeld ist eine Leistung im Rahmen des sog. „Familienlastenausgleichs". Trotzdem bestimmt sich der Erstattungsanspruch eines Leistungsträgers z. B. nach § 104 SGB X, da § 74 Abs. 2 EStG auf die Kostenerstattungsvorschriften nach den §§ 102 ff. SGB X verweist.

2.1.2 Leistungspflicht des Leistungsträgers

Der Leistungsträger muss aufgrund einer gesetzlichen Verpflichtung Sozialleistungen erbracht haben, wozu auch Ermessensleistungen zählen (vgl. § 39 Abs. 1 Satz 2 SGB I). Bei der Anwendung des § 104 SGB X ist der parallele Leistungsanspruch gegenüber einem vorrangig verpflichteten Leistungsträger von Anfang an bekannt. Dieser kann „lediglich" **nicht rechtzeitig** leisten. Es besteht von Anfang an ein zeitgleicher Anspruch gegenüber einem anderen Sozialleistungsträger. Ein Erstattungsanspruch nach § 104 SGB X setzt voraus, dass die Leistung rechtmäßig erbracht worden ist. Weiterhin darf es sich nicht um solche Sozialleistungen handeln, für die eine Leistungspflicht nachträglich entfällt und für die § 103 Abs. 1 SGB X Anwendung findet.

2.1.3 Nachrang, Kausalität

Die in § 104 Abs. 1 Satz 2 SGB X geregelte Nachrangigkeit und die in § 104 Abs. 1 Satz 3 SGB X geregelte Kausalität als Voraussetzungen für den Erstattungsanspruch sind nahezu bedeutungsidentisch.

Nachrangig verpflichtet ist ein Leistungsträger, soweit dieser bei rechtzeitiger Erfüllung der Leistungsverpflichtung eines anderen Leistungsträgers selbst nicht zur Leistung verpflichtet gewesen wäre (§ 104 Abs. 1 Satz 2 SGB X). Aus dem Wort „soweit" ergibt sich, dass die Leistung des vorrangig verpflichteten Leistungsträgers die Leistung des nachrangig verpflichteten Trägers nicht vollständig ersetzen muss. Der Erstattungsanspruch besteht auch dann, wenn sie auf die Leistung des nachrangig verpflichteten Leistungsträgers **angerechnet** werden kann. § 104 SGB X ist also u. a. dann die richtige Anspruchsgrundlage, wenn die Höhe der Leistungsverpflichtung durch die Erbringung der vorrangigen Leistung beeinflusst wird.

Ein Erstattungsanspruch besteht nicht, soweit der nachrangige Leistungsträger (hier der Träger von Leistungen nach dem Zweiten bzw. Zwölften Buch Sozialgesetzbuch) seine Leistung auch bei Leistung des vorrangig verpflichteten Leistungsträgers hätte erbringen müssen (vgl. § 104 Abs. 1 Satz 3 SGB X).

Aus dem Wort „soweit" ergibt sich auch hier, dass die Leistung des nachrangigen Leistungsträgers **ganz oder auch nur teilweise wegfallen kann** (Frage der **Kausalität**). Es ist demnach zu prüfen, ob und in welchem Umfang sich die rechtzeitige Leistung des vorrangig verpflichteten Leistungsträgers auf die Leistung des nachrangig verpflichteten Leistungsträgers **ausgewirkt** *hätte, wenn die vorrangige Leistung rechtzeitig erbracht worden wäre. Die Kausalitätsprüfung verlangt eine fiktive* *bzw. hypothetische Betrachtung der Frage, was passiert wäre, wenn der vorrangige Träger rechtzeitig seiner Leistuns-verpflichtung nachgekommen wäre. Hätte sich z. B. die vorrangige Leistungsverpflichtung auf die Leistungen des Leistungsträgers nach dem Zweiten oder Zwölften Buch Sozialgesetzbuch nicht ausgewirkt, besteht kein Erstattungsanspruch.*

Beispiel
Eine Person, die Leistungen der Hilfe zur Pflege nach dem 7. Kapitel SGB XII bezieht, hat einen Anspruch auf eine Rente aus der gesetzlichen Rentenversicherung in Höhe von monatlich 930,00 €, der vom Rentenversicherungsträger noch nicht erfüllt wird. Das Renteneinkommen in Höhe von 930,00 € würde unter der Einkommensgrenze des § 85 Abs. 1 SGB XII liegen.

Aufgrund des Nachrangprinzips (§ 2 SGB XII) ist der Träger der Sozialhilfe der nachrangig verpflichtete Träger, da die Rente als Einkommen zur Bedarfsdeckung grundsätzlich einzusetzen wäre. Damit ist § 104 SGB X die grundsätzlich richtige Anspruchsgrundlage für einen Erstattungsanspruch. § 103 SGB X ist nicht einschlägig, da die Rentenzahlung einen nachträglichen (teilweisen oder vollständigen) Wegfall einer Leistungsverpflichtung nach dem Zweiten oder Zwölften Buch Sozialgesetzbuch bewirken müsste.

Allerdings fehlt es für einen Kostenerstattungsanspruch an der notwendigen Kausalität (vgl. § 104 Abs. 1 Satz 3 SGB X). Auch bei rechtzeitiger Leistung des Rentenversicherungsträgers läge das monatliche Einkommen in Form der Rente unter der bei der Erbringung von Hilfe zur Pflege nach dem 7. Kapitel SGB XII zu bildenden Einkommensgrenze. Der Einsatz von Einkommen unter der Einkommensgrenze (vgl. § 88 Abs. 1 SGB XII) ist wegen dieses Anspruchs nicht möglich. Es wäre Hilfe zur Pflege in unveränderter Höhe geleistet worden.

Die Bewilligung einer Leistung des vorrangig verpflichteten Leistungsträgers kann, muss aber nicht zum vollständigen Wegfall der Leistung des nachrangig verpflichteten Leistungsträgers führen (vgl. § 104 Abs. 1 Satz 3 SGB X). Insofern besteht ein „Nebeneinander" von zwei Leistungsträgern, die sich in einem **Vorrang-/Nachrangverhältnis** bzw. in einer sog. **„Systemsubsidiarität"** befinden. Da die betroffenen Träger der Sozialhilfe bzw. Träger der Grundsicherung in der Regel einkommensabhängige Leistungen erbringen, ist § 104 SGB X dann die richtige Erstattungsnorm, wenn die Bewilligung einer anderen Leistung auf die Leistung des Trägers der Grundsicherung für Arbeitsuchende oder des Trägers der Sozialhilfe **anzurechnen** ist. Hingegen kommt § 103 SGB X zur Anwendung, wenn ein teilweiser oder vollständiger Wegfall der Leistung nach dem Zweiten oder Zwölften Buch eintritt, weil es nicht denkbar ist, dass die fraglichen zwei Leistungen nebeneinander erbracht werden können.

2.1.4 Anspruchsberechtigte Person, Personenidentität

Nach dem Wortlaut des § 104 Abs. 1 Satz 1 SGB X kommt ein Erstattungsanspruch des nachrangig verpflichteten Leistungsträgers nur gegen den Leistungsträger in Betracht, gegen den **die berechtigte Person** vorrangig einen Anspruch hat oder hatte. Die Person, die nach dem Zweiten bzw. Zwölften Buch Sozialgesetzbuch leistungsberechtigt ist, muss gleichzeitig anspruchsberechtigt gegen den anderen Leistungsträger sein (**Personenidentität**). Daraus folgt, dass grundsätzlich nur die Leistungen einen Erstattungsanspruch auslösen, die **der berechtigten Person** erbracht worden sind.

Diese Auffassung hat das Bundessozialgericht bezüglich der Gewährung von Sozialhilfe schon im Jahre 1993 ausdrücklich vertreten.[441] Es fordert eine Personenidentität zwischen dem „Berechtigten" auf der einen Seite und der leistungsberechtigten Person auf der anderen Seite. Das bedeutet, dass danach die den Angehörigen einer Bedarfs- oder Einsatzgemeinschaft (nicht getrennt lebende Ehegatten, Lebenspartner, Partner in einer eheähnlichen oder lebenspartnerschaftsähnlichen Gemeinschaft oder im Haushalt lebende Kinder) gleichzeitig erbrachten Leistungen grundsätzlich nicht geltend gemacht werden können.

Ausnahmen von diesen Regelungen sehen § 34c SGB II und § 114 SGB XII für erbrachte Leistungen zum Lebensunterhalt vor. Danach können nicht nur die Aufwendungen für die anspruchsberechtigte Person in den Kostenerstattungsanspruch des nachrangigen Leistungsträgers einbezogen werden, **sondern auch die Aufwendungen für die Mitglieder der Einsatzgemeinschaft** (vgl. § 9 Abs. 2 Satz 1, Satz 2 SGB II, § 19 Abs. 1 SGB XII i.V.m. § 27 Abs. 2 Satz 2, Satz 3 SGB XII, § 19 Abs. 2 i.V.m. § 43 Abs. 1 Halbsatz 1 SGB XII). § 114 SGB XII fordert dabei die gleichzeitige Leistungserbringung für die anspruchsberechtigte Person sowie die Mitglieder der Einsatzgemeinschaft, was wegen der Bedarfsanteilsmethode des § 9 Abs. 2 Satz 3 SGB II in § 34c SGB II unproblematisch ist. Diese Erweiterung der Personenidentität findet **keine Anwendung** für Leistungen nach dem 5. bis 9. Kapitel SGB XII (vgl. § 114 SGB XII).

Beispiel

Die leistungsberechtigte Person hat Leistungen zum Lebensunterhalt nach dem Zweiten Buch oder Zwölften Buch Sozialgesetzbuch erhalten. Sie hat einen Anspruch auf eine Rente wegen Erwerbsminderung gegen den Träger der gesetzlichen Rentenversicherung. Bis zur Höhe der dieser Person erbrachten Leistungen kann der Träger der Grundsicherung für Arbeitsuchende oder der Sozialhilfe einen Erstattungsanspruch nach § 104 Abs. 1 SGB X gegenüber der Rentenversicherung geltend machen.

Hat neben der leistungsberechtigten Person auch die Partnerin oder der Partner Leistungen zum Lebensunterhalt nach dem Zweiten Buch oder dem 3. bzw. 4. Kapitel SGB XII erhalten, können diese Aufwendungen zwar nicht unmittelbar nach § 104 Abs. 1 Satz 1 SGB X, aber in Verbindung mit § 34c SGB II bzw. § 114 SGB XII vom erstattungsberechtigten Leistungsträger geltend gemacht werden.

---

441 Vgl. BSG, Urt. vom 8.8.1993 –11 RAr 79/88 –, FEVS 41, 255 = FamRZ 1991, 561 = NJW 1991, 380.

Eine weitere Ausnahme von der Forderung nach Personenidentität sieht § 104 Abs. 2 SGB X vor. Diese Regelung stellt keinen von den Voraussetzungen des § 104 Abs. 1 SGB X unabhängigen Erstattungsanspruch eigener Art dar, sondern erweitert diesen nur. Gemäß § 104 Abs. 2 SGB X gilt § 104 Abs. 1 SGB X auch dann, wenn von einem nachrangig verpflichteten Leistungsträger für Angehörige Sozialleistungen erbracht worden sind und ein anderer mit Rücksicht auf diesen Angehörigen einen Anspruch auf Sozialleistungen, auch auf besonders bezeichnete Leistungsteile, gegenüber einem vorrangig verpflichteten Leistungsträger hat oder hatte.

Häufigster Anwendungsfall des § 104 Abs. 2 SGB X ist die Erstattung von Kindergldbeträgen. Der Träger der Sozialhilfe nach dem Zwölften Buch Sozialgesetzbuch oder der Träger der Grundsicherung für Arbeitsuchende nach dem Zweiten Buch Sozialgesetzbuch kann wegen erbrachter Leistungen zum Lebensunterhalt gegenüber der Familienkasse einen Erstattungsanspruch geltend machen, wenn sowohl ein Elternteil, für den ein Erstattungsverfahren in Betracht kommt, als auch das Kind Leistungsberechtigte sind und alle Personen eine Bedarfs- bzw. Einsatzgemeinschaft bilden. Der Erstattungsanspruch entsteht dann gemäß § 74 Abs. 2 EStG i. V. m. § 104 Abs. 2, Abs. 1 SGB X, da eine direkte Anwendung des § 104 Abs. 1 SGB X an der fehlenden Personenidentität scheitert.

Die Voraussetzung der Personenidentität ist nicht erfüllt, da gegenüber der Familienkasse ein Elternteil den Anspruch auf Kindergeld besitzt (vgl. § 64 EStG) und im Sozialhilferecht dem Kind das Kindergeld zur Bestreitung des Lebensunterhalts zugerechnet wird (§ 11 Abs. 1 Satz 4 SGB II, § 82 Abs. 1 Satz 3 SGB XII).

Ein Erstattungsanspruch besteht gemäß § 104 Abs. 2 SGB X, wenn von dem Träger der Sozialhilfe als nachrangig verpflichteten Leistungsträger für das Kind als Angehörigen Sozialleistungen erbracht werden und der kindergeldberechtigte Vater (oder die Mutter) wegen seines Kindes Anspruch auf Kindergeld gegenüber der vorrangig verpflichteten Familienkasse hat. Im Ergebnis sorgt § 104 Abs. 2 SGB X auf der Seite des erstattungspflichtigen Leistungsträgers für eine Erweiterung des Personenkreises, der für den Erstattugs-anspruch in Betracht kommt, während die §§ 34c, 114 SGB XII den Personenkreis auf der Seite des erstattungsberechtigten Leistungsträgers erweitert.[442]

2.1.5 Gleichzeitigkeit, Zeitidentität

Der Anspruch der leistungsberechtigten Person nach dem Zweiten oder Zwölften Buch Sozialgesetzbuch muss für dieselbe Zeit bestehen, für die auch die Hilfeleistung erbracht wurde bzw. wird. Für Zeiträume, in denen der erstattungsberechtigte Träger keine Leistungen erbracht hat, kann keine Erstattung erfolgen. Entsprechendes gilt auch für den erstattungspflichtigen Träger.

Insofern kommen Erstattungsansprüche nur für „Zeitüberschneidungen" in Frage. Dabei ist grundsätzlich eine **monatsweise Betrachtung vorzunehmen,** jedenfalls dann, wenn es sich um Leistungen handelt, die monatsweise erbracht werden.

---
442 Vertiefend und ausführlich zu dieser Regelung: *Weber* in Beck OK, Rn. 25 ff. zu § 104 SGB X.

Entscheidungsrelevant ist die Frage, welches Einkommen und welcher Anspruch gegen den anderen Leistungsträger nach der „Zuflusstheorie" bzw. dem „Monatsprinzip" dem jeweiligen Zeitraum zuzuordnen sind oder gewesen wären.

Beispiel
Soweit eine Rente am letzten Bankarbeitstag am Monatsende nachschüssig für den Monat Mai ausgezahlt wird bzw. würde (vgl. § 118 Abs. 1 SGB VI), hindert dies nicht die Geltendmachung des Kostenerstattungsanspruchs aus der Sicht des Trägers der Sozialhilfe oder der Grundsicherung für Arbeitsuchende für den Monat Mai, für den die Leistung erbracht wird, auch wenn die Leistung zum Lebensunterhalt vorschüssig (vgl. z. B. § 41 Abs. 1 Satz 4 SGB II) erbracht wird. Denn in beiden Fällen besteht eine Zeitkongruenz. Es geht um die Leistung für den Monat Mai.

Die Leistung der Rentenversicherung wäre als Einkommen auf die Leistung zum Lebensunterhalt im Monat Mai angerechnet worden. Entscheidend ist damit die Übereinstimmung des Anspruchs- und Bezugszeitraums. Nur so werden zweckidentische Doppelleistungen für gleiche Bezugszeiträume und die nachträgliche Entlastung des rechtmäßig vorleistenden Trägers erreicht.

Nicht zulässig wäre es, eine Gesamtsaldierung aller erbrachten Leistungen über den gesamten Erstattungszeitraum und eine anschließende Verrechnung der Leistungsüberhänge vorzunehmen. Dies ist wegen der notwendigen monatlichen Gegenüberstellung nicht zulässig.[443]

Beispiel [444]
Der arbeitslose Leistungsberechtigte L beantrag a 01.03. Arbeitslosengeld (Alg I) nach dem Dritten Buch Sozialgesetzbuch. Die örtliche Arbeitsagentur kann den Anspruch auf Arbeitslosengeld nicht kurzfristig erfüllen. Der Träger der Leistungen nach dem Zweiten Buch Sozialgesetzbuch bewilligt für den gesamten Monat März Leistungen der Grundsicherung für Arbeitsuchende in Höhe von 600,00 €, um den Lebensunterhalt von L zu sichern. Gleichzeitig wird gegenüber der Agentur für Arbeit ein Erstattungsanspruch nach § 104 SGB X geltend gemacht.

Rückwirkend bewilligt die Agentur für Arbeit ab der 12.03. Arbeitslosengeld mit einem täglichen Leistungssatz von 40,00 €. Der Anspruch von L beträgt für den Zeitraum vom 12.03. bis zu 31.03. 800,00 € (20 Tage x 40,00 €).

Eine zeitliche Identität (Gleichzeitigkeit) beider Erstattungsansprüche besteht nur für den Zeitraum vom März bis zum März Für diesen Zeitraum hätte die Agentur für Arbeit als vorrangig verpflichteter (und erstattungspflichtiger) Leistungsträger Leistungen in Höhe von 800,00 € erbracht. Nach § 104 Abs. 3 SGB X ist der Erstattungsanspruch in dieser Höhe begrenzt.

---

443 Vgl. FG Münster, Urt. vom 18.2.2010 – 6 K 390/08 –, juris, nachgehend: BFH, Urt. vom 16.7.2012 – III R 28/10 –, juris.
444 *Weber* in Beck OK, Rn. 23.1 ff. zu § 104 SGB X.

Betrachtet man denselben Zeitraum aus der Perspektive des tatsächlich leistenden Trägers der Grundsicherung für Arbeitsuchende, hat dieser Leistungen in Höhe von 400,00 € erbracht (der Monat wird im Zweiten Buch Sozialgesetzbuch nach § 41 Abs. 1 SGB II mit 30 Tagen berechnet, so dass gilt: 600,00 €/30 x 20). Es könnte daher angenommen werden, dass die Kostenerstattung auf 400,00 € begrenzt ist (Kausalitätsprüfung nach § 104 Abs. 1 Satz 2, Satz 3 SGB X[445]*).*

Dabei ist allerdings zu beachten, dass Leistungen nach dem Zweiten Buch Sozialgesetzbuch monatsweise erbracht werden (sog. „Monatsprinzip") und folglich auch eine monatsweise Betrachtung vorzunehmen ist. Hätte die Arbeitsagentur rechtzeitig geleistet, wäre das Arbeitsloseneld — soweit der tatsächliche Zufluss im Monat März stattgefunden hätte — Einkommen für März gewesen und hätte dazu geführt, dass der Bedarf i. H. v. 600,00 € vollständig durch die anzurechnenden 800,00 € (abzüglich der Versicherungspauschale) „gedeckt" worden wäre, es mithin keine Leistung nach dem Zweiten Buch Sozialgesetzbuch gegeben hätte. Diese Betrachtungsweise ist vom Bundessozialgericht trotz der tageweisen Zahlung von Arbeitslosengeld für den Leistungsbereich so bestätigt worden.[446] *Für den Erstattungsanspruch muss das genauso gelten.*

Ziel der Erstattungsvorschrift des § 104 SGB X ist es, den nachrangig verpflichteten Träger so zu stellen wie er gestanden hätte, wenn der vorrangig verpflichtete Träger rechtzeitig geleistet hätte. Deshalb ist aus der Sicht des Trägers der Grundsicherung für Arbeitsuchende die Monatsleistung anzusetzen, also ein monatsweiser Vergleich vorzunehmen.

Würde eine tageweise Betrachtung vorgenommen, würde der Träger der Grundsicherung für Arbeitsuchende zusätzlich mit Kosten belastet, die er bei rechtzeitiger Leistung der Arbeitsagentur nicht hätte. Die leistungsberechtigte Person hätte (teilweise) Doppelleistungen erhalten. Eine Rückforderung des Trägers der Grundsicherung für Arbeitsuchende gegenüber der leistungsberechtigten Person in Höhe des nicht erstatteten Betrages wäre nicht möglich, da dieser die Leistungen vom Träger der Grundsicherung für Arbeitsuchende rechtmäßig erhalten hat.

2.1.6 Ausschluss des Erstattungsanspruchs wegen Zahlung an die leistungsberechtigte Person

Ein Erstattungsanspruch nach § 104 SGB X stzt – ebenso wie die anderen Erstattungsansprüche nach den §§ 103 bis 105 SB X – voraus, dass der erstattungspflichtige Leistungsträger **nicht bereits geleistet hat**, bevor er von der Leistung des erstattungsberechtigten Leistungsträgers nach dem Zweiten oder Zwölften Buch Sozialgesetzbuch **Kenntnis** erlangt hat. Der erstattungspflichtige Leistungsträger hat mit befreiender Wirkung gehandelt, wenn er an die leistungsberechtigte Person seine Sozialleistungen ausgezahlt hat, ohne dass er vom vorleistenden und erstattungs-

---

445 In der Kausalitätsprüfung müsste außerdem das Arbeitslosengeld I noch als Einkommen „bereinigt" werden, z. B. in Höhe der sog. „Versicherungspauschale" von 30,00 €.
446 Vgl. BSG, Urt. vom 31.7.2008 – B 14 AS 26/07 R –, FEVS 60, 404 = ZFSH/SGB 2009, 34 = NVwZ-RR 2009 963.

begehrenden Leistungsträger nach dem Zweiten oder Zwölften Buch Sozialgesetzbuch über dessen Leistungen informiert wurde.

Der erstattungsbegehrende Leistungsträger muss daher dem erstattungspflichtigen Leistungsträger **Kenntnis** von seiner Leistung **verschaffen**. Das bloße Kennenmüssen reicht für einen Erstattungsanspruch nicht aus. Eine fahrlässige oder auch grob fahrlässige Unkenntnis des erstattungspflichtigen Leistungsträgers, weil sich z. B. aus der Akte die Leistung eines nicht verpflichteten Leistungsträgers ergibt, hindert diesen nicht, mit befreiender Wirkung zu leisten.

Der Leistungsträger nach dem Zweiten oder Zwölften Buch Sozialgesetzbuch sollte den vorrangig verpflichteten Leistungsträger daher schnellstmöglich über die **leistungsberechtigte Person, Leistungsart, Leistungsgrund und Leistungshöhe** informieren. Dies stellt ein formloses Verfahren dar, ohne an die Vorgaben des Verwaltungsverfahrensgesetzes gebunden zu sein.

Erfolgt diese positive Kenntnisverschaffung nicht oder nicht rechtzeitig, kann der Sozialhilfeträger nach § 105 Abs. 1 SGB XII von der leistungsberechtigten Person die zu viel ausgezahlte Leistung zurückverlangen. Hat danach ein vorrangig verpflichteter Leistungsträger in Unkenntnis der Leistung des Trägers der Sozialhilfe an die leistungsberechtigte Person geleistet, ist die leistungsberechtigte Person zur Herausgabe des Erlangten an den Träger der Sozialhilfe verpflichtet. Es handelt bei der Rechtsnorm des § 105 Abs. 1 SGB XII um eine Sonderregelung, die nur für den Sozialhilfeträger Anwendung findet.

2.1.7 Ausschlussfristen

Für alle Erstattungsansprüche und damit auch für den Erstattungsanspruch nach § 104 SGB X sind insbesondere die Fristen zu beachten, die sich aus § 111 SGB X (Ausschlussfrist) und aus § 113 SGB X (Verjährung) ergeben (vgl. dazu 2.7).

2.1.8 Umfang des Erstattungsanspruchs

Der Umfang des Erstattungsanspruchs richtet sich nach den für den vorrangig verpflichteten Leistungsträger geltenden Rechtsvorschriften (§ 104 Abs. 3 SGB X). Der Erstattungsumfang wird weiterhin durch die Höhe der vom Träger der Grundsicherung für Arbeitsuchende bzw. Sozialhilfe erbrachten Leistung (vgl. Kausalitätsprüfung) begrenzt. Insofern begrenzen sich die Leistungen des vor- und nachrangigen Trägers gegenseitig. Der erstattungsberechtigte Träger erhält nicht mehr, als er gegenüber der leistungsberechtigten Person erbracht hat. Der erstattungspflichtige Leistungsträger bekommt nicht mehr erstattet, als er selbst hätte leisten müssen.

Zum Umfang der Kostenerstattung hinsichtlich der vom Leistungsträger entrichteten **Sozialversicherungsbeiträge** ist zusätzlich folgendes anzumerken:

Der erstattungspflichtige Leistungsträger (z. B. der Rentenversicherungsträger) hat auch die aufgrund des Bezugs von Leistungen nach dem Zweiten (und ggf. auch Zwölften) Buch Sozialgesetzbuch **entrichteten Beiträge zur Kranken- und Pflegeversicherung** zu ersetzen. „Denn es handelt sich [...] hinsichtlich erbrachter Nebenleistungen zum Arbeitslosengeld II um die Ergänzung (Annex) eines nach den §§ 102 ff. SGB X bestehenden Erstattungsanspruchs"[447].

Die Höhe des Erstattungsanspruchs hinsichtlich der **Kranken- und Pflegeversicherungsbeiträge** richtet sich nicht nach den tatsächlichen Beiträgen, die der Träger aufgrund des Bezuges von Leistungen nach dem Zweiten Buch Sozialgesetzbuch getragen hat. Zu ersetzen sind gemäß § 40 Abs. 2 Nr. 5 SGB II i. V. m. § 335 Abs. 2 Satz 3 Nr. 1 SGB III die Beitragsanteile der versicherten leistungsberechtigten Person (z. B. die der versicherten Rentnerin/des versicherten Rentners, die aus der Rente zu entrichten wären). Es ist auch unerheblich, ob z. B. der Rentenanspruch den Anspruch nach dem Zweiten Buch Sozialgesetzbuch in voller Höhe oder nur teilweise beseitigt. Ein Beitragsersatz erfolgt auch, wenn die zu gewährende Rente im Rahmen der Einkommensanrechnung lediglich zu einem teilweisen Wegfall der Leistungen führt (z. B. Rente wegen teilweiser Erwerbsminderung, Witwenrente).

Kostenerstattungsansprüche nach den §§ 102 ff. SGB X richten sich ausschließlich gegen einen anderen Leistungsträger. Damit ist ein Rückgriff auf Kostenerstattung von **Kranken- und Pflegeversicherungsbeiträgen** gegenüber der leistungsberechtigten Person ausgeschlossen.

Für die Anwendung des § 104 SGB X ist ebenfalls die Spezialregelung des § 113 SGB XII zu beachten:

Danach gehen Erstattungsansprüche der Träger der Sozialhilfe gegen andere Leistungsträger nach § 104 SGB X einer Übertragung, Pfändung oder Verpfändung des Anspruchs vor, auch wenn sie vor Entstehen des Erstattungsanspruchs erfolgt sind.

2.2 Erstattungsanspruch des Trägers der Grundsicherung für Arbeitsuchende nach § 40a SGB II

Eine besondere gesetzliche Spezialregelung für einen Erstattungsanspruch stellt § 40a SGB II[448] dar, der auf die Anwendung des § 104 SGB X verweist.

Wird danach einer leistungsberechtigten Person für denselben Zeitraum, für den ein Träger der Grundsicherung für Arbeitsuchende Leistungen erbracht hat, eine andere Sozialleistung bewilligt, so steht dem Träger der Grundsicherung für Arbeitsuchende unter den Voraussetzungen des § 104 SGB X ein Erstattungsanspruch gegen den anderen Sozialleistungsträger zu. Der Erstattungsanspruch besteht auch, soweit die Erbringung des Arbeitslosengeldes II llein aufGgrund einer nachträglich festgestellten vollen Erwerbsminderung **rechtswidrig** war oder rückwirkend eine Rente wegen Alters oder eine Knappschaftsausgleichsleistung zuerkannt wird.

---
447 BSG, Urt. vom 31.10.2012 – B 13 R 9/12 R –, juris, Rn. 49.
448 Eingefügt durch Art. 1 des Achten Gesetzes zur Änderung des Zweiten Buches Sozialgesetzbuch v. 28.7.2014 (BGBl. I S. 1306).

Die Bestimmung stellt aus Gründen der Rechtssicherheit klar, dass der Träger der Grundsicherung für Arbeitsuchende auch dann einen Erstattungsanspruch hat, wenn – außerhalb des Verfahrens nach § 44a SGB II – ggf. überraschend und rückwirkend eine volle Erwerbsminderungsrente anerkannt wird oder eine Altersrente oder eine Knappschaftsausgleichsleistung zuerkannt wird, weil die leistungsberechtigte Person selbstständig und ohne Kenntnis des Trägers der Grundsicherung für Arbeitsuchende einen Antrag auf Erwerbsminderung stellt bzw. der Antrag auf volle Erwerbsminderung rückwirkend ohne Durchführung des Verfahrens nach § 44a SGB II bewilligt wird.

In diesen Fällen hatte das Bundessozialgericht[449] entschieden, dass die Voraussetzungen für einen Erstattungsanspruch nach § 103 SGB X wegen eines nachträglichen Wegfalls des SGB II-Leistungsanspruchs nicht vorliegen. Die nicht geklärte und umstrittene Frage, ob ein Erstattungsanspruch nach § 104 SGB X in Frage kommt, ist durch § 40a SGB II nunmehr gesetzlich geregelt.

Der Gesetzgeber betont dabei in § 40a Satz 2 SGB II, dass ein Erstattungsanspruch selbst in den Fallgestaltungen besteht, in denen die Erbringung des Arbeitslosengeldes II llein aufGgrund einer nachträglich festgestellten vollen Erwerbsminderung **rechtswidrig** war oder rückwirkend eine Rente wegen Alters oder Knappschaftsausgleichsleistung zuerkannt wird. Im Fall der Zuerkennung einer vollen Erwerbsminderungsrente kann wegen mangelnder Sachverhaltsaufklärung oder wegen fehlender Leistungsvoraussetzungen (z. B. Sozialgeld statt Arbeitslosengeld II, Grundsicherung im Alter und bei Erwerbsminderung statt Arbeitslosengeld II) die Leistung nach dem Zweiten Buch Sozialgesetzbuch rechtswidrig gewesen sein. Trotzdem besteht nunmehr ein Erstattungsanspruch, obwohl Erstattungsansprüche nach den §§ 102 ff. SGB X grundsätzlich rechtmäßige Leistungen voraussetzen.

Im Fall der rückwirkenden Gewährung einer Altersrente oder einer Knappschaftsausgleichsleistung war es bislang problematisch, den Zeitraum und den Umfang des Erstattungsanspruchs zu bemessen, weil nach § 7 Abs. 4 Satz 1 SGB II ein Leistungsausschluss nach dem Zweiten Buch Sozialgesetzbuch erst ab **tatsächlicher** Leistungserbringung (also ab Bezug) der Altersrente oder der Knappschaftsausgleichsleistung vorgesehen ist. Nunmehr besteht ein Erstattungsanspruch auch für den Zeitraum, in dem die Altersrente oder die Knappschaftsausgleichsleistung **rückwirkend**, d. h. ab Rentenbeginn, zuerkannt wird.

Damit besteht jetzt ein rückwirkender Erstattungsanspruch für den Zeitraum, in dem sich die fraglichen Leistungen (Grundsicherung für Arbeitsuchende einerseits Erwerbsminderungsrente/Altersrente/Knappschaftsausgleichsleistung andererseits) zeitlich überschneiden. Doppelleistungen an die leistungsberechtigte Person werden so vermieden.

Zu beachten ist, dass ein Erstattungsanspruch nur unter den einzuhaltenden Voraussetzungen des § 104 SGB X möglich ist.

---

[449] BSG, Urt. vom 31.10.2012 – B 13 R 11/11 R –, SGb 2014, 108. Vgl. dazu auch *Blüggel*, SGb 2014, 61-68 (Entscheidungsbesprechung); vgl. dazu auch *Geiger*, SGb 2014 S. 183–186 (Aufsatz).

2.3 Erstattungsanspruch des vorläufig leistenden Leistungsträgers (§ 102 SGB X, § 16 Abs. 1 SGB IX)

Nach § 102 Abs. 1 SGB X hat derjenige Leistungsträger, der aufgrund gesetzlicher Vorschriften **vorläufig** Sozialleistungen erbracht hat, einen Erstattungsanspruch gegen den endgültig leistungspflichtigen Leistungsträger.

§ 102 SGB X erfasst **nicht die Fälle**, in denen die Leistungsträger nach dem Zweiten bzw. Zwölften Buch Sozialgesetzbuch aufgrund einer akuten Bedürftigkeit Leistungen erbringen, obwohl Ansprüche gegen andere Leistungsträger bestehen (z. B. bis zur Auszahlung des Arbeitslosengeldes nach dem Dritten Buch Sozialgesetzbuch, des Krankengeldes oder der Rente wegen Erwerbsminderung). Hierfür findet regelmäßig § 104 SGB X Anwendung.

Von § 102 SGB X sind nur die Fälle erfasst, in denen ein Leistungsträger **bei bestehender Unklarheit oder Streit** über die endgültige Zuständigkeit aufgrund einer ausdrücklichen gesetzlichen Ermächtigung bzw. Verpflichtung (z. B. § 43 Abs. 1 SGB I) **vorläufig Leistungen** erbracht hat (vgl. Kapitel 1.2.6.5). Der Kompetenzkonflikt oder die ungeklärte Sachlage soll sich nicht nachteilig auf die leistungsberechtigte Person auswirken, indem es zu keinen Leistungszahlungen kommt. Stattdessen wird der in der Regel zuerst angegangene Leistungsträger verpflichtet, in Vorlage zu gehen und vorläufig zu leisten (vgl. § 43 SGB I).

Beispiele
- *Es besteht ein Zuständigkeitskonflikt zwischen einem örtlichem und einem überörtlichem Träger der Sozialhilfe, z. B. bei der Hilfe zur Pflege oder der Eingliederungshilfe für behinderte Menschen.*
- *Ist zwischen zwei Trägern der Sozialhilfe in Anwendung des § 98 Abs. 2 SGB XII die örtliche Zuständigkeit streitig, kann der zuerst angegangene Träger der Sozialhilfe nach § 43 SGB I vorläufig leisten und einen Erstattungsanspruch nach § 102 SGB X geltend machen.[450]*
- *Ist zwischen dem Träger der Sozialhilfe und dem Träger der Grundsicherung für Arbeitsuchende ein Anspruch eines Leistungsberechtigten nach dem 4. Kapitel SGB XII streitig, weil eine unterschiedliche Ansicht über die Bewertung des Vermögensschutzes besteht, kann der Träger der Leistungen nach dem Zwölften Buch Sozialgesetzbuch vorläufig leisten und einen Erstattungsanspruch nach § 102 SGB X geltend machen.*
- *Ein solcher Fall wäre z. B. denkbar, wenn der Träger der Sozialhilfe ein Hausgrundstück als nach § 90 Abs. 2 Nr. 8 SGB XII unangemessen einstuft, insofern ein Anspruch auf Leistungen nach dem Zwölften Buch Sozialgesetzbuch entfallen würde und damit ein Anspruch auf Sozialgeld nach dem Zweiten Buch Sozialgesetzbuch bestünde (jeweils in Abhängigkeit der vermögensrechtlichen Bewertung). § 44a SGB II kommt hier nicht zur Anwendung, da dieser nur die Fälle der streitigen Erwerbsfähigkeit bzw. Erwerbsminderung thematisiert.*

---

450 Vgl. BVerwG, Urt. vom 19.10.2006 – 5 C 26/06 –, BVerwGE 127, 74 = NVwZ-RR 2007, 180 = DÖV 2007, 525 = EuG 2007, 401.

- *Ein Erstattungsanspruch des Trägers der Sozialhilfe kommt nach § 102 SGB X in Betracht, wenn dieser gem. § 43 SGB I nur vorläufig Leistungen nach § 67 SGB XII (Hilfe zur Überwindung besonderer sozialer Schwierigkeiten) erbringt und eine nach § 10 Abs. 4 Satz 1 SGB VIII vorrangige Zuständigkeit des Trägers der Jugendhilfe gegeben ist. Ein Erstattungsanspruch nach § 102 SGB X kommt hier in Betracht, da es sich in den Anwendungsfällen des § 67 SGB XII und des § 10 Abs. 4 Satz 1 SGB VIII um gleichrangige konkurrierende Leistungen handelt, die sich nicht allgemeingültig (z. B. durch eine Systemnachrangigkeit) voneinander abgrenzen lassen.*
- *Denn bei der Abgrenzung der Leistungssysteme des Zwölften und Achten Buches Sozialgesetzbuch kommt es nicht auf den Schwerpunkt der Hilfeleistung an, sondern allein auf die Art der miteinander konkurrierenden Leistungen. Dabei kommt es ferner nicht darauf an, dass der Träger der Jugendhilfe die Leistung bereits bestandskräftig abgelehnt hat.*[451]
- *Es besteht ein Zuständigkeitsstreit zwischen Rehabilitationsträgern (vgl. §§ 5, 6 SGB IX). Regelmäßig kommt hier aber die spezialgesetzliche Erstattungsnorm des § 14 Abs. 4 SGB IX in Frage.*

Ein Zuständigkeitsstreit i. S. der §§ 102 SGB X, 43 SGB I kann nur dann bestehen, wenn für beide Leistungsträger die in Rede stehende Leistung in Frage kommt. Infolgedessen kommt eine vorläufige Leistung überhaupt nur in Betracht, wenn der erstangegangene Leistungsträger die Leistung auch tatsächlich rechtmäßig erbringen könnte. Gleichzeitig muss aber eine materiell-rechtliche Leistungspflicht des erstattungspflichtigen Leistungsträgers gegeben sein.

Da zwei Leistungsträger für die Leistung von Anfang an in Frage kommen, besteht die Erstattungspflicht des § 102 SGB X grundsätzlich **bei gleichrangig verpflichteten Leistungsträgern.** Leistungsträger nach dem Zweiten oder Zwölften Buch Sozialgesetzbuch sind grundsätzlich nachrangig zur Leistung verpflichtet. Hauptanwendungsbereich für diese Träger ist daher die Erstattungsnorm des § 104 SGB X und nicht § 102 SGB X.

Für einen Erstattungsanspruch nach § 102 SGB X müssen zusammengefasst folgende Voraussetzungen vorliegen:
- rechtmäßige Leistungserbringung eines Leistungsträge i. S. v. on § 12 i. V. m §§ 18 bis 29 SGB I,
- aufgrund gesetzlicher Voschriften – rechtmäßige – Vorleistung durch z. B. (rechtmäßige) Anwendung des § 43 SGB I,
- Persoen-, Zeit-, und Sachidentität,
- keine Leistung mit befreiender Wirkung,
- tatsächliche Zuständigkeit des anderen Leistungsträgers,
- keine Ausschlussfrist (§ 111 SGB X), keine Verjährung (§ 113 SGB X).

---

451 Vgl. VG Aachen, Urt. vom 8.12.2009 – 2 K 1653/06 –, BeckRS 2010, 46731.

2.3 Erstattungsanspruch des vorläufig leistenden Leistungsträgers

Der Umfang des Erstattungsanspruchs richtet sich nach den für den vorleistenden Leistungsträger geltenden Rechtsvorschriften (§ 102 Abs. 2 SGB X). Der vorläufig leistende Leistungstäger wird – im Gegensatz zu den übrigen Erstattungsvorschriften (vgl. §§ 103 Abs. 2, 104 Abs. 3, 105 Abs. 2 SGB X), die einen Erstattungsanspruch in Höhe der Leistung des letztlich verpflichteten Leistungsträger vorsehen – **privilegiert**, da er einen Erstattungsanspruch **in Höhe seiner Ausgaben** hat (vgl. § 102 Abs. 2 SGB X).

Dem vorläufig leistenden Leistungsträger werden nach § 102 SGB X alle pflichtgemäß aufgewendeten Kosten von dem endgültig zuständigen Leistungsträger erstattet, einschließlich der erbrachten Ermessensleistungen. Die Regelung erklärt sich daraus, dass der vorläufig leistende Leistungsträger zunächst die Verantwortung für die Leistung übernommen hat und nicht später schlechter gestellt werden soll, wenn sich letztlich die Zuständigkeit eines anderen Trägers herausstellt. Hingegen geht der sich für nicht zuständig haltende Leistungsträger das Risiko ein, einen im Vergleich zu seiner eigentlichen Leistungsverpflichtung gegenüber der leistungsberechtigten Person größeren Betrag zu erstatten, wenn er gegenüber dem Leistungsberechtigten nach seinen Vorschriften weniger hätte zahlen müssen als es der vorläufig leistende Leistungsträger in rechtmäßiger Form getan hat.

Soweit allerdings die Vorleistung in ihrer Höhe **über** der endgültigen Leistung des schließlich zuständigen Leistungsträgers liegt und dieser sich dem Erstattungsanspruch ausgesetzt sieht, kann die „überschießende" Leistung nach § 43 Abs. 2 Satz 1 i. V. m. § 42 Abs. 2 Satz 1 SGB I verrechnet werden, und zwar vom endgültig zuständigen Leistungsträger.

Soweit die Vorleistung in ihrer Höhe **hinter** der endgültigen Leistung des schließlich zuständigen Leistungsträgers **zurückbleibt**, steht bei den Geldleistungen der Differenzbetrag der leistungsberechtigten Person zu. Dies folgt aus § 107 Abs. 1 SGB X, der den Leistungsanspruch nur **insoweit** als erfüllt sieht, wie ein Erstattungsanspruch besteht.

Ein Erstattungsanspruch ist nach § 110 Satz 2 SGB X nicht zu erfüllen, wenn er weniger als 50,00 € beträgt.

§ 102 SGB X findet entsprechend Anwendung, wenn der Leistungsträger nach dem Zweiten Buch Sozialgesetzbuch nach § 25 SGB II Vorschüsse auf zu erwartende Leistungen der gesetzlichen Renten- bzw. Unfallversicherung erbracht hat (vgl. § 25 Satz 3 SGB II).

Daneben gilt § 102 SGB X auch in den Fällen des § 2 Abs. 3 SGB X (Wechsel der Zuständigkeit).

Eine eigenständige, aber in der Konsequenz weitgehend mit § 102 SGB X vergleichbare Regelung enthält § 16 Abs. 1 SGB IX bezüglich der Leistungen im Rahmen der Rehabilitation und Teilhabe behinderter Menschen.

2.4 Erstattungsanspruch bei nachträglichem Entfallen einer Leistungspflicht (§ 103 SGB X)

Innerhalb der Erstattungsregelungen liegt der maßgebliche Unterschied zwischen der Anwendung des § 103 SGB X und des § 104 SGB X darin, dass § 103 SGB X bei zwei institutionell gleichrangigen Trägern zur Anwendung kommt, während § 104 SGB X in erster Linie im Fall der Systemsubsidiarität einer Leistung in Betracht kommt. Während in der Anwendung des § 104 SGB X ein Nebeneinander von zwei Leistungen möglich ist, schließen sich bei der Anwendung von § 103 SGB X zwei Leistungen gegenseitig aus.

§ 103 SGB X findet in den Fällen Anwendung, in denen ein Leistungsträger Sozialleistungen erbracht hat, für die nachträglich seine Leistungsverpflichtung ganz oder teilweise **entfallen** und die eines anderen Leistungsträgers begründet worden ist. Das bedeutet, dass die leistungsberechtigte Person gegenüber einem anderen Leistungsträger einen **endgültigen** und gegenüber dem zunächst leistenden Leistungsträger einen zunächst angenommenen und tatsächlich realisierten Anspruch auf eine **entsprechende** Sozialleistung hat, und zwar auch für den Zeitraum, in dem bereits Leistungen erbracht wurden. Die endgültige Sozialleistung tritt **an die Stelle** der zunächst erbrachten Leistung, so dass sie ersetzenden Charakter hat.

Beispiele
- *Der tatsächliche Bezug einer Rente wegen Alters nach dem Sechsten Buch Sozialgesetzbuch führt – unabhängig von deren Höhe und dem Einrittsalter – zum Wegfall des Anspruchs auf Leistungen der Grundsicherung für Arbeitsuchende (vgl. § 7 Abs. 4 Satz 1 SGB II). Damit fällt der Rechtsgrund für die Leistungen nach dem Zweiten Buch Sozialgesetzbuch weg. Für die Zeit vom Rentenbeginn bis zum Beginn der laufenden Rentenzahlung kommt ein Erstattungsanspruch nach § 103 SGB X gegenüber dem Rentenversicherungsträger in Betracht.*
- *Nach § 44a Abs. 3 SGB II hat der Leistungsträger nach dem Zweiten Buch Sozialgesetzbuch einen Erstattungsanspruch nach § 103 SGB X, wenn der Rentenversicherungsträger feststellt, dass die leistungsberechtigte Person (dauerhaft) voll erwerbsgemindert ist und statt eines Leistungsanspruchs nach dem Zweiten Buch Sozialgesetzbuch einen Leistungsanspruch nach dem Zwölften Buch Sozialgesetzbuch hat.*
- *Für den Fall, dass im laufenden Wohngeldbezug nachträglich (rückwirkend) Leistungen der Grundsicherung für Arbeitsuchende bewilligt werden, kommt es wegen der Regelung des § 28 Abs. 3 WoGG ebenfalls zu einer Anwendung des § 103 SGB X. § 28 Abs. 3 WoGG lässt den Rechtsgrund für die Bewilligung von Wohngeld rückwirkend, d. h. hier mit dem ersten Tag der Zahlung von Leistungen der Grundsicherung für Arbeitsuchende, entfallen.*

Für eine Anwendung von § 103 SGB X müssen zusammengefasst die nachfolgend genannten Voraussetzungen erfüllt sein:

- rechtmäßige Leistungsbewilligung des zunächst zuständigen Leistungsträgers i. S. von § 12 i. V. m. §§ 18 bis 29 SGB I,
- nachträgliches Entfallen des ursprünglichen Sozialleistungsanspruchs durch Entstehen eines neuen Sozialleistungsanspruchs,
- Persnen-, Zeit-, und Sachidentität,
- keine Leistung mit befreiender Wirkung,
- keine Ausschlussfrist (§ 111 SGB X), keine Verjährung (§ 113 SGB X).

Die Träger der Sozialhilfe, der Kriegsopferfürsorge und der Kinder- und Jugendhilfe können nicht für die Vergangenheit zur Kostenerstattung verpflichtet werden (vgl. § 103 Abs. 3 SGB X, Ausnahme § 44a Abs. 3 Satz 2 SGB II).

Für einen Erstattungsanspruch im Rahmen des § 44a Abs. 3 SGB II ist zusätzlich zu prüfen, ob ein Anspruch auf Leistungen der Grundsicherung für Arbeitsuchende nicht besteht (vgl. § 44a Abs. 3 SGB II) und dem Leistungsberechtigten eine „andere Leistung zuerkannt ist" (vgl. § 44a Abs. 3 SGB II). Es kommt auf die bescheidmäßige Erteilung der „anderen Leistung" an, da erst dann der Leistungsanspruch nach dem Zweiten Buch Sozialgesetzbuch im Sinne des § 103 SGB X nachträglich wegfällt.

2.5 Erstattungsanspruch des unzuständigen Leistungsträgers (§ 105 SGB X)

Hat ein unzuständiger Leistungsträger Sozialleistungen erbracht, ohne dass die Voraussetzungen des § 102 Abs. 1 SGB X (Anspruch des vorläufig leistenden Trägers) vorliegen, ist der zuständige oder zuständig gewesene Leistungsträger erstattungspflichtig, soweit dieser nicht bereits selbst geleistet hat, bevor er von der Leistung des anderen Leistungsträgers Kenntnis erlangt hat, wobei § 104 Abs. 2 SGB X für Leistungen an Angehörige entsprechend gilt (vgl. § 105 Abs. 1 Satz 2 SGB X). Hiernach hat der Träger einen Erstattungsanspruch, der irrtümlich von seiner sachlichen oder örtlichen Zuständigkeit ausgegangen ist.

§ 105 SGB X betrifft den Erstattungsanspruch eines irrtümlich leistenden und deshalb **von Anfang an unzuständigen** Leistungsträgers gegenüber dem zuständigen Leistungsträger. Diese Anspruchsgrundlage ist gegenüber den anderen Erstattungsregelungen nur nachrangig anzuwenden, da die Zahlung des unzuständigen Leistungsträgers von Anfang an **ohne Rechtsgrund** erfolgte. Die anderen Erstattungsansprüche behandeln hingegen Fallkonstellationen, in denen Leistungsträger zumindest anfänglich Leistungen in rechtskonformer Weise erbringen konnten.

Beispiel

Der örtliche Träger der Sozialhilfe leistet stationäre Hilfe zur Pflege nach dem 7. Kapitel SGB XII für einen 50-jährigen Pflegebedürftigen. Tatsächlich ist der überörtliche Träger nach den landesrechtlichen Bestimmungen (vgl. § 2a AG SGB XII NRW) hierfür zuständig.

Die Grenze für den Erstattungsanspruch nach § 105 SGB X liegt im Grundsatz von Treu und Glauben (vgl. § 242 BGB). Handelt danach ein Leistungsträger in bewusster Kenntnis oder grob fahrlässiger Unkenntnis seiner Unzuständigkeit, entfällt der Erstattungsanspruch.

Eine **Einschränkung** des Erstattungsanspruchs ergibt sich für die Träger der Sozialhilfe, der Kriegsopferfürsorge (vgl. §§ 25 ff. BVG) und der Jugendhilfe, denn gemäß § 105 Abs. 3 SGB X sind diese Träger erst von dem Zeitpunkt an erstattungspflichtig, von dem ihnen **bekannt**[452] war, dass die Voraussetzungen für ihre Leistungspflicht vorlagen. Damit knüpft die Regelung an das für diese Träger geltende Bedarfsdeckungsprinzip an, wonach die Hilfeleistung eine gegenwärtige Notlage beseitigen soll und infolgedessen **nicht für die Vergangenheit** erbracht wird (vgl. § 18 SGB XII, § 54 Abs. 2 KFürsV[453]).

Für eine Anwendung von § 105 SGB X müssen zusammengefasst die nachfolgend genannten Voraussetzungen erfüllt sein:
- Leistung eines unzuständigen Leistungsträgers (vgl. § 12 i. V. m. §§ 18 bis 29 SGB I),
- Erbringung von Sozialleistungen (vgl. § 11 SGB I),
- keine Anwendbarkeit des § 102 Abs. 1 SGB X,
- Personen- und Zeitidentität,
- keine Inanspruchnahme der Träger der Sozialhilfe, der Kriegsopferfürsorge und der Kinder- und Jugendhilfe für die Vergangenheit (vgl. § 105 Abs. 3 SGB X),
- keine Leistung mit befreiender Wirkung,
- keine Ausschlussfrist (vgl. § 111 SGB X), keine Verjährung (vgl. § 113 SGB X).

Der Umfang des Erstattungsanspruchs richtet sich nach den für den zuständigen Leistungsträger geltenden Rechtsvorschriften (§ 105 Abs. 2 SGB X).

§ 105 SGB X kommt auch für Erstattungsansprüche zwischen den Trägern der Grundsicherung für Arbeitsuchende untereinander (begrenzt auf kommunale Träger), den Trägern der Sozialhilfe untereinander sowie zwischen Trägern der Grundsicherung für Arbeitsuchende und den Trägern der Sozialhilfe in Betracht.

2.6 Rangfolge bei mehreren Erstattungsberechtigten (§ 106 SGB X)

Eine Rangfolgebestimmung im Fall mehrerer erstattungsberechtigter Leistungsträger ist notwendig, weil der Umfang der Erstattungspflicht durch die §§ 102 bis 105 SGB X nur die Situation eines Erstattungsverhältnisses von zwei Leistungsträgern regelt. Sollte es mehrere erstattungsberechtigte Leistungsträger geben, stellt § 106 Abs. 3 SGB X klar, dass der Anspruch der erstattungsberechtigten Träger trotzdem begrenzt ist. Denn der erstattungspflichtige Leistungsträger muss nicht ehr erstatten, als es die Erstattungsvorschriften der §§ 102 bis 105 SGB X vorsehen.

---

452 Diese Einschränkung dürfte nur für die Leistungen nach dem 3. und 5. bis 9. Kapitel SGB XII gelten (vgl. § 18 Abs. 1 SGB XII). Der Text des § 105 Abs. 3 SGB X ist (noch) nicht angepasst worden.
453 Verordnung zur Kriegsopferfürsorge vom 16.1.1979 (BGBl. I S. 80), zuletzt geändert durch Art. 2 des Gesetzes vom 20.6.2011 (BGBl. I S. 1114).

2.6 Rangfolge bei mehreren Erstattungsberechtigten

Ist ein Leistungsträger mehreren Leistungsträgern zur Erstattung verpflichtet, sind die Ansprüche nach § 106 Abs. 1 Satz 1 SGB X in folgender Rangfolge zu befriedigen:
1. der Anspruch des vorläufigen Leistungsträgers nach § 102 SGB X,
2. der Anspruch des Leistungsträgers, dessen Leistungsverpflichtung nachträglich entfallen ist, nach § 103 SGB X,
3. der Anspruch des nachrangig verpflichteten Leistungsträgers nach § 104 SGB X,
4. der Anspruch des unzuständigen Leistungsträgers nach § 105 SGB X.

Treffen ranggleiche Ansprüche von Leistungsträgern nach den §§ 102, 103 und 105 SGB X zusammen, sind diese nach § 106 Abs. 2 Satz 1 SGB X **anteilmäßig** zu befriedigen, wobei insbesondere die Zeitgleichheit zu beachten ist. Der Betrag des erstattungspflichtigen Leistungsträgers wird daher entsprechend dem (prozentualen) Anteil der Einzelforderung des erstattungsberechtigten Leistungsträgers an der Gesamtforderung aller erstattungsberechtigten Leistungsträger aufgeteilt.

Beispiel[454]
Die leistungsberechtigte Person L (63 Jahre alt) beiet seit dem 01.03. von der Bundesagentur für Arbeit Arbeitslosengeld nach dem Dritten Buch Sozialgesetzbuch in Höhe von monatlich 500,00 € bei einem entsprechenden Tagessatz. Zudem erhält er ebenals seit dem 01.03. vom Träger der Grundsicherung für Arbeitsuchende (aufstockend) Arbeitslosengeld II in Höhe von weiteren 300,00 € monatlich. L lebt mit keiner weiteren Person zusammen, so dass er eine sog. „Ein-Personen-Bedarfsgemeinschaft" bildet (vgl. § 7 Abs. 1, Abs. 3 Nr. 1 SGB II). Rückwirkend wird ern L ab dem 01.03. eine Altersrente von 700,00 € gezahlt.

Aus der Sicht der Agentur für Arbeit bewirkt die Leistung einer Altersrente ein „Ruhen des Leistungsanspruchs" (vgl. § 156 Abs. 1 Nr. 4 SGB III), allerdings erst vom Beginn der laufenden Rentenzahlung an. Für die Zeit vom Rentenbeginn bis zum Beginn der laufenden Rentenzahlung besteht gegenüber dem Rentenversicherungsträger ein Erstattungsanspruch gem. § 103 SGB X.

Aus der Sicht des Trägers der Grundsicherung für Arbeitsuchende entfällt der Leistungsanspruch in dem Moment, in dem tatsächlich die Rente wegen Alters erbracht wird (vgl. § 7 Abs. 4 Satz 1 SGB II). Nur der tatsächliche Bezug einer Rente wegen Alters nach den Bestimmungen des Sechsten Buches Sozialgesetzbuch führt – unabhängig von deren Höhe und dem intrittsalter – zum Wegfall des Anspruchs auf Leistungen der Grundsicherung für Arbeitsuchende. Für die Zeit vom Rentenbeginn bis zum Beginn der laufenden Rentenzahlung besteht gegenüber dem Rentenversicherungsträger ein Erstattungsanspruch nach § 103 SGB X.

In Anwendung des § 106 Abs. 2 Satz 1 SGB X ergibt sich die Erfüllungsquote (der prozentuale Anteil) des erstattungsberechtigten Leistungsträgers aus dem Verhältnis seines Erstattungsanspruchs zum Gesamtbetrag.

---

454 *Weber* in Beck OK, Rn 11.1 ff. zu § 106 SGB X.

$$\frac{700,00\ \text{€}}{800,00\ \text{€ gesamter Erstattungsanspruch}} \times \frac{500,00\ \text{€}}{ALG\ I} = \frac{437,50\ \text{€}}{\text{Erstattungsanspruch der Arbeitsagentur}}$$

$$\frac{700,00\ \text{€}}{800,00\ \text{€ gesamter Erstattungsanspruch}} \times \frac{300,00\ \text{€}}{ALG\ II} = \frac{437,50\ \text{€}}{\text{Erstattungsanspruch der Arbeitsagentur}}$$

Das Jobcenter bekommt somit 37,50 € **nicht** erstattet. Dies entspricht dem Grundsatz, dass der erstattungspflichtige Rentenversicherungsträger nicht mehr erstatten muss, als er nach den für ihn geltenden Erstattungsvorschriften zu erbringen hätte (vgl. § 106 Abs. 3 SGB X).

Es könnte aber noch ein (isoliert zu behandelnden) Erstattungsanspruch des Trägers der Grundsicherung für Arbeitsuchende nach § 103 SGB X gegenüber dem vorrangig verpflichteten Träger der Sozialhilfe (vgl. § 5 Abs. 2 Satz 1 SGB II) bestehen, und zwar könnte L hier einen Leistungsanspruch nach dem 3. Kapitel SGB XII haben.

Ein solcher Erstattungsanspruch kann an § 103 Abs. 3 SGB X scheitern, wenn der Träger der Sozialhilfe nicht rechtzeitig (hier: am 1.3.) von der Bedürftigkeit des L Kenntnis erlangt hat. Sofern der Träger der Grundsicherung für Arbeitsuchende von dem Antrag des L auf Rente wegen Alters Kenntnis erlangt hat, kann es für L einen Antrag auf Sozialhilfeleistungen stellen (vgl. § 5 Abs. 3 SGB II) und diesen mit einem Erstattungsanspruch verknüpfen.

Machen mehrere Leistungsträger Ansprüche **nach § 104 SGB X** geltend, ist zuerst derjenige zu befriedigen, der im Verhältnis der nachrangigen Leistungsträger untereinander einen Erstattungsanspruch nach § 104 SGB X hätte (§ 106 Abs. 2 Satz 2 SGB X). Von den betroffenen nachrangig verpflichteten erstattungsberechtigten Leistungsträgern ist daher derjenige zu ermitteln, der die nachrangigste („subsidiärste") Leistung zu erbringen hat.

Im Regelfall werden sich Erstattungsansprüche der Leistungsträger nach dem Zweiten und Zwölften Buch Sozialgesetzbuch gegen andere Leistungsträger nach § 104 SGB X richten. Aus diesem Grund kommt der Sonderregelung im § 106 Abs. 2 Satz 2 SGB X für die Rangfolge nach § 104 SGB X eine besondere Bedeutung zu. Für die Leistungsträger nach dem Zweiten und Zwölften Buch Sozialgesetzbuch gelten dabei die Vorrang-Nachrang-Regeln, die sich aus den Vorschriften des § 5 Abs. 2 SGB II, § 19 Abs. 1 Satz 2 SGB II, § 21 SGB XII und § 19 Abs. 2 Satz 2 SGB XII ergeben.

Ansprüche nach den §§ 48 ff. SGB I sind bei einem Zusammentreffen mit solchen nach den §§ 102 bis 105 SGB X nachrangig zu befriedigen. Dies ergibt sich insbesondere aus § 107 Abs. 1 SGB X, wonach der Anspruch der leistungsberechtigten Person gegen den zur Leistung verpflichteten Leistungsträger als erfüllt gilt, soweit ein Erstattungsanspruch besteht. Ansprüche nach den §§ 48 ff. SGB I können damit nur Berücksichtigung finden, wenn Leistungsanteile verbleiben.

Die ggf. einem Sozialleistungsträger vorliegenden **Abtretungen** von Sozialleistungen durch die Anspruchsberechtigten (z. B. Abtretung von Rentenansprüchen an ein Kaufhaus wegen einer größeren Anschaffung) gehen grundsätzlich später entstandenen Erstattungsansprüchen vor.[455] Dies **gilt nicht für die Sozialhilfe.** Nach § 113 SGB XII gehen Erstattungsansprüche der Träger der Sozialhilfe gegen andere Leistungsträger nach § 104 SGB X einer Übertragung, Pfändung oder Verpfändung des Anspruches vor, auch wenn sie vor Entstehen des Erstattungsanspruchs erfolgt sind.

2.7 Verfahrensvorschriften (§§ 107 bis 114 SGB X)

Die §§ 107 bis 114 SGB X **gelten auch für** die Kostenerstattung
- zwischen den kommunalen Trägern der Grundsicherung für Arbeitsuchende nach § 36a SGB II (Kostenerstattung bei Aufenthalt im Frauenhaus) und
- zwischen den Trägern der Sozialhilfe nach den §§ 106 ff. SGB XII, sofern dort nichts Abweichendes geregelt ist.

2.7.1 Erfüllungsfiktion (§ 107 SGB X)

Soweit ein Erstattungsanspruch besteht, gilt der Anspruch des Berechtigten gegen den zur Leistung verpflichteten Leistungsträger als erfüllt (§ 107 Abs. 1 SGB X).

Damit erlischt der Anspruch der leistungsberechtigten Person gegen den eigentlich zuständigen Leistungsträger in dem Moment, in dem der Erstattungsanspruch entsteht. Durch die Erfüllungsfiktion ist damit klargestellt, dass eine Eins-zu-eins-Rückabwicklung im Verhältnis „nicht verpflichteter (unzuständiger) Leistungsträger – leistungsberechtigte Person – verpflichteter (zuständiger) Leistungsträger" ersetzt wird durch einen Erstattungsanspruch im Verhältnis der Leistungsträger untereinander.

Die Erfüllungsfiktion gilt nur, „soweit" ein Erstattungsanspruch besteht. Hat die leistungsberechtigte Person also noch einen Restanspruch gegen den erstattungsverpflichteten Leistungsträger, bleibt dieser Restanspruch vom Erstattungsanspruch unberührt.

Beispiel
Rückwirkender Rentenanspruch für März   *1.000,00 €*
lfd. Zahlung von Grundsicherung für Arbeitsuchende im Monat März   *800,00 €*
Erstattungsanspruch des Grundsicherungsträgers für Arbeitsuchende   *800,00 €*

Der Rentenanspruch des Berechtigten gegenüber dem Rentenversicherungsträger gilt gemäß § 107 Abs. 1 SGB X im Umfang von 800,00 € durch die Zahlung von Grundsicherung für Arbeitsuchende als erfüllt. Der Träger der Grundsicherung für Arbeitsuchende ist im Umfang von 800,00 € an die Stelle des eigentlich zuständigen Rentenversicherungsträgers getreten.

---

455   Vgl. BSG, Urt. vom 14.11.84 – 1/4 RJ 57/84 –, BSGE 57, 218 = FEVS 34, 296 = ZFSH/SGB 1985, 277.

Damit ist der Rentenversicherungsträger seinerseits von seiner Leistungsverpflichtung im Umfang von 800,00 € befreit. Der Restanspruch der leistungsberechtigten Person wird von der Erfüllungsfiktion aber nicht erfasst, denn „soweit" der Erstattungsanspruch nicht besteht und die Vorleistung hinter dem originären Leistungsanspruch zurückbleibt, besteht weder eine Erfüllungsfiktion noch ist in diesem Umfang das sozialrechtliche Schuldverhältnis erloschen. Dem Berechtigten stehen noch 200,00 € gegenüber dem Rentenversicherungsträger zu.

Ist umgekehrt die Vorleistung des erstattungsberechtigten Leistungsträgers höher als der zustehende Sozialleistungsanspruch, kommt ein Rückforderungsanspruch nach den §§ 44 ff., § 50 SGB X gegenüber der leistungsberechtigten Person in Betracht.

Bei mehreren für eine Erstattung in Betracht kommenden Leistungsträgern (z. B. Unfall- und Krankenversicherung) muss der Träger, der die Sozialleistung erbracht hat, nach § 107 Abs. 2 Satz 1 SGB X bestimmen, welcher Anspruch als erfüllt gilt.

Die Entscheidung ist dem Berechtigten gegenüber unverzüglich vorzunehmen und den übrigen Leistungsträgern mitzuteilen (§ 107 Abs. 2 Satz 2 SGB X).

2.7.2 Erstattung in Geld, Verzinsung (§ 108 SGB X)

Nach § 108 Abs. 1 SGB X sind die Sach- und Dienstleistungen in Geld zu erstatten.

§ 108 Abs. 2 SGB X regelt einen Verzinsungsanspruch der Träger der Sozialhilfe (§ 97 SGB XII), der Kriegsopferfürsorge (vgl. §§ 25 ff. BVG) und der Jugendhilfe (§ 69 SGB VIII), nach mehrheitlicher Literaturmeinung[456] auch des Trägers der Grundsicherung für Arbeitsuchende (vgl. §§ 6, 44b SGB II), wenn diese einen Erstattungsanspruch haben. Die genannten Leistungsträger sind nachrangig verpflichtete Träger und springen als „Ausfallbürge" für den Fall ein, dass andere Träger nicht rechtzeitig leisten oder Unklarheiten hinsichtlich der Zuständigkeiten bestehen. Sie treten daher als „Vorschusskasse" auf, so dass ihr Einspringen im Notfall keine finanziellen Nachteile mit sich bringen soll. Erstattungsansprüche dieser Träger untereinander sind jedoch nicht zu verzinsen.

2.7.3 Verwaltungskosten und Auslagen (§ 109 SGB X)

§ 109 SGB X sieht vor, dass die Verwaltungskosten (Personal- und Sachkosten) nicht, wohl aber Auslagen zu erstatten sind. Auslagen sind Zahlungen an Dritte für Dienste, Aufwendungen oder Gebühren (z. B. ärztliches Gutachten, Reisekosten, Porto). Bei der Anforderung von Auslagen gilt eine Bagatellgrenze von 200,00 € je Einzelfall. Die hiervon deutlich **abweichenden Grenzen** bei der Kostenerstattung zwischen den Trägern der Sozialhilfe (2.560,00 € nach § 110 Abs. 2 SGB XII) sind zu beachten.

---

[456] Vgl. *Kater* in Kasseler Kommentar, Rn. 6 zu § 108 SGB X.

2.7.4 Pauschalierung (§ 110 SGB X)

Mit der Festsetzung einer Bagatellgrenze von 50,00 € für Erstattungsansprüche wird im § 110 SGB X dem Gebot der Verwaltungsvereinfachung Rechnung getragen.
Außerdem sollen Pauschalierungen angestrebt werden. Voraussetzung ist jedoch eine entsprechende Vereinbarung zwischen den betroffenen Leistungsträgern.

2.7.5 Ausschlussfrist (§ 111 SGB X)

Erstattungsansprüche müssen nach § 111 SGB X spätestens zwölf Monate nach Ablauf des letzten Tages, für den Leistungen erbracht wurden, geltend gemacht werden. Die Erfüllungsfiktion des § 107 SGB X bleibt von einem etwaigen Ausschluss des Erstattungsanspruchs wegen Nichteinhaltung der Frist unberührt, so dass eine Rückforderung der erbrachten Leistung durch den vorleistenden Leistungsträgers gegenüber der leistungsberechtigten Person nicht möglich ist. Die Vorschrift soll damit das Erstattungsverfahren beschleunigen.

Grundsätzlich muss der erstattungsberechtigte Leistungsträger den Erstattungsanspruch zwölf Monate nach Ablauf des letzten Tages, **für den** die Leistung erbracht wurde, geltend machen. Es kommt nicht darauf an, wann tatsächlich die Leistung gezahlt wurde, sondern für welchen Bewilligungszeitraum die Leistung erbracht wurde.

Beispiel
Wird Sozialhilfe, die als Monatsleistung erbracht wird, für März bewilligt und bereits am 20.2. überwiesen, ist de 31.3. der letzte Tag des Bewilligungsabschnitts, so dass die Frist mit Ablauf dieses Tages beginnt. Fristbeginn ist damit de 1.4. Der Zeitpunkt, in dem die Leistung tatsächlich erbracht wird oder ggf. nachträglich für einen früheren Zeitraum nachgezahlt werden muss, ist für den Beginn der Ausschlussfrist unbeachtlich. Das Fristende fällt wegen der Regelung des § 188 Abs. 2ative 1 BGB auf de 31.03. des Folgejahres, sofern dies kein Sonnabend oder Sonntag ist (vgl. § 193 BGB).

§ 111 Satz 2 SGB X schränkt die Frist des § 111 Satz 1 SGB X ein. Danach beginnt der Lauf der Frist frühestens mit dem Zeitpunkt, zu dem der erstattungsberechtigte Leistungsträger von der Entscheidung des erstattungspflichtigen Leistungsträgers über seine Leistungspflicht Kenntnis erlangt hat. Der Gesetzgeber geht davon aus, dass der erstattungsberechtigte Leistungsträger im Zeitpunkt seiner Leistung nn derüber die vorragigen Zuständigkeit des anderen Leistungsträgers informiert ist. Indem die Zwölfmonatsfrist erst mit der Kenntnis von der Entscheidung des erstattungspflichtigen Leistungsträgers über dessen Leistungspflicht beginnt, bleibt die Ausschlussfrist von 12 Monaten für den erstattungsberechtigten Leistungsträger erhalten.

Beispiel
Sozialhilfe wird für den Monat März gezahlt. Fristbeginn für einen etwaigen Erstattungsanspruch gegenüber dem Rentenversicherungsträger wäre daher nach § 111 Satz 1 SGB X der 1.4. Der Rentenbescheid über die Bewilligung der Rente wegen voller Erwerbsminderung geht dem Versicherten am 15.4. zu. Gleichzeitig erhält der Träger der Sozialhilfe eine Durchschrift des Bescheides.
Der erstattungsberechtigte Träger der Sozialhilfe erhält hier erst am 15.4 Kenntnis von der Leistungsverpflichtung des Rentenversicherungsträgers. Für den Fristbeginn ist daher die Regelung des § 111 Satz 2 SGB X maßgebend, wonach die Frist am 16.4. beginnt und am 15.4. des Folgejahres endet.

Einerseits hat damit der erstattungsberechtigte Träger nach den Anspruchsgrundlagen der §§ 102 bis 105 SGB X die Verpflichtung, seinen Erstattungsanspruch anzumelden, damit der erstattungspflichtige Leistungsträger nicht mit „befreiender Wirkung" an die leistungsberechtigte Person leisten kann. Andererseits läuft die Jahresfrist des § 111 SGB X erst dann, wenn der erstattungspflichtige Leistungsträger den erstattungsberechtigten Leistungsträger über seine Bewilligungsentscheidung informiert. Insofern tariert § 111 SGB X die gegenseitigen Berechtigungen und Verpflichtungen im Erstattungsverhältnis „gerecht" aus.

Liegt die Bekanntgabe der Entscheidung des erstattungspflichtigen Leistungsträgers **vor** Beginn der Frist des § 111 Satz 1 SGB X, beginnt die Frist erst mit dem in Satz 1 genannten Zeitpunkt.

Wird es versäumt, den Anspruch innerhalb dieser zwölf Monate geltend zu machen, geht ein fortlaufender Erstattungsanspruch nicht völlig unter, sondern nur für die Zeit, die mehr als zwölf Monate zurückliegt.

2.7.6 Rückerstattung (§ 112 SGB X)

Ist eine Erstattung zu Unrecht erfolgt, so ist der Leistungsträger, der diese Leistung erhalten hat, nach § 112 SGB X verpflichtet, die zu viel gezahlten Beträge zurückzuerstatten.

Beispiel
Die kreisfreie Stadt A hat dem Kreis B auf Anforderung gemäß § 106 i.V.m. § 110 SGB XII und § 111 SGB X 10.000,00 € erstattet. Der Kreis B macht nach dem Tod der leistungsberechtigten Person einen Kostenersatz nach § 102 SGB XII gegen den bzw. die Erben geltend und erhält 5.000,00 € aus dem Nachlass der verstorbenen Person ersetzt. Dieser Betrag steht der Stadt A gemäß § 112 SGB X zu.

2.7.7 Verjährung (§ 113 SGB X)

§ 113 SGB X stellt sicher, dass nach Geltendmachung des Anspruchs mit der konkreten Abwicklung des Erstattungsanspruchs nicht unbegrenzt gewartet werden kann und ergänzt damit § 111 SGB X. Nach § 113 SGB X verjähren Erstattungsansprüche in vier Jahren nach Ablauf des Kalenderjahres, in dem der erstattungsberechtigte Träger **von der Entscheidung des erstattungspflichtigen Leistungsträgers über dessen Leistungspflicht Kenntnis erlangt hat** (vgl. § 113 Abs. 1 Satz 1 SGB X).

Der erstattungsberechtigte Leistungsträger hat in dem Zeitpunkt Kenntnis von der Leistungspflicht des erstattungspflichtigen Leistungsträgers erhalten, in dem der Leistungsbescheid auch ihm bekannt gegeben worden ist. Eine grob fahrlässige Unkenntnis genügt nicht. Bei wiederkehrenden, zeitabschnittsweise erbrachten Leistungen (z. B. die monatlich ausgezahlte Rente oder Sozialhilfe), wird auf den Zeitraum abgestellt, **für den** die Einzelleistung erbracht wurde; in der Regel also auf den letzten Tag des jeweiligen bewilligten Monats.

Die Vierjahresfrist beginnt mit dem ersten Tag des Kalenderjahres, das dem Kalenderjahr folgt, in dem der erstattungsberechtigte Leistungsträger positive Kenntnis von der Leistung des erstattungspflichtigen Leistungsträgers erhalten hat (vgl. § 26 SGB X i. V. m. § 187 Abs. 1 BGB). Das Ende der Frist ist mit Ablauf des vierten darauf folgenden Kalenderjahres erreicht, d. h. mit 31.12. des vierten darauf folgenden Jahres (§ 26 SGB X i. V. m. § 188 Abs. 2 Alternative 1 BGB).

Rückerstattungsansprüche verjähren in vier Jahren nach Ablauf des Kalenderjahres, in dem die Erstattung zu Unrecht erfolgt ist (§ 113 Abs. 1 Satz 2 SGB X).

Für die Hemmung, die Ablaufhemmung, den Neubeginn und die Wirkung der Verjährung gelten die Vorschriften des Bürgerlichen Gesetzbuches sinngemäß (§ 113 Abs. 2 SGB X). Hier sind die §§ 194 ff. BGB anzuwenden.

2.7.8 Rechtsweg (§ 114 SGB X)

Nach § 114 SGB X gilt für den Erstattungsanspruch derselbe Rechtsweg wie für den Anspruch auf die Sozialleistung,
- im Falle des § 102 SGB X der des vorleistenden Leistungsträgers und
- im Falle der §§ 103 bis 105 SGB X der des erstattungspflichtigen Leistungsträgers,

damit in fast allen Fällen der Sozialrechtsweg.

2.7.9 Feststellung der Sozialleistungen (§ 5 Abs. 3 SGB II, § 95 SGB XII)

Die erstattungsberechtigten Träger der Grundsicherung für Arbeitsuchende und der Sozialhilfe können die Feststellung von Sozialleistungen betreiben sowie Rechtsbehelfe und Rechtsmittel einlegen (vgl. § 5 Abs. 3 Satz 1 SGB II und § 95 Satz 1 SGB XII). Das beinhaltet ein eigenes Antragsrecht der Träger.

Die Träger werden im Rahmen ihrer Ermessensentscheidung regelmäßig von der Möglichkeit der Feststellung von Sozialleistungen Gebrauch machen, wenn die leistungsberechtigte Person nicht bereit oder nicht in der Lage ist, einen entsprechenden Antrag zu stellen.

2.8 Übungen

Sachverhalt 1

Die Eheleute A sind beide zeitlich befristet voll erwerbsgemindert und erhalten für sich und ihr zweijähriges Kind Hilfe zum Lebensunterhalt nach dem 3. Kapitel SGB XII in Höhe von monatlich 1.400,00 €.

Die von Herrn A beantragte Rente auf Zeit wegen Erwerbsminderung kann frühestens in zwei Monaten ausgezahlt werden.

Aufgabe

Prüfen Sie, ob der Träger der Sozialhilfe Ansprüche gegen den Träger der Rentenversicherung geltend machen kann.

Lösung (Kurzfassung)

In Betracht kommt ein Erstattungsanspruch gegen den Träger der Rentenversicherung nach § 104 SGB X. § 102 SGB X kommt als Anspruchsgrundlage nicht in Frage, da die Sozialhilfeleistung nicht vorläufig bewilligt worden ist. § 103 SGB X ist nicht die richtige Anspruchsgrundlage, da die Zahlung einer Rentenleistung nicht zu einem Wegfall der Sozialhilfeleistung führt. Vielmehr kommen beiden Leistungen nebeneinander in Frage, da die Rente als Einkommen auf die Sozialhilfe angerechnet werden kann.

Folgende Voraussetzungen für den Erstattungsanspruch sind erfüllt:
- § 104 SGB X findet Anwendung; sowohl der Träger der Rentenversicherung als auch der Träger der Sozialhilfe sind Sozialleistungsträger (vgl. § 12 i.V.m. § 19 bzw. § 28 SGB I).
- Der Träger der Sozialhilfe ist nach § 19 Abs. 1 SGB XII zur Leistung verpflichtet, wobei es sich bei der Hilfe zum Lebensunterhalt nicht um eine Leistung handelt, für die nachträglich die Leistungsverpflichtung entfällt; § 103 SGB X findet daher keine Anwendung.
- Der Träger der Sozialhilfe ist nur nachrangig verpflichtet im Sinne des § 104 Abs. 1 Satz 2 SGB X (vgl. §§ 2 Abs. 1, 19 Abs. 1 Satz 1 SGB XII).
- Zwischen der Nichterbringung der Rente und der Erbringung der Hilfe zum Lebensunterhalt besteht eine Kausalität nach § 104 Abs. 1 Satz 3 SGB X; die Hilfe zum Lebensunterhalt hätte sich um den Betrag der Rente (Einkommen im Sinne der §§ 82 bis 84 SGB XII) reduziert oder wäre entfallen.

- Die leistungsberechtigte Person (Herr A) ist Anspruchsberechtigter (vgl. § 104 Abs. 1 Satz 1 SGB X ür ihn sie können Ansprüche geltend gemacht werden. Eine Personenidentität liegt insoweit vor. § 104 Abs. 1 Satz 1 SGB X findet keine Anwendung bezüglich der der Ehefrau und dem Kind erbrachten Hilfe. Die diesen beiden Personen erbrachte Hilfe zum Lebensunterhalt kann jedoch nach § 114 SGB XII für eine Kostenerstattung in Betracht kommen.
- Der Umfang des Erstattungsanspruchs richtet sich nach den für den vorrangig verpflichteten Leistungsträger geltenden Rechtsvorschriften (vgl. § 104 Abs. 3 SGB X) und damit nach der Höhe der erbrachten Rente (vgl. Ausführungen zur Kausalität).
- Eine Erstattung kann nur für die Zeit erfolgen, für die Sozialhilfe erbracht worden ist bzw. erbracht wird (Zeitidentität). Zu vergleichen ist jeweils der Anspruch auf Sozialhilfe mit dem Anspruch auf Rente, der für den jeweiligen Monat besteht.
- Der Erstattungsanspruch muss spätestens nach Ablauf von 12 Monaten geltend gemacht werden (vgl. § 111 SGB X); empfehlenswert ist ein umgehendes Tätigwerden, damit der Träger der Rentenversicherung nicht mit befreiender Wirkung an Herrn A leistet (vgl. § 104 Abs. 1 Satz 1 SGB X).

Sachverhalt 2

Frau B erhält Hilfe zur Pflege in einem Alten- und Pflegeheim. Die Kosten des Lebensunterhaltes in der Einrichtung in Höhe von 600,00 € monatlich übernimmt ihr Sohn. Die danach ungedeckten Kosten der Pflege belaufen sich auf monatlich 3.000,00 €. Der Träger der Sozialhilfe übernimmt in diesem Fall ausnahmsweise auf Betreiben des Heimträgers die vollen Kosten der Pflege als „Erweiterte Hilfe". Frau B hat einen Anspruch auf Rente wegen Alters gegen die Deutsche Rentenversicherung Westfalen in Höhe von monatlich 1.000,00 €. Diese 1.000,00 € werden von Frau B als Aufwendungsersatz gemäß § 19 Abs. 5 SGB XII gefordert.

Aufgabe

Prüfen Sie, ob ein Erstattungsanspruch des Trägers der Sozialhilfe gegen den Rententräger geltend gemacht werden kann.

Bearbeitungshinweis

Auf Leistungen nach dem Elften Buch Sozialgesetzbuch und Landesrecht ist nicht einzugehen.

Lösung (Kurzfassung)

In Ergänzung zu dem Vorgehen zum Sachverhalt 1 ist folgendes zu beachten: Die Deutsche Rentenversicherung Westfalen ist nach § 23 Abs. 2 Nr. 1 SGB I Leistungsträger. Nur in begründeten Fällen und damit ausnahmsweise kann erweiterte Hilfe nach § 27 Abs. 3 SGB XII geleistet werden. Laut Sachverhalt liegen die Voraussetzungen hierfür aber vor. Der Träger der Sozialhilfe hat dann gemäß § 19 Abs. 5 SGB XII einen Anspruch auf einen **Aufwendungsersatz** gegen Frau B. Für den Träger der Sozialhilfe besteht die Möglichkeit, gemäß § 104 Abs. 1 Satz 4 SGB X einen Erstattungsanspruch gegenüber dem Rentenversicherungsträger in Höhe von monatlich 1.000,00 € geltend zu machen.

Die Rechtmäßigkeit eines solchen Kostenerstattungsanspruchs hängt davon ab, dass der Aufwendungsersatz oder der Kostenbeitrag rechtmäßig von der leistungsberechtigten Person verlangt wurde. Da der Kostenerstattungsanspruch somit nicht selbst die Anspruchsgrundlage für die Erhebung eines Kostenbeitrags ist, sondern einen derartigen Anspruch voraussetzt, entspricht die Rechtsposition des Trägers der Sozial- oder Jugendhilfe im Rahmen von § 104 Abs. 1 Satz 4 SGB X derjenigen eines Pfändungsgläubigers.

Sachverhalt 3

Das Ehepaar Michael und Melanie Müller erhält rechtmäßig Arbeitslosengeld II von monatlich jeweils 600,00 €. Bei der Berechnung wurde berücksichtigt, dass laufendes anrechenbares Einkommen nicht zur Verfügung steht.
Michael Müller zeigt dem zuständigen Träger der Grundsicher an, dass er zwar einer Beschäftigung nachgegangen sei, aber hierfür kein Arbeitsentgelt erhalte habe. Stattdessen würde jetzt im Mai von der örtlichen Arbeitsagentur zum Ausgleich des ausgefallenen Arbeitsentgelts einmalig Insolvenzgeld nach den §§ 165 ff. SGB III gezahlt. Das Insolvenzgeld wird in seinem Fall nur für einen Zeitraum von einem Monat gezahlt, da er in den letzten drei Monaten auch nur einen Monat gearbeitet habe (grundsätzlich besteht der Anspruch auf Insolvenzgeld für den Insolvenzgeld-Zeitraum. Das sind die letzten drei Monate vor dem Insolvenzereigs).

Sein Anspruch auf Insolvenzgeld gegenüber der Arbeitsagentur besteht im Monat Mai in Höhe von 1.200,00 €. Die monatlichen Fahrtkosten zur Arbeitsstelle (Monatskarte) betrugen 55,33 €; für seine Kfz-Haftpflichtversicherung hat er 50,00 € pro Monat nachgewiesen.

Der zuständige Sachbearbeiter des Jobcenters informiert sofort die örtliche Arbeitsagentur über einen Erstattungsanspruch nach den §§ 102 ff. SGB X.

Aufgabe

Prüfen Sie, ob ein Erstattungsanspruch des Trägers der Grundsicherung für Arbeitsuchende gegen die Bundesagentur für Arbeit geltend gemacht werden kann.

Bearbeitungshinweis

Auf einen Kostenerstattungsanspruch gegenüber dem Arbeitgeber nach § 115 SGB X soll nicht eingegangen werden.

Lösung (Kurzfassung)

§ 104 SGB X könnte für einen Erstattungsanspruch des Trägers der Grundsicherung für Arbeitsuchende (vgl. § 6, § 44b, § 6d SGB II) einschlägig sein.

Ein Erstattungsanspruch setzt zunächst eine **rechtmäßige Leistungserbringung** des nachrangig verpflichteten Leistungsträgers voraus. Laut Sachverhalt werden die SGB II-Leistungen rechtmäßig erbracht.

Weiterhin muss die leistungsberechtigte Person einen Anspruch gegenüber einem **vorrangig verpflichteten Sozialleistungsträger** (vgl. § 12 SGB II) haben. Hier besteht ein Anspruch auf Insolvenzgeld gegen die Bundesagentur für Arbeit nach den §§ 165 ff. SGB III. Die Bundesagentur für Arbeit ist – soweit sie Leistungen in Form des Insolvenzgeldes erbringt – gemäß §§ 12, 19 Abs. 1 Nr. 4 und 19 Abs. 2 SGB I ein Leistungsträger im Sinne des Sozialgesetzbuches.

Der kostenerstattungsbegehrende Leistungsträger muss ein nur nachrangig verpflichteter Leistungsträger sein (sog. **„systematische Nachrangigkeit"**). Nachrangig verpflichtet ist nach § 104 Abs. 1 Satz 2 SGB X ein Leistungsträger, soweit er bei rechtzeitiger Erfüllung der Leistungsverpflichtung eines anderen Trägers selbst nicht zur Leistung verpflichtet gewesen wäre. Der Nachrang der Leistungen der Grundsicherung für Arbeitsuchende nach dem Zweiten Buch Sozialgesetzbuch ergibt sich aus dem Regelungszusammenhang der §§ 2, 5, 9 Abs. 1 und 12a SGB II.

Der Träger der Grundsicherungsleistungen für Arbeitsuchende ist aufgrund dieser Vorschriften grundsätzlich nur nachrangig zur Leistung verpflichtet, sofern nicht andere Leistungen ebenfalls den Lebensunterhalt sichern können. Insolvenzgeld stellt eine Lohnersatzleistung dar (vgl. § 165 Abs. 1 und Abs. 2 SGB III). Damit ist es wie Arbeitseinkommen zu werten. Eine Lohnersatzleistung bzw. Arbeitseinkommen stellt Einkommen im Sinne des § 11 SGB II dar, so dass es auf die Leistungen des Trägers der Grundsicherung für Arbeitsuchende angerechnet wird. Damit wäre der Träger der Grundsicherung für Arbeitsuchende bei rechtzeitiger Leistung durch die zuständige Agentur für Arbeit nicht oder nicht in dieser Höhe zur Leistung verpflichtet gewesen und ist als nachrangig verpflichteter Träger tätig geworden.

Herr Müller muss sowohl Leistungsberechtigter nach dem Zweiten Buch Sozialgesetzbuch sein als auch Anspruchsinhaber auf Zahlung von Insolvenzgeld. Herr Müller ist Anspruchsinhaber zweier Leistungen, bei denen die eine Leistung (Insolvenzgeld) auf die andere Leistung (Arbeitslosengeld II) angerechnet wird. Eine **Personenidentität** ist damit zu bejahen.

Die Berücksichtigung von Leistungen an andere Personen als den Anspruchsinhaber sieht § 104 Abs. 1 SGB X nicht vor. Allerdings ermöglicht **§ 34c SGB II** eine Erweiterung des Personenkreises auf der Seite des erstattungsberechtigten Trägers der Grundsicherung für Arbeitsuchende. Nach dieser Norm gelten als Aufwendungen auch solche Leistungen zur Sicherung des Lebensunterhalts, die an die nicht getrennt lebende Ehegattin erbracht werden, sofern es um den Ersatz von Aufwendungen durch Rechtsnormen geht, die dem § 33 SGB II vorgehen. § 104 SGB X geht § 33 SGB II vor (vgl. § 33 Abs. 5 SGB II) und ermöglicht einen Kostenerstattungsanspruch gegenüber der vorrangig verpflichteten Bundesagentur für Arbeit. Damit liegen alle Voraussetzungen vor, um auch die Leistungen für die Ehefrau in den Kostenerstattungsanspruch einzubeziehen.

Eine **Zeitraumidentität** ist für den Monat Mai zu bejahen.

Ein Erstattungsanspruch besteht nach § 104 Abs. 1 Satz 3 SGB X nicht, soweit der nachrangig verpflichtete Leistungsträger (SGB II-Träger) seine Leistungen auch bei Leistung des vorrangig verpflichteten Leistungsträgers (Bundesagentur für Arbeit) hätte erbringen müssen. Das Insolvenzgeld tritt an die Stelle des Arbeitsentgeltanspruchs (vgl. § 165 Abs. 1, Abs. 2 SGB II). Damit ist es wie Einkommen zu behandeln. Es handelt sich nicht um eine zweckbestimmte Leistung im Sinne des § 11a Abs. 3 SGB II, so dass es als Einkommen zu berücksichtigen ist (Frage der sog. **„sachlichen Kongruenz"**).

Hier ist zu prüfen, **in welchem Umfang** sich die rechtzeitige Leistung des Insolvenzgeldes in Höhe von 1.200,00 € im Monat Mai auf die Leistungen der Grundsicherung für Arbeitsuchende im Monat Mai ausgewirkt hätte (**Kausalität**). Um dies zu ermitteln, ist fiktiv zu prüfen, in welcher Höhe das Einkommen bzw. das Insolvenzgeld auf die Leistung angerechnet worden wäre, wenn es rechtzeitig gezahlt worden wäre.

Dabei ist insbesondere zu beachten, dass das Insolvenzgeld eine Einmalleistung darstellt. Hinsichtlich Einmaleinkommen sind die Regelungen des § 11 Abs. 3 SGB II anzuwenden. Gemäß § 11 Abs. 3 Satz 3 SGB II ist Einmaleinkommen auf einen Zeitraum von sechs Monaten aufzuteilen, wenn durch die Anrechnung des bereinigten Einmaleinkommens der Leistungsanspruch entfiele. Ohne nähere Prüfung kann hier aber entschieden werden, dass die Voraussetzungen für eine Verteilung des Einmaleinkommens nicht vorliegen.

Der Leistungsanspruch besteht in Höhe von insgesamt 1.200,00 € für die Einsatzgemeinschaft, während das unbereinigte Bruttoeinkommen ebenfalls lediglich 1.200,00 € beträgt. Damit kann festgestellt werden, dass nach Bereinigung des Einkommens der Leistungsanspruch nicht wegfällt. Somit ist auch nicht die Spezialregelung des § 11b Abs. 1 Satz 2 SGB II zu beachten.

Die Einkommensbereinigung ist daher wie folgt vorzunehmen:

	Rechtsnorm	Einkommensbereinigung
Brutto-Einkommen	§ 2 Abs. 1 Alg II-V	1.200,00 €
Steuern	§ 11b Abs. 1 Satz 1 Nr. 1 SGB II	– €
Sozialversicherung	§ 11b Abs. 1 Satz 1 Nr. 2 SGB II	– €
Beiträge gesetzl. Versicherung	§ 11b Abs. 1 Satz 1 Nr. 3 SGB II i. V. m. § 6 Abs. 1 Nr. 3 ALG II-V	– 50,00 €

2.8 Übungen

	Rechtsnorm	Einkommens-bereinigung
Beiträge private Versicherung/ Versicherungpauschale	§ 11b Abs. 1 Satz 1 Nr. 3 SGB II i.V.m. § 6 Abs. 1 Nr. 1 Alg II-V	– 30,00 €
Werbungskosten	§ 11b Abs. 1 Satz 1 Nr. 5 SGB II	– €
Fahrtkosten	§ 11b Abs. 1 Satz 1 Nr. 5 SGB II i.V.m. § 6 Abs. 1 Nr. 5 Alg II-V	– 55,33 €
Erwerbstätigenfreibetrag	§ 11b Abs. 1 Satz 1 Nr. 6 i.V.m. § 11b Abs. 3 SGB II"	– 200,00 €
anrechenbares Einkommen	§ 11b SGB II	**864,67 €**

Das Einkommen wird gemäß § 9 Abs. 2 Satz 3 SGB II entsprechend den Bedarfsanteilen der Personen in der Bedarfsgemeinschaft – hier zu jeweils 5 v.H. – verteilt. Damit entfallen auf Herrn und Frau Müller jeweils 432,34 €.

Der Erstattungsanspruch ist also im Umfang von 864,67 € geltend zu machen. Den Restanspruch des Insolvenzgeldes muss die Bundesagentur für Arbeit an die Eheleute Müller auszahlen.

Die weiteren Voraussetzungen für einen Erstattungsanspruch wie
- keine vorrangige Anwendung des § 103 SGB X,
- keine Leistung mit befreiender Wirkung,
- Geltendmachung des Anspruchs innerhalb von 12 Monaten nach Ablauf des letzten Tages, für den die Leistung erbracht worden ist (§ 111 SGB X),
- keine Verjährung eintreten (§ 113 SGB X),

sind ebenfalls erfüllt.

3. Erstattungs- und Ersatzansprüche der Leistungsträger gegen Arbeitgeber und Schadensersatzpflichtige (§§ 115 und 116 SGB X)

Die Anwendung der §§ 115 und 116 SGB X zur Inanspruchnahme von Arbeitgebern und Schadensersatzpflichtigen durch die Träger der Grundsicherung für Arbeitsuchende und die Träger der Sozialhilfe ist nur möglich, weil § 33 Abs. 4 SGB II und § 93 Abs. 4 Satz 2 SGB XII entsprechende Regelungen treffen. Ohne diese würden die §§ 115 und 116 SGB X für Leistungen nach dem Zweiten und Zwölften Buch Sozialgesetzbuch keine Anwendung finden, weil § 37 Satz 1 SGB I grundsätzlich vorsieht, dass das Erste und Zehnte Buch Sozialgesetzbuch nur gelten, soweit sich aus den übrigen Büchern nichts Abweichendes ergibt. § 33 Abs. 1 SGB II und § 93 SGB XII würden damit grundsätzlich die allgemeinen Regelungen der §§ 115 und 116 SGB X verdrängen.

Die §§ 115 und 116 SGB X finden nur Anwendung bei **rechtmäßig erbrachter Hilfe**.

3.1 Ansprüche gegen Arbeitgeber (§ 115 SGB X)

Nach § 115 SGB X geht der Anspruch von Arbeitnehmern gegen ihre Arbeitgeber kraft Gesetzes auf den Träger der Grundsicherung für Arbeitsuchende bzw. den Träger der Sozialhilfe über, wenn der Anspruch auf **Arbeitsentgelt** nicht erfüllt wird und deshalb Sozialleistungen erbracht werden müssen. Dadurch sollen Doppelleistungen an den Arbeitnehmer sowie eine unzulässige Entlastung des Arbeitgebers durch Sozialleistungen vermieden werden.

Da der Anspruch kraft Gesetzes übergeht, ist der Sozialleistungsträger nicht befugt, den Anspruch in der Form eines Verwaltungsaktes geltend zu machen. Ansonsten ist dieser formelle Verwaltungsakt rechtswidrig und von der Erlassbehörde aufzuheben.

Der Anspruchsübergang erfolgt nur, wenn das Arbeitsverhältnis formal noch besteht, aber die tatsächliche Beschäftigung beim Arbeitgeber beendet ist oder der Arbeitgeber die Arbeitsleistung in Anspruch nimmt, allerdings die vereinbarten Arbeitsentgelte nicht zahlt.

In Anwendung des § 115 SGB X ist zusätzlich folgendes zu beachten:
Sollte der Arbeitgeber mit seiner Hauptleistungsverpflichtung (Lohnzahlungspflicht) im Rückstand sein, kann der Arbeitnehmer nach Anmahnung der ausbleibenden Lohnzahlungspflicht und Einräumung einer angemessenen Nachfrist seine Hauptleistungsverpflichtung (Arbeitspflicht) ebenfalls zurückhalten. Mit dieser Rückbehaltung liegt Arbeitslosigkeit im Sinne von § 138 SGB III vor. In einer solchen Fallkonstellation kann bei der Bundesagentur für Arbeit ein Antrag auf Arbeitslosengeld (Alg I) gestellt werden, so dass ein Anspruchsübergang nicht in Frage kommt.

Sollte der Arbeitgeber einen Antrag auf Insolvenzeröffnung gestellt haben, wird der Arbeitnehmer im Regelfall seine Arbeitskraft weiterhin einsetzen, weil die Arbeitsentgelte durch das Insolvenzgeld (vgl. §§ 165 ff. SGB III) weiterhin übernommen werden. Soweit Insolvenzgeld gezahlt wird, kommt ein Erstattungsanspruch nach § 104 SGB X in Frage (vgl. Übung im Kapitel 2.8). Ggf. verdrängen allerdings die Ansprüche Dritter nach den §§ 170, 171 SGB III einen Kostenerstattungsanspruch nach den §§ 102 ff. SGB X.

Soweit durch eine ungerechtfertigte fristlose Kündigung der Lohnanspruch entfallen ist, hat der Arbeitnehmer die Möglichkeit, einen Schadensersatzanspruch nach § 628 BGB geltend zu machen. Dieser Anspruch geht ebenfalls nach § 115 SGB X auf den Leistungsträger über.

3.1.1 Arbeitsentgelt, Anspruch

Der **gesetzliche Forderungsübergang** (Gläubigerwechsel) nach § 115 SGB X ist davon abhängig, dass Arbeitnehmerinnen oder Arbeitnehmer Ansprüche auf Arbeitsentgelt haben und diese von Arbeitgebern nicht erfüllt wurden.

Zum Arbeitsentgelt im Sinne des § 14 SGB IV gehören alle laufenden und einmaligen Einnahmen aus einer Beschäftigung. **Nicht** zum Arbeitsentgelt gehören Gehälter der Beamten, Richter und Soldaten oder Ansprüche der öffentlich Bediensteten auf Beihilfe.

Als Nichterfüllung des Anspruches ist jeder **Verzug** der Arbeitgeber bezüglich der Auszahlung des Arbeitsentgeltes anzusehen. Hier findet § 286 Abs. 2 Nr. 1 BGB Anwendung.

Diese Feststellung ist von besonderer Bedeutung, da die Nichterfüllung von Ansprüchen auf Arbeitsentgelt durch Arbeitgeber häufig unmittelbar oder bereits nach kurzer Zeit eine Verpflichtung zur Erbringung von Sozialleistungen auslöst (meistens Leistungen zum Lebensunterhalt).

3.1.2 Personenidentität

Der Arbeitnehmer muss sowohl Gläubiger eines Anspruchs auf Sozialleistung als auch Gläubiger eines Anspruchs auf Arbeitsentgelt sein. Bei dem Bezieher der Sozialleistung und dem Arbeitnehmer muss es sich also um ein und dieselbe Person handeln (**Prinzip der Personenidentität**).

Wird an Familienangehörige des Arbeitnehmers aufgrund der Nichterfüllung des Anspruches auf Arbeitsentgelt eine Leistung zur Sicherung des Lebensunterhalts erbracht, entsteht ebenfalls ein Erstattungsanspruch **für die Aufwendungen an diese Personen**. § 34 c SGB II und § 114 SGB XII finden insoweit entsprechende Anwendung.[457] Die beiden Vorschriften durchbrechen damit den Grundsatz der Personenidentität, weil der Erstattungsanspruch für die Aufwendungen an die anderen

---

457 BAG, Urt. vom 21.3.2012 – 5 AZR 61/11 –, BAGE 141, 95 = ZFSH/SGB 2012, 395.

Mitglieder der Bedarfs- bzw. Einsatzgemeinschaft erweitert wird. Voraussetzung für eine solchen „erweiterten Anspruchsübergang" ist aber die oben beschriebene Personenidentität für eine Person in der Bedarfs- bzw. Einsatzgemeinschaft.

§ 34 c SGB II und § 114 SGB XII verwirklichen den Nachranggrundsatz im Bereich der Grundsicherung für Arbeitsuchende und der Sozialhilfe (vgl. § 3 SGB II und § 9 Abs. 1 SGB II bzw. § 2 Abs. 1, § 19 Abs. 1 bis § 19 Abs. 3, § 27 Abs. 2 Satz 2 und Satz 3 sowie § 43 Abs. 1 Halbsatz 1 SGB XII) und gelten auch für die Unterhaltsvermutung nach § 9 Abs. 5 SGB II bzw. § 39 SGB XII.

3.1.3 Kausalität

Zwischen der Erbringung der Leistungen nach dem Zweiten oder Zwölften Buch Sozialgesetzbuch und der Nichtzahlung des Arbeitgebers muss ein Zusammenhang bestehen. Die **Entgeltforderung** geht nur insoweit auf den Sozialleistungsträger über, wie die Nichterfüllung oder die nicht rechtzeitige Erfüllung des Anspruchs auf Arbeitsentgelt die Sozialleistungserbringung ausgelöst hat.

Wäre das Arbeitsentgelt bei rechtzeitiger Zahlung bezüglich der Erbringung dieser Leistungen unberücksichtigt geblieben entstünde kein Erstattungsanspruch. Das ist z.B. bei einer Hilfe in besonderen Lebenslagen nach dem Zwölften Buch Sozialgesetzbuch der Fall, wenn das Arbeitsentgelt unter der Einkommensgrenze liegt.

Kausal für den Bezug von Sozialleistungen nach dem Zweiten oder Zwölften Buch Sozialgesetzbuch kann nur solches Arbeitseinkommen sein, das im Falle pünktlicher Zahlung auf die Leistung Anrechnung gefunden hätte. Beträge, die auch bei rechtzeitiger Leistung des Arbeitgebers vom Einkommen des Arbeitnehmers bzw. Sozialleistungsempfängers abgesetzt worden wären, stehen einem Anspruchsübergang in dieser Höhe entgegen. Dementsprechend können auch die Grundfreibeträge nach § 11b Abs. 2 SGB II oder der Erwerbstätigenfreibetrag nach § 11b Abs. 3 SGB II nicht übergehen und verbleiben als Entgeltanspruch beim Leistungsberechtigten.

Löst die Nichterbringung von Sachbezügen (z.B. freie Kost und Logis) die Hilfeleistung im Rahmen des Zweiten bzw. Zwölften Buches Sozialgesetzbuch aus, tritt an die Stelle dieser Sachbezüge durch den Arbeitgeber nach § 115 Abs. 3 SGB X der Anspruch auf Geld. Die Höhe richtet sich nach den in der Sozialversicherungsentgeltverordnung festgesetzten Werten.

3.1.4 Zeitidentität (Gleichzeitigkeit)

Grundsätzlich ist – im Gegensatz zu § 33 SGB II oder § 93 SGB XII – eine „**strenge**" **zeitliche Kongruenz** zu fordern. Es reicht demnach nicht, dass ein Anspruch für einen in der Vergangenheit liegenden Zeitraum noch nicht erfüllt worden ist und daher fällig ist und nunmehr der fällige Anspruch den Sozialleistungen gegenübergestellt werden kann. Eine zeitliche Kongruenz in Anwendung des § 115 SGB X erfordert grundsätzlich, dass im Monat der Sozialleistungsgewährung auch ein nicht erfüllter

Anspruch auf Arbeitsentgelt besteht. Es kommt also auf die **Identität der Zahlungszeiträume** an. Die Sozialleistung muss also tatsächlich an die Stelle des Arbeitsentgelts getreten sein.

Das Bundesarbeitsgericht[458] hat für den Bereich der Sozialhilfe vertreten, dass es nicht auf eine völlige zeitliche Deckungsgleichheit zwischen dem arbeitsrechtlichen Vergütungszeitraum und dem sozialhilferechtlichen Leistungszeitraum ankommt. Danach kommt es darauf an, für welchen Zeitraum die Zahlung des Arbeitsentgelts zur Deckung des Lebensunterhalts **bestimmt ist**. Zahlt daher der Arbeitgeber nachträglich Arbeitsentgelt am Ende eines Monats an den Arbeitnehmer, so geht dieser Anspruch auf den Leistungsträger über, auch wenn der Leistungsträger Leistungen erst im Folgemonat gewährt. Voraussetzung ist aber die **Kenntnis des Sozialleistungsträgers** von der Nichterfüllung eines fälligen Entgeltanspruhes[459].

Beispiel
Ein Arbeitnehmer erhält am Ende des Monats April keinen Lohn. Er beantragt und erhält ab Anfang Mai Leistungen zum Lebensunterhalt. Der Anspruch auf Lohnzahlung wurde im April begründet. Durch die Nichtzahlung des Lohnes wurde die Hilfebedürftigkeit zu Beginn des Monats Mai ausgelöst.

3.1.5 Ausschluss des Überganges

Der Übergang wird nicht dadurch ausgeschlossen, dass der Anspruch nicht übertragen, verpfändet oder gepfändet werden kann.

3.2 Ansprüche gegen Schadensersatzpflichtige (§§ 116 bis 118 SGB X)

§ 116 Abs. 1 Satz 1 i.V.m. Abs. 10 SGB X regelt den Übergang von Ansprüchen gegen Schadensersatzpflichtige u.a. auf die Leistungsträger nach dem Zweiten Buch und Zwölften Buch Sozialgesetzbuch.[460]

Unter den nachfolgenden Voraussetzungen findet ein gesetzlicher Forderungsübergang statt:

---
458 Vgl. BAG, Urt. vom 26.5.1993 – 5 AZR 405/92 –, juris; a. A. AG Ulm, Urt. vom 15.4.2014 – 5 Ca 296/13 –, juris, Rn. 25.
459 Vgl. SG Chemnitz, Urt. vom 26.2.2009 – S 22 AS 3132/08 –, juris, Rn. 102 f.
460 Vertiefungshinweis: *Gühlstorf*, Übergang von Schadensersatzansprüchen nach § 116 SGB X, ZfF 08/2018 S. 169 ff.

3.2.1 Art und Höhe des Anspruches

Der in § 116 Abs. 1 SGB X geregelte Forderungsübergang kraft Gesetzes findet nur bei Schadensersatzansprüchen Anwendung, die sich nach anderen gesetzlichen Vorschriften als dem Sozialgesetzbuch richten (z. B. §§ 823 ff. BGB, § 1908i Abs. 1 i. V. m. § 1833 BGB, Haftpflichtgesetz (HaftPflG), Luftverkehrsgesetz (LuftV)), Atomgesetz (AtG)). Voraussetzung hierfür ist, dass zwischen den von den Leistungsträgern zu erbringenden Leistungen (z. B. Leistungen zum Lebensunterhalt, Hilfe bei Krankheit oder Eingliederungshilfe für behinderte Menschen) und den Ansprüchen der Geschädigten sowohl eine sachliche als auch zeitliche Kongruenz (Gleichartigkeit und Gleichzeitigkeit) besteht.

Beispiele
Der Träger der Sozialhilfe erbringt einer geschädigten Person und den Familienangehörigen Hilfe zum Lebensunterhalt. Auslösend hierfür ist eine durch eine schwere Verletzung hervorgerufene Erwerbsminderung. Bei einem bestehenden Anspruch der geschädigten Leistungsberechtigten nach § 842 oder § 843 BGB besteht eine sachliche Gleichartigkeit.

Dem Betreuer einer hilfebedürftigen Person ist u. a. der Aufgabenkreis der „Gesundheitsfürsorge" übertragen worden. Grob fahrlässig nimmt der Betreuer die Pflicht nicht wahr, seinen Betreuten bei der Krankenkasse anzumelden. Der Sozialhilfeträger übernimmt Kosten der Krankenhilfe. Es besteht ein Schadensersatzanspruch aus § 1908i Abs. 1 Satz 1 i. V. m. § 1833 Abs. 1 BGB des Betreuten (leistungsberechtigte Person) gegenüber seinem Betreuer, weil der Betreuer pflichtwidrig nicht für den notwendigen Krankenversicherungsschutz gesorgt hat. Der Schadensersatzanspruch ist gemäß § 116 SGB X kraft Gesetzes auf den Sozialhilfeträger übergegangen.[461]

Die leistungsberechtigte Person erhält aus einer Erbschaft 50.000,00 € auf ihr Konto überwiesen. Der Betreuer (der Bruder der leistungsberechtigten Person) überweist diesen Betrag auf sein Konto. Es besteht ein Schadensersatzanspruch nach § 823 Abs. 2 BGB i. V. m. 266 StGB wegen des erfüllten Tatbestandes einer Untreuehandlung.

Der Forderungsübergang erfolgt kraft Gesetzes bereits mit Eintritt des schädigenden Ereignisses, **nicht** erst dann, wenn der Leistungsträger entsprechende Leistungen erbracht hat; es reicht aus, wenn er die Leistung erbringen wird.

Die Höhe des Schadensersatzanspruches nach § 116 Abs. 1 SGB X ist durch die Höhe der Leistung begrenzt;, der den entsprechenden Teil des Anspruches übersteigende Betrag verbleibt dem Geschädigten.

---

[461] OLG Nürnberg, Hinweisbeschl. vom 17.12.2012 – 4 U 2022/12 –, NJW-RR 2013, 836.

Die **Absätze 2 bis 5** des § 116 SGB X sehen darüber hinaus folgende **Beschränkungen** vor:

- **Begrenzung des Schadensersatzanspruchs kraft Gesetzes**
  In den Fällen, in denen der Schaden der Höhe nach durch Gesetz begrenzt ist (z. B. aufgrund von Höchstgrenzen im § 12 StVG, § 1 HPflG, §§ 37, 46 LuftVG, § 31 AtG), erfolgt nach § 116 Abs. 2 SGB X ein Forderungsübergang auf den Leistungsträger nur, soweit er nicht zum Ausgleich des Schadens der Geschädigten oder Hinterbliebenen erforderlich ist.

Beispiel
Schadenshöchstgrenze (maximale Haftungssumme)   40.000,00 €
Schaden der leistungsberechtigten Person   60.000,00 €

Die leistungsberechtigte (geschädigte) Person hat einen Schadensersatzanspruch in Höhe von 60.000,00 €. Die Höhe eines nach § 116 Abs. 1 SGB X vorhandenen Forderungsübergangs wird allerdings nach § 116 Abs. 2 SGB X dann begrenzt, wenn das Gesetz eine begrenzte Haftung vorsieht oder ein Mitverschulden besteht. Dann steht dem Forderungsübergang ein sog. „Quotenvorrecht" entgegen. Insoweit verbleibt für den Leistungsträger kein weiterer Anspruch aus § 116 Abs. 1 SGB X. Im Beispielsfall ist dann der Forderungsübergang auf 40.000,00 € begrenzt.
Sollten die Sozialleistungen höher sein als der Forderungsanspruch aus § 116 SGB X, kommt ggf. eine zusätzliche Überleitung weiterer Schadensersatzansprüche nach § 33 SGB II oder § 93 SGB XII in Frage.[462] § 93 Abs. 4 SGB XII oder § 33 Abs. 5 SGB II verhindern dann nicht eine ergänzende Anwendung der Überleitungsvorschriften.

- **Mitverschulden der Geschädigten**
  Haben Geschädigte das Schadensereignis mitverschuldet oder dieses mitzuverantworten und ist deshalb der Schadensersatzanspruch begrenzt, so ist nach § 116 Abs. 3 SGB X auch der Anspruch der Leistungsträger begrenzt. Ist beispielsweise ein Mitverschulden der Geschädigten in Höhe von 50 v. H. festgesetzt, so begrenzt sich der Forderungsübergang auf den Leistungsträger auf die von den Schädigern zu tragenden 50 v. H. Dies gilt nach § 116 Abs. 3 Satz 2 SGB X auch, wenn der Ersatzanspruch durch Gesetz der Höhe nach begrenzt ist.
  Der Anspruchsübergang ist jedoch ausgeschlossen, soweit Geschädigte oder ihre Hinterbliebenen dadurch hilfebedürftig im Sinne der Vorschriften des Zwölften Buches Sozialgesetzbuch werden (§ 116 Abs. 3 Satz 3 SGB X). Zum einen sind hiermit – anders als bei der im § 51 Abs. 2 SGB I vorgenommenen Begrenzun – nicht nur die Leistungen zum Lebensunterhalt erfasst, zum anderen wird durch das Wort „soweit" auch der Fall erfasst, bei dem durch einen Forderungsübergang der Umfang der bereits bestehenden Leistungsberechtigung vergrößert wird.

---

462 Vgl. dazu LSG NRW, Urt. vom 20.12.2012 – L 9 SO 22/09 –, juris.

- **Vorrecht der Geschädigten bei Zahlungsunfähigkeit des Schuldners**
  § 116 Abs. 4 SGB X gibt den Geschädigten bei Vollstreckungsschwierigkeiten den Vorrang vor den Leistungsträgern. Dieses Recht gilt auch in Fällen der gesetzlichen Haftungsbegrenzung (§ 116 Abs. 2 SGB X) und des Mitverschuldens (§ 116 Abs. 3 SGB X).
  Die Geschädigten und ihre Hinterbliebenen sind jedoch nach den §§ 60 ff. SGB I verpflichtet, den Leistungsträgern die ihnen bekannten Hinderungsgründe für eine Vollstreckung mitzuteilen.
- **Keine Erhöhung der Leistungen durch das schädigende Ereignis**
  Hat der Leistungsträger bereits vor dem Schaden Leistungen an die Geschädigten oder ihre Hinterbliebenen erbracht und erhöht sich die zu erbringende Leistung hierdurch nicht, so soll nach § 116 Abs. 5 SGB X in den Fällen des § 116 Abs. 3 Satz 1 und 2 (Mitverschulden) ein Forderungsübergang nur stattfinden, wenn nach Ersatz des Schadens an die Geschädigten oder ihre Hinterbliebenen noch ein restlicher Anspruch verbleibt.
- **Schädigung durch Familienangehörige**
  Wurde das Schadensereignis von einer Person, die mit der Geschädigten in Haushaltsgemeinschaft lebt, nicht vorsätzlich verursacht, ist ein Forderungsübergang nach § 116 Abs. 6 SGB X ausgeschlossen. Familienangehörige sind neben Eheleuten und Verwandten auch Verschwägerte (vgl. § 16 Abs. 5 SGB X). Gehörte die schädigende Person zum Zeitpunkt des Schadens nicht zu diesem Personenkreis, schließt jedoch später mit der geschädigten oder einer hinterbliebenen Person die Ehe und lebt mit dieser in häuslicher Gemeinschaft, ist der Forderungsübergang zwar vollzogen, doch kann dieser nach § 116 Abs. 6 Satz 2 SGB X nicht geltend gemacht werden.

Beispiel
Die Mutter M verursacht einen Verkehrsunfall, bei der das mitfahrende Kind verletzt wird. Das Kind hat zwar einen Schadensersatzanspruch gegen die Mutter, allerdings geht dieser Schadensersatzanspruch aufgrund des § 116 Abs. 6 SGB X nicht auf den Sozialhilfeträger über. Die Vorschrift will familiäre Konflikte vermeiden.

Allerdings besteht bei einem Verkehrsunfall gleichzeitig ein Schadensersatzanspruch gegen die Haftpflichtversicherung der Mutter (§ 115 VVG). Damit kann über § 116 SGB X das Versicherungsunternehmen in Regress genommen werden.[463]

---

463 Vgl. BGH, Urt. vom 17.10.2017 – VI ZR 423/16 –, juris, Rn. 15.

3.2.2 Erfüllung des Schadensersatzanspruchs

Bei der **Durchsetzung** eines Schadensersatzanspruchs nach § 116 SGB X sind folgende Bestimmungen zu beachten:
- **Leistungen der Schädiger an die Geschädigten**
  Haben Schädiger mit befreiender Wirkung an die Geschädigten oder ihre Hinterbliebenen Leistungen erbracht, so haben diese nach § 116 Abs. 7 Satz 1 SGB X die den Leistungsträgern zustehenden Leistungen zu erstatten. Bei entsprechender Anwendung des § 407 BGB hat eine Leistung befreiende Wirkung, wenn Leistende gutgläubig waren, auf den Fall bezoge:, keine Kenntnis von dem Forderungsübergang hatten.
  Haben die Leistungen der Schädiger nicht diese befreiende Wirkung (sie wussten von dem Forderungsübergang auf den Leistungsträger), haften nach § 116 Abs. 7 Satz 2 SGB X Schädiger und Geschädigte bzw. Hinterbliebene als Gesamtschuldner im Sinne des § 421 BGB.
- **Pauschalierung der ambulanten Arztkosten**
  Nach § 116 Abs. 8 SGB X besteht die Möglichkeit, zur Vereinfachung des Verfahrens für ambulante ärztliche Behandlung und Versorgung mit Arznei- und Verbandmitteln eine Pauschalierung der Kosten vorzunehmen (je Schadensfall 5 v. H. der jeweiligen monatlichen Bezugsgröße im Sinne des § 18 SGB IV).
  Bezugsgröße im Sinne der Vorschriften für die Sozialversicherung ist, soweit in den besonderen Vorschriften für die einzelnen Versicherungszweige nichts Abweichendes bestimmt ist, das Durchschnittsentgelt der gesetzlichen Rentenversicherung im vorvergangenen Kalenderjahr, aufgerundet auf den nächsthöheren, durch 420 teilbaren Betrag (§ 18 Abs. 1 SGB IV).
- **Pauschalierung von Ersatzansprüchen**
  § 116 Abs. 9 SGB X räumt die Möglichkeit von Pauschalregelungen bei der Geltendmachung von Ersatzansprüchen ein (z. B. in Form einer Kapitalabfindung).
- **Schadensersatzansprüche mehrerer Leistungsträger**
  § 117 SGB X regelt den Fall, dass mehrere Leistungsträger Leistungen erbracht haben, der Schadensersatzanspruch nach § 116 Abs. 2 oder 3 begrenzt ist und daher **nicht** alle Ansprüche **voll befriedigt** werden können. Die Sozialleistungsträger sind dann Gesamtgläubiger im Sinne des § 428 BGB, was bedeutet, dass jeder Leistungsträger die gesamte Leistung vom Schädiger fordern kan;, dieser muss sie nur einmal erbringen (Außenverhältnis). Im Verhältnis untereinander (Innenverhältnis) findet ein Ausgleich zwischen den Leistungsträgern unter Berücksichtigung der erbrachten Sozialleistungen statt (§ 117 Satz 2 SGB X,; damit abweichend von § 430 BGB nicht nach gleichen Teilen. Die Vorschrift des § 117 Satz 3 SGB X räumt den Leistungsträgern die Möglichkeit abweichender Vereinbarungen ein.

- **Bindung der Gerichte**
  Hat ein Gericht über einen nach § 116 SGB X übergegangenen Anspruch zu entscheiden, ist es an eine unanfechtbare Entscheidung gebunden, dass und in welchem Umfang der Leistungsträger zur Leistung verpflichtet ist (vgl. § 118 SGB X). Unanfechtbare Entscheidungen sind nicht nur rechtskräftige Gerichtsurteile, sondern auch unanfechtbar gewordene Verwaltungsakte der Sozialleistungsträger. Durch diese Regelung soll verhindert werden, dass Sozialleistungsträger und Gerichte der Sozial- und Verwaltungsgerichtsbarkeit einerseits sowie Gerichte, die über einen nach § 116 SGB X übergegangenen Anspruch zu entscheiden haben, andererseits voneinander abweichende Entscheidungen treffen.

4. Übergang von Ansprüchen nach § 33 SGB II

Nach § 2, § 3 Abs. 3, § 9 SGB II dürfen Leistungen zur Sicherung des Lebensunterhalts nur erbracht werden, soweit die Hilfebedürftigkeit nicht anderweitig beseitigt werden kann. Dazu gehört es auch, Ansprüche gegen Dritte durchzusetzen. Häufig können Leistungsberechtigte diese Ansprüche nicht oder nicht rechtzeitig realisieren, weil es ihnen nicht möglich oder nicht zuzumuten ist, sie selbst zu verfolgen. Dadurch entsteht – trotz bestehender Ansprüche gegen Dritte – eine Leistungspflicht der Leistungsträger nach dem Zweiten Buch Sozialgesetzbuch.

Werden Leistungen zur Sicherung des Lebensunterhalts trotz bestehender Ansprüche der Leistungsempfänger gegen Dritte erbracht, erfolgt die Wiederherstellung des Nachranges u. a. durch den gesetzlichen Forderungsübergang nach § 33 SGB II.

Nach § 33 Abs. 1 Satz 1 SGB II gehen Ansprüche von leistungsberechtigten Personen gegen Andere auf die Leistungsträger nach dem Zweiten Buch Sozialgesetzbuch (Leistungsträger) über. Geregelt wird ein **gesetzlicher Übergang** von privaten oder öffentlichen Zahlungsansprüchen. Unterhaltsansprüche gehen nur unter den einschränkenden Bedingungen des § 33 Abs. 2 SGB II auf den Leistungsträger über.

4.1 Anwendbarkeit des § 33 SGB II

Haben Personen, die Leistungen zur Sicherung des Lebensunterhalts beziehen, für die Zeit, für die Leistungen erbracht werden, einen Anspruch gegen einen Anderen, der nicht Leistungsträger ist, geht der Anspruch bis zur Höhe der geleisteten Aufwendungen auf die Träger der Leistungen nach diesem Buch über, wenn bei rechtzeitiger Leistung des Anderen Leistungen zur Sicherung des Lebensunterhalts nicht erbracht worden wären (§ 33 Abs. 1 Satz 1 SGB II).

Die Vorschrift ist inhaltlich teilidentisch, vor allem aber zweckidentisch, mit § 93 bzw. § 94 SGB XII. Insbesondere sollen mit § 33 SGB II Ansprüche der leistungsberechtigten Person auf den Leistungsträger nach dem Zweiten Buch Sozialgesetzbuch – vergleichbar mit den Regelungen der §§ 93, 94 SGB XII – übergehen und somit das **Nachrangprinzip** der Grundsicherung für Arbeitsuchende (vgl. § 2, § 3 Abs. 3, § 9 SGB II) **verwirklicht werden**. Auf die Ausführungen zu §§ 93, 94 SGB XII wird deshalb an dieser Stelle verwiesen (vgl. 6.1, 6.2 und 6.3). Dort wird u. a. auf einzelne mögliche Ansprüche, die für eine Überleitung in Frage kommen (z. B. Wohnrechte, Nießbrauchsrechte, Rückforderungsansprüche aus Schenkung), ausführlich eingegangen. Die dortigen Ausführungen sind auf die Regelung des § 33 SGB II übertragbar soweit es dieselben Voraussetzungen betrifft.

§ 33 SGB II erfasst **alle** privat- und öffentlich-rechtlichen Ansprüche einschließlich der Unterhaltsansprüche, für die in § 94 SGB XII für den Bereich der Sozialhilfe – gegenüber § 93 SGB XII – eine spezielle Regelung geschaffen wurde. Ein weiterer entscheidender Unterschied – jedenfalls zu § 93 SGB XII – besteht darin, dass Ansprüche des Leistungsberechtigten gegen Dritte nicht mehr im Wege einer Überleitungsanzeige und damit mittels eines Verwaltungsaktes übergeleitet werden, sondern die Ansprüche bzw. Forderungen unmittelbar **kraft Gesetzes** (cessio legis) auf den Leistungsträger übergehen. Die leistungsberechtigte Person und ursprüngliche Anspruchsinhaberin ist damit nicht mehr die Inhaberin über ihren originären Anspruch. Berechtigter ist der Leistungsträger, **der verpflichtet ist**, den übergegangenen Anspruch zu verfolgen.

Im Gegensatz dazu steht die Überleitung eines Anspruchs nach § 93 SGB XII im Ermessen des Leistungsträgers. Demgegenüber tritt der Anspruchsübergang nach dem Zweiten Buch Sozialgesetzbuch erst in dem Zeitpunkt ein, in dem die Erbringung der Leistung dem Verpflichteten – also dem Schuldner des Anspruchs – im Rahmen einer sog. „Rechtswahrungsanzeige" mitgeteilt wurde (vgl. § 33 Abs. 3 SGB II).

Ein Vergleich von § 33 SGB II mit § 93 SGB XII zeigt Parallelen und Unterschiede auf (ohne dass auf die Besonderheiten hinsichtlich des Übergangs von Unterhaltsansprüchen eingegangen wird):

	§ 33 SGB II	**§ 93 SGB XII**
Sinn und Zweck	Übergang von privatrechtlichen und öffentlich-rechtlichen Ansprüchen einschließlich Unterhaltsansprüchen	Überleitung von privatrechtlichen und öffentlich-rechtlichen Ansprüchen; Unterhaltsansprüche sind in § 94 SGB XII geregelt
	Herstellung des Nachrangprinzips	Herstellung des Nachrangprinzips
Art des Übergangs	kraft Gesetzes	durch Überleitungsanzeige (Verwaltungsakt)
gebundene Entscheidung	Ja	Nein (Ermessen)
Wirkung	Gläubigerwechsel **kraft Gesetzes;** Bekanntgabe einer Rechtswahrungsanzeige erforderlich	Gläubigerwechsel durch **Überleitungsanzeige**
Voraussetzungen	1. Bestehen eines Anspruchs (Negativevidenz) 2. Tatsächliche Leistungserbringung 3. Gleichzeitigkeit (Zeitidentität) 4. Kausalität 5. Personenidentität (zwischen Anspruchsinhaber und Leistungsberechtigtem), Sonderregelung in § 33 Abs. 1 Satz 2 SGB II hinsichtlich Kinder	1. Bestehen eines Anspruchs (Negativevidenz) 2. Tatsächliche Leistungserbringung 3. Gleichzeitigkeit (Zeitidentität) 4. Kausalität 5. Personenidentität (zwischen Anspruchsinhaber und Leistungsberechtigtem), Ausnahme bei Leistungen nach dem 5. bis 9. Kapitel SGB XII: auch Ehegatte oder Elternteil können **Anspruchsinhaber** sein Ausnahme bei Leistungen nach dem 3. und 4. Kapitel SGB XII: auch **Leistungen** an den Partner oder die minderjährigen unverheirateten Kinder sind in die Überleitung einzubeziehen, wenn Anspruchsinhaber **gleichzeitig** leistungsberechtigt ist (vgl. § 93 Abs. 1 Satz 2 SGB XII)

	§ 33 SGB II	**§ 93 SGB XII**
Rechtsfolge	• Übergang im Umfang der Kausalität, unabhängig von der Übertragbarkeit oder Pfändbarkeit des Anspruchs; • Übergang auch für Leistungen an Personen der Einsatzgemeinschaft wegen der Bedarfsanteilsmethode (§ 9 Abs. 2 Satz 3 SGB II)	• Überleitung im Umfang der Kausalität, unabhängig von der Übertragbarkeit oder Pfändbarkeit des Anspruchs; • Überleitung auch für Leistungen an Personen der Einsatzgemeinschaft (vgl. § 93 Abs. 1 Satz 1, § 93 Abs. 1 Satz 3 SGB XII)

§ 33 SGB II findet – wie auch § 93 SGB XII – **keine** Anwendung bei
- Ansprüchen gegen andere **Leistungsträger** im Sinne des § 12 SGB I (vgl. § 33 Abs. 1 Satz 1 SGB II). Hierfür gelten andere gesetzliche Regelungen, z.B. die der §§ 102 ff. SGB X (vgl. Kap. 2),
- Ansprüchen gegen **Arbeitgeber** auf Arbeitsentgelt wegen Nichterfüllung und Ansprüchen gegen **Schadensersatzpflichtige**. Diese sind nach den §§ 115 und 116 SGB X geltend zu machen (vgl. § 33 Abs. 5 SGB II; vgl. Kap. 3),

und nur eingeschränkte Anwendung bei
- Ansprüchen gegen Unterhaltspflichtige, denn in § 33 Abs. 2 SGB II wird der nach § 33 Abs. 1 SGB II mögliche Übergang von Unterhaltsansprüchen zusätzlichen Anforderungen unterworfen.

4.2 Art des Anspruches

Für den Übergang eines Anspruchs nach § 33 SGB II kommen – abgesehen von den o.a. Einschränkungen – alle privat- und öffentlich-rechtlichen Ansprüche in Betracht. Dabei ist es unerheblich, ob diese aufgrund eines Gesetzes, Vertrages, Gewohnheitsrechtes oder einer sonstigen Rechtsgrundlage bestehen.

Es kann sich z.B. um Unterhaltsansprüche, Ansprüche aus Betriebsrenten, Überlassungs-, Altenteils- bzw. Schenkungsverträgen (insbesondere bei der Übergabe von Immobilien), Steuerrückerstattungen, Pflichtteilsansprüchen bei Erbschaften (vgl. §§ 2303 ff. BGB), privaten Versicherungen (z.B. Kranken-, Lebensversicherung) oder Abfindungszahlungen des Arbeitgebers (die nicht nach § 115 SGB X auf den Leistungsträger übergehen, weil die Abfindungszahlung keinen Arbeitsentgeltanspruch darstellt) handeln.

4.3 Rechtliche Wirkung des Überganges

Der Übergang eines Anspruchs gemäß § 33 SGB II bewirkt, dass der Leistungsträger in die Rechtsstellung der Anspruchsgläubiger – nämlich der leistungsberechtigten Personen – tritt. Durch diesen kraft Gesetzes bewirkten **Gläubigerwechsel**, der zugleich einen Forderungsübergang darstellt, wird die Rechtsnatur des eigentlichen Anspruchs nicht verändert. Ein privatrechtlicher Anspruch wird z. B. durch den Forderungsübergang nicht zu einem öffentlich-rechtlichen Anspruch.

Der Anspruch ist in der Form geltend zu machen, die auch bei nicht erfolgtem Übergang hätte gewählt werden müssen, z. B. Mahnverfahren oder Klage. Das „Stammrecht" bleibt bei den ursprünglich Anspruchsberechtigten (Leistungsberechtigten). Danach können Dritte, trotz des erfolgten Überganges, **künftige** Ansprüche der Leistungsberechtigten (Gläubiger) weiterhin diesen gegenüber unmittelbar mit für sie befreiender Wirkung erfüllen, soweit nicht bereits Leistungen durch den Leistungsträger erbracht wurden.[464] Hinweise in den schriftlichen Anzeigen, wonach Leistungen für die Zukunft mit befreiender Wirkung nur an den Leistungsträger erbracht werden können, sind insoweit unwirksam.

Nach einem erfolgten Übergang ist ein **Verzicht** (vgl. § 397 Abs. 1 BGB) der „ursprünglichen" Gläubiger auf zustehende Ansprüche nicht mehr möglich, da die leistungsberechtigte Person im Zeitpunkt der Leistungserbringung nicht mehr verfügungsberechtigt ist. Mit der **tatsächlichen** Zahlung von Leistungen der Grundsicherung für Arbeitsuchende ist der Gläubigerwechsel kraft Gesetzes erfolgt. Ist der Verzicht **vor** dem Übergang ausgesprochen worden, rechtmäßig und steht **nicht** in direktem Zusammenhang mit der Leistung zur Sicherung des Lebensunterhalts nach dem Zweiten Buch Sozialgesetzbuch, scheidet ein Übergang aus.

Ist der Verzicht im Hinblick auf die anstehende Leistungserbringung durch den Leistungsträger vorgenommen worden, ist der Verzicht wegen der beabsichtigten Schädigung des Leistungsträgers sittenwidrig und nichtig.

Die nach anderen gesetzlichen Bestimmungen bestehenden Regelungen, wonach Ansprüche nicht oder nur teilweise übertragen, gepfändet oder verpfändet werden können (z. B. §§ 399, 400, 1274 BGB, § 850 ZPO), stehen einem Übergang des Anspruchs nicht entgegen (vgl. § 33 Abs. 1 Satz 3 SGB II). Der Übergang eines Pflichtteilsanspruchs (vgl. § 2303 BGB) steht z. B. § 852 Abs. 1 ZPO **nicht** entgegen, wonach ein Pflichtteilsanspruch nur gepfändet werden kann, sofern er durch Vertrag anerkannt oder rechtshängig geworden ist.[465]

---

464 Vgl. BVerwG, Urt. vom 17.5.1973 – 5 C 108/72 –, BVerwGE 42, 198 = FEVS 21, 321 = NDV 1973, 319 = ZFSH 1974, 152; *Münder*, Die Überleitung von Ansprüchen in der Sozialhilfe, ZFSH/SGB 1985 S. 248.
465 Vgl. BGH, Urt. vom 8.12.2004 – IV ZR 223/03 –, FamRZ 2005, 448 = NJW-RR 2005, 369 = DNotZ 2005, 296.

4.4 Materiell-rechtliche Voraussetzungen für einen Übergang

Um einen rechtmäßigen Gläubigerwechsel auszulösen, müssen die nachfolgenden materiell-rechtlichen Voraussetzungen erfüllt sein.

4.4.1 Bestehen eines Anspruchs

Wichtigste Voraussetzung für eine Anwendung des § 33 SGB II ist, dass **die Empfänger von Leistungen zur Sicherung des Lebensunterhalts Ansprüche gegen Dritte** haben. Erfasst werden alle Ansprüche privat- oder öffentlich-rechtlicher Natur (vgl. 4.2).

Für den Übergang reicht es aus, dass er nicht vollkommen ausgeschlossen ist (Grundsatz der Negativevidenz).

4.4.2 Tatsächliche Leistungserbringung

Gemäß § 33 Abs. 1 Satz 1 SGB II ist notwendige Voraussetzung für einen Anspruchsübergang, dass die leistungsberechtigte Person Leistungen zur Sicherung des Lebensunterhalts **bezieht**. Aus dem Wort „bezieht" folgt, dass die Leistungen tatsächlich bereits erbracht wurden und die leistungsberechtigte Person die Leistungen bereits erhalten hat. Der Erlass des Bewilligungsbescheides allein genügt also nicht.

Unter „Leistungen zur Sicherung des Lebensunterhalts" fallen der Regelbedarf von Arbeitslosengeld II bzw. von Sozialgeld, die Bedarfe der Kosten der Unterkunft und der Kosten der Heizung, Mehrbedarfe, der Zuschuss zu den Versicherungsbeiträgen, Leistungen für Auszubildende sowie Leistungen für Bildung und Teilhabe. Beiträge für die gesetzliche Kranken- und Pflegeversicherung gehören ebenfalls zu den Leistungen zum Lebensunterhalt und sind daher hinsichtlich des Umfangs des Anspruchsübergangs mit einzubeziehen. Das Einstiegsgeld ist eine Eingliederungsleistung und wird vom Anspruchsübergang nicht erfasst.

Weiterhin muss es sich nach hier vertretener Auffassung um eine endgültige Leistungserbringung handeln. Darlehensleistungen fallen deshalb nicht in den Anwendungsbereich von § 33 SGB II, da der Zweck der Norm, die Wiederherstellung des Nachranggrundsatzes, bereits durch die den Leistungsempfänger treffende Rückzahlungspflicht ausreichend berücksichtigt wird.

Analog der Rechtsprechung des Bundesverwaltungsgerichts zur Regelung des § 93 SGB XII wird vertreten, dass es auf die Rechtmäßigkeit der Leistungserbringung auch bei der Grundsicherung für Arbeitsuchende nicht ankommt (vgl. Ausführungen zu 6.1.4.3)[466]. Deswegen kommt ein Forderungsübergang auch in Frage, wenn z. B.

---
466   Vgl. BVerwG, Urt. vom 17.5.1973 – 5 C 108/72 –, BVerwGE 42, 198 = FEVS 21, 321 = NDV 1973, 319 = ZFSH 1974, 152; BVerwG, Urt. vom 17.12.1981 – 5 C 98/79 –, NJW 1983, 130 = FamRZ 1982, 543 = DÖV 1982, 780; BVerwG, Urt. vom 4.6.1992 – 5 C 57/88 –, NJW 1992, 3313 = FamRZ 1993, 183 = FEVS 43, 9; LSG NRW, Beschl. vom 20.12.2006 – L 20 B 135/06 SO ER –, FEVS 58, 448; LSG Baden-Württemberg, Urt. vom 22.7.2010 – L 7 SO 853/09 –, ZFSH/SGB 2010, 543.

im Fall einer Überzahlung oder einer mangelnden Hilfebedürftigkeit Leistungen zu Unrecht erbracht worden sind.

4.4.3 Gleichzeitigkeit

Der Übergang des in Frage kommenden Anspruches erfolgt nur für die Zeit, für die Hilfe erbracht wird bzw. wurde. Dabei ist es unbeachtlich, wann der Anspruch gegen den Dritten festgestellt wird, wenn der Anspruch noch nicht erfüllt ist. Maßgebend ist – unabhängig von der Art des Anspruchs –, dass dieser im Zeitpunkt des Leistungsbezugs fällig ist und die Leistung bei rechtzeitiger Erfüllung nicht hätte erbracht werden müssen. Anspruch und Leistung müssen sich „nur" zeitgleich gegenüberstehen.

Ausgehend von der „Monatstheorie", nach der der Bedarf dem Einkommen bzw. Vermögen monatsweise gegenüberzustellen ist, können immer nur die Ansprüche übergehen, die dem jeweiligen Monat als Einkommen bzw. Vermögen zugeordnet worden wären (Zeit- oder Zeitraumidentität). Danach können auch solche **fälligen** Ansprüche übergeleitet werden, die vor der Leistungserbringung entstanden sind und zum Zeitpunkt der Leistungserbringung noch nicht erfüllt waren.[467]

Andererseits erfolgt ein Anspruchsübergang nicht, wenn der Anspruch nicht fällig ist und erst zukünftig entstehen wird. Anders als bei Anwendung des § 93 SGB XII können auch zeitnahe und absehbare Ansprüche nicht übergehen, weil ein Anspruchsübergang im Zeitpunkt der Fälligkeit kraft Gesetzes und damit ohne weiteres Zutun auf den Leistungsträger übergeht.

Von der Monatstheorie kann bei erbrachten einmaligen Leistungen zum Lebensunterhalt nach § 24 Abs. 3 Satz 2 SGB II abgewichen werden. Hiernach kann auch Einkommen Berücksichtigung finden, welches innerhalb eines Zeitraumes von bis zu sechs Monaten nach Ablauf des Monats erworben wird, in dem über die Leistung entschieden worden ist (§ 24 Abs. 3 Satz 3 SGB II).

4.4.4 Kausalität

Der Übergang eines Anspruches erfolgt nur, soweit bei rechtzeitiger Leistung des Anderen die Leistung zur Sicherung des Lebensunterhalts entweder nicht oder nicht in dieser Höhe erbracht worden wäre (vgl. § 33 Abs. 1 Satz 1 SGB II). Danach muss eine **Kausalität** zwischen der Nichterfüllung des Anspruchs gegen Dritte und der Leistungsverpflichtung des Leistungsträgers bestehen.

Es ist zu prüfen, inwieweit die in Frage kommenden Ansprüche bei rechtzeitiger Verfügbarkeit durch die Leistungsberechtigten die Höhe der Leistungen zur Sicherung des Lebensunterhalts beeinflusst hätten bzw. beeinflussen würden. Danach ist

---

467 BVerwG, Urteil vom 28.10.1999, 5 C 28/98, BVerwGE 110, 5 = FEVS 51, 165 zu § 90 BSHG = ZFSH/SGB 2000, 105; BVerwG, Urteil vom 18.02.1999, 5 C 35/97, BVerwGE 108, 296 = FEVS 51, 1 = info also 2000, 37 (Zuflusstheorie); BSG, Urteil vom 30.07.2008, B 14 AS 26/07 R, ZFSH/SGB 2009, 34 = FEVS 60, 404 = NVwZ-RR 2009, 963; BSG, Urteil vom 30.09.2008, B 4 AS 29/07 R, BSGE 101, 291 = NJW 2009, 2155 = FEVS 60, 337.

eine Prüfung notwendig, ob unter Anwendung der Vorschriften über die Berücksichtigung von Einkommen und Vermögen (vgl. §§ 11 ff., 12 SGB II) der übergegangene Anspruch überhaupt zur Bedarfsdeckung heranzuziehen ist. Auszuschließen ist danach der Übergang solcher Ansprüche, die nicht als Einkommen oder Vermögen einzusetzen (gewesen) wären. Dazu gehört z. B. das Schmerzensgeld nach § 253 Abs. 2 BGB (vgl. § 11a Abs. 2 SGB II).

Ein besonderes Problemfeld stellen dabei die Absetzbeträge dar, die grundsätzlich vom Bruttoeinkommen abzuziehen sind. Die Versicherungspauschale oder der Grundfreibetrag nach § 11b Abs. 2 Satz 1 SGB II könnten z. B. im Rahmen der Kausalitätsprüfung vom übergehenden Anspruch abzuziehen sein, weil bei tatsächlicher Leistung diese Absetzungen auch so vorgenommen worden wären. Dafür spricht, dass die Kausalitätsprüfung danach fragt, wie sich das Einkommen bei tatsächlichem Zufluss ausgewirkt hätte. Den **verringerten** Übergang von Ansprüchen durch den Ansatz von Absetzbeträgen hat das Bundessozialgericht bejaht.[468] Der Anspruch geht also immer unter Abzug der Frei- bzw. Absetzbeträge über. Entsprechendes hat im Übrigen das Bundesarbeitsgericht hinsichtlich des Anspruchsübergangs nach § 115 SGB X entschieden.[469]

Vor diesem Hintergrund kann daran gedacht werden, dass sich durch den geringeren Anspruchsübergang die tatsächliche Leistung an die leistungsberechtigte Person erhöht. Das Bundessozialgericht hat aber ebenfalls entschieden, dass der (Unterhalts-)Anspruch **ohne Abzug** der Versicherungspauschale oder sonstiger Abzüge nach § 11b SGB II **auf den Hilfebedarf angerechnet** wird. Deshalb erhöht der durch den Ansatz der Absetzbeträge verringerte Anspruchsübergang den Leistungsanspruch der leistungsberechtigten Person nicht. Der in Höhe der Absetz- oder Freibeträge nicht übergegangene Betrag bleibt als (Unterhalts)Anspruch bei der leistungsberechtigten Person, der insoweit das Risiko der Durchsetzbarkeit des Anspruchs gegenüber dem Schuldner trägt.

Die Begründung für diese Handhabung liegt darin, dass bei der leistungsberechtigten Person nur tatsächlich verfügbares Einkommen („bereite Mittel") durch Absetzbeträge zu bereinigen sind. Zusammengefasst bedeutet dies:

- Übergeleitet wird der Anspruch in der Höhe, wie er sich durch den Ansatz von Absetzbeträgen ergibt.
- Der Leistungsträger vereinnahmt den (Unterhalts-)Anspruch und rechnet diesen fiktiv auf den Hilfebedarf an, und zwar in der Höhe, wie er sich durch die Bereinigung des Anspruchs ergibt.
- Den Differenzbetrag zwischen tatsächlichem Anspruch und auf den Hilfebedarf angerechnetem Anspruch – also die Höhe der Absetzbeträge – muss der Anspruchsberechtigte (also die leistungsberechtigte Person) selbst durchsetzen. Für die Praxis bedeutet dies, dass der Leistungsanspruch in der Höhe besteht, wie er auch ohne jeglichen Anspruch bestehen würde. Infolge eines Anspruchsübergangs steht eine

---

468   Vgl. BSG, Urt. vom 14.3.2012 – B 14 AS 98/11 R –, FEVS 64, 145.
469   Vgl. BAG, Urt. vom 21.3.2012 – 5 AZR 61/11 –, BAGE 141, 95 = ZFSH/SGB 2012, 395; LAG Mecklenburg-Vorpommern, Urt. vom 17.4.2012 – 5 Sa 194/11 –, juris.

leistungsberechtigte Person also nicht besser, aber auch nicht schlechter als solche Leistungsberechtigte, die einen Anspruch, der nicht vom Anspruchsübergang erfasst ist, selbst geltend machen. Die Absetzbeträge (z. B. die Versicherungspauschale) wirken sich nur dann leistungserhöhend aus, wenn die leistungsberechtigte Person den Restanspruch selbst realisieren kann.

Beispiel
Simone A, 42 Jahre alt, ist selbstständige Vertreterin für Medizinprodukte. Mit dieser Tätigkeit bestreitet sie den Lebensunterhalt für sich und ihre 12-jährige Tochter Kelly. Der Ehemann ist vor einigen Jahren verstorben.

Im April zieht sie sich bei einem selbstverschuldeten Unfall eine schwere Rückenverletzung zu und ist für die nächsten fünf Monate arbeitsunfähig. Da sie über kein verwertbares Vermögen verfügt, beantragt sie Leistungen nach dem Zweiten Buch Sozialgesetzbuch. Das zuständige Jobcenter prüft den Antrag und bewilligt ab Mai Leistungen nach dem Zweiten Buch Sozialgesetzbuch in folgender Höhe:

	Simone A	*Kelly A*
Gesamtbedarf	*602,00 €*	*490,00 €*
./. Kindergeld	*0,00 €*	*219,00 €*
./. Einkommen	*0,00 €*	*0,00 €*
Leistung	*602,00 €*	*271,00 €*
Bewilligung an BG	*873,00 €*	

Frau A hat bereits bei der Antragstellung angegeben, dass sie eine private Krankenversicherung hat. Im Juni teilt die private Krankenversicherung mit, dass – rückwirkend zum Mai – ein monatlicher Verdienstausfall in Höhe von 800,00 € übernommen wird.

Die Voraussetzungen für einen Übergang des Anspruchs gegen die private Krankenversicherung liegen vor. Die **Kausalitätsprüfung** *verlangt eine fiktive Prüfung dahingehend, wie sich der Anspruch von 800,00 € auf die Leistungshöhe ausgewirkt hätte, wenn er rechtzeitig realisiert worden wäre. Bei den Versicherungsleistungen handelt es sich um ein „sonstiges Einkommen", bei dem die Versicherungspauschale in Höhe von 30,00 € nach § 11b Abs. 1 Satz 1 Nr. 3 SGB II i.V.m. § 6 Abs. 1 Nr. 1 ALG II-V einkommensmindernd berücksichtigt werden muss. Deshalb wäre die Versicherungsleistung im Umfang von „nur" 770,00 € berücksichtigt worden. Nur dieser Anspruch kann übergeleitet werden.*

Der „Rest"-Anspruch in Höhe von 30,00 € müsste von Frau A selbst geltend gemacht werden. Realisiert Frau A den Anspruch nicht, erhält Frau A eine Leistung von 873,00 €. Sie wird dann nicht besser, aber auch nicht schlechter gestellt als eine leistungsberechtigte Person ohne jeglichen Anspruch. Wenn sie hingegen Einkommen erzielt, darf sie die vom Gesetzgeber anerkannten Absetzbeträge leistungserhöhend behalten, um sich – hier – angemessen zu versichern.

4.4 Materiell-rechtliche Voraussetzungen für einen Übergang

Rechnerisch stellt sich die Situation wie folgt dar:

bei Anspruchsübergang:

	Simone A	Kelly A	
Gesamtbedarf	602,00 €	490,00 €	
./. Kindergeld	0,00 €	219,00 €	
Restbedarf	602,00 €	271,00 €	
Bedarfsanteil	69 %	31 %	
./. Einkommen	770,00 €	0,00 €	*(Anrechnung ohne Absetzungen)*
Übergang § 33 I SGB II	770,00 €	0,00 €	*Der Bedarfsgemeinschaft*
Einkommensanrechnung	0,00 €		*zur Verfügung stehen, wenn*
			30,00 € Anspruch gegenüber
Leistung	602,00 €	271,00 €	*Unfallversicherung realisiert:*
Bewilligung an BG		873,00 €	*873,00 € + 30,00 € = 903,00 €*

ohne Anspruchsübergang:

	Simone A	Kelly A	
Gesamtbedarf	602,00 €	490,00 €	
./. Kindergeld	0,00 €	219,00 €	
Restbedarf	602,00 €	271,00 €	
Bedarfsanteil	69 %	31 %	
./. **bereinigtes** EK	770,00 €	0,00 €	*(Anrechnung mit Absetzungen)*
Einkommensanrechnung	531,00 €	239,00 €	*Der Bedarfsgemeinschaft zur*
Leistung	71,00 €	32,00 €	*Verfügung stehen:*
Bewilligung an BG		103,00 €	*800,00 + 103,00 = 903,00 €*

Grundsätzlich wirkt sich jedes Einkommen i. S. der §§ 11 ff. SGB II und Vermögen i. S. des § 12 SGB II auf die Höhe der Leistungen zur Sicherung des Lebensunterhalts aus. § 33 Abs. 1 Satz 3 SGB II stellt klar, dass ein Anspruchsübergang selbst dann erfolgt, wenn der Anspruch nicht übertragen, verpfändet oder gepfändet werden kann.

4.4.5 Anspruchsberechtigte (Personenidentität)

§ 33 Abs. 1 Satz 1 SGB II verlangt, dass die leistungsberechtigte Person gleichzeitig Inhaberin der Forderung ist (Gläubiger). Die Forderung nach Personenidentität führt daher dazu, dass der Anspruch der leistungsberechtigten Person nur in der Höhe übergeht, in der Leistungen an diese Person erbracht werden. § 33 SGB II verzichtet darauf, klarzustellen, dass der Anspruch auch für die Leistungen übergeht, die für die Personen der Einsatzgemeinschaft erbracht werden (vgl. § 93 Abs. 1 Satz 2 SGB XII).

Auf eine solche Klarstellung kann verzichtet werden, da Einkommen und Vermögen entsprechend der Bedarfsanteilsmethode (vgl. § 9 Abs. 2 Satz 3 SGB II) verteilt werden. Aufgrund der Bedarfsanteilsmethode bleibt der Anspruchsinhaber solange – fiktiv – hilfebedürftige Person, wie der Gesamtbedarf der Bedarfsgemeinschaft nicht durch Einkommen und Vermögen gedeckt werden kann. Damit geht der Anspruch selbst dann über, wenn durch den Anspruch der Bedarf der leistungsberechtigten Person gedeckt wäre, nicht aber der Bedarf der Einsatz- bzw. Bedarfsgemeinschaft.

Entscheidend ist mithin nicht, in welcher Höhe dem Anspruchsinhaber wegen unterbliebener Leistung des Schuldners höhere Leistungen der Grundsicherung für Arbeitsuchende gewährt worden sind, sondern auch, in welcher Höhe allen Mitgliedern der Bedarfsgemeinschaft aufgrund der Nichterfüllung höhere Leistungen zur Sicherung des Lebensunterhalts erbracht worden sind.

Eine Ausnahme von der Personenidentität ist in § 33 Abs. 1 Satz 2 SGB II formuliert. Danach geht der Anspruch eines zur Haushaltsgemeinschaft gehörenden Kindes gegenüber einem anderen auf die Leistungsträger über, ohne dass das Kind selbst Empfänger der Grundsicherung für Arbeitsuchende ist. Die Regelung stellt eine Ausnahme von der Personenidentität dar, weil nach der Ausgangslage das Kind zwar Inhaber einer Forderung ist, aber nicht leistungsberechtigt ist.

Voraussetzung ist zunächst, dass das Kind unter Berücksichtigung des Kindergeldes – also **wegen** des Kindergeldes – keinen Leistungsanspruch hat. Das bedeutet, dass u. a. das Kindergeld als Einkommen dazu beitragen muss, dass das Kind nicht hilfebedürftig ist. Würde nun der Anspruch des Kindes realisiert, kann dies dazu führen, dass das Kindergeld beim Kind zur Bedarfsdeckung nicht mehr benötigt wird und damit dem kindergeldberechtigten Elternteil wieder zur Verfügung steht.

Das Kindergeld wird gemäß § 11 Abs. 1 Satz 4, Satz 5 SGB II nur **soweit** beim Kind angerechnet als es dort zur Sicherung des Lebensunterhalts benötigt wird. Soweit es beim Kind nicht benötigt wird, verbleibt das Kindergeld gemäß § 11 Abs. 1 Satz 4, Satz 5 SGB II bei dem nach dem Steuerrecht kindergeldberechtigten Elternteil (vgl. § 64 Abs. 2 EStG, § 1 BKGG). Maximal kann daher ein Anspruch in Höhe des Kindergeldes auf den Leistungsträger übergehen.

Weitere Voraussetzung ist, dass das Kind zur Haushaltsgemeinschaft gehört.

Beispiel
In einer Haushaltsgemeinschaft lebt die alleinerziehende Mutter Anke M mit ihrer Tochter Melanie. Aufgrund der Unterhaltsleistung des Vaters sowie des Kindergeldes verfügt Melanie über bedarfsdeckendes Einkommen, so dass ein Leistungsanspruch von Melanie entfällt. Sie muss ihr Einkommen auch nicht für ihre Mutter einsetzen, da die Leistung für die Eltern nicht vom Einkommen der Kinder abhängig ist (vgl. § 9 Abs. 2 Satz 2 SGB II im Umkehrschluss). So hat allein Frau M einen Anspruch auf Grundsicherung für Arbeitsuchende.

	Frau M (30 Jahre)	Melanie M (30 Jahre)
Regelbedarf	449,00 €	311,00 €
KDU/KDH	144,00 €	144,00 €
Mehrbedarf	53,88 €	–
Gesamtbedarf	**646,88 €**	**445,00 €**
Einkommen	–	–
./. Unterhalt	–	236,00 €
./. Kindergeld	–	219,00 €
Einkommen	–	455,00 €
Leistung	**646,88 €**	**– €**

Wenn Melanie einen Anspruch aus vertraglichen Beziehungen oder einen höheren Unterhaltsanspruch gegenüber ihrem Vater hat, sorgt die Regelung des § 33 Abs. 1 Satz 2 SGB II trotz fehlender Leistungsberechtigung und damit fehlender Personenidentität dafür, dass der Anspruch von Melanie auf den Leistungsträger übergeht.

Es ist dann im Rahmen einer Kausalitätsprüfung zu ermitteln, welche Auswirkungen der zu realisierende Anspruch auf die Leistungen an Frau M hat. Wäre der Vater von Melanie z. B. in der Lage, 100,00 € mehr Unterhalt zu zahlen, würden bei Melanie von den 219,00 € Kindergeld nur noch 109,00 € zur Bedarfsdeckung benötigt. Mithin würden 100,00 € Kindergeld gemäß § 11 Abs. 1 Satz 4, Satz 5 SGB II bei der kindergeldberechtigten Mutter (§ 64 Abs. 2 EStG) als Einkommen angerechnet, so dass deren Anspruch um diese 100,00 € (bzw. nach Einkommensbereinigung um 70,00 €) sinkt.

Maximal können auf diesem Wege 219,00 € vom Anspruchsübergang betroffen sein, denn von dem Einkommen des Kindes kann allein Kindergeld bei dem kindergeldberechtigten Elternteil verbleiben (§ 11 Abs. 1 Satz 4, Satz 5 SGB II als Spezialregelung, § 64 Abs. 2 EStG). Anderes Einkommen ist hiervon ausgenommen, da Kinder ihr Einkommen auch in einer Einsatzgemeinschaft grundsätzlich nicht für ihre Eltern einsetzen müssen (vgl. § 9 Abs. 2 Satz 2 SGB II im Umkehrschluss).

4.4.6 Umfang des Überganges

Der Umfang des Anspruchsüberganges wird durch die **Höhe der Ansprüche** und die **Höhe der erbrachten Leistungen** sowie durch die **Frage der Kausalität** begrenzt (vgl. § 33 Abs. 1 Satz 1 SGB II). Übersteigt z.B. der Anspruch die erbrachten Leistungen, bleibt die leistungsberechtigte Person in Höhe der Differenz zwischen Leistung und Anspruch Gläubiger der Forderung.

Der Anspruch geht nur im **Umfang der Kausalität** über, also nur in dem Umfang, wie sich die rechtzeitige Erfüllung des Anspruchs auf die Leistungshöhe ausgewirkt hätte. Nicht zu berücksichtigendes Einkommen führt nicht zu einem Anspruchsübergang. Bereits der Anspruch kann nicht übergeleitet werden.

4.5 Übung

Sachverhalt

Peter M ist 30 Jahre alt. Sein Vater verstarb vor drei Jahren. Zuvor hatten die Eltern ein sogenanntes „Berliner Testament" (§ 2269 BGB) verfasst. Darin setzten sie sich gegenseitig zu „Alleinerben (Vollerben)" ein, so dass nach dem Tod des Vaters ausschließlich die Ehefrau bzw. die Mutter von Peter M Erbin einer schuldenfreien Immobilie wurde. Erbe des Längstlebenden sollte Peter M sein. Weiter wurde im Berliner Testament eine sog. „Pflichtteilsstrafklausel" aufgenommen: Sollte Peter M vom Nachlass des Erstverstorbenen seinen Pflichtteil fordern, so sollte er auch vom Nachlass des Überlebenden nur den Pflichtteil erhalten.

Die Mutter erhält nach dem Tod ihres verstorbenen Ehemanns eine Hinterbliebenenrente in Höhe von 900,00 Euro.

Peter M beantragt, nachdem er sechs Monate lang Arbeitslosengeld (Alg I) bezogen hat, die Gewährung von Leistungen nach dem Zweiten Buch Sozialgesetzbuch.

Nach insgesamt sieben Monate Leistungsgewährung der Grundsicherung für Arbeitsuchende im Umfang von 4.900,00 € zeigt der Leistungsträger bei Peter M an, dass der Pflichtteilsanspruch auf ihn übergegangen sei. Nach § 2303, § 1924 BGB habe er einen Anspruch auf seinen Pflichtteil an dem Erbe. Die Erbmasse bestünde in dem hälftigen Anteil einer Immobilie im Wert von 160.000,00 €. Daraufhin meldet sich Peter M vom Leistungsbezug ab.

Mit Ausnahme des Pflichtteilsanspruchs ist zu berücksichtigendes Vermögen im Rahmen der Antragstellung nicht festgestellt worden.

Aufgabe

Prüfen Sie, ob der Anspruch auf den Pflichtteil zu Recht nach § 33 SGB II auf den Leistungsträger übergegangen ist.[470]

Lösung

Gemäß § 33 Abs. 1 Satz 1 SGB II geht ein Anspruch bis zur Höhe geleisteter Aufwendungen auf den Leistungsträger über, wenn eine leistungsberechtigte Person einen Anspruch gegen einen anderen hat, der nicht Leistungsträger ist, und bei rechtzeitiger Leistung des Anderen Leistungen zur Sicherung des Lebensunterhalts nicht erbracht worden wären.

§ 33 SGB II erfasst alle Ansprüche, es sei denn, es liegt ein Anspruch gegenüber einem Leistungsträger, einem Arbeitgeber oder einem Schadensersatzpflichtigen vor. Dann gelten die §§ 102 ff., § 115 oder § 116 SGB X. Dies ist hier nicht der Fall. Die Anwendbarkeit des § 33 SGB II ist damit eröffnet.

---

[470] Übung nach BSG, Urt. vom 6.5.2010 – B 14 AS 2/09 R –, FEVS 62, 252 = NZS 2011, 392 = FamRZ 2010, 1729.

Zunächst muss eine **leistungsberechtigte Person** einen **geldwerten Anspruch** haben. Peter M ist bzw. war Leistungsberechtigter nach dem Zweiten Buch Sozialgesetzbuch. Der Pflichtteilsanspruch hat nicht die Gestalt eines Erbteils, sondern ist ein schuldrechtlicher Anspruch gegen den oder die Erben auf Zahlung eines Geldbetrags, und zwar in Höhe der Hälfte des Wertes des gesetzlichen Erbteils (§ 2303 Abs. 1 Satz 2 BGB). Der gesetzliche Erbteil beträgt 80.000,00 €, da es zwei gleichberechtigte Erben gibt (vgl. § 1924 BGB, § 1931 BGB, § 1371 BGB). Der Pflichtteilsanspruch liegt jedoch nur bei der Hälfte des gesetzlichen Erbanspruchs und damit bei 40.000,00 €. Die leistungsberechtigte Person hat somit einen geldwerten Anspruch gegenüber seiner Mutter.

Der Pflichtteilsanspruch kann auch geltend gemacht werden, obwohl ein Pflichtteilsanspruch nach § 852 Abs. 1 ZPO nur gepfändet werden kann, sofern er durch Vertrag anerkannt oder rechtshängig geworden ist. § 33 Abs. 1 Satz 3 SGB II (vgl. auch § 93 Abs. 1 Satz 4 SGB XII) sieht vor, dass ein Übergang nicht dadurch ausgeschlossen wird, dass der Anspruch nicht gepfändet werden kann. Damit lässt sich aus § 852 Abs. 1 ZPO keinerlei Einschränkung zum Nachteil des Leistungsträgers herleiten.

Der Anspruch muss **für die Zeit** bestehen, für die auch Leistungen gewährt worden sind. Anspruch und Leistungsgewährung müssen sich also zeitgleich gegenüberstehen (Grundsatz der Zeitidentität). Es kommt nicht darauf an, dass der Anspruch in der Vergangenheit – hier zum Zeitpunkt des Todes des Vaters – entstanden ist.

Auch in der Vergangenheit entstandene Ansprüche sind übergangsfähig, wenn und soweit sie – wie hier – im Zeitpunkt der Leistungserbringung noch nicht erfüllt sind. Auf Entstehungsgrund und Beschaffenheit des Anspruchs (einmalige Leistung und wiederkehrende Leistung) kommt es ebenfalls nicht an. In zeitlicher Hinsicht wird lediglich vorausgesetzt, dass der Anspruch gegen die leistungsberechtigte Person im Zeitpunkt der Leistungserbringung **fällig** und seinen Gegenstand nach geeignet sein muss, die Hilfebedürftigkeit ganz oder teilweise abzuwenden. Dies folgt daraus, dass der Übergang die Funktion hat, den Nachranggrundsatz wiederherzustellen und damit eine Haushaltslage herbeizuführen, die bestünde, wenn der Anspruch der leistungsberechtigten Person schon früher erfüllt worden wäre.

Der Vater von Peter M ist hier bereits vor einigen Jahren verstorben. Zu diesem Zeitpunkt bestand bereits der Pflichtteilsanspruch, der bis heute nicht geltend gemacht worden ist. Peter M hat daher einen noch nicht realisierten und aktuell fälligen Pflichtteilsanspruch.[471]

Unerheblich ist es weiterhin, dass Peter M sich nicht mehr im Leistungsbezug befindet, soweit eine Rechtswahrungsanzeige an seine Mutter und die Information über die Zeit und die Höhe der erbrachten Sozialleistungen bekanntgegeben wurde (vgl. § 33 Abs. 3 Satz 1 SGB II). Ansprüche für die Vergangenheit können geltend gemacht werden.

§ 33 Abs. 1 Satz 1 SGB II verlangt, dass die leistungsberechtigte Person gleichzeitig Inhaberin des Anspruchs ist (**Personenidentität**). Peter M ist leistungsberechtigte Person und gleichzeitig berechtigt, den Pflichtteilsanspruch geltend zu machen.

---

471 Eine Verjährung nach § 195, § 199 BGB ist auch nicht eingetreten, da der Vater vor drei Jahren verstorben ist und der Pflichtteilsanspruch erst nach drei Jahren verjährt.

Fraglich ist, ob eine **Kausalität** zwischen der Anspruchsrealisierung und der Leistungserbringung besteht. Der Übergang des Anspruchs erfolgt nur, soweit bei rechtzeitiger Realisierung des Pflichtteilsanspruchs die Leistungserbringung nicht oder nicht in der vorhandenen Höhe erbracht worden wäre. Zu prüfen ist also, ob sich der Pflichtteilsanspruch – würde er geltend gemacht – auf die Leistungshöhe auswirken würde.

Der Pflichtteilsanspruch wird bereits mit dem Erbfall – also mit dem Tod des Vaters – begründet (vgl. § 2317 Abs. 1 BGB, § 1922 Abs. 1 BGB). Er ist hier also bereits vor dem Leistungsbezug entstanden. Die Geltendmachung des Pflichtteilsanspruchs stellt daher nach den Regeln der Zuflusstheorie **Vermögen**[472] dar.

Es muss sich dabei um **verwertbares Vermögen** im Sinne von § 12 Abs. 1 SGB II handeln. Verwertbar ist das Vermögen, wenn es innerhalb des Bewilligungszeitraums von regelmäßig sechs Monaten realisiert werden kann. Es ist grundsätzlich möglich, dass die Mutter unabhängig von ihren Einkommens- und Vermögensverhältnissen einen Kredit durch Belastung der Immobilie aufnimmt. Der Pflichtteilsanspruch stellt daher verwertbares Vermögen dar.

Allerdings könnte es sich beim Pflichtteilsanspruch um **Schonvermögen** handeln. Gemäß § 12 Abs. 3 Nr. 6 Alternative 1 SGB II ist Vermögen nicht zu berücksichtigen, soweit die Verwertung offensichtlich unwirtschaftlich ist. Offensichtliche Unwirtschaftlichkeit der Verwertung liegt grundsätzlich dann vor, wenn der zu erzielende Gegenwert in einem deutlichen Missverhältnis zum wirklichen Wert des Vermögensgegenstandes liegt. Die Geltendmachung des Pflichtteilsanspruchs ist mit einer Pflichtteilsstrafklausel verbunden. Das bedeutet, dass nur einmalig der Pflichtteil aus dem Erbe geltend gemacht werden kann, bei späterem Tod der Mutter an Peter M aber keine weitere Erbmasse fällt und Peter M deshalb enterbt wird. Ein zukünftig möglicher Vermögenszuwachs ist von der Frage der Unwirtschaftlichkeit aber ausgenommen.

Darüber hinaus wäre der Zeitpunkt des Erbfalls durch den Tod der Mutter als auch der Umfang der dann noch vorhandenen Erbmasse ungewiss, wollte man auf den zukünftigen Wertverlust als Kriterium der Unwirtschaftlichkeit abstellen.[473]

Weiterhin kann eine **besondere Härte** gemäß § 12 Abs. 3 Satz 1 Nr. 6 Alt. 2 SGB II bestehen. Ob von einer besonderen Härte auszugehen ist, richtet sich nach den jeweiligen Umständen des Einzelfalles. Maßgebend sind dabei nur außergewöhnliche Umstände, die nicht durch die ausdrücklichen gesetzlichen Freistellungen über das

---

472 Eine Bewertung des Pflichtteilsanspruchs als Einkommen ist durchaus denkbar. In anderem Zusammenhang wurde beispielsweise entschieden, dass erst mit der Auskehrung eines Vermächtnisses (§ 1939 BGB) als schuldrechtlicher Anspruch ein Zufluss von Einnahmen stattfindet und deshalb erst dann ein Einkommen vorhanden ist (vgl. BSG, Urt. vom 24.2.2011 – B 14 AS 45/09 R –, juris, Rn. 22). Generell ist hinsichtlich der Qualifizierung als Einkommen festzustellen, dass es nicht darauf ankommt, wann eine Forderung (aus einem Erbfall) entstanden ist, sondern wann die Forderung realisiert wird. Fällt die Realisierung in den Leistungszeitraum, handelt es sich um Einkommen. Auszugehen ist also vom tatsächlichen Zufluss. Nicht entscheidend ist das Schicksal der Forderung (vgl. BSG, Urt. vom 28.10.2009 – B 14 AS 62/08 R –, juris, Rn. 21). Auf dieser Grundlage hat bspw. das LSG NRW (LSG NRW, Urt. vom 28.3.2011 – L 19 AS 1845/10 –, juris, Rn. 34, 37) entschieden, dass es sich bei der Auszahlung eines Pflichtteilsanspruchs um Einkommen handelt.

473 Pflichtteilsstrafklauseln verhindern nach höchstrichterlicher Rechtsprechung (vgl. BGH, Urt. vom 8.12.2004 – IV ZR 223/03 –, FamRZ 2005, 448 = NJW-RR 2005, 120 = ZEV 2005, 117) nicht die Überleitung eines Pflichtteilsanspruchs (vgl. § 33 SGB II, § 93 SGB XII) durch den Leistungsträger.

Schonvermögen und die Absetzungsbeträge nach § 12 Abs. 2 SGB II erfasst werden. § 12 Abs. 3 Satz 1 Nr. 6 Alt. 2 SGB II setzt daher solche Umstände voraus, die dem Betroffenen ein deutlich größeres Opfer abverlangen als eine einfache Härte.

Eine besondere Härte resultiert hier nicht bereits daraus, dass Peter M nur kurze Zeit Leistungen nach dem Zweiten Buch Sozialgesetzbuch in Anspruch genommen hat.

Die Verwertung des Pflichtteilsanspruchs kann dann eine besondere Härte darstellen, wenn dies notwendig zu einer Veräußerung des Hausgrundstücks oder einer unzumutbaren wirtschaftlichen Belastung der Mutter des Klägers führen würde. Eine besondere Härte kann sich also nicht nur aus den wirtschaftlichen Auswirkungen auf die Lebenssituation des Hilfebedürftigen, sondern auch aus den besonderen persönlichen Umständen ergeben, die mit der Vermögensverwertung verbunden sind. Eine solche Situation kann sich daraus ergeben, dass bei der Verwertung eines Pflichtteilsanspruchs auch andere als wirtschaftliche Aspekte, wie eine **schwerwiegende familiäre Konfliktsituation,** eintreten kann.

Das Einfordern eines Pflichtteilsanspruchs muss grundsätzlich nicht als „Affront" empfunden werden.

Als Orientierungspunkt für die Beurteilung der Zumutbarkeit einer wirtschaftlichen Belastung der Mutter, die hier in Frage steht, können die in § 1 Abs. 2 ALG II-V und § 7 Abs. 2 Alg II-V festgelegten Grenzen für die Leistungsfähigkeit von Angehörigen im Rahmen des § 9 Abs. 5 SGB II (sog. „Haushaltsgemeinschaft") herangezogen werden. Der Gesetzgeber hat dort einen Rahmen vorgegeben, in dem Leistungen von Verwandten aus ihrem Einkommen oder Vermögen an Hilfebedürftige erwartet werden können. Eine weitergehende Einschränkung der finanziellen Bewegungsfreiheit des überlebenden Elternteils wird regelmäßig nicht zumutbar sein und ihre Einforderung für den Berechtigten Peter M eine besondere Härte im Sinne des § 12 Abs. 3 Satz 1 Nr. 6 Alt. 2 SGB II bedeuten.

Vor dem beschriebenen Hintergrund ist es bei einem Gesamteinkommen von ca. 900,00 € der Mutter von Peter M nicht zuzumuten, dem Pflichtteilsanspruch aus dem vorhandenen Einkommen nachzukommen. Allerdings ist angesichts des Wertes der Immobilie eine im Zweifelsfall notwendige Beleihung der Immobilie prinzipiell denkbar.

Zwar kommt für eine Überleitung grundsätzlich nur die Höhe der aufgewandten Sozialleistungen in Frage. Die Überleitung des hier in Frage kommenden Pflichtteilsanspruchs ist aber aufgrund der Vermögensfreibeträge bei einer 30-jährigen Person bis zu einem Betrag von 4.500,00 € (§ 12 Abs. 2 Nr. 1 SGB II) plus 750,00 € (§ 12 Abs. 2 Nr. 4 SGB II) geschützt. Deshalb muss ein Übergang in Höhe von 10.150,00 € (4.900,00 € aufgewandte Sozialleistung plus 5.250,00 € Vermögensschonbetrag) erfolgen. Denn nur ab einen Betrag oberhalb der Vermögensfreibeträge würde sich eine Leistungsreduzierung ergeben. Anhand dieses Gesamtbetrages ist eine „besondere Härte" zu prüfen.

Aber angesichts des Wertes der Immobilie von 160.000,00 € stellt auch eine mögliche Kreditaufnahme von insgesamt 10.150,00 € keine unzumutbare Belastung dar. Eine Überleitung scheitert nicht an der Kausalitätsprüfung.

Der Pflichtteilsanspruch kann daher auf den Leistungsträger übergehen.

Anmerkung
Hätte man anstelle des Berliner Testaments die erbrechtliche Auseinandersetzung so gewählt, dass sich die Eltern gegenseitig zu Vorerben eingesetzt hätten und wäre das Kind zum Nacherben bestimmt worden, wäre ein Übergang des Anspruchs nicht in Frage gekommen.

Denn der Pflichtteil des Sohnes nach dem Tod des Vaters würde nur unter der Bedingung entstehen, dass dieser die Nacherbschaft gemäß § 2306 Abs. 2 BGB ausschlägt. Die Ausschlagung einer Erbschaft kann aber als höchstpersönliches Gestaltungsrecht nicht übergeleitet werden.

4.6 Sonderregelungen für den Übergang von Unterhaltsansprüchen

§ 33 Abs. 2 SGB II sieht – bei Vorliegen der Voraussetzungen nach § 33 Abs. 1 SGB II – hinsichtlich des Übergangs von Unterhaltsansprüchen auf den Leistungsträger Einschränkungen vor.

4.6.1 Allgemeines zum Unterhaltsrecht / Bestehen eines Unterhaltsanspruches

Ob ein Anspruch auf Unterhalt besteht, der für einen Übergang auf den Leistungsträger in Betracht kommt, richtet sich nach **privatrechtlichen Regelungen**. Diesbezüglich wird auf die Ausführungen **unter 6.2** verwiesen.

4.6.2 Zeitpunkt des Forderungsüberganges

Der Forderungsübergang tritt mit dem Zeitpunkt der bürgerlich-rechtlichen Bedürftigkeit der Leistungsberechtigten ein, hier ab Leistungserbringung. Die unterhaltspflichtige Person muss von der möglichen Unterhaltspflicht Kenntnis erlangen.

Für die **Vergangenheit** kann der Leistungsträger übergegangenen Unterhalt fordern,
- unter den Voraussetzungen des Bürgerlichen Rechts (vgl. § 1613 BGB bzw. § 1361 Abs. 4 Satz 4, § 1360a Abs. 3, § 1585b Abs. 2 BGB, § 1615 l BGB jeweils i. V. m. § 1613 BGB und §§ 5, 12, 16 LPartG i. V. m. den vorgenannten Rechtsnormen des BGB) oder
- von der Zeit an, zu welcher den Unterhaltspflichtigen gemäß § 33 Abs. 3 Satz 1 SGB II die Erbringung der Leistung schriftlich mitgeteilt wurde (**Rechtswahrungsanzeige**).

Die Rechtswahrungsanzeige stellt keinen Verwaltungsakt dar. Sie bedarf aber der Schriftform (vgl. § 33 Abs. 3 Satz 1 SGB II). Der Zugang der Rechtswahrungsanzeige muss nachweisbar sein. Inhaltlich muss sie über den Forderungsübergang informieren sowie die leistungsberechtigten Personen benennen, für die der Anspruch übergeht. Der Rechtswahrungsanzeige kommt Mahnfunktion zu, weil dem Unterhaltsverpflichteten Gelegenheit gegeben werden soll, seinen Unterhaltspflichten nachzukommen.

Die Rechtswahrungsanzeige ist für alle übergegangenen Ansprüche und damit nicht nur für den Übergang von Unterhaltsansprüchen erforderlich.

Haben Unterhaltspflichtige in Unkenntnis des Forderungsüberganges vor dem Zugang der Rechtswahrungsanzeige an Leistungsberechtigte geleistet oder mit ihnen eine Unterhaltsvereinbarung getroffen, muss der Leistungsträger dieses gemäß § 412 i. V. m. § 385, § 407 Abs. 1 BGB gegen sich wirken lassen.

Regelmäßig wird es deshalb erforderlich sein, dass der Leistungsträger der – die persönlichen Voraussetzungen erfüllende – unterhaltspflichtigen Person unverzüglich nach der Entscheidung über die Leistungserbringung eine entsprechende Mitteilung übersendet. Zum Zeitpunkt der Entscheidung über eine Hilfe fehlen regelmäßig Informationen darüber, ob Unterhaltspflichtige überhaupt leistungsfähig sind und damit tatsächlich ein Unterhaltsanspruch besteht. § 33 Abs. 1 Satz 3 SGB II bestimmt deshalb, dass die Unterhaltsansprüche zusammen mit dem Auskunftsanspruch (vgl. § 1605 BGB) auf die Leistungsträger übergehen. Sofern Unterhaltsansprüche nicht übergangsfähig sind (vgl. § 33 Abs. 2 SGB II), besteht damit auch kein Recht auf Auskunft über das Einkommen und Vermögen des Unterhaltspflichtigen.

Der Leistungsträger wird daher – sofern noch kein unterhaltsrechtlicher Vollstreckungstitel vorliegt – folgende Maßnahmen veranlassen:
- Schriftliche Mitteilung an den Unterhaltsschuldner über die Zahlung von Grundsicherungsleistungen für Arbeitsuchende an den oder die Unterhaltsberechtigten (Rechtswahrungsanzeige),
- Auskunftsersuchen an den Unterhaltsschuldner, insbesondere über dessen Einkommen und Vermögen,
- Berechnung des Unterhaltsanspruchs,
- Zahlungsaufforderung an den Unterhaltsschuldner,
- ggf. Einleitung eines Mahn- oder Klageverfahrens.

4.6.3 Ausschlussgründe für einen Übergang von Unterhaltsansprüchen

Für den Übergang von Unterhaltsansprüchen sind die oben beschriebenen Voraussetzungen des § 33 Abs. 1 SGB II zu beachten. Für Unterhaltsansprüche sieht § 33 Abs. 2 SGB II Einschränkungen vor.

§ 33 Abs. 2 SGB II bestimmt, wann ein Unterhaltsanspruch nicht übergeht. Werden bestimmte Unterhaltsansprüche nicht erwähnt, ist hieraus zu folgern, in welchen Konstellationen Unterhaltsansprüche übergangsfähig sind.

Rechtsgrundlage (SGB II)	nicht übergangsfähige Unterhaltsansprüche	übergangsfähige Unterhaltsansprüche
§ 33 Abs. 2 Satz 1 Nr. 1	Die unterhaltsberechtigte Person lebt mit dem/der Unterhaltspflichtigen in einer Bedarfsgemeinschaft	
§ 33 Abs. 2 Satz 1 Nr. 2	Gemäß § 33 Abs. 2 Satz 1 Nr. 2 Halbsatz 1 SGB II geht der Unterhaltsanspruch nicht über, wenn die unterhaltsberechtigte Person mit dem/der Unterhaltspflichtigen verwandt ist und den Unterhaltsanspruch nicht geltend macht. Gemeint ist u. a. ein etwaiger Unterhaltsanspruch von **volljährigen Kindern** gegenüber ihren Eltern (z. B. dann, wenn eine Erstausbildung abgeschlossen ist).	Gemäß § 33 Abs. 2 Satz 1 Nr. 2 Halbsatz 2 Buchstabe a) SGB II geht der Unterhaltsanspruch **minderjähriger, unverheirateter Kinder** gegenüber ihren Eltern über. Gemäß § 33 Abs. 2 Satz 1 Nr. 2 Halbsatz 2 Buchstabe b) SGB II geht der Unterhaltsanspruch auch volljähriger Unterhaltsberechtigter über, die das 25. Lebensjahr noch nicht vollendet und die Erstausbildung noch nicht abgeschlossen haben.
§ 33 Abs. 2 Satz 1 Nr. 2	Grundsätzlich gilt ein Übergangsausschluss, wenn der Unterhaltsberechtigte mit dem Unterhaltsverpflichteten verwandt ist und den Unterhaltsanspruch **nicht geltend macht.** Unterhaltsansprüche von Eltern gegenüber ihren Kindern (Elternunterhalt) oder von Großeltern gegenüber ihren Enkeln (Verwandte 2. Grades) scheiden daher grundsätzlich aus	Ein Anspruchsübergang kommt ausnahmsweise in Betracht, wenn der Unterhaltsberechtigte seinen Unterhaltsanspruch **geltend macht** und von dem Unterhaltsverpflichteten Unterhalt verlangt. Ein Geltendmachen ist anzunehmen, wenn die leistungsberechtigte und zugleich unterhaltsberechtigte Person den Unterhaltsverpflichteten zur Zahlung auffordert oder ein Auskunftsverlangen nach § 1605 BGB geltend macht.
§ 33 Abs. 2 Satz 1 Nr. 3	Unterhaltsansprüche von Kindern gegenüber ihren Eltern, wenn das Kind schwanger ist oder ein unter 6 Jahre altes Kind betreut	
§ 33 Abs. 2 Satz 1 Nr. 2	Der Unterhaltsanspruch wird durch laufende Zahlung erfüllt.	
§ 33 Abs. 2 Satz 3	Jeder Unterhaltsanspruch, der dazu führt, dass die unterhaltspflichtige Person entweder nach dem Zweiten Buch Sozialgesetzbuch leistungsberechtigt ist oder durch die Realisierung des Unterhaltsanspruchs leistungsberechtigt wird	
eine Erwähnung in § 33 Abs. 2		Ehegattenunterhalt bei Getrenntleben oder Scheidung Unterhalt des Lebenspartners bei Getrenntleben oder Aufhebung der Partnerschaft

- **Leistungsempfänger leben mit Unterhaltspflichtigen in einer Bedarfsgemeinschaft**
  Leben Leistungsempfänger mit einer ihnen gegenüber unterhaltspflichtigen Person in einer Bedarfsgemeinschaft (vgl. § 7 Abs. 3 SGB II), so ist ihr Anspruch vom Einkommen und Vermögen dieser Person abhängig zu machen (vgl. § 9 Abs. 2 Satz 1 und 2 SGB II). Der Übergang von Unterhaltsansprüchen dieser Personen ist deshalb nach § 33 Abs. 2 Satz 1 Nr. 1 SGB II ausgeschlossen.
- **Schwangerschaft der Unterhaltsberechtigten oder Erziehung von Kindern bis zur Vollendung des 6. Lebensjahres**
  Die Regelung in § 33 Abs. 2 Satz 1 Nr. 3 Buchstabe a) und Nr. 3 Buchstabe b) SGB II, wonach der Übergang eines Unterhaltsanspruches nicht bewirkt werden darf, wenn die leistungsberechtigte Person schwanger ist oder ihr leibliches Kind bis zur Vollendung seines sechsten Lebensjahres betreut, entspricht der Regelung für Angehörige der Bedarfsgemeinschaft in § 9 Abs. 3 SGB II. Eine Parallelregelung besteht in § 94 Abs. 1 Satz 4 SGB XII.
  Die Vorschrift dient dem Schutz Schwangerer und soll verhindern, dass diese von der Inanspruchnahme der Leistungen zur Sicherung des Lebensunterhalts abgehalten werden, weil die Eltern gegenüber ihren Kindern einsatzverpflichtet sind.
- **Verwandtschaft zwischen Hilfebedürftigen und Unterhaltspflichtigen**
  Grundsätzlich dürfen Unterhaltsansprüche gegen Verwandte nach § 33 Abs. 2 Satz 1 Nr. 2 SGB II **nicht** geltend gemacht werden. Dies ist u. a. mit der Verpflichtung des Leistungsempfängers zur Selbsthilfe (vgl. § 3 Abs. 3 SGB II) zu erklären. Außerdem haben erwerbsfähige Personen (um solche handelt es sich bei Empfängern von Arbeitslosengeld II) regelmäßig keinen privatrechtlichen Unterhaltsanspruch gegen Verwandte, weil sie ihrer Erwerbsobliegenheit i. S. des § 1602 BGB nachkommen müssen und deshalb unterhaltsrechtlich nicht bedürftig sind.
  Dieser Ausschluss des Überganges von Unterhaltsansprüchen nach § 33 Abs. 2 Satz 1 Nr. 2 Buchstabe a) und Nr. 2 Buchstabe b) SGB II gilt nicht, wenn die Leistungsberechtigten minderjährig sind oder das 25. Lebensjahr noch nicht vollendet und die Erstausbildung noch nicht abgeschlossen haben.
  Ein Großteil der unter 25-jährigen Leistungsberechtigten wird mit ihren Eltern in einer Bedarfsgemeinschaft leben (wegen der grundsätzlichen Genehmigungsbedürftigkeit des Auszugs nach § 22 Abs. 5 SGB II), so dass ein Übergang von Unterhaltsansprüchen ohnehin nach § 33 Abs. 2 Satz 1 Nr. 1 SGB II ausgeschlossen ist.
- **Einschränkung des Übergangs von Unterhaltsansprüchen**
  Der Übergang von Unterhaltsansprüchen darf nur bewirkt werden, soweit das Einkommen und Vermögen der unterhaltsverpflichteten Personen das nach den §§ 11 ff. und 12 SGB II zu berücksichtigende Einkommen und Vermögen übersteigt (§ 33 Abs. 2 Satz 3 SGB II). Das bedeutet, dass den Unterhaltsverpflichteten so viel an Einkommen und Vermögen verbleiben muss, dass sie nicht hilfebedürftig i. S. des § 9 Abs. 1 SGB II werden.

Beispiel
Dem unterhaltspflichtigen geschiedenen Vater verbleibt bei der Festsetzung des Unterhaltsanspruchs gegenüber seinem minderjährigen Kind ein unterhaltsrechtlich bereinigtes Einkommen von 1.210,00 €.
Sein Bedarf an Leistungen zur Sicherung des Lebensunterhalts beläuft sich auf

Regelbedarf	*449,00 €*
Unterkunftskosten	*350,00 €*
Heizkosten	*50,00 €*
insgesamt	**849,00 €**

Da der unterhaltspflichtige Vater nach den Leitlinien der Düsseldorfer Tabelle einen notwendigen Selbstbehalt in Höhe von 1.160,00 € hat, kann er unterhaltsrechtlich einen Unterhalt von 50,00 € leisten. Bei Zahlung dieses Betrages wird er nicht hilfebedürftig im Sinne des Zweiten Buches Sozialgesetzbuches. Damit ergibt sich keine Einschränkung des Anspruchsübergangs aufgrund der Regelung des § 33 Abs. 2 Satz 3 SGB II.

Das Beispiel zeigt, dass zur unterhaltsrechtlichen Berechnung eine sozialleistungsrechtliche Vergleichsberechnung notwendig ist. Tendenziell wird der unterhaltsrechtliche Selbstbehalt aber höher sein als der sozialrechtliche Selbstbehalt.

4.6.4 Zusammenfassung

Unterhaltsansprüche, die für einen Übergang in Betracht kommen, richten sich gegen
- Ehegatten oder Lebenspartner, die getrennt voneinander leben bzw. geschieden sind bzw. nicht miteinander verheiratete Elternteile, die mit der hilfebedürftigen Person keine Bedarfsgemeinschaft bilden, oder
- Eltern/Elternteile von unter 25-jährigen Hilfebedürftigen, sofern der Übergang nicht ausgeschlossen ist (s. o.).

5. Ersatzansprüche nach dem Zweiten Buch Sozialgesetzbuch

5.1 Überblick über Kostenersatzansprüche

Leistungen zur Sicherung des Lebensunterhalts nach dem Zweiten Buch Sozialgesetzbuch sind unabhängig von den Ursachen der eingetretenen Bedürftigkeit grundsätzlich nicht zurückzuzahlen. Hiervon bildet § 34 SGB II eine Ausnahme für **rechtmäßig** erbrachte Leistungen. Der Verursacher muss die Grundsicherungsleistungen für Arbeitsuchende an sich und Personen, die mit ihm in der Bedarfsgemeinschaft leben, zurückzahlen, **soweit** er die Leistungen sozialwidrig und schuldhaft herbeigeführt hat.

Einen Kostenersatzanspruch für **rechtswidrig** erbrachte Leistungen regelt § 34a SGB II. Diese Vorschrift erfasst die schuldhafte Herbeiführung der Leistungen **an Dritte**. In diesen Fällen sollte – soweit möglich – die an die leistungsberechtigte Person bewilligte Leistung zuvor nach § 45 oder § 48 SGB X aufgehoben worden sein (vgl. § 34a Abs. 2 Satz 2 SGB II). Ist dies nicht möglich, kommt gleichwohl ein Kostenersatzanspruch nach § 34a SGB II in Frage. Ein sozialwidriges Handeln wird – im Gegensatz zu § 34 SGB II – bei der Rückforderung von rechtswidrig erbrachten Leistungen nicht gefordert.

§ 34b SGB II unterscheidet sich von den Kostenersatzansprüchen nach §§ 34 und 34a SGB II und steht mit diesen in keinem systematischen Kontext. § 34b SGB II ermöglicht einen Erstattunganspruch gegenüber der leistungsberechtigten Person, wenn ein Kostenerstattungsanspruch nach § 104 SGB X gegenüber einem vorrangig verpflichteten Leistungsträger (z. B. Bundesagentur für Arbeit, Unterhaltsvorschusskasse, Krankenkasse) nicht mehr geltend gemacht werden kann und auch eine Anrechnung der Leistung des vorrangig verpflichteten Leistungsträgers als Einkommen ganz oder teilweise nicht mehr in Frage kommt (z. B. weil der Leistungsbezug zum Zeitpunkt der Auszahlung des vorrangig verpflichteten Leistungsträgers beendet war).

5.2 Ersatzansprüche bei sozialwidrigem Verhalten (§ 34 Abs. 1 SGB II)

5.2.1 Einstiegsinformationen

Bedeutung der Kostenersatzforderung

Leistungen zur Sicherung des Lebensunterhalts werden aufgrund ihrer Bedarfsdeckungsfunktion grundsätzlich unabhängig von Verschulden und ohne Verpflichtung zur Rückzahlung geleistet.

Eingeschränkt wird dieser Grundsatz durch die Möglichkeiten, die Hilfe aufgrund schuldhaften Verhaltens zu mindern (vgl. §§ 31, 31a, 31b, 32 SGB II) oder einen **Ersatz der Leistungen zu verlangen** (vgl. § 34 Abs. 1 SGB II).

Insbesondere der **Kostenersatz** nach § 34 SGB II soll die Allgemeinheit vor dem unbilligen Einsatz öffentlicher Mittel und einer missbräuchlichen Inanspruchnahme der Leistungen nach dem Zweiten Buch Sozialgesetzbuch schützen. Die Regelung stellt eine Grundlage für die Rückforderung von Grundsicherungsleistungen für Arbeitsuchende dar, deren Erbringung hätte **vermieden** werden können, **weil ein anderes Verhalten zumutbar** war. Es geht also um einen **Ausgleich eines Schadens**, der durch das Handeln der leistungsberechtigten Person entstanden ist. Die Norm trägt insofern deliktsähnliche Züge. Soweit kein „Schaden" für den Leistungsträger entstanden ist, gibt es auch keinen Raum für einen Kostenersatzanspruch.

Im Zentrum der Norm steht der Begriff der „Sozialwidrigkeit". Dies ist ein aus gesellschaftlicher Sicht zu missbilligendes Verhalten, welches einem Unwerturteil unterliegt.

Fallgruppen
Es gibt im Wesentlichen drei Fallgruppen von schuldhaften und – aus dem Blickwinkel des SGB II-Gesetzgebers zu missbilligenden – Verhaltensweisen, die eine Kostenersatzforderung rechtfertigen können:
1) Arbeitsvertragswidriges Verhalten (u. a. schuldhafter Verlust des Arbeitsplatzes, verhaltensbedingte Kündigung, Eigenkündigung ohne Anschlussarbeitsplatz),
2) Verstöße gegen das Nachrangprinzip, d. h. fehlende Wahrnehmung von Selbst- und Fremdhilfemöglichkeiten (schuldhafte Nichtaufnahme eines Arbeitsplatzes, fehlende Inanspruchnahme vorrangiger Sozialleistungen, fehlende Verwertungsbemühungen von ungeschütztem Vermögen),
3) Verschwendung (z.B. unsinniges und/oder unwirtschaftliches Ausgabeverhalten, vorzeitiger Verbrauch von Einmaleinkommen).

Diese drei Fallgruppen haben sich herausgebildet, weil der Gesetzgeber durch entsprechende Normen für die leistungsberechtigten Personen Verhaltenspflichten formuliert und entsprechende Wertmaßstäbe aufgestellt hat:
- Die leistungsberechtigte Person hat Arbeits- und Erwerbsmöglichkeiten zur Erzielung von Einkommen wahrzunehmen (§ 2 Abs. 2 Satz 2 SGB II, § 3 Abs. 3 SGB II, § 31 Abs. 1 SGB II, § 31 Abs. 2 Nr. 3, Nr. 4 SGB II). Die Aufnahme einer Erwerbstätigkeit ist der leistungsberechtigten Person aber nur unter Berücksichtigung der Regelungen in § 10 SGB II zuzumuten (§ 2 Abs. 2 Satz 2, § 10 SGB II). Die Pflege eines Angehörigen oder die Erziehung eines unter dreijährigen Kindes rechtfertigen es beispielsweise (vgl. § 10 Abs. 1 Nr. 3, Nr. 4 SGB II), eine Erwerbstätigkeit nicht aufzunehmen.[474] Ist eine Erwerbstätigkeit nicht zumutbar, löst die Nichtaufnahme auch keinen Kostenersatzanspruch aus.
- In § 2 SGB II ist das allgemeine Nachrangprinzip verankert. Erwerbsfähige Leistungsberechtigte müssen danach alle Selbst- und Fremdhilfemöglichkeiten zur Beendigung oder Verringerung ihrer Hilfebedürftigkeit ausschöpfen. Z.B. sind vorhandene Einnahmemöglichkeiten geltend zu machen; vorrangige Sozialleistungen sind in Anspruch zu nehmen (vgl. § 5 Abs. 3 SGB II).

---
[474] Vgl. LSG Niedersachsen-Bremen, Urt. vom 12.12.2018 – L 13 AS 162/17 –, juris

- Eine (absichtliche) unwirtschaftliche Verwendung von Einkommen und Vermögen, welches zu einem SGB II-Leistungsbezug führt, ist zu unterlassen (§ 31 Abs. 2 Nr. 1, Nr. 2 SGB II, § 24 Abs. 4 S. 2 SGB II). Hier ist zu beachten, dass § 31 Abs. 2 Nr. 1 SGB II nur das absichtliche Herbeiführen der Hilfebedürftigkeit als sanktionsbedürftig erachtet. Da die Kostenersatzforderung im Verhältnis zu Sanktionen nur im Ausnahmefall vorgenommen werden sollen, müssen bei unwirtschaftlichen Ausgabeverhalten die Verhaltenserwartungen in besonders hohem Maße verletzt worden sein.

In Abhängigkeit des Einzelfalls sind die Wertmaßstäbe der einfachgesetzlichen Normen mit Werten des Grundgesetzes abzuwägen. Die Kündigung eines Arbeitsverhältnisses in Polen durch deutsche Staatsbürger und der Umzug nach Deutschland ist z. B. nicht sozialwidrig, weil die erneute Wohnsitznahme in Deutschland von dem Recht auf Freizügigkeit (Art. 11 Abs. 1 GG) abgedeckt ist.[475]

Ob hingegen die Ausschlagung einer bereits angefallenen Erbschaft (§§ 1942 ff. BGB) oder der Verzicht auf den angefallenen Pflichtteil (§§ 2317, 2346 BGB, § 397 BGB: der Erlassvertrag stellt zugleich eine überleitungsfähige Schenkung dar, so dass bei einem übergegangenen (aber dann auch befriedigten) Anspruch kein „Schaden" entstanden ist) einen Kostenersatzanspruch auslöst, ist noch ungeklärt. Grundsätzlich ist eine solche Handlung von der „negativen Erbfreiheit" (Art. 14 GG) geschützt. Allerdings dürfte hier die Selbsthilfemöglichkeit gewichtiger sein als das Recht, eine Erbschaft oder einen Pflichtteilsanspruch nicht anzunehmen und so zu Lasten der Allgemeinheit zu handeln.[476] Für die Beurteilung der Sozialwidrigkeit kommt es aber immer auf den Einzelfall und die von der leistungsberechtigten Person vorgetragenen Erklärungen für das Verhalten an.

Kostenersatzforderung und Sanktion
Handlungen, die eine Pflichtverletzungen nach § 31 SGB II darstellen, sind häufig zugleich Verhaltensweisen, die einen Kostenersatzanspruch auslösen können. Denn § 31 SGB II stellt insbesondere die Wertmaßstäbe auf, die auch für die Einordnung eines sozialwidrigen Verhaltens relevant sein können. Insofern lösen sozialwidrige Verhaltensweisen leistungsberechtigter Personen sowohl eine Sanktionierung als auch einen Kostenersatzanspruch aus. Beide Vorschriften können – grundsätzlich – nebeneinander und gleichzeitig angewandt werden.[477]

Kostenersatzforderungen können mit Hilfe von Aufrechnungen (vgl. § 43 SGB II) realisiert werden. Die Aufrechnung kann im Rahmen einer Ermessensentscheidung über einen Zeitraum von drei Jahren mit laufenden Geldleistungen zur Sicherung des Lebensunterhalts erfolgen. Der Regresscharakter einer Kostenersatzforderung kann daher stärker ausgeprägt sein als bei einer dreimonatigen Sanktion.

---

475 BSG, Urt. vom 29.8.2019 – B 14 AS 50/18 R –, juris
476 Vgl. Bayerisches LSG, Beschl. vom 30.7.2015 – L 8 SO 146/15 B ER –, juris, Rn. 19 ff.; SG Karlsruhe, Urt. vom 30.10.2015 – S 1 SO 1842/15 –, juris
477 BSG, Urt. vom 8.2.2017 – B 14 AS 3/16 R –, juris, Rn. 18.

Allerdings hat das Bundessozialgericht betont, dass die Vorschriften des § 31 SGB II und des § 34 SGB II in einem Stufenverhältnis stehen. Insofern soll es zu einer Kostenersatzforderung nur in einem (besonderen) Ausnahmefall kommen. Der „durchschnittliche Sanktionsfall" soll nicht zusätzlich einen Kostenersatzanspruch auslösen.[478]
Auch die mittelinstanzliche Rechtsprechung[479] sieht die Kostenersatzforderung neben einer Sanktion kritisch. Die Vorschrift des § 34 SGB II wäre über den Wortlaut hinaus nur auf Fälle anwendbar, denen ein vorsätzlich schuldhaftes Handeln zugrunde läge, weil ansonsten die Funktion der Existenzsicherungsleistungen gefährdet wäre. Die o. g. Rechtsprechung des Bundessozialgerichts stellt klar[480], dass sich das vorsätzliche Verhalten auf das Verhältnis zur Allgemeinheit bezieht, die als Solidargemeinschaft die Mittel der Grundsicherung für Arbeitsuchende aufbringt. Inzwischen ist § 34 SGB II damit restriktiv auszulegen und nur auf (absolute) Ausnahmefälle anzuwenden.

Kostenersatzpflichtiger Personenkreis
Nach der Vorschrift des § 34 SGB II ist bei schuldhaftem bzw. sozialwidrigem Verhalten und daraus resultierender Leistungserbringung **vom Verursacher** ein Kostenersatz zu fordern, der sich nicht nur auf die an den Verursacher erbrachten Leistungen bezieht, sondern auf die Leistungen, die an alle mit dem Verursacher in einer **Bedarfsgemeinschaft** lebenden Personen vom Leistungsträger erbracht wurden. Während im Sozialhilferecht gemäß § 103 Abs. 1 Satz 1 SGB XII jede auch an **sonstige Dritte** gewährte Leistung geeignet ist, eine Ersatzpflicht zu begründen, knüpft § 34 SGB II den Ersatzanspruch daran an, dass die Leistungen einer mit dem Ersatzpflichtigen **in einer Bedarfsgemeinschaft** lebenden Person erbracht wurde.
Zu klären ist daher im Einzelfall, ob der Verursacher mit anderen Personen in einer Bedarfsgemeinschaft im Sinne des § 7 Abs. 3 SGB II lebt oder gelebt hat. Soweit ein Kostenersatz wegen der Verbüßung einer Haftstrafe in Betracht kommt, wird die Bedarfsgemeinschaft nicht ohne weiteres aufgelöst. Sofern keine Trennungsabsicht besteht, bedeutet eine längere Strafhaft nicht, dass die Eheleute im Sinne von § 1567 Abs. 1 BGB getrennt leben.
In Anwendung des § 34 SGB II muss der Verursacher oder müssen die Mitglieder der Bedarfsgemeinschaft selbst leistungsberechtigt sein. Verursacher i. S. des § 34a SGB II, der sich auf rechtswidrig erbrachte Leistungen bezieht, kann hingegen – wie im Sozialhilferecht nach § 103 und § 104 SGB XII – **jede dritte Person** sein und damit auch eine Person, die nicht Mitglied der Bedarfsgemeinschaft ist.
§ 34 SGB II verlangt, dass die Leistungen schuldhaft „herbeigeführt" worden sind. Mit dem Begriff „herbeigeführt" wird sowohl ein aktives Tun als auch ein Unterlassen erfasst. Ein Unterlassen ist in den Fallkonstellationen relevant, in denen der Verursacher eine Rechtspflicht hat, zu handeln. Eine solche Handlungspflicht kann aus dem Nachranggrundsatz (§ 2, § 3 SGB II) oder aus den allgemeinen (§ 60 ff. SGB I) oder besonderen Mitwirkungspflichten (§§ 56 ff. SGB II) folgen.

---
478 BSG, Urt. vom 03.09.2020 – B 14 AS 43/19 R –, Rn. 14 f.
479 LSG NRW, Urt. vom 11.10.2018 – L 7 AS 1331/17 –; LSG Niedersachsen-Bremen, Urt. vom 26.2.2019 – L 11 AS 235/17 –, ju-ris.
480 BSG, Urt. vom 3.9.2020 – B 14 AS 43/19 R –, juris, Rn. 16.

Hinweise zum Anwendungsbereich und zum Verständnis der Norm

Zentrale Voraussetzungen für eine Kostenersatzforderung nach § 34 SGB II sind:
- sozialwidriges Verhalten
- ohne wichtigen Grund
- schuldhaftes Verhalten
- Kausalität zwischen Verhalten und der Leistungsgewährung.

Diese vier Voraussetzungen lassen sich nicht oder nicht immer eindeutig voneinander trennen und ausschließlich isoliert prüfen.

Als sozialwidrig wird auch ein Verhalten eingestuft, bei denen die genannten vier Voraussetzungen zugleich vorliegen. Insbesondere besteht zwischen sozialwidrigem Verhalten und „wichtigem Grund" ein besonders ausgeprägtes Abhängigkeitsverhältnis. Gibt es eine nachvollziehbare Erklärung für das Verhalten, liegt keine Sozialwidrigkeit im Sinne der Norm vor (z.B. Kündigung des Arbeitsverhältnisses wegen nachgewiesener Krankheit, die zur Unausführbarkeit des Berufes führt, oder Kündigung des Arbeitsverhältnisses wegen nachgewiesenen Mobbings).

Ein sozialwidriges Verhalten liegt auch nur vor, wenn Kausalität gegeben ist. Danach soll ein Kostenersatzanspruch eingreifen, wenn ein Verhalten einen spezifischen Bezug bzw. einen inneren Zusammenhang zur Herbeiführung der Hilfebedürftigkeit bzw. Leistungserbringung aufweist.[481] Dies ist dann der Fall, wenn das Handeln in seiner Tendenz – also in seiner ihm innewohnenden Richtung – auf die Herbeiführung der Hilfebedürftigkeit gerichtet ist.[482]

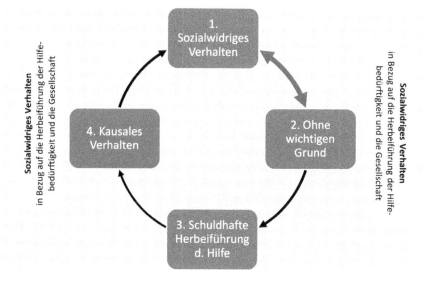

---

481 BSG, Urt. vom 2.11.2012 – B 4 AS 39/12 R –, juris, Rn. 16.
482 BSG, Urteil vom 2.11.2012 – B 4 AS 39/12 R –, juris, Rn. 22.

Im Urteil vom 3.9.2020 – B 14 AS 43/19 R – hatte das Bundessozialgericht einen Fall zu entscheiden, in dem ein Taxifahrer seine Fahrerlaubnis zurückgeben musste, nachdem festgestellt wurde, dass er anlässlich einer Fahrgast-Beförderung unter Cannabiseinfluss stand. Sein Arbeitsvertrag wurde ebenfalls fristlos gekündigt. Der Taxifahrer erhielt aufstockendes und teilweise wegen Sperrzeit nach dem Dritten Buch Sozialgesetzbuch gemindertes Arbeitslosengeld II.

Das Bundessozialgericht betont, dass eine Sanktionierung nach §§ 31 ff. SGB II einerseits und § 34 SGB II andererseits in einem Stufenverhältnis stehen. Insofern löst nicht jedes sanktionsbewährtes Verhalten einen Ersatzanspruch aus. Es wäre generell zu überlegen, ob ein solcher Ausnahmefall vorliegt, der über eine Sanktionierung hinaus einen Ersatzanspruch rechtfertigt.

Vor diesem Hintergrund ist das schuldhafte – bzw. hier: arbeitswidrige – Verhalten nicht nur in Bezug auf die Herbeiführung der Hilfebedürftigkeit zu prüfen, sondern es ist **zusätzlich** zu untersuchen, ob das Verhalten **im Verhältnis zur Allgemeinheit** bzw. zur Gesellschaft einem Schuldvorwurf unterliegt.[483] Insofern ist zu **bewerten**, ob die leistungsberechtigte Person sich nicht nur bewusst oder grob fahrlässig unbewusst gewesen ist, dass sie (möglicherweise) durch das Verhalten auf Existenzsicherungsleistungen angewiesen ist, sondern auch, dass sie mit ihrem Verhalten die Allgemeinheit schädigt bzw. ein gesellschaftlich zu missbilligendes Handeln vorliegt.

Die Sozialwidrigkeit und die Schuldfrage werden also in **zweifacher Hinsicht** geprüft: zum einen hinsichtlich der unmittelbaren Herbeiführung der Hilfebedürftigkeit (also: schuldhafte Herbeiführung der Hilfebedürftigkeit) und zum anderen in der unmittelbaren Schädigung der Allgemeinheit (also: schuldhaft sozialwidriges Handeln im engeren Sinn), die als Steuerzahler die Leistungsgewährung finanziert. Insofern beinhaltet die Norm auch einen sozialethischen Maßstab.

Beispiel 1
Die Privatfahrt eines Berufskraftfahrers unter Alkoholeinfluss (2,3 Promille) in seiner Freizeit, die wegen des Verlustes seines Führerscheins zu einer Kündigung und anschließendem Leistungsbezug geführt hat, scheitert nach Auffassung des LSG Niedersachsen-Bremen[484] daher nicht nur an der Frage der Kausalität, sondern auch am fehlenden schuldhaften sozialwidrigem Handeln: Durch den Alkoholkonsum habe der Berufskraftfahrer nicht die Tragweite seines Handelns beurteilen können, so dass eine bewusste oder schuldhaft unbewusste Schädigung der Allgemeinheit durch den Bezug von Existenzsicherungsleistungen nicht angestrebt war (kein schuldhaftes sozialwidriges Handeln im engeren Sinn). Zudem befand er sich wegen der Geburt seines Enkelkindes in einer besonderen emotionalen Situation, so dass er sich spontan entschloss, Zigaretten zu besorgen.

Beispiel 2
Die leistungsberechtigte Person hat 24.000,00 € an einen (vermeintlichen) Liebhaber überwiesen, der nach eigener Angabe das Geld dringend zur

---
483 BSG, Urt. vom 3.9.2020 – B 14 AS 43/19 R –, juris, Rn. 11, 16.
484 LSG Niedersachsen-Bremen, Urt. vom 5.7.2018 – L 6 AS 80/17 –, juris, Rn. 31.

5.2 Ersatzansprüche bei sozialwidrigem Verhalten

Begleichung von Schulden bei Geschäftspartnern benötige. Eine Rückerstattung des aufgrund mündlicher Abrede nur geliehenen Geldes findet nicht statt. Im Rahmen der Kostenersatzforderung wegen unwirtschaftlichen Verhaltens trägt die leistungsberechtigte Person glaubhaft vor, Betrugsopfer der sog. „Romance Scamming"-Methode geworden zu sein.[485]

Zwar kann vertreten werden, dass die Hilfebedürftigkeit grob fahrlässig herbeigeführt worden ist. Sozialwidrig ist das Verhalten aber zusätzlich nur, wenn die leistungsberechtigte Person – im Sinne eines objektiven Unwerturteils – in zu missbilligender Weise sich selbst oder ihre unterhaltsberechtigten Angehörigen in die Lage gebracht hat, existenzsichernde Leistungen in Anspruch zu nehmen.[486]

Zunächst ist festzustellen, dass der Gesetzgeber gemäß § 31 Abs. 2 Nr. 1 SGB II gerade nur das absichtliche Herbeiführen der Hilfebedürftigkeit als sanktionsbedürftig und damit sozialwidrig erachtet hat. Insofern verlangt ein zu missbilligendes verschwenderisches Verhalten besonders hohe Anforderungen an die Frage der Sozialwidrigkeit.

Wenngleich für den „Durchschnittsbürger" schwer verständlich erscheint, wie man auf die Betrugsmasche „Romance Scamming" hereinfallen könne, ist dies jedoch ein „wichtiger Grund" für den Wegfall der Sozialwidrigkeit. Denn es ist charakteristisch für Betrugsopfer, dass deren Verhalten für Außenstehende und im Nachhinein objektiv nicht nachvollziehbar ist. Eine gezielte Schädigungsabsicht der Allgemeinheit ist insofern nicht vorhanden.

Darüber hinaus obliegt es staatlichen Stellen in Fällen wie diesem nicht, zu prüfen, ob die Hilfebedürftigkeit nachvollziehbar entstanden ist. Das Jobcenter dürfe nicht in moralisierender Weise bewerten, welche Ausgaben billigenswert sind und welche nicht. Insoweit kommt es im konkreten Fall nicht maßgeblich darauf an, wofür das Geld ausgegeben wurde und ob dies nachvollziehbar, naiv, moralisch achtenswert oder zu missbilligen ist.

Die Grenze ist allerdings dort zu ziehen, wo Vermögen kausal zum Zwecke der Herbeiführung der Hilfebedürftigkeit verschwendet wird.[487]

Bewertet man die Entscheidung des Bundessozialgerichts, wird kostenersatzpflichtiges Handeln nur bei einem gesteigerten Schuldvorwurf zu bejahen sein. Gerade mit Blick auf das Verhalten im Verhältnis zur Allgemeinheit ist im Rahmen der Sachverhaltsaufklärung zu hinterfragen, welche „Vorstellungen" die leistungsberechtigte Person bei ihrem Verhalten hatte („Was hat sich die leistungsberechtigte Person dabei gedacht?") und welche Begleitumstände (z. B. Alkoholeinfluss, Opfer einer Betrugsmasche) bzw. Rechtfertigungsgründe im Zeitpunkt des vorwerfbaren Verhaltens vorlagen. Plausible Erklärungen dürften die leistungsberechtigte Person von einem **gesteigerten Schuldvorwurf** mit Blick auf die gezielte gesellschaftliche Schädigung entbinden. Das LSG Niedersachsen-Bremen[488] verneint beispielsweise eine Kostenersatzpflicht, wenn die leistungsberechtigte Person eine Arbeitsstelle nicht angetreten hat, weil sie

---
485 Vgl. LSG Baden-Württemberg, Urt. vom 20.10.2020 – L 9 AS 98/18 –, juris.
486 BSG, Urt. vom 29.8.2019 – B 14 AS 50/18 R –, Rn. 20 m. w. N.
487 Vgl. LSG Baden-Württemberg, Urt. vom 20.10.2020 – L 9 AS 98/18 –, juris, Rn. 37.
488 LSG Niedersachsen-Bremen, Urt. vom 24.3.2021 – L 13 AS 161/20 –, juris, Rn. 31.

irrig davon ausging, der Arbeitsbeginn wäre einen Monat später. Es könne nicht nachgewiesen werden, dass die leistungsberechtigte Person es darauf **angelegt** hätte, dass das Arbeitsverhältnis nicht zustande kommt. Ein gesteigerter Schuldvorwurf wäre zu verneinen; eine Sanktion sei ausreichend und gerechtfertigt.

Bei einem arbeitswidrigen Verhalten und der aufgrund dieses Verhaltens vorgenommenen Kündigung sah das Landessozialgericht NRW kein sozialwidriges Verhalten, weil dieses nur bei einem „unentschuldbaren Verhalten" vorläge.[489]

Hat sich die leistungsberechtigte Person in Abhängigkeit ihrer persönlichen Urteils- und Kritikfähigkeit bzw. ihres Empfängerhorizonts besonders leichtfertig, gewissenlos, gleichgültig oder bedenkenlos verhalten, dürfte hingegen auch in Bezug auf die Allgemeinheit und Gesellschaft ein sozialwidriges Verhalten zu bejahen sein.

In Fällen des **vermeintlich sozialwidrigen** Verhaltens sind damit in praktischer Hinsicht nur die Fälle als eindeutig kostenersatzpflichtig einzustufen, in denen ein (bedingt) vorsätzliches Handeln bejaht werden kann.[490] Die Vorschrift ist daher so zu verstehen, dass für einen Kostenersatzanspruch die leistungsberechtige Person sich subjektiv der Umstände bewusst oder grob fahrlässig unbewusst sein muss, die die Hilfebedürftigkeit herbeigeführt haben **und** die leistungsberechtigte Person außerdem erkannt hat oder zumindest grob billigend in Kauf genommen hat, dass die Allgemeinheit für die entstandene Sozialleistung aufkommen muss.

Hinweise für die Jobcenter
Um den Kostenersatzanspruch geltend zu machen, muss das Jobcenter entsprechend den Regeln der objektiven Beweislast nachweisen, dass die Voraussetzungen der Norm vorliegen. Dies gilt insbesondere für die Frage, **ob ein schuldhaftes Verhalten vorliegt**, wobei – wie dargelegt – die Rechtsprechung einen gesteigerten Schuldvorwurf verlangt. **In Einzelfällen bieten sich daher gezielte Hinweise zu Mitwirkungs- und Verhaltensobliegenheiten an, damit etwaige Schuldfragen nicht umstritten sind.**

Erhält z.B. eine leistungsberechtigte Person hohes Einmaleinkommen (z.B. durch eine Erbschaft) oder besitzt ungeschütztes Vermögen, so dass der Leistungsbezug beendet wird, sollten klare Erwartungshaltungen an die leistungsberechtigte Person formuliert werden. Hierzu gehört bspw. der Hinweis, für welchen Zeitraum mit dem vorhandenen Einkommen oder Vermögen eine Lebensführung ohne Existenzsicherungsleitungen möglich ist. Um diesen Zeitraum zu berechnen, ist nicht die Höhe des Existenzsicherungsbedarfs zugrunde zu legen, sondern ein mittleres Lebenshaltungsniveau. Eine Orientierung kann die Einkommens- und Verbraucherstichprobe[491] oder der Selbstbehalt für nicht gesteigert Unterhaltspflichtige nach der „Düsseldorfer Tabelle" geben.

Insbesondere sollte der Hinweis gegeben werden, dass liquide Mittel nicht zur privaten Schuldentilgung einzusetzen sind, und auch nicht verprasst, verschenkt oder anderweitig vorzeitig verbraucht werden dürfen. Ebenfalls sollte bereits der Hinweis auf eine etwaige Sanktion (Rechtsfolgenbelehrung) und einen etwaigen

---
489 LSG NRW, Urt. vom 11.10.2018 – L 7 AS 1331/17 –, juris, Rn. 46 ff.
490 Vgl. auch BSG, Urt. vom 3.9.2020 – B 14 AS 43/19 R –, juris, Rn. 11, 20.
491 Vgl. LSG Niedersachsen-Bremen, Urt. vom 12.12.2018 – L 13 AS 111/17 –, juris, Rn. 36.

Kostenersatzanspruch und damit auf die Rechtsfolgen eines schuldhaft sozialwidrigen Verhaltensnergehen. Verhält sich die leistungsberechtigte Person trotz derartiger klarer und unmissverständlicher Aufklärung entgegen den Verhaltensobliegenheiten, kann ein schuldhaftes sozialwidriges Verhalten am ehesten bejaht werden.

Entsprechende Informationsschreiben bieten sich auch in anderen sozialleistungsrechtlich bedeutsamen Zusammenhängen an (z. B. hinsichtlich etwaiger Verwertungsbemühungen bei ungeschütztem Vermögen). In Abhängigkeit der Sachlage sollte die Verwaltung der leistungsberechtigten Person Informationen, Hilfestellung und Unterstützung anbieten und geben (z. B. zu möglichen Verwertungsmöglichkeiten bei ungeschütztem Vermögen) und unter Fristsetzung Verhaltenspflichten einfordern.

Ebenfalls sollte in Fallkonstellationen des arbeitswidrigen Verhaltens eine „enge Begleitung" der leistungsberechtigten Person erfolgen. Auch hier muss der leistungsberechtigten Person die Folgen eines NichAantritts einer zur Verfügung gestellten Arbeitsstelle vor Augen geführt werden, wenn ein gesteigerter Schuldvorwurf bejaht werden soll. Die Hinweise, Informationen und vorgenommenen Kommunikationsanstrengungen müssen in der Akte penibel nachgehalten werden; etwaige Schreiben sind förmlich zuzustellen, um spätere Beweisschwierigkeiten zu vermeiden.

5.2.2 Voraussetzungen

Gemäß § 34 Abs. 1 Satz 1 SGB II ist zum Kostenersatz verpflichtet, wer nach Vollendung des 18. Lebensjahres vorsätzlich oder grob fahrlässig die Voraussetzungen für die Gewährung von Leistungen nach dem Zweiten Buch Sozialgesetzbuch an sich oder an Personen, die mit ihr oder ihm in einer Bedarfsgemeinschaft leben, ohne wichtigen Grund herbeigeführt hat. Als Herbeiführung im Sinne des Satzes 1 gilt auch, wenn die Hilfebedürftigkeit erhöht, aufrechterhalten oder nicht verringert wurde.

Eine solche Kostenersatzpflicht kommt damit unter folgenden Voraussetzungen in Betracht:

Volljährigkeit
Die verursachende Person hat zum Zeitpunkt der Verursachung das **18. Lebensjahr vollendet**. Maßgeblich ist der Zeitpunkt der Verursachung und nicht die Zahlung der Leistung. Minderjährige werden also nicht zum Kostenersatz nach § 34 SGB II herangezogen, wenn das schuldhafte Verhalten vor dem 18. Lebensjahr liegt.

Rechtmäßige Leistungen
Es werden der verursachenden Person und/oder anderen Personen in einer Bedarfsgemeinschaft (vgl. § 7 Abs. 3 SGB II) **rechtmäßig Leistungen** erbracht. Es kann sich um Leistungen zur Sicherung des Lebensunterhalts oder um Leistungen zur Eingliederung in Arbeit handeln.

Sozialwidriges Verhalten

Es muss sich um ein sozialwidriges Verhalten handeln. Das ist ein Verhalten, das darauf abzielt, Leistungen für sich oder andere Personen der Bedarfsgemeinschaft auszulösen. Mit dem Begriff „sozialwidrig" wird ein Tun oder Unterlassen erfasst, welches aus der Sicht der Solidargemeinschaft der Steuerzahler zu missbilligen ist.[492] Nach Ansicht des Bundessozialgerichts ist das Verhalten sozialwidrig, wenn die leistungsberechtigte Person – im Sinne eines objektiven Unwerturteils – in zu missbilligender Weise sich selbst oder ihre unterhaltsberechtigten Angehörigen in die Lage gebracht hat, existenzsichernde Leistungen in Anspruch zu nehmen.[493]

Nicht jedes vorsätzliche oder grobfahrlässige Tun (Unterlassen), das für eine Leistungserbringung ursächlich ist, begründet einen Kostenersatzanspruch. Das Tun muss vielmehr einem Unwerturteil unterworfen werden können, wobei allerdings eine Eingrenzung au „"rechtswidrige"„ Handeln im Sinne des bürgerlichen Rechts oder des Strafrechts nicht unbedingt notwendig ist.

Das Merkmal der „Sozialwidrigkeit" wird bei Kostenersatzansprüchen zusätzlich verlangt – es steht lediglich in der Überschrift und nicht im Normtext –, weil die existenzsichernden Leistungen nach dem Zweiten Buch Sozialgesetzbuch grundsätzlich unabhängig von den Gründen der Notlage und einem vorwerfbaren Verhalten zu leisten sind, so dass der Anwendungsbereich grundsätzlich restriktiv zu sehen ist.

Mit der Frage der Sozialwidrigkeit ist eng verknüpft, ob es **einen „wichtigen Grund"** und damit eine nachvollziehbare Erklärung bzw. Rechtfertigung für das Verhalten gibt.

Beispiele
- *Ein Verhalten ist sozialwidrig, wenn eine Erbschaft von 40.000,00 € zur Tilgung privater Schulden benutzt wird.[494]*
- *Der leistungsberechtigten Person ist es zumutbar, Einmaleinkommen zunächst zur Deckung des eigenen Bedarfs einzusetzen.* **Private Schulden** *sind jedenfalls dann nachrangig zu bedienen, wenn man auf die Begleichung verzichten kann. Es besteht die Obliegenheit des Einzelnen, Einkommen auch dann zur Behebung einer gegenwärtigen Notlage für sich zu verwenden, wenn er sich dadurch außerstande setzt, anderweitig bestehende Verpflichtungen zu erfüllen.[495] Die Verwendung von eigenen Mitteln zur Deckung des eigenen Bedarfs genießt also absoluten Vorrang. Nur in Ausnahmefällen kann dies anders sein (z. B. Verwendung einer Einnahme zur Begleichung von Stromschulden).*

    In den Fällen des obliegenheitswidrigen vorzeitigen Einkommensverbrauchs ist allerdings die vorrangige Spezialregelung des § 24 Abs. 4 Satz 2 SGB II zu beachten. Danach werden Leistungen, die im Verteilzeitraum der einmaligen

---

492 Z. B. BVerwG, Urt. vom 14.1.1982 – 5 C 70/80 – in Fortentwicklung von BVerwG vom 24.6.1976 – 5 C 41/71 –, juris, Rn. 9; BVerwG, Urt. vom 10.4.2003 – 5 C 4/02 –, juris.
493 BSG, Urt. vom 29.8.2019 – B 14 AS 50/18 R –, juris, Rn. 20 m. w. N.
494 Vgl. SG Braunschweig, Urt. vom 23.2.2010 – S 25 AS 1128/08 –, juris; LSG Niedersachsen-Bremen, Urt. vom 9.2.2015 – L 11 AS 1352/14 B ER –, juris; SG Freiburg, Urt. vom 9.9.2016 – S 7 AS 2007/14 –, juris.
495 Vgl. BSG, Urt. vom 29.11.2012 – B 14 AS 33/12 R –, juris.

Einnahme (vgl. § 11 Abs. 3 SGB II) vorzeitig, d. h. schuldhaft, verbraucht werden, für den Verteilzeitraum als Darlehen erbracht.

Nach Ablauf des Verteilzeitraums *kommt eine Kostenersatzforderung in Frage, wenn unterstellt werden kann, dass die einmalige Einnahme dann als Vermögen nach Ablauf des Verteilzeitraums zur Deckung der Lebensunterhaltskosten ausgereicht hätte.*

- *Ein Verhalten ist sozialwidrig, wenn eine einmalige Einnahme (z. B. Erbschaft, Abfindungszahlung, Steuerrückerstattung) vorzeitig innerhalb des sog. „Verteilzeitraums" (vgl. § 11 Abs. 3 Satz 3 SGB II) aufgebraucht wird, so dass noch innerhalb des Verteilzeitraums tatsächlich keine „bereiten Mittel" mehr zur Verfügung stehen und damit die nachfragende Person wieder auf existenzsichernde Leistungen angewiesen ist.*

  Der obliegenheitswidrige Einkommensverbrauch führt dazu, dass Einkommen, das im Bedarfsmonat tatsächlich nicht mehr zur Bedarfsdeckung zur Verfügung steht, auch nicht bedarfsmindernd angerechnet werden darf.[496] Damit kommen Grundsicherungsleistungen für Arbeitsuchende in Frage. Die leistungsberechtigte Person hätte diese Aufwendungen vermeiden können, so dass die Notlage schuldhaft herbeigeführt wurde.

  Auch in dieser Fallvariante ist zunächst § 24 Abs. 4 Satz 2 SGB II innerhalb des Verteilzeitraums von sechs Monaten anzuwenden.

  Bei einem vorzeitigen Einkommensverbrauch ist sowohl hinsichtlich der Anwendbarkeit von § 24 Abs. 4 Satz 2 SGB II also auch hinsichtlich § 34 SGB II zu klären, für welchen Zweck die Einmaleinnahme verwendet wurde. Eine unwirtschaftliche Lebensweise durch den Kauf eines Flachbildfernsehers und zahlreichrn Blu-Ray-Discs stellt ein sozialwidriges Verhalten dar,[497] während der Ersatzkauf eines defekten Kühlschranks oder die Begleichung von Stromschulden sozialadäquat sein kann.

- *Ein Verhalten kann sozialwidrig sein, wenn im Vorfeld eines Leistungsbezugs vorhandenes Vermögen aufgrund unwirtschaftlicher Lebensweise bzw. eines luxuriösen Lebensstils aufgebraucht wird und dadurch die Hilfebedürftigkeit herbeigeführt wird. Eine Kostenersatzforderung in einem solchen Fall ist nicht gänzlich unproblematisch, weil es jeder Person freisteht, mit ihrem Vermögen nach eigenen Vorstellungen umzugehen.[498]*

- *Ein Verhalten kann sozialwidrig sein, wenn es die leistungsberechtigte Person trotz Hilfestellung durch die Behörde unterlässt, ungeschütztes Vermögen einer Verwertung zur Bedarfsdeckung zuzuführen oder eine Vermögensverwertung lediglich vortäuscht.[499]*

---

496 BSG, Urt. vom 29.11.2012 – B 14 AS 33/12 –, juris, Rn. 17 f.; BSG, Urt. vom 10.9.2013 – B 4 AS 89/12 R –, juris; BSG, Urt. vom 17.10.2013 – B 14 AS 38/12 R –, juris, Rn. 13 ff.
497 LSG Niedersachsen-Bremen, Beschl. vom 9.2.2015 – L 11 AS 1352/14 B ER –, juris.
498 Sozialwidrigkeit bejahend: LSG Baden-Württemberg, Urt. vom 15.10.2014 – L 2 SO 2489/14 –, juris; a. A. SG Düsseldorf, Urt. vom 31.8.2015 – S 35 AS 257/15 –, juris.
499 LSG Berlin-Brandenburg, Beschl. vom 17.12.2019 – L 18 AS 2213/19 B –, juris; LSG Niedersachsen-Bremen, Beschl. vom 22.5.2019 – L 11 AS 209/19 B ER –, juris, Rn. 33; LSG Niedersachsen-Brandenburg, Urt. vom 24.10.2017 – L 7 AS 1577/15 –, juris, Rn. 22; LSG NRW, Urt. vom 13.10.2014 – L 20 SO 20/13 –, juris, Rn. 33 ff.

- *Eine entreichernde Schenkung kurz vor Beginn des Leistungsbezugs kann sozialwidrig sein.*[500] *Allerdings bleibt der Übergang eines Schenkungsrückforderungsanspruchs hiervon unberührt (§ 33 SGB II i. V. m. § 528 Abs. 1 Satz 1 BGB).*
- *Ein Verhalten kann sozialwidrig sein, wenn ein Selbstständiger für den Fall der Krankheit nicht vorbeugt und es unterlässt, einen Krankenversicherungsschutz aufzubauen.*[501]
- *Ein Verhalten ist sozialwidrig, wenn der Arbeitsvertrag der leistungsberechtigten Person verhaltensbedingt gekündigt wird und infolgedessen Leistungen der Grundsicherung für Arbeitsuchende erbracht werden. Der Verstoß gegen arbeitsvertragliche Pflichten muss aber schuldhaft und von einigem Gewicht sein (s. obige Ausführungein. Geringfügige Verspätungen im Arbeitsverhältnis lösen keinen Kostenersatzanspruch aus.*[502] *Anders kann dies bei Diebstahl, Alkoholkonsum oder unentschuldigtem Fehlen am Arbeitsplatz interpretiert werden.*[503]

    Wie bereits in den Einführungsbemerkungen ausgeführt, verlangt das Bundessozialgericht zusätzlich, dass das Verhalten selbst vorsätzlich gegen Wertmaßstäbe der Allgemeinheit verstößt. Insofern soll nicht jeder „durchschnittliche Sanktionsfall" auch einen Kostenersatzanspruch auslösen.[504]
- *Ein Verhalten ist sozialwidrig, wenn ein Arbeitsverhältnis gekündigt wird, dieses Arbeitsverhältnis bislang den notwendigen Lebensunterhalt deckte und eine ernstzunehmende Aussicht auf einen Anschlussarbeitsplatz nicht besteht.*[505]

    Bereits zum Sozialhilferecht sind hier grundlegende Entscheidungen ergangen. Die Aufgabe einer hauptberuflichen Tätigkeit zwecks Weiterbildung oder Aufnahme eines Studiums ist einzelfallabhängig zu entscheiden. Die Frage nach der Sozialwidrigkeit des Handelns hängt dann davon ab, welches Gewicht dem Wunsch nach beruflicher Höherqualifizierung oder Veränderung einerseits und den Unterhaltsverpflichtungen gegenüber der Familie andererseits subjektiv zukommt. Insbesondere ist zu berücksichtigen, ob die Weiterbildung oder das Studium von vornherein beabsichtigt gewesen ist, welche Stellung die Familie des Leistungsberechtigten zu den Ausbildungsplänen bezogen hat und ob die Weiterbildung lediglich auf der Grundlage egoistischer Motive erfolgt oder allein auf dem Wunsch nach Anhebung des Sozialprestiges beruht.[506]

    „Mobbing" am Arbeitsplatz kann aber einen „wichtigen Grund" für die Eigenkündigung darstellen, so dass das Verhalten nicht sozialwidrig ist.[507]
- *Nimmt die leistungsberechtigte Person eine nicht berechtigte verhaltensbedingte, fristlose Kündigung in Kauf ohne sich hiergegen vor dem Arbeitsgericht zur Wehr zu setzen, stellt dies* **kein** *sozialwidriges Verhalten dar. Es*

---

500 SG Karlsruhe, Urt. vom 29.1.2009 – S 4 SO 5937/07 –, juris.
501 BVerwG, Urt. vom 23.9.1999 – 5 C 22.99 –, juris.
502 LSG NRW, Urt. vom 25.9.2013 – L 12 AS 283/13 –, juris, Rn. 20.
503 SG Kassel, Urt. vom 2.7.2014 – S 6 AS 873/12 –, juris; SG Braunschweig, Urt. vom 23.11.2016 – S 52 AS 456/16 –, juris; LSG Berlin, Urt. vom 19.1.2017 – L 31 AS 1858/16 –, juris.
504 BSG, Urt. vom 3.9.2020 – B 14 AS 43/19 R –, juris, Rn. 15.
505 LSG NRW, Urt. vom 22.4.2013 – L 19 AS 1303/12 –, juris; LSG Hamburg, Urt. vom 30.9.2019 – L 4 AS 95/17 –, juris, Rn. 20; LSG Berlin-Brandenburg, Urt. vom 4.3.2014 – L 29 AS 814/11 –, juris, Rn. 46 ff.
506 Vgl. BVerwG, Urt. vom 24.6.1976 – V C 41/74 –, juris, Rn. 12.
507 LSG Rheinland-Pfalz, Urt. vom 26.6.2012 – L 3 AS 159/12 –, juris.

besteht weder eine Pflicht noch eine Obliegenheit des Arbeitnehmers, gerichtlich gegen eine rechtswidrige Kündigung des Arbeitgebers vorgehen zu müssen.[508] *Ein Unterlassen ist insbesondere nur dann relevant, wenn eine Rechtspflicht zum Tun besteht.*

- Ein Verhalten kann sozialwidrig sein, wenn durch den Handel mit Betäubungsmitteln (Drogen) eine **Straftat** begangen wird und der Straftäter zu einer Freiheitsstrafe verurteilt wird, so dass das Erwerbseinkommen des Straftäters für die ganze Familie wegfällt und diese anschließend auf Leistungen nach dem Zweiten Buch Sozialgesetzbuch angewiesen ist. Bei späterem Einkommen kann der Straftäter dann zum Kostenersatz herangezogen werden. Das Bayerische Landessozialgericht stellte dazu fest:

„*Es bestand keine wirtschaftliche Notwendigkeit „‚um jeden Prei‘„, weiteres Einkommen zu erzielen, schon gar nicht durch strafbaren Umgang mit Drogen. Trotzdem hat der Kläger sich in erheblichem Umfang und erheblicher Häufigkeit Betäubungsmittel verschafft und sic — zumindest mit Haschisc — eine regelmäßige zusätzliche illegale Einnahmequelle verschafft. Dieses Verhalten des Klägers ist auch in Bezug auf die nachfolgende Notwendigkeit, existenzsichernde Leistungen erbringen zu müssen, durch nichts zu entschuldigen und sozialwidrig*".[509]

Das Bundessozialgericht folgte in der Revision dieser Auffassung nicht, weil es der Auffassung war, dass es an der unmittelbaren Kausalität zwischen Verhalten und Hilfebedürftigkeit mangelt.[510] *Danach hat das strafbare Verhalten die Hilfebedürftigkeit nicht unmittelbar herbeigeführt, weil die Straftat nicht willentlich* **auf die Herbeiführung der Hilfebedürftigkeit** *gerichtet war. Insbesondere besaß der Straftäter eine berufliche Existenzgrundlage, so dass allein durch das strafbare Verhalten nicht die Hilfebedürftigkeit „unmittelbar" herbeigeführt worden sei.*

Die **Umschichtung von ungeschütztem Vermögen in geschütztes Vermögen** *ist* **nicht sozialwidrig** *und stellt einen wichtigen Grund für das Verhalten dar. Zwar kann durch die Umwandlung des Vermögens die Hilfebedürftigkeit herbeigeführt werden. Dies ist jedoch nicht zu missbilligen, wenn es nicht mit der Verschwendung des Vermögens einhergeht. Der Kauf von z. B. Wohneigentum zu einem vertretbaren Preis ist eine vernünftige Maßnahme der Alterssicherung, die sozialadäquat ist und nicht zum Ausschluss der Leistungen nach dem Zweiten Buch Sozialgesetzbuch führen darf.*[511]

Bewertungsmaßstab für die Frage des sozialwidrigen Handelns sind im Wesentlichen die Normen des Zweiten Buches Sozialgesetzbuch. Der Gesetzgeber hat in § 12 Abs. 2 und Abs. 3 SGB II, § 7 Alg II-V den Schutz von bestimmten Vermögenswerten un —gegenständen geregelt. Insofern bringt er zum Ausdruck, dass eine Vermögensumschichtung (z. B. in ein Altersvorsorgeprodukt) sogar gewollt ist und gerade keine Obliegenheitsverletzung darstellt.

---

508 Bayerisches LSG, Urt. vom 21.3.2012 – L 16 AS 616/10 –, juris.
509 Bayerisches LSG, Urt. vom 26.4.2012 – L 7 AS 453/10 –, juris.
510 BSG, Urt. vom 16.4.2013 – B 14 AS 55/12 R –, juris.
511 LSG Berlin-Brandenburg, Beschl. vom 10.7.2007 – L 5 B 410/07 AS ER –, juris; SG Potsdam, Urt. vom 19.10.2012 – S 38 AS 400/10 –, juris.

*Umgekehrt darf der Erlös aus dem **Verkauf von zuvor geschütztem Vermögen** nicht beliebig verwendet werden. Der Verkauf des selbst bewohnten und vermögensrechtlich geschützten Hauses mit dem Ziel, aus dem Erlös Spielschulden zu begleichen, ist angesichts der Wertmaßstäbe des Zweiten Buches Sozialgesetzbuches unzulässig.[512] Die Bedrohung durch den Gläubiger der Spielschulden mit körperlicher Gewalt stellt auch keinen wichtigen Grund für dieses Verhalten dar, wenn es zumutbar gewesen wäre, die Polizei einzuschalten. Vor dem Hintergrund der neueren Rechtsprechung des Bundessozialgerichts[513] ist dieser Fall besonders problematisch zu beurteilen, weil geklärt werden müsste, ob eine zu missbilligende Handlung vorliegt, in der eine Schädigung der Allgemeinheit billigend in Kauf genommen wird.*

- *Sozialwidrig kann auch ein Handeln sein, wenn die leistungsberechtigte Person zu geringe Anstrengungen unternimmt, um andere, **vorrangige (Sozial-)Leistungen** in Anspruch zu nehmen. Werden z. B. vorrangige UVG-Leistungen oder Rentenleistungen (vgl. dazu § 5 Abs. 3 SGB II) nicht in Anspruch genommen, obwohl dies ohne Schwierigkeiten möglich wäre und gibt es auch keine nachvollziehbare Erklärung für das Unterlassen, stellt dies nach hier vertretener Auffassung ein sozialwidriges und kostenersatzpflichtiges Verhalten dar; entsprechendes gilt für die Wahl einer günstigeren Steuerklasse.[514]*
- *Ein sozialwidriges Handeln kann vorliegen, wenn die leistungsberechtigte Person **unbezahlten Sonderurlaub** nimmt, während der arbeitslose Kindesvater die Betreuung hätte übernehmen können[515]*
- *Ein Kostenersatzanspruch kann durch das Fehlverhalten eines Ehepartners entstehen, wenn die Ehefrau dadurch in einem Frauenhaus untergebracht werden muss, erssen Kosten der Leistungsträger übernimmt.[516]*

Wichtiger Grund

Es wurde bereits erläutert, dass die zu prüfenden Voraussetzungen des § 34 SGB II eng miteinander verknüpft sind. Hierzu zählt insbesondere das negative Tatbestandsmerkmal des „wichtigen Grundes". Ein Kostenersatzanspruch kann also nur geltend gemacht werden, wenn **kein** „wichtiger Grund" vorliegt. Ein wichtiger Grund ist anzunehmen, wenn unter Berücksichtigung aller Besonderheiten des Einzelfalles Umstände vorliegen, unter denen nach verständiger **Abwägung** der Interessen des Einzelnen mit den Interessen der Allgemeinheit – also des Steuerzahlers – den Interessen des Individuums der Vorrang einzuräumen ist.[517].

Soll ein „wichtiger Grund" für eine potentiell sozialwidriges Verhalten vorliegen, muss die leistungsberechtigte Person eine rational nachvollziehbare Erklärung für

---

512 SG Wiesbaden, Urt. vom 15.8.2019 – S 5 AS 811/16 –, juris, Rn. 20.
513 BSG, Urt. vom 3.9.2020 – B 14 AS 43/19 R –, juris.
514 Vgl. LSG Sachsen-Anhalt, Urt. vom 14.11.2019 – L 4 AS 604/18 NZB –, juris; Bayerisches LSG, Urt. vom 1.7.2016 – L 7 AS 350/16 B ER –, juris, Rn. 24; LSG Sachsen, Beschl. vom 22.2.2016 – L 3 AS 990/15 B ER –, juris; LSG NRW, Urt. vom 7.11.2008 – L 20 B 135/08 SO –, juris.
515 Bayerisches LSG, Urt. vom 26.8.2009 – L 11 AS 362/09 B PKH –, juris.
516 VGH Baden-Württemberg, Urt. vom 28.1.1998 – 6 S 1669/96 –, juris.
517 LSG NRW, Urt. vom 22.4.2013 – L 19 AS 1303/12 –, juris, Rn. 41 unter Bezug auf *Grote-Seifert* in jurisPK-SGB II, § 34.

das Handeln vorbringen. Diese Argumente sind mit dem Interesse der Allgemeinheit abzuwägen. Dieses besteht darin, nur Leistungen an solche Personen zu erbringen, die außerstande sind, ihren Lebensunterhalt selbst zu bestreiten. U. a. sind auch hier die Zumutbarkeitsprinzipien des § 10 SGB II in die Betrachtung einzubeziehen. Im Rahmen der Abwägung ist zu bewerten, ob der leistungsberechtigten Person ein anderes Verhalten zumutbar gewesen ist und/oder ob die Inanspruchnahme von Grundsicherungsleistungen vermeidbar gewesen ist.

Wichtige Gründe können sein: gesundheitliche Gründe, Krankheit, Mobbing, sexuelle Belästigung, Glaubens- und Gewissensgründe, Arbeitsbedingungen (Schichtarbeit, Pendelzeiten), Anschlussarbeitsplatz in Aussicht, benötigte Umzugszeit und deshalb Vornahme einer Kündigung.

Das pauschale Vorbringen eines wichtigen Grundes genügt aber nicht. Zum einen sind die vorgetragenen Gründe von der leistungsberechtigten Person zu belegen. Zum anderen ist zu hinterfragen, ob die Ursache für die Verhaltensweise (= wichtiger Grund) nicht hätte beseitigt werden können. In Fällen von gesundheitlichen Gründen für die Berufsaufgabe muss z. B. zuvor ein Arzt aufgesucht worden sein, um durch Behandlungs- und Rehabilitationsmaßnahmen eine verbesserte gesundheitliche Situation zu erzielen, die die Ausübung des Berufes wieder ermöglichen. In Fällen von „Mobbing" sollte zunächst betriebsintern nach Lösungen gesucht werden, indem z. B. der Personal- oder Betriebsrat eingeschaltet wird.

Beispiel

Eine Kündigung des Arbeitsplatzes ohne eine verbindliche Stellenzusage ist beispielsweise auch dann sozialwidrig, wenn ein neuer Arbeitsplatz in Aussicht steht und ein Stellenwechsel grundsätzlich nachvollziehbar ist. Im konkreten Fall war ein Auslandspraktikum und anschließendes Französisch-Studium mit dem Ziel, Dolmetscher zu sein, ein nachvollziehbarer Grund für die Kündigung. Denn damit war eine Verbesserung der wirtschaftlichen Stellung verbunden. Außerdem ging es nicht nur um die Anhebung des „Sozialprestiges". Allerdings muss zumindest versucht werden, so zu kündigen, dass direkt im Anschluss an eine Kündigung die Berufstätigkeit aufgenommen werden kann. Es war im konkreten Fall zumutbar, dass die leistungsberechtigte Person die konkrete Stellenzusage abwartet und erst dann die Kündigung ausspricht. Die Hilfebedürftigkeit war also vermeidbar. Der Nachranggrundsatz verlangt die Vermeidung der Hilfebedürftigkeit.[518]

Die Frage des „wichtigen Grundes" ist zunächst im Rahmen der Sachverhaltsaufklärung (§ 20 SGB X) vom Leistungsträger zu klären. Argumente, die nicht vorgebracht werden, können vom Leistungsträger aber auch nicht berücksichtigt werden. Insofern trifer die leistungsberechtiten Person, die mit einem Kostenersatzanspruch konfrontiert wird (z. B. im Rahmen der Anhörung gemäß § 24 SGB X), die sekundäre Darlegungslast, Gründe und Erklärungen für das Verhalten vorzutragen. Die leistungsberechtigte Person trägt weiterhin das Risiko eines „Subsumtionsirrtums", d. h. der fehlerhaften Annahme eines „wichtigen Grundes".

---
518 Vgl. LSG NRW, Urt. vom 22.4.2013 – L 19 AS 1303/1 –, juris.

Sofern die Arbeitsagentur den Anspruch auf Arbeitslosengeld („Alg I") durch die Verhängung einer Sperrzeit ruhend gestellt hat (§ 159 Abs. 1 Nr. 1 SGB III), entbindet dies den Träger der Grundsicherung für Arbeitsuchende nicht, die Frage des „wichtigen Grundes" für einen Kostenersatzanspruch selbst festzustellen. Denn von dem Sperrzeitbescheid der Arbeitsagentur geht für den SGB — Träger weder eine Feststellungs- noch eine Tatbestandswirkung aus. Insofern ist eine eigene Entscheidung und eine eigene Begründung des Kostenersatzbescheides notwendig.[519]

Eigene Feststellungen zur Sozialwidrigkeit bzw. des „wichtigen Grundes" sind notwendig, weil die Anforderungen an einen „wichtigen Grund" in § 159 SGB III höher sind als die Anforderungen an einen „wichtigen Grund" in § 34 Abs. 1 SGB II. Ein wichtiger Grund soll also im Existenzsicherungssystem den Zugang zu Leistungen eher ermöglichen als im Versicherungssystem der Arbeitsagentur. Die Arbeitsagentur stellt mithin strenge(re) Prüfungsanforderungen an den „wichtigen Grund", bevor eine Sperrzeit ausgeschlossen wird.

Schuldhaftes Verhalten und Herbeiführen der Leistung
Die Hilfebedürftigkeit muss durch ein **schuldhaftes** (vorsätzliches oder grob fahrlässiges) **Verhalten** ausgelöst worden sein.

Ebenfalls ist zu bewerten, ob das sozialwidrige Handeln schuldhaft ist (s.o.).

Wie bereits ausgeführt hat insofern eine doppelte Prüfung des Schuldvorwurfs zu erfolgen: zum einen am Maßstab der Hilfebedürftigkit,; zum anderen am Maßstab der Gesellschaft (die leistungsberechtigte Person muss sich der Sozialwidrigkeit des Handelns bewusst oder grob fahrlässig unbewusst sein).

Es genügt bedingter Vorsatz, d.h. der kostenersatzpflichtige Verursacher hat die Leistungserbringung als Folge seines Handelns erkannt oder er hat die Leistungserbringung als Folge seines Handelns billigend in Kauf genommen.

Grobe Fahrlässigkeit liegt vor, wenn der Verursacher die erforderliche Sorgfalt in besonders hohem Maße verletzt hat. Das wird dann angenommen, wenn schon einfachste, ganz naheliegende Überlegungen nicht angestellt werden und das nicht beachtet wird, was im gegebenen Fall jedem einleuchten muss. Anzulegen ist jeweils ein individueller Verschuldensmaßstab, so dass es auf die persönliche Einsichtsfähigkeit ankommt. Die leistungsberechtigte Person muss also die sozialen Folgen ihres Handelns erkennen können.

Lange Zeit war umstritten, ob auch im laufenden Leistungsbezug ein Verhalten sozialwidrig sein kann, wenn keine Anstrengungen unternommen werden, die vorhandene Hilfebedürftigkeit mindestens zu reduzieren. Nun bestimmt § 34 Abs. 1 Satz 2 SGB II: Als Herbeiführung im Sinne des Satzes 1 gilt auch, wenn **die Hilfebedürftigkeit erhöht, aufrechterhalten oder nicht verringert wurde**. Sozialwidrig kann sich demnach derjenige Verhalten, wer z.B.

- eine Arbeitsstelle mit höherem Endgrundgehalt ohne wichtigen Grund nicht antritt. Es handelt sich hier um eine aufrechterhaltene oder nicht verringerte Hilfebedürftigkeit.

---
519 LSG Baden-Württemberg, Urt. vom 5.6.2018 – L 7 AS 178/16 –, juris, Rn. 33 f.

- infolge unzureichender Verkaufsbemühungen einer Auslandsimmobilie und infolgedessen wegen fehlender „bereiter Mittel" die Hilfebedürftigkeit aufrechterhält.[520]
- sich weigert, an der Rentenantragstellung mitzuwirken (vgl. § 12a SGB II, § 5 Abs. 3 SGB II) und die notwendigen Unterlagen für einen Rentenbescheid beim Rentenversicherungsträger beharrlich nicht vorlegt. Es handelt sich dann um eine aufrechterhaltene Hilfebedürftigkeit.[521]
- seine Arbeitszeit und damit sein Arbeitseinkommen ohne wichtigen Grund reduziert und damit eine erhöhte Hilfebedürftigkeit auslöst.

Kausalität

Die Leistung nach dem Zweiten Buch Sozialgesetzbuch (einschließlich der Beiträge zur Kranken-, Renten- und Pflegeversicherung) muss eine **unmittelbare Folge** des schuldhaften Verhaltens sein (**Kausalität**). Es muss also ein („innerer") Zusammenhang zwischen Verhalten einerseits und Herbeiführung der Hilfebedürftigkeit andererseits bestehen. Die Hilfebedürftigkeit muss in direkter Kausalität zielgerichtet, d. h. wissentlich und willentlich ausgerichtet auf einen Leistungsbezug, herbeigeführt werden. Die Kausalität ist eng auszulegen, weil die Leistungserbringung grundsätzlich unabhängig von den Ursachen der Hilfebedürftigkeit erfolgt.

Beispiele

- *Die Mitglieder der Familie F erhalten laufende Leistungen der Grundsicherung für Arbeitsuchende in Höhe von insgesamt 1.500,00 €. Herr F geht einer geringfügigen Beschäftigung (ni-Jjob) nach. Wegen Diebstahls verliert er seinen Arbeitsplatz. Bislang wurden als Einkommen aus dem ini-Jjob 240,00 € auf den Hilfebedarf angerechnet. Das schuldhafte und sozialwidrige Verhalten von Herrn F führt dazu, dass die Familie nunmehr 1.740,00 € Leistungen der Grundsicherung für Arbeitsuchende bezieht. Im Umfang von 240,00 € ist eine Kausalität zu bejahen und ein Kostenersatzanspruch geltend zu machen. Die Praxis fordert regelmäßig einen Kostenersatz in Höhe der durch das sozialwidrige Verhalten ausgelösten zusätzlichen Sozialleistungen.*
- *Der Leistungsberechtigte L verschleudert sein bislang durch die Freibeträge des § 12 Abs. 2 SGB II geschütztes Vermögen in Spielbanken und Nachtclubs. Unabhängig von dem Vermögensverbrauch war und bleibt L weiterhin im Leistungsbezug. Eine Kausalität zwischen dem Leistungsbezug und dem Vermögensverbrauch ist nicht zu bejahen.*
- *Im vorhergehenden Fall war L bekannt, dass er Mietschulden zu begleichen hatte. Trotzdem verbraucht er vollständig sein leistungsrechtlich geschütztes Vermögen in verschwenderischer Art. Die von der Behörde zusätzlich übernommenen Leistungen nach § 22 Abs. 8 SGB II lösen jetzt einen Kostenersatzanspruch aus. Dieser kann neben den aufgerechneten Tilgungsleistungen nach*

---

520 LSG Niedersachsen-Bremen, Beschl. vom 22.5.2019 – L 11 AS 209/19 B ER –, juris, Rn. 19, 28.
521 LSG Sachsen, Beschl. vom 22.2.2016 – 3 AS 990/15 B ER –, juris, Rn. 33 ff.; Bayerisches LSG, Beschl. vom 1.7.2016 – L 7 AS 350/16 B ER –, juris, Rn. 24; a. A. Fachliche Hinweise der BA zu § 34 SGB II (Stand: 20.7.2016), Rn. 34.9.

§ 42a SGB II treten, so dass eine zusätzliche Aufrechnung gemäß § 43 SGB II vorgenommen werden kann.

- *Das Bundessozialgericht vertritt die Auffassung[522], dass mit vorsätzlich begangenen Handlungen (hier: Drogenhandel), die zur Inhaftierung und damit zum Verlust des Arbeitsplatzes bzw. zu eingeschränkten Verdienstmöglichkeiten während des Freigangs geführt haben, eine Hilfebedürftigkeit der Angehörigen nicht im Sinne einer direkten Kausalität herbeigeführt worden ist, so dass auch die Sozialwidrigkeit des Handelns zu verneinen wäre. Als Begründung wird angeführt, dass der Drogenhandel nur die Einkommenssituation verbessern sollte und der Drogenhandel selbst die Existenzgrundlage nicht beeinträchtigt hätte, da der Leistungsberechtigte noch einer Erwerbstätigkeit nachgegangen wäre. Der Leistungsbezug sei daher nur mittelbare Folge der Verbüßung der Haftstrafe (Anmerkung: Das Bundesverwaltungsgericht hatte 2003 in einem vergleichbaren Fall noch anders entschieden[523])*

Aufgrund des richtungsweisenden Urteils des Bundessozialgerichts[524] vom 16.4.2013 zum Umgang mit Straftätern ist ein kausales sozialwidriges Verhalten nur zu bejahen, soweit es

1) in seiner Handlungstendenz auf die Einschränkung bzw. den Wegfall der Erwerbsfähigkeit oder der Erwerbsmöglichkeit oder
2) auf die Herbeiführung von Hilfebedürftigkeit bzw. der Leistungserbringung gerichtet war bzw. hiermit in „innerem Zusammenhang",, stand oder
3) ein spezifischer Bezug zu anderen nach den Wertungen des SGB II zu missbilligenden Verhaltensweisen bestand.

Damit liegt ein Kostenersatzanspruch in erster Linie nur noch bei **gezielter Herbeiführung der Hilfebedürftigkeit** vor. Nach der Rechtsprechung des Bundessozialgerichts macht es also einen Unterschied, ob der Straftäter nach seiner Erwerbstätigkeit in der **Freizeit** mit Drogen „dealt" oder während der Ausübung seiner Erwerbstätigkeit. Im letzteren Fall liegt ein arbeitswidriges Verhalten vor, welches unmittelbar zum Verlust der Erwerbstätigkeit und Erwerbsmöglichkeit führt und damit einen Kostenersatzanspruch auslöst.

Daran hat sich inzwischen auch die mittelinstanzliche Rechtsprechung orientiert.

Beispiele
- *Die Antragstellerin hat 70.000,00 € im Handschuhfach eines Kraftfahrzeugs an einem ungesicherten Ort (im Ausland) deponiert, nachdem sie ihre Ersparnisse von der Bank abgeholt hatte. Über Nacht wird das Kraftfahrzeug aufgebrochen und die 70.000,00 € entwendet. Zu bejahen ist ein grob fahrlässige Verhalten.*

---

522 BSG, Urt. vom 16.4.2013 – B 14 AS 55/12 R –, juris; BSG, Urt. vom 2.11.2012 – B 4 AS 39/12 R –, juris.
523 Vgl. BVerwG vom 10.4.2003 – 5 C 4/02 –; vgl. auch Hessischer VGH vom 30.4.1970 – V OE 107/68 –; Niedersächsisches OVG vom 26.8.1992 – 4 L 1894/91 –.
524 BSG, Urt. vom 16.4.2013 – B 14 AS 55/12 R –, juris; BSG, Urt. vom 2.11.2012 – B 4 AS 39/12 R –, juris.

Ein Kostenersatzanspruch scheitert aber an der Kausalität. Das Verhalten der Antragstellerin war nicht zielgenau oder mindestens grob fahrlässig darauf ausgerichtet, hilfebedürftig zu werden.
- *T ist Angestellter eines Taxiunternehmens. Im Arbeitsvertrag heißt es ausdrücklich, dass „Privatfahrten ohne ausdrückliche Genehmigung der Zentrale verboten sind".*

  *T fährt **während der Arbeitszeit** mit seinem Taxi, welches er vom Arbeitgeber gestellt bekommen hatte, zu einem Biergarten und entwendet dort Mobiliar. T wird gekündigt. Für ca. ein Jahr lebte T von Grundsicherungsleistungen für Arbeitsuchende. Nach Ablauf eines Jahres verlangt das Jobcenter für die bislang gewährten Leistungen ca. 8.000,00 € zurück.*[525]

  *In diesem Fall ist die Straftat bzw. das Verhalten sozialwidrig, weil es den Wertungen des Zweiten Buches Sozialgesetzbuch zuwiderläuft. Es läuft den Wertungen des Zweiten Buches Sozialgesetzbuch zuwider, weil es sich um ein **arbeitsvertragswidriges Verhalten** handelt, welches zur außerordentlichen Kündigung berechtigt. Das Verhalten ist darüber hinaus kausal für die fristlose Kündigung, weil es sich **nicht um eine Privatfahrt** in der Freizeit handelte.*
- *Bei der Fahrt eines Berufskraftfahrers unter Alkoholeinfluss (hier: 2,3 Promille) in der Freizeit besteht hingegen kein spezifischer Bezug zur Herbeiführung einer Hilfebedürftigkeit, sodass das Verhalten nicht als sozialwidrig einzustufen ist.*[526]

  Im Ergebnis ist damit ein privates Verhalten, welches nur mittelbar zu arbeitsrechtlichen Konsequenzen führt, nur selten ein sozialwidriges Verhalten.

Liegen **mehrere Ursachen** für die rechtswidrige Leistungsgewährung vor, ist eine Kausalität im Sinne der Kostenersatzvorschrift nur dann zu bejahen, wenn das schuldhafte Verhalten **wesentliche Ursache** gewesen ist.

In Fällen, in denen der Sozialleistungsträger seinen Beratungspflichten nicht nachgekommen ist, können mehrere Verursachungsbeiträge vorliegen. Der Sozialleistungsträger ist beispielsweise nach §§ 14, 15 SGB I verpflichtet, auf Leistungen anderer Leistungsträger hinzuweisen und auf dort geltende Fristen und Termine – beispielsweise zur Antragstellung – hinzuweisen. Unterlässt er dies, kommt ggf. trotz schuldhaften Handelns der leistungsberechtigten Person bzw. seines Vertreters (z. B. ein verschuldeter fehlender Krankenversicherungsschutz) eine Kostenersatzpflicht mangels Kausalität nicht in Frage.[527]

Keine Härte

Von der Geltendmachung des Ersatzanspruches ist abzusehen, soweit sie für die Ersatzpflichtigen eine Härte bedeuten würde (§ 34 Abs. 1 Satz 6 SGB II). Das Wort „soweit" macht deutlich, dass eine Härte auch teilweise angenommen werden kann, so dass von einem Kostenersatzanspruch teilweise Abstand genommen werden kann.

---

525 LSG Niedersachsen-Bremen, Urt. vom 12.12.2018 – L 13 AS 137/17 –, juris.
526 LSG Niedersachsen-Bremen vom 5.7.2018 – L 6 AS 80/17 –.
527 Vgl. BSG, Urt. vom 3.7.2020 – B 8 SO 2/19 R –, juris, Rn. 33.

Eine Härte kann nicht aus dem Verhalten des Ersatzpflichtigen abgeleitet werden, da hierfür bereits die Voraussetzung des „wichtigen Grundes" zu überprüfen ist.

Eine Härte ist dann anzunehmen, wenn durch die Kostenersatzforderung, die grundsätzlich den Nachrang der Leistungen wieder herstellen will, zu einem Konflikt mit den Zielen der Grundsicherung für Arbeitsuchende – insbesondere der Eingliederung in den Arbeitsmrkt – führt.

Allein die finanzielle Belastung, die durch den Ersatzanspruch entsteht, begründet in der Regel keine Härte, da der Gesetzgeber bei einer Kostenersatzforderung die Möglichkeit der Aufrechnung (vgl. § 43 SGB II) vorgesehen hat. Außerdem kann das Angebot einer kassenrechtlichen Ratenzahlung unterbreitet werden. Allerdings ist die Grenze der finanziellen Belastung in Abhängigkeit des Einzelfalls erreicht, wenn die Ersatzforderung die Summe aus vorhandenem (Schon-)Verögen, mit Ausnahme des Freibetrages für notwendige Anschaffungen nach § 12 Abs. 2 Nr. 4 SGB II, und dem nach § 43 SGB II höchstmöglich aufrechenbaren Betrag übersteigt.[528]

Gfg. ist eine Härte bei Haftentlassenen anzunehmen, wenn deren Resozialisierung durch eine Kostenersatzforderung gefährdet ist. Hier ist zu hinterfragen, welche Bedeutung eine Kostenersatzforderung für die Motivation des Kostenersatzpflichtigen hat, einer Erwerbstätigkeit nachzugehen und die Kostenersatzforderung zurückzuzahlen. Für die Frage der Härte spielt hier u. a. die Höhe der Kostenersatzforderung eine Rolle. Der Selbsthilfewille des Kostenersatzpflichtigen sollte durch die Forderung nicht „erlahmen".

Eine Härte kann grundsätzlich in einer besonderen persönlichen oder wirtschaftlichen Betroffenheit liegen. Dass kann ggf. angenommen werden, wenn eine Kostenersatzforderung über einen langen Zeitraum von mehreren Jahren in Frage kommt. Auch die familiäre Betroffenheit ist in die Überlegung zur Frage der Härte einzubeziehen.

Dreijahresfrist

Der Ersatzanspruch erlischt drei Jahre nach Ablauf des Jahres, für das die Leistung erbracht worden ist (vgl. § 34 Abs. 3 Satz 1 SGB II).

Nach dem Wortlaut kommt es für den Fristbeginn also nicht darauf an, wann die Leistung tatsächlich erbracht worden ist, sondern **für welchen** Leistungsmonat die Gewährung erfolgte. Eine im Dezember ausgezahlte Leistung für den Monat Januar löst die „Dreijahresfrist" im Januar des Folgejahres aus. Allerdings beginnt die Dreijahresfrist erst mit Ablauf des Jahres und somit erst nach dem 31.12.

Beispiel
Die Leistungsgewährung erfolgt für Januar 2021 im Dezember 2020. Fristablauf ist der 31.12.2024.

Nach Ablauf der drei Jahre ist der Anspruch **erloschen**. Es handelt sich mithin nicht um eine Einrede, sondern um eine von Amts wegen zu beachtende rechtsvernichtende Einwendung.

Erloschen ist der Anspruch aber nur für die Leistungen, die vor der Dreijahresfrist liegen; innerhalb der Dreijahresfrist kann ein Kostenersatzanspruch geltend gemacht

---
528 Vgl. SG Berlin, Urt. vom 8.12.2020 – S 179 AS 6137/17 –, juris, Rn. 30

werden, **soweit und sofern** das sozialwidrige Verhalten die Leistungsgewährung auch in dieser Zeit ausgelöst hat (Frage der Kausalität). Mit anderen Worten: unter zeitlichen Aspekten ist der Anspruch nicht vollständig untergegangen; es ist nur ein Jahr eines möglichen Kostenersatzanspruchs verlorengegangen.

Die Regelungen des BGB über die Hemmung, Ablaufhemmung, Neubeginn und Wirkung der Verjährung sind entsprechend anzuwenden (§ 34 Abs. 3 Satz 2 SGB II). Unter diesen Bedingungen kann also der Kostenersatzanspruch auch noch nach Ablauf der drei Jahre geltend gemacht werden.

Umfang der Kostenersatzforderung (Rechtsfolge)
Nach dem Wortlaut der Vorschrift ist die Höhe der Kostenersatzforderung nicht begrenzt. Tatsächlich dürfte sich die Kostenersatzforderung aber nur auf die Höhe der erbrachten Leistungen erstrecken, die **wegen** (Kausalität) des sozialwidrigen Verhaltens an den Verursacher und/oder die Bedarfsgemeinschaft gezahlt wurde.

Ein Kostenersatzanspruch besteht also nur im Umfang der durch das sozialwidrige Verhalten ausgelösten Leistungserbringung. Insofern kommt eine Kostenersatzforderung nur für **in der Vergangenheit** erbrachte Leistungen in Frage. In verfahrensrechtlicher Hinsicht ist daher z. B. nach Ablauf von einem halben oder ganzen Jahr rückwirkend ein Kostenersatzanspruch geltend zu machen, wenn sich die erbrachten Leistungen auf das sozialwidrige Verhalten der leistungsberechtigten Person zurückführen lassen. Insofern kommen wiederholte Kostenersatzforderungen zeitabschnittsweise in Frage.

Teilweise lässt sich der Umfang der Kostenersatzforderung mathematisch gut berechnen.

Beispiel
Die Mitglieder der Familie F erhalten laufende Leistungen der Grundsicherung für Arbeitsuchende in Höhe von insgesamt 1.500,00 €. Herr F geht einer geringfügigen Beschäftigung (400,00 €ini-Jjob) nach.

Wegen Diebstahls verliert er seinen Arbeitsplatz. Bislang wurden als Einkommen aus demini-Jjob 240,00 € auf den Hilfebedarf angerechnet. Das schuldhafte und sozialwidrige Verhalten von Herrn F führt dazu, dass die Familie nunmehr 1.740,00 € Leistungen der Grundsicherung für Arbeitsuchende bezieht.

Die erhöhte Hilfebedürftigkeit bei sozialwidrigem Handeln wird inzwischen auch von § 34 SGB II erfasst (vgl. § 34 Abs. 1 S. 2 SGB II). Im Umfang von 240,00 € – dem entfallenen anrechenbaren Einkommen – ist ein Kostenersatzanspruch zu bejahen.

Es bleibt dann noch die Frage zu klären, für welchen Zeitraum ein solcher Kostenersatzanspruch pro Monat geltend gemacht werden kann, wenn die leistungsberechtigte Person weiterhin im Leistungsbezug verbleibt.

Grundsätzlich besteht ein Kostenersatzanspruch für die gesamte Dauer des pflichtwidrig verursachten Leistungsbezugs.[529] Es ist dann zeitabschnittsweise und

---

[529] Vgl. BSG, Urt. vom 3.9.2020 – B 14 AS 43/19 R –, juris, Rn. 15.

einzelfallbezogen zu prüfen, ob im Bewilligungszeitraum weiterhin eine kausale Beziehung zwischen dem sozialwidrigen Verhalten einerseits und dem Leistungsbezug andererseits vorlag.[530]

Problematisch sind dennoch die Fallkonstellationen, in denen sich die (Dauer der) Leistungsgewährung nicht eindeutig auf das sozialwidrige Verhalten zurückführen lässt; mithin hypothetische Annahmen oder Prognosen einer Kostenersatzforderung zu Grunde gelegt werden.

Kündigt eine leistungsberechtigte Person beispielsweise schuldhaft und sozialwieine ihre Arbeitsstelle, ist theoretisch jede erbrachte Leistung in der Vergangenheit und der Zukunft auf die Kündigung zurückzuführen. Denn es kann grundsätzlich – in Abhängigkeit des gekündigten Beschäftigungsverhältnisses – (hypothetisch) unterstellt werden, dass die Grundsicherungsleistung ohne Kündigung auch nicht erbracht worden wäre. Das LSG Berlin-Brandenburg hat z. B. aufgrund einer guten Berufsprognose beim Arbeitgeber sowie aufgrund des besonders schuldhaften Verhaltens angenommen, dass Begrenzungen der Rückforderungszeit auf eine Probezeit nicht angenommen werden müssen.[531]

Die Prognoseentscheidung dürfte einzelfallabhängig auch davon abhängig gemacht werden, ob die leistungsberechtigte Person bereits länger erwerbstätig gewesen ist oder zuvor eine langjährige Arbeitslosigkeit bestand.

Sollte die Prognose bzw. Hypothese eine langjährige Kostenersatzforderung rechtfertigen, ist es angezeigt, die Regressforderung unter Berücksichtigung der Härtevorschrift (§ 34 Abs. 1 Satz 6 SGB II) zeitlich zu begrenzen.

Maximal bietet sich ein Zeitraum von drei Jahren an. Der Gesetzgeber symbolisiert mit § 34 Abs. 3 SGB II, dass die Kostenersatzforderung „nur" für die Leistungen der zurückliegenden drei Jahre verlangt werden soll (wobei anzumerken ist, dass § 34 Abs. 3 SGB II die Kostenersatzforderung nicht nur auf einen Zeitraum von drei Jahren begrenzt (s.o.)). Auf drei Jahre ist auch eine Aufrechnung zeitlich begrenzt (§ 43 Abs. 4 Satz 2 SGB II). Darüber hinaus dürfte in diesem Zeitraum in den meisten Fällen der Höhe nach eine Kostenersatzforderung entstanden sein, die – auch bei späterer Leistungsfähigkeit der leistungsberechtigten Person – nur schwer auszugleichen ist.

Bei einem obliegenheitswidrigen vorzeitigen Einkommens- oder Vermögensverbrauch ist zu prüfen, für welchen Zeitraum das Einkommen oder Vermögen zur Bestreitung des Lebensunterhalts ausgereicht hätte. Um diesen Zeitraum zu berechnen, ist nicht die Höhe des Existenzsicherungsbedarfs zugrunde zu legen, sondern ein mittleres Lebenshaltungsniveau. Eine Orientierung kann die Einkommens- und Verbraucherstichprobe[532] oder der Selbstbehalt für nicht gesteigert Unterhaltspflichtige nach der „Düsseldorfer Tabelle" geben. Der so ermittelte Zeitraum ist kostenersatzpflichtig, wenn in diesem Zeitraum – in dem es angesichts der wirtschaftlichen Lage der leistungsberechtigten Person „normalerweise" kein Leistungsbezug gegeben hätte – eine Sozialleistungsgewährung notwendig wird.

---

530 BSG, Urt. vom 29.8.2019 – B 14 AS 49/18 R –, juris, Rn. 21 f.
531 Vgl. LSG Berlin-Brandenburg, Urt. vom 19.1.2017 – L 31 AS 1858/16 –, juris, Rn. 30.
532 Vgl. LSG Niedersachsen-Bremen, Urt. vom 12.12.2018 – L 13 AS 111/17 –, juris, Rn. 36.

5.2.3 Verfahrensfragen

Grundlagenbescheid und/oder Leistungsbescheid
Ein Ersatzanspruch gemäß § 34 Abs. 1 SGB II entsteht kraft Gesetzes, muss aber mit Hilfe eines Leistungsbescheides geltend gemacht werden.

Bereits oben wurde dargelegt (vgl. 2.5), dass eine Kostenersatzforderung rückwirkend für in der Vergangenheit erbrachte Leistungen in Frage kommt, wenn sich diese Leistungen auf das sozialwidrige Verhalten zurückführen lassen. Dazu wurde durch die Rechtsprechung in Frage gestellt, ob der Erlass eines Festsetzungsbescheides (Grundlagenbescheid) zulässig ist, der die Kostenersatzpflicht nur dem Grunde nach festlegt. Argumentiert wird, dass ein solcher Festsetzungsbescheid mangels angegebener Höhe der Regressforderung dem Kostenersatzpflichtigen unzureichend vor Augen führt, welche Konsequenzen mit dem bekanntgegebenen Bescheid verbunden sind. Daher könnte der Pflichtige von etwaigen Rechtsbehelfsverfahren Abstand nehmen und die Behörde würde sich in geschickter Weise die (bestandskräftige) Grundlage für spätere Leistungsbescheide und Vollstreckungsmöglichkeiten verschaffen, in dem nur noch über die Höhe zu entscheiden wäre. Denn geht die leistungsberechtigte Person gegen einen Grundlagenbescheid nicht vor, ist die Sozialwidrigkeit ihres Handelns bestandskräftig geklärt. Will dann die leistungsberechtigte Person später gegen den folgenden Leistungsbescheid vorgehen, kann sie die vorgeworfene Sozialwidrigkeit nicht mehr angreifen. Für Feststellungsbescheide bedürfte es daher einer ausdrücklichen Ermächtigungsgrundlage, die in § 34 SGB II nicht zu finden wäre. § 34 Abs. 3 Satz 2 Halbs. 2 SGB II würde sogar ausdrücklich den Erlass eines Leistungsbescheides verlangen. § 34 Abs. 1 Satz 6 SGB II würde überdies von der „Geltendmachung eines Ersatzanspruchs" sprechen. Damit könnte nur eine Geltendmachung der Höhe nach gemeint sein.[533]

Für aktuelle Klarheit hat allerdings das Bundessozialgericht gesorgt, wonach eine Trennung von Grundlagen- und Leistungsbescheid erlaubt ist.[534] Eine solche Trennung des Kostenersatzanspruchs dem nach und der Höhe nach ist zulässig, weil so vermieden wird, dass unterschiedliche Spruchkörper bei den Gerichten zu jeweils unterschiedlichen Bewertungen des maßgebenden Verhaltens kommen. Denn dies wäre der Fall, wenn jeweils der Leistungsbescheid angegriffen wird und über diesen gesondert entschieden würde.

Insofern ist es möglich dass bereits im Anfangsstadium der Leistungsgewährung das Verfahren zur Feststellung, ob eine Kostenersatzforderung in Frage kommt (z.B. Anhörung vor Erlass eines Grundlagenbescheides zur Kostenersatzforderung), einzuleiten. Für eine solche Vorgehensweise spricht, dass auf diese Weise frühzeitig geklärt wird, ob ein sozialwidriges Verhalten vorliegt.

---

533 Für einen Leistungsbescheid: SG Dresden, Urt. vom 28.4.2014 – S 48 AS 6813/12 –, juris, Rn. 17; SG Oldenburg, Urt. vom 14.9.2016 – S 47 AS 422/14 –, juris, Rn. 24 ff.; SG Augsburg, Urt. vom 20.11.2017 – S 8 AS 1095/17 –, juris, Rn. 24 ff.; LSG Niedersachsen-Bremen, Urt. vom 12.12.2018 – L 13 AS 111/17 –, juris. Für die Zulässigkeit eines Grundlagenbescheides: BVerwG, Urt. vom 5.5.1983 – 5 C 112/81 –, juris, Rn. 9; SG Braunschweig, Urt. vom 23.2.2010 – S 25 AS 1128/08 –, juris, Rn. 29; LSG Nordrhein-Westfalen, Urt. vom 22.4.2014 – L 19 AS 1303/12 –, juris, Rn. 24; SG Heilbronn, Urt. vom 24.7.2014 – S 9 AS 217/12 –, juris, Rn. 37; LSG Baden-Württemberg, Urt. vom 20.10.2020 – L 9 AS 98/18 –, juris, Rn. 29.

534 BSG vom 29.8.2019 – B 14 AS 49/18 R – Rn. 19, 22.

Die leistungsberechtigte Person enthält zudem den Hinweis, dass später eine Kostenersatzforderung der Höhe nach auf sie zukommt. Schließlich kann die leistungsberechtigte Person durch einen Überprüfungsantrag nach § 44 Abs. 2 SGB X später den Grundlagenbescheid auch außerhalb eines Rechtsbehelfsverfahren „angreifen".

Auf die Bedeutung des Grundlagenbescheides, wonach die Sozialwidrigkeit des Handelns festgestellt wird, und den späteren Erlass des Leistungsbesheides, sollte der Leistungsträger aus Gründen der Verfahrensfairness bereits im Grundlagenbescheid aufmerksam machen.

Bestimmtheitsgrundsatz (§ 33 Abs. 1 SGB X)
Wird die Kostenersatzforderung durch einen Leistungsbescheid geltend gemacht, muss (im Verfügungssatz) die kostenersatzpflichtige Person bwerdd ihre die Höhe der Haftungsschuld beziffert werden. Es muss ferner der Zeitraum benannt werden, für den ein Kostenersatzanspruch geltend gemacht wird.[535]

Wird ein Kostenersatz nur für einen Teil der erbrachten Sozialleistungen gefordert („Teilkostenersatz"), ist – spätestens in der Begründung – eine monatliche Darstellung erforderlich, welche Leistungen auf das kostenersatzpflichtige Verhalten zurückzuführen sind.[536] Denn ist aus dem Bescheid im Falle eines geltend gemachten Teilkostenersatzes nicht zu erkennen, für welchen Monat welche hypothetischen Mittel der leistungsberechtigten Person angesetzt worden sind, kann sich diese nicht mit entsprechendem Sachvortrag dagegen zur Wehr setzen.

Begründung des Bescheides (§ 35 SGB X)
§ 34 SGB II stellt einen eingreifenden und belastenden Verwaltungsakt dar. Insofern müssen die o. g. Voraussetzungen in der Bescheidbegründung erläutert bzw. subsumiert werden. Zusätzlich ist auf folgendes hinzuweisen:

Sofern die Arbeitsagentur den Anspruch auf Arbeitslosengeld („Alg I") durch die Verhängung einer Sperrzeit ruhend gestellt hat (§ 159 Abs. 1 Nr. 1 SGB III), entbindet dies den Träger der Grundsicherung für Arbeitsuchende nicht, die Frage des „wichtigen Grundes" für einen Kostenersatzanspruch selbst festzustellen. Denn von dem Sperrzeitbescheid der Arbeitsagentur geht für den SGB II-Träger weder eine Feststellungs- noch eine Tatbestandswirkung aus. Insofern ist eine eigene Entscheidung und eine eigene Begründung des Kostenersatzbescheides notwendig.[537]

Eigene Feststellungen zur Sozialwidrigkeit bzw. des „wichtigen Grundes" sind notwendig, weil die Anforderungen an einen „wichtigen Grund" in § 159 SGB III höher sind als die Anforderungen an einen „wichtigen Grund" in § 34 Abs. 1 SGB II. Ein wichtiger Grund soll also im Existenzsicherungssystem den Zugang zu Leistungen eher ermöglichen als im Versicherungssystem der Arbeitsagentur. Die Arbeitsagentur stellt mithin strenge(re) Prüfungsanforderungen an den „wichtigen Grund", bevor eine Sperrzeit ausgeschlossen wird.

---
535 Vgl. auch BSG, Urt. vom 3.7.2020 – B 8 SO 2/19 R –, juris, Rn. 15.
536 Vgl. LSG NRW, Urt. vom 11.10.2018 – L 7 AS 1331/17 –, juris, Rn. 38 ff.
537 LSG Baden-Württemberg, Urt. vom 5.6.2018 – L 7 AS 178/16 –, juris, Rn. 33 f.

Leistungsfähigkeit des Kostenersatzpflichtigen
Bei der Festsetzung der Ersatzleistung ist es (zunächst) unerheblich, ob die Verursacher aufgrund ihrer Einkommens- und Vermögensverhältnisse in der Lage sind, die daraus resultierenden Zahlungen zeitnah zu erbringen. Steht eine zum Ersatz verpflichtete Person im Leistungsbezug, besteht die Möglichkeit, Ansprüche auf Ersatz der Leistungen nach § 43 SGB II aufzurechnen.

Erlöschensfrist und Hemmung
Der Ersatzanspruch erlischt drei Jahre nach Ablauf des Jahres, für das die Leistung erbracht worden ist.

Der Erlass des Leistungsbescheides hemmt den Ablauf der Dreijahresfrist (vgl. § 204, § 209 BGB, § 34 Abs. 3 Satz 2 Halbsatz 2 SGB II). Die Hemmung bewirkt, dass der Zeitraum, wdessen dem das Erlöschen gehemmt ist, nicht in die Erlöschensfrist eingerechnet wird und sich die Frist von drei Jahren um den Zeitraum der Hemmung verlängert. Im Übrigen gelten die Bestimmungen des Bürgerlichen Gesetzbuches über Hemmung, Ablaufhemmung und Neubeginn der Verjährung sinngemäß (vgl. § 34 Abs. 3 Satz 2 i. V. m. §§ 203 ff. BGB); der Erhebung der Klage steht der Erlass eines Leistungsbescheides gleich (vgl. § 34 Abs. 3 Satz 2 Halbs. 2 SGB II).

Nach Unanfechtbarkeit eines Festsetzungs- bzw. Durchsetzungsbescheides oder nach Rechtskraft des Urteils gilt eine Verjährungsfrist von 30 Jahren (vgl. § 52 Abs. 2 SGB X).

5.2.4 Kostenersatzpflichtige Erben

Haftung
Die Ersatzverpflichtung nach § 34 Abs. 1 SGB II geht im Rahmen der Nachlassverbindlichkeiten auf die Erben über (vgl. § 34 Abs. 2 SGB II). Es ist **nicht** erforderlich, dass der Ersatzanspruch bereits gegenüber der ursprünglich ersatzpflichtigen, verursachenden Person geltend gemacht worden ist. Die Kostenersatzpflicht muss nur zu ihren Lebzeiten (also vor dem Erbfall) eingetreten sein (Entstehung kraft Gesetzes).

Erben haften gemäß § 34 Abs. 2 Satz 2 SGB II nur mit dem Nachlasswert im Zeitpunkt des Erbfalles. Bei dieser Erbenhaftung handelt es sich im Gegensatz zur – inzwischen etfallenden – selbständigen Erbenhaftung nach § 35 SGB II a. F. um eine unselbständige Haftung. Dies bedeutet, dass Freibeträge, wie sie in § 35 Abs. 1 Satz 2 und Abs. 2 SGB II a. F. vorgesehen waren, keine Anwendung finden.

Ein Verbrauch des Erbes nach Eintritt des Erbfalls ist bei einer bestehenden Kostenersatzpflicht unerheblich. Denn die Erben haften mit dem Nachlasswert im Zeitpunkt des Erbfalls. Umgekehrt ist eine Wertsteigerung des Erbes nach Eintritt des Erbfalls ebenfalls für die Höhe der Kostenersatzforderung nicht relevant.

Es ist weiter zu beachten, dass mehrere Erben gesamtschuldnerisch (§ 2058, § 421 BGB) haften. Die Wörter „nach Belieben" in § 421 BGB sind im öffentlichen Recht bei der Auswahl und der Inanspruchnahme zum Kostenersatz dahingehend auszulegen, dass eine pflichtgemäße **Ermessensentscheidung** vorzunehmen ist. Der

Leistungsträger muss also nachvollziehbar erklären, welche Erben in welcher Höhe zum Kostenersatz herangezogen werden sollen. Ein Ermessenskriterium kann dann auch der Verbrauch oder die Verteilung der Erbmasse an die Miterben sein.

Wert des Nachlasses
Als **Wert des Nachlasses** ist das sog. „Aktivvermögen" unter Berücksichtigung der Nachlassverbindlichkeiten im Zeitpunkt des Erbfalls anzusehen (sog. „Reinnachlass").

Zum Aktivvermögen gehört u. a. auch eine Sterbegeldversicherung oder ein Bestattungsvorsorgevertrag, wenn ein Bezugsberechtigter in der Versicherung **nicht** genannt ist; steht ein Bezugsberechtigter fest, handelt es sich um eine Schenkung auf den Todesfall (§§ 328, 331 BGB), die nicht in den Nachlass fällt, und zwar auch dann nicht, wenn der Erbe als Bezugsberechtigter im Versicherungsvertrag genannt ist.[538] Wird ein Überschuss aus einem Bestattungsvorsorgevertrag entsprechend der Vertragsabsprache später an den Erben ausgekehrt, fällt auch dieser Betrag nicht in den Nachlass. Denn die Rechtsnatur der Schenkung bleibt auch in diesem Fall erhalten.

Zum Aktivbestand des Nachlasses zählen hingegen Surrogate, z.B. Ersatzansprüche, Ansprüche aus Lebens- oder Kapitalversicherungen (ohne Bezugsberechtigten), auch wenn sie dem Aktivbestand monetär erst zu einem späteren Zeitpunkt zufließen.[539]

„Nachlassverbindlichkeiten" ist der Oberbegriff für Verbindlichkeiten, die entweder zu Lebzeiten vom Erblasser begründet wurden oder auf Grund des Erbfalls entstanden sind.

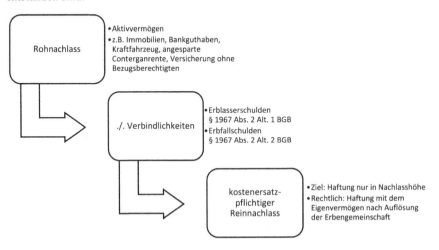

---

538 Vgl. *Blum* in BeckOGK, § 2311, Rn. 19.
539 Vgl. LSG Sachsen, Urt. vom 12.3.2020 – L 8 SO 39/17 –, juris, Rn. 21.

Nachlassverbindlichkeiten können in Form von **Erblasserschulden** oder in Form von **Erbfallschulden** vorliegen.

Erblasserschulden sind z. B.
- ausstehende Kaufpreiszahlung,
- ausstehende Miete, soweit die außerordentliche Kündigungsfrist noch nicht abgelaufen ist,
- austehender Schadensersatzzahlungen,
- ausstehende Unterhaltszahlungen,
- noch zu entrichtende Steuern des Erblassers im Todesjahr,
- Bankkredite,
- ausstehende vertragliche Verpflichtungen des Erblassers,
- Sozialleistungsdarlehen sowie der Kostenbeitrag nach § 92a SGB XII[540].

Erbfallschulden sind z. B.
- Beerdigungskosten gemäß § 1968 BGB: Hierzu gehören die Kosten für den Sarg, das Grab, den Grabstein, die erstmalige Bepflanzung des Grabes, Kosten für Todesanzeigen, Kosten für Danksagungen, Kosten der Trauerfeier, die Kosten für die Sterbeurkunde,
- die Gebühren für eine etwaige Nachlassverwaltung durch das Nachlassgericht (vgl. § 24 GNotKG),
- etwaige Erbschaftssteuer der Erben[541].

Weiterhin sind folgende Aufwendungen nicht vom Nachlass abzugsfähig:
- Die Zahlung eines Pflichtteilsanspruchs an den Pflichtteilsberechtigten,
- die Zahlung eines Vermächtnisanspruchs an den Vermächtnisnehmer,
- Beerdigungskosten, wenn eine vertragliche Verpflichtung zur Übernahme dieser Kosten besteht (z.B. in einem Immobilienübergabevertrag, in dem sich der Übernehmer verpflichtet, die Kosten der Beerdigung zu tragen).
- (Zweck-)Schenkungen auf den Todesfall, wenn ein konkreter Bezugsberechtigter genannt wird (z.B. Lebensversicherung oder ein Bestattungsvorsorgevertrag; allerdings verringert der Bestattungsvorsorgevertrag die abzugsfähigen Beerdigungskosten),
- Übernachtungskosten sowie Reise- und Fahrtkosten für Angehörige im Rahmen der Trauerfreier,
- Kosten für die Trauerkleidung,
- spätere Grabpflege,
- Kosten für die Testamentseröffnung und/oder die Ausstellung des Erbscheins.

Grundsätzlich sind daher die Nachlassverbindlichkeiten vom Nachlasswert abzuziehen, ehe der für die Kostenersatzforderung maßgebliche Wert des im Zeitpunkt des Erbfalls vorhandene Nachlass gefordert wird. Pflichtteils- und Vermächtnisansprüche (§§ 2303 ff., 1939, 2147 ff. BGB) oder Auflagen (§ 2192 ff. BGB)

---
540 Vgl. LSG NRW, Urt. vom 20.7.2017 – L 9 SO 240/16 –, juris.
541 BFH, Urt. vom 20.1.2016 – II R 34/14 –, juris, Rn. 11 ff.

sind zwar ebenfalls Nachlassverbindlichkeiten (§ 1967 Abs. 2 BGB). Sie sind aber gegenüber dem Kostenersatzanspruch des Trägers der Sozialhilfe nachrangig und daher nicht vorab als Passivposten zu berücksichtigen, denn der Pflichtteilsberechtigte geht den anderen Nachlassgläubigern nach, da er Befriedigung erst aus dem schuldenfreien Nachlass verlangen chgehendNoch nachrangiger als die Pflichtteilsansprüche sind Vermächtnisse und Auflagen. Dies ergibt aus dem Grundsatz des Nachrangs der Sozialhilfe sowie den Regeln zur Dürftigkeitseinrede (vgl. § 2 Abs. 1 SGB XII, § 1991 Abs. 4 BGB, § 327 Abs. 1, Abs. 3 InsO). Zu beachten ist damit, dass Pflichtteils- und Vermächtnisansprüche nicht vom Nachlasswert abzuziehen sind, da diese Ansprüche im Vergleich zu den anderen Nachlassgläubigern nur nachrangig zu befriedigen sind.

Ferner sind sog. „Nachlasseigenschulden" nicht abzugsfähig. Hierbei handelt es sich um Aufwendungen, die durch die ordnungsgemäße Verwaltung des Nachlasses entstehen. Dazu gehören bspw. Reparatur- und Erhaltungsmaßnahmen am Haus (z. B. Dacherneuerung), Mietaufwendungen nach Ablauf der außerordentlichen Kündigungsfrist von drei Monaten oder Grundbesitzabgaben nach dem Tod des Erblassers wie Abfallentsorgungsgebühren, Abwassergebühren, Straßenreinigungsgebühren.[542]

5.3 Ersatzanspruch bei rechtswidrig erbrachten Leistungen (§ 34a SGB II)

5.3.1 Einstiegsinformationen

Verhältnis zwischen Erstattungs- und Ersatzanspruch
Haben Leistungsempfänger zu Unrecht – also rechtswidrig – Leistungen nach dem Zweiten Buch Sozialgesetzbuch erhalten, ergeben sich gegen sie regelmäßig-Erstattungsansprüche nach § 50 Abs. 1 SGB X. Aufhebungs- und Erstattungsverfahren richten sich immer ausschließgnüber derdie leistungsbeechtigten Person.

Zusätzlich zu diesen Rückforderungsansprüchen können Ersatzansprüche gegen Personen nach § 34a SGB II entstehen, die durch schuldhaftes Verhalten Leistungen **an Dritte** herbeigeführt haben. Es handelt sich also um eine „Dritthaftungsvorschrift". Wie sich aus § 34a Abs. 4 SGB II ergibt, **ergänzt** § 34a SGB II die Aufhebungs- und Erstattungsvorschriften der §§ 44 ff. SGB X. Die Vorschrift erweitert damit den Kreis der Rückzahlungsverpflichteten bei rechtswidriger Leistungsgewährung an eine leistungsberechtigte Person.

Voraussetzung für das Entstehen von Erstattungsansprüchen nach § 50 Abs. 1 SGB X ist die vorherige Aufhebung der oder des begünstigenden Verwaltungsakte(s) gegenüber der leistungsberechtigten Person. Eine Aufhebungsentscheidung von leistungsbewilligenden, begünstigenden Verwaltungsakten erfolgt regelmäßig nach § 45 SGB X bzw. § 48 SGB X i. V. m. § 40 Abs. 1 Satz 1 SGB II, § 40 Abs. 2 Nr. 3 SGB II und § 330 Abs. 2, Abs. 3 SGB III. Diese Vorschriften genießen einen praktischen

---
542 OVG NRW, Urt. vom 7.8.2019 – 9 A 4511/18 –, juris.

Anwendungsvorrang, weil sich Aufhebungs-und Erstattungsforderungen als Spiegelbild zur Leistungsbewilligung primär gegen die leistungsberechtigte Person richten sollen. Außerdem ist der Erstattungsanspruch verpflichtend vorzunehmen, soweit eine Aufhebung erfolgt ist (vgl. § 50 Abs. 1 SGB X).

Allerdings richten sich die Erstattungsforderungen nicht gegen den **Verursacher** der rechtswidrigen Leistungsgewährung. **Neben** § 50 Abs. 1 Satz 1 SGB X kommt daher ggf. eine Anwendung des § 34a SGB II in Betracht. Danach sind Personen, die durch vorsätzliches oder grob fahrlässiges Verhalten (z. B. falsche Angaben zum Sachverhalt) die Zahlung von Leistungen nach dem Zweiten Buch Sozialgesetzbuch **an Dritte herbeigeführt** haben, zum Ersatz der rechtswidrig erbrachten Leistungen verpflichtet (vgl. § 34a Abs. 1 Satz 1 SGB II).

Der zur Erstattungsforderung nach dem Zehnten Buch Sozialgesetzbuch ergänzende **Kostenersatzanspruch** gemäß § 34a SGB II **entsteht kraft Gesetzes**. Er muss allerdings durch einen vollstreckungsfähigen Leistungsbescheid geltend gemacht werden.

Kostenersatzpflichtige Leistung
Der Ersatzanspruch umfasst neben den Leistungen zum Lebensunterhalt einschließlich der Beiträge zur Kranken- und Pflegeversicherung entsprechend § 40 Abs. 2 Nr. 5 SGB II (§ 34a Abs. 1 Satz 4 SGB II) auch die Leistungen zur Eingliederung in Arbeit. Sachleistungen sind, auch wenn sie in Form eines Gutscheins erbracht wurden, in Geld zu ersetzen (§ 34a Abs. 1 Satz 2 SGB II). Alternativ ist auch eine Rückgabe des Gutscheins möglich, wenn der Gutschein noch nicht eingelöst sein sollte (§ 34a Abs. 1 Satz 3 SGB II).

Anwendungsbereich der Norm
Der Gesetzgeber hat mit § 34a SGB II einen eigenständigen Ersatzanspruch **gegen Dritte** geschaffen, die **durch ihr Verhalten** schuldhaft eine Leistungsgewährung an andere Personen ausgelöst haben. Im Unterschied zu § 34 SGB II umfasst die Kostenersatzpflicht nach § 34a SGB II also nur die Leistungen an Dritte und nicht an den Verursacher selbst. Ebenso wie § 34 SGB II handelt es sich um einen schadensersatzähnlichen bzw. quasi-deliktischen Anspruch, weil der **Verursacher** zum Ausgleich der rechtswidrig erbrachten Leistung herangezogen wird. Allerdings wird – im Gegensatz zu § 34 SGB II – ein sozialwidriges Handeln nicht gefördert[543].

Die Möglichkeit, einen **Verursacher** nach § 34a SGB II zum Ersatz der rechtswidrig gezahlten Leistungen zu verpflichten, kann mit der nach § 104 SGB XII und § 103 Abs. 1 Satz 2 SGB XII verglichen werden. Ebenso wie in § 104 SGB XII ist es nicht relevant, ob der Verursacher mit dem Hilfebedürftigen in einer Bedarfsgemeinschaft lebt bzw. selbst Leistungen erhalten hat. Also können z. B. auch Betreuer oder Arbeitgeber zum Kostenersatz herangezogen werden.

Nicht vom Kostenersatzanspruch umfasst wird das Verursachen der Leistung an die eigene Person. In dieser Fallsituation ist der Verursacher als Erstattungspflichtiger gemäß §§ 45, 48, 50 SGB X heranzuziehen.

---
543 Vgl. LSG Niedersachsen-Bremen vom 8.7.2020 – L 13 AS 18/20 –, Rn. 36.

Ferner werden von einem Kostenersatzanspruch rechtswidrige Leistungsgewährungen nicht erfasst, denen ein Fehler des Leistungsträgers bei Erlass des Bewilligungsbescheides zugrunde liegt. Solche Fehler können in Abhängigkeit des Einzelfalles über § 45 Abs. 2 Satz 3 Nr. 3 SGB X i. V. m. § 50 Abs. 1, Abs. 3 SGB X durch eine Erstattungsforderung korrigiert werden, obwohl die leistungsberechtigte Person bzw. deren Vertreter bei oder nach der Antragstellung alle relevanten Angaben zur rechtmäßigen Leistungsgewährung vollständig und richtig getätigt hat. Eine Kostenersatzforderung wegen Kenntnis oder grob fahrlässiger Unkenntnis der rechtswidrigen Leistungsgewährung kennt § 34a SGB II (anders als § 103 Abs. 1 Satz 2 SGB II) nicht. Meldet sich bspw. eine leistungsberechtigte Person beim Jobcenter und macht auf eine fehlerhafte Leistungsbewilligung bei einem Mitglied der Bedarfsgemeinschaft aufmerksam, kann ein Kostenersatzanspruch nach § 34a SGB II nicht gefordert werden.

Eine Härtefallprüfung findet – anders als bei § 34 SGB II oder § 104 SGB XII – nicht statt.

5.3.2 Bedeutung der Norm

Überblick

Die Aufhebung von Verwaltungsakten nach § 45 bzw. § 48 SGB X führt zur Festsetzung eines Erstattungsanspruches gegen die Leistungsberechtigten nach § 50 Abs. 1 SGB X. Solche Erstattungsansprüche gegen Leistungsberechtigte lassen sich häufig wegen mangelnder Leistungsfähigkeit der Verpflichteten nicht realieren, z. B. wenn einkommens- und vermögenslose minderjährige Kinder die Leistung erhalten haben. Durch die Anwendung des § 34a SGB II besteht die zusätzliche Möglichkeit, nicht

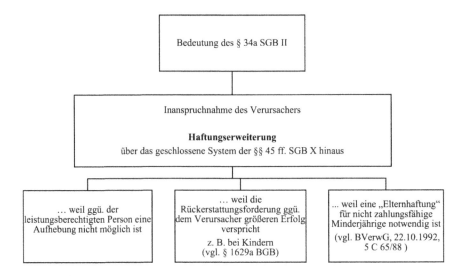

nur den Leistungsempfänger nach § 50 SGB X, sondern **auch den Verursacher** in Anspruch zu nehmen, dessen Inanspruchnahme u.a. wegen dessen Leistungsfähigkeit aussichtsreicher escheint.

Minderjährigenhaftungsbeschränkung
Wesentlich für die Existenz von § 34a SGB II ist u.a. die Minderjährigenhaftungsbeschränkung des § 1629a BGB, die auch im Sozialleistungsrecht gilt. Gemäß § 1629a BGB haftet ein volljährig werdendes Kind für bestimmte, während seiner Minderjährigkeit durch die Eltern begründete Verbindlichkeiten nur mit seinem bei Eintritt der Volljährigkeit vorhandenem Vermögen (sog. **„Minderjährigenhaftung"**).

Grundsätzlich müssen sich minderjährige leistungsberechtigte Personen das Handeln ihrer Eltern als gesetzliche Vertreter zurechnen lassen, so dass auch gegenüber den Minderjährigen eine Aufhebung und infolgedessen eine Erstattung in Frage kommt, wenn z.B. Einkommen oder Vermögen verschwiegen wurde und deshalb Leistungen zu Unrecht erbracht wurden (vgl. §§ 1626, 1629 BGB,; §§ 166, 278 BGB). Der Erstattungsbescheid wird zwar den Eltern als gesetzlichen Vertretern bekanntgegeben, allerdings sind zur Rückerstattung die Minderjährigen als Beteiligte des Verfahrens verpflichtet. Der Erstattungsbescheid gegenüber dem Minderjährigen ist zunächst rechtmäßig. Wird das Kind während des Verwaltungserfahrens, (z.B. Widerspruchverfahrens), volljährig, ist die Aufhebungs- und Erstattungsentscheidung gegen das Kind zu richten und diesem bekanntzugeben.

Die Entscheidung wird aber (teil-)rechtswidrig, wenn bei Eintritt der Volljährigkeit das an diesem Tag bestehende pfändbare Vermögen hinter den Verbindlichkeiten zurückbleibt. § 1629a BGB löst dann eine Haftungsbeschränkung aus. Es ist dabei unerheblich, ob die Volljährigkeit **nach Erla**ss des Erstattungsbescheides[544] **oder kurz vor**[545] **Erlass des Erstattungsbescheides** eintritt. Jeweils muss aber eine Verbindlichkeit oder ein Erstattungsverlangen zu einer Zeit entstanden sein, in dem der Erstattungspflichtige minderjährig gewesen ist und sich das Verhalten seiner Eltern zurechnen lassen musste.

Die Einredemöglichkeit des § 1629a BGB spiegelt den Grundsatz wider, dass ein Kind einen Anspruch darauf hat, ohne Schulden in sein Erwachsenenleben zu starten, wobei jedoch auch kein Anspruch darauf besteht, mit einem „Guthaben" zu starten. Besteht z.B. auf dem Giro- und Sparkonto des ursprünglich Minderjährigen ein Guthaben von 100,00 € und ist dieser als nunmehr Volljähriger einer Erstattungsforderung der Behörde von 500,00 € ausgesetzt, ist die Haftung auf einen Betrag von 100,00 € begrenzt.

§ 1629a BGB bewirkt also eine (teilweise) fehlende Durchsetzbarkeit des Erstattungsanspruchs gegenüber erstattungspflichtigen Minderjährigen ab dem Zeitpunkt der Volljährigkeit. Der Leistungsträger hat im Fall einer Haftungsbeschränkung für den Volljährigen mit § 34a SGB II die Möglichkeit, den Verursacher der rechtswidrigen Hilfegewährung heranzuziehen.

---
544 BSG, Urt. vom 28.11.2018 – B 14 AS 34/17 R –, juris; BSG, Urt. vom 19.10.2016 – B 14 AS 40/15 R –, juris, Rn. 38; BSG, Urt. vom 7.7.2011 – B 14 AS 153/10 R –, juris.
545 BSG, Urt. vom 28.11.2018 – B 14 AS 34/17 R –, juris; BSG, Urt. vom 18.11.2014 – B 4 AS 12/14 R –, juris, Rn. 14 ff.; LSG Sachsen-Anhalt, Urt. vom 28.9.2017 – L 2 AS 695/16 –, juris, Rn. 34 ff.

Ist eine Minderjährigenhaftungsbeschränkung absehbar, sollte aus Gründen der Absicherung von Beginn des Verwaltungsverfahrens neben den Erstattungsforderungen zusätzlich eine Kostenersatzforderung gegenüber den/dem verursachenden Eltern(teil) geltend gemacht werden.

Fehlende Leistungsfähigkeit des Erstattungspflichtigen
Daneben ermöglicht § 34a SGB II die Inanspruchnahme des **leistungsfähigen** Verursachers von rechtswidrigen Leistungen. Angesprochen sind Fallkonstellationen, in denen der Partner oder (minderjährige) Kinder de facto den Erstattungsanspruch mangels Leistungsfähigkeit nicht erfüllen können und etwaige Vollstreckungshandlungen mangels pfändbaren Vermögens leerlaufen (werden).

Kostenersatzanspruch auch ohne Aufhebung
Ein Aufhebungs- und Erstattungsverfahren richtet sich immer gegen die leistungsberechtigte Person, nicht aber gegen den Verursacher. Ein bedeutsamer Anwendungsbereich für § 34a SGB II liegt daher auch in solchen Fallkonstellationen, in denen eine Aufhebung gegenüber der leistungsberechtigten Person nicht in Frage kommt.

Dies ist denkbar, wenn die leistungsberechtigte Person bspw. die Leistungen weder beantragt hat noch sich ein schuldhaftes Verhalten des Antragstellers zurechnen lassen muss. § 34a SGB II ermöglicht einen Kostenersatzanspruch gegenüber dem Verursacher der rechtswidrigen Leistungsgewährung auch in den Fällen, in denen eine Aufhebung und folglich auch Erstattungsforderung gegenüber der leistungsberechtigten Person nicht in Frage kommt.

Im Einzelnen:
Entscheidender Unterschied zwischen einer Kostenersatzforderung nach § 103 Abs. 1 Satz 2 SGB XII bzw. § 104 SGB XII einerseits und einer Kostenersatzforderung nach § 34a SGB II andererseits besteht darin, dass bei einer Kostenersatzforderung nach § 34a SGB II eine verpflichtende vorhergehende Aufhebung des rechtswidrigen Bewilligungsbescheides der leistungsberechtigten Person nicht erfolgen muss (Schlussfolgerung aus § 34a Abs. 2 Satz 2 SGB II), während die Regelungen der §§ 103 Abs. 1 Satz 2 SGB XII und § 104 SGB XII eine vorherige Aufhebung zwingend erfordern (vgl. § 103 Abs. 4 Satz 1 SGB XII).

Aus zwei Gründen ist dieser geschilderte Unterschied für eine wirksame Kostenersatzforderung nach dem Zweiten Buch Sozialgesetzbuch – im Vergleich zum Zwölften Buch Sozialgesetzbuch – von Bedeutung:

1. Bei der gesetzlichen (z.B. §§ 1626, 1629 BGB) und gewillkürten Vertretung findet eine Zurechnung des Vertreterverschuldens nach § 166 Abs. 1 BGB (Wissenszurechnung) bzw. § 278 BGB (Zurechnung des Fehlverhaltens) statt.
    Eine solche Zurechnung des Vertreterverschuldens findet bei der alleinigen Annahme einer für den Rechtsbereich des Zweiten Buches Sozialgesetzbuch

typischen **vermuteten Vertretung nach §38 SGB II nicht** statt.[546] Dies hat Auswirkungen auf die Möglichkeit der Aufhebung von Verwaltungsakten bei rechtswidriger Leistungserbringung an volljährige Personen der Bedarfsgemeinschaft nach § 45 oder § 48 SGB X:

Wenn einerseits die rechtswidrig begünstigte Person selber nicht bösgläubig (vgl. § 45 Abs. 2 Satz 3 SGB X) war und andererseits die Bösgläubigkeit eines Vertreters gemäß §§ 166, 278 BGB nicht zugerechnet werden kann, ist eine Aufhebung für die Vergangenheit (vgl. § 45 Abs. 4 Satz 1 SGB X, § 48 Abs. 1 Satz Nr. 2, Nr. 4 SGB X) nicht möglich. Somit kann allenfalls gegen den schuldhaft handelnden und bösgläubigen vermuteten Bevollmächtigten (vgl. § 38 SGB II) nach § 45 oder § 48 SGB X der rechtswidrige Bewilligungsbescheid aen werden und eine Erstattung nach § 50 SGB X gefordert werden, nicht aber gegenüber den Mitgliedern der Bedarfs- bzw. Einsatzgemeinschaft.

§ 34a SGB II ermöglicht vor diesem Hintergrund die Inanspruchnahme des schuldhaft Handelnden Verursachers für die Leistungen an Dritte (z.B. den Mitgliedern der Bedarfsgemeinschaft), und zwar auch ohne Aufhebungsentscheidung gegenüber der leistungsberechtigten Person. Dies gilt vor allem in den Fällen der unrichtigen und/oder unvollständigen Antragstellung.

Beispiel
Max Muster wendet sich am 1.8. an das zuständige Jobcenter und beantragt für sich und seine Ehefrau Miriam Leistungen der Grundsicherung für Arbeitsuchende. Der Bewilligungsbescheid weist aus, dass beide leistungsberechtigte Personen Existenzsicherungsleistungen in Höhe von 700,00 € erhalten.

Bei der Antragstellung wird Max Muster auf die Leistungsgrundsätze des SGB II und seine Mitwirkungspflichten hingewiesen. **Herr Muster hat die Leistung ohne Vollmacht seiner Ehefrau beantragt. Herr Muster agiert insofern „nur" als vermuteter Bevollmächtigter i. S. v. § 38 SGB II. Die Ehefrau bestreitet jegliche Kenntnis von den fehlenden Angaben ihres Ehemanns und konnte die Fehlerhaftigkeit des Bescheides nicht erkennen.**

Drei Monate später stellt sich heraus, dass Herr Muster Einkommen aus einem Minijob in Höhe von 400,00 € bereits bei der Antragstellung verschwiegen hat.

Die zu viel bewilligten Leistungen können bzw. sollen in diesem Beispiel gegenüber Frau Muster nicht zurückgefordert werden können. Es kommt daher gegenüber Frau Muster weder eine Aufhebung noch eine Erstattungsforderung gemäß §§ 45, 50 SGB X in Frage.

„Bösgläubig" i. S. v. § 45 Abs. 2 Satz 3 Nr. 2 SGB X ist aber Herr Muster. Für die Leistungen an ihn selbst kommt eine Aufhebung und Erstattungsforderung nach §§ 45, 50 SGB X für seine erhaltenen Leistungen in Frage. Im konkreten Fall handelt es sich um 240,00 € anrechenbares Einkommen, welches sich aufgrund gleicher Bedarfsanteile bei Herrn Muster im Umfang von 120,00 € pro Monat ausgewirkt hätten. Eine Erstattungsforderung gemäß § 50 Abs. 1 SGB X ist daher an Herrn Muster im Umfang von 120,00 € pro Monat zu richten.

---

546 BSG, Urt. vom 7.7.2011 – B 14 AS 144/10 R –, juris.

Zusätzlich kann Herr Muster für die Leistungen an Frau Muster in Regress genommen werden. Die rechtswidrig an Frau Muster erbrachten Leistungen betragen ebenfalls 120,00 € pro Monat. Eine Kostenersatzforderung gegenüber Herrn Muster kommt in Frage, obwohl eine Aufhebung der rechtswidrig erbrachten Leistung gegenüber Frau Muster in diesem Beispiel nicht möglich ist bzw. sein soll (vgl. § 34a Abs. 2 Satz 2 SGB II).

2. Für die Fallkonstellation, dass nur eine Aufhebung und Erstattungsforderung gegenüber dem vermuteten Bevollmächtigten (§ 38 SGB II) für an diesen erbrachte Leistungen in Frage kommt, gilt: Die alleinige Aufhebung und Erstattungsforderung nach § 50 Abs. 1 SGB X gegen den schuldhaft handelnden Verursacher (hier: des nach § 38 SGB II vermuteten Bevollmächtigten) hat vergleichsweise geringes Gewicht. Die zusätzliche Regressforderung gegenüber dem Verursacher für die Leistungen an Dritte gewinnt durch die Kostenersatzforderung an Bedeutung.

Die alleinige Aufhebung gegen den schuldhaft handelnden Verursacher hat vergleichsweise geringes Gewicht, weil sich das schuldhafte Handeln (z. B. das verschwiegene Einkommen oder Vermögen) des vermuteten Bevollmächtigten durch die horizontale Einkommensverteilung (vgl. § 9 Abs. 2 Satz 3 SGB II) auf jedes Mitglied der Bedarfs- bzw. Einsatzgemeinschaft im Zweiten Buch Sozialgesetzbuch entend ihrer seiner Bedarfsanteile auswirkt. Kann aber nur eine Aufhebung gegenüber dem schuldhaft handelnden Verursacher erfolgen, ist er von dem verschwiegenen Einkommen oder Vermögen nur entsprechend seines Bedarfsanteils (vgl. § 9 Abs. 2 Satz 3 SGB II) betroffen. Die rechtswidrig erbrachte Leisung kann – ohne die Regelung des § 3a SGB II – nicht vollständig zurückgefordert werden, sondern nur im Umfang des dem vermuteten Bevollmächtigten zugeordneten verschwiegenen Einkommens oder Vermögens.

Auch hier ermöglicht § 34a SGB II die Rückforderung sämtlicher an die Bedarfsgemeinschaft geleisteten rechtswidrigen Zahlungen.

Dennoch verdrängt der Kostenersatzanspruch nicht das Aufhebungs- und Erstattungsverfahren nach den §§ 44 ff., 50 SGB X. Vielmehr **ergänzt** der Ersatzanspruch das Rückforderungsverfahren, so dass weiterhin – soweit möglich – eine Aufhebungsentscheidung zu erfolgen hat, um den Rechtsgrund für die Leistungsbewilligung zu beseitigen. Eine Aufhebung **muss** daher erfolgen, soweit dies möglich ist. Dies folgt zum einen aus der Tatbestandswirkung eines Verwaltungsaktes. Zum anderen verpflichtet § 40 Abs. 2 Nr. 3 SGB II i. V. m. § 330 Abs. 2, Abs. 3 SGB III in den Fallkonstellationen der „Bösgläubigkeit" zur Aufhebung.

5.3.3 Voraussetzungen

Kostenersatzpflichtige Person
Kostenersatzpflichtig ist derjenige, der durch sein Verhalten die rechtswidrige Leistungsgewährung an Dritte herbeigeführt hat. Damit soll derjenige die rechtswidrig

erbrachten Leistungen erstatten, der als Verursacher für die fehlerhafte Leistungsgewährung verantwortlich ist. Kostenersatzpflichtig ist der Verursacher nur für die Leistungsgewährung an Dritte. Nicht vom Kostenersatzanspruch umfasst wird das Verursachen der rechtswidrigen Leistungsgewährung an die eigene Person. Hierfür kommt der Rückforderungs- und Erstattungsanspruch nach den §§ 44 ff., 50 SGB X in Frage.

Ein „Unterlassen" ist jedenfalls dann ein „Herbeiführen" im Sinne der Norm und löst damit einen Kostenersatzanspruch aus, wenn eine Rechtspflicht zum Handeln bestand. Eine Rechtspflicht zum Handeln besteht bei den gesetzlich verankerten Mitwirkungspflichten (§§ 60 ff. SGB I, §§ 56 ff. SGB II).

Im Gegensatz zum Kostenersatzanspruch nach § 34 SGB II (vgl. § 34 Abs. 1 Satz 1 SGB II) ist es für den Anspruch nach § 34a SGB II unerheblich, ob die kostenersatzpflichtige Person Bestandteil einer Bedarfsgemeinschaft bzw. selbst leistungsberechtigt ist. Es ist auch unerheblich, ob der Verursacher minderjährig ist. Damit wird von der Norm jede verursachende Person erfasst, z. B. auch entferntere Verwandte, der Beteuer oder, dermund, die der den Antrag gellt hatten, oder der Arbeitgeber, der unwahre Angaben zum Verdienst gemacht hat. Es ist auch nicht notwendig, dass diese als Vertreter fungiert haben.

Rechtswidrig erbrachte Leistung an einen Dritten
An einen Dritten muss eine Leistung nach dem Zweiten Buch Sozialgesetzbuch erbracht worden sein. Aus dem Wort „erbracht" folgt, dass die Leistung tatsächlich gewährt worden ist. Der entsprechende Bewilligungsbescheid selbst genügt noch nicht. Der Kostenersatzanspruch erfasst sämtliche Leistungen nach dem Zweiten Buch Sozialgesetzbuch. In den Ersatzanspruch können also sowohl Geld- und Sachleistungen (vgl. § 34a Abs. 1 Satz 1, Satz 2 SGB II) zur Sicherung des Lebensunterhalts als auch Leistungen zur Eingliederung in Arbeit einbezogen werden.

Der Ersatzanspruch nach § 34a SGB II besteht bei einer rechtswidrig erbrachten Leistung. Es ist nicht zwingend erforderlich, dass die erbrachte Leistung aufgehoben worden ist (s. o.). Dies ergibt sich durch einen Vergleich mit der Parallelnorm des § 104 SGB XII. Dort ist von „zu Unrecht erbrachten Leistungen" die Rede.

Zu Unrecht sind Leistungen erst dann erbracht, wenn der Rechtsgrund für das Behaltendürfen der Leistung beseitigt worden ist. Damit muss im Rahmen des § 104 SGB XII zunächst eine Aufhebung des Bewilligungsbescheides erfolgen, ehe ein Kostenersatz gefordert werden darf. Die Rechtswidrigkeit einer Leistung liegt hingegen bereits dann vor, wenn der Bewilligungsbescheid nicht im Einklang mit der Rechtsordnung steht. Schließlich folgt auch aus dem Regelungszusammenhang des § 34a Abs. 2 Satz 2 SGB II, dass die Norm selbst davon ausgeht, dass eine Aufhebungsentscheidung nach den §§ 44 ff. SGB X nicht erfolgt sein muss. Insbesondere § 34a Abs. 2 Satz 2 SGB II regelt, dass eine Bewilligung möglicherweise nicht aufgehoben werden kann (s. o.).

Die Rechtswidrigkeit kann von Anfang an bestehen oder im Laufe des Bewilligungszeitraums eintreten, wenn eine Änderung in den Verhältnissen eingetreten ist und diese Änderung nicht mitgeteilt wird.

Schuldhaftes Verhalten

Die Ersatzpflicht entsteht nur dann, wenn die Erbringung rechtswidriger Leistungen vorsätzlich oder grob fahrlässig herbeigeführt wurde. Normale Fahrlässigkeit genügt für einen Kostenersatzanspruch nach § 34a SGB II nicht. Das schuldhafte Verhalten kann in einem aktiven Tun oder einem Unterlassen liegen. Das ist z. B. der Fall, wenn bei der Antragstellung der Antragsteller unvollständige Angaben über seine Einkommens- oder Vermögenssituation macht oder während des Bewilligungszeitraums den Zufluss von Einkommen (z. B. durch eine Erbschaft oder eine Steuererstattung) nicht anzeigt.

Nach den gängigen Definitionen für Vorsatz und grobe Fahrlässigkeit gilt: Vorsatz ist gegeben, wenn die Handlung, die eine rechtswidrige Leistung begründet, wissentlich und willentlich durchge begründet. Bedingter Vorsatz liegt vor, wenn die rechtswidrige Leistung einer Zahlung als Folge des Handelns erkannt und billigend in Kauf genommen wird. Grobe Fahrlässigkeit ist gegeben, wenn der Kostenersatzpflichtige die erforderliche Sorgfalt in ungewöhnlich hohem Maße verletzt hat. Das ist der Fall, wenn er einfachste, ganz naheliegende Überlegungen nicht atellt hat und das nicht beachtet hat, was im gegebenen Fall jedem hätte einleuchten müssen.

Umstritten war, ob für die Anwendbarkeit des Kostenersatzanspruchs ein sog. **„sozialwidriges Verhalten"** Voraussetzung ist. Das Bundesverwaltungsgericht hat zur vergleichbaren sozialhilferechtlichen Vorschrift die Prüfung dieses ungeschriebenen Tatbestandsmerkmals gefordert.[547] Inzwischen verneint die überwiegende Meinung das Erfordernis der Sozialwidrigkeit, wenn es um die Anwendung von § 34a SGB II geht.[548] Gerade der Vergleich mit § 34 SGB II (vgl. die dortige Überschrift) mache deutlich, dass eine Sozialwidrigkeit in § 34a SGB II gerade nicht Voraussetzung ist. Insofern hat sich der Gesetzgeber bewusst für eine von § 104 SGB XII und § 103 SGB XII abweichende Regelung entschieden.

Kausalität

Durch das schuldhafte Verhalten muss die rechtswidrige Leistungserbringung an den Dritten herbeigeführt worden sein. Die Kombination der Wörter „durch" und „herbeiführen" in § 34a Abs. 1 Satz 1 SGB II macht deutlich, dass das Verhalten des Verursachers die rechtswidrige Leistungsgewährung ausgelöst hat und somit zwischen der rechtswidrigen Leistungsgewährung und dem schuldhaften Verhalten ein Kausalzusammenhang bestehen muss.

Erforderlich ist eine „direkte" Kausalität. Die Leistungserbringung muss adäquate Folge des Tuns oder Unterlassens des Kostenersatzpflichtigen sein. Das Verhalten des Ersatzpflichtigen muss im Allgemeinen und nach dem gewöhnlichen Verlauf der Dinge geeignet gewesen sein, die rechtswidrige Leistungserbringung herbeizuführen.

Liegen mehrere Ursachen für die rechtswidrige Leistungsgewährung vor, ist eine Kausalität im Sinne der Kostenersatzvorschrift § 34a SGB II nur dann zu bejahen, wenn das schuldhafte Verhalten **wesentliche Ursache** gewesen ist.

---

547 BVerwG, Urt. vom 23.9.1999 – 5 C 22/99 –, juris.
548 *Link* in Eicher, Rn. 20 zu § 34a SGB II; LSG Niedersachsen-Bremen, Urt. vom 8.7.2020 – L 13 AS 18/20 –, juris, Rn. 36.

Eine solche Kausalität wurde in einem Fall[549] verneint, in dem der Bezug von Arbeitslosengeld („Alg I") nach dem Dritten Buch Sozialgesetzbuch nicht angegeben wurde, das Jobcenter durch Angaben im Antrag zu einer sozialversicherungspflichtigen Beschäftigung aber erkennen konnte, dass ein solcher vorrangiger Anspruch existierte. In einem solchen Fall trägt das Jobcenter eine Mitschuld. Das Jobcenter wäre gemäß § 12a Satz 1 i. V. m. § 5 Abs. 3 SGB II verpflichtet gewesen, die leistungsberechtigte Person zu einer Antragstellung aufzufordern, selbst einen Antrag zu stellen und/oder einen Kostenerstattungsanspruch nach § 104 SGB X geltend zu machen.

Ein Kostenersatzanspruch kann daher daran scheitern, dass mehrere adäquate Ursachen für die Leistungserbringung vorliegen. Ein Ersatzanspruch verlangt eine überwiegende bzw. wesentliche Mitursache für den Erhalt der rechtswidrigen Leistung durch das Verhalten des potentiellen Ersatzpflichtigen. In Fällen mehrerer Verursachungsbeiträge ist zu klären, ob ein wesentlicher Beitrag für die rechtswidrige Leistungsgewährung durch den Ersatzpflichtigen vorliegt.[550]

Einhaltung der Frist
Der Ersatzanspruch muss gemäß § 34a Abs. 2 Satz 1, Satz 2 SGB II innerhalb von **vier Jahren** geltend gemacht werden. Ansonsten verjährt der Anspruch.

Die Vierjahresfrist beginnt entweder nach Ablauf des Kalenderjahres, in dem der Verwaltungsakt, mit dem die Kostenerstattung nach § 50 SGB X festgesetzt worden ist, unanfechtbar geworden ist, oder ab dem Zeitpunkt, ab dem die Behörde von der rechtswidrig begünstigenden Leistung Kenntnis erlangt hat. Die letztere Frist kommt dann zum Zuge, wenn eine Aufhebungsentscheidung nicht möglich ist.

Beispiele
- *Die leistungsberechtigte Person wird zur Kostenerstattung überzahlter Leistungen gemäß § 50 Abs. 1, Abs. 3 i. V. m. § 45 SGB X mittels eines Festsetzungs- und Leistungsbescheides (vgl. § 50 Abs. 3 Satz 1, § 52 SGBX) am 23.7.2021 aufgefordert. Der Bescheid wrd am 26.08.2021 bestandskräftig und unanfechtbar. Die Vierjahresfrist für die Geltendmachung des Kostenersatzanspruchs **endet nach Ablauf des Kalenderjahres**, indem der Festsetzungsbescheid unanfechtbar geworden ist. Sie beginn aso am 01.01.2022 und endet am 31.12.2025. Bis zu diesem Tag muss der Kostenersatzanspruch geltend gemacht werden.*
- *Der Leistungsträger kann die rechtswidrig erbrachte Leistung gegenüber der leistungsberechtigten Person nicht aufheben. Er erfärt am 17.1.2022 von der rechtswidrigen Leistungsgewährung. Die Vierjahresfrist für einen Kostenersatzanspruch bgint am 1.1.2023 und endet am 31.12.2026. Der Leistungsträger hat also für einen Kostenersatzanspruch fast fünf Jahre lang Zei (vom 17.1.2022 bis zum 31.12.2026), ehe die Einrede der Verjährung vom Kostenersatzpflichtigen geltend gemacht werden kann.*

---

549 LSG Niedersachsen-Bremen, Urt. vom 8.7.2020 – L 13 AS 18/20 –, juris, Rn. 38, 39, durch die Revision bestätigt: BSG, Urt. vom 12.5.2021 – B 4 AS 66/20 R –.
550 LSG Niedersachsen-Bremen, Urt. vom 8.7.2020 – L 13 AS 18/20 –, juris, Rn. 38, 39, durch die Revision bestätigt: BSG, Urt. vom 12.5.2021 – B 4 AS 66/20 R –.

Auf die Verjährungsfristen sind die Regelungen des BGB über die Hemmung, Ablaufhemmung, Neubeginn und Wirkung der Verjährung entsprechend anzuwenden (§ 34a Abs. 3 Satz 2 i.V.m. § 34 Abs. 3 Satz 2 SGB II).

5.3.4 Umfang der Kostenersatzforderung (Rechtsfolge)

Leistungsarten
Der Kostenersatzpflichtige hat die erbrachten Geldleistungen und Sachleistungen, die er **an Dritte herbeigeführt** hat, zu ersetzen (§ 34a Abs. 1 Satz 1 SGB II). Die Regressforderung erstreckt sich sowohl auf die Existenzsicherungsleistungen einschließlich der Beiträge zur Sozialversicherung (§ 34a Abs. 1 Satz 4 i.V.m. § 40 Abs. 2 Nr. 5 SGB II) als auch auf die Leistungen zur Eingliederung in Arbeit.

Ersatzpflicht für Kranken- und Pflegeversicherungsbeiträge
Bei den vom Leistungsträger entrichteten „Beiträgen zur Sozialversicherung" handelt es sich um die einzelfallabhängig übernommenen Beiträge zur Kranken- und Pflegeversicherung für die leistungsberechtigte Person. § 34a Abs. 1 Satz 4 i.V.m. § 40 Abs. 2 Nr. 5 SGB II regelt, wann auch diese übernommenen Beiträge zurückzuerstatten sind.

Nach § 40 Abs. 2 Nr. 5 SGB II sind die Vorschriften des § 335 Abs. 1, Abs. 2 und Abs. 5 SGB III über die Erstattung von Beiträgen zur Kranken- und Pflegeversicherung entsprechend anwendbar. Dort ist prinzipiell geregelt, dass die leistungsberechtigte Person bei rückwirkender Aufhebung und Erstattung auch die entrichteten Beiträge zurückerstatten muss.

Dem Leistungsträger sind – analog zum Aufhebungs- und Erstattungsverfahren – von der kostenersatzpflichtigen Person die Beiträge zur Kranken- und Pflegeversicherung zu ersetzen, wenn die Bewilligung der Leistung
- für – in der Regel – den **ganzen Monat** vollständig aufgehoben und zurückgefordert wurde **und**
- die Aufhebung der Leistung auf § 45 Abs. 2 Satz 3 **Nr. 1** oder **Nr. 2** SGB X bzw. auf § 48 Abs. 1 Satz 2 **Nr. 2** SGB X beruht **und**
- im Überzahlungszeitraum kein weiteres Krankenversicherungsverhältnis bestand.

Wird die Bewilligung der Leistung nur **teilweise** aufgehoben (vgl. § 335 Abs. 1 SGB III), sind die Beiträge nicht durch die leistungsberechtigte Person zu ersetzen, da die Versicherungspflicht aufgrund des Arbeitslosengeld II-Bezuges weiterbesteht. § 232a Abs. 1 Satz 1 Nr. 2 SGB V regelt, dass pauschale monatliche Beiträge zur Kranken- und Pflegeversicherung für versicherungspflichtige leistungsberechtigte Personen zu entrichten sind, und zwar selbst dann, wenn nur für einen Tag im Monat ein Anspruch auf Arbeitslosengeld II besteht. Deshalb sieht § 40 Abs. 2 Nr. 5 Halbs. 2 SGB II entsprechend vor, dass für den geschilderten Fall (mindestens ein Tag im Monat rechtmäßiger Leistungsanspruch) kein Kostenersatzanspruch besteht.

Ebenfalls gibt es keinen Kostenersatzanspruch für entrichtete Sozialversicherungsbeiträge, wenn ein weiteres Kranken- und Pflegeversicherungsverhältnis bei derselben Krankenversicherung bestand (z. B. durch eine ausgeübte Berufstätigkeit) und deshalb Beiträge doppelt entrichtet wurden (vgl. § 40 Abs. 2 Nr. 5 Halbs. 3 SGB II). In diesem Fall hält der Gesetzgeber einen Beitragserstattungsanspruch für entbehrlich[551], weil eine Kranken- und Pflegekasse zur Erstattung der entrichteten Sozialversicherungsbeiträge verpflichtet ist (vgl. § 335 Abs. 1 Satz 2 SGB III).

Gesamtschuldnerische Haftung
Kann sowohl gegenüber der rechtswidrig begünstigten Person eine Aufhebungs- und Erstattungsforderung erfolgen als auch eine Kostenersatzforderung gegenüber dem Verursacher der rechtswidrig erbrachten Leistung, haften beide Personen **gesamtschuldnerisch (vgl. § 421 BGB) für dieselbe** rechtswidrige Leistung (vgl. § 34a Abs. 4 SGB II). Danach steht es im Belieben des Leistungsträgers, von jedem Schuldner die Erfüllung der Erstattungs- bzw. Kostenersatzforderung ganz oder teilweise zu verlangen. Allerdings ist die Entscheidung über die Erstattungs- und/oder Kostenersatzforderung im Rahmen der gesamtschuldnerischen Haftung ermessensgerecht zu begründen. Im Rahmen der gesamtschuldnerischen Haftung erlischt die Schuld eines Verpflichteten in dem Umfang, in dem diese durch den anderen Verpflichteten erfüllt wird (§ 422 Abs. 1 BGB).

Beispiel
Max Muster wende sch am 01.08. an das zuständige Jobcenter und beantragt für sich und seine Ehefrau Miriam Leistungen der Grundsicherung für Arbeitsuchende. Der Bewilligungsbescheid weist aus, dass beide leistungsberechtigte Personen Existenzsicherungsleistungen in Höhe von 700,00 € erhalten.

Bei der Antragstellung wird Max Muster auf die Leistungsgrundsätze des SGB II und seine Mitwirkungspflichten hingewiesen. **Herr Muster hat außerdem bei der Antragstellung eine Vollmacht vorgelegt, die ihn als Vertreter seiner Ehefrau ausweist.**

Drei Monate später stellt sich heraus, dass Herr Muster Einkommen aus einem Minijob in Höhe von 400,00 € bereits bei der Antragstellung verschwiegen hat.

In diesem Fall kommt sowohl eine Aufhebung und Erstattungsforderung gemäß §§ 45, 50 SGB X gegenüber Herrn Muster als auch gegenüber Frau Muster in Frage. Da die Aufhebung und Erstattung das Spiegelbild der Leistungsbewilligung ist, hat die Aufhebungs- und Erstattungsforderung ebenfalls individuell zu erfolgen. Frau Muster muss sich das Verhalten ihres Vertreters gemäß §§ 166, 278 BGB zurechnen lassen, so dass auch sie als „bösgläubig" im Sinne des § 45 Abs. 2 Satz 3 Nr. 2, Nr. 3 SGB X gilt. Mithin wird eine Aufhebung und Erstattung gegenüber Frau Muster im Umfang von 120,00 € und eine Aufhebung und Erstattung gegenüber Herrn Muster im Umfang von 120,00 € gefordert.

---

551 BT-Drs. 18/1307 S. 53

Zusätzlich ist es möglich, Herrn Muster gesamtschuldnerisch für die Leistungen an Frau Muster in Regress zu nehmen. Die Voraussetzungen des § 34a SGB II liegen vor, weil Herr Muster schuldhaft fehlerhafte Angaben während der Antragstellung vorgenommen hat, die zu einer rechtswidrigen Leistung bei seiner Partnerin geführt haben.

Das Jobcenter hat die Entscheidung zu treffen, ob
- *es jeweils nur einen Aufhebungs- und Erstattungsbescheid gegenüber den beiden leistungsberechtigten Personen vornimmt, oder*
- *es einen Aufhebungs- und Erstattungsbescheid gegenüber den beiden leistungsberechtigten Personen vornimmt und zusätzlich einen Kostenersatzbescheid nach § 34a SGB II gegenüber Max Muster für die Leistungen an Miriam Muster erlässt. In diesem Fall tritt eine „Übersicherung" des Jobcenters ein, welches nach wie vor nur berechtigt ist, die Höhe der rechtswidrig zu viel ausgezahlten Leistungen zurückzufordern (vgl. § 421 BGB). Die Rechtslage und die Ermessensentscheidung sind daher im Bescheid zu erläutern.*

Sofern und soweit eine Aufhebungsentscheidung gegenüber Frau Muster möglich ist, muss auch eine Erstattungsforderung gegenüber Frau Muster gemäß § 50 Abs. 1, Abs. 3 SGB X erlassen werden. Es besteht in dieser Fallkonstellation nicht das Wahlrecht, gegenüber Frau Muster von einer Erstattungsforderung abzusehen. § 50 Abs. 1 SGB X stellt in den Fällen der Aufhebung eines begünstigenden Verwaltungsaktes eine gebundene Entscheidung dar.

5.3.5 Kostenersatzpflichtige Erben

Weitere Einzelheiten zur Festsetzung von Ersatzansprüchen gegen Verursacher sieht § 34 Abs. 3 SGB II vor. Sollen Erben der Ersatzpflichtigen in Anspruch genommen werden, gilt § 34 Abs. 2 SGB II entsprechend. Wie bei der Kostenersatzforderung nach § 34 SGB II muss auch hier der Anspruch nicht bereits zu Lebzeiten des Kostenersatzpflichtigen geltend gemacht oder durchgesetzt worden sein. Die Kostenersatzpflicht muss nur zu ihren Lebzeiten eingetreten sein (Entstehung kraft Gesetzes). Allerdings erlischt der Kostenersatzanspruch drei Jahre nach dem Tod der originär kostenersatzpflichtigen Person. Schlägt der Erbe aus (§§ 1942 ff. BGB) entfällt die Erbenstellung und damit auch die Kostenersatzpflicht.

Erben haften gemäß § 34a Abs. 3 Satz 1 i. V. m. § 34 Abs. 2 Satz 2 SGB II nur mit dem Nachlasswert im Zeitpunkt des Erbfalles. Vom Nachlasswert sind Erblasserschulden (z. B. Steuerschulden, Schulden aus Verträgen) und Erbfallschulden (z. B. Erbschaftsteuer, Beerdigungskosten) abzuziehen. Bei dieser Erbenhaftung handelt es sich um eine unselbständige Haftung. Dies bedeutet, dass es sich bei der Kostenersatzforderung selbst ebenfalls um eine Erblasserschuld handelt, also eine Verbindlichkeit, die nicht in der Person der Erben selbst begründet ist.

Schlägt der Erbe aus (§§ 1942 ff. BGB) entfällt die Erbenstellung und damit auch die Kostenersatzpflicht.

Ein Verbrauch des Erbes nach Eintritt des Erbfalls ist bei einer bestehenden Kostenersatzpflicht unerheblich. Denn die Erben haften mit dem Nachlasswert im Zeitpunkt des Erbfalls (§ 34a Abs. 3 Satz 1 i. V. m. § 34 Abs. 2 Satz 2 SGB II, vgl. Ausführungen zu § 34 SGB II). Umgekehrt ist eine Wertsteigerung des Erbes nach Eintritt des Erbfalls ebenfalls für die Höhe der Kostenersatzforderung nicht relevant.

Es ist weiter zu beachten, dass mehrere Erben gesamtschuldnerisch (§ 2058, § 421 BGB) haften. Die Wörter „nach Belieben" in § 421 BGB sind im öffentlichen Recht bei der Auswahl und der Inanspruchnahme zum Kostenersatz dahingehend auszulegen, dass eine pflichtgemäße Ermessensentscheidung vorzunehmen ist. Der Leistungsträger muss also nachvollziehbar erklären, welche Erben in welcher Höhe zum Kostenersatz herangezogen werden sollen. Ein Ermessenskriterium kann dann auch der Verbrauch oder die Verteilung der Erbmasse an die Miterben sein.

5.3.6 Verfahrensfragen

Der Leistungsträger hat den Sachverhalt von Amts wegen aufzuklären (§§ 20, 21 SGB X). Er trägt nach den Regeln der objektiven Beweislast die Verantwortung dafür, den Nachweis zu führen, dass die Voraussetzungen für eine Kostenersatzforderung erfüllt sind. Insbesondere muss er das grob fahrlässige Verhalten des Kostenersatzpflichtigen belegen bzw. glaubhaft machen.

Aufhebungsentscheidung, Kostenerstattungsforderung und Kostenersatzforderung stellen jeweils eingreifende Verwaltungsakte dar. Dementsprechend ist der Beteiligte, an den der jeweilige Verwaltungsakt zu richten ist (vgl. § 12 Abs. 1 Nr. 2 SGB X), vor

Erlass des Bescheides gemäß § 24 Abs. 1 SGB X anzuhören. Anzuhören ist also zur Aufhebungs- und Erstattungsforderung die leistungsberechtigte Person, während zur Kostenersatzforderung der Verursacher anzuhören ist.

Kommt es zu einer gesamtschuldnerischen Haftung mehrerer Kostenersatzpflichtigen i. S. v. § 421 BGB (z. B. beide Elternteile, die für ihr minderjähriges Kind kostenersatzpflichtig in Anspruch genommen werden), muss ermessensgerecht erläutert werden, warum die gesamtschuldnerisch haftenden Kostenersatzpflichtigen kumulativ in Anspruch genommen werden und warum sie in welcher Höhe in Anspruch genommen werden. Denn die Wörter „nach Belieben" in § 421 BGB werden im öffentlichen Recht wie „pflichtgemäßes Ermessen" ausgelegt[552]. Kriterien der Ermessensausübung sind einzelfallabhängig zu ermitteln. U. a. spielen Fragen der Leistungsbereitschaft, Leistungsfähigkeit und des Verschuldensgrades eine Rolle.

5.3.7 Vergleich Kostenersatzvorschriften nach dem Zweiten und Zwölften Buch Sozialgesetzbuch

Ein Vergleich mit den Kostenersatzvorschriften des Zwölften Buches Sozialgesetzbuch für rechtswidrig erbrachte Leistungen zeigt Gemeinsamkeiten und Unterschiede:

§ 34a SGB II	§ 103 Abs. 1 Satz 2 SGB XII, § 104 SGB XII
• Verursacher (auch Vertreter)	• Verursacher, Vertreter, **Leistungsberechtigter**
• Schuldhaftes Handeln[553]	• Schuldhaftes Handeln[554]
• Rechtswidrige Leistung	• Rechtswidrige Leistung
• Aufhebung der Verwaltungsakte **nicht** zwingend, wenn rechtlich nicht möglich	• **Aufhebung der Verwaltungsakte zwingend erforderlich**
• Kausalität	• Kausalität
• Kostenersatz nur für Leistungen an Dritte	• Kostenersatz für Leistungen an Dritte **und den Verursacher selbst**
• Keine Volljährigkeit	• Keine Volljährigkeit
• Gesamtschuldnerische Haftung, aber Ermessensentscheidung notwendig	• **Keine Härte**
• Einrede (Verjährung)	• Gesamtschuldnerische Haftung, aber Ermessensentscheidung notwendig
• Unselbstständige Erbenhaftung	• Einwendung (Erlöschensfrist)
	• Unselbstständige Erbenhaftung

---

552 BSG, Urt. vom 23.8.2013 – B 8 SO 7/12 R –, juris; BVerwG, Urt. vom 22.1.1993 – 8 C 57/91 –, juris.
553 Sozialwidriges Handeln ist keine ungeschriebene Voraussetzung beim Kostenersatz wegen rechtswidriger Leistungsgewährung.
554 Sozialwidriges Handeln ist keine ungeschriebene Voraussetzung beim Kostenersatz wegen rechtswidriger Leistungsgewährung.

5.4 Erstattungsanspruch bei Doppelleistungen

5.4.1 Einstiegsinformationen

Überblick

Leistungen der Grundsicherung für Arbeitsuchende sind grundsätzlich nachrangig gegenüber anderen Leistungen und insbesondere gegenüber Ansprüchen anderer Leistungsträger (§ 2, § 5 Abs. 1, § 12a SGB II). Die Vorschrift des § 34b SGB II will dieses Nachrangprinzip wieder herstellen.

Hat ein gegenüber dem Träger der Grundsicherung für Arbeitsuchende vorrangiger Träger in Unkenntnis über die Leistung des Jobcenters gegenüber der leistungsberechtigten Person geleistet, so ist die leistungsberechtigte Person verpflichtet, die durch zwei Leistungsträger erhaltenen Doppelleistungen an das Jobcenter zu erstatten (vgl. § 34b Abs. 1 Satz 1 SGB II).

Ausgangssituation für einen solchen Erstattungsanspruch ist eine Doppelleistung an die leistungsberechtigte Person, die sowohl Leistungen des Trägers der Grundsicherung für Arbeitsuchende (**nachrangiger Leistungsträger**) erhalten hat als auch Leistungen eines vorrangig verpflichteten Leistungsträgers (**vorrangiger Leistungsträger** wie z. B. Deutsche Rentenversicherung Bund, Bundesagentur für Arbeit, Krankenkasse, Unterhaltsvorschusskasse).

Gleichwohl setzt der Erstattungsanspruch nach § 34b SGB II eine rechtmäßige Leistungserbringung voraus. Andernfalls sind die Aufhebungs- und Erstattungsvorschriften nach den §§ 44 ff., 50 SGB X anzuwenden. Außerdem müssen die Leistungen endgültig erbracht worden sein. Vorläufige Leistungen (§ 41a SGB II) und Darlehensleistungen haben eigene Rückabwicklungsmöglichkeiten.

Ausnahme- und Auffangvorschrift

§ 34b SGB II ist eine Ausnahme- und Auffangvorschrift, die nur nachrangig anzuwenden ist, wenn

- erstens ein Kostenerstattungsanspruch nach §§ 102 ff. SGB X, insbesondere § 40a SGB II i. V. m. § 104 SGB X, durch das Jobcenter nicht geltend gemacht wurde oder nicht in Frage kommt und
- zweitens die Leistungen des vorrangigen Trägers nicht oder nicht vollständig als Einkommen auf die Leistungen der leistungsberechtigten Person angerechnet werden können (vgl. § 34b Abs. 2 SGB II). Eine fehlende Möglichkeit der Einkommensanrechnung besteht in den Fallsituationen, in denen der Leistungsbezug beendet wird oder eine Einkommensanrechnung nur teilweise in Frage kommt.

Erst dann, wenn die beiden genannten Möglichkeiten ausgeschöpft sind, ist § 34b Abs. 1 SGB II zu prüfen.

Abgrenzung zum Erstattungsanspruch nach § 50 SGB X

Es ist ferner zu beachten, dass ein Erstattungsanspruch bei Doppelleistungen nach § 34b SGB II nur besteht, wenn die Leistungen des Jobcenters an die leistungsberechtigte

Person rechtmäßig erbracht worden sind. Bei rechtswidrig erbrachten Leistungen sind die §§ 44 ff., 50 SGB X zu beachten und anzuwenden.

Beispiel
Die leistungsberechtigte Person erhält vom Jobcenter laufende Leistungen in Höhe von 800,00 €. Ohne dass das Jobcenter hiervon wusste, hat die Leistungsberechtigte Person zeitgleich zum Arbeitslosengeld II-Bezug im Februar bis April Leistungen der Arbeitsagentur („Alg I") erhalten. Hiervon erfährt das Jobcenter im September.

Da weder die Arbeitsagentur als vorrangig verpflichteter Leistungsträger noch das Jobcenter von der Leistung des jeweils anderen wussten, kommt ein Kostenerstattungsanspruch nach § 104 SGB X durch das Jobcenter nicht in Frage. Die Arbeitsagentur hat mit „befreiender Wirkung" im Sinne der der Kostenerstattungsvorschriften (vgl. § 104 Abs. 1 Satz 1 SGB X) gezahlt.

Die **in der Vergangenheit erbrachten Leistungen** *der Arbeitsagentur stellen aus dem Blickwinkel des Jobcenters rückwirkend betrachtet laufende Einnahmen (§ 11 Abs. 2 SGB II) dar, welches den Arbeitslosengeld II-Anspruch gemindert hätte. Die unzulässig ohne Einkommensanrechnung erhöhten und deshalb objektiv rechtswidrig ausgezahlten Leistungen der Grundsicherung für Arbeitsuchende sind durch eine Aufhebung und Erstattung gemäß §§ 48 Abs. 1 Satz 1, Satz 2 Nr. 3 SGB X i. V. m. § 50 SGB X zurückzufordern und zurückabzuwickeln.*

In der Fallsituation des § 34b SGB II kommt **hingegen** eine Aufhebung und Erstattung nach den §§ 44 ff., 50 SGB X **nicht** in Frage, weil die Leistungen des vorrangig verpflichteten Leistungsträgers **zeitgleich, d. h. mit Kenntnis des Leistungsträgers,** zum SGB II-Leistungsbezug und/oder mit Wirkung für die Zukunft erbracht werden – und nicht in der Vergangenheit bereits ausgezahlt wurden.

Die Leistungen des vorrangigen Leistungsträgers (z.B. Arbeitslosengeld der Bundesagentur für Arbeit, Deutsche Rentenversicherung Bund) werden zwar oftmals **für** einen in der Vergangenheit liegenden Anspruch bewilligt, jedoch gegenwärtig und parallel zum SGB II-Leistungsbezug ausgezahlt. Im Leistungsrecht des Zweiten Buches Sozialgesetzbuch können nach der Zuflusstheorie nur „bereite Mittel" berücksichtigt werden. Mithin kommt es auf den faktischen Zahlungseingang an und nicht darauf, **für welchen Zeitraum Ansprüche bestanden haben** und für welchen Zeitraum Leistungen bewilligt werden.

Das Bundesverwaltungsgericht[555] hatte zu einer solchen Situation im Leitsatz festgestellt:

„Ist Sozialhilfe rechtmäßig gewährt worden, weil eine andere vorrangige Sozialleistung im Zeitraum des Bedarfs nicht al ,,‚bereites Mitte`„ zur Verfügung stand, berechtigt die nachträgliche Bewilligung der vorrangigen Leistung nicht zur Rückabwicklung des Sozialhilfefalles. Der Nachrang der Sozialhilfe ist unter den Sozialleistungsträgern durch Erstattung wiederherzustellen. Soweit hier-

---

[555] BVerwG, Urt. vom 17.8.1995 – 5 C 26/93 –, juris.

durch der Doppelbezug von Sozialleistungen nicht verhindert werden kann, ist dies hinzunehmen; eine analoge Anwendung der in den §§ 44 ff. SGB X geregelten Eingriffsermächtigungen zu Lasten des Sozialleistungsempfängers scheidet aus."

Eine im Urteil angesprochene Hinnahme des Doppelbezugs von Sozialleistungen, weil eine Kostenerstattungsforderung nach §§ 102 ff. SGB X und eine Aufhebung und Erstattungsforderung nach §§ 44 ff., 50 SGB X nicht in Frage kommt, ist nicht mehr hinzunehmen. § 34b SGB II (und § 105 SGB XII) hat die Gesetzeslücke geschlossen.

Beispiel
Der alleinlebende R erhält seit dem 1.1. Leistungen der Grundsicherung für Arbeitsuchende. Ohne dem Jobcenter etwas mitzuteilen, hat er bei der Rentenversicherung einen Antrag auf Erwerbsminderungsrente gestellt. Diese bewilligt eine volle Erwerbsminderungsrente am 14.7. mit Rückwirkung zu 1.3. Hiervon erfährt das Jobcenter eine Woche später und stellt den Leistungsbezug bereits für August ein. Die Rentenversicherung kündigt Nachzahlung und laufende Zahlung für den 30.8. an.

Durch die Bewilligung der vollen Erwerbsminderungsrente hat R ab dem 1.3. keinen Leistungsanspruch nach dem SGB II. Ein Kostenerstattungsanspruch nach § 40a SGB II i.V.m. § 104 SGB X kommt nicht in Frage, weil das Jobcenter bei der Rentenversicherung einen Erstattungsanspruch nicht angemeldet hat und die Rentenversicherung damit mit befreiender Wirkung ausgezahlt hat (vgl. § 104 Abs. 1 S. 1 SGB X). Eine Aufhebung und Erstattung nach den §§ 44 ff., 50 SGB X kommt nicht in Frage, weil mangels bereiter Mittel im Zeitraum März bis Juli die Leistungen nicht rechtswidrig ausgezahlt worden sind. Eine Anrechnung von Einmaleinkommen (§ 34b Abs. 2 SGB X) scheidet aus, weil R sich ab August nicht mehr im Leistungsbezug befindet.

Gegenüber R ist daher ein Erstattungsanspruch nach § 34b Abs. 1 SGB II geltend zu machen.

Abgrenzung zum Kostenerstattungsanspruch nach §§ 102 ff. SGB X
Gibt es einen vorrangig verpflichteten Leistungsträger (z.B. Deutsche Rentenversicherung Bund, Bundesagentur für Arbeit, Krankenkasse, Unterhaltsvorschusskasse), soll der in Vorleistung gegangene nachrangig verpflichtete Leistungsträger (hier das Jobcenter) **normalerweise** die materiell-rechtlich vorgesehene Lastenverteilung durch einen Kostenerstattungsanspruch nach § 40a SGB II i.V.m. § 104 SGB X gegenüber dem anderen Leistungsträger sicherstellen.

Dazu ist es vor allem wichtig, einen Erstattungsanspruch gegenüber dem vorrangig verpflichteten Leistungsträger anzumelden und diesmn „positive Kenntnis" (beussste Rechtskenntnis) von dem Erstattungsbegehren zu verschaffen.

Besteht ein Kostenerstattungsanspruch, weil die Leistung rechtmäßig erbracht worden ist, bleibt in den Fällen der §§ 102 bis 105 SGB X für die Rücknahme und Erstattung von ergangenen Bewilligungsbescheiden nach den §§ 44 ff., 50 SGB X kein

Raum, weil aufgrund des § 107 Abs. 1 SGB X (Erfüllungsfiktion) der vorleistende Leistungsträger (hier das Jobcenter) in die Rechtsposition des letztlich verpflichteten vorrangigen Leistungsträgers eingetreten ist. Das Jobcenter hat dann für und asStelle des vorrangig verpflichteten Leistungsträgers gehandelt.

Ebenfalls ist § 34b SGB II nicht anzuwenden, weil der Kostenerstattungsanspruch nach den §§ 102 ff. SGB X vorrangig anzuwenden ist.

Sofern ein Kostenerstattungsanspruch nach den §§ 102 ff. SGB X des Jobcenters existiert und abgewickelt ist, ist für diesen der Verwaltungsvorgang abgeschlossen. Sollte der **vorrangige Leistungsträger** trotz eines Kostenerstattungsanspruchs zusätzlich an die leistungsberechtigte Person Leistungen ausgezahlt haben, liegt **aus dem Blickwinkel des vorrangigen Leistungsträgers** eine Doppelleistung (an das Jobcenter, dessen Kostenerstattungsanspruch zu erfüllen war, sowie an die leistungsberechtigte Person) vor. Die dann vorhandene Doppelleistung des vorrangig verpflichteten Leistungsträgers ist durch diesen über § 50 Abs. 2 SGB X zurückzufordern.

Ein Kostenerstattungsanspruch nach den §§ 102 ff. SGB X gegenüber einem anderen (vorrangigen) Leistungsträger setzt voraus, dass dieser nicht geleistet hat, bevor er von der Leistung des nachrangig verpflichteten Trägers der Grundsicherung für Arbeitsuchende positive Kenntnis erlangt hat. Leistet der vorrangig verpflichtete Leistungsträger **ohne** (positive) Kenntnis des Trägers der Grundsicherung für Arbeitsuchende an die leistungsberechtigte Person oder bevor er von dem Kostenerstattungsanspruch Kenntnis erlangt hat, hat der vorrangige Leistungsträger mit „befreiender Wirkung" gezahlt. Ein Erstattungsanspruch nach §§ 102 ff. SGB X besteht dann nicht.

Sofern des Weiteren in einem solchen Fall keine oder keine vollständige Einkommensanrechnung während eines laufenden Leistungsfalles erfolgen kann (vgl. § 34b Abs. 2 SGB X), hat die leistungsberechtigte Person Doppelleistungen erhalten. § 34b Abs. 1 SGB II soll diese Situation durch einen Rückforderungsanspruch korrigieren.

§ 34b Abs. 1 SGB II holt also einen Kostenerstattungsanspruch, der gegenüber einem anderen Leistungsträger nicht rechtzeitig geltend gemacht worden ist, **gegenüber der leistungsberechtigten Person** nach und korrigiert damit ein (ggf. schuldloses) Versäumnis des nachrangig verpflichteten Leistungsträgers (des Jobcenters). Sofern keine Anrechnung der Leistung des vorrangig verpflichteten Leistungsträgers als Einkommen in Frage kommt, entspricht die Höhe des Erstattungsanspruchs nach § 34b SGB II derjenigen eines Kostenerstattungsanspruchs nach § 104 Abs. 1 Satz 2, § 104 Abs. 3 SGB X (vgl. § 34b Abs. 1 Satz 2 SGB II).

5.4.2 Beispiel

L erhält seit dem 1.12. Arbeitslosengeld II nach dem Zweiten Buch Sozialgesetzbuch in Höhe von 700,00 €. Ohne dem Jobcenter etwas zu sagen, stellt er parallel einen Antrag auf Arbeitslosengeld („Alg I") nach dem Dritten Buch Sozialgesetzbuch (Tag der persönlichen Arbeitslosmeldung nach § 141 SGB III ist der 1.1., der Arbeitsagentur wird ebenfalls der Leistungsbezug nach dem Zweiten Buch Sozialgesetzbuch nicht mitgeteilt). Am 3.07. erhält L das laufende Arbeitslosen-

geld (400,00 €/Monat) einschließlich Nachzahlungsbetrag für den Zeitraum 1.2. bis 30.6. in Höhe von 2.800,00 €.

Grundsätzlich hat das Jobcenter einen Kostenerstattungsanspruch nach 40a SGB II i. V. m. § 104 SGB X gegenüber der Arbeitsagentur geltend zu machen. Ein solcher Kostenerstattungsanspruch scheitert aber daran, dass die Arbeitsagentur das Arbeitslosengeld mit befreiender Wirkung ausgezahlt hat, denn die Arbeitsagentur hatte keine Kenntnis von den Zahlungen des Jobcenters.

Die Nachzahlung der Arbeitsagentur erfolgt mit Wirkung zum 31.7., so dass lediglich ein Einkommenszufluss im Juli vorhanden ist. Die Leistungen des Jobcenters im Bewilligungszeitraum Februar bis Juni sind damit rechtmäßig erfolgt.

Für eine nachträgliche Anrechnung des Arbeitslosengeldes auf einen vergangenen Zeitraum fehlt die Rechtsgrundlage und würde der Zuflusstheorie widersprechen. Die danach rechtmäßige Gewährung von Arbeitslosengeld II wird nicht dadurch rückwirkend rechtswidrig, dass das vorrangige Arbeitslosengeld, aue das im und für den Zeitraum des Bedarfs Anspruch bestand, nachträglich bewilligt wird. Einkommen kann nur berücksichtigt werden, wenn es sich um „bereite Mittel" handelt. Arbeitslosengeld stand als Einkommen aber im Zeitraum Februar bis Juni nicht zur Verfügung.

Da weder eine Aufhebungsmöglichkeit der SGB II-Bewilligung existiert noch ein Kostenerstattungsanspruch gegenüber der Arbeitsagentur als Leistungsträger besteht, ist § 34b SGB II zu prüfen.

*Gemäß § 34b **Abs. 2** SGB II besteht ein Erstattungsanspruch nach § 34b Abs. 1 SGB II nicht, **soweit** der geleistete Betrag als Einkommen nach den Vorschriften dieses Buches berücksichtigt werden kann. Vorrangig ist daher zu prüfen, ob die Nachzahlung als Einkommen auf den zukünftigen laufenden Bedarf angerechnet werden kann. Nur **soweit** dies nicht möglich ist, besteht ein Herausgabeanspruch gegenüber L nach § 34b Abs. 1 SGB II.*

Die Nachzahlung ist gemäß § 11 Abs. 3 Satz 2 SGB II als Einmaleinkommen zu werten. Da danach die Nachzahlung von 2.400,00 € (400,00 € sind keine Nachzahlung, sondern laufendes Einkommen) den Leistungsanspruch entfallen lassen würde, ist die Nachzahlung bzw. das Einmaleinkommen auf sechs Monate zu verteilen und ab August bedarfsmindernd zu berücksichtigen (vgl. § 11 Abs. 3 Satz 3, Satz 4 SGB II).

Konkret bedeutet das:

Zeitraum Juli
- *Einkommenszufluss im Juli von 2.800,00 €, davon sind 400,00 € laufende Einnahmen,*
- *also 700,00 € abzgl. (400,00 € abzgl. 30,00 €) = 330,00 € im Juli,*
- *Aufhebung im Umfang von 370,00 € für Juli nach § 48 Abs. 1 Satz 1, Satz 2 Nr. 3 SGB X.*

Zeitraum ab August
- *Zufluss im Juli für den Zeitraum 1.2.– 30.6. in Höhe von 2.400,00 €; dies stellt eine Nachzahlung dar, die nicht für den Zuflussmonat bestimmt ist (vgl. § 11 Abs. 3 Satz 2 SGB II),*
- *es handelt sich um eine Einmaleinnahme, die den Leistungsanspruch entfallen lässt; es ist ein sechsmonatiger Verteilzeitraum ab dem Folgemonat August zu bilden (vgl. § 11 Abs. 3 Satz 3, Satz 4 SGB II),*
- *2.400,00 € sind auf sechs Monate zu verteilen und zu bereinigen (vgl. § 11b Abs. 1 Satz 2 SGB II): 400,00 € abzgl. 30,00 € = 370,00 €,*
- *auf den Bedarf von 700,00 € werden also 400,00 € an laufenden Einnahmen und 370,00 € verteilte Einmaleinnahmen angerechnet: 700,00 € abzgl. 770,00 € = -70,00 €,*
- *L scheidet aus dem Leistungsbezug aus; der Bewilligungsbescheid ist nach § 48 SGB X für die Zukunft und die Vergangenheit (falls für August schon ausgezahlt) aufzuheben und für bereits erbrachte Leistungen ist eine Erstattung nach § 50 SGB X zu fordern.*

Endet die Anrechnung von Einmaleinkommen, weil
a) der Betroffene aus dem Leistungsbezug ausscheidet (z. B. durch eine Berufsaufnahme), vom Leistungsbezug ausgeschlossen wird (z. B. aufgrund der Regelungen in § 7 Abs. 4, Abs. 5 SGB II) oder – wie hier –
b) die Einmaleinnahme ein Ende des Leistungsbezuges bewirkt,
muss geprüft werden, ob der ausstehende Betrag über den Herausgabeanspruch nach § 34b Abs. 1 SGB II gefordert werden kann.

Hat danach ein
- *vorrangig verpflichteter Leistungsträger (vgl. §§ 18 bis 29, 68 SGB I)*
- *in Unkenntnis der Leistung durch Träger nach diesem Buch*
- *an eine leistungsberechtigte Person (Personenidentität) geleistet,*
ist diese zur Erstattung der Leistung des vorrangigen Trägers an die Träger nach diesem Buch verpflichtet.

Der Erstattungsanspruch besteht in der Höhe, in der ein Erstattungsanspruch nach dem Zweiten Abschnitt des Dritten Kapitels (§§ 102 ff. SGB X) des Zehnten Buches bestanden hätte. Gemäß § 34b Abs. 1 Satz 3 SGB II können in entsprechender Anwendung des § 34c SGB II Leistungen an die Bedarfsgemeinschaft in den Herausgabeanspruch einbezogen werden.
Da die Voraussetzungen des § 34b Abs. 1 SGB II vorliegen, muss die verbleibende Doppelleistung für sechs Monate in Höhe von 6 x 70,00 € (= 420,00 €) von der Leistungsberechtigten Person als Erstattungsanspruch nach § 34b Abs. 1 SGB II gefordert werden.

5.4.3 Voraussetzungen

Die leistungsberechtigte Person ist zur Erstattung der Leistung des vorrangig verpflichteten Leistungsträgers (z. B. Leistungen der Bundesagentur für Arbeit, Leistungen der Krankenkasse, Leistungen der Unterhaltsvorschusskasse, Leistungen der Rentenversicherung) verpflichtet, wenn der vorrangig verpflichtete Leistungsträger in Unkenntnis der Leistung durch den Träger der Grundsicherung für Arbeitsuchende an die leistungsberechtigte Person geleistet hat.

Rechtmäßige Leistung des Jobcenters
Der Erstattungsanspruch des Jobcenters setzt zunächst eigene Leistungen voraus. Diese müssen materiell rechtmäßig erfolgt sein. Andernfalls richtet sich ein Erstattungsanspruch nach den §§ 44 ff., 50 SGB X.
 Außerdem fallen vorläufige Leistungen und Darlehensleistungen nicht unter § 34b SGB II.

Vorrangig verpflichteter Leistungsträger
Das Jobcenter ist gegenüber dem anderen Leistungsträger nachrangig verpflichtet. Zwei Leistungsträger stehen daher in einem Vorrang-Nachrang-Verhältnis zueinander. Die Vorschrift nimmt damit ganz überwiegend Bezug auf § 104 SGB X, auf den über § 40a SGB II ebenfalls verwiesen wird.
 Gemäß § 104 Abs. 1 Satz 2 SGB X ist ein Leistungsträger nachrangig verpflichtet, soweit dieser bei rechtzeitiger Erfüllung der Leistungsverpflichtung eines anderen Leistungsträgers selbst nicht zur Leistung verpflichtet gewesen wäre. Aus dem Wort „soweit" wird deutlich, dass die Leistung des vorrangig verpflichteten Leistungsträgers auf die Leistung des nachrangig verpflichteten Leistungsträgers angerechnet werden kann. Daraus ist wieder zu schließen, dass es sich um eine einkommensabhängige Leistung handeln muss, die der vorrangig verpflichtete Leistungsträger erbringt. Charakteristisch für ein solches Verhältnis ist, dass sich die Leistungen des vorrangig und nachrangig verpflichteten Leistungsträgers nicht gegenseitig ausschließen – wie dies etwa bei Leistungen der Wohngeldstelle der Fall wäre.
 Einen Erstattungsanspruch gibt es nur dann, wenn ein (vorrangiger) Leistungsträger Leistungen erbracht hat. Das sind nach § 12 SGB I die in den §§ 18–29 SGB I, § 68 SGB I genannten Körperschaften, Anstalten und Behörden.

Kausalität
Gemäß § 34b Abs. 1 Satz 2 SGB II besteht der Erstattungsanspruch in der Höhe, in der ein Erstattungsanspruch nach dem Zweiten Abschnitt des Dritten Kapitels des Zehnten Buches (§§ 102 ff. SGB X) bestanden hätte. Damit wird auf eine Kausalitätsprüfung abgestellt. Diese ist insbesondere in § 104 Abs. 1 Satz 3 SGB X verankert. Danach besteht ein Erstattungsanspruch nicht, soweit der nachrangige Leistungsträger (Jobcenter) seine Leistungen auch bei Leistung des vorrangig verpflichteten Leistungsträgers hätte erbringen müssen. Aus dem Wort „soweit" wird deutlich, dass die Leistung des nachrangigen Leistungsträgers ganz oder auch nur teilweise wegfallen kann. Es

ist demnach zu prüfen, ob und in welchem Umfang sich die rechtzeitige Leistung des vorrangig verpflichteten Leistungsträgers auf die Leistung des nachrangig verpflichteten Leistungsträgers ausgewirkt hätte.

Es ist eine hypothetische Betrachtung notwendig. Es ist zu prüfen, ob und wenn ja, in welcher Höhe, sich die Leistung des vorrangig verpflichteten Leistungsträgers auf die Leistungshöhe des Jobcenters ausgewirkt hätte.

Beispiel
Sofern im o. g. Beispiel die Arbeitsagentur Leistungen in Höhe von 400,00 € erbracht hätte, wären diese Leistungen erstens auf den SGB II-Leistungsbezug als Einkommen angerechnet worden und zweitens nur in einer Höhe von 370,00 €. Denn: Wäre das Einkommen rechtzeitig geflossen, wäre es in Höhe der Versicherungspauschale bereinigt worden (§ 11b Abs. 1 Satz 1 Nr. 6 SGB II i. V. m. § 6 Abs. 1 Nr. 1 Alg II – V). Es besteht daher nach § 34b SGB II ein Erstattungsanspruch gegenüber der leistungsberechtigten Person (nur) in Höhe von 370,00 € pro Monat und nicht in Höhe von 400,00 €-.

Zu beachten ist, dass sich der Erstattungsanspruch durch die jeweiligen Leistungen bzw. Ansprüche der beiden Leistungsträger gegenseitig begrenzt. Maximal kann also der niedrigere der beiden Ansprüche erstattet werden. § 34b Abs. 1 Satz 2 i. V. m. § 104 Abs. 1 Satz 2 SGB X begrenzt den Erstattungsanspruch auf die Leistung des Jobcenters; § 34b Abs. 1 Satz 2 i. V. m. § 104 Abs. 3 SGB X begrenzt den Erstattungsanspruch auf die maximale Leistungshöhe des vorrangig verpflichteten Leistungsträgers.

Zeitidentität
Sowohl aus dem Verhältnis von vorrangigem zu nachrangigem Träger als auch aus den Gründen der „Kausalität" folgt, dass zwischen den Leistungen beider Träger eine Zeitidentität bestehen muss.

Die Ansprüche gegen den vorrangig verpflichteten Leistungsträger müssen für den Zeitraum bestehen, für den auch ein Anspruch auf Leistungen gegenüber dem nachrangig verpflichteten Leistungsträger besteht (vgl. auch Wortlaut des § 40a SGB II). Für Zeiträume, in denen der nachrangige Leistungsträger (Jobcenter) keine Leistungen erbracht hat, kann keine Erstattung erfolgen. Entsprechendes gilt auch für den vorrangig verpflichteten Leistungsträger. Insofern kommen Erstattungsansprüche nur für „Zeitüberschneidungen" der Leistungsansprüche beider Leistungsträger in Frage. Dabei ist grundsätzlich eine monatsweise Betrachtung vorzunehmen.

Beispiel
Im o. g. Beispiel werden Leistungen der Grundsicherung für Arbeitsuchende ununterbrochen seit dem 1.12. geleistet. Ein Anspruch auf Arbeitslosengeld II besteht erst seit dem 1.2. Eine Zeitidentität besteht also erst für den Zeitraum ab dem 1.2., und zwar solange, wie sich die Leistungen beider Träger gleichzeitig gegenüber stehen.

Die Zeitidentität erfordert eine monatliche Gegenüberstellung der jeweiligen Leistungen. Denn Leistungen des Jobcenters werden monatsweise erbracht (sog. „Monatsprinzip").

Personenidentität
Der Erstattungsanspruch besteht nach §34b Abs. 1 Satz 1 SGB II nur für die Person, die gleichzeitig einen Anspruch gegenüber dem vorrangigen Leistungsträger hat. Der vorhandene Anspruch gegenüber dem vorrangigen und nachrangigen Leistungsträger (Jobcenter) muss dem gleichen Anspruchsberechtigten zustehen.

Allerdings ist gemäß §34b Abs. 1 Satz 3 SGB II der §34c SGB II entsprechend anwendbar. §34c SGB II stellt eine Sondervorschrift zur Personenidentität dar und erweitert im Ergebnis den Erstattungsanspruch auf Personen in der Bedarfsgemeinschaft (vgl. §7 Abs. 3 SGB II).

Gemäß §34b Abs. 1 Satz 3 SGB II i.V.m. §34c SGB II können nicht nur die Aufwendungen an den SGB II-Anspruchsberechtigten in den Erstattungsanspruch nach §34b SGB II einbezogen werden, sondern auch Aufwendungen an die Mitglieder der Bedarfsgemeinschaft (vgl. §7 Abs. 3 SGB II). Die Vorschriften fingiert, dass es sich bei den Aufwendungen in der Bedarfs- bzw. Einsatzgemeinschaft um Aufwendungen des Leistungsberechtigten handelt, der gegen einen Leistungsträger einen vorrangigen Anspruch hat.

Indem weitere Personen in den Erstattungsanspruch einbezogen werden, wird dem Gedanken der Kausalitätsprüfung Rechnung getragen. Denn im Rahmen einer Einsatzgemeinschaft (= Bedarfsgemeinschaft, vgl. §9 Abs. 2 SGB II) muss der Anspruchs- und Leistungsberechtigte, der gleichzeitig Einkommensbezieher ist, sein Einkommen im Wege der horizontalen Einkommensverteilung an andere Mitglieder der Einsatzgemeinschaft, die ebenfalls Leistungen zum Lebensunterhalt erhalten, abgeben. Der Erstattungsanspruch gegenüber einem vorrangig verpflichteten Leistungsträger hätte sich insofern nicht nur gegenüber der leistungsberechtigten Person, sondern auch gegenüber den weiteren Mitgliedern der Einsatz- bzw. Bedarfsgemeinschaft ausgewirkt.

Beispiel
Im o.g. Beispiel bestand ein Erstattungsanspruch einer leistungsberechtigten Person gegenüber der Arbeitsagentur in Höhe von 370,00 €. Würde diese Person mit einer Partnerin in einer Bedarfsgemeinschaft zusammen leben und hätten beide Personen denselben Bedarfsanteil, würde sich das Arbeitslosengeld – wäre es rechtzeitig gezahlt worden – in Höhe von jeweils 185,00 € auf den Leistungsbezug beider Partner auswirken (vgl. §9 Abs. 2 Satz 3 SGB II). Es ist daher gerechtfertigt, auch andere Personen der Bedarfsgemeinschaft in den Erstattungsanspruch nach §34b SGB II einzubeziehen.

Unkenntnis des vorrangigen Leistungsträgers
Mit dieser Voraussetzung in §34b Abs. 1 Satz 1 SGB II wird auf eine wichtige Voraussetzung für Kostenerstattungsansprüche nach §§102 ff. SGB X Bezug

genommen. Beispielsweise gibt es gemäß § 104 Abs. 1 Satz 1 SGB X nur dann einen Kostenerstattungsanspruch, „soweit der (vorrangige) Leistungsträger nicht bereits selbst geleistet hat, bevor er von der Leistung des anderen Leistungsträgers Kenntnis erlangt hat."

Ein Kostenerstattungsanspruch nach §§ 102 ff. SGB X setzt daher eine positive Kenntnis (bewusste Rechtskenntnis) über einen Erstattungsanspruch des nachrangig verpflichteten Leistungsträgers voraus. Das bloße Kennenmüssen genügt nicht, um eine „Kenntnis" i. S. v. § 104 Abs. 1 Satz 1 SGB X zu begründen. Der Kostenerstattungsanspruch ist vom nachrangig verpflichteten Leistungsträger daher „aktiv" anzumelden. Er setzt voraus, dass das Jobcenter als nachrangig verpflichteter Träger den vorrangig verpflichteten Leistungsträger über den Leistungsberechtigten, Leistungsart, -grund und -höhe informiert und seinen Erstattungsanspruch anmeldet.

Eine solche Anmeldung des Kostenerstattungsanspruchs nach den §§ 102 ff. SGB X hat in der Fallsituation des § 34b SGB II nicht stattgefunden. Der eigentlich erstattungspflichtige vorrangige Leistungsträger hat also bereits selbst geleistet, bevor er von der Leistung des anderen Trägers Kenntnis erlangt hat. Leistet demnach der vorrangig verpflichtete Leistungsträger ohne positive Kenntnis über die Leistung des nachrangig verpflichteten Leistungsträgers, hat dieser mit „befreiender Wirkung" geleistet. Der vorrangige Träger hat dann seine Leistungsverpflichtung gegenüber dem Leistungsberechtigten erfüllt. Ein Kostenerstattungsanspruch nach den §§ 102 ff. SGB X kommt nicht mehr in Frage. Das Jobcenter muss nachrangig § 34b SGB II als Auffangvorschrift prüfen.

Keine oder keine vollständige Anrechnungsmöglichkeit als Einkommen
Bevor ein Erstattungsanspruch nach § 34b Abs. 1 Satz 1 SGB II in Frage kommt, ist § 34b Abs. 2 SGB II zu prüfen. Danach besteht ein Erstattungsanspruch nicht, soweit der geleistete Betrag als Einkommen nach den Vorschriften dieses Buches berücksichtigt werden kann.

Das Wort „soweit" macht deutlich, dass fallabhängig auch eine teilweise Einkommensanrechnung denkbar ist und dann eine Erstattungsforderung in der Höhe vorzunehmen ist, in der eine Einkommensanrechnung nicht möglich war (vgl. o. g. Beispiel).

Bei der Einkommensanrechnung wird es sich grundsätzlich um Einmaleinkommen handeln, welches nach den Regeln des § 11 Abs. 3 SGB II und § 11b Abs. 1 Satz 2 SGB II auf den laufenden Leistungsbezug anzurechnen ist. Denn gemäß § 11 Abs. 3 Satz 2 SGB II gehören zu den einmaligen Einnahmen auch als Nachzahlungen (z. B. von Sozialleistungsträgern) zufließenen Einnahmen. Sofern für den Monat des Zuflusses bereits Leistungen ohne Berücksichtigung der einmaligen Einnahme erbracht worden sind, werden sie im Folgemonat berücksichtig. Entfiele der Leistungsanspruch durch die Berücksichtigung in einem Monat wäre die einmalige Einnahme auf einen Zeitraum von sechs Monaten gleichmäßig aufzuteilen und monatlich mit einem entsprechenden Teilbetrag zu berücksichtigen. Vor der Anrechnung als Einkommen ist die einmalige Einnahme gemäß § 11b Abs. 1 Satz 2 SGB II **im Umkehrschluss** als Einkommen „zu bereinigen". Bei der Verteilung der Einnahme ist ebenfalls eine

Bereinigung gemäß § 11b Abs. 1 Satz 2 SGB II vorzunehmen.

Endet dann die Anrechnung von Einmaleinkommen, weil
a) der Betroffene aus dem Leistungsbezug ausscheidet (z. B. durch eine Berufsaufnahme), vom Leistungsbezug ausgeschlossen wird (z. B. aufgrund der Regelungen in § 7 Abs. 4, Abs. 5 SGB II) oder
b) die Einmaleinnahme ein Ende des Leistungsbezuges bewirkt,

muss geprüft werden, ob und inwieweit ein **ausstehender Betrag** über den Erstattungsanspruch nach § 34b **Abs. 1** SGB II gefordert werden kann.

Keine Verjährung
Der Erstattungsanspruch nach § 34b Abs. 1 SGB II verjährt vier Jahre nach Ablauf des Kalenderjahres, in dem der vorrangig verpflichtete Leistungsträger die Leistung erbracht hat. Ein Erstattungsanspruch, der a 0.08.2022 entstanden ist, verjährt mithin am 31.12.2026. Ab diesem Datum hat der Erstattungspflichtige also ein Leistungsverweigerungsrecht (§ 214 BGB).

Ein Hinweis auf die entsprechenden Verjährungsvorschriften im BGB über Hemmung, Ablaufhemmung und Neubeginn fehlt. Nach hier vertretener Auffassung sind diese allerdings analog anzuwenden, wenngleich in anderen Vorschriften hierauf ausdrücklich Bezug genommen wird (vgl. § 34 Abs. 3 SGB II). Denn der Begriff der „Verjährung" dürfte auch im öffentlichen Recht Bezug auf die zivilrechtlichen Vorschriften nehmen.

5.4.4 Umfang der Kostenerstattungsforderung (Rechtsfolge)

Der Umfang der Erstattungsforderung besteht
- in der Höhe, wie er sich im Rahmen der Kausalitätsprüfung auf die Leistung auswirkt (§ 34 Abs. 1 Satz 2 SGB II i. V. m. § 104 Abs. 1 Satz 2 SGB X) und
- soweit er nicht durch die Anrechnung als Einkommen bereits ausgeschlossen ist und
- ist begrenzt durch die Leistung des vorrangig verpflichteten Leistungsträgers (§ 34 Abs. 1 Satz 2 SGB II i. V. m. § 104 Abs. 3 SGB X).

Soweit im Rahmen der Kausalitätsprüfung für bestimmte Leistungen dem Grunde und der Höhe nach ein Erstattungsanspruch nicht geltend gemacht werden kann, verbleiben Restleistungen des vorrangig verpflichteten Leistungsträgers bei der leistungsberechtigten Person.

5.4.5 Verfahrensfragen

Der Erstattungsanspruch erfolgt durch einen vollstreckungsfähigen Leistungsbescheid. Dieser richtet sich gegen den Erstattungspflichtigen. Das ist die Person, die gegenüber dem vorrangig verpflichteten Leistungsträger ein Anspruch hat. Sofern **für** die SGB II-

Leistungen an Mitglieder der Einsatzgemeinschaft ebenfalls ein Erstattungsanspruch geltend gemacht wird (vgl. § 34b Abs. 1 Satz 3 i. V. m. § 34c SGB II), werden diese **nicht** zu Erstattungspflichtigen.

Aus dem Leistungsbescheid muss aus Gründen der Bestimmtheit die erstattungspflichtige Person, der konkrete Betrag der Erstattungsforderung sowie der Zeitraum, für den die Erstattungsforderung geltend gemacht wird, erkennbar sein. Als eingreifender Verwaltungsakt bedarf er einer Begründung und Subsumtion unter die Voraussetzungen des § 34b SGB II (§ 35 Abs. 1 SGB X). Vor Erlass ist eine Anhörung (§ 24 Abs. 1 SGB X) gegenüber dem Erstattungspflichtigen durchzuführen.

Ein zweiter Verwaltungsakt kann in einer Aufrechnungserklärung liegen (§ 43 Abs. 1 Nr. 3 SGB II). Sofern die Notwendigkeit für eine Aufrechnung besteht, wird diese üblicherweise nach Eintritt der Bestandskraft des Erstattungsbescheides erlassen. Nur ausnahmsweise kommt eine Verbindung mit dem Erstattungsbescheid in Frage, wenn ein Eilfall vorliegen sollte und die sofortige Vollziehung des Erstattungsbescheides (sowie des Aufrechnungsbescheides) angeordnet wird.

Ein Erstattungsanspruch geht gemäß §§ 1922, 1967 BGB als Erblasserschuld und damit als Nachlassverbindlichkeit auf die Erben über. Die Haftung der Erben ist nicht auf den Nachlasswert beschränkt. Sofern also keine zivilrechtliche Haftungsbeschränkung erfolgt, haften sie für den vollständigen Erstattungsanspruch. Mehrere Erben haften als Gesamtschuldner (§ 2058 BGB). Die Auswahl und Inanspruchnahme der Gesamtschuldner hat nach pflichtgemäßem Ermessen (§ 39 SGB I) zu erfolgen.

6. Übergang von Ansprüchen nach § 93 SGB XII und § 94 SGB XII

Nach § 2 Abs. 1 SGB XII wird Sozialhilfe nachrangig erbracht. Danach sind die Leistungsberechtigten verpflichtet, **alle Möglichkeiten** zu nutzen, sich selbst zu helfen. Dazu gehört es auch, **vorrangige Ansprüche**, die vom Leistungsberechtigten grundsätzlich vor dem Einsetzen der Sozialhilfe geltend zu machen wären, gegen Dritte durchzusetzen. Es kommt jedoch vor, dass diese vorrangigen Ansprüche der Leistungsberechtigten (vgl. § 19 Abs. 1 bis Abs. 3 SGB XII) oder anderer Personen, die im Rahmen der Einsatzgemeinschaft (§ 27 Abs. 2 Satz 2, Satz 3 SGB XII, § 43 Abs. 1 Halbs. 1 SGB XII, § 61 SGB XII) zum Einsatz von Einkommen und Vermögen verpflichtet sind, **nicht oder nicht rechtzeitig realisiert werden können, weil es ihnen nicht möglich oder nicht zuzumuten ist, die Ansprüche selbst zu verfolgen**. Dadurch entsteht für den Träger der Sozialhilfe die Verpflichtung, bei aktueller Bedürftigkeit und Notlage trotz bestehender vorrangiger Ansprüche gegen Dritte Hilfe zu leisten.[556]

Fehlt es den Leistungsberechtigten an „bereiten" Mitteln (Einkommen/Vermögen) und werden deshalb Leistungen der Sozialhilfe erbracht, geht es für den Sozialhilfeträger darum, das vom Gesetz gewollte **Nachrangverhältnis wiederherzustellen**. Dem Grundsatz des Nachrangs wird u. a. dadurch entsprochen, dass nach

- **§ 93 SGB XII** Ansprüche der Leistungsberechtigten oder ihrer nicht getrennt lebenden Partner bzw. bei minderjährigen unverheirateten Leistungsberechtigten ihrer Eltern auf den Träger der Sozialhilfe übergeleitet werden (**Überleitung durch Verwaltungsakt**),
- **§ 94 SGB XII** Unterhaltsansprüche der Leistungsberechtigten auf den Träger der Sozialhilfe übergehen (**gesetzlicher Forderungsübergang**). Allerdings gilt dies ab dem 1.1.2020 nur für die Unterhaltsansprüche der Leistungsberechtigten gegenüber ihren Kindern und Eltern, deren jährliches Gesamteinkommen im Sinne des § 16 SGB IV jeweils mehr als 100.000,00 € (Bruttojahreseinkommen) beträgt (vgl. § 94 Abs. 1a SGB XII).

Nach § 93 SGB XII können Ansprüche leistungsberechtigter Personen, ihrer nicht getrennt lebenden Ehegatten oder, wenn die leistungsberechtigten Personen minderjährig und unverheiratet sind, ggf. ihrer Eltern auf den Träger der Sozialhilfe übergeleitet werden, wenn eine Überleitung nicht ausgeschlossen ist und die nachfolgenden Voraussetzungen gegeben sind.

---

556 In einigen Fällen wird dem Grundsatz des Nachrangs der Sozialhilfe dadurch entsprochen, dass die Leistung als „erweiterte Hilfe" erbracht wird (vgl. §§ 19 Abs. 5, 27 Abs. 3 oder 92 Abs. 1 SGB XII) und gleichzeitig oder anschließend ein Aufwendungsersatz bzw. Kostenbeitrag gefordert wird. Außerdem können Leistungen darlehensweise erbracht werden (vgl. §§ 37, 38 oder 91 SGB XII).

6.1 Überleitung von Ansprüchen nach § 93 SGB XII

6.1.1 Anwendbarkeit des § 93 SGB XII

Soweit die leistungsberechtigte Person einen vorrangigen **geldwerten** Anspruch oder eine **geldwerte** Forderung besitzt, die der Leistungsberechtigte aber noch nicht sofort realisieren kann, um seine Hilfebedürftigkeit zu mindern oder zu beseitigen, darf der Sozialhilfeträger nicht auf den Nachranggrundsatz verweisen und eine Leistung versagen. Nicht sofort realisierbare Ansprüche lassen die Hilfebedürftigkeit somit nicht entfallen. Die vorrangige Verpflichtung der Anspruchsschuldner wird durch die Leistungserbringung des Sozialhilfeträgers nicht berührt (vgl. § 2 Abs. 2 SGB XII).

§ 93 SGB XII findet nur Anwendung, soweit es keine vorrangigen Erstattungs- und Überleitungsvorschriften gibt. Somit findet § 93 SGB XII **keine Anwendung** bei:
- Ansprüchen gegen **Unterhaltspflichtige** – hierfür gilt § 94 SGB XII als spezielle Norm,
- Ansprüchen gegen **Leistungsträger** im Sinne des § 12 SGB I (vgl. § 93 Abs. 1 Satz 1 SGB XII). Hierfür gelten andere gesetzliche Regelungen, z.B. die Kostenerstattungsansprüche zwischen den Leistungsträgern nach den §§ 102 ff. SGB X (vgl. Kapitel 2),
- Ansprüchen gegen **Arbeitgeber** auf Arbeitsentgelt wegen Nichterfüllung und **Schadensersatzpflichtige**. Diese sind nach den §§ 115 und 116 SGB X geltend zu machen (vgl. § 93 Abs. 4 SGB XII, vgl. Kapitel 3),
- Ansprüchen gegen Lastenausgleichsämter und ausländische Sozialleistungsträger.

6.1.2 Art des Anspruchs

Für eine Überleitung nach § 93 SGB XII kommen – abgesehen von den o.a. Einschränkungen – alle **privat- und öffentlich-rechtlichen Ansprüche** in Betracht. Die Rechtsnatur des Anspruchs ist unerheblich; es kommt nicht darauf an, ob der Anspruch aufgrund eines Gesetzes oder Vertrages, Gewohnheitsrechtes oder einer sonstigen Rechtsgrundlage besteht. Auch künftige Ansprüche können übergehen, soweit sie zum Zeitpunkt der Überleitung auf den Sozialhilfeträger bestimmt oder bestimmbar sind. Es muss sich bei den Ansprüchen aber um **Zahlungsansprüche** oder **geldwerte Ansprüche** handeln.

Es kann sich z.B. um Betriebsrenten, Beihilfen für öffentlich Bedienstete[557], Ansprüche auf Steuererstattungen, Ansprüche aus Übertragungs-, Altenteils- bzw. Schenkungsverträgen, Ansprüche aus privaten Versicherungen (z.B. Kranken-, Lebens- oder Pflegeversicherung) oder Pflichtteils- und Pflichtteilsergänzungsansprüchen[558]

---
557 Vgl. VG Trier, Urt. vom 25.8.2015 – 1 K 661/15.TR –, juris.
558 Vgl. BGH, Urt. vom 8.12.2004 – IV ZR 223/03 –, FamRZ 2005, 448 = NJW-RR 2005, 369 = DNotZ 2005, 296; BGH, Urt. vom 19.10.2005 – IV ZR 235/03–, FamRZ 2006, 194 = NJW-RR 2006, 223 = ZEV 2006, 76; LSG NRW, Beschl. vom 23.1.2012 – L 20 SO 565/11 B –, ZEV 2012, 273; vgl. vertiefend *Weber* in Beck-OK-SGB XII, § 93 SGB XII, Rn. 112 ff; vgl. Übung im Kapitel 4.5.

(§§ 2303 ff., § 2325 BGB) handeln. Auch Darlehensforderungen oder der Erbauseinandersetzungsanspruch[559] nach §§ 2042 ff. BGB fallen in den Anwendungsbereich des § 93 SGB XII, weil auch diese Rechte „geldwerte Rechte" darstellen.

Die Aufgabe eines dinglichen Wohnungsrechts durch Löschung des Wohnungsrechts im Grundbuch stellt im Ergebnis eine Schenkung dar, so dass dies einen überleitungsfähigen Schenkungsrückforderungsanspruch (vgl. § 528 BGB) auslöst.[560] Eine solche Löschung des Wohnungsrechts kommt in Frage, wenn der Wohnungsberechtigte dauerhaft im Pflegeheim untergebracht ist und eine Rückkehr nicht mehr absehbar ist. Die Schenkung liegt dann nicht in der Aufgabe des Wohnungsrechts, sondern in der Werterhöhung des Grundstücks.

Ist hingegen bereits im Übergabevertrag der Wegfall des Wohnungsrechts für den Fall des dauerhaften Weg- oder Auszugs vereinbart worden und ist auch eine Löschungsbewilligung vorgesehen, so war diese Regelung von Anfang an Bestandteil des Übergabevertrages. Dann liegt nur eine Grundbuchberichtigung aus Gründen der „Grundbuchhygiene" vor; eine Schenkung ist dann zu verneinen (str.).[561]

Voraussetzung für die Überleitung von **Pflichtteilsansprüchen** ist, dass diese nicht von einer Ausschlagung abhängig sind (vgl. §§ 2306, 2307 BGB)[562]. Einen bestehenden (nicht – wie z.B. bei Behindertentestamenten – von einer Ausschlagung abhängigen) Pflichtteilsanspruch kann der Sozialhilfeträger gemäß § 93 SGB XII auf sich überleiten und gerichtlich geltend machen, auch wenn der Pflichtteilsberechtigte (oder dessen gesetzlicher Vertreter, z.B. Betreuer) den Pflichtteil nicht verlangen will. Eine Pflichtteilsstrafklausel im gemeinschaftlichen Testament der Eltern des Behinderten, wonach bei Geltendmachung des Pflichtteils beim Tod des ersten Elternteils das Erbrecht nach dem zweiten Elternteil verlorengeht, wird durch das Handeln des Sozialhilfeträgers nicht ausgelöst.[563]

Abfindungszahlungen, die im Gegenzug für einen Erbverzicht erbracht werden, können eine Schenkung im Sinne von § 516 BGB darstellen.[564] Der Erbverzicht stellt keine Gegenleistung dar, weil es sich um ein objektiv unentgeltliches Rechtsgeschäft handelt. Würde man den Erbverzicht als Gegenleistung sehen, würde der Rückforderungsanspruch des verarmten Schenkers nach § 528 BGB nicht bestehen.

Nicht überleitungsfähig sind höchstpersönliche Ansprüche, wie z.B. Ansprüche auf Schmerzensgeld[565], Naturalunterhalt oder persönliche Dienstleistungen.

Gestaltungsrechte – wie z.B. die **Ausschlagung** einer Erbschaft (vgl. §§ 1942, 1945 BGB) oder die Ausschlagung eines Vermächtnisses (vgl. § 2307 BGB) – sind nicht überleitungsfähig.[566] Andernfalls erhielte der Sozialhilfeträger die Möglich-

---

559 Vgl. BSG, Urt. vom 27.1.2009 – B 14 AS 42/07 –, juris, Rn. 25 = ZEV 2009, 403 = SGb 2010, 53.
560 Vgl. BGH, Urt. vom 17.4.2018 – X ZR 65/17 –, FamRZ 2018, 1714; BGH, Urt. vom 26.10.1999 – X ZR 69/97 –, NJW 2000, 728; OLG Nürnberg, Urt. vom 22.7.2013 – 4 U 1571/12 –, ZEV 2014, 37; a. A. BGH, Urt. vom 25.1.2012 – XII ZB 479/11 –, ZEV 2012, 371, allerdings unter Bezug auf § 1804 BGB (Zulässigkeit des Verzichts des Betreuers auf ein nicht genutztes Wohnrecht des Betreuten). Zur Thematik auch *Gühlstorf*, Wohnrecht und Schenkungsrückforderung, ZfF 5/2013 S. 97 ff.
561 Das ist umstritten. Vgl. *Spieker*, jurisPR-FamR 2/2011, Anm. 3 zu BFH, Beschl. vom 23.6.2010 – II B 32/10 –.
562 Vgl. BGH, Urt. vom 19.1.2011 – IV ZR 7/10 –, juris, Rn. 30 ff.
563 Vgl. BGH, Urt. vom 8.12.2004 – IV ZR 223/03 –, FamRZ 2005, 448 = NJW-RR 2005, 369 = DNotZ 2005, 296.
564 Vgl. BGH, Urt. vom 7.7.2015 – X ZR 59/13 –, juris, Rn. 18 = ZEV 2016, 90 = FamRZ 2016, 214.
565 Vgl. BGH, Urt. vom 13.7.2004 – VI ZR 273/03 –, NJW 2004, 3176 = FamRZ 2004, 1569.
566 Vgl. BGH, Urt. vom 19.1.2011 – IV ZR 7/10 –, juris, Rn. 30 ff.

keit, auf die Erbfolge Einfluss zu nehmen, was generell nicht dem Erblasserwillen entspricht und nach dem Gesetz den Bedachten selbst vorbehalten ist.

Denkbar ist z.B. die Überleitung eines Vermächtnisanspruchs (§ 1939 BGB) durch den Sozialhilfeträger mit dem Ziel der Ausschlagung des Vermächtnisses und der anschließenden Überleitung eines Pflichtteilsanspruchs des Erben (vgl. § 2303 BGB). Eine solche Überleitung über den Umweg der Überleitung eines Gestaltungsrechts und damit einem nicht überleitungsfähigen Recht dürfte unzulässig sein.[567]

6.1.2.1 Rückforderungsanspruch des verarmten Schenkers

Besondere Bedeutung hat die Überleitung und zivilrechtliche Durchsetzung von Ansprüchen aus einer Schenkungsrückforderung nach § 528 BGB. Gemäß § 528 Abs. 1 Satz 1 BGB gilt:

Soweit der Schenker nach der Vollziehung der Schenkung außerstande ist, seinen angemessenen Unterhalt zu bestreiten und die ihm seinen Verwandten, seinem Ehegatten, seinem Lebenspartner oder seinem früheren Ehegatten oder Lebenspartner gegenüber gesetzlich obliegende Unterhaltspflicht zu erfüllen, kann er von dem Beschenkten die Herausgabe des Geschenkes nach den Vorschriften über die Herausgabe einer ungerechtfertigten Bereicherung (vgl. §§ 812 ff. BGB) fordern. Erfasst werden alle Arten von Schenkungen, z.B. Sachgeschenke, Geldgeschenke, Immobilienübergaben oder die mit Immobilienübergaben verbundenen Abfindungszahlungen an Geschwister des Immobilienübernehmers.

Ein Rückforderungsanspruch des verarmten Schenkers entsteht bereits dann, wenn **absehbar** ist, dass zur Deckung eines bevorstehenden Notbedarfs Aufwendungen erforderlich werden.

Einen in der Praxis bedeutsamen und einen in der gerichtlichen Auseinandersetzung vielfach umstrittenen Fall stellt die Zuwendung von Immobilien durch **notarielle Überlassungs- bzw. Übergabeverträge** – noch zu Lebzeiten der Eltern – an die Kinder dar, teilweise auch als „vorweggenommene Erbfolge" bezeichnet.[568] Werden die Eltern sozialhilfebedürftig (z.B. bei stationärer Hilfe zur Pflege), besitzen die Eltern grundsätzlich einen Rückforderungsanspruch gemäß § 528 BGB („Rückforderung wegen Verarmung des Schenkers"). Dieser Anspruch ist ebenfalls gemäß § 93 SGB XII auf den Sozialhilfeträger überleitbar.

Die Überleitung erlischt auch nicht mit dem Tod des Schenkers, wenn zuvor Sozialhilfe in Anspruch genommen wurde. Der Sozialhilfeträger kann daher den Anspruch auch nach dem Tod des Schenkers geltend machen. Ein Rückforderungsanspruch aus § 528 Abs. 1 Satz 1 BGB kann also über den Tod des Sozialhilfeempfängers fortbestehen. Es ist demnach unbeachtlich, ob die Überleitungsanzeige vor oder

---

567 Vgl. LSG NRW, Beschl. vom 23.1.2012 – L 20 SO 565/11 B –, ZEV 2012, 273; vgl. *van de Loo*, Möglichkeiten und Grenzen eines Übergangs des Rechts zur Erbausschlagung durch Abtretung bzw. Überleitung, ZEV 2006 S. 473.

568 Vertiefungshinweis: *Eupen*, Sozialhilferegress nach Immobilienschenkung im Wege vorweggenommener Erbfolge, Das Grundeigentum 2010 S. 1398; *Auktor*, Grundstückszuwendungen und Sozialhilferegress, Notar 2012 S. 184; *Maier*, Pflegeklauseln und Sozialhilferegress, Schriften zum Notarrecht 2012 S. 45; *Ludyga*, Schenkungsrückforderungsansprüche gemäß § 528 BGB bei Pflege durch den Zuwendungsempfänger und § 93 SGB XII, NZS 2012 S. 121 ff.

erst nach dem Tode des Schenkers erlassen wird.[569] Die Überleitungsanzeige bewirkt eine Erstattungspflicht, die bereits zu Lebzeiten entstanden ist. Aus diesem Grund kann sich die Haftung des Beschenkten nicht danach richten, ob der Schenker noch lebt oder der Anspruch vor seinem Tod übergeleitet oder geltend gemacht worden ist.

Der Zweck des Rückforderungsanspruchs bleibt auch dann bestehen, wenn das verschenkte Vermögen des verarmten Schenkers erst nach dem Ableben des Schenkers und Leistungsberechtigten an den Sozialhilfeträger zurückgewährt wird. Wegen des sozialhilferechtlichen Nachrangprinzips tritt der Sozialhilfeträger für den Dritten (Beschenkten) nur „in Vorlage".

Der Schenkungsrückforderungsanspruch kann nicht vertraglich ausgeschlossen werden, da eine solche Regelung bei Schädigungsabsicht des Sozialhilfeträgers wegen Verstoßes gegen § 138 BGB nichtig wäre. Auch ein Vorausverzicht ist unzulässig, weil § 528 BGB die Eigenalimentation des Schenkers sicherstellen will. Ansonsten würden Unterhaltsverpflichtete und ggf. auch der Sozialhilfeträger für den Unterhalt des Schenkers aufkommen. Dies entspricht nicht dem Sinn und Zweck des § 528 BGB, der ein vorrangiges Selbsthilfemittel zur Sicherung des eigenen Unterhalts darstellt.

Wenn ein Kaufvertrag abgeschlossen wird, die Vertragsschließenden aber wissen, dass der Käufer außerstande ist, den Kaufpreis zu zahlen, liegt ein Scheingeschäft im Sinne von § 117 Abs. 1 BGB vor. Es handelt sich dann um eine Schenkung (§ 117 Abs. 2 i. V. m. § 516 BGB) und hat zur Konsequenz, dass ein Rückforderungsanspruch des verarmten Schenkers bzw. Scheinverkäufers besteht, wenn dieser unterhaltsbedürftig wird.[570]

Für die Rechtmäßigkeit der öffentlich-rechtlichen Überleitungsanzeige eines Anspruchs aus § 528 BGB ist es weiter unbeachtlich, ob eine übertragene Immobilie zum Schonvermögen des Schenkers gehörte oder nach Rückforderung wieder gehören würde. Der Rückforderungsanspruch ist insoweit als ausschließlich privater Anspruch zu sehen, den die Vorschriften des Zwölften Buches Sozialgesetzbuch über das Schonvermögen nicht gegenstandslos werden lassen.[571] Insoweit kann von zwei unabhängigen Systemen gesprochen werden. Eine neuere Entscheidung des Bundesgerichtshofs[572] entwickelt die Rechtsprechung fort und hat die Rückübertragung des Geschenks nach bestandskräftiger Überleitungsanzeige (sog. „umgekehrte Ersetzungsbefugnis") **an den Sozialhilfeträger** (nicht: an den Schenker bzw. an die leistungsberechtigte Person) für zulässig befunden.

Zu beachten ist ferner, dass der Zuwendungs- bzw. Schenkungswert gemindert wird, wenn im Übergabevertrag (entgeltliche) Gegenleistungen vereinbart werden. Eine Gegenleistung liegt vor, wenn Leistung und Gegenleistung in einem Abhängigkeitsverhältnis stehen (sog. „synallagmatische", „konditionale" oder „kausale Gegenleistung bzw. Abhängigkeit").

---

569 Vgl. BGH, Urt. vom 23.5.1995 – XI ZR 129/94 –, NJW 1995, 2287; BGH, Urt. vom 24.4.2001 – X ZR 205/99 – und – X ZR 229/99 –, EzFamR aktuell 2001, 147-149.
570 Vgl. BFH, Urt. vom 7.11.2006 – IX R 4/06 –, ZEV 2007, 189.
571 Vgl. BGH, Urt. vom 11.3.1994 – V ZR 188/92 –, BGHZ 125, 283 = NJW 1994, 1655 = FamRZ 1994, 815; BGH, Urt. vom 19.10.2004 – X ZR 2/03 –, NJW 2005, 670 = FamRZ 2005, 177.
572 Vgl.BGH, Urt. vom 17.12.2009 – Xa ZR 6/09 –, NJW 2010, 2655 = FamRZ 2010, 463.

Beispiel

*Im Übergabevertrag wird geregelt, dass die Übergabe der Immobilie „aus Dankbarkeit" für erbrachte Pflegeleistungen erfolgt. Eine Übergabe einer Immobilie aus „Dankbarkeit" stellt eine „klassische" belohnende (renumeratorische) Schenkung dar. Die Pflegeleistungen sind keine Gegenleistungen, die **nur** erbracht werden, weil die Hausübergabe vereinbart worden ist. Pflegeleistungen und Hausübergabe stehen in keinem synallagmatischen oder konditionalen Verhältnis.*

Zu den Gegenleistungen gehören z.B. Wohn- und Nießbrauchrechte, Bau- und Reparaturleistungen, Rentenleistungen, Übernahme von Darlehensrückzahlungsverpflichtungen oder Verpflichtungen zur Pflege. Dann liegt keine „reine" Schenkung mehr vor, sondern möglicherweise eine sog. „gemischte Schenkung". Bei einer gemischten Schenkung liegt ein objektives Missverhältnis zwischen Zuwendung und Gegenleistung vor, so dass der Mehrwert der Zuwendung gegenüber der Gegenleistung unentgeltlich übergehen soll (vgl. Übung unter 6.1.9).

Für den Nachweis einer (gemischten) Schenkung ist der Sozialhilfeträger, der den Schenkungsanspruch auf sich überleiten will, beweispflichtig.[573] Übersteigen die Gegenleistungen den Wert der Zuwendung, liegt keine Schenkung (§ 516 BGB) mehr vor.[574] Bei der Berechnung der Gegenleistung sind Wohnungsrechte und Pflegeleistungen mit einem Kapitalwert, der aus der Anlage 1 zu § 14 Abs. 1 Satz 4 BewG (Bewertungsgesetz) entnommen werden kann, entsprechend dem Alter des Schenkers zum Zeitpunkt der notariellen Vereinbarung bzw. zum Zeitpunkt der Schenkung, hochzurechnen. Das gilt auch dann, wenn der Schenker „frühzeitig", also noch vor Ablauf der voraussichtlichen Lebenserwartung, stirbt.

Sofern sich aus etwaigen Vertragsvereinbarungen nichts anderes ergibt, ist bei der Ermittlung der Jahreswerte von Nießbrauchs- oder Wohnungsrechten von den **Nettoerträgen** auszugehen. Denn Wohnungs- und Nießbrauchsrechten (vgl. hierzu § 1047 BGB) liegt der Gedanke zugrunde, dass dem Nießbraucher die Nutzungen nur insoweit zustehen als sie bei ordnungsmäßiger Wirtschaft den Reinertrag bilden. Bei der Ermittlung des Werts von Wohnungs- oder Nießbrauchsrechten am Haus- und Grundbesitz ist von den Einnahmen aus Vermietung und Verpachtung auszugehen, die erzielt werden (könnten). Dabei sind Belastungen (z.B. Zinszahlungen des Nießbrauchers) abzuziehen.

Sind in dem notariellen Übergabevertrag **in der Vergangenheit erbrachte Leistungen** des Beschenkten wie z.B. geldwerte Arbeitsleistungen, Renovierungsarbeiten oder Pflegeleistungen dokumentiert, können auch diese Leistungen den Wert der Schenkung mindern. Bei derartigen Dokumentationen ist allerdings ebenfalls (siehe obiges Beispiel zu den Pflegeleistungen) danach zu differenzieren, ob es sich bei der Zuwendung um eine nachträgliche „Entlohnung" (dann Entgelt) oder eine nachträgliche „Belohnung" (dann Schenkung) handelt.

---

573 Für die Rückabwicklung einer Schenkung ist derjenige beweispflichtig, der sich auf die Schenkung beruft. Vgl. BGH, Urt. vom 18.10.2011 – X ZR 45/10 –, FamRZ 2012, 207 = NJW 2012, 605 = ErbR 2013, 216; BGH, Urt. vom 15.5.2012 – X ZR 5/11 –, ErbR 2013, 53 = ZEV 2013, 213.

574 Vgl. BGH, Urt. vom 1.2.1995 – IV ZR 36/94 –, NJW 1995, 1349 = FamRZ 1995, 479; VG Düsseldorf, Urt. vom 10.06.2008 – 21 K 2144/07 –, BeckRS 2008, 37516 = juris.

Die Überleitung eines Schenkungsrückforderungsanspruchs kann auch nach dem Tod der leistungsberechtigten Person erfolgen, weil dieser im Fall der Überleitung durch den Sozialhilfeträger auch gegen den Willen des Schenkers übergeleitet werden kann. § 93 SGB XII dient der Durchsetzung des Grundsatzes des Nachrangs der Sozialhilfe (§ 2 Abs. 1 SGB XII). Er bietet dem Träger der Sozialhilfe ein rechtliches Instrumentarium, um durch Eintritt in die Gläubigerposition den vom Gesetz gewollten Vorrang der Verpflichtungen anderer, die dem Hilfeempfänger die erforderliche Hilfe hätten gewähren können, nachträglich wiederherzustellen.

Die Überleitungsermächtigung zielt also ihrem Zweck nach auf die Herstellung derjenigen Haushaltslage beim Sozialhilfeträger, die bestünde, wenn der Anspruch des Hilfeempfängers schon früher erfüllt worden wäre. Diese Rechtslage wird nicht etwa erst durch die Überleitungsanzeige geschaffen, sondern besteht materiell-rechtlich von vornherein, sobald Sozialhilfe geleistet wird. Die Überleitungsanzeige als privat-rechtsgestaltender Verwaltungsakt konkretisiert und individualisiert diese Erstattungspflicht lediglich. Deshalb kann der Sozialhilfeträger auch in der Vergangenheit liegende Ansprüche für die Zeit der Leistungserbringung wirksam überleiten. Um diesen Zweck gerecht zu werden, müssen Ansprüche – wie z. B. der Schenkungsrückforderungsanspruch – auch nach dem Tod der leistungsberechtigten Person noch möglich sein.[575]

Der bis zum Tod des verarmten Schenkers fortbestehende Anspruch ist nach § 1922 BGB vererblich. Damit kann der Erbe nach dem Tod des Schenkers dessen Rückforderungsanspruch geltend machen.[576] Ist der Erbe gleichzeitig Beschenkter, ist dieser Gläubiger und Schuldner eines Anspruchs zugleich. Als Erbe ist er Gläubiger und Anspruchsinhaber des Rückforderungsanspruchs. Als Beschenkter sieht er sich dem Rückforderungsanspruch ausgesetzt.

Der Bundesgerichtshof verneint dennoch ein Erlöschen des Anspruchs aufgrund einer derartigen Konfusion, soweit nach dem Tod des Schenkers Rechte des Trägers der Sozialhilfe an dem verschenkten Vermögen fortbestehen.[577] Denn der Schenker – wäre er nicht tot – könnte und würde nicht auf den Rückforderungsanspruch verzichten. Zusätzlich kann in diesem Fall der Rechtsgedanke aus § 2175 BGB herangezogen werden.

Liegt eine „Konfusion" vor, kommt gegenüber dem Erben sowohl ein Kostenersatzanspruch für die erbrachte Sozialhilfeleistung nach § 102 SGB XII als auch eine Überleitung nach § 93 SGB XII in Betracht. Während der Kostenersatzanspruch eine erst den Erben als solchen treffende Verbindlichkeit beinhaltet, zielt die Anspruchsüberleitung auf die Durchsetzung des Nachrangprinzips der Sozialhilfe bereits zu Lebzeiten der leistungsberechtigten Person ab. Deshalb geht die Anspruchsüberleitung im Rahmen einer Konfusionslage dem Kostenersatzanspruch im Rang vor.[578]

Die aufgrund des § 528 i. V. m. § 812, § 818 Abs. 2 BGB im Rahmen von **Wertersatzzahlungen** zurückfließenden Geldbeträge (insbesondere bei Grundbesitzübertragungen) stellen regelmäßig **Einkommen** dar, weil es sich nicht mehr

---
575 Vgl. BGH, Urt. vom 14.6.1995 – V ZR 212/94 –, juris, Rn. 11 = NJW 1995, 2287 = FamRZ 1995, 1123.
576 Vgl. BGH, Urt. vom 24.4.2001 – X ZR 205/99 – und – X ZR 229/99 –, EzFamR aktuell 2001, 147.
577 Vgl. BGH, Urt. vom 14.6.1995 – V ZR 212/94 –, juris, Rn. 13 = NJW 1995, 2287 = FamRZ 1995, 1123.
578 Vgl. BVerwG, Urt. vom 10.5.1990 – 5 C 63/88 –, BVerwGE 85, 136 = NDV 1990, 317 = NJW 1990, 3288.

um die Naturalherausgabe des ursprünglichen Anspruchs handelt, sondern um einen Anspruch, der auf Einkommensverschaffung gerichtet ist, so dass die Privilegierungen des § 90 SGB XII hierfür nicht gelten.[579] Die zurückfließenden Geldbeträge stellen zweckbestimmte Einnahmen dar, die nach § 88 Abs. 1 Satz 1 Nr. 1 SGB XII unterhalb der Einkommensgrenze zur Bedarfsdeckung eingesetzt werden können.

Erfolgt jedoch eine vollständige Rückübertragung des (Geld-)Geschenks (z. B. weil der Wert des Geschenks geringer ist als der Sozialhilfeanspruch), stellt die Geltendmachung des Schenkungsrückforderungsanspruchs als bereite Forderung verwertbares Vermögen dar.[580] Eine Überleitung kann dann an der notwendigen Kausalität (vgl. § 93 Abs. 1 Satz 3 SGB XII) scheitern, wenn das Vermögen sozialhilferechtlich „geschützt" ist. Zu beachten ist allerdings, dass nach bestandskräftiger Überleitungsanzeige eine vollständige Rückübertragung des Geschenks (umgekehrte Ersetzungsbefugnis) nur an den Sozialhilfeträger möglich ist.

Vor dem beschriebenen Hintergrund steht es also dem Beschenkten – jedenfalls aus zivilrechtlicher Perspektive – frei, entweder Teilwertersatzzahlungen zu leisten oder sich durch die Herausgabe des ganzen Geschenks (umgekehrte Ersetzungsbefugnis) von seiner Zahlungspflicht aus § 818 Abs. 2 BGB zu befreien.[581]

Mit folgender Argumentation wird eine umgekehrte Ersetzungsbefugnis für zulässig gehalten: Teilwertersatzzahlungen verfolgen einen Schutzzweck zugunsten des Beschenkten. Diesem soll das Geschenk wenigstens insoweit belassen bleiben, wie es zur Deckung des Unterhaltsbedarfs nicht benötigt wird. Es ist kein Grund ersichtlich, weshalb der Beschenkte auf diesen Schutz nicht freiwillig sollte verzichten können.

Diese an sich plausible Rechtslage wird bei einer Überleitung im Sozialhilferecht problematisch. Denn die Rückgabe von Sachgeschenken (z. B. Immobilien) führen im Sozialhilferecht nicht zu einem Wegfall der Hilfebedürftigkeit. Außerdem wäre bei der Wahl einer umgekehrten Ersetzungsbefugnis der Sozialhilfeträger neuer Eigentümer des Geschenks und nicht die leistungsberechtigte Person. Potenziert wird die rechtlich problematische Situation, wenn es sich um eine sog. „mittelbare Schenkung" handelt. Bei einer mittelbaren Schenkung besteht zwischen Entreicherungsgegenstand (beim Schenker) und Bereicherungsgegenstand (beim Beschenkten) keine Identität. Mittelbare Schenkungen sind z. B. die Hingabe eines Geldbetrages mit der Zweckbindung, hiervon ein Grundstück zu bebauen. Das Geschenk liegt dann in der Immobilie und nicht im Geldgeschenk. Eine mittelbare Schenkung besteht auch in der Löschung eines Wohnungs- oder Nießbrauchrechts. Die Schenkung liegt hier in der Verkehrswerterhöhung der Immobilie. Bei mittelbaren Schenkungen ist nach hier vertretener Meinung eine umgekehrte Ersetzungsbefugnis nicht möglich, sondern nur eine Teilwertersatzzahlung.

Der Schenkungsrückforderungsanspruch geht den gesetzlichen Unterhaltsansprüchen vor.[582] Allerdings unterliegt er mehreren Einreden.

---

579 Vgl. BVerwG, Urt. vom 25.6.1992 – 5 C 37/88 –, BVerwGE 90, 245 = FEVS 43, 104 = NJW 1992, 3312 = NDV 1993, 162; angedeutet vom BSG, Urt. vom 2.2.2010 – B 8 SO 21/08 R –, juris, Rn. 13.
580 Vgl. LSG Niedersachsen-Bremen, Urt. vom 11.3.2008 – L 7 AS 143/07 –, juris, Rn. 24 = FEVS 60, 127-131.
581 Vgl. BGH, Urt. vom 17.12.2009 – Xa ZR 6/09 –, NJW 2010, 2655 = FamRZ 2010, 463.
582 Vgl. BGH, Urt. vom 13.2.1991 – IV ZR 108/90 –, NJW 1991, 1824.

- **Zehnjahresfrist**
Der bedeutsamste Ausschluss des Rückforderungsrechts besteht nach § 529 Abs. 1 Alt. 2 BGB. Danach ist der Anspruch auf Herausgabe des Geschenkes ausgeschlossen, wenn zur Zeit des Eintritts der Bedürftigkeit seit der Leistung des geschenkten Gegenstandes zehn Jahre verstrichen sind. Maßgeblich ist also, ob die – zivil- bzw. unterhaltsrechtliche – Bedürftigkeit des Schenkers innerhalb von zehn Jahren nach der vollzogenen Schenkung eintritt.

Da es nach dem Wortlaut („**geschenkter Gegenstand**") auf die Perspektive des Beschenkten ankommt, ist für den **Fristbeginn** nicht die Leistungshandlung, sondern der **Eintritt des rechtlichen Leistungserfolgs beim Beschenkten** – der sog. „**Schenkungsvollzug**" – maßgeblich.

Handschenkungen (z. B. Geburtstags- oder Weihnachtsgeschenke), für die die Formvorgabe des § 518 BGB nicht gelten, sind sofort wirksam. Eine Geldüberweisung ist im Zeitpunkt der Eigentumsverschaffung (vgl. §§ 929 ff. BGB) geschenkt, d. h. im Zeitpunkt der Gutschrift bei der Empfangsbank.[583] Bewegliche Sachen sind ebenfalls im Zeitpunkt der Besitzverschaffung geschenkt.

Nach einer Entscheidung des Bundesgerichtshofs[584] beginnt die Frist bei der Übergabe einer Immobilie bereits dann zu laufen, sobald der Erwerber nach wirksamer Auflassung die Eintragung beim Grundbuchamt **beantragt hat,** und nicht erst mit der Eintragung des Eigentumsübergangs im Grundbuch. Maßgebend ist in diesem Fall also nicht der Erwerb der Immobilie durch die Eintragung im Grundbuch und damit der Leistungserfolg, sondern die Leistungshandlung. Der Bundesgerichtshof hat darüber hinaus im selbigen Urteil bedeutsam entschieden, dass die Zehnjahresfrist auch dann mit der vollzogenen Schenkung beginnt, wenn sich der Schenker am verschenkten Grundstück ein lebenslanges Nießbrauchsrecht vorbehalten hat. Diese Frage war jahrelang in der Gerichtsbarkeit umstritten und wurde teilweise dahingehend ausgelegt, dass die Zehnjahresfrist erst mit dem Ende des Nießbrauchs begann.

Problematisch ist die Bewertung, wann die Zehnjahresfristabgelaufen ist. Maßgebend ist grundsätzlich die Frage, ob der Schenker innerhalb der Zehnjahresfristverarmt ist. Das ist regelmäßig zu bejahen, wenn er innerhalb der zehn Jahre nachrangige Sozialleistungen in Anspruch nimmt. Bei späterer Verbesserung der Einkommens- und Vermögenslage des Schenkers entfällt der (übergeleitete) Anspruch nicht.[585]

Aus der Sicht des Trägers der Sozialhilfe, der den Schenkungsrückforderungsanspruch auf sich überleiten will, kommt es **nicht** darauf an, dass im Zeitpunkt der Antragstellung zehn Jahre seit der Schenkung verstrichen sind, **wenn die Bedürftigkeit des Schenkers nachweislich innerhalb der 10-Jahres-Frist eingetreten ist.**[586] Dies gilt jedenfalls dann, wenn **unterhaltsverpflichtete Dritte** bis zum Ablauf der Zehnjahresfrist z. B. die Pflegeleistungen übernehmen und erst nach Ablauf der Zehnjahresfristeinen Antrag auf Sozialleistungen stellen. Dann sind die

---
583 Vgl. BGH, NJW 1994, 931.
584 Vgl. BGH, Urt. vom 19.7.2011 – X ZR 140/10 –, NJW 2011, 3082.
585 Vgl. BGH, Urt. vom 7.11.2006 – X ZR 184/04 –, BGHZ 169, 320 = NJW 2007, 60 = FamRZ 2007, 277.
586 Vgl. VG Aachen, Urt. vom 15.11.2011 – 2 K 748/10 –, juris.

Unterhaltsverpflichteten lediglich in Vorleistung getreten, da der Rückforderungsanspruch vorrangig vor den Unterhaltsverpflichtungen besteht. Andernfalls hätte es der Beschenkte in der Hand, den voraussichtlichen Bedarf des Schenkers bis zum Erreichen der Zehnjahresfrist vorauszubezahlen, und dadurch den Restwert zu retten.

Gleiches gilt auch dann, wenn **ein Dritter** z. B. aus sozialen Gründen den verarmten Schenker unterstützen möchte, ihn jedoch nicht von seinem Rückforderungsanspruch befreien möchte.

Die Zehnjahresfrist ist nur dann abgelaufen, wenn bis zum Ablauf der Frist der Schenker den Bedarf aus noch vorhandenem (eigenen) Vermögen oberhalb der sozialhilferechtlichen Vermögensschongrenzen verfügt oder durch Nachbarschaftshilfe bei Auskehrung des Pflegegeldes deckt.

Die Zehnjahresfrist nach § 529 Abs. 1 Alternative 2 BGB ist zu trennen von den Verjährungsvorschriften der §§ 195, 196 BGB. Die Verjährungsvorschriften betreffen den Zeitraum zwischen dem zur Entstehung des Anspruchs führenden Eintritt der Bedürftigkeit und dessen Geltendmachung durch den Schenker. Tritt diese Bedürftigkeit innerhalb der Zehnjahresfrist ein, beginnt ab diesem Zeitpunkt der Lauf der einschlägigen Verjährungsfrist.

Beispiel 1
P hat seinem Sohn vor einem Jahr 50.000,00 € geschenkt. Nun wird er pflegebedürftig und kann die Kosten für die Pflege aus eigenen Mitteln nicht mehr selbst aufbringen. Er wird sozialhilfebedürftig und kann daher gleichzeitig seinen zivilrechtlichen „angemessenen Unterhalt" nicht mehr bestreiten.

Die Zehnjahresfrist ist ersichtlich nicht abgelaufen. Mit dem Eintritt der Bedürftigkeit (vgl. §§ 528 Abs. 1 Satz 1, 199 Abs. 1 Nr. 1 BGB) beginnt die dreijährige Verjährungsfrist nach § 195 BGB. Innerhalb dieser Zeit muss der Sozialhilfeträger den Schenkungsrückforderungsanspruch auf sich überleiten, wenn er nicht die Einrede der Verjährung gegen sich gelten lassen will.

Beispiel 2
Im obigen Beispiel hat P seinem Sohn vor neun Jahren 50.000,00 € geschenkt.
Die Zehnjahresfrist (§ 529 Abs. 1 Alt. 2 BGB) ist auch hier nicht abgelaufen. Es beginnt erneut mit Eintritt der Bedürftigkeit (vgl. § 199 Abs. 1 BGB) die Verjährungsfrist von drei Jahren, wobei diese erst mit dem Ende des Jahres zu laufen beginnt. Der Sozialhilfeträger kann also ggf. noch im zwölften Jahr seit Vollziehung der Schenkung den Rückforderungsanspruch auf sich überleiten.

- **Pflicht- und Anstandsschenkung**
Ebenfalls unterliegen Schenkungen gemäß § 534 BGB keiner Rückforderung, wenn durch Schenkungen einer sittlichen Pflicht oder einer auf den Anstand zu nehmenden Rücksicht entsprochen wird. Bei der Anstandsschenkung ist zu überprüfen, ob eine Schenkung nach der allgemeinen Gepflogenheit üblich oder gebräuchlich ist. Anstandsschenkungen kommen insbesondere bei Geburtstagen, Hochzeiten, Taufen

oder religiösen Feiertagen in Frage. Eine Anstandsschenkung bleibt unberücksichtigt, wenn der Wert der Zuwendung dem Anlass entsprechend angemessen ist.

Beispiel[587]
Der Großvater überweist seinem Enkel sechs Jahre lang 50,00 € als „Taschengeld". Der Sozialhilfeträger leitet 3.600,00 € als Schenkungsrückforderungsanspruch auf sich über. Die 3.600,00 € wurden nicht ausgegeben, sondern gespart, so dass eine Entreicherung (vgl. §818 Abs. 3 BGB) nicht stattgefunden hat.

Taschengeldzahlungen in Höhe von monatlich 50,00 € entsprechen im vorliegenden Verwandtschaftsverhältnis sowie im sozialen Kreis des Schenkers einer üblichen Zuwendung und damit der Verkehrssitte. Es handelt sich um eine normale Gepflogenheit, bei deren Ausbleiben ein Verlust an Ansehen und Achtung droht. Die hier vorliegende Anstandsschenkung kann also nicht übergeleitet werden.

Zu beachten ist, dass der Fall eine andere Betrachtung erfährt, wenn der Großvater z. B. über eine bescheidene Rente verfügt und die Geldzahlungen zu Sparzwecken überwiesen werden. Der Zweck der Zuwendung besteht dann im Kapitalaufbau. Bei dessen Ausbleiben kann man nicht mehr davon ausgehen, dass hier ein Verlust an Ansehen und Anerkennung entstehen könnte.[588]

Bei Pflichtschenkungen wird die Vorschrift sehr restriktiv ausgelegt. Die Vorschrift hat Bedeutung bei Immobilienüberlassungsverträgen und durchgeführten Pflegeleistungen. Nur wenn der Beschenkte und gleichzeitig Pflegende schwerwiegende persönliche Opfer bringt und deswegen selbst in eine Notlage gerät (z. B. eine Berufstätigkeit aufgibt), kann davon ausgegangen werden, dass solche Zuwendungen einer moralischen oder sittlichen Pflicht entsprechen und daher „rückforderungsfest" sind.[589] Allein die Durchführung einer Pflege – da dies einem moralischen oder sittlichen Gebot unter Verwandten entspricht – führt also nicht zum Anwendungsbereich des §534 BGB. Wenn dennoch eine Pflichtschenkung angenommen wird, ist weiter zu prüfen, inwieweit eine vorhandene sittliche Pflicht zur Pflege den Wert der Zuwendung mindert. Nur der Teil der Pflichtschenkung unterliegt dann dem Ausschlusstatbestand.

- **Schuldhaftes Verhalten des Schenkers**
  Eine weitere Einrede besteht dann, wenn der Schenker seine Bedürftigkeit zumindest grob fahrlässig herbeigeführt hat (§529 Abs. 1 Alternative 1 BGB). Der Schenker muss danach besonders unwirtschaftlich und verschwenderisch gelebt haben. Das Verhalten des Schenkers darf aber für den Beschenkten im Zeitpunkt der Schenkung nicht absehbar gewesen sein. Eine Schenkung während der Hilfebedürftigkeit (z. B. eine Schenkung einer bislang sozialhilferechtlich geschützten Immobilie) fällt daher nicht unter diese Vorschrift.

---

587 Vgl. LG Aachen, Urt. vom 14.2.2017 – 3 S 127/16 –, BeckRS 2017, 105856.
588 Vgl. OLG Celle, Urt. vom 13.2.2020 – 6 U 76/19 –, juris.
589 Vgl. BGH, Urt. vom 10.4.1986 – IX ZR 159/85 –, NJW 1986, 1925.

Da hier auf ein schuldhaftes Verhalten abgestellt wird, muss zusätzlich geprüft werden, ob es Rechtfertigungsgründe für dieses Verhalten gibt, um somit die grobe Fahrlässigkeit zu bejahen oder zu verneinen. Es ist also im Einzelfall zu prüfen, ob eine unseriöse Spekulation, Glücksspiel oder Luxusausgaben ein grob fahrlässiges – sozialinadäquates – Verhalten darstellen.

- **Gefährdung des eigenen standesgemäßen Unterhalts**
Ein Schenkungsrückforderungsanspruch ist ausgeschlossen, wenn der Beschenkte die Gefährdung seines eigenen Unterhaltes oder seiner gesetzlichen Unterhaltspflicht einwenden kann (§ 529 Abs. 2 BGB). Der in § 529 Abs. 2 BGB genannte „standesgemäße Unterhalt" ist als „angemessener Unterhalt" zu verstehen. Zu prüfen ist also, ob noch genügend Mittel für den eigenen angemessenen Unterhalt oder die Erfüllung einer gesetzlichen Unterhaltspflicht vorhanden sind. Abzustellen ist auf die unterhaltsrechtlichen Bestimmungen[590], die für das jeweilige Unterhaltsrechtsverhältnis maßgebend sind – also entweder nach den Vorschriften und Regeln des Verwandten-, des Ehegatten- oder des Lebenspartnerschaftsunterhalts.

Besteht zwischen Schenker und Beschenkten keine unterhaltsrechtliche Beziehung, weil die Schenkung an einen Familienfremden oder an einen außerhalb des gesetzlichen Unterhaltsrechts stehenden Angehörigen erfolgt ist, sind nach Ansicht der Rechtsprechung die §§ 1603 Abs. 1, 1610 Abs. 1 BGB heranzuziehen und dabei die Maßstäbe zugrunde zu legen, die die Rechtsprechung zum Elternunterhalt entwickelt hat.[591] Als Voraussetzung reicht bereits die bloße Gefährdung (und nicht eine tatsächliche Unterhaltsbeeinträchtigung) des eigenen angemessenen Unterhalts, wenn für die Zukunft die begründete Besorgnis besteht, dass der Beschenkte bei Erfüllung des Rückforderungsanspruchs nicht mehr genügend Mittel für seinen angemessenen Unterhalt haben wird.[592]

Zumindest im Rahmen des Elternunterhalts besteht die Kernaussage der Rechtsprechung darin, dass ein unterhaltspflichtiges Kind eine spürbare und dauerhafte Senkung seines berufs- und einkommenstypischen Unterhaltsniveaus jedenfalls insoweit nicht hinzunehmen brauche als es nicht einen nach den Verhältnissen unangemessenen Aufwand betreibe oder ein Leben im Luxus führe.[593] Zu beachten ist allerdings, dass die Schenkungsrückforderung sowohl zeitlich als auch der Höhe (auf den Wert des Geschenks) nach begrenzt ist. Damit bestehen Unterschiede zwischen einem Beschenkten und einem Unterhaltsschuldner, so dass eine weniger großzügige Freistellung des Schuldners (Beschenkten) im Rahmen des Rückforderungsanspruchs angezeigt ist.[594]

---

590 Vgl. BGH, Urt. vom 11.7.2000 – X ZR 126/98 –, NJW 2000, 3488 = FamRZ 2001, 21.
591 Vgl. BGH, Urt. vom 11.7.2000 – X ZR 126/98 –, NJW 2000, 3488 = FamRZ 2001, 21.
592 Vgl. LG Düsseldorf, Urt. vom 28.3.2013 – 14c 205/11 U –, BeckRS 2013, 05892.
593 Vgl. BGH, Urt. vom 23.10.2002 – XII ZR 266/99 –, NJW 2003, 128 = FamRZ 2002, 169 = NDV-RD 2003, 5.
594 Vgl. *Wedemann*, Rückforderung wegen Verarmung des Schenkers versus Elternunterhalt, NJW 2011 S. 571 (574).

Geschützt ist insoweit das geschenkte selbstbewohnte und zugleich angemessene Wohneigentum oder der für die Berufsausübung erforderliche PKW. Das Wohn- oder Familienheim ist aber nur dann geschützt, wenn es von angemessenem Wert und angemessener Größe ist.[595] Anhaltspunkte hierfür gibt die Regelung des § 90 Abs. 2 Nr. 8 SGB XII, wobei zu berücksichtigen ist, dass es im Unterhaltsrecht auf die bisherigen Lebensumstände bei dem Einsatz von Vermögen und Einkommen ankommt. Zusätzlich ist zu berücksichtigen, dass ein eigenes Familienheim der Befriedigung des Unterhaltsbedarfs des Schuldners (Beschenkten) und ggf. weiterer Familienangehöriger dient und zugleich Mehraufwendungen erspart.

Ist das Wohnhaus unangemessen, kommt es auf die Zumutbarkeit eines Verkaufs an, die in Abwägung der berechtigten und schutzwürdigen Belange zu bestimmen ist. **Soweit die Veräußerung nicht zumutbar ist, kann der Unterhaltsschuldner dennoch verpflichtet sein, durch Aufnahme eines Kredits Mittel für den Unterhalt zu beschaffen und einzusetzen. Auch hier kommt dem Gesichtspunkt der wirtschaftlichen Zumutbarkeit eine gesteigerte Bedeutung zu**. Maßstab ist das Unterhaltsrecht und den dazu ergangenen Wertungen.[596]

Ein angemessener Unterhalt ist somit nicht gefährdet, wenn der Beschenkte aus dem sonstigen (Spar-)Vermögen, Einkünften oder dem Einsatz der Arbeitskraft einen Beitrag zur Bedürftigkeitsbeseitigung leisten kann. Denn der Rückforderungsanspruch ist nicht auf die Rückgängigmachung der gesamten Schenkung gerichtet, sondern auf die Herausgabe dessen, was der Schenker zur Behebung seiner Bedürftigkeit benötigt.[597]

Auf die rechtshemmende Einrede des § 529 Abs. 2 BGB kann sich **nicht** berufen, wer die absehbare Bedürftigkeit des Schenkers kennt oder hätte erkennen oder kennen können. Zumeist handelt es sich um Fallkonstellationen, bei denen wenige Monate vor der Sozialhilfebedürftigkeit eine Schenkung – in der Regel eine Immobilienübergabe – wegen eingetretener gesundheitlicher Verschlechterung stattgefunden hat. Denn sittlich anstößig verhält sich, wer bewusst oder zumindest grob fahrlässig unbewusst den Bezug von Sozialhilfeleistungen herbeiführt und dadurch der Sozialhilfeträger den Schenkungsrückforderungsanspruch nicht geltend machen kann. Das ist grundsätzlich anzunehmen, wenn die maßgeblichen Umstände den Vertragsparteien bei Abschluss des Schenkungsvertrages bekannt sind oder sich dieser Erkenntnis grob fahrlässig verschließen. Es reicht die Vorstellung, dass z. B. durch eine Hausübergabe ein Rückgriff des Sozialhilfeträgers verhindert werden kann.[598] In diesen Fällen kommt also ein Schenkungsrückforderungsanspruch trotz vermeintlicher Unterhaltsgefährdung in Frage.

---

595 Vgl. LG Düsseldorf, Urt. vom 28.3.2013 – 14c 205/11 U –, BeckRS 2013, 05892.
596 Vgl. BGH, Urt. vom 11.7.2000 – X ZR 126/98 –, NJW 2000, 3488 = FamRZ 2001, 21; BGH, Urt. vom 15.1.2002 – X ZR 77/00 –, juris.
597 Vgl. BGH, Urt. vom 6.9.2005 – X ZR 51/03 –, NJW 2005, 3638-3639 = FamRZ 2005, 1989; BGH, Urt. vom 15.1.2002 – X ZR 77/00 –, juris; BGH, Urt. vom 11.7.2000, NJW 2000, 3488 = FamRZ 2001, 21.
598 BGH, Urt. vom 20.11.2018 – X ZR 115/16 –, juris, Rn. 18 ff.

- **Entreicherung**
Als Einrede kommt die Entreicherung des Beschenkten in Frage, sofern nicht ein verschärfter Haftungstatbestand greift (§ 818 Abs. 3, § 819 Abs. 1 BGB). Die unentgeltliche Weitergabe des geschenkten Gegenstandes an einen Dritten ist jedoch dem Sozialhilfeträger gegenüber unbeachtlich (§ 822 BGB)[599].

Eine Entreicherung liegt nur vor, wenn aus dem Verlust des Geschenkes kein anderer Vermögensvorteil als Surrogat erlangt wurde. Der Verlust muss also dergestalt sein, dass daraus für den Beschenkten kein irgendwie gearteter, bei ihm verbliebener Vermögensvorteil resultiert. Ein Surrogat kann z.B. in dem Kauf von Einrichtungsgegenständen für die eigene Wohnung bestehen.

Eine Entreicherung liegt vor, wenn das Geschenkte für Luxusausgaben verbraucht wurde. Ist hingegen der Luxusgegenstand (z.B. ein teures Auto) noch vorhanden, bleibt der Beschenkte in Höhe des aktuellen Wertes[600] noch bereichert. Maßgebend ist insofern der aktuelle objektive Verkehrswert. Handelt es sich nicht um Luxusausgaben, ist zu prüfen, ob durch die Ausgaben Aufwendungen erspart worden sind, die man regulär vorgenommen hätte. Reisen, die keine Luxusreisen sind, führen daher z.B. nicht zu einer Entreicherung.[601] Ähnliches gilt, wenn Verbindlichkeiten getilgt wurden, mit dem Geschenk Nutzungen gezogen werden können oder andere Vermögensvorteile durch das Geschenk bestehen.

Schließlich kann ein Wegfall der Bereicherung dann eintreten, wenn das Aktivvermögen des Empfängers (Beschenkten) den Bereicherungsanspruch nicht mehr deckt. In einem solchen Fall kommt es auch nicht darauf an, ob Aufwendungen erspart wurden. Das ist also z.B. bei einer „Überschuldung" der Fall.

Sollte die Einrede der Entreicherung geltend gemacht werden, sind auch die besonderen Vorschriften der „verschärften Haftung" zu berücksichtigen (vgl. § 818 Abs. 3, § 819 Abs. 1 i.V.m. § 292 BGB i.V.m. §§ 987 ff. BGB). Die verschärfte Haftung gilt ab positiver Kenntnis des Rückforderungsanspruchs. In der Regel tritt diese Kenntnis und damit die verschärfte Haftung ab Bekanntgabe des Anhörungsschreibens ein. Ab dem Zeitpunkt verschärften Haftung kann u.a. eine Entreicherung nicht mehr geltend gemacht werden. Ebenfalls haftet der Beschenkte u.a. für eine verschuldete Wertminderung oder eine fehlende Nutzung des Geschenks (vgl. § 989 BGB, § 987 Abs. 2 BGB).

- **Verjährung**
Der Rückforderungsanspruch des verarmten Schenkers unterliegt der Verjährungsfrist nach § 195 BGB. Die danach gültige Dreijahresfrist beginnt gemäß § 199 Abs. 1 BGB mit dem Schluss des Jahres, in dem der Anspruch entstanden ist und in dem der Anspruchsteller zweitens von den anspruchsbegründenden **Tatsachen** und der Person des Schuldners Kenntnis erlangt hat.

---

599 Vgl. BGH, Urt. vom 3.2.1989 – V ZR 190/87 –, BGHZ 106, 354 = NJW 1989, 1478; BGH, Urt. vom 29.9.1999 – X ZR 114/96 –, BGHZ 142, 300 = NJW 2000, 1434.
600 Es kommt auf den aktuellen Wert (Verkehrswert) an, da die Herausgabe des Geschenkes sich nach den Regeln der ungerechtfertigten Bereicherung (§§ 812 ff. BGB) bestimmt. Diese stellen wiederum in § 818 Abs. 2 BGB auf den Verkehrswert ab.
601 Vgl. VG Kassel, Urt. vom 25.3.2004 – 7 E 2757/01 –, juris.

Es ist höchstrichterlich noch nicht geklärt, ob bei der nach § 199 Abs. 1 Nr. 2 BGB erforderlichen Kenntnis des Gläubigers auf die Kenntnis der leistungsberechtigten Person (des Schenkers) oder auf die Kenntnis des Sozialhilfeträgers ankommt. Die Rechtsprechung[602] stellt auf die Kenntnis der leistungsberechtigten Person (des Schenkers) ab, so dass die Verjährung regelmäßig bereits vor der Bekanntgabe der Überleitungsanzeige zu laufen begonnen hat. Begründet wird dies damit, dass die Überleitungsanzeige die zivilrechtlichen Verjährungsvorschriften nicht verdrängen. Ansonsten würde eine bereits eingetretene Verjährung durch die Überleitungsanzeige beseitigt. Dies sei rechtsdogmatisch nicht haltbar.

Dem wird in der Literatur[603] entgegengehalten, dass es auf die Kenntnis des Sozialhilfeträgers ankomme, weil sich ansonsten vielfältige Umgehungs- und Missbrauchsmöglichkeiten für die ursprünglichen Vertragsparteien ergeben. Darüber hinaus würde die Zehnjahresfrist in § 529 Abs. 1 Alt. 2 BGB in vielen Fällen gegenstandslos, weil zuvor die Verjährungseinrede erhoben werden kann.

So problematisch sich die Rechtslage für den Sozialhilfeträger zur Verwirklichung des Nachrangprinzips darstellt, gibt es wohl keine Auslegungsmöglichkeit, die bereits eingetretene Verjährungsfrist mit dem Erlass der Überleitungsanzeige neu zu bestimmen. Eine Auslegung dahingehend, dass „der Gläubiger" i. S. des § 199 Abs. 1 Nr. 2 BGB der Sozialhilfeträger ist, führt wohl zu weit, weil das Stammrecht des Anspruchs auch bei der leistungsberechtigten Person bleibt und der Sozialhilfeträger nicht gänzlich in die Position der leistungsberechtigten Person rückt.

Der Sozialhilfeträger kann den Anspruch danach nur in der Gestalt geltend machen, wie es die leistungsberechtigte Person (Schenker) vornehmen könnte. Der zivilrechtliche Anspruch wird nicht zu einem öffentlichen Anspruch. Damit bleiben auch die zivilrechtlichen Einredemöglichkeiten erhalten.

Entschärft wird allerdings die Situation zur Gefahr der Verjährung, wenn die Auffassung vertreten wird, dass bei Schenkungsrückforderungsansprüchen die Geldansprüche aus § 812 Abs. 1 BGB oder die Teilwertersatzzahlungen aus § 818 Abs. 2 BGB Monat für Monat als verjährungsauslösende Ansprüche betrachtet werden. So wird die – hier geteilte[604] – Auffassung vertreten, dass Verjährungsbeginn im Sinne von § 199 BGB die Fälligkeit des Anspruchs voraussetzt, und die Fälligkeit entsteht beim Schenkungsrückforderungsanspruch durch die monatlich zu erfüllenden Teil- bzw. Teilwertersatzleistungen. Das führt zu einem sukzessiven Verjährungsbeginn und in der Folge zu einem sukzessiven Verjährungseintritt.[605]

Eine Gegenmeinung kann allerdings vertreten werden, wenn die Teil- und Teilwertersatzzahlungen als **eine** Ausprägung des Rückforderungsanspruchs betrachtet werden. Dann würde es sich nicht um zwei verschiedene Ansprüche, sondern um

---

602 Vgl. LG Stuttgart, Urt. vom 18.12.2007 – 15 O 452/06 –, juris; LG Bamberg, Urt. vom 5.1.2011 – 1 O 295/09 –, BeckRS 2011, 05512.
603 Vgl. *Sefrin* in JurisPK-BGB, § 528 BGB Rn. 59; *Kiss* in Mergler/Zink, § 93 SGB XII, Rn. 20a.
604 Vgl. auch *Grothe* in MüKo, § 199 BGB, Rn. 4 sowie BGH, Urt. vom 8.4.2015 – IV ZR 103/15 –, juris, Rn. 22 jeweils m. w. N.: „Nach wie vor ist ein Anspruch für die Zwecke des Verjährungsbeginns also regelmäßig erst im Zeitpunkt seiner **Fälligkeit** als entstanden anzusehen; gänzlich synonym sind die Begriffe freilich nicht. Insbesondere genügt die Möglichkeit, vor Fälligkeit eine verjährungsunterbrechende Feststellungsklage zu."
605 Vgl. *Zeranski*, Verjährung des Schenkungsrückforderungsanspruchs und Regress des Sozialhilfeträgers, NJW 2020 S. 3409 ff., Rn. 22-23.

einen (einheitlichen) Anspruch auf teilweise Herausgabe des Geschenkes in Form einer Geld- oder Ersatzleistung in Geld handeln.[606] Bei dieser Betrachtungsweise existiert nur eine einzige Verjährungsfrist.[607] Ist danach durch die Teil- bzw. Teilwertersatzzahlungen der Wert des Geschenks selbst nach drei Jahren nicht erreicht, ist der Schenkungsrückforderungsanspruch verjährt.

Der Sozialhilfeträger müsste unter Annahme einer einzigen Verjährungsfrist, um den Eintritt der Verjährung zu verhindern, entweder eine Feststellungsklage erheben, gerichtet auf Feststellung bzw. Fortbestehen des Anspruchs bis zum Erreichen des Schenkungswertes, oder mit dem Schuldner (Beschenkten) eine entsprechende Vereinbarung treffen, dass auf die Einrede der Verjährung verzichtet wird, oder die Hemmung der Verjährung vereinbaren und eine Einigung erzielen, dass die Sozialhilfeaufwendungen bis zum Wert des Geschenks zu ersetzen sind.

Die Zehnjahresfrist nach § 196 BGB gilt bei Grundstücksübertragungen und auch für den Sekundäranspruch aus § 528 BGB, unabhängig davon, ob das gesamte Geschenk zurückgefordert wird oder nur ein Teilwertersatzanspruch geltend gemacht wird, weil die Höhe des Rückforderungsanspruchs hinter dem Grundstückswert zurückbleibt.[608]

Bestehen keine Einreden, besteht die Rechtsfolge in der Herausgabe des Geschenkes nach den Vorschriften über die Herausgabe des Geschenkes nach den Vorschriften über die Herausgabe einer ungerechtfertigten Bereicherung (vgl. §§ 812 ff. BGB). Gemäß § 812 Abs. 1 Satz 1 BGB ist grundsätzlich der entsprechende Gegenstand zurückzugeben. Ist die Schenkung nicht teilbar wie z.B. bei Immobilien, besteht ein (Teil-) Wertersatzanspruch bis zur Höhe des aktuellen Verkehrswertes (§ 818 Abs. 2 BGB).

Der Sozialhilfeträger, der den Schenkungsrückforderungsanspruch auf sich überleiten will, darf die Überleitung nur in Höhe der gewährten nachrangigen Sozialleistungen vornehmen. Sind die Sozialleistungen – wie üblich – wiederkehrend und sich wiederholend, darf der Sozialleistungsträger bis zum Aufbrauchen des Schenkungsgegenstandes den Anspruch aus § 528 BGB einfordern.

Grundsätzlich ist der später Beschenkte mit einem vorrangigem Rückforderungsanspruch konfrontiert (vgl. § 528 Abs. 2 BGB). Mehrere gleichzeitig Beschenkte haften gleichrangig nebeneinander als Gesamtschuldner gemäß § 421 BGB.[609] Die Inanspruchnahme eines oder mehrerer Gesamtschuldner (Beschenkter) muss im öffentlichen Recht nach pflichtgemäßem Ermessen erfolgen.[610]

6.1.2.2 Wohnungs-, Nießbrauchs- und Altenteilsrechte

Mit dem Übergabe- oder Überlassungsvertrag der Immobilie hält sich der – nun Leistungsberechtigte – Übergeber häufig Wohnungs-, Nießbrauchs- oder Altenteilsrechte vor. Auch diese Rechte kommen für eine Überleitung durch den Sozialhilfe-

---

606 BGH, Urt. vom 19.12.2000 – X ZR 128/99 –, juris, Rn. 9.
607 Vgl. BGH, Urt. vom 19.12.2000 – X ZR 128/99 –, juris, Rn. 14 = FamRZ 2001, 409 = ZEV 2001, 199.
608 Vgl. BGH, Urt. vom 22.4.2010 – Xa ZR 73/07 –, NJW 2011, 218 = FamRZ 2010, 1330.
609 Vgl. BGH, Urt. vom 28.10.1997 – X ZR 157/96 –, FamRZ 1998, 155 = NJW 1998, 537 = ZEV 1998, 73.
610 Vgl. BSG, Urt. vom 23.8.2013 – B 8 SO 7/12 R –, SGb 2014, 680 = FamRZ 2014, 660 = ZEV 2014, 434.

träger, insbesondere bei stationärer Heimaufnahme, in Frage, wenn die Sozialhilfeaufwendungen nicht durch Einkommen und Vermögen des Leistungsberechtigten gedeckt werden können.[611]

Ein Altenteilsrecht ist ein Rechtsgeschäft, bei dem eine Wirtschaftseinheit (z. B. ein Bauernhof oder ein Betrieb) von einer auf die nächste Generation übertragen wird. Regelmäßig wird die wirtschaftliche Lebensgrundlage übertragen. Umgekehrt kann ein selbstgenutztes Hausgrundstück oder Wohnungseigentum, das keine Wirtschaftserträge abwirft, nicht Grundlage von Altenteilsrechten sein.[612]

Altenteilsrechte, auch als „Leibgedinge" bezeichnet (vgl. Art. 96 EGBGB i. V. m. Art. 15 § 9 PrAGBGB bzw. dem jeweiligen Landesrecht, z. B. Art. 7, Art. 18 BayAGBGB), gehen über Wohn- bzw. Wohnungsrechte hinaus. Gemeint ist eine neben dem Wohnungsrecht vorhandene **schuldrechtliche Verpflichtung** zur Erbringung von Nutzungen und Leistungen wie z. B. Beköstigung oder häusliche Pflege. Bei der Formulierung einer Pflegeverpflichtung im Überlassungsvertrag ist für ihre Gültigkeit darauf zu achten, dass diese konkret genug ausformuliert ist. Neben der Frage der konkreten Leistungsverpflichtung ist sinnvollerweise aufzunehmen, ob die Pflegeverpflichtung bei stationärer Heimaufnahme erlischt und ob eine Ersatzleistung bei stationärer Heimaufnahme erfolgen soll.

Da **Altenteilsrechte** regelmäßig auch Versorgungsverpflichtungen beinhalten und bei einer stationären Pflege diese Verpflichtungen wegfallen, hat der Altenteilsberechtigte und Pflegebedürftige einen Anspruch auf eine Geldrente als „Ausgleich für die Befreiung von der Pflicht zur Gewährung der Wohnung und zu Dienstleistungen" (vgl. Art. 15 § 9 PrAGBGB). **Damit beinhalten Altenteilsrechte Zahlungsansprüche und sind überleitungsfähig.** Die Wertermittlung orientiert sich an objektiven Maßstäben, die auch im Bereicherungsrecht gelten würden. Zum Wert solcher Versorgungsrechte vgl. Übungsaufgabe 6.1.9.

Sollte im Altenteilsrecht vereinbart worden sein, dass für den Fall der Aufnahme des Altenteilsberechtigten in ein Alten- oder Pflegeheim dessen Altenteilsrechte wegfallen, so stellt dies **keinen** sittenwidrigen Vertrag zu Lasten des Sozialhilfeträgers dar.[613] Eine solche Regelung sei sittlich deshalb nicht zu missbilligen, da mit dem Altenteilsvertrag nur eine Verpflichtung zur Erbringung einer Sachleistung bestünde, aber keine zusätzlichen Zahlungsverpflichtungen bezweckt seien. Weiterhin sei eine derartige Klausel, auch wenn sie sich wirtschaftlich zu Lasten des Sozialhilfeträgers auswirken könnte, kein Vertrag zu Lasten Dritter.

Generell können aufgrund des Urteils des Bundesgerichtshofs vom 6.2.2009[614] im Überlassungsvertrag „Wegzugsklauseln" vereinbart werden, wonach Versorgungsleistungen (z. B. Wohnungsrecht, Kost und Pflege) nur so lange geschuldet sind, wie sie im übernommenen Anwesen erbracht werden können. Der Bundesgerichtshof hält eine solche leistungseinschränkende Klausel durch Aufnahme von auflösenden Bedingungen für zulässig, weil ein ausreichender Schutz des Schenkers durch den Schenkungs-

---
611 Vertiefungshinweis: *Herrler*, Das Wohnrecht im Überlassungsvertrag, DNotZ 2009 S. 408; *Mayer*, Wohnungsrecht und Sozialhilferegress, DNotZ 2008 S. 672.
612 Vgl. BGH, Urt. vom 19.1.2007 – V ZR 163/06 –, NJW 2007, 1884 = juris, Rn. 14.
613 Vgl. BGH, Urt. vom 6.2.2009 – V ZR 130/08 –, NJW 2009, 1346 = FamRZ 2009, 865.
614 Vgl. BGH, Urt. vom 6.2.2009 – V ZR 130/08 –, NJW 2009, 1346 = FamRZ 2009, 865.

rückforderungsanspruch nach § 528 Abs. 1 BGB gewährleistet ist. Wenn schon ein ausreichender Schutz bei einer „reinen" Schenkung vorhanden ist, gilt dies erst recht für die Fallkonstellationen, in denen „nur" eine gemischte Schenkung vorliegt, bei der der Beschenkte Gegenleistungen erbringen muss.

Denkbar ist es, dass auch Wohn- bzw. Wohnungsrechte (vgl. § 1090 ff., § 1093 BGB) für eine Überleitung in Frage kommen, wenn diese als Zahlungsansprüche kapitalisiert werden können. Kennzeichen des **Wohnungsrechts** ist es, dass der Grundstückseigentümer von der Benutzung des Gebäudes, das er dem Wohnungsberechtigten überlassen hat, ausgeschlossen ist. Das Wohnungsrecht ist zu trennen vom **Wohnrecht**. Hier besteht nur ein Mitbenutzungsrecht des Wohnberechtigten ohne Ausschluss des Eigentümers.

Da von der Überleitungsanzeige nach § 93 SGB XII nur Zahlungsansprüche und geldwerte Ansprüche erfasst werden, die die Sozialhilfeleistung bei ihrer Realisierung mindern, kann das dingliche und höchstpersönliche **Wohn- oder Wohnungsrecht nicht Gegenstand der Überleitung sein.** Denn grundsätzlich würde die Überleitung des Wohnungsrechts nur dazu führen, dass der Sozialhilfeträger dafür sorgen kann, die Wohnräume an den ursprünglichen Wohnungsberechtigten zu überlassen. Sind andererseits zusammen mit dem Wohnungsrecht Ansprüche auf Kost und Pflege verbunden, können diese geldwerten Rechte wiederum übergeleitet werden, da der Versorgungsverpflichtete diese Aufwendungen erspart.[615]

Ein **Wohnungsrecht** i. S. von § 1093 BGB kann grundsätzlich nur vom Berechtigten ausgeübt werden, da es sich um ein höchstpersönliches dingliches Recht (§ 1092 Abs. 1 Satz 1 BGB) handelt. Das Wohnungsrecht bleibt insoweit hinter dem Nießbrauchsrecht zurück als es grundsätzlich nur zur Selbstnutzung berechtigt. Insofern müsste eine Überleitungsfähigkeit auf den Sozialhilfeträger nach § 93 SGB XII verneint werden, denn ohne Vermietungsmöglichkeit an Dritte entstehen keine überleitungsfähigen Zahlungsansprüche. Dennoch kommt eine Überleitung nach der jüngeren Rechtsprechung in Frage.

Der Bundesgerichtshof[616] tendiert im Rahmen einer „**ergänzenden Vertragsauslegung**" zu der Auffassung, dass ein Wohnungsrecht bei Umzug in ein Pflegeheim nicht automatisch erlischt, jedenfalls dann nicht, wenn keine eindeutige Vertragsklausel dergestalt aufgenommen wurde, dass das Wohnungsrecht (und die Versorgungsleistung) im Falle der Unterbringung des Berechtigten in einem Alten- oder Pflegeheim entfällt. Im Rahmen einer „ergänzenden Vertragsauslegung" (vgl. § 157 BGB) sei zu schlussfolgern, dass die Vertragspartner bei einer Heimaufnahme und fehlender Benutzung der Wohnung eine Ersatzpflicht wollten bzw. das Wohnungsrecht erhalten bleiben sollte. Die für eine ergänzende Vertragsauslegung notwendige planwidrige Regelungslücke sei regelmäßig anzunehmen, wenn die Parteien keine abschließende Regelung getroffen hätten. Die Vorhersehbarkeit der Veränderung stehe der Annahme einer Regelungslücke nicht entgegen.

---
615 Vgl. OLG Köln, Beschl. vom 25.6.2014 RNotZ 2014, 541 (zu den Voraussetzungen, bei denen kein Zahlungsanspruch in Frage kommt).
616 Vgl. BGH, Urt. vom 6.2.2009 – V ZR 130/08 –, NJW 2009, 1346; BGH, Urt. vom 19.1.2007 – V ZR 163/06 –, NJW 2007, 1884. Zum zuletzt genannten Urteil: *Auktor*, Sozialhilferegress beim Wohnungsrecht, MittBayNot, 01/2008 S. 14 ff.; OLG Köln, Beschl. vom 25.6.2014, RNotZ 2014 S. 541.

In Kenntnis der Regelungslücke hätten die Parteien bei sachgemäßer Abwägung ihrer beiderseitigen Interessen nach Treu und Glauben vereinbart, dass der Eigentümer des Hauses zur Vermietung berechtigt sei. Der daraus erzielbare Erlös stehe mit Rücksicht darauf, **dass das Wohnungsrecht der Alterssicherung dienen solle**, dem Wohnberechtigten zur anderweitigen Sicherung seines Lebensbedarfs zu. Dem Absicherungsinteresse entspricht es also, wenn sich der Eigentümer in Höhe seiner ersparten Aufwendungen an den Pflegekosten beteiligt. Auch werde ansonsten der Eigentümer auf Kosten des Wohnungsberechtigten gegenüber den Regelungen im Übergabevertrag wirtschaftlich bessergestellt, was nicht gerechtfertigt sei.

Bei Vermietung wandelt sich das höchstpersönliche dingliche **Wohnungsrecht** insofern[617] in einen **Vergütungsanspruch** in Höhe der durch eine Vermietung erzielbaren Netto-Erträge um.[618] Allerdings ist der Eigentümer – soweit der Übergabevertrag keine genaue Regelung enthält – nicht verpflichtet, die Wohnung zu vermieten bzw. die Nutzung durch Dritte zu dulden. Da das Wohnungsrecht ein im Grundsatz höchstpersönliches Nutzungsrecht ist, ist der Eigentümer bei unklarer Regelungslage nicht verpflichtet, die Wohnung an einen anderen als den Wohnungsberechtigten zu vermieten (vgl. § 1092 Abs. 1 Satz 2 BGB: Nur mit Zustimmung des Eigentümers können die Wohnräume vermietet werden). Ein Veto des Eigentümers verhindert also die Vermietung.

Nimmt der Eigentümer eigenmächtig, d. h. ohne Abstimmung mit dem Wohnungsberechtigten, eine Vermietung vor, stehen dem Eigentümer die Mieteinnahmen zu.[619] Allerdings hätte in diesem Fall der Wohnungsberechtigte ein Vetorecht gegen die vorgenommene Vermietung gegen seinen Willen (vgl. § 1093 Abs. 1 BGB).

Mit der eigenmächtigen und nicht durch eine Erlaubnis des Wohnungsberechtigten gedeckten Vermietung der dem Wohnungsrecht unterliegenden Wohnung hat der Eigentümer in das Wohnungsrecht der leistungsberechtigten Person eingegriffen. Vor diesem Hintergrund und unter Berücksichtigung des Wohnungsrechts kann eine hälftige Aufteilung der Mieteinnahmen analog § 430 BGB oder aus § 242 BGB vereinbart werden.[620]

Der Sozialhilfeträger hat bei der Überleitungsanzeige zu beachten, dass er nur den Zahlungsanspruch (einen Abgeltungsanspruch), nicht aber das höchstpersönliche Wohnungsrecht überleitet. Neben der Vermietung der dem Wohnungsrecht unterliegenden Räume kommt „nur" der durch den Wegfall des Wohnungsrechts erlangte wirtschaftlichen Vorteil oder die ersparten Aufwendungen als Abführungsbetrag in Frage.[621] Nebenkosten, die dem Eigentümer weiter entstehen, sind daher hinsichtlich der Höhe der Überleitung mindernd zu berücksichtigen.

---

617 Voraussetzung hierfür ist, dass eine ergänzende Vertragsauslegung die Vermietungsmöglichkeit hergibt. Sollte zwischen aktuellem Eigentümer und Wohnungsberechtigten das Wohnungsrecht nicht vereinbart sein, existiert zunächst keine Möglichkeit einer ergänzenden Vertragsauslegung. Demzufolge besteht keine Herausgabepflicht von etwaigen Mieteinnahmen. Der Wohnungsrechtsinhaber hat aber einen Anspruch auf Unterlassung der Vermietung der Wohnung, so dass die Wohnung weder von dem Wohnungsberechtigten noch von dem Eigentümer genutzt werden kann (vgl. BGH, Urt. vom 13.7.2012 – V ZR 206/11 –, NJW 2012, 3572 = FamRZ 2012, 1708).
618 So auch OLG Köln, Beschl. vom 25.6.2014 – I-11 U 13/14 –, juris, Rn. 7.
619 Vgl. BGH, Urt. vom 13.7.2012 – V ZR 206/11 –.
620 Vgl. Thüringer OLG, Urt. vom 17.8.2011 – 2 U 1074/10 –, juris, Rn. 31 ff.; a. A. OLG Hamm, 28.9.2009 – 5 U 80/07 –, juris, Rn. 26 ff.
621 Vgl. OLG Celle, Beschl. vom 15.10.2007 – 4 W 195/07 –, NJW-RR 2008, 397-399. Differenzierend zu der Frage, ob und ggf. wie ein Mieterlös zu verteilen wäre: *Herrler*, Das Wohnrecht im Überlassungsvertrag, DNotZ 2009 S. 408.

Da nicht das Wohnungsrecht selbst, sondern der Zahlungsanspruch aus dem Wohnungsrecht übergeleitet wird, muss die Wohnung außerdem **vermietbar** sein.[622] Ist eine Wohnung nicht vermietbar (z. B. deshalb, weil dort noch die persönlichen Gegenstände einschließlich der Möblierung der leistungsberechtigten Person lagern), steht bereits die Rechtmäßigkeit einer Überleitungsanzeige in Frage, obwohl diese nur dann nicht erlassen werden darf, wenn eine Überleitung offensichtlich ausgeschlossen ist.[623] Wird die Wohnung nicht vermietet, können hinsichtlich des Wohnungsrechts nur die tatsächlich ersparten Aufwendungen des Eigentümers, etwa für Wasser, Strom, Heizung, Müllabfuhr oder für in zeitlichen Abständen anfallende Maßnahmen zur Unterhaltung der Wohnung verlangt werden, nicht hingegen der Sachwert des Wohnungsrechts selbst.

Ersparte Aufwendungen des Eigentümers entstehen nur dann, wenn dieser diese privaten oder öffentlichen Lasten ohnehin zu tragen hätte.

Eine weitere Alternative zur Begründung der Überleitung des Wohnungsrecht liegt in der Annahme einer „Störung der Geschäftsgrundlage" (vgl. § 313 BGB). Eine Geschäftsgrundlage ist „gestört", wenn die Vertragsparteien sich bei Vertragsschluss bestimmte Vorstellungen gemacht haben, die nun überraschend nicht eintreten. Die „Störung der Geschäftsgrundlage" soll dem Vertrag wegen einer Änderung der Verhältnisse einen Inhalt geben, den ihm die Parteien gegeben hätten, wenn sie diese Veränderung vorausgesehen hätten. Regelmäßig wird aber die Notwendigkeit, sich zukünftig wegen Alters oder Behinderungen in Pflege zu begeben, kein Umstand sein, den die Parteien nicht vorhersehen konnten. Eine „Störung der Geschäftsgrundlage" ist daher tendenziell zu verneinen.[624]

Will der Sozialhilfeträger – gestützt auf dieses Argument – das Wohnungsrecht erhalten lassen, muss er darlegen, dass bei einer stationären Heimaufnahme eine solche Störung vorliegt und für das Wohnungsrecht Geldersatz zu leisten ist.

Wird der Wohnungsrechtsinhaber stationär in einem Pflegeheim aufgenommen, kann zwischen Eigentümer und Wohnungsrechtsinhaber die **Aufgabe des Wohnungsrechts** vereinbart werden (sog. **„Wegzugsklausel"**). Ist die Aufgabe des dinglichen Wohnungsrechts und die Möglichkeit, diese im Grundbuch zu löschen, bereits im Übergabevertrag vereinbart, stellt dies nach hier vertretener Auffassung keine Schenkung dar.[625] Eine Schenkung verlangt, dass der Schenkende eine unentgeltliche Zuwendung aus seinem Vermögen vornimmt. Diese hat der Schenkende aber bereits im Übergabevertrag vorgenommen und sich hier eine Gegenleistung in der Gestalt des Wohnungsrechts mit möglicher Aufgabe für den Fall des Wegzugs vorbehalten. Der Wert des Wohnungsrechts ist im Fall einer Wegzugsklausel als Auflage (unechte Gegenleistung) insofern geringer als ohne Wegzugsklausel. Der Wert des Wohnungsrechts ist in solchen Fallkonstellationen mit einem Wahrscheinlichkeitsfaktor zu berechnen.

---

622 Hessisches LSG, Urt. vom 25.4.2012 – L 4 SO 207/11 –, BeckRS 2012, 69401 (keine Vermietbarkeit bei noch vorhandenen Möbeln); OLG Celle, Urt. vom 15.10.2007 – 4 W 195/07 – (kein Anspruch auf Renovierung der Wohnung).
623 Vgl. dazu: LSG Hessen, Urt. vom 25.4.2012 – L 4 SO 207/11 –, BeckRS 2012, 69401.
624 So auch BGH, Urt. vom 6.2.2009 – V ZR 130/08 –, NJW 2009, 1346.
625 Das ist nicht unumstritten: vgl. *Spieker*, jurisPR-FamR 2/2011, Anm. 3 zu BFH, Beschl. vom 23.6.2010 – II B 32/10 –.

Der Wegfall des Wohnungsrechts war also bereits Gegenstand einer früheren Schenkung. Dann ist die vereinbarte Löschung des dinglichen Wohnungsrechts keine neue Schenkung. Es liegt nur eine Grundbuchberichtigung vor.

Davon zu trennen sind die Fälle, in denen das dingliche[626] Wohnungsrecht bei oder nach Heimaufnahme im Einverständnis zwischen Wohnungsberechtigten (also der leistungsberechtigten Person) und dem Eigentümer im Grundbuch gelöscht wird. Die Aufgabe der Wohnungsrechtsbestellung im Grundbuch durch Löschungsbewilligung stellt in der Regel eine **Schenkung** des sozialhilfebedürftigen Wohnungsrechtsberechtigten dar.

Nach überwiegender Auffassung liegt der nach § 528 Abs. 1 BGB herauszugebende Wert der Bereicherung nicht im Wert des Wohnungsrechts für den Wohnungsberechtigten, sondern in der Erhöhung des Verkehrswertes des Grundstücks bei Wegfall des Wohnungsrechts, da nur der sich hieraus ergebende Wertzuwachs dem Beschenkten (Eigentümer der Immobilie) zugutekommt.[627] Die Verkehrswerterhöhung der Immobilie ermittelt sich – vereinfacht dargestellt – aus dem Mietwert multipliziert mit dem Kapitalwert der Wohnungsrechtsinhaberin zum Zeitpunkt der Schenkung (Zeitpunkt der Löschungsbewilligung des Wohnungsrechts durch den Wohnungsrechtsinhaber). Der sich daraus ergebende – in der Regel beträchtliche – Schenkungswert löst Teilwertersatzzahlungen nach § 818 Abs. 2 BGB aus,[628] d. h. wiederkehrende Leistungen des Beschenkten in einer dem angemessenen Unterhaltsbedarf entsprechenden Höhe, bis der Wert des Schenkungsgegenstandes erschöpft.[629]

Das Oberlandesgericht Hamm[630] stellt in einer Entscheidung nicht auf die Verkehrswerterhöhung der Immobilie ab. Stattdessen wird auf den Wert der tatsächlich erzielten Mieteinnahmen abgestellt. Von den Mieteinnahmen sind ferner Renovierungskosten (im konkreten Fall waren dies 40,00 € bis 60,00 €) abzuziehen.

Das Gericht stellt im Wesentlichen darauf ab, dass eine formale Betrachtung einer Verkehrswerterhöhung nicht die tatsächliche Bereicherung widerspiegelt. Sofern der

---

626 Zu trennen ist das dingliche Wohnungsrecht vom schuldrechtlich vereinbarten Wohnungsrecht (Abstraktionsprinzip). Der dinglichen Eintragung des Wohnungsrechts im Grundbuch liegt ein schuldrechtliches Verpflichtungsgeschäft im Übergabevertrag zugrunde. Das dingliche Wohnungsrecht ist eine beschränkte persönliche Dienstbarkeit im Sinne von § 1090 BGB, also die Belastung eines Grundstücks mit dem Inhalt, ein Gebäude oder einen Gebäudeteil unter Ausschluss des jeweiligen Eigentümers als Wohnung zu benutzen. Fällt das schuldrechtliche Verpflichtungsgeschäft weg, hat dies auf das dingliche Wohnungsrecht keine Auswirkungen. Denn die schuldrechtliche Vereinbarung über die entgeltliche oder unentgeltliche Bestellung des Wohnungsrechts stellt nur den Rechtsgrund für die Bestellung des dinglichen Wohnungsrechts im Grundbuch dar. Wird nur ein schuldrechtliches Wohnungsrecht vereinbart, bindet dies nur die vertragsschließenden Parteien. Bei einem Verkauf der Immobilie kann das schuldrechtliche Wohnungsrecht also ggf. durch Kündigung entfallen. Ein unentgeltlich vereinbartes schuldrechtliches Wohnungsrecht stellt eine Leihe im Sinne von § 398 BGB dar und keine Schenkung, weil der Eigentümer aus seinem Vermögen keinen Wertverlust erfährt (vgl. § 516 BGB; BGH, Urt. vom 11.12.1981 – V ZR 247/80 –, juris, Rn. 11 ff.).
627 Vgl. BGH, Urt. vom 20.10.2020 – X ZR 7/20 –;BGH, Urt. vom 17.4.2018 – X ZR 65/17 –; BGH, Urt. vom 26.10.1999 – X ZR 69/97 –, juris, Rn. 23 ff.; OLG Nürnberg, Urt. vom 22.7.2013 – 4 U 1571/12 –, ZEV 2014, 37 (Abgrenzung zu BGH, Beschl. vom 25.1.2012 – XII ZB 479/11 –, NJW 2012, 1956); OLG Hamm, Urt. vom 26.2.2009 – I-22 U 113/08 –, juris, Rn. 29 ff.
628 BGH, Urt. vom 29.3.1985 – V ZR 107/84 –, juris, Rn. 13; BGH vom 20.12.1985 – V ZR 66/85 –, juris, Rn. 15; BGH vom 11.3.1994 – V ZR 188/92 –, juris, Rn. 8; BGH vom 17.1.1996 – IV ZR 184/94 –, juris, Rn. 15; BGH vom 20.5.2003 – X ZR 246/02 –, juris, Rn. 6.
629 BGH, Urt. vom 17.1.1996 – IV ZR 184/94 –, juris, Rn. 16; BGH vom 28.10.1997 – X ZR 157/96 –, juris, Rn. 28.
630 OLG Hamm, Urt. vom 17.5.2017 – I-30 U 117/16 –, juris.

Eigentümer nach Löschung des Wohnungsrechts die Immobilie nicht zum Verkauf anbietet, hätte dieser von der Verkehrswerterhöhung keinerlei Nutzen und es läge keine Bereicherung im Sinne des § 818 BGB vor. § 818 BGB setze aber einen Wertersatzanspruch im Umfang der tatsächlichen Bereicherung voraus. Würde man auf die Verkehrswerterhöhung abstellen, käme dem isolierten Wohnungsrecht ein Verkehrswert zu, der in Wirklichkeit nicht existiert. Die Verkehrswertermittlung wäre also nur eine hypothetische Wertbetrachtung, weil das Wohnungsrecht kein verkehrsfähiges Gut darstellt. Außerdem würde dem Wohnungsrechtsinhaber eine Teileigentümerstellung zugebilligt, die dieser rechtlich gesehen nicht hat.

Diese Gedanken wurden allerdings im Revisionsurteil verworfen. Der Bundesgerichtshof stellt daher fest: Hat der Schenker dem Beschenkten den Verzicht auf ein auf dem Grundstück des Beschenkten lastendes Wohnungsrecht zugewandt, ist für die Höhe des Rückforderungsanspruchs bei Verarmung des Schenkers als Wertersatz für den geschenkten Gegenstand der Betrag maßgeblich, um den sich der Verkehrswert des Grundstücks bei Eintritt der Bedürftigkeit des Schenkers durch den Wegfall der dinglichen Belastung erhöht hat.[631]

Das **Nießbrauchsrecht** stellt im Vergleich zum Wohnungsrecht ein weitergehendes dingliches Recht dar, weil es dem Veräußerer ein umfassendes Recht gibt, Nutzungen aus der unbeweglichen Sache zu ziehen. Das Nießbrauchsrecht beinhaltet die Möglichkeit, die Wohnung nach dem Auszug auch anderen zur Verfügung zu stellen und so Mieteinnahmen zu erzielen. Denn Nießbrauchsrechte sind – im Gegensatz zum Wohnungsrecht – nicht als höchstpersönliches Recht ausgestaltet (§§ 1030 ff., § 1059 Satz 2 BGB).

Vergleich von Nießbrauchs- und Wohnungsrecht	
Wohnungsrecht	**Nießbrauchsrecht**
• nur zur Selbstnutzung, höchstpersönliches Recht, Untervermietung ist z.B. regelmäßig ausgeschlossen	• umfassendes Recht zur Selbstnutzung und berechtigt auch zur Fremdüberlassung (z.B. Vermietung)
• ist regelmäßig beschränkt auf bestimmte Gebäudeteile der Immobilie; gemeinsame Nutzung bestimmter Räume (Keller, Küche, Garten) muss im Übergabevertrag genau bestimmt werden	• erstreckt sich regelmäßig auf die gesamte Immobilie; ausgenommen werden können nur einzelne Grundstücksteile, nicht aber Gebäudeteile
• der Wohnungsberechtigte trägt die Ver-brauchskosten und Schönheitsreparaturen (z.B. neue Tapete, neuer Teppich) selbst, alle anderen öffentlichen Lasten (z.B. Grundsteuer, Renovierungskosten) trägt der Eigentümer (vgl. § 1093 Abs. 1 Satz 2 i.V.m. § 1041 BGB)	• grundsätzlich trägt der Nießbrauchsberechtigte sämtliche privaten und öffentlichen Lasten, z.B. Renovierungskosten, Großreparaturen (z.B. Dach, Heizung) oder öffentliche Lasten (z.B. Grundsteuer, Versicherungskosten). Nur die außerordentlichen Lasten trägt der Eigentümer (z.B. Erschließungskosten)

---

631 BGH, Urt. vom 17.4.2018 – X ZR 65/17 –, juris, Rn. 13.

Umstritten ist, ob das Nießbrauchsrecht selbst übergeleitet werden kann. Der Nießbrauch ist zwar nicht übertragbar (vgl. § 1059 Satz 1 BGB), nach § 93 Abs. 1 Satz 4 SGB XII hindert dies allerdings nicht die Überleitung. Gegen eine Überleitung des Nießbrauchs spricht, dass das Nießbrauchsrecht ein dingliches Recht darstellt, während nach § 93 SGB XII nur „Ansprüche" übergeleitet werden können. Im Gegensatz zum Wohnungsrecht kann aber die **aus der Ausübung** des Nießbrauchs resultierenden Ansprüche problemlos „kapitalisiert" und folglich übergeleitet werden.

Der Bundesgerichtshof hat – zumindest hinsichtlich des Wohnungsrechts – darauf hingewiesen, dass wegen des höchstpersönlichen Charakters des Wohnungsrechts regelmäßig keine Pflicht des Eigentümers zu einer Vermietung bestehe.[632]

Der Eigentümer schuldet daher **keinen abstrakten Nutzungsersatz** in Höhe des Mietwerts, sondern hat **nur** die aufgrund einer Vermietungsvereinbarung **tatsächlich erhaltenen Mieten an den Nießbraucher herauszugeben**. Diese Rechtsprechung kommt allerdings nur dann zum Tragen, wenn eine ergänzende Vertragsauslegung diese Erkenntnisse möglich macht, weil im Übergabevertrag keine eindeutige Regelung getroffen wurde. Nutzt der Eigentümer die Wohnung also selbst oder lässt sie leerstehen, besteht regelmäßig kein Anspruch auf Entschädigung, wenn dies die ergänzende Vertragsauslegung zu dem beiderseitigen Parteiwillen ergibt. In einem solchen Fall bleibt dann dem Sozialhilfeträger kein überleitbarer Anspruch.

Im Zusammenhang mit den o. g. Rechten und dem Übergabevertrag stehen auch vereinbarte Pflegeleistungen (oder allgemein: Versorgungsleistungen), die als Gegenleistung (synallagmatisch, konditional oder kausal) für die Übertragung des Grundstücks zu erbringen sind. Sind die dort vorgenommenen Regelungen nicht eindeutig, ist auch hinsichtlich der vereinbarten Pflegeleistungen dann eine „ergänzende Vertragsauslegung" (vgl. § 157 BGB) notwendig, um zu klären, ob bei stationärer Aufnahme der Übergeber einen Zahlungsanspruch aus weggefallenen Pflegeverpflichtungen erhält, die zuvor möglicherweise nur bei häuslicher Pflege vereinbart waren.[633]

6.1.3 Rechtliche Wirkung der Überleitung

Eine Überleitung gemäß § 93 SGB XII bewirkt, dass der Träger der Sozialhilfe in die Rechtsstellung der Anspruchsgläubiger, nämlich der Leistungsberechtigten oder deren Partner, Eltern bzw. Elternteile tritt. Die Rechtspositionen des bisherigen Gläubigers und Schuldners ändern sich dadurch. Denn mit dem Zugehen bzw. Bekanntgabe der Überleitungsanzeige tritt der Sozialhilfeträger in die Rechtsstellung des Leistungsberechtigten, der bisher Anspruchsgläubiger war. Der Sozialhilfeträger hat nunmehr das Recht, den Anspruch in eigenem Namen geltend zu machen und zu verfolgen, auch

---

632 Vgl. BGH, 9.1.2009 – V ZR 168/07 –, NJW 2009, 1348 = FamRZ 2009, 598.
633 Vgl. BGH, Urt. vom 29.1.2010 – V ZR 132/09 –, NJW 2010, 2649-2651. Der BGH hat mit der von ihm vorgenommenen ergänzenden Vertragsauslegung den Eintritt einer Zahlungsverpflichtung bei stationärer Heimaufnahme ausgeschlossen, obwohl hauswirtschaftliche Dienstleistungen und auch Pflegeverpflichtungen im Übergabevertrag vereinbart wurden. Der BGH hat den Vertrag dahingehend ausgelegt, dass die Verpflichtungen nur bei häuslicher Pflege bestünden, da die Verpflichtungen auf Seiten des Erwerbers als „höchstpersönliche" Verpflichtungen ausgestaltet wären und nur durch ihn selbst oder seine Familienangehörigen erbracht werden dürfen.

wenn das „Stammrecht" beim bisherigen Gläubiger verbleibt. Hiermit wird ein Recht bezeichnet, aus dem einzelne abtrennbare Ansprüche fließen.[634]

Durch diesen **Gläubigerwechsel**, der einen Forderungsübergang bewirkt, wird der eigentliche Anspruch nicht verändert. Ein privatrechtlicher Anspruch wird durch den Verwaltungsakt (die Überleitungsanzeige) nicht zu einem öffentlich-rechtlichen Anspruch. Der Anspruch ist in der Form geltend zu machen, die auch bei nicht erfolgter Überleitung hätte gewählt werden müssen, z. B. Mahnverfahren, Klage. Die materielle Auseinandersetzung des übergeleiteten Rechts, z. B. Wohnungsrecht, Nießbrauchsrecht, Forderungen aus Verträgen wie z. B. den Immobilien-Übergabevertrag, erfolgt daher in der Regel vor den Zivilgerichten.

Das „Stammrecht" des (übergeleiteten) Anspruchs bleibt bei den ursprünglich Anspruchsberechtigten (Leistungsberechtigte, Partner, Eltern). Danach können Dritte, trotz erfolgter Überleitung, **künftige** Ansprüche der Leistungsberechtigten (Gläubiger) weiterhin diesen gegenüber unmittelbar mit für sie befreiender Wirkung erfüllen, soweit nicht bereits Leistungen durch den Träger der Sozialhilfe erbracht wurden oder in absehbarer Zeit erbracht werden.[635]

Pauschale Hinweise in Überleitungsanzeigen, wonach Leistungen für die Zukunft mit befreiender Wirkung nur an den Träger der Sozialhilfe erbracht werden können, sind unwirksam. Geht es um **künftige** Ansprüche, muss konkret bestimmt werden, welche Ansprüche für welche Leistungserbringung übergeleitet werden. Insoweit steht die Überleitungsanzeige unter der aufschiebenden Bedingung der tatsächlichen Leistungsgewährung.

Nach einer erfolgten Überleitung kann ein **Verzicht** der „ursprünglichen" Gläubiger (z. B. Leistungsberechtigte) auf zustehende Ansprüche nicht mehr erfolgen. Ist der Verzicht jedoch vor der Überleitung ausgesprochen worden sowie rechtmäßig und steht dieser **nicht** in direktem Zusammenhang mit der Leistung der Sozialhilfe, z. B. um trotz des bestehenden Anspruchs in den „vollen Genuss" der Sozialhilfe zu kommen, scheidet eine Überleitung aus.

Die nach anderen gesetzlichen Bestimmungen bestehenden Regelungen, wonach Ansprüche nicht oder nur teilweise übertragen, gepfändet oder verpfändet werden können (z. B. §§ 399, 400, 1274 BGB, § 850 ZPO), stehen einer Überleitung nicht entgegen (vgl. § 93 Abs. 1 Satz 4 SGB XII).

6.1.4 Materiell-rechtliche Voraussetzungen der Überleitung

Um einen rechtmäßigen Gläubigerwechsel auszulösen, müssen die nachfolgenden materiell-rechtlichen Voraussetzungen erfüllt sein.

---

634 BGH, Urt. vom 11.3.1994 – V ZR 188/92 –, juris, Rn. 10.
635 Vgl. BVerwG, Urt. vom 17.5.1973 – 5 C 108/72 –, BVerwGE 42,198 = FEVS 21, 321 = NDV 1973, 319.

6.1.4.1 Bestehen eines Anspruchs

Für die Rechtmäßigkeit der Überleitung (Überleitungsanzeige) ist es unerheblich, ob der Anspruch gegen den Dritten auch tatsächlich besteht. Im Einzelfall reicht die Vermutung aus, dass ein solcher gegeben ist. Erst durch die Überleitung eines (vermutlich) bestehenden Anspruchs und den damit verbundenen Übergang der sich daraus ergebenden Rechte auf den Träger der Sozialhilfe lassen sich häufig Einzelheiten über Art und Umfang des Anspruchs in Erfahrung bringen. In Fällen dieser Art handelt es sich um eine Überleitung dem „Grunde nach" (bis zur Höhe der erbrachten Sozialhilfe). Eine Konkretisierung bezüglich der Höhe des übergeleiteten Anspruchs erfolgt später.

Eine Überleitung ist nur dann nicht zulässig (rechtswidrig), wenn das Bestehen des Anspruchs **offensichtlich ausgeschlossen** ist (Grundsatz der Negativevidenz).[636] Wird z.B. ein Grundstück entgeltlich übertragen und handelt es sich erkennbar nicht um eine Scheinschenkung, weil der Kaufpreis dem Verkehrswert entspricht, besteht kein Anspruch aus einem Schenkungsrückforderungsanspruch nach § 528 BGB, so dass auch die Überleitung dieses Anspruchs nicht in Frage kommt.

Die Überleitung des Anspruchs bewirkt „nur" einen Gläubigerwechsel. Sie ist von der Durchsetzung des Anspruchs zu trennen. Die Durchsetzung des privaten oder öffentlich-rechtlichen Anspruchs muss daher isoliert erfolgen.

6.1.4.2 Anspruchsberechtigte

Haben leistungsberechtigte Personen oder haben bei der Erbringung von Hilfen nach dem 5. bis 9. Kapitel SGB XII auch ihre Eltern oder ihre nicht getrennt lebenden Ehegatten bzw. Lebenspartner einen Anspruch gegen einen anderen, kann der Träger der Sozialhilfe bewirken, dass dieser Anspruch auf ihn übergeht (vgl. § 93 Abs. 1 Satz 1 SGB XII).

In dieser Vorschrift kommt zunächst der Grundsatz zum Ausdruck, dass der Leistungsberechtigte nach dem Zwölften Buch Sozialgesetzbuch gleichzeitig Inhaber eines überleitungsfähigen Anspruchs ist (sog. **„Personenidentität"**). Weiterhin wird in § 93 Abs. 1 Satz 1 SGB XII bestimmt, dass bei der Leistung von Hilfen nach dem 5. bis 9. Kapitel auch Ansprüche übergeleitet werden, die den Eltern oder dem nicht getrennt lebenden Ehegatten zustehen.

Damit wird die Überleitung selbst dann ermöglicht, **wenn der Gläubiger des Anspruchs nicht selbst Leistungsberechtigter nach dem Zwölften Buch Sozialgesetzbuch ist**. Dies stellt eine bedeutsame Ausnahme von der Personenidentität dar. Beispielsweise können Beihilfeansprüche eines Elternteils für ein volljähriges leistungsberechtigtes Kind übergeleitet werden, soweit der Beihilfeanspruch für das Kind bestimmt ist. Somit ist eine Kausalität zu bejahen.

---

636 Vgl. BVerwG, Urt. vom 26.11.1969 – 5 C 54/69 –, BVerwGE 34/219 = FEVS 17, 203 = NDV 1970, 168; BVerwG, Urt. vom 27.5.1993 – 5 C 7/91 –, BVerwGE 92, 281 = NJW 1994, 64; LSG Baden-Württemberg, Urt. vom 22.11.2007 – L 7 SO 73/06 –, juris.

Eine weitere Ausnahme von der Personenidentität regelt § 93 Abs. 1 Satz 2 SGB XII. Danach kann der Sozialhilfeträger die Überleitung eines Anspruchs auch wegen seiner Aufwendungen für diejenigen Leistungen des 3. und 4. Kapitels bewirken, die die leistungsberechtigte Person **gleichzeitig** zusammen mit ihrem Ehegatten oder Lebenspartner und deren minderjährigen unverheirateten Kindern bezieht. Damit werden die Sozialhilfeaufwendungen der gesamten Einsatzgemeinschaft (vgl. § 27 Abs. 2 Satz 2, Satz 3, § 43 Abs. 1 Satz 1 Halbs. 1 SGB XII) in die Überleitung einbezogen. Die Regelung ist notwendig, weil die rechtzeitige Anspruchserfüllung nicht nur die Leistungen des Leistungsberechtigten bzw. Anspruchsgläubigers gemindert hätte, sondern wegen des Konstruktes der Einsatzgemeinschaft auch die Leistungen an die übrigen Mitglieder dieser Gemeinschaft. Im Unterschied zu § 93 Abs. 1 Satz 1 SGB XII ist allerdings Voraussetzung für ein Abweichen von der Personenidentität, **dass der Gläubiger des Anspruchs selbst Leistungsberechtigter ist.**

Beispiel 1
Wegen unzureichender Erwerbsminderungsrente von 300,00 € bezieht A zusammen mit seiner Ehefrau Leistungen nach dem 3. Kapitel SGB XII. A erhält 300,00 € und seine Ehefrau 600,00 €. Wenn A einen nicht realisierten Anspruch aus vertraglichen Beziehungen in Höhe von 900,00 € hat, kann dieser Anspruch auf den Sozialhilfeträger übergeleitet werden. Dem Anspruch stehen auch Sozialhilfeaufwendungen in Höhe von 900,00 € für die Personen der Einsatzgemeinschaft gegenüber.

Beispiel 2
Wenn der Anspruch 1.000,00 € beträgt, können trotzdem nur 900,00 € übergeleitet werden, da die Überleitung auf die Höhe des Anspruchs begrenzt ist (vgl. § 93 Abs. 1 Satz 3 SGB XII). Wenn die Sozialhilfeaufwendungen nur 800,00 € betragen, begrenzen die Sozialhilfeaufwendungen die Höhe der Überleitung (vgl. § 93 Abs. 1 Satz 1 SGB XII).

Beispiel 3
Wenn A eine Erwerbsminderungsrente in Höhe von 600,00 € (oder höher) bezieht, ist er wegen der im Zwölften Buch Sozialgesetzbuch praktizierten vertikalen Einkommensanrechnung nicht mehr hilfebedürftig. Etwaiges überschüssiges Einkommen müsste er im Rahmen der Einsatzgemeinschaft an seine Ehefrau „abgeben".
   Damit ist A nicht mehr leistungsberechtigte Person. Die Voraussetzung, dass bei den Leistungen zum Lebensunterhalt eine Personenidentität zwischen leistungsberechtigter Person und Anspruchsinhaber vorliegen muss, ist nicht gegeben. Der Anspruch des A ist damit nicht überleitungsfähig, obwohl die Realisierung des Anspruchs die Leistungen des Sozialhilfeträgers weiter vermindern würde.

6.1.4.3 Tatsächliche Leistungserbringung

Ansprüche dürfen nur übergeleitet werden, wenn die Leistung nach dem Zwölften Buch Sozialgesetzbuch tatsächlich erbracht wird oder wurde. Dabei reicht es aus, wenn die Entscheidung über die Sozialhilfeleistung getroffen worden ist.

Ob es auf die Rechtmäßigkeit erbrachter Leistungen ankommt, ist umstritten. Die Rechtsprechung tendiert dahin, dass **es auf die Rechtmäßigkeit der Sozialhilfegewährung nicht ankommt**.[637]

Demgegenüber wird eingewandt, dass die Verwaltungsträger zum rechtmäßigen Handeln verpflichtet seien (Art. 20 Abs. 3 GG). Für rechtswidrige Leistungen dürfe kein Wertersatz durch Überleitung eines Anspruchs geschaffen werden, da das Risiko einer unrechtmäßigen Leistung auf den Dritten abgewälzt würde. Die §§ 45 ff., 50 SGB X bilden ein „geschlossenes System", wonach rechtswidrige Leistungen vom Sozialhilfeträger ausschließlich gegenüber dem Leistungsberechtigten zurückzufordern wären.[638] Insbesondere ist in § 45 Abs. 2 SGB X der Vertrauensschutz verankert, der eine Aufhebung gegenüber der leistungsberechtigten Person in einigen Fällen verhindern kann. Eine dann durchgeführte Überleitung bewirkt, dass dem von einem rechtswidrigen Verwaltungsakt Begünstigten der Vertrauensschutz zugutekommt, dem Dritten jedoch ein entsprechender Vertrauensschutz verwehrt wird.

Diese Argumente können entkräftet werden. Die Überleitung verfolgt nur den Zweck, das vom Gesetz verfolgte Nachrangverhältnis wiederherzustellen, unabhängig davon, ob die Sozialhilfe rechtmäßig erbracht worden ist. Der Schuldner des Anspruchs sieht sich – unabhängig von der Frage der Sozialhilfeleistung – so oder so der Geltendmachung des Anspruchs ausgesetzt, entweder durch den Sozialhilfeträger oder durch den Leistungsberechtigten selbst. Der Schuldner soll auch keinen Vorteil daraus ziehen können, dass ein Rechtsübergang nicht stattfindet.

Weiterhin sind auch keine schutzwürdigen Belange (z. B. in Form von Vertrauensschutz) des Schuldners berührt. Die Frage, ob die Gewährung der Sozialhilfe rechtmäßig oder rechtswidrig erfolgt ist, betrifft allein das Verhältnis des Sozialhilfeträgers zur leistungsberechtigten Person, berührt aber nicht die Rechte des Schuldners, so dass die Rechtmäßigkeit der Leistungserbringung auf seine Rechte keine Auswirkungen hat. Auch bei einer rechtswidrigen Leistungserbringung sind seine Rechte nicht beschwert. Denn der Schuldner (z. B. der Beschenkte) schuldet nur das, was er als Schuldner des übergeleiteten Anspruchs ohnehin zu erbringen verpflichtet ist. Darüber hinaus werden die Rechte des Schuldners selbst bei einer Überleitung eines zivilrechtlichen Anspruchs durch die dort verankerten Einreden und Einwendungen

---

[637] Vgl. BVerwG, Urt. vom 17.5.1973 – V C 108/72 –, BVerwGE 42, 198 = FEVS 21, 321; BVerwG, Urt. vom 17.12.1981 – 5 C 98/79 –, NJW 1983, 130 = FAMRZ 1982, 543 = DÖV 1982, 780; BVerwG, Urt. vom 4.6.1992 – 5 C 57/88 –, NJW 1992, 3313 = FamRZ 1993, 183 = FEVS 43, 9; LSG NRW, Beschl. vom 20.12.2006 – L 20 B 135/06 SO ER –, FEVS 58, 448; LSG Hessen, Beschl. vom 1.11.2007 – L 9 SO 79/07 ER –, juris; LSG Baden-Württemberg, Urt. vom 22.7.2010 – L 7 SO 853/09 –, ZFSH/SGB 2010, 543. Aus dem Schrifttum folgen der Rechtsprechung: *Armbruster* in Juris-PK SGB XII, § 93 Rn. 37; *Schellhorn* in Schellhorn/Schellhorn/Hohm, § 93 Rn. 29, 49; *Wahrendorf* in Grube/Wahrendorf, § 93 Rn. 6; Fichtner/Wenzel, § 93 Rn. 9. Andere Auffassung: *Falterbaum* in Hauck/Noftz, § 93 Rn. 19; *Kiss* in Mergler/Zink, § 93 Rn. 14; *Münder* in LPK-SGB XII, § 93 Rn. 14.

[638] Vgl. BVerwG, Urt. vom 3.12.1992 – 5 C 40/90 –, ZfSH/SGB 1993, 436 = DVBl 1993, 785; BVerwG, Urt. vom 10.9.1992 – 5 C 71/88 –, ZfSH/SGB 1993, 310 = FEVS 43, 224.

ausreichend geschützt (im Fall einer Schenkungsrückforderung z. B. durch §§ 529, 534, 818 Abs. 3 BGB).

Da § 93 SGB XII auch keine Rückerstattung erbrachter Leistung beinhaltet, bleibt der Anwendungsbereich der §§ 45, 48, 50 SGB X weiterhin erhalten. Denn im Falle der Kostenerstattung bei rechtswidriger Hilfegewährung entfällt auch der Rechtsgrund für die Überleitung (denn diese setzt eine tatsächliche Sozialhilfegewährung voraus) und die leistungsberechtigte Person kann die Rückübertragung der übergeleiteten Forderung geltend machen, in deren Folge der Schuldner nicht mehr an den Sozialhilfeträger leisten muss.

Soweit eine Aufhebung und Kostenerstattung nach den §§ 44 ff., 50 SGB X aufgrund zu beachtenden Vertrauensschutzes nicht möglich ist, erfolgt zwar ein rechtswidriger Vermögenszuwachs bei der leistungsberechtigten Person; trotzdem ist die Anspruchsüberleitung selbst in einem solchen Fall nicht ausgeschlossen[639], um dem Nachrang der Sozialhilfeerbringung gerecht zu werden. Eine rechtswidrige Sozialhilfeerbringung ist aber im Rahmen der Ermessensentscheidung nach § 93 SGB XII zu berücksichtigen.

Nach hier vertretener Auffassung kommt es auf die Rechtmäßigkeit der Leistungserbringung damit nicht an. Die Vertrauensschutzfrage spielt für den Dritten eine untergeordnete Rolle. Er muss seiner Verpflichtung so oder so nachkommen. Der Sozialhilfeträger hat die Berechtigung, seine Aufwendungen durch den Dritten ersetzt zu bekommen. Hätte der Schuldner von Anfang an gezahlt, wäre es nicht oder nicht in der tatsächlichen Höhe zu einer Sozialhilfezahlung gekommen.

Zu beachten ist aber, dass eine kumulative Durchsetzung des Rückforderungsanspruchs gegen die leistungsberechtigte Person und des Zahlungsanspruchs gegen den Dritten nicht in Betracht kommt. Dann würde sich der Sozialhilfeträger bereichern.

6.1.4.4 Gleichzeitigkeit (Zeitidentität) von Anspruch und Leistungserbringung

Der für die Überleitung in Frage kommende Anspruch muss **für die Zeit** bestehen, für die Hilfe erbracht wird bzw. wurde (vgl. § 93 Abs. 1 Satz 1 SGB XII, § 93 Abs. 2 SGB XII). Ausgehend von der „Ein-Monats-Theorie", nach der der Bedarf dem Einkommen **monatsweise** gegenüberzustellen ist, können immer nur die Ansprüche übergeleitet werden, die in dem jeweiligen Monat **als Einkommen** zugeordnet worden wären (Zuflusstheorie). Auf Entstehungsgrund, Entstehungsdatum und Beschaffenheit des überzuleitenden Anspruchs kommt es nicht an.

Voraussetzung ist hingegen, dass der Anspruch gegenüber dem Drittschuldner im Zeitpunkt des Sozialhilfebezugs – also des Monats – fällig ist. Danach können auch solche Ansprüche übergeleitet werden, die **vor** der Leistungserbringung entstanden sind und zum Zeitpunkt der Leistungserbringung noch nicht erfüllt waren.[640] Ein

---

639 Vgl. *Armbruster*, Juris-PK-SGB XII, § 93 Rn. 37.
640 Vgl. BVerwG, Urt. vom 28.10.1999 – 5 C 2898 –, BVerwGE 110,5 = FEVS 51, 165; eine konsequente Fortführung der Rechtsprechung zum Einkommenseinsatz vom 18.2.1999, u. a. BVerwG, Urt. vom 18.2.1999 – 5 C 3597 –, BVerwGE 108/296 = FEVS 51,1 (Zuflusstheorie); für den Rechtsbereich des SGB II gilt ebenfalls die Zuflusstheorie: BSG, Urt. vom 30.9.2008 – B 4 AS 29/07 R –, BSGE 101, 291-301 = FEVS 60, 337-345; BSG, 30.7.2008 – B 14 AS 26/07 R –, SozR 4-4200 § 11 Nr. 17 = FEVS 60, 404.

Beispiel hierfür wäre etwa eine Steuerrückerstattung. Auch wenn der Rechtsgrund z. B. der Steuerrückerstattung in der Vergangenheit liegt, kommt es insoweit nur auf die Fälligkeit an, die zeitlich mit der Leistungserbringung zusammenfallen muss. Insoweit ist eine Parallelität mit der Zuflusstheorie erkennbar. Deshalb sind in der Vergangenheit entstandene Ansprüche überleitungsfähig, wenn und soweit sie im Zeitpunkt der Leistungserbringung noch nicht erfüllt sind.

Die Überleitungsanzeige kann darüber hinaus auf den Beginn der Leistungserbringung **zurückwirken**, wenn der Anspruch der leistungsberechtigten Person noch nicht erfüllt ist. Damit muss der überzuleitende Anspruch nicht zwingend gleichzeitig mit dem sozialhilferechtlichen Anspruch entstanden oder fällig geworden sein. Es kommt auch nicht darauf an, für welchen Zeitraum der Anspruch bestimmt ist. Entscheidend ist, dass der Anspruch noch nicht erfüllt ist und zum Zeitpunkt der Sozialhilfegewährung fällig ist.

Beispiel 1
Seit 2 Jahren erhält Frau Meier stationäre Hilfe zur Pflege nach dem 7. Kapitel SGB XII. Vor vier Jahren hat Frau Meier ihrem Sohn das in ihrem Eigentum befindliche Wohnhaus übertragen. Der Sachbearbeiter des zuständigen Sozialhilfeträgers überlegt, ob er einen Überleitungsanspruch gegenüber dem Beschenkten nach § 528 BGB geltend machen kann.

*Soweit der Sachbearbeiter heute eine Überleitungsanzeige an den Sohn richtet und bekanntgibt, kann die Überleitung **auf den Beginn der Leistungserbringung** (hier: auf den Beginn der Leistungserbringung vor zwei Jahren) **zurückwirken**. Das Prinzip der Gleichzeitigkeit wird im Rahmen des § 93 SGB XII extensiv ausgelegt. Das Merkmal der Gleichzeitigkeit stellt auf einen hypothetischen Kausalzusammenhang zwischen Sozialhilfeleistung und Nichterfüllung des Anspruchs der leistungsberechtigten Person gegen den Dritten (Schuldner) ab. Zum Zeitpunkt des Sozialhilfebezugs war der Anspruch auf Schenkungsrückforderung bereits fällig. Es kann daher auch für die Vergangenheit übergeleitet werden.*

Beispiel 2[641]
Herr Müller hat vor 15 Jahren von seiner Mutter deren landwirtschaftliches Anwesen übernommen und als Gegenleistung ein Leibgedinge (i. d. R. eine Verpflichtung zur Erbringung von Naturalleistungen im Zusammenhang mit landwirtschaftlichen Hofübergaben) vereinbart.

Vor drei Jahren wurde die Mutter in ein Pflegeheim aufgenommen. Zu diesem Zeitpunkt wurde vereinbart, dass Herr Müller als Sohn zur Abgeltung seiner Verpflichtung aus dem Leibgedingsvertrag monatlich 250,00 € zu zahlen hat. In den vergangenen drei Jahren hat die Mutter die Heimpflegekosten aus ihrem Vermögen beglichen. Der Sohn kam seinen vertraglichen Verpflichtungen nicht nach. Das Vermögen ist nun aufgebraucht, so dass der Sozialhilfeträger die Heimpflegekosten nach dem 7. Kapitel SGB XII übernimmt.

---

641 Beispiel nach BVerwG, Urt. vom 28.10.1999, 5 C 2898, BVerwGE 110,5 = FEVS 51, 165.

Der monatliche Anspruch von 250,00 € kann auf den Sozialhilfeträger übergeleitet werden, wenn und soweit er – wie hier – im Zeitpunkt der Leistungserbringung noch nicht erfüllt ist. Auch in der Vergangenheit entstandene Ansprüche sind überleitungsfähig. Auf Entstehungsgrund und Beschaffenheit des Anspruchs (einmalige Leistung und wiederkehrende Leistung) kommt es nicht an.

In zeitlicher Hinsicht wird lediglich vorausgesetzt, dass der Anspruch gegen Herrn Müller im Zeitpunkt der Sozialhilfeleistung fällig und seinem Gegenstand nach geeignet sein muss, die Notlage ganz oder teilweise abzuwenden. Dies folgt daraus, dass die Überleitungsanzeige auf die Herstellung der Haushaltslage beim Sozialhilfeträger abzielt, die bestünde, wenn der Anspruch der leistungsberechtigten Person schon früher erfüllt worden wäre.

Der Grund für die Überleitung der Ansprüche besteht also im hypothetischen Kausalzusammenhang. Wären die Leistungen wie vereinbart erbracht worden, wäre die Leistung des Sozialhilfeträgers noch heute geringer ausgefallen.

Selbst wenn die ausstehenden Zahlungen in einer Summe nachentrichtet werden, kann jede monatliche Einzelleistung der Sozialhilfe dem Anspruch gegenübergestellt werden. Somit kann auch der Anspruch gegen den Dritten bis zur Summe der Einzelleistung übergeleitet werden.[642]

Nach alledem ist bei dem Grundsatz der Gleichzeitigkeit im Rahmen des § 93 SGB XII nicht entscheidend, ob die Mittel für einen mit dem Bedarfszeitraum identischen Zeitraum bestimmt sind.

Stehen sich allerdings Anspruch und Leistungserbringung genau gegenüber, verlangt die Zeitidentität und die Kausalität (vgl. § 93 Abs. 1 Satz 3 SGB XII), dass eine Gesamtsaldierung und/oder Gesamtsummierung über z. B. ein Jahr von monatlich entstandenen Ansprüchen und monatlich erbrachten Leistungen und eine anschließende Verrechnung nicht erfolgt. Stattdessen sind monatlicher Anspruch und monatliche Sozialhilfegewährung gegenüberzustellen. Der dann jeweils geringere Betrag ist überleitungsfähig.

Beispiel

Überleitung nach § 93 SGB XII			
	Anspruch des Hilfeempfängers aus Vertrag	*Höhe der Sozialhilfe*	*überleitungsfähig*
Januar	*400,00 €*	*500,00 €*	*400,00 €*
Februar	*600,00 €*	*500,00 €*	*500,00 €*
Summe	*1.000,00 €*	*1.000,00 €*	*900,00 €*

---

642 Vgl. LSG Baden-Württemberg, Urt. vom 22.11.2007, L 7 SO 73/06, juris.

Von der „Monatstheorie" kann bei einmaligen Leistungen zum Lebensunterhalt gemäß § 31 Abs. 2 SGB XII oder bei Hilfen nach dem 5. bis 9. Kapitel SGB XII unter Anwendung des § 87 Abs. 2 und Abs. 3 SGB XII abgewichen werden. Hiernach kann auch Einkommen Berücksichtigung finden, welches innerhalb eines angemessenen Zeitraums nach Ablauf des Monats erworben wird, in dem über die Leistung entschieden worden ist.

6.1.4.5 Kausalität zwischen Nichterfüllung des Anspruchs und der Leistungserbringung

Der Übergang des Anspruchs darf nur insoweit bewirkt werden als bei rechtzeitiger Leistung des Anderen entweder die Hilfe nicht (oder nicht in dieser Höhe) erbracht worden wäre oder in den Fällen der §§ 19 Abs. 5 bzw. 92 Abs. 1 SGB XII ein Aufwendungsersatz oder Kostenbeitrag zu leisten wäre (vgl. § 93 Abs. 1 Satz 3 SGB XII). Diese Vorschrift stellt darauf ab, dass eine **Kausalität** zwischen der Nichterfüllung des Anspruchs durch einen Dritten und der Leistungsverpflichtung des Trägers der Sozialhilfe bestehen muss.

Vor einer Überleitung ist demnach zu prüfen, inwieweit die in Frage kommenden Ansprüche bei rechtzeitiger Verfügbarkeit durch die Leistungsberechtigten die Höhe der Hilfe beeinflusst hätten bzw. beeinflussen würden. Auszuschließen ist danach die Überleitung dann, wenn und soweit selbst bei rechtzeitiger Realisierung des Anspruchs die Sozialhilfeleistung hätte erbracht werden müssen. Das ist insbesondere bei solchen Ansprüchen der Fall, die nach dem Zwölften Buch Sozialgesetzbuch nicht als Einkommen oder Vermögen einzusetzen wären. Das wäre etwa bei Schmerzensgeldzahlungen der Fall, da diese gemäß § 83 Abs. 2 SGB XII nicht als Einkommen zu berücksichtigen sind (vgl. § 82 Abs. 1, § 83, § 84 SGB XII, § 90 Abs. 2 und Abs. 3 SGB XII).

Die Prüfung der Kausalität ist weitestgehend unproblematisch, soweit es sich um die Erbringung von Leistungen zum Lebensunterhalt nach dem 3. und 4. Kapitel des Zwölften Buches Sozialgesetzbuch handelt. Bei diesen Hilfen wirkt sich grundsätzlich jedes Einkommen im Sinne der §§ 82 bis 84 SGB XII (erstmaliger Zufluss) leistungsmindernd aus. Im Rahmen der Kausalitätsprüfung sind Absetzbeträge (§ 82 Abs. 2 bis Abs. 6, § 82a SGB XII) beim überzuleitenden Anspruch vorzunehmen. Der Anspruch kann also nur unter Berücksichtigung der Absetzbeträge übergeleitet werden. Auf die Leistungshöhe wirkt sich der Gesamtanspruch ohne die Absetzbeträge aus. In Höhe der Absetzbeträge muss die leistungsberechtigte Person (Gläubiger) gegenüber dem Schuldner selbst vorgehen.[643] Vgl. hierzu die Ausführungen unter Kapitel 4.4.4.

Leistungen nach dem 5. bis 9. Kapitel des Zwölften Buches Sozialgesetzbuch sind u. a. davon abhängig, in welchem Umfang ein Einkommenseinsatz „zuzumuten" ist (vgl. § 19 Abs. 3, §§ 82 bis 89 SGB XII). Eine Überleitung ist also **nur in dem Umfang** zulässig, in dem Ansprüche der Leistungsberechtigten, ihrer Partner oder ihrer Eltern bzw. Elternteile, wären sie zum Zeitpunkt der Leistungserbringung realisiert gewesen, Einfluss auf die Höhe der Hilfe gehabt hätten. Unter diesem Gesichtspunkt ist also eine **fiktive rückwirkende Prüfung der wirtschaftlichen Voraussetzungen** anzustellen.

---

643 Vgl. BSG, Urt. vom 14.3.2012 – B 14 AS 98/11 R –, FEVS 64, 145.

Beispiel
Eine alleinstehende leistungsberechtigte Person erhält Pflegegeld gemäß § 64a Abs. 1 SGB XII i. V. m. § 37 Abs. 1 Satz 3 Nr. 1 SGB XI in Höhe von 316,00 €. Ihr Einkommen in Höhe von 1.030,00 € liegt unter der Einkommensgrenze von 1.130,00 €. Die Voraussetzungen für einen Einkommenseinsatz unter der Einkommensgrenze gemäß § 88 Abs. 1 SGB XII liegen nicht vor.

Für die Zeit der Leistungserbringung besteht ein noch nicht verwirklichter Anspruch gegen einen Dritten in Höhe von 100,00 €. Auch wenn dieser Anspruch rechtzeitig realisiert worden wäre, hätte sich kein Einkommen über der Einkommensgrenze ergeben, so dass sich die Höhe der zu leistenden Sozialhilfe nicht verringert hätte. Eine Überleitung wäre nicht zulässig.

Würde der Anspruch gegen den Dritten bei gleichem Sachverhalt rückwirkend monatlich 300,00 € betragen, hätten die über der Einkommensgrenze liegenden 200,00 € gemäß § 87 Abs. 1 Satz 1 und 2 SGB XII die Hilfe vermindert (z. B. um 80 v. H. von 200,00 € = 160,00 €). Nur in Höhe dieses Teilbetrages dürfte eine Überleitung erfolgen.

Würde bei sonst gleichem Sachverhalt eine Leistung in einer stationären Einrichtung erbracht (Kosten mtl. 3.000,00 €), müsste die leistungsberechtigte Person ggf. ihr gesamtes Einkommen und damit auch die vollen, noch nicht realisierten Ansprüche in Höhe von monatlich 300,00 € einsetzen (vgl. § 92 Abs. 2 und § 88 Abs. 1 Satz 2 SGB XII). In diesem Fall ist eine Überleitung in Höhe des Gesamtbetrages zulässig.

Ist im Wege eines Immobilien-Übergabevertrages ein Haus verschenkt worden und macht der Sozialhilfeträger nun im Wege der Überleitung nach § 93 SGB XII einen Rückforderungsanspruch geltend, steht dieser Überleitung nicht entgegen, dass die Immobilie, wäre sie beim Schenker (Übergeber) geblieben, zu dessen Schonvermögen nach § 90 Abs. 2 Nr. 8 SGB XII gehört hätte.[644] Denn privates Schenkungsrecht einerseits und öffentlich-rechtliches Sozialhilferecht andererseits sind zwei in sich geschlossene Rechtssysteme. Die Billigkeit einer Rückforderung würde sich vorliegend z. B. an der Einredemöglichkeit nach § 529 Abs. 2 BGB entscheiden und nicht an § 90 Abs. 2 Nr. 8 SGB XII.

Die Trennung der Rechtssysteme wird auch daran deutlich, dass die Überleitungsanzeige sozialhilferechtlich überprüft werden könnte, die Geltendmachung des Anspruchs allein den Zivilgerichten vorbehalten ist. Mithin kommt es auf einen kausalen Zusammenhang zwischen der Schenkung und dem Eintritt der Bedürftigkeit nicht an.

Eine neuere Entscheidung des BGH[645] hält hingegen die Rückübertragung des Geschenks (sog. **„umgekehrte Ersetzungsbefugnis"**) für zulässig und stellt fest, dass die Kausalitätsschranke des § 93 Abs. 1 Satz 3 SGB XII beachtet werden muss, wenn das zurückübertragene Grundstück zum Schonvermögen der leistungsberechtigten Person gehört (vgl. § 90 Abs. 2 Nr. 8 SGB XII). Diese **umgekehrte**

---
644 Vgl. BGH, Urt. vom 19.10.2004 – X ZR 2/03 –, NJW 2005, 670-671 = FamRZ 2005, 177–178.
645 Vgl. BGH, Urt. vom 17.12.2009 – Xa ZR 6/09 –, NJW 2010, 2655 = FamRZ 2010, 463.

Ersetzungsbefugnis ist jedenfalls dann zulässig, wenn die Herausgabe des Geschenks **an den Sozialhilfeträger** als neuen Gläubiger erfolgt. Sie wäre hingegen unzulässig, wenn der Schenker (die leistungsberechtigte Person) das Geschenk (z. B. das Hausgrundstück) wieder erhalten soll, weil dieser mit bestandskräftiger Überleitungsanzeige nicht mehr Inhaber des Schenkungsrückforderungsanspruchs aus § 528 Abs. 1 BGB ist.

Die Zulässigkeit der umgekehrten Ersetzungsbefugnis wurde im Urteil des Bundesgerichtshofes des Jahres 2009 hinsichtlich der Rückgabe eines ideellen Bruchteileigentums bejaht, indem im Sinne eines Erst-Recht-Schlusses argumentiert wird: „Gibt der Beschenkte jedoch, sobald der Anspruch aus § 528 Abs. 1 Satz 1 BGB gegen ihn geltend gemacht wird, das erhaltene Geschenk zurück, so wird damit der Zustand wieder hergestellt, der ohne die Freigiebigkeit des Schenkers bestünde. Hierzu ist der Beschenkte zwar rechtlich nicht verpflichtet, mehr oder anderes kann von ihm jedoch nicht verlangt werden."[646] Freiwillig kann der Beschenkte also das Geschenk unter zivilrechtlichen Gesichtspunkten zurückgeben.

Eine **umgekehrte Ersetzungsbefugnis** ist eine **Rechtsfigur**[647], jedoch **keine** von der Gesetzgebung vorgesehene Rechtsfolge. Sie kann daher nicht zwingend in jedem Fall dem Schuldner bzw. Beschenkten das Recht geben, durch eine andere als die geschuldete Leistung (in der Regel eine Geldersatzzahlung nach § 818 Abs. 2 BGB) zu erfüllen. Sie bedarf als Rechtsfigur fallabhängig der Konturierung. Hier wird beispielsweise vertreten, dass die Wiedereintragung eines Wohnungsrechts als umgekehrte Ersetzungsbefugnis nicht möglich ist.

Denn bei einer Schenkung ist zu beachten, dass **keine Identität zwischen Entreicherungs-** und **Bereicherungsgegenstand** bestehen muss.[648] Eine solche fehlende Identität oder Wesensgleichheit zwischen Entreicherungs- und Bereicherungsgegenständen kommt vor allem bei sog. „mittelbaren Schenkungen" zum Ausdruck. Wird das Wohnungsrecht gelöscht, liegt eine Schenkung in der Verkehrswertsteigerung des Hauses.[649] Wird das Wohnungsrecht als Folge eines durch den Sozialhilfeträger geltend gemachten Schenkungsrückforderungsanspruchs erneut eingetragen, liegt die Schenkung im Wohnungsrecht. Bei solchen mittelbaren Schenkungen beziehen sich gesetzliche (§§ 527, 528, 530 BGB) wie auch vertragliche Rückforderungsrechte auf das ursprüngliche Geschenk – hier die Wertsteigerung des Hauses durch die Löschung des Wohnungsrechts.[650]

Generell können die Vorschriften über „geschütztes Vermögen" oder „nicht zu berücksichtigendes Einkommen" eine Überleitung verhindern, weil die Geltendmachung des Anspruchs auf den Leistungsbezug folgenlos bleibt.

---

646 BGH, Urt. vom 17.12.2009 – Xa ZR 6/0 –, juris, Rn. 16.
647 *Krüger*, MüKo, § 262 BGB, Rn. 8.
648 *Kühle* in: Herberger/Martinek/Rüßmann/Weth/Würdinger, jurisPK-BGB, 9. Aufl., § 516 BGB (Stand: 1.2.2020), Rn. 24 m. w. N.
649 Vgl. BGH, Urt. vom 20.10.2020 – X ZR 7/20 –, juris.
650 Vgl. *Krauß* in Beck'sches Notar-Handbuch, 7. Auflage 2019, § 5 Grundstückszuwendung, Rn. 173.

Beispiel *(vgl. auch Übung im Kapitel 4.5)*
Im Rahmen eines sog. „Berliner Testaments" erbt zunächst der überlebende Ehegatte, während die Kinder von der Erbfolge ausgeschlossen sind. Die Kinder können in solchen Situationen aber den Pflichtteil geltend machen. Der Pflichtteil besteht in der Hälfte des Erbteils (§ 2303 BGB). Die Geltendmachung eines Pflichtteilsanspruchs während des Bezugs von Leistungen nach dem Zweiten oder Zwölften Buch Sozialgesetzbuch stellt Einkommen dar; tritt der Leistungsbezug nach dem Erbfall ein, handelt es sich um Vermögen.[651]
Soweit der zu berücksichtigende Pflichtteilsanspruch nach § 2303 BGB verwertbares Vermögen (§ 12 Abs. 1 SGB II, § 90 Abs. 1 SGB XII) darstellt, ist im Rahmen der Kausalitätsfrage zu prüfen, ob die Geltendmachung des Pflichtteilsanspruchs eine Härte i. S. v. § 12 Abs. 3 Satz 1 Nr. 6 SGB II bzw. § 90 Abs. 3 Satz 1 SGB XII bedeuten kann. Maßgebend ist insofern die Frage, ob die Forderung des Pflichtteilsanspruchs schwerwiegende familiäre Konfliktsituationen bzw. eine Störung des Familienfriedens hervorrufen.

Die Beantwortung dieser Frage kann davon abhängen, welche finanziellen bzw. wirtschaftlichen Auswirkungen die Forderung des Kindes auf die finanziellen Verhältnisse des überlebenden Elternteils hat. Kann der Erbe (i. d. R. der Elternteil) den Pflichtteil aus eigenem Vermögen oder Einkommen „mühelos" aufbringen, muss die Mutter den Pflichtteil an den Sohn auskehren, so dass dieser seine Hilfebedürftigkeit mindern oder beseitigen kann. Umgekehrt ist eine Verwertung nicht zumutbar, wenn z. B. die Veräußerung der Immobilie zu einer unzumutbaren wirtschaftlichen Belastung des Elternteils führt. Aber auch die Auswirkungen auf die persönlichen Lebensumstände sind zu berücksichtigen.[652]

6.1.5 Rechtsfolgen der Überleitung

6.1.5.1 Umfang der Überleitung

Der Umfang der Überleitung wird u. a. dadurch begrenzt, dass der Träger der Sozialhilfe Ansprüche der Leistungsberechtigten oder der übrigen Personen (Partner, Eltern) nur bis zur Höhe seiner Aufwendungen überleiten kann (vgl. § 93 Abs. 1 Satz 1 und Satz 2 SGB XII).

---

651 Eine Bewertung des Pflichtteilsanspruchs als Einkommen ist durchaus denkbar, wenn der Zahlungseingang während des Leistungsbezugs erfolgt. In anderem Zusammenhang wurde beispielsweise entschieden, dass erst mit der Auskehrung eines Vermächtnisses (§ 1939 BGB) als schuldrechtlicher Anspruch ein Zufluss von Einnahmen stattfindet und deshalb erst dann ein Einkommen vorhanden ist (vgl. BSG, Urt. vom 24.2.2011 – B 14 AS 45/09 R –, juris, Rn. 22). Generell ist hinsichtlich der Qualifizierung als Einkommen festzustellen, dass es nicht darauf ankommt, wann eine Forderung (aus einem Erbfall) entstanden ist, sondern wann die Forderung realisiert wird. Fällt die Realisierung in den Leistungszeitraum, handelt es sich um Einkommen. Auszugehen ist also vom tatsächlichen Zufluss. Nicht entscheidend ist das Schicksal der Forderung (vgl. BSG, Urt. vom 28.10.2009 – B 14 AS 62/08 R –, juris, Rn. 21). Auf dieser Grundlage hat bspw. das LSG NRW (LSG NRW, Urt. vom 28.03.2011 – L 19 AS 1845/10 –, juris, Rn. 34, 37) entschieden, dass es sich bei der Auszahlung eines Pflichtteilsanspruchs um Einkommen handelt.
652 Vgl. LSG NRW, Beschl. vom 23.1.2012 – L 20 SO 565/11 B –, ZEV 2012, 273; vgl. vertiefend *Weber* in Beck-OK-SGB XII, § 93 SGB XII, Rn. 112 ff.

Im Rahmen der Kausalitätsprüfung (§ 93 Abs. 1 Satz 3 SGB XII) wird außerdem der Frage nachgegangen, inwieweit sich die Zahlung des Anspruchs auf die Leistungshöhe der Sozialhilfegewährung ausgewirkt hätte. Der Umfang der Überleitung wird daher **zusätzlich** durch die Höhe des Anspruchs gegenüber dem Drittschuldner begrenzt.

Die Höhe des Überleitungsanspruchs wird also zweiseitig begrenzt: durch die Höhe der Sozialhilfegewährung sowie durch die Höhe des Anspruchs.

6.1.5.2 Ermessensentscheidung

Bei der Überleitung von Ansprüchen handelt es sich um eine „Kann-Bestimmung". Der Träger der Sozialhilfe hat somit im Rahmen seines **pflichtgemäßen Ermessens** eine Interessensabwägung vorzunehmen (vgl. § 35 Abs. 1 Satz 3 SGB X). Dieses gilt nicht nur gegenüber den Anspruchsinhabern (Leistungsberechtigte, Partner oder Elternteil), sondern auch gegenüber den Drittschuldnern[653].

Bei der Ausübung seines Ermessens darf der Träger der Sozialhilfe im Regelfall davon ausgehen, dass die Überleitung den Grundsatz des Nachrangs der Sozialhilfe verwirklicht und daher aus fiskalischen Interessen geboten ist. Die sozialgerichtliche Rechtsprechung geht in der Anwendung zu § 93 SGB XII von einem sog. „intendierten Ermessen" aus.[654] Dennoch ist zu prüfen, ob z. B. wegen eines (verwandtschaftlichen) Verhältnisses zwischen Leistungsberechtigten und Drittschuldner die Überleitung unbillig oder unzumutbar erscheint, mithin eine Härte darstellt, so dass deshalb von einer Überleitung abgesehen wird. Solche Gründe können in der Sicherstellung des Familienfriedens oder der Aufrechterhaltung der Pflegebereitschaft oder der Anerkennung einer durchgeführten Pflege liegen, denn im letzteren Fall ist der Sozialhilfeträger durch die Pflegeleistungen auch entlastet (worden).

6.1.6 Formell-rechtliche Voraussetzungen der Überleitung

Die Überleitung von Ansprüchen nach § 93 SGB XII erfolgt durch Verwaltungsakt. Dieser wirkt gegen die Leistungsberechtigten bzw. eine der anderen in § 93 Abs. 1 SGB XII genannten Personen (Partner/Elternteil) **und** die Drittschuldner.
Gegenüber beiden Personen handelt es sich jeweils um Verwaltungsakte. Diese sind nach § 37 SGB X den Beteiligten bekanntzugeben. Beteiligte und damit Adressaten sind der Schuldner des Anspruchs (der Dritte), aber auch der Leistungsempfänger als bisheriger Gläubiger. Gegenüber dem Drittschuldner einerseits und der leistungsberechtigten Person andererseits handelt es sich um formell **getrennte** Verwaltungsverfahren, die zu selbständigen und selbständig angreifbaren Verwaltungsakten führen. Greift der Drittschuldner z. B. die Überleitungsanzeige mit einem Anfechtungswiderspruch (vgl. § 78 Abs. 1 SGG) oder einer Anfechtungsklage (vgl. § 54 Abs. 1

---

653 Vgl. BVerwG, Urt. vom 27.5.1993 – 5 C 7/91 –, BVerwGE 92,281 = FEVS 44, 229 = DVBl. 1993, 1269 mit Anmerkungen von *Mann*.
654 Vgl. LSG NRW, Beschl. vom 20.12.2006 – L 20 B 135/06 SO ER –, FEVS 58, 448; Bay LSG, Urt. vom 14.2.2008 – L 11 SO 20/07 –, FEVS 60, 134.

Satz 1 Alternative 1 SGG) an, ist die leistungsberechtigte Person nicht Beteiligte des Verwaltungsverfahrens.

6.1.6.1 Zuständigkeit für die Überleitung von Ansprüchen

Gemäß § 93 Abs. 1 Satz 1 SGB XII kann **der Träger** der Sozialhilfe Ansprüche überleiten. Hiermit kann nur der Träger gemeint sein, der die Leistung erbringt bzw. erbracht hat. Dieses gilt auch dann, wenn zwischen Trägern der Sozialhilfe eine Kostenerstattung, z. B. gemäß der §§ 106 ff. SGB XII, erfolgt. Der kostenerstattungspflichtige Träger der Sozialhilfe darf Ansprüche der Leistungsberechtigten nicht auf sich überleiten.

Hat der zuständige Träger der Sozialhilfe Aufgaben auf kreisangehörige Gemeinden oder örtliche Träger der Sozialhilfe übertragen (vgl. § 99 Abs. 1 und Abs. 2 SGB XII), gehört es regelmäßig zu den Aufgaben dieser beauftragten Stellen, im Rahmen der Entscheidung über die Sozialhilfe auch Ansprüche gegen Dritte mit zu verfolgen und über Überleitungen in eigenem Namen zu entscheiden.

6.1.6.2 Form, Bestimmtheit, Begründung der Überleitungsanzeige, Rechtsbehelfsbelehrung

Haben Leistungsberechtigte oder haben andere in § 93 Abs. 1 SGB XII genannte Personen (Partner/Elternteile) einen Anspruch gegen andere, kann der Träger der Sozialhilfe durch **schriftliche Anzeige** (Überleitungsanzeige) bewirken, dass der Anspruch auf ihn übergeht (vgl. § 93 Abs. 1 Satz 1 SGB XII). Die Bekanntgabe des Verwaltungsaktes (die Überleitungsanzeige) muss schriftlich erfolgen. Damit handelt es sich um einen Verwaltungsakt, für den die Schriftform ausdrücklich vorgeschrieben ist (vgl. § 31 SGB X, § 93 Abs. 3 SGB XII). Sie muss den Anforderungen an Bestimmtheit und Form eines Verwaltungsaktes genügen (vgl. § 33 SGB X), begründet sein (vgl. § 35 SGB X) und eine Rechtsbehelfsbelehrung (vgl. § 36 SGB X) enthalten.

Im Einzelfall kann die Überleitung (zunächst nur) „dem Grunde nach" vorgenommen werden. Die Konkretisierung bezüglich der Höhe der Überleitung kann zu einem späteren Zeitpunkt durch einen weiteren Verwaltungsakt erfolgen. Werden zukünftige Ansprüche übergeleitet, kann es auch unterbleiben, den Umfang der erbrachten Sozialhilfe zu beziffern.[655]

Um dem Bestimmtheitsgrundsatz Rechnung zu tragen, sollten Überleitungsanzeigen regelmäßig folgenden Inhalt haben:
- Name und Anschrift des Schuldners,
- Name der leistungsberechtigten Person, ggf. Name der anderen anspruchsberechtigten Personen (Partner/Elternteil),
- Benennung des neuen Gläubigers,
- Benennung der Hilfeart, jedoch ohne konkrete Hinweise auf Krankheit oder Behinderung (vgl. § 35 SGB I),

---

[655] Vgl. BVerwG, Urt. vom 17.5.1973 – 5 C 108/72 –, BVerwGE 42;198 = FEVS 21, 321 = NDV 1973, 319.

- Höhe der bewilligten Sozialhilfe (zumindest bei zurückliegenden Ansprüchen), allerdings nicht in Form eines Gesamtbetrages. Da die überzuleitenden Ansprüche monatsweise entstehen, muss aus der Überleitungsanzeige hervorgehen, **für welchen Monat in welcher Höhe übergeleitet werden soll**. Die Angabe eines Gesamtbetrages für einen größeren Zeitraum führt zur Rechtswidrigkeit der Überleitungsanzeige aufgrund eines Bestimmtheitsmangels,
- Hinweis, dass die Ansprüche bis zur Höhe der erbrachten Sozialhilfe übergeleitet werden,
- Bezifferung des überzuleitenden Betrages (sofern möglich),
- Zeitraum der Überleitung,
- Begründung (u. a. mit Hinweisen zur Ermessensausübung),
- Rechtsbehelfsbelehrung mit Hinweis auf § 93 Abs. 3 SGB XII (keine aufschiebende Wirkung des Widerspruchs).

6.1.6.3 Anhörung

Bevor ein Verwaltungsakt erlassen wird, der in Rechte eines Beteiligten eingreift, ist diesem Gelegenheit zu geben, sich zu den für die Entscheidung erheblichen Tatsachen zu äußern (§ 24 Abs. 1 SGB X).

Bei Überleitungsanzeigen handelt es sich um **Verwaltungsakte**, die sich gegen Leistungsberechtigte bzw. andere in § 93 Abs. 1 SGB XII genannte Personen (Partner/Elternteil) **und** gegen Dritte richten. In die Rechte der Leistungsberechtigten bzw. der anderen in § 93 Abs. 1 SGB XII genannten Personen (Partner/Elternteil) wird eingegriffen, da sie nach einer Überleitung nicht mehr oder nicht mehr in voller Höhe über ihre Ansprüche verfügen können. In die Rechte der Dritten wird eingegriffen, weil sie durch den – durch die Überleitung ausgelösten – Gläubigerwechsel **für die Vergangenheit** nicht mehr an die ursprünglichen Gläubiger, die Leistungsberechtigten, leisten dürfen. Für diesen Zeitraum kann mit befreiender Wirkung nur noch an den Träger der Sozialhilfe gezahlt werden. Darüber hinaus besteht für den Fall einer rechtswidrigen Überleitungsanzeige für den Drittschuldner die Gefahr der Doppelleistung.

Eine Anhörung muss daher sowohl gegenüber der oder dem Leistungsberechtigten als auch gegenüber dem Drittschuldner erfolgen. Eine unterlassene Anhörung ist nach § 42 SGB X nicht unbeachtlich (vgl. § 42 Satz 2 SGB X), selbst wenn keine andere Entscheidung in der Sache hätte getroffen werden können. Wird z. B. das Finanzamt als Schuldner eines Steuerrückerstattungsanspruchs (sozialhilferechtlich ist dies Einkommen) im Rahmen eines Überleitungsanspruchs nicht angehört, ist die Überleitungsanzeige formell rechtswidrig ergangen und führt zur Aufhebung im Klageverfahren.[656]

Von einer Anhörung kann abgesehen werden, wenn eine sofortige Überleitung im öffentlichen Interesse notwendig erscheint (§ 24 Abs. 2 Nr. 1 SGB X), z. B. wenn die Gefahr der Fristversäumnis oder einer anderweitigen Verwendung der Mittel besteht. Eine nicht durchgeführte Anhörung kann nach § 41 Abs. 1 Nr. 3 und Abs. 2 SGB X bis

---

[656] Vgl. BSG, Urt. vom 2.2.2010 – B 8 SO 17/08 R –, juris.

zur letzten Tatsacheninstanz eines sozialgerichtlichen Verfahrens, also bis zur mündlichen Verhandlung beim Landessozialgericht, nachgeholt werden.

Üblicherweise hat ein Widerspruchsführer im Widerspruchsverfahren ausreichend Gelegenheit, sich zu den entscheidungserheblichen Tatsachen zu äußern. Damit ist insoweit ein Verfahrensfehler geheilt. Der Widerspruchsführer bzw. Kläger ist in der Praxis regelmäßig die leistungsberechtigte Person. Zu bedenken ist, dass durch eine gegenüber dem Drittschuldner unterbliebene Anhörung die Überleitungsanzeige ebenfalls rechtswidrig wird, der Drittschuldner regelmäßig aber keinen Widerspruch erhebt und insofern auch keine Heilung eingetreten ist (s. o.).

6.1.7 Wirksamkeit der Überleitung, zeitliche Wirkung

Überleitungsanzeigen werden in dem Zeitpunkt wirksam, in dem sie bekanntgegeben werden (vgl. § 39 Abs. 1 Satz 1 SGB X). Sie wirken sowohl gegen die Dritten als auch gegen die ursprünglich Anspruchsberechtigten (Leistungsberechtigte, Partner, Eltern). Sie sind gemäß § 37 Abs. 1 Satz 1 SGB X **beiden Parteien gegenüber bekannt zu geben**.

Überleitungsanzeigen bewirken den Übergang für die Zeit, für die den Leistungsberechtigten die Leistung ohne Unterbrechung erbracht wird; als Unterbrechung gilt ein Zeitraum von mehr als zwei Monaten (vgl. § 93 Abs. 2 SGB XII). Die Berechnung der Frist erfolgt nach § 26 SGB X i. V. m. §§ 187 und 188 BGB. Eine erneute Überleitungsanzeige wird erst erforderlich, wenn für mehr als zwei Monate keine Leistung mehr erbracht worden ist. Zur Fristwahrung reicht die Erbringung einmaliger Leistungen aus. Anders ist die Situation zu beurteilen, wenn die Leistung nicht weiter erbracht wird, weil der Grund entfallen ist. Damit hat sich der Verwaltungsakt gemäß § 39 Abs. 2 SGB X „auf andere Weise erledigt" bzw. wird er für die Zukunft zurückgenommen.

In einem solchen Fall muss bei erneuter Leistungsberechtigung eine neue Überleitungsanzeige ergehen.

Fraglich ist, ob die Überleitung ihre Wirksamkeit behält, wenn sich die Hilfeart ändert. Da der Gesetzgeber davon spricht, dass „**die** Leistung ohne Unterbrechung **erbracht** wird" ist der Wortlaut ein Indiz dafür, dass auch bei einem Wechsel der Hilfeart eine neue Überleitungsanzeige erforderlich wird, denn nach dem Wortlaut ist erkennbar, dass die Überleitungsanzeige für eine bestimmte Leistung erlassen wird. Wenn aber Leistung und Überleitungsanzeige miteinander verknüpft werden, teilt die Überleitungsanzeige auch das „Schicksal" der Einstellung der Leistung. Um den **Bestimmtheitsanforderungen** Rechnung zu tragen, muss die Leistungsart in der Überleitungsanzeige benannt werden. Auch daraus ist zu schließen, dass die Änderung der Leistungsart eine neue Überleitungsanzeige fordert.

6.1.8 Rechtsschutz

Überleitungsanzeigen gemäß § 93 SGB XII sind gegenüber den Drittschuldnern und den Leistungsberechtigten bzw. den anderen in § 93 Abs. 1 SGB XII genannten Personen (Partner, Elternteil) **Verwaltungsakte** im Sinne des § 31 SGB X. Gegen solche Verwaltungsakte können Widerspruch bzw. Anfechtungsklage nach dem Sozialgerichtsgesetz erhoben werden. Beide Formen der Anfechtung haben grundsätzlich aufschiebende Wirkung (vgl. § 86a Abs. 1 SGG); diese ist jedoch gemäß § 86a Abs. 2 Nr. 4 SGG i. V. m. § 93 Abs. 3 SGB XII bei Überleitungen ausgeschlossen.

Sofern das Sozialgericht auf Antrag der Empfänger eines Verwaltungsaktes in begründeten Ausnahmefällen die aufschiebende Wirkung nicht anordnet (§ 86b Abs. 1 Nr. 2 SGG), kann der Träger der Sozialhilfe die auf sich übergeleiteten Ansprüche bis zu einer rechtskräftigen anderslautenden Entscheidung durchsetzen.

Um gegen einen Verwaltungsakt Widerspruch oder Anfechtungsklage erheben zu können, muss die betroffene Person behaupten, durch ihn beschwert zu sein (vgl. § 54 Abs. 1 Satz 2 SGG), es muss also eine Widerspruchs- bzw. Klagebefugnis gegeben sein.

Überleitungsanzeigen bewirken den Übergang eines Anspruchs des Leistungsberechtigten auf den Sozialhilfeträger. Der Leistungsberechtigte ist damit nicht mehr Inhaber der Forderung. An seine Stelle tritt der für die Hilfegewährung zuständige Sozialhilfeträger und macht den Anspruch im eigenen Namen geltend. Der Drittschuldner hat – ohne eigenes Zutun – einen neuen Gläubiger. Die Überleitungsanzeige entfaltet damit Rechtswirkung gegenüber der leistungsberechtigten Person und dem Drittschuldner. Es handelt sich um einen eingreifenden, rechtsgestaltenden Verwaltungsakt. Damit ist eine Widerspruchs- bzw. Klagebefugnis gegeben.[657]

In dem gemäß §§ 78 ff. SGG durchzuführenden Vorverfahren ist die Beteiligung von sozial erfahrenen Personen gemäß § 116 Abs. 2 SGB XII nicht erforderlich, da es sich nicht um einen Widerspruch gegen die Ablehnung der Sozialhilfe oder gegen die Festsetzung ihrer Art und Höhe handelt.

Im Vorverfahren nach dem Sozialgerichtsgesetz kann nur die Rechtmäßigkeit und Zweckmäßigkeit des Verwaltungsaktes überprüft werden. Der Bestand, die Geltendmachung und Durchsetzung des übergeleiteten Anspruchs können nur, je nach ihrer Art, auf dem jeweiligen Rechtsweg überprüft werden (privat- oder öffentlich-rechtlich).

6.1.9 Übungen

Sachverhalt 1

Frau A, 40 Jahre alt, zeitlich befristet voll erwerbsgemindert, war bisher als selbstständige Handelsvertreterin tätig. Sie lebt mit ihrer 10-jährigen Tochter in einem

---

657 Vgl. BVerwG Urt. vom 27.5.1993 – 5 C 7/91 –, BVerwGE 92,281 = FEVS 44, 229 = DVBl. 1994, 1269 mit Anmerkungen von *Mann*.

Haushalt. Ihr Ehemann ist vor einigen Jahren verstorben. Den Lebensunterhalt für sich und ihre Tochter hat sie bis zum 30.4. aus den Einkünften ihrer Erwerbstätigkeit bestritten. Frau A zieht sich am 30.4. durch eigenes Verschulden einen komplizierten Beinbruch zu. In den nächsten zehn Monaten ist sie voraussichtlich nicht in der Lage, ihrer bisherigen Arbeit nachzugehen. Frau A hat keine Ansprüche auf Krankengeld und ist daher für sich und ihre Tochter auf Hilfe zum Lebensunterhalt nach dem 3. Kapitel SGB XII angewiesen.

Ab 1.5. zahlt der Träger der Sozialhilfe für Frau A und ihre Tochter insgesamt monatlich 1.000,00 € Hilfe zum Lebensunterhalt.

Am 3.7. teilt Frau A dem Träger der Sozialhilfe mit, dass ihre private Unfallversicherung, für die sie monatlich 30,00 € entrichtet, beabsichtigt, für die Zeit der Arbeitsunfähigkeit ab 1.5. mtl. 780,00 € als Verdienstausfall zu erstatten.

Aufgabe

Prüfen Sie unter den Gesichtspunkten von Gleichzeitigkeit und Kausalität, ob die Ansprüche gegen die Versicherung auf den Träger der Sozialhilfe übergeleitet werden können.

Bearbeitungshinweis

Auf einen möglichen Anspruch nach § 103 SGB XII (Kostenersatz wegen sozialwidrigen Verhaltens) ist nicht einzugehen.

Lösung

Für die Überleitung ist (nach der hier vertretenen Auffassung) nicht entscheidend, dass die Sozialhilfeleistung rechtmäßig erfolgt ist. Allerdings bestehen auf rechtswidrige Leistungen auch keine Hinweise. Entscheidend ist allein, dass **Sozialhilfe tatsächlich erbracht wird.**

Weiterhin muss ein **Anspruch** gegen einen Dritten bestehen. Gegenüber der privaten Unfallversicherung besteht ein Anspruch auf Verdienstausfall. Selbst wenn dieser Anspruch streitig ist, genügt es, dass der Anspruch nicht offensichtlich ausgeschlossen (sog. **„Negativevidenz"**).

Es kommt daher eine Überleitung nach § 93 SGB XII in Frage. Hat danach eine leistungsberechtigte Person für die Zeit, für die Hilfe erbracht wird, einen Anspruch gegen einen anderen, kann der Träger der Sozialhilfe durch schriftliche Anzeige an den anderen bewirken, dass der Anspruch bis zur Höhe seiner Aufwendungen auf ihn übergeht (vgl. § 93 Abs. 1 Satz 1 SGB XII).

Frau A ist sowohl Leistungsberechtigte als auch Anspruchsinhaberin, so dass hier **Personenidentität** besteht. Weil neben Frau A auch ihre minderjährige unverheiratete Tochter **gleichzeitig** Hilfe zum Lebensunterhalt erhält, kann auch für diese Leistungen der Übergang des Anspruchs auf den Träger der Sozialhilfe bewirkt werden (vgl. § 93 Abs. 1 Satz 2 SGB XII).

Die Ansprüche gegen die Versicherung bestehen für die Zeit (Monate Mai bis Juli), für die Leistungen (Hilfe zum Lebensunterhalt, 3 x 1.000,00 €) erbracht wurden (**Gleichzeitigkeit**).

Der Übergang des Anspruchs darf jedoch nur insoweit bewirkt werden, als bei rechtzeitiger Leistung des anderen entweder die Leistung nicht erbracht worden wäre oder ein Aufwendungsersatz bzw. Kostenbeitrag zu leisten wäre (§ 93 Abs. 1 Satz 3 SGB XII, **Kausalität**).

Diese auf die Kausalität zwischen der Nichterfüllung des Anspruchs der leistungsberechtigten Person und der Leistungspflicht des Trägers der Sozialhilfe abstellende Voraussetzung fragt danach, wie sich die Realisierung des Anspruchs auf die Leistungshöhe ausgewirkt hätte. Hätte Frau A die Verdienstausfallzahlungen bereits ab 1.5. erhalten, wären diese als Einkommen im Sinne der §§ 82 bis 84 SGB XII in den Monaten Mai bis Juli angerechnet worden. Die Höhe der Hilfe zum Lebensunterhalt wäre allerdings „nur" um 750,00 € geringer ausgefallen. Denn die Beitragszahlungen der Versicherungen sind im hier vorliegenden Fall als „dem Grunde und der Höhe nach angemessene private Versicherungsleistungen" gemäß § 82 Abs. 2 Nr. 3 SGB XII vom Einkommen abzusetzen. Damit ist eine Kausalität im Umfang von 750,00 € (und nicht von 780,00 €) zu bejahen.

Der Restanspruch von Frau A gegenüber dem Unfallversicherungsträger in Höhe von 30,00 € muss von Frau A selbst geltend gemacht werden.

Für die Monate Mai bis Juli können die Ansprüche auf die Verdienstausfallzahlung in Höhe von 3 x 750,00 € übergeleitet werden.

Anhaltspunkte, die dafürsprechen, im Rahmen des Ermessens von einer Überleitung abzusehen, sind nicht ersichtlich. Es ist zu beachten, dass die Überleitungsanzeige dazu geeignet ist, das Nachrangverhältnis der Sozialhilfe wiederherzustellen. Es ist bei der Formulierung der Überleitungsanzeige, die gegenüber der Unfallversicherung bekanntzugeben ist, darauf zu achten, dass diese den formalen Anforderungen (insbesondere dem Bestimmtheitsgrundsatz) an einen Verwaltungsakt, gerecht wird.

Ab August besteht die Möglichkeit, die Leistungen der Versicherung nach § 19 Abs. 1 sowie § 27 Abs. 1 und Abs. 2 Satz 3 SGB XII als Einkommen auf den Bedarf an laufender Hilfe zum Lebensunterhalt von Frau A und ihrer Tochter anzurechnen.

Sachverhalt[658]

Frau B ist pflegebedürftig. Die ungedeckten Heimkosten übernimmt der Sozialhilfeträger im Rahmen der Hilfe zur Pflege nach dem 7. Kapitel SGB XII ab dem 1.1. in Höhe von monatlich 500,00 €.

Vor mehr als zehn Jahren, am 9.12., wurde ein notarieller Überlassungsvertrag der bis dahin im Eigentum von Frau B, zum Zeitpunkt des Vertragsabschlusses 69 Jahre alt, stehenden Immobilie geschlossen, und zwar mit folgendem Inhalt:

1. Die (näher bezeichnete) Immobilie wird auf die Tochter T1 und ihren Ehemann (als Erwerber zu je ½) übertragen.

---

658 Der Fall ist angelehnt an VG Düsseldorf, Urt. vom 10.6.2008 – 21 K 2144/07 –, BeckRS 2008, 37516 = juris.

Als Gegenleistung wird folgendes vereinbart:
1. Es findet eine Renovierung des Anbaus statt.
2. T1 und ihr Ehemann überlassen Frau B ein Wohnungsrecht für die 32 m² große Wohnung nach § 1093 BGB. Das Wohnungsrecht erlischt, sollte die Berechtigte (Frau B) aufgrund Einweisung in ein Altersheim, Krankenhaus oder Pflegeheim auf Dauer nicht mehr in der Lage sein, die Wohnung zu bewohnen.[659] Soweit häusliche Pflege möglich und notwendig sein wird, besteht eine Pflegepflicht von T1 und ihrem Ehemann.
3. T1 und ihr Ehemann verpflichten sich, nach Renovierung des Anbaus der Tochter T2 (45 Jahre zum Zeitpunkt des Vertragsabschlusses) ein lebenslanges Wohnungsrecht für die 69 m² große Wohnung nach § 1093 BGB einzuräumen.
4. T1 und ihr Ehemann verpflichten sich, an die Tochter T3 einen Betrag von 60.000,00 € zu zahlen.
5. Der Träger der Sozialhilfe möchte etwaige Ansprüche der pflegebedürftigen Frau B aus § 528 BGB gegen ihre Tochter T1 und ihren Ehemann nach § 93 SGB XII auf sich überleiten.

Weiterhin besteht folgende Sachlage:
- Sie befinden sich im Januar des laufenden Jahres. Der Sozialhilfeträger hat einen Bewilligungsbescheid im Januar für Januar erlassen. Er beabsichtigt, noch im Januar einen Wertersatz für die überlassene Immobilie in Höhe der ungedeckten Heimkosten gemäß § 93 SGB XII i. V. m. § 528 BGB i. V. m. § 818 Abs. 2 BGB auf sich überzuleiten, sofern dies möglich ist.
- Der notarielle Vertrag datiert zwar vom 9.12. und ist daher älter als zehn Jahre, der Antrag auf Eigentumsumschreibung durch Eintragung in das Grundbuch ist aber am 14.2. des Folgejahres beim zuständigen Amtsgericht eingegangen, so dass danach die Zehnjahresfrist noch nicht abgelaufen ist.
- Das Haus hat einen gutachterlich festgestellten Wert von 300.000,00 € zum Zeitpunkt des notariellen Übergabevertrages.
- Die Renovierungskosten betragen 25.000,00 €.
- Die ortsübliche angemessene Warmmiete einschließlich Nebenkosten soll 9,00 €/m² betragen. Die Nebenkosten hat der Wohnungsberechtigte (und nicht der Beschenkte) zu tragen.
- Nach der Anlage 1 zu § 14 Abs. 1 Satz 4 BewG (Bewertungsgesetz[660]) „Bewertung einer lebenslänglichen Nutzung oder Leistung" soll folgender Kapitalwert zum Zeitpunkt des Übergabevertrages gelten:
  − Für eine 69-jährige Frau: 11,255
  − Für eine 45-jährige Frau: 16,312

---

659 Im notariellen Überlassungsvertrag könnte zusätzlich die Vereinbarung einer Verpflichtung des Wohnungsberechtigten zur Abgabe einer Löschungsbewilligung sowie der Ausschluss von Geldersatzansprüchen (z. B. ersparte Aufwendungen) aufgenommen werden. Allerdings birgt dies die Gefahr, dass dies wiederum als Schenkung gesehen werden könnte.
660 Bewertungsgesetz (BewG), in der Fassung der Bekanntmachung vom 1.2.1991 (BGBl. I S. 230), zuletzt geändert durch Art. 10 des Gesetzes vom 7.12.2011 (BGBl. I S. 2592).

- Die Tochter T1 hat vor der Heimaufnahme von Frau B drei Jahre lang häusliche Pflegeleistungen für Frau B erbracht, für die der Pflegegrad 2 festgestellt wurde.

Aufgabe

Prüfen Sie, ob und ggf. in welcher Höhe der Sozialhilfeträger die sich aus dem obigen Sachverhalt ergebenden Ansprüche auf sich überleiten kann.

Lösung

a) Ansprüche aus der Übertragung der Immobilie
Da spezialgesetzliche Überleitungs- und Erstattungsnormen nicht ersichtlich sind, kommt möglicherweise ein Überleitungsanspruch nach § 93 SGB XII in Frage. Hat danach eine leistungsberechtigte Person für die Zeit, für die Hilfe erbracht wird, einen Anspruch gegen einen anderen, kann der Träger der Sozialhilfe durch schriftliche Anzeige an den anderen bewirken, dass der Anspruch bis zur Höhe seiner Aufwendungen auf ihn übergeht (vgl. § 93 Abs. 1 Satz 1 SGB XII).
Zunächst muss ein **Anspruch** bestehen, der übergeleitet werden kann. Eine Überleitung ist allerdings nur dann rechtswidrig ist, wenn der betreffende Anspruch offensichtlich ausgeschlossen ist (sog. **„Negativevidenz"**).[661] Es ist daher lediglich zu prüfen, ob ein Anspruch überhaupt bestehen kann.
Ein Anspruch kann hier aus **§ 528 Abs. 1 BGB** resultieren. Soweit danach der Schenker nach der Vollziehung der Schenkung außerstande ist, seinen angemessenen Unterhalt zu bestreiten, kann er von dem Beschenkten die Herausgabe des Geschenkes nach den Vorschriften über die Herausgabe einer ungerechtfertigten Bereicherung fordern.
Frau B ist auf Sozialhilfeleistungen angewiesen und daher auch unterhaltsrechtlich im Sinne von § 528 Abs. 1 BGB **bedürftig**. Zwar sind die sozialhilferechtliche Bedürftigkeit einerseits und die unterhaltsrechtliche Bedürftigkeit andererseits nicht immer deckungsgleich. Gemessen an den jeweils geltenden Maßstäben der Bedürftigkeit kann eine unterhaltsberechtigte Person ihren angemessen Unterhalt nicht mehr bestreiten, wenn sie nur noch über einen „Notgroschen" von 5.000,00 € verfügt (vgl. § 90 Abs. 2 Nr. 9 SGB XII).[662] Damit ist Frau B ein „verarmter Schenker" i. S. des § 528 Abs. 1 BGB.

Weiterhin muss Frau B eine **Schenkung** vorgenommen haben. Eine Zuwendung, durch die jemand aus seinem Vermögen einen anderen bereichert, ist eine Schenkung, wenn beide Teile darüber einig sind, dass die Zuwendung unentgeltlich erfolgt (vgl. § 516 Abs. 1 BGB). Dabei setzt eine Schenkung eine Einigung der Beteiligten über die Unentgeltlichkeit der Zuwendung voraus. Unentgeltlich ist eine Zuwendung dann,

---

661 Ansonsten müsste das Sozialgericht auch über die Rechtmäßigkeit rechtswegfremder Forderungen entscheiden, was mit dem bestehenden gegliederten Rechtsschutzsystem nicht zu vereinbaren ist (LSG NRW, Urt. vom 27.4.2009 – L 20 B 2/09 SO –, BeckRS 2009, 64435).
662 Vgl. BGH, Urt. vom 17.12.2003 – XII ZR 224/00 –, NJW 2004, 677 = FamRZ 2004, 370; BGH, Urt. vom 23.11.2005 – XII ZR 155/03 –, NJW 2006, 2037 = FamRZ 2006, 935.

wenn sie unabhängig von einer Gegenleistung ist. Ist die Zuwendung dagegen mit einer Gegenleistung verknüpft, ist der objektive Wert der erbrachten Gegenleistung in Abzug zu bringen.

Übergabeverträge bestimmen häufig zusätzlich zu der Übertragung der Immobilie des Übergebers, dass auch den Übernehmer Verpflichtungen treffen. Diese können unterschiedlicher Natur sein. Der hier vorliegende Übergabevertrag war nicht (ausschließlich) unentgeltlich, da er eine Reihe von Gegenleistungen für T1 und ihren Ehemann vorsah.

Es ist daher zu prüfen, welchen objektiven Wert diese Gegenleistungen haben. Wird der Wert des übertragenen Grundstücks – maßgebend ist Zeitpunkt des Übergabevertrages – durch die Gegenleistung so weit gemindert, dass Leistung und Gegenleistung in einem ausgewogenen Verhältnis stehen, liegt eine Schenkung nicht mehr vor. Kompensiert die Gegenleistung nur einen Teil der Leistung, liegt eine teilweise Unentgeltlichkeit vor. In diesem Zusammenhang ist dann eine **gemischte Schenkung** zu prüfen, bei der der Mehrwert als Schenkung anzusehen ist.

Leistung und Gegenleistung stellen sich wie folgt dar:

	Wert in €	*Bemerkung*
Leistung:		
Übergabevertrag	300.000,00	*im Zeitpunkt des Vertragsabschlusses*
Gegenleistungen:		
Wohnungsrecht Frau B	– 38.897,00	*32 m² x 9,00 €/m² x 12 Monate x 11,255 (Kapitalwert)*
Wohnungsrecht T2	– 120.164,00	*69 m² x 9,00 €/m² x 12 Monate x 16,125 (Kapitalwert)*
Ausgleichszahlung T3	– 60.000,00	
Renovierungskosten	– 25.000,00	
Pflegeaufwand	– 21.339,48	*316,00 € x 12 Monate x 11,255 (Kapitalwert) x 0,5 (Wahrscheinlichkeit)*
Summe	**– 265.400,48**	

Wohnungsrechte stellen eine wertmindernde Belastung des Vermögens aus dem Übergabevertrag dar.[663] Genau genommen sind sie daher keine „echte" Gegenleistung, sondern eine sog. „Nebenbestimmung" (Auflage, vgl. § 525 BGB). Hierbei ist zu beachten, dass aus dem vom Bundesministerium der Finanzen bekanntgegebenen Vervielfältiger für den Kapitalwert einer lebenslänglichen Nutzung (vgl. zu § 14 Abs. 1 Satz 4 BewG) der Kapitalwert zu entnehmen ist,

---

663 VG Düsseldorf, Urt. vom 10.6.2008 – 21 K 2144/07 –, BeckRS 2008, 37516 = juris.

um einen angemessenen Wert des Wohnungsrechts für die voraussichtliche Restlebenszeit der benutzungsberechtigten Person zu ermitteln. Dabei ist der Kapitalwert zu nehmen, der zum Zeitpunkt des notariellen Vertragsabschlusses maßgebend war.

Zu beachten ist hier weiterhin, dass die Nebenkosten vom Wohnungsrechtsinhaber selbst getragen werden, so dass nur die Kaltmiete als Mietwert angesetzt wird. Würde hingegen die Nebenkosten der Eigentümer tragen, müssten die Nebenkosten als Wert der Gegenleistung in Ansatz gebracht werden. Die Gegenleistung würde in diesem Fall im Wert steigen und der Schenkungswert gemindert. Dies ist im Ergebnis richtig, weil der Eigentümer durch die Übernahme der Nebenkosten höhere Aufwendungen hat und von der Schenkung in geringerem Umfang „profitiert".

Ausgleichszahlungen und Renovierungskosten sowie Versprechen von Pflegeleistungen stellen hingegen eine echte Gegenleistung dar, wenn diese im Übergabevertrag vorgesehen sind und tatsächlich erbracht wurden, weil diese nicht allein aus dem Gegenstand der Schenkung selbst entnommen sind, sondern den Eigenmitteln des Beschenkten entstammen.[664] Problematisch ist hier die – objektive – Wertberechnung für den geleisteten Pflegeaufwand.

Es ist denkbar, dass die
- vertraglich eingegangenen Pflegeverpflichtungen bewertet werden oder
- dass die tatsächlich durchgeführte Pflege berechnet wird.

Im Gegensatz zur Finanzverwaltung, die die Schenkungssteuer zu ermitteln hat, gilt für die Sozialhilfeträger, dass Wohn- bzw. Nießbrauchsrechte sowie vereinbarte Pflegeleistungen von vornherein den Wert eines schenkungsweise zugewendeten Grundstücks mindern, und zwar auch dann, wenn z. B. Pflegeleistungen niemals notwendig wurden. Auch ein „abgewohntes Wohnrecht" ist nicht mit der tatsächlichen Inanspruchnahme zu kalkulieren. Mithin sind später eingetretene Entwicklungen nicht zu berücksichtigen.[665]

Hier wird deshalb vorgeschlagen, den Wert der Pflege – gemessen an den Pflegegeldleistungen der Pflegeversicherung – mit dem zum Vertragsabschluss geltenden Kapitalwert der Übergeberin hochzurechnen. Anhaltspunkte für den Wert der Pflege geben die Pflegegrade des Elften Buches Sozialgesetzbuch (vgl. § 15 SGB XI), so dass bei anzunehmendem Pflegegrad 2 ein Betrag von 316,00 € zugrunde zu legen ist (ggf. ist es sogar richtiger, den Betrag für Pflegesachleistungen im Sinne des § 36 SGB XI zu wählen, um den tatsächlichen Pflegeaufwand darzustellen).

Ferner ist zu berücksichtigen, dass die im Zeitpunkt des Vertragsabschlusses eingegangenen Pflegeverpflichtungen eintreten können, aber nicht zwangsläufig müssen. Deshalb ist in Abhängigkeit des Alters des Übergebers im Zeitpunkt des Vertragsabschlusses einen Wahrscheinlichkeitsfaktor in die Berechnung einzubinden

---

664 VG Düsseldorf, Urt. vom 10.6.2008 – 21 K 2144/07 –, BeckRS 2008, 37516 = juris.
665 Vgl. BGH, Urt. vom 28.9.2016 – IV ZR 513/15 –, juris, Rn. 9-11.

(z. B. 316,00 € / Monat x 12 Monate x 11,255 Kapitalwert x 0,5 = 21.339,48 €).[666, 667, 668]

Um eine gemischte Schenkung handelt es sich allerdings nur dann, wenn zwischen Zuwendung und Gegenleistung ein **deutliches Missverhältnis** zugunsten der erbrachten Leistung besteht. Bei einem weitestgehend ausgeglichen Verhältnis kann von einer gemischten Schenkung nicht mehr ausgegangen werden. Betrachtet man vorliegend den Wert der Immobilie und vergleicht diesen Wert mit der Summe der Gegenleistungen, so besteht eine Differenz von lediglich ca. 12 v. H. Im Rahmen eines Verwandtschaftsverhältnisses kann davon ausgegangen werden, dass Gegenstände überlassen werden, ohne dass sich Leistung und Gegenleistung genau entsprechen müssen. Unter Verwandten ist auch die Vereinbarung von Gefälligkeitspreisen zulässig.

Das OLG Hamm[669] verneint überdies eine gemischte Schenkung selbst bei einem Mehrwert von 32,55%, denn „eine gemischte Schenkung liegt nur dann vor, wenn der unentgeltliche Charakter des Geschäfts überwiegt". Nach dem BGH[670] setzt dies **nicht** voraus, dass der objektive Wert der Zuwendung mindestens das Doppelte der Gegenleistungen beträgt.

Es liegt also kein deutlicher Mehrwert vor. Damit besteht auch keine „Unentgeltlichkeit" i. S. von § 528 BGB und eine gemischte Schenkung ist zu verneinen.[671]

Damit ist eine Überleitung des Anspruchs ausgeschlossen. Ein Widerspruch oder eine Klage gegen einen Überleitungsbescheid hat Aussicht auf Erfolg.

---

666 Sofern man die tatsächlich durchgeführte Pflegeleistung bewertet, kann Folgendes gelten: Als marktüblicher Stundenlohn können 12,00 € für die durchgeführte Pflege angesetzt werden, vgl. FG Rheinland-Pfalz, Urt. vom 23.3.2007 – 4 K 2892/04 –, DStRE 2007, 138. Der ermittelte Stundenlohn basiert allerdings auf dem Jahr 2002. Andererseits wird der Stundenlohn für eine ausgebildete Pflegekraft zugrunde gelegt, während es sich bei der familiären Pflege um nicht ausgebildete Pflegepersonen handelt. Vgl. auch OLG Hamm, Urt. vom 28.1.2010 – I 10 U 43/09 –, BeckRS 2011, 28632; OLG Hamm, Urt. vom 11.1.1999 – 5 U 50/98 –, FamRZ 1999, 1055. Denkbar ist es danach auch, dass man sich nicht an der Entlohnung für professionelle Pflegekräfte orientiert, sondern an dem Pflegegeld für – ehrenamtliche – Pflegepersonen. Denn ein vermögenswerter Vorteil bei Wegfall der Pflegeverpflichtung wegen stationärer Heimaufnahme kommt nur im ersparten Zeitaufwand der Pflegeperson in Frage; eine Ersparnis liegt nicht in den Kosten für professionelle Pflegedienste, da diese Dienste in einem Versorgungsvertrag nicht vereinbart sind.
667 Vgl. FG Baden-Württemberg, Urt. vom 6.7.2012 – 11 K 4190/11 –, juris, Rn. 39. Zum Abzug eines Pflegefreibetrages nach § 13 Abs. 1 Nr. 9 ErbStG wurde ein Stundensatz von 15,00 € ermittelt. Zur Ermittlung des Werts der erbrachten Pflegeleistungen können danach die jeweils für vergleichbare Leistungen zu zahlenden üblichen Vergütungssätze entsprechender Berufsgruppen oder gemeinnütziger Vereine herangezogen werden.
668 Sind im Übergabevertrag Pflegeverpflichtungen vorgesehen, ohne dass die Pflegebedürftigkeit bereits eingetreten ist, sind die Pflegeverpflichtungen zwar wie im Beispiel aufgezeigt zu berechnen, möglicherweise aber auch mit einem Wahrscheinlichkeitswert zu multiplizieren, der den Wert sinken lässt (vgl. OLG Koblenz, Urt. vom 17.10.2001 – 9 U 166/01 –, FamRZ 2002, 772 = ZEV 2002, 460 = NJW-RR 2002, 512).
669 Vgl. OLG Hamm, Urt. vom 28.1.2010 – I 10 U 43/09 –, BeckRS 2011, 28632, m.w.N. Die Aussage müsste jedenfalls aus Sozialhilfeperspektive einer kritischen Überprüfung unterzogen werden, je höher die übergebende Leistung im Wege der vorweggenommenen Erbfolge ist. Denn hohe Zuwendungen führen selbst bei „hohen" Gegenleistungen zu einem beachtlichen Mehrwert.
670 BGH, Urt. vom 18.10.2011 – X ZR 45/10 –, juris, Rn. 14, 17 = BGH NJW 2012, 60.
671 Es kann weitere wertmindernde Faktoren für eine Schenkung geben. Der Wert der Immobilie ermäßigt sich z. B., wenn sich der Übergeber das Recht auf Rückforderung im Falle einer Veräußerung oder Belastung vorbehalten hat. Mindernd wirken sich ebenfalls übernommene Grundpfandrechte aus, sofern der Übernehmer die zu Grunde liegenden Darlehensverbindlichkeiten übernimmt. Schließlich sind neben den im Beispiel bereits genannten Pflegediensten zu übernehmende Bestattungs- und Grabpflegekosten wertmindernd zu berücksichtigen.

Hilfsgutachtlich ist ergänzend auf Folgendes hinzuweisen:

Soweit eine Schenkung und ein Schenkungsrückforderungsanspruch angenommen werden, wird grundsätzlich eine Herausgabe des geschenkten Gegenstandes selbst geschuldet (vgl. §§ 528 Abs. 1 Satz 1, 812 Abs. 1 Satz 1 BGB). Ist aber der Unterhaltsbedarf – wie hier mit 500,00 € – geringer als der Wert des geschenkten Gegenstandes und ist bei einem real unteilbaren Geschenk wie einem Grundstück eine Teilherausgabe unmöglich, ist gemäß §§ 528 Abs. 1 Satz 1, 818 Abs. 2 BGB **(Teil-)Wertersatz** in Geld zu leisten. Bei regelmäßig wiederkehrendem Bedarf richtet sich der Anspruch demgemäß auf wiederkehrende Leistungen des Beschenkten in einer dem angemessenen Unterhaltsbedarf entsprechenden Höhe, und zwar so lange, bis der Wert des Schenkungsgegenstandes erschöpft ist.

Wird eine Immobilie also zu Lebzeiten übertragen, sieht sich der Leistungsberechtigte ggf. einen Schenkungsrückforderungsanspruch ausgesetzt. Dabei sind Wertersatzzahlungen zu leisten in Höhe der sozialhilferechtlichen Bedarfslücke (vgl. § 818 Abs. 2 BGB). Da diese Geldzahlungen aber zukunftsbezogen sind und nur für die Dauer des Bedarfs, d. h. regelmäßig bis zum Tod des Leistungsberechtigten zu zahlen sind, kann die lebzeitige Übertragung von Vermögen die Aufwendungen des Sozialhilfeträgers möglicherweise weniger umfangreich decken als dies bei einem Kostenersatz durch Erben nach § 102 SGB XII wäre. Denn beim Kostenersatz durch Erben wird (fast) aus dem gesamten Nachlass eine Deckung der Sozialhilfeaufwendungen der vergangenen zehn Jahre verlangt.

Weiterhin könnte der Ausschluss des Rückforderungsanspruchs nach § 529 Abs. 1 BGB als Einrede geltend gemacht werden. Danach ist der Rückforderungsanspruch ausgeschlossen, wenn zwischen dem Eintritt der Hilfebedürftigkeit und dem Vollzug der Schenkung zehn Jahre verstrichen sind. Die Berechnung hat taggenau zu erfolgen. Stellt man hinsichtlich des Zeitpunktes der Schenkung auf den notariellen Übergabevertrag (Schenkungsvertrag) ab, der am 9.12. von vor mehr als zehn Jahren abgeschlossen wurde, ist eine Rückforderung des verarmten Schenkers ausgeschlossen.

Stellt man hingegen nicht auf die Leistungshandlung, sondern auf den Leistungserfolg ab, ist der Eingang des Antrags beim Grundbuchamt entscheidend (vgl. § 873, 925 BGB). Das VG Düsseldorf[672] sah den Eingang des Antrags beim Grundbuchamt als relevantes Datum der (etwaigen) Schenkung an, so dass die Zehnjahresfrist noch nicht abgelaufen wäre und die Überleitung des Anspruchs noch möglich ist. Der Beginn der in § 529 Abs. 1 Halbs. 2 BGB vorgesehenen Zehnjahresfrist wird auch nicht dadurch gehindert, dass sich der Schenker an dem verschenkten Grundstück ein lebenslanges Nutzungsrecht vorbehält.

---

672 Vgl. VG Düsseldorf, Urt. vom 10.6.2008 – 21 K 2144/07 –, BeckRS 2008, 37516; ebenso OLG Köln, Entsch. vom 26.6.1985 – 26 U 6/85 –, FamRZ 1986, 989. Jetzt ebenso: BGH, Urt. vom 19.7.2011 – X ZR 140/10 –, BGHZ 190, 281-290 = NJW 2011, 3082.

Folgende weitere Einreden sind grundsätzlich zu beachten:
- Entreicherung nach § 818 Abs. 3 BGB; eine Entreicherung kommt nur dann in Frage, wenn aus dem Verlust des Geschenkes kein anderer Vermögensvorteil als Surrogat erlangt wurde und auch keine eigenen Aufwendungen erspart wurden,
- Verjährung nach § 195 BGB bei Geldgeschenken (drei Jahre nach Beendigung des Jahres, in dem der Anspruch entstanden ist),
- Pflicht- oder Anstandsschenkung (§ 534 BGB); eine Pflichtschenkung liegt nicht vor, wenn der Beschenkte unter sittlichen und moralischen Aspekten zur Pflege und Betreuung verpflichtet war,
- schuldhafte Herbeiführung der Bedürftigkeit (§ 529 Abs. 1 Alt. **1 BGB)**,
- Gefährdung des eigenen standesgemäßen Unterhalts (§ 529 Abs. 2 BGB). Die Herausgabe einer vom Beschenkten selbst bewohnten Immobilie ist danach nicht zumutbar, wenn sie als Familienwohnheim dient und als solche den Unterhaltsbedarf „Wohnen" des Beschenkten und seiner Familie deckt.

b) Ansprüche aus dem Wohnungsrecht

Eine Überleitung nach § 93 SGB XII kommt auch für das im Übergabevertrag geregelte Wohnungsrecht (§ 1093 BGB) in Frage. Zwar kann das Wohnungsrecht selbst nicht übergeleitet werden (eine Überleitung von Naturalleistungen ist nicht mit § 1092 Abs. 1 Satz 2 BGB und auch nicht mit § 93 Abs. 1 Satz 1 SGB XII vereinbar), wohl aber der Zahlungsanspruch aus dem Wohnungsrecht, denn grundsätzlich stellt selbst die unbefristete Aufnahme des Leistungsberechtigten nach dem Zwölften Buch Sozialgesetzbuch in ein Pflegeheim keinen Erlöschensgrund des Wohnungsrechts dar. Die Beibehaltung des Wohnungsrechts wird vom Bundesgerichtshof im Rahmen der ergänzenden Vertragsauslegung bejaht, wenn im Übergabevertrag keine eindeutige Regelung getroffen wurde.[673]

Für den Erhalt des Wohnungsrechts spricht im Rahmen der ergänzenden Vertragsauslegung, dass das lebzeitige Wohnungsrecht einen Teil der Altersvorsorge des Wohnungsberechtigten darstellt. Zum Zweiten führt der Wegzug des Wohnungsberechtigten zu einer nicht gerechtfertigten Besserstellung des Eigentümers.
Das Wohnungsrecht geht aber unter, wenn – wie hier – eine eindeutige Regelung getroffen ist und das Wohnungsrecht bei dauerhafter stationärer Heimaufnahme entfallen soll. Eine solche auflösende Bedingung des Wohnungsrechts ist zulässig und führt nicht ohne Weiteres zur Sittenwidrigkeit der vereinbarten Regelung.[674] Etwas anderes gilt nur dann, wenn der Wohnungsberechtigte absehbar sozialhilfebedürftig wird (oder ggf. bereits ist) und nachträglich eine Wohnungsrechtsvereinbarung geschlossen werden soll, wonach auf das Wohnungsrecht bei Heimaufnahme verzichtet werden soll. Letzteres ist hier aber nicht der Fall.
Die auflösende Bedingung zum Wegfall des Wohnungsrechts bei dauerhafter Heimaufnahme ist damit wirksam, so dass keine Ansprüche aus dem Wohnungsrecht abgeleitet werden können.

---
673 Vgl. BGH, Urt. vom 19.1.2007 – V ZR 163/06 –, NJW 2007, 1884 = FamRZ 2007, 632.
674 Vgl. BGH, Urt. vom 6.2.2009 – V ZR 130/08 –, NJW 2009, 1346 = FamRZ 2009, 865.

6.2 Übergang von Ansprüchen gegen eine nach bürgerlichem Recht unterhaltspflichtige Person

Hat eine leistungsberechtigte Person für die Zeit, für die Leistungen erbracht werden, nach bürgerlichem Recht einen Unterhaltsanspruch, geht dieser bis zur Höhe der geleisteten Aufwendungen zusammen mit dem unterhaltsrechtlichen Auskunftsanspruch nach § 1605 BGB auf den Träger der Sozialhilfe über (vgl. § 94 Abs. 1 Satz 1 SGB XII).

Das sog. „Angehörigen-Entlastungsgesetz" hat dafür gesorgt, dass bei allen Sozialhilfeleistungen Unterhaltsansprüche nur zu berücksichtigen sind, wenn das jährliche Gesamteinkommen im Sinne des § 16 SGB IV pro unterhaltspflichtiger Person mehr als 100.000,00 € (Jahreseinkommensgrenze) beträgt. Damit entfallen für die weit überwiegende Zahl von Fällen entsprechende Unterhaltsüberprüfungen.

Für den **gesetzlichen** Anspruchsübergang nach § 94 SGB XII müssen folgende Voraussetzungen vorliegen:
- Bestand s Unterhaltsanspruchs (6.2; 6.3.1),
- Rechtmäßigkeit der Sozialhilfeleistung (6.3.2),
- Gleichzeitigkeit von Unterhaltsanspruch und Sozialhilfeleistung (6.3.3),
- kein Ausschluss des gesetzlichen Forderungsübergangs (6.3.4),
- Begrenzung des Anspruchsübergangs (6.3.5),
- Mitteilung (Rechtswahrungsanzeige) über die Sozialhilfeleistung (6.3.6).

Die Prüfung eines Unterhaltsanspruchs ist nach den zivilrechtlichen Vorgaben des Bürgerlichen Gesetzbuchs und nach den Tabellen und Leitlinien der Oberlandesgerichte (z. B. der Düsseldorfer Tabelle[675]) zu entscheiden.

6.2.1 Allgemeines zum Unterhaltsrecht, Bestehen eines Unterhaltsanspruchs

Der Begriff „Unterhalt" umfasst grundsätzlich alle Sach-, Dienst- und Geldleistungen, die ein Mensch zum Leben benötigt. Ein großer Teil der Bevölkerung kann seinen Unterhalt durch den Einsatz von Arbeitskraft, Einkommen und Vermögen decken. Der andere Teil ist darauf angewiesen, dass Dritte ihren Unterhalt ganz oder teilweise sicherstellen. Diesbezügliche Rechte und Pflichten sind **privatrechtlich** geregelt und werden als „Unterhaltsrecht" bezeichnet. Als Rechtsquelle des Unterhaltsrechts kommt vor allem das Bürgerliche Gesetzbuch (BGB) in Betracht.

Ob ein Anspruch auf Unterhalt besteht, richtet sich nach **privatrechtlichen** Regelungen (vgl. nachfolgende Ausführungen bis 6.2.6). Unter welchen Voraussetzungen ein solcher Anspruch gemäß § 94 SGB XII auf den Träger der Sozialhilfe übergeht, ist nach § 94 SGB XII und damit in Anwendung einer öffentlich-rechtlichen Norm zu beurteilen (vgl. 6.3). Überprüft werden die Voraussetzungen im Streitfall jedoch insgesamt nur im Zivilrechtsweg (vgl. § 94 Abs. 5 Satz 3 SGB XII; 6.3.8). Seit dem 1.1.2020 folgt aus § 94 Abs. 1a SGB XII, dass der Sozialhilfeträger grundsätzlich

---
675 Siehe http://www.olg-duesseldorf.nrw.de/.

(Ausnahme nach § 94 Abs. 1a Satz 6 SGB XII) nur noch die Unterhaltspflichtigen zum Unterhalt heranziehen soll, deren Jahresbruttoeinkommen mehr als 100.000,00 € beträgt (vgl. .3).

Der **gesetzliche Unterhaltsanspruch** nach dem Bürgerlichen Gesetzbuch entsteht, wenn folgende Voraussetzungen gegeben sind:
- Es gibt einen oder mehrere (gesteigert oder nicht gesteigert) unterhaltspflichtige (vgl. 6.2.2).
- Die leistungsberechtigte Person hat einen Unterhaltsbedarf (vgl. 6.2.3).
- Die leistungsberechtigte Person ist unterhaltsbedürftig, weil sie ihren Bedarf nicht aus eigenen Kräften decken kann (vgl. 6.2.3)
- Der Unterhaltspflichtige ist leistungsfähig (vgl. 6.2.4)
- Der Unterhaltsanspruch ist nicht erloschen (vgl. 6.2.5, 6.2.6).

Vertragliche Regelungen können gesetzliche Unterhaltsansprüche erweitern, mindern oder ausschließen bzw. außergesetzliche Ansprüche begründen (vgl. 6.2.6).

Bei der Prüfung, ob ein Unterhaltsanspruch im Einzelfall besteht, ist eine **Vielzahl** von **unbestimmten Rechtsbegriffen** auszulegen, z. B. angemessener Unterhalt, angemessene Versicherung, angemessene Vorbildung, angemessene Erwerbstätigkeit, sittliches Verschulden, schwere Verfehlung, wichtiger Grund, Billigkeit, Unbilligkeit, gute Sitten oder gröbliche Verletzung der Unterhaltspflicht. Über die Auslegung entscheiden im Streitfall die Gerichte. Deshalb ist das Unterhaltsrecht stark durch die Rechtsprechung geprägt.

6.2.2 Unterhaltspflichtige

Ein Anspruch auf Unterhalt entsteht aufgrund persönlicher Verhältnisse, regelmäßig aus
- einem Verwandtschaftsverhältnis (§ 1589 BGB),
- einer bestehenden bzw. nicht mehr bestehenden Ehe (§ 1353 BGB),
- Anlass der Geburt eines Kindes von nicht miteinander verheirateten Eltern (§ 1615 Abs. 1 BGB),
- einer Lebenspartnerschaft nach dem Lebenspartnerschaftsgesetz (§ 1 LPartG).

Konkrete Regelungen ergeben sich bezüglich der Unterhaltsansprüche von
- „Verwandten" aus den §§ 1601 ff. BGB,
- „Ehegatten" oder früheren Ehegatten aus den §§ 1360 ff. und 1569 ff. BGB,
- „nicht miteinander verheirateten Elternteilen" aus § 1615 l BGB sowie
- „Lebenspartnern" aus den §§ 5, 12 und 16 LPartG.

Je nach dem Grad der Bindung zwischen den betroffenen Personen wird in der Literatur häufig zwischen **gesteigert** und **nicht gesteigert (normal)** Unterhaltsberechtigten bzw. -verpflichteten unterschieden. Entsprechend dieser Differenzierung ergibt sich ein unterschiedlicher Umfang der Unterhaltsverpflichtung:

Gesteigert Unterhaltspflichtige müssen im Vergleich zu nicht gesteigert (normal) Unterhaltspflichtigen einen höheren Unterhalt leisten und haben einen geringeren Selbstbehalt (vgl. 6.2.2).

6.2.2.1 Gesteigert Unterhaltspflichtige

Folgende Personen kommen grundsätzlich als gesteigert Unterhaltspflichtige in Betracht:

- Im Rahmen des sog. „**Kindesunterhalts**" sind Eltern (Elternteile) gegenüber ihren
  - minderjährigen unverheirateten Kindern (vgl. §§ 1601, 1603 Abs. 2 Satz 1 BGB),
  - volljährigen unverheirateten Kindern bis zur Vollendung des 21. Lebensjahres, wenn
    - diese in deren Haushalt leben,
    - sich in der allgemeinen Schulausbildung oder in einer ersten Berufsausbildung befinden,
    - kein anderer unterhaltspflichtiger Verwandter vorhanden ist **und**
    - das Kind seinen Unterhalt nicht aus dem Stamm seines Vermögens bestreiten kann (vgl. § 1603 Abs. 2 Satz 2 und Satz 3 BGB)
  zum Unterhalt verpflichtet.

- Im Rahmen des sog. „**Ehegattenunterhalts**" sind Ehegatten
  - im Rahmen des Familienunterhalts (vgl. §§ 1360, 1360a BGB) oder
  - als getrennt lebende Ehegatten (vgl. § 1361 BGB),
  zum Unterhalt verpflichtet. Gemäß § 1608 Abs. 1 BGB haftet der Ehegatte des Bedürftigen vor dessen Verwandten.

- Lebenspartner sind
  - im Rahmen des Lebenspartnerschaftsunterhalts (vgl. § 5 LPartG),
  - als getrennt lebende Lebenspartner (vgl. § 12 Abs. 1 Satz 1 LPartG) oder
  - als frühere Lebenspartner, deren Lebenspartnerschaft durch gerichtliches Urteil aufgehoben wurde (vgl. § 16 LPartG)
  zum Unterhalt verpflichtet.

Künftige Adoptiveltern sind ebenfalls zum Unterhalt verpflichtet, wenn die Aufnahme des minderjährigen Kindes in ihre Obhut mit dem Ziel der Annahme als Kind erfolgt ist (vgl. § 1751 Abs. 4 Satz 1 BGB).

6.2.2.2 Nicht gesteigert Unterhaltspflichtige

Folgende Personen kommen als nicht gesteigert Unterhaltspflichtige in Betracht:
- Verwandte in gerader Linie (vgl. §§ 1589 Satz 1 und 1601 BGB) untereinander, sofern sie nicht zum Personenkreis der gesteigert Unterhaltspflichtigen gehören (s. o.). Aus sozialhilferechtlicher Perspektive kommt regelmäßig ein Kindesunter-

halt nicht in Frage, da diese wegen ihrer Erwerbsobliegenheiten nicht unterhaltsrechtlich bedürftig sind. Relevant ist hingegen der **Elternunterhalt**, wenn die Eltern pflegebedürftig geworden sind und Sozialhilfeleistungen beziehen,
- nicht miteinander verheiratete Elternteile aus Anlass der Geburt (§ 1615 l BGB),
- leibliche Eltern eines minderjährigen Kindes, welches zum Zwecke der Annahme als Kind bei den zukünftigen Adoptiveltern in Obhut aufgenommen worden ist (vgl. § 1751 Abs. 4 Satz 1 BGB).

Der Unterschied zwischen **gesteigerter** und **nicht gesteigerter** Unterhaltspflicht liegt darin, dass gesteigert Unterhaltspflichtige **weniger Einkommen** zur Beibehaltung des Lebensstandards (notwendiger Selbstbehalt) zuerkannt bekommen und somit mehr an Unterhaltszahlungen leisten müssen, und nicht gesteigert Unterhaltspflichtige einen **höheren Selbstbehalt** (angemessener Selbstbehalt) zuerkannt bekommen und somit geringere Unterhaltszahlungen leisten müssen.

Darüber hinaus bestehen für gesteigert Unterhaltspflichtige weitere Anforderungen. Bei ihnen bestehen z. B. eine erhöhte Erwerbsobliegenheit und eine erhöhte Verpflichtung, den Stamm ihres Vermögens zur Bestreitung des Unterhalts einzusetzen.

Nicht gesteigert unterhaltspflichtig sind damit insbesondere Eltern gegenüber ihren volljährigen Kindern (Ausnahme: § 1603 Abs. 2 Satz 2 BGB), volljährige Kinder gegenüber ihren Eltern oder der Vater eines nichtehelichen Kindes gegenüber der Kindesmutter.

Die Überprüfung der (nicht gesteigerten) Unterhaltspflicht der Kinder gegenüber ihren Eltern kommt z. B. dann in Frage, wenn die Eltern stationäre Hilfe zur Pflege erhalten und die Heimkosten nicht durch das Einkommen der Eltern (Rente) sowie den Zahlungen der Pflegeversicherungen finanziert werden können, so dass der Sozialhilfeträger die ungedeckten Kosten (zunächst) übernimmt. Aufgrund des Nachranggrundsatzes wird durch den Sozialhilfeträger überprüft, ob die zur Bestreitung der Heimkosten gezahlte Sozialhilfe durch eine Unterhaltsverpflichtung und -leistung erstattet werden kann (sog. **„Elternunterhalt"**).

Beispiel[676]:
Die Mutter des M ist stationär in einem Pflegeheim untergebracht. Der Sohn M ist verheiratet mit F. M verfügt über ein unterhaltsrechtlich zu berücksichtigendes Einkommen, d. h. u. a. nach Abzug von Altersvorsorgeaufwendungen, berufsbedingten Aufwendungen, Rücklagen für eine Hausrenovierung sowie für eine demnächst vorzunehmende Anschaffung eines PKW, in Höhe von 3.000,00 €; für seine Ehefrau F ist ein Betrag von 1.500,00 € anzusetzen.

Kann ein Unterhaltsbetrag zur Deckung der Heimkosten verlangt werden?

---

[676] Die Berechnung orientiert sich an folgendem Urteil: BGH, Urt. vom 28.7.2010 – XII ZR 140/07 –, BGHZ 186, 153 = NJW 2010, 3161 = FamRZ 2010, 1535; BGH, Beschl. vom 5.2.2014 – XII ZB 25/13 –, NZS 2014, 472 = NJW 2014, 1173 = FamRZ 2014, 538.

Anmerkung: Dies ist eine zivilrechtliche Unterhaltsbetrachtung. § 94 Abs. 1a SGB XII soll unberücksichtigt bleiben.

Bereinigtes Einkommen des unterhaltspflichtigen Sohnes	3.000,00 €
Bereinigtes Einkommen der Ehefrau	1.500,00 €
Bereinigtes Gesamteinkommen	4.500,00 €
Mindestselbstbehalt des Ehepaares (vgl. Düsseldorfer Tabelle, 1.1.2020)	**3.600,00 €**
Differenz aus Einkommen und Mindestselbstbehalt (übersteigendes EK)	900,00 €
Vorteil des Zusammenlebens/zusätzliche häusl. Ersparnis (10%)	– 90,00 €
Verbleibendes übersteigendes Einkommen	810,00 €
einkommensabhängiger **Familienselbstbehalt** (50 % des übersteigenden EK)	***405,00 €***
Für den Elternunterhalt einzusetzen (50 % des übersteigenden EK)	*405,00 €*
Individueller Familien-Selbstbehalt des Ehepaares (Mindest- und Familienselbstbehalt)	***4.005,00 €***
Anteil des Sohnes M am Gesamteinkommen	66,67%
Anteil des Sohnes M am individuellen Selbstbehalt des Paares	2.670,00 €
Bereinigtes EK des unterhaltspflichtigen Sohnes	3.000,00 €
Anteil des Sohnes am individuellen Selbstbehalt	– 2.670,00 €
Unterhaltsforderung aus der Differenz (Elternunterhalt)	***330,00 €***

Der der Berechnung zugrunde gelegte Selbstbehalt beträgt für den barunterhaltspflichtigen Sohn 2.000,00 € und für die Ehefrau 1.600,00 €. Der geringere Selbstbehalt für die Ehefrau kommt durch die Berücksichtigung einer häuslichen Ersparnis – einer sog. „Mindesthaushaltsersparnis" – zustande. Dies sind 20 v. H. des Selbstbehalts (180 v. H. x 2.000,00 € = 3.600,00 €).

Rechtsprechung und Literatur sind sich weitestgehend einig, dass der Synergieeffekt aus einer gemeinsamen Haushaltsführung „mit wachsendem Lebensstandard regelmäßig steigt".[677] Das bedeutet, dass eine häusliche Ersparnis nicht nur bei dem Familienselbstbehalt berücksichtigt, sondern auch bei dem übersteigenden Einkommen einbezogen werden muss. Der Abzug der oben beschriebenen „zusätzlichen häuslichen Ersparnis" in Höhe von 10 v. H. aus der Differenz von Einkommen und Mindestselbstbehalt ergibt im Ergebnis eine höhere Leistungsfähigkeit – also einen höheren Elternunterhalt –, da häusliche Ersparnisse den Selbstbehalt verringern und damit zu einem höheren Einkommenseinsatz führen.

---

677 BGH, Urt. vom 14.1.2004 – XII ZR 149/01 –, juris, Rn. 20; BGH, Urt. vom 28.7.2010 – XII ZR 140/07 –, juris, Rn. 85 = BGHZ 186, 153 = NJW 2010, 3161 = FamRZ 2010, 1535; *Weinreich*, FuR 2013 S. 509 (512).

Verfügt der Unterhaltspflichtige über höhere Einkünfte als sein Ehegatte, ist die Leistungsfähigkeit zur Zahlung von Elternunterhalt in der Regel wie folgt zu ermitteln: Von dem Familieneinkommen wird der Familienselbstbehalt in Abzug gebracht. Das verbleibende Einkommen wird um die „zusätzliche Haushaltsersparnis" vermindert, die sich durch das Zusammenleben in einer Partnerschaft ergibt. Die „zusätzliche Haushaltsersparnis", die bezogen auf das den Familienselbstbehalt übersteigende Familieneinkommen eintritt, ist regelmäßig mit 10 v. H. dieses Mehreinkommens zu bemessen.[678]

Die Hälfte des sich ergebenden Betrags kommt zuzüglich des Familienselbstbehalts dem Familienunterhalt zugute, damit ein angemessener Interessensausgleich zwischen dem Unterhaltsberechtigten und dem Unterhaltsverpflichteten stattfindet.

Damit wird berücksichtigt, dass die Unterhaltspflicht im Rahmen des Elternunterhalts „nicht zu einer spürbaren und dauerhaften Senkung [des] berufs- und einkommenstypischen Lebensniveaus führen darf"[679]*. Als konkreten Anhaltspunkt zur Bemessung des individuellen Selbstbehalts ist die sog. „50 v. H. – Methode" für rechtsfehlerfrei gewertet worden. Sie beschränkt die Höhe der Leistungspflicht auf 50 v. H. des dem Mindestselbstbehalt übersteigenden unterhaltsrechtlich einzusetzenden Einkommens.*

Zu dem so bemessenen individuellen Familienbedarf hat der Unterhaltspflichtige entsprechend dem Verhältnis der Einkünfte der Ehegatten beizutragen. **Für den Elternunterhalt kann der Unterhaltspflichtige die Differenz zwischen seinem Einkommen und seinem Anteil am Familienunterhalt einsetzen.**

Inzwischen ist gerichtlich geklärt, dass diese Berechnung auch dann durchzuführen ist, wenn der Unterhaltspflichtige über geringere Einkünfte als sein Ehegatte verfügt.[680]

Durch die Beispielberechnung wird auch deutlich, dass ein hohes Einkommen des Schwiegersohns oder der Schwiegertochter mittelbar dafür sorgen kann, dass die leibliche Tochter oder der Sohn trotz geringen – ggf. unter dem eigenen Selbstbehalt liegenden – Einkommens unterhaltspflichtig wird. Dies wird dann als „**verdeckte Schwiegerkindhaftung**" bezeichnet.[681] Andererseits wird nur das nicht benötigte Einkommen für den Elternunterhalt eingesetzt. Weiterhin kann argumentiert werden, dass das Schwiegerkind nicht herangezogen wird, da der eigene angemessene Familienunterhalt gedeckt bleibt.

Die durch Unterhaltsleistungen bedingte Schmälerung des Einkommens des Ehegatten muss nicht kompensiert werden, da auch der Ehegatten seinen angemessenen Unterhalt behält.

---

678 Anmerkung: Der Ansatz von 10 v. H. sorgt bei steigendem Familieneinkommen dafür, dass die relative individuelle Haushaltsersparnis, d.h. das Verhältnis der Haushaltsersparnis zum Familieneinkommen, sinkt. Die Berechnungsmethode berücksichtigt somit, dass bei geringeren Einkünften größere häusliche Ersparnisse eintreten als bei höheren Einkünften. Denn mit zunehmendem Einkommen steigt das Sparverhalten, während das Konsumverhalten stagniert.
679 Vgl. BGH, Urt. vom 23.10.2002 – XII ZR 266/99 –, juris, Rn. 30.
680 Vgl. BGH, Beschl. vom 5.2.2014 – XII ZB 25/13 –, NZS 2014, 472 = NJW 2014, 1173 = FamRZ 2014, 538.
681 Vgl. BGH, Urt. vom 17.12.2003 – XII ZR 224/00 –, NJW 2004, 677 = FamRZ 2004, 419.

Nachdem der Bundesgerichtshof seine Berechnungsmethodik zunächst nur auf die Fälle bezog, in denen „der Unterhaltspflichtige über höhere Einkünfte verfügt als sein Ehegatte"[682], ist nunmehr auch der Fall erfasst, dass der Unterhaltspflichtige nur „Nebenverdiener" ist. Die Leistungsfähigkeit zur Zahlung von Elternunterhalt ist also auch dann auf der Grundlage des individuellen Familienbedarfs zu ermitteln, wenn der Unterhaltspflichtige über geringere Einkünfte als sein Ehegatte verfügt. In einem solchen Fall ist die Leistungspflicht des verheirateten Kindes zwar höher als beim ledigen Kind. Der Unterschied sei aber zu rechtfertigen, da der Familienunterhalt den Selbstbehalt des Verheirateten sicherstellt.[683]

Verfügt allerdings das unterhaltspflichtige Kind über kein oder kein ausreichendes eigenes **Einkommen**, ist die Unterhaltspflicht sehr begrenzt. Da der Anspruch auf Familienunterhalt (der grundsätzlich in Höhe der Hälfte des für den ehelichen Lebensbedarf zur Verfügung stehenden Einkommens besteht, vgl. §§ 1360, 1360a BGB) nicht auf Geldzahlung, sondern nur auf Teilhabe am Familieneinkommen gerichtet ist, kann allein hieraus keine unterhaltsrechtliche Leistungsfähigkeit des Kindes abgeleitet werden.[684] Auch der Wohnvorteil ist unberücksichtigt zu lassen, da hieraus regelmäßig keine tatsächlichen Geldmittel dem Unterhaltspflichtigen verbleiben.

Allein berücksichtigungsfähig ist ein Taschengeldanspruch des einkommenslosen und unterhaltspflichtigen Kindes gegenüber dem einkommensbeziehenden Ehegatten, der dann an die Eltern im Rahmen des Elternunterhalts weiterzureichen ist.

Beispiel[685]
Bereinigtes Einkommen des Ehepartners	*4.000,00 €*
Taschengeldanspruch: 4.000,00 € x 5 % =	*200,00 €*
./. Mindesttaschengeld: 3.600,00 € x 5 % =	*– 180,00 €*
übersteigendes Taschengeld	*20,00 €*

Davon stehen für den Elternunterhalt die Hälfte zur Verfügung   10,00 €

Weiterhin ist zu beachten, dass beim Elternunterhalt der Unterhaltspflichtige spürbare und dauerhafte Einschränkungen des Lebensstils, sofern es sich nicht um ein „ausschweifendes Luxusleben" handelt, nicht hinnehmen muss. Insofern ist noch zu prüfen, ob das Ergebnis „angemessen" oder „gerecht" ist (sog. **„Angemessenheitsprüfung"**). Die Unterhaltsforderung kann insoweit weiter eingeschränkt werden, insbesondere dann, wenn in der Familie ein hohes überdurchschnittliches Einkommen zur Verfügung steht.

Die Empfehlungen des Deutschen Vereins für öffentliche und private Fürsorge gehen davon aus, dass von „einem Leben im Luxus" auszugehen ist, „wenn und

---

682 Vgl. BGH, Urt. vom 28.7.2010 – XII ZR 140/07 –, juris, Rn. 67 = BGHZ 186, 153 = NJW 2010, 3161 = FamRZ 2010.
683 BGH, Urt. vom 5.2.2014 – XII ZB 25/13 –, juris, Rn. 63 = FamRZ 2014, 538 = NZS 2014, 472.
684 BGH, Urt. vom 12.12.2012 – XII ZR 43/11 –, BGHZ 196, 21 = NJW 2013, 686 = FamRZ 2013, 363.
685 Vgl. *Mleczko*, Einsatz des Taschengeldes eines Ehegatten im Rahmen des Elternunterhalts, NJW 2013 S. 691.

soweit das bereinigte Einkommen von alleinstehenden Kindern das Dreifache ihres für dieses Unterhaltsverhältnis maßgeblichen Mindestselbstbehalts und das bereinigte Einkommen von verheirateten, mit ihrem Ehegatten in häuslicher Gemeinschaft lebenden Kindern das Dreifache des zusammengerechneten Mindestselbstbehalts der Ehegatten übersteigt"[686]. Liegt ein überdurchschnittliches Einkommen vor, ist es ist möglich, der Angemessenheitsprüfung auch dadurch Rechnung zu tragen, dass die Mindestselbstbehalte über die Werte der Düsseldorfer Tabelle hinaus „angemessen" erhöht werden.

Gibt es mehrere Geschwister, die in dem o. g. Beispiel Elternunterhalt leisten können, handelt es sich jeweils um **Teilschuldner** gemäß § 1603 BGB (nicht Gesamtschuldner). Sie haften dann anteilig nach ihren Erwerbs- und Vermögensverhältnissen, sofern und soweit sie leistungsfähig sind. Ist die mögliche Unterhaltsleistung größer als der Unterhaltsbedarf, so richtet sich gemäß § 1606 Abs. 3 BGB die „Haftungsquote" nach dem Verhältnis ihres **anrechenbaren** Einkommens und Vermögens.

Beispiel
Betragen die Sozialhilfeleistungen des im Heim untergebrachten Elternteils z. B. 300,00 € und ist der Sohn nach der unterhaltsrechtlichen Berechnung in der Lage, 400,00 € zu leisten, und die Tochter 100,00 €, so entfallen auf den Sohn 4/5 von 300,00 € (also 240,00 €) und auf die Tochter 1/5 von 300,00 € (also 60,00 €).

Rechnerisch wäre folgende Formel anzuwenden:

Sohn: $100{,}00 \times \frac{(400{,}00\,€)}{(500{,}00\,€)} = 80\% \rightarrow 80\% \times 300{,}00\,€ = 240{,}00\,€$

Tochter: $100{,}00 \times \frac{(100{,}00\,€)}{(500{,}00\,€)} = 20\% \rightarrow 20\% \times 300{,}00\,€ = 60{,}00\,€$

Sind in der Ehe zwischen M und F Kinder vorhanden, ist der – vorrangige (vgl. § 1609 BGB) – Kindesunterhalt entsprechend der Beträge der Düsseldorfer Tabelle vom unterhaltsrechtlich bereinigten und anrechenbaren Einkommen abzuziehen, aber auch hier nur in Höhe des Anteils des Einkommens des Unterhaltspflichtigen am Gesamteinkommen (z. B. 66 v. H. von 394,00 € Kindesunterhalt).

6.2.2.3 Rangfolge der Unterhaltspflichtigen

Gesteigert Unterhaltspflichtige sind grundsätzlich vor nicht gesteigert Unterhaltspflichtigen in Anspruch zu nehmen. Die nachrangig Verpflichteten können zum Unterhalt herangezogen werden, wenn die Leistungsfähigkeit der zuerst Verpflichteten beschränkt oder die Rechtsverfolgung im Inland ausgeschlossen oder erheblich erschwert ist (vgl. § 1607 BGB). Das gilt nicht, wenn die Unterhaltsverpflichtung aufgrund des Verhaltens der Unterhaltsberechtigten eingeschränkt oder entfallen ist (vgl. § 1611 BGB).

---

686 Vgl. Deutscher Verein für öffentliche und private Fürsorge, Empfehlungen für die Heranziehung Unterhaltspflichtiger in der Sozialhilfe (SGB XII) Rn. 152, NDV 2009, 42.

Rangfolge

- Ehegatten und geschiedene unterhaltspflichtige Ehegatten des Bedürftigen haften vor dessen Verwandten (vgl. §§ 1608 Satz 1, 1584 Satz 1 BGB). Ist ein Ehegatte geschieden und wiederverheiratet oder mehrfach geschieden, so sind die §§ 1582 und 1586a BGB zu beachten. Soweit der (geschiedene) Ehegatte außerstande ist, ohne Gefährdung seines angemessenen Unterhalts den Unterhalt zu gewähren, haften die (nachrangigen) Verwandten vor dem (geschiedenen) Ehegatten (vgl. §§ 1608 Satz 2, 1584 Satz 2 BGB).
- Lebenspartner und frühere unterhaltspflichtige Lebenspartner des Bedürftigen haften vor dessen Verwandten (vgl. § 1584 Satz 1 BGB, § 16 Abs. 2 Satz 2 LPartG). Ist ein Lebenspartner eine neue Lebenspartnerschaft oder eine Ehe eingegangen, erlischt dessen Unterhaltsanspruch (vgl. § 16 LPartG). Soweit der (frühere) Lebenspartner außerstande ist, ohne Gefährdung seines angemessenen Unterhalts den Unterhalt zu gewähren, haften die (nachrangigen) Verwandten vor dem früheren Lebenspartner (vgl. §§ 1608 Satz 2 und Satz 4, 1584 Satz 2 BGB, § 16 Abs. 2 LPartG).
- Die Abkömmlinge (absteigende Linie – Kinder, Enkelkinder usw.) sind vor Verwandten der aufsteigenden Linie (Eltern, Großeltern usw.) unterhaltspflichtig (§ 1606 Abs. 1 BGB).
  - Innerhalb der absteigenden und aufsteigenden Linien haften die näheren vor den entfernteren Verwandten, z. B. Eltern vor Großeltern (vgl. § 1606 Abs. 2 BGB).
  - Mehrere gleich nahe Verwandte haften anteilig nach ihren Erwerbs- und Vermögensverhältnissen (§ 1606 Abs. 3 Satz 1 BGB).
  - Sind Verwandte zum Unterhalt außerstande (vgl. § 1603 BGB), haben die nach ihnen haftenden Verwandten den Unterhalt zu gewähren (vgl. § 1607 Abs. 1 BGB).
- Künftige Adoptiveltern haften vor den Verwandten eines Kindes, wenn sie dieses bereits in Obhut aufgenommen haben (vgl. § 1751 Abs. 4 Satz 1 BGB).
- Der Elternteil eines Kindes hat dem anderen Elternteil, mit dem er nicht verheiratet ist, vor dessen Verwandten Unterhalt zu gewähren (vgl. § 1615l Abs. 3 Satz 2 i. V. m. Abs. 4 BGB).

6.2.2.4 Rangfolge der Bedürftigen

Sind mehrere Bedürftige vorhanden und ist die unterhaltspflichtige Person außerstande, allen Unterhalt zu gewähren, gilt nach § 1609 BGB folgende Rangfolge:
1. minderjährige unverheiratete Kinder und Kinder im Sinne des § 1603 Abs. 2 Satz 2 BGB,
2. Elternteile, die wegen der Betreuung eines Kindes unterhaltsberechtigt sind oder im Fall einer Scheidung wären, sowie Ehegatten und geschiedene Ehegatten bei einer Ehe von langer Dauer; bei Feststellung einer Ehe von langer Dauer sind auch Nachteile im Sinne des § 1578b Abs. 1 Satz 2 und 3 BGB zu berücksichtigen,
3. Ehegatten und geschiedene Ehegatten sowie Lebenspartner und geschiedene Lebenspartner (vgl. § 16 LPartG),

4. Kinder, die nicht minderjährig und unverheiratet oder Kinder im Sinne des § 1603 Abs. 2 Satz 2 BGB sind,
5. Enkelkinder und weitere Abkömmlinge,
6. Eltern,
7. weitere Verwandte der aufsteigenden Linie; unter ihnen gehen die Näheren den Entfernteren vor.

Mit dem Unterhaltsrechtsänderungsgesetz[687] mit Wirkung vom 1.1.2008 ist eine Änderung der Rangfolge vorgenommen worden: Nunmehr ist der Unterhaltsanspruch des Kindes vorrangig vor dem Unterhaltsanspruch des (ggf. geschiedenen) Ehegatten zu befriedigen. Die geschiedenen Ehegatten befinden sich nur noch in der zweiten Rangstufe, und dies auch nur dann, wenn sie wegen der Betreuung eines Kindes unterhaltsberechtigt sind oder es im Fall einer Scheidung wären, aber ihre Ehe von langer Dauer war. Maßgeblich für die „lange Ehedauer" ist nicht in erster Linie die Zahl der Ehejahre, sondern es sind die Nachteile, die für den unterhaltsbedürftigen Ehegatten durch die Ehe im Hinblick auf die Möglichkeit eingetreten sind, für den eigenen Unterhalt zu sorgen (vgl. § 1609 Nr. 2 BGB i. V. m. § 1578b Abs. 1 BGB).

Wenn und soweit die Leistungsfähigkeit des zur Erfüllung der Unterhaltspflicht zunächst zuständigen Verwandten (§ 1606 BGB) also nicht für alle Unterhaltsberechtigten ausreicht, ohne dass der eigene angemessene Unterhalt gefährdet wird, ist gemäß § 1609 BGB vorrangig der **Kindesunterhalt** zu bedienen. Daraus folgt umgekehrt, dass die Rangfolge bei hinreichender Leistungsfähigkeit keine Rolle spielt. Sozialhilferechtlich bedeutet dies, dass die sozialhilferechtliche Bedürftigkeit der unterhaltsberechtigten Kinder reduziert, die sozialhilferechtliche Bedürftigkeit der Ehegatten tendenziell gesteigert wird.

Hinsichtlich des **Kindesunterhalts** ist die Vorschrift des § 1612a BGB von Bedeutung. Hier ist der sozialhilferechtliche Mindestunterhalt minderjähriger Kinder geregelt. Die Höhe orientiert sich an dem steuerlichen Kinderfreibetrag und findet sich in der ersten Einkommensgruppe der Düsseldorfer Tabelle wieder.

Beispiel

Das z. B. um berufsbedingte Aufwendungen und berücksichtigungsfähige Schulden (siehe Anmerkungen zur Düsseldorfer Tabelle) bereinigte Nettoeinkommen des geschiedenen Vaters V beträgt 1.200 €. V hat zwei Kinder im Alter von 7 Jahren (K1) und 5 Jahren (K2). Nach der aktuellen Düsseldorfer Tabelle gilt hinsichtlich eines etwaigen Kindesunterhalts Folgendes:

---

687 Gesetz zur Änderung des Unterhaltsrechts vom 21.12.2007 (BGBl. I S. 3189).

6.2 Übergang von Ansprüchen gegen eine nach bürgerlichem Recht unterhaltspflichtige Person

	Nettoeinkommen des Barunterhaltspflichtigen (Anm. 3, 4)	Altersstufen in Jahren (§ 1612a Abs. 1 BGB)				Prozentsatz	Bedarfskontrollbetrag (Anm. 6)
		0 - 5	6 - 11	12 - 17	ab 18		
		Alle Beträge in Euro (EUR)					
1.	bis 1.900	393	451	528	564	100	960/1.160
2.	1.901 - 2.300	413	474	555	593	105	1.400
3.	2.301 - 2.700	433	497	581	621	110	1.500
4.	2.701 - 3.100	452	519	608	649	115	1.600
5.	3.101 - 3.500	472	542	634	677	120	1.700
6.	3.501 - 3.900	504	578	676	722	128	1.800
7.	3.901 - 4.300	535	614	719	768	136	1.900
8.	4.301 - 4.700	566	650	761	813	144	2.000
9.	4.701 - 5.100	598	686	803	858	152	2.100
10.	5.101 - 5.500	629	722	845	903	160	2.200
	ab 5.501	Auf den Beschluss des Bundesgerichtshofs vom 16.9.2020 – XII ZB 499/19 – wird hingewiesen.					

Reicht das Einkommen zur Deckung des Bedarfs des Unterhaltspflichtigen und der gleichrangigen Unterhaltsberechtigten nicht aus (sog. „Mangelfälle"), ist die nach Abzug des notwendigen Eigenbedarfs (Selbstbehalts) des Unterhaltspflichtigen verbleibende Verteilungsmasse auf die Unterhaltsberechtigten im Verhältnis ihrer jeweiligen Einsatzbeträge gleichmäßig zu verteilen. Bei der Berechnung ist zu berücksichtigen, dass sich auf die aus der Düsseldorfer Tabelle stammenden Zahlbeträge bei minderjährigen Kindern das hälftige Kindergeld anzurechnen ist (vgl. § 1612b BGB).[688] Daraus ergibt sich folgende Berechnung:

---

688 Bei volljährigen Kindern ist das Kindergeld in voller Höhe auf den Unterhaltsbedarf des Kindes anzurechnen, so dass sich die Unterhaltsverpflichtung mindert. Vgl. auch Anmerkung 7 zur Düsseldorfer Tabelle.

berücksichtigungsfähiges Nettoeinkommen von V	*1.200,00 €*
Notwendiger Eigenbedarf/Selbstbehalt des V	*1.160,00 €*
Maximale Unterhaltsleistung (Differenzbetrag)	*40,00 €*
Mindestbedarf des Kindes/Zahlbetrag	
K1 (7 Jahre), § 1612a BGB	*451,00 €*
abzüglich hälftiges Kindergeld (§ 1612b BGB)	*109,50 €*
Unterhaltsanspruch bei Leistungsfähigkeit des Unterhaltsverpflichteten	*341,50 €*
K2 (5 Jahre), § 1612a BGB	*393,00 €*
abzüglich hälftiges Kindergeld (§ 1612b BGB)	*109,50 €*
Unterhaltsanspruch bei Leistungsfähigkeit des Unterhaltsverpflichteten	*283,50 €*
Gesamtunterhaltsanspruch der beiden Kinder	*625,00 €*
Anteil von K1 (hier: 341,50 €)	
am Gesamtunterhaltsanspruch von 625,00 €)	*54,64 %*
Anteil von K2 (hier: 283,50 €)	
am Gesamtunterhaltsanspruch von 625,00 €)	*45,36 %*
Mangelverteilung und Unterhaltsanspruch	
von K1 (54,64 % von 40,00 €)	*21,86 €*
Mangelverteilung und Unterhaltsanspruch	
von K2 (45,36 % von 40,00 €)	*18,14 €*
Gesamte Unterhaltsleistung des Vaters	*40,00 €*

Da das Einkommen nicht ausreicht, um den Mindestunterhaltsanspruch der Kinder zu befriedigen, erhält die geschiedene Ehefrau keine Unterhaltsleistungen entsprechend der Rangfolgenregelung des § 1609 BGB.

6.2.3 Bedarf und Bedürftigkeit der Unterhaltsberechtigten

Ein Anspruch auf Unterhalt besteht nur, wenn eine die persönliche Voraussetzung erfüllende Person nachweist, dass sie ihren unterhaltsrechtlichen Bedarf (vgl. § 1610 Abs. 1 BGB) nicht aus eigenen Kräften sowie eigenem Einkommen und Vermögen bestreiten kann (Bedürftigkeit, vgl. § 1602 BGB).

6.2.3.1 Unterhaltsrechtlicher Bedarf

Unterhaltsberechtigte können von Unterhaltsverpflichteten grundsätzlich mindestens den **„angemessenen Unterhalt"** verlangen (§§ 1610 Abs. 1, 1361 Abs. 1 BGB) bzw. den **„gesamten Lebensbedarf umfassenden Unterhalt"** (1578 Abs. 1 BGB, § 1610 Abs. 2 BGB). Dieser bestimmt sich entweder nach der Lebensstellung der Bedürftigen (§ 1610 Abs. 1 BGB) oder nach den ehelichen Lebensverhältnissen (§§ 1361 Abs. 1 Satz 1 und Abs. 3, 1578 Abs. 1 Satz 1 BGB).

Eine „höhere Lebensstellung" der Bedürftigen löst – soweit die Einkommens- und Vermögensverhältnisse des Unterhaltspflichtigen dies zulassen – einen höheren Anspruch auf Unterhalt aus. Mit „Lebensstellung" sind die wirtschaftlichen Verhältnisse z. B. zur Zeit der Rechtskraft der Scheidung oder vor der Geburt des Kindes gemeint. Der unterhaltsrechtliche Bedarf ist somit nicht mit dem sozialhilferechtlichen Bedarf identisch.

Das schließt nicht aus, dass spätere Änderungen in den Einkommens- und Vermögensverhältnissen z. B. beim Unterhaltspflichtigen neu berücksichtigt werden können. Außerdem gilt, dass bei der Bedarfsbemessung auch die nach der Scheidung eintretenden Entwicklungen berücksichtigt werden können, wenn diese Entwicklungen auch bei fortbestehender Ehe eingetreten wären oder in anderer Weise in der Ehe angelegt und mit hoher Wahrscheinlichkeit zu erwarten waren.[689]

Der unterhaltsrechtliche Bedarf geht also der Frage nach dem **Maß des Unterhalts** nach. Er umfasst den gesamten Lebensbedarf, also z. B. die Kosten für die Ernährung, Kleidung, Wohnung, Krankheitsvorsorge und Bildung. Bei einer notwendigen Unterbringung eines Elternteils in einem Alten- oder Pflegeheim bemisst sich der im Rahmen des Elternunterhalts zu beachtende Unterhaltsbedarf nach den angefallenen Heimunterbringungskosten[690].

Eine Orientierungshilfe für den Umfang des **Unterhaltsbedarfs** der Unterhaltsberechtigten bietet die Düsseldorfer Tabelle oder andere unterhaltsrechtliche Leitlinien der Oberlandesgerichte (siehe z. B. oben zum Kindesunterhalt). Bei den in den Tabellen genannten Unterhaltsrichtsätzen handelt es sich um pauschale Beträge, die den Lebensbedarf des Unterhaltsberechtigten einschließlich seiner Unterkunftskosten umfassen. Kosten für Kranken- und Pflegeversicherung und Mehr- bzw. Sonderbedarfe sind hinzuzurechnen.

Der Unterhaltsanspruch kann bei Unbilligkeit bzw. grober Unbilligkeit versagt (verwirkt), herabgesetzt oder zeitlich begrenzt werden (§§ 1611, 1578b, 1579 BGB).

Für Lebenspartner und frühere Lebenspartner gelten die §§ 5, 12 und 16 LPartG, mit im Wesentlichen gleichen Folgen.

6.2.3.2 Unterhaltsrechtliche Bedürftigkeit

Unterhaltsrechtliche Bedürftigkeit liegt nur in dem Umfang vor, in dem der Unterhaltsberechtigte außerstande ist, sich selbst zu unterhalten (§ 1602 BGB). Solange und soweit der Unterhaltsberechtigte in der Lage ist, seinen angemessenen Lebensbedarf z. B. durch **Einkommen, Vermögen, den Einsatz der Arbeitskraft** oder die Realisierung von Forderungen (z. B. Schenkungsrückforderungsanspruch nach § 528 Abs. 1 BGB) sicherzustellen, kommt eine Unterhaltsleistung nicht in Frage.

---

689 Vgl. BGH, Urt. vom 7.12.2011 – XII ZR 151/09 –, BGHZ 192, 45 = NJW 2012, 384 = FamRZ 2012, 181.
690 Vgl. BGH, Urt. vom 23.10.2002 – XII ZR 266/99 –, BGHZ 152, 217 = NJW 2003, 128.

Beispiel
Der Leistungsberechtigte L erhält stationäre Hilfe zur Pflege nach dem 7. Kapitel SGB XII. Seine Altersrente ist so hoch, dass er sämtliche Heimkosten selbst finanzieren könnte. Dennoch muss er nicht seine gesamten Einkünfte einsetzen, da er mit seiner Ehefrau eine Einsatzgemeinschaft bildet und daher aus den Einkünften beider Partner nur ein Kostenbeitrag der Ehefrau bzw. der Einsatzgemeinschaft errechnet wird. Dieser Kostenbeitrag wird berechnet, damit die noch zu Hause lebende Ehefrau über genügend Einkommen verfügt, um nicht selbst hilfebedürftig zu werden (vgl. § 92 SGB XII). Der Sozialhilfeträger macht gegenüber dem Sohn einen Unterhaltsanspruch aus übergeleitetem Recht nach § 94 SGB XII geltend, um die Sozialhilfeausgaben hierüber zu decken.

Wenngleich der Sozialhilfeträger Leistungen erbringt, besteht kein Unterhaltsanspruch. Dieser scheitert daran, dass L nicht unterhaltsbedürftig ist. L kann seinen Bedarf – bei rein zivilrechtlicher Betrachtung – aus eigenem Einkommen selbst decken. Für die Überleitung eines Unterhaltsanspruchs ist nicht nur eine Sozialhilfeleistung notwendig, sondern ein zeitgleicher Unterhaltsanspruch, der hier nicht existiert. Auch eine eigene Unterhaltsverpflichtung des L gegenüber seiner Ehefrau erhöht nicht seinen eigenen Bedarf.

Der Unterhaltsanspruch dient allein der Behebung des eigenen Unterhaltsbedarfs. Andernfalls würde man zu einer mittelbaren Unterhaltsgewährung nicht – oder noch nicht – Unterhaltspflichtiger gelangen, die es nach dem Gesetz nicht gibt.[691]

Bevor Unterhaltspflichtige in Anspruch genommen werden können, müssen Unterhaltsberechtigte (insbesondere die geschiedenen Ehegatten sowie volljährige Kinder) daher die Möglichkeiten der Selbsthilfe zur Deckung ihres Bedarfes ausschöpfen, vornehmlich ihre Arbeitskraft und ihr Einkommen einsetzen, teilweise, vor allem im Verwandtenunterhalt, auch ihr Vermögen (vgl. u.a. §§ 1602, 1361 und 1569 BGB; §§ 12 und 16 LPartG). Für volljährige Kinder gilt z.B., dass sie, wenn sie in dem erlernten Beruf keine Anstellung finden, grundsätzlich jede Arbeit, auch eine berufsfremde und einfachste Tätigkeit annehmen müssen.

Gemäß § 1569 BGB gilt im Bereich des **Ehegattenunterhalts** der Grundsatz, dass es nach der Scheidung jedem Ehegatten obliegt, selbst für seinen Unterhalt zu sorgen. Dazu bestimmt § 1574 BGB, dass es dem geschiedenen Ehegatten obliegt, eine angemessene Erwerbstätigkeit auszuüben. Nur wenn er dazu außerstande ist, hat er einen Anspruch auf Unterhalt.

Setzen Unterhaltsbedürftige ihre Möglichkeiten zur Selbsthilfe entsprechend der Vorgaben aus §§ 1570 ff. BGB nicht oder nicht in vollem Umfang ein, so ergibt sich hieraus regelmäßig eine Einschränkung des Unterhaltsanspruchs. Besteht umgekehrt keine Obliegenheit zur Erwerbstätigkeit – z.B. im Fall des Betreuungsunterhalts nach § 1570 BGB – und geht der betreuende Elternteil des Kindes gleichwohl einer Erwerbstätigkeit nach, ist ihm ein angemessener Betreuungsbonus zu gewähren, in dem dessen zugrunde zu legendes Einkommen für die Unterhaltsberechnung einzel-

---
691 Vgl. BGH, Urt. vom 7.7.2004 – XII ZR 272/02 –, juris, Rn. 17 = FamRZ 2004, 1370 = FuR 2004, 566.

fallabhängig (z. B. in Abhängigkeit der Alter der Kinder, dem Umfang der Berufstätigkeit etc.) gemindert wird.

Die Prüfung der unterhaltsrechtlichen Bedürftigkeit ist deshalb besonders schwierig, weil in den §§ 1570 ff., § 1581 BGB versucht wird, den Grundsatz der wirtschaftlichen Eigenverantwortung des geschiedenen Ehegatten mit dem Prinzip der fortwirkenden Mitverantwortung (Solidarität) des früheren Ehepartners miteinander in Einklang zu bringen. Es gilt dabei der Grundsatz (Ausnahme: Betreuungsunterhalt nach § 1570 BGB), dass eine Unterhaltsforderung nur besteht, solange und soweit eine **ehebezogene Unterhaltsbedürftigkeit** vorliegt.

Gemäß § 1578b Abs. 1 Satz 2 BGB ist z. B. der Unterhaltsanspruch des geschiedenen Ehegatten davon abhängig, inwieweit durch die Ehe Nachteile im Hinblick auf die Möglichkeit eingetreten sind, für den eigenen nachehelichen Unterhalt zu sorgen.

Solche „ehebedingten Nachteile" sind z. B. eine unterlassene Abschlussprüfung, Ausbildung oder Fortbildung wegen Heirat (vgl. § 1575 BGB), der Verzicht auf eine Beförderung wegen Wegzugs aufgrund einer beruflichen Veränderung des Ehegatten oder einer einvernehmlich langen Pause in der eigenen Berufstätigkeit wegen Kindererziehung und/oder der Versorgung des Haushalts, fehlender oder aktuell nicht mehr einsetzbarer Berufsabschluss, ungünstige Erwerbsbiografie etc. Ein Unterhaltsanspruch besteht z. B. auch wegen der Pflege oder Erziehung eines gemeinschaftlichen Kindes für mindestens drei Jahre nach der Geburt des Kindes (vgl. § 1570 BGB).

Soweit vor diesem Hintergrund eine Unterhaltsbedürftigkeit zu bejahen ist, kann der unterhaltspflichtige Ehegatte Einwendungen hinsichtlich seiner Leistungsfähigkeit erheben (vgl. § 1581 BGB). Diese Argumente (z. B. eigenes Alter, lange zurückliegende Scheidung, eigene erhöhte Bedürftigkeit, Tilgung von Schulden) werden abzuwägen sein mit den genannten Argumenten des unterhaltsberechtigten Ehegatten. Gemäß § 1581 BGB hat der Unterhaltsverpflichtete nur insoweit Unterhalt zu leisten, als es mit Rücksicht auf die Bedürfnisse und die Erwerbs- und Vermögensverhältnisse des geschiedenen Ehegatten der Billigkeit entspricht.

Soweit der Unterhaltsberechtigte kein Einkommen erzielt, obwohl er dies aber könnte (vgl. § 1574 BGB), wird ihm dieses Einkommen in dem erzielbaren und zumutbaren Umfang zugerechnet (sog. „fiktives Einkommen"). Folge dieser fiktiven Einkommensanrechnung ist, dass insoweit kein Unterhaltsanspruch besteht.

Beispielsweise werden fiktive Einkünfte angerechnet, wenn es der Unterhaltsberechtigte unterlässt, Grundsicherungsleistungen zu beantragen, die grundsätzlich (vgl. § 43 Abs. 5 SGB XII) unabhängig von einem Unterhaltsanspruch erbracht werden.[692]

Für die Berechnung des Ehegattenunterhalts gilt vom Grundansatz her die 3/7-Methode (Quotenbedarfsberechnung). Danach muss der Unterhaltsverpflichtete 3/7 der Einkommensdifferenz zwischen seinem anrechenbaren Einkommen und dem des Unterhaltsberechtigten an Unterhaltszahlungen erbringen. Hat der Unterhaltsberechtigte kein Einkommen, sind 3/7 des anrechenbaren Einkommens an den Unterhaltsberechtigten abzugeben, sofern der Selbstbehalt nicht gefährdet ist.

---

692 Vgl. OLG Frankfurt, Urt. vom 23.1.2008 – 5 UF 146/07 –, juris, Rn. 19; OLG Nürnberg, Urt. vom 21.4.2004 – 11 UF 2470/03 –, juris.

6.2.3.3 (Fehlende) Identität oder (fehlende) sachliche Kongruenz zwischen unterhaltsrechtlicher und sozialhilferechtlicher Bedürftigkeit

Grundsätzlich entspricht der sozialhilferechtliche **Bedarf** dem unterhaltsrechtlich anerkennenswerten „Lebensbedarf", z. B. die existentiell erforderlichen Leistungen im Rahmen der Hilfe zum Lebensunterhalt, der Hilfe bei Krankheit oder der Hilfe zur Pflege. Einige Leistungen im Rahmen der Sozialhilfe sind jedoch in erster Linie unter sozialpolitischen Aspekten zu beurteilen und gehen über den Bedarf im Sinne des Unterhaltsrechts hinaus. In diesen Fällen geht ein Unterhaltsanspruch nicht über.

Hierbei handelt es sich regelmäßig um vorbeugende oder zukunftsorientierte Leistungen, z. B. nach § 47 SGB XII (Vorbeugende Gesundheitshilfe), § 49 SGB XII (Hilfe bei der Familienplanung), § 51 SGB XII (Hilfe bei Sterilisation) oder Hilfe bei der Weiterführung des Haushalt (§ 70 SGB XII). Der sozialhilferechtliche Bedarf entspricht auch nicht dem unterhaltsrechtlichen Bedarf, wenn es um die Übernahme von Beiträgen für eine angemessene Alterssicherung (vgl. § 33, § 64f Abs. 1 SGB XII) geht.

Gemäß § 1610a BGB (vgl. auch § 1361 Abs.1 Satz 1 Halbs. 2, § 1578a BGB sowie § 12 Abs. 3 Satz 2 LPartG) wird zugunsten der Unterhaltsberechtigten – widerlegbar – vermutet, dass die schädigungsbedingten Aufwendungen infolge eines Körper- oder Gesundheitsschadens nicht geringer sind als die entsprechenden Zuwendungen durch die Sozialleistung (z. B. Blindengeld, Conterganrenten, Grundrente nach dem Bundesversorgungsgesetz) und dass sie tatsächlich zur Deckung des schadensbedingten Mehrbedarfs aufgewendet werden.

Die erbrachte Sozialleistung ist also letztlich nicht als Einkommen des Unterhaltsberechtigten zur Deckung des Bedarfs heranzuziehen, da widerlegbar vermutet wird, dass diesem Einkommen entsprechende Aufwendungen gegenüberstehen; mithin wird die unterhaltsrechtliche Bedürftigkeit nicht gemindert.

Das Pflegegeld nach § 37 SGB XI fällt nicht unter die Vorschrift des § 1610a BGB. Trotzdem wird es aufgrund des § 13 Abs. 6 SGB XI grundsätzlich nicht als Einkommen des Unterhaltsberechtigten angerechnet.

Leistungen der häuslichen oder stationären Pflegehilfe nach dem Zwölften Buch Sozialgesetzbuch fallen ebenfalls nicht unter § 1610a BGB. Damit können Unterhaltsansprüche für Leistungen der häuslichen Pflege durch den Sozialhilfeträger, z. B. das Pflegegeld nach § 64a SGB XII oder Kosten der besonderen Pflegekraft, auf den Sozialhilfeträger nach § 94 SGB XII grundsätzlich übergeleitet werden. Dies gilt insbesondere dann, wenn nicht unterhaltspflichtige Dritte (freiwillige) Leistungen erbringen, da diese Leistungen nicht bedürftigkeitsmindernd anzurechnen sind.[693]

Betreut aber ein Kind den pflegebedürftigen Elternteil (das Kind ist also eine Pflegeperson i. S. des § 19 SGB XI, § 64a Abs. 1 Satz 2 SGB XII), wird die Unterhaltspflicht gemäß § 1612 Abs. 1 Satz 2 BGB erfüllt, und zwar in Form von in Natur erbrachten Unterhaltsleistungen (Naturalunterhalt). Daneben besteht dann kein Anspruch auf eine Geldrente. Somit existiert auch kein zivilrechtlicher Unterhaltsanspruch (kein unterhaltsrechtlicher Bedarf), der auf den Sozialhilfeträger nach § 94 SGB XII übergehen könnte. Darüber hinaus stellt in einer solchen Situation die Inanspruchnahme

---
693 Vgl. BGH, Urt. vom 23.11.2005 – XII ZR 155/03 –, NJW 2006, 2037 = FamRZ 2006, 2037.

auf ergänzenden Barunterhalt zur Deckung der Kosten einer teilstationären Leistung zugleich eine unzumutbare Härte i.S. von § 94 Abs. 3 Nr. 2 SGB XII dar. Dies gilt insbesondere dann, wenn der Leistungsträger durch die familiäre Pflege weitere Leistungen erspart, die das gezahlte Pflegegeld deutlich übersteigen.[694]

Erfüllen also Unterhaltspflichtige die Bedürfnisse des Unterhaltsberechtigten durch Sach- oder Dienstleistungen (z. B. Übernahme der Pflege im Sinne der §§ 61 ff. SGB XII, Erbringung von Naturalunterhalt nach § 1612 BGB), kann von dem Unterhaltspflichtigen nur noch der Teil des Bedarfes erwartet werden, der durch diese Leistungen nicht gedeckt ist. Sofern der Unterhaltsbedarf gedeckt ist, kommt eine ergänzende Heranziehung von Geschwistern, die keine Pflegeperson sind, nicht in Frage. Hierfür fehlt es am Unterhaltsbedarf.

In manchen Fällen mangelt es an einer sachlichen Kongruenz zwischen Unterhaltsanspruch und Sozialhilfeanspruch. Unterhaltsrechtlich besteht z. B. keine **Bedürftigkeit**, weil Unterhaltsberechtigte verpflichtet sind, zur Deckung ihres unterhaltsrechtlichen Bedarfs ihre Kräfte und Mittel grundsätzlich in vollem Umfang einzusetzen. In der Sozialhilfe entsteht jedoch ein Anspruch, da nur ein geringerer oder sogar kein Einkommens- oder Vermögenseinsatz gefordert wird:

Beispiele
- *Bestimmte Einkommensarten bleiben in der Sozialhilfe unberücksichtigt (vgl. §§ 82 bis 84 SGB XII), z. B. die Grundrente nach dem Bundesversorgungsgesetz. Sie würde im Unterhaltsrecht berücksichtigt.*
- *Einkommen ist nur teilweise zur Deckung des Bedarfes einzusetzen (vgl. §§ 85 bis 89 SGB XII, insbesondere bei den Hilfen nach dem 5. bis 9. Kapitel SGB XII). Im Unterhaltsrecht wäre dagegen das gesamte Einkommen zu berücksichtigen.*
- *Ein Einkommens- und Vermögenseinsatz wird nach § 68 Abs. 2 SGB XII nicht verlangt.*
- *Der Einsatz von Vermögen wird nicht verlangt (vgl. § 90 Abs. 2 und 3 SGB XII), besonders deutlich feststellbar bei einem sozialhilferechtlich geschützten, aber unterhaltsrechtlich zu verwertenden Einfamilienhaus im Eigentum der leistungsberechtigten Person. Unterhaltsrechtlich ist nur ein sog. „Notgroschen" geschützt, der sich wiederum an den Beträgen der Durchführungsverordnung zu § 90 Abs. 2 Nr. 9 SGB XII orientiert.*
- *Im Rahmen der Sozialhilfe wird nach der Zuflusstheorie nur tatsächlich zufließendes Einkommen berücksichtigt. Hingegen wird im Unterhaltsrecht bei Verletzung der Erwerbsobliegenheit auch ein fiktives Einkommen angerechnet.*

Im Ergebnis ist festzuhalten, dass der Übergang des Unterhaltsanspruchs eine Identität (sachliche Kongruenz) zwischen der sozialrechtlichen und der unterhaltsrechtlichen Bedürftigkeit voraussetzt. Die sozialhilferechtliche Leistung muss also den Unterhaltsbedarf des Leistungsberechtigten abgedeckt haben. Bestünde keine solche Identität, hätte es „so oder so" eine Sozialleistung oder den Unterhaltsanspruch gegeben. Damit wäre eine Kausalität zwischen den Ansprüchen zu verneinen.

---

694 Vgl. OLG Oldenburg, Urt. vom 14.1.2010 – 14 UF 134/09 –, NJW 2010, 1293 = FamRZ 2010, 992.

6.2.4 Leistungsfähigkeit der Unterhaltspflichtigen

Die Höhe des zu leistenden Unterhalts orientiert sich an der Höhe des Einkommens und Vermögens der Unterhaltspflichtigen, wobei ihnen ein notwendiger, billiger oder angemessener Unterhalt verbleiben muss (vgl. §§ 1361, 1581, 1603, 1615 I BGB, §§ 12, 16 LPartG). Diese Unterscheidung lässt erkennen, dass den Unterhaltspflichtigen je nach dem Grad ihrer Unterhaltspflicht ein **notwendiger**[695] Eigenbedarf **(Selbstbehalt)** in unterschiedlicher Höhe zugestanden wird. Hieraus ist auch die Einteilung der Unterhaltspflichtigen in gesteigert und nicht gesteigert Unterhaltspflichtige abzuleiten. Der Selbstbehalt ist die Umsetzung des § 1603 BGB. Danach wird vom Unterhaltspflichtigen kein Unterhalt verlangt, wenn er seinen eigenen Unterhalt gefährdet.

Nach der „Düsseldorfer Tabelle" werden den Unterhaltspflichtigen zurzeit (Stand: 1.1.2021) folgende Beträge monatlich als Selbstbehalt zugebilligt (vgl. 6.2.4.1):

Selbstbehalt gegenüber ...	Betrag	darin enthaltene Warmmiete
minderjährigen Kindern und gleichgestellten volljährigen Schülern		
Unterhaltspflichtiger ist erwerbstätig	1.160,00 €	430,00 €
Unterhaltspflichtiger ist nicht erwerbstätig	960,00 € (notwendiger Selbstbehalt)	430,00 €
den übrigen volljährigen Kindern	1.400,00 € (angemessener Selbstbehalt)	550,00 €
dem getrennt lebenden und dem geschiedenen Ehegatten, soweit erwerbstätig	1.280,00 €	490,00 €
dem getrennt lebenden und dem geschiedenen Ehegatten, soweit nicht erwerbstätig	1.180,00 €	490,00 €
den Eltern	mindestens 2.000,00 € (angemessener Selbstbehalt)	700,00 €
der Mutter oder dem Vater eines Kindes (Mutter und Vater sind nicht miteinander verheiratet), sofern erwerbstätig	1.280,00 € (angemessener Selbstbehalt)	490,00 €

---

695 Bei dem dem Unterhaltspflichtigen auf jeden Fall verbleibenden Mindestbetrag zum eigenen Unterhalt ist zwischen dem „notwendigen Selbstbehalt" und dem „angemessenen Selbstbehalt" zu unterscheiden. Der höhere angemessene Selbstbehalt gilt gegenüber sonstigen volljährigen Kindern (vgl. § 1603 Abs. 2 Satz 2 BGB), Enkeln, Eltern oder Großeltern. Er gilt auch bei gesteigerter Unterhaltspflicht gegenüber minderjährigen Kindern, wenn beide Elternteile barunterhaltspflichtig sind und zur Deckung des Unterhaltsbedarfs der Kinder angemessen leistungsfähig sind.

Die Inanspruchnahme des Unterhaltspflichtigen darf grundsätzlich nicht dazu führen, dass der notwendige Selbstbehalt unterschritten wird. Reichen das Einkommen und Vermögen der Unterhaltspflichtigen zur Sicherung ihres Unterhalts und dem ihrer unterhaltsberechtigten Angehörigen nicht aus, findet eine Mangelfallberechnung statt. Für diesen Fall ist das nach Abzug des Selbstbehalts verbleibende anrechenbare Einkommen auf die gleichrangig Unterhaltsberechtigten im Verhältnis des jeweiligen Bedarfs prozentual zu verteilen.

Im jeweiligen Selbstbehalt sind die Unterkunftskosten (Kaltmiete und Heizkosten) sowie die umlagefähigen Nebenkosten enthalten. Es stellt sich daher bei
- Mietkosten einerseits und
- bei Kosten einer Eigentumswohnung oder eines Eigenheims anderseits,

die höher oder niedriger als die im Selbstbehalt ausgewiesenen Kosten ausfallen, die Frage, welche Auswirkungen diese auf den Selbstbehalt haben oder ob sich die Kosten einkommenserhöhend oder -senkend auswirken.

Bei **geringeren Mietkosten** ist der Selbstbehalt nicht zu kürzen. Jedem Unterhaltspflichtigen soll es selbst überlassen bleiben, welche finanziellen Schwerpunkte er setzt. Eine preisgünstige Wohnung kann z. B. durch einen teureren Lebensstil kompensiert werden (teures Auto, aufwendige Reisen etc.).[696]

Dem korrespondierend ist bei **höheren Mietkosten** der Selbstbehalt – jedenfalls beim Elternunterhalt – zu erhöhen, da es dem Selbstbestimmungsrecht des Unterhaltspflichtigen obliegt, in einer teuren Wohnung zu leben und dafür auf andere Konsumgüter zu verzichten. Andernfalls wäre der Unterhaltspflichtige gezwungen, in eine preisgünstigere Wohnung umzuziehen. Bei der Erhöhung des Selbstbehalts ist jedoch zu beachten, dass auch der zuzügliche Selbstbehalt bereits einen Teil der Wohnkosten enthält, so dass nicht ohne Weiteres die im Selbstbehalt ausgewiesenen Wohnkosten um die übersteigende Miete erhöht werden kann. Eine Doppelanrechnung wäre die Folge.

Das Oberlandesgericht Karlsruhe hat den prozentualen Anteil der Mietkosten am Mindestselbstbehalt auf den individuellen Selbstbehalt übertragen und so die unterhaltsrechtlich angemessenen Mietkosten anhand der individuellen Einkommensverhältnisse ermittelt.[697]

Beispiel
A ist alleinlebend und hat Aufwendungen für Miete in Höhe von 650,00 € pro Monat. Nach der Düsseldorfer Tabelle sind im Selbstbehalt 700,00 € für die Warmmiete vorgesehen. Das anzurechnende unterhaltsrechtliche Einkommen beträgt 2.700,00 €.

Nach der aktuelleren Rechtsprechung ist – im Rahmen des Elternunterhalts – der Wohnvorteil einer Person, die mietfrei z. B. im **eigenen Haus** wohnt, **als eigenes**

---
696 Vgl. BGH, Urt. vom 25.6.2003 – XII ZR 63/00 –, juris, Rn. 30 f.
697 Vgl. OLG Karlsruhe, Urt. vom 28.7.2010 – 16 UF 65/10 –, juris, Rn. 99.

(fiktives) **Einkommen** zu behandeln.[698] Umgekehrt kann der Selbstbehalt angemessen erhöht werden, wenn der im Selbstbehalt ausgewiesene Betrag für die Unterkunftskosten (erheblich) überschritten wird (negativer Wohnvorteil) und dies auch nicht vermeidbar ist (vgl. nachfolgend).

6.2.4.1 Einkommenseinsatz im Unterhaltsrecht

Die Leistungsfähigkeit des **Unterhaltspflichtigen** wird im Wesentlichen durch die Höhe seines unterhaltsrechtlich anrechenbaren Einkommens bestimmt.[699] Bei der Ermittlung der Unterhaltspflicht ist dem Selbstbehalt ein unterhaltsrechtlich zu **bereinigendes** Einkommen des Unterhaltspflichtigen gegenüberzustellen.

Ähnlich wie im Sozialhilferecht sind auch im Unterhaltsrecht alle Einkünfte als Einkommen heranzuziehen, unabhängig von Art, Herkunft oder Anlass. Grundsätzlich gilt, dass alle Einkünfte des Unterhaltsverpflichteten für die Beurteilung seiner Leistungsfähigkeit von Bedeutung sind.

Zu den Einnahmen gehören daher z. B. auch
- Steuererstattungen (Steuernachzahlungen hingegen vermindern das unterhaltsrechtlich relevante Einkommen),
- Einkommen aus Vermietung und Verpachtung (Verluste sind nicht ansetzungsfähig),
- Kapitalerträge.

Auszugehen ist von dem Bruttoeinkommen. Bei Arbeitnehmern ist das monatliche Durchschnittseinkommen der letzten zwölf Monate vor Auskunftsaufforderung (vgl. § 1605 BGB, § 117 SGB XII) relevant.[700] Auf die Einkommensart (z. B. Einkommen aus selbstständiger oder nicht selbstständiger Tätigkeit) kommt es nicht an. Zum Einkommen gehören auch Einmaleinkommen wie z. B. Weihnachts- und Urlaubsgeld oder sonstige einmalige Zahlungen, ebenso z. B. Steuererstattungen oder Kapitaleinkünfte.

Überobligatorische Einkünfte (z. B. Erwerbstätigkeit als Rentner, Einkünfte aus Nebentätigkeit, Einkünfte aus Überstunden) sind grundsätzlich zu berücksichtigen, ggf. im Rahmen der Billigkeit (vgl. § 1577 BGB) mit einem verminderten Betrag.

Ebenfalls zu den Einkünften gehören **Sozialleistungen**, die zum Teil als Lohnersatzleistungen fungieren wie z. B. Wohngeld, Leistungen nach dem Bundesausbildungsförderungsgesetzes oder Mutterschaftsgeld. Elterngeld ist Einkommen, soweit es den Sockelbetrag von 300,00 € (bzw. 150,00 € bei verlängertem Bezug) übersteigt. In den Fällen der §§ 1361 Abs. 3, 1579, 1603 Abs. 2 sowie 1611 Abs. 1 BGB wird hingegen sogar der Sockelbetrag des Elterngeldes als Einkommen anzurechnen sein. Wird nach § 10 BEEG der Sockelbetrag beim Bezug von Arbeitslosengeld II oder der Sozialhilfe

---

698 Vgl. BGH, Beschl. vom 7.8.2013 – XII ZB 269/12 –, NJW 2013, 3024; BGH, Beschl. vom 5.2.2014 – XII ZB 25/13 –, juris, Rn 33 ff = NJW 2014, 1173 = FamRZ 2014, 538.
699 Die Einkommensermittlung ist unabhängig davon, ob es sich um den Anspruch eines Ehegatten oder eines Kindes handelt. Auch wenn im Fokus der Betrachtung der Unterhaltspflichtige steht, wäre die Einkommensermittlung zur Überprüfung der unterhaltsrechtlichen Bedürftigkeit beim Unterhaltsberechtigten nach denselben Grundsätzen vorzunehmen.
700 Vgl. BGH, Urt. vom 29.6.1983 – IVb ZR 391/81 –, NJW 1983, 2243 = FamRZ 1983, 996 = ZfSH/SGB 1983, 476.

auf den sozialhilferechtlichen Bedarf angerechnet, steht das Elterngeld nicht mehr als zusätzliches Einkommen zur Verfügung.

Wird das Einkommen auf der Basis der vergangenen 12 Monate ermittelt und der Unterhaltsberechnung zugrunde gelegt, geht man davon aus, dass das bisherige Einkommen auch in Zukunft erzielt wird. Ist prognostisch eine andere Einkommenssituation absehbar, ist diese Einkommenslage der Berechnung zugrunde zu legen.

Reduziert der Unterhaltsverpflichtete schuldhaft seine Einkünfte, kann der Unterhaltsberechnung ein **fiktives Einkommen** zugrunde gelegt werden. In einem solchen Fall liegen der Unterhaltsberechnung höhere Einkünfte zugrunde als sie tatsächlich vorhanden sind, so dass auch eine höhere Unterhaltsverpflichtung besteht. Solche fiktiven Einkünfte kommen z. B. in Frage, wenn vorsätzlich die Arbeitsstelle aufgegeben wird, bei verhaltensbedingten Kündigungen, wenn im Kündigungsfall auf Abfindungen verzichtet wird oder zur Verfügung stehender Wohnraum nicht vermietet wird, obwohl man dies könnte.

Vermögenswerte Vorteile bzw. Sachzuwendungen sowie Zusatzleistungen des Arbeitgebers an den Arbeitnehmer (z. B. ein Firmenwagen) sind ebenfalls dem Einkommen hinzuzurechnen, soweit der Arbeitnehmer hierdurch eigene Aufwendungen erspart. Der geldwerte private Nutzungsvorteil für einen Firmenwagen bemisst sich in der Regel nach dem steuerlich relevanten Wert von 1 v. H. des Listenpreises[701]. Den Zuwendungen sind also Aufwendungen entgegenzurechnen.

Umstritten ist, ob zu den Einkünften auch der **Wohnvorteil** für mietfreies Wohnen in einem selbst genutzten Eigenheim gehört.

Die Überlegung, einen **Wohnvorteil bzw. eine ersparte Miete** auf das vorhandene unterhaltsrechtlich zu berücksichtigende Einkommen als fiktives Einkommen zu addieren, ergibt sich daraus, dass im Selbstbehalt die gesamten unterhaltsrechtlich anzuerkennenden Mietkosten (Kaltmiete plus umlagefähige Nebenkosten plus Heizkosten) ausgewiesen sind. In der Regel betragen diese ca. 30 v. H. des Selbstbehalts – bei Ehepartnern also z. B. 30 v. H. x 3.600,00 € = 1.080,00 €.

In der Regel wird dieser Betrag nicht erreicht, so dass es unterhaltsrechtlich angemessen ist, den Wohnvorteil als Differenz zwischen dem Wohnwert und den abzugsfähigen Hauskosten als Einkommen zu berücksichtigen. Der Wohnvorteil wird als Nutzungsvorteil dem Einkommen zugerechnet.

Zumindest beim Elternunterhalt muss eine „spürbare und dauerhafte Senkung des berufs- und einkommenstypischen Unterhaltsniveaus"[702] nicht hingenommen werden. Daher ist als Wohnwert der sog. „relative Mietwert"[703], d. h. der mit Blick auf die Einkommens- und Vermögensverhältnisse des Unterhaltspflichtigen angemessene Kalt-Mietwert (nicht: mit dem am Markt erzielbaren „objektiven Mietwert"), abzugleichen

---

701 Vgl. OLG Hamm, Beschl. vom 29.10.2012 – II 9 UF 64/12 –, juris, Rn. 75 = FamRZ 2013, 1146.
702 Vgl. BGH, Urt. vom 19.2.2003 – XII ZR 67/00 –, NJW 2003, 1660 = FamRZ 2003, 1660.
703 Beim Trennungsunterhalt wird ebenfalls der relative Mietwert zugrunde gelegt. Beim nachehelichen Unterhalt hingegen der objektive Mietwert. Der objektive Mietwert ist der aktuelle Verkehrswert, also der auf dem freien Markt bei Vermietung des Eigenheims erzielbare Mietpreis.

mit den Belastungen, die mit dem Wohneigentum verbunden sind. Als Einkommen anzusetzen ist sodann die ersparte Miete.[704]

Beispiel
Das gegenüber seinen Eltern unterhaltspflichtige Kind (Elternunterhalt) lebt mit seiner Frau in einem schuldenfreien Haus mit 170 qm Wohnfläche und großem Garten, in dem früher auch noch die Kinder des Ehepaares gelebt haben. Der objektive und am Markt erzielbare Mietwert des Hauses beträgt 1.400,00 €.

Nach seinen aktuellen finanziellen Verhältnissen und den Wohnbedürfnissen für zwei Personen wäre eine Wohnung von 80 qm angemessen, für die eine ortsübliche **Kaltmiete** *von 680,00 € zu zahlen wäre.*

Als Wohnvorteil kann lediglich der relative bzw. subjektive Mietwert als fiktives Einkommen (Wohnvorteil) in die Unterhaltsberechnung eingestellt werden. Von diesem relativen Mietwert können bestimmte Belastungen (z. B. auf dem Eigentum liegende Zins- und Tilgungsleistungen[705], Kosten der Verwaltung, Instandhaltungskosten) abgezogen werden. Vom Wohnwert abzuziehen sind also lediglich die – auch bei einem Mietverhältnis – nicht umlagefähigen Wohnnebenkosten wie z. B. Kosten der Instandhaltung und Rücklagen.

Wann Kosten auf einen Mieter umgelegt werden können (und deshalb im Wohnwert unberücksichtigt bleiben), kann im Regelfall nach §§ 1, 2 BetrKV beurteilt werden. Heizkosten und umlagefähige Betriebskosten sind aus den im Selbstbehalt veranschlagten Wohnkosten aufzubringen. Umlagefähige Kosten sind z. B. Wasser- und Kanalgebühren, Allgemeinstrom, Grundsteuer, Müllabfuhrkosten, städtische Straßenreinigungskosten, Hausreinigungskosten, Kabelgebühren und/ oder Gebäudeversicherungskosten.

Würden also im Beispiel auf der Immobilie noch Belastungen in Form von Zins- und Tilgungsleistungen von 300,00 € liegen, würde sich der relative Mietwert um diese Belastungen mindern. Es können damit 380,00 € (680,00 € abzgl. 300,00 €) als Einkommen in die Unterhaltsberechnung eingestellt werden.

Sind die Belastungen höher als der Mietwert, kann dies einkommensmindernd berücksichtigt werden, allerdings nur dann, wenn die Belastungen nicht aus dem Selbstbehalt zu tragen sind.

Tilgungsleistungen sind im o. g. Beispiel vom relativen Mietwert abzuziehen. Überschreiten die Tilgungsleistungen den Mietwert, sind sie anschließend auf etwaige die Altersvorsorgeaufwendungen, die ebenfalls vom Einkommen abgezogen werden, anzurechnen.

Betragen im obigen Beispiel die monatlichen Zinsleistungen 300,00 € und die Tilgungsleistungen 500,00 €, würde es zu folgender Berechnung kommen:
680,00 € Mietwert minus 300,00 € Zinsleistungen minus 500,00 € Tilgungsleistungen = –120,00 €. Diese 120,00 € sind auf die Altersvorsorgeaufwen-

---

704 Vgl. BGH, Beschl. vom 7.8.2013 – XII ZB 269/12 –, NJW 2013, 3024; BGH, Urt. vom 17.10.2012 – XII ZR 1/91 –, FamRZ 2013, 868; BGH, Beschl. vom 5.2.2014 – XII ZB 25/13 –, juris, Rn 33 ff = NJW 2014, 1173 = FamRZ 2014, 538.

705 Zur Abzugsfähigkeit von Zins- und Tilgungsleistungen vom relativen Mietwert und ihre Auswirkungen auf Altersvorsorgebeiträge: BGH, Urt. vom 18.1.2017 – XII ZB 118/16 –, juris.

dungen anzurechnen, weil die Tilgungsleistungen einen Teil der Altersvorsorge darstellen.⁷⁰⁶ Tilgungsleistungen auf eine Wohnimmobilie können nach Abzug vom relativen Mietwert maximal in Höhe der anerkannten Altersvorsorgeaufwendungen berücksichtigt werden.

Nach Abzug von Steuern und Sozialversicherungsbeiträge können vom Einkommen u. a. abgezogen werden:

- **Berufsbedingte Aufwendungen** (vgl. Anmerkungen zur Düsseldorfer Tabelle) Alternativ zur Geltendmachung von konkreten Aufwendungen kann eine Pauschale von 5 v. H. des Nettoeinkommens vom Einkommen abgesetzt werden, mindestens 50,00 € und höchstens 150,00 €.

    Soweit konkrete Aufwendungen nachgewiesen werden, stellen die Fahrtkosten regelmäßig den größten Betrag dar. Diese werden nach folgender Formel in Ansatz gebracht: einfache Wegstrecke x 0,20 €⁷⁰⁷ x jährliche Arbeitstage (ggf. pauschaliert 220 Arbeitstage)/12 Monate. Mit dieser Berechnung sind sämtliche mit der Haltung, dem Betrieb, der Reparatur, der Steuer, der Versicherung und Wiederbeschaffung eines PKW verbundenen Kosten abgegolten. Kreditraten für das vorhandene Kraftfahrzeug sind ebenfalls über den so ermittelten Betrag abgedeckt.⁷⁰⁸
- **Aufwendungen für (zusätzliche) Altersvorsorge** (z. B. durch einen „Riester-Vertrag")

    Da es aber unerheblich ist, in welcher Weise zusätzliche Altersvorsorge erfolgt, können auch Tilgungsleistungen im Rahmen der Entschuldung einer Immobilie berücksichtigt werden, sofern dies der unterhaltsrechtlichen Billigkeit entspricht. Dazu gehören selbst vermietete Immobilien.

    Nach höchstrichterlicher Rechtsprechung kann der Unterhaltspflichtige generell 4 v. H. und beim Elternunterhalt 5 v. H. seines (Vorjahres-) **Bruttoeinkommens** als Aufwendungen für die Altersvorsorge einkommensmindernd ansetzen.⁷⁰⁹ Maßstab für die Angemessenheit von Altersvorsorgeaufwendungen sind insgesamt Beträge in Höhe von 24 v. H. bis 25 v. H. des Bruttoeinkommens, da bei unselbständig Beschäftigten ca. 20 v. H. der Bruttoeinkünfte an die gesetzliche Rentenversicherung abgegeben werden.

    Eine Berücksichtigung von Altersvorsorgeaufwendungen kann nur erfolgen, wenn die Altersvorsorge **tatsächlich** betrieben wird. Das Einkommen kann also nicht um 5 v. H. des Bruttoeinkommens gemindert werden, wenn tatsächlich nur 3 v. H. zurückgelegt werden.⁷¹⁰

---

706 Vgl. BGH, Urt. vom 18.1.2017 – XII ZB 118/16 –, juris.
707 Je nach Leitlinie der Oberlandesgerichte auch 0,30 €. Es kommt auch eine Anlehnung an die Sätze der Bestimmungen des § 5 Abs. 2 Nr. 2 JVEG mit 0,30 € pro gefahrenen Kilometer in Betracht.
708 Vgl. Vgl. OLG Hamm, Beschl. vom 29.10.2012 – II 9 UF 64/12 –, juris, Rn. 47 = FamRZ 2013, 1146.
709 Vgl. BGH, Urt. vom 14.1.2004 – XII ZR 149/01 –, FamRZ 2004, 792 = FuR 2004, 222; BGH, Urt. vom 30.8.2006 – XII ZR 98/04 –, BGHZ 169, 59 = FamRZ 2006, 1511 = NJW 2006, 3344; BGH, Urt. vom 17.10.2012 – XII ZR 1/91 –, FamRZ 2013, 868, Rn 17 f.
710 Vgl. BGH, Urt. vom 19.2.2003 – XII ZR 67/00 –, juris, Rn. 31.

Ggf. kommt auch ein größerer Abzugsbetrag als 5 v. H. in Betracht, wenn der Unterhaltspflichtige nachweist, dass eine Versorgungslücke vorhanden und eine angemessene Altersversorgung gefährdet ist.[711]

- (ggf.) **Tilgungsleistungen** für Schulden, soweit diese unter Abwägung der Interessen des Unterhaltspflichtigen, Unterhaltsberechtigten und des Drittgläubigers, angemessen sind (z. B. eigene Wohnung, angemessener Hausrat, Kraftfahrzeug)
  Tendenziell berücksichtigungsfähig sind z. B. Schulden, die im Rahmen der Finanzierung eines Einfamilienhauses entstanden sind, wenn es um die Frage des Elternunterhalts geht. Strengere Maßstäbe sind hingegen beim Kindesunterhalt anzuwenden, wenn der Mindestunterhalt minderjähriger Kinder durch die Anerkennung der Schulden und der damit verbundenen fehlenden Leistungsfähigkeit des Unterhaltsverpflichteten gefährdet ist. Da Kinder besonders schutzbedürftig sind, können beim Kindesunterhalt selbst angemessene Vermögensanlagen oder Altersvorsorgeaufwendungen nicht vom Einkommen abgezogen werden. Als Aufwand anzusetzen sind damit allein etwaige Zinsbelastungen, nicht aber Tilgungszahlungen.
  Tendenziell nicht abzugsfähig sind Kreditbelastungen aus der Anschaffung von Hausrat, zur Finanzierung von Reisen oder zur Finanzierung allgemeiner Lebenshaltungskosten.
- **Unterhaltszahlungen für einen in der Rangfolge (§ 1609 BGB) vorrangig Unterhaltsberechtigten**
  Bei der Berechnung des Elternunterhalts ist z. B. zu berücksichtigen, dass – insbesondere minderjährige – Kinder, die ihrerseits wegen fehlenden Einkommens und/oder Vermögens unterhaltsbedürftig sind, vorrangig berechtigt sind. In einem solchen Fall ist zunächst der Kindesunterhalt zu berechnen und dann vom zur Verfügung stehenden Einkommen abzuziehen, bevor der Elternunterhalt berechnet werden kann.
  Ist das unterhaltspflichtige Kind verheiratet, ist auch der Anspruch des Ehegatten auf Familienunterhalt zu berücksichtigen. Der Anspruch auf Familienunterhalt gemäß §§ 1360, 1360a BGB besteht in Höhe der Hälfte des für den ehelichen Lebensbedarf zur Verfügung stehenden Einkommens.
- **Anerkennungsfähige erhöhte Mietkosten**
- **Fahrkosten für Besuchskontakte zum Unterhaltsberechtigten**[712]
- **Kosten einer Krankenzusatzversicherung**[713]

Vom Einkommen nicht abzuziehen sind allgemeine Lebenshaltungskosten wie z.B. Kleidung, Lebensmittel, Freizeitkosten, Miete sowie die Standardversicherungen (Hausrat-, Haftpflicht- oder Unfallversicherung), denn diese Kosten sind im Selbstbehalt abgesichert. Ebenfalls sind aus dem Selbstbehalt Hobbys oder Tierhaltungskosten zu finanzieren.

---
711 OLG Hamm, Beschl. vom 29.10.2012 – II 9 UF 64/12 –, juris, Rn. 49 = FamRZ 2013, 1146.
712 Vgl. BGH, Urt. vom 17.10.2012 – XII ZR 17/11 –, juris, Rn. 30; OLG Hamm, Beschl. vom 29.10.2012 – II 9 UF 64/12 –, juris, Rn. 51 ff.= FamRZ 2013, 1146.
713 Vgl. Brandenburgisches OLG, Urt. vom 20.5.2009 – 13 UF 98/08 –, juris.

6.2.4.2 Vermögenseinsatz im Unterhaltsrecht

Soweit die laufenden Einkünfte zur Befriedigung des Unterhaltsbedarfs der Unterhaltsberechtigten nicht ausreichen, ist ggf. auch Vermögen der Unterhaltspflichtigen zu verwerten. Dieses gilt für Ansprüche von Ehegatten oder früheren Ehegatten, Lebenspartnern oder früheren Lebenspartnern, nicht miteinander verheirateten Elternteilen und Verwandten. Beim Ehegattenunterhalt wie auch im Lebenspartnerschaftsrecht (vgl. § 16 LPartG) gilt gemäß § 1581 Satz 2 BGB eine allgemeine Billigkeitsgrenze.

Eine solche sieht das Bürgerliche Gesetzbuch für Unterhaltsansprüche zwischen unverheirateten Elternteilen und Verwandten nicht vor. § 1603 Abs. 1 BGB geht lediglich davon aus, dass Unterhaltspflichtige ohne Gefährdung ihres „angemessenen Unterhalts" den Unterhalt zu gewähren haben. Damit gilt für den Vermögenseinsatz grundsätzlich – wie beim Einkommenseinsatz auch – das Kriterium der Leistungsfähigkeit.

Unterhaltsschuldner brauchen jedoch den Stamm ihres Vermögens nicht zu verwerten, wenn dies für sie mit einem wirtschaftlich nicht mehr vertretbaren Nachteil verbunden wäre, denn auch das wäre mit der nach dem Gesetz gebotenen Berücksichtigung der ansonsten zu erfüllenden Verbindlichkeit nicht zu vereinbaren und müsste letztlich den eigenen angemessenen Unterhaltsbedarf der Verpflichteten in Mitleidenschaft ziehen.[714]

Vor diesem Hintergrund muss z. B. folgendes Vermögen nicht eingesetzt werden:
- Vermögen, das auch nach § 90 Abs. 2 Nr. 9 SGB XII geschützt wäre (sog. „Notgroschen"[715]). Dies ist allerdings – zumindest im Elternunterhalt – der absolute Mindestbetrag. Die Höhe des Betrages für Notfälle lässt sich nicht pauschal festlegen. Allerdings wird vertreten, dass eher drei Netto-Monatsgehälter reserviert werden dürfen.[716] *Hußmann* hält das zehnfache des Vermögensschonbetrages (ab dem 1.4.2017 sind dies 50.0000 €) für praxisgerecht.[717]
- Vermögen, das zur Altersvorsorge bestimmt ist. Dies sollte einen Betrag nicht übersteigen, der entstanden wäre, wenn der Unterhaltspflichtige im Laufe seines Berufslebens bei einer Rendite von 4 v. H. bzw. (beim Elternunterhalt) 5 v. H. seines **aktuellen** Jahresbruttoeinkommens, d. h. zum Zeitpunkt der möglichen Inanspruchnahme als Unterhaltspflichtiger, vermögensbildend angelegt hätte.[718] Umstritten ist, für welchen Zeitraum dieses Altersvorsorgevermögen zu berechnen ist. Der Bundesgerichtshof ist der Auffassung, dass das Altersvorsorgevermögen nur für Zeiten

---
714 Vgl. BGH, Urt. vom 23.10.1985 – IVb ZR 52/84 –, FamRZ 1986, 48 = JuS 1986, 405, Fortführung BGH, Urt. vom 2.11.1988 – IVb ZR 7/88 –, NJW 1989, 524 = FamRZ 1989, 170; BGH, Urt. vom 30.8.2006 – XII ZR 98/04 –, BGHZ 169, 159 = FamRZ 2006, 1511 = NJW 2006, 3344; BGH, Urt. vom 21.11.2012 – XII ZR 150/10 –, FamRZ 2013, 203 Rn. 34.
715 Vgl. BGH, Urt. vom 23.11.2005 – XII ZR 155/03 –, NJW 2006, 2037 = FamRZ 2006, 2037.
716 Vgl. BGH, Beschl. vom 7.8.2013 – XII ZB 269/12 –, NJW 2013, 3024.
717 Vgl. *Hußmann*, in: Heiß/Born, Unterhaltsrecht, 13. Kapitel, Rn. 74.
718 Vgl. zur Frage von zulässigen Rückstellungen zur Altersvorsorge: BGH, Urt. vom 30.8.2006 – XII ZR 98/04 –, BGHZ 169, 59-77 = FamRZ 2006, 1511-1516; BGH, Urt. vom 17.10.2012 – XII ZR 17/11 –, FamRZ 2013, 868 Rn. 17.

der Erwerbstätigkeit zu berücksichtigen ist.[719] Bei einer 35 Jahre langen Erwerbstätigkeit ist das Altersvorsorgevermögen also z.B. nur mit dieser Zeitspanne zu errechnen (vgl. Übung 11).
- Ein selbst genutztes angemessenes Familienheim[720],
- Rücklagen für die Finanzierung von in naher Zukunft notwendig anfallenden Lebenshaltungskosten wie z.B. notwendige Renovierungskosten des Wohnhauses oder notwendige Anschaffung eines Kraftfahrzeuges,
- grundsätzlich Vermögen, dessen Verwertung des Vermögens unwirtschaftlich oder unbillig wäre (vgl. § 1581 BGB).

Die Vermögensverwertung darf ferner nicht verlangt werden, auch nicht in Fällen des § 1603 Abs. 2 BGB für minderjährige, unverheiratete Kinder, wenn die **Leistungsfähigkeit der Unterhaltspflichtigen auf Dauer nicht gesichert ist**. Bei der Bestimmung des Vermögens, das zur Sicherung des eigenen Unterhalts zu schonen ist, ist daher die gesamte voraussichtliche Lebensdauer der Unterhaltspflichtigen zu berücksichtigen.

Auch im Rahmen der erweiterten Unterhaltspflicht nach § 1603 Abs. 2 BGB kann der Vermögensstamm selbst zur Befriedigung des Mindestbedarfs des Kindes nur in dem Maße herangezogen werden, dass unter Berücksichtigung der voraussichtlichen Lebensdauer sowie unter gleichzeitiger Einbeziehung etwa zu erwartender künftiger Erwerbsmöglichkeiten der notwendige Eigenbedarf der Unterhaltspflichtigen bis an das Lebensende gesichert bleibt. Sind danach keine Mittel für den Unterhalt der Berechtigten übrig, so begründet das Vorhandensein des Vermögens keine Leistungsfähigkeit und damit keine Unterhaltsverpflichtung.[721]

6.2.5 Vertragliche Regelungen im Unterhaltsrecht

Häufig sind Verträge darauf ausgerichtet, Unterhaltsansprüche der Berechtigten abzufinden oder ganz bzw. teilweise darauf zu **verzichten**. Diese Möglichkeiten kommen grundsätzlich **nicht** für **zukünftige** Unterhaltsansprüche zwischen Ehegatten (vgl. § 1360a Abs. 3, § 1361 Abs. 4 i.V.m. § 1614 Abs. 1 BGB), unverheirateten Elternteilen (vgl. § 1615 l Abs. 3 Satz 1 i.V.m. § 1614 Abs. 1 BGB), Verwandten (vgl. § 1614 Abs. 1 BGB) sowie Lebenspartnern (vgl. § 5 LPartG i.V.m. § 1360a Abs. 3 i.V.m. § 1614 Abs. 1 BGB) in Betracht. Es ist allenfalls denkbar, dass vereinbart wird, die Beträge in den Unterhaltstabellen der Oberlandesgerichte geringfügig (ca. 20 v.H.) zu unterschreiten.

Eine Einschränkung der gesetzlichen Unterhaltsverpflichtungen durch vertragliche Regelung kommt im Wesentlichen für die **Fälle der Ehescheidung** oder der Auflösung einer Lebenspartnerschaft in Frage (vgl. § 1585c BGB, § 16 Abs. 1 LPartG). So kann ein Unterhaltsverzicht für den Fall der Scheidung **vor der Eheschließung**

---

719 Vgl. BGH, Beschl. vom 7.8.2013 – XII ZB 269/12 –, NJW 2013, 3024.
720 Vgl. BGH, Urt. vom 21.11.2012 – XII ZR 150/10 –, NJW 2013, 301 = FamRZ 2013, 363.
721 Vgl. BGH Urt. vom 2.11.1988 – IVb ZR 7/88 –, FamRZ 1989, 170 = NJW 1989, 524.

mittels notarieller Beurkundung vereinbart werden („Wir verzichten wechselseitig auf Unterhalt, auch für den Fall der Not"). Ein ehevertraglicher Unterhaltsverzicht – sofern er nicht eine völlig einseitige Lastenverteilung darstellt – muss daher nicht sittenwidrig und unwirksam (§ 138 BGB) sein. Eine Sittenwidrigkeit ist insbesondere nicht anzunehmen, wenn der Unterhalt der Ehegatten oder Lebenspartner zum Zeitpunkt der vertraglichen Vereinbarung über den Unterhaltsverzicht gesichert ist, z. B. durch eigenes Einkommen.

Wird zwischen Ehegatten oder Lebenspartnern für die Zeit nach der Scheidung oder Auflösung auf Unterhalt verzichtet, obwohl der **Unterhalt nicht gesichert ist**, verstößt dieser Vertrag gegen die guten Sitten (vgl. § 138 Abs. 1 BGB), da sich dadurch eine Verpflichtung nachrangiger Unterhaltspflichtiger (z. B. Eltern) oder eines Trägers der Sozialhilfe ergeben kann. Der Verzicht auf nachehelichen Unterhalt kann außerdem wegen der Pflege oder Erziehung eines gemeinschaftlichen Kindes (vorübergehend) unwirksam sein.[722]

Bei einem wirksamen Unterhaltsverzicht besteht kein Forderungsübergang. Dies hat dann zur Konsequenz, dass ggf. ein Ehegatte im Scheidungsfall auf Leistungen nach dem Zweiten Buch Sozialgesetzbuch oder dem Zwölften Buch Sozialgesetzbuch angewiesen ist.

Für die **Vergangenheit** auf Unterhalt verzichten können grundsätzlich Ehegatten (vgl. § 1360a Abs. 3 i. V. m. § 1614 Abs. 1 BGB), unverheiratete Elternteile (vgl. § 1615l Abs. 3 Satz 1 BGB i. V. m. § 1614 Abs. 1 BGB), Lebenspartner (vgl. § 5 LPartG i. V. m. § 1360a Abs. 3 i. V. m. § 1614 Abs. 1 BGB) sowie Verwandte (vgl. § 1614 Abs. 1 BGB). Ein solcher Verzicht kommt z. B. dann in Frage, wenn Unterhaltsrückstände entstanden sind.

Typische Verträge, die Naturalleistungen unter Verwandten vorsehen, sind die sog. **„Altenteilsverträge"**, die regelmäßig in Verbindung mit der Übergabe landwirtschaftlicher Grundstücke abgeschlossen werden. Als Sachzuwendungen für Eltern oder ggf. Großeltern kommen freie Kost und Logis, Wartung und Pflege in Betracht. Einzelheiten sind landesgesetzlich geregelt (vgl. Art. 96 EGBGB i. V. m. Art. 15 § 9 PrAGBGB). Bezüglich dieser vertraglich vereinbarten Leistungen findet § 94 SGB XII **keine** Anwendung. Vielmehr sind solche Ansprüche gemäß § 93 SGB XII durch Verwaltungsakt überzuleiten.

6.2.6 Verzicht auf Unterhalt bei Sozialhilfeleistung

Nach erfolgtem Übergang des Unterhaltsanspruchs (vgl. § 94 Abs. 1 Satz 1 SGB XII) oder Mitteilung gemäß § 94 Abs. 4 Satz 1 SGB XII (Rechtswahrungsanzeige) ist ein Verzicht auf Unterhalt unwirksam. Bestand zum Zeitpunkt der Verzichtserklärung eine sozialhilferechtliche Hilfebedürftigkeit, wird eine Schädigungsabsicht gegenüber dem Sozialhilfeträger unterstellt. Die Verzichtserklärung ist damit sittenwidrig und unwirksam.

---

722 Vgl. BGH Urt. vom 24.4.1985 – IVb ZR 22/84 –, FamRZ 1985, 788 = ZFSH/SGB 1985, 561.

6.3 Voraussetzungen für den gesetzlichen Forderungsübergang gemäß § 94 SGB XII

Ansprüche des Leistungsberechtigten werden in Anwendung des § 93 SGB XII durch Verwaltungsakt übergeleitet (Magistralzession). Für **Unterhaltsansprüche** gilt die speziellere Regelung des § 94 SGB XII. Hat danach eine leistungsberechtigte Person für die Zeit, für die Leistungen erbracht werden, nach bürgerlichem Recht einen Unterhaltsanspruch, geht dieser bis zur Höhe der geleisteten Aufwendungen auf den Träger der Sozialhilfe über (vgl. § 94 Abs. 1 Satz 1 SGB XII). § 94 SGB XII sieht als spezielle Rechtsnorm einen **gesetzlichen Forderungsübergang (cessio legis)** und damit einen **Gläubigerwechsel kraft Gesetzes** vor. Gemäß § 412 BGB finden damit die §§ 399 bis 404 und 406 bis 410 BGB entsprechende Anwendung.

Der gesetzliche Anspruchsübergang setzt im Wesentlichen aber voraus, dass ein zivilrechtlicher Unterhalts pruch (vgl. 6.2) besteht. Er ist begrenzt auf die Höhe der geleisteten Sozialhilfe und kann auch nur für die Zeit übergehen, in der sich der Unterhaltsanspruch und der Sozialhilfeanspruch gleichzeitig gegenüberstehen.

Die Bedeutung des gesetzlichen Forderungsübergangs von Unterhaltsansprüchen hat abgenommen. Mit der Bekanntgabe des sog. „Angehörigen-Entlastungsgesetzes"[723] wird seit dem 1.1.2020 die Unterhaltsheranziehung von Eltern und Kindern mit einem jeweiligen Jahresbruttoeinkommen im Sinne von § 16 SGB IV von bis zu einschließlich 100.000,00 € in der Sozialhilfe ausgeschlossen. Das Jahresbruttoeinkommen setzt sich zusammen aus der Summe aller Einkünfte nach dem Einkommensteuerrecht; es umfasst insbesondere das Bruttoarbeitsentgelt und das Bruttoarbeitseinkommen. Allerdings sind bei der Ermittlung der Jahresbruttoeinkünfte die Werbungskosten abzuziehen, weil in § 16 SGB IV der steuerrechtliche Einkommensbegriff zugrunde gelegt wird und steuerrechtlich nur der Überschuss der Einnahmen über den Werbungskosten maßgebend ist.

Da auf das Jahreseinkommen abgestellt wird und dieses erst im Jahr 2021 festgestellt werden kann, kann der Unterhaltsanspruch frühestens im Jahr 2021 – dann allerdings rückwirkend – geltend gemacht werden.

Die Inanspruchnahme unterhaltspflichtiger Angehöriger ist mit dem Angehörigen-Entlastungsgesetz erheblich begrenzt worden. Bisher galt eine solche eingeschränkte Inanspruchnahme Unterhaltsverpflichteter nur für die Leistungen nach dem 4. Kapitel SGB XII (Grundsicherung im Alter und bei Erwerbsminderung). Durch die Aufnahme der 100.000,00 €-Grenze in § 94 SGB XII erfasst die Neuregelung alle Leistungen der Sozialhilfe. Sie gilt auch für Leistungen nach dem Bundesversorgungsgesetz (vgl. § 27h BVG).

Beziehen volljährige, wesentlich behinderte Menschen Eingliederungshilfe nach dem Teil 2 SGB IX (§§ 90 ff. SGB IX), müssen deren Eltern zu diesen Leistungen unabhängig vom Einkommen unter den Voraussetzungen des § 142 Abs. 3 SGB IX keinen Beitrag mehr leisten. Insofern ist hier die Einführung einer Einkommensgrenze nicht vorgenommen worden.

---

723 Gesetz zur Entlastung unterhaltsverpflichteter Angehöriger in der Sozialhilfe und in der Eingliederungshilfe (Angehörigen-Entlastungsgesetz) vom 10.12.2019 (BGBl. I S. 2135).

§ 94 Abs. 1a SGB XII ist eine systemfremde Regelung. Sie führt dazu, dass ein möglicherweise vorhandener zivilrechtlicher Unterhaltsanspruch im Fall des Sozialhilfebezugs nicht relevant wird, solange das Jahresbruttoeinkommen nicht mehr als 100.000,00 € beträgt. Damit kann der Sozialhilfeträger einfach zu realisierende Bedarfsdeckungsmöglichkeiten nicht verfolgen. Kurioserweise entsteht eine Umkehrung des Nachrangprinzips: Vorrangig ist Sozialhilfe in Anspruch zu nehmen; Unterhaltsansprüche sind bis zu einem Jahresbruttoeinkommen von 100.000,00 € nachrangig. Es ist weiter zu bemängeln, dass bei den Sozialhilfeträger, die die Sozialhilfeleistungen in der Regel als kommunale Selbstverwaltungsaufgaben aus eigenen Mitteln finanzieren, erhebliche Einnahmeausfälle entstehen.

In verfahrensrechtlicher Hinsicht stellt § 94 Abs. 1a Satz 3 SGB XII die gesetzliche Vermutung auf, dass das Einkommen unterhaltspflichtiger Kinder bzw. Elternteile die Grenze von 100.000,00 € nicht überschreitet. Solange diese Vermutung im Einzelfall nicht widerlegt ist, besteht ein Anspruch auf Sozialhilfeleistungen, wenn die übrigen Voraussetzungen der Leistungserbringung vorliegen.

Maßgebend ist das Jahresbruttoeinkommen der **einzelnen** dem Grunde nach unterhaltsverpflichteten Person, d. h. also
- des jeweiligen Kindes oder
- des jeweiligen Elternteils.

Der Träger der Sozialhilfe kann gemäß § 94a Abs. 1a Satz 4 SGB XII **von den leistungsberechtigten Personen** Angaben verlangen, die Rückschlüsse auf die Einkommensverhältnisse der betroffenen Unterhaltspflichtigen zulassen. Er darf z. B. nach dem Beruf oder der Beschäftigung des unterhaltsverpflichteten Angehörigen fragen. Auch können Hinweise verwendet werden, wenn z. B. „amtsbekannt" ist, dass das Kind Chefarzt einer Klinik ist oder anderweitig im öffentlichen Leben auftritt, die ein entsprechendes Einkommen vermuten lassen. Die direkte Frage an die antragstellende Person, ob ein Einkommen des Kindes oder der Eltern über 100.000,00 € vorliegt, ist hingegen nicht zulässig.

Liegen hinreichende Anhaltspunkte vor, die auf ein Überschreiten der Einkommensgrenze von 100.000,00 € schließen lassen, bestehen Auskunftsansprüche nach § 117 SGB XII.

Stellt sich heraus, dass die Einkommensgrenze von 100.000,00 € (und sei es nur um einen Cent) überschritten wird, ist die Vermutung nach § 94 Abs. 1a Satz 3 SGB XII widerlegt. In diesem Fall geht der Unterhaltsanspruch unter Berücksichtigung der weiteren Voraussetzungen des § 94 SGB XII auf den Sozialhilfeträger über. Dieser kann dann die Einnahmen aus dem Unterhaltsanspruch vereinnahmen. Dadurch wird der Nachrang der Sozialhilfe verwirklicht. Der Anspruch der leistungsberechtigten Person auf die Sozialhilfe entfällt aber nicht.

Aufgrund der 100.000,00 €-Grenze kann es vorkommen, dass bei mehreren Unterhaltspflichtigen (z. B. Kindern) sowohl eine Leistungsfähigkeit besteht als auch nicht besteht. In diesem Fall haften die Unterhaltspflichtigen entsprechend der im Unterhaltsrecht geltenden Mangelverteilungsmethode nach ihren Möglichkeiten

("Haftungsquote"). Allerdings muss ein „Gutverdiener" nicht den Anteil des anderen Unterhaltspflichtigen, der die 100.000,00 €-Grenze nicht erreicht, auffangen.

> **Beispiel** *(vgl. auch 6.3.9 Übungen, Sachverhalt 6)*
> *Eine Mutter im Pflegeheim erhält vom Sozialhilfeträger 800,00 € an Leistungen der Hilfe zur Pflege nach §§ 61 ff. SGB XII. Ein Sohn verdient mehr als 100.000,00 € und kann 1.000,00 € Unterhalt zahlen. Die Tochter, die weniger als 100.000,00 € im Jahr verdient, wäre in der Lage, 500,00 € Unterhalt zu leisten.*
>
> *Nach der im Unterhaltsrecht geltenden Mangelverteilungsmethode (§ 1606 Abs. 3 Satz 1 BGB) muss der Sohn zwei Drittel des Bedarfs, also 533,00 € Unterhalt, zahlen. Seine „Haftung" wird also begrenzt. Die Tochter wird entsprechend § 94 Abs. 1a SGB XII nicht zum Unterhalt herangezogen. Der Sozialhilfeträger übernimmt die nicht durch die Unterhaltszahlungen gedeckten Pflegekosten.*

Sollte eine „Haftungsquote" ermittelt werden müssen, weil eine unterhaltspflichtige Person die maßgebende Einkommensgrenze überschreitet – eine andere hingegen nicht –, erstreckt sich die Auskunftspflicht nach § 117 Abs. 1 Satz 1 SGB XII ausnahmsweise auch auf andere Unterhaltspflichtige (z. B. Geschwister), deren Einkommen möglicherweise **weniger als** 100.000,00 € beträgt. Die Auskunftspflicht ist dann notwendig, um die „Haftungsquote" eines jeden Unterhaltspflichtigen zu ermitteln.

Die Zulässigkeit eines Auskunftsanspruchs nach § 117 Abs. 1 SGB XII kann zwar in Frage gestellt werden, weil dieser durch die vorgeschaltete Regelung des § 94 Abs. 1a Satz 3–5 SGB XII blockiert sein könnte. Sollte man aber einen Auskunftsanspruch gegenüber einem nicht Unterhaltspflichtigen ablehnen, könnte der Unterhaltsanspruch bzw. die Haftungsquote des Unterhaltspflichtigen nicht ermittelt werden. Dies ist ein nicht tragbares Ergebnis.

Spätestens der Rückgriff auf Grundsätze von Treu und Glauben (§ 242 BGB) ermächtigen daher den Sozialhilfeträger zu einem Auskunftsanspruch gegenüber der nicht unterhaltspflichtigen Person, um die Haftungsquote zu ermitteln. Es dürfte dieser Person nicht besonders schwerfallen, Auskunft über ihr steuerrechtlich relevantes Jahresbruttoeinkommen zu geben. Eine Verweigerung zur Auskunft in Fällen des zumutbaren Handelns ist daher treuwidrig und verstößt gegen § 242 BGB. Die einerseits leicht zu gebende Auskunft ohne selbst Rechtsnachteile zu erfahren und die andererseits hohe Bedeutung der Auskunft zur Ermittlung des Unterhaltsanspruchs lassen einen Rückgriff auf § 242 BGB zu, der auch in anderen Zusammenhängen als Legitimationsgrundlage für Auskunfts- und Informationsrechte anerkannt ist.[724]

Unabhängig davon dürfte aber bereits § 117 Abs. 1 Satz 1 SGB XII eine ausreichende Ermächtigungsgrundlage darstellen. Dafür sprechen folgende Argumente:
- Bereits nach Sinn und Zweck der Norm soll die Auskunftspflicht nach § 117 Abs. 1 Satz 1 den Sozialhilfeträger nur die Prüfung **ermöglichen**, ob und wenn ja, in welcher Höhe ein Unterhaltsanspruch besteht.

---
724 Vgl. *Pfeiffer* in: jurisPK-BGB, 9. Aufl., § 242 BGB, Rn. 44 ff.

- Die Norm spricht wertneutral von „Unterhaltspflichtigen". Der Sozialhilfeträger hat also einen Auskunftsanspruch gegenüber Unterhaltspflichtigen unabhängig davon, ob eine Unterhaltspflicht tatsächlich besteht. Denn die Höhe der Unterhaltspflicht soll durch den Auskunftsanspruch erst ermittelt werden.
- Auskunftspflichtig sind gemäß § 117 Abs. 1 Satz 1 SGB XII sogar Ehegatten oder Lebenspartner, die gerade nicht unterhaltspflichtig sind. Der Auskunftsanspruch bezieht sich auch deshalb auf diese Personen, weil deren Einkommen für die Ermittlung der Höhe der Unterhaltspflicht überprüft werden müssen. Wenn diese Personen auskunftspflichtig sind, dann erst recht die eigentlich Unterhaltspflichtigen, bei denen die Kenntnis über die Höhe des Einkommens notwendig ist, um die Haftungsquote zu ermitteln.

Bei fehlender Auskunftserteilung ist des Weiteren ein Auskunftsanspruch gegenüber dem Finanzamt möglich (§ 117 Abs. 1 Satz 4 SGB XII i.V.m. § 21 Abs. 4 SGB X, § 31a AO).

Aus der Regelung des § 94 Abs. 1a SGB XII, die nur auf das Einkommen abstellt, ist zu schließen, dass Vermögen für die Prüfung der Unterhaltspflicht keine Rolle spielt. Allerdings kann Vermögen für die Beurteilung der Leistungsfähigkeit eine Rolle spielen.

Die 100.000,00 €-Grenze gilt nicht im Fall eines Unterhaltsanspruchs minderjähriger leistungsberechtigter Kinder gegenüber ihren Eltern, die Leistungen nach dem Dritten Kapitel SGB XII erhalten (§ 94 Abs.1a Satz 6 SGB XII).

Sollte ein Unterhaltsanspruch bestehen, ist der Forderungsübergang nach § 94 Abs. 1 Satz 1 SGB XII den Unterhaltspflichtigen und den Leistungsberechtigten bekanntzugeben. Diese Mitteilung – allein betrachtet – ist als schlichtes Verwaltungshandeln und nicht als Verwaltungsakt zu werten. Die Mitteilung als solche ist von der Rechtswahrungsanzeige rechtlich gesehen zu trennen.

Im Einzelnen findet der gesetzliche Forderungsübergang nach § 94 SGB XII unter folgenden **Voraussetzungen** statt:

6.3.1 Bestehen eines Unterhaltsanspruchs

Die Leistungsberechtigten müssen einen **Anspruch** auf Unterhalt besitzen. Ist ein solcher nicht gegeben, findet kein Forderungsübergang statt, so z.B. bei Nichtbedürftigkeit der Leistungsberechtigten, fehlender Leistungsfähigkeit der Unterhaltspflichtigen oder Wegfall der Unterhaltsverpflichtung nach den §§ 1579, 1361 Abs. 3, 1611 Abs. 1 Satz 2 BGB bzw. den §§ 12, 16 LPartG.

6.3.2 Rechtmäßigkeit der Sozialhilfeleistung

Ein Anspruchsübergang kommt nur bei rechtmäßig erbrachter Sozialhilfe in Frage, denn eine rechtswidrige erbrachte Sozialhilfeleistung setzt regelmäßig verschwiegenes Einkommen oder Vermögen voraus, mit der Konsequenz, dass die Leistungen zu hoch ausfallen. In einem solchen Fall wird der Unterhaltsverpflichtete in einer Höhe in Anspruch genommen, die er nicht hätte erbringen müssen, weil der Sozialhilfeträger geringere Zahlungen hätte leisten müssen.

6.3.3 Gleichzeitigkeit von Unterhaltsanspruch und Erbringung von Sozialhilfe

Unterhaltsansprüche der Leistungsberechtigten gegen Unterhaltspflichtige gehen **für die Zeit** auf den Träger der Sozialhilfe über, für die die Leistungsberechtigten Hilfe erhalten bzw. erhalten haben. Sozialhilfeleistungen und Unterhaltsansprüche müssen sich also zeitgleich gegenüberstehen. Für die Sozialhilfeleistung kommt es auf den Zeitraum an, **für** den die Leistung erbracht wird bzw. wurde. Nicht entscheidend für den Übergang des Anspruchs ist der Zeitpunkt, zu dem der Träger der Sozialhilfe über die Leistung entschieden hat bzw. der Bewilligungsbescheid erging.[725]

Unterbrechungen der Leistungserbringung sind, anders als nach § 93 Abs. 2 SGB XII, unerheblich. Wird die Hilfe eingestellt und später wieder aufgenommen, gilt der Gläubigerwechsel nur für den jeweiligen Zeitraum. Allerdings ist eine erneute Mitteilung über den Anspruchsübergang und eine neue Rechtswahrungsanzeige erforderlich. Im Regelfall wird der jeweilige monatliche Unterhaltsanspruch in ein Verhältnis zu der in dem entsprechenden Monat gezahlten oder zu zahlenden Sozialhilfe zu setzen sein (Monatsprinzip).

6.3.4 Ausschluss des gesetzlichen Forderungsübergangs

Bei Vorliegen folgender Voraussetzungen ist ein Forderungsübergang **ausgeschlossen**:
- bei Erfüllung des Unterhaltsanspruchs durch laufende Zahlungen (vgl. § 94 Satz 2 SGB XII; 6.3.4.1),
- bei Zugehörigkeit der Unterhaltspflichtigen zum Personenkreis nach § 19 SGB XII (vgl. § 94 Abs. 1 Satz 2 Halbs .ive 1 SGB XII; 6.3.4.2),
- bei Verwandtschaft im zweiten oder entfernteren Grade (vgl. § 94 Abs. 1 Satz 3 Ha Alt. 2 SGB XII; 6.3.4.3),
- bei Erbringung von Sozialhilfe an eine Person, die schwanger ist oder ihr leibliches Kind bis zur Vollendung des 6. Lebensjahres betreut (vgl. § 94 Satz 4 SGB XII; 6.3.4.4) oder
- wenn ein gesetzlicher Forderungsübergang nach den §§ 115 und 116 SGB X dem Forderungsübergang nach § 94 SGB XII vorgeht (vgl. § 94 Satz 5 SGB XII; 6.3.4.5).

---

725 Vgl. BT-Drs. 12/4401 S. 82.

6.3.4.1 Ausschluss bei Erfüllung des Unterhaltsanspruchs durch laufende Zahlungen (§ 94 Abs. 1 Satz 2 SGB XII)

Der Übergang des Anspruchs ist ausgeschlossen, **soweit** der Unterhaltsanspruch durch laufende Zahlungen erfüllt wird (§ 94 Abs. 1 Satz 2 SGB XII). Aus der Formulierung „soweit" folgt, dass bei nur teilweiser Erfüllung des Unterhaltsanspruchs der nicht erfüllte Teil des Anspruchs unter den übrigen Voraussetzungen des § 94 SGB XII auf den Sozialhilfeträger übergeht.

Soweit laufende Zahlungen erfolgen, werden Unterhaltszahlungen als Einkommen des Leistungsberechtigten berücksichtigt.

6.3.4.2 Ausschluss bei Zugehörigkeit der Unterhaltspflichtigen zum Personenkreis des § 19 SGB XII (§ 94 Abs. 1 Satz 3 Halbs. 1 Alt. 1 SGB XII)

Der Übergang des Anspruchs ist ausgeschlossen, wenn Unterhaltspflichtige zum Personenkreis des § 19 SGB XII gehören (vgl. § 94 Abs. 1 Satz 3 Halbs. 1 Alt. 1 SGB XII).

Unterhaltspflichtige in diesem Sinne sind bei Leistungen im Rahmen der
- Hilfe zum Lebensunterhalt die nicht getrennt lebenden Ehegatten oder Lebenspartner und die Eltern im Verhältnis zu ihren minderjährigen, unverheirateten, mit ihnen in einem Haushalt lebenden Kinder (vgl. § 19 Abs. 1 Satz 2 SGB XII a. F.)[726],
- Grundsicherung im Alter und bei Erwerbsminderung die nicht getrennt lebenden Ehegatten oder Lebenspartner (vgl. § 19 Abs. 2 Satz 2 a. F.[727], § 43 Abs. 1 Satz 2 SGB XII),
- Hilfen nach dem 5. bis 9. Kapitel SGB XII die nicht getrennt lebenden Ehegatten oder Lebenspartner und die Eltern im Verhältnis zu ihren minderjährigen, unverheirateten Kindern (vgl. § 19 Abs. 3 SGB XII, § 61 SGB XII).

In diesen Fällen reduziert sich der Hilfebedarf der Leistungsberechtigten direkt durch den Einkommens- und Vermögenseinsatz der Unterhaltspflichtigen.

Kommt eine der oben genannten Personen dieser Verpflichtung nicht nach, kann der leistungsberechtigten Person „erweiterte Hilfe" erbracht werden (vgl. § 19 Abs. 5 SGB XII). Von der Person, von deren Einkommen und Vermögen die Leistungserbringung nach § 19 Abs. 1 bis Abs. 3 SGB XII abhängig zu machen ist, ist ein Aufwendungsersatz zu fordern. Diese Forderungen sind öffentlich-rechtlich durch Leistungsbescheid geltend zu machen.

---

726 Die Vorschrift des § 19 Abs.1 SGB XII wurde neu gefasst. Die Regelung des § 19 Abs. 1 Satz 2 SGB XII a. F. wurde in den § 27 Abs. 2 Satz 2 und 3 SGB XII n. F. übernommen (BGBl. I 2011 S. 480 ff.), der § 94 Abs. 1 Satz 3 Halbs. 1 Alt. 1 SGB XII wurde vermutlich versehentlich nicht angepasst.
727 Die Regelung in § 19 Abs. 2 Satz 2 SGB XII a. F. wurde aufgrund des gleichlautenden Textes im § 43 Abs. 1 ersatzlos gestrichen (BGBl. I 2011 S. 480 ff.), § 94 Abs. 1 Satz 3 Halbs. 1 Alt. 1 SGB XII wurde vermutlich versehentlich nicht angepasst.

6.3.4.3 Ausschluss bei Verwandtschaft vom zweitem Grad an (§ 94 Abs. 1 Satz 3 Halbs. 1 Alt. 2 SGB XII)

Sind Unterhaltspflichtige mit den Leistungsberechtigten vom zweiten Grad an verwandt, ist der Übergang des Anspruchs gemäß § 94 Abs. 1 Satz 3 Halbs. 1 Alt. 2 SGB XII ausgeschlossen. Damit findet z. B. kein gesetzlicher Forderungsübergang bei bestehenden Unterhaltsansprüchen gegen Großeltern oder Enkel statt. Nicht ausgeschlossen ist, dass ein solcher Anspruch von den Unterhaltsberechtigten selbst durchgesetzt wird. Das ggf. daraus resultierende Einkommen findet bei der Leistungserbringung entsprechende Berücksichtigung.

Die Heranziehung Unterhaltspflichtiger beschränkt sich damit auf Verwandte ersten Grades, also Eltern im Verhältnis zu ihren Kindern und umgekehrt.

Unterhaltsansprüche, die nicht auf Verwandtschaft beruhen, bleiben von dieser Regelung unberührt. Das sind die Unterhaltsansprüche zwischen (geschiedenen) Ehegatten, gleichgeschlechtlichen Lebenspartnern sowie Unterhaltsansprüche der Mutter oder des Vaters eines nichtehelichen Kindes nach § 1615 l BGB.

6.3.4.4 Ausschluss bei Erbringung von Sozialhilfe an eine schwangere oder ihr leibliches Kind bis zur Vollendung des 6. Lebensjahres betreuende Person (§ 94 Abs. 1 Satz 3 Halbs. 2 SGB XII)

Erhält eine Frau, die schwanger ist, oder ein Elternteil, der sein leibliches Kind bis zur Vollendung des sechsten Lebensjahres betreut, Sozialhilfe, ist der Übergang des Anspruchs auf Unterhalt gegen Verwandte ersten Grades nach § 94 Abs. 1 Satz 4 SGB XII ausgeschlossen. Diese Regelung entspricht der Regelung des § 19 Abs. 4 SGB XII (vgl. auch § 39 Satz 2 Nr. 1 SGB XII) und schließt regelmäßig den Übergang von Unterhaltsansprüchen von Frauen, in Einzelfällen auch von Männern, gegen ihre Eltern aus. Ein bestehender Unterhaltsanspruch kann jedoch von den Berechtigten selbst durchgesetzt werden.

6.3.4.5 Ausschluss bei vorrangigen Leistungen nach den §§ 115 und 116 SGB X (§ 94 Abs. 1 Satz 5 SGB XII)

Ansprüche auf Arbeitsentgelt wegen Verzuges des Arbeitgebers und Schadensersatzansprüche, die nach den §§ 115 bzw. 116 SGB X kraft Gesetzes auf den Leistungsträger übergehen, gehen einem Übergang von Unterhaltsansprüchen nach § 94 SGB XII vor (vgl. § 94 Abs. 1 Satz 5 i. V. m. § 93 Abs. 4 SGB XII).

6.3.5 Einschränkung des gesetzlichen Forderungsübergangs

Der Forderungsübergang ist insbesondere **eingeschränkt**:
- durch die Höhe der Sozialhilfe (vgl. § 94 Satz 1 SGB XII; 6.3.5.1),
- zum Schutz der Unterhaltspflichtigen

- bei Leistungen an volljährige unterhaltsberechtigte Kinder, die behindert oder pflegebedürftig sind und Leistungen nach dem 3., 6. und 7. Kapitel SGB XII bzw. §§ 90 ff. SGB IX erhalten (vgl. § 94 Abs. 2 SGB XII),
- wenn diese selbst Leistungsberechtigte nach dem 3. Kapitel SGB XII sind oder durch den Übergang des Anspruchs würden (vgl. § 94 Abs. 3 Satz 1 Nr. 1 SGB XII) oder
- der Übergang des Anspruchs eine unbillige Härte bedeuten würde (vgl. § 94 Abs. 3 Satz 1 Nr. 2 SGB XII) und
- bezüglich der Hilfe zur Überwindung besonderer sozialer Schwierigkeiten (vgl. § 68 Abs. 2 Satz 2 Alt. 2 SGB XII).

6.3.5.1 Einschränkung durch die Höhe der Sozialhilfe (§ 94 Abs. 1 Satz 1 SGB XII)

Der Unterhaltsanspruch geht gemäß § 94 Abs. 1 Satz 1 SGB XII nur bis zur Höhe der geleisteten Aufwendungen auf den Träger der Sozialhilfe über. Der Forderungsübergang kann nur bezüglich der „Netto-Sozialhilfe" geltend gemacht werden. Stehen Ansprüche gegen Dritte noch nicht fest, sollte ein Forderungsübergang gemäß § 94 SGB XII unter diesem Vorbehalt angemeldet werden. Wird die Hilfe als „Darlehen" oder „erweiterte Hilfe" erbracht, sind auch die daraus abzuleitenden Zahlungsverpflichtungen bezüglich der Höhe des Forderungsüberganges zu berücksichtigen.

6.3.5.2 Kausalität zwischen Nichterfüllung des Unterhaltsanspruchs und der Leistungserbringung

Bevor ein Anspruchsübergang geltend gemacht wird, muss – auch wenn dieses nicht ausdrücklich in § 94 SGB XII vorgesehen ist – geprüft werden, inwieweit der bestehende Unterhaltsanspruch bei seiner Realisierung Einfluss auf die Höhe der Sozialhilfe gehabt hätte (**Kausalität**, analog § 93 Abs. 1 Satz 3 SGB XII). Unterhaltsansprüche gehen daher z.B. nicht bei Sozialhilfeleistungen über, die unabhängig von der Einkommens- und Vermögenslage gewährt werden (z.B. bei Beratungs- und Unterstützungsleistungen im Rahmen der Altenhilfe, vgl. § 71 Abs. 4 SGB XII).

6.3.5.3 Einschränkungen zum Schutz der Unterhaltspflichtigen

Zugunsten der Unterhaltspflichtigen gelten folgende Regelungen, die den Forderungsübergang einschränken:

Schutz von unterhaltspflichtigen Eltern behinderter oder pflegebedürftiger volljähriger Kinder (§ 94 Abs. 2 SGB XII)

Erhalten volljährige Personen, die behindert im Sinne des § 53 SGB XII oder die in erheblichem Maße zur Teilhabe an der Gesellschaft eingeschränkt (§ 99 SGB IX) oder pflegebedürftig im Sinne des § 61 SGB XII sind,

- Leistungen im Rahmen der Eingliederungshilfe für behinderte Menschen oder Hilfe zur Pflege nach dem 7. Kapitel SGB XII, geht der Unterhaltsanspruch wegen dieser Leistungen höchstens bis zum Betrag von zurzeit 34,44 € (Stand: 1.1.2020) …
- Leistungen zum Lebensunterhalt nach dem 3. Kapitel SGB XII, geht der Unterhaltsanspruch wegen dieser Leistungen höchstens bis zum Betrag von 26,49 € (Stand: 1.1.2020) …

… auf den Träger der Sozialhilfe über (vgl. § 94 Abs. 2 Satz 1 i. V. m. Satz 3 SGB XII). Die mit dieser Regelung verbundene Vermutung bezüglich der Leistungsfähigkeit der Eltern kann widerlegt werden, wenn die Eltern, die gesamtschuldnerisch haften, nicht leistungsfähig sind (vgl. § 94 Abs. 2 Satz 2 SGB XII).

Die Begrenzung des gesetzlichen Forderungsüberganges auf die oben genannten Beträge ist sozialpolitisch begründbar und soll Eltern vor einer stärkeren finanziellen Belastung auf Dauer schützen. Davon ausgehend, dass Eltern von behinderten volljährigen Kindern für diese Kindergeld erhalten, ist vorgesehen, dass sich die Höhe der vorgenannten Beträge ändert, wenn sich die Höhe des Kindergeldes verändert (vgl. § 94 Abs. 2 Satz 3 SGB XII).

Schutz von Unterhaltspflichtigen orientiert an der Hilfe zum Lebensunterhalt (§ 94 Abs. 3 Satz 1 Nr. 1 SGB XII)

Unterhaltspflichtige Personen, die selbst Leistungsberechtigte nach dem 3. oder 4. Kapitel SGB XII sind oder bei Erfüllung der Unterhaltsansprüche würden, scheiden für eine Inanspruchnahme durch den Träger der Sozialhilfe im Rahmen der Bestimmungen des § 94 SGB XII aus (vgl. 94 Abs. 3 Satz 1 Nr. 1 SGB XII). Der gesetzliche Forderungsübergang wird durch diese Regelung eingeschränkt und macht eine Schutzberechnung zu Gunsten der Unterhaltspflichtigen erforderlich.

Dem nach dem 3. bzw. 4. Kapitel SGB XII zu ermittelnden Bedarf (Regelbedarf, Unterkunft, Heizung, Mehrbedarf, einmaliger Bedarf) ist das Einkommen und Vermögen im Sinne der §§ 82 bis 84 und 90 SGB XII gegenüberzustellen. Nur die Teile des Einkommens und Vermögens, die nicht zur Bedarfsdeckung in diesem Sinne benötigt werden, kommen für einen Forderungsübergang in Betracht.

Obwohl § 94 Abs. 3 Nr. 1 SGB XII nur im Singular von der „leistungsberechtigten Person" spricht, ist bei der Kontrollberechnung die gesamte Einsatzgemeinschaft i. S. der §§ 19, 27 Abs. 2 bzw. 43 Abs. 1 Satz 2 SGB XII einzubeziehen. Denn ansonsten würde die Heranziehung zum Unterhalt dazu führen, dass wegen des dann fehlenden Einkommens des Unterhaltsverpflichteten, welches er im Rahmen der Einsatzgemeinschaft einzubringen hätte, die übrigen Mitglieder der Einsatzgemeinschaft hilfebedürftig würden. Im Ergebnis würde dann auf der einen Seite Unterhaltsleistungen vereinnahmt, auf der anderen Seite würden Sozialhilfeleistungen erbracht.

Dennoch bewirkt die Schutzberechnung zu Gunsten der Unterhaltspflichtigen nur selten eine zusätzliche Einschränkung des Forderungsüberganges, da bei der Feststellung der Leistungsfähigkeit – z. B. unter Nutzung der „Düsseldorfer Tabelle" – regelmäßig größere Teile des Einkommens und Vermögens unberücksichtigt bleiben als bei der Berechnung nach dem 3. bzw. 4. Kapitel SGB XII.

6.3 Voraussetzungen für den gesetzlichen Forderungsübergang gemäß § 94 SGB XII

Beispiel
Der unterhaltspflichtigen Person bleibt bei der Festsetzung des privatrechtlichen Anspruchs auf Unterhalt seiner Ehefrau ein Mindestselbstbehalt in Höhe von 1.280,00 €.

Sein Bedarf im Rahmen der Hilfe zum Lebensunterhalt setzt sich wie folgt zusammen:

Regelbedarf	*446,00 €*
Bedarf für Unterkunft	*350,00 €*
Bedarf für Heizung	*50,00 €*
Gesamtbedarf	*846,00 €*

Damit ist der Bedarf im Rahmen der Hilfe zum Lebensunterhalt geringer als der Mindestselbstbehalt. Die Kontrollberechnung nach § 94 Abs. 3 Satz 1 Nr. 1 SBG XII führt zu keiner Einschränkung des gesetzlichen Forderungsüberganges.

Bedeutung erlangt die Vorschrift deshalb insbesondere bei der Berücksichtigung von **fiktivem Einkommen** beim Unterhaltsverpflichteten. Dies wird regelmäßig dann vorgenommen, wenn der Unterhaltsverpflichtete seinen Erwerbsobliegenheiten nicht gerecht wird.

Schutz von Unterhaltspflichtigen bei Vorliegen einer unbilligen Härte (§ 94 Abs. 3 Satz 1 Nr. 2 SGB XII)

Weiterhin kann der gesetzliche Forderungsübergang eines Unterhaltsanspruchs bei Vorliegen einer „unbilligen Härte" ausgeschlossen sein (vgl. § 94 Abs. 3 Satz 1 Nr. 2 SGB XII). Bei der Auslegung dieses unbestimmten Rechtsbegriffes (ohne Beurteilungsspielraum) scheiden wirtschaftliche Betrachtungen aus. Diese wurden bereits unter Anwendung der übrigen Regelungen nach dem § 94 SGB XII berücksichtigt.

Daher muss es sich um andere **soziale Belange** handeln, die die Verhältnisse der Unterhaltspflichtigen und der Leistungsberechtigten betreffen. Das ist z.B. der Fall, wenn der Familienfrieden durch die Inanspruchnahme des Unterhaltspflichtigen erheblich und nachhaltig gestört ist und ein Verbleib der leistungsberechtigten Person im Haushalt des Unterhaltsverpflichteten gefährdet ist. In einem solchen Fall ist der Grundsatz der familiengerechten Hilfe vernachlässigt. Auch kann der Grundsatz der Nachhaltigkeit der Hilfe verletzt sein, weil durch die Eintreibung des übergeleiteten Anspruchs die Pflegebereitschaft des Unterhaltsschuldners beeinträchtigt wird und deshalb der Leistungsberechtigte auf weitere Leistungen angewiesen ist.[728]

---

[728] Vgl. BVerwG, Urt. vom 26.11.1966 – V C 54/69 –, BVerwGE34, 219 = FEVS 17, 203 = NDV 1970, 168.

Beispiel
Eine Person ist pflegebedürftig im Sinne des § 61a SGB XII. Sie wird von der Tochter und einem Pflegedienst gepflegt. Der Träger der Sozialhilfe hat die Übernahme der Kosten für den Pflegedienst und ein gekürztes Pflegegeld bewilligt.

Die Tochter wäre aufgrund ihres Einkommens (4.000,00 € mtl.) in der Lage, den gesamten finanziellen Bedarf ihrer Mutter zu decken.

Eine finanzielle Inanspruchnahme der Tochter wäre als unbillige Härte zu bewerten, da sie bereits die Mutter pflegt. Außerdem werden durch die Pflege der Tochter weitere soziale Transferleistungen eingespart.

Erfolgt eine stationäre Aufnahme der pflegebedürftigen Person, kann eine unbillige Härte anzunehmen sein, wenn der Leistungsempfänger zuvor über das Maß einer zumutbaren Unterhaltsverpflichtung hinaus gepflegt wurde. Ist der Unterhaltspflichtige selbst Leistungsberechtigter nach dem 5. bis 9. Kapitel SGB XII, ist ebenfalls eine unbillige Härte zu bejahen.

Das Wort „soweit" in § 94 Abs. 3 Satz 1 Nr. 2 SGB XII macht deutlich, dass sich die Härte auch nur auf einen Teil des Unterhaltsbeitrages erstrecken kann.

6.3.5.4 Einschränkung bei Leistungen nach dem 8. Kapitel SGB XII (§ 68 Abs. 2 Satz 2 Alt. 2 SGB XII)

Bei der Erbringung von Hilfe zur Überwindung besonderer sozialer Schwierigkeiten **ist** auf eine Heranziehung der Unterhaltspflichtigen zu verzichten, soweit hierdurch der Erfolg der Hilfe gefährdet würde (vgl. § 68 Abs. 2 Satz 2 Alternative 2 SGB XII).

6.3.6 Zeitpunkt des Forderungsüberganges

Der Forderungsübergang tritt mit dem Zeitpunkt der bürgerlich-rechtlichen Bedürftigkeit der Leistungsberechtigten, abgestellt auf den **Sozialhilfebeginn** und nicht erst mit der Bewilligung der Sozialhilfe ein.[729] Mit Einsetzen der Hilfe geht der Anspruch der Unterhaltsberechtigten auf den Träger der Sozialhilfe kraft Gesetzes über. Es ist unerheblich, wann der Bescheid über die Leistungserbringung ergeht.

Dabei ist jedoch zu beachten, dass Unterhaltspflichtige von ihrer möglichen Inanspruchnahme Kenntnis erlangen müssen. Erst die **Mitteilung** und damit die **Verschaffung der Kenntnis über den Anspruchsübergang** führen dazu, dass der Unterhaltspflichtige nicht mehr mit befreiender Wirkung an den Sozialhilfeempfänger zahlen kann.

---

[729] Vgl. BT-Drs. 12/4401 S. 82.

6.3 Voraussetzungen für den gesetzlichen Forderungsübergang gemäß § 94 SGB XII

Für die **Vergangenheit** kann der Träger der Sozialhilfe den übergegangenen Unterhalt gemäß § 94 Abs. 4 SGB XII fordern,
- unter den Voraussetzungen des Bürgerlichen Rechts (vgl. § 1613 BGB bzw. § 1361 Abs. 4 Satz 4 BGB, § 1360a Abs. 3 BGB, § 1585b Abs. 2 BGB, § 1615 l BGB jeweils i. V. m. § 1613 BGB und §§ 5, 12, 16 LPartG i. V. m. den vorgenannten Rechtsnormen des BGB) oder
- von der Zeit an, zu welcher den Unterhaltspflichtigen gemäß § 94 Abs. 4 Satz 1 SGB XII die Erbringung der Hilfe schriftlich mitgeteilt wurde (**Rechtswahrungsanzeige**).

Grundsätzlich kann Unterhalt nur für die Zukunft gefordert werden. Gemäß § 1613 BGB kann ein Unterhaltsanspruch für die Vergangenheit von dem Zeitpunkt an gefordert werden, zu welchem der Unterhaltsverpflichtete zum Zwecke der Geltendmachung des Unterhaltsanspruchs aufgefordert worden ist, über seine Einkünfte und Vermögen Auskunft zu erteilen. Das Auskunftsverlangen hat verzugsbegründende Wirkung.

In alternativer Anwendung des § 94 Abs. 4 SGB XII erfolgt **neben** der Mitteilung über den gesetzlichen Anspruchsübergang an den Unterhaltsverpflichteten eine **schriftliche Mitteilung über die Sozialhilfeleistung**. In dieser **Rechtswahrungsanzeige** wird dem Unterhaltsverpflichteten durch den Sozialhilfeträger mitgeteilt, dass Sozialleistungen erbracht werden und die Unterhaltsansprüche bis zur Höhe der geleisteten Sozialhilfe auf den Sozialhilfeträger übergehen.

Die Rechtswahrungsanzeige dient in erster Linie der Sicherung des Unterhaltsanspruchs ab dem Zeitpunkt des Zugangs. Die Höhe des Unterhaltsanspruchs muss noch nicht festgestellt worden sein.

Die Rechtswahrungsanzeige dient nur der Sicherung des Anspruchs. Sie hat die Wirkung einer Mahnung, die den Unterhaltsverpflichteten in Verzug setzt (vgl. § 286 Abs. 1 BGB). Weil mit ihr noch nicht die Rechtsposition des Unterhaltsverpflichteten verändert wird, ist sie mangels Regelung ebenso wenig wie die Mitteilung über den Anspruchsübergang ein Verwaltungsakt. Angesichts ihrer Bedeutung für die Sicherung des Unterhaltsanspruchs empfiehlt sich aus Beweisgründen für den Sozialhilfeträger eine förmliche Zustellung.

Mit der Rechtswahrungsanzeige wird regelmäßig der Auskunftsanspruch nach § 117 SGB XII verbunden. Dieser Auskunftsanspruch stellt – anders als die Rechtswahrungsanzeige – einen Verwaltungsakt dar, gegen den Widerspruch erhoben werden kann.

Wird nach Erlass der Rechtswahrungsanzeige zu lange mit der Durchsetzung oder Bezifferung des Unterhaltsanspruchs gewartet, z. B. länger als ein Jahr[730], kann der Unterhaltsanspruch wegen Verwirkung (§ 242 BGB) untergehen. Denn dann konnte der Unterhaltsverpflichtete darauf vertrauen, dass er nicht mehr in Anspruch genommen wird.

Haben Unterhaltspflichtige in Unkenntnis des Forderungsübergangs **vor dem Zugang der Rechtswahrungsanzeige** an Leistungsberechtigte geleistet oder mit ihnen eine Unterhaltsvereinbarung getroffen, muss der Träger der Sozialhilfe dieses gemäß § 412 i. V. m. § 407 Abs. 1 BGB gegen sich wirken lassen.

---

730 Vgl. BGH, Urt. vom 23.10.2002 – XII ZR 266/99 –, BGHZ 152, 217 = NJW 2003, 128 = JuS 2003, 290.

6.3.7 Auskunftspflicht

Um die für den Forderungsübergang nach § 94 SGB XII erforderlichen Unterhalts- bzw. Kontrollberechnungen durchführen zu können, benötigt der Träger der Sozialhilfe Informationen über die Einkommens- und Vermögensverhältnisse der Personen, die aufgrund der persönlichen Voraussetzungen als Unterhaltspflichtige in Betracht kommen.

Dieser Notwendigkeit entsprechend sieht § 94 Abs. 1 Satz 1 SGB XII vor, dass der – grundsätzlich den Unterhaltsberechtigten zustehende – unterhaltsrechtliche Auskunftsanspruch (z. B. nach § 1605, § 1580, § 1361 Abs. 4 BGB, §§ 12, 16 LPartG) auf den Träger der Sozialhilfe übergeht. Damit sind Unterhaltspflichtige zu entsprechenden Auskünften verpflichtet, was vor allem im zivilrechtlichen Klageverfahren bedeutsam ist.

Eine Alternative zum zivilrechtlichen Auskunftsanspruch besteht in der öffentlich-rechtlichen Regelung des § 117 SGB XII. Die auf dieser Rechtsgrundlage verlangte Auskunft der unterhaltspflichtigen Person stellt einen Verwaltungsakt dar. Sofern nicht die notwendigen Auskünfte innerhalb einer gesetzten Frist erteilt werden, kann das Auskunftsersuchen mit Mitteln des Verwaltungszwanges (z. B. der Androhung von Zwangsgeld) durchgesetzt werden.

§ 117 Abs. 1 Satz 1 SGB XII eröffnet die Möglichkeit, nicht nur von Unterhaltspflichtigen, sondern auch von ihren nicht getrennt lebenden Ehegatten sowie Lebenspartnern Auskunft über die Einkommens- und Vermögensverhältnisse zu verlangen. Mit der Verpflichtung zur Auskunft ist nach § 117 Abs. 1 Satz 2 SGB XII auch die Verpflichtung zur Vorlage von Beweisurkunden bzw. die Zustimmung zur Vorlage derselben verbunden.

Weitere Informationen können von Arbeitgebern (vgl. § 117 Abs. 2 SGB XII) und anderen Behörden, insbesondere den Finanzbehörden (vgl. §§ 3, 21 Abs. 4 SGB X) eingeholt werden.

6.3.8 Rechtsschutz, Klagebefugnis

Unterhaltsansprüche sind privater Natur. Verweigert der Unterhaltspflichtige die Zahlung, ist über die Ansprüche nach § 94 Abs. 1 bis Abs. 3 SGB XII im **Zivilrechtsweg** zu entscheiden (vgl. § 94 Abs. 5 SGB XII). Somit gilt für ein Klageverfahren die Zivilprozessordnung. Möglich ist die Einleitung eines Mahnverfahrens (vgl. §§ 688 ff. ZPO) oder die Einreichung einer Klageschrift (§ 253 ZPO), um sich einen Vollstreckungstitel (Urteil) zu verschaffen.

§ 94 Abs. 5 Satz 1 SGB XII sieht vor, dass der Träger der Sozialhilfe auf ihn übergegangene Unterhaltsansprüche im Einvernehmen mit den Leistungsberechtigten auf diese zur gerichtlichen Geltendmachung rückübertragen und sich die geltend gemachten Unterhaltsansprüche abtreten lassen kann. Ohne diese Rückübertragungsmöglichkeit besäßen Leistungsberechtigte keine Aktivlegitimation für eine Klage wegen gleichzeitig bestehender Unterhaltsansprüche.

Damit kann z. B. eine geschiedene Ehefrau, obwohl sie Hilfe zum Lebensunterhalt erhält und ihr Unterhaltsanspruch nach § 94 Abs. 1 Satz 1 SGB XII auf den Träger der Sozialhilfe übergegangen ist, die Unterhaltsansprüche insgesamt durch ihren Anwalt verfolgen lassen.

Wird die Hilfe voraussichtlich auf längere Zeit erbracht, kann der Träger der Sozialhilfe bis zur Höhe der bisherigen monatlichen Aufwendungen auch auf künftige Leistungen klagen (vgl. § 94 Abs. 4 Satz 2 SGB XII).

6.3.9 Übungen

Hinweis: In den nachfolgenden Fällen erfolgt die unterhaltsrechtliche Prüfung teilweise ohne Rücksicht auf die Regelung des § 94 Abs. 1a SGB XII, wonach durch den Sozialhilfeträger Unterhaltsansprüche nur dann zu berücksichtigen sind, wenn das Jahresbruttoeinkommen mehr als 100.000,00 € beträgt und Vermögen für die Prüfung der sozialhilferechtlichen Unterhaltspflicht keine Rolle spielt.

Sachverhalt 1

A erhält laufende Hilfe zum Lebensunterhalt nach dem 3. Kapitel SGB XII, weil er befristet voll erwerbsgemindert ist. Er hat kein Einkommen und keine Ansprüche gegen Dritte, ist aber Eigentümer eines nach § 90 Abs. 2 Nr. 8 SGB XII geschützten schuldenfreien Einfamilienhauses.

Ein Sohn des A ist aufgrund seines Einkommens in der Lage, einen Unterhaltsbeitrag zu leisten.

Aufgabe

Prüfen Sie, ob ein gesetzlicher Forderungsübergang nach § 94 SGB XII erfolgt.

Lösung

Voraussetzung für einen Forderungsübergang nach § 94 SGB XII ist das Bestehen eines Unterhaltsanspruchs. A könnte einen Unterhaltsanspruch gegen seinen Sohn nach den §§ 1601 ff. BGB haben. Verwandte in gerader Linie sind verpflichtet, einander Unterhalt zu gewähren (vgl. § 1601 BGB). Ein solches Verwandtschaftsverhältnis liegt hier nach § 1589 BGB vor.

Die Unterhaltspflicht im Verwandtenunterhalt besteht grundsätzlich lebenslang. Sie kommt nicht nur im Verhältnis von Eltern gegenüber ihren Kindern (sog. „Kindesunterhalt") in Betracht, sondern auch im Verhältnis der Kinder zu ihren Eltern (sog. „Elternunterhalt"). A ist daher dem Grunde nach unterhaltsberechtigt.

Sofern eine Leistungsfähigkeit des Sohnes unterstellt wird (vgl. § 1603 BGB), scheitert ein Unterhaltsanspruch an der Bedürftigkeit des Vaters (vgl. § 1602 BGB). A ist nach § 1602 BGB nur unterhaltsberechtigt, wenn er außerstande ist, sich selbst zu unterhalten. Eine selbst genutzte Immobilie ist für den Unterhaltspflichtigen zivilrechtlich „geschützt". Das unterhaltspflichtige Kind hat regelmäßig keine Pflicht zur Verwertung des selbst genutzten Familienheims.[731]

Dasselbe gilt allerdings nicht für den Unterhaltsberechtigten. A ist Eigentümer eines schuldenfreien Einfamilienhauses. Das Unterhaltsrecht kennt – im Gegensatz zum Sozialrecht – keine den sozialrechtlichen Schonvermögenstatbeständen entsprechenden Schutzvorschriften. Unterhaltsrechtlich muss A daher zunächst seine Immobilie verwerten. Er ist unterhaltsrechtlich nicht bedürftig und hat daher keinen Unterhaltsanspruch gegen seinen Sohn. Damit liegt zwar eine sozialhilferechtliche Bedürftigkeit vor (die Immobilie ist dort geschützt), nicht jedoch eine unterhaltsrechtliche Bedürftigkeit.

Eine Anwendung des § 94 SGB XII scheidet aus. Unbeschadet dessen kann der Sozialhilfeträger für die Ausgaben der Sozialhilfe nach dem Tod der leistungsberechtigten Person Kostenersatz durch Erben nach § 102 SGB XII geltend machen.

Anmerkung:
Grundsätzlich ist dem Unterhaltsberechtigten im Rahmen des Elternunterhalts nur eine Vermögensreserve als „Notgroschen" zu belassen. Die Höhe dieses „Notgroschens" richtet sich nach dem sozialhilferechtlichen Schonbetrag (Kleinerer Barbetrag gemäß § 90 Abs. 2 Nr. 9 SGB XII).[732]

Sachverhalt 2

Herr B, 80 Jahre alt, lebt in einem Altenheim. Der überwiegende Teil der Kosten wird vom zuständigen Träger der Sozialhilfe getragen. B hat eine Tochter T, die alleinstehend ist und über ein Nettoeinkommen von monatlich 3.000,00 € verfügt. Sie gibt auf Befragen durch den Träger der Sozialhilfe an, sie sei nicht bereit, für ihren Vater Unterhalt zu zahlen. Er habe sie während ihrer ersten 12 Lebensjahre mehrfach seelisch und körperlich misshandelt, später keinen Unterhalt für sie gezahlt und alle Kontakte zur Familie abgebrochen.

Aufgabe

Prüfen Sie, ob ein gesetzlicher Forderungsübergang nach § 94 SGB XII erfolgt.

Lösung

Voraussetzung für einen Forderungsübergang nach § 94 SGB XII ist das Bestehen eines Unterhaltsanspruchs. Die Tochter erfüllt die persönlichen Voraussetzungen (vgl. §§ 1601 i.V.m. 1589 Satz 1 BGB) für das Bestehen einer Unterhaltspflicht gegenüber B, da es sich bei B und T um Verwandte in gerader Linie handelt. Die sachlichen

---

[731] BGH, Urt. vom 30.8.2006 – XII ZR 98/04 –, BGHZ 169, 59 = FamRZ 2006, 1511 = NJW 2006, 3344.
[732] Vgl. BGH, Urt. vom 17.12.2003 – XII ZR 224/00 –, NJW 2004, 677 = FamRZ 2004, 370; BGH, Urt. vom 23.11.2005 – XII ZR 155/03 –, NJW 2006, 2037 = FamRZ 2006, 935.

Voraussetzungen „Bedürftigkeit des B" (vgl. § 1602, § 1610 BGB) und „Leistungsfähigkeit der Tochter" (vgl. § 1603 BGB) sind gegeben.

Hat der Unterhaltsberechtigte seine eigene Unterhaltspflicht gegenüber dem Unterhaltspflichtigen gröblich vernachlässigt oder sich vorsätzlich einer schweren Verfehlung gegen den Unterhaltspflichtigen schuldig gemacht, so braucht der Verpflichtete nur einen Beitrag in der Höhe zu leisten, die der Billigkeit entspricht (vgl. **§ 1611 Abs. 1 Satz 1 BGB**). Die Verpflichtung fällt ganz weg, wenn die Inanspruchnahme des Verpflichteten grob unbillig wäre (vgl. § 1611 Abs. 1 Satz 2 BGB). Von Letzterem ist bei vorliegendem Sachverhalt auszugehen. § 94 SGB XII findet keine Anwendung.

Weitere Beispiele:
Der Unterhaltsberechtigte ist alkoholkrank, lässt sich trotz zahlreicher Hilfsangebote nicht behandeln und verliert seine Arbeitsstelle; Fälle der verhaltensbedingten Kündigung, schuldhafter Verlust des Vermögens, Fälle der körperlichen Misshandlung, Fälle der mangelhaften Erziehung.

Sachverhalt 3

Die minderjährige, unverheiratete C erhält wegen einer schweren Behinderung Hilfe zur Pflege in einer Einrichtung. Die zusammenlebenden, erwerbstätigen Eltern lehnen es ab, sich an den Kosten zu beteiligen, obwohl ihr Einkommen dazu ausreichen würde. Der Träger der Sozialhilfe trägt deshalb die vollen Kosten für die Unterbringung der C in der Einrichtung. Wegen der Weigerung der Eltern, sich an den Kosten zu beteiligen, hat der Träger der Sozialhilfe diesen mitgeteilt, dass der Unterhaltsanspruch von C nach § 94 SGB XII auf ihn übergeht.

Aufgabe

Prüfen Sie, ob ein gesetzlicher Forderungsübergang nach § 94 SGB XII erfolgt.

Lösung (Kurzfassung)

Der Übergang des Anspruchs ist ausgeschlossen, wenn der Unterhaltspflichtige zum Personenkreis des § 19 SGB XII gehört (vgl. § 94 Abs. 1 Satz 3 Alt. 1 SGB XII). Die nicht getrennt lebenden Eheleute C als Eltern der minderjährigen, unverheirateten C bilden mit ihrer Tochter eine Einsatzgemeinschaft und gehören zum Personenkreis des § 19 Abs. 3 SGB XII sowie § 61 Satz 2 SGB XII. Der Anspruch von C ist damit vom Einkommens- und Vermögenseinsatz der Eltern abhängig. Ein Forderungsübergang nach § 94 SGB XII ist ausgeschlossen.

Eine finanzielle Beteiligung kann nur im Rahmen des § 19 Abs. 3 ggf. i. V. m. Abs. 5 SGB XII erfolgen.

Sachverhalt 4

Die im siebten Monat schwangere Frau D ist nach einem Streit mit ihren vermögenden Eltern aus dem Elternhaus ausgezogen. Sie hat eine eigene Wohnung bezogen. Der Träger der Sozialhilfe erbringt für sie wegen einer längeren Erwerbsminderung Hilfe zum Lebensunterhalt nach dem 3. Kapitel SGB XII. Frau D hat einen Unterhaltsanspruch gegen ihre Eltern.

Aufgabe

Prüfen Sie, ob ein gesetzlicher Forderungsübergang nach § 94 SGB XII erfolgt.

Lösung (Kurzfassung)

Der Übergang des Unterhaltsanspruchs auf den Träger der Sozialhilfe ist gemäß § 94 Abs. 1 Satz 4 SGB XII gegenüber Verwandten ersten Grades ausgeschlossen, wenn die Leistungsberechtigte schwanger ist. Frau D ist mit ihren Eltern im ersten Grad verwandt (vgl. § 1589 BGB) und sie ist im siebten Monat schwanger. Damit erfolgt kein gesetzlicher Forderungsübergang.

Sachverhalt 5

E, 68 Jahre alt, erhält Leistungen der Grundsicherung im Alter nach dem 4. Kapitel SGB XII. Er hat einen Unterhaltsanspruch gegen seine erwerbstätige Tochter, die über ein Jahreseinkommen von 80.000,00 € verfügt.

Aufgabe

Prüfen Sie, ob ein gesetzlicher Forderungsübergang nach § 94 SGB XII erfolgt.

Lösung (Kurzfassung)

Grundsätzlich wird **auch** bei Leistungen nach dem 4. Kapitel SGB XII vermutet, dass ein unterhaltspflichtiges Kind nicht über ein Einkommen von 100.000,00 € (brutto, ggf. abzüglich berufsbedingter Aufwendungen) verfügt. Ab einem Einkommen des Unterhaltspflichtigen von 100.000,00 € entfällt der Leistungsanspruch nach dem 4. Kapitel SGB XII nicht mehr. Stattdessen müsste der etwaige Unterhaltsanspruch geprüft werden. Der Sozialhilfeträger müsste dann eine Unterhaltsberechnung vornehmen.

Im vorliegenden Fall kommt unter der Annahme, dass das Jahresbruttoeinkommen lediglich 80.000,00 € besteht, ein Übergang des Unterhaltsanspruchs nicht in Frage (vgl. § 94 Abs. 1a SGB XII).

Sachverhalt 6

Frau F (70 Jahre) stellt einen Antrag auf Leistungen der Grundsicherung im Alter nach dem 4. Kapitel SGB XII. Im Rahmen der Sachverhaltsaufklärung stellt sich heraus, dass der Sohn S1 der Frau F über ein jährliches Bruttoeinkommen in Höhe von mehr als 150.000,00 € verfügt. Seine Schwester ist bei einem Bruttojahreseinkommen in Höhe von rund 21.000,00 € unstreitig für die Zahlung von Elternunterhalt an Frau F nicht leistungsfähig. Ein weiterer Sohn S2 bezieht ein jährliches Bruttoeinkommen von 76.500,00 €.

Der zuständige Leistungsträger lehnt den Antrag von Frau F wegen der über der Einkommensgrenze des § 94 Abs. 1a Satz 1 SGB XII liegenden Einkünfte von 100.000,00 € des einen Sohnes ab. Der Sohn weigert sich, Unterhaltsbeträge an seine Mutter auszukehren.

Der Leistungsträger überlegt, ob er den Unterhaltsanspruch des Sohnes auf sich übergeht.

Aufgabe

Prüfen Sie, ob und gegen welche Person ein gesetzlicher Forderungsübergang nach § 94 SGB XII erfolgen kann.

Lösung

Ein Forderungsübergang eines Unterhaltsanspruchs nach § 94 SGB XII kann erfolgen, wenn dieser nicht ausgeschlossen ist. Ein Ausschluss des Forderungsübergangs kommt grundsätzlich seit dem 1.1.2020 in Frage: die bisherige Ausnahmeregelung des § 94 Abs. 1 Satz 3 Halbs. 2 SGB XII ist mit dem Angehörigen-Entlastungsgesetz seit dem 1.1.2020 entfallen. Hieraus folgt, dass die leistungsberechtigten Personen nach dem 4. Kapitel SGB XII auch bei Überschreiten der 100.000,00 €-Grenze durch unterhaltspflichtige Angehörige weiterhin dem 4. Kapitel SGB XII unterfallen und nicht wie bisher dem Dritten Kapitel SGB XII zuzuordnen sind.

Demnach ist der Anwendungsbereich von § 94 Abs. 1a Satz 1 SGB XII zu klären.

Gemäß § 94 Abs. 1a Satz 1 SGB XII bleiben Unterhaltsansprüche der Leistungsberechtigten u. a. bei Leistungen der Grundsicherung im Alter und bei Erwerbsminderung gegenüber ihren Kindern und Eltern unberücksichtigt, sofern deren jährliches Gesamteinkommen im Sinne von § 16 SGB IV unter einem Betrag von 100.000,00 € liegt (Bruttoeinkommen abzüglich Werbungskosten, sog. „Jahreseinkommensgrenze").

Es wird zwar nach § 94 Abs. 1a Satz 3 SGB XII vermutet, dass das Einkommen der Unterhaltspflichtigen diese Grenze nicht überschreitet. Allerdings ist diese Vermutung nach den Sachverhaltsangaben widerlegt.

Da der Sohn S1 zu den nach § 94 Abs. 1a SGB XII nicht privilegierten Unterhaltspflichtigen zählt, kann der Unterhaltsanspruch der Frau F gegenüber ihrem Sohn übergehen.

Es stellt sich im Folgenden die Frage, ob ein Unterhaltsanspruch nun auch gegenüber dem Sohn S2 zu prüfen ist.[733] Das ist allerdings inzwischen eindeutig zu verneinen, weil § 94 Abs. 1a SGB XII generell für alle Leistungsarten einen Unterhaltsrückgriff gegenüber Angehörigen dann ausschließt, wenn deren Jahresbruttoeinkommen weniger als 100.000,00 € beträgt.

Der Leistungsträger darf weiterhin den Sohn S1 nur in Höhe seines Haftungsanteils in Anspruch nehmen. Sein Haftungsanteil ist der unterhaltsrechtliche Betrag, den S1 in der Höhe zu erbringen hätte, wenn auch sein Bruder die auf ihn entfallenden Unterhaltsbeträge leisten würde (sog. „Mangelverteilung" nach § 1606 Abs. 3 Satz 1 BGB). Dies folgt aus dem Rechtsgedanken des gestörten Gesamtschuldnerausgleichs.

Sachverhalt 7

G, 30 Jahre alt, erhält Eingliederungshilfe für behinderte Menschen nach dem 2. Teil SGB IX (§§ 90 ff. SGB IX). Konkret wird der Aufenthalt in einer Werkstatt für behinderte Menschen nach § 111 Abs. 1 Nr. 1 SGB IX finanziert. Sein Vater verfügt über erhebliches Einkommen und Vermögen und könnte die gesamten Kosten der Eingliederungshilfe im Rahmen seiner Unterhaltspflicht tragen.

Aufgabe

Prüfen Sie, ob und ggf. in welcher Höhe ein gesetzlicher Forderungsübergang nach § 94 SGB XII erfolgt.

Lösung

G hat einen zivilrechtlichen Unterhaltsanspruch gegen seinen Vater (vgl. §§ 1601 ff. BGB), der allerdings gemäß § 141 Abs. 1 Satz 2 SGB IX nicht mehr auf den zuständigen Träger übergeht.

§ 142 Abs. 3 i.V.m. § 142 Abs. 1 SGB IX beschränkt in Fällen der Eingliederungshilfe die Leistungspflicht von Eltern gegenüber einer volljährigen Person im Sinne des § 53 SGB XII, § 99 SGB IX auf die ersparten häuslichen Aufwendungen.

Sachverhalt 8

Herr H erhält im Rahmen des 7. Kapitels SGB XII ein Pflegegeld gemäß § 64a SGB XII i.V.m. § 37 Abs. 1 Satz 3 Nr. 1 SGB XI in Höhe von 316,00 €. Die häusliche Pflege wird überwiegend von der Ehefrau sichergestellt. Der Sohn von Herrn H könnte aufgrund seines Einkommens (orientiert an der „Düsseldorfer Tabelle") monatlich 150,00 € an Unterhalt für seinen Vater zahlen.

---

733 Vgl. BGH, Beschl. vom 8.7.2015 – XII ZB 56/14 –, juris, Rn. 17 ff. (m.w.N.). Auch nach Auffassung des Bundessozialgerichts kommt es auf das Einkommen des einzelnen Unterhaltspflichtigen an: BSG, Urt. vom 25.4.2013 – B 8 SO 21/11 R –, juris, Rn. 25.

Aufgabe

Prüfen Sie, ob der ermittelte Betrag von 150,00 € nach § 94 SGB XII auf den Träger der Sozialhilfe übergeht.

Lösung

Voraussetzung für einen Forderungsübergang nach § 94 SGB XII ist das Bestehen eines Unterhaltsanspruchs. Die persönlichen Voraussetzungen hierfür sind gemäß § 1601 i. V. m. § 1589 Satz 1 BGB erfüllt. Weiterhin müsste der Unterhaltsberechtigte u. a. unterhaltsrechtlich bedürftig sein. Herr H müsste einen Unterhaltsbedarf gemäß § 1602, § 1610 BGB geltend machen können. Der unterhaltsrechtliche Bedarf des H an Pflege wird jedoch durch seine Ehefrau in Form einer entsprechenden Sachleistung „in natura" erfüllt. Es verbleibt **kein unterhaltsrechtlich zu berücksichtigender Bedarf**. Herr H hat demnach keinen Unterhaltsanspruch gegen seinen Sohn oder andere dem Grunde nach unterhaltspflichtige Verwandte.[734] Ein Forderungsübergang nach § 94 SGB XII scheidet aus.

Sachverhalt 9

Frau I und ihr zweijähriger Sohn Peter erhalten seit dem 1.2. laufende Hilfe zum Lebensunterhalt in folgendem Umfang:

	Frau H	*Sohn*	*Summe*
Regelbedarf	*446,00 €*	*283,00 €*	*729,00 €*
Mehrbedarf (§ 30 Abs. 3 Nr. 1 SGB XII)	*160,56 €*		*160,56 €*
Mehrbedarf (§ 30 Abs. 5 SGB XII)	*50,00 €*		*50,00 €*
Differenz aus Einkommen und Mindestselbstbehalt (übersteigendes EK)	*900,00 €*		
Kosten der Unterkunft	*180,00 €*	*180,00 €*	*360,00 €*
Kosten der Heizung	*35,00 €*	*35,00 €*	*70,00 €*
Gesamtbedarf	*871,56 €*	*498,00 €*	*1.369,56 €*
Kindergeld		*– 219,00 €*	
Leistung	***871,56 €***	***279,00 €***	***1.369,56 €***

Herr I, der getrennt lebende Ehemann und Vater, zahlt zurzeit keinen Unterhalt. Am 23.2. hat der Träger der Sozialhilfe ihm eine Rechtswahrungsanzeige gemäß § 94 Abs. 4 Satz 1 SGB XII übersandt und gleichzeitig gemäß § 117 Abs. 1 SGB XII um Auskunft über seine wirtschaftlichen Verhältnisse gebeten. Herr I weist folgende Einnahmen und Ausgaben nach:

---

734 Vgl. auch OLG Oldenburg, Urt. vom 14.1.2010 – 14 UF 134/09 –, NJW 2010, 1293 = FamRZ 2010, 992 = ZFSH/SGB 2010, 433.

Nettoerwerbseinkommen	2.100,00 €
Miete	350,00 €
Heizung	40,00 €
Haftpflichtversicherung	4,00 €
Hausratversicherung	3,80 €
Fahrtkosten zum Arbeitsplatz	50,00 €
Gewerkschaftsbeitrag	10,00 €

Aufgaben

Prüfen Sie
- anhand der „Düsseldorfer Tabelle", in welcher Höhe Frau I und Peter einen Anspruch auf Unterhalt gegen Herrn I haben,
- ob und ggf. in welcher Höhe die Unterhaltsansprüche von Frau I und Peter für den Monat März auf den Träger der Sozialhilfe übergehen.

Bearbeitungshinweise

Gehen Sie davon aus, dass Sie am 15.4. diesen Vorgang bearbeiten.
Auf die Beantragung von Leistungen nach dem Unterhaltsvorschussgesetz und ggf. bestehende Erstattungsansprüche ist nicht einzugehen.
§ 94 Abs. 1a SGB XII soll unberücksichtigt bleiben.

Lösung

I. Höhe der Unterhaltsansprüche

Herr I ist gegenüber seiner von ihm getrennt lebenden Ehefrau und seinem Sohn unterhaltspflichtig (vgl. § 1361 sowie § 1601 i.V.m. § 1589 Satz 1 und 1603 Abs. 2 Satz 1 BGB). Der für Frau I und Peter berücksichtigte Bedarf an Sozialhilfe ist mit dem unterhaltsrechtlichen Bedarf an angemessenem Unterhalt identisch (vgl. § 1610 BGB). Frau I und ihr Sohn können diesen nicht aus eigenen Kräften und Mitteln decken, so dass unterhaltsrechtlich eine **Bedürftigkeit** besteht.

Dies gilt auch für Frau I. Gemäß § 1570 BGB kann diese für die ersten drei Lebensjahre des Kindes einschränkungslos den sog. „Betreuungsunterhalt" (Basisunterhalt) verlangen. Erst nach Vollendung des dritten Lebensjahrs steht der betreuenden Mutter nur noch Betreuungsunterhalt nach Billigkeit zu.

Fraglich ist, in welcher Höhe Herr I unterhaltsrechtlich **leistungsfähig** ist. Unter Anwendung der „Düsseldorfer Tabelle" ergibt sich folgende Berechnung:

6.3 Voraussetzungen für den gesetzlichen Forderungsübergang gemäß §94 SGB XII

	Betrag	Anmerkung
Nettoeinkommen	2.100,00 €	
notwendiger berufsbedingter Aufwand	– 105,00 €	5% vom Nettoeinkommen lt. Anmerkung A.3 der Düsseldorfer Tabelle, max. 150 €; Fahrtkosten sind hierin grds. enthalten; bei hohen Fahrtkosten lassen die meisten Leitlinien der OLGs eine alternative Berechnung mit den konkret nachgewiesenen Kosten zu.
bereinigtes Nettoeinkommen	1.995,00 €	Miete, Heizungskosten, Haftpflicht- und Hausratversicherung sowie Gewerkschaftsbeitrag sind im Selbstbehalt enthalten und daher nicht abzugsfähig.
Kindesunterhalt nach der Düsseldorfer Tabelle Einkommensstufe 2, Altersstufe 1	**413,00 €**	Anmerkung A.1 der Düsseldorfer Tabelle: Die Tabelle weist den monatlichen Unterhaltsbedarf aus, bezogen auf zwei Unterhaltsberechtigte, ohne Rücksicht auf den Rang (§ 1609 BGB). Hier gibt es mit der Ehefrau und dem Sohn zwei Unterhaltsberechtigte. Eine Herabstufung in eine niedrigere Einkommensstufe ist nicht notwendig, da nicht mehr als zwei Personen zu versorgen sind; eine Heraufstufung in eine höhere Einkommensgruppe ist nicht notwendig, da nicht weniger Personen zu versorgen sind.
Ermittlung des Ehegattenunterhalts		
bereinigtes Nettoeinkommen	1.995,00 €	
Kindesunterhalt	– 413,00 €	Vorwegabzug des Kindesunterhalts notwendig, da Kinder nach § 1609 BGB vorrangig vor dem Ehegatten unterhaltsberechtigt sind.
Einkommen	1.582,00 €	
Ehegattenunterhalt	**678,00 €**	3/7 des Einkommens nach Abzug des Tabellenunterhalts des Kindes.
verbleibendes Einkommen des Herrn H	904,00 €	Nettoeinkommen abzgl. Kindes- und Ehegattenunterhalt
Bedarfskontrollbetrag	1.400,00 €	Bedarfskontrollbetrag der Einkommensstufe 2; Es kann festgestellt werden, dass der entsprechende Bedarfskontrollbetrag nicht gewahrt ist, weil das verbleibende Einkommen niedriger ist als der Bedarfskontrollbetrag. Daher wird der Kindesunterhalt aus der nächst niedrigeren Einkommensgruppe entnommen, so dass Herr H etwas weniger Unterhalt zahlen muss. In diesem Fall kommt der Betrag aus der Einkommensgruppe 1 in Frage.

Betrag	Anmerkung
	Der Bedarfskontrollbetrag will „nur" ein angemessenes Verhältnis zwischen dem Bedarf der Kinder und dem verbleibenden Einkommen des Unterhaltspflichtigen herstellen: lebt der barunterhaltspflichtige Elternteil in engen wirtschaftlichen Verhältnissen, müssen die Kinder dies mittragen und sich mit dem Existenzminimum begnügen.
Anrechnung Kindergeld	
Anspruch Kindesunterhalt — 393,00 €	Auf den Unterhaltsanspruch des Kindes wird gem. § 1612b BGB das Kindergeld zur Hälfte angerechnet; Vgl. Ziffer A.10 der Düsseldorfer Tabelle. Das Kindergeld ist damit zur Bedarfsdeckung zu verwenden. Die Mutter bezieht das Kindergeld nach § 64 Abs. 2 EStG, da das Kind im Haushalt der Mutter lebt. Gleichwohl wird das Kindergeld in voller Höhe auf den Bedarf des Kindes angerechnet. Der Elternteil, der das Kindergeld erhält, hat es aus diesem Grunde zu dem von ihm zu tragenden – hälftigen - Haftungsteil an das Kind auszukehren. Dementsprechend ist vom UH-Anspruch das hälftige Kindergeld abzuziehen.
hälftiges Kindergeld — – 109,50 €	
endgültiger Kindesunterhalt — 283,50 €	
Ehegattenunterhalt — 689,00 €	
engültiger Kindesunterhalt — 283,50 €	
Unterhaltsansprüche insgesamt — 972,50 €	Summe der Unterhaltsansprüche
Eigenbedarf (Selbstbehalt) Herr H — 1.160,00 €	Ziffer A.5 der Düsseldorfer Tabelle: Selbstbehalt beim Kindesunterhalt
verbleibendes Einkommen Herr H — 1.022,50 €	Nettoeinkommen abzgl. der Unterhaltsverpflichtungen. Der Selbstbehalt beim Kindesunterhalt wird somit nicht gewahrt.
Eigenbedarf (Selbstbehalt) Herr H — 1.280,00 €	Ziffer B.4 der Düsseldorfer Tabelle: Selbstbehalt beim Ehegattenunterhalt
ungedeckter Selbstbehalt — – 257,50 €	Differenz zwischen verbleibendem Einkommen nach Unterhaltsleistung und Selbstbehalt
endgültiger Ehegattenunterhalt — 431,50 €	Reduzierung des Ehegattenunterhalts von 689 € um – 257,5 €, damit der Selbstbehalt erreicht ist.

II. Zeitpunkt und Höhe des Forderungsübergangs

Der Träger der Sozialhilfe hat zu prüfen, ob die oben ermittelten Unterhaltsansprüche gemäß § 94 SGB XII auf ihn übergehen

II.1 Zeitpunkt des Forderungsübergangs.

Hat ein Leistungsberechtigter **für die Zeit**, für die Hilfe erbracht wird, nach bürgerlichem Recht einen Unterhaltsanspruch, geht dieser **bis zur Höhe der geleisteten Aufwendungen** auf den Träger der Sozialhilfe über (§ 94 Abs. 1 Satz 1 SGB XII). Die Leistungsberechtigten haben, wie oben dargestellt, einen Unterhaltsanspruch gegen Herrn I. Fraglich ist, ob im Monat April, rückwirkend für den Monat März, ein Forderungsübergang möglich ist.

Durch die am 23.2. erfolgte Mitteilung gemäß § 94 Abs. 4 Satz 1 SGB XII an Herrn I besteht die Möglichkeit, den Forderungsübergang bereits ab dem 1.2. auszulösen, auch wenn die Rechtswahrungsanzeige erst am 23.2. zugegangen und bekanntgegeben wurde. Es gilt sowohl im Unterhalts- als auch im Sozialrecht das Monatsprinzip (vgl. auch die insoweit eindeutige Regelung des § 1613 BGB). Ein Forderungsübergang ist im Fall der ununterbrochenen Hilfeleistung auch ohne neue Rechtswahrungsanzeige für den Monat März ebenfalls erfolgt.

Herr I hat für den Monat März keinen Unterhalt entrichtet, die Hilfe wurde für denselben Monat gezahlt. Sozialhilfeleistung und Unterhaltsanspruch stehen sich also zeitgleich („für die Zeit") gegenüber. Ein Ausschluss des gesetzlichen Forderungsüberganges ist (abgesehen von § 94 Abs. 1a SGB XII) nicht gegeben. U. a. wird der laufend Unterhaltsanspruch nicht erfüllt, eine Einsatzgemeinschaft besteht durch das fehlende Zusammenleben nicht mehr.

Damit liegen die Voraussetzungen für einen Forderungsübergang grundsätzlich vor, fraglich ist nur die Höhe desselben.

II.2 Höhe des Forderungsübergangs

Der Übergang der Unterhaltsansprüche auf den Träger der Sozialhilfe könnte jedoch eingeschränkt sein, und zwar wie folgt:

- zunächst durch die „Höhe der erbrachten Sozialhilfe" (vgl. § 94 Abs. 1 Satz 1 SGB XII),
- weiterhin muss eine „Schutzberechnung zu Gunsten des Unterhaltspflichtigen" (vgl. § 94 Abs. 3 Satz 1 Nr. 1 SGB XII) durchgeführt werden.

II.2.1 Höhe der erbrachten Hilfe

	Frau I	Sohn	Summe
Regelbedarf	446,00 €	283,00 €	729,00 €
Mehrbedarf (§ 30 Abs. 3 Nr. 1 SGB XII)	160,56 €		160,56 €
Mehrbedarf (§ 30 Abs. 5 SGB XII)	50,00 €		50,00 €
Kosten der Unterkunft*	180,00 €	180,00 €	360,00 €
Kosten der Heizung	35,00 €	35,00 €	70,00 €
Gesamtbedarf	871,56 €	498,00 €	1.369,56 €
Kindergeld		– 219,00 €	
Sozialhilfe-Leistung	**871,56 €**	**279,00 €**	**1.369,56 €**
Anspruch auf Unterhalt	**431,50 €**	**283,50 €**	**715,00 €**
Forderungsübergang	**431,50 €**	**279,00 €**	**710,50 €**

* Seit dem 1.1.2016 nicht mehr auf 44,00 % beschränkt (vgl. § 105 Abs. 2 SGB XII a. F. i. V. m. § 94 Abs. 1 Satz 6 SGB XII a. F.).

Anspruch auf Unterhalt

Nach § 94 Abs. 1 Satz 1 und Satz 6 SGB XII würde der **Forderungsübergang** wie folgt eingeschränkt:
- für Peter auf 279,00 €
- für Frau H auf 431,50 €.

Die Höhe des übergegangenen Unterhaltsanspruchs ist auch auf die Höhe der Sozialhilfeleistung beschränkt.

II.2.2 Schutzberechnung zugunsten des Unterhaltspflichtigen

Die Unterhaltsansprüche von Peter und Frau H gehen nur auf den Träger der Sozialhilfe über, wenn dem Unterhaltspflichtigen, hier Herrn H, zumindest so viel Einkommen verbleibt, dass er seinen Bedarf an Hilfe zum Lebensunterhalt nach dem 3. Kapitel SGB XII daraus decken kann (vgl. § 94 Abs. 3 Satz 1 Nr. 1 SGB XII).

6.3 Voraussetzungen für den gesetzlichen Forderungsübergang gemäß § 94 SGB XII

Kontrollberechnung (fiktive Hilfe zum Lebensunterhalt monatlich)

	Herr I	*Rechtsgrundlagen (SGB XII)*
Regelbedarf	446,00 €	*§ 27a, § 27a Abs. 3, Anlage zu § 28 SGB XII*
Kosten der Unterkunft	350,00 €	*§ 35 Abs. 1, Abs. 2 SGB XII*
Kosten der Heizung	40,00 €	**§ 35 Abs. 4 SGB XII**
Gesamtbedarf	836,00 €	
Einkommen		*§ 82 Abs. 1, § 1 VO zu § 82, § 3 VO zu § 82 SGB XII*
Nettoeinkommen	2.100,00 €	*§ 82 Abs. 2 Nr. 1, Nr. 2 SGB XII*
Haftpflichtversicherung	– 4,00 €	*§ 82 Abs. 2 Nr. 3 SGB XII*
Hausratversicherung	– 3,80 €	*§ 82 Abs. 2 Nr. 3 SGB XII*
Arbeitsmittelpauschale	– 5,20 €	*§ 82 Abs. 2 Nr. 4; § 3 Abs. 4 Satz 1 Nr. 1 i. V. m. Abs. 5 VO zu § 82 SGB XII*
Fahrtkosten	– 50,00 €	*§ 82 Abs. 2 Nr. 4; § 3 Abs. 4 Satz 1 Nr. 2 i. V. m. Abs. 6 VO zu § 82 SGB XII*
Gewerkschaftsbeitrag	– 10,00 €	*§ 82 Abs. 2 Nr. 4; § 3 Abs. 4 Satz 1 Nr. 3 VO zu § 82 SGB XII*
Erwerbstätigenfreibetrag	– 223,00 €	*§ 82 Abs. 3 Satz 1 SGB XII*
bereinigtes Einkommen	1.804,00 €	
Leistung	– 968,00 €	*Einkommensüberhang*

Die hier verbleibenden –968,00 € reichen für Herrn I aus, die oben berechneten – für den Forderungsübergang in Betracht kommenden – Unterhaltszahlungen zu leisten. Denn die Unterhaltszahlungen können aus dem Einkommensüberhang finanziert werden, so dass sein Lebensunterhalt trotz Forderungsübergang gesichert ist.

II.2.3 Kausalität

Zwischen der Nichterfüllung der Unterhaltsansprüche durch Herrn H und der geleisteten Hilfe zum Lebensunterhalt an Frau und Kind besteht ein direkter Kausalzusammenhang. Denn die Unterhaltszahlungen wären als Einkommen bei Frau H und ihrem Sohn zu berücksichtigen, so dass diese sich leistungsmindernd ausgewirkt hätten.

III. Zusammenfassung

Für den Monat März geht der Unterhaltsanspruch
- von Peter in Höhe von 279,00 € und
- von Frau H in Höhe von 431,50 €

auf den Träger der Sozialhilfe über.

Sachverhalt 10

Frau J lebt vom 1.4. bis zu ihrem Tod am 21.11. in einem Pflegeheim. Die nicht aus dem Einkommen und Vermögen gedeckten Kosten in der Einrichtung hat der Träger der Sozialhilfe übernommen. Erst nach Einstellung der Hilfe stellt der Sachbearbeiter fest, dass es versäumt worden ist, dem Sohn von Frau J mitzuteilen, dass die Hilfe erbracht wurde. Der Sohn verfügt über ein überdurchschnittlich hohes Einkommen. Der Sachbearbeiter teilt ihm im Dezember mit, dass er nach § 94 SGB XII verpflichtet sei, die seiner Mutter erbrachte Hilfe zu erstatten, da der Unterhaltsanspruch seiner Mutter für die Zeit der Hilfeerbringung auf den Träger der Sozialhilfe übergegangen sei.

Aufgabe

Prüfen Sie, ob ein rückwirkender Forderungsübergang möglich ist.

Bearbeitungshinweis

Gehen Sie davon aus, dass der Sohn aufgrund seines Einkommens in Höhe der erbrachten Sozialhilfe leistungsfähig war.

Lösung (Kurzfassung)

Der Sohn war seiner Mutter gegenüber unterhaltspflichtig (vgl. §§ 1601 i. V. m. 1589 Satz 1 BGB). Für die Vergangenheit kann der Träger der Sozialhilfe den übergegangenen Unterhalt außer unter den Voraussetzungen des Bürgerlichen Rechts nur von der Zeit an fordern, zu welcher er dem Unterhaltspflichtigen die Erbringung der Hilfe schriftlich mitgeteilt hat (vgl. § 94 Abs. 4 Satz 1 SGB XII, sog. „Rechtswahrungsanzeige"). Der Sachverhalt lässt auch nicht erkennen, dass die Voraussetzungen des § 1613 BGB erfüllt sind und ein Anspruch auf Unterhalt für die Vergangenheit besteht. Eine Mitteilung gemäß § 94 Abs. 4 Satz 1 SGB XII ist nicht ergangen.

Damit ist ein rückwirkender Forderungsübergang ausgeschlossen.

Sachverhalt 11

Frau K ist 75 Jahre alt und aufgrund körperlicher Probleme pflegebedürftig (Pflegegrad 3). Da ihr Mann verstorben ist und kein Angehöriger in der Lage ist, sie zu Hause zu pflegen, strebt sie eine Unterbringung in einem Pflegeheim an, am liebsten in einem mit „gehobenen Niveau". Das von ihr ins Auge gefasste Einrichtung verlangt für die Betreuung 3.800,00 €. Andere Heime verlangen dagegen „nur" ca. 3.000,00 €.

Frau K verfügt über ein Sparguthaben von 10.000,00 € und ein monatliches Einkommen von 2.000,00 €.

Ihr Sohn S (58 Jahre, 40 Berufsjahre) verfügt über ein monatsdurchschnittliches Nettoeinkommen von 3.000,00 € (5.500,00 € brutto). In diesem Betrag sind Überstundenvergütungen in Höhe von 200,00 € (netto) enthalten. Er macht nach Zusendung der Rechtswahrungsanzeige am 15.3. sowie dem damit verbundenen Auskunftsverlangen (§ 117 SGB XII) weiterhin folgende Angaben:
- Jahressteuererstattung im März 1.200,00 €,
- Fahrtstrecke zur Arbeit, die nicht mit dem Öffentlichen Personennahverkehr erreichbar ist: 25 Kilometer,
- eine nichteheliche Tochter im Alter von 7 Jahren, für die er Unterhaltsbeträge nach der Düsseldorfer Tabelle zahlt,
- einen Riestervertrag, in den er monatlich 150,00 € einzahlt und zurzeit ein Betrag von 18.000,00 € entstanden ist,
- ein Aktienfonds mit einem Bestand von 30.000,00 €. Hierfür werden monatlich 100,00 € für den Kauf weiterer Fondsanteile bereitgestellt werden.
- eine Mietwohnung (70 m²), deren Warmmiete monatlich 600,00 € beträgt. Er benutzt die Wohnung auch zur Ausübung des Umgangsrechts mit seiner Tochter.

Aufgabe

Nehmen Sie zu den im Sachverhalt aufgeworfenen unterhaltsrechtlichen Fragen Stellung.

Lösung

Eltern können grundsätzlich zu den **unterhaltsberechtigten** Personen gehören, da es sich um Verwandte in gerade Linie handelt (vgl. §§ 1589, 1601 ff. BGB). Insbesondere bei Aufnahme in einem Pflege- bzw. Altenheim kommt daher aus der Sicht des Sozialhilfeträgers die Prüfung von **Elternunterhalt** in Frage, da regelmäßig die Heimkosten selbst unter Berücksichtigung der Zahlungen der Pflegeversicherung nicht aus dem Einkommen und Vermögen der pflegebedürftigen Person finanziert werden können und der Sozialhilfeträger ergänzende Hilfe zur Pflege (vgl. § 19 Abs. 3 SGB XII i. V. m. §§ 61 ff. SGB XII) leistet.

Das für den Sozialhilfeträger geltende Nachrangprinzip (vgl. § 2 SGB XII) berechtigt dazu, einen Unterhaltsanspruch zu prüfen.

Ein Unterhaltsbedarf ist grundsätzlich zu bejahen, da Frau K pflegebedürftig ist und eine häusliche Pflege nach den Sachverhaltshinweisen nicht mehr möglich ist. Außerdem ist anerkannt, dass die Kosten für die Unterbringung in einem Alten- und/oder Pflegeheim einen Unterhaltsbedarf darstellen, soweit die anfallenden Kosten nicht aus eigenem Einkommen oder Vermögen bestritten werden können (vgl. § 1602 BGB)[735].

Der **Unterhaltsbedarf** richtet sich nach der Lebensstellung des Unterhaltsberechtigten (vgl. § 1610 BGB). Dieses wird regelmäßig durch die vorhandenen Einkommens- und Vermögensverhältnisse bestimmt, aber auch durch die sich verändernde Lebenssituation. Hier ist zu berücksichtigen, dass ein Einkommen von 2.000,00 € als Rentner sicherlich einen überdurchschnittlich hohen Betrag darstellt. Frau K muss sich danach nicht auf die Unterbringung in einem einfachen und besonders kostengünstigen Heim verweisen lassen, da sich die Heimauswahl auch am bisherigen Lebensstandard orientieren darf. Andererseits ist das zur Verfügung stehende Einkommen nicht derartig hoch, dass eines der kostenintensivsten Heime ausgesucht werden kann.

Es ist weiter zu berücksichtigen, dass durch die Heimaufnahme eine Veränderung der Lebenslage entsteht, so dass man eine Absenkung des Lebensstandards in Kauf nehmen muss. Die Auswahl eines – wie hier in den Blick genommenen – besonders teuren Heimes ist daher im vorliegenden Fall tendenziell nicht gerechtfertigt.

Weiterhin liegt **unterhaltsrechtliche Bedürftigkeit** nur in dem Umfang vor, in dem Frau K als potentiell Unterhaltsberechtigte außerstande ist, sich selbst zu unterhalten (vgl. § 1602 BGB).

Frau K hat daher ihre laufende Rente zur Deckung der Heimkosten einzusetzen, bevor sie ihren Sohn auf Unterhalt in Anspruch nimmt. Außerdem ist zu untersuchen, inwieweit ein Vermögenseinsatz bei Frau K **zumutbar** ist. Die unterhaltsberechtigte Frau K hat im Rahmen des Elternunterhalts nur einen Vermögensschutz entsprechend den Regelungen des Zwölften Buches Sozialgesetzbuch. Denn sie benötigt ihr Vermögen nicht mehr, um eine eigene Lebensstellung aufzubauen. Geschützt ist danach nur eine Vermögensreserve („Notgroschen") in Höhe der Regelungen zu § 90 Abs. 2 Nr. 9 SGB XII, VO zu § 90 Abs. 2 Nr. 9 SGB XII. Dieses sog. „Schonvermögen" beläuft sich auf einen Betrag von 5.000,00 €. Frau K muss daher ihr Sparguthaben von 10.000,00 € bis auf einen Restbetrag von 5.000,00 € aufbrauchen, ehe sie unterhaltsbedürftig wird.[736]

Sofern und soweit vor dem geschilderten Hintergrund eine Unterhaltsbedürftigkeit anzunehmen ist, ist nach § 1603 BGB zu prüfen, ob der unterhaltspflichtige Sohn **leistungsfähig** ist. Das ist er, wenn er bei Berücksichtigung seiner sonstigen Verpflichtungen in der Lage ist, ohne Gefährdung seines angemessenen Unterhalts den Unterhalt für seine Mutter zu zahlen. Um dies zu beurteilen, kommt es entscheidend auf das anrechenbare, bereinigte unterhaltsrechtliche Einkommen an. Dies ist wie folgt zu ermitteln:

---

735 Vgl. BGH, Urt. vom 23.10.2002 – XII ZR 266/99 –, BGHZ 152, 217 = FamRZ 2002, 1698 = NJW 2003, 128.
736 Vgl. BGH, Urt. vom 23.11.2005 – XII ZR 155/03 –, NJW 2006, 2037 = FamRZ 2006, 935; BGH, Urt. vom 23.10.2002 – XII ZR 266/99 –, BGHZ 152, 217 = FamRZ 2002, 1698 = NJW 2003, 128.

	Betrag	Anmerkung
Nettoeinkommen	3.000,00 €	Es ist das durchschnittl. Monatseinkommen zugrunde zu legen. Sonderzahlungen des Arbeitgebers sind zu berücksichtigen. Überstundenzahlungen sind zwar überobligatorisches Einkommen, werden jedoch als unterhaltsrelevantes Einkommen behandelt.
Steuererstattung	100,00 €	Jedes Einkommen ist zu berücksichtigen
berufsbedingte Fahrtkosten	– 275,00 €	Hier Fahrtkosten nach folgender Formel: einfache Wegstrecke x 2 x 220 Arbeitstage x 0,30 €/12 Monate. Da diese Kosten höher sind als der mögliche Pauschbetrag von 150,00 €, werden diese Kosten in nachgewiesener Höhe angesetzt. Etwaige höhere Kosten durch Versicherungen, KfZ-Steuern, Kraftstoffverbrauch etc. bleiben unberücksichtigt.
vorrangige Unterhaltsverpflichtung	– 432,50 €	"Einkommensstufe 5 der Düsseldorfer Tabelle, da nur ein Unterhaltspflichtiger (vgl. Anmerkung A.1), Altersstufe 2 hälftiger Kindergeldbetrag ist abzuziehen (§ 1612b BGB)"
Riesterrente	– 150,00 €	5 v. H. des Bruttoeinkommens ist als zusätzliche Altersvorsorge neben der gesetzlichen Rentenversicherung zulässig
sonstige Altersvorsorge	– 100,00 €	
erhöhte Mietkosten	– 50,00 €	Die Düsseldorfer Tabelle sieht eine angemessene Warmmiete von 550 € vor. Unterstellt, S wohnt in einer Wohngegend mit hohen Mietpreisen oder er benötigt eine etwas größere Wohnung für die Ausübung des Umgangsrechts, kommt eine Anhebung des Selbstbehalts durch eine Einkommensreduzierung in Frage. Ein weiteres Argument liegt darin, dass beim Elternunterhalt der Unterhaltspflichtige "eine spürbare und dauerhafte Senkung seines berufs- und einkommenstypischen Unterhaltsniveaus" nicht hinzunehmen braucht.
bereinigtes Einkommen	2.092,50 €	
Selbstbehalt	2.000,00 €	
Elternunterhalt	**46,25 €**	Unterhalt in Höhe von 50 v. H. des Einkommensüberhangs: Nur der hälftige Einkommensüberhang wird gefordert, um zwischen den Unterhaltsinteressen des Elternteils und des Unterhaltspflichtigen einen angemessenen Interessenausgleich herbeizuführen.

Der ermittelte Unterhaltsbetrag kann – bei Geltendmachung – einer **Angemessenheitsprüfung** unterzogen werden, denn der Elternunterhalt soll bei den Kindern nicht zu einer übermäßigen und lang anhaltenden Einschränkung der eigenen Lebensverhältnisse führen. Denn ein überdurchschnittlicher Unterhaltsbedarf entsteht meist erst infolge von Krankheiten, die aber in aller Regel nicht vorhersehbar sind. Im vorliegenden Fall könnten ggf. die Überstundenvergütungen unterhaltsmindernd berücksichtigt werden.[737]

Soweit das Einkommen von S nicht ausreichen sollte, die Unterhaltsbedürftigkeit seiner Mutter K zu decken, ist auch etwaiges Vermögen des S in die Unterhaltsprüfung einzubeziehen (aufgrund der Regelung in §94 Abs. 1a SGB XII ist dies allerdings aus Sozialhilfeperspektive unerheblich). Der Schutz des Vermögens lässt sich im vorliegenden Fall rechtfertigen, sofern es Bestandteil der Altersvorsorge ist. Davon kann hier ausgegangen werden. Der Höhe nach geschützt sind Beträge, die bei regelmäßiger Einzahlung in 35 bis 45 Berufsjahren entstanden wären, gemessen an einen Betrag von 5 v.H. des Bruttoeinkommens.[738]

Wie viele Berufsjahre der Berechnung zugrunde zu legen sind, ist nicht eindeutig geklärt. Es ist sinnvoll, die Lebensarbeitszeit mit dem Eintritt der Volljährigkeit zu beginnen und dann auf das Alter im Zeitpunkt der Inanspruchnahme abzustellen. Auf diese Weise ermittelt man die der Berechnung zugrunde legende Zeit der Versorgungsansparphase.

Das so angesparte Vermögen darf mit einem Zinssatz von 4-5 v.H. nach der Kapitalwertmethode aufgezinst werden. Prognostische Einkommenssteigerungen im Zuge einer naheliegenden und typischen Karriereentwicklung bis zum Renteneintritt sind zu berücksichtigen.

- Jährliche Sparquote: 5.500,00 € x 5 v.H. x 12 Monate = 3.300,00 €
- Altersvorsorgevermögen bei einer angenommenen Rendite von 4 v.H. in 40 Jahren (Lebensalter minus Volljährigkeit):

$$3.300,00 \text{ €} \times \frac{(1+0,04)^{40} - 1}{0,04} \approx 313.584,00 \text{ €}$$

Da dieser Betrag noch nicht erreicht ist, scheidet ein Vermögenseinsatz aus.

---

[737] Ausführlich zu dieser Frage: BGH, Urt. vom 23.10.2002 – XII ZR 266/99 –, BGHZ 152, 217 = FamRZ 2002, 1698 = NJW 2003, 128.
[738] Vgl. zur Frage von zulässigen Rückstellungen zur Altersvorsorge: BGH, Urt. vom 30.08.2006, XII ZR 98/04, BGHZ 169, 59-77 = FamRZ 2006, 1511-1516. Der Bundesgerichtshof (BGH) hat in seinem Urt. festgelegt, dass dem Kind ein Vermögensfreibetrag für die Alterssicherung zusteht, und zwar in Höhe von fünf Prozent des Bruttoeinkommens, das während des gesamten Erwerbslebens bis zum Renteneintritt erwirtschaftet wird. Der BGH berechnet das aktuelle Bruttogehalt mal vier Prozent Rendite mal die möglichen Erwerbsjahre bis zur Rente. Nach anderer Auffassung kann auf die bisherige Erwerbsbiographie zurückgegriffen werden. Hat der Elternunterhaltspflichtige nach einer langen Studien- oder Ausbildungszeit erst sehr spät mit einer Erwerbstätigkeit begonnen, darf dies nicht dazu führen, dass das Niveau der sekundären Altersabsicherung zu weit absinkt. Es bedarf dann einer Korrektur in der Berechnung.

Hinweis:
Die Berechnung lässt sich auch mit Hilfe des Programms „Excel" und der „ZW-Formel" schnell vornehmen:

	A	B
	B6 fx =ZW(B2;B3;B4;B5)	
1	Berechnung des Altersvorsorgevermögens	
2	Zins	4%
3	Zahlungszeitraum (Zzr)	40
4	Rückstellung (RmZ)	3300
5	Zahlungsziel (F, Ende = 0)	0
6		-313.584,20 €
7		

Sachverhalt 12

Der 66-jährige unterhaltspflichtige Herr L besitzt ein Altersvorsorgevermögen von 125.000,00 €. Aus der gesetzlichen Rentenversicherung erhält Herr L eine Rente von 240,00 €. Hinzu kommen monatliche Mieteinnahmen von 470,00 € und ein Wohnvorteil von 300,00 €. Im Jahr 2019 wird er seiner Mutter gegenüber unterhaltspflichtig.

Der Vervielfältiger soll nach § 14 Bewertungsgesetz 11,058 betragen.

Aufgabe

Nehmen Sie zu der Frage Stellung, ob und inwiefern ein nicht mehr erwerbstätiger Rentner sein „Altersvorsorgevermögen" im Rahmen des Elternunterhalts einzusetzen hat.

Lösung

Bisher wurde thematisiert, welches Altersvorsorgevermögen dem **Erwerbstätigen** zu belassen ist, um nach Renteneintritt angemessen abgesichert zu sein. Bei Rentnern kommt es – den Altersunterschieden zwischen Eltern und ihren Kindern geschuldet – eher selten zu einer Überprüfung der Unterhaltspflicht.
In einer Grundsatzentscheidung stellte der Bundesgerichtshof 2012 fest, dass nach Renteneintritt das Altersvorsorgevermögen ihrem Zweck entsprechend aufzubrauchen ist.[739] Ist der Unterhaltsschuldner nach Einsatz seines Vermögens für seinen angemessenen Lebensunterhalt leistungsfähig, so ist dieses übersteigende Vermögen für den Elternunterhalt bereitzustellen.

---
[739] Vgl. BGH, Urt. vom 21.11.2012 – XII ZR 150/10 –, juris, Rn. 41 ff. = NJW 2013, 301 = FamRZ 2013, 203.

Dafür berechnet der Bundesgerichtshof auf Basis des vorhandenen Vermögens und unter Berücksichtigung der statistischen Lebenserwartung eine Monatsrente. Von dem bei Inanspruchnahme des Pflichtigen vorhandenen Vermögens wird der Kapitalwert ermittelt, um festzustellen, wie groß der Wert des Vermögens entsprechend der Lebenserwartung des Unterhaltspflichtigen ist. Nach § 14 Abs. 1 S. 1 BewG wird das Vermögen durch den Vervielfältiger dividiert. Dem Vervielfältiger liegen die Lebenserwartung und ein Zinssatz von 5,50 % zugrunde. Die Monatsrente errechnet sich wie folgt.[740]

$$\text{Monatsrente: } \frac{125.000,00\ \text{€}}{11,058} \div 12 \text{ Monate} \approx 942,00\ \text{€}$$

Mit diesem Urteil änderte der Bundesgerichtshof seine bisherige Auffassung bzgl. der Notwendigkeit, dass Vermögen in eine Monatsrente umzurechnen.[741] Zehn Jahre zuvor hielt er dies nur für die Fälle erforderlich, in denen die Dauer der Inanspruchnahme auf Elternunterhalt unabsehbar lang ist.

Dieses Urteil wird in der Literatur mehrfach kritisiert.

Schürmann stellt den dem Vervielfältiger zugrunde liegenden Zinssatz von 5,50 v. H. in Frage. Das Bewertungsgesetz könne nicht ohne Weiteres auf die Berechnung der Monatsrente übertragen werden. Mit einem realistischen Zinssatz von 2,5 v. H. würde sich bei einem 65-Jährigen, der ein Vermögen von 100.000,00 € besitzt, ein Einkommensunterschied von 175,00 € ergeben.[742] *Hauß* rügt ebenfalls den Zinssatz, weil dieser bei den anerkannten unterschiedlichen Anlageformen nicht pauschal angenommen werden kann.[743]

---

740 Sachverhalt ist – stark vereinfacht – dem Urt. des BGH vom 21.11.2012 – XII ZR 150/10 – entnommen.
741 Vgl. *Schürmann*, in: jurisPR-FamR 6/2013 Anm. 5.
742 Vgl. *Schürmann*, in: jurisPR-FamR 6/2013 Anm. 5.
743 Vgl. *Vießhues*, in: ZAP 2013 S. 1231 (1250).

7. Kostenersatz nach dem Zwölften Buch Sozialgesetzbuch

Aus dem Bedarfsdeckungsprinzip der Sozialhilfe folgt, dass diese in der Regel als nicht rückzahlbare Beihilfe bzw. als nicht rückzahlbarer Zuschuss bewilligt wird. Vorschriften zum Kostenersatz im 13. Kapitel Zwölftes Buch Sozialgesetzbuch bilden hiervon eine Ausnahme. § 102 SGB XII verlangt von den Erben des verstorbenen Hilfeempfängers eine Rückzahlung der erbrachten Sozialhilfeleistungen aus dem Nachlass. Die Kostenersatzvorschriften der §§ 103 und 104 SGB XII verlangen von der leistungsberechtigten Person, ihrem Vertreter oder dem Verursacher eine Rückzahlung der Sozialhilfe, wenn ein gemeinschaftsschädliches und vorwerfbares sozialhilfeauslösendes Verhalten vorliegt.

Die Ansprüche entstehen **kraft Gesetzes** und müssen vom zuständigen Leistungsträger eingefordert werden. Eine Ermessensausübung liegt den Rechtsnormen grundsätzlich nicht zugrunde.

Ein Ersatz der erbrachten Sozialhilfe kommt in folgenden Fällen in Betracht:
- bei rechtmäßig erbrachten Leistungen
  - nach § 102 SGB XII als Kostenersatz durch Erben,
  - nach § 103 Abs. 1 Satz 1 SGB XII als Kostenersatz gegen den Verursacher oder gegen die leistungsberechtigte Person bei schuldhaftem Verhalten und
  - nach § 105 Abs. 1 SGB XII als Kostenersatz bei Doppelleistungen.
- bei rechtswidrig erbrachten Leistungen
  - nach § 104 SGB XII als Kostenersatz gegen den Verursacher bei schuldhaftem Verhalten und
  - nach § 103 Abs. 1 Satz 2 SGB XII als Kostenersatz gegen den Vertreter oder gegen die leistungsberechtigte Person bei schuldhaftem Verhalten.

Kostenersatz wegen zu Unrecht erbrachter Leistungen nach diesen Rechtsnormen setzt eine gleichzeitige oder vorherige Aufhebung der begünstigenden Verwaltungsakte voraus (vgl. § 103 Abs. 4 Satz 1 i.V.m. §§ 45 ff. SGB X).[744]

7.1 Kostenersatz bei rechtmäßiger Hilfeleistung (§§ 102, 103 Abs. 1 Satz 1, 105 SGB XII)

Ein Kostenersatz durch Erben nach § 102 SGB XII, wegen schuldhaften Verhaltens nach § 103 Abs. 1 Satz 1 SGB XII und bei Doppelleistung nach § 105 SGB XII kommt nur bei rechtmäßig geleisteter Sozialhilfe in Betracht. Bei rechtswidrig geleisteter Hilfe sind § 50 Abs. 1 oder Abs. 2 SGB X und ggf. § 104 bzw. § 103 Abs. 1 Satz 2 SGB XII anzuwenden (v 7.2).

---

744 Dies ist bei der Anwendung der Parallelnorm in § 34a SGB II zwar geboten, aber keine zwingende Voraussetzung.

7.1.1 Kostenersatz durch Erben (§ 102 SGB XII)

§ 102 SGB XII überträgt den Schutz des zu Lebzeiten der leistungsberechtigten Person für die Sozialhilfeleistung unberücksichtigten Vermögens (vgl. § 90 Abs. 2, Abs. 3 SGB XII) **nicht** auf die Erben. Das gilt auch für zu Lebzeiten geschütztes Immobilienvermögen. Der durch § 90 Abs. 2 Nr. 8 SGB XII vermittelte Schutz erstreckt sich – entgegen dem dort gewählten Wortlaut – nicht auch auf die Zeit nach dem Tod der leistungsberechtigten Person. § 90 Abs. 2 SGB XII dient allein dem Schutz der leistungsberechtigten Person, nicht aber seiner Erben.[745] § 90 Abs. 2 Nr. 8 SGB XII begründet kein „postmortales Schonvermögen" zugunsten des Erben. Anderenfalls liefe der Kostenersatzanspruch nach § 102 SGB XII in vielen Fällen leer.[746]

Die Erben sind verpflichtet, beim Tod der leistungsberechtigten Person aus dem Nachlass die in der Vergangenheit erbrachten Sozialhilfeleistungen zu ersetzen. Der Gesetzgeber betrachtet es als eine nicht gerechtfertigte Besserstellung der Erben, wenn diesen durch die Erbschaft Vermögen zuwächst, dessen Verwertung zu Lebzeiten der leistungsberechtigten Person nicht verlangt wurde.

Ein Einsatz des zu Lebzeiten der leistungsberechtigten Person geschützten Vermögens wird nur aus sozialpolitischen Motiven nicht verlangt, weil es bei bestimmten Vermögensgegenständen (vgl. § 90 Abs. 2 und Abs. 3 SGB XII) nicht sachgerecht erscheint, von einer leistungsberechtigten Person diese Vermögensgegenstände zur Bedarfsdeckung einzusetzen. Nach dem Tod der leistungsberechtigten Person sollen die Regelungen zum Schonvermögen den Erben nicht zugutekommen.[747]

Gemäß § 102 Abs. 2 Satz 1 SGB XII gehört die Kostenersatzpflicht zu den Nachlassverbindlichkeiten der Erben im Sinne von § 1967 BGB. Im Gegensatz zur unselbstständigen Haftung der Erben im Sinne des § 103 Abs. 2 SGB XII handelt es sich hier um eine sog. **„selbstständige Erbenhaftung"**, da die Regresspflicht in der Person des Erben begründet liegt, während bei der unselbstständigen Erbenhaftung das Verhalten des Erblassers (der leistungsberechtigten Person) die Regresspflicht des Erben begründet.

Die Bestimmungen der §§ 102 und 103 Abs. 2 SGB XII sind ggf. **nebeneinander** anzuwenden, wobei Ansprüche nach § 103 SGB XII in voller Höhe (ohne Schutzbeträge) geltend gemacht werden und wegen der Frage der Sozialwidrigkeit des Verhaltens vorrangig anzuwenden sind. Darüber hinaus gehören die Kostenersatzforderungen nach § 103 und § 104 SGB XII ebenfalls zu den Nachlassverbindlichkeiten und müssen bei der Kostenersatzforderung nach § 102 SGB XII vom Rohnachlass abgezogen werden, um die Höhe des Reinnachlasses zu ermitteln.

---

745 Vgl. BSG, Urt. vom 27.2.2019 – B 8 SO 15/17 R –, juris, Rn. 19 m. w. N.
746 Vgl. BVerwG, Urt. vom 23.9.1982 – 5 C 109.81 –, juris, Rn. 20.
747 Vgl. BT-Drs. 5/3495 S. 16.

7.1 Kostenersatz bei rechtmäßiger Hilfeleistung (§§ 102, 103 Abs. 1 Satz 1, 105 SGB XII)

Einen Überblick über die Erbenhaftung gibt folgende Abbildung:

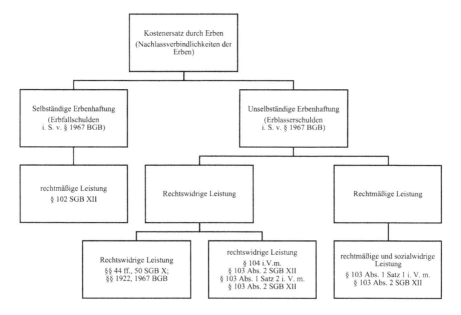

Ein auf den Nachlass bezogener Kostenersatz durch Erben nach § 102 SGB XII kommt in der Regel in Betracht, wenn der Träger der Sozialhilfe Vermögen der leistungsberechtigten Personen bzw. ihrer nicht getrennt lebenden Ehegatten oder Lebenspartner während der Leistungserbringung gemäß § 90 Abs. 2 bzw. Abs. 3, § 66a SGB XII unberücksichtigt gelassen hat. Häufigster Anwendungsfall ist die zu Lebzeiten der leistungsberechtigten Person nach § 90 Abs. 2 Nr. 8 SGB XII geschützte Immobilie. Daneben sind insbesondere die Fallkonstellationen von Bedeutung, in denen Barvermögen aufgrund der Härtefallregelung geschützt ist (z. B. Vermögen aus Schmerzensgeldzahlungen, Blindengeldzahlungen, Entschädigungszahlungen für contergangeschädigte Personen).

Durch die Änderung der Verordnung zu § 90 Abs. 2 Nr. 9 SGB XII dürfen leistungsberechtigte Personen mit Wirkung vom 1.4.2017 ein Barvermögen in Höhe von 5.000 € (Einzelpersonen) oder 10.000 € (zwei Partner) besitzen. Die Sonderregelung des § 66a SGB XII erlaubt ein geschütztes Vermögen von 25.000 €. Auch insoweit gewinnt die Kostenersatzvorschrift des § 102 SGB XII an Bedeutung.

Ein Kostenersatz kann auch aus dem Nachlass in Betracht kommen, das aus Vermögen stammt, das nach Beendigung des Leistungsbezugs, jedoch noch zu Lebzeiten der (früheren) leistungsberechtigten Person oder ihrer Partner, entstanden ist. Ein solcher Kostenersatzanspruch mehrere Jahre nach dem Ende des Leistungsbezugs kommt zwar vor,[748] ist aber eher selten und im Falle der Geltendmachung bemerkens-

---

748 Vgl. die zu einem solchen Fall ergangene Entscheidung: BSG, Urt. vom 23.8.2013 – B 8 SO 7/12 R –, FamRZ 2014, 660 = SGb 12.14, 680 mit Anmerkung *Weber* (683).

wert. Normalerweise werden die Akten nicht mehr im Leistungsbezug befindlicher Personen zeitnah aussortiert und archiviert. Der Leistungsfall ist damit nicht mehr im Blickfeld der Behörde. Eine Kostenersatzforderung, die sich auf Leistungen in der Vergangenheit nicht mehr hilfebedürftiger Personen erstreckt, verlangt daher einen Abgleich mit Abmelde- oder Wegzugsdaten des Einwohnermeldeamtes und deshalb einen nicht unerheblichen Verwaltungsaufwand.

Ein Abgleich mit Sterbefällen ist datenschutzrechtlich zulässig, weil es den Meldebehörden nach § 34 BMG (Bundesmeldegesetz) ermöglicht wird, Namen und Geburtstage der Sterbefälle den Sozialhilfeträgern zu übermitteln. Die §§ 67 ff. SGB X stehen einem Datenabgleich ebenfalls nicht entgegen.

Es kommt auch nicht darauf an, wann der Vermögenszuwachs beim Erblasser eingetreten ist. Erbt der Erblasser z.B. kurz vor seinem Tod eine Immobilie, die zum Schonvermögen gehört, oder gewinnt der Erblasser im Lotto, sind die Erben zum Kostenersatz der in den vergangenen zehn Jahren aufgewandten Sozialhilfe verpflichtet.

Maßgebend ist also allein, ob im Todeszeitpunkt (Erbfallzeitpunkt) vererbtes Vermögen vorhanden ist und der Sozialhilfebezug nicht länger als zehn Jahre vor dem Erbfall zurückliegt.

Ausschlaggebend hierfür ist, dass § 102 SGB XII nicht (nur) der Wiederherstellung des Nachranggrundsatzes dient, sondern der Allgemeinheit die Möglichkeit der Rückforderung und damit der **Refinanzierung öffentlicher Mittel** geben will.

Zu der mit § 102 SGB XII inhaltsgleichen Vorgängervorschrift des § 92c BSHG hat das Bundessozialgericht[749] ausgeführt, dass die **Rechtmäßigkeit der Leistungen der Sozialhilfe ungeschriebenes Tatbestandsmerkmal** des § 92c BSHG sei. Für die Beurteilung des ungeschriebenen Tatbestandsmerkmals der Rechtmäßigkeit der Leistung kommt es nur auf die materielle Rechtmäßigkeit der Leistungen an, Formverstöße (z.B. fehlende Zuständigkeit, fehlende Anhörung) sind insoweit ohne Bedeutung.[750]

Ein Kostenersatzanspruch nach § 102 SGB XII kommt somit nicht bei rechtswidriger Leistungserbringung in Frage. Das ist z.B. der Fall, wenn die leistungsberechtigte Person oder deren Partner Vermögen, das sich anspruchsmindernd ausgewirkt hätte, verschwiegen hat. Eine weitere praxisrelevante Situation liegt vor, wenn die Immobilie fehlerhaft als angemessen im Sinne von § 90 Abs. 2 Nr. 8 SGB XII betrachtet wurde oder eine fehlerhafte Leistungsart bewilligt wurde.

Bei rechtswidriger Leistungserbringung kann der Träger der Sozialhilfe auf zweierlei Art und Weise die erbrachte Leistung zurückfordern:
- Es kommt eine Aufhebung und Erstattung unter den Voraussetzungen der §§ 45 ff., 50 SGB X gegenüber den Erben als Gesamtrechtsnachfolger (vgl. §§ 1922, 1967 BGB) in Betracht.[751]

---
749 Vgl. BSG, Urt. vom 23.3.2010 – B 8 SO 2/09 R –, NVwZ-RR 2010, 892 = FEVS 62, 145 = SozR 4-5910 § 92c Nr. 1.
750 BSG, Urt. vom 23.3.2010 – B 8 SO 2/09 R –, juris, Rn. 16 f.; vgl. Bayerisches LSG, Urt. vom 23.2.2012 – L 8 SO 113/09 –, juris.
751 Vgl. BVerwG, Urt. vom 22.11.2001 – 5 C 10/00 –, NJW 2002, 1892 = ZFSH/SGB 2002, 346 = FEVS 53, 303; BSG, 15.9.1988 – 9/9a RV 32/86 –, juris; LSG Berlin, Urt. vom 11.6.2003 – L 17 RA 53/01 –, juris; Bayerischer VGH, Urt. vom 7.12.2005 – 12 B 03.3099 –, juris; VG München, Urt. vom 13.11.2002 – M 18 K 99.4887 –, juris.

- Es kommt eine Kostenersatzforderung wegen rechtswidriger Leistungserbringung auch gegenüber den Erben in Betracht (vgl. § 103 Abs. 1 Satz 2 i. V. m. § 103 Abs. 2 SGB XII, § 104 Satz 1 i. V. m. § 103 Abs. 2 SGB XII).

Der Kostenersatz nach § 102 SGB XII ist insbesondere
- von der Person des Erben,
- der Höhe der geleisteten Sozialhilfe und
- der Höhe des Nachlasses

abhängig. Die geleistete Sozialhilfe oder die Höhe des Nachlasses begrenzen die Kostenersatzforderung, d. h. der niedrigere der beiden Beträge kann maximal als Kostenersatz gefordert werden.

7.1.1.1 Erbe als kostenersatzpflichtige Person

Grundsätzlich werden – mit Ausnahme der nach § 102 Abs. 1 Satz 4 SGB XII genannten Personen – die Erben der leistungsberechtigten Personen zum Kostenersatz herangezogen (vgl. § 102 Abs. 1 Satz 1 Alt. 1 SGB XII). Dies sind regelmäßig die Partner (z. B. Ehegatte, Lebenspartner) und/oder die Kinder der leistungsberechtigten Person. Es kann sich aber auch um weiter entfernte Angehörige, Verwandte oder sonstige Erben handeln. Erbe wird man ohne weiteres Zutun **kraft Gesetzes** (§ 1942 BGB) durch Testament (§§ 1937, 2231 BGB, §§ 2265 ff. BGB), Erbvertrag (§ 1941, § 2276 BGB) oder im Wege der gesetzlichen Erbfolge (§§ 1924 ff., § 1931, § 1371 BGB).

In der Praxis wird häufig übersehen, dass auch die **Erben des Partners** zum Kostenersatz herangezogen werden müssen, wenn der Partner **vor** der leistungsberechtigten Person stirbt (vgl. § 102 Abs. 1 Satz 1 Alt. 2 SGB XII). Eine solche Kostenersatzpflicht ist gerechtfertigt, weil die Regelungen zur Einsatzgemeinschaft dafür sorgen, dass das Vermögen einer nicht leistungsberechtigten Person zwar einerseits für den Partner inzusetzen ist, andererseits aber auch wie für die leistungsberechtigte Person nach den Vorschriften der §§ 90 Abs. 2, Abs. 3 und § 91 SGB XII unberücksichtigt bleiben kann. Zum Kostenersatz verpflichtet sind daher regelmäßig auch die Kinder des Partners der leistungsberechtigten Person, und zwar selbst dann, wenn sich der Partner – z. B. wegen bedarfsdeckenden Einkommens – nicht im Leistungsbezug befunden hat. Damit wird ein Kostenersatz ggf. auch von Erben einer Person gefordert, die keine Leistungen nach dem Zwölften Buch Sozialgesetzbuch bezogen hat.

Beispiel
Die Ehegatten Manfred und Elfriede sind hälftige Miteigentümer eines nach § 90 Abs. 2 Nr. 8 SGB XII geschützten Wohnhauses, dass Elfriede bewohnt. Der Ehemann Manfred ist in einem Pflegeheim untergebracht und erhält vom Sozialhilfeträger stationäre „Hilfe zur Pflege". Elfriede, die keinerlei Sozialleistungen erhält, verstirbt. Kraft testamentarischer Verfügung wird die Tochter aus der ersten Ehe Alleinerbin ihrer Mutter.

Die Tochter gehört als Erbin zu dem nach § 102 SGB XII kostenersatzpflichtigen Personenkreis. Maßgebend ist nur, dass die Tochter „Erbin" im Sinne von § 1922 BGB ist, die Erblasserin (Mutter) nicht getrennt lebende Ehepartnerin der leistungsberechtigten Person (Manfred) ist und Elfriede als Partnerin von Manfred vor der leistungsberechtigten Person verstorben ist.

*Gegenüber Manfred besteht keine Kostenersatzforderung. Zum einen wird er nicht Erbe, zum anderen wäre eine Kostenersatzforderung nach § 102 Abs. 1 Satz 4 SGB XII **nicht** gerechtfertigt, weil er sich noch im laufenden Leistungsbezug befindet. Wäre Manfred auch Miterbe geworden, wäre er zwar nach § 102 Abs. 1 Satz 4 SGB XII nicht kostenersatzpflichtig, der Zufluss der Immobilie im Leistungszeitraum stellt allerdings Einmaleinkommen (vgl. § 82 Abs. 7 SGB XII) dar, welches in dem Moment zu berücksichtigen ist, in dem „bereite Mittel" aus dem Einkommenszufluss generiert werden können.*

Im konkreten Fall ist ferner zu beachten, dass der hälftige Immobilienanteil des Manfred nicht mehr nach § 90 Abs. 2 Nr. 8 SGB XII geschützt ist, weil weder er noch seine Partnerin in der Immobilie wohnen. Insofern ist die Hilfeleistung auf eine Darlehensgewährung (§ 91 SGB XII) umzustellen und der Bewilligungsbescheid ist aufzuheben.

Ferner ist zu beachten, dass Manfred durch die testamentarische Verfügung enterbt wird. Manfred hat daher gegenüber der (Stief-)Tochter einen Anspruch auf Zugewinnausgleich und den sog. „kleinen Pflichtteilsanspruch" in Höhe von einem Achtel des Nachlasses (vgl. § 1371 Abs. 2, § 2303 BGB). Diese schuldrechtlichen und geldwerten Ansprüche können durch den Sozialhilfeträger nach § 93 SGB XII übergeleitet und für und an Stelle von Manfred geltend gemacht werden.

Die beschriebene Kostenersatzpflicht nach § 102 Abs. 1 Satz 1 Alt. 2 SGB XII setzt voraus, dass der Partner **vor** der leistungsberechtigten Person verstirbt. Demzufolge besteht keine Kostenersatzpflicht für die Erben des Partners, wenn dieser **nach** der leistungsberechtigten Person verstirbt.[752] Das bedeutet, dass der Partner als Erbe der leistungsberechtigten Person zwar zunächst zum Kostenersatz verpflichtet ist,[753] die Kostenersatzpflicht der Erben des Partners aber anschließend entfällt.

Der Ersatzanspruch gegenüber den genannten kostenersatzpflichtigen Personen kann **gleichzeitig, nebeneinander** oder **nacheinander** bestehen. So kann z. B. der Ehegatte der leistungsberechtigten Person als Miterbe genauso zum Kostenersatz herangezogen werden wie die Kinder als Miterben der leistungsberechtigten Person.[754]

---

752 Vgl. BVerwG, Urt. vom 10.7.2003 – 5 C 17/02 –, BVerwGE 118, 313 = NJW 2003, 3792 = FamRZ 2004, 455 = FEVS 55, 124.
753 Es sein denn, der Partner ist selbst leistungsberechtigt (vgl. § 102 Abs. 1 Satz 4 SGB XII).
754 Vgl. BVerwG, Urt. vom 10.7.2003 – 5 C 17/02 –, BVerwGE 118, 313 = NJW 2003, 3792 = FamRZ 2004, 455 = FEVS 55, 124.

Beispiel

Das nicht getrennt lebende Ehepaar Manfred und Elfriede hatten vor Jahren, d. h. vor dem Bezug von Sozialhilfeleistungen, wechselseitig einen Erb- und Pflichtteilsverzicht (in einem Erbvertrag nach § 2346 BGB) vereinbart. Sie waren hälftige Miteigentümer einer Immobilie, dass die Ehefrau Elfriede bis zu ihrem Tod bewohnte. Der Ehemann Manfred war in einem Pflegeheim untergebracht und erhielt vom Sozialhilfeträger stationäre „Hilfe zur Pflege".

Zunächst verstirbt Elfriede. Ihr Miteigentumsanteil fällt laut Erbvertrag an die gemeinsamen Kinder. Der Sozialhilfeträger muss die Kinder als Erben für die dem Manfred gewährten Sozialhilfeleistungen in Anspruch nehmen.

Als Manfred später verstirbt, werden seine Kinder gemäß § 102 SGB XII erneut zum Kostenersatz herangezogen.

Der Sozialhilfeträger muss also beachten, dass ggf. – zeitlich versetzt – ein Kostenersatzanspruch nach § 102 SGB XII zweimal in Frage kommt. In solchen Fallkonstellationen sollte sich der Sozialhilfeträger eine Wiedervorlage notieren und ggf. einen Datenabgleich ins Auge fassen.

Verstirbt hingegen die leistungsberechtigte Person bei existierender Partnerschaft als erstes, kommt ein Kostenersatzanspruch nach § 102 SGB XII nur einmal in Frage. Denn Voraussetzung für einen zweimaligen Kostenersatzanspruch ist es, dass der (nicht leistungsberechtigte) Partner „vor" der leistungsberechtigten Person verstirbt.

Eine Besonderheit besteht für eheähnliche Lebensgemeinschaften. Diese werden in § 102 Abs. 1 Satz 1 SGB XII nicht erwähnt, so dass die Erben dieser Partner – falls der Partner vor der leistungsberechtigten Person verstirbt – von einem Kostenersatz verschont bleiben. Von einer Regelungslücke kann nicht ausgegangen werden, da § 102 SGB XII neben der Ehe den Lebenspartner in den Kostenersatzanspruch einbezieht. § 20 SGB XII erstreckt sich in seinem Anwendungsbereich auf die Leistungsbewilligung, nicht aber auf die Vorschriften zum Sozialhilferegress.

Wer Erbe ist, ergibt sich aus den §§ 1922 ff. BGB. Auch der (nicht befreite) Vorerbe[755] (vgl. §§ 2100 ff. BGB) ist Erbe i. S. des § 102 SGB XII und haftet mit dem Gesamtnachlass auch dann, wenn er Verfügungsbeschränkungen unterliegt. Zur Befriedigung der Kostenersatzforderung muss der Nacherbe der Begleichung der Kostenersatzforderung als Nachlassverbindlichkeit nach § 2120 BGB zustimmen.[756] Würde man dieser Auffassung nicht folgen, wäre die Kostenersatzforderung gegenüber dem Nacherben, der ebenfalls Erbe der leistungsberechtigten Person ist (§ 2100 BGB), mit hoher Wahrscheinlichkeit aufgrund des Ablaufs der Erlöschensfrist (§ 102 Abs. 4 SGB XII) nicht mehr möglich.

---

755 Bei dem Vorerben handelt es sich um eine zeitlich beschränkte Erbenstellung. Der Erblasser wird die Erbenstellung derart aufteilen, dass das Erbe zunächst an einen Vorerben fällt und mit dessen Tod oder einem anderen Ereignis an den vom Erblasser bestimmten Nacherben übergeht. Regelmäßig bestehen zum Schutz des Nacherben Verfügungsbeschränkungen für den Vorerben.
756 Vgl. BVerwG, Urt. vom 23.9.1982 – 5 C 109/81 –, juris, Rn. 10 ff. = NDV 1983, 215.

Werden keine Erben ermittelt, sind solche nicht vorhanden oder schlagen die Erben die Erbschaft aus (vgl. §§ 1942 ff. BGB), erbt der Fiskus (vgl. §§ 1964, 1936, 2011 BGB). In einem solchen Fall muss sich der Träger der Sozialhilfe mit seinem Kostenersatzanspruch an das Bundesland wenden, dem der Erblasser zur Zeit des Todes angehört hat (vgl. § 1936 Abs. 1 Satz 1 BGB). Der Fiskus kann als gesetzlicher Erbe die angefallene Erbschaft nicht ausschlagen (vgl. § 1942 Abs. 2 BGB).

Mehrere Erben haften – allerdings unter Berücksichtigung der den Nachlass mindernden Regelungen des § 102 Abs. 3 SGB XII – als Gesamtschuldner (vgl. § 2058, § 421 BGB). Damit kann jeder Miterbe grundsätzlich auf den vollen Kostenersatzanspruch in Anspruch genommen werden. Die Höhe des Kostenersatzanspruchs ist auf den Wert des im Zeitpunkt des Erbfalls vorhandenen Nachlasses beschränkt (§ 102 Abs. 2 Satz 2 SGB XII). Aufgrund der gesamtschuldnerischen Haftung (vgl. § 2058 BGB) ist eine Kostenersatzforderung in Höhe des Gesamtnachlasses und nicht nur in der Höhe des Miterbenanteils (persönlich geerbter Nachlass) möglich.

Kein Erbe ist der Vermächtnisnehmer (vgl. § 1939, §§ 2147 ff. BGB) oder der Pflichtteilsberechtigte (vgl. §§ 2303 ff. BGB).[757] Diese Personen haben gegen den oder die Erben einen schuldrechtlichen Anspruch.

Eine Kostenersatzpflicht besteht **nicht**...
- wenn die leistungsberechtigte Person Erbe ihres Ehegatten bzw. Lebenspartners ist (vgl. § 102 Abs. 1 Satz 4 SGB XII): Die Regelung in § 102 Abs. 1 Satz 4 SGB XII führt dazu, dass **keine** Kostenersatzpflicht **in einer Einsatzgemeinschaft** verlangt wird, wenn der Partner als leistungsberechtigte Person Erbe wird. Der Grund für diese Regelung besteht darin, dass die Vermögensprivilegierung weiterhin notwendig ist, wenn ein Erbe (überlebender Partner) weiterhin Leistungen erhält;
- für Leistungen der Sozialhilfe, die während des Getrenntlebens der Ehegatten oder Lebenspartner erbracht wurden und es sich um die Erben des Ehegatten oder Lebenspartners handelt (vgl. § 102 Abs. 1 Satz 3 SGB XII; in diesem Fall kann allerdings Trennungsunterhalt nach § 94 SGB XII i.V.m. § 1361 BGB geltend gemacht werden),
- für Leistungen der Grundsicherung im Alter und bei Erwerbsminderung nach dem 4. Kapitel SGB XII (vgl. § 102 Abs. 5 Alt. 1 SGB XII),
- für Leistungen, die an die Erben einer eheähnlichen Gemeinschaft erbracht werden, wenn der Partner vor der leistungsberechtigten Person verstirbt (die eheähnliche Gemeinschaft wird in § 102 Abs. 1 Satz 1 SGB XII nicht erwähnt),
- wenn die kraft Gesetzes eingetretene Erbenstellung und die Erbschaft ausgeschlagen wird (§ 1942 BGB); allerdings wäre dann zu klären, wer anschließend in die Erbenstellung rückt (§ 1953 BGB).

---

757 Zum Themenkomplex vertiefend: *Grosse Gunkel*, Die Erbenhaftung nach § 35 SGB XII, info also 2013 S. 3; *Weber*, Erbenhaftung – Rechtliche Probleme im Umgang mit vererbten Immobilien nach dem Tod des Erblassers im Zweiten und Zwölften Buch Sozialgesetzbuch, DVP 2014 S. 10; *Doering-Striening*, Sozialrechtliche Erbenhaftung I – postmortaler Kostenersatz, ErbR 08/2014 S. 358.

7.1.1.2 Höhe der geleisteten Sozialhilfe

Verstirbt die leistungsberechtigte Person oder **vor** ihr der nicht getrennt lebende Ehegatte bzw. Lebenspartner, sind die Erben verpflichtet, die in den **letzten zehn Jahren** vor dem Erbfall aufgewendeten Kosten der Sozialhilfe zu ersetzen, sofern diese das Dreifache des Grundbetrages nach § 85 Abs. 1 SGB XII (zurzeit (2022) also 3 x 898,00 € = 2.694,00 €) übersteigen (vgl. § 102 Abs. 1 Satz 2 SGB XII).

Um die Höhe der für den Kostenersatz relevanten Sozialhilfeleistungen zu ermitteln, ist daher der Erbfall, d. h. der Todeszeitpunkt der (ggf. ehemals) leistungsberechtigten Person, maßgebend. Von diesem Zeitpunkt ausgehend werden die Nettoausgaben der Sozialhilfeleistungen ermittelt.

Nach dem Todeszeitpunkt überzahlte Sozialhilfe ist für den Kostenersatzanspruch nicht relevant. Eine aus einer Überzahlung nach dem Todestag resultierende Forderung wird gemäß § 50 Abs. 2 SGB X oder § 102a SGB XII rückabgewickelt.

Um die Nettosozialhilfeausgaben zu ermitteln, müssen u. a. etwaige Unterhaltszahlungen von den Sozialhilfeausgaben noch zusätzlich abgezogen werden.

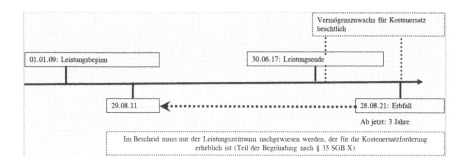

Der sich aus § 102 Abs. 1 Satz 2 SGB XII ergebende Betrag ist als Freibetrag zu verstehen. Bagatellaufwendungen sollten aus Gründen der Verwaltungsvereinfachung nicht zurückgefordert werden. Eine Kostenersatzforderung besteht daher nur in Höhe der aufgewandten Sozialhilfeleistungen der vergangenen zehn Jahre abzüglich **des Freibetrages, der zum Zeitpunkt des Eintritts des Erbfalls** bestand.[758] Der Erbfall tritt im Zeitpunkt des Todes ein (vgl. § 1922 BGB). Der Freibetrag ist nicht personenbezogen und steht – auch bei mehreren Erben – nur einmal zu.

Der Sozialhilfeträger ermittelt die Sozialhilfeaufwendungen der **zehn Jahre vor dem Erbfall**. Er hat dabei zu beachten, dass Zahlungen innerhalb dieser zehn Jahre, die aber für einen Zeitraum vor den zehn Jahren bestimmt sind, nicht in die Kostenersatzforderungen einbezogen sind. Verzögerungen der Sozialhilfeauszahlungen oder Verbuchungen dürfen hinsichtlich der Zehnjahresfrist nicht zu Lasten der Kostenersatzpflichtigen gehen. Es kommt daher darauf an, **für welchen Zeitraum** die

---

[758] Vgl. BVerwG, Urt. vom 26.10.1978 – 5 C 52/77 –, BVerwGE 57, 26 = NDV 1979, 173 = FEVS 27, 100 = ZFSH 1979, 216; LSG NRW, Urt. vom 7.4.2008 – L 20 SO 10/05 –, juris.

Sozialhilfezahlungen erbracht wurden, und nicht darauf, ob die Zahlungen innerhalb des Zehnjahreszeitraums tatsächlich erfolgt sind.[759]

Bei der Ermittlung der Sozialhilfeaufwendungen, die zum Kostenersatz berechtigen, ist zu beachten, dass Leistungen nach dem 4. Kapitel SGB XII (Grundsicherung im Alter und bei Erwerbsminderung) von einer Kostenersatzforderung ausgeschlossen sind (§ 102 Abs. 5 SGB XII). Sofern z. B. stationäre Hilfe zur Pflege geleistet wird, sind daher die im Rahmen einer stationären Unterbringung gleichzeitig erbrachten Aufwendungen der Grundsicherung im Alter und bei Erwerbsminderung von den insgesamt geleisteten Sozialhilfeaufwendungen herauszurechnen. Der Barbetrag zur persönlichen Verfügung (vgl. § 27b Abs. 2 SGB XII) ist hingegen eine Leistung, die dem 3. Kapitel SGB XII zuzuordnen ist und deshalb zu den kostenersatzpflichten Aufwendungen des Sozialhilfeträgers zählt.[760]

Sofern die Sozialhilfeleistungen nur darlehensweise erbracht werden, ist in dem Umfang des Darlehens eine Kostenersatzforderung nicht geltend zu machen. Darlehensweise gewährte Sozialhilfe ist von der Kostenersatzforderung also nicht umfasst.[761] Das Darlehen muss daher vom Sozialhilfeträger als Gläubiger der Forderung direkt von den Erben als Schuldner, die in die Rechtsstellung des Erblassers rücken (§§ 1922, 1967 BGB), zurückgefordert werden. Die darlehensweise erbrachte Sozialhilfe kann nicht zusätzlich, alternativ oder wahlweise durch eine Kostenersatzforderung zurückgefordert werden. Der Hauptgrund hierfür liegt darin, dass Gegenstand der Kostenersatzforderung der Reinnachlass ist. Der Reinnachlass ist bereits um die vom Erblasser herrührenden Schulden wie z. B. ein Darlehen 7.1.1.3 Höhe des Nachlasses) gemindert.

7.1.1.3 Höhe des Nachlasses

Gemäß § 102 Abs. 2 Satz 1 SGB XII gehört die Ersatzpflicht der Erben zu den Nachlassverbindlichkeiten. Die Regelung knüpft an § 1967 BGB an, so dass die Kostenersatzforderung nach § 102 SGB XII klarstellt, dass der Erbe die Verpflichtung hat, neben den Erblasserschulden die Kostenersatzforderung als Verbindlichkeit, die sich aus dem Erbfall ergibt, zu befriedigen. Eine weitere Haftungsbeschränkung der Erben – z. B. durch die Einrichtung einer Nachlassverwaltung (§§ 1975 ff. BGB) – ist nicht möglich, da sich die Haftung der Erben spezialrechtlich aus § 102 Abs. 2 SGB XII ergibt und hiervon nicht abgewichen werden kann.[762]

Nach § 102 Abs. 2 Satz 2 SGB XII haftet der Erbe mit dem Wert des im Zeitpunkt des Erbfalls vorhandenen Nachlasses.

Als Wert des Nachlasses ist das sog. „Aktivvermögen" unter Berücksichtigung der Nachlassverbindlichkeiten im Zeitpunkt des Erbfalls anzusehen (sog. **„Reinnachlass"**).

---

759 Vgl. LSG Baden-Württemberg, Urt. vom 19.10.2016 – L 2 SO 4914/14 –, juris, Rn. 26.
760 BSG, Urt. vom 27.2.2019 – B 8 SO 15/17 R –, juris, Rn. 25.
761 Vgl. BSG, Urt. vom 11.9.2020 – B 8 SO 3/19 R –, juris, Rn. 17.; a. A. Vorinstanz LSG Schleswig-Holstein, Urt. vom 13.6.2018 – L 9 SO 7/14 –, juris, Rn. 55.
762 Vgl. BVerwG, Urt. vom 25.6.1992 – 5 C 67/88 –, juris, Rn. 11.

Zum Aktivvermögen gehört u. a. auch eine Sterbegeldversicherung oder ein Bestattungsvorsorgevertrag, wenn ein Bezugsberechtigter in der Versicherung **nicht** genannt ist; steht ein Bezugsberechtigter fest, handelt es sich um eine Schenkung auf den Todesfall (§§ 328, 331 BGB), die nicht in den Nachlass fällt.[763] Wird ein Überschuss aus einem Bestattungsvorsorgevertrag entsprechend der Vertragsabsprache später an den Erben ausgekehrt, fällt auch dieser Betrag nicht in den Nachlass. Denn die Rechtsnatur der Schenkung bleibt auch in diesem Fall erhalten.

Zum Aktivbestand des Nachlasses zählen hingegen Surrogate, z. B. Ersatzansprüche, Ansprüche aus Lebens- oder Kapitalversicherungen (ohne Bezugsberechtigten), auch wenn sie dem Aktivbestand monetär erst zu einem späteren Zeitpunkt zufließen.[764]

„**Nachlassverbindlichkeiten**" ist der Oberbegriff für Verbindlichkeiten, die entweder zu Lebzeiten vom Erblasser begründet wurden oder auf Grund des Erbfalls entstanden sind.

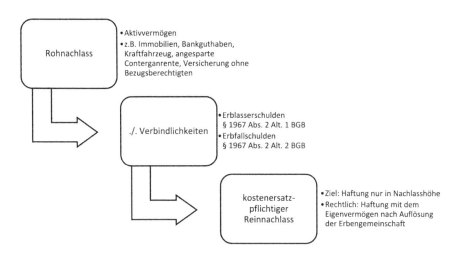

---

[763] Nach *Blum* in BeckOGK, § 2311, Rn. 19 gilt: Hat der Erblasser als Versicherungsnehmer einen Lebensversicherungsvertrag abgeschlossen und eine Person als Bezugsberechtigten genannt, fällt der Anspruch aus der Lebensversicherung nicht in den Aktivnachlass. Der Anspruch fällt auch dann nicht in den Nachlass, wenn im Versicherungsvertrag der oder die Erben als Bezugsberechtigte angegeben sind. Der Begünstigte erwirbt einen eigenen Anspruch auf die Vermögensleistung, die nicht in den Nachlass fällt, unabhängig davon, ob das Bezugsrecht widerruflich oder unwiderruflich erteilt wurde.
Bestimmt der Versicherungsnehmer, dass Bezugsberechtigter nicht er selbst, sondern ein Dritter ist, liegt ein *Vertrag zugunsten Dritter* i. S. d. § 328 Absatz 1 BGB vor. Im Versicherungsfall entsteht der Anspruch auf die Versicherungssumme unmittelbar in der Person des Bezugsberechtigten, ohne Durchgangserwerb beim Versicherungsnehmer. Die Versicherungssumme fällt somit bei einer Versicherung auf den Todesfall (Vertrag zugunsten Dritter auf den Todesfall, § 328 BGB, BGB § 331 BGB) nicht in den Nachlass.
[764] Vgl. LSG Sachsen, Urt. vom 12.3.2020 – L 8 SO 39/17 –, juris, Rn. 21.

Nachlassverbindlichkeiten können in Form von **Erblasserschulden** oder in Form von **Erbfallschulden** vorliegen.

Erblasserschulden sind z. B.
- ausstehende Kaufpreiszahlung,
- ausstehende Miete, soweit die außerordentliche Kündigungsfrist noch nicht abgelaufen ist,
- ausstehender Schadensersatzzahlungen,
- ausstehende Unterhaltszahlungen,
- noch zu entrichtende Steuern des Erblassers im Todesjahr,
- Bankkredite,
- ausstehende vertragliche Verpflichtungen des Erblassers,
- Sozialleistungsdarlehen sowie der Kostenbeitrag nach § 92a SGB XII[765].

Erbfallschulden sind z. B.
- Beerdigungskosten gemäß § 1968 BGB: Hierzu gehören die Kosten für den Sarg, das Grab, den Grabstein, die erstmalige Bepflanzung des Grabes, Kosten für Todesanzeigen, Kosten für Danksagungen, Kosten der Trauerfeier, die Kosten für die Sterbeurkunde,
- die Gebühren für eine etwaige Nachlassverwaltung durch das Nachlassgericht (vgl. § 24 GNotKG)
- etwaige Erbschaftssteuer der Erben[766].

Pflegeleistungen, die ohne Pflegevertrag erbracht wurden, gehören nicht zu den Erblasserschulden.

Weiterhin sind folgende Aufwendungen nicht vom Nachlass abzugsfähig:
- Die Zahlung eines Pflichtteilsanspruchs an den Pflichtteilsberechtigten,
- die Zahlung eines Vermächtnisanspruchs an den Vermächtnisnehmer,
- Beerdigungskosten, wenn eine vertragliche Verpflichtung zur Übernahme dieser Kosten besteht (z. B. in einem Immobilienübergabevertrag, in dem sich der Übernehmer verpflichtet, die Kosten der Beerdigung zu tragen; existiert gleichwohl ein Bestattungsvorsorgevertrag, ist zu überprüfen, ob die Leistungen der Sozialhilfe aufgrund ungeschützten Vermögens rechtswidrig erbracht wurden),
- (Zweck-)Schenkungen auf den Todesfall, wenn ein konkreter Bezugsberechtigter genannt wird (z. B. Lebensversicherung oder ein Bestattungsvorsorgevertrag; allerdings verringert der Bestattungsvorsorgevertrag die abzugsfähigen Beerdigungskosten),
- Übernachtungskosten sowie Reise- und Fahrtkosten für Angehörige,
- Kosten für die Trauerkleidung,
- spätere Grabpflege,
- Kosten für die Testamentseröffnung und/oder die Ausstellung des Erbscheins.

---
765 Vgl. LSG NRW, Urt. vom 20.7.2017 – L 9 SO 240/16 –, juris.
766 Vgl. BFH, 20.1.2016 – II R 34/14 –, juris, Rn. 11 ff.; OLG Sachsen-Anhalt, 20.10.2006 – 10 U 33/06 –, juris, Rn. 54 ff.

Grundsätzlich sind daher die Nachlassverbindlichkeiten vom Nachlasswert abzuziehen, ehe der für die Kostenersatzforderung maßgebliche Wert des im Zeitpunkt des Erbfalls vorhandenen Nachlasses gefordert wird. Pflichtteils- und Vermächtnisansprüche (§§ 2303 ff., 1939, 2147 ff. BGB) oder Auflagen (§ 2192 ff. BGB) sind zwar ebenfalls Nachlassverbindlichkeiten (§ 1967 Abs. 2 BGB). Sie sind aber gegenüber dem Kostenersatzanspruch des Trägers der Sozialhilfe nachrangig und daher nicht vorab als Passivposten zu berücksichtigen, denn der Pflichtteilsberechtigte geht den anderen Nachlassgläubigern nach, da er Befriedigung erst aus dem schuldenfreien Nachlass verlangen darf.

Noch nachrangiger als die Pflichtteilsansprüche sind Vermächtnisse und Auflagen. Dies ergibt aus dem Grundsatz des Nachrangs der Sozialhilfe sowie den Regeln zur Dürftigkeitseinrede (vgl. § 2 Abs. 1 SGB XII § 1991 Abs. 4 BGB, § 327 Abs. 1, Abs. 3 InsO). Zu beachten ist damit, dass Pflichtteils- und Vermächtnisansprüche nicht vom Nachlasswert abzuziehen sind, da diese Ansprüche im Vergleich zu den anderen Nachlassgläubigern nur nachrangig zu befriedigen sind.

Beispiel
Die bisher nach § 61 ff. SGB XII leistungsberechtigte Person L ist gerade verstorben. Sie hat in den vergangenen zehn Jahren stationäre Hilfe zur Pflege nach dem 7. Kapitel SGB XII in Höhe von 250.000,00 € erhalten. Dieser Betrag ist bereits um die erbrachten Leistungen der Grundsicherung im Alter und bei Erwerbsminderung „bereinigt". Alleinerbin wird die Ehefrau. Der Nachlasswert beträgt 210.000,00 €. Aus dem Nachlass soll das Kind 1 ein Vermächtnis (vgl. § 1939 BGB) in Form eines Geldbetrages in Höhe von 20.000,00 € erhalten. Kind 2 wird zwar enterbt, hätte aber einen Pflichtteilsanspruch (vgl. § 2303 BGB). Die Beerdigungskosten betragen 5.000,00 €.

Der Nachlass ist um die Nachlassverbindlichkeiten zu bereinigen. Hierfür kommen Erbfallschulden in Frage, zu denen auch die Beerdigungskosten (vgl. § 1968 BGB) zählen. Diese können aus der Sicht des Sozialhilfeträgers vom Nachlasswert abgezogen werden, bevor ein Kostenersatzanspruch geltend gemacht wird.

Der Vermächtnis- und Pflichtteilsanspruch gehen hingegen dem sozialhilferechtlichen Kostenersatzanspruch im Rang nach (§ 2 SGB XII, § 1991 Abs. 4 BGB, § 327 Abs. 1, Abs. 3 InsO), so dass diese Erbfallschulden den Nachlass nicht mindern. Damit besteht der Wert des Nachlasses in Höhe von 205.000,00 €. Hiervon ist auf jeden Fall der nachlassbezogene Freibetrag nach § 102 Abs. 3 Nr. 1 SGB XII abzuziehen. Der dann vorhandene Betrag ist dem sozialhilferechtlichen Kostenersatzanspruch ausgesetzt, weil die Sozialhilfeaufwendungen höher als der Nachlasswert sind und damit die Kostenersatzforderungen nicht einschränken.

Schließlich ist zu berücksichtigen, dass sog. **„Nachlasseigenschulden"** ebenfalls den kostenersatzpflichtigen Nachlass **nicht** reduzieren. Nachlasseigenschulden sind schuldrechtliche Verpflichtungen, die dadurch entstehen, dass der Erbe den Nachlass ordnungsgemäß verwaltet. Für diese Aufwendungen haftet der Erbe mit seinem Eigenvermögen.

Beispiele für Nachlasseigenschulden sind:
- Kosten für die Dacherneuerung nach einem Sturmschaden,
- Mietschulden nach Ablauf der außerordentlichen Kündigungsfrist,
- Erhaltungsaufwendungen am Gebäude,
- Aufwendungen für die Grabpflege.

Maßgebend ist der nach obigen Grundsätzen ermittelte Wert des Nachlasses **im Zeitpunkt des Erbfalls**. Sollte der Erbe nach dem Erbfall aber vor der Inanspruchnahme durch den Träger der Sozialhilfe den geerbten Nachlass verschenken oder veräußern, hat dies auf seine Kostenersatzpflicht keine Auswirkungen. Denn die Kostenersatzpflicht entsteht kraft Gesetzes.

Der Wert des Nachlasses ist ggf. durch Schätzung zu ermitteln (§ 2311 Abs. 2 Satz 1 BGB).

Nachdem der Reinnachlass ermittelt wurde, ist in einem zweiten Schritt zu prüfen, ob Freibeträge den Reinnachlass weiter mindern. § 102 Abs. 3 SGB XII schränkt die Erbenhaftung weiter ein. Ein Anspruch auf Kostenersatz ist danach **nicht** geltend zu machen, **soweit** der **Wert des Nachlasses**
- unter dem Dreifachen des Grundbetrages nach § 85 Abs. 1 SGB XII zum Zeitpunkt des Erbfalls (vgl. § 1922 BGB), zurzeit also 3 x 892,00 € = 2.676,00 €, liegt (vgl. § 102 Abs. 3 **Nr. 1** SGB XII). Dieser Freibetrag bezieht sich auf die Höhe des Nachlasses und nicht auf die Höhe der geleisteten Sozialhilfe (vgl. § 102 Abs. 1 Satz 2 SGB XII). Der gemäß § 102 Abs. 3 Nr. 1 SGB XII im Erbfallzeitpunkt ermittelte Freibetrag ist nur **einmal** anzusetzen, auch bei mehreren Erben[767], da er nachlassbezogen und nicht personenbezogen ist. Da die Vorschrift nur den Nachlass schützen will, ist der Freibetrag entsprechend der Erbquote unter den Miterben **aufzuteilen**.
- unter dem Betrag von 15.340,00 € liegt, wenn der Erbe
  – der Ehegatte oder Lebenspartner der leistungsberechtigten Person oder mit dieser verwandt ist **und**
  – nicht nur vorübergehend bis zum Tode der leistungsberechtigten Person
  – mit dieser in häuslicher Gemeinschaft gelebt **und**
  – sie gepflegt hat (§ 102 Abs. 3 **Nr. 2** SGB XII).

Dieser Freibetrag wird nur berücksichtigt, wenn bis zum Tode die Pflege der leistungsberechtigten Person übernommen wurde. Nur ein Zusammenleben und Führen des Haushaltes reicht nicht aus. Eine Pflegetätigkeit ist dann anzunehmen, wenn die leistungsberechtigte Person pflegebedürftig i. S. von § 61a SGB XII war. Nicht erforderlich ist es, dass der Erbe die Pflegeleistung allein erbracht hat. Eine Entlastung durch den ambulanten Pflegedienst steht der Anerkennung des Freibetrages nicht entgegen, wenn eine **nicht unwesentliche** Pflegeleistung des Erben stattgefunden hat. Die Pflegeleistungen sollten sechs Monate lang erbracht worden sein.

---

767 Vgl. BVerwG, Urt. vom 26.10.1978, 5 C 52/77, BVerwGE 57, 26 = NDV 1979, 173 = FEVS 27, 100 = ZfSH 1979, 216; LSG NRW, Urt. vom 07.04.2008, L 20 SO 10/05, juris.

Eine stationäre Aufnahme kurz vor dem Tod hindert ebenfalls nicht die Anerkennung des Freibetrages, wenn die übrigen Voraussetzungen erfüllt sind.

Der Freibetrag nach § 102 Abs. 3 Nr. 2 SGB XII kann nur **einmal** angesetzt werden. Auch bei mehreren Erben, die jeweils die Pflegeleistung erbracht haben, steht der Freibetrag damit maximal in einer Höhe von 15.340,00 € zur Verfügung, so dass der Freibetrag ggf. unter mehreren Erben aufzuteilen ist. Der Gesetzgeber will mit dem Freibetrag die durchgeführte Pflege anerkennen. Wird die Pflege von mehreren Erben durchgeführt, entspricht der Aufwand der Pflege nicht dem vorgesehen Freibetrag.

Sind neben der Person, die die vorgenannten Tatbestandsmerkmale erfüllt, weitere Erben vorhanden und erfüllen nicht alle die genannten Voraussetzungen, ist neben dem Betrag von 15.340,00 € **zusätzlich** – entsprechend der Anzahl der Erben – ein anteiliger Freibetrag gemäß § 102 Abs. 3 Nr. 1 SGB XII (zurzeit 2.676,00 €) anzusetzen; z. B. sind bei zwei gleichrangigen Erben einmal 50 v. H. von 2.676,00 € = 1.338,00 € und einmal 15.340,00 € **plus** 50 v. H. von 2.676,00 € = 1.338,00 € anzusetzen.

Es ist vertretbar, wenn der nach § 102 Abs. 3 Nr. 2 SGB XII privilegierte Erbe im genannten Beispielfall einen zusätzlichen anteiligen Freibetrag nach § 102 Abs. 3 Nr. 1 SGB XII in Höhe von 1.338,00 € erhält. Dies lässt sich im Hinblick auf die grammatikalische Gestaltung des § 102 Abs. 3 SGB XII durchaus bejahen, da die Freibeträge nicht durch ein alternatives „oder" miteinander verknüpft sind. Auch die unterschiedliche Zweckrichtung der Freibeträge (nachlassbezogen vs. personenbezogen) rechtfertigt die Anerkennung von zwei Freibeträgen für einen Erben (wobei der nachlassbezogene Freibetrag dann nach der Anzahl der Erben oder – besser – nach den Erbanteilen „gequotelt" wird).

Andererseits kann vertreten werden, dass an Stelle des nachlassbezogenen Freibetrages der speziellere und damit vorrangig anzuwendende Freibetrag nach § 102 Abs. 3 Nr. 2 SGB XII tritt.[768] Aufgrund seines höheren Betrages kann die Meinung vertreten werden, dass dieser auch den nachlassbezogenen Freibetrag mit umfasst und an seine Stelle tritt.

Insgesamt spricht nach hier vertretener Meinung mehr dafür, dass einem Erben neben dem Freibetrag nach § 102 Abs. 3 Nr. 2 SGB XII **auch** der Freibetrag nach § 102 Abs. 3 Nr. 1 SGB XII zugutekommt. Denn der nachlassbezogene Freibetrag ist im Zwölften Buch Sozialgesetzbuch dynamisch angelegt und steigert sich entsprechend der Entwicklung der Regelbedarfsstufe 1 ständig, während der personenbezogene Freibetrag konstant bleibt und damit an Bedeutung verliert.

Soweit die Inanspruchnahme der Erben nach der Besonderheit des Einzelfalles eine **besondere Härte** bedeuten würde, ist ein Kostenersatz nicht oder nur in reduzierter Höhe geltend zu machen (vgl. § 102 Abs. 3 **Nr. 3** SGB XII). Die Härteregelung kommt neben bzw. gleichzeitig neben dem Freibetrag nach § 102 Abs. 3 Nr. 2 SGB XII in Betracht. Eine Härte kann in personenbezogenen Gründen bestehen oder in den wirtschaftlichen Auswirkungen, die mit der Geltendmachung des Kostenersatzanspruchs verbunden sind.

---

768 In diesem Sinne: VGH Baden-Württemberg, Urt. vom 15.11.1995 – 6 S 2877/93 –, FEVS 46, 338.

Eine Härte liegt z. B. vor,
- wenn ein in eheähnlicher Gemeinschaft lebender Partner im Sinne des § 102 Abs. 3 Nr. 2 SGB XII den Verstorbenen gepflegt hat, die Vergünstigung der Freigrenze von 15.340,00 € aber nicht beanspruchen kann, weil er mit der leistungsberechtigten Person nicht verheiratet war; ebenso dann, wenn eine häusliche Gemeinschaft fehlt, die Pflegeperson aber zusätzliche Strapazen auf sich nimmt, die mit der Entfernung zwischen Pflegeort und Wohnort verbunden sind,[769]
- wenn „lediglich" eine eheähnliche Gemeinschaft vorliegt und die leistungsberechtigte Person Erbe des Partners ist. Aus der Regelung des § 102 Abs. 1 Satz 4 SGB XII und § 20 SGB XII kann geschlussfolgert werden, dass auch der Erbe innerhalb einer eheähnlichen Gemeinschaft, der Leistungen nach dem Zwölften Buch Sozialgesetzbuch bezieht, nicht zum Kostenersatz herangezogen werden soll,
- wenn der Erbe selbst leistungsberechtigte Person ist und der Nachlass für den Erben privilegiertes Vermögen darstellt.[770] Diese Fallkonstellation ist allerdings noch nicht durch die Rechtsprechung endgültig geklärt,
- wenn durch die Kostenersatzforderung die wirtschaftliche Existenzgrundlage entzogen wird, z. B. bei dem von Eheleuten gemeinschaftlich genutzten und betriebenen landwirtschaftlichen Hof,[771]
- wenn der Erbe werterhöhende Aufwendungen zur Renovierung einer Immobilie getätigt hat, bevor der Kostenersatzanspruch geltend gemacht wird.

Für die Höhe des im Rahmen der festgestellten „besonderen Härte" zu gewährenden Freibetrages dient als Orientierung der in § 102 Abs. 3 Nr. 2 SGB XII genannte Betrag. Durch das Wort „soweit" wird deutlich, dass sowohl eine vollständige Freilassung von der Heranziehung zum Kostenersatz möglich ist als auch eine teilweise. Eine teilweise Freistellung ist z. B. dann denkbar, wenn eine Pflege unterhalb der in § 102 Abs. 3 Nr. 2 SGB XII angenommenen Erheblichkeitsgrenze durchgeführt worden ist.

Keine Härte liegt vor,
- wenn sich im Nachlass ein Miteigentumsanteil an einer Immobilie befindet, (Soweit es nicht zu konkreten Zahlungsvereinbarungen zur Begleichung der Kostenersatzforderung kommt, die aus vorhandenem Einkommen bedient werden kann, muss faktisch die Immobilie bzw. das Familienheim vom Kostenersatzpflichtigen veräußert werden. Eine Härte besteht diesbezüglich trotzdem nicht, denn auch bei einer solchen Inanspruchnahme wird der Kostenersatzpflichtige nicht zu einer Zahlung gezwungen, die über den Wert des Nachlasses hinausgeht.
Die Kostenersatzforderung ist auf den Nachlass beschränkt und verlangt von dem Erben keine finanziellen Sonderopfer. Auch ein zu Lebzeiten vorhandener Schutz der Immobilie nach § 90 Abs. 2 Nr. 8 SGB XII stellt keine Härte dar und verhindert nicht die Verwertung der Immobilie, um die Kostenersatzforderung zu bedienen, denn eine Regelung darüber, was mit möglichem Schonvermögen nach dem Tode

---
769 Vgl. Hessischer VGH, Urt. vom 16.11.1998 – 1 UE 1276/95, FEVS 51 –, 180 = FamRZ 1999, 1023.
770 BSG, Urt. vom 23.3.2010 – B 8 SO 2/09 R –, juris, Rn. 28.
771 Vgl. Bayerischer VGH, Urt. vom 26.7.1993 – 12 B 90.3525 –, NJW 1994, 275 = BayVBl. 1994, 312 = FEVS 44, 461.

des Leistungsempfängers geschehen solle, trifft § 90 Abs. 2 Nr. 8 SGB XII gerade nicht.[772]
In Einzelfällen kann der Sozialhilfeträger die Kostenersatzforderung stunden. Dann sollte, wenn der Kostenersatzbescheid bestandskräftig geworden ist, vom Kostenersatzpflichtigen ein Schuldanerkenntnis einschließlich Verzichtserklärung zur Verjährungseinrede unterschrieben werden und eine Grundschuld zugunsten des Sozialhilfeträgers im Grundbuch eingetragen werden.)
- wenn der Miteigentumsanteil einer Immobilie geerbt wird und der Erbe arbeitslos ist, denn Bezugspunkt des Kostenersatzes ist der Nachlasswert und nicht das Einkommen des Erben,
- wenn Barvermögen aus einer Conterganstiftung (Hilfswerk für behinderte Kinder) durch die leistungsberechtigte Person angespart wurde und zum Nachlass zählt[773],
- wenn Barvermögen aus Schmerzensgeldzahlungen angespart wurde und zum Nachlass zählt[774].

7.1.1.4 Erlöschen des Kostenersatzanspruchs

Der Anspruch auf Kostenersatz **erlischt** in drei Jahren nach dem Tod der leistungsberechtigten Person, ihres Ehegatten oder ihres Lebenspartners (§ 102 Abs. 4 Satz 1 SGB XII). Die Regelungen des § 103 Abs. 3 Satz 2 SGB XII bezüglich der Hemmung usw. gelten entsprechend (§ 102 Abs. 4 Satz 2 SGB XII). Es handelt sich um eine rechtsvernichtende Einwendung, die von Amts wegen zu berücksichtigen ist, wenn der Leistungsträger nicht innerhalb von drei Jahren nach dem Erbfall tätig wird und einen Leistungsbescheid erlassen hat. Der Erbe ist also von der Haftung befreit, wenn nicht innerhalb von drei Jahren ein Leistungsbescheid bekanntgegeben wird.

Der Leistungsbescheid hemmt (§ 209 BGB) den Ablauf der Dreijahresfrist gemäß § 102 Abs. 4 Satz SGB XII i.V.m. § 103 Abs. 3 Satz 3 SGB XII. Entsprechendes gilt für die Erhebung der Klage (§ 102 Abs. 4 Satz 2 SGB XII i.V.m. § 103 Abs. 3 Satz 2 SGB XII i.V.m. § 204 Abs. 1 Nr. 1 BGB).

Eine Hemmung und damit eine Verlängerung der Dreijahresfrist kann auch bei Verhandlungen i.S.v. § 203 BGB eintreten. Der Begriff „Verhandlung über den Anspruch" ist weit zu verstehen, so dass bereits Briefwechsel über die Höhe des Kostenersatzanspruchs hierfür genügen.

Ein Fall des § 211 BGB dürfte in den wenigsten Fällen relevant sein, in denen ein Kostenersatzanspruch geltend gemacht wird. Die Vorschrift setzt voraus, dass ein Kostenersatzanspruch geltend gemacht wird, bevor eine Annahme der Erbschaft erfolgt ist.

---

772 Vgl. LSG Baden-Württemberg, Urt. vom 22.12.2010 – L 2 SO 5548/08 –, ZFSH/SGB 2011, 272 = FEVS 62, 553 = ZEV 2011, 662; Bayerisches LSG, Urt. vom 23.2.2012 – L 8 SO 113/09 –, juris.
773 BSG, Urt. vom 23.3.2010 – B 8 SO 2/09 R –, juris.
774 LSG Baden-Württemberg, Urt. vom 10.8.2017 – L 7 SO 2293/16 –, juris.

7.1.1.5 Geltendmachung der Kostenersatzpflicht

7.1.1.5.1 Grundsatz: Gesamtschuldnerische Haftung

Mehrere Erben desselben Erblassers haften gemäß § 2058 BGB als Gesamtschuldner. Eine gesamtschuldnerische Haftung bedeutet nach § 421 BGB, dass jeder Miterbe im Rahmen des Gesamtnachlasses verpflichtet ist, den Sozialhilfeträger die an den Erblasser aufgewandte Sozialhilfe zu ersetzen. Der Träger der Sozialhilfe ist als Gläubiger der Kostenersatzforderung berechtigt, die Leistung nach seinem Belieben von jedem der Erben als Schuldner der Leistung **ganz oder zu einem Teil zu fordern**. Danach kann – im Rahmen einer pflichtgemäßen Ermessensentscheidung – jeder Miterbe auf den vollen Ersatzanspruch in Anspruch genommen werden.

7.1.1.5.2 Beispiele zur gesamtschuldnerischen Haftung

Beispiel 1
Die Söhne S1 und S2 sind Erben zu je ½ und haben von ihrem verstorbenen Vater jeweils 20.000,00 € geerbt. Insgesamt beträgt der Nachlasswert also 40.000,00 €. Die Beträge sind bereits um die Freibeträge nach § 102 Abs. 3 SGB XII gemindert. Der Träger der Sozialhilfe hat in den vergangenen zehn Jahren 30.000,00 € Hilfe zur Pflege für den Vater nach dem Zwölften Buch Sozialgesetzbuch geleistet. Der Sozialhilfeaufwand ist nach § 102 Abs. 1 SGB XII ermittelt.

Geht man von einer gesamtschuldnerischen Haftung aus, kann grundsätzlich jeder Erbe mit dem vollen Kostenersatz von 30.000,00 € in Anspruch genommen werden. Dem Träger der Sozialhilfe steht es auch frei, ob er von S1 20.000,00 € und von S2 10.000,00 € (oder umgekehrt oder jeweils hälftig) fordert. Im zivilrechtlichen Innenverhältnis zwischen S1 und S2, welches für den Sozialhilfeträger unbeachtlich ist, besteht für den Fall einer gesamtschuldnerischen Inanspruchnahme durch den Sozialhilfeträger ein Ausgleichsanspruch nach § 426 BGB, wenn z. B. S1 mehr geleistet hat als er im Innenverhältnis tragen muss.

In den Fällen, in denen – wie in diesem Beispiel – der Gesamtnachlass von 40.000,00 € größer ist als der Sozialhilfeaufwand von 30.000,00 €, besteht nach Auffassung des Bundessozialgerichts[775] kein Anlass, **den Sozialhilfeaufwand** *und damit die Kostenersatzforderung „automatisch" auf die Erbanteile (hier: 15.000,00 €) zu reduzieren[776]. Es ist allerdings auf der Rechtsfolgeseite im Rahmen einer* **Ermessensentscheidung** *(dazu unten) zu überprüfen, ob nicht der gesamte Nachlass, sondern der Miterbenanteil von hier 20.000,00 € (oder auch ein anderer Wert) zu fordern ist.*

---

775 Vgl. BSG, Urt. vom 23.8.2013 – B 8 SO 7/12 R –, FamRZ 2014, 660 = SGb 2014, 680 mit Anmerkung *Weber* (683).
776 So aber häufige Praxis. Vgl. z. B. auch die Fachlichen Hinweise der Arbeitsagentur zu § 35 SGB XII vom 20.7.2011 (Stand: 6.5.2014), Rn. 30.25.

7.1 Kostenersatz bei rechtmäßiger Hilfeleistung (§§ 102, 103 Abs. 1 Satz 1, 105 SGB XII)

Würde der Kostenersatzanspruch von Anfang an nur auf eine Teilschuld (z. B. auf den Miterbenanteil von 20.000,00 €) beschränkt, ist im Innenverhältnis nicht jeder Erbe verpflichtet, die ganze Leistung zu ersetzen. Der Erbe leistet dann durch zivilrechtliche Ausgleichsansprüche (vgl. § 420 BGB) maximal nur seine Quote (also 15.000,00 €).

In der beschriebenen Fallkonstellation wären im Rahmen einer Ermessensentscheidung somit insbesondere drei Fallkonstellationen denkbar:

Variante 1: gesamtschuldnerische Forderung gegenüber jedem Ersatzpflichtigen	Sohn 1	Sohn 2
berücksichtigungsfähiger um Freibeträge bereinigter Reinnachlass	20.000 €	20.000 €
zu berücksichtigende um Freibeträge bereinigte Sozialleistung	30.000 €	
Kostenersatzforderung (individuelle Forderung)	**30.000 €**	**30.000 €**

Zu beachten:
Die Forderung des Sozialhilfeträgers ist auch bei einer gesamtschuldnerischen Inanspruchnahme auf 30.000 € begrenzt. Aus Absicherungsgründen kann im Rahmen der gesamtschuldnerischen Haftung und unter Ausübung von Ermessen jeder Kostenersatzpflichtige aber gemäß § 2058, § 421 BGB auf die „vollen Kostenersatzforderung" in Anspruch genommen werden. Das Kind, dass die Kostenersatzforderung begleicht, tilgt auch die Verbindlichkeiten der übrigen Kostenersatzverpflichteten. Erfüllt ein Miterbe den gesamten Kostenersatzanspruch, wirkt dies befreiend für die übrigen Miterben (§ 422 Abs. 1 BGB). Dafür hat das Kind, das die Kostenersatzforderung begleicht, nach § 426 BGB einen internen Ausgleichsanspruch in Höhe der Erbteile, welcher zivilrechtlich vom Miterben geltend gemacht werden muss.

Variante 2: prozentualer Erbanteil am Sozialleistungsaufwand	Sohn 1	Sohn 2
berücksichtigungsfähiger um Freibeträge bereinigter Reinnachlass	20.000 €	20.000 €
zu berücksichtigende um Freibeträge bereinigte Sozialleistung	30.000 €	
Kostenersatzforderung (individuelle Forderung)	**15.000 €**	**15.000 €**

Zu beachten:
Sollte ein Kostenersatzpflichtiger seiner Zahlungsverpflichtung nicht oder nicht vollständig nachkommen, wird die Forderung des Sozialhilfeträgers nicht vollständig befriedigt. Es handelt sich in dieser Variante um die geringstmögliche Forderung des Sozialhilfeträgers zugunsten der Kostenersatzpflichtigen. Die Anforderung an die Ermessensausübung sind deshalb vergleichsweise gering (Fall der Ermessensreduzierung).

Variante 3: Forderung in Höhe des Miterbenanteils	Sohn 1	Sohn 2
berücksichtigungsfähiger um Freibeträge bereinigter Reinnachlass	20.000 €	20.000 €
zu berücksichtigende um Freibeträge bereinigte Sozialleistung	30.000 €	
Kostenersatzforderung (individuelle Forderung)	**20.000 €**	**20.000 €**
Zu beachten: Diese Entscheidung kann einzelfallabhängig ebenfalls ermessensgerecht sein. Hierfür sprechen folgende Gesichtspunkte:Der Sozialhilfeträger ist berechtigt, „nur" 30.000 € zu vereinnahmen. Die Forderung in Höhe von jeweils 20.000 € sichert die Forderung des Sozialhilfeträgers teilweise ab. Dies lässt sich im Rahmen der Ermessensausübung mit dem Refinanzierungsziel des Sozialhilfeträgers, der Eigenart der gesamtschuldnerischen Haftung, der Verpflichtung zum effektiven Verwaltungshandeln (wirtschaftlicher und sparsamer Umgang mit Haushaltsmitteln) rechtfertigen. Zugleich wird der Kostenersatzpflichtige „nur" mit seinem Miterbenanteil in Anspruch genommen und muss nicht zwingend auf Eigenmittel zurückgreifen.		

Beispiel 2
Wenn sich im o. g. Beispiel und einem Gesamtnachlass von 40.000,00 € die nach § 102 Abs. 1 SGB XII ermittelten Sozialhilfeaufwendungen auf 30.000,00 € belaufen und S1 als sog. „privilegierter Erbe" die Voraussetzungen für einen Freibetrag nach § 102 Abs. 3 Nr. 2 SGB XII erfüllt, wäre eine Lösung denkbar, in der sich der Träger der Sozialhilfe an S1 mit einer Forderung von 5.000,00 € wendet und von S2 20.000,00 € verlangt.

*In dieser Fallkonstellation reicht die Summe der Kostenersatzforderungen gegenüber S1 und S2 von insgesamt 25.000,00 € nicht aus, um die Sozialhilfeaufwendungen von 30.000,00 € zu decken. Teilweise wird die Auffassung vertreten, dass der nicht privilegierte Miterbe, der keinen Freibetrag nach § 102 Abs. 3 Nr. 2 oder Nr. 3 SGB XII genießt, nur **im Verhältnis der Summe der Erbanteile zum Gesamtsozialhilfeaufwand in Anspruch** genommen werden kann.[777] Da S2 Erbe zu ½ ist, wäre er danach auch nur in Höhe der **Hälfte der Sozialhilfeaufwendungen** zum Kostenersatz verpflichtet. Die Kostenersatzforderung ihm gegenüber würde sich danach – nur – auf 15.000,00 € belaufen. Die Kostenersatzforderung des Sozialhilfeträgers gegenüber den Erben würde sich somit weiter verringern.*

Diese Falllösung überzeugt angesichts der gesetzlich vorgegebenen gesamtschuldnerischen Haftung aller kostenersatzpflichtigen Erben jedoch nicht. S 2 müsste nach hier vorgezogener Auffassung weiterhin mit 20.000,00 € in Höhe seines Erbteils zum Kostenersatz herangezogen werden. Das Bundessozialgericht[778] vertritt die Auffassung, dass es sogar grundsätzlich (ohne die noch anzustellenden Ermessenserwägungen) möglich ist, S2 in Höhe der Gesamtschuld von 30.000,00 € in Anspruch zu nehmen.

---
777 So VGH Baden-Württemberg, Urt. vom 29.6.1976 – VI 1016/75 –, FEVS 25, 107; ebenso Teile der Literatur: *H. Schellhorn* in Schellhorn/Schellhorn/Hohm, SGB XII, 18. Aufl. 2010, § 102 SGB XII Rn. 12; *Bieback* in Grube/Wahrendorf, SGB XII, 5. Auflage 2014, § 102 Rn. 33 ff.
778 Vgl. BSG, Urt. vom 23.8.2013 – B 8 SO 7/12 R –, FamRZ 2014, 660 = SGb 2014, 680 mit Anmerkung *Weber* (683).

Anmerkung:
Die oben skizzierte Auslegungsvariante (Kostenersatz in Höhe von 15.000,00 €) ist dann nicht anwendbar, wenn der Miterbenanteil ausreicht, um den vollen Ersatzanspruch zu erfüllen. Denn dann verbleiben die Freibeträge beim privilegierten Erben auch dann, wenn dieser die Kostenersatzforderung begleicht (z. B. bei einem Gesamtnachlasswert von 100.000,00 €).

7.1.1.5.3 Ermessen im Rahmen der gesamtschuldnerischen Haftung

Als Lösung der oben geschilderten rechtlichen Fragestellungen und zur Vermeidung unbilliger Ergebnisse, verlangt das Bundessozialgericht[779] eine Ermessensentscheidung, welche kostenersatzpflichtigen Erben in welcher Höhe heranzuziehen sind. Im öffentlichen Recht wird § 421 BGB dahingehend ausgelegt, dass an die Stelle der Worte „nach Belieben" die Worte „nach Ermessen" treten,[780] sodass der Sozialhilfeträger eine pflichtgemäße Ermessensausübung[781] bei der Auswahl der Gesamtschuldner vorzunehmen hat.

Ermessenskriterien sind
- Privilegierungen einzelner Erben nach § 102 Abs. 3 SGB XII,
- das Ziel der Sozialhilfe, durch die Kostenersatzforderung eine umfassende Refinanzierung der aufgewandten Sozialhilfeleistungen zu erhalten,
- die Anzahl der Erben,
- der Wert des Nachlasses, die Höhe des Kostenersatzanspruchs und die Relation beider Werte zueinander,
- die tatsächliche finanzielle Belastung des kostenersatzpflichtigen Erben im Rahmen einer Erbengemeinschaft,
- eine bereits erfolgte Verteilung des Erbes, wenn sie vor Kenntnis des Kostenersatzanspruchs durchgeführt worden ist, sowie
- in Ausnahmefällen ein Verbrauch des ererbten Vermögens, wenn zwischen Erbfall und Kostenersatzforderung ein langer Zeitraum liegt.

Vor dem oben geschilderten Hintergrund muss sich der Sozialhilfeträger um einen gerechten Interessensausgleich zwischen seinen Refinanzierungs- und Bereicherungsansprüchen einerseits und dem **Erhalt der Privilegierungstatbestände des**

---

779 Vgl. BSG, Urt. vom 23.8.2013 – B 8 SO 7/12 R –, FamRZ 2014, 660 = SGb 2014, 680 mit Anmerkung *Weber* (683).
780 So bereits BVerwG, Urt. vom 22.1.1993 – 8 C 57/91 –, juris, Rn. 20; BVerwG, Beschl. vom 4.10.2010 – 3 B 17/10 –, juris, Rn. 10; LSG Berlin-Brandenburg, Urt. vom 27.9.2012 – L 14 AS 1348/11 –, juris, Rn. 10, Rn. 26 = FamRZ 2013.
781 Mit Zurückhaltung ist das Urt. des LSG Rheinland-Pfalz (Urt. vom 19.3.2015 – L 5 SO 185/14 –, juris, Rn. 7, 18) zu betrachten. Danach ist auch unter Berücksichtigung des Urt. des BSG (BSG, Urt. vom 23.8.2013 – B 8 SO 7/12 R –, FamRZ 2014, 660 = SGb 2014, 680) keine Ermessensentscheidung erforderlich ist, wenn eine Kostenersatzforderung so ausgestaltet ist, dass eine bestehende Privilegierung eines Erben nicht unterlaufen werden kann. Werde jeder Erbe nur mit seinem Erbteil zum Kostenersatz herangezogen, bestehe kein Anspruch auf Ausgleich im Innenverhältnis unter den Erben nach § 426 BGB, so dass auch die Privilegierung nicht unterlaufen werden können und sich infolgedessen eine Ermessensentscheidung erübrige. Die Begründung übersieht, dass auch andere Ermessenskriterien zu berücksichtigen sind, z. B. die Frage nach der Refinanzierung des Sozialhilfeträgers, so dass man die Ermessensfragen nicht ignorieren kann.

privilegierten Erben andererseits bemühen. Die Kostenersatzforderung soll gegenüber einzelnen Erben auf die Teilwerte, in der Regel also den Miterbenanteil, beschränkt werden, sodass sich der privilegierte Erbe keinem internen Ausgleichsanspruch (vgl. § 426 BGB) ausgesetzt sieht. Das Ergebnis dieser Überlegungen dürfte dann regelmäßig darin bestehen, dass die Miterben nicht in Höhe der Gesamtschuld in Haftung genommen werden, **wenn es einen privilegierten Erben gibt.**

Sollte es also
- einen privilegierten Erben geben und
- genügt der Miterbenanteil nicht, um die Kostenersatzforderung zu befriedigen,

ist regelmäßig eine reduzierte Forderung ermessensgerecht, die von dem **Miterbenanteil** den Freibetrag nach § 102 Abs. 3 SGB XII abzieht:

	Sohn 1	Sohn 2
Reinnachlass in Höhe von insgesamt 40.000 €	20.000 €	20.000 €
./. Freibetrag nach § 102 Abs. 3 Nr. 1 SGB XII (2022)	– 1.347 €	– 1.347 €
./. Freibetrag nach § 102 Abs. 3 Nr. 2 SGB XII (2022)	0 €	– 15.340 €
kostenersatzpflichtiger Nachlass	18.653 €	3.313 €
zu berücksichtigende um Freibeträge bereinigte Sozialleistung	30.000 €	
Kostenersatzforderung (individuelle Forderung)	**18.653 €**	**3.313 €**
Zu beachten: Bei privilegierten Erben ist diese Berechnungsweise ermessensgerecht, weil bei einer teilschuldnerischen Inanspruchnahme Ausgleichsansprüche nach § 426 BGB vermieden werden und der Privilegierungsstatbestand erhalten bleibt.		

Eine höhere Kostenersatzforderung ist dann berechtigt, wenn der Nachlass so ausreichend ist, dass der Privilegierungstatbestand erhalten bleibt.

Beispiel

Der Vater einer vierköpfigen Familie hat drei Jahre lang rechtmäßig Sozialhilfe in Höhe von 37.000,00 € bezogen. Als Erblasser hinterlässt er seiner Ehefrau und seinen zwei Kindern eine Immobilie im Wert von 125.000,00 € sowie Barvermögen im Wert von 35.000 €. Seine Ehefrau und zwei Kinder sind gesetzliche Erben zu ½ und jeweils ¼. Nach Abzug von Freibeträgen und Nachlassverbindlichkeiten beträgt die Höhe des Nachlasses 130.000 €. Die Ehefrau hat ihren Ehemann gepflegt und erhält deshalb einen Freibetrag nach § 102 Abs. 3 Nr. 2 SGB XII (privilegierte Erbin).

In diesem Fall ist es nicht ermessensfehlerhaft, ausschließlich die Ehefrau als Kostenersatzpflichtige in Höhe von 37.000,00 € in Anspruch zu nehmen. Ihr Erbanteil von 65.000,00 € ist so hoch, dass selbst nach Abzug des Freibetrages nach § 102 Abs. 3 Nr. 2 SGB XII ihr Miterbenanteil ausreicht, um die Kostenersatzforderung zu befriedigen. Unter Ermessensgesichtspunkten wird insofern der Erhalt des Privilegierungstatbestandes als Kriterium nachrangig; der Refinanzierungsaspekt der Behörde wird gewichtiger.

Normalerweise ist die Forderung gegenüber jedem Miterben ermessensgerecht aufzuteilen. Eine Inanspruchnahme nur eines Miterben kommt in Frage[782], wenn
- eine Inanspruchnahme anderer Miterben nach § 102 Abs. 4 SGB XII nicht mehr möglich ist,
- die Inanspruchnahme von Minderjährigen die Kostenersatzforderung aufgrund der Einrede des § 1629a BGB absehbar vereiteln kann,
- ein Miterbe sich (besonders) schuldhaft verhält und bspw. die Erbauseinandersetzung verhindert[783], so dass das Erbe mangels Erbauseinandersetzung nicht liquide wird,
- die Inanspruchnahme anderer Miterben aus sonstigen Gründen erfolglos oder gefährdet erscheint.

Sollte es keinen privilegierten Erben geben, sind die weiteren Kriterien genauer in den Blick zu nehmen.

Die Anzahl der Erben sowie die Relation zwischen Miterbenanteil und Sozialhilfeaufwendungen sind als Kriterien gegeneinander abzuwägen. Wenn von der „Anzahl der Erben" gesprochen wird, kommt es einerseits darauf an, welche Belastung für den einzelnen Erben bei einer Kostenersatzforderung entsteht, und andererseits darauf, welche Refinanzierungswahrscheinlichkeit bei der individuellen Kostenersatzforderung entsteht. Dabei kommt **der individuellen finanziellen Belastungssituation** – auch ohne privilegierten Erben – eine tragende Bedeutung zu.

Nur eine Gesamtschau der Situation aller Erben führt zu ermessensgerechten Erkenntnissen hinsichtlich ihrer individuellen Zahlungspflicht. Gegenüber jedem Miterben ist daher in der Regel ein eigenständiges Verwaltungsverfahren durchzuführen. Im Rahmen der Sachverhaltsermittlung und der durchzuführenden Anhörung ist die finanzielle und wirtschaftliche Zahlungsfähigkeit und -bereitschaft des Miterben zu klären. Soweit der Miterbe vorträgt, er wäre finanziell nicht leistungsfähig, ist dies von ihm zu belegen oder mindestens glaubhaft zu machen. Je weniger eine Zahlungsfähigkeit oder -bereitschaft des Miterben besteht, desto eher besteht die Gefahr, dass der Sozialhilfeträger seine Kostenersatzforderung nicht befriedigt erhält. Damit tritt das Argument der „Refinanzierung von Sozialhilfeaufwendungen" in den Vordergrund und es lässt sich ermessensgerecht eine erhöhte Forderung rechtfertigen.

Scheitert bspw. die Auszahlung des Erbes an der fehlenden Bereitschaft eines einzigen Miterben, der Erbauseinandersetzung zuzustimmen, und wird allein dadurch das Erbe nicht liquide, führt ein Vorgehen gegen alle Miterben zu einem erhöhten Verwaltungsaufwand. Verwaltungspraktikabilitätsgründe sowie Wirtschaftlichkeits- und Sparsamkeitsgründe rechtfertigen es daher, allein gegen den Miterben vorzugehen, der (schuldhaft) die Erbauseinandersetzung verhindert.

---

782 Vgl. LSG Berlin-Brandenburg, Urt. vom 27.9.2012 – L 14 AS 1348/11 –, juris; LSG Rheinland-Pfalz, Urt. vom 19.3.2015 – L 5 SO 185/14 –, juris; LSG Schleswig-Holstein, Urt. vom 13.6.2018 – L 9 SO 7/14 –, juris.
783 Fallkonstellation nach LSG Schleswig-Holstein, Urt. vom 13.6.2018 – L 9 SO 7/14 –, juris.

Einzelne Fallgruppen könnten tendenziell wie folgt behandelt werden:
- Ist der Gesamtnachlass deutlich größer als der Sozialhilfeaufwand und liegt der Miterbenanteil z. B. bei einer geringen Anzahl von Erben unterhalb, aber noch in der Nähe des kostenersatzpflichtigen Sozialhilfeaufwands, kommt am ehesten eine gesamtschuldnerische Haftung in Frage.
- Ist der Gesamtnachlass größer als der Sozialhilfeaufwand und gibt es eine Vielzahl von Erben, so dass der Miterbenanteil deutlich unter dem kostenersatzpflichtigen Sozialhilfeaufwand liegt, kann eine Reduzierung der Forderung (z. B. auf den Miterbenanteil) angezeigt sein. Bei einer gesamtschuldnerischen Forderung gegenüber einem einzelnen Erben müsste dieser eine Kostenersatzforderung begleichen, die deutlich über seinem einzelnen Erbanteil liegt und die er möglicherweise nicht befriedigen kann, so dass seine finanzielle Belastungssituation besonders ausgeprägt wäre. Darüber hinaus steigt bei einer Mehrheit von Erben und einem über dem Sozialhilfeaufwand liegenden Nachlass die Wahrscheinlichkeit für den Sozialhilfeträger, seine Aufwendungen zurückzuerhalten.
- Anders stellt sich die Situation dar, wenn der Nachlass nicht ausreicht, um den Sozialhilfeaufwand zu befriedigen. Dann kann zwar daran gedacht werden, die Erben als Gesamtschuldner in Anspruch zu nehmen, um dem Normziel – eine Refinanzierung aufgewandter Sozialhilfe zu erreichen – gerecht zu werden. Andererseits ist auch die finanzielle Belastungssituation der Erben in den Blick zu nehmen. Ist der Nachlasswert im Vergleich zum Sozialhilfeaufwand deutlich geringer, spricht auch hier vieles dafür, nur den geerbten Anteil am Nachlass zu fordern. Es besteht aber **keine Notwendigkeit**, die Kostenersatzforderung über den Miterbenanteil hinaus auf das Verhältnis des Erbanteils zum Sozialhilfeaufwand weiter zu reduzieren.

Zusammenfassend kann festgestellt werden, dass das Ergebnis der Ermessenserwägungen häufig darin zu sehen sein wird, dass **nur der Miterbenanteil** zu fordern ist.

7.1.1.5.4 Verfahrens- und Praxishinweise

Um den Kostenersatzanspruch geltend zu machen, muss u. a. ermittelt werden, wer Erbe der leistungsberechtigten Person geworden ist, welche Erbquoten bestehen, wie hoch der Rohnachlass ist, ob berücksichtigungsfähige Nachlassverbindlichkeiten existieren oder ob nachlassmindernde Freibeträge nach § 102 Abs. 3 SGB XII zu berücksichtigen sind. Zu diesem Zweck ist es empfehlenswert
- den oder die Erben,
- das Finanzamt und
- das Nachlassgericht

verfahrensrechtlich einzubeziehen.

Die kostenersatzpflichtigen Erben sind nach § 117 Abs. 1 SGB XII auskunftspflichtig. Sie müssen Auskunft über die Höhe und die Zusammensetzung des Nachlasses geben, ggf. Testament, Erbvertrag und/oder den vom Nachlassgericht ausgestellten

Erbschein vorlegen. Nach § 2365 BGB wird vermutet, dass demjenigen, welcher im Erbschein als Erbe bezeichnet ist, das im Erbschein angegebene Erbrecht zusteht und dass er nicht durch andere als die angegebenen Anordnungen beschränkt ist. Aus dem Erbschein geht insofern für den Sozialhilfeträger hervor, wer Erbe mit welcher Erbquote geworden ist. Ein durch das Nachlassgericht gebührenpflichtiger Erbschein ist allerdings nicht notwendig, wenn aus einem Testament oder Erbvertrag die notwendigen Informationen glaubhaft hervorgehen.

Sollte die Befürchtung bestehen, dass der Nachlass noch vor der Durchsetzung der Kostenersatzforderung durch die Erben unwiederbringlich verausgabt wird, ist ein Antrag auf dinglichen Arrest (§ 86b Abs. 2 S. 4 SGG iVm § 916, § 917 ZPO) beim zuständigen Sozialgericht in Erwägung zu ziehen.

Nach der Sachverhaltsaufklärung (§§ 20, 21 SGB X) ist grundsätzlich **jeder Erbe** vor Erlass des Kostenersatzbescheides im Rahmen einer Anhörung mit der beabsichtigten Forderung zu konfrontieren. Eine Anhörung gegenüber jedem Erben ist in der Regel notwendig, weil nur dann eine ermessensgerechte Einzelfallentscheidung getroffen werden kann. Die potentiell kostenersatzpflichtigen Erben sind im Rahmen der Anhörung mit den im konkreten Fall maßgebenden Ermessenskriterien zu konfrontieren. Außerdem ist ihre Zahlungsfähigkeit und -bereitschaft zu erfragen. Bei Minderjährigen ist zu beachten, dass diese die Einrede des § 1629a BGB geltend machen können. Mit Eintritt der Volljährigkeit können sie eine etwaige Kostenersatzforderung auf den Bestand des bei Eintritt der Volljährigkeit vorhandenen Vermögens begrenzen. Dies rechtfertigt ggf. eine entsprechend höhere ermessensgerechte Forderung bei anderen Miterben. Die im Rahmen der Anhörung gewonnenen Erkenntnisse und Meinungen des Beteiligten sind in den notwendigen Abwägungsvorgang zur Höhe der Kostenersatzforderung des Bescheides zwingend einzubeziehen. Andernfalls leidet der Kostenersatzbescheid (Leistungsbescheid) an einem Abwägungsdefizit.

Gemäß § 21 Abs. 4 SGB X ist es möglich, die Erbschaftssteuerstelle des Finanzamtes um Auskunft zur Höhe des Nachlasses zu ersuchen. Vermögensverwahrer wie Banken und Lebensversicherer haben gemäß § 33 ErbStG die Verpflichtung, innerhalb eines Monats ab Bekanntwerden vom Erbfall dem Finanzamt Auskunft über das Vermögen des Verstorbenen mitzuteilen. Des Weiteren besitzen die Finanzämter aufgrund der erhobenen Grundsteuer Kenntnis von Grundbesitz und Immobilien. Nicht selten führen solche Auskünfte im Rahmen der Abgangssachbearbeitung zu noch nicht angegebenen Vermögenswerten. Sollte die Sozialhilfe dann mangels Schonvermögen rechtswidrig erbracht worden sein, ist anstelle von § 102 SGB XII eine Rückforderung nach §§ 45, 48 i. V.m. § 50 SGB X oder nach § 103 Abs. 1 Satz 2, § 104 SGB X zu prüfen.

Ein notariell beurkundetes Testament oder ein notariell beurkundeter Erbvertrag wird in der Regel beim Nachlassgericht (Amtsgericht, vgl. § 23a Abs. 2 Nr. 2 GVG) aufbewahrt, da nach § 34 Abs. 1, § 34a BeurkG der Notar das Testament oder den Erbvertrag dem Amtsgericht in Verwahrung zu geben und die Informationen zur Aufbewahrung an das Zentrale Testamentsregister zu übersenden hat. Die örtliche Zuständigkeit des Nachlassgerichtes bestimmt sich regelmäßig nach dem letzten Wohnsitz des Erblassers (§ 343 Abs. 1 FamFG). Auskunftsansprüche können durch den Sozialhilfeträger gegenüber dem Nachlassgericht nach §§ 13, 357 FamFG geltend gemacht werden.

Entsprechend den obigen Ausführungen ist je nach Erbanteil und je nach festgestellter teil- oder gesamtschuldnerischer Haftung ein Kostenersatz in gleicher oder unterschiedlicher Höhe für die einzelnen Erben festzusetzen. Die Festsetzung erfolgt durch Erlass eines individuellen Leistungsbescheides gegenüber jedem kostenersatzpflichtigen Erben, der inhaltlich hinreichend bestimmt und begründet sein muss. Hinsichtlich der Bestimmtheit genügt es, wenn der Adressat des Verwaltungsaktes im Tenor die Höhe der Haftungsschuld erkennen kann.[784] Aus der Begründung muss dann die konkrete Benennung des Haftungsgrundes, die Bezeichnung des Zeitraums, für den ein Kostenersatz begehrt wird, eine Auflistung der aufgewandten Sozialhilfeleistung im für den Kostenersatz maßgebenden Zeitraum erfolgen sowie die Ermessensentscheidung zur Auswahl der Kostenersatzpflichtigen und zur Höhe der Inanspruchnahme dargelegt werden. Hinsichtlich der erbrachten rechtmäßigen Sozialhilfeleistung muss nur der Zeitraum belegt werden, deren Höhe dem Umfang des geltend gemachten Kostenersatzanspruchs entspricht. Sofern notwendig, ist die Bedeutung einer etwaigen gesamtschuldnerischen Haftung im Begründungsteil des Bescheides ebenfalls zu erklären.

Gibt es mehrere kostenersatzpflichtige Erben, ist der Leistungsbescheid individuell an alle haftenden Erben zu richten. Dies gilt auch dann, wenn sich die Erben noch in einer Erbengemeinschaft befinden, die sich noch nicht auseinandergesetzt (vgl. § 2042 BGB) hat. Die Erbengemeinschaft ist nicht rechtsfähig. Sie darf deshalb nicht durch einen Leistungsbescheid in Anspruch genommen werden.

Eine noch nicht auseinandergesetzte Erbengemeinschaft hindert den Sozialhilfeträger nicht, den Kostenersatzanspruch durch Leistungsbescheid geltend zu machen. Vollstreckungsrechtliche Probleme entstehen allenfalls bei der Inanspruchnahme als Gesamtschuldner. Werden Erben als Teilschuldner in Höhe ihres Erbanteils in Anspruch genommen, sind sie jederzeit in der Lage, ihren Erbanteil zu verwerten (§ 2033 BGB). U. a. können sie

- einen Auseinandersetzungsvertrag mit den übrigen Miterben schließen (§§ 2046-2057a, 2042 Abs. 2 i. V. m. §§ 752-756 BGB),
- ihren Erbteil auf andere durch Verkauf übertragen (§ 2034, §§ 2371 ff. BGB),
- einen Abschichtungsvertrag (§ 738 BGB analog) mit anderen Erben vereinbaren,
- durch einen Erbteilspfändungsvertrag (§§ 1273 Abs. 2, 1258) einen Kredit aufnehmen,
- ihren Erbanteil über das Internet
 (https://www.einfacherben.de/marktplatz-erbanteile.html) verkaufen.

Bei einer gesamtschuldnerischen Inanspruchnahme ist noch nicht geklärt, ob die Einrede aus § 2059 Abs. 1 Satz 1 BGB ein Vollstreckungshindernis darstellt. Nach hier vertretener Auffassung ist das nicht der Fall, weil § 102 Abs. 2 SGB XII als Spezialregelung zu § 2059 Abs. 1 BGB aufzufassen ist und eine eigenständige Haftungsbeschränkung enthält, die einen Rückgriff auf die Haftungsbeschränkungsregelungen des Bürgerlichen Gesetzbuches ausschließt. Unabhängig davon können bei einer Gesamtschuldklage alle Erben in das gerichtliche Verfahren einbezogen werden (einfache

---

784 Vgl. BSG, Urt. vom 23.3.2010 – B 8 SO 2/09 R –, NVwZ-RR 2010, 892 = FEVS 62, 145.

Streitgenossenschaft nach § 74 SGG i. V. m. §§ 59, 60 ZPO). Ergeht ein einheitliches Urteil (vgl. § 113 SGG) kann in den ungeteilten Nachlass die Zwangsvollstreckung erfolgen (vgl. § 747 ZPO).

7.1.2 Kostenersatz bei schuldhaftem Verhalten (§ 103 Abs. 1 Satz 1 SGB XII)

7.1.2.1 Überblick über den Anwendungsbereich

Sozialhilfe wird grundsätzlich unabhängig von Verschulden und ohne Verpflichtung zur Rückzahlung geleistet. Eingeschränkt wird dieser Grundsatz durch die Möglichkeiten, aufgrund schuldhaften, d. h. vorsätzlichen Verhaltens, die Hilfe zu kürzen (vgl. § 26 Abs. 1 SGB XII), den Vermögensfreibetrag zu reduzieren (vgl. § 2 Abs. 2 VO zu § 90 Abs. 2 Nr. 9 SGB XII) oder einen Kostenersatz zu verlangen (vgl. § 103 Abs. 1 Satz 1 SGB XII). Dadurch soll die Allgemeinheit vor dem unbilligen Einsatz öffentlicher Mittel und einer missbräuchlichen Inanspruchnahme der Sozialhilfe geschützt werden. § 103 Abs. 1 Satz 1 SGB XII ermöglicht eine Leistungsrückzahlung, obwohl die Leistungserbringung rechtmäßig (gewesen) ist und eine Rückabwicklung des Leistungsfalles durch Aufhebung und Erstattung nach §§ 45, 48, 50 SGB X nicht in Betracht kommt. Die Vorschrift hat also einen schadensersatzähnlichen Charakter, weil sie ein sozialwidriges Verhalten sanktioniert.

Zum Ersatz der Kosten der Sozialhilfe ist gemäß § 103 Abs. 1 Satz 1 SGB XII verpflichtet, wer nach Vollendung des 18. Lebensjahres **für sich** oder **andere** durch vorsätzliches oder grob fahrlässiges Verhalten die Voraussetzungen für die Leistungen der Sozialhilfe **herbeigeführt** hat. Die Vorschrift will damit eine Rückzahlung schuldhaft und vorwerfbar herbeigeführter Sozialhilfeleistungen erreichen, unabhängig von der Frage, ob die leistungsberechtigte Person („für sich") oder ein ggf. nicht am Sozialhilfeverfahren beteiligter Dritter („andere") die Leistungserbringung verursacht hat.

Nachträglich soll ein Ausgleich für vermeidbare Sozialhilfeleistungen erreicht werden. Ersatzpflichtig ist die materiell rechtmäßig erbrachte Sozialhilfe. Rechtswidrig erbrachte Sozialhilfeleistungen werden durch die Kostenersatzvorschriften der §§ 103 Abs. 1 Satz 2, § 104 SGB XII erfasst.

Der Begriff „**herbeigeführt**" zielt in erster Linie auf ein aktives Tun ab, welches in der Regel zeitlich vor dem Sozialhilfebezug liegt. Es sind aber auch Fälle denkbar, in denen die Hilfeleistung aufrechterhalten wird (z. B. Verzicht auf einen angefallenen Pflichtteilsanspruch, Erbschaftsausschlagung, obliegenheitswidriger vorzeitiger Verbrauch von Einmaleinkommen im Verteilzeitraum oder vorzeitiger Verbrauch von Vermögen aus einem Verkaufserlös). Nach hier vertretener Auffassung umfasst der Begriff „herbeigeführt" auch kostenersatzpflichtiges Verhalten im bzw. während des laufenden Leistungsbezugs.[785] Im Zweiten Buch Sozialgesetzbuch hat der Gesetzgeber hierauf mit einer „Klarstellung"[786] reagiert. Danach gilt als Herbeiführung auch,

---
785 A. A. zum Rechtsbereich des SGB II: BSG, Urt. vom 8.2.2017 – B 14 AS 3/16 R –, juris, Rn. 20 ff.
786 Vgl. BT-Drs. 18/8041 S. 45.

wenn die Hilfebedürftigkeit erhöht, aufrechterhalten oder nicht verringert wurde (§ 34 Abs. 1 Satz 3 SGB II). Auch vor diesem Hintergrund ist eine extensive Auslegung des Begriffs „herbeiführen" angezeigt.

Nicht nur aktives Tun, sondern auch **passives Unterlassen** wird von der Norm erfasst. Ein „Unterlassen" ist immer dann potentiell kostenersatzpflichtig, wenn eine Rechtspflicht zum Handeln (sog. „Garantenstellung") besteht. Ein Unterlassen setzt eine Garantenpflicht in der Weise voraus, dass ein legislatives Werturteil eine Rechtspflicht zum Tun erfordert.[787] Eine solche Rechtspflicht zum Handeln besteht im Sozialhilferecht in den allgemeinen (§§ 60 ff. SGB I) und speziellen Mitwirkungsverpflichtungen (§ 117 SGB XII). Ebenfalls kann aus den Selbst- und Fremdhilfeobliegenheiten, also dem Nachrangprinzip (§ 2 SGB XII), eine Pflicht erwachsen, nicht untätig zu bleiben.

Auch ohne Garantenstellung kommt eine Kostenersatzpflicht beispielsweise in Frage, wenn ein **Betreuer** nicht für einen Sozialversicherungsschutz des hilfebedürftigen Betreuten sorgt. Im konkreten Fall wurde der Betreuer von der Krankenkasse über eine drohende Beendigung des Versicherungsschutzes seines Betreuten wegen ausbleibender Beitragszahlungen informiert. Als Vertreter des Betreuten (§ 1902 BGB) wurde er aufgefordert, dass der Betreute den ausstehenden Beitrag schnellstmöglich entrichtet; außerdem wurde er darüber in Kenntnis gesetzt, dass der Sozialhilfeträger in der Lage wäre, den Kranken- und Pflegeversicherungsbeitrag zu zahlen (vgl. § 32 SGB XII). Da der Betreuer aber weitgehend untätig blieb, entfiel der Kranken- und Pflegeversicherungsschutz. Die hierdurch ausgelösten erhöhten Aufwendungen der Hilfe zur Pflege nach dem 7. Kapitel SGB XII sind potentiell kostenersatzpflichtig, weil der Betreuer als Vertreter der leistungsberechtigten Person auch gegenüber dem Sozialhilfeträger die Aufgabe hat, den Nachranggrundsatz zu wahren. Der Betreuer trägt auch eine Verantwortung dafür, dass steuerfinanzierte Mittel der Sozialhilfe dann nicht in Anspruch genommen werden, wenn dies vermeidbar ist.[788]

Insgesamt bleibt festzuhalten, dass insbesondere Betreuer als „Dritte" im Sinne von § 103 Abs. 1 Satz 1 SGB XII kostenersatzpflichtig in Anspruch genommen werden können, auch wenn sie selbst keiner Garantenstellung im Verhältnis zum Sozialhilfeträger unterliegen.

Eine Kostenersatzpflicht wegen Untätigkeit (Unterlassen) kommt dennoch vergleichsweise selten vor. Denkbar sind Fälle, in denen unangemessenes Vermögen nicht verwertet wird, Unterhaltszahlungen des einsatzverpflichteten Partners ausbleiben[789] oder der Sozialversicherungsschutz nicht hergestellt[790] wird. Ein Unterlassen ist auch dann „sozialwidrig" und begründet einen Anspruch des Trägers der Sozialhilfe auf Kostenersatz, wenn der Handelnde eine Lage schafft, die den Träger der Sozialhilfe zwingt, trotz vorangegangener Versagung der Hilfe diese noch leisten zu müssen (zur Aufrechterhaltung einer stationären Unterbringung in einer nicht notwendigen und unangemessenen stationären Einrichtung).[791]

---

787 Vgl. LSG NRW, Urt. vom 24.5.2012 – L 9 SO 281/11 –, juris, Rn. 46 ff.
788 Vgl. BSG, Urt. vom 3.7.2020 – B 8 SO 2/19 R –, juris, Rn. 25, 26.
789 Vgl. SG Heilbronn, Urt. vom 15.3.2016 – S 11 SO 4135/15 –, juris.
790 Vgl. BVerwG, Urt. vom 23.9.1999 – 5 C 22/99 –, juris, Rn. 13; LSG Berlin-Brandenburg, Urt. vom 29.2.2008 – L 15 B 32/08 SO ER –, juris, Rn. 8; SG Gotha, Urt. vom 2.6.2008 – S 14 SO 3481/06 –, juris, Rn. 33.
791 Vgl. BVerwG, Urt. vom 14.1.1982 – 5 C 70/80 –, juris.

Ungeschriebenes Tatbestandsmerkmal der Vorschrift ist ein „sozialwidriges Verhalten". Das ist ein Verhalten, welches aus gesellschaftlicher Sicht zu missbilligen ist. Wertmaßstäbe des Grundgesetzes, der Rechtsordnung (insbesondere des Strafgesetzbuches, unerlaubte Handlungen nach §§ 823 ff. BGB, Sittenwidrigkeit) und der Sozialhilfe (insbesondere das Nachrangprinzip) sind zu betrachten und zu bewerten, um die Frage eines vorwerfbaren Verhaltens zu beantworten.

Zivilrechtlich zulässige Gestaltungsoptionen schließen einen Kostenersatzanspruch nicht aus. Insbesondere muss jeder Antragsteller oder Leistungsberechtigte dem **Nachranggrundsatz** der Sozialhilfe Rechnung tragen, also das Mögliche und Zumutbare unternehmen, um Sozialhilfeleistungen zu vermeiden oder realisierbare Forderungen zu verwirklichen. Zu **bewerten** ist, ob das aktive Tun oder Unterlassen einen Kernbereich des Nachrangprinzips der Sozialhilfe in einer Weise missachtet, die aus der Sicht der Solidargemeinschaft zu missbilligen ist. Das ist der Fall, wenn die leistungsberechtigte Person die Sozialhilfe in einer vorwerfbaren und zugleich vermeidbaren Art und Weise in Anspruch nimmt. Das ist individuell zu prüfen. Unerlaubte Handlungen im Sinne von §§ 823 ff. BGB, sittenwidrige Handlungen (§ 138 BGB) oder strafbare Handlungen können, müssen aber nicht einen Kostenersatzanspruch auslösen. Allerdings ist insbesondere bei Straftaten und bei sittenwidrigen Rechtsgeschäften festzustellen, dass diese einen Kostenersatzanspruch indizieren, wenn durch ein Rechtsgeschäft oder eine Straftat die Sozialhilfebedürftigkeit ausgelöst wird.

7.1.2.2 Voraussetzungen

Ein Kostenersatz wegen schuldhaften Verhaltens kommt unter folgenden Voraussetzungen in Betracht (vgl. § 103 Abs. 1 Satz 1 SGB XII):
1. Die Person, die die Leistung der Sozialhilfe herbeigeführt hat (**Verursacher/-in**) hat zum Zeitpunkt der Verursachung das **18. Lebensjahr vollendet**. Für die Handlungen eines Minderjährigen besteht für Eltern keine Kostenersatzpflicht.
2. Die Sozialhilfe wurde dieser Person selbst und/oder einer anderen Person geleistet. Der Verursacher muss damit nicht selbst hilfebedürftig sein. Verursacher kann ein gesetzlicher oder gewillkürter Vertreter wie z. B. ein Betreuer[792] sein, aber auch jeder Dritte, ohne dass ein Vertretungsverhältnis vorliegt.
3. Die Rechtsprechung fordert weiterhin – obwohl nicht ausdrücklich aus dem Wortlaut des Gesetzestextes ablesbar – ein sog. **„sozialwidriges Verhalten"**. Das ist ein Verhalten, das darauf abzielt, Leistungen für sich oder andere Personen auszulösen. Mit dem Begriff „sozialwidrig" wird ein Tun oder Unterlassen erfasst, welches aus der Sicht der Solidargemeinschaft zu missbilligen ist.[793] Nicht jedes vorsätzliche oder grobfahrlässige Tun (Unterlassen), das für eine Leistungserbringung ursächlich ist, begründet einen Kostenersatzanspruch. Das Tun muss vielmehr einem Unwert-

---
792 Vgl. LSG NRW, Urt. vom 25.7.2019 – L 9 SO 544/17 –, juris.
793 Vgl. BVerwG, BVerwGE 64, 318 = FEVS 31, 265 = ZFSH 1982, 188 = NDV 1982, 238 in Fortentwicklung von BVerwG, Urt. vom 24.6.1976 – 5 C 41/71 –, BVerwGE 51, 61 = FEVS 24, 397 = NDV 1977, 198; BVerwG, Urt. vom 10.4.2003 – 5 C 4/02 –, BVerwGE 118, 109 = NJW 2003, 3501 = ZFSH/SGB 2004, 27 = FEVS 55, 110.

urteil unterworfen werden können, wobei allerdings eine Eingrenzung auf „rechtswidriges" Handeln im Sinne des bürgerlichen Rechts (§§ 823 ff. BGB) oder des Strafrechts nicht unbedingt notwendig ist.

Erst wenn geklärt ist, dass das fragliche Verhalten als sozialwidrig zu bewerten ist, ist die Verschuldensfrage zu prüfen.

Ein sozialwidriges Verhalten ist u.a. dann zu bejahen, wenn die Sozialhilfegewährung ganz oder teilweise vermeidbar gewesen wäre, weil ein anderes Verhalten zumutbar gewesen wäre. Gibt es plausible und nachvollziehbare Erklärungen für das Verhalten, ist das Verhalten möglicherweise nicht sozialwidrig. Es ist also das Einzelfallinteresse für das Verhalten mit dem Allgemeininteresse abzuwägen, wobei das Allgemeininteresse darin besteht, nur solche Leistungen an Personen zu erbringen, die nicht imstande sind, sich selbst zu unterhalten. Wird eine einmalige Einnahme bspw. obliegenheitswidrig vorzeitig verbraucht, aber für den dringenden Kauf eines Kühlschranks eingesetzt, ist der vorzeitige Verbrauch nicht als sozialwidrig einzuschätzen. Hingegen ist eine unwirtschaftliche Lebensweise durch den Kauf eines Flachbildfernsehers und zahlreicher Blue-ray Discs als sozialwidriges Verhalten einzustufen.

4. Die Leistung wurde durch **schuldhaftes** (vorsätzliches oder grob fahrlässiges) **Verhalten** (Handeln oder Unterlassen) ausgelöst. Das Verschulden muss sich auf die Sozialwidrigkeit des Verhaltens beziehen, d. h. schuldhaft verhält sich nur, wer sich der Sozialwidrigkeit seines Verhaltens bewusst oder grob fahrlässig nicht bewusst ist.[794]

Grobe Fahrlässigkeit liegt vor, wenn der Ersatzpflichtige die verkehrserforderliche Sorgfalt in einem besonders schweren Maße verletzt hat, wenn er also nach seiner **individuellen** Urteils- und Kritikfähigkeit, nach seinem Einsichtsvermögen schlechthin unentschuldbar verhalten hat und einfachste, ganz naheliegende Überlegungen nicht angestellt hat, mithin das nicht beachtet hat, was im gegebenen Fall jedem hätte einleuchten müssen. Bei geistiger Behinderung, krankhafter Sucht oder einer Depression kann ein Schuldvorwurf ggf. verneint werden.

Vorsatz liegt vor, wenn der Verursacher wissentlich oder willentlich die Leistungsgewährung herbeigeführt hat (direkter Vorsatz) oder die Leistungserbringung als möglich erachtet und sie billigend in Kauf genommen hat (bedingter Vorsatz).

5. Die Leistung der Sozialhilfe muss eine unmittelbare Folge des schuldhaften Verhaltens sein (unmittelbare **Kausalität**). Ein Kostenersatz kann nur insoweit verlangt werden, als das Verhalten kausal für die Hilfebedürftigkeit ist. Wenn Leistungen nach dem Zwölften Buch Sozialgesetzbuch unabhängig vom schuldhaften Verhalten erbracht worden wären, besteht keine Kausalität.

Es muss also ein („innerer") Zusammenhang zwischen Verhalten einerseits und Herbeiführung der Hilfebedürftigkeit andererseits bestehen. Die Hilfebedürftigkeit muss in direkter Kausalität zielgerichtet herbeigeführt werden. Die Kausalität ist eng auszulegen, weil die Leistungserbringung grundsätzlich unabhängig von den Ursachen der Hilfebedürftigkeit erfolgt.

---

794 BVerwG, Urt. vom 24.6.1976 – V C 41/74 –, juris, Rn. 15,

7.1 Kostenersatz bei rechtmäßiger Hilfeleistung (§§ 102, 103 Abs. 1 Satz 1, 105 SGB XII)

Die hohen Anforderungen an die Frage eines Kausalitätszusammenhangs zwischen Verhalten und herbeigeführter Hilfebedürftigkeit sind zuletzt vom Bundessozialgericht zu strafrechtlich relevanten Fällen wegen Verstoßes gegen das Betäubungsmittelgesetz deutlich geworden.

Das Bundessozialgericht[795] vertritt die Auffassung, dass mit vorsätzlich begangenen Handlungen (hier: Drogenhandel), die zur Inhaftierung und damit zum Verlust des Arbeitsplatzes bzw. zu eingeschränkten Verdienstmöglichkeiten während des Freigangs geführt haben, eine Hilfebedürftigkeit der Angehörigen **nicht** im Sinne einer direkten Kausalität herbeigeführt worden ist, so dass auch die direkte Kausalität des Handelns zu verneinen wäre. Als Begründung wird angeführt, dass der Drogenhandel nur die Einkommenssituation verbessern sollte und der Drogenhandel selbst die Existenzgrundlage nicht beeinträchtigt hätte, da der Leistungsberechtigte noch einer Erwerbstätigkeit nachgegangen wäre. Der Leistungsbezug sei daher nur mittelbare Folge der Verbüßung der Haftstrafe.

Damit kommt nur noch in Ausnahmefällen ein Kostenersatzanspruch in Frage. Verursacht bspw. jemand durch Alkohol- oder Drogenkonsum leichtfertig einen Verkehrsunfall und ist hierdurch anschließend auf Sozialhilfeleistungen angewiesen, kommt ein Kostenersatzanspruch unter Berücksichtigung der o. g. Rechtsprechung nicht mehr in Betracht. Das Verhalten war nicht zielgerichtet darauf ausgerichtet, Sozialhilfe zu beziehen.

Schließlich gibt es Fallkonstellationen, in denen durch entsprechendes Verhalten des Sozialleistungsträgers der Leistungsbezug hätte vermieden werden können. So können in Fallkonstellationen, in denen der Sozialleistungsträger seinen Beratungspflichten nicht nachgekommen ist, mehrere Verursachungsbeiträge zum herbeigeführten Leistungsbezug vorliegen. Der Sozialleistungsträger ist beispielsweise nach §§ 14, 15 SGB I verpflichtet, auf Leistungen anderer Leistungsträger und auf dort geltende Fristen und Termine hinzuweisen. Unterlässt er dies, kommt ggf. trotz schuldhaften Handelns der leistungsberechtigten Person bzw. seines Vertreters (z.B. ein verschuldeter fehlender Krankenversicherungsschutz) eine Kostenersatzpflicht mangels Kausalität nicht in Frage.[796]

Ein Kostenersatzanspruch kann daher daran scheitern, dass mehrere adäquate Ursachen für die Leistungserbringung vorliegen. Ein Ersatzanspruch verlangt eine überwiegende bzw. wesentliche Mitursache für den Erhalt der Leistung durch das Verhalten des potentiellen Ersatzpflichtigen. In Fällen mehrerer Verursachungsbeiträge ist zu klären, ob ein wesentlicher Beitrag für die rechtswidrige Leistungsgewährung durch den Ersatzpflichtigen vorliegt.[797]

6. Von der Heranziehung zum Kostenersatz **kann** abgesehen werden, soweit sie eine **Härte** bedeuten würde (§ 103 Abs. 1 Satz 3 SGB XII). Von einer Härte ist z. B.

---

[795] BSG, Urt. vom 16.4.2013 – B 14 AS 55/12 R –, NZS, 670; BSG, Urt. vom 2.11.2012 – B 4 AS 39/12 R –, SGb 11/2013, 655 (mit Anmerkung von *Grote-Seifert*). Noch anders entschieden durch: BVerwG, Urt. vom 10.4.2003 – 5 C 4/02 –, juris.
[796] Vgl. BSG, Urt. vom 3.7.2020 – B 8 SO 2/19 R –, juris, Rn. 33.
[797] LSG Niedersachsen-Bremen, Urt. vom 8.7.2020 – L 13 AS 18/20 –, juris, Rn. 38, 39, durch die Revision bestätigt: BSG, Urt. vom 12.5.2021 – B 4 AS 66/20 R –.

auszugehen, wenn die kostenersatzpflichtige Person mit hoher Wahrscheinlichkeit auf Dauer nicht leistungsfähig sein wird.

Gehören Ersatzpflichtige zum Personenkreis des § 67 SGB XII (Personen mit besonderen sozialen Schwierigkeiten, z. B. Haftentlassene) oder wird das Familienleben des Verursachers durch diese Maßnahme besonders belastet (Schlussfolgerung aus § 16 SGB XII), kommt ein vollständiger oder teilweiser Verzicht auf die Festsetzung eines Kostensatzes in Betracht. Überwiegend ist davon auszugehen, dass die ohnehin schwierige Resozialisierung von Haftentlassenen durch solche Belastungen noch erschwert wird und zum anderen für diese Personen im Einzelfall ohne Rücksicht auf Einkommen und Vermögen Leistungen erbracht werden können (§ 68 Abs. 2 SGB XII). Ein Kostenersatz würde diesem Bestreben entgegenwirken.

Ist eine kostenersatzpflichtige Person hilfebedürftig, kann eine Härte auch in einer finanziell starken Belastung gesehen werden, wenn die Kostenersatzforderung umfangreich ausfällt. Die Grenze der finanziellen Belastung ist einzelfallabhängig zu entscheiden, kann aber erreicht sein, wenn die Ersatzforderung die Summe aus vorhandenem (Schon-)Vermögen und dem nach § 26 Abs. 2 SGB XII höchstmöglich aufrechenbaren Betrag übersteigt.[798]

7. Der Ersatzanspruch muss **innerhalb von drei Jahren** nach Ablauf des Jahres, **in dem** die Leistung **erbracht** worden ist, geltend gemacht worden sein (vgl. § 103 Abs. 3 Satz 1 SGB XII). Nach Ablauf der drei – bzw. maximal vier – Jahre ist der Anspruch für die Leistungen, die vor dieser Frist liegen, erloschen. Es handelt sich mithin nicht um eine Einrede, sondern um eine von Amts wegen zu beachtende rechtsvernichtende Einwendung.

Der Kostenersatzanspruch ist damit nach Ablauf von drei bzw. vier Jahren für die entsprechenden Leistungen in der Vergangenheit entfallen. Sind hingegen die Leistungen der vergangenen drei – bzw. maximal vier – Jahre noch auf das sozialwidrige Verhalten zurückzuführen, kann innerhalb des Erlöschenszeitraums ein Kostenersatzanspruch geltend gemacht werden, obwohl das verursachende Verhalten länger als drei bzw. vier Jahre zurückliegt. Liegen die Voraussetzungen der Kausalität vor, kann ein Kostenersatzanspruch also zeitlich unbegrenzt geltend gemacht werden (dazu u. a. folgende Beispiele).

7.1.2.3 Beispiele

Der Kostenersatzanspruch gemäß § 103 Abs. 1 Satz 1 SGB XII entsteht **kraft Gesetzes** und kommt – einzelfallabhängig – z. B. in Betracht, wenn
- Hilfe bei Krankheit, Eingliederungshilfe für behinderte Menschen oder Hilfe zur Pflege geleistet werden musste, weil sich die Leistungsempfänger vorsätzlich oder grob fahrlässig nicht gegen das Risiko der Krankheit oder Pflegebedürftigkeit versichert hatten,[799]

---
798 Vgl. SG Berlin, Urt. vom 8.12.2020 – S 179 AS 6137/17 –, juris, Rn. 30.
799 Vgl. BVerwG, Urt. vom 23.9.1999 – 5 C 22/99 –, juris, Rn. 13; LSG Berlin-Brandenburg, Urt. vom 29.2.2008 – L 15 B 32/08 SO ER –, juris, Rn. 8; SG Gotha, Urt. vom 2.6.2008 – S 14 SO 3481/06 –, juris, Rn. 33.

7.1 Kostenersatz bei rechtmäßiger Hilfeleistung (§§ 102, 103 Abs. 1 Satz 1, 105 SGB XII)

- leistungsberechtigte Personen ihr Vermögen in der Absicht verschenkt haben, Sozialhilfe zu beziehen[800] (ein Rückforderungsanspruch des Schenkers gegen die Beschenkten mit der Möglichkeit der Überleitung des Rückforderungsanspruchs nach § 93 SGB XII bleibt unberührt),
- Einmaleinkommen (z. B. Lottogewinn, Erbschaft) oder Vermögen obliegenheitswidrig vorzeitig und schnell durch eine unwirtschaftliche Lebensweise verbraucht wurde und deshalb die Gewährung von Sozialhilfe notwendig wird: Ein Verhalten ist z. b. sozialwidrig, wenn eine Erbschaft von 40.000,00 € zur Tilgung privater Schulden benutzt wird.[801] Der leistungsberechtigten Person ist es zumutbar, Einmaleinkommen zunächst zur Deckung des eigenen Bedarfs einzusetzen. Private Schulden sind jedenfalls dann nachrangig zu bedienen, wenn man auf die Begleichung verzichten kann (ggf. dann bspw. nicht der Fall, wenn eine Stromrechnung bezahlt werden muss). Es besteht die Obliegenheit des Einzelnen, Einkommen auch dann zur Behebung einer gegenwärtigen Notlage für sich zu verwenden, wenn er sich dadurch außerstande setzt, anderweitig bestehende Verpflichtungen zu erfüllen. Die Verwendung von eigenen Mitteln zur Deckung des eigenen Bedarfs genießt also absoluten Vorrang.
- die leistungsberechtigte Person eine zumutbare Verwertung von unangemessenem Vermögen unterlässt oder verweigert,[802]
- eine unwirtschaftliche Lebensweise praktiziert wird, so dass der Sozialhilfebezug absehbar ist bzw. billigend in Kauf genommen wird,[803]
- eine Erbschaft ausgeschlagen (§§ 1942 ff. BGB) oder auf einen Pflichtteilsanspruch verzichtet wird (§ 2346 BGB),[804]
- keine ausreichende Mitwirkung bei der Inanspruchnahme vorrangiger Sozialleistungen wie z. B. Unterhaltsvorschuss-Leistungen oder Rentenleistungen besteht,
- jemand die von ihm bisher ausgeübte Erwerbstätigkeit ohne wichtigen Grund aufgibt oder Anlass zu einer arbeitgeberseitigen Kündigung gibt und damit zu rechnen ist, dass er und seine Familienangehörigen auf Leistungen der Sozialhilfe angewiesen ist (gilt insbesondere für gemischte Bedarfsgemeinschaften).[805]

7.1.2.4 Erbrechtliche Fallkonstellationen

Besondere Praxisrelevanz gewinnt der Kostenersatzanspruch aus § 103 Abs. 1 Satz 1 SGB XII in erbrechtlichen Fallkonstellationen. Ein Kostenersatzanspruch ist beispielsweise zu prüfen,
- wenn kurz vor dem Leistungsbezug oder sogar während des Leistungsbezugs Bar- oder Immobilienvermögen auf Familienangehörige ohne Gegenleistungen übertragen (verschenkt) wird,

---
800 Vgl. SG Karlsruhe, Urt. vom 29.1.2009 – S 4 SO 5937/07 –, juris, Rn. 23.
801 Vgl. LSG Niedersachsen-Bremen, Urt. vom 12.12.2018 – L 13 AS 111/17 –, juris, Rn. 35.
802 Vgl. LSG Baden-Württemberg, Beschl. vom 27.6.2016 – L 2 SO 1273/16 –, juris, Rn. 33.
803 Vgl. LSG Baden-Württemberg, Urt. vom 15.10.2014 – L 2 SO 2489/14 –, juris.
804 Vgl. Bayerisches LSG, Beschl. vom 30.7.2015 – L 8 SO 146/15 B ER –, juris, Rn. 19 ff.; SG Karlsruhe, Urt. vom 30.10.2015 – S 1 SO 1842/15 –.
805 Niedersächsisches OVG, Urt. vom 22.11.1995 – 4 L 817/95 –, ZfF 1998, 62.

- wenn auf einen Pflichtteilsanspruch verzichtet wird (§ 2346 Abs. 2 BGB),
- wenn auf einen Erbanspruch verzichtet wird (§ 2346 Abs. 1 BGB),
- wenn ein Erbe ausgeschlagen wird (§§ 1942 ff. BGB).

Zwar sind erbrechtliche Verfügungen vor dem Leistungsbezug (z. B. ein Pflichtteilsverzicht vor dem Leistungsbezug) zulässig, weil sie von der sog. „negativen Erbfreiheit" (Art. 14 GG) umfasst sind.[806] Dies schließt jedoch einen Kostenersatzanspruch nicht zwingend aus, wenn eine Schädigung des Sozialhilfeträgers erkennbar ist und durch diesen glaubhaft gemacht werden kann. Auch wenn Rechtshandlungen zulässig sind, bedeutet dies nicht, dass Kostenersatzansprüche dadurch ausgeschlossen sind.

Darüber hinaus ist zu beachten, dass im Einzelfall ein sittenwidriges und damit nichtiges Rechtsgeschäft (§ 138 BGB) vorliegen kann. Rechtsgeschäfte, die darauf abzielen, dass jemand trotz eigener Unterhaltsmöglichkeiten zu Ansprüchen auf Sozialhilfe gelangt, sind in der Regel sittenwidrig[807] (z. B. dann, wenn ein Pflichtteilsverzicht **während** des laufenden Leistungsbezugs erklärt wird). Für Schenkungsverträge ist eine Sittenwidrigkeit regelmäßig dann anzunehmen, wenn der Schenker dem Beschenkten einen Vermögensgegenstand zuwendet, den er zur Deckung seines Unterhaltsbedarfs benötigt, dieser Unterhaltsbedarf deshalb vom Sozialhilfeträger befriedigt werden muss und der Beschenkte annehmen muss, den zugewendeten Gegenstand mit der Schenkung einer Verwertung zur Deckung des Unterhaltsbedarfs des Schenkers zu entziehen.[808] Sittenwidrige Rechtsgeschäfte sind in der Regel zugleich sozialwidrig. Sollte der Kostenersatzanspruch Gegenstand des Klageverfahrens werden, wird das Gericht zugleich die Frage des sittenwidrigen Rechtsgeschäfts mitklären. Wird die Sittenwidrigkeit und damit die Nichtigkeit des Rechtsgeschäfts bejaht, fällt das Vermögen zurück in das Eigentum der leistungsberechtigten Person. Andernfalls kann ggf. ein Kostenersatzanspruch geltend gemacht werden.

Zu beachten ist ferner, dass insbesondere bei Verträgen (z. B. Schenkungsverträge bei Grundstücksübergaben, Vertrag über einen Pflichtteilsverzicht) ein kollusives Zusammenwirken zweier Parteien vorliegt, von denen eine die leistungsberechtigte Person ist. Ein Kostenersatzanspruch gegenüber der leistungsberechtigten Person macht dann keinen Sinn, wenn eine Rückzahlung der Sozialhilfe mangels Vermögen faktisch nicht möglich ist. Zwar kommt im Fall von Kostenersatzansprüchen eine Aufrechnung mit vorhandenen Sozialleistungsansprüchen in Frage (§ 26 Abs. 2 SGB XII), doch stellt dies in der Regel nur eine Teilkompensation des Schadens dar und ist darüber hinaus in Fällen von stationärer Pflege wenig sinnvoll. Der Kostenersatzanspruch ist deshalb (zusätzlich) gegenüber dem Partner des Rechtsgeschäfts (in der Regel ein Familienangehöriger, Betreuer oder Bekannter) vorzunehmen.

---

806 Vgl. BGH, Urt. vom 19.1.2011 – IV ZR 7/10 –, juris.
807 Vgl. OVG NRW, Urt. vom 21.6.1988 – 8 A 1416/86 –, juris, Rn. 17 ff.; OVG NRW, Beschl. vom 30.12.1996 – 8 A 3204/94 –, juris, Rn. 11 ff.; OLG Frankfurt, Beschl. vom 22.6.2004 – 20 W 332/03 –, VG Aachen, Beschl. vom 7.7.2004 – 2 L 447/04 –, juris, Rn. 12 ff.; VG Düsseldorf, Urt. vom 25.1.2008 – 21 K 3379/07 –, juris, Rn. 42 ff.; SG Düsseldorf, Urt. vom 7.4.2008 – S 29 (35) SO 143/05 –, juris, Rn. 181 ff.; SG Fulda, Urt. vom 10.5.2011 – S 7 SO 56/07 –, juris, Rn. 52 ff.; Bayerischer VGH, Beschl. vom 25.4.2001 – 12 ZB 01.553 –, juris, Rn. 7.
808 BGH, Urt. vom 20.11.2018 – X ZR 115/16 –, juris, Rn. 18.

Bei erbrechtlichen Fallkonstellationen ist ein aufwendiger Abwägungsprozess vorzunehmen, der sich zwischen den Polen von zulässigen erbrechtlichen Gestaltungsoptionen und einer aus gesellschaftlicher Sicht nicht zu akzeptierenden unzulässigen Inanspruchnahme von Sozialhilfemitteln bewegt.

Das sog. „Behindertentestament" ist z. B. eine nicht kostenersatzpflichtige Nachlassgestaltung. Das Testament oder der Erbvertrag entspricht der sittlich anzuerkennenden Sorge für das Wohl des behinderten Kindes durch die Eltern. Auch das Subsidiaritätsprinzip ist im Sozialhilferecht zu Gunsten behinderter Personen teilweise aufgehoben (vgl. § 92 SGB XII a. F., § 94 Abs. 2 SGB XII a. F., §§ 135 ff. SGB IX). Aus diesen gesellschaftlichen und zugleich legislativen Wertungen des Gesetzgebers ist zu schlussfolgern, dass zumindest in Fällen von Behinderten Lasten auch im Sozialrecht von der Allgemeinheit getragen werden sollen.[809]

Danach kann von einer behinderten leistungsberechtigten Person bspw. nicht verlangt werden, eine Erbschaft auszuschlagen, um dadurch den leistungsmindernden oder leistungsvernichtenden Pflichtteilsanspruch geltend zu machen (vgl. § 2306 BGB). Aus Art. 14 GG folgt die Freiheit, ein Erbe anzunehmen oder auszuschlagen. Die Annahme einer Erbschaft kann nach der Rechts- und Werteordnung kein sozialwidriges Verhalten sein, auch wenn dadurch die Hilfebedürftigkeit aufrechterhalten bleibt. Zu einem anderen Ergebnis kann man aber in Fallgestaltungen kommen, bei denen die Testaments- oder Erbvertragsgestaltung ebenfalls einen Zugriff des Sozialhilfeträgers verhindert, ohne dass es sich um eine behinderte Person handelt (sog. „Bedürftigentestamente").[810]

7.1.2.5 Geltendmachung des Kostenersatzanspruchs

Die Höhe der Kostenersatzforderung orientiert sich an der durch das Verhalten ausgelösten Sozialhilfegewährung. Die Kausalität bestimmt also an dem Umfang der Kostenersatzforderung.

Die Kostenersatzforderung ist nachträglich für Leistungen, die in der Vergangenheit erbracht wurden, festzusetzen. Bei der Festsetzung eines Kostenersatzes ist es zunächst unerheblich, ob der Verursacher aufgrund seiner Einkommens- und Vermögensverhältnisse in der Lage ist, die daraus resultierenden Zahlungen zeitnah zu erbringen. Ein erlassener Kostenersatz- bzw. Leistungsbescheid verjährt erst nach 30 Jahren (§ 52 Abs. 2 SGB X). Dies ist insbesondere in den Fällen relevant, in denen der Kostenersatzpflichtige später zu Einkommen oder Vermögen gelangt und liquide wird.

Die Kostenersatzforderung wird durch einen Leistungsbescheid geltend gemacht. Ist dieser bestandskräftig oder wurde die sofortige Vollziehung angeordnet, kann der Anspruch mit laufenden Sozialhilfeleistungen bis zu einer Höhe von 30 % des Regelsatzes aufgerechnet werden (§ 26 Abs. 2 SGB XII).

---

809 Vgl. BGH, Urt. vom 21.3.1990 – IV ZR 169/89 –; BGH, Urt. vom 20.10.1993 – IV ZR 231/92 –; BGH, Urt. vom 19.1.2011 – IV ZR 7/10 –; BGH, Urt. vom 27.3.2013 – XII ZB 679/11 –; BGH, Urt. vom 10.5.2017 – XII ZB 614/16 –; LSG Baden-Württemberg, Beschl. vom 9.10.2007 – L 7 AS 3528/07 ER B –; LSG Hamburg vom 13.9.2012 – L 4 AS 167/10 –, juris, Rn. 35 ff. m. w. N.; BGH, Urt. vom 24.7.2019 – XII ZB 560/18 –, juris.
810 Vgl. SG Dortmund, Beschl. vom 25.9.2009 – S 29 AS 309/09 ER –, juris.

Eine Kostenersatzforderung sollte nicht nur dem Anspruch dem Grunde nach,[811] sondern auch der Höhe nach mittels Leistungsbescheid festgestellt werden. Sollte der Kostenersatzanspruch nur durch einen Grundlagenbescheid festgestellt werden, wird hierdurch der Ablauf der Erlöschensfrist nicht gehemmt.

Der Anspruch auf Kostenersatz erlischt drei Jahre nach Ablauf des Jahres, in dem die Hilfe erbracht worden ist (vgl. § 103 Abs. 3 Satz 1 SGB XII). Die Formulierung „in dem" macht deutlich, dass es für die Betrachtung des kostenersatzpflichtigen Zeitraums auf das Jahr ankommt, in dem die Leistung tatsächlich erbracht worden ist, und nicht „für welchen" Zeitraum die Leistung ausgezahlt wurde. Die Regelung macht ferner deutlich, dass es keinen Kostenersatzanspruch für Leistungen gibt, die vor Ablauf der Dreijahresfrist erbracht wurden. Liegen die Sozialhilfeleistungen innerhalb der Erlöschensfrist, kann ein Kostenersatzanspruch geltend gemacht werden. Es kommt insofern „nur" darauf an, ob die Leistungen innerhalb der Dreijahresfrist auf das sozialwidrige Verhalten zurückzuführen sind. Vor diesem Hintergrund können dann mehrere zeitlich versetzte und einander folgende Kostenersatzforderungen erlassen werden. Theoretisch ist eine zeitlich unbegrenzte Kostenersatzforderung möglich.

Beispiel
Der Milliardär Bill G. verschenkte vor acht Jahren sein Imperium an Freunde, Bekannte und Wohlfahrtsverbände. Nunmehr ist auch der letzte Rest seines Einkommens und Vermögens aufgebraucht. Er will wissen, wie es sich als leistungsberechtigte Person lebt. Er befindet sich seit fünf Jahren im Leistungsbezug.

Der Sozialhilfeträger kann für die vergangenen vier Jahre einen Kostenersatzanspruch geltend machen, weil aufgrund seines ehemals beträchtlichen Vermögens zu unterstellen ist, dass die Sozialhilfeleistungen nicht erbracht worden wären, wenn er sein Vermögen nicht verschenkt hätte. Unabhängig davon kommt auch ein Schenkungsrückforderungsanspruch (§ 93 SGB XII, § 528 Abs. 1 BGB) sowie eine Leistungskürzung nach § 26 Abs. 1 SGB XII in Frage.

Eine wiederholte Kostenersatzforderung zu späteren Zeitpunkten ist ebenfalls denkbar, weil die Leistungsgewährung zu jedem Zeitpunkt auf das Verhalten zurückzuführen ist.

Die Kostenersatzverpflichtung geht im Rahmen der Nachlassverbindlichkeiten auf die Erben über (vgl. § 103 Abs. 2 Satz 1 SGB XII). Da die Kostenersatzpflicht nicht in der Person des Erben, sondern in der Person des Erblassers begründet ist, handelt es sich – im Gegensatz zur Kostenersatzpflicht nach § 102 SGB XII – um eine **unselbstständige Erbenhaftung**. Die Kostenersatzforderung des Sozialhilfeträgers bedeutet für den Erben eine zu begleichende Erblasserschuld. Freibeträge, wie sie in § 102 Abs. 1

---

811 Das Bundessozialgericht hat zu § 34 SGB II entschieden, dass der Kostenersatzanspruch durch einen Grundlagenbescheid festgestellt werden kann, dem dann ein Leistungsbescheid folgen darf (vgl. BSG, Urt. vom 29.8.2019 – B 14 AS 49/18 R – und – B 14 AS 50/18 R –; ebenso BSG, Urt. vom 3.7.2020 – B 8 SO 2/19 R –, juris, Rn. 17; BVerwG, Urt. vom 5.5.1983 – 5 C 112/81 –; a.A. LSG NRW, Urt. vom 11.10.2018 – L 7 AS 1331/17 –, juris, Rn. 32 ff.; LSG Niedersachsen-Bremen, Urt. vom 12.12.2018 – L 13 AS 111/17 –, juris, Rn. 31; SG Oldenburg, Urt. vom 14.9.16 – S 47 AS 422/14 –; SG Augsburg, Urt. vom 20.11.17 – S 8 AS 1095/17 –, juris).

Satz 2 und Abs. 3 SGB XII vorgesehen sind, sind bei der Festsetzung der Kostenersatzforderung nicht relevant.

Der Erbe kann sich nicht auf das Vorliegen einer Härte nach § 103 Abs. 1 Satz 3 SGB XII berufen (str.). Die Kostenersatzforderung entsteht kraft Gesetzes im Augenblick des schuldhaften Verhaltens des Kostenersatzpflichtigen. Dabei ist zugleich zu berücksichtigen, ob eine Härte vorliegt, um den Kostenersatzpflichtigen vor einer unbilligen Inanspruchnahme zu schützen. Daraus folgt, dass Härtegesichtspunkte in der Person des Erben nicht berücksichtigt werden können. Insbesondere können wirtschaftliche Härten keine Rolle spielen, weil der Erbe nur mit dem Wert des Nachlasses und nicht darüber hinaus haftet (§ 103 Abs. 2 Satz 2 SGB XII i.V.m. § 102 Abs. 2 Satz 2 SGB XII).

Beispiel[812]
Die 73jährige Rentnerin Renate R hatte mit ihrem Ehemann ein Reformhaus betrieben. Für das Alter hatte sie privat vorgesorgt. Aus der gesetzlichen Rentenversicherung erhält sie eine monatliche Rente von 250,00 €. Nach der Trennung von ihrem Ehemann verzichtet sie auf Trennungsunterhalt und lebt fortan vom Ersparten; monatlich entnimmt sie mindestens 2.200,00 € ihrem Bankguthaben. Innerhalb von drei Jahren hat R ihr Vermögen von mehr als 100.000,00 € aufgebraucht. Sie stellt deshalb einen Antrag auf Grundsicherung im Alter und bei Erwerbsminderung nach dem 4. Kapitel SGB XII.

Der zuständige Leistungsträger wird den Antrag auf Leistungen nach dem 4. Kapitel SGB XII ablehnen, weil die Bedürftigkeit in den letzten zehn Jahren vorsätzlich oder grob fahrlässig herbeigeführt worden ist (§ 41 Abs. 4 SGB XII). Stattdessen sind Leistungen nach dem 3. Kapitel SGB XII zu erbringen.

Die Hilfebedürftigkeit wurde schuldhaft herbeigeführt, weil der Vermögensverbrauch unverhältnismäßig hoch gewesen ist. Obwohl nur eine geringe Rente zur Verfügung stand, hat R einen gehobenen Lebensstandard in Höhe des viereinhalbfachen Regelbedarfs (nach Abzug von Unterkunfts- und Arztkosten) gepflegt. Dieser Lebensstandard ist unangemessen, wenngleich niemand erwartet, dass der Lebensstandard auf Sozialhilfeniveau abgesenkt wird.

Das Verhalten ist nicht nur schuldhaft, sondern gleichzeitig sozialwidrig. R hätte ihren Lebensstandard den schwindenden Reserven anpassen müssen. Sofern Rücklagen zur Aufrechterhaltung des bisherigen Lebensstandards schuldhaft innerhalb weniger Jahre aufgebraucht werden, stellt dies keinen verantwortungsvollen und sorgsamen Umgang mit dem eigenen Vermögen dar und führt absehbar in den Sozialhilfebezug. Dass ihr Verhalten zwingend zur Sozialhilfebedürftigkeit führen würde, habe die Rentnerin als ehemalige Unternehmerin auch ohne Weiteres erkennen können und damit sozialwidrig zu Lasten der Allgemeinheit gehandelt. Hinzu kommt, dass R auf die Realisierung von Einnahmen verzichtet hat, indem sie von ihrem Ehemann den Trennungsunterhalt nicht eingefordert hat.

Der Kostenersatzanspruch nach § 103 SGB XII kann realisiert werden, indem mit dem laufenden und nun zu gewährenden Anspruch auf Leistungen zum

---
[812] LSG Baden-Württemberg, Urt. vom 15.10.2014 – L 2 SO 2489/14 –, juris.

Lebensunterhalt nach dem 3. Kapitel SGB XII in den nächsten drei Jahren aufgerechnet wird (§ 26 Abs. 2 SGB XII). Eine Aufrechnung kann in Höhe von bis zu 30 v. H. des Regelsatzes erfolgen.

Eine Kostenersatzverpflichtung geht nach § 103 Abs. 2 SGB XII auf die Erben über, die bis zur Höhe des Nachlasses im Erbfallzeitpunkt (§ 103 Abs. 2 Satz 2 i. V. m. § 102 Abs. 2 Satz 2 SGB XII) ebenfalls in Sozialhilferegress zu nehmen sind.

Es ist nicht erforderlich, dass die Kostenersatzpflicht gegenüber den ursprünglich Ersatzpflichtigen (Verursachern) bereits geltend gemacht worden ist; sie muss nur zu ihren Lebzeiten eingetreten sein (Entstehung kraft Gesetzes).

Die Regelungen der § 102 SGB XII und §§ 103, 104 SGB XII kommen grundsätzlich nebeneinander zur Anwendung. Liegt ein sozialwidriges Verhalten vor, sind die Vorschriften der §§ 103, 104 SGB XII als speziellere Vorschriften aber vorrangig anzuwenden.

Liegt in der sozialwidrigen Handlung zugleich eine Straftat, können zugleich Schadensersatzansprüche bestehen (vgl. § 823 Abs. 2 BGB). Das ist beispielsweise der Fall, wenn ein Betreuer Einkommen oder Vermögen seines Betreuten veruntreut. Entsprechende Fallkonstellationen sind bei unzulässigen Kontoverfügungen denkbar. Das wäre etwa der Fall, wenn ein mit Kontovollmacht ausgestatteter Familienangehöriger das Konto der pflege- und hilfebedürftigen Person „leerräumt". In diesen Fällen kann sowohl ein Schadensersatzanspruch nach § 823 Abs. 2 BGB i. V. m. § 266 StGB in Frage kommen, der auf den Sozialhilfeträger gemäß § 116 SGB X übergegangen ist, als auch ein Kostenersatzanspruch. Beide Normen kommen wegen der unterschiedlichen Zielrichtung nebeneinander zur Anwendung. Würde der Schadensersatzanspruch erfüllt, wäre der Regressanspruch des Sozialhilfeträgers aus § 103 SGB XII allerdings gegenstandslos.

7.1.3 Kostenersatz bei Doppelleistung (§ 105 SGB XII)

Hat ein vorrangig verpflichteter Leistungsträger in Unkenntnis der Leistung des Trägers der Sozialhilfe an die leistungsberechtigte Person geleistet, ist diese zur Herausgabe des Erlangten an den Träger der Sozialhilfe verpflichtet (§ 105 SGB XII).

Diese Regelung bezieht sich auf Sachverhalte, in denen der Träger der Sozialhilfe rechtmäßig Hilfe geleistet hat, weil ein anderer Leistungsträger (z. B. Träger der Rentenversicherung) Leistungen nicht rechtzeitig erbracht hat oder nicht erbringen konnte und es anschließend versäumt hat, den daraus resultierenden Erstattungsanspruch (regelmäßig nach § 104 Abs. 1 SGB X) geltend zu machen (vgl. auch Ausführungen im Kapitel 1.3.31).[813] Der vorrangig zuständige Träger (z. B. der Träger der Rentenversicherung) hat daher mit „befreiender Wirkung" die Zahlung an die leistungsberechtigte Person vorgenommen. Diese Zahlung ist ebenfalls rechtmäßig erfolgt. Im Ergebnis hat daher die leistungsberechtigte Person Doppel-

---

813 Vgl. auch die beispielhafte Fallkonstellation: LSG Berlin-Brandenburg, Urt. vom 7.2.2019 – L 15 SO 232/17 –, juris.

7.1 Kostenersatz bei rechtmäßiger Hilfeleistung (§§ 102, 103 Abs. 1 Satz 1, 105 SGB XII)

leistungen erhalten. Eine analoge Anwendung von §§ 44 ff., 50 SGB X scheidet für beide Leistungsträger aus.[814]

§ 105 SGB XII ermöglicht als Auffangvorschrift in diesen Fallkonstellationen eine Rückforderung faktisch zu viel gezahlter Sozialhilfe, wenn die Wiederherstellung des Nachrangprinzips nicht durch eine Kostenerstattung nach §§ 102 ff. SGB X in Frage kommt. Der Anwendungsbereich der Vorschrift ist allerdings nur eröffnet, wenn beide Leistungsträger eine gegenseitige Unkenntnis von der jeweiligen Leistung des anderen haben. Hat der Sozialhilfeträger die Unkenntnis des anderen vorrangig verpflichteten Trägers zu vertreten, kommt ein Kostenersatzanspruch nach § 105 SGB XII nicht in Frage. Der Sozialhilfeträger hat die Aufgabe, Kostenerstattungsansprüche zwischen Leistungsträgern nach den §§ 102 ff. SGB X abzuwickeln und nicht unter Umgehung dieser Rechtslage einen Kostenersatzanspruch geltend zu machen.

Voraussetzungen für einen Kostenersatzanspruch nach § 105 SGB XII sind:
1. Es werden Leistungen eines vorrangig verpflichteten Leistungsträgers erbracht. Wer vorrangig verpflichteter Leistungsträger ist, ergibt sich aus einem Umkehrschluss aus § 104 Abs. 1 Satz 2 SGB X. Nach dieser Legaldefinition ist nachrangig verpflichtet ein Leistungsträger, soweit dieser bei rechtzeitiger Erfüllung der Leistungsverpflichtung eines anderen Leistungsträgers selbst nicht zur Leistung verpflichtet gewesen ist.
2. Der vorrangig verpflichtete Leistungsträger hat in Unkenntnis des nachrangig verpflichteten Leistungsträgers gezahlt. Eine Kenntnis des vorrangig verpflichteten Leistungsträgers liegt nur bei sog. „positiver Kenntnis" vor. Danach genügt ein bloßes Kennenmüssen nicht. Positive Kenntnis setzt tatsächliche Kenntnis zu Leistungsart, Leistungszeit und Leistungshöhe voraus, um dann ohne Nachforschungen zu entscheiden, ob ein Kostenerstattungsanspruch nach den §§ 102 ff. SGB X in Frage kommt.

   Ist zuerst die Leistung des vorrangig verpflichteten Leistungsträgers erbracht worden und danach erst die Leistung des Sozialhilfeträgers, liegen die Voraussetzungen der Vorschrift nicht vor. Die leistungsberechtigte Person war dann im Besitz von zur Bedarfsdeckung vorhandenen Mitteln, so dass die Sozialhilfeleistung rechtswidrig erbracht wurde. Die Rückabwicklung dieser Fallkonstellation hat über die §§ 45, 48, 50 SGB X zu erfolgen.
3. In Anlehnung an § 104 Abs. 1 Satz 2 SGB X und § 104 Abs. 1 Satz 3 SGB X ist eine Kausalitätsprüfung vorzunehmen. Es ist also nur für solche Leistungen ein Kostenersatzanspruch vorzunehmen, die sich auf die Höhe der Sozialhilfeleistungen ausgewirkt hätten. § 114 SGB XII ist ebenfalls analog anzuwenden.
4. Der Gesetzgeber hat es versäumt, für die Geltendmachung des Kostenersatzes eine Frist zusetzten. In analoger Anwendung des § 103 Abs. 3 Satz 1 scheint eine Dreijahresfrist angezeigt zu sein.[815]

---

814 Vgl. BVerwG, Urt. vom 17.8.1995 – 5 C 26/93 –, juris.
815 Vgl. *Conradis* in LPK-SGB XII, Rn. 5 zu § 105 SGB XII.

Beispiel 1
Der zuständige Träger der Rentenversicherung benötigt für die Feststellung einer von einem Versicherten beantragten Rente wegen voller Erwerbsminderung mehrere Monate. Der Träger der Sozialhilfe leistet dem Rentenantragsteller rechtmäßig Hilfe zum Lebensunterhalt, ohne von der Rentenantragstellung zu wissen.

Der Träger der Sozialhilfe kann deshalb für die Monate, für die Hilfe geleistet worden ist und ein Rentenanspruch besteht, keinen Erstattungsanspruch nach § 104 Abs. 1 i. V. m. § 111 SGB X beim Rentenversicherungsträger geltend machen. Dieser zahlt den Nachzahlungsbetrag für die Monate des Hilfebezuges an den Rentenberechtigten, den Leistungsempfänger der Hilfe zum Lebensunterhalt, aus.

Aufgrund der Regelung in § 105 SGB XII ist die leistungsberechtigte Person zur Herausgabe des Betrages verpflichtet, den der Träger der Sozialhilfe (bei rechtzeitiger Kenntnis und Anmeldung) vom Träger der gesetzlichen Rentenversicherung erlangt hätte.

Beispiel 2
Der Leistungsberechtigte L ist in einer Werkstatt für behinderte Menschen beschäftigt. Er erhält seit dem 1.1. Sozialhilfe nach dem 4. Kapitel SGB XII in Höhe von 700,00 €.

Ohne dem Sozialhilfeträger dies mitzuteilen, stellt die Betreuerin gleichzeitig einen Antrag auf Übergangsgeld im Rahmen einer beruflichen Rehabilitationsleistung beim Rentenversicherungsträger, der von den Sozialhilfeleistungen ebenfalls keine Kenntnis hat.

Am 31.7. erhält L das laufende Übergangsgeld einschließlich Nachzahlungsbetrag für den Zeitraum 1.2. bis 30.6. in Höhe von 2.800,00 € (davon 400,00 € monatlicher Zahlbetrag). L hat eine Hausrat- und Haftpflichtversicherung in angemessener Höhe von 15,00 € abgeschlossen.

Ein vorrangig zu prüfender Kostenerstattungsanspruch nach § 104 SGB X besteht nicht. Der Rentenversicherungsträger hatte keine Kenntnis von der Zahlung des prinzipiell kostenerstattungsberechtigten Sozialhilfeträgers. Der Rentenversicherungsträger hat daher das Übergangsgeld mit befreiender Wirkung ausgezahlt.

Der Sozialhilfeträger kann seine Bewilligung auch nicht aufheben, da im Leistungszeitraum beim L keine bereiten Mittel zur Bedarfsdeckung existierten und deshalb die Sozialhilfe rechtmäßig ausgezahlt wurde.

Im Ergebnis besteht daher eine staatliche Doppelleistung an L.

In Frage kommt aber ein Kostenersatzanspruch des Sozialhilfeträgers gegenüber L gemäß § 105 SGB XII. Hat danach ein vorrangig verpflichteter Leistungsträger in Unkenntnis der Leistung des Trägers der Sozialhilfe an die leistungsberechtigte Person geleistet, ist diese zur Herausgabe des Erlangten an den Träger der Sozialhilfe verpflichtet (§ 105 SGB XII).

Der Rentenversicherungsträger ist aufgrund von § 2 SGB XII gegenüber dem Sozialhilfeträger ein vorrangig verpflichteter Leistungsträger (vgl. § 23 SGB I), der über die Sozialhilfeleistung in Unkenntnis gewesen ist und Übergangsgeld erbracht hat. Die Voraussetzungen für einen Kostenersatzanspruch gegenüber L als leistungsberechtigter Person liegen insofern vor.

Die über den Wortlaut der Vorschrift notwendige Kausalitätsprüfung verlangt eine fiktive Betrachtung des Falles. Zu fragen ist danach, wie sich die rechtzeitige Zahlung von Übergangsgeld auf die Leistungsbewilligung ausgewirkt hätte, wenn sie rechtzeitig erbracht worden wäre.

Eine Nachzahlung von Sozialleistungen ist – anders als im SGB II (vgl. dort § 11 Abs. 3 Satz 2 SGB II) – kein Einmaleinkommen. Das Bundessozialgericht hat für Nachzahlungen entschieden, dass es allein auf die Rechtsnatur ankommt: Laufende Einnahmen sind solche, die auf demselben Rechtsgrund beruhen und regelmäßig erbracht werden; bei einmaligen Einnahmen erschöpft sich das Geschehen in einer einzigen Leistung.[816] Das Übergangsgeld ist daher als laufendes Einkommen zu qualifizieren. Eine Aufteilung auf sechs Monate nach § 82 Abs. 7 SGB XII kommt nicht in Frage.

Danach sind die auf den Monat Juli entfallenden 400,00 € um die Aufwendungen für die Hausratversicherungen gemäß § 82 Abs. 2 Nr. 3 SGB XII in Höhe von 15,00 € zu bereinigen. Im Monat Juli sind also 700,00 € abzgl. 385,00 € gleich 315,00 € an Sozialhilfe auszuzahlen.

In Höhe von 2.400,00 € abzgl. sechsmal 15,00 € = 2.310,00 € besteht ein Kostenersatzanspruch.

7.1.4 Übungen

Sachverhalt 1

Herr A hat seit dem 1.7.2009 bis zu seinem Tode am 1.1.2021 laufende Hilfe zum Lebensunterhalt, Hilfe zur Gesundheit und in den letzten Jahren Hilfe zur Pflege erhalten. Bis zu seiner Einlieferung ins Krankenhaus am 20.12.2020 wurde er von seiner Tochter Ursula, die in seinem Haushalt lebte, gepflegt. Den Nachlass in Höhe von 45.000,00 €, der daraus resultiert, dass er Miteigentümer der von ihm und seiner Tochter bewohnten Wohnung war, erben die drei Kinder Ursula, Bernd und Georg zu gleichen Teilen. Zu Lebzeiten war das Vermögen nach § 90 Abs. 2 Nr. 8 SGB XII geschützt.

---

[816] BSG, Urt. vom 16.5.2012 – B 4 AS 154/11 R –, juris, Rn. 21.

Herr A hat seit dem 1.7.2009 Hilfen in folgender Höhe erhalten:

2009	1.000,00 €	2015	3.000,00 €
2010	2.000,00 €	2016	4.000,00 €
2011	3.000,00 €	2017	4.000,00 €
2012	3.000,00 €	2018	5.000,00 €
2013	2.500,00 €	2019	6.000,00 €
2014	3.500,00 €	2020	6.000,00 €
		insgesamt	**43.000,00 €**

Aufgabe

Prüfen Sie, ob und ggf. in welcher Höhe von den Erben ein Kostenersatz nach § 102 SGB XII gefordert werden kann.

Lösung

Der Erbe der leistungsberechtigten Person ist zum Ersatz der Kosten der Sozialhilfe verpflichtet, die innerhalb eines Zeitraumes von zehn Jahren vor dem Erbfall aufgewendet worden sind und die das Dreifache des Grundbetrages nach § 85 Abs. 1 SGB XII übersteigen (vgl. § 102 Abs. 1 Satz 1 und 2 SGB XII).

Der Erbfall tritt mit dem Tode einer Person ein (§ 1922 Abs. 1 BGB). Damit ist der Erbfall am 1.1.2021 eingetreten. Es können höchstens die ab 1.1.2011 angefallenen Kosten in Höhe von 40.000,00 € geltend gemacht werden. Von diesem Betrag ist das Dreifache des Grundbetrages, der zum Erbfallzeitpunkt – hier der 1.1.2021 – abzusetzen.

Kostenersatzpflichtige Sozialhilfeaufwendungen:

Gezahlte Hilfe gemäß § 102 Abs. 1, Abs. 5 SGB XII	*40.000,00 €*
abzgl. dreifacher Grundbetrag nach § 85 Abs. 1 SGB XII	
gemäß § 102 Abs. 1 Satz 2 SGB XII	*−2.676,00 €*
verbleiben als maximal zu fordernder Betrag	***37.324,00 €***

Fraglich ist, in welchem Umfang der einzelne Erbe haftet. § 102 Abs. 2 Satz 1 SGB XII stellt klar, dass es sich bei der Ersatzpflicht des Erben um eine Nachlassverbindlichkeit (§ 1967 Abs. 2 BGB, hier: Erbfallschuld) handelt. Nach § 102 Abs. 2 Satz 2 SGB XII haftet der Erbe mit dem Wert des im Zeitpunkt des Erbfalls vorhandenen Nachlasses. § 102 SGB XII verwendet die Begriffe „Erbe" (vgl. § 1922, § 1923 BGB), „Wert des Nachlasses" (vgl. § 2311 BGB) oder „Nachlassverbindlichkeit" (vgl. § 1967 BGB) und knüpft damit an die Regelungen des BGB zum Erbrecht an.

Damit ist auf das zivilrechtlich geregelte Erbrecht ergänzend zurückzugreifen. § 1922 Abs. 2 BGB i. V. m. § 2058 BGB bestimmt sodann, dass die Erben im Außenverhältnis für die Nachlassverbindlichkeiten gemeinschaftlich als Gesamtschuldner haften. Nach § 421 Satz 1 BGB kann der Sozialhilfeträger als Gläubiger der Kostenersatzforderung gesamtschuldnerisch die Leistung nach seinem Belieben von jedem Miterben ganz oder zu einem Teil fordern.

Es ist deshalb denkbar, dass jeder Miterbe in maximaler Höhe (maximal in Höhe der Sozialhilfeaufwendungen oder maximal in Höhe des Gesamtnachlasses; der geringere Betrag wird gefordert) in Anspruch genommen wird.

Vor der Berücksichtigung des Nachlasses können möglicherweise Freibeträge zu berücksichtigen sein.

Die Regelung des § 102 Abs. 3 Nr. 2 SGB XII ist spezieller als die Regelung des § 102 Abs. 3 Nr. 1 SGB XII, so dass diese Vorschrift als erstes zu untersuchen ist. Ein Anspruch auf Kostenersatz ist danach nicht geltend zu machen, soweit der Wert des Nachlasses unter dem Betrag von 15.340,00 € liegt, wenn der Erbe
- der Ehegatte oder Lebenspartner der leistungsberechtigten Person oder mit dieser verwandt ist und
- nicht nur vorübergehend bis zum Tode der leistungsberechtigten Person
- mit dieser in häuslicher Gemeinschaft gelebt und
- sie gepflegt hat (§ 102 Abs. 3 Nr. 2 SGB XII).

Die Tochter Ursula ist mit ihrem Vater in gerader Linie verwandt (vgl. § 1589 Abs. 1 BGB). Sie hat mit ihm bis zu seinem Tode nicht nur vorübergehend in häuslicher Gemeinschaft gelebt und ihn gepflegt. Die Pflege war auch erheblich, da Herr A zu den pflegebedürftigen Personen i. S. des § 61, § 61a SGB XII gehörte. Der kurzzeitige Aufenthalt des Herrn A im Krankenhaus vor seinem Tode ist bei der Beurteilung der Voraussetzung „bis zu seinem Tode" unwesentlich. Damit kann bei Ursula ein Freibetrag in Höhe von 15.340,00 € berücksichtigt werden.

Die anderen Kinder und Erben erfüllen die Voraussetzungen für diesen Freibetrag nicht. Ebenfalls sind Anhaltspunkte für die Annahme einer Härte in den Personen der Kinder Bernd und Georg nicht zu erkennen.

Gemäß § 102 Abs. 3 Nr. 1 SGB XII ist der Anspruch auf Kostenersatz nicht geltend zu machen, soweit der Wert des Nachlasses unter dem Dreifachen des Grundfreibetrages nach § 85 Abs. 1 SGB XII liegt. Dies sind im Todesjahr 2.676,00 €. Dieser Freibetrag ist nicht personen-, sondern nachlassbezogen zu sehen. Denn dieser Freibetrag soll den Nachlass schützen. Damit können mehrere Erben den Freibetrag nicht mehrfach geltend machen. Entsprechend den Erbteilen bzw. der Erbquote ist er daher auf die Erben aufzuteilen. Er ist folglich zu dritteln, so dass für Bernd und Georg jeweils 892,00 € (ein Drittel von 2.676,00 €) berücksichtigt werden.

Es ist gut vertretbar, auch für Ursula diesen Freibetrag zu gewähren (str.).

Bei der Gegenüberstellung des – gesamten – Nachlasses mit den geschützten Beträgen ergibt sich hiernach folgendes Ergebnis:

	Ursula	Bernd	Georg
individueller Nachlasswert	45.000,00 €	45.000,00 €	45.000,00 €
Freibetrag nach § 102 Abs. 3 Nr. 1 SGB XII	– 892,00 €	– 892,00 €	– 892,00 €
Freibetrag nach § 102 Abs. 3 Nr. 2 SGB XII	– 15.340,00 €	– €	– €
In Anspruch zu nehmender Nachlass	28.768,00 €	44.108,00 €	44.108,00 €
Anteil an Gesamtforderung (für zivilr. Ausgleichsanspruch)	24,59 %	37,70 %	37,70 %

Eine gesamtschuldnerische Haftung besteht – siehe oben – nach § 2058 BGB i. V. m. § 421 BGB. Gemäß § 421 Satz 1 BGB kann der Sozialhilfeträger als Gläubiger seiner Kostenersatzforderung die Leistung nach seinem Belieben von jedem der Schuldner ganz oder zu einem Teil fordern, wenn die Erben eine Leistung in der Weise schulden, dass jeder Erbe die ganze Leistung zu bewirken verpflichtet ist, der Sozialhilfeträger aber die Leistung nur einmal zu fordern berechtigt ist. Damit können Bernd und Georg jeweils in Höhe der vollen Kostenersatzforderung von 37.324,00 € in Anspruch genommen werden, da selbst nach Abzug der Freibeträge ein sozialhilferechtlich zu berücksichtigender Reinnachlass von insgesamt 44.108,00 € beträgt. An Ursula könnte unter Berücksichtigung ihres Freibetrages eine Kostenersatzforderung von 28.768,00 € gerichtet werden.

Es erscheint auf den ersten Blick kurios, dass der Sozialhilfeträger diese Forderungsbeträge gegen die Erben richten kann. Auf diese Weise entsteht eine „Übersicherung" des Sozialhilfeträgers. Allerdings entspricht dies der Eigenart einer gesamtschuldnerischen Haftung, die ein Absicherungsinteresse des Gläubigers im Auge hat.

Sollte nur ein Erbe (z. B. Bernd) die gesamte Kostenersatzforderung begleichen, hätte dieser nach § 426 BGB einen internen Ausgleichsanspruch, so dass im Ergebnis jeder Erbe entsprechend seinem Erbanteil gleichmäßig belastet wird. Bernd könnte also von seinem entrichteten Kostenersatzbetrag von seinen Geschwistern jeweils ein Drittel zurückfordern (**nicht** 37,70 v. H. von Georg und 24,60 v. H. von Ursula, weil bei einer gesamtschuldnerischen Haftung die Freibeträge unerheblich sind). Der Sozialhilfeträger kann damit durch die Höhe der Kostenersatzforderungen die jeweilige Schuld individuell festlegen und damit auch die internen Ausgleichsansprüche bestimmen.

Im öffentlichen Recht wird § 421 BGB dahingehend ausgelegt, dass an die Stelle der Worte „nach Belieben" die Worte „nach Ermessen" treten,[817] so dass der Sozialhilfeträger eine **pflichtgemäße Ermessensausübung** bei der Auswahl der Gesamtschuldner vorzunehmen hat.

---

817 Vgl. BSG, Urt. vom 23.8.2013 – B 8 SO 7/12 R –, FamRZ 2014, 660 = SGb 2014, 680 mit Anmerkung *Weber* (683); so bereits BVerwG, Urt. vom 22.1.1993 – 8 C 57/91 –, juris, Rn. 20; BVerwG, Beschl. vom 4.10.2010 – 3 B 17/10 –, juris, Rn. 10; LSG Berlin-Brandenburg, Urt. vom 27.9.2012 – L 14 AS 1348/11 –, juris, Rn. 10, Rn. 26 = FamRZ 2013.

Um der individuellen Belastungssituation der Erben bei einer Kostenersatzforderung gerecht zu werden und die Privilegierungstatbestände für Ursula auch bei einer internen Ausgleichsforderung zu erhalten, erscheint es hier sachgerecht, die Kostenersatzpflicht auf den „bereinigten" individuellen Nachlasswert (Miterbenanteil) zu beschränken.

	Ursula	*Bernd*	*Georg*
individueller Nachlasswert	*15.000,00 €*	*15.000,00 €*	*15.000,00 €*
Freibetrag nach § 102 Abs. 3 Nr. 1 SGB XII	*– 892,00 €*	*– 892,00 €*	*– 892,00 €*
Freibetrag nach § 102 Abs. 3 Nr. 2 SGB XII	*– 15.340,00 €*	*– €*	*– €*
In Anspruch zu nehmender Nachlass	*– €*	*14.108,00 €*	*14.108,00 €*
Sozialhilfeaufwendungen (gesamtschuldnerische Haftung)	*37.324,00 €*		
rechnerisch mögliche Kostenersatzforderung	*– €*	*14.108,00 €*	*14.108,00 €*

Danach könnte bei geltend zu machenden Sozialhilfeaufwendungen gemäß § 102 Abs. 1 SGB XII in Höhe von 37.324,00 € von den Söhnen Bernd und Georg ein ermessensgerechter Kostenersatz durch Leistungsbescheid von jeweils 14.108,00 € gefordert werden.

Eine Reduzierung der Kostenersatzforderung auf diese Beträge erscheint ermessensgerecht, weil der individuelle Nachlass (Miterbenanteil) nur 15.000,00 € beträgt. Würde man seine Forderung am Gesamtnachlass ausrichten, würde von den Erben ein Betrag gefordert, den sie als Nachlass nicht erhalten. Weiterhin würde der privilegierte Freibetrag von Ursula zunichte gemacht. Sie wäre selbst nach einem internen Ausgleichsanspruch im Ergebnis zu einem nicht unerheblichen Betrag kostenersatzpflichtig.

Aus der Sicht des Sozialhilfeträgers besteht der Nachteil einer ermessensgerechten Entscheidung darin, dass er – trotz der Eigenschaft als Gesamtgläubiger – seine Sozialhilfeaufwendungen in einem Fall wie diesem nicht refinanziert erhält. Die vom Bundessozialgericht[818] verlangte Ermessensentscheidung unter Beachtung der dargelegten Kriterien ist deshalb eine Auslegung zu Lasten des Leistungsträgers, der den Kostenersatzanspruch geltend zu machen hat.

Anmerkung (vgl obige Ausführungen unter 7.1.1.5):
Teilweise wird in der Literatur vertreten, dass in den Fällen, in denen der Nachlass nicht ausreicht, um die Sozialhilfeaufwendungen zu decken und ein privilegierter Erbe in den Genuss eines höheren Freibetrages kommt, eine Kostenersatzforderung **nur im Verhältnis der Summe ihrer Erbanteile zum Gesamtsozialhilfeaufwand in Anspruch** zu fordern ist. In einem solchen Fall kann von den Brüdern folglich nur ein Drittel der maximal nach § 102 Abs. 1 SGB XII zu fordernden 37.324,00 €, also 12.441,33 €, als Kostenersatz geltend gemacht werden.

---
818 Vgl. BSG, Urt. vom 23.8.2013 – B 8 SO 7/12 R –, FamRZ 2014, 660 = SGb 2014, 680 mit Anmerkung *Weber* (683).

Die Begründung, dass dieses Ergebnis die beiden Brüder aufgrund des großzügigen Freibetrages für ihre Schwester erheblich schlechter stellen würde, ist nicht nachvollziehbar und nicht mit der vorhandenen Gesetzeslage begründbar. § 102 Abs. 3 Nr. 3 SGB XII ist ein personenbezogener Freibetrag. **In den Personen** der Brüder liegt aber keine „besondere Härte" vor. Dazu müsste die Kostenersatzforderung die beiden Brüder persönlich oder wirtschaftlich in besonderer Weise treffen. Eine persönliche Betroffenheit liegt nicht vor. Eine wirtschaftliche Betroffenheit liegt nicht vor, da die Haftung auf den Nachlasswert beschränkt ist. Ferner handelt es sich um eine Ausnahmevorschrift, die eng auszulegen ist und daher im konkreten Fall besonders begründet werden muss.

Sachverhalt 2

Herr B (30 Jahre alt, ohne Berufsausbildung) wird wegen wiederholten Diebstahls zu einem Jahr Freiheitsstrafe verurteilt. Seine befristet voll erwerbsgeminderte Ehefrau und seine drei Kinder im Alter zwischen zwei und fünf Jahren erhalten während dieser Zeit, weil sein Erwerbseinkommen entfällt, Hilfe zum Lebensunterhalt. Nach seiner Entlassung aus der Justizvollzugsanstalt nimmt B nach Vermittlung der Agentur für Arbeit eine Erwerbstätigkeit auf. Sein monatliches Nettoeinkommen beträgt 1.000,00 €. Die Kosten der Unterkunft der Familie betragen 500,00 €. Der durch die Erwerbstätigkeit nicht gedeckte Teil des notwendigen Lebensunterhaltes der Familie wird als Leistung nach dem Zweiten Buch Sozialgesetzbuch sichergestellt.

Aufgabe

Prüfen Sie, ob von Herrn B Kostenersatz gefordert werden kann.

Lösung

Zum Ersatz der Kosten der Sozialhilfe ist verpflichtet, wer nach Vollendung des 18. Lebensjahres die Voraussetzungen für die Leistung von Sozialhilfe an sich oder andere durch vorsätzliches oder grob fahrlässiges Verhalten herbeigeführt hat (vgl. § 103 Abs. 1 Satz 1 SGB XII).

Die Erbringung der Leistungen der Sozialhilfe ist rechtmäßig erfolgt. Herr B ist auch volljährig und kann daher grundsätzlich zum Kostenersatz herangezogen werden. Die Begehung einer Straftat ist auch ein besonders vorwerfbares Verhalten und daher sozialwidrig.

Die Leistung der Hilfe zum Lebensunterhalt an Frau B und die Kinder ist eine Folge der aufgrund der Straftaten verhängten Freiheitsstrafe. Die Hilfeleistung ist auf das zur Freiheitsstrafe führende vorsätzliche Handeln von Herrn B zurückzuführen und damit auch kausal. Da die Freiheitsstrafe nur ein Jahr betrug, ist seit der Leistungserbringung auch der Kostenersatzanspruch nicht erloschen (§ 103 Abs. 3 SGB XII). Die Voraussetzungen des § 103 Abs. 1 Satz 1 SGB XII sind erfüllt.

Von der Heranziehung zum Kostenersatz kann abgesehen werden, wenn sie eine Härte bedeuten würde (§ 103 Abs. 1 Satz 3 SGB XII). Grundsätzlich haben Haftentlassene Schwierigkeiten, eine angemessene Erwerbstätigkeit zu finden und aufzunehmen. Die von Herrn B ausgeübte Erwerbstätigkeit könnte ihm sinnlos erscheinen, wenn er zusätzlich zum Kostenersatz herangezogen wird. Darüber hinaus wird sein Einkommen bereits jetzt nicht ausreichen, um den Bedarf der Personen in der Einsatzgemeinschaft zu decken.

Aufgrund der voraussichtlich anhaltenden Leistungsunfähigkeit und unter Berücksichtigung der zu erwartenden Schwierigkeiten bei der Resozialisierung von Herrn B sollte auf die Geltendmachung eines Kostenersatzes verzichtet werden. Für dieses Ergebnis spricht u. a. auch, dass Herr B als Haftentlassener zu den Personen mit besonderen sozialen Schwierigkeiten nach § 67 SGB XII gehört.

Anmerkung:
Das Bundessozialgericht hat in zwei Urteilen zu vergleichbaren „Inhaftierungs-Fällen" sowohl die Sozialwidrigkeit als auch die Kausalität für einen Kostenersatzanspruch verneint.[819] Die zur Inhaftierung führende Straftat habe die berufliche Existenzgrundlage nicht **unmittelbar** beeinträchtigt oder zu deren Wegfall geführt. Zwar sei sein Verhalten in verwerflicher Weise darauf gerichtet gewesen, seine Einkommens- und Vermögenssituation zu verbessern, die legale Erwerbstätigkeit als schützenswerte Existenzgrundlage im Sinne des Zweiten Buches Sozialgesetzbuch sei davon aber nicht betroffen gewesen. Aus dem gleichen Grunde stelle die Verbüßung der Haftstrafe als lediglich **mittelbare** Folge eines (strafbaren) Verhaltens von vornherein kein „Verhalten" dar, das für sich genommen als sozialwidrig gelten könne.

Das Bundessozialgericht begründet seine Entscheidung weiter damit, dass die Kostenersatzpflicht eine Ausnahmeentscheidung darstelle, denn grundsätzlich seien existenzsichernde Leistungen nach dem Zweiten und Zwölften Buch unabhängig von der Notlage zu gewähren. Diese ausnahmsweise zu fordernde Kostenersatzpflicht verlangt eine restriktive Interpretation des Kriteriums des „sozialwidrigen Verhaltens" ebenso wie das Abstellen auf eine „unmittelbare" Kausalität.

Das „sozialwidrige Verhalten" sei ein Verhalten, „das (1.) in seiner Handlungstendenz auf die Einschränkung bzw. den Wegfall der Erwerbsfähigkeit oder der Erwerbsmöglichkeit oder (2.) die Herbeiführung von Hilfebedürftigkeit bzw. der Leistungserbringung gerichtet war bzw. hiermit in ‚innerem Zusammenhang' stand oder (3.) ein spezifischer Bezug zu anderen nach den Wertungen des Zweiten Buches Sozialgesetzbuch zu missbilligenden Verhaltensweisen bestand". Für die Annahme eines sozialwidrigen Verhaltens ist erforderlich, dass die Existenzgrundlage durch das maßgebliche Verhalten selbst unmittelbar beeinträchtigt wird oder wegfällt.

Das Verhalten des vermeintlich Kostenersatzpflichtigen bzw. Straftäters hat dessen berufliche Existenzgrundlage nicht unmittelbar beeinträchtigt oder zu deren Fortfall geführt. Seine Erwerbstätigkeit als schützenswerte Existenzgrundlage war von seinem strafbaren Verhalten nicht betroffen. Weil es nach den genannten Maßstäben allein

---
819 BSG, Urt. vom 16.4.2013 – B 14 AS 55/12 R –, NZS 2013, 670; BSG, Urt. vom 2.11.2012 – B 4 AS 39/12 R –, SGb 2013, 655.

darauf ankommt, ob durch **das Verhalten selbst die Existenzgrundlage unmittelbar beeinträchtigt wird** oder wegfällt, liegt kein sozialwidriges Verhalten vor. Aus dem gleichen Grunde stellt die Verbüßung der Haftstrafe als lediglich mittelbare Folge eines (strafbaren) Verhaltens von vornherein kein „Verhalten" dar, das für sich genommen als sozialwidrig gelten könnte.

Ein sozialwidriges Verhalten liegt demnach „nur" dann vor, wenn es dem Kostenersatzpflichtigen möglich ist, die Hilfebedürftigkeit abzuwenden. Würden etwa erzielte Einnahmen nicht zur Sicherung des Lebensunterhalts verwendet und dadurch die (teilweise) Hilfebedürftigkeit herbeigeführt, kann dies einen Ersatzanspruch auslösen.

Sachverhalt 3

Der selbstständige Handelsvertreter C (39 Jahre alt) wohnt in einer Eigentumswohnung (Wert: 50.000,00 €). Er verunglückt mit seinem PKW. Nach langem Krankenhausaufenthalt bleibt er zunächst arbeitsunfähig. Er ist aus selbst zu vertretenden Gründen nicht gegen Krankheit und Verdienstausfall abgesichert. Da Ansprüche gegen Dritte nicht bestehen, übernimmt der sachlich und örtlich zuständige Träger der Sozialhilfe die Krankenhauskosten (10.000,00 €) sowie die anschließend notwendig werdenden Kosten der Hilfe zum Lebensunterhalt (5.000,00 €).

Nach zwei Jahren (ab 1.2.) ist er wieder in der Lage, seiner früheren Beschäftigung nachzugehen. Sein „bereinigtes" Einkommen im Sinne der §§ 82 bis 84 SGB XII beläuft sich auf durchschnittlich monatlich 1.500,00 €.

Aufgabe

Prüfen Sie, ob C zum Kostenersatz herangezogen werden kann.

Lösung

Zum Kostenersatz ist verpflichtet, wer das 18. Lebensjahr vollendet hat und die Voraussetzungen für die Leistung der Sozialhilfe an sich selbst durch vorsätzliches oder grob fahrlässiges Verhalten herbeigeführt hat (§ 103 Abs. 1 Satz 1 SGB XII).

Ein Kostenersatzanspruch nach § 103 Abs. 1 Satz 1 SGB XII kommt nur bei **rechtmäßiger** Leistungserbringung in Frage. Das ist vorliegend zu unterstellen.

Herr C ist mit 39 Jahren volljährig und kann daher grundsätzlich zum Kostenersatz herangezogen werden.

Eine Kostenersatzforderung kommt – obwohl nicht ausdrücklich aus dem Wortlaut des Gesetzestextes ablesbar – nur bei einem sog. **„sozialwidrigen Verhalten"** in Betracht. Das ist ein Verhalten, das darauf abzielt, Leistungen für sich oder andere Personen der Bedarfsgemeinschaft auszulösen. Das sozialwidrige Verhalten stellt auf die Frage ab, ob dem Verursacher ein **besonderer** Schuldvorwurf zukommt. Aufgrund seiner Lebenserfahrung hätte C wissen müssen, dass es ein Risiko darstellt, sich nicht in einer Krankenversicherung zu versichern. Sollte ein Schadensfall – wie hier – eintreten, muss daher die Allgemeinheit für die Krankenbehandlung aufkommen. Es ergibt sich aus dem Sachverhalt nicht, dass diese Urteils- bzw. Einsichtsfähigkeit bei Herrn C eingeschränkt wäre. Die fehlende Absicherung für den Krankheitsfall ist daher dem C besonders vorwerfbar.

Die Leistung muss durch **schuldhaftes**, d. h. vorsätzliches oder grob fahrlässiges **Verhalten** ausgelöst worden sein. Das kann ein aktives Tun oder auch ein Unterlassen sein. Bei objektiver Betrachtung hat C eine Sorgfaltspflichtverletzung begangen, als er sich nicht versicherte. Er war daher schuldhaft untätig (unterlassen), weil er die Verpflichtung (Garantenstellung) hatte, für einen Sozialversicherungsschutz zu sorgen und sich gegen die üblichen Lebensrisiken abgesichert hat.

Die Leistung der Sozialhilfe muss eine unmittelbare Folge des schuldhaften Verhaltens sein (**unmittelbare Kausalität**). Ein Kostenersatz kann nur insoweit verlangt werden, als das Verhalten kausal für die Hilfebedürftigkeit ist. Hätte sich C bei einer Sozialversicherung gegen das Risiko der Krankheit abgesichert, wäre die Versicherung für die Aufwendungen im Krankheitsfall aufgekommen. Der fehlende Versicherungsschutz hat daher die Sozialhilfegewährung ausgelöst. Eine Kausalität ist zu bejahen.

Von der Heranziehung zum Kostenersatz kann abgesehen werden, soweit sie eine **Härte** bedeuten würde (§ 103 Abs. 1 Satz 3 SGB XII). Härtegesichtspunkte sind dem Sachverhalt nicht zu entnehmen.

Der Ersatzanspruch muss innerhalb von **drei Jahren nach Ablauf des Jahres**, in dem die Leistung erbracht worden ist, geltend gemacht worden sein (vgl. § 103 Abs. 3 Satz 1 SGB XII). Die Sozialhilfe wurde noch bis vor kurzem erbracht. Der Dreijahreszeitraum ist daher für einen Kostenersatzanspruch noch nicht abgelaufen.

Herr C ist daher zum Ersatz der gesamten Kosten verpflichtet.

Sachverhalt 4 (Fortsetzung des Sachverhaltes 3)

C hat neben den o. a. Leistungen auch Hilfe zur Pflege in Höhe von 12.694,00 € erhalten.

Der zuständige Träger der Sozialhilfe hat mit Bescheid vom 1.2. den Kostenersatz für die erbrachten Leistungen der Hilfe bei Krankheit und Hilfe zum Lebensunterhalt geltend gemacht (Gesamtforderung gemäß § 103 Abs. 1 SGB XII: 15.000,00 €).

Am 1.5. verunglückt er tödlich. Sein Vater erbt die Eigentumswohnung von Herrn C im Wert von 50.000,00 €. Die angemessenen Beerdigungskosten betragen 7.000,00 €.

Aufgabe

Prüfen Sie, in welchem Umfang vom Vater ein Kostenersatz gefordert werden kann.

Lösung

Hier kommt ein Kostenersatz nach den §§ 103 Abs. 1 Satz 1 SGB XII und 102 SGB XII in Betracht.

Kostenersatz gemäß § 103 Abs. 1 Satz 1 SGB XII

Eine Verpflichtung zum Ersatz der Kosten gemäß § 103 Abs. 1 Satz 1 SGB XII geht auf den Erben über (vgl. § 103 Abs. 2 Satz 1 SGB XII). Der Erbe haftet mit dem Wert des im Zeitpunkt des Erbfalles vorhandenen Nachlasses (§ 103 Abs. 2 Satz 2 i. V. m. § 102 Abs. 2 Satz 2 SGB XII).

Der Nachlass beträgt 50.000,00 €. Der Träger der Sozialhilfe hatte gegen Herrn C einen Anspruch in Höhe von 15.000,00 €. Da der Nachlass zur Deckung dieser Summe ausreicht, ist der Erbe verpflichtet, diesen Betrag zu zahlen. Freibeträge, wie sie in § 102 SGB XII vorgesehen sind, werden nicht berücksichtigt.

Für die geleistete Hilfe zur Pflege in Höhe von 12.694,00 € kann der Erbe nach § 103 Abs. 1 Satz 1 SGB XII nicht in Anspruch genommen werden. Diese Leistung der Sozialhilfe stand nicht in einem unmittelbaren Kausalzusammenhang mit dem grob fahrlässigen Verhalten von Herrn C.

Kostenersatz gemäß § 102 SGB XII

Neben dem Kostenersatz gemäß § 103 SGB XII ist zu prüfen, ob ein Kostenersatz nach § 102 SGB XII zu fordern ist.

Der Erbe des Leistungsempfängers ist zum Ersatz der Kosten der Sozialhilfe verpflichtet, die innerhalb eines Zeitraumes von zehn Jahren vor dem Erbfall aufgewendet worden sind und die das Dreifache des Grundbetrages nach § 85 Abs. 1 SGB XII übersteigen (vgl. § 102 Abs. 1 Satz 1 und Satz 2 SGB XII).

Der Vater von Herrn C ist Erbe (§§ 1922, 1967 BGB). Er gehört damit zu den nach § 102 SGB XII kostenersatzpflichtigen Personen.

C hat in den letzten zehn Jahren vor dem 1.5. insg. 12.694,00 € Sozialhilfe in Form der Hilfe zur Pflege erhalten. Hierbei handelt es sich nicht um Leistungen nach dem 4. Kapitel SGB XII, so dass die Sozialhilfeaufwendungen einer Kostenersatzforderung nach § 102 SGB XII unterliegen (vgl. § 102 Abs. 5 SGB XII). Der dreifache Grundbetrag nach § 85 Abs. 1 SGB XII beträgt zurzeit bzw. zum Zeitpunkt des Erbfalls 3 x 898,00 € =2.694,00 €. Der diesen Betrag übersteigende Teil der gezahlten Sozialhilfe kann höchstens geltend gemacht werden.

Die Ersatzpflicht des Erben gehört zu den Nachlassverbindlichkeiten. Der Erbe haftet mit dem Wert des im Zeitpunkt des Erbfalles vorhandenen Nachlasses (§ 102 Abs. 2 Satz 2 SGB XII). Da der privatrechtliche Begriff des Erbes heranzuziehen ist, ist als Wert des Nachlasses das sog. „Aktivvermögen" unter Berücksichtigung der Nachlassverbindlichkeiten im Zeitpunkt des Erbfalls anzusehen. Hier beträgt der Rohnachlass 50.000,00 €. Zu den Nachlassverbindlichkeiten gehört auch eine Kostenersatzforderung wegen schuldhaften, sozialwidrigen Verhaltens nach § 103 Abs. 1 Satz 1 SGB XII. Der oben ermittelte Betrag zur Kostenersatzforderung von 15.000,00 € ist daher vom Rohnachlass abzuziehen.

Auch die Beerdigungskosten gehören zu den Nachlassverbindlichkeiten (vgl. §§ 1967, 1968 BGB). Die angemessenen und notwendigen Kosten haben nach § 1968 BGB die Erben zu tragen. Es handelt sich somit um eine Erbfallschuld, die ebenfalls vom Nachlass abzuziehen ist. Etwaige Grabpflegekosten sind hingegen keine Beerdigungskosten.

7.1 Kostenersatz bei rechtmäßiger Hilfeleistung (§§ 102, 103 Abs. 1 Satz 1, 105 SGB XII)

Der Anspruch auf Kostenersatz ist jedoch nicht geltend zu machen, soweit der Wert des Nachlasses unter dem Dreifachen des Grundbetrages nach § 85 Abs. 1 SGB XII liegt (§ 102 Abs. 3 Nr. 1 SGB XII). Somit ist für den Erben ein Betrag in Höhe von 2.694,00 € frei zu lassen. § 102 Abs. 3 Nr. 2 und Nr. 3 SGB XII finden keine Anwendung. Die Berechnung sieht danach wie folgt aus:

Rohnachlass	*50.000,00 €*
abzgl. Nachlassverbindlichkeiten	
Kostenersatzforderung gemäß § 103 Satz 1 Satz 1 SGB XII (Erblasserschuld)	*−15.000,00 €*
Beerdigungskosten (§ 1968 BGB, Erbfallschuld)	*−7.000,00 €*
verbleibender Nachlass	*28.000,00 €*
Freibetrag gemäß § 102 Abs. 3 Nr. 1 SGB XII	*−2.676,00 €*
zu berücksichtigender Nachlass	**25.324,00 €**
Sozialhilfeaufwendungen gemäß § 102 Abs. 1 SGB XII	*12.676,00 €*
Freibetrag gemäß § 102 Abs. 1 Satz 2 SGB XII	*−2.676,00 €*
Ersatzpflichtige Sozialhilfeaufwendung	**10.000,00 €**
Kostenersatzpflicht gemäß § 102 SGB XII	**10.000,00 €**

Der ermittelte Nachlasswert reicht aus, um die nach § 102 Abs. 1 SGB XII geltend zu machenden 10.000,00 € (siehe oben) als Kostenersatz zu fordern.

Der Vater von Herrn C könnte sich ggf. auf eine besondere Härte (vgl. § 102 Abs. 3 Nr. 3 SGB XII) berufen, indem er geltend macht, dass er die Kostenersatzforderung nur durch einen Verkauf der Immobilie befriedigen kann. Selbst wenn dies der Fall wäre (der Leistungsträger kann mit dem Erben Ratenzahlungen vereinbaren), stellt dies keine besondere Härte dar, denn auch im Fall einer Veräußerung einer Immobilie bleibt der Wert der Eigentumswohnung in Form des Verkaufserlöses dem Vater von Herrn C erhalten. Da die Kostenersatzforderung nur auf den Nachlass beschränkt ist, wird vom Erben – auch bei einem notwendigen Verkauf der Immobilie – kein Sonderopfer verlangt, das ihn wirtschaftlich besonders hart trifft.

Schließlich ist es auch keine Härte, wenn die Immobilie zuvor zum Schonvermögen der leistungsberechtigten Person zählte. § 90 Abs. 2 Nr. 8 SGB XII begründet kein „postmortales Schonvermögen", da § 102 SGB XII eine von § 90 SGB XII unabhängig zu sehende Kostenersatzforderung darstellt.

Die Erlöschensfrist nach § 102 Abs. 4 SGB XII ist noch nicht abgelaufen.

7.2 Kostenersatz bei rechtswidrig geleisteter Hilfe, Kostenersatz für zu Unrecht erbrachte Leistungen [820]

7.2.1 Einstiegsinformationen

Hat eine leistungsberechtigte Person rechtswidrig Leistungen erhalten, ergibt sich regelmäßig gegen sie ein Aufhebungs- und Erstattungsanspruch nach §§ 45, 48, 50 Abs. 1 bzw. Abs. 2 SGB X. **Zusätzlich** zu den Rückforderungsansprüchen nach § 50 SGB X können Ersatzansprüche (gegen Dritte) nach § 104 bzw. § 103 Abs. 1 Satz 2 SGB XII entstehen. Beide Normen begründen einen eigenständigen Ersatzanspruch des Sozialhilfeträgers, der **neben** den Erstattungsanspruch tritt.[821]

Voraussetzung für einen Erstattungsanspruch nach § 50 Abs. 1 SGB X ist immer, dass der oder die begünstigende(n) Verwaltungsakt(e) vorher oder gleichzeitig ganz oder teilweise **aufgehoben worden** ist bzw. sind (vgl. § 50 Abs. 1 SGB X).

Für einen Kostenersatzanspruch nach § 103 Abs. 1 Satz 2 SGB XII und § 104 SGB XII bei rechtswidrig erbrachter Leistung ist eine solche vorherige Aufhebung nach den §§ 44 ff. SGB X ebenfalls zwingende Voraussetzung, da gemäß § 103 Abs. 4 Satz 1 SGB XII die §§ 44 bis 50 SGB X unberührt bleiben. Darüber hinaus bleibt ein Verwaltungsakt so lange wirksam wie er nicht zurückgenommen, anderweitig aufgehoben oder durch Zeitablauf oder auf andere Weise erledigt ist (vgl. § 39 Abs. 2 SGB X). Ist der Verwaltungsakt also wirksam, löst er bei allen Beteiligten zu beachtende Tatbestandswirkung aus.

Die zwingend notwendige Aufhebung des Bewilligungsbescheides wird auch durch einen Rechtsvergleich mit der Parallelregelung im Zweiten Buch Sozialgesetzbuch belegt. Gemäß § 34a Abs. 2 Satz 2 SGB II kann dort nur in Ausnahmefällen von einer Aufhebung abgesehen werden, wenn eine Kostenersatzforderung ohne die Aufhebung nicht möglich ist.

Die Bedeutung der beiden Kostenersatzvorschriften bei rechtswidriger Hilfeleistung (vgl. § 103 Abs. 1 Satz 2 SGB XII, § 104 SGB XII) liegt darin, dass nicht (nur) die leistungsberechtigte Person selbst, sondern der Vertreter oder der Verursacher und damit dritte Personen zum Kostenersatz herangezogen werden können. Die Kostenersatzvorschriften sind somit **Haftungserweiterungsvorschriften** und ergänzen die §§ 45 ff., 50 SGB X, die sich nur gegenüber der leistungsberechtigten Person auswirken.

---

820 Vertiefend: *Weber*, Kostenerstattung und Kostenersatz bei rechtswidrig oder zu Unrecht gewährter Sozialhilfe nach dem SGB XII, DVP 2010 S. 278.
821 Vgl. BVerwG, Urt. vom 24.11.2005 – 5 C 16/04 –, juris, 12.

7.2 Kostenersatz bei rechtswidrig geleisteter Hilfe, Kostenersatz für zu Unrecht erbrachte Leistungen   595

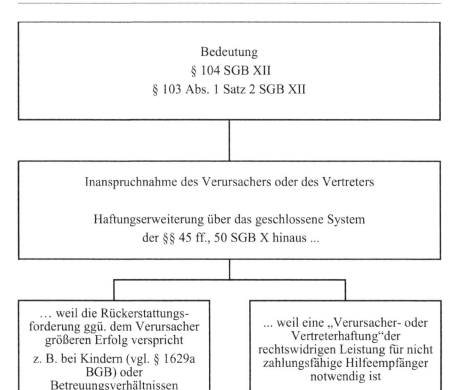

Liegen gleichzeitig die Voraussetzungen für einen Kostenersatzanspruch (§ 103 Abs. 1 Satz 2 SGB XII, § 104 SGB XII) und einen Erstattungsanspruch (§ 50 SGB X) vor, kann der Träger der Sozialhilfe die maßgebende Rechtsgrundlage ermessensgerecht auswählen. Es handelt sich um einen Fall der **Normkonkurrenz**, bei der keine der genannten Regelung als Ermächtigungsgrundlage ausscheidet.[822]

Stellt ein Elternteil z. B. einen Antrag für seine Familie und verschweigt dabei vorhandenes Vermögen, so muss sich das Kind das Verhalten seines Elternteils als gesetzlicher Vertreter zwar zurechnen lassen (§ 1629 Abs. 1 BGB, §§ 164, 166, 278 BGB), so dass gegenüber dem Kind sowohl eine Aufhebung als auch eine Erstattungsforderung nach den §§ 45, 50 SGB X in Betracht kommt. Möglicherweise scheitert allerdings eine Rückforderung an den faktischen Verhältnissen, wenn das Kind nicht leistungsfähig und eine Pfändung gegenüber dem Kind nicht möglich ist. In einem solchen Fall ermöglichen die Kostenersatzvorschriften einen Rückgriff gegenüber dem eigentlichen Verursacher – im Beispiel also gegenüber dem antragstellenden Elternteil.

---

[822] So auch BVerwG, Urt. vom 24.11.2005 – 5 C 16/04 –, FEVS 57, 496 = NVwZ-RR 2006, 407 = DÖV 2006, 744; BVerwG, Urt. vom 20.11.1997 – 5 C 16/97 –, BVerwGE 105, 374 = FEVS 48, 243 = NDV-RD, 33.

Wurde ein Erstattungsanspruch nach § 50 SGB X gegen die leistungsberechtigte Person und wegen **derselben Rückforderung** ein Kostenersatzanspruch gegen die verursachende Person nach § 104 Satz 1 i.V.m. § 103 SGB XII festgesetzt, haften beide Erstattungs- bzw. Ersatzpflichtige als **Gesamtschuldner** (vgl. § 103 Abs. 4 Satz 2 SGB XII, § 104 Satz 2 SGB XII i.V.m. § 421 BGB). Damit steht es dem Träger der Sozialhilfe frei, zu entscheiden, an wen er sich wendet. Beide Schuldner haften für **dieselbe** rechtswidrig erbrachte Leistung.

Im o.g. Beispiel kann also der Sozialhilfeträger
- von dem leistungsberechtigten Kind eine Erstattung gemäß § 50 Abs. 1 SGB X verlangen, wenn der Bewilligungsbescheid nach § 45 SGB X oder § 48 SGB X gegenüber dem Kind zuvor aufgehoben worden ist,
- von dem verursachenden Elternteil (oder ggf. gegenüber beiden Elternteilen) einen Kostenersatz nach § 103 Abs. 1 Satz 2 SGB XII (als Vertreter des Kindes) oder nach § 104 SGB XII (als Verursacher der rechtswidrigen Leistung) für die an das Kind rechtswidrig ausgezahlte Sozialhilfeleistung verlangen, wenn der Bewilligungsbescheid nach § 45 SGB X oder § 48 SGB X gegenüber dem Kind zuvor aufgehoben worden ist,
- von dem Kind einen Kostenersatzanspruch nach § 103 Abs. 1 Satz 2 SGB XII (als leistungsberechtigte Person) verlangen, wenn der Bewilligungsbescheid nach § 45 SGB X oder § 48 SGB X gegenüber dem Kind zuvor aufgehoben worden ist.

Alle genannten Möglichkeiten kommen nebeneinander oder gleichzeitig bzw. kumulativ in Frage. Der Kostenersatzpflichtige haftet gesamtschuldnerisch (§ 103 Abs. 4 Satz 2 SGB XII).

7.2.2 Gesamtschuldnerische Haftung

Entsprechend der gesamtschuldnerischen Haftung ist die Forderung erfüllt, wenn **einer** der Erstattungs- oder Ersatzpflichtigen die Forderung begleicht (§ 422 BGB). Gemäß § 421 BGB ist es die Eigenart der gesamtschuldnerischen Haftung, dass mehrere Erstattungs- oder Ersatzpflichtige die Leistung erfüllen müssen, der Sozialhilfeträger als Gläubiger aber nur zu einer einmaligen Forderung des (überzahlten) Betrages berechtigt ist.
Sollte neben dem Kind auch ein Elternteil rechtswidrig Leistungen erhalten haben, haftet dieser also
- als Erstattungspflichtiger nach §§ 45, 48 SGB X i.V.m. § 50 SGB X für seine erhaltenen Leistungen und
- als Kostenersatzpflichtiger nach § 103 Abs. 1 Satz 2 SGB XII oder § 104 SGB XII für die Leistungen an das Kind.

Der Wortlaut zur gesamtschuldnerischen Haftung in §§ 103 Abs. 4 Satz 2 SGB XII und § 104 Satz 2 SGB XII ist missverständlich. Hinsichtlich der Erstattungsforderung bleibt es bei der einzelschuldnerischen Haftung, während die Kostenersatzforderung eine zusätzliche und damit gesamtschuldnerische Haftung für dieselbe (dem Kind gewährte und) zu erstattende Leistung ermöglicht.

7.2.3 Anwendungsbereich der Kostenersatzvorschriften

Eine Übersicht über den Anwendungsbereich der Kostenersatzforderung ist der folgenden Abbildung zu entnehmen:

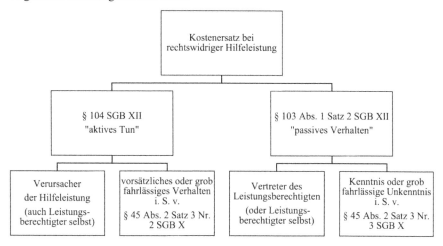

§ 104 SGB XII behandelt den Kostenersatz des sich **aktiv** schuldhaft verhaltenen Verursachers. Es wird also derjenige in den Rechtskreis der Norm aufgenommen, der fehlerhaft Umstände oder Tatsachen mitteilt, die der wahren Sachlage nicht entsprechen. § 103 Abs. 1 Satz 2 SGB XII behandelt den Kostenersatz des sich **passiv** verhaltenen Vertreters (bzw. auch der leistungsberechtigten Person), der die Rechtswidrigkeit der Leistungsbewilligung kennt oder grob fahrlässig nicht kennt.

Ein Schuldvorwurf i. S. v. § 103 Abs. 1 Satz 2 SGB XII kommt vor allem dann in Betracht, wenn der Vertreter oder die leistungsberechtigte Person über seine oder ihre Mitwirkungsobliegenheiten (vgl. §§ 60 ff. SGB I) aufgeklärt wurde und diesen Verpflichtungen durch Untätigkeit (und damit passivem Verhalten) nicht nachgekommen ist.

Ein „passives schuldhaftes Tun" verlangt also eine Rechtspflicht zum Handeln (Garantenstellung).

Zu beachten ist allerdings, dass in einem „Unterlassen" oder „Verschweigen" (z.B. Einkommen oder Vermögen wird nicht angegeben) zugleich ein „Herbeiführen" i. S. des § 104 SGB XII liegt, wenn mitteilungspflichtige Tatsachen (vgl. §§ 60 ff. SGB I) nicht angegeben werden. Der verschuldeten unvollständigen oder unrichtigen (aktiven) Angabe von Umständen im Sinne von § 45 Abs. 2 Satz 3 Nr. 2 SGB X bzw. § 104 Satz 1 SGB XII steht also das Verschweigen bzw. Unterlassen von Umständen gleich, wenn eine Mitteilungspflicht nach § 60 SGB I bestand, weil die Umstände für die fragliche Leistung rechtlich erheblich waren und dies dem Betroffenen auch bekannt war oder sein musste. In diesen Fallkonstellationen kommt eine Kostenersatzpflicht sowohl nach § 104 SGB XII als auch nach § 103 Abs. 1 Satz 2 SGB XII in Frage.[823]

Es gibt aber auch Fallkonstellationen, in denen nur eine der beiden Ermächtigungsgrundlagen in Frage kommt. Beantragt bspw. nur ein Elternteil die Sozialhilfe für sein Kind, kommt für diesen ein Kostenersatzanspruch nach § 104 SGB XII (oder nach § 103 Abs. 1 Satz 2 SGB XII) in Betracht. Der andere – sich passiv verhaltene Elternteil – kann allenfalls nach § 103 Abs. 1 Satz 2 SGB XII zum Sozialhilferegress herangezogen werden, wenn nachgewiesen werden kann, dass er die Rechtswidrigkeit der Sozialhilfeleistung kennen musste. Da zwischen Partnern auch kein gesetzliches Vertretungsverhältnis besteht, kommt auch kein Zurechnungszusammenhang durch eine Vertretungskette in Frage.

Hingegen kann ein Kostenersatz bspw. **nicht** gefordert werden, wenn der Stiefvater eines Kindes die Rechtswidrigkeit der Leistungsbewilligung kennt. Er ist nicht Verursacher nach § 104 SGB XII, wenn er („aktiv") den Antrag auf Leistungsbewilligung nicht gestellt hat und selbst keine Leistungen wegen ausreichendem Einkommen und/oder Vermögen bezieht. Ohne Leistungsbezug kann ihm auch kein schuldhaftes („passives") Unterlassen aus den Mitwirkungsverpflichtungen nach den §§ 60 ff. SGB I vorgeworfen werden. Diese Vorschriften gelten nur für Antragsteller und/oder Bezieher von Sozialleistungen. Er ist als Stiefvater auch nicht Vertreter des Kindes und kann daher nicht zum Kostenersatz nach § 103 Abs. 1 Satz 2 SGB XII herangezogen werden.[824]

7.2.4 Kostenersatz nach § 104 SGB XII

7.2.4.1 Bedeutung der Norm

Kostenersatzansprüche wegen zu Unrecht erbrachter Leistungen nach § 104 SGB XII richten sich gegen die Person, die die Leistung an den Leistungsberechtigten durch vorsätzliches oder grob fahrlässiges Verhalten herbeigeführt hat (z. B. durch falsche Angaben bei der Antragstellung). Aus dem Wort „herbeiführen" ist zu schließen, dass sich die Norm an den **Verursacher** der Leistungsgewährung wendet. **Verursacher ist** – in erster Linie – **jeder Dritte**. In den Anwendungsbereich von § 104 SGB XII fallen daher ebenfalls wie bei § 103 Abs. 1 Satz 2 SGB XII gesetzliche oder gewillkürte Vertreter. Darüber hinaus werden auch andere – nicht vertretungsberechtigte – Personen wie z. B. der Arbeitgeber oder der nicht vertretungsberechtigte Partner umfasst.

Umstritten ist, ob die leistungsberechtigte Person Verursacher der rechtswidrigen Leistungserbringung sein kann. Mehrheitlich wird dies bejaht.[825] Dafür spricht,

---

823 Vgl. LSG Saarland, Urt. vom 26.4.2018 – L 11 SO 8/17 –, juris, Rn. 29.
824 Vgl. LSG NRW, Urt. vom 24.5.2012 – L 9 SO 281/11 –, juris; SG Düsseldorf, Urt. vom 22.3.2011 – S 42 SO 70/09 –, juris.
825 Vgl. nur *H. Schellhorn* in: Schellhorn/Hohm/Scheider, § 104 SGB XII, Rn. 6.

dass § 104 SGB XII adressatenneutral formuliert ist („wer die Leistungen ... herbeigeführt hat"). Andererseits bezieht die Parallelregelung in § 103 Abs. 1 Satz 1 SGB XII die leistungsberechtigte Person durch die Formulierung **„für sich** ... Sozialhilfe herbeigeführt hat" in den Anwendungsbereich ausdrücklich ein, während diese Wendung in § 104 SGB XII fehlt. Hier wird vertreten, dass auch der Leistungsempfänger selbst nach § 104 SGB XII ersatzpflichtig sein kann. Denn es gibt keinen sachlichen Grund, dass der Gesetzgeber die leistungsberechtigte Person nur für ein „Unterlassen" kostenersatzpflichtig in Regress zu nehmen, nicht aber für ein aktiv deliktisches Tun.

Die Voraussetzungen für eine Kostenersatzpflicht können gleichzeitig nach § 103 Abs. 1 Satz 2 SGB XII und nach § 104 SGB XII vorliegen. Beide Vorschriften schließen sich nicht gegenseitig aus. Bei einer derartigen Normenkonkurrenz hat der Rechtsanwender eine (ermessensgerechte) Auswahl zu treffen, welche Norm im konkreten Fall angewandt wird.

Die Aufhebung von Verwaltungsakten nach § 45 bzw. § 48 SGB X führt zur Festsetzung eines Erstattungsanspruchs gegen die Leistungsberechtigten nach § 50 Abs. 1 SGB X. Erstattungsansprüche gegen Leistungsberechtigte lassen sich häufig wegen mangelnder Leistungsfähigkeit derselben nicht realisieren, z. B. wenn minderjährige Kinder die Leistung erhalten haben.[826] Deshalb ist mit § 104 SGB XII und § 103 Abs. 1 Satz 2 SGB XII die Möglichkeit geschaffen worden, nicht nur die Leistungsbezieher nach § 50 SGB X, sondern **auch die Verursacher oder Vertreter** in Anspruch zu nehmen.

7.2.4.2 Erbenhaftung

Sollte die kostenersatzpflichtige Person versterben, geht deren Verpflichtung gemäß § 103 Abs. 2 SGB XII auf deren Erben über. Der Erbe haftet dann für die Kostenersatzpflicht mit dem Wert des im Zeitpunkt des Erbfalles vorhandenen Nachlasses (§ 104, § 103 Abs. 2 Satz 2 i. V. m. § 102 Abs. 2 Satz 2 SGB XII). Auch in dieser Fallkonstellation besteht eine Normenkonkurrenz zur Erstattungsforderung aus §§ 45, 48 i. V. m. § 50 SGB X, die sich allerdings gegen die Erben **der leistungsberechtigten Person** wendet.

Zu Unrecht erbrachte Leistungen nach dem Tode der leistungsberechtigten Person **können** mittels Aufhebungs- und Erstattungsbescheide gegen die Erben erlassen werden, da diese in die öffentlich-rechtliche Rechtsstellung des Erblassers entsprechend den §§ 1922, 1967 BGB eintreten.[827] Aufgrund der Gesamtrechtsnachfolge gehen auf den Erben grundsätzlich alle vermögensrechtlichen Beziehungen über, und zwar auch dann, wenn es sich um werdende, schwebende oder noch nicht abgeschlossene Rechtsbeziehungen handelt. Hinsichtlich des Vertrauensschutzes ist dann auf die Person des

---

826 Vgl. BVerwG, Urt. vom 22.10.1992 – 5 C 65/88 –, juris.
827 Vgl. BSG, Urt. vom 15.9.1988 – 9/9a RV 32/86 –, juris; LSG Bayern, Urt. vom 30.9.2016 – L 1 R 673/13 –, BeckRS 2016, 74542, Rn.48; VG München, Urt. vom 21.6.2012 – M 15 K 11.5270 –, juris, Rn. 39; VG München, Urt. vom 13.11.2002 – M 18 K 99.4887 –, juris; SG Gelsenkirchen, Beschl. vom 1.6.2006 – S 2 SO 29/06 ER –, BeckRS 2009, 62065.

Erblassers abzustellen.[828] Damit ist insbesondere die wirtschaftliche Leistungsfähigkeit des Erben im Rahmen einer Ermessensentscheidung nicht zu berücksichtigen.

Im Gegensatz zu § 103 Abs. 2 Satz 2 i. V. m. § 102 Abs. 2 SGB XII haftet der Erbe in dieser Fallkonstellation für die Erblasserschulden **unbegrenzt**. Eine Haftungsbeschränkung auf den Nachlass ist nur über zivilrechtliche Instrumente (z. B. §§ 1975 ff. BGB, § 1990 BGB) möglich.

Eine zusätzliche Haftungsbeschränkung bei einer Kostenersatzforderung kommt nicht in Frage.

Das Bundesverwaltungsgericht hat bereits zu der Vorgängervorschrift aus dem Bundessozialhilfegesetz festgestellt, dass ein Kostenersatz nicht durch eine Haftungsbeschränkung nach §§ 1975, 1978 BGB zusätzlich eingeschränkt werden kann, weil die Vorgängernorm von § 102 Abs. 2 SGB XII eine spezialrechtliche Beschränkung der Erbenhaftung vorsah.[829] Der Bundesgerichtshof hat festgestellt, dass mit der speziellen gesetzlichen Haftungsbeschränkung auf den Nachlasswert Haftungsbegrenzungsverfahren nach den §§ 1945 ff., 1975 ff. BGB vermieden werden sollten.[830] Ebenso lässt sich aus der Entstehungsgeschichte der inhaltsgleichen Vorgängernorm § 92c Abs. 2 Satz 2 BSHG entnehmen, dass die Durchführung eines Nachlassinsolvenzverfahrens verhindert werden sollte, um das Verfahren zu vereinfachen und zugleich den Schutz des Erben nicht zu beeinträchtigen.[831] Außerdem würde es keiner ausdrücklichen gesetzlichen Regelung einer Haftungsbeschränkung mehr bedürfen, wenn beabsichtigt gewesen wäre, dass bei Kostenersatzforderungen die zivilrechtlichen Haftungsbeschränkungsmöglichkeiten anzuwenden wären. Denn ansonsten ergebe sich diese Regelung ohnehin aus dem Haftungssystem der §§ 1967 ff. BGB.[832] Sinn und Zweck der Regelung ist es also, eine Haftungsbeschränkung außerhalb der Sozialhilfe auszuschließen.

In der Konsequenz sind neben § 103 Abs. 2 i. V. m. § 102 Abs. 2 Satz 2 SGB XII weitere zivilrechtliche Haftungsbeschränkungsmöglichkeiten bei einem Kostenersatzanspruch nach §§ 103, 104 SGB XII nicht möglich. Der Erbe trägt das Verminderungsrisiko des Nachlasswertes nach dem Erbfall und muss in solchen Fällen gegebenenfalls mit seinem Eigenvermögen die Differenz zum Kostenersatzanspruch ausgleichen. **Selbst wenn eine Nachlassverwaltung angeordnet wird, hat dies keinen Einfluss auf die Höhe der Kostenersatzforderung.**

Steht für den Sozialhilfeträger sowohl ein Erstattungsanspruch nach § 50 SGB X als auch ein Kostenersatzanspruch nach §§ 103 Abs. 1 Satz 2, § 104 SGB XII gegenüber dem Erben oder den Miterben zur Disposition, stellt sich die Frage, auf welcher Rechtsgrundlage der Anspruch gestützt werden sollte.

Hierbei ist zunächst zu beachten, dass je nach Rechtsgrundlage unterschiedliche Fristenregelungen existieren. Besondere Relevanz dürfte aber die Frage sein, nach welcher Rechtsgrundlage die Verwaltung ihren Anspruch am ehesten realisieren

---

828 Vgl. z. B. BVerwG, Urt. vom 22.11.2001 – 5 C 10/00 –, NDV-RD 2002, 36 = FEVS 53, 30; LSG Berlin, Urt. vom 11.6.2003 – L 17 RA 53/01 –, BeckRS 9999, 06221; Bayerischer VGH, Urt. vom 7.12.2005 – 12 B 03.3099 –, juris.
829 BVerwG, Urt. vom 25.6.1992 – 5 C 67/88 –, juris, Rn. 11.
830 BGH, Urt. vom 27.8.2014 – XII ZB 133/12 –, juris, Rn. 12.
831 Vgl. BT-Drs. 12/5930 S. 4; *Baltzer*, ZEV 2008 S. 120.
832 Baltzer, ZEV 2008 S. 120.

kann, wenn die Gefahr besteht, dass die Erben nicht leistungsfähig sind, weil sie z. B. verschuldet sind.

Weil die Forderung im Zwölften Buch Sozialgesetzbuch anders als im Zehnten Buch Sozialgesetzbuch auf den Nachlasswert beschränkt ist, ergibt sich folgender Unterschied:

Wenn 10.000,00 € Sozialhilfe rechtswidrig geleistet wurden und der Nachlasswert lediglich 5.000,00 € beträgt, dann kann nur ein Kostenersatz in Höhe von 5.000,00 € verlangt werden; ein Erstattungsanspruch kann jedoch unbeschränkt in Höhe von 10.000,00 € geltend gemacht werden. Wenn also allein auf den monetären Ausgleich der Leistungen abgestellt wird, erscheint es zunächst sachgerechter, eine Erstattungsforderung nach dem Zehnten Buch Sozialgesetzbuch einer Ersatzforderung nach dem Zwölften Buch Sozialgesetzbuch vorzuziehen.

Allerdings kann sich dieser monetäre Vorteil verschieben, wenn Haftungsbeschränkungsmöglichkeiten bei einer Erstattungsforderung nach § 50 SGB X geltend gemacht werden. Insbesondere wenn bei einer Nachlassinsolvenz der Sozialhilfeträger nur quotenmäßig befriedigt wird, kann sich die Erstattungsforderung in ihrer realisierbaren Höhe deutlich reduzieren. Das ist davon abhängig, wie viele andere Gläubiger neben dem Sozialhilfeträger Forderungen gegenüber dem Nachlass haben und in welcher Höhe diese Forderungen bestehen.

Zunächst werden aus dem noch vorhandenen Nachlass die Kosten des Nachlassinsolvenzverfahrens gedeckt. Erst aus dieser Restsumme können quotenmäßig alle Gläubiger befriedigt werden. Eine solche drastische Einschränkung der realisierbaren Forderung stellt bei einem Erstattungsanspruch ein schwer kalkulierbares Risiko für den Leistungsträger dar.

Deshalb scheint es sinnvoll, in Abhängigkeit der Situation zu entscheiden.

Bei geringen Schulden, wenigen Gläubigern und einem verhältnismäßig hohen Aktivbestand des Nachlasses und einer infolgedessen geringen Wahrscheinlichkeit der Anordnung einer Nachlassverwaltung oder Nachlassinsolvenz sollten der Erbe oder die Miterben nach § 50 SGB X in Anspruch genommen werden.

Wenn jedoch viele Schulden und viele Gläubiger bei einem verhältnismäßig geringen Aktivbestand des Erbes vorliegen und deshalb eine hohe Wahrscheinlichkeit besteht, dass der Erbe von Haftungsbeschränkungsmaßnahmen Gebrauch macht, scheint ein Ersatzanspruch nach §§ 103, 104 SGB XII die sicherere Ermessenswahl zu sein.

Ermessenserwägungen bei der Normauswahl, wie auch bei der Auswahl der Ersatzpflichtigen bei mehreren Miterben als Gesamtschuldner, müssen im Erstattungsbescheid erfasst werden.[833]

7.2.4.3 Voraussetzungen

Gemäß § 104 Satz 1 SGB XII gelten für die Festsetzung des Kostenersatzanspruchs gegen die Verursacher die Bestimmungen des § 103 SGB XII „entsprechend". Damit ist auch auf die dortigen Voraussetzungen – mit Ausnahme der eigenständigen

---

833 LSG Bremen, Urt. vom 12.12.2017 – L 7/12 AL 27/16 –, BeckRS 2017, 138407.

Ermächtigungsgrundlage des § 103 Abs. 1 Satz 1 SGB XII – bei der Prüfung eines Kostenersatzanspruchs zurückzugreifen.

In die „entsprechende" Anwendung von § 103 SGB XII wird die eigenständige Ermächtigungsgrundlage des § 103 Abs. 1 Satz 1 SGB XII ausgeklammert. Da ausschließlich dort die Volljährigkeit des Verursachers gefordert wird, ist dies keine Voraussetzung für einen Kostenersatzanspruch bei rechtswidriger Leistungserbringung (str.). Auch die Parallelregelung des § 34a SGB II sieht nicht die Notwendigkeit, den Kostenersatz ausschließlich auf Volljährige zu beschränken. Da auch 15-Jährige Anträge im Sozialleistungsrecht stellen dürfen (§ 36 SGB I) und diese bereits über eine ausreichende Einsichtsfähigkeit verfügen, ist es gut vertretbar, Minderjährige in den Anwendungsbereich aufzunehmen.

Der Verzicht auf eine Beschränkung auf volljährige Kostenersatzpflichtige widerspricht auch nicht dem allgemeinen Schutzgedanken gegenüber Kindern und Jugendlichen. Zum einen ist der Schutz von unter 18-jährigen Menschen in der Rechtsordnung nicht absolut. Vielmehr wird im Hinblick auf unterschiedliche Einsichts- und Reifegrade differenziert (§§ 106, 828 Abs. 3 BGB). Zum anderen ist die Einsichtsfähigkeit auch in § 103 Abs. 1 Satz 2, § 104 SGB XII verankert, wenn dort auf ein schuldhaftes Verhalten abgestellt wird, das nur bei entsprechender Einsichts- und Urteilsfähigkeit (Bildungsstand, Erfahrenheit, Wissensstand etc.) zu bejahen ist.

Im Einzelnen müssen folgende Voraussetzungen vorliegen:
1. **Rechtswidrigkeit** der Sozialhilfegewährung.
2. **Aufhebung** der bisherigen Verwaltungsakte nach § 45 oder § 48 SGB X gegenüber den leistungsberechtigten Personen.

Eine Kostenersatzpflicht setzt „zu Unrecht" gewährte Leistungen voraus. Leistungen sind nur dann zu Unrecht erbracht, wenn es keinen Rechtsgrund für das „Behaltendürfen" gibt. Solange jedoch ein Verwaltungsakt existiert, kann sich der Verursacher wie auch die leistungsberechtigte Person auf die Bestandskraft und die Tatbestandswirkung des Verwaltungsaktes berufen. Insofern ist es notwendig, diesen „Rechtsgrund" für die Leistungserbringung aus „der Welt zu schaffen", also durch Aufhebung unwirksam (vgl. § 39 Abs. 2 SGB X) zu machen.[834]

Ferner wird aus der Formulierung, dass die Vorschriften der §§ 44 ff. SGB X „unberührt bleiben" (vgl. § 104 Satz 2, § 103 Abs. 4 SGB XII) deutlich, dass Aufhebung und Erstattungsanspruch einerseits und Ersatzanspruch andererseits selbstständige Ansprüche des Leistungsträgers sind, die nebeneinander gelten. Dennoch sind die Ansprüche nicht unabhängig voneinander zu sehen, da bei Identität zwischen erstattungspflichtigem Leistungsempfänger und kostenersatzpflichtigem Verursacher der Sozialhilfeträger zwischen den beiden Ermächtigungsgrundlagen auswählen kann (Fall der Normenkonkurrenz zwischen § 104 SGB XII und § 50 SGB X), für die Anwendung des § 50 SGB X jedoch die vorhergehende Aufhebung des Bewilligungsbescheides notwendig ist. Daraus folgt, dass dies auch für die Anwendung des § 104 SGB XII entscheidungserheblich ist.

---

834 Vgl. BVerwG, Urt. vom 20.11.1997 – 5 C 16/97 –, BVerwGE 105, 374 = DVBl 1998, 475 = FEVS 48, 243.

Sollte die leistungsberechtigte Person vor oder während des eingeleiteten Verwaltungsverfahrens zur Kostenersatzforderung versterben, gehen deren Rechte und Pflichten im Wege der Gesamtrechtsnachfolge gemäß §§ 1922, 1967 BGB auf den oder die Erben über (s. o.) Eine erforderliche Aufhebungsentscheidung kann daher auch noch gegenüber den Erben der leistungsberechtigten Person getroffen werden, sofern dies gegenüber dem Erblasser unterblieben ist.[835]

3. **Verursachung** des rechtswidrigen Leistungsbezuges durch schuldhaftes Verhalten **des Dritten oder der leistungsberechtigten Person.**

Der Dritte ist jeder Verursacher, unabhängig von einer etwaigen Verwandtschaft, z. B. Pfleger, Verwandte, gesetzliche Vertreter wie z. B. Eltern, Vormund oder Betreuer. Auch die leistungsberechtigte Person selbst kann kostenersatzpflichtig sein.

4. **Schuldhaftes Verhalten**

Das Verhalten war **schuldhaft**, also vorsätzlich oder grob fahrlässig (vgl. § 104 Satz 1 SGB XII, § 45 Abs. 2 Satz 3 SGB X, § 276 Abs. 2 BGB).

Vorsätzlich handelt, wer sich der Folgen seines Handelns bewusst ist und den Eintritt eines materiellen Schadens voraussieht. Grobe Fahrlässigkeit liegt nach der Legaldefinition des § 45 Abs. 2 Satz 3 Nr. 3 Halbs. 2 SGB X dagegen vor, wenn der Verursacher die im Verkehr erforderliche Sorgfalt in besonders schwerem Maße verletzt hat. Das ist derjenige, der schon einfachste, ganz naheliegende Überlegungen nicht anstellt und das nicht beachtet, was im gegebenen Fall jedem auffallen und einleuchten muss.[836] Hinsichtlich des Verschuldensmaßstabes ist auf die subjektive, d. h. auf die konkret-individuelle Einsichts- und Urteilsfähigkeit abzustellen. Der Bildungsstand oder die Erfahrung des Leistungsberechtigten spielen hier also eine Rolle.

Auch ein Verschweigen von Tatsachen kann ein „aktives Tun" sein, wenn eine Pflicht zur Angabe von Tatsachen besteht. Eine solche Pflicht kann sich für Bezieher von Sozialleistungen insbesondere aus den Mitwirkungsverpflichtungen der §§ 60 ff. SGB I ergeben. Nach § 60 Abs. 1 Satz 1 SGB I hat, wer Sozialleistungen beantragt oder erhält, u. a. alle Tatsachen anzugeben und unverzüglich Änderungen in den Verhältnissen mitzuteilen, die für die Leistung erheblich sind oder über die im Zusammenhang mit der Leistung Erklärungen abzugeben sind.

Nach hier vertretener Auffassung muss das Verhalten – im Gegensatz zur Kostenersatzforderung bei rechtmäßiger Leistungserbringung nach § 103 Abs. 1 Satz 1 SGB XII – **nicht sozialwidrig** sein (str.[837]). Bei der Kostenersatzforderung aufgrund rechtswidriger Leistungsgewährung geht es darum, die Rückerstattungsmöglichkeiten des Sozialhilfeträgers über die leistungsberechtigte Person hinaus **auf weitere Personen** auszudehnen, die die Leistungsgewährung verursacht haben. Die Kostenersatzforderung bei rechtmäßiger Leistungserbringung verfolgt eine etwas andere Zielrichtung. Die Bedeutung des § 103 Abs. 1 Satz 1 SGB XII liegt primär darin, Sozialhilfe entgegen ihrer Eigenart als Zuschussleistung zurück-

---

835 Vgl. VG München, Urt. vom 21.6.2012 – M 15 K 11.5270 –, juris, Rn. 39.
836 Vgl. BSG, Urt. vom 31.8.1976 – 7 RAr 112/74 –, BSGE 42, 184; BSG, Urt. vom 8.2.2001 – B 11 AL 21/00 R –, FEVS 52, 494 = SGb 2001, 381 (Kurzwiedergabe).
837 A. A. VGH Bayern, Urt. vom 26.5.2003 – 12 B 99.2576 –, juris, Rn. 16; SG Ulm, Urt. vom 13.6.2017 – S 11 SO 1813/16 –, FamRZ 2018, 56.

fordern zu können. Dies macht eine einschränkende Auslegung bei Rückforderung rechtmäßiger Leistung mittels des ungeschriebenen Tatbestandsmerkmals „sozialwidrig" notwendig.

Eine einschränkende Auslegung von Kostenersatzforderungen ist bei rechtswidriger Leistung hingegen nicht erforderlich. Zum einen geht es um die Rückerstattungspflicht von Dritten und nicht um die Rückforderung gegenüber der leistungsberechtigten Person. Bei rechtmäßigen Leistungen liegt es nahe, den Leistungsempfänger in stärkerem Maße vor Kostenersatzansprüchen zu schützen. Hingegen entfällt der Schutzgedanke bei rechtswidrigen Leistungen. Der Rückforderung rechtswidriger Leistungserbringung liegt zudem meistens ein sozialwidriges Verhalten zugrunde. Das Erfordernis eines Tatbestandsmerkmals, das sowieso stets erfüllt ist, erschließt sich jedoch nicht. Auch die Parallelregelung in § 34a SGB II kennt nicht das Tatbestandsmerkmal „Sozialwidrigkeit".

5. **Kausalität**

Kausalität zwischen dem schuldhaften Verhalten des Verursachers und der (rechtswidrigen) Leistungsbewilligung, d. h. die Erbringung der Sozialhilfe muss unmittelbare Folge des schuldhaften Verhaltens sein (vgl. § 104 Satz 1 SGB XII)

Eine Kostenersatzpflicht setzt demnach voraus, dass durch das schuldhafte Verhalten die Voraussetzungen für die Leistungserbringung herbeigeführt worden sind. Die Notwendigkeit einer „Kausalität" wird im Gesetzestext aufgrund des Wortes „durch" deutlich.

Beispiel
Ein geschiedener Ehemann kann wegen einer Freiheitsstrafe keinen Unterhalt mehr an seine Ehefrau zahlen. Die Ehefrau erhält Sozialhilfe trotz vorhandenem nicht geschütztem Vermögen.

Hier bestehen zwei Kausalitäten. Zum einen wäre bei Kenntnis des Vermögens keine Sozialhilfeleistung gezahlt worden. Zum anderen kann die der Freiheitsstrafe zugrunde liegende Straftat als sozialwidrige Handlung angesehen werden.

In einem solchen Fall kann nicht angenommen werden, dass die Sozialhilfeleistung durch das Verhalten des geschiedenen Ehemanns herbeigeführt wurde. § 104 SGB XII kann in solchen Fällen für den Dritten nur dann in Betracht kommen, wenn der Kostenersatzpflichtige an der Unrechtmäßigkeit des Sozialhilfebezuges mitgewirkt hat.

Die Leistungserbringung muss adäquate Folge des Tuns oder Unterlassens des Kostenersatzpflichtigen sein. Das Verhalten des Ersatzpflichtigen muss im Allgemeinen und nach dem gewöhnlichen Verlauf der Dinge geeignet gewesen sein, die rechtswidrige Leistungserbringung herbeizuführen.

Eine solche Kausalität wurde in einem Fall verneint, in dem der Bezug von Arbeitslosengeld (I) nach dem Dritten Buch Sozialgesetzbuch nicht angegeben wurde, das Jobcenter durch Angaben im Antrag zu einer sozialversicherungspflichtigen Beschäftigung aber erkennen konnte, dass ein solcher vorrangiger Anspruch existierte. In einem solchen Fall trägt das Jobcenter eine Mitschuld. Das Jobcenter wäre gemäß § 12a Satz 1 i.V.m. § 5 Abs. 3 SGB II verpflichtet gewesen, die leistungsberechtigte Person zu einer Antragstellung aufzufordern, selbst einen Antrag zu stellen und/oder einen Kostenerstattungsanspruch nach § 104 SGB X zu stellen.

Ein Kostenersatzanspruch kann daher daran scheitern, dass mehrere adäquate Ursachen für die Leistungserbringung vorliegen. Ein Ersatzanspruch verlangt eine überwiegende bzw. wesentliche Mitursache für den Erhalt der rechtswidrigen Leistung durch das Verhalten des potentiellen Ersatzpflichtigen.[838]

War das sozialwidrige Verhalten nur eine von mehreren Ursachen für die Leistungserbringung, ist eine Kausalität also nur zu bejahen, wenn das sozialwidrige Verhalten die überwiegende Ursache für die Sozialhilfeleistung bildete.[839]

6. **Ausschluss einer Härte** (vgl. § 104 Satz 1 i.V.m. § 103 Abs. 1 Satz 3 SGB XII)
Anhaltspunkte zur Beurteilung einer Härte sind
- die wirtschaftliche Leistungsfähigkeit (z.B. bei Vorliegen erheblicher Schuldverpflichtungen, Folgen der Rückzahlungsverpflichtung für den Betroffenen und seine Selbsthilfefähigkeit, zukünftig unabhängig von der Sozialhilfe zu leben) und
- die Mitbetroffenheit Anderer, insbesondere bei Bemühungen, diesen Anderen die Integration in die Gesellschaft zu erhalten (z.B. bei unterhaltsberechtigten Kindern, bei Gefährdung des Zusammenhalts der Familie).

Hinsichtlich der wirtschaftlichen Leistungsfähigkeit ist auch die Möglichkeit zu sehen, selbst Sozialhilfeleistungen nach § 26 Abs. 2 SGB XII mit Ansprüchen des Trägers der Sozialhilfe aufzurechnen.

Bloße ungünstige wirtschaftliche Verhältnisse des Ersatzpflichtigen genügen noch nicht, um eine Härte zu bejahen. Gleichwohl ist eine Härte auch dann anzunehmen, wenn der nicht Leistungsberechtigte durch den Kostenersatz hilfebedürftig würde.[840]

Soweit eine „Härte" im Sinne der Vorschrift vorliegt, ist auf der Rechtsfolgenseite Ermessen zu berücksichtigen. Das Wort „soweit" macht deutlich, dass auch eine teilweise Heranziehung oder ein teilweises Absehen von der Heranziehung möglich ist, und zwar nicht nur bezüglich des Umfangs der Heranziehung, sondern auch in zeitlicher Hinsicht. Auf der Rechtsfolgenseite kann berücksichtigt werden, inwiefern ein Verschulden des Ersatzpflichtigen vorliegt oder er gewillt ist, sich zukünftig sozialgerecht zu verhalten.

7. Kein Untergang des Ersatzanspruchs: **Einhaltung der Frist von drei Jahren** (§ 104 Satz 1 i.V.m. 103 Abs. 3 SGB XII)
Gemäß § 104 Satz 1 i.V.m. § 103 Abs. 3 SGB XII erlischt[841] der Anspruch auf Kostenersatz in drei Jahren vom Ablauf des Jahres an, in dem die Leistung (**tatsächlich**) erbracht worden ist.

---

838 LSG Niedersachsen-Bremen, Urt. vom 8.7.2020 – L 13 AS 18/20 –, juris, Rn. 38, 39 (Revision BSG, Urt. vom 12.5.2021 – B 4 AS 66/20 R –).
839 Vgl. *Lücking* in Hauck/Noftz, SGB XII, Rn. 2 zu § 103 SGB XII.
840 Vgl. Erläuterungen von *Schwabe*, Sozialhilfe, 17. Auflage, S. 331.
841 Es wäre deswegen verfehlt, in diesem Zusammenhang von einer „Verjährung" zu sprechen. Denn bei einer Verjährung bleibt der Anspruch bestehen, er kann nur nicht mehr geltend gemacht werden.

Würde also z. B. eine Leistung am 1.2.2021 rechts- und sozialwidrig erbracht und lägen auch die übrigen Voraussetzungen des § 104 SGB XII vor, dann könnte nach dem Wortlaut der Vorschrift ein Kostenersatzanspruch nur bis zum 31.12.2024 geltend gemacht werden, sofern keine Hemmung durch Erlass eines Leistungsbescheides gemäß § 204 Abs. 1 Nr. 1 BGB i. V. m. § 104 Satz 1 SGB XII i. V. m. § 103 Abs. 3 Satz 3 SGB XII oder ein Neubeginn durch Anerkennung des Kostenersatzanspruchs (§ 212 Abs. 1 Nr. 1 BGB) z. B. durch eine Abschlagszahlung eintreten.

Es kommt aber auch vor, dass der Sozialhilfeträger über vorhandenes Einkommen oder Vermögen und damit über die Rechtswidrigkeit der Leistungserbringung zu einem wesentlich späteren Zeitpunkt erfährt (z. B. informiert der Betreuer eines Pflegebedürftigen Jahre später über das Vorhandensein einer wertvollen Münzsammlung der leistungsberechtigten Person). Dann würde der Sinn der Vorschrift weitestgehend leerlaufen.

8. Deshalb ist bei Auslegung des § 103 Abs. 3 SGB XII zu berücksichtigen, dass die Vorschrift originär auf die Fälle der sozialwidrigen **rechtmäßigen** Leistungsbewilligung anzuwenden ist und hier der Sozialhilfeträger in der Regel von Anfang an Kenntnis von dem sozialwidrigen Verhalten hat. Da § 103 Abs. 3 SGB XII auch nur „entsprechend" für die Fälle der rechtswidrigen Leistungserbringung anzuwenden ist, ist die Vorschrift dahingehend auszulegen, dass **nicht das Jahr der Sozialhilfeerbringung,** sondern das Jahr entscheidend ist, in dem die Aufhebungsentscheidung durch Bekanntgabe wirksam geworden ist.[842] Für den Bereich des Zweiten Buches Sozialgesetzbuch hat der Gesetzgeber in § 34a Abs. 2 Satz 2 SGB II nun eine ähnliche Regelung gesetzlich aufgenommen. In Anlehnung an die dortige Regelung ist zu überlegen, ob für das Anlaufen der Frist nicht die positive Kenntnis von der Rechtswidrigkeit der Bewilligungsentscheidung maßgebend sein sollte.

7.2.5 Kostenersatz nach § 103 Abs. 1 Satz 2 SGB XII

Zum Kostenersatz ist auch verpflichtet, wer als leistungsberechtigte Person oder **als deren Vertreter/Vertreterin** die Rechtswidrigkeit des der Leistung zu Grunde liegenden Verwaltungsaktes kannte oder infolge grober Fahrlässigkeit nicht kannte (§ 103 Abs. 1 Satz 2 SGB XII).[843] Wie bereits oben ausgeführt, ist die Volljährigkeit nach hier vertretener Auffassung keine Voraussetzung für die Kostenersatzforderung.

Kannte die **leistungsberechtigte Person** die Rechtswidrigkeit des begünstigenden Verwaltungsaktes und führt dies zur Rücknahme desselben nach § 45 Abs. 2 Satz 3 Nr. 3 SGB X, entsteht gegen sie ein Erstattungsanspruch nach § 50 Abs. 1 SGB X. Damit erübrigt sich ein Kostenersatz gegen den Leistungsempfänger nach § 103 Abs. 1 Satz 2 SGB X. Gleichwohl ermöglicht § 103 Abs. 1 Satz 2 SGB XII auch ein Vor-

---

842 Vgl. BVerwG, Urt. vom 24.11.2005 – 5 C 16/04 –, FEVS 57, 495 = NVwZ-RR 2006, 407 = NWVBl 2006, 416; VG Mainz, Urt. vom 25.3.2004 – 1 K 278/03.MZ –, juris; a. A. OVG Rheinland-Pfalz, Urt. vom 21.10.2004 – 12 A 11206/04 – (Berufungsurteil zu VG Mainz, Urt. vom 25.3.2004 – 1 K 278/03.MZ –), juris.

843 Da § 103 Abs.1 Satz 1 SGB XII rechtmäßig erbrachte Leistungen betrifft, wäre es systematischer gewesen, die Regelung des § 103 Abs. 1 Satz 2 SGB XII, die sich auf eine rechtswidrige Hilfeleistung bezieht, im § 104 SGB XII vorzusehen.

gehen gegen die leistungsberechtigte Person. Insofern stehen §§ 45, 48 i. V. m. § 50 SGB X in Normkonkurrenz zu § 103 Abs. 1 Satz 2 SGB XII. Der Leistungsträger hat die ermessensgerechte Entscheidung zu treffen, welche Norm er zur Rückerstattung der rechtswidrig zu viel ausgezahlten Leistung wählt.

Kannte der Vertreter oder die Vertreterin der leistungsberechtigten Person (z. B. Elternteil, Betreuer) die Rechtswidrigkeit des Verwaltungsaktes, besteht die Möglichkeit, diese **neben** der leistungsberechtigten Person nach § 103 Abs. 1 Satz 2 SGB XII in Anspruch zu nehmen. Dabei sind die weiteren Voraussetzungen des § 103 SGB XII zu berücksichtigen. Ein Kostenersatzanspruch kann also unter folgenden Voraussetzungen geltend gemacht werden:

1. Es wurde **rechtswidrig Sozialhilfe** geleistet.
2. **Aufhebung** der bisherigen Verwaltungsakte nach § 45 oder § 48 SGB X gegenüber den leistungsberechtigten Personen.[844]
3. Der Vertreter/die Vertreterin bzw. die leistungsberechtigte Person **kannte die Rechtswidrigkeit** des der Leistung zugrunde liegenden Verwaltungsaktes oder **kannte die Rechtswidrigkeit infolge grober Fahrlässigkeit nicht** (vgl. 45 Abs. 2 Satz 3 Nr. 3 SGB X).

   Für die Kenntnis der Rechtswidrigkeit genügt die Parallelwertung der Laiensphäre. Abgestellt wird damit auf den verständigen durchschnittlichen Leistungsberechtigten bzw. Vertreter. Der Begünstigte muss wissen, dass der Verwaltungsakt fehlerhaft ist und mit dem Gesetz nicht übereinstimmt.

   Ein Kennenmüssen (vgl. § 122 Abs. 2 BGB, d. h. eine grob fahrlässige Unkenntnis im Sinne von § 45 Abs. 2 Satz 3 Nr. 3 SGB X) ist zu bejahen, wenn der Begünstigte die Fehlerhaftigkeit des Bescheides ohne Mühe hätte erkennen können[845].

   Grob fahrlässig handelt derjenige, der die erforderliche Sorgfalt in besonders schwerem Maße verletzt. Das ist derjenige, der schon einfachste, ganz naheliegende Überlegungen nicht anstellt und daher nicht beachtet, was im gegebenen Fall jedem auffallen und einleuchten muss.[846] In den Fällen des „Kennenmüssens", d. h. der schuldhaften Unkenntnis, wird auf die persönliche Urteils- und Kritikfähigkeit abgestellt. Auf eine Parallelwertung in der Laiensphäre kommt es dann also nicht an.

   Wie bereits oben ausgeführt, ist ein sozialwidriges Verhalten nach hier vertretener Auffassung nicht notwendig. Es ist zudem schwierig, ein „sozialwidriges Verhalten" im Fall des schuldhaften Unterlassens zu belegen.[847]
4. **Kausalität**: Die Forderung an einen kausalen Zusammenhang zwischen dem schuldhaften Verhalten und der rechtswidrigen Leistungsbewilligung folgt nicht direkt aus § 103 Abs. 1 Satz 2 SGB XII. Ein systematischer Vergleich mit der verwandten Norm des § 104 SGB XII zeigt aber, dass auch diese Bedingung einzuhalten ist. Damit muss die Erbringung der Sozialhilfe unmittelbare Folge des schuldhaften Verhaltens sein (vgl. § 104 Satz 1 SGB XII: „durch").

---

844 So auch *Bieback* in Grube/Wahrendorf, Rn. 32 zu § 103 SGB XII.
845 Vgl. BVerwG, Urt. vom 12.7.1972 – VI C 24.69 –, BVerwGE 40, 212 = DÖV 1973, 133 = DVBl 1972, 955.
846 Vgl. BSG, Urt. vom 31.8.1976 – 7 RAr 112/74 –, BSGE 42, 184; BSG, Urt. vom 8.2.2001 – B 11 AL 21/00 R –, FEVS 52, 494 = SGb 2001, 381 (Kurzwiedergabe).
847 Vgl. LSG NRW, Urt. vom 24.5.2012 – L 9 SO 281/11 –, juris, Rn. 46.

5. Von der Heranziehung zum Kostenersatz kann abgesehen werden, soweit sie eine **Härte** bedeuten würde (§ 103 Abs. 1 Satz 3 SGB XII).
6. Der Ersatzanspruch muss **innerhalb von drei Jahren** nach Ablauf des Jahres, in dem die Leistung erbracht worden ist, geltend gemacht worden sein (vgl. § 103 Abs. 3 Satz 1 SGB XII). Bei Kostenersatz wegen rechtswidrig erbrachter Leistungen beginnt die Frist ab Bekanntgabe der Aufhebungsentscheidung[848] (s. o.). Es ist allerdings zu überlegen, ob für das Anlaufen der Frist nicht die positive Kenntnis von der Rechtswidrigkeit der Bewilligungsentscheidung maßgebend sein sollte. Eine entsprechende Vorgabe findet sich in § 34a Abs. 2 SGB II – also der Parallelregelung im Zweiten Buch Sozialgesetzbuch.

Zum Kostenersatz nach § 103 Abs. 1 Satz 2 SGB XII und zur Erstattung **derselben Kosten** nach § 50 SGB X Verpflichtete haften als Gesamtschuldner (§ 103 Abs. 4 SGB XII).

7.2.6 Übung

Sachverhalt[849]

Herr A, 45 Jahre alt, ist zeitlich befristet voll erwerbsgemindert. Er bezieht seit dem 1.5. laufende Hilfe zum Lebensunterhalt in Höhe von monatlich 750,00 €. Der hauptberuflich tätige Betreuer von Herrn A hat die Leistung für ihn beantragt. Er wurde über die Mitwirkungspflichten gemäß § 60 SGB I belehrt, insbesondere darüber, dass bei der Antragstellung das gesamte Einkommen und Vermögen anzugeben ist.

Am 31.8. wird dem Träger der Sozialhilfe bekannt, dass Herr A seit Anfang des Jahres von einer privaten Versicherung wegen seiner Erwerbsminderung Leistungen in Höhe von 350,00 € monatlich erhalten hat. Diese Einkünfte hat sein Betreuer in dem schriftlichen Antrag auf Hilfe nicht angegeben. Um diesen Betrag wäre die monatliche Hilfe zum Lebensunterhalt geringer ausgefallen.

In einer durchgeführten Anhörung hat der Betreuer des A erklärt, er sei davon ausgegangen, dass diese Leistung wegen ihrer Zweckbestimmung nicht auf die Hilfe zum Lebensunterhalt angerechnet würde.

Aufgabe

Prüfen Sie, was vom Träger der Sozialhilfe zu veranlassen ist bzw. veranlasst werden kann.

---

848 BVerwG, Urt. vom 24.11.2005 – 5 C 16.04 –, FEVS 57, 495.
849 Vgl. zu einem ähnlichen Fall: SG Ulm, Urt. vom 13.6.2017 – S 11 SO 1813/16 –, juris.

Lösung

Neufestsetzung der Hilfe für September

Für den Monat September ist die Hilfe, reduziert um die 350,00 €, auf 400,00 € festzusetzen.

Rücknahme der Verwaltungsakte

Die überzahlten Beträge sind zurückzufordern. Als Rechtsgrundlage hierfür kommt zunächst § 50 Abs. 1 SGB XII in Betracht. Danach sind bereits erbrachte Leistungen zu erstatten, soweit der Verwaltungsakt aufgehoben worden ist.

Hier kommt als mögliche Aufhebung die Rücknahme der begünstigenden Verwaltungsakte (vgl. § 31 SGB X) für die Monate Mai bis August in Betracht. In diesen Monaten wäre die Hilfe zum Lebensunterhalt um 350,00 € geringer ausgefallen. Das Renteneinkommen wäre ab Mai als Einkommen im Sinne des § 82 Abs. 1 SGB XII zu berücksichtigen gewesen. Die Verwaltungsakte für die Monate Mai bis August waren bezüglich der Höhe der Leistungen teilweise rechtswidrig.

Nach § 45 Abs. 1 SGB X besteht die Möglichkeit, unter den einschränkenden Bedingungen der Absätze 2 bis 4 die Bewilligungsbescheide für die Vergangenheit ganz oder teilweise zurückzunehmen.

Die Rücknahme von Verwaltungsakten für die **Vergangenheit** wird durch § 45 Abs. 4 Satz 1 SGB X auf Fälle von § 45 Abs. 2 Satz 3 und § 45 Abs. 3 Satz 2 beschränkt. Eine Rücknahme von Verwaltungsakten für die Vergangenheit ist zulässig, wenn sich der Begünstigte **nicht auf Vertrauen** berufen kann. Letzteres ist nicht möglich, soweit der Verwaltungsakt (hier: die Verwaltungsakte für die Monate Mai bis August) auf Angaben beruht, die der Begünstigte vorsätzlich oder grob fahrlässig in wesentlicher Beziehung unrichtig oder unvollständig gemacht hat (§ 45 Abs. 2 Satz 3 Nr. 2 SGB X), bzw. soweit der Begünstigte die Rechtswidrigkeit des Verwaltungsaktes kannte oder infolge grober Fahrlässigkeit nicht kannte (§ 45 Abs. 2 Satz 3 Nr. 3 Halbs. 1 SGB X).
Der Betreuer von Herrn A wurde auf die Mitwirkungspflichten gemäß § 60 SGB I hingewiesen. Er hatte nach § 60 Abs. 1 Satz 1 Nr. 2 SGB I wahrheitsgemäße vollständige Angaben zu machen und Änderungen in den Verhältnissen, die für die Leistung erheblich sind, unverzüglich mitzuteilen. Diese Mitteilung hat der Betreuer versäumt und damit zumindest grob fahrlässig gehandelt. Das Verhalten des Betreuers muss sich Herr A anrechnen lassen, da dieser als sein Vertreter gehandelt hat (vgl. § 164, § 166, § 278 BGB).

Die Verwaltungsakte dürfen danach zurückgenommen werden. Weitere Einschränkungen nach § 45 SGB X sowie Gründe, die in Ausübung des **Ermessens** einen Verzicht auf die Rücknahme der Verwaltungsakte rechtfertigen würden, sind nicht erkennbar.

Die Rücknahme der Verwaltungsakte muss gemäß § 45 Abs. 4 Satz 2 SGB X **innerhalb eines Jahres** seit Kenntnis der Tatsachen durch den Träger der Sozialhilfe (vgl. § 45 Abs. 5 i. V. m. § 44 Abs. 3 SGB X) erfolgen.

Erstattungsanspruch gegen Herrn A

Soweit ein Verwaltungsakt aufgehoben (hier: zurückgenommen) worden ist, sind bereits erbrachte Leistungen zu erstatten (§ 50 Abs. 1 Satz 1 SGB X). Gegen Herrn A ergibt sich somit ein Erstattungsanspruch in Höhe von 4 x 350,00 € = 1.400,00 €.

Kostenersatzanspruch gegen den Betreuer

Da A durch seinen Betreuer vertreten wurde und dieser Verursacher ist, kommt die Anwendung des § 104 SGB XII in Betracht.

Zum Kostenersatz nach § 104 SGB XII ist in entsprechender Anwendung des § 103 SGB XII verpflichtet, wer die Leistungen durch vorsätzliches oder grob fahrlässiges Verhalten herbeigeführt hat. Der Betreuer des A hat dadurch, dass er das Renteneinkommen nicht angegeben hat (s. o.), die „Überzahlung" der Hilfe zum Lebensunterhalt verursacht. Die Regelungen des § 103 Abs. 1 Satz 1 und Satz 3 SGB XII stehen einem Kostenersatz nicht entgegen.

Alternativ kann der Betreuer auch nach § 103 Abs. 1 Satz 2 SGB XII zum Kostenersatz herangezogen werden. Die dort genannten Voraussetzungen liegen vor.

Der Betreuer hat die Stellung eines gesetzlichen Vertreters des Betreuten. Nach § 1902 BGB vertritt der Betreuer den Betreuten in dem ihm durch das Vormundschaftsgericht zugewiesenen Aufgabenkreis gerichtlich und außergerichtlich. Die rechtliche Vertretungsmacht bedeutet, dass die Erklärungen des Betreuers innerhalb seines Aufgabenkreises Dritten gegenüber in jedem Fall rechtlich wirksam sind und den Betreuten unmittelbar verpflichtet (vgl. § 164 BGB).

Darüber hinaus ist davon auszugehen, dass der Betreuer die Rechtswidrigkeit des Bewilligungsbescheides mindestens aus grob fahrlässiger Unkenntnis nicht kannte.

Die Anwendung des § 104 SGB XII sollte als speziellere Vorschrift den Vorzug erhalten. § 104 SGB XII thematisiert ein aktives Tun, während § 103 Abs. 1 Satz 2 die passive Unkenntnis des Vertreters behandelt. Die Antragstellung ist ein aktives Tun und daher ist der Betreuer Verursacher nach § 104 SGB XII. Darüber hinaus stellt § 103 Abs. 1 Satz 2 SGB XII nur eine Ergänzung zu § 104 SGB XII dar.

Haftung als Gesamtschuldner

Der Träger der Sozialhilfe hat die Möglichkeit, die zu Unrecht erbrachten Leistungen sowohl von Herrn A (nach § 50 SGB X) als auch von seinem Betreuer (nach § 104 i. V. m. § 103 SGB XII oder nach § 103 Abs. 1 Satz 2 SGB X) zurückzufordern (vgl. § 104 Satz 2 SGB XII oder § 103 Abs. 4 Satz 2 SGB XII). Der Erstattungsanspruch gegenüber Herrn A ist ebenfalls verpflichtend geltend zu machen, da § 50 Abs. 1, Abs. 3 SGB X eine gebundene Entscheidung ist.

Abwandlung
Gehen Sie davon aus, dass Herr A schon sehr lange Leistungen zum Lebensunterhalt erhält und der Betreuer nicht die falschen Angaben im Antrag gemacht hat, weil er die

Betreuung erst später übernommen hat. Er wusste jedoch von der Rentenzahlung und der Nichtanrechnung derselben auf die Hilfe zum Lebensunterhalt.

Aufgabe

Prüfen Sie, inwieweit sich die Lösung von der vorherigen unterscheidet.

Lösung (Kurzfassung)

Die Festsetzung der Höhe der Hilfe ab September und die teilweise Rücknahme der Verwaltungsakte für die Monate Mai bis August sowie die Festsetzung des Erstattungsanspruchs gegen A würden sich nicht verändern.

Kostenersatzanspruch gegen den Betreuer

Der Betreuer war nicht der Verursacher der zu Unrecht erbrachten Leistungen. Somit scheidet § 104 SGB XII für eine Inanspruchnahme des Betreuers aus.

Zum Kostenersatz ist jedoch auch verpflichtet, wer als Vertreter der leistungsberechtigten Person die Rechtswidrigkeit der Verwaltungsakte kannte oder infolge grober Fahrlässigkeit nicht kannte (vgl. § 103 Abs. 1 Satz 2 SGB XII). Als hauptberuflich tätiger Betreuer musste er die Rechtswidrigkeit der Verwaltungsakte kennen. Sofern sich aus den übrigen Bestimmungen des § 103 SGB X keine Einschränkungen ergeben, entsteht ein Kostenersatzanspruch gegen den Betreuer von Herrn A nach § 103 Abs. 1 Satz 2 SGB XII.

Haftung als Gesamtschuldner

Nach § 103 Abs. 4 SGB XII ergibt sich eine gesamtschuldnerische Haftung von A und seinem Betreuer.

Stichwortverzeichnis

A

abdrängende Sonderzuweisung 272
Abfindungszahlung 437
abgewohntes Wohnrecht 479
Abhilfe 282
Abkömmling 491
Absendevermerk 151
actus-contrarius-theorie 184, 211
Adressatentheorie 277
Akteneinsicht 109
Aktivvermögen 552
Altenteilsrecht 451
Amtsermittlung vs. Sozialgeheimnis 95
Amtshilfe 47
Amtspflichtverletzung
   wegen fehlender Beratung 9
Amtssprache 67
Änderungsbescheid 286
   Ausschlussfrist des § 45 Abs. 3 SGB X 205
Anfechtungswiderspruch 272
   Entscheidungskompetenz
   der Widerspruchsstelle 285
Angehörigen-Entlastungsgesetz 510
   Auskunftsanspruch § 117 SGB XII 511
angemessener Wohnvorteil 504
Anhörung 100
Anordnung der sofortigen Vollziehung 271
Anscheinsvollmacht 154, 274
Ansparfunktion 172
Ansparprinzip 122
Anspruch
   Entstehen 27
   gegen Arbeitgeber 352, 354
   gegen Schadensersatzpflichtige 355
Anspruchskonkurrenz 169
Anspruchsübergang
   Umfang 371
anteilige Monatsberechnung 66
Antrag
   auf Vorschuss 29
   E-Mail 62
   in fremder Sprache 64
   nachgeholter Antrag 115
   Rücknahme 65
   Überprüfung nach § 44 SGB X 180
   unzuständige Stelle 11
Antragstellung 115
   Beratungspflicht 7
Arbeitgeber 352
Arbeitsentgelt 353
arglistige Täuschung 205
Aufbewahrung von Kontoauszügen 75
Aufgabe Wohnungsrecht 437

Aufhebung
   Anspruchskonkurrenz 169
   Bestimmtheit 168
   eines Verwaltungsaktes 167
   Entscheidungsfrist 200
   Ermessensausübung 210
   Gesamtrechtsnachfolge 169, 599
   kein fiktiver Vermögensverbrauch 208
   nach § 44 SGB X 172
   Prognosefehler 224
   von Aufhebungs- und
   Erstattungsbescheiden 173
   Zuständige Behörde 183, 210
Aufklärung 7
Auflage
   Beispiel 128
Aufrechnung 35
   durch öffentlich-rechtliche
   Willenserklärung 38
   Ermessen 239
   mit Erstattungsforderung 39
   nach § 387 BGB 38
   Verlängerung des
   Aufrechnungszeitraums 241
Aufrechnungserklärung 38
aufschiebende Wirkung 270
Auftragsangelegenheit 280
Auseinandersetzung (§ 2042 BGB) 437
Ausführung der Sozialleistungen 13
Auskunft 7
Auskunftsanspruch 124
Auskunftsanspruch § 117 SGB XII 511
Auskunft und Beratung
   sozialrechtlicher Herstellungsanspruch 9
Auslegung
   Widerspruch 181
Auslegung durch Begründung
   fehlende Bestimmtheit 132
Ausschlagung
   einer Erbschaft 376, 437
   eines Vermächtnisses 437
Ausschluss
   des gesetzlichen Forderungsübergangs 514
   des Unterhaltsanspruchs bei
   Grundsicherung im Alter 527
Ausschluss der Rechtsnachfolge 41
Ausschluss des Überganges 355
Ausschlussfrist
   bei Dauerverwaltungsakten 205
Austauschvertrag 268
Auswahlermessen 21
Auszahlung
   Verwaltungsakt 122

B

beauftragte Stelle 280
Befangenheit 59
Beginn des Verfahrens 60
Begründung
   eines Verwaltungsaktes 137
   Nachschieben von Gründen 139
Behördeninformant 110
Beiträge zur Kranken- und Pflegeversicherung
   bei Kostenerstattung nach
   §§ 102 ff. SGB X 331
   Erstattung 244
Beiträge zur Sozialversicherung
   Rückerstattung 244
Bekanntgabe
   an Eheleute 53
   an gesetzliche Vertreter 153
   Bevollmächtigter 155
   des Verwaltungsaktes 149
   gesetzliche Vertretung 154
   getrennte Zustellung oder Bekanntgabe 153
   Heilung 155
   im Bewilligungsverfahren nach dem
   SGB II 154
   Vertretungsvermutung § 38 SGB II 154
Bekanntgabeadressat 152
   Individualanspruch 152
Bekanntgabefiktion 150
Beratung 7
   Folgeantrag 10
Beratungsverpflichtung
   Amtspflichtverletzung 9
Beratung und Auskunft
   Amtshaftungsanspruch 9
Bestandskraft
   materiell 149
Bestimmtheit 131
Beteiligungsfähigkeit 50
   Bedeutung 50
Betreuer 53
Bevollmächtigter 54
Bevollmächtigung
   im Widerspruchsverfahren 275
   Vermutung 57
   Wissenszurechnung 58, 190
Beweislast
   Antrag 63
Beweislastumkehr
   bei obliegenheitswidrig vorzeitigem
   Einkommensverbrauch 72
Beweismittel 73
Beweisverwertungsverbot 96
Bundesauftragsangelegenheit 280

C

cessio legis 362

D

Dauerverwaltungsakt 121
   Ausschlussfrist 205
Delegation 280
Delegationssatzung
   Vollmacht 280
Duldungsvollmacht 274

E

Ehegatte
   Vertretungsverhältnis 190
eIDAS-VO 19
Elektronische Kommunikation 17
Elternunterhalt
   Beispiel 486
   Schwiegerkindhaftung 488
E-Mail 149, 278
Entgeltersatzleistungen 37
Entscheidungsfrist 200
Entschließungsermessen 21
Entstehen von Ansprüchen 27
Entziehungsbescheid 91
Erbauseinandersetzungsanspruch 437
Erbe 544
Erbenhaftung 552
Erbfallschuld 552
Erblasserschuld 552
Erbschaftsausschlagung 376
Erheben von Sozialdaten 95
Erlasszeitpunkt eines Verwaltungsaktes 149
Erledigung
   durch Tod 232
Ermessen
   Aufrechnung 239
   bei Leistungsversagung (§ 66 SGB I) 88
Ermessensausfall 142
Ermessensnichtgebrauch 24, 142
Ersatzanspruch 352
Erstattungsanspruch 352
   nach § 40a SGB II 331
Erstattungsanspruch bei Doppelleistung ... 423
   Auffangvorschrift 423
Erstattungsansprüche zwischen
   Leistungsträgern nach dem SGB X 320
   Auslagen 342
   Ausschlussfrist 330, 343
   Erstattung in Geld 342
   Kausalität 324
   Nachrangig verpflichteter
   Leistungsträger 323
   Nachträgliches Entfallen der
   Leistungspflicht 336

Pauschalierung 343
Personenidentität 326
Rangfolge bei mehreren
  Erstattungsberechtigten 338
Rangfolge der Erstattungsberechtigten 339
Rückerstattung 344
Übersicht 320
Unzuständiger Leistungsträger 337
Verfahrensvorschriften ....
Verjährung 345
Verwaltungskosten 342
vorläufig leistender Leistungsträger 333
Zeitidentität 327
Zeitidentität beim Zusammentreffen
  mit Arbeitslosengeld 328
Erstattung zu Unrecht erbrachter
  Leistungen 231

F
Faxgerät 278
fehlerhafte Überweisung 232
fiktiver Vermögensverbrauch 208
fiktives Einkommen
  Unterhalt 497
Folgeantrag 10
Folgen von Verfahrensfehler 163
formeller Verwaltungsakt 123
Formfehler 163
Fortzahlungsantrag
  SGB II 64
freien Beweiswürdigung 74
Fristen 112
Fristversäumnis 156

G
Garantenstellung 232
Geldleistungen
  Verzinsung 30
Geltungsbereich des Sozialgesetzbuches ... 14
gemischte Schenkung 440
Gesamtrechtsnachfolge 169, 599
Gesamtschuldnerische Haftung 586
  bei Kostenersatz 568
Gesetzlicher Forderungsübergang 435
gestörter Gesamtschuldnerausgleich 527
gewillkürte Vertretung 58
Grundsatz der überholenden Kausalität ... 155
Grundsätze des Leistungsrechts 20
Grundsicherung im Alter
  Ausschluss des Forderungsübergangs 527
  Elternunterhalt 527
  Härte 527
  mehrere Kinder 527

H
Handlungsfähigkeit 16, 50
  Bedeutung 50
Hauptforderungsanspruch 38
häusliche Ersparnis (zusätzliche) 487
Heilung
  Begründung 24
  Bestimmtheitsmangel 318
  Ermessensausfall 142
Hilfebedürftigkeit
  Kontoabhebungen 71

I
Inanspruchnahme Dritter 435
Informant 110
informationelle Selbstbestimmung 96
Inhaltsadressat 133
Insolvenzgeld 353
  Erstattungsanspruch 348
intendiertes Ermessen 26
interner Ausgleichsanspruch (§ 426 BGB) ... 586
Internetrecherche 95

K
Kalendertagsprinzip 227
Kausalität 354
Kehrseitentheorie 184, 211
keine fehlerhafte Bekanntgabe
  an Beteiligten statt Bevollmächtigten 156
Kenntnis der Hilfebedürftigkeit 12
Kinderzuschlag
  Wahlrecht 35
Klagegegner bei Delegation 280
Kontoauszüge 75, 85
koordinationsrechtlicher Vertrag 268
Kopfteilsprinzip
  Leistungsversagung 94
Kostenersatz
  bei obliegenheitswidrig vorzeitigem
    Einkommensverbrauch 72
  bei rechtmäßiger Hilfegewährung 543
  bei rechtswidriger geleisteter Sozialhilfe ... 594
  durch Erben ....
  Erben 405
  gesteigerter Schuldvorwurf 387
  Grundlagenbescheid 403
  Inhaftierung 589
  Kausalität 397
  Leistungsbescheid 403
  Minderjährigenhaftung 411
  Pflichtteilsanspruch 555
  schuldhafte Herbeiführung 396
  sozialwidriges Handeln 390
  sozialwidriges Verhalten 382
  Vermächtnis 555

wg. obliegenheitswidrigem vorzeitigem
  Einkommensverbrauch 189
  wichtiger Grund 394
  zu Unrecht erbrachter Leistungen 594
Kostenersatzanspruch
  § 34 SGB II 37
Kostenersatz bei rechtmäßigem
  Leistungsbezug (SGB II) 381
Kostenersatz bei rechtswidriger Leistung 408
Kostenersatz durch Erben
  Aktivvermögen 552
  Erbfallschuld 552
  Erblasserschuld 552
  Gesamtschuldner 560
  Härte 557
  Höhe des Nachlasses 552
  Reinnachlass 552
  Rohnachlass 552
Kostenersatz in der Sozialhilfe 543
  Anspruchskonkurrenz 595
  postmortales Verwertungshindernis 559
Kostenersatzpflichtiger Personenkreis 384
Kostenersatz und Sanktion 383
Kostenerstattung
  Wechsel der örtlichen Zuständigkeit 46
  zwischen Leistungsträgern nach
  § 102 SGB X 29
Kostenerstattung zwischen Leistungsträgern
  Abgrenzung zur Rückforderung 247
Kostenfestsetzung 289
Kostengrundentscheidung 289
Kostensatz nach dem SGB II
  Sozialleistungsgesetz 381
Kostensenkungsaufforderung 123
Kranken- und Pflegeversicherung
  bei Kostenerstattung nach
  §§ 102 ff. SGB X 331
Kranken- und Pflegeversicherungsbeiträge ... 244

L
Lebenspartnerschaften 16
Leibgedinge 451
Leistungsarten 6
Leistungsentziehung 91
Leistungsfähigkeit des Unterhaltspflichtigen .. 500
Leistungskondiktion 233
Leistungsrecht
  Grundsätze 20
Leistungsträger 7

M
materielle Bestandskraft 149
materielle Beweislast 90, 96

Meistbegünstigungsgrundsatz 119
  Umdeutung in Antrag 181
Meistbegünstigungsprinzip 6
Mietverhältnis 233
Mindeshaushaltsersparnis 487
Mischverwaltungsakte 176
Mitwirkungspflicht des
  Kostenerstattungspflichtigen 232
Mitwirkungspflichten §§ 60 ff. SGB I 81
Mitwirkungspflichten bei Kostenerstattung 85
Mitwirkungspflichten des Erben 85
Mitwirkungsverbot 59
Möglichkeitstheorie 276
Monatsbescheid (Dauerverwaltungsakt) 218
Monatsprinzip 514

N
Nachlass 552
Nachlassverbindlichkeit 552
Nachschieben von Gründen 24, 139, 287
Nachweis der Bevollmächtigung 275
Nachweis der Hilfebedürftigkeit
  Kontoabhebungen 71
Naturalrestitution 10
Nebenbestimmung 125, 126, 130
Negativevidenz 459
Nichtigkeit
  Evidenztheorie 162
Nichtigkeit des Verwaltungsaktes 162
Nichtleistungskondiktion 233
Nießbrauchsrecht 456

O
objektive Beweislast 90, 96
  Schenkung 440
Offenbare
  Unrichtigkeit 158
Öffentlich-rechtlicher Vertrag 268
Örtliche Zuständigkeit 46

P
Personenidentität 353
Pfändung 40
Pfändungsschutzkonto 40
Pflichtaufgabe zur Erfüllung nach Weisung ... 281
pflichtgemäße Ermessensausübung
  bei gesamtschuldnerischer Haftung 586
Pflichtgemäßes Ermessen 20
Pflichtteil 555
Pflichtteilsanspruch 372, 437
Pflichtteilsstrafklausel 372, 374
postmortales Verwertungshindernis 559
Prognosefehler 224

Q
Qualifizierte elektronische Signatur 18

R
Rangfolge 484
Rangfolge der Unterhaltspflichtigen 490
Rechtsanspruch 20
Rechtsbehelfsbelehrung 145
   Formulierung bei Bekanntgabe 146
   Formulierung bei Zustellung 146
Rechtsdienstleistung 54
Rechtswahrungsanzeige 124
Rechtswidrig gewährte Hilfe
   Kostenersatz 594
Refinanzierung öffentlicher Mittel 546
reformatio in peius 285
Regelbedarf
   Ansparfunktion 172
Reinnachlass 552
relativer Mietwert 504
Restitutionsgedanke 173
Rückforderung ggü Leistungsberechtigtem
   Abgrenzung zur Kostenerstattung nach
   §§ 102 ff. SGB X 247
Rückforderung nach Sterbemonat 232
Rückforderungsanspruch des
verarmten Schenkers
   Einkommen bei Wertersatzzahlungen 442
Rückforderung von Sozialhilfe 543
Rücknahme
   eines Antrags 65
   eines Verwaltungsaktes 167
Rücküberweisungsanspruch 232

S
Schadensersatzpflichtiger 355
Schenkung
   Beweislast 440
Schenkungsrückforderungsanspruch 438
   Einkommen oder Vermögen 442
   Einreden 442
   Konfusion 441
   Übergabevertrag 438
Schutzbestimmungen für
Unterhaltspflichtige 517
Schutzfrist 41
Schutzrechnung bei Unterhaltspflichtigen 535
Selbstverwaltungsaufgabe 280
Signatur 18
Sofortige Vollstreckung 269
Sonderrechtsnachfolge 41
Soziale Rechte 5
Sozialgeheimnis 95
   Aufbewahrung von Kontoauszügen 75

Sozialgesetzbuch
   Allgemeiner Teil ....
   Aufgabe 5
   Entstehungsgeschichte 1
   Gliederung 3
   Zielsetzung 1
Sozialhilfe
   Rückforderung 543
Sozialleistungen
   Ausführung 13
Sozialleistungsbetrug 232
Sozialleistungsmissbrauch 74
sozialrechtlicher Herstellungsanspruch 9
Sozialrechtsweg 272
Sozialversicherungsbeiträge
   Kostenerstattung nach §§ 102 ff. SGB X ... 331
Sozialverwaltungsverfahren 44
Spontanberatung 8
Statthaftigkeit 273
Sterbemonat 232
Suspensiveffekt 270

T
Taschengeldanspruch 489
Tatbestandswirkung 225
Termine 112
Tod der leistungsberechtigten Person 85

U
Übergabevertrag 438
   Gegenleistung 439
Übergang
   Pflichtteilsanspruch 372
Übergang von Ansprüchen im SGB II 361
   cessio legis 362
Übergang von Ansprüchen nach dem SGB II
   Absetzbeträge 367
   Gleichzeitigkeit von Anspruch und
   Hilfeleistung 366
   Kausalität 366
   Kausalität und Absetzbeträge 367
   Personenidentität 369
   Rechtliche Wirkung 364
   Umfang 371
Übergang von Unterhaltsansprüchen
nach dem SGB II
   Ausschlussgründe 377
   Zeitpunkt des Forderungsübergangs 376
Überleitung
   Anhörung 471
   bei Nießbrauchsrecht 456
   bei Wohnungsrecht 452
   bei Wohnungs- u. Nießbrauchsrechten 450
   durch Verwaltungsakt 435
   eines Pflichtteilsanspruchs 372

eines Unterhaltsanspruchs (Kausalität)......517
ergänzende Vertragsauslegung.................452
Ermessen...469
formelle Anforderungen.........................469
gemischte Schenkung............................440
Kausalität..465
Konfusion..441
Personenidentität.................................459
Pflichtteilsanspruch........................437, 468
Rechtliche Wirkung..............................457
Rechtsschutz......................................473
(rechtswidrige) Leistungserbringung.........461
Rückwirkung......................................463
Schenkungsrückforderungsanspruch .438, 477
Übergabevertrag........................438, 475, 478
Umfang...468
umgekehrte Ersetzungsbefugnis........439, 466
vor und nach dem Tod des Schenkers.......439
Wohnungsrecht...................................482
Zeitidentität.......................................462
Zeitliche Wirkung................................472
Zuständigkeit.....................................470
Überleitungsanspruch
  Verjährung......................................449
Überleitungsanzeige.............................123
  Begründung.....................................470
  Bestimmtheit...................................470
  Form..470
  Grundsatz der Negativevidenz...............459
  Inhalt...470
  privatrechtsgestaltender Verwaltungsakt....473
  Rückwirkung...................................463
Übermitteln von Sozialdaten.....................98
Überprüfungsantrag..............................180
  Verzinsung..31
Überprüfungsverfahren (§ 44 SGB X)..........181
Überweisung......................................219
  Bewilligung durch Überweisung.............219
  Verwaltungsakt..........................122, 295
Überzahlung nach dem Tod.....................232
Umdeutung..165
Umdeutung eines fehlerhaften
Verwaltungsaktes.................................165
umgekehrte Ersetzungsbefugnis........439, 466
  Wohnungsrecht.................................467
Unbillige Härte....................................519
ungerechtfertigte Kündigung
durch Arbeitgeber.................................353
Unrichtigkeit......................................158
Unterhalt
  Angemessenheitsprüfung.....................489
  Ehegattenunterhalt............................496
  Einkommensermittlung.......................502
  Elterngeld.......................................502
  Haftungsquote..................................490

Kindesunterhalt...................................493
  sachliche Kongruenz..........................499
  Selbstbehalt....................................500
  Taschengeldanspruch.........................489
  Teilschuldner...................................490
  Unterhaltsrechtliche Bedürftigkeit...........495
  Unterhaltsrechtlicher Bedarf.................494
  Unterhaltsverträge.............................508
  Unterhaltsverzicht.......................508, 509
  Vermögenseinsatz.............................507
  Wohnvorteil..............................502, 503
Unterhaltsanspruch und
Forderungsübergang.............................510
  Auskunftspflicht................................522
  Ausschluss......................................514
  Einschränkung..................................516
  Gleichzeitigkeit.................................514
  Klagebefugnis..................................522
  rechtmäßige Sozialhilfegewährung..........513
  Rechtswahrungsanzeige......................521
  Schutzbestimmungen.........................517
  Zeitpunkt des
  Forderungsüberganges........................520
Unterhaltsberechnung
  fiktives Einkommen............................497
Unterhaltspflicht d. Kinder im 4. Kapitel
SGB XII
  mehrere Kinder.................................527
Unterhaltspflichtige..............................484
  Leistungsfähigkeit.............................500
  Nicht gesteigert Unterhaltspflichtige.......485
  Rangfolge.................................484, 490
Unterhaltsrecht...................................483
Unterhaltstabellen
  Düsseldorfer Tabelle..........................492
Unterwerfung unter die
sofortige Vollstreckung..........................269

V

Verböserung......................................285
Verbot nachteiliger Vereinbarungen............15
Vererbung...41
Verfahrensfehler..................................163
Vergleichsvertrag.................................268
Vergleich von § 33 SGB II und
§ 93 SGB XII......................................362
Verhältnis Amtsermittlung vs.
Sozialgeheimnis....................................95
Verjährung des Überleitungsanspruchs......449
verloren gegangener Verwaltungsakt
  Verzinsung..31
Vermächtnis.......................................555
Vermögen
  Kalendertagsprinzip...........................227
Vermögensverlust
  Kontoabhebungen...............................71

Vermutete Bevollmächtigung
  Wissenszurechnung 58, 190
Verpfändung 40
Verpflichtungswiderspruch 272
  Entscheidungskompetenz der
  Widerspruchsstelle 285
Verrechnung 35, 39
Versagung nach § 66 SGB I
  Kopfteilsprinzip 94
Verstoß gegen Beratungsverpflichtung ... 9
Vertragliche Regelungen im
  Unterhaltsrecht 508
Vertrauensdienste 19
Vertretung (keine)
  Ehegatte 190
Verwaltungsakt
  Aufhebung 167
  Aufhebung eines Verwaltungsaktes
  mit Dauerwirkung 213
  Auszahlung bzw. Überweisung 122
  Begründung 137
  Dauerwirkung 121
  Definition 217
  Erlasszeitpunkt 167
  Fehlerlehre 158
  Mischwirkung 176
  mit Dauerwirkung 213
  Nebenbestimmung 125, 126, 130
  Nichtigkeit 162
  offenbare Unrichtigkeit 158
  Tatbestandswirkung 225
  Überweisung 219, 295
  Umdeutung 165
  Wirksamkeit 158
Verwaltungsakte
  Bekanntgabe 149
Verwaltungsverfahren 47
  Beginn 60
  Fortführung 46
  Nichtförmlichkeit 48
Verzicht 33
  auf Sozialleistungen 33
  auf Unterhalt 509
  Elterngeld 35
  Leistungen zum Lebensunterhalt ... 34
  Wahlrecht zugunsten des Wohngeldes ... 34
  Wohngeld 34
Verzinsung 30
  bei Darlehensgewährung 131
Vollmacht 275

Vollmacht für Widerspruchsbehörde
  Delegationssatzung 280
Vorbehalt des Gesetzes 15
Vor Bekanntgabe erhobener Widerspruch ... 273
Vorläufige Entscheidung 27
Vorläufige Leistungen 29
vorläufiger Verwaltungsakt 256
Vorschuss 27
  Kosten der Unterkunft 27
  Mehraufwandsentschädigung 36
vorsorglicher Widerspruch 273
Vorverfahren 269

W

Wahlrecht 34
  Kinderzuschlag 35
  Wohngeld 34
Wegzugsklausel 451, 454
Weiterleitungspflicht eines Antrags 12
Widerspruch
  Auslegung 181
  E-Mail 278
  Umdeutung in Antrag nach
  § 44 SGB X 181
Widerspruchsbefugnis 276
Widerspruchsfrist 277
Widerspruchsverfahren 269
Wiedereinsetzung in den vorigen Stand .. 156, 279
Wiederholte Antragstellung 115
Wirksamkeit 149
Wohngeld 34
Wohnrecht (abgewohnt) 479
Wohnungsrecht 452
  Aufgabe 437
  ergänzende Vertragsauslegung 452
  Wegzugsklausel 454
Wohnvorteil 502, 503

Z

Zahlungen an den Vermieter 233
Zeitpunkt des Forderungsüberganges ... 376
Zivilrechtsweg 522
Zugangsvermutung 150
Zugunstenverfahren
  Verzinsung 31
Zugunstenverfahren (§ 44 SGB X) 181
Zuständige Widerspruchsbehörde 280
Zuständigkeit 46
Zustellungsfiktion 150
zu Unrecht erbrachte Leistungen 231

Grosse | Weber | Wesemann

SGB II und SGB XII für Studium und Praxis
Band 1: Grundsicherung für Arbeitsuchende

Im ersten Band wird das Leistungsrecht der Grundsicherung für Arbeitsuchende nach dem Zweiten Buch Sozialgesetzbuch dargestellt.

Das Werk orientiert sich an den Erfordernissen der Praxis, ist aber auch für Studierende geeignet. Es dient als Grundlage, um Ansprüche auf Leistungen zur Sicherung des Lebensunterhalts sowie das Sozialverwaltungsverfahren und etwaige Rückabwicklungsansprüche sicher einzuordnen und zu bewerten.

Fachbuch, 13. Auflage 2022, 358 Seiten, Softcover, ISBN 978-3-8293-1777-1, 22 €

Grosse | Weber | Wesemann

SGB II und SGB XII für Studium und Praxis
Band 2: Sozialhilfe

Im zweiten Band werden die Hilfe zum Lebensunterhalt, die Grundsicherung im Alter und bei Erwerbsminderung, die Mischfälle sowie Hilfen nach dem 5. bis 9. Kapitel SGB XII und die Träger der Sozialhilfe behandelt. Das Werk orientiert sich an den Erfordernissen der Praxis, ist aber auch für Studierende geeignet. Es dient als Grundlage, um Ansprüche auf Leistungen zur Sicherung des Lebensunterhalts sowie das Sozialverwaltungsverfahren und etwaige Rückabwicklungsansprüche sicher einzuordnen und zu bewerten.

Fachbuch, 13. Auflage 2022, ca. 500 Seiten, Softcover, ISBN 978-3-8293-1786-3, 25 €

www.ksv-medien.de

Rohde | Lustig | Wöhler
Allgemeines Verwaltungsrecht
16. Auflage 2020, Softcover, 453 Seiten, 25 €,
ISBN 978-3-8293-1725-2

Gunkel | Hoffmann
Beamtenrecht in Nordrhein-Westfalen
Fachbuch, 8. Auflage 2020, Softcover, 600 Seiten, 32 €,
ISBN 978-3-8293-1729-0

Mutschler | Stockel-Veltmann
Externes Rechnungswesen
Studienbuch, 6. Auflage 2021, Softcover, 176 Seiten, 18 €,
ISBN 978-3-8293-1701-6

Palm | Rohde
Klausurfälle, Schemata und Prüfungstipps für das Verwaltungsrecht
8. Auflage 2019, Softcover, 226 Seiten, 18 €,
ISBN 978-3-8293-1726-9

Obst | Siegel
Praktische Fälle aus dem Bürgerlichen Recht
7. Auflage 2021, Softcover, 220 Seiten, 19 €,
ISBN 978-3-8293-1731-3

Grosse
Praktische Fälle aus dem Sozialrecht
10. Auflage 2022, Softcover, 270 Seiten, 19 €,
ISBN 978-3-8293-1780-1

www.ksv-medien.de